AUGUSTINUS

OPERA · WERKE

AUGUSTINUS
OPERA · WERKE

Herausgegeben von
Johannes Brachtendorf und Volker Henning Drecoll

in Verbindung mit
Therese Fuhrer und Christoph Horn

Begründet von
Wilhelm Geerlings

K. Exegetische Werke

Siebenundfünfzigster Band

FERDINAND SCHÖNINGH

AUGUSTINUS

QUAESTIONES IN HEPTATEUCHUM
FRAGEN ZUM HEPTATEUCH

Zweisprachige Ausgabe

Eingeleitet, übersetzt und kommentiert
von
Walter Groß

Teil 2

Levitikus – Richter

2018

FERDINAND SCHÖNINGH

Titelbild:
Aurelius Augustinus, Holzschnitt 1489

© für den lateinischen Text: 1958 Brepols Publishers (Turnhout-Belgien)

Bibliografische Information der Deutschen Nationalbibliothek

Die Deutsche Nationalbibliothek verzeichnet diese Publikation in der Deutschen
Nationalbibliografie; detaillierte bibliografische Daten sind im Internet über
http://dnb.d-nb.de abrufbar.

Alle Rechte vorbehalten. Dieses Werk sowie einzelne Teile desselben sind urheberrechtlich
geschützt. Jede Verwertung in anderen als den gesetzlich zugelassenen Fällen ist ohne vorherige
schriftliche Zustimmung des Verlags nicht zulässig.

© 2018 Verlag Ferdinand Schöningh, ein Imprint der Brill-Gruppe
(Koninklijke Brill NV, Leiden, Niederlande; Brill USA Inc., Boston MA, USA;
Brill Asia Pte Ltd, Singapore; Brill Deutschland GmbH, Paderborn, Deutschland)

Internet: www.schoeningh.de

Einbandgestaltung: Anna Braungart, Tübingen
Herstellung: Brill Deutschland GmbH, Paderborn

ISBN 978-3-506-78678-4

QUAESTIONES IN HEPTATEUCHUM
INHALTSVERZEICHNIS
Teil 2

QUAESTIONES LEVITICI - FRAGEN ZUM BUCH LEVITIKUS 7
    Einleitung 7
    Textgrundlage und Analyseinstrumente 7
    Geistlicher Sinn 9
    Exkurs: Seele 9
    Exkurs: Opfertermini.. 10
    Exkurs: Fürbitte statt Sühne.. 13
    Text und Übersetzung 23

QUAESTIONES NUMERORUM - FRAGEN ZUM BUCH NUMERI 170
    Einleitung 170
    Textgrundlage und Analyseinstrumente 170
    Geistlicher Sinn 171
    Exkurs: Extremfall der Allegorese: die rote Kuh, Num 19................... 172
    Exkurs: Zwei oder drei Sündenarten? Bedeutung der Intention des Sünders .. 174
    Exkurs: Mose – Aaron – Bileam... 177
    Text und Übersetzung 183

QUAESTIONES DEUTERONOMII - FRAGEN ZUM BUCH DEUTERONOMIUM 284
    Einleitung 284
    Textgrundlage und Analyseinstrumente 284
    Geistlicher Sinn 285
    Exkurs: Wer schrieb den Dekalog auf die Steintafeln? 286
    Exkurs: Verhältnis: Vetus testamentum – Novum testamentum 290
    Text und Übersetzung 295

QUAESTIONES IESU NAVE - FRAGEN ZUM BUCH JOSUA 382
    Einleitung 382
    Textgrundlage 382
    Geistlicher Sinn 383
    Exkurs: Der gerechte Krieg, Gottes Gerechtigkeit und die
        Ausrottungskriege Israels 383
    Text und Übersetzung 391

QUAESTIONES JUDICUM - FRAGEN ZUM BUCH RICHTER 446

    Einleitung. 446
    Textgrundlage und Analyseinstrumente 446
    Geistlicher Sinn. 448
    Exkurs: Gottesbild 449
    Exkurs: Jiftachs Gelübde und Tochteropfer 451

    Text und Übersetzung. 459

ANHANG

ABKÜRZUNGEN 566

BIBLIOGRAPHIE 569

    Quellen 569
        Bibelausgaben 569
        Werke Augustins 571
        Werke anderer antiker und mittelalterlicher Autoren 573
        Kirchliche Dokumente 580
    Nachschlagewerke und grammatische Untersuchungen. 581
    Bibelkommentare 582
    Literatur 586

REGISTER. 603

    Bibelstellen. 603
    Antike und mittelalterliche Autoren und Werke 623
    Moderne Autoren. 628
    Deutsches Sachverzeichnis 631
    Lateinisches Sachverzeichnis 647
    Biblische Namen und Orte (Deutsch). 668
    Biblische Namen und Orte (Konkordanz lateinisch-deutsch) 673

SYSTEMATISCHE ÜBERSICHT DER WERKE AUGUSTINS 676

QUAESTIONES LEVITICI
FRAGEN ZUM BUCH LEVITIKUS

EINLEITUNG

Textgrundlage und Analyseinstrumente

Die *quaestiones in Leviticum*[1] beginnen ohne die Kapitel 1-4 (Opfervorschriften) mit Lev 5,1.[2] Allerdings verweist Augustinus an folgenden drei Stellen darauf, er habe auch Passagen aus den Kap. 3-4 behandelt:[3]

In *qu.* 3,4 (zu Lev 5,7) erklärt Augustinus bezüglich des Verhältnisses von Sündopfer und Brandopfer: *certe hic aperit quaestionem, de qua superius cum loqueretur ambigebamus.* „Gewiß klärt die Schrift hier die Frage, bezüglich derer wir, als sie weiter oben davon sprach, im Zweifel waren." Er zitiert Lev 4,35 LXX, wo gefordert wird, das Sündopfer, sofern es ein Schaf ist, auf das Brandopfer zu legen, das somit vorausgeht, während hier in Lev 5,7-10 für den Fall, daß eine Turteltaube oder eine junge Taube als Sündopfer dargebracht wird, das Brandopfer auf das Sündopfer folgen soll. Den genannten Zweifel konnte Augustinus nur anläßlich Lev 4,35 geäußert haben. Clemens Weidmann: „Offensichtlich hatte sich Augustinus bei der Behandlung von Lev 4,35 gefragt, ob Brand- und Sündopfer auch in umgekehrter Reihenfolge dargebracht werden können, und

---

[1] POLLASTRI gibt in NBA 789-792 einen Überblick über das Buch Levitikus in anderen Werken des Augustinus: Augustinus bezieht sich vor allem in polemischem Kontext, speziell gegen Donatisten, Pelagianer und Manichäer, und in homiletischen Werken, dort stets in spiritueller Auslegung, auf Lev. Auf die in diesen Werken behandelten Passagen des Lev geht Augustinus jedoch in den *quaestiones in Leviticum* in der Regel nicht ein.

[2] In *loc.* 3 behandelt Augustinus hingegen drei Stellen aus Lev 1-4: Lev 1,2; 2,6; 4,23. Außerdem übergeht Augustinus die Kapitel 14 (Reinigungsriten für vom Aussatz Geheilte), 23 (Festordnungen) und 27 (Ablösung von Gelübden und Weihegaben).

[3] WEIDMANN, *Lücken* 117 führt als vierten Beleg *qu.* 3,9 (zu Lev 5,25) an: *quid sibi autem velit siclum sanctum, iam ubi visum est disseruimus.* NBA vermutet, hier könnten Überreste einer mündlichen Diskussion vorliegen, da Augustinus dieses Problem weder in den *quaestiones* noch in den *locutiones* behandelt hat. WEIDMANN, *Lücken* 117 führt hingegen aus: „Die einzige Stelle, die als Verweisziel in Frage kommt, ist der am Beginn der *qu. lev.* ausgefallene Text, in dem die einzelnen Opferarten erklärt worden sind." Das überzeugt jedoch nicht, da שֶׁקֶל־הַקֹּדֶשׁ in Lev überhaupt nur in 5,15 vorkommt, dagegen in Ex 30,13.24; 38,24.25.26; Num 3,47.50; 7 passim; 18,16.

interpretiert nun Lev. 5,7 als Beleg dafür, dass bei Taubenopfern die Abfolge geändert werden kann."[4]

Qu. 3,21 (zu Lev 7,12-17): *dixerat superius de adipe: omnis adeps domino* [Lev 3,16], *et quaesieramus utrum omnis omnino pecoris mundi dumtaxat [...]* „Weiter oben hatte er über das Fett gesagt: Alles Fett [ist] für den Herrn (Lev 3,16), und wir hatten gefragt, ob [das Fett] ausnahmslos jedes Viehs, sofern es nur rein ist, [...]".

Qu. 3,27,1 (zu Lev 9,7): *quid autem prius faciendum sit indicat superius exposita instructio, ubi dicit super holocaustum inponi sacrificium pro peccatis* „Was aber zuerst gemacht werden soll, zeigt die weiter oben ausgelegte Vorschrift, wo er bestimmt, das Sündopfer solle auf das Brandopfer gelegt werden." Diese *instructio* steht in Lev 4,35; daher wird auch aus diesem Anlaß die *expositio* formuliert worden sein.

Aus diesen Belegen schließt Clemens Weidmann überzeugend, daß Augustinus auch die ersten Kapitel des Lev in seinen *quaestiones in Leviticum* kommentiert hat. Um etwa gleich umfangreiche Bücher zu erhalten, habe man die *QH* in Bd. 1: Gen und Ex und Bd. 2: Lev bis Ri aufgeteilt. „Und von diesem zweiten Teil dürfte der Anfang (ein Quaternio mit den *Quaestiones* zu Lev. 1-4?) durch mechanische Beschädigung verloren gegangen sein." Dies sei so früh geschehen, daß keinerlei Spuren in Kodizes oder antiken Anspielungen auf diesen Teil seiner *qu.* 3 erhalten sind.[5]

Auch während der Arbeit am Buch Lev kennt Augustinus die Übersetzung des Hieronymus aus dem Hebräischen noch nicht. Ihm steht einzig die LXX zur Verfügung. In zwei Fällen findet er *in quodam Graeco* eine Alternativlesung (*qu.* 3,9; 3,11; 3,53,3); in *qu.* 3,90 vermutet er, daß eine s.E. fehlerhafte Lesung einiger lateinischer Kodizes auf eine griechische Vorlage zurückgeht.

Häufig geht Augustinus auf unterschiedliche Formulierungen in seinen VL-Kodizes ein. Er dokumentiert Alternativlesungen: *qu.* 3,17; 3,20,2; 3,29; 3,40,1.4; 3,53,2; 3,70. Einige dieser Lesarten lehnt er ab: 3,25; 3,40,2; 3,41; 3,50; eine weist er zunächst in *qu.* 3,90 als *mendositas* zurück, läßt sie aber dann in *qu.* 3,91 doch auch zu; einmal identifiziert er einen Zusatz: *qu.* 3,11.

Augustinus gebraucht folgende *termini technici* der rhetorischen Analyse:[6]
anticipatio: *qu.* 3,23,2.
hyperbaton: *qu.* 3,89.
hyperbole: *qu.* 3,94.

---

[4] WEIDMANN, *Lücken* 116f.
[5] WEIDMANN, *Lücken* 129. Zu seiner parallelen Erklärung des Endes der *qu.* 7: *quaestiones iudicum* mit Ri 15,12 vgl. die Einleitung in *qu.* 7.
[6] Es fällt auf, wie oft sich Augustinus im Buch Lev auf spezielle *locutiones* der Bibel bezieht.

locutio im Sinn von Hebraismen, ungewöhnlicher Ausdrucksweise bzw. idiomatischer Wendung: *qu.* 3,1; 3,2; 3,3; 3,7 *(locutionum inusitata densitate)*; 3,8; 3,23,2; 3,25; 3,36,3 *(locutione a parte totum)*; 3,45; 3,47 *(nimis inusitata locutio)*; 3,55; 3,57,1; 3,57,3; 3,73; 3,74; 3,78; 3,81 *(ea tamen scripturarum est usitata locutio, quae nobis inusitatissima est)*; 3,87.
metaphora: qu. 3,74.
pleonasmos: qu. 3,2.
Außerdem verwendet er den Tropus der *synecdoche* in der Formulierung: *a parte totum: qu.* 3,27,2; 3,36,3.

Um den s.E. richtigen Sinn zu erzielen, wendet sich Augustinus gelegentlich gegen falsche syntaktische Trennung von Satzteilen (Stichwort *distinguo: qu.* 3,9; 3,26,1; 3,40,4), legt deren richtige Zuordnung dar (Stichwort: *iungo*: 3,40,4) und stellt die s.E. syntaktisch und inhaltlich richtige Reihenfolge der Satzteile oder Sätze her (Stichwort: *ordo: qu.* 3,3; 3,47; 3,81; 3,89).[7]

Geistlicher Sinn

Um den übertragenen, typologischen, spirituellen Sinn zu bezeichnen, gebraucht Augustinus folgende Ausdrücke:
allegorica significatione: qu. 3,55.
allegorice significare: qu. 3,24.
figurate: qu. 3,64.
magnum sacramentum: qu. 3,23,2.
sacramentum significationis: qu. 3,9.
significare: qu. 3,14; 3,16; 3,41; 3,57,2; 3,57,3; 3,57,4.
signum sacramenti: qu. 3,76.
In *qu.* 3,24; 3,64 lehnt Augustinus einen solchen Sinn ab; in *qu.* 3,9; 3,14; 3,16; 3,41; 3,55; 3,57,4; 3,76.2 behauptet er ihn, präzisiert ihn aber nicht.

Exkurs: Seele

Augustinus erklärt, was alles die Schrift mit Seele *(anima)* bezeichnet:
(1) die menschliche Person *(qu.* 3,5).
(2) das zeitliche Leben des Körpers, das durch die Seele erzeugt wird und durch den Tod endet; sie ist aber nicht das Leben selbst *(qu.* 3,57,1; 3,81; 3,88).
(3) das Blut, das die Seele im Körper hält *(qu.* 3,57,3).
(4) der Tote, der Leichnam *(qu.* 3,71; 3,86).

---

[7] Auch in *quaestiones in Genesim* geht er so vor: *ordo: qu.* 1,25,3 (zu Apg 7,4); 1,98 (zu Gen 31,49). Vgl. auch *quaestiones in Exodum: ordo: qu.* 2,47,6 (zu Gen 15,13); 2,154,7 (zu Ex 33,22f.); *distinguo* und *iungo: qu.* 2,139 (zu Ex 31,16).

(5) *anima mortua* steht für den toten Körper: sie hat aufgehört, sich des Leibes zu bedienen, lebt aber, vom Körper getrennt, in ihrer Natur weiter. Das ist eine schwer verständliche idiomatische Ausdrucksweise der Schrift (*qu.* 3,81).
(6) Gott nennt seinen Willen seine Seele (*qu.* 3,93).
Augustinus seinerseits stellt folgende Behauptungen über die Seele auf:[8]
Gott hat die menschliche Seele erschaffen (*qu.* 3,93).
Jesus Christus hatte auch eine menschliche Seele; gegen die Apollinaristen (*qu.* 3,93).
die (vernunftbegabte) Seele ist ihrer Natur nach unsterblich (*qu.* 3,57,1);
die Seele ist die Leiterin *(rectrix)* des Körpers (*qu.* 3,81);
die Seele wird durch das Blut im Körper gehalten; wenn es vergossen wird, entweicht sie (*qu.* 3,57,3);
auch das Vieh hat eine Seele (*qu.* 3,57,1).

Exkurs: Opfertermini[9]

Die Opferterminologie ist bereits in TM komplex und schwierig,[10] auf dem Weg über die LXX, die diese Termini übersetzt, zur VL, die ebenfalls übersetzt, gelegentlich die griechischen Termini auch transkribiert,[11] wird sie teilweise verwirrend. Details der hebräischen Opfertora werden dadurch unsichtbar oder schwer deutbar. Im folgenden werden nur die einschlägigen Verse aus Lev beachtet, die Augustinus zitiert und kommentiert. Manche Termini, wie Brandopfer, Heilsopfer und Sündopfer, werden in VL konstant und konsequent wiedergegeben, andere nicht.

עֹלָה – LXX: ὁλοκαύτωμα, ὁλοκαύτωσις, ὁλοκάρπωσις – VL: *holocaustoma*,[12] *holocaustum*,[13] *holocaustosis*,[14] *holocarposis*,[15] *holocarpoma*[16] – Brandopfer, Brandopferdarbringung.

---

[8] Augustins Terminologie ist nicht sehr klar. Das zeigt sich vor allem in *qu.* 2,80, wo Augustinus ausführt: Der menschliche Embryo ist, solange er noch nicht voll ausgeformt ist, noch keine *anima viva*, noch nicht *animatus* bzw. nur *informiter animatus*. Vgl. Einleitung in *qu.* 2. Zu den vielfältigen Stellungnahmen Augustins zum Seelenproblem vgl. O'DALY, *Anima*.
[9] Die Stellenangaben folgen der Übersichtlichkeit halber TM, auch wo LXX mit VL oder Vulg abweichen.
[10] Vgl. die Zusammenstellung bei HIEKE, *Levitikus* 80-104. Vgl. DANIEL, 1966; MARX 2005.
[11] Die Vulg bleibt hier außer Betracht; sie weicht sehr stark von VL ab.
[12] Z.B. *qu.* 3,4 zu Lev 5,7. [13] Z.B. *qu.* 3,10 zu Lev 6,2. [14] Z.B. *qu.* 3,10 zu Lev 6,2.
[15] Vgl. *qu.* 3,26,1 zu Lev 9,3. [16] Vgl. *qu.* 3,9 zu Lev 6,3 (VL geht mit einer alten LXX-Variante, während TM von Fettasche spricht).

שְׁלָמִים, זֶבַח שְׁלָמִים – LXX: θυσία σωτηρίου, τὰ τοῦ σωτηρίου. – VL: *sacrificium salutaris*[17] / *salutarium*[18], *quae salutaris*[19] – Heilsopfer.

חַטָּאת. Da dieses Wort sowohl ‚Sünde' als auch, ohne weiteren Zusatz, ‚Sündopfer' bedeuten kann, ist in LXX und besonders in VL gelegentlich unklar, welches von beidem das jeweilige Übersetzungsäquivalent meint. – LXX: (τὸ) περὶ (τῆς) ἁμαρτίας[20] – VL: *(quod) (est) pro peccato*[21] – Sündopfer.[22]

---

[17] Vgl. *qu.* 3,26,1 zu Lev 9,4. [18] Vgl. *qu.* 3,35 zu Lev 10,14. [19] Vgl. *qu.* 3,28 zu Lev 9,22.

[20] SD versucht, dies in der deutschen Übersetzung genau wiederzugeben, und verdeutlicht so die Ungewöhnlichkeit des griechischen Ausdrucks. Lev 7,7: „Wie das Für-die-Sünde so ist auch das Für-die-Verfehlung."

[21] Vgl. *qu.* 3,20,1 zu Lev 7,7; *qu.* 3,26,1 zu Lev 9,3; *qu.* 3,28 zu Lev 9,22. In *qu.* 4,31 (zu Num 18,1) behauptet Augustinus sogar, um Num 18,1 im Wortlaut seiner VL einen für ihn erträglichen Sinn abzuringen, einfaches *peccata* könne auch ‚Sündopfer' bedeuten: *peccata dicuntur sacrificia pro peccatis.*

[22] Über die Funktion des חַטָּאת-Opfers und entsprechend über die angemessene Übersetzung dieses Terminus wird aktuell gestritten. Die herkömmliche deutsche Übersetzung ist ‚Sündopfer'. Sie entspricht LXX: (τὸ) περὶ (τῆς) ἁμαρτίας, VL: *(quod) (est) pro peccato*, Augustinus *qu.* 3,4: *sacrificium pro peccato*, Vulg: *(lex hostiae) pro peccato* (vgl. Lev 4,14; 6,25). HIEKE, *Levitikus* 88-92 bevorzugt „Entsündigungsopfer". Großen Einfluß übte MILGROM, *Sin-offering* und ders., *Levitikus* 253-292 aus mit der These, „purification offering" sei die angemessene Übersetzung, da als Anlaß häufig keine Versündigung vorliege und es vornehmlich um die kultische Reinigung des Heiligtums gehe (er nennt auch philologische Gründe). LEVINE, *Numbers* 464 verteidigt dagegen anläßlich Lev 19,9 die Wiedergabe durch „sin offering" mit dem Argument, חַטָּאת bedeute ja wörtlich: „an offering for the removal of sin". SCHENKER, *Unreinheit* 16 schließlich behält „Sündopfer" bei und führt aus, dieser Blutritus „bedeutet nicht Reinigung, sondern Hinbringen des versöhnenden Zeichens des Blutes vor Jhwh. Sowohl versehentliche Verbotsübertretungen als auch Befleckungen bedürfen der Vergebung." Folglich ist das -חַטָּאת Opfer „kein Reinigungsopfer. Es vergibt vielmehr die geschehenen Störungen des Verhältnisses zu Jhwh, seien es Befleckungen oder Sünden, welche dieses Verhältnis beeinträchtigt haben. Sie haben Jhwh etwas genommen oder vorenthalten, was ihm objektiv geschuldet war."

Stärkstes Argument für die Konzeption und Übersetzung ‚Reinigungsopfer' war stets Num 19,9, wo tatsächlich ein Reinigungsritus geschildert wird. TM: לְמֵי נִדָּה חַטָּאת הִוא „für das Reinigungswasser. Es ist eine חַטָּאת." LXX hat daher hier für חַטָּאת als Übersetzung das LXX-Hapax ἅγνισμα „Reinigung" gewählt (ähnlich in 19,17 und 31,23): ὕδωρ ῥαντισμοῦ· ἅγνισμά ἐστιν, entsprechend VL des Augustinus: *purificatio* (vgl. *qu.* 4,33,9), VL:Cod.Lugd.: *sanctificatio*, SEEBASS, *Numeri,* unter Verweis auf MILGROM: „Sünd-(Reinigungs-)Opfer". Aber selbst hier bleibt Vulg bei *pro peccato: in aquam aspersionis quia pro peccato vacca conbusta est.* Entsprechend z.B. NOTH, *Numeri:* „für ein ‚Wasser gegen Unreinheit'; [ein Sündopfer ist sie];" SCHMIDT, *Numeri:* „für ein Unreinheitswasser […], sie ist ein Sündopfer."

אָשָׁם. Dieses Wort hat ebenfalls eine Doppelbedeutung: sowohl ‚Schuld/Ersatzleistung' als auch ‚Schuldopfer'. – Ist es schon in TM nicht leicht, zwischen beiden Bedeutungen zu unterscheiden, so wächst die Schwierigkeit in LXX. In Lev 7,7 verdeutlicht der Kontext: ὥσπερ τὸ περὶ τῆς ἁμαρτίας, οὕτω καὶ τὸ τῆς πλημμελείας, νόμος εἷς αὐτῶν· – VL: *quomodo quod est pro peccato ita et id quod pro delicto, lex una est eorum* „Wie das Sündopfer, so das Schuldopfer – ein und dasselbe Gesetz gilt für sie."[23] In Lev 7,1 TM: וְזֹאת תּוֹרַת הָאָשָׁם ist die Bedeutung Schuldopfer in LXX nicht so deutlich, weil LXX, gefolgt von VL, hier das für das Schuldopfer vorgesehene Opfertier einsetzt: LXX: Καὶ οὗτος ὁ νόμος τοῦ κριοῦ τοῦ περὶ τῆς πλημμελείας SD: „Und dies ist das Gesetz für den Widder des Für-die-Verfehlung." – in VL entfällt sie gänzlich: *et ista est lex arietis qui pro delicto est* „Und dies ist das Gesetz über das Widderopfer, das für ein Vergehen vorgesehen ist."[24] Lev 5,25: TM: בְּעֶרְכְּךָ לְאָשָׁם Hieke, *Levitikus*: „nach dem Richtwert für ein Entschuldigungsopfer" oder Rendtorff, *Leviticus*: „als Schuldopfer". – In LXX und VL steht zwar das Verb „sich schuldig machen", aber es fehlt der *terminus technicus* Schuldopfer: τιμῆς εἰς ὃ ἐπλημμέλησεν SD: „im Wert dessen, hinsichtlich dessen er sich verfehlt hat". – VL: *pretio in quod deliquit* „entsprechend dem Preis für das, worin er sich vergangen hat."[25] Augustinus hat wohl das Schuldopfer in seiner Unterschiedenheit vom Sündopfer nicht erkannt.

עַל אִשֵּׁי יְהוָה. Diese Opferkategorie unklarer etymologischer Herkunft wird in LXX unterschiedlich wiedergegeben. In den *quaestiones in Leviticum* begegnet sie nur im Zitat Lev 4,35 in *qu.* 3,4 und 3,27,1. – LXX: ἐπὶ τὸ ὁλοκαύτωμα[26] – VL: *super holocaustoma*. Augustinus konnte somit nicht erkennen, daß hier ein eigener Opferterminus vorlag.

מִנְחָה – LXX gibt diese Opferart „Speiseopfer" in Lev stets durch θυσία wieder[27] – VL: *sacrificium*[28]. Augustinus konnte daher ‚Speiseopfer' nicht als Spezialterminus erkennen. Daß es sich bei dem *sacrificium* um ein Speiseopfer handelte, konnte er allerdings aus dem jeweiligen Kontext entnehmen.

Lev 6,16: וְכָל־מִנְחַת כֹּהֵן כָּלִיל תִּהְיֶה „Und jedes Speiseopfer eines Priesters soll ein Ganzopfer sein." – LXX identifiziert כָּלִיל als Brandopfer: καὶ πᾶσα θυσία ἱερέως ὁλόκαυτος ἔσται – VL, *qu.* 3,17: *et omne sacrificium sacerdotis holocaustum erit.*

---

[23] *Qu.* 3,20,1.   [24] Vgl. *qu.* 3,19.
[25] Augustinus unterlegt dem V 5,25 eine ausgefallene Syntax; vgl. *qu.* 3,9.
[26] WEVERS, *Leviticus* 7: Der LXX-Übersetzer verstand diesen Terminus als eine allgemeine Bezeichnung für ein Opfer, vermutlich eines, das verbrannt wurde.
[27] Vgl. WEVERS, *Leviticus* 13.
[28] Vgl. *qu.* 3,14 (zu Lev 6,13); 3,17 (zu Lev 6,16). In Lev 9,4 hat LXX, gefolgt von VL, sogar „Weizenfeinmehl" anstelle des Opferterminus in TM: ,מִנְחָה‚ „Opfer, Speiseopfer"; vgl. *qu.* 3,26,1.

Auch diesen Spezialterminus ‚Ganzopfer' konnte Augustinus nicht wahrnehmen.

Exkurs: Fürbitte statt Sühne

Augustinus zitiert in *qu. in Ex* eine und in *qu. in Lev* vierzehn Bibelstellen, in denen TM das Verb כפר hat:[29]

Ex 30,10 (*qu.* 2,133):
כפר על + Räucheraltar - ἐξιλάσεται ἐπ' αὐτὸ - *depropitiabit vel exorabit*[30] *super - deprecabitur super.*
כפר על + Räucheraltar - καθαριεῖ αὐτὸ - *purificabit*[31] *illud - placabit super eo.*
Lev 4,35 (*qu.* 3,27,1):
כפר על + Delinquent - ἐξιλάσεται περὶ αὐτοῦ - *exorabit*[32] *pro eo - rogabitque pro eo.*
Lev 5,6 (*qu.* 3,2):
כפר על + Delinquent - ἐξιλάσεται περὶ αὐτοῦ - *exorabit*[33] *pro eo - orabitque pro eo.*
Lev 5,16 (*qu.* 3,20,5):
כפר על + Delinquent - ἐξιλάσεται περὶ αὐτοῦ - *exorabit*[34] *pro eo - rogabit pro eo.*
Lev 5,18 (*qu.* 3,7 und 3,20,5):
כפר על + Delinquent - ἐξιλάσεται περὶ αὐτοῦ - *exorabit*[35] *pro eo - orabit pro eo.*
Lev 5,26 (LXX: 6,7) (*qu.* 3,20,5):
כפר על + Delinquent - ἐξιλάσεται περὶ αὐτοῦ - *exorabit*[36] *pro eo - rogabit pro eo.*
Lev 6,23 (LXX: 6,30) (*qu.* 3,18):
כפר ב + Heiligtum - ἐξιλάσασθαι ἐν τῷ ἁγίῳ - *exorari*[37] *in sancto - ad expiandum in sanctuario.*
Lev 9,7 (*qu.* 3,27,1):
כפר בעד + Delinquent - ἐξίλασαι περὶ σεαυτοῦ - *exora pro te - deprecare pro te.*
Lev 10,17 (*qu.* 3,36,2):
כפר על + Delinquent - ἐξιλάσησθε περὶ αὐτῶν (= Delinquent) - *exoretis*[38] *pro eo* (= *pro peccato*) - *rogetis pro ea* (= Delinquent)[39].
Lev 12,7 (*qu.* 3,40,2):

---

[29] Nach TM und LXX wird der Wortlaut der VL des Augustinus und der Vulg genannt. Die abweichenden Formen der VL:Cod.Lugd. werden in Anmerkungen ergänzt.
[30] VL:Cod.Lugd.: nur *exorabit*.   [31] VL:Cod.Lugd.: *purificavit*.   [32] VL:Cod.Lugd.: *propitiavit*.
[33] VL:Cod.Lugd.: *propitiavit*.   [34] VL:Cod.Lugd.: *propitiabit*.   [35] VL:Cod.Lugd.: *propitiabit*.
[36] VL:Cod.Lugd.: *propitiabit*.   [37] VL:Cod.Lugd.: *propitiare*.   [38] VL:Cod.Lugd.: *propitietis*.
[39] TM und LXX haben Plural: „für sie" (= die Gemeinde), Vulg hat im gleichen Sinn Sgl: *pro ea* (= *multitudo*); das neutrische Pronomen in *pro eo* der VL des Augustinus kann sich dagegen nur auf das zuvor genannte *peccatum* beziehen. VL:Cod.Lugd. hat die pronominale Ergänzung ganz weggelassen.

כפר על + die zu Reinigende - ἐξιλάσεται περὶ αὐτῆς - *exorabit*[40] *pro ea - rogabit pro ea.*
Lev 12,8 (*qu.* 3,40,2):
כפר על + die zu Reinigende - ἐξιλάσεται περὶ αὐτῆς - *exorabit*[41] *pro ea - orabitque pro ea.*
Lev 16,16 (*qu.* 3,53,1-3):
וְכִפֶּר עַל־הַקֹּדֶשׁ - ἐξιλάσεται τὸ ἅγιον - *exorabit pro sanctis*/[42]*exorabit sanctum - expiet sanctuarium.*
Lev 16,20 (*qu.* 3,54):
כַּפֵּר אֶת־הַקֹּדֶשׁ - ἐξιλασκόμενος τὸ ἅγιον - *exorans sanctum*[43] - *emundarit sanctuarium.*
Lev 16,33 (*qu.* 3,55):
וְכִפֶּר אֶת־מִקְדַּשׁ הַקֹּדֶשׁ - ἐξιλάσεται τὸ ἅγιον τοῦ ἁγίου - *exorabit*[44] *sanctum sancti - expiabit sanctuarium.*
Lev 17,11 (*qu.* 3,57,1):
לְכַפֵּר עַל־נַפְשֹׁתֵיכֶם - ἐξιλάσκεσθαι περὶ τῶν ψυχῶν ὑμῶν - *exorare*[45] *pro animabus vestris - in eo expietis pro animabus vestris.*
בַּנֶּפֶשׁ יְכַפֵּר - ἀντὶ τῆς ψυχῆς ἐξιλάσεται - *pro anima exorabit*[46] - *pro animae piaculo sit.*

In allen obigen Belegen – sie entstammen dem priesterlichen Schrifttum – begegnet das vielfältig konstruierte[47] und in seiner Bedeutung für antike wie moderne Ausleger schwer faßbare Verb כפר D-Stamm im Kontext eines kultischen Blutritus und deutet diesen bzw. erklärt seine Wirkung. Der vom Priester vollzogene כפר-Blutritus – in allen obigen Belegen ist daher der Priester Subjekt[48] – setzt häufig eine für den Menschen mit Todesgefahr verbundene Störung des Verhältnisses Gott-Mensch voraus und „führt zur göttlichen Vergebung der Sünde, die ihrerseits Anlaß für die Darbringung des Sünd- oder Schuldopfers war."[49] Das כפר-Ritual bewirkt *„die von Gott her ermöglichte, im kultischen Geschehen Wirklichkeit werdende und hier dem Menschen zugute kommende Aufhebung des Sünde-Unheil-Zusammenhangs"*[50] und macht den Menschen wieder kultfähig. Jedoch tritt „der Gedanke der Verfehlung [...] in einer Reihe von Belegen von *kipper* völlig in den Hintergrund: ‚Versöhnung' muss auch dann erwirkt werden, wenn von Seiten des Menschen keinerlei Fehlverhalten vorliegt. Das gilt für die Frau, die entbunden hat (die ‚Wöchnerin'; Lev 12)

---

[40] VL:Cod.Lugd.: *propitiabit*. [41] VL:Cod.Lugd.: *propitiabit*. [42] VL:Cod.Lugd.: *propitiabit*.
[43] VL:Cod.Lugd.: *propitians sanctum*. [44] VL:Cod.Lugd.: *propitiabit*. [45] VL:Cod.Lugd.: *propitiare*. [46] VL:Cod.Lugd.: *propitiabitur*.
[47] Vgl. dazu JANOWSKI, *Sühne* 105-110.185-189.
[48] Nur in Lev 17,11 sind alle Israeliten bzw. die JHWH-Gemeinde das Subjekt des Infinitivausdrucks, und im letzten Satz des Verses ist das Blut Subjekt.
[49] JANOWSKI, *Sühne* 359. [50] JANOWSKI, *Sühne* 359.

ebenso [...] wie für das Haus, das von Schimmelpilzen gereinigt wurde [...] Das Ritual [...] ermöglicht es, die Verunsicherung über das Irreguläre aufzufangen und die betroffenen Menschen wieder in den Kult zu integrieren, sobald das störende und irritierende Phänomen verschwunden ist."[51] Die Belege Lev 4,35; 5,16; 5,18; 5,26 kombinieren die „Versöhnungsformel" und die „Vergebungsformel".[52] Die Versöhnungsformel „handelt von der kultischen Tätigkeit des Priesters. „וכפר הכהן bedeutet, daß der Priester das Opfer dem vorgeschriebenen Ritus entsprechend vollzogen hat [...] bzw. vollzieht [...] Besonders wichtig ist dann die Fortsetzung mit על. Das Wort hat hier die Bedeutung ‚für, zugunsten von' [...] Der Priester vollzieht das Opfer für denjenigen bzw. diejenigen, die in der Einleitung des jeweiligen Ritualabschnitts genannt sind."[53] Die Vergebungsformel beschreibt „die Tätigkeit Gottes (‚vergeben' im Sinne einer Wiederherstellung der gebrochenen Gottesbeziehung)."[54] Der Mensch hat kein Recht auf diese Vergebung, aber sie ist ihm von JHWH durch die Kultgesetze für den Fall der exakten Ausführung des Ritus zugesagt.

כפר D-Stamm in kultischem Kontext wird mit ‚sühnen, Versöhnung erwirken, gnädig stimmen' übersetzt, wenn Menschen betroffen sind, mit ‚entsühnen, reinigen', wenn der Ritus kultische Gegenstände betrifft.[55] In allen obigen Belegen wählt LXX für כפר D-Stamm eine Form von ἐξιλάσκομαι.[56] Im Gegensatz zu profanen griechischen Texten, in denen dieses Verb „häufig menschliche Anstrengungen [bezeichnet], welche die Besänftigung einer Gottheit zum Ziel haben," ist „speziell in kultischen Texten der LXX [...] Gott niemals grammatikalisches Objekt."[57] In den Fällen, in denen ἐξιλάσκομαι כפר übersetzt, lassen sich „diese Verwendungsweise und dieser Sinn [...] nur schwer vom normalen Griechischen her verstehen. Die griechische Bedeutung gilt am ehesten dort, wo die Form ‚X ἐξιλάσεται Y (als Kultgegenstand)' verwendet wird. In solchen Fällen liegt der Sinn des Verbs sehr nahe an ‚reinigen' oder ‚entsühnen' [...] In den Fällen, in denen περί bzw. ὑπέρ im Sinne von ‚zugunsten' oder περί bzw. ἀπό im Sinn von ‚wegen' oder eine Kombination dieser beiden Möglichkeiten dem Verb nachgestellt ist, liegt eine der LXX eigene Verwendungsweise vor, die dem hebräischen Urtext zu verdanken ist."[58]

---

[51] HIEKE, *Levitikus* 136f.   [52] Vgl. HIEKE, *Levitikus* 134.   [53] RENDTORFF, *Leviticus* 179.
[54] HIEKE, *Levitikus* 134.
[55] EBERHART, *Studien* 262f.: „Da menschliche Unreinheit und Sünde doppelte Konsequenzen für Sünder und Heiligtum haben [...], korrespondiert dem ein doppelter Ritus zur Beseitigung der auf dem Menschen lastenden Schuld und der Verunreinigung des Heiligtums."   [56] Außer beim letzten Vorkommen in 10b; dort sagt LXX: – καθαριεῖ und ihr folgend VL: *purificabit*
[57] EBERHART, *Beobachtungen* 311.
[58] BREYTENBACH, *Versöhnung* 90f.

Während die LXX-Version somit dem Sinn der hebräischen Belege nahekommt, gilt dies nicht für die lateinischen Übersetzungen. Sie wählen für die obigen Belege überwiegend Verben, die keinen kultischen Ritus beschreiben.[59] Die VL des Augustinus sagt in allen Lev-Belegen: *exorare* „inständig bitten",[60] nur in Ex 30,10 gibt sie als Alternative dazu auch *depropitiare* „günstig stimmen, versöhnen" an und übersetzt den weiteren Beleg im Vers (mit LXX) durch *purificare* „reinigen"[61]. VL:Cod.Lugd. hat in den Lev-Belegen durchgehend *propitiare* „besänftigen, versöhnen, sich geneigt machen", nur in Ex 30,10 *exorare* und *purificare*. Dem entspricht in den meisten Fällen Hieronymus in der Vulg durch *rogare* „bitten" bzw. in stilistischer Variation *orare* „bitten". Allerdings bietet Hieronymus auch eine Anzahl anderer Verben: *deprecari* „inständig bitten, Fürbitte einlegen" und *placare* „besänftigen, versöhnen" in Ex 30,10; *expiare* „versöhnen, besänftigen, reinigen, entsündigen, sühnen" in Lev 6,23; 16,16; 16,33; 17,11; *deprecari* in Lev 9,7; *emundare* „völlig reinigen" in Lev 16,20; *piaculo esse* „zur Sühne dienen" in Lev 17,11.[62]

Stanislas Lyonnet wies anhand dieser Übersetzungspraktiken zuerst nach, daß Hieronymus beabsichtigte, das כפר-Ritual an eine Interzession anzugleichen,[63] anschließend untersuchte er VL-Belege, vor allem in VL:Cod.Lugd., und verallgemeinerte dann seine These dahingehend, für die lateinischen Übersetzer insgesamt handle es sich bei den von TM durch כפר, von LXX durch ἐξιλάσκομαι ausgedrückten Handlungen hauptsächlich um Fürbitten.[64] Schon Lyonnet

---

[59] Die Bedeutungsangaben sind im folgenden GEORGES, *Handwörterbuch* entnommen. Die Stellenangaben entsprechen der hebräischen Zählung, auch wo LXX, VL und Vulg abweichen. Deren Stellenangaben sind in der obigen Zitate-Sammlung angeführt.
[60] GEORGES, *Handwörterbuch* gibt als weitere Bedeutung an: „durch Bitten besänftigen". BAC und NBA machen das gesamte damit verbundene Problem Augustins unsichtbar, indem sie eigenartigerweise *exorare* der VL durch Sühneterminologie übersetzen. Vgl. NBA qu. 3,2 zu Lev 5,6: *e il sacerdote compirà per lui il rito di espiazione;* qu. 20,5 zu Lev 5,16: *farà per lui il rito espiatorio;* qu. 3,27,1 zu Lev 4,35: *farà l'espiazione.* BAC an allen drei Stellen: *hará la expiación.*
[61] Der Neue Georges gibt als weitere Bedeutung an: „entsühnen".
[62] SCHENKER, *Sühne* 335, stellt für die Vulgata insgesamt fest: „Die Vulg hat drei Äquivalente: beten *(orare, [de]precari, rogare),* besänftigen *(placare, propit-),* sühnen *(piaculum, expiare).*"
[63] LYONNET, *Expiation* 886.
[64] LYONNET, *témoignage* 166. Vgl. GESCHE, *Übersetzer* 72, die durch Auswertung der lateinischen Übersetzungsäquivalente in Jesus Sirach folgert: Die häufige Verwendung von Wörtern aus dem Wortfeld ‚beten' „zeigt die Abkehr von den Versuchen, Versöhnung durch kultische Akte zu erlangen. Die Versöhnung ist ein freiwilliger Akt Gottes; die Aufgabe des Menschen ist es, das Angebot anzunehmen. Diese Bereitschaft zeigt sich darin, dass der Mensch sich Gott zuwendet und dass er Gott für sich oder für

hatte als Voraussetzung für diese umdeutende Übersetzung der Lateiner die Zunahme des Motivs der Fürbitte im Frühjudentum verantwortlich gemacht. Roger Le Déaut, der ihm zustimmt, hat diesen Zusammenhang weiter ausgebaut und aufgewiesen, daß im Frühjudentum nicht nur die Gruppe der Fürbitter gegenüber dem AT stark ausgeweitet, sondern sühnende Fürbitte zu einer immer wichtigeren Funktion des Hohenpriesters wurde.[65]

Die Terminologie des Augustinus gibt Rätsel auf. In eigener freier Formulierung bzw. Paraphrase von VL-Belegen spricht Augustinus in den *quaestiones in Leviticum* durchaus von *expiare peccata* „Sünden sühnen", und zwar durch ein Opfer: *qu. 3,2: quo sacrificio possint expiari; qu. 3,7: ut certis generibus peccatorum certa genera quibus expientur sacrificiorum adhibenda sint; qu. 3,8: cum prius generaliter omnia ignorantiae peccata diceret illis quae commemoravit sacrificiis expianda; qu. 3,30,4: propter necessitatem alicuius in eo expiandi purgandique peccati.* Ebenso in den *quaestiones in Numeros: qu. 4,9: ariete, qui fuerat offerendus in sacrificium ad expiandum delictum;*[66] *qu. 4,24: quomodo expientur peccata; qu. 4,25: quemadmodum deo propitiato expiarentur.*[67] Und in den *quaestiones in Deuteronomium: qu. 5,38: expiari posse hoc peccatum.* Augustinus kennt also den von TM als כפר-Ritual formulierten liturgischen Ritus als Sünden sühnendes Opfer. Aber er zieht anscheinend daraus keine Konsequenzen für die oben zitierten vierzehn Belege.

Augustinus zieht zwar z.B. in Lev 16,16 (*qu.* 3,53,2-3) durchaus den griechischen Wortlaut der LXX heran, kritisiert aber die Wiedergabe von ἐξιλάσκομαι durch *exorare* nicht. Folglich konnte er in seiner VL zu Lev das spezifische Sühne-Motiv (der hebräischen und) der griechischen Fassung nicht wahrnehmen, oder er beachtete es nicht. Die Belege mit menschlichem Subjekt (überwiegend: Priester) + *exorare pro* + Person bereiteten ihm weder sachlich (Für-

---

andere um das Angebot der Versöhnung bittet." Vgl. auch LYONNET/SABOURIN, *Sin* 142-146: Durch die Umdeutung in Fürbitte wurde das mögliche Mißverständnis ausgeräumt, das im Rahmen des כפר-Rituals dargebrachte Opfer könne die Sühne bewirkt haben. Dies wäre aber bereits ein grobes Mißverständnis des alttestamentlichen כפר-Rituals. Vgl. JANOWSKI, *Sühne* 361 zu Lev 17,11: „Der Mensch (Laie/Priester) kann den Sühneritus vollziehen, weil Gott ihm dafür das tierische Opferblut als Sühnemittel gegeben hat. So ist der Mensch noch – und gerade – im Akt des Gebens (d.h. im Vollzug von Schlachtung und Blutritus) ein Beschenkter, weil der Empfänger der göttlichen Vor-Gabe des Sühnemittels Blut."

[65] LE DÉAUT, *Aspects*. Vgl. EGO, *Königsherrschaft* 369f.
[66] Obgleich die VL des Augustinus: *per quem exorabit in illo pro eo* und VL:Cod.Lugd.: *per quem deprecabitur in illo* hier in Num 5,8 bei der gewohnten Fürbitt-Terminologie bleiben.
[67] Obgleich VL:Cod.Lugd.: *depraecabitur* und Vulg: *rogabit, deprecabitur pro ea inpetrabitque ei veniam* in den Versen Num 15,25.28, auf die Augustinus sich bezieht, die Fürbitt-Terminologie beibehalten.

bitte für) noch sprachlich Probleme. Er zitiert sie, ohne auf sie einzugehen oder sie in eigener Formulierung wiederzugeben: Lev 4,35; 5,6.16.18.26; 9,7; 12,7.8. Dasselbe gilt für Lev 6,23 mit der Ortsangabe: *exorari in sancto* (Fürbitte im Heiligtum leisten). In *qu.* 3,53,1; 3,57,1.2 gebraucht Augustinus *exorare* auch in eigener Formulierung und sieht in der einschlägigen Wendung in Lev 17,11 eine Vorausbezeichnung Christi: *quoniam pro anima nostra exorat mediator ille, qui omnibus illis sacrificiis quae pro peccatis offerebantur praefigurabatur*. Große Probleme bereiten Augustinus hingegen die Belege Lev 16,16.20.33; 17,11.

In Lev 16,16 – vgl. *qu.* 3,53,1-3 – hat TM das singularische Objekt: וְכִפֶּר עַל־הַקֹּדֶשׁ „und er soll das Heiligtum entsühnen/reinigen"; dem folgt LXX: ἐξιλάσεται τὸ ἅγιον;[68] entsprechend dieser Bedeutung des Verbs schließt LXX die beiden von TM durch die Präposition מִן angebundenen Nominalgruppen jeweils durch die Präposition ἀπό an: „Und er soll das Heiligtum entsühnen von den Unreinheiten der Israeliten und von ihren Unrechtstaten".[69] Die VL setzt dafür die Präposition *ab* ein; das führt zu dem unschönen und schwer deutbaren Ausdruck: *exorabit ab immunditiis*.[70] Außerdem weicht die VL (auch Cod. Lugd) ab, indem sie das direkte Objekt in den Plural setzt;[71] da sie diesen wohl, wie auch Augustinus, im Genus masculinum auf Israeliten bezieht,[72] ändert sie schließlich gegenüber LXX die Konstruktion: statt direktem Objekt pronominales Objekt mit *pro*: *et exorabit pro sanctis ab inmunditiis filiorum Israhel et ab iniustitiis eorum et de omnibus peccatis eorum*. Der Vers kann nach dem Verständnis der VL daher wohl so wiedergegeben werden: „und er soll Fürbitte halten für die Heiligen [‚daß sie] von den Unreinheiten der Israeliten und von ihren Vergehen [gereinigt werden,] und von all ihrer Sünden." Diese letzte Präpositionalgruppe hat allerdings entsprechend TM und LXX abweichend die Präposition *de*. In TM ist es /=; Ernst Jenni[73] deutet die Funktion dieser präpositionalen Apposition als „generalisierende Reidentifikation": „kurz, alle". LXX entscheidet sich für die Präposition περί, deren Funktion nach Wevers[74] unklar ist, die aber wohl dasselbe wie /= in TM bedeuten soll; Wevers schlägt vor: „(as) concerning all

---

[68] Vgl. auch Vulg: *sanctuarium*.
[69] Übersetzung von SD.
[70] Gut verständlich dagegen Vulg: *expiet sanctuarium ab inmunditiis*.
[71] Innerhalb der LXX-Handschriften ist dieser Plural lediglich „in gn and the margins of Mvz" bezeugt (BILLEN, *Texts* 110).
[72] WEVERS, *Leviticus* 249: die LXX-Zeugen n s+ fügen vor dem Akkusativ die Präposition περί ein, die sonst in Lev gebraucht wird, wenn ἐξιλάσεται mit persönlichem Objekt konstruiert wird. WEVERS vermutet Übernahme von den ‚Drei'. Dieser Vers hat also den Übersetzern schon sehr früh Probleme bereitet.
[73] JENNI, *Lamed* 45f. Nr. 1715.
[74] WEVERS, *Leviticus*.

their sins". Da VL entgegen TM und LXX ein „und" hinzufügt, hat sie hingegen wohl trotz Wechsel der Präposition zu *de* mit *et de* ein drittes Präpositionalglied gleichgeordnet koordiniert.⁷⁵ Dieses Verständnis ist jedoch nicht sicher, da Augustinus gegen Ende von *qu.* 3,53,3 den Passus noch einmal zitiert, diesmal aber ohne *et* und diese dritte Präpositionalgruppe infolgedessen nicht dem verbalen Prädikat, sondern als Präpositionalattribut der vorausgehenden Präpositionalgruppe zuordnet: „*de omnibus peccatis eorum*", id est: quae iniustitiae veniebant de omnibus peccatis eorum „von all ihrer Sünden', d.h. die Vergehen, die von all ihren Sünden herrührten". Ist diese dritte Präpositionalgruppe vielleicht doch auch in VL im Sinn der LXX zu verstehen: „hinsichtlich all ihrer Sünden"?

Augustinus hat Probleme mit der Zuordnung der Vergehen zu den Heiligen und schlägt zunächst eine ganz andere Konstruktion vor: die beiden Präpositionalgruppen mit *ab* nicht vom Verb *exorabit*, sondern vom Adjektiv *sanctis* abhängen zu lassen: Fürbitte *pro eis qui sancti sunt ab inmunditiis filiorum Israhel non consentientes inmunditiis eorum* „für diejenigen, die heilig sind [und frei] von den Unreinheiten der Söhne Israel, da sie deren Unreinheiten nicht zustimmen". Daß der Priester aber dennoch auch für diese Fürbitte halten soll, begründet Augustinus so: „damit keiner meinte, sie seien derartig heilig gewesen, daß es nichts gäbe, weswegen für sie Fürbitte gehalten werden sollte *(ne quisquam putaret ita fuisse sanctos, ut nihil esset unde pro eis exoraretur)*, obwohl sie den Unreinheiten der Söhne Israel und ihren Vergehen entfremdet waren." Er erwägt als Alternative das Verständnis, das durch die obige Übersetzung der VL unterstellt wurde, weist sie aber zurück. Schließlich behauptet Augustinus: „Aber [das Verb] *exorabit* kann nur in dem Sinn angenommen werden, den das andere Verb *propitiabit* (er soll gnädig stimmen) hat."⁷⁶ Das übernimmt er hier in seine Deutung, indem er von den Heiligen sagt, daß sie trotz ihrer Heiligkeit *habent tamen aliquid propter quod eis necessaria sit propitiatio dei*. Augustinus bleibt jedoch auch weiterhin bei *exorare*, er verwendet sonst außer in *qu.* 3,53,2-3 *propitiare* nicht.

Augustinus läßt aber auch eine textkritische Variante zu. Die bisher zitierte und ausgelegte Version hat er außer in seinem VL-Kodex *in tribus aliis codicibus, uno Graeco et duobus Latinis,* gefunden. In einem griechischen Kodex, von dem er vermutet: *si tamen ille codex verior est, qui emendatior*⁷⁷ *videbatur*, liegt ihm jedoch

---

⁷⁵ So versteht es auch Vulg, die die abweichende Präposition ganz wegläßt: *cunctisque*.
⁷⁶ Dieses Verb hat hier VL:Cod.Lugd. Auf sein eigenes VL-Exemplar, das in Ex 30,10 *propitiabit* als Alternative zu *exorabit* bietet, bezieht er sich nicht.
⁷⁷ SCHIRNER, *Inspice* 231: „Das Adjektiv *emendatus* bzw. der Komparativ davon könnte zwar auf eine an den Handschriften vollzogene Verbesserungstätigkeit hinweisen;

bezüglich des Objekts die exakte Übersetzung der LXX (= TM) vor: *et exorabit sanctum*. Der Ausweg, dies im Sinn der im Lateinischen üblichen Konstruktion mit persönlichem Objekt zu verstehen: „Den Heiligen = Gott durch Bitten besänftigen", verbaut ihm der neutrische Ausdruck τὸ ἅγιον. Wenn man es auch im Lateinischen als Neutrum (und nicht als acc.m.sgl.) faßt, ist auch der Ausweg verschlossen, unter dem *sanctum* den Hl. Geist zu verstehen, denn *spiritus sanctus* ist im Lateinischen *masculinum*. So bleibt Augustinus auf dieser Textgrundlage schließlich nur der Bezug auf das Heiligtum und damit das Verständnis, das ohnehin in LXX (und TM) vorliegt[78] und das er nun sogleich auf seine pluralische Textversion anwendet; sie hat nämlich den Vorteil, daß in ihr *exorare* mit *pro* und nicht mit direktem Objekt konstruiert ist: *quod potest et sic accipi, ut non pro sanctis hominibus, sed pro his quae sancta sunt intellegatur, id est tabernaculo ipso et quaecumque in eis essent sanctificata domino; ut hoc sit exorabit pro sanctis ab inmunditiis filiorum Israhel: propitiabit deum pro his quae sanctificata sunt domino ab inmunditiis filiorum Israhel, quia in medio eorum erat tabernaculum.* „Das kann man auch so auffassen, daß es sich nicht auf heilige Menschen, sondern auf diejenigen [Gegenstände] bezieht, die heilig[79] sind, d.h. auf das Zelt selbst und auf alle dem Herrn geweihten [Gegenstände], die sich in ihm befinden; so daß *exorabit pro sanctis ab inmunditiis filiorum Israhel* folgendes bedeutet: Er soll Gott gnädig stimmen für die [Gegenstände], die dem Herrn geweiht [und dadurch] von den Unreinheiten der Söhne Israel [gereinigt sind], denn das Zelt stand in deren Mitte."

Freilich entkommt Augustinus nicht den Wendungen mit *exorare* und direktem Objekt. Er muß in *qu.* 3,54 Lev 16,20: *perficiet exorans sanctum* und in *qu.* 3,55 Lev 16,33: *exorabit sanctum sancti* auslegen. Wie kam es zu diesem für christliche Laien wohl unverständlichen lateinischen Barbarismus, *exorare* mit sächlichem direktem Objekt zu konstruieren? Stanislas Lyonnet erklärt dies wohl zu Recht mit einer mechanischen Übersetzungstechnik *(„quite mechanically")* der VL.[80] D.h. da man gewohnt war, ἐξιλάσκομαι, wo es (im Sinn von ‚Sühne erwirken') auf Personen bezogen war, durch *exorare* (im Sinn von ‚Fürbitte halten') zu über-

---

wahrscheinlicher ist jedoch eine Verwendung als generelles Qualitätsurteil (im Sinne der deutschen Bedeutung ‚fehlerfrei, korrekt')."
[78] Lev. 16,16: *Et exorabit sanctum* entspricht και ἐξιλάσεται τὸ ἅγιον, das wörtlich TM wiedergibt, allerdings bedeutet: „Und er soll das Heiligtum entsühnen" (vgl. Vulg: *et expiet sanctuarium*). WEVERS, *Leviticus*: Wenn sich ἐξιλάσεται auf ein personales Objekt bezieht, konstruiert LXX das Verb mit περί, wenn es sich auf einen Gegenstand bezieht, dagegen mit Akkusativobjekt. VL gibt diese Konstruktionsweisen exakt wieder, ohne auf daraus resultierende Versändnisproblem für *exoro* Rücksicht zu nehmen.
[79] *Sancta* im *genus neutrum*.
[80] LYONNET in LYONNET/SABOURIN, *Sin* 143.

setzen, setzte man auch in den Fällen, in denen ἐξιλάσκομαι (im Sinn von ‚entsühnen, reinigen') auf heilige Gegenstände bezogen war, *exorare* (im Sinn von ‚gnädig stimmen für/versöhnen bezüglich') gleichsam als feststehenden *terminus technicus* ein und ahmte dabei – ohne Rücksicht auf die sprachliche Härte – auch die Syntax der griechischen Vorlage nach. Augustinus hat hier daher nur die Möglichkeit, einerseits den Wortlaut der VL zu zitieren und andererseits dessen Sinn zu umschreiben, ohne damit philologisch verständlich machen zu können, wieso diese Wendung der VL diesen Sinn haben kann.

In *qu.* 3,54 läßt Augustinus offen, ob durch *perficiet exorans sanctum* das Heiligtum gemeint ist (im Sinn von: ‚Gott für das Heiligtum gnädig stimmen' bzw. ‚Gott durch Vollendung des Heiligtums, durch seine vollkommene Heiligung gnädig stimmen') oder doch der Hl. Geist, der gnädig gestimmt wird. In *qu.* 3,55 bietet Augustinus für *exorabit sanctum sancti* folgende Deutungsalternativen an: *exorabit in sancto sancti* „Er soll im Allerheiligsten Fürbitte halten" oder *ibi exorabit deum* „Er soll dort [im Allerheiligsten] Gott anflehen" oder „er soll den heiligen Geist des heiligen Gottes anflehen" oder *exorando purgabit* „er soll inständig bittend reinigen".

Vor eine ganz andere Schwierigkeit stellen Augustinus schließlich die Wendungen Lev 17,11. Hier ist für ihn nicht die Bedeutung des Verbs *exorare* oder dessen Objekt problematisch, sondern sein Subjekt. VL: *anima enim omnis carnis sanguis eius est* „die Seele eines jeden Fleisches ist sein Blut"[81] und *sanguis enim eius*

---

[81] Der Satz begegnet zweimal: 17,11.14. 17,11: „Denn die Seele/das Leben des Fleisches – (im) Blut ist sie/es." 17,14: „Denn die Seele/das Leben allen Fleisches – sein Blut – seine Seele/sein Leben ist es [...] denn die Seele/das Leben allen Fleisches – sein Blut ist sie/es" (zur Syntax vgl. GROSS, *Pendenskonstruktion* 168f.). ‚Allen' und ‚sein' (bei Blut) stehen nach TM nur in V 17,14, der auch syntaktisch leicht variiert; LXX, gefolgt von VL, hat beides in 17,11 ergänzt. 17,11 כִּי נֶפֶשׁ הַבָּשָׂר בַּדָּם הוּא. Die Präposition ב , die in der Parallele V 14 fehlt, kann als Lokalpräposition oder, in Sinnangleichung an V 14, als *bet essentiae* verstanden werden. Entsprechend variieren die Übersetzungen bis heute. Vgl. z.B. ELLIGER, *Leviticus*: „Die Seele des Fleisches sitzt im Blut". HIEKE, *Levitikus*: „Das Leben des Fleisches ist im Blut." Zürcher Bibel 2007, entsprechend JENNI, *Beth* 89 (Nr. 1122): „Das Leben des Fleisches ist das Blut." LXX, gefolgt von VL, hat sich für *bet essentiae* entschieden (falls sie nicht einfach an V 14 angeglichen hat), Vulg dagegen für Lokalpräposition: *anima carnis in sanguine est* (sie hat dafür V 14 an V 11 angeglichen). Bedeutsam ist, daß TM nicht das Wort für Leben im allgemeinen, sondern für das Leben des Individuums gebraucht, indem er das schwierig in Übersetzung exakt wiedergebbare נֶפֶשׁ verwendet, das, wie hier von LXX (ψυχή), VL und Vulg *(anima)*, oft mit ‚Seele' übersetzt wird, aber auch ‚Kehle, Gier, Lebenskraft' bedeutet und als Reflexivpronomen gebraucht wird.

pro anima exorabit „sein Blut soll nämlich für die Seele Fürbitte leisten" (*qu.* 3,57,1-3).[82]

Den ersten Satz deutet Augustinus so: Die Seele (= das zeitliche, sterbliche Leben) eines jeden Fleisches (= körperlichen Lebewesens) ist sein Blut. Das mag für Tiere gelten. Die unsterbliche Seele des Menschen aber wird durch das Blut lediglich symbolisiert.

Wegen dieser Gleichsetzung von Seele und Blut im ersten Satz kann Augustinus dem zweiten Satz seinem Wortsinn nach nur Unsinn entnehmen. Er benennt drei unsinnige Aussagen, die keine dem Willen Gottes entsprechende wirksame Fürbitte bezeichnen können: Die sterbliche Seele (des Opfertieres) hält Fürbitte für die unsterbliche Seele (des Menschen). Das Blut (des Opfertieres) hält Fürbitte für das Blut (des Menschen). Das Blut des Opfertieres hält Fürbitte für die unsterbliche Seele des Menschen (abgelehnt unter Hinweis auf Hebr 10,4). So bleibt nur die typologisch-christologische Deutung: *pro anima nostra exorat mediator ille, qui omnibus illis sacrificiis quae pro peccatis offerebantur praefigurabatur* „Jener Mittler, der durch alle jene Sündopfer vorausbezeichnet wurde, hält Fürbitte für unsere Seele."

Augustinus hat anscheinend das Theologoumenon der Sühne/Entsühnung in der *quaestio in Leviticum* nicht in seiner spezifischen Bedeutung wahrgenommen, sondern die Belege, wie seine VL-Belege nahelegten, als Fürbitte gedeutet. Obgleich er die Wendung *expiare peccatum* kannte und auch gelegentlich verwendete, blieb er in seiner Auslegung beim Bedeutungsspektrum von ‚fürbitten, besänftigen, gnädig stimmen', soweit das Leitwort seiner VL: *exorare* sich auf Personen bezieht; wo *exoro* sich auf heilige Gegenstände bezieht, kann er sich – vor allem wenn es mit direktem Objekt konstruiert wird –, zu keiner eindeutigen Lösung durchringen, erwägt aber u.a. die Bedeutung ‚reinigen'.

---

[82] TM: כִּי־הַדָּם הוּא בַּנֶּפֶשׁ יְכַפֵּר. Vgl. JANOWSKI, *Sühne* 244-247.435-437 (Literatur!): Wegen der Vieldeutigkeit der Präposition ב sind mehrere Deutungen möglich: (a) *bet instrumenti*: ‚Denn das Blut – durch die Lebenskraft (sc. des Opfertieres) sühnt es'; (b) *bet essentiae*: ‚Denn das Blut – als die Lebenskraft (sc. des Opfertieres) sühnt es.' (c) *bet pretii*: ‚denn das Blut – für/um den Preis der Lebenskraft (sc. des Opfertieres)' sühnt es; (d) ‚denn das Blut – anstelle der Lebenskraft (sc. des Opfernden) sühnt es.' „Sein Blut" – so LXX und VL – ist das Blut des Opfertieres, denn es geht folgender Satz unmittelbar voraus: *dedi vobis eum ad altare dei* „Ich habe es (das Blut) euch auf dem Altar Gottes gegeben." LXX verwendet die Präposition ἀντί: τὸ γὰρ αἷμα αὐτοῦ ἀντὶ τῆς ψυχῆς ἐξιλάσεται. „Sein Blut wird anstelle der Seele sühnen." Auch hier ist eine doppelte Deutung (mit unterschiedlicher Wahrscheinlichkeit) möglich: anstelle der Lebenskraft des Opfernden (vgl. SDE 387); anstelle der Lebenskraft des Opfertieres (BdA). Auch das *pro* der VL könnte im Sinn der LXX als ‚anstelle' verstanden werden; jedoch liegt die Deutung ‚für' entsprechend der Verwendung von *exorabit pro* in *qu.* 3,53,1-3 näher.

TEXT UND ÜBERSETZUNG

LIBER TERTIUS. QUAESTIONES LEVITICI

1 *Si autem anima peccaverit et audierit vocem iurationis et ipse testis fuerit aut viderit aut conscius fuerit, si non nuntiaverit, et accipiet peccatum*, hoc est: *Si non nuntiaverit, accipiet peccatum*. Quod enim additum est *et*, locutionis est usitatae in scripturis. Verum iste sensus quia obscurus est, exponendus videtur. Hoc enim videtur dicere, peccare hominem, quo audiente iurat aliquis falsum, et scit eum falsum iurare et tacet. Tunc autem scit, si ei rei de qua iuratur testis fuit aut vidit aut conscius fuit, id est aliquo modo cognovit aut oculis suis conspexit aut ipse qui iurat illi indicavit; ita enim potuit esse conscius. Sed inter timorem huius peccati et timorem proditionis hominum non parva existit plerumque tentatio. Possumus enim paratum ad periurium admonendo vel prohibendo a tam gravi peccato revocare; sed si non audierit et coram nobis de re quam novimus falsum iuraverit, utrum prodendus sit, si proditus etiam in periculum mortis incurrat, difficillima quaestio est. Sed quia non hic expressit cui hoc indicandum est, utrum illi cui iuratur an sacerdoti vel cuipiam qui non solum eum persequi non potest inrogando supplicium sed etiam orare pro illo potest, videtur mihi quod se

---

Incipiunt questiones libri levitici *C (fol. 106ʳ)*, Incipiunt questiones levitici *P (fol. 96)*, *V (fol. 89)*, *T (fol. 95)*, Incipiunt quaestiones levitici *S (pag. 271)*, Incipit questiones levitici *N (fol. 94ᵛ p, fol. 67ᵛ n)* **1,1** autem...peccaverit] *om. n* | et¹] aut *P S V T Am. μ* | aut¹...2 fuerit *om. C¹ per homoiot.* **2** non¹] utique *add. C² P S V N T Am., fort. recte* | nuntiaverit¹] enuntiaverit *N* | et] *exp. V* | non²] utique *add. C² (s. l.) Am. μ, fort. recte* **3** et] *exp. V* **5** quo] quod *n* **6** tunc] hunc *n* | iuratur] iuratus *S N* | testis *om. P* | fuit] fuerit *P S V T Am. μ* **9** existit] exstitit *P S V T* | possumus] possum *T* **11** novimus] *om. P S*, nobis *V* **13** est¹ *om. N* | hic *om. P¹ S V Am. μ* **14** iuratur] adiuratur *P¹ V* | potest] possunt *S* **15** inrogando] inrogandum *C* potest *om. T*

---

[1] „Stimme eines Schwures" = Hebraismus: öffentlicher Schwur. TM hat jedoch nicht ‚Schwur', sondern „Fluch": אָלָה ; gemeint ist wohl die öffentliche Verfluchung eines unbekannt gebliebenen Täters, um eventuelle Zeugen des Verbrechens zur Aussage zu veranlassen: BAENTSCH, *Exodus* (z. St. in Lev); GERSTENBERGER, *Leviticus*.; vgl. Spr 29,24; LXX: ὁρκισμός LSL:„administration of an oath", Vereidigung; Vulg: *vocem iurantis*; die negative Färbung des hebräischen Wortes ist verloren gegangen, der juristische Kontext ist jedoch erschließbar. Augustinus vermutet aber einen anderen Kasus: einen Meineid.

[2] Wie in TM bedeutet auch in LXX und VL die ‚und'-Verbindung: ‚Wenn jemand gesündigt hat, indem [...]'

[3] Das biblische Hebräisch kennt sowohl parataktisches als auch hypotaktisches *w=*

DRITTES BUCH. FRAGEN ZUM BUCH LEVITICUS

qu. 3,1 (zu Lev 5,1)

1 „Falls aber jemand gesündigt und die Stimme eines Schwures[1] gehört hat[2] und persönlich Zeuge war oder [es] gesehen oder [davon] erfahren hat, wenn er [es] nicht angezeigt hat, und er wird sich die Sünde zuziehen", das bedeutet: „Wenn er [es] nicht angezeigt hat, wird er sich die Sünde zuziehen." Das ‚und', das hinzugefügt ist, gehört zur üblichen Ausdrucksweise in den Schriften.[3] Aber der Sinn jener Stelle muß, wie mir scheint, dargelegt werden, da er dunkel ist. Das Schriftwort scheint nämlich folgendes zu besagen: Eine Person sündigt, die hört, wie jemand etwas Unwahres schwört, und weiß, daß er etwas Unwahres schwört, und schweigt. Sie weiß es aber dann, wenn sie Zeuge dieses Sachverhalts war, auf den der Schwur sich bezieht, oder ihn gesehen oder davon erfahren hat, d.h. wenn sie auf irgendeine Weise davon Kenntnis erlangt oder es mit eigenen Augen gesehen hat oder wenn derjenige, der schwört, es seinerseits jener Person angezeigt hat; so nämlich konnte sie davon erfahren haben. Aber zwischen der Furcht vor jener Sünde und der Scheu vor der Anzeige von Personen ist man zumeist zu einer sehr schwierigen Entscheidung gezwungen. Wir können nämlich jemanden, der im Begriff steht, einen Meineid zu leisten, von einer so schweren Sünde abhalten, indem wir ihn ermahnen oder es ihm untersagen; aber es ist ein sehr schwieriges Problem, ob man ihn, wenn er nicht [auf uns] gehört und vor uns über einen uns bekannten Sachverhalt Unwahres geschworen hat, auch dann anzeigen soll, wenn er infolge der Anzeige in Todesgefahr geriete. Weil aber die Schrift hier nicht ausgeführt hat, wem man das anzeigen soll, ob jenem, dem er den Eid leistet, oder einem Priester oder sonst irgendeinem, der ihn nicht nur nicht durch Verhängung einer Strafe verfolgen, sondern sogar für jenen eintreten kann, scheint es mir, daß der Mann sich auch

---

(‚und'), insbesondere ist solches hypotaktisches *w*= üblich, wenn auch nicht obligatorisch zwischen Protasis und Apodosis eines Konditionalgefüges (sog. *waw apodoseos*). Eine Übersetzung in indogermanische Sprachen, die dieses letztgenannte *w*= durch parataktisches ‚und' wiedergibt (wie VL), ist nur scheinbar wörtlich, in Wirklichkeit zielsprachlich schlicht falsch. Augustinus erkennt es als Hebraismus und erklärt es grundsätzlich richtig. Allerdings ist Lev 5,1-5 TM sehr umständlich und mit derart vielen *w*= formuliert, daß auch moderne Übersetzungen darin variieren, wo sie den durch *w*= eröffneten Hauptsatz ansetzen. Meist wird angenommen, daß die Apodosis erst nach den vier aufgezählten Unterfällen in V 5 folgt. Da Augustinus die Funktion des hypotaktischen *w*= (in seiner Wiedergabe durch VL) geklärt hat, wird im folgenden in der Übersetzung der VL-Zitate ein derartiges *et* nicht durch ‚und', sondern durch ‚so, dann' oder gar nicht wiedergegeben, aber durch [und] angezeigt

homo solvat etiam a peccati vinculo, si indicet talibus, qui magis possunt prodesse quam obesse periuro sive ad corrigendum eum sive ad deum pro illo placandum, si et ipse confessionis adhibeat medicinam.

2 Post hoc autem peccati genus, quod de periurio alicuius non indicato commemoravit, nullum pro eo sacrificium iussit offerri; sed deinde subiunxit: *Anima quaecumque tetigerit omnem rem inmundam aut morticini aut a fera capti inmundi aut eorum quae sunt morticina abominationum inmundarum, morticinum iumentorum inmundorum aut tetigerit ab inmunditia hominis, ab omni inmunditia eius, quam si tetigerit* 5 *inquinabitur, et latuerit eum, post hoc autem cognoverit et deliquerit.* Neque hic sacrificium pro isto genere peccati quod offerretur commemoravit, sed adhuc adiecit et ait: *Anima quaecumque iuraverit distinguens labiis malefacere aut benefacere secundum omnia quaecumque distinxerit homo cum iureiurando, et latuerit eum, et id cognoverit, et peccaverit unum ex his, et confessus fuerit peccatum, pro quo peccavit adversus ipsum.* His 10

---

17 obesse] esse V | periuro] periurio $C P S T^1$ | sive¹] si vel C 2,3 inmundam] in mundum C | morticini] morticinum N | capti inmundi] captammundi n 5 inmundorum *om.* N | ab inmunditia] *Am.* μ ζ *(cf. qu. 3 l. 343,34; loc. 3,6 l. 21),* inmunditiam $C P S V N T$ | eius] cuius $C S V N T$ *(at cf. ibid.)*   6 latuerit] laverit $P^1 S$ | hoc] quam S 7 quod] quid $P S N$ offerretur] offeretur C, offeratur $P S V N T$ 8 aut benefacere *om.* N 9 id] ideo N

---

⁴ Vgl. Lev 5,5.
⁵ Während TM in klarer Formulierung drei Arten unrein machender Kadaver (unreine wilde Tiere, unreine Haustiere, unreine Kleintiere) aufzählt, ist bereits LXX verwirrend. WEVERS, *Leviticus* 53: „The translator was obviously rather confused." BdA versucht, etwas Ordnung in die Formulierungen zu bringen. Jedenfalls aber war derjenige, der die VL-Version schuf, „rather confused" und erzeugte eine sehr verwirrende Syntax.
⁶ Der Versanfang hat den Übersetzern Probleme bereitet. War ihnen das hebräische Wort לְבַטֵּא unbekannt? TM hat: תִּשָּׁבַע לְבַטֵּא בִשְׂפָתָיִם „jemand, der schwört, indem er unbedacht mit seinen Lippen redet" (RENDTORFF, *Leviticus*). RENDTORFF deutet dies überzeugend dahin, „daß ihm der Schwurcharakter seines unbedachten Ausspruchs nicht bewußt war, denn anders als bei der Berührung mit Unreinem (V. 2f.) kommt ja bei einem eigenen Ausspruch eine völlige Unkenntnis nicht in Betracht" (S. 193). LXX dagegen: διαστέλλουσα „indem er unterscheidet/bestimmt/festlegt/deutlich formuliert". Sie wählt somit den Kasus eines überlegten, aber dann vergessenen Schwures. Vulg weicht aus auf unspezifisches *et protulerit labiis suis* und bekräftigt durch *oblitaque* das Verständnis, der durchaus bewußt geäußerte Schwur sei vergessen worden. VL: Cod. Lugd. weicht ganz ab und ist schwer verständlich: *anima quaecumque superauerunt homo cum iureiurando.* Augustinus, dessen VL sagt: *iurauerit distinguens,* legt das zwar im folgenden aus: *falsum quisquam nesciens iurat,* kann aber, weil er *distinctio* in der folgenden *quaestio* als

von der Fessel der Sünde befreien kann, wenn er es solchen Personen anzeigt, die dem Meineidigen eher nützen als schaden können, sei es, indem sie ihn zurechtweisen, sei es indem sie Gott mit jenem versöhnen, wenn er auch seinerseits das Heilmittel des Bekenntnisses anwendet.[4]

qu. 3,2 (zu Lev 5,2-6)

2 Nach dem aber, was die Schrift zu dieser Sündenart des nicht angezeigten Meineids einer Person ausgeführt hat, hat sie kein Opfer dafür darzubringen befohlen; sondern sie hat anschließend hinzugefügt: „Jeder auch immer, der irgendetwas Unreines berührt hat, sei es eines Leichnams oder eines gefangenen unreinen wilden Tieres, sei es derjenigen Dinge, die zu den Kadavern der unreinen Greuel gehören, der den Kadaver unreiner Lasttiere,[5] oder etwas Unreines von einem Menschen, von jeglichem Unreinen des Menschen berührt hat, durch dessen Berührung er unrein wird, und dem es verborgen geblieben ist, der dieses aber später bemerkt hat und schuldig geworden ist." Auch hier hat sie kein Opfer erwähnt, das für diesen Sündentyp dargebracht werden sollte, sondern sie hat außerdem hinzugefügt und gesagt: „Jeder, der geschworen und dabei mit seinen Lippen festgelegt hat zu schaden oder Gutes zu tun entsprechend all dem, was ein Mensch durch einen Eid festgelegt haben mag,[6] und dem es entgangen ist und der das bemerkt hat und der sich in einem dieser Fälle versündigt hat und die Sünde, durch die er gesündigt hat, gegen sich selbst[7]

---

einen gezielten geistigen Akt, als *definitio* erklärt („eine Definition, durch die etwas von anderen Dingen unterschieden wird"), dies nicht dahingehend verstehen, daß derjenige ‚unwissentlich' geschworen habe; vielmehr geht Augustinus von einem wissentlich und willentlich geäußerten Schwur aus. Der Satz *falsum quisquam nesciens iurat* ist vielmehr zu übersetzen: „irgendjemand schwört etwas Falsches, ohne zu wissen", denn Augustinus erläutert in *qu.* 3,3 das Nichtwissen des *nesciens* folgendermaßen: *nesciens faciendum esse uel non faciendum esse iurauerit facere* („der geschworen hat, etwas zu tun, obgleich er nicht wußte, ob man das tun soll oder nicht tun darf"); vgl. auch dort: „sei es weil er geschworen hat, bevor er es erkannt hat, sei es weil er das, was er geschworen hat, ausgeführt hat und später erkannt hat, daß er das weder tun noch schwören durfte".

[7] Der Bezug des *ipsum* ist unklar. TM hat: עָלֶיהָ; diese Präpositionalverbindung ist als Näherbestimmung von ‚sündigen' Teil des Relativsatzes: ‚*worin* er sich versündigt hat'. Das feminine Personalpronomen bezieht sich auf לְאַחַת מֵאֵלֶּה (eine von diesen [Versündigungen]). LXX konstruiert entsprechend. VL wechselt zum Genus Neutrum: *peccatum, pro quo peccauit aduersus ipsum*, wohl weil das Bezugswort *peccatum* neutrum ist, behält somit den Sinn von TM+LXX bei. Oder deutet VL *ipsum* als reflexives maskulinum: „und [der] die Sünde, durch die er sich gegen sich selbst versündigt hat, bekannt hat"? Augustinus jedenfalls deutet es in *qu.* 3,3 als reflexiv, zieht es aber in den Hauptsatz als Bestimmung zu ‚bekennen'. Die obige Übersetzung gibt die Deutung des Augustinus

40 omnibus sine aliqua interpositione sacrificii conexis et explicatis adiungit et dicit: *Et offeret pro his quae deliquit domino, pro peccato quo peccavit, feminam ab ovibus agnam aut capram de capris pro peccato; et exorabit pro eo sacerdos pro peccato et remittetur illi peccatum.* Quid est ergo, quod pro tacito cuiusquam periurio et pro eo, quod tangitur morticinum vel aliquid inmundum, nullum sacrificium commemoravit, 15 pro eo vero peccato, ubi falsum quisquam nesciens iurat, dixit offerri agnam vel capram? An pro omnibus supra dictis hoc sacrificium oportet intellegi? Voluit enim prius omnia enumerare et sic inferre quo sacrificio possint expiari. Sed in eis omnibus supra dictis generibus peccatorum sunt quaedam propter locutionum modos subobscure posita, sicuti est quod ait: *Morticinum iumentorum.* Ea 20 enim, quae a Graecis κτήνη appellantur, plerique nostrorum *iumenta* interpretati sunt: Quod nomen in Latina consuetudine eorum animalium est, quorum laboribus adiuvamur maxime in portandis oneribus, sicuti sunt equi, asini, muli, cameli et si quid huius modi; quae vero Graeci κτήνη vocant, tam late intelleguntur, ut omnia aut prope omnia pecora isto nomine concludantur. Et ideo 25
60 novo genere locutionis velut πλεονασμῷ additum est in Graeco *inmundorum*,

---

11 conexis et] conexisset *p*, non exisset *S* (non *exp.*, dum *s. l.*) **12** offeret] afferet *C P² S T*, auferet *P¹* (*et in sqq. variant codd. inter* afferre *et* offerre) **13** aut] et *C* | exorabit] exoravit *C p P S¹ T* **16** peccato *om. V* | iurat] *om. C*, iuravit *V Am. μ* | offerri] offerre *C* | agnam] agnum *C* **18** inferre] offerre *N* | possint] possit *P¹ S V* | in *om. N* **19** locutionum] loqucionem *C* **20** (quo)d ... 41morticinum *om. p* | quod...21 quae *om. n* **21** quae a *om. p* | a...κτήνη] a grave cixtene *C*, graece ctene *P S T*, grecis cistene *N*, graeces ctene *V* (s *s. l.*), graece κτήνη *Am. μ* | nostrorum] nostrum *N* **23** sunt] ē *T* **24** κτήνη] istene *C*, ctene *P S V T*, citene *N* **26** novo] non *p P¹ S V* | πλεονασμῷ] pleunasmo *C*, pleonasmo *P S V N T*

---

wieder, die mit dem Wortlaut der VL vereinbar, wenn auch gesucht ist. Zur reflexiven Verwendung von *ipse* vgl. HOFMANN/SZANTYR, *Syntax* 176 § 103 a β; BLAISE, *Manuel* 107 § 155.

[8] Spätestens hier beginnt der Hauptsatz, VL aber rechnet nach Ausweis der Verbform *confessus fuerit* auch diesen Satz noch zum vorausgehenden langen Nebensatz.

[9] TM hat לְחַטָּאת; das Wort bedeutet nicht nur ‚Sünde, Sündenstrafe', sondern dient auch als Opferterminus: ‚Sündopfer'. Hier wird es übereinstimmend als Sündopfer gedeutet. Wenn LXX das hebräische Wort als ‚Sündopfer' versteht, gebraucht sie überwiegend

bekannt hat[8]." Nachdem sie all diese Fälle, ohne dazwischen ein Opfer zu erwähnen, miteinander verbunden und erklärt hat, fügt sie hinzu und sagt: „[Und] so soll er für diese Vergehen, die er begangen hat, dem Herrn ein Opfer darbringen, für die Sünde, durch die er sich versündigt hat, ein weibliches Lamm von den Schafen oder ein weibliches Zicklein von den Ziegen für die Sünde[9]; und der Priester soll für ihn Fürbitte leisten[10] für die Sünde[11], und jenem wird die Sünde vergeben werden." Was bedeutet es also, daß die Schrift für den verschwiegenen Meineid irgendeines Menschen oder dafür, daß einer einen Kadaver oder irgendetwas Unreines berührt, kein Opfer erwähnt hat, für diese Sünde aber, daß irgendjemand etwas Falsches schwört, ohne zu wissen,[12] vorgeschrieben hat, daß ein Lamm oder ein Zicklein geopfert werde? Soll man dieses Opfer etwa auf alle oben aufgeführten Fälle bezogen verstehen? Sie wollte nämlich zunächst alle aufzählen und dann so hinzufügen, durch welches Opfer sie gesühnt werden könnten. Aber unter all diesen oben genannten Arten von Sünden sind einige wegen idiomatischer Ausdrucksweisen etwas dunkel formuliert, wie z. B. die Wendung ‚Kadaver von Lasttieren'. Für diejenigen Tiere, die von den Griechen κτήνη genannt werden, haben die meisten der unsrigen Übersetzer nämlich als Übersetzung *iumenta* (Lasttiere) gewählt: das ist im üblichen lateinischen Sprachgebrauch die Bezeichnung derjenigen Tiere, die uns durch ihre mühselige Arbeit unterstützen, vor allem im Tragen von Lasten, als da sind Pferde, Esel, Maultiere, Kamele und dergleichen; das griechische Wort κτήνη wird jedoch in so weitem Sinn verstanden, daß alle oder nahezu alle Haustiere unter dieser Bezeichnung eingeschlossen werden. Und deswegen ist in einer neuartigen Ausdrucksweise, gleichsam einem πλεονασμῷ, im Griechen „unreiner" hinzugefügt worden, als von den *iumenta* die Rede war, weil es auch

---

eine genitivische Wendung, häufig, wie hier, περὶ τῆς ἁμαρτίας (WEVERS, *Leviticus* 484-86). SDE 339-341 erläutert: „Zu den Besonderheiten der Sprache der hebr. Bibel gehört es, dass für manche Vorgänge, die das Verhältnis von Gott und Mensch stören und für die Mittel, dieses wieder in Ordnung zu bringen, das gleiche Wort benutzt wird." Sie übersetzt daher hier und an vergleichbaren Stellen: „(als) ein Für-(die)Sünde". Ob Augustinus diese terminologische Spezialität der LXX durchschaut hat, ist schwer zu sagen; jedenfalls hat er den Kontext sachlich richtig erklärt. Man könnte wohl auch übersetzen: ‚als Sündopfer'.

[10] Zur konstanten Übersetzung der VL: *exorare* (Fürbitte leisten) für TM: כִּפֶּר (den Sühneritus vollziehen) = LXX: ἐξιλάσκεσθαι (versöhnen, den Sühneritus vollziehen) vgl. Einleitung in *qu.* 3, Exkurs: „Fürbitte statt Sühne", S. 13-22.

[11] TM und LXX haben „seine Sünde". Den folgenden Satz hat LXX, gefolgt von VL, entsprechend Lev 4,35 TM hinzugefügt (WEVERS, *Leviticus*).

[12] Zu dieser Übersetzung vgl. oben Anm. 6.

cum diceretur, *iumentorum*, quoniam sunt etiam munda pecora, quae κτήνη appellantur. Quae autem iumenta usus Latinus appellat, secundum legis distinctionem nonnisi inmunda sunt.

3 Item quod ait: *Anima quaecumque iuraverit distinguens labiis malefacere aut benefacere*, quaeritur quid dixerit *distinguens*. Assidue quippe hoc verbum ponit scriptura. Unde est et illud: *Reddam vota mea, quae distinxerunt labia mea*; item dicitur ad Ezechielem: *Cum dicam iniquo: Morte morieris; et tu non distinxisti neque locutus es*; item scriptum est: *Si qua in domo patris sui constituta voverit votum, distinguens labiis suis adversus animam suam*. Videtur ergo ista distinctio quasi definitio esse, qua secernitur aliquid a ceteris, quae solo dicto non tenentur. Sic ergo accipiantur, tamquam dictum sit: *Anima quae iuraverit, definiens labiis malefacere aut benefacere, secundum omnia quae definierit homo cum iureiurando, et latuerit eum* - id est nesciens faciendum esse vel non faciendum iuraverit facere - *et id cognoverit, et peccaverit unum ex his* - sive quia iuravit, antequam cognosceret, sive quia fecit quod iuravit et cognovit postea quia non fuit faciendum neque iurandum - *et confessus fuerit peccatum pro quo peccavit*, id est peccatum quod peccavit: Locutio est enim. Quod autem addidit: *Adversus ipsum*, quid intellegitur nisi: Adversus ipsum peccatum confessus fuerit, id est confitendo peccatum accusaverit? *Et offeret pro his quae deliquit domino, pro peccato quo peccavit feminam ab ovibus agnam* - usitata locutione *agnam feminam* dicit, quasi possit esse non femina - *aut capram de capris, sicut agnam de ovibus*, quasi possit esse aut agna nisi de ovibus aut capra nisi de capris. Nonnulla autem quaestio est, immo non parva, quid sit quod assidue dicit: *Post hoc autem cognoverit et deliquerit*, quasi tunc fiat delictum, cum fuerit cognitum. An

---

3,3 Ps 65,13-14 **4** Ez 3,18 **5** Num 30,4

27 κτήνη] stene *C*, ctene *P S V*, scetene *N*, ctne *T* **3,1** item] iterum *p* **4** morte ... distin *om. p*, morte...distinxisti *om. n* **6** adversus] adversum *P V* **7** accipiantur] accipiatur *S² V² T Am. μ* **11** iuravit[1]] iuraverit *C n*, iuravit et *p* | quod *P²* **13** pro] vero *C P S N* | quo] quod *N* locutio] loquuci *C* | enim *om. V* **15** offeret] afferet *C P S V N T* | pro his] de his *praem. S* **16** usitata...17 agnam[1] *om. N* **17** possit] posset *P T* | non...18 esse *om. V per homoiot.* **18** agna] agnam *N* | nisi[1] *om. P¹ S V¹*

---

[13] Den Pleonasmus zeigt Augustinus für die wörtliche lateinische Übersetzung der LXX auf. Im Griechischen ist ja, wie er selbst zeigt, diese Wendung: κτηνῶν τῶν ἀκαθάρτων notwendig, da das griechische Wort im Gegensatz zum lateinischen reine wie unreine Tiere umfaßt. Bezieht Augustinus sich hier durch den Terminus *Graecus* auf dessen besonders wortgetreue lateinische Übersetzung?

[14] TM hat hier und in den folgenden Belegen jeweils ganz unterschiedliche Verben.

reine Haustiere gibt, die κτήνη genannt werden.[13] Dagegen sind die Tiere, die nach lateinischem Sprachgebrauch *iumenta* (Lasttiere) genannt werden, nach der Unterscheidung, die das Gesetz [des AT] trifft, ausschließlich unrein.

qu. 3,3 (zu Lev 5,4–6)

3 Ferner fragt man bezüglich der Wendung: „Jeder, der geschworen und dabei mit seinen Lippen festgelegt hat *(distinguens)* zu schaden oder Gutes zu tun", was *distinguens* bedeutet. Die Schrift benutzt dieses Wort nämlich ständig. Daher lautet auch folgendes Zitat: „Ich werde meine Gelübde erfüllen, die meine Lippen bestimmt haben" *(distinxerunt)* (Ps 66,13-14);[14] desgleichen wird zu Ezechiel gesagt: „Wenn ich zu dem Ungerechten sage: Du mußt des Todes sterben!; und wenn du es ihm nicht genau auseinandergesetzt *(distinxisti)* und nicht gesprochen hast" (Ez 3,18); ebenso ist geschrieben: „Wenn eine [junge Frau], die im Haus ihres Vaters lebt, ein Gelübde gelobt hat, indem sie mit ihren Lippen genau gegen ihre eigene Seele festgelegt hat" *(distinguens)* (Num 30,4). Folglich scheint diese *distinctio* gleichsam eine Definition zu sein, durch die etwas von anderen Dingen unterschieden wird, die in dem Wort allein nicht enthalten sind. Folglich sind [diese Sätze] so zu verstehen, als sei gesagt: „Eine Person, die geschworen hat, indem sie mit ihren Lippen genau festgelegt hat, zu schaden oder Gutes zu tun, so wie alles, was ein Mensch durch seinen Eid festgelegt hat, und der es entgangen ist" – das bedeutet: die geschworen hat etwas zu tun, obgleich sie nicht wußte, ob man das tun soll oder nicht tun darf – „und die dies bemerkt und sich in einem dieser Fälle versündigt hat" – sei es weil sie geschworen hat, bevor sie es erkannt hat, sei es weil sie das, was sie geschworen hat, ausgeführt und später erkannt hat, daß sie das weder tun noch schwören durfte – „und die Sünde, durch die sie gesündigt hat, bekannt hat", d.h. die Sünde, die sie begangen hat: Es ist nämlich eine idiomatische Ausdrucksweise. Wie aber ist das, was die Schrift hinzugefügt hat, zu verstehen: „gegen sich selbst" wenn nicht: wenn er gegen sich selbst die Sünde gestanden hat, d.h. sich durch das Geständnis der Sünde angeklagt hat?[15] „[Und] so soll er für diese Vergehen, die er begangen hat, dem Herrn ein Opfer darbringen, für die Sünde, durch die er sich versündigt hat, ein weibliches Lamm von den Schafen" – nach der üblichen Ausdrucksweise sagt die Schrift: „ein weibliches Lamm", als ob es auch ein nicht-weibliches geben könnte –„ oder ein Zicklein von den Ziegen, wie ein Lamm von den Schafen", als könnte es ein Lamm außer von Schafen oder ein Zicklein außer von Ziegen geben.[16] Ein keineswegs nichtiges, ja im Gegenteil ein nicht kleines Problem stellt aber dar, was das bedeutet, daß die Schrift wiederholt sagt: „(wenn) er es aber danach bemerkt und sich vergangen hat", als ob

---

[15] Vgl. *qu.* 3,2 Anm. 7.
[16] Vgl. die entsprechenden Ausführungen Augustins in *qu.* 2,42.

potius nisi quia pro cognito satisfieri non potest? Sed non ait: Post hoc autem cognoverit et paenituerit eum. Quid ergo est: *Post hoc cognoverit et deliquerit?* An si post cognitionem deliquerit? Ut, si sciens fecerit quod faciendum non esset, tunc delicto purgatio debeatur. Sed non ita praelocutus est. Ea quippe videtur exsequi peccata quae ab ignorantibus et per hoc a nolentibus committuntur. Fortassis ergo aliquo genere locutionis *deliquerit* dictum est delictum esse didicerit. An potius converso ordine dictum est - quia et talia genera locutionis habet scriptura - quod per alia loca similia recto ordine dicebatur? Nam cum alibi totiens scriptum sit: *Et deliquerit et cognitum fuerit ei*, hic tantum converso, ut dixi, ordine prius dictum est *cognoverit*, deinde *et deliquerit*. Ordine autem suo ita dici posset tantum: Anima quaecumque tetigerit omnem rem inmundam aut morticini aut a fera capti inmundi aut eorum quae sunt morticina abominationum inmundarum, morticinum iumentorum inmundorum, aut tetigerit ab omni inmunditia hominis, ab omni inmunditia eius quam si tetigerit inquinetur, et latuerit eum et deliquerit, post hoc autem cognoverit.

4 *Si autem non valet manus eius quod satis est in ovem, offeret pro peccato suo quod peccavit duos turtures aut duos pullos columbinos domino, unum pro peccato et unum in holocaustoma.* Certe hic aperit quaestionem, de qua superius cum loqueretur ambigebamus. Ideo quippe videtur dicere: *Unum pro peccato, alterum in holocausto-*

---

31 anima…35 cognoverit] cf. Lv 5,2-3

21 nisi quia] quia nisi *Am. μ z* | post] potest *N*   22 cognoverit²] eum *add. V* | an si] nisi *P S V T Am. μ*   25 exsequi] ex se *C*, exequi *S V N T* | a *om. C¹*   27 est *om. N* | talia] alia *P¹ V*   28 quod] quae *V² T* | dicebatur] dicebantur *p S V*   29 ei] et *n* | converso] cognovero *P¹ S¹ V* (cōmutato *in marg.*)   30 et *om. N* | autem suo] suo autem *V*   31 posset] possit *C* | tantum *codd., om. Am. μ, inclusit z*   33 ab *exp. V* | omni *codd., om. Am. μ, inclusit z*   34 inmunditia] inmunditiam *V* | quam *exp. V* | et] si *add. Am. μ*   35 latuerit] latuit *C P* (la *add. a m.*) *N T*, luit *S V¹*   4,1 ovem] oves *C* | offeret] afferet *C T*, afferret *P S¹ V¹*, afferre et *N*   3 holocaustoma] ho locaustomata *P S V¹ T*   4 in] pro *P S V T* | holocaustoma] holocaustomata *P S¹ V¹*, holocaustomate *S² V² T*

---

[17] Für LXX: καὶ ἁμάρτῃ, VL: *et deliquerit* hat TM: וְאָשֵׁם. RENDTORFF, *Leviticus* 152f.192.194 versucht die von Augustinus problematisierte Abfolge durch die Annahme zu erklären, daß dies Verb hier nicht ‚schuldig werden', sondern ‚sich seiner Schuld bewußt werden' bedeutet. Augustinus *(delictum esse didicerit)* erwägt unten diese Lösung, die schon Vulg bezeugt: *postea intellexerit delictum suum*.
[18] Während TM zweimal die gleiche Präposition verwendet: אֶחָד לְחַטָּאת וְאֶחָד לְעֹלָה („die

das Vergehen erst dann begangen würde, wenn es bewußt geworden ist.[17] Oder eher, weil man nur für ein bewußtes Vergehen Genüge leisten kann? Aber es heißt nicht: ‚(wenn) er es danach erkannt und es ihn gereut hat.' Was bedeutet daher: „(wenn) er es danach bemerkt und sich vergangen hat"? Oder vielleicht: wenn er, nachdem er es bemerkt hat, sich vergangen hat? So daß, wenn er in voller Erkenntnis das getan hat, was er nicht hätte tun dürfen, dann die Reinigung für das Vergehen notwendig wird? Aber so hat sich die Schrift zuvor nicht ausgedrückt. Sie scheint ja diejenigen Sünden zu ahnden, die von Menschen unwissentlich und daher unabsichtlich begangen werden. Vielleicht ist daher in irgendeiner idiomatischen Ausdrucksweise „(wenn) er sich vergangen hat" für ‚(wenn) er erfahren hat, daß es ein Vergehen war' gesagt worden. Oder ist hier eher in umgekehrter Reihenfolge ausgesagt worden – weil die Schrift auch derartige idiomatische Ausdrucksweisen besitzt –, was an anderen ähnlichen Stellen in der richtigen Reihenfolge formuliert wurde? Denn während andernorts so oft geschrieben steht: „und (wenn) er sich vergangen und es bemerkt hat", ist hier, wie ich sagte, nur in umgekehrter Reihenfolge zunächst gesagt worden: „[und wenn] er es bemerkt hat", dann: „und [wenn] er sich vergangen hat". Nach der richtigen Reihenfolge könnte man aber nur so formulieren: ‚Wer auch immer irgendetwas Unreines berührt hat, sei es eines Leichnams oder eines gefangenen unreinen wilden Tieres oder derjenigen Dinge, die zu den Kadavern der unreinen Greuel gehören, den Kadaver unreiner Lasttiere, oder wer etwas von jeglichem Unreinen des Menschen berührt hat, von jeglichem Unreinen dessen, durch dessen Berührung er unrein wird, und dem es verborgen geblieben ist und der sich vergangen hat, der dies aber später bemerkt hat' (vgl. Lev 5,2-3).

qu. 3,4 (zu Lev 5,7)

4 „Wenn seine Hand aber nicht die Mittel besitzt, die für ein Schaf ausreichen, soll er für seine Sünde, die er begangen hat, dem Herrn zwei Turteltauben oder zwei junge Tauben opfern, das eine für die Sünde[18] und das andere als Brandopfer." Gewiß klärt die Schrift hier die Frage, bezüglich derer wir, als sie weiter oben davon sprach, im Zweifel waren.[19] Sie scheint ja deswegen zu formulieren: „das eine für die Sünde und das andere als Brandopfer", weil man für

---

eine als Sündopfer und die andere als Brandopfer"), gebraucht LXX, gefolgt von VL, zwei unterschiedliche Präpositionen: ἕνα περὶ ἁμαρτίας καὶ ἕνα εἰς ὁλοκαύτωμα und zeigt damit wohl, daß sie חַטָּאת nicht als *terminus technicus* ‚Sündopfer', sondern als ‚Sünde' verstanden hat: ‚eines für die Sünde und eines als Brandopfer'. So bezüglich LXX: OCA, BdA und NETS (anders SD), bezüglich VL: NBA und BAC.

[19] Aus Stellen wie dieser schließt WEIDMANN, Lücken 116f., daß Augustinus in *qu.* 3 auch Lev 1-4 behandelt hatte. Vgl. Einleitung in *qu.* 3, S. 7f.

ma, quoniam non offerebatur sacrificium pro peccato nisi cum holocausto. 5
Denique cum prius seorsum de holocaustis loqueretur, commemoravit turturem et non dixit duos; nunc vero ideo duos dicit, quia sacrificium pro peccato sine holocaustomate non offerebatur. Quod ergo superius dicebat: *Et inponet super holocaustoma*, non est dubium quod prius holocaustoma, deinde illud superinponebatur; nunc vero de avibus aliter dicit, ut prius offeratur pro peccato una 10 avis, deinde altera in holocaustoma.

5 Quod autem ait: *Anima si latuerit eum oblivione*, id est: Si oblivione factum fuerit, ut lateat eum vel eam, si ad animam refers, quoniam eum dicendo ad hominem retulit. Animas quippe hic homines dicit.

6 *Et peccaverit nolens a sanctis domini*. Videtur obscure positum hoc peccati genus, sed in consequentibus aperitur ubi dicit post oblatum de ariete sacrificium: *Restituet illud et quintas adiciet*. Ibi enim intellegitur hoc esse a sanctis oblivione peccare aliquid per oblivionem usurpare, quod debetur sanctis sive sacerdotibus sive oblationibus vel primitiarum vel quidquid huius modi. 5

7 *Et anima quaecumque peccaverit et fecerit unum ab omnibus praeceptis domini quae non oportet fieri et non cognoverit et deliquerit et <acceperit> peccatum suum, et offeret arietem sine macula de ovibus pretio argenti in delictum ad sacerdotem; et exorabit pro eo sacerdos propter ignorantiam eius quam ignoravit et ipse non scivit et remittetur illi. Deliquit enim*

4,6 cum prius] cf. Lv 1,14   **8** Lv 4,35   **10** nunc…11 holocaustoma] cf. Lv 5,8.10

5 offerebatur] afferebatur *C*   **7** nunc] hic *ex* hunc *S*   **8** offerebatur] inferebatur *C P S V N* inponet] inponens *P V¹ T*   **9** holocaustoma¹] holocaustomata *P V¹ T* | holocaustoma²] holocaustomata *S T*   **10** ut *om. C¹ N*   **11** holocaustoma] holocaustomate *C p P S V T*
5,1 oblivione¹] *edd. (cf. qu. 20 l.6920,69, loc. 3,7 l. 25)*, oblivio est ei *C P V N T*, ablibio est ei *S*   **3** retulit] retulerat *S* | animas] animam *S² Am. μ* | homines] hominis *C P S*, hominem *Am. μ*
6,2 ariete] arietes *N*   **3** ibi] ubi *P¹ S*   **4** per] et *p*, ei *n* | oblivionem] oblivione *N*   **5** quidquid] quid *C P² N*, aliquid *T*   **7,2** et²…et³] *om. N per homoiot.* | acceperit] *z (cf. qu. 20 l. 7420,74)*, non cognoverit *C P S V T Am. μ (sed cf. μ in app.)* | et⁴ *eras. V* | offeret] *V² T (cf. qu. 20 l. 7420,74)*, afferit *C*, afferet *P S V¹ N Am. μ* | arietem] erietem *n*   **3** exorabit] exoravit *P S¹*   **4** illi] ei *T*

---

[20] LXX, gefolgt von VL, konstruiert *ad sensum* und wechselt daher die Personaldeixis.

die Sünde kein Opfer darbrachte außer zusammen mit einem Brandopfer. Außerdem hat die Schrift auch, als sie zuvor gesondert über die Brandopfer sprach, eine Turteltaube erwähnt und nicht von zweien geredet (vgl. Lev 1,14); jetzt aber spricht sie deswegen von zweien, weil man für eine Sünde kein Opfer ohne ein Brandopfer darbrachte. Insofern sie also oben sagte: „Und er soll auf das Brandopfer legen" (Lev 4,35), besteht kein Zweifel, daß zuerst das Brandopfer [auf den Altar gelegt], anschließend jenes [auf dieses] darauf gelegt wurde; jetzt aber formuliert sie bezüglich der Vögel anders, daß nämlich zuerst der eine Vogel für die Sünde geopfert wird, dann der andere als Brandopfer (vgl. Lev 5,8.10).

qu. 3,5 (zu Lev 5,15)

5 Die Wendung aber: „eine Seele, wenn es ihm[20] durch Unachtsamkeit entgangen ist", sie bedeutet: Wenn es durch Nachlässigkeit geschehen ist, daß es ‚ihm' *(eum)* entgeht oder ‚ihr' *(eam)*, wenn man das *(eam)* auf die ‚Seele' *(anima)* bezieht, da [die Schrift], indem sie ‚ihm' *(eum)* sagte, dies auf den ‚Menschen' *(homo)* bezog. Die menschlichen Personen nennt sie hier ja ‚Seelen' *(animas)*.

qu. 3,6 (zu Lev 5,15-16)

6 „Und [wenn er] sich unabsichtlich an Dingen, die dem Herrn heilig sind, versündigt hat." Diese Art der Sünde scheint undeutlich ausgedrückt zu sein, aber im folgenden wird sie klar dargelegt, wo die Schrift nach der Darbringung des Widderopfers sagt: „Er soll jenes erstatten und ein Fünftel hinzufügen." Dort lernt man nämlich, „durch Nachlässigkeit sich an heiligen Dingen versündigen" bedeute folgendes: irgendetwas sich durch Nachlässigkeit aneignen, was für heilige Dinge oder für die Priester oder für Opfergaben, sei es von den Erstlingsfrüchten sei es irgendetwas dieser Art, bestimmt ist.

qu. 3,7 (zu Lev 5,17-19)

7 „Und wer auch immer gesündigt und eines von all den Geboten des Herrn [bezüglich der Dinge] getan hat, die man nicht tun darf, und es nicht bemerkt und sich vergangen und seine Sünde auf sich genommen hat, [und] der soll einen makellosen Widder aus dem Kleinvieh nach dem [üblichen] Geldwert für das Vergehen zum Priester bringen; und der Priester soll für ihn Fürbitte halten wegen seiner Unwissenheit, in der er sich befand, ohne es selbst zu bemerken, und es wird ihm vergeben werden. Er hat nämlich ein Vergehen begangen vor

---

Augustinus kommentiert dies in Loc 3,7 als idiomatische Ausdrucksweise der Bibel (und trifft damit auch die Ausdrucksweise des TM): *animam pro homine ponit, sicut facit et in aliis, ubi animam prius dixit, quae generis feminini est, postea masculinum infert genus ad hominem referens* „Die Schrift sagt ‚Seele' für ‚Mensch', wie sie es auch an anderen Stellen tut, wo sie zuerst das Wort ‚Seele' gesetzt hat, das femininen Genus ist, dann aber das maskuline Genus einführt, das sich auf *homo* ‚Mensch' bezieht."

delictum ante dominum. Excepta locutionum inusitata densitate, quae iam propter 5
assiduam repetitionem debent esse notissimae, totus iste sensus obscurus est,
quoniam quaeritur quomodo discernatur hoc genus delicti ab eis, quae superius
quadam generalitate complexus est. Videtur enim hoc ratio poscere, ut certis
generibus peccatorum certa genera quibus expientur sacrificiorum adhibenda
sint. Hoc autem quod modo commemoravi non specialiter exprimit peccatum, 10
sed in ea videtur generalitate versari, de qua ante cum diceret constituit sacrificium sacerdoti vitulum et universae synagogae similiter vitulum, principi caprum et cuicumque animae, hoc est cuicumque homini capram vel si voluerit
ovem, tamen femininum pecus. Deinde coepit excepta facere quaedam genera
peccatorum et nominatim exprimere pro quibus quid offerendum sit; velut de 15
audito et tacito cuiusquam periurio et de tacto morticino et inmundo et iuratio-
ne falsa per ignorantiam de ovibus agnam aut capram de capris aut par turturum aut duos pullos columbinos aut decimam partem oephi similaginis; pro eo
autem peccante, qui per oblivionem aliquid sanctorum usurpavit, arietem et
eiusdem rei restitutionem quintis adiectis. Nunc vero non expressa specie 20
peccati generaliter addens: *Anima quaecumque deliquerit et fecerit unum ab omnibus
praeceptis domini quae non oportet fieri* - sic in illa generalitate dicebat: *Unum ex
praeceptis domini quod non fiet* - *et non cognoverit et deliquerit*, id est per ignorantiam
nolens peccaverit, arietem iubet offerri, non capram aut feminam ex ovibus,
sicut superius in tali peccatorum generalitate constituerat. Quid sibi ergo vult 25

7,11 constituit…14 pecus] cf. Lv 4   **15** exprimere…20 adiectis] cf. Lv 5,1-16

5 quae iam] quam *C*   **7** eis] eius *N*   **10** quod] quo *V*   **11** generalitate] generalitatem *C*
diceret] dicerit *C*   **12** et…vitulum² *om. N*   **16** tacto] tactu *V*   **17** de¹] et *praem. C P V N*
agnam] de agnis *add. N* | aut¹] et *N*   **18** oephi] ophi *P¹ V¹*, ephi *S T*, oefu *N* | similaginis]
similaginem *C P² N T*, similagines *S¹*, similagine *P¹ V*   **21** addens] audiens *C p P S V*, addit
T | anima] animam *C* | deliquerit] delinquerit *P*, delinqueret *V¹*   **22** dicebat] dicebant *P¹ S*
25 quid] quod *P¹ S*

---

[21] Dieser Kasus ist schon in TM schwer verständlich und nach wie vor in seiner syntaktischen Analyse umstritten. Hauptprobleme sind die Bedeutung von אָשָׁם und der
Übergang von der Protasis zur Apodosis. (1) TM, gefolgt von LXX, VL und Vulg, zeigt
durch die Akzente an, daß die Protasis bis Ende V 17 reicht. Unter dieser Vorgabe
übersetzt Vulg elegant, aber relativ frei: *anima si peccaverit per ignorantiam feceritque unum ex
his quae Domini lege prohibentur et peccati rea intellexerit iniquitatem suam offeret arietem [...]* Hier
erklärt die späte Einsicht in die zuvor unwissentliche Verschuldung, warum die Person
ein Schuldopfer darbringt. Genau das ist aber in TM nicht deutlich ausgedrückt. In sei-

dem Herrn."[21] Abgesehen von der ungewohnten Häufung idiomatischer Ausdrücke, die schon wegen ihrer ständigen Wiederholung bestens bekannt sein sollten, ist der Sinn jener ganzen Stelle dunkel, da man ja fragt, wie sich diese Vergehensart von denjenigen unterscheidet, die die Schrift weiter oben etwas allgemein zusammenfassend behandelt hat. Die Vernunft scheint nämlich folgendes zu fordern, daß für gewisse Arten von Sünden gewisse Arten von Opfern, durch die sie gesühnt werden, anzuwenden sind. Der Abschnitt aber, den ich eben behandelt habe, bestimmt die Sünde nicht deutlich auf spezifische Weise, sondern [die Schrift] scheint sich weiterhin in derselben Allgemeinheit zu halten, in der sie, als sie zuvor formulierte, als Opfer für den Priester einen Jungstier und für die gesamte Gemeinde gleichermaßen einen Jungstier, für einen Fürsten eine Ziege und für jede beliebige Seele, d.i. für jeden beliebigen Menschen, eine Ziege oder, falls er es lieber wollte, ein Schaf, aber jedenfalls ein weibliches Tier festsetzte (vgl. Lev 4). Anschließend hat sie damit begonnen, einige Sündenarten herauszugreifen und ausdrücklich darzulegen, für welche was geopfert werden soll; wie z.B. für das Hören und Verschweigen des Meineids irgendeines Menschen und für die Berührung eines Kadavers und von etwas Unreinem und für einen infolge Unwissenheit falschen Schwur ein weibliches Lamm von den Schafen oder ein weibliches Zicklein von den Ziegen oder eine Turteltaube oder zwei junge Tauben oder ein Zehntel eines Efas von Weizenfeinmehl; für den Sünder aber, der sich aus Unachtsamkeit etwas von den heiligen Dingen angeeignet hat, einen Widder und die Rückgabe eben dieser Sache unter Hinzufügung eines Fünftels (vgl. Lev 5,1-16). Jetzt hingegen fügt sie verallgemeinernd hinzu, ohne die Sündenart zu präzisieren: „Und wer auch immer gesündigt und eines von all den Geboten des Herrn [bezüglich der Dinge] getan hat, die man nicht tun darf"– in jener Allgemeinheit hat sie sich so ausgedrückt: „eines von all den Geboten des Herrn [bezüglich einer Sache] getan hat, die man nicht tun darf" –„und es nicht bemerkt und sich vergangen hat", d.h. aus Unwissenheit unabsichtlich gesündigt hat, und schreibt vor, einen Widder zu opfern, nicht eine Ziege oder ein weibliches Tier von den Schafen, wie sie oben bei einer dartig allgemeinen [Vorschrift über die Opfer für] Sünden

---

ner Übersetzung hält sich GERSTENBERGER, *Leviticus* nahe an TM (und damit auch an VL), bleibt aber dadurch sachlich problematisch: „Wenn jemand sich versündigt, indem er [...] und er merkt es nicht, lädt Schuld auf sich und trägt die Last seiner Schuld, dann soll er [...]". (2) Vielleicht beginnt aber die Apodosis schon mit dem letzten Satz von V 17 und ist mit RENDTORFF, *Leviticus* 141 und Korrektur 205, der sich seinerseits auf MILGROM, *Leviticus* beruft, zu übersetzen: „Wenn jemand, der sündigt, indem er [...], und es nicht gewußt hat, sich dann aber schuldig fühlt, so soll er seine Schuld tragen und [...]" Augustinus geht allerdings auf dieses Problem nicht ein.

ista permixtio? Nisi forte quod hic dicit: *Deliquit enim delicto delictum ante dominum*, hoc quod ait *ante dominum*, in his voluit delictum intellegi, quae fiunt ante dominum, id est quibus domino in tabernaculo deservitur: Unde aliquid paulo ante dixerat, cum ait: *Peccavit a sanctis*, et intelleximus usurpavit aliquid sanctorum, quia etiam restitui praeceperat. Ac per hoc non sic tantum peccari potest in his rebus, si aliquid inde per oblivionem usurpetur, sed etiam multis aliis modis potest quisque per ignorantiam delinquere in his quae servituti domini exhibentur. Hoc voluit postea genus delictorum generaliter commemorare et ideo et illic et hic arietem iussit offerri. Plenae sunt autem scripturae cum dicitur: *Ante dominum* et non intellegitur nisi illud quod domino exhibetur, sicut sacrificium vel primitiae vel aliqua in sacris servitus.

8 Quaeritur etiam utrum ubique sit accipiendum quod dictum est: *Si non valet manus eius quod satis est ad ovem*, offerre eum debere par turturum aut duos pullos columbinos et, si hoc quoque non valet, certam similaginis quantitatem. Quoniam, si ubique ita licere intellegitur, non potest quidem dici sacerdotem non habere vitulum aut universam synagogam aut principem non habere caprum vel ovem. Et si ita est, quid opus erat postea dicere tacitum cuiusquam periurium aut tactum inmundum et periurium per ignorantiam factum purgari sacrificio agnae et caprae, cum eadem sacrificia praecepta sint etiam in illa generalitate peccati, ad quam generalitatem etiam ista potuerunt pertinere? Si autem hinc ista discernuntur, quod licebat pro eis turtures et columbos vel etiam, si hoc non esset, similaginem offerri, ibi autem ubi non dictum est non licebat, non videtur subventum esse pauperibus, quoniam multa possent esse delicta non specialiter expressa, quae ad illam generalitatem referrentur, ubi gravarentur inopes, si tantummodo capram feminam et agnam ex ovibus et illas aviculas et

---

29 Lv 5,15 | intelleximus…sanctorum] cf. *qu.* 3,6   **8,6** tacitum…8 caprae] cf. Lv 5,1-6

26 permixtio] permistio *Am. μ*   **28** unde] et *add. P² S*   **29** a *om. n*   **30** quia] qui *N* | restitui] restituit *P*   **35** exhibetur] exhiberetur *n*   **8,1** utrum] utrumque *T* | ubique] ubi *P¹ S* | dictum] autem *n*   **4** potest quidem] quidem potest *N*   **5** universam] universum *C* | caprum] capr*um *S*   **9** ista] istam *C* | potuerunt] potuerat *p*, potuerant *V T*   **10** quod] quo *P¹ V¹ S*   **12** possent] possunt *V*   **13** referrentur] referentur *C p P S T*, referuntur *V*

---

²² TM hat einfaches לַיהוָה („[hat sich] gegenüber JHWH schuldig gemacht"); Vulg: *deliquit in Dominum*, LXX: ἔναντι κυρίου = VL: *ante dominum*. Augustinus legt diese Präposition lokal aus.

²³ Diese Frage ist bis heute unter den Exegeten und im Gespräch mit der restriktiven rabbinischen Auslegung umstritten; vgl. RENDTORFF, *Leviticus* 196.

bestimmt hatte. Was also soll dieses Durcheinander? Wenn sie nicht vielleicht hinsichtlich der Wendung: „Er hat nämlich durch das Vergehen ein Vergehen vor dem Herrn[22] begangen", die Formulierung „vor dem Herrn" als ein Vergehen in den Dingen verstanden wissen wollte, die vor dem Herrn getan werden, d.h. durch die der kultische Dienst vor dem Herrn im Zelt vollzogen wird: deswegen hatte sie kurz zuvor formuliert: „Er hat sich an heiligen Dingen versündigt" (Lev 5,15), und wir haben es, da sie auch die Rückerstattung vorgeschrieben hatte, dahingehend gedeutet: Er hat sich etwas von den heiligen Dingen angeeignet (vgl. *qu*. 3,6). Und deswegen kann in dieser Materie eine Sünde nicht nur geschehen, wenn man sich von dort etwas aus Unachtsamkeit aneignet, sondern jeder kann sich auch auf viele andere Weisen durch Unwissenheit an den Dingen vergehen, die für den kultischen Dienst vor dem Herrn verwendet werden. Diese Sündenart wollte die Schrift anschließend in allgemeiner Weise behandeln, und daher hat sie sowohl dort als auch hier befohlen, einen Widder zu opfern. Die Schriften sind aber voll von der Wendung: „vor dem Herrn", und das bedeutet nichts anderes als, daß jenes dem Herrn dargebracht wird, wie ein Opfer oder die Erstlingsgaben oder irgendeine kultische Verrichtung in heiligen Dingen.

qu. 3,8 (zu Lev 5,7)

8 Man fragt auch, ob in jedem Fall die Vorschrift als einschlägig anzunehmen ist: „Wenn seine Hand aber nicht die Mittel besitzt, die für ein Schaf ausreichen", solle er ein Paar Turteltauben oder zwei junge Tauben opfern, und, wenn er auch das nicht vermag, eine gewisse Menge Weizenfeinmehl. Da man ja, wenn man auslegt, daß dies in jedem Fall erlaubt sei, gewiß nicht sagen kann, ein Priester besitze keinen Jungstier oder die gesamte Gemeinde oder der Fürst besitze keinen Widder oder ein Schaf. Und wenn es der Fall ist, inwiefern war es nötig, anschließend vorzuschreiben, daß das aus Unwissen geschehene Verschweigen des Meineids irgendeiner Person oder die Berührung von etwas Unreinem durch das Opfer eines weiblichen Lammes oder Zickleins gesühnt werde (vgl. Lev 5,1-6), wenn die gleichen Opfer auch für eine Sünde in jener Allgemeinheit vorgeschrieben wurden, zu der auch diese [Sünden] gehören konnten? Wenn aber diese [Sünden] hier deswegen unterschieden werden, weil es erlaubt war, für sie Turteltauben und Tauben oder auch, wenn dies nicht möglich war, Weizenfeinmehl zu opfern, es dort aber, wo es nicht ausdrücklich gesagt ist, nicht erlaubt war,[23] scheint den Armen nicht geholfen worden zu sein, da es ja zahlreiche nicht ausdrücklich genannte Vergehen geben könnte, die unter jene allgemeine Definition fallen würden, in welchem Fall die Besitzlosen schwer belastet würden, wenn es nur erlaubt war, eine Ziege und ein weibliches Lamm aus den Schafen und jene Vögelchen und Weizenfeinmehl zu opfern. Falls nicht einer vielleicht sagt: Die Schrift unterscheidet diese hervorgehobenen und na-

similaginem licebat offerri. Nisi forte quis dicat hoc discerni ista excepta et nominatim expressa peccata ab illis quae generaliter commemorata sunt, quia hic agnam dixit, ibi ovem, ut aetas pecorum aliquam differentiam faciat, dum tamen intellegatur pauperibus peraeque subventum, ut, si non haberent ulla animalia quadrupedia, aut memoratas aves aut similaginem offerrent pro peccatis ignorantiae suae. Si autem movet quare, cum generaliter omnia ignorantiae peccata concluserit et sacrificia non pro distantia peccatorum quam non fecerat sed pro distantia personarum distinxerit, postea voluerit etiam peccata distinguere et pro eorum diversitate sacrificia diversa praecipere, quasi non ad illam generalitatem omnia pertinerent: Sic factam posterius exceptionem oportet intellegi, ut quaecumque remanserint his exceptis, quae nominatim et speciatim commemoravit, dicta in illa generalitate intellegamus. Quem modum locutionis non est alibi reperire; sed in scripturis sanctis tale est illud ubi apostolus ait: *Omne peccatum quodcumque fecerit homo extra corpus est.* Hic enim nihil videtur praetermisisse peccati, quandoquidem ait: *Omne peccatum quodcumque fecerit homo*; postea tamen excepit fornicationem, cum intulit: *Qui autem fornicatur in corpus proprium peccat.* Quod secundum consuetudinem nostrae locutionis ita diceretur: Omne peccatum quodcumque fecerit homo excepta fornicatione extra corpus est; qui autem fornicatur in corpus proprium peccat. Ita et hic, cum prius generaliter omnia ignorantiae peccata diceret illis quae commemoravit sacrificiis expianda, postea tamen excepit illa, quibus expresse et distincte positis certam sacrificiorum purgationem adhiberet, ut his exceptis quaecumque reliqua essent ad illam generalitatem pertinerent.

9 *Offeret arietem ab ovibus sine macula pretio in quod deliquit.* Non ita distinguendum est, quasi <sit> *pretio in quod deliquit* in quod pretium deliquit, sed: Si

---

28 1 Cor 6,18

---

16 quia] et *add. p*   17 ibi] ubi *S*   24 omnia pertinerent] pertinerent omnia *S* | factam] factum *T*   25 remanserint] remanserit *P¹ S V* | his] hic *V*   27 est¹] esset *P¹ S V¹*   28 hic] hinc *P¹ S¹ V*   29 praetermisisse] praetermisse *C*, intermisisse *P S² V T*   30 excepit] exceptis *p*   35 expianda] expienda *C*   36 reliqua essent] reliquissent *C*   9,1 offeret] afferet *C p P S V T* quod] quo *P¹ V¹*, qua *S¹* | deliquit] delinquit *C p*   2 sit] *add. ƺ, om. codd., edd., sed add. T Am. μ id est post* deliquit¹ | deliquit¹] ƺ, deliquerit *codd., edd.*

mentlich genannten Sünden dadurch von jenen, die pauschal aufgeführt sind, daß sie hier von einem Lamm, dort von einem Schaf gesprochen hat, so daß das Alter der Tiere irgendeinen Unterschied macht, während man erkennt, daß den Armen gleichwohl ohne jeden Unterschied dergestalt Entlastung gewährt wurde, daß sie, wenn sie keinerlei vierfüßige Tiere besaßen, entweder die erwähnten Vögel oder Weizenfeinmehl für ihre aus Unwissenheit begangenen Sünden opfern konnten. Wenn man aber die Frage aufwirft, warum die Schrift, nachdem sie alle Sünden der Unwissenheit in einer allgemeinen Gruppe zusammengefaßt hat und die Opfer nicht nach der Verschiedenartigkeit der Sünden, die sie nicht unterschieden hatte, sondern nach der Verschiedenartigkeit der Personen unterschieden hat, anschließend auch eine Unterscheidung unter den Sünden anbringen und entsprechend ihrer Unterschiedlichkeit unterschiedliche Opfer vorschreiben wollte, als ob nicht alle unter jene allgemeine Definition fielen, muß man einsehen, daß sie die Ausnahme später in der Weise gemacht hat, daß wir verstehen, daß alle Sünden, die abgesehen von diesen, die sie namentlich und spezifiziert aufgezählt hat, übrig geblieben sind, in jener allgemeinen Kategorie bezeichnet wurden. Diese idiomatische Ausdrucksweise trifft man anderswo nicht an; aber in den Heiligen Schriften ist jener Ausspruch des Apostels von dieser Art: „Jede Sünde, die auch immer der Mensch getan hat, ist außerhalb des Leibes" (1Kor 6,18). Hier scheint er nämlich keine Sündenart ausgeklammert zu haben, zumal er sagt: „jede Sünde, die auch immer der Mensch getan hat"; anschließend jedoch hat er die Unzucht ausgenommen, da er hinzugefügt hat: „Wer aber Unzucht treibt, sündigt gegen den eigenen Leib." Nach unserer Ausdrucksweise würde man das folgerdermaßen formulieren: ‚Jede Sünde, die auch immer der Mensch getan hat, außer der Unzucht, ist außerhalb des Leibes; wer aber Unzucht treibt, sündigt gegen den eigenen Leib.' So auch hier: Obgleich die Schrift zunächst allgemein sagte, alle Sünden der Unwissenheit sollten durch jene Opfer, die sie genannt hat, gesühnt werden, hat sie anschließend dennoch jene [Sünden] ausgenommen, für die sie, ausdrücklich und gesondert genannt, gewisse Reinigungsopfer vorsieht; so fallen, von diesen abgesehen, alle beliebigen übrigen unter jene allgemeine Kategorie.

qu. 3,9 (zu Lev 6,6.10)[24]

9 „Er soll einen fehlerlosen Widder von den Schafen opfern entsprechend dem Preis für das, worin er sich vergangen hat." [25] [Die Satzteile] sind nicht so zu trennen, als bedeute *pretio in quod deliquit*: ‚entsprechend dem Preis [für das],

---

[24]Lev 6,6.10 LXX = 5,25; 6,3 TM.

[25] *pretio in quod deliquit* ist Übersetzungsäquivalent für TM: בְּעֶרְכְּךָ לְאָשָׁם.

offeret arietem, pretio offeret, id est emtum. Etiam hoc enim videtur ad sacramentum alicuius significationis pertinere voluisse, quoniam pretium ipsum non definivit. Nam si definisset, posset videri hoc praecepisse, ne vile pecus offerretur, ut, etiamsi non emeret qui offerret, tale tamen offerret quod tanti valeret. Addito autem non solum *pretio*, ut emptus aries offerretur, verum etiam *siclorum, <siclo> sancto* - ita enim dicit: *Pretio argenti siclorum, siclo sancto* - aliquot siclis ut ematur aries, non uno siclo voluit. Quid sibi autem velit siclum sanctum, iam ubi visum est disseruimus. Quod vero, cum dixisset: *Et delicti sui offeret domino arietem ab ovibus sine macula pretio*, deinde addidit: *In quod deliquit*, intellegendum est: In id offeret in quod deliquit, id est in eam rem, propter eam rem. *Et auferet holocarpoma quod consumpserit ignis illam holocaustosin ab altari*. Quid auferet, si consumptum est? Iussit enim sacerdotem auferre post totius noctis ignem holocarpoma, id est holocaustum quod ignis consumpserit. Vel quid sibi vult etiam illud, quod addidit: *Illam holocaustosin*, cum hoc intellegatur holocarpoma

---

9,8 Lv 5,15   **14** post…ignem] cf. Lv 6,9

---

3 offeret¹] *Am. μ z̨*, afferet *codd.* | offeret²] *z̨*, afferet *c*, afferat *P S V N T*, offerat *μ*   **5** posset] possit *C P S* | praecepisse…vile] praecepissent ovile *C* (o *exp. a. m.*)   **6** emeret] emerit *C* tanti] tantum *T*   **7** non] ut *praem. V² T* | ut *om. P S V T* | emptus] tempus *S* | aries *om. C*   **8** siclorum¹…sancto¹] *z̨ (cf. siclorum² siclo² sancto² et qu. 20 l. 7020,70)*, siclorum sanctorum *codd. edd.* | siclo²] *exp. V* | sancto²] rum *add. s. l. V* | aliquot] aliquod *C P S¹ N T*, aliquit *V¹*   **10** disseruimus] deseruimus *P* | offeret] afferet *C N*, offer* et *S V*   **11** addidit] addit *C* quod] quo *T* | deliquit] delinquit *C*   **12** offeret] affert *C P S N*, afferet *V T*, offerret *μ*   **13** auferet¹] afferet *S N* | holocarpoma] holocaustomata *corr. m. 2 in* holocarpama *C*, holocaustoma *S* (usto *in ras.*) | ignis *om. S* | ignis illam] *in marg. P* | holocaustosin] holocaustosim *C S V*, holocaustosive *n* | auferet²] afferet *S N*   **14** auferre] afferre *S*   **15** holocarpoma] holocarpomam *C*   **16** illam] illa *P¹ S T*

---

²⁶ So aber formuliert LXX (vgl. BdA: „d'une valeur appropriée au préjudice qu'il a causé"; SD, NETS). Bezüglich TM bleibt umstritten, ob לְאָשָׁם, wie in LXX, eine Näherbestimmung zu Preis/Schätzwert (vgl. Vulg: *iuxta aestimationem mensuramque delicti*; HIEKE, *Levitikus*: „nach dem Richtwert für ein Entschuldigungsopfer") oder prädikativ dem verbalen Prädikat zugeordnet ist (vgl. RENDTORFF, *Leviticus*: „[bringe er einen Widder] als Schuldopfer"; MILGROM, *Leviticus* 319: „as a reparation offering"). Die VL des Augustinus gibt wohl LXX wieder wie, auf seine Weise, auch Cod.Lugd.: *praetii argenti in quo neglexit*. Auch Augustinus ordnet das Übersetzungsäquivalent für לְאָשָׁם im folgenden dem verbalen Prädikat zu, aber als präpositionale Ergänzung („er soll einen gekauften Widder opfern für das, worin er sich vergangen hat").

²⁷ Vgl. Einleitung in *qu.* 3, S. 7 Anm. 2.

hinsichtlich dessen er sich vergangen hat'[26], sondern: ‚wenn er einen Widder opfert, soll er ihn entsprechend einem Preis opfern,' das heißt einen gekauften [Widder]. Die Schrift wollte nämlich, so scheint es, daß auch dies auf eine geheime Vorausbedeutung abzielt, weil sie den Preis selbst nicht festgelegt hat. Hätte sie ihn nämlich festgelegt, könnte der Eindruck entstehen, sie habe dies vorgeschrieben, damit man nicht ein Stück Vieh von geringem Wert opfere, dergestalt, daß der Opfernde, wenngleich er es nicht kaufe, dennoch ein solches Tier opfere, das soviel wert sei. Dadurch aber, daß sie nicht nur die Wendung „entsprechend einem Preis" hinzugefügt hat, damit ein gekaufter Widder geopfert werde, sondern auch noch: „[entsprechend einem Preis von] Schekeln, nach dem heiligen Schekel" – sie formuliert nämlich so: „entsprechend dem Wert von Silberschekeln, nach dem heiligen Schekel" (Lev 5,15) – , wollte sie, daß der Widder für einige Schekel, nicht nur für einen Schekel gekauft würde. Was aber ‚heiliger Schekel' bedeutet, haben wir schon, wo es uns angebracht erschien, erörtert.[27] Nachdem sie aber gesagt hatte: „und [als Opfer] für sein Vergehen soll er dem Herrn einen fehlerlosen Widder von den Schafen opfern entsprechend einem Preis", hat sie weiterhin hinzugefügt: *in quod deliquit*, d.h. für das soll er ein Opfer bringen, worin er sich vergangen hat, d.h. für diejenige Sache, wegen derjenigen Sache. „Und er soll das *holocarpoma* (das Brandopfer), das das Feuer aufgezehrt hat, vom Altar wegnehmen, jene *holocaustosis* (Brandopferdarbringung)." Was soll er wegnehmen, wenn es aufgezehrt ist? Sie hat nämlich dem Priester befohlen, nachdem das Feuer die ganze Nacht hindurch gebrannt hatte (vgl. Lev 6,2), das *holocarpoma*, d.h. das Brandopfer, das das Feuer aufgezehrt hat, wegzunehmen. Und was soll auch jener Zusatz bedeuten: „jene *holocaustosis* (Brandopferdarbringung)", wenn dieses Wort *holocarpoma* dasselbe bedeutet wie das Wort *holocaustosis*?[28] Falls nicht vielleicht zutrifft, was wir in

---

[28] Nach Lev 6,3 TM (= 6,10 LXX) soll der Priester אֶת־הַדֶּשֶׁן „die Fettasche" nehmen. Alle Majuskelhandschriften der LXX geben dafür im entsprechenden V 6,10 die exakte Übersetzung: τὴν κατακάρπωσιν „die Asche (des Brandopfers)"; dieses Wort begegnet in LXX nur hier und im folgenden Vers und wurde wohl von LXX geprägt (WEVERS, *Leviticus*). TM gibt als Relativsatz dazu: „die Fettasche, zu der das Feuer das Brandopfer (אֶת־הָעֹלָה) auf dem Altar verzehrt hat." Für אֶת־הָעֹלָה sagt LXX: τὴν ὁλοκαύτωσιν „das Brandopfer", konstruiert als in den Relativsatz hineingezogene Apposition zu τὴν κατακάρπωσιν, und macht aus der Ortsangabe des TM: ‚auf dem Altar' eine Ergänzung zum Verb ‚wegnehmen': ‚vom Altar': „Und er soll die Asche des Brandopfers vom Altar wegnehmen, das Brandopfer, das das Feuer völlig verzehrt hat" (vgl. BdA und WEVERS, *Leviticus*). Die VL des Augustinus folgt allerdings einer sehr alten Variante der LXX, die sich nur in Minuskeln *(bwfhix)* findet (vgl. BILLEN, *Texts* 119) und statt κατακάρπωσιν ‚Fettasche' ὁλοκάρπωσιν ‚Brandopfer' sagt (Augustinus zitiert dies korrekt, seine VL

quod holocaustosis? Nisi forte illud est verum, quod in quodam Graeco invenimus; non enim ait: *Auferet holocarposin*, sed: *Auferet catacarposin*, hoc est reliquias holocausti quod ignis consumpsit. Has autem reliquias, veluti est cinis et carbo, appellavit illam holocaustosin eius rei nomine, quae consumpta est, reliquias ipsius consumptionis appellans.

10 Quod autem supra dixit: *Ista lex holocausti*, et deinde exponens quae sit eadem lex dicit: *Ista holocaustosis super incensionem eius super altare totam noctem usque in mane, et ignis altaris ardebit super illud; non extinguetur*, planius esset secundum nostrae consuetudinis locutionem, si non haberet et; nam ista coniunctione detracta ita sensus contexitur: Ista holocaustosis super incensionem eius super altare totam noctem usque in mane ignis altaris ardebit super illud, id est super altare. Deinde ad cumulum exprimendae sententiae intulit: *Non extinguetur*; nam hoc erat iam dictum *tota nocte*.

11 *Et induet stolam aliam et abiciet holocarpoma extra castra in locum mundum*. Hoc appellat *holocarpoma* quod iam concrematum est; hoc autem in illo Graeco κατακάρπωσις legitur. Quidam vero Latini addiderunt: *Quod concrematum est* et ita interpretati sunt: *Et abiciet holocarpoma, quod concrematum est, extra castra in locum mundum*.

---

18 auferet¹] aferret *C*, afferet *S* | auferet²] affe*ret *S*   **19** carbo] carbu *n*   **20** illam] illa *N*
10,3 ardebit] ardevit *C* | planius] plenius *C¹ N*   **4** consuetudinis] consuetudine *N*   **5** ita] ēa *p*, ista *n V¹*, iste *V²*   **6** altare *C*   **11,1** abiciet] adiciet *N* | holocarpoma] holocaustoma *C P S V N* | locum] loco *C*   **3** κατακάρπωσις] catacarposis *C P S V N T* | quidam] quid autem *P¹ S V* | vero *exp. S, om. V* | concrematum] consecratum *P¹ S V T*   **4** concrematum] consecratum *P¹ S V*

---

sagt dazu allerdings *holocarpoma*). WEVERS, *Leviticus*, beurteilt diese Variante als „obviously wrong". Augustin kennt zwar auch die Variante τὴν κατακάρπωσιν, gibt aber an, er habe sie nur in einem griechischen Manuskript gefunden. Daraus resultiert das Problem Augustins.

[29] Lev 6,9 LXX = 6,2 TM.

[30] Auch im hebräischen Wortlaut ist die Syntax dieses Gesetzes bis heute umstritten. TM: „Es, das Brandopfer, [soll] auf (seiner?) Brandstelle auf dem Altar die ganze Nacht bis zum Morgen [bleiben], und das Altarfeuer soll dadurch/auf ihm am Brennen gehalten werden." Probleme bereitet מוֹקְדָה: ‚Brand, Brandstelle'; ist es ausnahmsweise

irgendeinem griechischen Manuskript gefunden haben: Es lautet nämlich nicht: „er soll die *holocarposis* (Darbringung des Brandopfers) wegnehmen", sondern: „er soll die *catacarposis* (die Asche des Brandopfers) wegnehmen", d.h. die Überreste des Brandopfers, das das Feuer verzehrt hat. Diese Überreste aber, wie Asche und Kohle, bezeichnete sie mit jenem [Wort] *holocaustosis*, indem sie mit dem Wort für die Sache, die aufgezehrt worden ist, die Überreste, die aus eben der Verzehrung übrig geblieben sind, bezeichnete.

qu. 3,10 (zu Lev 6,9)[29]

10 Insofern sie aber weiter oben gesagt hat: „dieses [ist] das Gesetz über das *holocaustum* (Brandopfer)" und anschließend bei der Darlegung, was eben dieses Gesetz vorschreibt, sagt: „Diese *holocaustosis* (Brandopferdarbringung) [soll] auf ihrem Brand auf dem Altar die ganze Nacht bis zum Morgen [bleiben], und das Feuer des Altares soll auf jenem brennen; es darf nicht ausgelöscht werden."[30], wäre nach unserer Ausdrucksweise der Sinn deutlicher, wenn der Text das ‚und' nicht hätte; denn nach Streichung dieser Konjunktion ergibt die Zusammenfügung der Worte folgenden Sinn: ‚Diese *holocaustosis* (Brandopferdarbringung) [soll] auf ihrem Brand auf dem Altar [bleiben], die ganze Nacht bis zum Morgen soll das Feuer des Altares auf jenem, d.i. auf dem Altar, brennen.' Anschließend hat sie, um den Sinn der Aussage im Übermaß zu verdeutlichen, hinzugefügt: „Es soll nicht verlöschen"; denn das war bereits gesagt worden: „die ganze Nacht hindurch".[31]

qu. 3,11 (zu Lev 6,11)[32]

11 „Und er [der Priester] soll ein anderes Gewand anziehen und das *holocarpoma* (das Brandopfer)[33] außerhalb des Lagers an einen reinen Ort wegbringen." Hier nennt sie das, was schon ganz verbrannt ist, *holocarpoma;* dafür liest man in jenem griechischen Manuskript hingegen κατακάρπωσις. Einige Lateiner aber haben hinzugefügt: „das ganz verbrannt ist"[34] und folgendermaßen übersetzt: „Und er soll das *holocarpoma* (Brandopfer), das ganz verbrannt ist, außerhalb des Lagers an einen reinen Ort wegbringen."

---

fem.gen.? Dann fehlt der Artikel. Oder ist das ה als enklitisches Personalpronomen 3.sgl.fem. zu punktieren (so LXX und VL)? בּוֹ kann instrumental oder lokal (so das Verständnis von LXX und VL) gemeint sein.

[31] Dieser Satz des Gesetzes ist ein Zusatz der LXX.

[32] Lev 6,11 LXX = 6,4 TM.

[33] TM hat wieder „Asche", die Majuskeln der LXX entsprechend κατακάρπωσιν, VL:Cod.Lugd.: *catacarposin*.

[34] NBA: Augustinus scheint diesen Zusatz als einziger zu bezeugen. Zugleich verweist NBA aber auf Rufins Übersetzung der *Hom.* 4 in Lev des Origenes: *hostiam quae cremata est*.

280 12 *Et ignis super altare ardebit ab eo et non extinguetur;* id est ab illo igne, in quo arsit holocaustum usque in mane. Non vult enim ignem prorsus extingui, sed, cum usque in mane arserit holocaustum, ablatis inde reliquiis consumptionis nec sic extingui ignem, sed inde iterum renovari, quo ardeant alia quae inponuntur. 5

13 Quod autem sequitur et dicit: *Et exuret super illud sacerdos ligna mane mane et stipabit super illud holocaustum et superponet super illud adipem salutaris; et ignis semper ardebit super illud, non extinguetur,* videndum est utrum *mane mane* cotidie voluerit intellegi, ut nullus dies praetermitteretur, quo non inveniretur holocaustum et adeps salutaris, an *mane mane* ut quocumque die inponeretur nonnisi mane 5 inponeretur. Si enim cotidie intellexerimus, quid, si nullus adferret? Si autem tamquam de publico vel de suo sacerdotes cotidiana holocausta procurabant, super ipsa inponebantur ea quae iussit a populo oblata pro peccatis super holocausta inponi et non erat necesse offerenti sacrificia pro peccato etiam holocaustum offerre super quod illud inponeretur, nisi quando par turturum 10
300 offerebatur aut duo pulli columbini; nam ibi omnino definit unum pro peccato, alterum in holocaustum offerri oportere et prius pro peccato, deinde in holocaustum. Deinde quaeri potest utrum holocaustum quod *mane mane* iussit inponi ipsum etiam per totam noctem arderet usque ad alterum mane, an illud quod ait tota nocte ardere debere holocaustum fuerit vespertinum et inde coeperit de 15

13,10 quando…13 holocaustum²] cf. Lv 5,7

12,1 altare] semper *add. Am. μ* | et² *om. n* **13,1** mane² *om. P¹ V* **2** stipabit] stipavit *C p P S¹* **3** illud] altare *μ ζ* **5** an] a *S N* | die inponeretur] diem poneretur *C* | nonnisi…6 inponeretur *om. S* **8** ipsa] ipsam *C* | inponebantur] ponebantur *C ζ* **9** holocausta] holocaustu(m) *N* inponi] poni *N* **11** columbini] columbi *C*, cobini *T (in ras.)* | definit unum] definitum *P S¹ V¹*, definitum est unum *T V² Am. μ* **12** offerri…holocaustum² *om. V* | in² *om. C P S* **13** mane² *om. Am. μ* **14** alterum] altare *n (add.* ū *sup. e)* **15** fuerit…16 holocausto *om. V* inde] deinde *S Am. μ*

---

[35] Lev 6,12 LXX = 6,5 TM.
[36] TM Lev 6,5a (LXX: 6,12) entspricht ganz 6,2d (LXX: 6,9): „Und das Feuer soll dadurch (בּוֹ) auf dem Altar in Brand gehalten werden." LXXA gibt dieses בּוֹ hier wie in 6,9 (TM: 6,2) lokal wieder: ἐπ' αὐτοῦ „auf ihm" (VL:Cod.Lugd. und Vulg lassen es dagegen weg). Das ist nach WEVERS, *Leviticus* die bessere Lesart. Ihr folgen SD („auf ihr"), NETS („on it") und BdA („y"). Die VL des Augustinus folgt aber LXXB: ἀπ' αὐτοῦ, *ab*

qu. 3,12 (zu Lev 6,12)[35]

12 „Und das Feuer soll auf dem Altar nach ihm[36] weiter brennen und nicht erlöschen"; d.h. nach jenem Feuer, in dem das Brandopfer bis zum Morgen gebrannt hat. [Der Gesetzgeber] will nämlich nicht, daß das Feuer gänzlich erlischt, sondern auch wenn das Brandopfer bis zum Morgen gebrannt hat, will er nicht, daß es auf diese Weise erlischt, wenn die Reste der Verbrennung davon beseitigt sind, vielmehr will er, daß es darauf von neuem entfacht wird, damit darin die anderen [Opfergaben] brennen, die darauf gelegt werden.

qu. 3,13 (zu Lev 6,12-13)[37]

13 Er fährt aber fort und sagt: „Und der Priester soll auf jenem Morgen für Morgen Holzscheite entzünden und soll das Brandopfer dicht darauf legen, und darüber soll er das Fett des Heils(opfers) legen; und das Feuer soll auf jenem[38] ständig brennen, es soll nicht erlöschen." Bezüglich dessen muß man zusehen, ob die Schrift „Morgen für Morgen" als ‚täglich' verstanden wissen wollte, so daß man keinen Tag vorübergehen lassen durfte, an dem sich kein Brandopfer und kein Fett eines Heils(opfers) fände, oder ob „Morgen für Morgen" bedeutet, daß man an jedem beliebigen Tag, an dem man [die Holzscheite] darauflegte, sie nur am Morgen darauf legen sollte. Wenn wir [die Wendung] nämlich als ‚täglich' gedeutet hätten, was, wenn keiner [ein Opfer] herbeibrächte? Wenn hingegen die Priester die täglichen Brandopfer gleichsam aus dem öffentlichen oder aus ihrem eigenen Besitz besorgten, wurden über eben diese diejenigen [Opfergaben] gelegt, die das Volk für seine Sünden darbrachte und die sie auf das Brandopfer zu legen vorgeschrieben hatte, und es bestand für den, der Sündopfer darbrachte, keine Notwendigkeit, auch ein Brandopfer darzubringen, auf das jenes [Sündopfer] gelegt würde, außer wenn man ein Paar Tuteltauben oder zwei junge Tauben opferte; denn dort legt sie allerdings eindeutig fest, daß man das eine für die Sünde, das andere als Brandopfer darbringen solle, und zwar zunächst [dasjenige] für die Sünde, dann [dasjenige] als Brandopfer (vgl. Lev 5,7). Dann kann man fragen, ob das Brandopfer, das sie Morgen für Morgen [auf den Altar] zu legen vorgeschrieben hat, seinerseits auch die ganze Nacht hindurch bis zum nächsten Morgen brennen sollte, oder ob jenes, von dem sie sagte, daß es die ganze Nacht brennen sollte, das abendliche Brandopfer war und sie infolgedessen so über das Brandopfergesetz zu sprechen begonnen hat, daß sie mit dem abendlichen Brandopfer begann: es wäre selt-

---

eo. Diese Lesart behält RAHLFS bei, sie ist schwer deutbar. BAC: „a partir de" (von ihm [dem nächtlichen Brand/Brandopfer] an) und NBA: „dopo quello" („nach diesem") übersetzen *ab eo* im Sinn der Paraphrase des Augustinus.

[37] Lev 6,12-13 LXX = 6,5-6 TM.

[38] TM, LXX und VL:Cod.Lugd.: „auf dem Altar".

lege holocausti dicere, ut a vespertino holocausto inciperet: Quod mirum est si taceret nec admoneret talia vespere offerri oportere.

14 *Et locutus est dominus ad Moysen dicens: Istud donum Aaron et filiorum eius quod offerunt domino in die quacumque unxeris eum.* Alia sunt sacrificia, quae commemoravit in Exodo, quibus per septem dies sanctificantur sacerdotes, ut sacerdotio suo fungi incipiant, et aliud est, quod modo commemorat, quid offerat summus sacerdos, quando constituitur, id est quando ungitur. Hoc enim sequitur et dicit: *In die quacumque unxeris eum.* Non dixit: Unxeris eos, cum etiam secundos sacerdotes ungi praecipiat. Deinde dicit ipsum sacrificium: *Decimam partem oephi similaginis in sacrificium sempiternum.* Quaeritur, quomodo sempiternum, si illo die offertur, quo ungitur summus sacerdos, ab illo qui unctus est, nisi ut semper hoc offeratur in die quo ungitur summus sacerdos, hoc est per successiones sacerdotum. Quamvis et illo modo sempiternum possit intellegi non hoc, sed quod significat.

15 *Dimidium eius*, inquit, *mane et dimidium eius post meridiem*, quod Graecus habet δειλινόν. *In sartagine*, inquit, *in oleo fiet, consparsam offeret eam, fresa*, id est eam similaginem. Deinde dicit fresa, si tamen hoc recte interpretatum est ex illo quod Graecus habet ἐρικτά et pluraliter hoc posuit genere neutro. Non enim ait fresam tamquam eandem similaginem, quam dixerat consparsam. Haec autem fresa *sacrificium de fragmentis* esse dicit. Utrum ergo fresa dicat ipsa fragmenta, id est comminuta, an ipsa minutissima similaginis fresa dixerit, non est evidens.

14,2 sacrificia…4 incipiant] cf. Ex 29,1-37

---

16 ut] aut *S*   17 talia] alia *p*   **14,2** domino] dono *P S V N T* | unxeris] unxerit *C P S N T* commemoravit] commoravit *P*   3 sanctificantur] sanctificabantur *p*   4 quod] quo *T*   6 unxeris¹] unxerit *C S*   7 oephi] ophy *N*, ephi *T*   8 quaeritur…sempiternum²] *om. P per homoiot.* | illo die] in *praem. p*, hodie die *P¹ S V¹*, illud eo die *Am. μ*   **15,2** δειλινόν] dilinon *C p P S V T*, diliginon *N* | consparsam] *z (cf. l. 5)*, consparsa *C p P¹ S V¹*, conspersa *P² V² N T*, conspersam *Am. μ* | offeret] afferet *C S N T*, afferret *P* | fresa] fresam *C P N T*, fresa* *S*, fresam (fresa *in marg.*) *V*   3 eam] enim *p*   4 ἐρικτά] ericta *C N*, erictu *P S V T* | ait *om. S*   5 fresam] fresan* *V* | quam] cum *N* | consparsam] conspersam *P² V² N T Am. μ*   6 fragmentis] fraumentis *C* | dicit] dicitur *P S V T Am. μ* | utrum ergo] ergo utrum *T* fragmenta] fraugmenta *C*, fracmenta *P S*, frumenta *V*

sam, wenn sie darüber nichts sagte und nicht die Verpflichtung einschärfte, daß derartige [Brandopfer] am Abend dargebracht werden sollten.

qu. 3,14 (zu Lev 6,19-20)[39]

14 „Und der Herr sprach zu Mose: Das ist die Gabe Aarons und seiner Söhne, die sie dem Herrn jeweils an dem Tag darbringen, an dem du ihn gesalbt hast." Das eine sind die Opfer, die [der Gesetzgeber] im Buch Exodus behandelt hat, durch die die Priester sieben Tage hindurch geweiht werden, damit sie beginnen können, ihr Priesteramt auszuüben (vgl. Ex 29,1-37), und etwas anderes ist [das Brandopfer], von dem er nun spricht, das der Hohepriester darbringen soll, wenn er eingesetzt, d.h. wenn er gesalbt wird. Er fährt nämlich folgendermaßen fort und sagt: „jeweils an dem Tag, an dem du ihn gesalbt hast." Er hat nicht gesagt: ‚[an dem] du sie gesalbt hast', obgleich er auch vorschreibt, die Priester des zweiten Ranges zu salben. Dann spricht er vom Opfer selbst: „Ein Zehntel Efa feinsten Weizenmehls als fortwährendes Opfer". Man fragt, wieso ‚fortwährendes [Opfer]', wenn es an jenem Tag, an dem der Hohepriester gesalbt wird, von jenem, der gesalbt ist, dargebracht wird, es sei denn [es bedeutet], daß es jedes Mal an dem Tag, an dem der Hohepriester gesalbt wird, dargebracht werden soll, d.h. der Reihe der im Amt aufeinander folgenden Priester nach. Wenngleich man ‚fortwährend' auch auf jene Weise verstehen kann, daß sich das Wort nicht auf dieses [das Weiheopfer des Hohenpriesters] bezieht, sondern auf das, was es vorausbezeichnet.

qu. 3,15 (zu Lev 6,20-21)[40]

15 „Die Hälfte davon", sagt die Schrift, „am Morgen und die Hälfte davon am Nachmittag"; dafür sagt der Grieche: δειλινόν. „In einer Pfanne", sagt sie, „mit Öl soll es, nämlich dieses Weizenfeinmehl, zubereitet werden, als Teig soll man es darbringen, als *fresa* (Zermahltes/Geschrotetes)[41]." Schließlich sagt die Schrift: *fresa*, jedenfalls wenn damit jenes Wort ἐρικτὰ richtig übersetzt ist, das der Grieche bezeugt und in den Plural neutrum gesetzt hat. Sie sagt nämlich nicht *fresam*, als wäre es auf eben dieses Weizenfeinmehl bezogen, das sie ‚Teig' genannt hatte. Sie sagt hingegen, diese *fresa* seien „ein Opfer aus Stücken". Es ist somit nicht klar, ob sie diese Stücke selbst, d.h. die Brocken, *fresa* nennt oder ob sie die winzigen Körner des Weizenfeinmehls *fresa* genannt hat.

---

[39] Lev 6,19-20 LXX = 6,12-13 TM.

[40] Lev 6,20-21 LXX = 6,13-14 TM.

[41] TM: „als תְּפִינֵי[מִנְחַת פִּתִּים תֻּפִינִי ist ein ungedeutetes *hapax legomenon*] eines Speiseopfers aus Brocken". LXX: ἑλικτά, θυσίαν ἐκ κλασμάτων „als Gerolltes/Gestampftes, ein Opfer aus Stücken". WEVERS, *Leviticus*: ἑλικτά ist wohl ein inkorrekter Übersetzungsversuch der LXX. VL:Cod.Lugd.: *volubilia, fragmentorum ornamentorum sacrificium*; Vulg ganz abweichend: *offeret autem eam calidam*.

16 Sequitur autem et dicit: *Sacrificium in odorem suavitatis domino. Sacerdos unctus qui pro eo ex filiis eius faciet illud.* Propter hoc fortasse dixerat *sempiternum*, ut hoc faciat omnis summus sacerdos, quando succedit mortuo eo die quo unctus fuerit; adiunxit enim et ait: *Lex aeterna*, cum possit etiam aeternum secundum id intellegi quod significat.

17 Sequitur autem: *Omne consummabitur*, quod habet Graecus ἐπιτελεσθήσεται et aliqui interpretes dixerunt: *Omne inponetur*. Ubi vult intellegi esse holocaustum, quia nihil exinde remanet. Denique adiungit: *Et omne sacrificium sacerdotis holocaustum erit et non edetur.* Hoc ergo dixerat: *Omne consummabitur.*

18 De sacrificio pro peccato cum diceret, *sacerdos,* inquit, *qui inponet illud, manducabit illud.* Non hoc quod inponet manducabit - nam illud igni consumetur - sed quod inde remanserit; non enim holocaustum est, ut totum ardeat in altari. Dicit autem postea: *Omnia quae pro peccato sunt ex quibus inlatum fuerit a sanguine eorum in tabernaculum testimonii exorari in sancto non edetur, sed igni concremabitur.* Quomodo ergo ad sacerdotes pertinent manducanda, quae remanent de sacrificiis pro peccatis? Quod intellegendum est haec excepta esse, de quorum sangu-

---

16,2 Lv 6,20

16,2 eo] illo est V, eo est T | ex] et N | fortasse] fortasses $P^1 S^1$, fortassis $V T Am. \mu$
17,1 ἐπιτελεσθήσεται] epiteles thesete $C P V N T$, ΕΠΙΘΕΛΕΣΘΗΣΕΤΕ S 2 inponetur] imponitur N 3 sacerdotis] sacerdoti $P^1 V$ **18,1** illud *om.* T 2 manducabit¹] manducavit $C p S$ | illud¹...hoc] illud non illud N | igni] digni N 3 remanserit] remansit P^1 | est...totum *om.* T 4 sunt *om.* S^1 | a *om.* N 5 exorari] exoriri $C P N$ 6 ergo *om.* S 7 quod] propter *praem.* $S Am. \mu$

---

[42] Lev 6,21-22 LXX = 6,14-15.
[43] Lev 6,22-23 LXX = 6,15-16 TM.
[44] Obwohl hier das Verb *consummo*, nicht, wie in Augustins Erläuterung zu Lev 6,19 TM = 6,26 LXX, das Verb *consumo* gebraucht ist, soll diese Wendung, wie das folgende zeigt, so verstanden werden: Die Opfermaterie soll vom Feuer ganz aufgezehrt werden. TM: כָּלִיל תָּקְטָר, „Ganz/als Ganzopfer soll es in Rauch aufgehen."
[45] Zur Bedeutung ‚opfern' vgl. SDE 358.
[46] Sc. auf den Altar. Vgl. VL:Cod.Lugd: *omne ponetur*. Ein Versuch, diese Fehlübersetzung verständlich zu machen, bei NBA 819 Anm. 28.
[47] Lev 6,7-16 TM (= 6,14-23 LXX) handelt von einer speziellen Opferart, der מִנְחָה = Speiseopfer. Das bringt VL *(sacrificium)* terminologisch nicht zum Ausdruck. Zwar ist das Weiheopfer Aarons und seiner Söhne inhaltlich eindeutig als Speiseopfer beschrie-

qu. 3,16 (zu Lev 6,21-22)[42]

16 Die Schrift fährt aber fort und sagt: „ein Opfer zu einem Süßigkeitsduft für den Herrn. Der gesalbte Priester, der von seinen Söhnen an seiner Stelle [amtet], soll es zubereiten." Vielleicht hatte sie deshalb „immerwährendes" [Opfer](Lev 6,13) gesagt, damit jeder Hohepriester, wenn er dem verstorbenen [Hohenpriester] nachfolgt, dieses am selben Tag vollziehe, an dem er gesalbt worden ist; sie hat nämlich hinzugefügt und gesagt: „ewiges Gesetz", wenngleich man [das Wort] ‚ewig' auch entsprechend dem verstehen kann, was es vorausbezeichnet.

qu. 3,17 (zu Lev 6,22-23)[43]

17 Sie fährt aber fort: „Es soll ganz vollendet werden."[44] Dafür hat der Grieche: ἐπιτελεσθήσεται (es soll vollständig geopfert werden)[45], und einige Übersetzer haben übersetzt: „soll ganz gelegt werden."[46] Damit will die Schrift verstanden wissen, daß es sich um ein Brandopfer handelt, da nichts davon zurückbleibt. Schließlich fügt sie hinzu: „Und jedes Opfer eines Priesters soll ein Brandopfer sein und nicht gegessen werden."[47] Davon hatte sie daher gesagt: „Es soll ganz vollendet werden."

qu. 3,18 (zu Lev 6,26.30)[48]

18 Als die Schrift vom Sündopfer sprach, sagte sie: „Der Priester, der jenes [auf den Altar] legen[49] wird, soll jenes essen." Er soll nicht das essen, was er [auf den Altar] legen wird – denn jenes wird vom Feuer verzehrt werden –, sondern das, was davon übrig geblieben ist; es ist nämlich kein Brandopfer, so daß es insgesamt auf dem Altar verbrennte. Sie sagt aber später: „Alle [Opfer], die für ein Sünde(opfer) [bestimmt] sind, von denen etwas von ihrem Blut in das Zelt des Zeugnisses gebracht worden ist, damit im Heiligtum Fürbitte gehalten werde,[50] dürfen nicht gegessen werden, sondern sollen[51] im Feuer verbrannt werden." Wie also steht das, was von den Sündopfern übrig bleibt, den Priestern zur Nahrung zu? Das ist so zu verstehen: diejenigen [Sündopfer] sind

---

ben. Aber die Bedeutung einer so allgemeinen Vorschrift wie Lev 6,16 TM = 6,23 LXX wird dadurch verdunkelt.

[48] Lev 6,26.30 LXX = 6,19.23 TM.

[49] TM: הַמְחַטֵּא („der das Sündopfer vollzieht), LXX: ὁ ἀναφέρων, VL:Cod.Lugd. +Vulg: *qui offert*, nur die VL des Augustinus hat *qui inponet*.

[50] TM: לְכַפֵּר, ἐξιλάσασθαι, VL:Cod.Lugd.: *propitiare*; VL des Augustinus: *exorari;* Vulg: *ad expiandum*. Zu diesem terminologischen Problem hier und im folgenden vgl. Einleitung Lev.

[51] Spätlateinisch hat, in Anlehnung an das Griechische, ein Subjekt im Plural neutrum das verbale Prädikat im Singular (HOFMANN/SZANTYR, *Syntax* 431 § 232), vor allem bei *omnia* (BLAISE, *Manuel* 124 § 200).

ine tangitur illud altare incensi in tabernaculo testimonii. Hoc enim iussit fieri superius de vitulo, quem pro peccato suo sacerdos offerret, et de vitulo, quem pro peccato universae synagogae, ut carnes quae remanserint foris extra castra conburantur; hoc et modo breviter commemoravit.

19 *Et ista est lex arietis qui pro delicto est; sancta sanctorum sunt*: Id est ad sacerdotes pertinent manducanda.

20,1 Quid est quod de ariete pro delicto cum dixisset legemque sacrificii exposuisset, ait: *Quomodo quod [est] pro peccato ita et id quod pro delicto, lex una est eorum*? Quaeritur inter peccatum et delictum quae sit differentia, quoniam, si nulla esset, nullo modo diceretur: *Quomodo quod pro peccato ita et quod pro delicto*. Quamvis enim lex eiusque sacrificium nihil distet, quia lex una est eorum, tamen ipsa duo, quorum unum est sacrificium, id est peccatum et delictum, si inter se nihil differrent et si unius rei duo nomina essent, non curaret scriptura tam diligenter commendare unum esse utriusque sacrificium.

20,2 Fortasse ergo peccatum est perpetratio mali, delictum autem desertio boni, ut, quemadmodum in laudabili vita aliud est declinare a malo, aliud facere bonum, quod admonemur dicente scriptura: *Declina a malo et fac bonum*, ita in damnabili aliud sit declinare a bono, aliud facere malum et illud delictum, hoc peccatum sit. Nam et ipsum vocabulum si discutiatur, quid aliud sonat delictum nisi derelictum? Et quid derelinquit qui delinquit nisi bonum? Graeci etiam duo nomina usitata huic pesti inposuerunt. Nam delictum apud eos et παράπτωμα

18,8 hoc...11 conburantur] cf. Lv 4,12.21   **20,11** Ps 36,27

19,1 est lex] lex est V | est² *om. p*   **20,2** est¹ *om.* μ, *inclusit* χ (cf. l. 4, 43, 89)   **4** quomodo... pro¹ *om. n* | quod¹] et *praem.* C, *om. p*   **5** distet] distat *p*   **7** nihil *om.* N   **9** fortasse] fortassis V Am. μ | fortasse...est *om.* N   **10** laudabili vita] laudabilitate N   **12** hoc...13 peccatum *om.* N   **14** derelinquit] dereliquit $S V N$ | delinquit] deliquit S **15** παράπτωμα] paraptoma $C N V$, baraptoma $P S T$

---

52 Lev 6,31 LXX = 7,1 TM
53 TM 7,1 (= LXX 6,31) hat lediglich: תּוֹרַת הָאָשָׁם „das Gesetz des Schuld(opfers)". LXX ergänzt entsprechend der Information aus Lev 5,14-19 den Widder als das Tier, das als Schuldopfer geopfert wird: ὁ νόμος τοῦ κριοῦ τοῦ περὶ τῆς πλημμελείας, „das Gesetz des Widders für die Verfehlung". Den folgenden inkongruenten Plural hat schon die griechische Vorlage (LXXB allerdings hat Sgl.); Vgl. dazu WEVERS, *Leviticus* 77 (zu Lev 6,23 LXX).

ausgenommen, mit deren Blut jener Räucheraltar im Zelt des Zeugnisses berührt wird. Folgendes hat die Schrift nämlich weiter oben mit dem Kalb auszuführen befohlen, das der Priester für seine eigene Sünde darbringt, und mit dem Kalb, das [der Priester] für die Sünde der ganzen Gemeinde [darbringt], daß nämlich die Fleischstücke, die übrig geblieben sind, außerhalb der Lager verbrannt werden sollten (vgl. Lev 4,12.21); das hat sie auch eben kurz ins Gedächtnis gerufen.

qu. 3,19 (zu Lev 6,31)[52]

19 „Und folgendes ist das Gesetz über das Widder(Opfer),[53] das für ein Vergehen [vorgesehen] ist; sie sind hochheilig": d.h. sie stehen den Priestern zur Nahrung zu.

qu. 3,20,1 (zu Lev 6,37)[54]

20,1 Was bedeutet das, was die Schrift, nachdem sie von dem ‚Widder(opfer) für ein Vergehen' gehandelt und das Opfergesetz dargelegt hatte, gesagt hat: „Wie das [Opfer], das für eine Sünde ist, so auch dasjenige [Opfer], das für ein Vergehen ist, ein und dasselbe Gesetz gilt für beide"?[55] Man fragt, welcher Unterschied zwischen ‚Sünde' (*peccatum*) und ‚Vergehen' (*delictum*) besteht, denn wenn es keinen gäbe, würde keinesfalls gesagt: „Wie das [Opfer], das für eine Sünde ist, so auch das [Opfer], das für ein Vergehen ist." Obgleich nämlich zwischen dem Gesetz und seinem Opfer kein Unterschied besteht, da es ein und dasselbe Gesetz für sie [beide] ist, würde doch, wenn sich diese beiden, für die es [nur] ein Opfer gibt, d.h. die Sünde und das Vergehen, ihrerseits in Nichts unterschieden, und wenn sie [nur] zwei Namen für eine und dieselbe einzige Sache wären, die Schrift nicht Sorge tragen, so gründlich zu unterstreichen, daß das Opfer für beide ein und dasselbe ist.

qu. 3,20,2

20,2 Vielleicht also bedeutet *peccatum* (Sünde), Böses zu tun, *delictum* (Vergehen) hingegen, Gutes zu unterlassen, so daß, wie in einem lobenswerten Leben sich vom Bösen abzuwenden etwas anderes ist als Gutes zu tun, wozu wir durch das Wort der Schrift ermahnt werden: „Meide das Böse und tue das Gute" (Ps 37,27), entsprechend in einem verdammenswerten [Leben] sich vom Guten abzuwenden etwas anderes wäre als Böses zu tun, jenes das ‚Vergehen' (*delictum*), dieses die ‚Sünde' (*peccatum*) wäre. Denn wenn man das Wort selbst untersucht, was bedeutet *delictum* anderes außer *derelictum* (Unterlassenes)? Und was unterläßt derjenige, der sich vergeht, wenn nicht das Gute? Auch die Griechen haben zwei gebräuchliche Wörter für diese Geißel benutzt. Denn bei ihnen sagt man für *delictum* sowohl παράπτωμα als auch πλημμέλεια. An eben dieser Stelle

---

[54] Lev 6,37 LXX = 7,7 TM.
[55] TM 7,7 hat: כַּחַטָּאת כָּאָשָׁם, „wie das Sündopfer, so das Schuldopfer".

dicitur et πλημμέλεια. Isto ipso quippe loco Levitici πλημμέλεια est. Apostolus autem ubi dicit: *Si praeoccupatus fuerit homo in aliquo delicto*, παραπτώματι Graecus habet. Quorum nominum si origo discutiatur, in paraptomate tamquam decidere intellegitur qui delinquit unde cadaver, quod Latini a cadendo dixerunt, Graece πτῶμα dicitur ἀπὸ τοῦ πίπτειν, id est ab eo quod est cadere. Qui ergo peccando malum facit, prius delinquendo a bono cadit. Et πλημμέλεια simile nomen est neglegentiae; nam Graece neglegentia ἀμέλεια dicitur, quia curae non est quod neglegitur. Sic enim Graecus dicit non curo οὐ μέλει μοι. Particula ergo quae additur πλήν, ut dicatur πλημμέλεια, praeter significat, ut ἀμέλεια, quod vocatur neglegentia, videatur sonare sine cura, πλημμέλεια praeter curam, quod paene tantundem est. Hinc et quidam nostri πλημμέλειαν non delictum, sed neglegentiam interpretari maluerunt. In Latina autem lingua quid aliud neglegitur nisi quod non legitur, id est non eligitur? Unde etiam legem a legendo, id est ab eligendo Latini auctores appellatam esse dixerunt. His quodam modo vestigiis colligitur, quod ille delinquit, qui bonum derelinquit et relinquendo a bono cadit, quia neglegit, id est non eligit. Peccatum vero unde sit dictum, quod Graece ἁμαρτία dicitur, in neutra lingua mihi interim occurrit.

20,3 Potest etiam videri illud esse delictum quod inprudenter, id est ignoranter, illud peccatum, quod ab sciente committitur. Huic differentiae videntur ista testimonia consonare divina: *Delicta quis intellegit?* et illud: *Quoniam tu scisti inprudentiam meam*; continuo quippe secutus adiunxit: *Et delicta mea a te non sunt abscondita*, velut alio modo repetens eandem sententiam. Nec ab eadem ratione

---

17 Gal 6,1   **35** Ps 18,13 | Ps 68,6

---

16 πλημμέλεια¹] plemmelia *C P S V T*, plemelia *N* | πλημμέλεια²] plemmelia *C P S V T*, plemelia *N*   **17** παραπτώματι] paraptomati *C P S V N T*   **18** paraptomate] παραπτώματι decidere] dicere *N*   **20** πτῶμα] ptoma *C P S V N T* | ἀπὸ...πίπτειν] apotu piptin *C P S V N T* | ab eo *om. N*   **21** πλημμέλεια] plemmelia *C p P S V T*, plemeliā *n*   **22** ἀμέλεια] amelia *omn. codd.*   **23** οὐ...μοι] umeli me *C*, umelimo *p*, umelli moi *P V T*, u meli moi *S*, humelime *n*   **24** πλήν] plen *C P S¹ V N*, plem *S² T* | πλημμέλεια] plemmelia *C p P S V T*, plemeliā *n* ἀμέλεια] amelia *omn. codd.*   **25**   πλημμέλεια] plemmelia *C p P S V T*, plemeliā *n*   **26** πλημμέλειαν] plenmeliā *C*, plemmelian *P S T*, plemmelia *N*, plemmilian *V*   **30** qui] quia *N* | derelinquit] dereliquid *P S* | relinquendo] derelinquendo *P¹ n*   **31** eligit] legit *P S V μ*, elegit *N*   **32** Graece] gre *P¹ V* | ἁμαρτία] amantia *C N*, amatia *P¹ S¹*, amarcia *T* | occurrit] non *praem. C P² S² T*   **33** videri] videre *C* | inprudenter...34 quod *om. N*   **37** alio] aliud *n*

---

⁵⁶ VL:Cod.Lugd.
⁵⁷ Vgl. Cicero, *Leg.* 1,6,19; Varro, *Ling.* 6,7,66.

hier des [Buches] Leviticus ist es ja πλημμέλεια. Wo dagegen der Apostel sagt: „Wenn ein Mensch bei irgendeinem Vergehen *(delictum)* ertappt worden ist" (Gal 6,1), hat der Grieche παραπτώματι. Wenn man die ursprüngliche Bedeutung dieser Wörter untersucht, so versteht man, daß derjenige, der sich vergeht, im παραπτώματε gleichsam hinfällt; daher wird für das Wort ‚Kadaver', das die Lateiner von ‚fallen' *(cadere)* abgeleitet haben, Griechisch πτῶμα gesagt, [abgeleitet] ἀπὸ τοῦ πίπτειν, d.h. von dem [Wort], das ‚fallen' *(cadere)* bedeutet. Wer also, indem er sündigt, Böses tut, der fällt zuvor, indem er sich vergeht, vom Guten ab. Und das Wort πλημμέλεια ähnelt [dem Wort] ‚Nachlässigkeit'; denn auf Griechisch heißt Vernachlässigung ἀμέλεια, weil keine Aufmerksamkeit findet, was vernachlässigt wird. So nämlich formuliert der Grieche: ‚es interessiert mich nicht': οὐ μέλει μοι. Der Wortbestandteil πλήν, der hinzugefügt wird, um das Wort πλημμέλεια zu bilden, bedeutet ja *praeter* (außer), so daß das Wort ἀμέλεια, das ‚Nachlässigkeit' bezeichnet, ‚ohne Achtsamkeit', πλημμέλεια ‚außer Beachtung' zu bedeuten scheint, was nahezu dasselbe ist. Daher haben es auch einige der Unsrigen vorgezogen, πλημμέλεια nicht mit ‚Vergehen' *(delictum)*, sondern mit ‚Nachlässigkeit' *(negligentia)* zu übersetzen.[56] Was anderes aber bedeutet in der lateinischen Sprache ‚wird vernachlässigt' außer ‚wird nicht ausgesucht', d.h. ‚wird nicht ausgewählt'? Daher haben lateinische Autoren auch gesagt, das Wort *lex* (Gesetz) sei von *legere* (aussuchen), d.h. von *eligere* (auswählen) gebildet worden.[57] Aus diesen Indizien kombiniert man einigermaßen, daß derjenige sich vergeht *(delinquit)*, der das Gute unterläßt *(derelinquit)* und, indem er sich vom Guten trennt, fällt, weil er es vernachlässigt, d.h. nicht erwählt. Woher sich aber [das Wort] *peccatum* (Sünde), was auf Griechisch ἁμαρτία heißt, herleitet, ist mir bisher in beiden Sprachen nicht untergekommen.

qu. 3,20,3

20,3 Man kann es auch so sehen: Jene [Tat] ist ein ‚Vergehen' *(delictum)*, die nichtsahnend, d.h. unwissentlich, jene [Tat] eine ‚Sünde' *(peccatum)*, die bewußt begangen wird. Mit dieser Unterscheidung scheinen folgende göttliche Zeugnisse übereinzustimmen: „Wer kennt die Vergehen?" (Ps 19,13) Und jenes: „Denn du hast meine Unkenntnis[58] erkannt (Ps 69,6)." Unmittelbar anschließend hat die Schrift ja hinzugefügt, indem sie gleichsam auf andere Weise denselben Gedanken wiederholte: „Und meine Vergehen sind dir nicht verborgen." Mit dieser Argumentation steht auch der Ausspruch des Apostels, den ich vor kurzem zitiert habe, nicht in Widerspruch: „Wenn ein Mensch bei irgendeinem

---

[58] TM und LXX würde besser entsprechen: ‚meine Unbesonnenheit/meine Torheit'. TM hat: אִוַּלְתִּי (ZENGER in HThKAT, 274: „weishheitlicher Begriff der Unbesonnenheit als Auslöser unbewußter bzw. ungewollter Verfehlungen").

discordat quod paulo ante commemoravi apostoli dictum: *Si praeoccupatus fuerit homo in aliquo delicto*; hinc enim quod praeoccupatum dicit, inprudenter lapsum esse significat. Peccatum vero ad scientem pertinere apostolus Iacobus tamquam definiens ait: *Scienti igitur bonum facere et non facienti peccatum est illi*. Sed sive illa sive ista sive aliqua alia differentia sit peccati et delicti, nisi aliqua esset, non scriptura ita loqueretur, ut diceret: *Quomodo quod pro peccato ita et quod pro delicto, lex una est eorum*.

20,4 Indifferenter autem plerumque dicuntur, ut et peccatum nomine delicti et delictum nomine peccati appelletur. Neque enim cum dicitur in baptismo fieri remissio peccatorum non fit etiam delictorum; nec tamen utrumque dicitur, quia in illo nomine utrumque intellegitur. Sic et dominus ait pro multis effundi sanguinem suum in remissionem peccatorum. Numquid quoniam non ait et delictorum, ideo quisquam dicere audebit in sanguine ipsius delictorum non fieri remissionem? Item quod scriptum est apud apostolum: *Nam iudicium quidem ex uno in condemnationem, gratia vero ex multis delictis in iustificationem*, quid aliud quam nomine delictorum etiam peccata conprehensa sunt?

20,5 In hac quoque ipsa scriptura Levitici, qua cogimur aliquam inter delictum peccatumque distantiam vel invenire vel credere, ita legitur, cum de his ipsis quae pro peccatis offerenda iubebantur sacrificiis deus loqueretur: *Si autem omnis*, inquit, *synagoga filiorum Israhel ignoraverit et latuerit verbum ab oculis synagogae et fecerit unum ab omnibus mandatis domini quod non fiet et deliquerint et cognitum illis fuerit peccatum quod peccaverunt in eo*. Ecce ubi dixit: *Et deliquerint*, ibi continuo *peccatum quod peccaverunt* addidit; hoc ipsum utique quod deliquerunt. Et paulo post: *Si autem princeps*, inquit, *peccaverit et fecerit unum ab omnibus praeceptis domini dei sui quod*

---

38 Gal 6,1   41 Iac 4,17   43 Lv 6,37   48 pro…49 peccatorum] cf. Mt 26,28   51 Rm 5,16
56 Lv 4,13-14   60 Lv 4,22

39 inprudenter] inprudentem *P V N T*   42 aliqua alia] alia aliqua *P V N T*   43 et *om. P¹ S V*
45 autem] tamen *C P² N T*   47 utrumque…48 nomine *om. P¹* | dicitur…48 utrumque *om. V S*   49 remissionem] remissione *P*   50 sanguine] sanguinem *C*   52 gratia] gratiam *C* | in²] ad *N*   54 aliquam] aliqua *C*   55 peccatumque] et peccatum *C S² N*, peccatum *P*   58 fiet] fieret *V corr.* | et¹] *s. l. C, om. V*   59 in…60 peccaverunt *om. N* | deliquerint] delinquerunt *C*

Vergehen überrascht worden ist" (Gal 6,1); hier bedeutet der Ausdruck ‚überrascht worden' nämlich ‚unwissentlich gefallen sein'. Daß die ‚Sünde' *(peccatum)* hingegen zu einem bewußt Handelnden gehört, sagt der Apostel Jakobus gleichsam in einer Definition: „Wer daher weiß, was er Gutes tun sollte und es nicht tut, dem gereicht es zur Sünde" (Jak 4,17). Jedenfalls, sei dies oder jenes oder etwas anderes der Unterschied zwischen *peccatum* (Sünde) und *delictum* (Vergehen), wenn es nicht irgendeinen Unterschied gäbe, würde die Schrift sich nicht so ausdrücken, daß sie sagte: „Wie das [Opfer], das für eine Sünde ist, so auch das [Opfer], das für ein Vergehen ist, ein und dasselbe Gesetz gilt für beide" (Lev 7,7).

qu. 3,20,4

20,4 Meist drückt man sich aber aus, ohne Unterschiede zu machen, so daß sowohl ‚Sünde' *(peccatum)* als ‚Vergehen' *(delictum)* als auch Vergehen als Sünde bezeichnet wird. Wenn man sagt, in der Taufe würden die Sünden vergeben, [bedeutet das] nämlich nicht, daß nicht auch Vergehen vergeben werden; dennoch wird nicht beides genannt, weil unter jener Bezeichnung beides verstanden wird. So sagt auch der Herr, sein Blut werde für viele zur Vergebung der Sünden vergossen (vgl. Mt 26,28). Wird etwa irgend jemand deswegen, weil er nicht sagt, [es werde] auch [zur Vergebung] der Vergehen vergossen, es wagen zu behaupten, im Blut desselben geschehe nicht auch die Vergebung der Vergehen? Was bedeutet desgleichen das, das bei dem Apostel geschrieben steht: „Denn das Gericht [führt] zwar von [der Verfehlung] des einen zur Verurteilung, die Gnade aber von vielen Vergehen zur Rechtfertigung" (Röm 5,16) anderes, als daß unter der Bezeichnung ‚Vergehen' auch die ‚Sünden' mitverstanden sind?

qu. 3,20,5

20,5 Auch in diesem Schriftwerk Levitikus, durch das wir gezwungen werden, irgendeinen Unterschied zwischen *delictum* (Vergehen) und *peccatum* (Sünde) zu finden oder zu glauben, liest man seinerseits folgendes, wo Gott von eben diesen Opfern sprach, deren Darbringung für die Sünden befohlen wurde: „Wenn aber", sagt er, „die ganze Gemeinde der Söhne Israel unwissentlich [sich vergangen] hat und die Sache vor den Augen der Gemeinde verborgen geblieben ist und sie eines aus allen Geboten des Herrn [bezüglich einer Sache], die man nicht tun darf, getan hat und sie sich verfehlt haben und die Sünde, die sie in dieser [Sache] begangen haben, jenen bekannt geworden ist" (Lev 4,13-14). Siehe, wo er gesagt hat: „und sich verfehlt haben", dort hat er unmittelbar anschließend hinzugefügt: „die Sünde, die sie begangen haben". Und kurz darauf: „Wenn aber", sagt er, „ein Fürst gesündigt und unabsichtlich eines aus allen Geboten des Herrn, seines Gottes, [bezüglich einer Sache], die man nicht tun darf, getan und sich verfehlt hat" (Lev 4,22). Desgleichen im folgenden: „Wenn

non fiet nolens et deliquerit. Item in consequentibus: *Si autem anima,* inquit, *una peccaverit nolens de populo terrae in eo quod facit ab omnibus praeceptis domini quod non fiet et deliquerit et cognitum fuerit ei peccatum quod peccavit in ipso.* Item alibi: *Anima quaecumque iuraverit distinguens labiis malefacere aut bene facere secundum omnia quaecumque* 65 *distinxerit homo cum iureiurando et latuerit eum et hic cognoverit et peccaverit unum ex his, et confessus fuerit peccatum pro quo peccavit adversus ipsum, et offeret pro eis quae deliquit domino pro eo peccato quod peccavit.* Item paulo post: *Et locutus est dominus ad Moysen dicens: Anima si latuerit eum oblivione et peccaverit nolens a sanctis domini, offeret delicti sui domino arietem sine macula de ovibus pretio argenti siclorum siclo sancto pro quo deliquit; et* 70 *pro quo peccavit a sanctis restituet et quintas adiciet super illud et dabit illud sacerdoti: Et sacerdos exorabit pro eo in ariete delicti et remittetur illi.* Sequitur adhuc et dicit: *Anima quaecumque peccaverit et fecerit unum ab omnibus praeceptis domini quae non oportet fieri et non cognoverit et deliquerit et acceperit peccatum suum, et offeret arietem de ovibus pretio argenti in delictum ad sacerdotem: Et exorabit pro eo sacerdos pro ignorantia eius quam* 75 *ignoravit et ipse non scivit et remittetur illi. Deliquit enim delicto delictum ante dominum.* Et adhuc ita dicit: Et locutus *est dominus ad Moysen dicens: Anima quaecumque peccaverit et despiciens despexerit praecepta domini et mentitus fuerit quae sunt ad proximum de commendatione aut de societate aut de rapina aut iniuriam fecerit aliquam proximo aut invenerit perditionem et mentitus fuerit de eo et iuraverit iniuste de uno ab omnibus quaecumque fecerit* 80 *homo, ita ut peccet in his, et erit cum peccaverit et deliquerit et reddet rapinam quam rapuit*

---

62 Lv 5,27-28 **64** Lv 5,4-6 **68** Lv 5,14-16 **72** Lv 5,17-19 **77** Lv 6,1-7

62 anima inquit] inquit anima *S N* **67** peccavit] vocavit *corr. in* peccavit *S²* | offeret] afferet *C N* | eis] his *S* **68** item] et μ ᷡ *(etiam C iuxta* ᷡ*, sed errore)* **69** oblivione] oblivionem *C* peccaverit] peccaverint *P S¹* | offeret] offerret *n,* offert *P S V¹ T,* et *praem.* ᷡ | sui *om. P¹ S V* **70** de ovibus *om. N* | siclo *exp. V* | sancto] rum *add. s. l. V²* | pro] quod *S V* **71** peccavit] peccaverit *P S V* | restituet] illud *add.* ᷡ *(cf. qu. 6 l. 36,3)* **72** exorabit] exoravit *P¹ S¹ N* ariete] arieti *P* | sequitur…dicit *om. N* | anima] et *praem.* ᷡ *(cf. qu. 7 l. 17,1)* **74** non *om. P¹ S V* | et³ *eras. V* | offeret] afferet *C S N* | arietem] sine macula *add.* ᷡ *(cf. qu. 7 l. 37,3)* **75** et exorabit] et exoravit *C N,* exorabit *P¹ S,* exorabitque *V Am.* μ **76** et¹…scivit] et non scivit ipse *S* | delicto] *codd. edd., inclusit* ᷡ *(cf. qu. 7 l. 4-57,4–5)* **79** fecerit] fecit *C P S V¹ N T* **81** ita…peccet] aut peccet *p, om. n* | ut *om. P¹ S V*

---

[59] Vgl. oben *qu.* 3,2.

aber", sagt er, „eine Person aus dem Volk des Landes dadurch unabsichtlich gesündigt hat, daß sie [eines] aus allen Geboten des Herrn [bezüglich einer Sache], die man nicht tun darf, tut, und sich vergangen hat und ihr die Sünde, die sie gegen dasselbe [Gebot] begangen hat, bekannt geworden ist" (Lev 4,27-28). Desgleichen anderswo: „Wer auch immer geschworen und dabei mit seinen Lippen festgelegt hat zu schaden oder Gutes zu tun entsprechend all dem, was ein Mensch durch einen Eid festgelegt haben mag, und dem es entgangen ist und der das bemerkt hat und der sich in einem dieser Fälle versündigt und die Sünde, durch die er gesündigt hat, gegen sich selbst bekannt hat, [und] der soll für diese Vergehen, die er begangen hat, dem Herrn ein Opfer darbringen, für die Sünde, durch die er sich versündigt hat" (Lev 5,4-6).[59] Desgleichen kurz darauf: „Und der Herr sprach zu Mose, indem er sagte: Wenn es einer Person durch Unachtsamkeit entgangen ist und sie sich unabsichtlich an heiligen [Dingen] des Herrn versündigt hat, soll sie [als Widderopfer] für ihr Vergehen dem Herrn einen makellosen Widder aus dem Kleinvieh im Wert von Silberschekeln entsprechend dem heiligen Schekel für das, worin sie sich vergangen hat, darbringen; und für das, worin sie an den heiligen Dingen gesündigt hat, soll sie Ersatz leisten und zusätzlich zu jenem ein Fünftel hinzufügen und jenes dem Priester geben: und der Priester soll für ihn Fürbitte halten bei dem Widder(opfer) des Vergehens, und es wird ihm vergeben werden" (Lev 5,14-16) Und er fährt noch weiter fort und sagt: „Und wer auch immer gesündigt und etwas von all den Geboten des Herrn [bezüglich der Dinge] getan hat, die man nicht tun darf, und es nicht bemerkt und sich vergangen und seine Sünde auf sich genommen hat, [und] der soll einen makellosen Widder aus dem Kleinvieh nach dem [üblichen] Geldwert für das Vergehen zum Priester bringen; und der Priester soll für ihn Fürbitte halten für seine Unwissenheit, in der er sich befand, ohne es selbst zu bemerken, und es wird ihm vergeben werden. Er hat nämlich ein Vergehen begangen vor dem Herrn" (Lev 5,17-19).[60] Und weiterhin sagt er folgendes: „Und der Herr sprach zu Mose, indem er sagte: Wer auch immer gesündigt und die Vorschriften des Herrn gänzlich mißachtet und bezüglich des Eigentums des Nächsten, über anvertrautes Gut oder über Gemeinschaftsbesitz oder über Geraubtes, gelogen hat oder der seinem Nächsten irgendein Unrecht angetan oder etwas Verlorenes gefunden und diesbezüglich gelogen und ungerecht geschworen hat bezüglich einer [Tat] von allen [Taten], die ein Mensch begangen haben magt, so daß er in diesen [Fällen] sündigt, [und] dann soll geschehen: wenn er gesündigt und sich vergangen hat, [und] dann soll er das geraubte Gut, das er geraubt hat, zurückgeben oder den widerrechtlichen Schaden, den er angerichtet hat, oder das Anvertraute, das bei ihm hinterlegt worden

---

[60] Vgl. *qu.* 3,7.

aut iniuriam quam nocuit aut commendatum quod depositum est apud eum aut perditionem quam invenit ab omni re quam iuravit pro ea iniuste, et restituet ipsum et quintas eius adiciet ad illud, cuius est ipsi reddet et qua die convictus fuerit, et delicti sui offeret domino arietem ab ovibus sine macula pretio in quod deliquit; et exorabit pro eo sacerdos ante dominum et remittetur illi de uno ab omnibus quae fecit et deliquit in eo. Paene ergo in omnibus factis quae dicit esse peccata, eadem etiam delicta dicit. Quapropter et indifferenter ea dici manifestum est multis scripturarum locis et habere aliquid differentiae scriptura testatur, cum dicit: *Sicut quod pro peccato ita et quod pro delicto.*

21 *Omnem adipem boum et ovium et caprarum non edetis. Et adeps morticinorum et a fera captorum fiet in omne opus et cibo non edetur. Omnis qui ederit adipem a pecoribus quae offeretis ab eis hostiam domino, peribit anima illa de populo suo.* Dixerat superius de adipe: *Omnis adeps domino*, et quaesieramus utrum omnis omnino pecoris mundi dumtaxat - nam de inmundis nulla quaestio est - et quid de adipe fieret, quam vetuit in escam venire. Nunc autem dixit quid fieret de adipe morticini et a fera capti, ut sit in omne opus; omne opus utique illud opus, cui tale aliquid necessarium est. Unde remansit quaestio, quid fiat de adipe ceterorum animalium, quae munda sunt ad vescendum. Sed cum dicit omnem animam perire de populo suo, qui ederit adipem eorum pecorum, ex quibus domino offertur, videtur definisse illam tantum adipem de pecoribus mundis prohibitam manducari, ex quibus fit sacrificium, quamvis Iudaeos audierimus nullam omnino adipem in escam sumere. Sed quid scriptura voluerit, non quid illi opinati fuerint requirendum. Denique non inveniunt quid recte de adipe faciant, unde se abstinent, et quomodo eam proiciant, cum dictum sit: *Omnis adeps domino*, si non adipem

---

21,4 Lv 3,16

---

83 re quam] reliquam $P^1 V^1$, de qua S | pro ea *exp.* V | ipsum] ipsam V, caput *add. ʐ cum* LXX **84** et¹] *codd. edd., inclusit* ʐ | et² *om. Am. μ* | offeret] afferet $C S V^1 N$ **85** quod] quo $P^1 S V N$ | exorabit] exoravit $C P^1 S^1$ **87** esse peccata] peccata esse S | eadem] ita N **89** cum] qua $P S^1$, quae $S^2 V T Am. μ$ **21,1** edetis] editis p **2** a] de $P V T$ **3** eis] eo C **5** adipe] adipem C | quam] quem *Am. μ* **8** fiat] fiet V **9** munda] **munda P, inmunda $S V$ sunt] sint S | dicit] diceret p **11** illam] illum $P S V^2 Am. μ$ | prohibitam] prohibitum *(P?) S* $V^2 Am. μ$ **12** fit sacrificium] sacrificium fit $C ʐ$ | nullam] nullum $P S V T Am. μ$ **13** quid²] quod $P S V T$ **15** eam] eum $S V Am. μ$

---

[61] Lev 7,12-17 LXX = 7,23-27 TM.
[62] Dies ist eine der Stellen, mit denen WEIDMANN, *Lücken* 116f. begründet, daß Augustinus in *qu.* 3 auch die Kapitel Lev 1-4 behandelt hat. Siehe Einleitung in *qu.* 3, S. 7-8.

ist, oder das Verlorene, das er gefunden hat, von jeder Sache, bezüglich der er ungerecht geschworen hat, und er soll das gänzlich erstatten und ein Fünftel zu jenem soll hinzufügen, wem es gehört, dem soll er es zurückgeben und zwar an dem Tag, an dem er überführt wurde, und er soll [als Widderopfer] für sein Vergehen dem Herrn einen makellosen Widder aus dem Kleinvieh opfern im Wert dessen, worin er sich vergangen hat; und der Priester soll für ihn vor dem Herrn Fürbitte halten, und es wird jenem jedes beliebige vergeben werden von allem, was er getan und worin er sich vergangen hat" (Lev 5,20-26). Somit nennt er nahezu im Fall aller Taten, von denen er sagt, es seien ‚Sünden', dieselben auch ‚Vergehen'. Daher ist einerseits offenkundig, daß diese [beiden Bezeichnungen] in vielen Bibelstellen ununterschieden genannt werden, andererseits bezeugt die Schrift, daß es irgendeinen Unterschied gibt, wenn sie sagt: „Wie das [Opfer], das für eine Sünde ist, so auch das[Opfer], das für ein Vergehen ist."

qu. 3,21 (zu Lev 7,12-17)[61]

21 „Von Rindern und Schafen und Ziegen dürft ihr kein Fett essen; und das Fett verendeter oder von einem Raubtier gerissener [Tiere] darf zu beliebigem Zweck verwendet werden, aber zur Nahrung darf es nicht gegessen werden. Jeder, der Fett von den Viehstücken, von denen ihr dem Herrn als Opfer darbringen werdet, gegessen hat, jene Person wird aus ihrem Volk zugrunde gehen." Weiter oben hatte er über das Fett gesagt: „Alles Fett [ist] für den Herrn" (Lev 3,16), und wir hatten gefragt, ob [das Fett] ausnahmslos jedes Viehs, sofern es nur rein ist –, denn bezüglich der unreinen [Tiere] stellt sich kein Problem –, und was mit dem Fett geschehen sollte, bezüglich dessen er verboten hat, daß es ins Essen kommt.[62] Jetzt aber hat er gesagt, was mit dem Fett eines verendeten oder von einem Raubtier gerissenen Viehs geschehen soll, daß es zu jedem Zweck verwendet werden darf; jeder Zweck, d.h. natürlich ein solcher Zweck, zu dem man etwas derartiges braucht. Von daher ist die Frage übrig geblieben, was mit dem Fett der übrigen Tiere geschehen soll, die für den Verzehr als rein gelten. Weil er aber sagt, jede Person gehe aus ihrem Volk zugrunde, die Fett von solchen Viehstücken gegessen hat, von denen man dem Herrn opfert, scheint er festgelegt zu haben, daß nur jenes Fett von reinen Tieren für den Verzehr verboten ist, von denen ein Opfer dargebracht wird, obgleich wir gehört haben, daß die Juden überhaupt kein Fett als Nahrung verwenden. Aber es muß erkundet werden, was die Schrift gewollt hat, nicht was jene gemeint haben. Ja, sie finden sogar nicht heraus, welchen rechten Gebrauch sie vom Fett, dessen sie sich enthalten, machen und wie sie es entsorgen könnten, da gesagt worden ist: „Alles Fett [ist] für den Herrn", wenn sie wollen,

sacrificiorum tantum sed etiam eorum animalium de quibus non sacrificatur quamvis inmundorum hic volunt intellegi.

22 Quid sibi vult quod de sacrificiis salutaris iterum admonet et dicit eum qui offert donum sacrificii salutaris sui pectusculum et brachium sacerdotibus dare debere, ita tamen, ut adeps pectusculi offeratur domino cum pinna iocineris, cum superius loquens de sacrificiis salutaris pinnam iocineris cum adipe ventris et renum et lumborum offerri domino praeceperit, tacuerit autem de adipe pectusculi? An quod ibi praetermisit, hic commemorat? Quare ergo de pinna iocineris et ibi et hic? An forte aliquid interest quod superius de sacrificio salutaris praecipit, hic autem addit *sui*, tamquam aliud sit salutaris, aliud salutaris sui?

23,1 Cum sacrificia pro peccatis prius commemoraret, vitulum dixit offerendum pro peccato sacerdotis, qui fecisset populum peccare; postea etiam quando narravit scriptura, quemadmodum ea quae praecepit dominus gesta sunt erga Aaron et filios eius dicitur oblatus vitulus pro peccato. Sed superius de sanguine vituli cornua tangi praecepit altaris incensi, aspergendum etiam ex ipso sanguine contra velum sanctum, reliquum vero sanguinem fundendum ad basem altaris holocaustomatum. Postea vero, quando sanctificatur Aaron, de aspersione sanguinis contra velum nihil dictum est, de cornibus autem altaris dictum est, sed non additum *est incensi*; additum est autem effundendum sanguinem *ad basem altaris*; non dixit, ad basem eius, tamquam necesse fuisset illud altare accipere, cuius cornua sanguine tetigisset. Proinde quamvis ambigue sit positum, liberum est tamen ita intellegere factum, ut fuerat ante praeceptum de vitulo pro peccato, ut non eius altaris cornua tacta intellegamus, ad cuius basem fusus est san-

---

22,4 cum[1]...5 praeceperit] cf. Lv 3,3-4   23,1 vitulum...2 peccare] cf. Lv 4,3-7   2 quando... 4 peccato] cf. Lv 8,2-17   4 de...7 holocaustomatum] cf. Lv 4,6-7   7 quando...10 altaris] cf. Lv 8,14-15

---

17 volunt] voluit V 22,1 quod] quae S V^1 | dicit] dicet n 3 iocineris] sqq. iecineris S, iecinoris *Am.* μ 4 adipe] adipem N 5 lumborum] columborum N 6 hic] hoc p 8 praecipit] praecepit P V S T | addit] addidit P S V T 23,2 fecisset] et *add.* P *(sed eras.)* S N 3 narravit] narrabit n | erga] ergo V (*s. l.* pro V^2)   4 sed] *om.* p, quod n 5 aspergendum] aspargendum P^1 S V 6 basem] basim S V^2 *Am.* μ 7 aspersione] asparsione V 8 est[1] *om.* N

daß man das hier nicht nur vom Fett der Opfertiere, sondern auch [vom Fett] derjenigen, obgleich unreinen, Tiere versteht, von denen man nicht opfert.

qu. 3,22 (zu Lev 7,19-22)[63]

22 Was soll es bedeuten, daß die Schrift bezüglich der Heilsopfer wiederum ermahnt und sagt, daß derjenige, der opfert, als Gabe seines Heilsopfers das Bruststück und das Schulterstück[64] den Priestern geben soll, jedoch so, daß das Fett des Bruststücks dem Herrn zusammen mit dem Leberlappen[65] geopfert wird, während sie, als sie weiter oben über die Heilsopfer sprach, vorschrieb, den Leberlappen mit dem Bauchfett und dem Fett der Nieren und der Lenden dem Herrn zu opfern (vgl. Lev 3,3-4), vom Fett des Bruststücks aber nichts sagte? Hat sie vielleicht, was sie dort übergangen hat, hier erwähnt? Wieso also über den Leberlappen dort und hier? Oder besteht vielleicht ein gewisser Unterschied darin, daß sie weiter oben die Vorschrift über das Heilsopfer erläßt, hier aber „sein" [Heilsopfer] hinzufügt, gleichsam als seien ‚Heil(sopfer)' und ‚sein Heil(sopfer)' etwas Verschiedenes?

qu. 3,23,1 (zu Lev 4,3-7; 8,2.14-15.28-29)

23,1 Als sie zuvor von den Sündopfern handelte, sagte sie, ein Kalb solle für die Sünde des Priesters geopfert werden, wenn er das Volk zur Sünde veranlaßt habe (vgl. Lev 4,3-7). Auch später, als die Schrift erzählte, wie die Vorschriften des Herrn an Aaron und seinen Söhnen ausgeführt wurden, heißt es, ein Kalb sei für die Sünde geopfert worden (vgl. Lev 8,2-17). Aber weiter oben hat sie vorgeschrieben, mit dem Blut des Kalbs die Hörner des Räucheraltares zu berühren, es solle auch von demselben Blut an den heiligen Vorhang gespritzt, das übrige Blut aber an den Sockel des Brandopferaltares gegossen werden (vgl. Lev 4,6-7). Später jedoch, als Aaron geweiht wird, ist nichts über das Spritzen des Blutes an den Vorhang gesagt worden, von den Hörnern des Altares war andererseits die Rede, jedoch ist nicht „Räucher"(altar) hinzugesetzt worden, hinzugefügt worden ist hinwiederum, das Blut solle „an den Sockel des Altares" ausgegossen werden (vgl. Lev 8,14-15); die Schrift hat nicht gesagt: ‚an dessen Sockel', so als hätte man es es von jenem Altar verstehen müssen, dessen Hörner er mit dem Blut berührt hatte. Obgleich die Formulierung demnach mehrdeutig ist, steht es dennoch frei zu verstehen, daß es so durchgeführt worden ist, wie es bezüglich des Kalbs(opfers) für die Sünde vorgeschrieben worden war, daß wir nicht meinen, die Hörner desjenigen Altars seien [mit Blut] berührt worden, an dessen Sockel das Blut ausgegossen wurde, sondern daß die

---

[63] Lev 7,19-22 LXX = 7,29-32 TM.
[64] LXX hat hier in 7,22 βραχίων Schulterstück. So auch Vulg: *armus; brachium* könnte auch mit ‚Schenkel(keule)' übersetzt werden; das entspräche TM.
[65] Den Leberlappen hat die LXX hinzugefügt.

guis, sed tacta cornua altaris incensi, fusum autem sanguinem ad basem altaris sacrificiorum.

23,2 Superius, quia generaliter praecipiebat, si sacerdos peccasset, ipsum sacerdotem unctum et consummatum, quem vult intellegi summum sacerdotem, sacrificia ista iussit offerre; nunc vero, cum sanctificatur Aaron, Moyses offert et ipse accipit pectusculum inpositionis, quod antea praelocutus est sacerdoti esse dandum. Inde autem puto pectusculum inpositionis dictum, quia inponebatur inde adeps, sicut commemoravit superius de sacrificio salutaris. Cum ergo videatur ab Aaron coepisse summum sacerdotium, quid putamus fuisse Moysen? Si enim sacerdos non fuit, quomodo per illum omnia illa gerebantur? Si autem fuit, quomodo summum sacerdotium ab eius fratre coepisse definimus? Quamquam etiam Psalmus ille, ubi dictum est: *Moyses et Aaron in sacerdotibus eius*, auferat dubitationem, quod sacerdos fuerit et Moyses. Vestem tamen illam sacerdotalem, quae magnum continet sacramentum, Aaron iubetur accipere et successores eius summi sacerdotes. In Exodo antequam omnino aliquid de sanctificandis et quodam modo ordinandis sacerdotibus praecipiatur, quando Moyse ascendente in montem iubentur non ascendere sacerdotes, quos

---

16 si…18 offerre] cf. Lv 4,4-5   **18** cum…19 inpositionis] cf. Lv 8,15.29   **19** quod…20 dandum] cf. Lv 7,21   **21** sicut…salutaris] cf. Lv 3,3-4   **25** Ps 98,6   **26** vestem…28 sacerdotes] cf. Ex 28,3-43   **30** quando…sacerdotes] cf. Ex 19,24

---

18 iussit *exp. V*   **19** offert] offeret *C* | accipit] accepit *P¹ S¹ V¹ N* | inpositionis] praepositionis *P¹*, propositionis *P² S V* | quod…20 inpositionis *om. C per homoiot.* | antea] ante *p*   **23** enim] ergo *P¹ S V T¹ Am. µ* | gerebantur] generabantur *N*   **24** fuit *om. V*   **26** fuerit] fuit *S*   **28** eius *om. C iuxta z, sed errore* | sacerdotes] sacerdotis *S*   **30** Moyse] Moyses *C p* montem] monte *N*

---

⁶⁶ Die Vorschrift Lev 4,4-11 für den Fall der Versündigung des Priesters bezieht sich nach 4,3.5 TM auf den einen הַכֹּהֵן הַמָּשִׁיחַ, den „gesalbten Priester", entsprechend Vulg: *sacerdos qui est unctus*. Dafür sagt LXX in V 3 aktualisierend: ὁ ἀρχιερεὺς ὁ κεχρισμένος „der gesalbte Hohepriester", in V 5 dagegen (WEVERS, *Leviticus*: entsprechend Samaritanus): ὁ ἱερεὺς ὁ χριστὸς ὁ τετελειωμένος τὰς χεῖρας „der gesalbte Priester mit den geweihten (?) Händen"; vgl. Ex 29,9 LXX (und dazu *qu.* 2,125 mit Anm. 236), wo VL für τελειώσεις τὰς χεῖρας sagt: *consummabis manus*. Augustinus kombiniert beide Wendungen von 4,3.5: *sacerdos unctus et consummatus, summus sacerdos*.

⁶⁷ Vgl. Lev 7,21 LXX = 7,31 TM. TM spricht in Lev 7,34 (LXX: 7,24) von חֲזֵה הַתְּנוּפָה „'Schwingungs'brust" (LXX: τὸ στηθύνιον τοῦ ἐπιθέματος, BdA: „la poitrine de la déposition" „das Bruststück der Darauflegung" SD: „das Bruststück der Zugabe"; VL des

Hörner des Räucheraltares [mit Blut] berührt wurden, das Blut aber ausgegossen wurde an den Sockel des Opferaltares.

qu. 3,23,2

23,2 Weiter oben hat die Schrift, weil sie für den Fall, daß der Priester gesündigt hätte, eine generelle Vorschrift erlassen hat, befohlen, der gesalbte und geweihte Priester, den sie als Hohenpriester verstanden wissen will, solle persönlich diese Opfer darbringen (vgl. Lev 4,4-5);[66] jetzt aber, bei der Weihe Aarons, opfert Mose und empfängt seinerseits das ‚Bruststück der Auflegung' (vgl. Lev 8,15.29)[67],von dem zuvor gesagt wurde, es solle dem Priester gegeben werden (vgl. Lev 7,31). Ich meine aber, daß es von daher ‚Bruststück der Auflegung' genannt worden ist, weil dessen Fettanteil [auf den Altar] gelegt wurde, wie die Schrift weiter oben bezüglich des Heilsopfers erwähnt hat (vgl. Lev 3,3-4). Da nun das Hohepriestertum mit Aaron begonnen zu haben scheint, was, denken wir, ist Mose gewesen? Wenn er nämlich nicht Priester war, wie konnten durch ihn all jene [Dinge] geschehen? Wenn er aber [Priester] war, wie behaupten wir, daß das Hohepriestertum mit seinem Bruder Aaron begonnen hat? Indessen mag auch jener Psalm, wo es heißt: „Mose und Aaron [sind] unter seinen Priestern" (Ps 99,6), den Zweifel beseitigen, daß auch Mose Priester war. Jenes priesterliche Gewand jedoch zu empfangen, das ein großes Geheimnis enthält,[68] wird nur Aaron und seinen Nachfolgern als Hohepriestern befohlen (vgl. Ex 28,3-43). Im [Buch] Exodus wird, bevor überhaupt irgendetwas über die Heiligung und gewissermaßen die Weihe der Priester vorgeschrieben wurde, den Priestern, als Mose den Berg bestieg, verboten hinaufzusteigen (vgl. Ex

---

Augustinus: *pectusculum inpositionis*; VL:Cod.Lugd.: *pectus inpositionis*; Vulg: *petusculum elationis*). Den *terminus technicus* erklärt ELLIGER, *Leviticus* 102, der die ältere Übersetzung „Webebrust" gebraucht, folgendermaßen: „Weiter fällt auf, daß sowohl das Fett als auch die Brust ‚Feueropfer Jahwes' 30 genannt werden, obwohl die Brust Aaron und seinen Söhnen zufällt 31. Allerdings findet mit der Brust zunächst ein Scheinopfer statt; sie wird ‚als Webe vor Jahwe gewebt' 30b. Die ‚Webe' hat man sich vorzustellen als ein Hinundherschwingen der Opferstücke in Richtung auf den Altar so, als wolle man die Gaben ins Feuer werfen. [...] Die durch die Webe zum Schein Jahwe direkt geopferte Gabe fällt in Wirklichkeit seinen Vertretern, der Priesterschaft, zu 31b." LXX sagt dafür στηϑύνιον τοῦ ἐπιϑέματος, BdA: „la poitrine de la déposition" (SD dagegen: „das Bruststück der Zugabe"), von VL wörtlich wiedergegeben: *pectusculum inpositionis*. HIEKE, *Levitikus* übersetzt den Opferterminus dagegen mit „Emporhebungsgabe" und legt aus: „Durch den Ritus der Elevation [...] wird deutlich, dass Mose seinen Anteil nicht von den Opfernden empfängt, sondern von Gott, dem es durch die Emporhebung dargebracht wurde und der es an seinen Diener als Einkommen zurückgibt."
[68] Vgl. dazu *qu.* 2,119 zu Ex 28,35 und *qu.* 2,122 zu Ex 28,42.

intellegere alios non possumus nisi filios Aaron, non quia iam erant, sed quia futuri erant, hoc eos iam tunc scriptura appellavit per anticipationem, sicut sunt pleraque talium locutionum; nam et filius Nave Iesus appellatus est, cum longe postea hoc nomen ei scriptura narret inpositum. Ambo ergo tunc summi sacerdotes erant Moyses et Aaron. An potius Moyses, Aaron vero sub illo? An 35 et ipse summus propter vestem pontificalem, ille vero propter excellentius ministerium? Nam a principio ei dicitur: *Ipse tibi quae ad populum, tu illi quae ad deum.*

23,3 Quaeri etiam potest: Post mortem Moysi quis ungebat successorem summi sacerdotis, qui succedere nisi defuncto non utique poterat? An quia iam 40 unctus erat inter secundos sacerdotes – idem quippe fuit oleum, quo et summus et secundi ungebantur – vestem tantum sumebat ille pontifex, qua eius summitas adpareret? Et si ita est: Utrum ipse sumebat an eum alius induebat, sicut et post eius mortem Moyses filium fratris sui? Si ergo ab alio vestiebatur, numquidnam poterat a secundo summus? Praesertim quia talis erat vestis, ut eum ab 45 alio indui necesse fuerit. An sic induebatur prius ut etiam postea? Non enim semel indutus non eam ponebat; aut cum posuisset, non eam resumebat. Fieri ergo fortasse poterat, ut secundi vestirent primum obsequendo, non excellendo. Unde autem adparebat, quisnam filiorum summo sacerdoti succedere deberet? Non enim primogenitum aut maiorem scriptura definivit; nisi intellegamus 50 aliquo divino indicio fieri solere sive per prophetam sive quolibet alio modo quo consulit deus solet. Quamquam ex contentione res provenisse videatur, ut postea propterea fuerint plures summi sacerdotes, quia contendentibus excellentioribus litis finiendae causa pluribus honor ipse tribuebatur.

---

33 filius…est] cf. Ex 33,11 | cum…34 inpositum] cf. Num 13,17   **37** Ex 4,16   **43** sicut…44 sui] cf. Num 20,28

---

31 alios *om.* N   **33** Iesus] ihl *p*   **34** nomen ei] nomine N   **38** deum] dnm C   **40** qui succedere] quis accedere C   **44** numquidnam] numquid non T Am. μ   **52** res] ad hoc *add.* T provenisse] pervenisse C S V N T   **53** sacerdotes] sacerdotis C   **54** finiendae] finienda *p*

---

[69] Vgl. *qu.* 2,10, wo Augustinus einen leicht abweichenden Wortlaut bietet.

19,24); wir können darunter niemand anders als die Söhne Aarons verstehen, nicht weil sie schon [Priester] waren, sondern weil sie es werden sollten; so nannte sie die Schrift schon damals in Vorwegnahme, wie es viele derartige Ausdrucksweisen [in der Schrift] gibt; denn auch der Sohn des Nun ist [schon] Josua genannt worden (vgl. Ex 33,11), obgleich die Schrift erzählt, daß er diesen Namen erst viel später erhielt (vgl. Num 13,16). Mose und Aaron waren damals folglich beide Hohepriester. Oder vielmehr Mose, Aaron aber jenem untergeordnet? Oder [war] er auch seinerseits Hoher[priester] wegen des priesterlichen Ornats, jener aber wegen des hervorragenderen Dienstes? Denn wird ihm nicht schon von Anfang an gesagt: „Er [soll für dich sein] hinsichtlich der Dinge, die in Beziehung zum Volk stehen, du für jenen hinsichtlich der Dinge, die in Beziehung zu Gott stehen" (Ex 4,16).[69]

qu. 3,23,3

23,3 Man kann auch fragen: Wer salbte nach dem Tod des Mose den Nachfolger des Hohenpriesters, der ihm selbstverständlich erst nach dessen Tod folgen konnte? Nahm jener Priester, da er schon unter den Priestern des zweiten Ranges gesalbt worden war – der Hohepriester und die Priester des zweiten Ranges wurden ja mit demselben Öl gesalbt – nur den Ornat an, durch den seine höchste Autorität ersichtlich wurde? Und wenn es sich so verhält: Nahm er selbst den Ornat an oder bekleidete ihn ein anderer [damit], wie Mose auch nach dem Tod seines Bruders dessen Sohn [mit dem priesterlichen Ornat bekleidete] (vgl. Num 20,28)?[70] Wenn er also von einem anderen bekleidet wurde, konnte denn etwa der Hohe[priester] von einem Priester zweiten Ranges investiert werden? Zumal da der Ornat von der Art war, daß die Hilfe eines anderen notwendig war, um ihn [damit] zu bekleiden. Oder kleidete er sich vorher so wie auch nachher? Es verhielt sich nämlich nicht so, daß er, nachdem er [den Ornat] einmal angelegt hatte, ihn nicht wieder ablegte; oder wenn er ihn abgelegt hatte, ihn nicht wieder anlegte. Es konnte also vielleicht geschehen, daß die [Priester] des zweiten Ranges [den Priester] des ersten Ranges in dienender Funktion, nicht auf Grund höherer Würde bekleideten. Woraus aber ergab sich, welcher der Söhne dem Hohenpriester nachfolgen sollte? Die Schrift hat nämlich nicht festgelegt, daß es der Erstgeborene oder der Älteste sein solle; es sei denn, wir nehmen an, daß dies üblicherweise aufgrund irgend eines göttlichen Zeichens geschah oder durch einen Propheten oder durch eine beliebige andere Weise, in der Gott auf Befragung zu antworten pflegt. Freilich scheint die Regelung aus Auseinandersetzungen hervorgegangen zu sein, so daß es deswegen später mehrere Hohepriester gab, da die gleiche Ehrenstellung mehreren zugeteilt wurde, um den Streitigkeiten der Herausragenden ein Ende zu bereiten.

---

[70] Allerdings tut Mose dies unmittelbar vor dem Tod Aarons.

24 Quid est quod dicit Moyses ad Aaron et filios eius, cum sanctificantur ad ineundum sacerdotium: *Ad ostium tabernaculi testimonii sedebitis septem dies die et nocte, ne moriamini?* Numquidnam credibile est situ corporis uno loco sedere praeceptos per dies septem die et nocte, unde se omnino non commoverent? Nec tamen hinc tamquam allegorice aliquid significatum, quod non fieret, sed intellegeretur, cogendi sumus accipere, sed potius agnoscere locutionem scripturarum, ubi sessionem pro habitatione et commoratione ponit. Non enim quia dictum est de Semei quod sederit in Hierusalem annos tres, ideo putandum est per totum illud tempus in sella sedisse et non surrexisse. Hinc et sedes dicuntur, ubi habent commorationem quorum sedes sunt; habitatio quippe hoc nomen accepit.

25 *Et factum est die octavo vocavit Moyses Aaron et filios eius et senatum Israhel.* Quem quidam nostri *senatum* interpretati sunt, γερουσίαν Graecus habet; hoc est ergo secutus interpres, quia et senatus a senio videtur dictus. Non autem apte in Latino diceretur: Vocavit senectutem Israhel pro senibus vel senioribus. Quamvis eadem locutio esset, si diceretur: Vocavit iuventutem Israhel pro iuvenibus. Sed hoc usitatum est in Latina lingua, illud autem non est. Nam hoc proprie diceretur, si diceretur: Vocavit senectutem Israhel. Unde quidam insolenter putantes etiam *senatum* dici interpretati sunt *ordinem seniorum.* Conpendio tamen forsitan melius diceretur: Vocavit seniores Israhel.

26,1 Moyses dicit ad Aaron: *Et senatui Israhel loquere dicens: Accipite hircum ex capris unum pro peccato et arietem et vitulum et agnum anniculum in holocarposin sine*

24,8 Semei…tres] cf. 3Rg 2,38

24,1 ad¹] et S | cum] quam C **2** ineundum] ineundem $C S^1$ **4** praeceptos] praeceptus C commoverent] commoverit *corr. m. 2 in* commoveret C, commoverint z **6** intellegeretur] intellegere $P^1 S V$ *(exp.)*   **7** commoratione] commemoratione $C P^2$ **8** putandum] putandus N **9** surrexisse] resurexisse T | et² *om.* S **10** commorationem] commemorationem $P^1 S^1 V$
25,1 vocavit] vocabit N **2** γερουσίαν] gerusican C, gerusian $P S V N T$ **5** eadem] ea* S
7 diceretur¹] dicere C **9** forsitan *om.* V **26,1** et *exp.* V | hircum] hyrcum *s. l.* S^2

---

[71] Vgl. *loc.* 3,14.
[72] Vgl. VL:Cod.Ludg.: *vocavit Moyses [...] seniores Istrahel.*
[73] Sam und LXX stehen mit „Älteste Israels" gegen TM: „Söhne Israels".
[74] Der Widder ist in TM und LXX nicht bezeugt.
[75] Die Äquivalente für ‚einjährig' und ‚makellos' sind in TM Plural, beziehen sich somit auf Kalb und Schaf, in LXX dagegen ist zwar das Äquivalent für ‚einjährig' Singular,

qu. 3,24 (zu Lev 8,35)

24 Was bedeuten die Worte Moses zu Aaron und seinen Söhnen, als sie geheiligt werden, um das Priesteramt anzutreten: „Am Eingang des Zeltes des Zeugnisses sollt ihr sieben Tage lang bei Tag und bei Nacht sitzen, damit ihr nicht sterbt"? Ist es etwa glaubhaft, daß [ihnen] vorgeschrieben worden ist, in dieser Körperhaltung sieben Tage lang tags und nachts an einer einzigen Stelle zu sitzen, ohne sich im geringsten davon wegzubewegen? Und gleichwohl sind wir nicht zur Annahme gezwungen, daß dadurch etwas gleichsam allegorisch bezeichnet sei, was nicht ausgeführt, sondern verstanden werden sollte, sondern eher, eine spezielle Ausdrucksweise der Schriften anzuerkennen, daß sie dort ‚sitzen' an der Stelle von ‚wohnen' und ‚verweilen' setzt.[71] Man muß nämlich nicht deswegen, weil von Schimi erzählt wird, er sei drei Tage lang in Jerusalem ‚gesessen' (vgl. 1Kön 2,38), annehmen, daß er jene ganze Zeitspanne hindurch auf einem Stuhl gesessen und nicht aufgestanden sei. So werden auch [Orte] ‚Sitze' genannt, wo sich diejenigen aufhalten, denen die Sitze gehören; auch ‚Wohnen' wurde durch dieses Wort bezeichnet.

qu. 3,25 (zu Lev 9,1)

25 „Und es geschah, am achten Tag rief Mose Aaron und seine Söhne und den Senat Israels zusammen." Für [das Wort], das einige der Unsrigen mit „Senat" übersetzt haben, hat der Grieche γερουσίαν (Ältestenrat); diesem Ausdruck ist der Übersetzer somit gefolgt, da auch ‚Senat' von *senium* (Alter) abgeleitet zu sein scheint. Im Lateinischen wäre es aber nicht passend zu sagen: ‚Er rief das Greisenalter zusammen' statt ‚die Alten' oder ‚die Älteren'. Obgleich es dieselbe Ausdrucksweise wäre, wenn man sagte: ‚Er rief die Jugend Israels zusammen' statt ‚die Jungen'. Dieses ist jedoch in der lateinischen Sprache gebräuchlich, jenes aber ist es nicht. Denn man würde das im eigentlichen Wortsinn sagen, wenn man sagte: ‚Er rief das Greisenalter Israels zusammen.' Daher haben einige übertriebenermaßen übersetzt „den Stand der Älteren", da sie meinten, es werde auch für „Senat" gesagt. Kurz: vielleicht würde man dennoch besser sagen: ‚Er rief die Ältesten Israels zusammen.'[72]

qu. 3,26,1 (zu Lev 9,1-3)

26,1 Mose sagt zu Aaron: „Und sag zum Senat[73] Israels: Nehmt einen Ziegenbock von den Ziegen für ein Sünd(opfer) und einen Widder[74] und einen Jungstier und ein einjähriges Bocklamm, [jeweils] makellos[75], zur Brandopfer-

---

bezogen auf das Schaf, das im Gegensatz zu TM seltsam nachgestellte Äquivalent für ‚makellos' jedoch Plural; die VL des Augustinus folgt LXX; dem Ausdruck *sine macula* sieht man nicht an, ob es sich auf das Schaf oder auf Kalb und Schaf bezieht; die Nachstellung deutet vielleicht entsprechend LXX den Bezug auf beide an, wie Augustinus im folgenden auch für möglich erachtet.

macula et vitulum a bubus et arietem in sacrificium salutaris ante dominum et similam consparsam in oleo, quoniam hodie videbitur dominus in vobis. Quattuor genera sacrificiorum de animalibus superius commendavit: Holocaustum, pro peccato, salutaris et consummationis; sed consummationis ad sacerdotis sanctificationem pertinet. Tria ergo genera reliqua hic praecipiuntur offerri et dicitur hoc senioribus Israhel, ut pertineat ad universum populum. Sed hoc loco sacrificium pro peccato habet tria pecora: Hircum et arietem et vitulum; ad holocaustum vero agnus pertinet et ad sacrificium salutaris vitulus et aries. Quapropter non est sic distinguendum, ut pro peccato non intellegatur nisi hircus, tria vero reliqua in holocaustum, id est aries et vitulus et agnus; sed potius tria prima pro peccato, id est, ut, quod dictum est: *Accipite hircum ex capris unum pro peccato et arietem et vitulum*, subaudiatur pro peccato et reliquus sit agnus in holocarposin, id est in holocaustum. Quod ideo commonendum a nobis fuit, quoniam posset etiam ita distingui, ut, cum dictum esset: *Accipite hircum ex capris unum pro peccato*, reliqua iam ad holocarposin pertinere dicerentur. Quod vero adiungit *sine macula*, ad omnia referri potest. Cum ergo ambiguum sit, quomodo aptius distinguatur, illa res adducit, ut tria superiora pro peccato intellegantur, quoniam superius pro peccato principis hircum iussit offerri et pro peccato cuiusque proprio, cum peccat ante dominum faciendo unum ex his quae non oportet, praecepit arietem, pro peccato vero universae synagogae vitulum. Oportebat ergo, ut, cum senatui loqueretur quid universus populus offerre debeat, et hircus iubeatur propter principes et aries propter proprium uniuscuiusque peccatum et vitulus propter peccatum universae synagogae. Aliud est enim quod in populo habet

---

26,4 quattuor...6 consummationis[1]] cf. Lv 1-4.8   **19** pro[2]...20 offerri] cf. Lv 4,23   **21** pro peccato cuiusque proprio ... praecepit arietem] cf. Lv 5,18   **22** pro...vitulum] cf. Lv 4,14

---

3 bubus] bobus *V Am. μ* | in *om. S*   **4** consparsam] consparsam *N V*[2] *T Am. μ* | quoniam] quod *T* | dominus...vobis] in vobis d̄n̄s *T* | vobis] nobis *V*   **5** superius] d̄n̄s *praem. N* holocaustum] holocausti *Am. μ*   **6** sanctificationem...7 pertinet] pertinet sanctificationem *S*   **8** hoc] et *praem. S*   **10** vitulus] vitui *T* | et[2] *om. p*   **11** reliqua] vel quod *C P*[1] *S V N*, vel quod *exp. T*   **13** ut *om. P S V T Am. μ*   **15** commonendum] commovendum *C P*[1] *S*[1] *V*   **17** iam *om. T*   **18** ergo] vero *p*   **19** intellegantur] intellegentur *C*   **21** faciendo] faciendum (?) *corr. m. 2 C*, faciens *p* | unum *om. C* | praecepit] praecipit *N*   **22** vero *om. N*   **23** iubeatur] si *praem. p*

---

[76] LXX, gefolgt von VL, haben „Weizenfeinmehl" anstelle des Opferterminus in TM: מִנְחָה, „Opfer, Speiseopfer". Augustinus spricht daher auch nur von drei Opferarten.
[77] Wörtlich: „das (Opfer) für die Sünde".
[78] Der hebräische Terminus für das Konsekrationsopfer ist מִלֻּאִים „(Hand)Füllungs(opfer)" (vgl. Lev 8,22.28), abgeleitet vom Terminus ‚Handfüllen' für die Priesterweihe. Für

darbringung, und ein Kalb von den Rindern und einen Widder zum Heilsopfer vor dem Herrn und mit Öl knetetes Weizenfeinmehl[76], denn heute wird der Herr unter euch erscheinen." Vier Arten von Tieropfern hat die Schrift weiter oben erwähnt : das Brandopfer, das Sündopfer,[77] das Heilsopfer und das Konsekrationsopfer[78] (vgl. Lev 1-4.8); aber das Konsekrationsopfer gehört zur Priesterweihe. Hier wird nun die Darbringung der drei übrigen Opferarten vorgeschrieben, und das wird den Ältesten Israels gesagt, da es ja das ganze Volk betrifft. Aber an dieser Stelle hat das Sündopfer drei Tierarten: einen Ziegenbock und einen Widder und einen Jungstier; zum Brandopfer gehört hingegen das Lamm und zum Heilsopfer Jungstier und Widder. Deswegen dürfen [die Satzteile] nicht so getrennt werden, daß als [Opfertier] für das Sünd(opfer) nur der Ziegenbock verstanden würde, die übrigen drei hingegen, d.i. Widder und Jungstier und Lamm, [als Opfertiere] für das Brandopfer; sondern die ersten drei [Opfertiere] sind vielmehr für das Sünd(opfer), so daß bezüglich der Wendung: „Nehmt einen Ziegenbock von den Ziegen für ein Sünd(opfer) und einen Widder[79] und einen Jungstier" ‚für das Sünd(opfer)' in Gedanken ergänzt wird und das Lamm für die Brandopferdarbringung, d.h. für das Brandopfer, übrig bleibt. Das mußten wir deshalb ausführen, weil man auch derart trennen könnte, daß man behauptete, daß, nachdem gesagt worden war: „Nehmt einen einen Ziegenbock von den Ziegen für ein Sünd(opfer)", der Rest sich bereits auf die Brandopferdarbringung beziehe. Der Zusatz aber „makellos" kann sich auf alle beziehen. Wenn es somit auch zweifelhaft ist, wie man zutreffender trennen soll, spricht [für die Lösung], die drei zuerst Genannten auf das Sündopfer zu beziehen, der folgende Umstand, daß die Schrift weiter oben befohlen hat, für die Sünde des Fürsten einen Ziegenbock zu opfern (vgl. Lev 4,23), und daß sie für die persönliche Sünde eines jeden, wenn er vor dem Herrn sündigt, indem er etwas von denjenigen Dingen tut, die man nicht [tun] darf, einen Widder vorgeschrieben hat (vgl. Lev 5,18), für die Sünde der gesamten Versammlung aber einen Jungstier (vgl. Lev 4,14). Notwendigerweise wurde somit, als [Aaron] dem Senat mitteilte, was das ganze Volk opfern solle, sowohl ein Ziegenbock wegen der Fürsten befohlen als auch ein Widder wegen der persönlichen Sünde eines jeden und ein Jungstier wegen der Sünde der ganzen Gemeinde. Eines ist nämlich der Umstand, daß im Volk jeder seine persönliche Sünde hat und alle jeweils persönliche Sünden haben können, ein anderer Fall liegt vor, wenn es sich um eine Sünde der Gemeinschaft handelt, die einvernehmlich be-

---

‚Brandopfer der Handfüllung' sagt LXX 8,28: ὁλοκαύτωμα τῆς τελειώσεως, entsprechend Augustinus hier: *sacrificium consummationis*: „Vollendungsopfer, Konsekrationsopfer".

[79] Der Widder ist in TM und LXX nicht bezeugt.

quisque peccatum suum proprium et possunt habere omnes propria, aliud quando commune peccatum est, quod uno animo fit et una voluntate aliquid multitudine comparata committitur.

26,2 Quod vero sacrificia salutaris vitulum et arietem iubet, et iubet quae praecipua sunt; universi enim populi causa est. Praecipiens autem antea de sacrificiis salutaris undelibet iussit offerri sive masculum sive feminam, dum tamen nonnisi de bubus et de ovibus et capris offerrentur. Si autem quaeritur quare duo praecepit, vitulum et arietem, difficile est invenire; nisi forte vitulum voluit sacrificium salutaris universi populi, arietem autem pro unoquoque tamquam pro singulis quibusque, quia videtur etiam superius quasi duo genera salutaris sacrificii praecepisse: Unum, quod velut universorum esset, appellavit sacrificium salutaris, alterum autem ubi dixit: *Si quisque obtulerit sacrificium salutaris sui.* Ubi etiam differentiam reperiebamus, quia in illo, quod appellavit salutaris, non commemoravit adipem pectusculi offerendum domino atque ipsum pectusculum et brachium dextrum danda sacerdoti; sed in illo hoc fieri iussit, quod postea dicit sacrificium salutaris sui: Quod forte intellegitur singulorum quorumque privatum, non publicum universorum. Nam et Moyses obtulit sacrificia salutaris nec dictum est ibi salutaris sui; credo, quoniam pro populo universo obtulit. Ubi autem universi, ibi et singuli; non autem ubi singuli, continuo ibi universi. Singula enim possunt esse sine universo; universi autem non possunt nisi ex singulis quibusque constare. Nam singuli quique congregati vel in summam reputati faciunt universos.

26,3 Notandum est sane, cum pro populo offeruntur sacrificia, et pro peccato sacrificia iussa esse offerri et holocaustum et sacrificia salutaris; pro sacerdote autem oblatum fuisse pro peccato et holocaustum et consummationis, non autem salutaris. Sed consummationis tunc oblatum est, quando sacerdotes

---

30 praecipiens…32 offerrentur] cf. Lv 3   **36** unum…37 salutaris¹] cf. Lv 3,1   **37** Lv 7,19
49 pro…53 eius] cf. Lv 8,14-28

---

26 habere omnes] omnes habere *T*   **27** aliquid] ad *praem. Am. µ*   **29** et²] haec *V² Am. µ ᶻ*
32 bubus] bobus *V T Am. µ* | capris] de *praem. N*   **38** reperiebamus] reperiebamur *C*
42 privatum] privatorum *N*   **43** ibi] ubi *P¹ T*   **46** quibusque] quibus *P¹ S¹*, quibuscumque *Am. µ* | summam] summa *C*   **48** et…49 sacrificia¹ *om. P*   **50** pro peccato *om. n*   **51** est *om.*
N | sacerdotes] sacerdos *V*

---

[80] Lev 7,29 TM: שְׁלָמָיו אֶת־זֶבַח „sein Heilsopfer", LXXA und Vulg haben das Personalpronomen nicht, Origenes aber hat es (WEVERS, *Leviticus*); ebenso LXXB, die allerdings

gangen wird, und wenn etwas von einer verfaßten Menge in einer gemeinsamen Absicht verübt wird.

qu. 3,26,2

26,2 Insofern die Schrift aber als Heilsopfer einen Jungstier und einen Widder [darzubringen] befiehlt, befiehlt sie diejenigen [Opfertiere], die die vorzüglichsten sind; es ist ja wegen des gesamten Volkes. Als sie aber zuvor Vorschriften über die Heilsopfer erließ, befahl sie, nach Belieben sei es ein männliches, sei es ein weibliches [Tier] zu opfern, sofern sie allerdings ausschließlich von Rindern und Schafen und Ziegen geopfert würden (vgl. Lev 3). Wenn man freilich fragt, warum sie zwei [Tierarten], einen Jungstier und einen Widder, befahl, ist es schwirig, [eine Begründung] zu finden; falls sie nicht vielleicht den Jungstier als Heilsopfer des ganzen Volkes wollte, den Widder hingegen [als Heilsopfer] für einen jeden, gleichsam für beliebige einzelne, weil sie auch weiter oben anscheinend gleichsam zwei Arten von Heilsopfern vorgeschrieben hat: Das eine, das gleichsam [das Heilsopfer] aller insgesamt sein sollte, nannte sie ‚Heilsopfer' (vgl. Lev 3,1), das andere aber [benannte sie], wo sie sagte: „Wenn ein jeder sein Heilsopfer dargebracht hat" (Lev 7,29).[80] Dort entdeckten wir auch einen Unterschied, weil sie bei jenem [Opfer], das sie ‚Heils(opfer)' nannte, nicht erwähnte, daß das Fett des Bruststücks dem Herrn darzubringen und das Bruststück selbst und die rechte Schulter dem Priester zu geben sei; doch sie befahl, es bei jenem [Opfer] zu tun, das sie später ‚sein Heilsopfer' nennt;[81] darunter versteht man vielleicht das private [Heilsopfer] beliebiger einzelner, nicht das öffentliche [der Israeliten] insgesamt. Denn auch Mose brachte Heilsopfer dar, und dort ist nicht gesagt: ‚sein Heil(sopfer)'. Ich meine, weil er es für das ganze Volk darbrachte. Wo aber alle sind, da sind auch die einzelnen; aber wo einzelne sind, da sind nicht notwendigerweise alle. Einzelne können nämlich ohne die Gesamtheit sein; alle insgesamt aber müssen aus beliebigen einzelnen bestehen. Denn alle einzelnen bilden, wenn sie vereint oder zu einer Gesamtheit zusammengezählt sind, die Gesamtheit.

qu. 3,26,3

26,3 Man muß freilich anmerken, daß befohlen worden ist, wenn Opfer für das Volk dargebracht werden, sowohl Sündopfer als auch ein Brandopfer als auch Heilsopfer darzubringen; daß für den Priester aber ein Sünd(opfer) und ein Brandopfer und ein Konsekrations(opfer), aber kein Heilsopfer dargebracht worden ist. Aber das Konsekrations(opfer) ist zu dem Zeitpunkt dargebracht worden, als die Priester geweiht wurden, damit sie das Priesteramt ausübten,

---

statt θυσίαν σωτηρίου als, so WEVERS, „further invasion in the text", τῶν εἰρηνικῶν sagt.
[81] Vgl. *qu.* 3,22.

sanctificati sunt, ut sacerdotio fungerentur, et haec obtulit Moyses pro Aaron et filiis eius. Postea vero Aaron ipse iam sanctificatus et sacerdotio fungens offerre pro se iussus est vitulum pro peccato et arietem in holocaustum; non autem iussus est pro se offerre consummationis, quia tunc ideo oblatum est, ut consummaretur sanctificatione et sacerdotio fungi posset, quo iam quoniam fungebatur non opus erat eum iterum consummari.

27,1 *Et ait Moyses ad Aaron: Accede ad altare et fac quod pro peccato tuo et holocaustum tuum et exora pro te et domo tua.* Mirum est quomodo prius dicat faciendum quod pro peccato, deinde holocaustum, cum sacrificia pro peccatis super holocausta superius iubeat inponi excepto quod de avibus praecepit. An forte hic quod prius fiebat, id est holocaustum, posterius commemoravit? Non enim quemadmodum de avibus dixit: Fac prius illud et postea illud, sed: Fac illud atque illud. Quid autem prius faciendum sit indicat superius exposita instructio, ubi dicit super holocaustum inponi sacrificium pro peccatis. Quamquam valde moveat, quod etiam ita narrat scriptura fecisse Aaron quod audivit, ut prius commemoret eum facere pro peccato, deinde holocaustum. Quod utrum et ipse prius fecerit an prius hoc scriptura narraverit quod postea factum est, sicut in multis facere solet, haberetur incertum, nisi quod dixi superius legeretur, cum ageret de sacrificio pro peccato. Ita enim legitur: *Et superponet illud sacerdos super altare super holocaustoma domini; et exorabit pro eo sacerdos pro peccato quod peccavit et dimittetur illi.* Quomodo ergo posset hoc super holocaustoma inponi, nisi holocaustoma prius inponeretur? Praecepit autem hoc et de sacrificio salutaris, ut super holocaustoma inponeretur. Sed quia hoc non ubique dicit, non per omnia

---

27,3 cum...4 inponi] cf. Lv 4,35LXX   4 excepto...praecepit] cf. Lv 5,8-10   8 super...peccatis] cf. Lv 4,35   13 Lv 4,35   16 praecepit...17 inponeretur] cf. Lv 3,5

56 quo] quod *C P² T* | quo iam] quoniam *p (exp.)*, om. *n*   57 consummari] consummare *C*
27,1 quod *exp. V*   3 peccato] est *add. N*   8 inponi] imponit *n*   10 commemoret] commemoraret *P V N T*   15 holocaustoma¹] holocaustomata *P¹ V* | nisi] si *C¹*   16 praecepit...17 inponeretur *om. N*   17 non²] nam *p*

---

[82] Lev 4,35 TM: „Der Priester soll sie [die Fettstücke des Sündopfers] auf dem Altar in Rauch aufgehen lassen über den Feueropfern JHWHs." LXX: „Der Priester soll es [das Fett des Sündopfers] auf den Altar legen auf das Brandopfer des Herrn." Zwölfmal, wie hier, gibt LXX in Lev הִקְטִיר (in Rauch aufgehen lassen) durch ‚auflegen' wieder. WEVERS, *Leviticus* 7: Der Übersetzer deutete הִקְטִיר als „ein Opfer (auf einem Altar) darbrin-

und diese hat Mose für Aaron und dessen Söhne dargebracht (vgl. Lev 8,14-28). Anschließend jedoch wurde Aaron seinerseits, der bereits geweiht war und das Priesteramt ausübte, befohlen, für sich sowohl den Jungstier als Sünd(opfer) als auch den Widder als Brandopfer darzubringen; ihm wurde aber nicht befohlen, für sich das Konsekrations(opfer) darzubringen, weil es damals gerade zu dem Zweck dargebracht worden ist, daß er durch die Weihe konsekriert würde und das Priesteramt ausüben könnte; da er dieses schon ausübte, hatte er es nicht nötig, noch einmal konsekriert zu werden.

qu. 3,27,1 (zu Lev 9,7-21)

27,1 „Und Mose sagte zu Aaron: Tritt zum Altar und vollbringe das Opfer, das für deine Sünde [darzubringen ist], und dein Brandopfer und halte Fürbitte für dich und dein Haus." Seltsam ist, wieso er sagt, zuerst solle das Sünd(opfer), darauf das Brandopfer vollzogen werden, obgleich er weiter oben befiehlt, die Sündopfer(gaben) sollten auf die Brandopfer(gaben) gelegt werden (vgl. Lev 4,35LXX),[82] ausgenommen die Vorschriften über die Vögel (vgl. Lev 5,8-10).[83] Hat er hier vielleicht das, was früher durchgeführt wurde, d.h. das Brandopfer, später erwähnt? Er hat nämlich nicht so wie bezüglich der Vögel gesagt: ‚mach erst jenes und danach jenes‘, sondern: ‚mach jenes und jenes‘. Was aber zuerst gemacht werden soll, zeigt die weiter oben ausgelegte Vorschrift,[84] wo er bestimmt, das Sündopfer solle auf das Brandopfer gelegt werden (vgl. Lev 4,35). Gleichwohl bereitet eine große Schwierigkeit, daß die Schrift sagt, Aaron sei auch so verfahren, wie er [als Befehl des Mose] gehört hatte, da sie darstellt, er vollziehe zunächst das Sünd(opfer), darauf das Brandopfer. Ob er das selbst zuerst getan hat oder ob die Schrift das zuerst berichtet hat, was später geschehen ist, wie sie in vielen Fällen zu tun pflegt, würde man für unsicher halten, wenn man nicht lesen würde, was ich weiter oben gesagt habe, als sie vom Sündopfer handelte. So liest man nämlich: „Und der Priester soll jenes auf den Altar auf das Brandopfer des Herrn legen; und der Priester soll für ihn Fürbitte halten für die Sünde, die er begangen hat, und jenem wird vergeben werden" (Lev 4,35). Wie könnte dieses denn also auf das Brandopfer gelegt werden, wenn das Brandopfer nicht zuvor [auf den Altar] gelegt würde? Die Schrift hat dies aber auch bezüglich des Heilsopfers vorgeschrieben, daß es auf das Brandopfer gelegt werden solle (vgl. Lev 3,5). Aber da sie dies nicht überall sagt, nicht bezüglich aller Heilsopfer und auch nicht bezüglich aller Sündopfer, kann man

---

gen". Siebenmal setzt er, wie hier, ὁλοκαύτωμα ‚Brandopfer‘ für ‚Feueropfer‘ des TM ein. Augustinus referiert hier die VL, die LXX folgt.
[83] Vgl. *qu.* 3,4.
[84] Vgl. Einleitung in *qu.* 3, S. 8. Dies ist eine der Stellen, mit denen WEIDMANN, *Lücken* 116f. begründet, daß Augustinus in *qu.* 3 auch die Kapitel Lev. 1-4 behandelt hat..

sacrificia salutaris nec per omnia sacrificia pro peccato, potest forsitan dici non hoc regulariter fuisse praeceptum; sed illic tantummodo ut fieret dictum est, id est in sacrificio salutaris, cum fit de bubus - ibi enim id praecepit - et in sacrificio pro peccato, cum fit de femina ex ovibus; cetera vero sive sint salutaris sive pro peccato non esse necesse ut super holocausta inponantur.

27,2 Movet etiam, quod, cum faceret Aaron dona populi, quae supra commemoravit, non omnia commemorata sunt immolata, quae fuerant praedicta, sed tantum hircus pro peccato et holocaustum, ubi tamen agnum illum non expressit; duo vero alia, quae ad sacrificium pro peccato potius quam ad holocaustum pertinere diximus, tacuit, id est arietem et vitulum. Nisi forte a parte totum intellegi voluit, ut solo capro commemorato etiam illa subsecuta acciperemus.

27,3 Cum de sacrificiis salutaris populi narraret, quemadmodum ea fecerit Aaron, de vitulo et ariete ait: *Et occidit vitulum et arietem sacrificii salutaris populi; et obtulerunt filii Aaron sanguinem ad eum, et adfudit ad altare in circuitu; et adipem quae a vitulo et ab ariete, lumbum et adipem tegentem super ventrem et duos renes et adipem quae super ipsos est et pinnam quae est in iocinere; et posuit adipem super pectuscula et inposuit adipes ad altare; et pectusculum et brachium dextrum abstulit Aaron ablationem ante dominum, quomodo praecepit dominus Moysi.* Nunc singulariter, nunc pluraliter loquitur, cum de duobus animalibus loquatur, vitulo et ariete. Quod ergo dicit *duo renes*, ab utroque animante intellegendum est atque ita quattuor fiunt; ita et cetera. Quod vero ait: *Et posuit adipes super pectuscula*, cum ipsa pectuscula non inposuerit altari - sacerdoti enim debebantur cum brachiis dextris - quid sibi vult? An intellegendum est: Et posuit adipes quae sunt super pectuscula? Ipsas

---

26 duo...27 diximus] cf. *qu.* 3,26,1   **31** Lv 9,18-21   **40** sacerdoti...dextris] cf. Lv 7,21-24

19 ut...dictum] ut fieret ut dictum *C N* | est *om. T*   **20** fit] sit *P S V T Am. μ (item C iuxta z, sed errore)* | bubus] bobus *V T Am. μ*   **21** fit] sit *V*   **25** ubi] ibi *p* | agnum illum] illum agnum *V Am. μ*   **26** expressit] pressit *C¹ (ex s. l. m. 2)*, expressit *p* | sacrificium] sacrificia *P S V N T Am. μ*   **31** sacrificii] sacrificiis *P S¹ V*   **32** obtulerunt] *codd. edd.*, adtulerunt *z* | adfudit] effudit *P S V T* | quae] qui *S Am. μ*, quem *n*   **33** et adipem[1] *exp. m. 2 V* | quae] qui *Am. μ*   **34** iocinere] iocinore *P S¹ V*, iecinore *Am. μ* | adipem] *codd. edd.*, adipes *z* | pectuscula] eius *add. V*, petusculum *N* | et inposuit] etiam posuit *P¹ S V*   **35** ablationem] *Am. μ 2 (cf. qu. 34 l. 134,1)*, oblationem *C P S V T*, ablatione *N*   **38** duo] duos *n Am. μ*   **39** cum...pectuscula[2] *om. n*   **41** quae] qui *V² Am. μ* | ipsas] ipsa *P¹ V*, ipsos *Am. μ*

vielleicht sagen, daß dies nicht als generelle Regel vorgeschrieben worden war; sondern daß nur für jenen Fall vorgeschrieben war, daß es geschehe, d.h. im Fall des Heilsopfers, wenn es von Jungstieren bereitet wird – dort nämlich hat sie dies vorgeschrieben –, und im Fall des Sündopfers, wenn es von einem weiblichen Schaf bereitet wird; daß die übrigen [Opfer] hingegen, seien es Heils-, seien es Sünd(opfer), nicht auf das Brandopfer gelegt werden müßten.

qu. 3,27,2

27,2 Es erstaunt auch, daß, als Aaron die Gaben des Volkes bereitete, die die Schrift oben erwähnte, nicht die Opferung aller [Tiere] berichtet wurde, die angeordnet worden waren, sondern nur der Ziegenbock für das Sünd(opfer) und das Brandopfer, sie jenes Lamm jedoch dort nicht ausdrücklich nannte; sie die anderen zwei aber, von denen wir gesagt haben, daß sie eher zum Sündopfer als zum Brandopfer gehören (vgl. *qu.* 3,26,1), d.i. den Widder und den Jungstier, mit Schweigen überging. Falls sie nicht durch den Teil das Ganze verstanden wissen wollte,[85] so daß wir, obwohl der Ziegenbock allein erwähnt worden ist, annehmen könnten, daß auch jene [Opfertiere] unmittelbar folgten.

qu. 3,27,3

27,3 Als die Schrift berichtete, wie Aaron die Heilsopfer des Volkes zubereitete, sagte sie bezüglich des Jungstiers und des Widders: „Und er schlachtete den Jungstier und den Widder des Heilsopfers des Volkes; und die Söhne Aarons brachten ihm das Blut, und er goß es ringsum an den Altar; und das Fett vom Jungstier und vom Widder, die Hüfte und das Fett, das den Bauch bedeckt, und die beiden Nieren und das Fett auf diesen und den Leberlappen; und er legte das Fett auf die Bruststücke und legte die Fettstücke auf den Altar; und das Bruststück und das rechte Schulterstück nahm Aaron als Wegnahme vor dem Herrn weg, wie der Herr dem Mose vorgeschrieben hat" (Lev 9,18-21). Mal spricht sie im Singular, mal im Plural, wenn sie von den beiden Tieren, dem Jungstier und dem Widder, redet. Die Formulierung „die beiden Nieren" ist daher auf jedes der beiden Tiere zu beziehen, und das macht daher vier; so auch das Übrige. Die Formulierung aber: „und er legte die Fettstücke[86] auf die Bruststücke", obgleich er die Bruststücke ihrerseits nicht auf den Altar gelegt hat – sie standen nämlich zusammen mit den rechten Schulterstücken dem Priester zu (vgl. Lev 7,31-34) –, was soll sie bedeuten? Soll man verstehen: und er legte die Fettstücke, die sich auf den Bruststücken befinden? Gerade diese legte er nämlich [auf den Altar], die er auf den Altar legen sollte, nachdem er sie von

---

[85] Tropus der Synekdoche. Vgl. Tyconius, *Liber regularum* V.1. Vgl. die Generelle Einleitung 40f.; Einleitung in *qu.* 1, S. 77f.

[86] Unmittelbar zuvor im Bibelzitat hat Augustinus den Sgl. *adipem* Fett, nicht *adipes* Fettstücke.

enim posuit, quas inponeret altari a pectusculis demtas. Nam ita et superius praeceperat. Denique sequitur: *Et inposuit adipes super altare et pectusculum et brachium dextrum abstulit Aaron ablationem ante dominum*, modo singulariter inferens et pectusculum dicens utique utrumque ex utroque animante, quae pectuscula 45 dixerat.

28 Quid est quod ait: *Cum extulisset Aaron manus super populum, benedixit eos et descendit, cum fecisset quod pro peccato et holocaustomata et quae salutaris?* Ubi autem ista fecit nisi super altare, id est ad altare stans eique deserviens? Inde ergo descendit, ubi stabat. Nimirum illius solutio quaestionis adiuvari hoc testimonio videtur, ubi quaesieramus in Exodo quomodo serviri potuerit ad altare, quod 5 erat altum cubitis tribus? Gradum quippe illic intellegere prohibebamur, quia id deus vetuerat, ne super altare pudenda virilia ministrantis revelarentur, quod utique fieret, si pars altaris gradus esset, id est, si conpactus adhaereret. Denique ibi hoc vetuit, ubi de altari structili loquebatur; unum enim esset altare cum gradu, cuius pars esset gradus, et ideo vetitum est. Hic vero, ubi altaris tanta 10 fuerat altitudo, ut nisi sacerdos super aliquid staret, apte ministrare non posset, intellegendum est quidquid illud erat, quod ad horam ministrationis ponebatur et auferebatur, non fuisse altaris partem et ideo non fuisse contra praeceptum, quo gradum habere prohibitum est; hoc autem, qualecumque fuerat, tacuit scriptura et ideo quaestio facta est. Sed nunc, cum dicit scriptura sacerdotem, 15 cum fecisset sacrificia, descendisse, hoc est cum immolata inposuisset altari, utique manifestat alicubi eum stetisse unde descenderet; et quia ibi steterat, ideo trium cubitorum altari ministrando deservire potuisse.

28,4 hoc…6 tribus] cf. *qu.* 2,113 zu Ex 27,1-2   6 id…7 revelarentur] cf. Ex 20,26

---

42 quas] quasi *V*, quos *Am.* μ | demtas] demptos *Am.* μ   43 et inposuit] et iam posuit *p*
28,1 cum] et *praem.* ℨ   3 ad *om. n* | eique] atque *p*   6 gradum] graduum *P¹ S¹ V* | illic] illis *C*
9 loquebatur] loqueretur *p*   12 horam] oram *S N*   13 et²] ad *C*   14 quo] co *C*, quod *P¹ S V N* | gradum *om. S* | fuerat] fuerit *P S V T Am.* μ   16 immolata] immolatum *C*   18 deservire] desservisse *T* | potuisse] potuisset *C*

---

[87] NBA: Wahrscheinlich bezieht sich Augustinus auf die Vorschriften in Ex 29,22-25.

den Bruststücken weggenommen hatte. Denn so hat es die Schrift auch weiter oben vorgeschrieben.[87] Schließlich fährt sie fort: „und er legte die Fettstücke auf den Altar; und das Bruststück und das rechte Schulterstück nahm Aaron als Wegnahme vor dem Herrn weg", jetzt führt sie auch ‚das Bruststück' im Singular ein, meint aber offenkundig beide von jedem der beiden Tiere, von denen sie als von ‚den Bruststücken' [im Plural] gesprochen hatte.

qu. 3,28 (zu Lev 9,22)

28 Was bedeutet die Wendung: „Als Aaron die Hände über das Volk erhoben hatte, segnete er sie und stieg hinab, nachdem er das Sünd(opfer) und die Brandopfer und die Heils(opfer) vollzogen hatte"?[88] Wo aber vollzog er diese, wenn nicht auf dem Altar, d.h. am Altar stehend und an ihm den Dienst verrichtend? Von dort, wo er stand, stieg er somit hinab. Ohne Zweifel scheint zur Lösung jenes Problems diese [unsere] Beweisführung [an jener Stelle] beizutragen, wo wir im [Buch] Exodus gefragt hatten, wie er den Dienst am Altar verrichten konnte, der drei Ellen hoch war (vgl. *qu.* 2,113 zu Ex 27,1-2)? Es war uns ja dort verwehrt, eine Stufe anzunehmen, weil Gott dies verboten hatte, damit nicht die männlichen Schamteile des den Dienst Verrichtenden auf dem Altar aufgedeckt würden (vgl. Ex 20,26), was natürlich geschehen würde, wenn die Stufe Teil des Altares wäre, d.h. wenn sie fest [mit ihm] verbunden wäre. Aber er hat dies ja an der Stelle verboten, wo er über einen aus Steinen zusammengefügten Altar sprach; der Altar würde mit der Stufe nämlich eine Einheit bilden, deren Teil die Stufe wäre, und deswegen ist es verboten. Hier hingegen, wo der Altar derart hoch war, daß der Priester seinen Dienst nicht angemessen vollziehen könnte, wenn er nicht auf irgendetwas stünde, muß man schließen, daß, was immer jenes war, das zur Stunde des [Altar-]Dienstes angebracht und [danach wieder] entfernt wurde, nicht Teil des Altares war und daher nicht gegen die Vorschrift verstieß, durch die verboten worden ist, eine Stufe zu haben; wie auch immer aber dieses geartet war, die Schrift überging es mit Schweigen, und daher ist das Problem entstanden. Jetzt aber, da die Schrift sagt, der Priester sei, nachdem er die Opfer vollzogen, d.h. nachdem er die Opfergaben auf den Altar gelegt hatte, hinabgestiegen, zeigt sie freilich deutlich, daß er auf irgendetwas gestanden hatte, wovon er hinabsteigen konnte; und daß er, weil er dort gestanden hatte, deswegen so den Dienst an dem drei Ellen hohen Altar hatte verrichten können.

qu. 3,29 (zu Lev 9,24)

29 „Und das ganze Volk sah es und geriet außer sich": dafür haben andere Übersetzer gesagt: „und entsetzte sich"; sie versuchten so, den griechischen

---

[88] Während TM alle drei Opfer im Sgl. nennt, hat LXX, gefolgt von VL, Brandopfer und Heilsopfer im Pl.

29 *Et vidit omnis populus et amens factus est*: Quod alii interpretes dixerunt *expavit* conantes transferre de Graeco quod dictum est: Ἐξέστη, unde et ἔκστασις dicitur, qui saepe in scripturis Latinis legitur mentis excessus.

30 *Et exiit ignis a domino et devoravit quae erant super altare, holocaustomata et adipes.* Quid dixerit *a domino*, quaeri potest: Utrum quia nutu et voluntate domini factum est an ab eo loco ignis exiit, ubi erat arca testimonii. Non enim in loco aliquo ita est dominus, quasi alibi non sit.

31 Posteaquam exeunte igne a domino incensi mortui sunt filii Aaron, qui ausi sunt in vatillis suis adhibito igne alieno incensum inponere domino - quod ideo non licebat, quia ex illo igne qui divinitus in altare venerat deinceps custodito omnia erant accendenda quae in tabernaculo accendi oportebat - mortuis ergo illis ait Moyses: *Hoc est quod dixit dominus dicens: In eis qui mihi adpropinquant sanctificabor et in omni synagoga glorificabor*, eos adpropinquare domino volens intellegi, qui in tabernaculo sacerdotio fungebantur; sanctificari autem in eis etiam vindicando, sicut factum est. Utrum, ut hinc sciretur quam minus aliis parcat, si illis non parcit - quo sensu dictum est: *Si iustus vix salvus erit, peccator et inpius ubi parebunt?* - an potius secundum illud: *Cui plus datur, plus exigitur ab eo?* Et illud: *Servus, qui non cognovit voluntatem domini sui et facit digna plagis, vapulabit pauca; servus autem qui cognovit voluntatem domini sui et facit digna plagis, vapulabit multa?* Et illud: *Exiguo enim concedetur misericordia; potentes autem potentiora tormenta patientur?* Sed ubi hoc dixerit dominus, quod eum dixisse Moyses commemoravit in scriptura quae retro est non invenitur. Tale ergo est hoc quale et in Exodo, ubi dicit domino: *Tu dixisti: Scio te prae omnibus*, quod invenitur quidem dominus ei

---

31,9 Prv 11,31   **10** Lc 12,48   **11** Lc 12,47-48   **13** Sap 6,7   **16** Ex 33,12

29,1 amens] amen *C* | alii] ibi *C*   **2** est *om. S* | Ἐξέστη] exeste *C N*, ecte *P S V T* | et *om. P S V N T Am. μ* | ἔκστασις] etstasis *C*, extasis *P V T*, ecstasis *S*, ectasis *N*   **3** qui] quia *p P V¹*, qua *S* | excessus] excessum *N*   **31,1** mortui] et *praem. S Am. μ*   **2** vatillis] *C P S V*, vacillis *T*, batillis *p z* | igne] igni *S*   **3** custodito] constituto *T*   **4** accendenda] accedanda *N*   **10** exigitur...eo] ab eo exigitur *S*   **11** cognovit] cognoverit *S* | plagis vapulabit] vapulabit plagis *C* vapulabit] vapulavit *p P*   **12** facit] non *praem. P S V* | vapulabit] vapulavit *P N V*   **13** concedetur] conceditur *N* | potentiora] posteriora *P¹ S¹ V* (potentiora *in marg.*)   **14** hoc] haec *S*   **15** ergo est] est ergo *T* | et] *C P S V N T, om. Am. μ z (item om. C iuxta z, sed errore)*   **16** scio te] te scio *C N*

Ausdruck zu übersetzen: ἔξέστη, wovon sich auch ἔκστασις ableitet, wofür man in lateinischen Schriften oft *mentis excessus* (Verzückung) liest.[89]

qu. 3,30 (zu Lev 9,24)

30 „Und Feuer ging vom Herrn aus und verzehrte, was auf dem Altar lag, die Brandopfer und das Fett." Man kann fragen, was „vom Herrn aus" bedeutet: weil es auf den Wunsch und nach dem Willen des Herrn geschehen ist, oder ging das Feuer von dem Ort aus, wo die Lade des Zeugnisses stand? Gott ist nämlich nicht so an irgendeinem Ort, als sei er anderswo nicht.

qu. 3,31 (zu Lev 10,1-3)

31 Nachdem die Söhne Aarons durch das vom Herrn ausgehende Feuer verbrannt worden und gestorben waren, weil sie gewagt hatten, unter Verwendung eines fremden Feuers auf ihre Räucherpfannen Weihrauch für den Herrn zu legen – das war deswegen nicht erlaubt, weil alle [Opfergaben], die im Zelt entzündet werden mußten, sämtlich an jenem Feuer entzündet werden sollten, das durch göttliche Einwirkung auf den Altar gekommen und anschließend gehütet worden war –, nachdem jene also gestorben waren, sagte Mose: „Das ist es, was der Herr gesagt hat: An denen, die sich mir nähern, werde ich mich als heilig erweisen, und in jeder Versammlung werde ich mich verherrlichen", wobei er verstanden wissen wollte, daß diejenigen sich dem Herrn ,näherten', die im Zelt als Priester amteten; [daß er] sich aber an ihnen heilig erweise auch, indem er strafte, wie es geschehen ist. [Sagte der Herr das], damit man daraus entnehme, um wieviel weniger er andere verschont, wenn er jene nicht verschont – in diesem Sinn ist gesagt worden: „Wenn der Gerechte kaum gerettet werden wird, wo werden der Sünder und der Gottlose erscheinen" (Spr 11,31)?[90] Oder eher entsprechend jenem [Ausspruch]: „Wem mehr gegeben wird, von dem wird auch mehr gefordert" (Lk 12,48)? Und [entsprechend] jenem: „Der Knecht, der den Willen seines Herrn nicht kennt und [Dinge] tut, die Schläge verdienen, wird wenig Schläge erhalten; der Knecht aber, der den Willen seines Herrn kennt und Dinge tut, die Schläge verdienen, wird viele Schläge bekommen" (Lk 12,47-48)?[91] Und [entsprechend] jenem: „Dem Geringen wird nämlich Barmherzigkeit zuteil werden; die Mächtigen aber werden härtere Strafen erleiden" (Weish 6,6)? Doch wo der Herr das gesagt haben soll, von dem Mose behauptet, daß er es gesagt habe, findet sich in den vorausgehenden Teilen der Schrift nicht. Dies verhält sich folglich so wie im [Buch] Exodus, wo er zum Herrn sagt: „Du hast gesagt: Ich kenne dich besser als alle" (Ex 33,12); daß der Herr dies zu ihm gesagt hat, findet sich zwar, aber

---

[89] Vgl. *qu.* 1,80 zu Gen 27,33 (dort: *mentis alienatio*).
[90] LXX übersetzt sehr frei. Vgl. 1Petr 4,18.
[91] Augustinus zitiert frei und gleicht beide Fälle aneinander an.

dixisse, sed postea. Sed quoniam mendaciter numquam hoc Moyses diceret, intellegitur id ei etiam ante dixisse, quamvis scriptum non fuerit; ita et hoc. Unde adparet non omnia scripta esse quae deus locutus est eis, per nobis sancta scriptura eius ministrata est.

32 Quid est quod Aaron et reliquos filios eius mortem duorum illorum lugere prohibens dicit: *Caput vestrum cidara non denudabitis*, ubi certe ostendit cidaras tegmina capitum fuisse? Nisi quia illa faciebant lugentes, quae consuetudini ornatus essent contraria. Sicut enim in nostra consuetudine, quia caput apertum magis habetur, operitur in luctu, sic, quia illi operimento capitis ornabantur, nudandum erat lugentibus. Quod ideo prohibet, ne lugerent eos, in quorum poena sanctificatus est dominus, id est commendatus est timor eius. Nec ideo, quia lugendi non erant – nam permittit alios lugere illos – sed quia illi lugere tunc non debebant cum dies sanctificationis eorum agerentur nondum completis septem, quibus eos praecepit de tabernaculo non abscedere. Quamquam possit videri, quia illo oleo fuerant sanctificati, hoc dictum esse quod numquam quemquam lugere deberent. Ita enim dicit: *Fratres autem vestri omnis domus Israhel plorabunt incendium, quo incensi sunt a domino. Et ab ostio tabernaculi testimonii non exibitis, ne moriamini; oleum enim unctionis quod est a domino super vos est.*

33 *Et locutus est dominus ad Aaron dicens: Vinum et siceram non bibetis, tu et filii tui tecum cum intrabitis in tabernaculum testimonii aut cum accedetis ad altare, et non moriemini.* Quando ergo eis bibere licebat, quandoquidem in tabernaculum eis cotidie necesse erat introire et accedere ad altare propter continuam servitutem? Quodsi quisquam dicit non omni die sacrificia inponi solere, quid dicit de ingressu in

---

32,11 illo…sanctificati] cf. Ex 30,22-25.30; Lv 8-12.30

18 ei *om. V* **32,1** duorum illorum] illorum duorum *P S V Am. μ* **2** prohibens dicit] prohibent dicens *T* **3** illa] illud *C P S V N* **4** quia] qui *V* **5** habetur] habemus *V* **7** dominus *om. N* **8** nam] non *V* **10** completis] completi *C P S* **11** quia] qui *V (in ras.)* **14** exibitis] exhibitis *P* | oleum] et *praem. P* | domino] domini *n* **33,1** siceram] sicera *C N* **2** accedetis] accediitis *N* | altare] altarem *C* **5** dicit¹] dicet *Am. μ* | ingressu] ingresso *P*

---

[92] In Ex 33,17 sagt JHWH es. TM hat in Ex 33,12.17: „Ich kenne dich mit Namen." Entsprechend Vulg: *novi te ex nomine*. LXX dagegen hat an beiden Stellen: Οἶδά σε παρὰ πάντας. Vgl. *qu*. 2,152 und 2,153.
[93] LXX führt hier unter Abweichung von TM den Turban ein. In *qu*. 2,123 kannte Augustinus die Bedeutung von *cidara* noch nicht. Er lehnt dort die Deutung als Kopfbe-

später.⁹² Aber da Mose dies niemals erlügen würde, versteht man, daß er dies zu ihm auch vorher gesagt hat, wenngleich es nicht aufgeschrieben wurde; so [verhält sich] auch dies. Daraus ergibt sich, daß nicht alles aufgeschrieben worden ist, was Gott zu denen gesprochen hat, durch die uns seine Heilige Schrift übergeben worden ist.

qu. 3,32 (zu Lev 10,6-7)

32 Was bedeutet es, daß Mose Aaron und dessen übrigen Söhnen verbietet, den Tod jener beiden zu betrauern, und sagt: „Ihr sollt euren Kopf nicht vom Turban entblößen"? Dort zeigt er deutlich, daß die *cidarae* Kopfbedeckungen gewesen sind.⁹³ [Was bedeutet es,] wenn nicht, daß sie trauernd jene [Riten] vollzogen, die mit dem üblichen Ornat unvereinbar waren? Wie nämlich nach unserem Brauch der Kopf während der Trauer bedeckt wird, weil der Kopf zumeist unbedeckt gelassen wird, so mußte er von den Trauernden entblößt werden, weil jene sich durch die Kopfbedeckung schmückten. Daher verbietet er ihnen dies, daß sie die betrauerten, durch deren Strafe der Herr sich geheiligt hat, d.h. die Furcht vor ihm wurde eingeschärft. Und zwar nicht deswegen, weil sie nicht betrauert werden sollten – denn anderen erlaubt er, jene zu betrauern –, sondern weil jene zu diesem Zeitpunkt nicht trauern sollten, da die Tage ihrer Weihe begangen wurden, weil die sieben [Tage] noch nicht vorüber waren, an denen er ihnen vorgeschrieben hatte, sich nicht vom Zelt zu entfernen. Gleichwohl könnte es scheinen, daß dies deswegen, weil sie mit jenem Öl geweiht waren (vgl. Ex 30,22-25.30; Lev 8,12.30), gesagt worden war, daß sie niemals irgendwen betrauern durften. Er sagt nämlich folgendes: „Eure Brüder aber, das ganze Haus Israel, mögen den Brand betrauern, durch den sie vom Herrn verbrannt worden sind. Aber ihr sollt vom Eingang des Zeltes des Zeugnisses nicht weggehen, damit ihr nicht sterbt; denn auf euch ist das Salböl, das vom Herrn stammt."

qu. 3,33 (zu Lev 10,8-9)

33 „Und der Herr sprach zu Aaron: Wein und *sicera*⁹⁴ dürft ihr nicht trinken, du und deine Söhne bei dir, wenn ihr das Zelt des Zeugnisses betreten oder wenn ihr an den Altar treten werdet, und so werdet ihr nicht sterben." Wann also war es ihnen erlaubt zu trinken, da sie doch wegen des ununterbrochen fortlaufenden Dienstes täglich in das Zelt eintreten und an den Altar treten mußten? Falls aber jemand sagt, man pflege nicht jeden Tag Opfer [auf den Altar] zu legen, was sagt er zum Eintreten in das Zelt, das wegen des Leuchters

---

deckung ab und vermutet etwas, „das nicht für den Kopf, sondern für den Körper bestimmt ist".

⁹⁴ *sicera* = σικερα: Lehnwort aus dem Hebräischen: שֵׁכָר, Terminus für ein berauschendes Getränk, der versuchsweise mit ‚Bier' übersetzt wird.

840 tabernaculum, qui cotidianus erat propter candelabrum et panes propositionis super mensam ponendos? Si autem respondetur *in tabernaculum testimonii*, nunc quod ait, illud esse intellegendum, ubi erat arca testimonii, etiam illuc necesse erat intrare summum sacerdotem propter incensum continuationis. Non enim semel in anno intrabat, sed cum sanguine purificationis semel in anno, propter incensum autem cotidie. An intellegendum est deum praecepisse, ut vinum omnino non biberent? Cur ergo non ita praecepit potius, ut breviter diceret: Vinum non bibetis, sed addidit: *Cum intrabitis in tabernaculum aut cum accedetis ad altare*? An quia causa non bibendi tacenda non erat, maxime quia deus praescius erat futuros postea tam multos etiam summos sacerdotes uno tempore, id est non per successionem, qui tabernaculo et sacrificiis et incenso et universo illi ministerio vicibus deservirent, quando utique illi non bibebant, quorum locus erat deserviendi, alii autem bibebant? An quid aliud hoc loco intellegendum est? Quoniam, cum vinum et siceram sacerdotes bibere prohiberet, secutus ait: *Legitimum aeternum in progenies vestras*. Ambiguum est, utrum superiori sensui
860 conectatur, id est ad vinum non bibendum pertineat, an inferiori ubi sequitur: *Distinguere inter medium sanctorum et contaminatorum et inter medium mundorum et inter medium inmundorum et instruere filios Israhel omnia legitima quae locutus est dominus ad eos per manum Moysi*, ut hoc sit officio sacerdotum legitimum aeternum in progenies eorum. Quomodo autem dicat *aeternum*, iam saepe diximus. Hoc quoque ambigue positum est, quod ait: *Distinguere inter medium sanctorum et contaminatorum et inter medium mundorum et inmundorum*, utrum ab eo, quod sunt sancta et munda vel inquinata et inmunda, an ab eo, quod sunt sancti et mundi vel inquinati et inmundi, id est, utrum inter illa ipsa sacra, quae rite vel non rite fierent, distinguere voluit sacerdotes an inter ipsos homines probandos vel inprobandos an potius ad utrumque referendum est sive homines sive sacra.

33,6 panes…7 ponendos] cf. Lv 24,5-9   **10** intrabat…anno²] cf. Lv 16,14 | propter…11 cotidie] cf. Ex 30,7-8; 2 Par 13,11   **22** Lv 10,10-11

6 tabernaculum] tabernaculo *C*   **7** mensam] mensa *P* | in *exp. V*   **8** illuc] illud *p*   **13** cum² *eras. P, om. S* | accedetis] acceditis *T*   **15** futuros] futurus *C¹* | multos] multus *C¹* | summos] sumus *C¹* | sacerdotes] sacerdotis *C¹*   **16** illi] ibi *P¹ S V*   **19** siceram] sicera *C N*   **20** superiori] superioris *N*   **22** mundorum…23 medium *om. N* | inter³…23 medium *exp. V, om. Am. μ, inclusit ʒ*   **23** inmundorum *om. S¹*   **24** manum] manu *N*   **25** aeternum *om. P¹ S V*   **27** sancta] scae *N*   **29** ipsa *om. V*   **30** vel inprobandos *om. N*

und der Schaubrote, die auf den Tisch gelegt werden mußten (vgl. Lev 24,5-9), täglich stattfand? Wenn aber entgegnet wird, unter „in das Zelt des Zeugnisses", von dem er jetzt spricht, sei jener [Bereich] zu verstehen, wo die Lade des Zeugnisses stand, so mußte der Hohepriester auch dorthinein eintreten wegen des ununterbrochenen Weihrauch[opfers]. Er trat nämlich nicht nur einmal im Jahr ein, sondern mit dem Reinigungsblut einmal im Jahr (vgl. Lev 16,14), wegen des Weihrauch[opfers] hingegen täglich (vgl. Ex 30,7-8; 2Chr 13,11). Oder soll man deuten, daß Gott vorgeschrieben hat, sie sollten überhaupt keinen Wein trinken? Warum hat er daher nicht eher folgendermaßen vorgeschrieben, daß er kurz sagte: ‚Wein dürft ihr nicht trinken', sondern hinzugefügt hat: „wenn ihr das Zelt betreten oder wenn ihr an den Altar treten werdet"? Vielleicht, weil es angemessen war, den Grund dafür, nicht zu trinken, nicht zu verschweigen, vor allem, weil Gott vorauswußte, daß später so viele auch Hohepriester gleichzeitig, d.h. nicht durch Nachfolge, da sein würden, die den Dienst im Zelt und an den Opfern und dem Räucherwerk und jenem gesamten Dienst abwechselnd verrichteten; dann tranken jene selbstverständlich nicht, die an der Reihe waren, den Dienst zu verrichten, die anderen aber tranken? Oder bedeutet diese Textstelle etwas anderes? Denn als er den Priestern verbot, Wein und *sicera* zu trinken, sagt er anschließend: „eine ewige Vorschrift für eure Nachkommen". Es ist unklar, ob [diese Wendung] mit dem vorausgehenden Satz verbunden ist, d.h. zur [Vorschrift], keinen Wein zu trinken, gehört, oder mit dem folgenden [Satz], wo folgt: „zu unterscheiden zwischen[95] heiligen und befleckten und zwischen reinen und unreinen Dingen und die Söhne Israels über alle Vorschriften zu belehren, die der Herr zu ihnen durch Mose gesprochen hat" (Lev 10,10-11), so daß dies für den Dienst der Priester eine ewige Vorschrift für ihre Generationen ist. Wie er aber „ewig" meint, haben wir schon oft dargelegt. Auch der folgende Ausspruch ist mehrdeutig ausgedrückt: „zu unterscheiden zwischen heiligen und befleckten und zwischen reinen und unreinen": ob bezüglich dessen, daß es einerseits heilige und reine, andererseits befleckte und unreine Dinge gibt, oder bezüglich dessen, daß es einerseits heilige und reine, andererseits befleckte und unreine Personen gibt, d.h. ob er wollte, daß die Priester innerhalb dieser heiligen Handlungen solche, die nach dem gültigen Ritus oder nicht nach dem gültigen Ritus vollzogen wurden, oder innerhalb der Menschen ihrerseits lobenswerte und tadelnswerte unterscheiden sollten, oder ob [der Ausspruch] eher auf beides, sei es Menschen, sei es heilige Dinge, zu beziehen ist.

---

[95] Im lat. Text steht: *inter medium*: sklavische Wiedergabe von ἀνὰ μέσον ‚zwischen'.

34 *Pectusculum segregationis et brachium ablationis manducabitis in loco sancto.* Quamvis singula singulis data sint, nimirum tamen utrumque posset dici segregationis, quia utrumque sacerdoti separatur et utrumque ablationis sive demtionis, quod Graece dicitur ἀφαίρεμα quia utrumque demitur et aufertur eis pro quibus offertur, ut detur sacerdoti. Pectusculum sane inpositionis superius legimus et brachium ablationis, quia de brachio nihil inponebatur altari, adeps autem de pectusculo inponebatur.

35 Quid est quod dicit: *De sacrificiis salutarium*, cum ea dicat, quae alibi dixit *sacrificia salutaris*, et cum singulari numero id dixit: *Sacrificium salutaris*, cum de eadem re diceretur? An forte hoc loco, ubi ait: *A sacrificiis salutarium*, sanitatum dici debuit? Nam in illo Psalmo, ubi dictum est: *Exaudi nos, deus sanitatum nostrarum*, hoc verbum habet Graecus quod etiam hoc loco, id est σωτηρίων qui genetivus pluralis in Graeca lingua ambiguus est, utrum a salute an a salutari nomen declinatum sit, quoniam σωτηρία dicitur salus vel sanitas, unde fit genetivus pluralis τῶν σωτηριῶν; salutare autem σωτήριον dicitur et inde genetivus pluralis idem ipse est. Si ergo recte potest intellegi etiam sacrificium salutis quod est sacrificium salutaris, quoniam a salutari salus datur, et illud est salutare unde salus accipitur, non est necesse, ut tamquam multorum salutarium sacrificia hic intellegamus, ubi dictum est *a sacrificiis salutarium*, sed multarum forsitan sanita-

---

34,5 pectusculum…6 ablationis] cf. Lv 7,24 **35,4** Ps 64,6; 67,20

34,1 ablationis] oblationis *P¹ V T*   **2**   singula singulis] singulis singula *N* | sint] sunt *p*   posset] possit *C*   **4**   ἀφαίρεμα] aferema *C P S V N T*   **5**   offertur] aufertur *C*, auferetur *p*   **6**   autem *om. S*   **35,2**   dixit] dicit *C S V N T* | salutaris²] quod plurali sacrificus salutarium dicit add. *T* | de *om. N*   **3**   a *om. p* | sanitatum] sanitacium *C*, sanitatium *N*   **4**   sanitatum] sanitacium *C*, sanitatium *N*, salutarium *S* | nostrarum] nostrorum *S*   **5**   σωτηρίων] soterion *C P S V N T*   **7**   σωτηρία] soteria *C P N T*, salutaria *S*, sociaria *V*   **8**   τῶν σωτηριῶν] tonsoterion *C N T*, tosoterion *P¹ S V* | salut … [dicetur] … inde *om. p* | σωτήριον] soterion *C P S V n T*   **9**   si] etsi *p* | salutis] salutaris *p*   **10**   a *om. P S V N* | salutari] salutaris *P S V* | datur] dicitur *add. T in marg.*   **12**   a *om. S V Am. μ* | forsitan] fortasse *N* | sanitatum] sanitancium *C* (*alt.* n *exp. m. 2*), salutarium *P S V*, sanitatium *N*

---

[96] Vgl. *qu.* 3,23.2.
[97] Vgl. *qu.* 6,23.
[98] 'Heilsopfer' ist der in vielen Bibelübersetzungen übliche deutsche Terminus für זֶבַח־שְׁלָמִים = θυσία σωτηρίου = *sacrificium salutaris*; daher wird er auch in dieser Übersetzung der *Quaestiones* verwendet. Nach der hier von Augustinus gegebenen Erklärung, würde 'Rettungsopfer' besser wiedergeben, wie er diesen Terminus philologisch präzise

qu. 3,34 (zu Lev 10,14)

34 „Das Bruststück der Absonderung und das Schulterstück der Wegnahme sollt ihr am heiligen Ort essen." Obgleich beide [Opferfleischstücke] jeweils jedem [Priester] gegeben worden sind, könnte man dennoch beide mit der Bezeichnung ‚der Absonderung', weil beide für den Priester abgesondert werden, und beide mit der Bezeichnung ‚der Wegnahme' bzw. ‚der Entziehung' – das heißt auf Griechisch ἀφαίρεμα – versehen, weil beide denjenigen, für die sie geopfert werden, entzogen und weggenommen werden, um dem Priester gegeben zu werden. Weiter oben lasen wir freilich ‚Bruststück der Auflegung' und ‚Schulterstück der Wegnahme' (vgl. Lev 7,34).[96]

qu. 3,35 (zu Lev 10,14)

35 Was bedeutet die Wendung: „von den *sacrificiis salutarium*" (von den Opfern der Rettungen),[97] da er doch von den [Opfern] spricht, die er andernorts *sacrificia salutaris* (Heilsopfer/Rettungsopfer"[98] genannt hat, und im Singular so bezeichnet hat: *sacrificium salutaris* (Heilsopfer/Rettungsopfer), obgleich von derselben Sache die Rede war?[99] Hätte er vielleicht an dieser Stelle, an der er sagt: *a sacrificiis salutarium* (von den Opfern der Rettungen), sagen sollen: *a sacrificiis sanitatum* ([von den Opfern] der Gesundungen)? Denn in jenem Psalm, wo es heißt: „Erhöre uns, Gott *sanitatum nostrarum* (unserer Gesundungen) (Ps 65,6; 68,20), hat der Grieche das Wort, das auch hier steht, d.h. σωτηρίων;[100] dieser Genitiv Plural ist in der griechischen Sprache doppeldeutig, ob das Wort von *salus* (Heil) oder von *salutare* (Rettung) abgeleitet ist, denn σωτηρία bedeutet *salus* (Heil) oder *sanitas* (Gesundung), davon wird der Genitiv Plural τῶν σωτηρίων gebildet; *salutare* (Rettung) hingegen heißt σωτήριον, und der davon [gebildete] Genitiv Plural lautet identisch. Wenn man es somit zutreffend so auffassen kann, daß auch das *sacrificium salutis* (Opfer des Heils) ein *sacrificium salutaris* (Opfer der Rettung) ist, da durch Rettung Heil gegeben wird und jene [Tat] Rettung ist, durch die Heil empfangen wird, ist es nicht notwendig, daß wir die

---

faßt, ohne allerdings einen inhaltlichen Unterschied zwischen ‚Heilsopfer' *(sacrificium salutis)* und ‚Rettungsopfer' *(sacrificium salutaris)* anzunehmen.

[99] Es handelt sich um ein Problem der VL, dem in LXX (und TM) nichts entspricht; dort findet sich die übliche Terminologie für Heilsopfer.

[100] Augustinus kombiniert hier wohl zwei Psalmverse; Ps 64(LXX; TM: 65),6: ἐπάκουσον ἡμῶν, ὁ θεὸς ὁ σωτὴρ ἡμῶν „Erhöre uns, Gott, unser Retter" (VL nach *en. Ps.* 64,9: *Deus, salvator noster*; Psalterium Romanum: *Deus salutaris noster*; Vulg: *Deus salutaris noster*) und Ps 67(LXX; TM: 68),20: κατευοδώσει ἡμῖν ὁ θεὸς τῶν σωτηρίων ἡμῶν „Der Gott unserer Rettungen wird uns einen guten Weg führen" (VL nach *en. Ps.* 67,29: *Deus sanitantium nostrarum*; Psalterium Romanum: *Deus salutaris noster*; Vulg: *Deus salutarium nostrorum*). TM hat in Ps 68,20 Sgl: Rettung, LXX Pl.

tum, quae tamen ab uno salutari accipiuntur. Quod sit autem salutare dei, de quo dictum est: *Calicem salutaris accipiam*, et de quo Symeon dicit in evangelio: *Quoniam viderunt oculi mei salutare tuum*, fides christiana novit. Possunt sane non absurde intellegi vel dici etiam sacrificia salutaria, quae sunt salutaris.

36,1 *Et erit tibi et filiis tuis et filiabus tuis legitimum aeternum*. Non frustra est additum *filiabus*, quoniam quaedam ad escas pertinentia sacerdotum prohibet a feminis accipi, sed a masculis iubet.

36,2 Cum quaesisset Moyses caprum oblatum pro populi peccatis et non invenisset, quoniam fuerat incensus, et iratus esset, quod ea, quae pro peccato a populo offerrentur, constituit dominus sacerdotibus edenda oblatis inde adipibus et renibus, iratus autem esset non fratri suo, sed filiis eius, credo quod ad eos suggerendi ministerium pertineret, respondit illi Aaron et ait: *Si hodie obtulerunt ea quae pro peccato illorum sunt et holocausta sua ante dominum et contigerunt mihi talia et comedam quod est pro peccato hodie, numquid placitum erit domino? Et audivit Moyses et placuit illi*. Hoc videtur dixisse Aaron, quod ipso die, quo primum obtulerant filii Israhel pro peccato suo, non debuit a sacerdotibus manducari, sed totum incendi, non inde regulam faciens ad cetera; nam deinceps sacrificia pro peccatis ipsi edebant. Sed quia hoc primum fuit ipso primo die primitus oblatum, credendum est Aaron sacerdotem hoc divina aspiratione dixisse, ut et illud circa sacerdotes deinceps servaretur, quod praeceperat dominus Moysi, et hoc quod Aaron dixit tamquam divinitus dictum Moyses adprobaret. Quid ergo de ceteris eiusdem diei sacrificiis, id est de ariete et vitulo, quae diximus etiam ipsa pro peccato oblata debere intellegi? An de vitulo nulla quaestio est, quon-

---

14 Ps 115,4   **15** Lc 2,30   **36,18** de²…19 intellegi] cf. *qu.* 3,26,1

---

14 et *om.* P   **36,1** aeternum] sempiternum *P S V T Am. μ*   **5** fuerat] fuerit *C N* | esset] est *P¹ S V¹*   **6** oblatis inde] inde oblatis *ζ (item C iuxta ζ, sed errore)*   **7** esset] et *add.* N   **9** contigerunt] contigerint *C (alt. n s. l.)*, contigerit *p*   **11** quo] quod *P¹ S¹ V*   **14** hoc *om.* V | primum] primo *s. l. m. 1 C, om.* T   **15** aspiratione] *C P V N T (μ: „omnes nostri MSS")*, inspiratione *S Am. μ ζ*   **18** de ceteris] *sup. exp.* diceretis *V* | diei] dici *C*

---

[101] Im hier zitierten Vers Lev 10,15 TM fehlen im Gegensatz zu Sam und LXX die Töchter; diese werden dagegen in 10,14 TM genannt, wofür LXX „und dein Haus mit dir" hat.
[102] NBA vermutet Bezug auf Lev 6,36 LXX = 7,6 TM.

hiesige Formulierung *a sacrificiis salutarium* als Opfer gleichsam vieler Rettungsakte annehmen, sondern als [Opfer] vielleicht vieler Gesundungen, die dennoch durch einen Rettungsakt empfangen werden. Was aber die Rettung Gottes ist, von der es heißt: „Ich will den Kelch der Rettung nehmen" (Ps 116,13), und von der Simeon im Evangelium spricht: „Denn meine Augen haben deine Rettung gesehen" (Lk 2,30), das weiß der christliche Glaube. Natürlich können [Opfer], die *(sacrificia) salutaris* (Heils-/Rettungsopfer) sind, nicht unpassend auch als *sacrificia salutaria* (rettende/heilsame Opfer") verstanden bzw. benannt werden.

qu. 3,36,1 (zu Lev 10,15-20)

36,1 „Das soll dir und deinen Söhnen und deinen Töchtern ein ewiges Anrecht sein." Nicht grundlos ist hinzugefügt worden: „Töchtern",[101] da die Schrift bezüglich mancher zu den Speisen der Priester gehöriger Dinge verbietet, daß die Frauen sie annehmen, aber gebietet, daß die Männer [sie annehmen].[102]

qu. 3,36,2

36,2 Als Mose den für die Sünden des Volkes geopferten Ziegenbock gesucht und nicht gefunden hatte, da er verbrannt worden war, und in Zorn geraten war, weil der Herr bestimmt hatte, daß die Priester diejenigen [Opfertiere], die für die Sünde des Volkes geopfert wurden, essen sollten, nachdem die Fettanteile davon und die Nieren geopfert worden waren, aber nicht seinem Bruder, sondern desssen Söhnen gezürnt hatte, weil, wie ich glaube, sie die Pflicht hatten, [ihn darauf] hinzuweisen, antwortete Aaron jenem und sagte: „Wenn jene heute deren Sündopfer und ihre Brandopfer vor dem Herrn geopfert haben und mir solche Dinge widerfahren sind[103] und ich heute das Sündopfer(fleisch) essen wollte, wird das etwa dem Herrn gefallen? Und Mose hörte [es], und es war ihm recht." Aaron scheint das gesagt zu haben, weil speziell an dem Tag, an dem die Söhne Israel zum ersten Mal ihr Sündopfer dargebracht hatten, [dieses Sündopfer] von den Priestern nicht gegessen werden durfte, sondern insgesamt verbrannt werden mußte, ohne daß er daraus für die anderen [Sündopfer] eine Regel machte; denn nachher aßen sie selbst die Sündopfer. Aber weil dieses erste [Opfer] zum ersten Mal am allerersten Tag dargebracht worden ist, muß man annehmen, daß der Priester Aaron dies kraft göttlicher Anhauchung gesagt hat, damit auch jene Vorschrift über die Priester, die der Herr dem Mose aufgetragen hatte, von da an beachtet würde, und Mose das, was Aaron sagte, als gleichsam von Gott gesagt bekräftigte. Wie steht es also um die übrigen Opfer(tiere) desselben Tages, d.h. den Widder und den Jungstier, von denen wir sagten, man müsse annehmen, daß auch sie für die Sünde geopfert wurden (vgl.

---

[103] Gemeint ist der Tod der Priester Nadab und Abihu wegen des fremden Feuers.

iam oportebat sic fieri, ut de eius sanguine quemadmodum praeceptum fuerat 20
intromitteretur, unde et tangerentur cornua altaris incensi, et consequens erat,
ut totus arderet? Quid ergo de ariete? An quoniam primum caprum quaesivit
Moyses, quod de capro illi responsum est, hoc et de ariete intellegendum est,
quem ex ordine fuerat quaesiturus, nisi illud responsum sacerdotis ei placuisset?
De vitulo autem quid quaereret, cum ea lege fieri potuerit, quam de vitulo pro 25
peccato universae synagogae praeceperat deus, sicut de vitulo pro peccato
sacerdotis, id est, ut totus arderet extra castra? Haec enim sunt verba irascentis
Moysi ad filios fratris sui, cum hircum pro peccato quaesitum non invenisset,
quia fuerat totus incensus: *Quare non comedistis illud quod fuit pro peccato in loco
sancto? Quoniam enim sancta sanctorum sunt, hoc vobis dedit edere, ut auferatis peccatum* 30
synagogae et exoretis pro eo ante dominum. Non enim inlatum est a sanguine eius in sanctum
ante faciem intus. Edetis illud in loco sancto, quomodo mihi constituit dominus. Utique
cum dicit: *Non enim inlatum est a sanguine eius in sanctum ante faciem intus*, procul
dubio discernit illud quod ita fit pro peccato sacerdotis sive pro peccato universae synagogae non de hirco, de quo sanguis quoniam non erat iussus inferri ad 35
tangenda cornua intus altaris incensi non debuit totus incendi, sed a sacerdotibus manducari. Hoc autem quare sit factum, id est, ut etiam ipse totus incende-
retur, respondit Aaron et placuit Moysi.

36,3 Sane quoniam sex pecora praecepta fuerant senioribus populi ut offerrentur pro populo, quorum prius quattuor commemoravit, hircum et arietem et 40
vitulum et agnum anniculum - quorum manifestum est hircum pro peccato,
manifestum est etiam agnum anniculum in holocaustum - duo vero media,
arietem et vitulum, ambigue posita videramus, utrum ad sacrificium pro peccato
pertinerent et hirco adiungerentur an potius agno, ut in holocaustum offerren-

---

20 ut…21 incensi] cf. Lv 4,6-7.17-18   25 cum…27 castra] cf. Lv 4,12.21

20 eius] ei *p*   21 et¹ *om. C N T¹*   24 illud] illum *C* | ei] et *N*   26 universae synagogae] universa synagoga *p*   27 sunt verba] verba sunt *C ʓ*   29 comedistis] comedistis *C S N*, comedetis *P*   32   edetis] editis *C* | mihi constituit] constituit mihi *S*
34 sacerdotis…peccato² *om. S*   39 fuerant] fuerunt *P S V Am. μ* | offerrentur] offerentur *C P¹ n*, offerantur *p* (e *sup. a m.* 2)   41 anniculum] agniculum *S¹ T*   42 in *om. S*   44 et] de *S*, ut et *V*

---

¹⁰⁴ TM und LXX haben Plural: „für sie" (= die Gemeinde), Vulg hat im gleichen Sinn Sgl: *pro ea* (= *multitudo*); das neutrische Pronomen in *pro eo* der VL des Augustinus kann sich dagegen nur auf das zuvor genannte *peccatum* beziehen. VL:Cod.Lugd. hat die pronominale Ergänzung ganz weggelassen.

qu. 3,26,1)? Ob vielleicht bezüglich des Jungstier(opfer)s keine Frage aufkommt, weil es so vollzogen werden mußte, daß von seinem Blut, wie vorgeschrieben war, etwas [in das Zelt] gebracht wurde, womit auch die Hörner des Räucheraltars berührt wurden (vgl. Lev 4,6-7.17-18), und die notwendige Folge war, daß es gänzlich verbrannt wurde? Wie steht es also um den Widder? Muß man vielleicht, weil Mose zuerst den Ziegenbock gesucht hat, das, was jenem über den Ziegenbock geantwortet wurde, auch auf den Widder beziehen, den er anschließend gesucht hätte, wenn ihm jene Antwort des Priesters nicht recht gewesen wäre? Was sollte er aber nach dem Jungstier(opfer) fragen, da es nach demjenigen Gesetz hätte vollzogen worden sein können, das Gott bezüglich des Jungstiers für die Sünde der gesamten Gemeinde erlassen hatte, wie [auch] bezüglich des Stieres für die Sünde des Priesters, d.h. daß er außerhalb des Lagers gänzlich verbrannt werden sollte (vgl. Lev 4,12.21)? Das sind nämlich die Worte des zürnenden Mose an die Söhne seines Bruders, als er den Ziegenbock für die Sünde, den er gesucht hatte, nicht gefunden hatte, weil er als ganzer verbrannt worden war: „Warum habt ihr jenes Sündopfer nicht am heiligen Ort gegessen? Weil sie nämlich hochheilig sind, gab er euch dies zu essen, damit ihr die Sünde der Gemeinde wegschafft und für sie[104] Fürbitte leistet vor dem Herrn. Von seinem Blut ist nämlich nichts in das Heilige vor [sein] Angesicht im Innern hineingebracht worden. Ihr sollt jenes am heiligen Ort essen, wie mir der Herr aufgetragen hat." Wie auch immer, als er sagt: „Von seinem Blut ist nämlich nichts in das Heilige vor [sein] Angesicht im Innern hineingebracht worden", grenzt er zweifelsohne jenen [Ritus], der auf diese Weise für die Sünde des Priesters oder für die Sünde der gesamten Gemeinde vollzogen wird, nicht von dem [Ritus mit dem] Ziegenbock ab, der nicht als ganzer verbrannt, sondern von den Priestern gegessen werden mußte, da nicht befohlen worden war, von ihm Blut [in das Zelt] hineinzubringen, um die Hörner des Räucheraltares im Innern zu berühren. [Die Frage] aber, warum dies geschehen ist, d.h. daß auch er ganz verbrannt wurde, beantwortete Aaron, und es war Mose recht.

qu. 3,36,3

36,3 Allerdings war den Ältesten des Volkes vorgeschrieben worden, es sollten sechs (Opfer)tiere für das Volk geopfert werden; von ihnen benannte die Schrift zunächst vier, Ziegenbock und Widder und Jungstier und einjähriges Lamm – es ist deutlich, daß von diesen der Ziegenbock für die Sünde, es ist auch deutlich, daß das einjährige Lamm als Brandopfer [geopfert werden sollte] –, die beiden mittleren hingegen, der Widder und der Jungstier, sind, wie wir sahen, [so] zweideutig eingeführt worden, [daß unklar blieb], ob sie zum Sündopfer gehörten und dem Ziegenbock zugeordnet wurden oder eher dem Lamm, damit sie als Brandopfer dargebracht würden – aus welchen Gründen wir dazu

tur - unde quid nobis videretur suo loco exposuimus - postea vero, ut sex animalia complerentur, vitulum et arietem commemoravit in sacrificium salutaris, nec tamen in consequentibus cum immolata sunt et identidem commemorata, fit mentio pecorum ipsorum arietis et vituli, quae inter caprum et agnum posuerat, sed tantum ille vitulus et ille aries commemorantur, quos in sacrificium salutaris offerri iusserat, ut iam non sex pecora, sed potius quattuor fuisse credantur: Potest fortassis intellegi quod duo illa, quae prius inter hircum et agnum posuerat, iterum nominavit et non est alius vitulus et alius aries in sacrificium salutaris, ut, cum dixisset hircum pro peccato et arietem et vitulum non dicens in quid, id est in quam rem, agnum vero anniculum in holocaustum, postea dicere voluerit quid de vitulo et ariete faciendum esset, id est, quia neque pro peccato sicut hircus neque in holocaustum sicut agnus, sed in sacrificium salutaris iubebantur inferri; sed si hoc intellexerimus, manebit quaestio, quare pro peccato synagogae hircus oblatus sit, cum de sacrificiis quae pro peccatis offerenda essent ab initio dominus loquens vitulum offerri iusserit pro peccato synagogae sicut pro peccato sacerdotis non caprum, sed vitulum - de quo vitulo etiam sanguinem similiter ut pro peccato sacerdotis ad tangenda cornua altaris incensi praecepit inferri - et quae causa fuerit, ut pro peccato Aaron et Moyses vitulum offerret et ipse Aaron alterum vitulum, sicut pro peccato sacerdotis secundum dei praeceptum offerri oportebat, pro peccato autem populi non vitulus, sicut praeceptum fuerat, sed hircus potius offerretur. Quod nos cum moveret, visum est nobis, ut supra diximus, quod non solus hircus pro peccato populi sed et aries et vitulus offerri iussus est, ut ad ista tria subaudiatur pro peccato, quia et principes erant in populo, pro quibus hircus fuerat offerendus, et singuli quique habere propria peccata potuerunt, pro quibus aries, et unum aliquod peccatum omnes, pro quibus vitulus; sicut ab initio praeceptum fuerat, pro peccato universae synagogae vitulum offerri oportebat. Ideo autem, cum

---

46 vitulum…salutaris] cf. Lv 9,4   49 tantum…50 iusserat] cf. Lv 9,15-16   58 cum…62 inferri] cf. Lv 4,3.7.14.18   62 pro…63 offerret] cf. Lv 8,14-15   63 et…vitulum²] cf. Lv 9,8   65 pro peccato autem populi … hircus…offerretur] cf. Lv 9,15

---

50 offerri] afferri *C N*   53 et²] *om. N*   54 anniculum] agniculum *S*   56 agnus] et *praem. T*   57 salutaris *om. S*   59 essent] sunt *T*   60 non…61 sacerdotis *om. N* | de…61 sanguinem] etiam sanguinem de quo vitulo *S*   65 sicut] sed *S* | nos *om. Am. μ* | cum…66 moveret] commoveret *C P S n T*   67 et¹] *s. l. m. 1 C, om. P¹ S V N, exp. T* | iussus] visus *C V T*   68 pro *om. N*   70 quibus] quo *S N T Am. μ*

welche Meinung vertreten, haben wir an seinem Ort dargelegt[104] –, später jedoch benannte sie, um die Sechszahl der Tiere zu vervollständigen, den Jungstier und den Widder für das Heilsopfer (vgl. Lev 9,4), und dennoch erwähnt sie im folgenden, als sie geopfert und gleichermaßen genannt wurden, von den selben Tieren den Widder und den Jungstier nicht, die sie zwischen Ziegenbock und Lamm gestellt hatte, sondern nur jener Jungstier und jener Widder, deren Opferung als Heilsopfer sie befohlen hatte, werden genannt (vgl. Lev 9,15-16), so daß man annehmen könnte, daß es nun nicht mehr sechs, sondern eher vier Tiere waren: Vielleicht kann man denken, daß sie jene zwei, die sie zunächst zwischen Ziegenbock und Lamm gestellt hatte, zum zweiten Mal genannt genannt hat und sie kein zusätzlicher Jungstier und kein zusätzlicher Widder für das Heilsopfer sind, so daß sie, weil sie den Ziegenbock für das Sünd(opfer) und den Widder und den Jungstier, ohne anzugeben, wozu, d.h. zu welcher Verwendung, das einjährige Lamm hingegen zum Brandopfer benannt hatte, anschließend sagen wollte, wie mit dem Jungstier und dem Widder verfahren werden sollte, d.h. daß sie befahl, sie weder für die Sünde, wie den Ziegenbock, noch als Brandopfer, wie das Lamm, sondern als Heilsopfer darzubringen; aber falls wir es so ausgelegt hätten, wird die Frage bestehen bleiben, warum für die Sünde der Gemeinde ein Ziegenbock geopfert wurde, obgleich der Herr, als er zu Beginn von den Sündopfern, die dargebracht werden sollten, sprach, befahl, einen Jungstier für die Sünde der Gemeinde wie für die Sünde des Priesters keinen Ziegenbock, sondern einen Jungstier zu opfern – von diesem Stier befahl er, ähnlich wie für die Sünde des Priesters auch Blut [in das Zelt] hineinzubringen, um die Hörner des Räucheraltars zu berühren – (vgl. Lev 4,3.7.14.18), und was der Grund dafür war, daß für die Sünde Aarons sowohl Mose einen Jungstier (vgl. Lev 8,14-15) als auch Aaron seinerseits einen anderen Jungstier opferte (vgl. Lev 9,8), wie er für die Sünde des Priesters nach Gottes Gebot dargebracht werden mußte, für die Sünde des Volkes aber kein Jungstier, wie vorgeschrieben war, sondern vielmehr ein Ziegenbock geopfert wurde (vgl. Lev 9,15). Als uns das beschäftigte, schien es uns, wie wir oben gesagt haben, daß befohlen wurde, nicht nur einen Ziegenbock, sondern auch einen Widder und ein Kalb für die Sünde des Volkes zu opfern, so daß zu diesen drei Tieren ergänzt wird: ‚[Opfer] für die Sünde', da auch die Fürsten zum Volk gehörten, für die ein Ziegenbock zu opfern war, und beliebige einzelne [Personen] eigene Sünden haben konnten, für die ein Widder [geopfert werden mußte], und alle zusammen irgendeine einzige Sünde [haben konnten], für die ein Stier [geopfert werden mußte]; wie am Anfang vorgeschrieben worden war, mußte für die Sünde der ganzen Gemeinde ein Jungstier geopfert werden. Deswegen wird aber,

---

[104] Vgl. *qu.* 3,26.

immolata sunt, hircus tantummodo nominatur, ut alia etiam tacita intellegerentur, locutione a parte totum, quia omnia fuerant pro peccatis.

37 Cum ageret de morticinis inmundorum animalium, *et omne vas fictile,* inquit, *in quo ceciderit ex eis intus quaecumque sunt intus inmunda erunt, et illud conteretur,* id est ipsum vas. *Et omnis cibus qui manducatur in quemcumque venerit super illum aqua inmundus erit vobis.* Non quaecumque aqua intellegenda est, quae si supervenerit cibo, facit eum inmundum, sed ex illo vase, quod factum est inmundum de morticinis inmundis, si forte ipsum vas habuit aquam.

38 *Instruere filios Israhel inter vivificantia quae manducantur et inter vivificantia quae non manducantur.* Quae Graecus habet ζωογονοῦντα, nostri quidam *vivificantia* interpretari maluerunt, quia utcumque hoc verbum noster usus recepit, quam facere novum insolitum, si dici posset vivigignentia. Non enim quae vivificant, id est vivere faciunt, sed quae vivos fetus gignunt, id est non ova sed pullos, dicuntur ζωογονοῦντα.

39 Quid est quod ait de muliere quae peperit: *Omne sanctum non tanget et in sanctuarium non introibit?* Quod sanctuarium vult intellegi, cum legatur in tabernaculum nonnisi sacerdotes solere ingredi et usque ad velum interius secundum, ultra velum autem ipsum, ubi erat arca, nonnisi unum summum sacerdotem? An et ante tabernaculum, ubi erat altare sacrificiorum, sanctuarium dici potuit? Nam saepe appellatur locus sanctus etiam ipsum atrium, cum dicitur: *In loco*

39,6 Lv 6,26

---

72 hircus] hircum *C S V N T* | nominatur] nominatum *C* (nominatur *iuxta z, sed errore*) *P S V N T* | ut *om. p* **37,2** erunt] erant *S* | id est] idem *V* **4** quae si] quasi *C*, quae *P S V T Am. μ* **5** facit] fecit *S* | ex] de ex *P¹ V*, dex *S* | ex illo] illum *p* (o *sup.* um) **6** si] et *praem. P¹ S V¹ T* **38,1** quae¹…vivificantia² *om. T* | et…2 manducantur *om. V* **2** habet *om. S* ζωογονοῦντα] ΖΟΟΓΟΗΥΝΤΑ *C*, zoogonunta *P S V N T* **3** verbum noster] noster verbum *N* | usus] tolerabilius *add. T* **4** vivificant] vivificat *N* **6** ζωογονοῦντα] zoogonunta *C P S V n T*, zoogonuita *p* **39,1** tanget] tangit *C* | et *om. V* **2** introibit] intrabit *N* **3** sacerdotes] sacerdotis *C* | secundum] secundus *C¹ P V¹*, secundos *C²* (o *ex* u) *S N T* **4** erat] erit *V* **5** sacrificiorum] sacrifiorum *S*

---

[105] Vgl. *qu.* 3,26,1; 3,27,3.
[106] TM formuliert: „zwischen den Tieren/Lebewesen (הַחַיָּה), die man essen darf, [...]". Für הַחַיָּה sagt LXX: ζωογονοῦντα „lebendige Wesen Hervorbringende". LXX spricht hier wörtlich von: „die die Eßbaren (als lebendige Wesen) Erzeugenden"; vgl. WEVERS,

als sie geopfert wurden, nur der Ziegenbock genannt, da ja auf Grund der Redeweise vom Teil für das Ganze auch die nicht genannten anderen [Tiere] mitverstanden wurden, weil alle Sünd[opfertiere] gewesen waren.[105]

qu. 3,37 (zu Lev 11,33-34)

37 Als die Schrift von den Kadavern unreiner Tiere handelte, sagte sie: „Und jedes Tongefäß, in das hinein ein beliebiges [Tier] von ihnen gefallen ist, alles, was darin ist, wird unrein sein, [und] jenes soll zerbrochen werden", d.h. dieses Gefäß. „Und jede Speise, die man ißt, auf die auch immer das Wasser gekommen ist, soll für euch unrein sein." Unter dem Wasser, das eine Speise, wenn es darüber kommt, unrein macht, ist nicht irgendein beliebiges Wasser zu verstehen, vielmehr [das Wasser] aus jenem Gefäß, das durch die unreinen Kadaver unrein geworden ist, falls eben dieses Gefäß zufällig Wasser enthalten hat.

qu. 3,38 (zu Lev 11,47)

38 „Die Söhne Israels zu unterweisen [in der Unterscheidung von] lebendig machenden [Tieren], die man ißt, und lebendig machenden, die man nicht ißt."[106] [Das Wort] ζωογονοῦντα, das der Grieche hat, wollten einige der Unsrigen lieber, weil dieses Wort bei uns wie auch immer in Gebrauch gekommen ist, mit *vivificantia* (lebendig machende) übersetzen, als, falls man *vivigignentia* (lebendgebärende) sagen könnte, ein neues ungewohntes [Wort] zu bilden Denn nicht die [Tiere], die *vivificant*, d.h. lebendig machen, sondern die, die ihre Jungen lebend gebären, d.h. nicht Eier, sondern Küken, werden ζωογονοῦντα genannt.

qu. 3,39 (zu Lev 12,4)

39 Was bedeutet das, was [die Schrift] über die Frau sagt, die geboren hat: „Sie darf nichts Heiliges berühren und in das Heiligtum[107] nicht eintreten"? Welches Heiligtum will [die Schrift] verstanden wissen, da man liest, in das Zelt(heiligtum) und bis zum zweiten inneren Vorhang träten üblicherweise nur die Priester ein, über den Vorhang seinerseits hinaus aber, wo die Lade stand, als einziger der Hohepriester? Ob man auch [den Bereich] vor dem Zelt, wo der Schlachtopferaltar stand, ‚Heiligtum' nennen konnte? Denn häufig wird auch der Vorhof seinerseits ‚heiliger Ort' genannt, wenn gesagt wird: „Am heiligen Ort sollen sie sie (die Opferfleischstücke) essen" (Lev 6,19). Vielleicht pflegten

---

Leviticus: „those engendering the edible". VL:Cod.Lugd: näher an TM: *in medium eorum quae manducantur*; Vulg übersetzt ganz frei.

[107] הַמִּקְדָּשׁ „das Heiligtum": „in Lv immer der heilige Ort, in der Regel der gesamte heilige Bezirk" (ELLIGER, *Leviticus* 158 Anm. 2), „d.h. den für Frauen zugelassenen äußeren Tempelhof […] Damit ist eine gewisse Beteiligung der Frauen am nachexilischen Kult angedeutet, die sich konkret aber sehr schwer beschreiben läßt" (GERSTENBERGER, *Leviticus* 137).

sancto edent ea. Illuc fortassis solebant intrare mulieres, quando offerebant dona sua, quae inponerentur altari.

40,1 Quid est quod dicit: *Si masculum pepererit mulier, inmunda erit septem dies; secundum dies secessionis purgationis eius inmunda erit. Et die octavo circumcidet carnem praeputii eius; et triginta et tres dies sedebit in sanguine suo mundo. Omne quod sanctum est non continget et in sanctuarium non introibit?* Quae differentia est inter septem dies illos, quibus dicit eam inmundam, et triginta tres, quibus in sanguine suo mundo sedebit? Si enim iam inmunda non est per triginta tres dies, quare non tangit quod sanctum est? An hoc adhuc interest, quia in sanguine est licet mundo? Ut hoc distet, quia cum inmunda est, ubicumque etiam sederit, inmundum facit, cum vero iam in sanguine mundo sedet, tantum quod sanctum est non ei licet tangere et in sanctuarium intrare? Hoc est enim, quod ait: *Secundum dies secessionis purgationis suae,* quoniam dicit alio loco inmunditiam feminae, quae menstruis purgatur, septem dierum esse, quando omne super quod sederit inmundum erit. *Secessionis* autem dicit, quoniam secedebat aliquantum, ne omnia coinquinaret, cum perageret illos dies. Hos dies inmunditiae eius, si feminam pareret, lex duplicabat et quattuordecim faciebat; reliquos autem quibus sedebat in sanguine mundo suo, etiam ipsos duplices iusserat observari, id est sexaginta sex, ut omnes essent in partu masculi quadraginta, in feminae octoginta. Aliqui autem codices Graeci non habent *in sanguine mundo suo,* sed *in sanguine inmundo suo.*

40,11 inmunditiam…12 erit] cf. Lv 15,19-23

40,1 dicit *om. p* | pepererit] peperit $C^1 P^1 S^1 V N$ | inmunda] in *in ras. m.* 2 C **2** purgationis *om. ʒ (errore ?)* | die] in *praem. P S V T Am. μ* | circumcidet] circumcidit C^1 **3** est] et *n*   **4** continget] contingit C | et *om. S N* | in *om. P S V* | introibit] introhibit C, intrabit $P S V N T$ | dies…5 illos] illos dies $N T$ **5** dicit *om. p* | dicit eam] eam dicit C (*n?*) $ʒ$ **7** an…interest *om. P S V* | adhuc] adhoc $P^1 S^1 V$ **8** cum] quando V | sederit] sederet C | inmundum] in mundo V^1, immundo T **9** vero iam] iam vero S | sedet] sedit C | tantum] *eras. et tamen s. l. add.* S **11** suae] et *add. N* | inmunditiam] emunditię C, inmunditie P^1, inmunditia $S V^1$ | quae] quod $V T Am. μ$ | menstruis] menstruit N **12** super quod] quod super N **14** inmunditiae] emunditie C

---

[108] TM hat בְּדְמֵי טָהֳרָה „im Blut der Reinigung" (so auch Vulg: *in sanguine purificationis*), LXX gibt nicht wörtlich, aber sachlich richtig wieder: ἐν αἵματι ἀκαθάρτῳ „im unreinen

die Frauen dort hineinzugehen, wenn sie ihre Gaben darbrachten, die auf den Altar gelegt werden sollten.

qu. 3,40,1 (Lev 12,2-8)

40,1 Was bedeutet das Wort [der Schrift]: „Wenn die Frau einen Knaben geboren hat, wird sie sieben Tage unrein sein; wie in den Tagen der Absonderung ihrer Reinigung wird sie unrein sein. Und am achten Tag soll man das Fleisch seiner Vorhaut beschneiden; und dreiunddreißig Tage soll sie in ihrem reinen Blut[108] sitzen[109] bleiben. Sie darf nichts Heiliges berühren und in das Heiligtum nicht eintreten"? Welcher Unterschied besteht zwischen jenen sieben Tagen, an denen [die Schrift] sie ‚unrein' nennt, und den dreiunddreißig Tagen, an denen sie ‚in ihrem reinen Blut' sitzen bleiben soll? Wenn sie nämlich schon dreiunddreißig Tage lang nicht mehr unrein ist, warum berührt sie nicht, was heilig ist? Spielt dies eine Rolle, daß sie bis jetzt noch im Blut, wenn auch in reinem, ist? So daß der Unterschied darin besteht, daß sie, wenn sie unrein ist, [jeden Ort] auch immer, auf den sie sich gesetzt hat, unrein macht, es ihr hingegen, wenn sie schon in reinem Blut sitzt, nur nicht erlaubt ist, Heiliges zu berühren und in das Heiligtum einzutreten? Das ist es nämlich, was die Schrift sagt: „wie in den Tagen der Absonderung ihrer Reinigung", weil sie andernorts sagt, daß die Unreinheit der Frau, die vom Monatsfluß gereinigt wird, sieben Tage dauert, während welcher Zeitspanne alles unrein sein wird, auf das sie sich gesetzt hat (vgl. Lev 15,19-23). „Der Absonderung" sagt die Schrift aber, weil [die Frau] sich ein wenig absonderte, um nicht alles zu verunreinigen, während sie jene Tage durchlebte. Diese Tage ihrer Unreinheit verdoppelte das Gesetz, wenn sie ein Mädchen gebar, und machte [daraus] vierzehn Tage; andererseits hatte sie befohlen, die restlichen [Tage], an denen sie in ihrem reinen Blut saß, auch ihrerseits gedoppelt zu beobachten, d.h. sechsundsechzig, so daß alle [Tage] bei der Geburt eines Knaben vierzig, eines Mädchens achtzig betragen. Einige griechische Kodizes haben aber nicht „in ihrem reinen Blut", sondern „in ihrem unreinen Blut".

Blut"; WEVERS, *Leviticus*: „In the tradition ἀκαθάρτῳ is changed to καθαρω in Oʹ Cʺ s+, which can only be either based on a complete misunderstanding of what is intended or is a thoughtless mistake." Nach BILLEN, *Texts* 98 gibt *mundo* hingegen die ursprüngliche Lesart der Alten LXX wieder, die das nomen regens טָהֳרָה als Adjektiv mißverstand. Ihr folgt die VL des Augustinus: *in sanguine suo mundo* (auch Cod.Lugd.: *in sanguine mundo eius* [Bezug des *eius*?]). So entsteht für Augustinus ein Problem, obgleich er auch die je nach textkritischer These korrigierte oder unverderbte LXX-Lesart: *in sanguine inmundo suo* aus einigen Kodizes kennt (s.u.).

[109] Gemeint ist: untätig bzw. zu Hause, fern von der Öffentlichkeit bleiben. Augustinus, *loc.* 3,24: *sedebit* meint *manebit, non enim per tot dies de sella ei surgere non licebat.*

40,2 *Et cum adinpleti fuerint dies purgationis eius, super filio aut super filia offeret agnum anniculum sine macula in holocaustum et pullum columbinum aut turturem pro peccato ad ostium tabernaculi testimonii ad sacerdotem. Et offeret eum ante dominum; et exorabit pro ea sacerdos et purgabit eam a fonte sanguinis eius. Ista lex eius quae peperit masculum aut feminam. Si autem non invenerit manus eius quod satis est in agnum, et accipiet duos turtures aut duos pullos columbinos, unum in holocaustum et unum pro peccato. Et exorabit pro ea sacerdos et purgabitur.* Recte ergo superius non legendum est: *Offeret agnum anniculum sine macula in holocaustum* aut *pullum columbinum aut turturem pro peccato*, sicut nonnulli codices habent, sed sicut dictum est: *Et pullum columbinum aut turturem pro peccato*, quandoquidem postea dicit: *Si non invenerit manus eius quod satis est ad agnum, et accipiet duos turtures.* Ubi plus videtur habere et; nam ea coniunctione detracta integre sequitur: *Accipiet duos turtures aut duos pullos columbinos*, unam avem scilicet in holocaustum, alteram pro peccato.

40,3 Sed quo peccato? Numquid peperisse peccatum est? An hic ostenditur illa propago ex Adam, unde apostolus dicit: *Ex uno in condemnationem*, et quia *per unum hominem peccatum intravit in mundum et per peccatum mors et ita in omnes homines pertransiit*? Et hic satis adparet quemadmodum dictum sit: *Ego enim in iniquitatibus conceptus sum et in peccatis mater mea in utero me aluit.* Cur ergo non illud quod

---

33 Rm 5,16 | Rm 5,12   35 Ps 50,7

---

19 adinpleti] impleti *P S V N* | offeret] offerret *N*   21 eum *om. N*   22 exorabit] exoravit *C* ea] eo *C P S¹ V N* | purgabit] purgavit *C P*   23 invenerit] invenit *p* | et *om. C P V N*   24 unum²] alium *C*   25 exorabit] exoravit *C*   26 offeret] offe*ret *S*   28 aut] et *P¹ V*   29 et¹ *exp. V* | ubi] et *add. S V* | videtur habere] habere videtur *S* | et² *om. P¹*   31 unam] unum *V T* | avem] autem *P S V, om. T* | alteram] alterum *P V T*   32 est *om. N*   35 pertransiit] mors *praem. p*, pertransit *V* | hic] hinc *N*   36 non *om. N*

---

¹¹⁰ מְק֣וֹר דָּמֶ֔יהָ „Quelle ihres Blutes" begegnet in TM nur Lev 12,7; 20,18 und ist Metapher für ‚ihr Blutfluß'. LXX übersetzt מְק֣וֹר wörtlich mit πηγή, das aber auch ‚Strom' bedeuten kann, so daß sich hier die auch in TM gemeinte Bedeutung: ‚ihr Blutfluß' ergibt; entsprechend VL: *fons*; Vulg präziser: *fluxus menstruus*. Ältere Lev-Kommentare übersetzen bei identischer Auslegung ohne Sachumsetzung der Metapher; z.B. DILLMANN KEH 1880: „vom Quelle ihres Blutes"; STRACK KK 1894: „von seiten des Quells ihres Blutes". Vgl. auch BUBER: „vom Born ihres Geblüts aus". Vielleicht wäre dies auch für VL angemessen.

¹¹¹ TM hat וְטָהֲרָה „und sie wird rein sein" (entsprechend Vulg: *et sic mundabitur*). LXX hat die Verbform als וְטִהֲרָהּ „und er wird sie reinigen" gedeutet. So auch VL. Am Ende von V 8 haben auch LXX und VL die Frau als Subjekt.

qu. 3,40,2

40,2 „Und wenn die Tage ihrer Reinigung vollendet sind, soll sie bei einem Sohn oder einer Tochter ein einjähriges makelloses Lamm zum Brandopfer und eine junge Taube oder Turteltaube als Sünd(opfer) zum Eingang des Zeltes des Zeugnisses zum Priester bringen. Und er soll das vor dem Herrn als Opfer darbringen; und der Priester soll für sie Fürbitte halten und sie von ihrem Blutfluß[110] reinigen.[111] Das [ist] das Gesetz über [die Frau], die einen Knaben oder ein Mädchen geboren hat. Wenn aber ihre Hand nicht [die Mittel] gefunden hat, die für ein Lamm genügen, [und] soll sie zwei Turteltauben oder zwei junge Tauben nehmen, eine zum Brandopfer und eine zum Sünd(Opfer). Und der Priester soll für sie Fürbitte halten, und sie wird gereinigt werden." Die richtige Lesart weiter oben ist daher nicht: „und sie soll ein makelloses einjähriges Lamm zum Brandopfer darbringen *oder* eine junge Taube oder eine Turteltaube als Sünd(opfer)", wie einige Kodizes haben, sondern, wie gesagt worden ist: „und eine junge Taube oder eine Turteltaube als Sünd(opfer)", da die Schrift ja danach sagt: „Wenn aber ihre Hand nicht [die Mittel] gefunden hat, die für ein Lamm genügen, [und] soll sie zwei Turteltauben nehmen." Dort scheint [der Text] ein überschüssiges *et* (und) zu haben; denn wenn die Konjunktion weggelassen ist, fährt der Satz korrekt fort: „soll sie zwei Turteltauben oder zwei junge Tauben nehmen", nämlich einen Vogel zum Brandopfer, den anderen zum Sünd(Opfer).[112]

qu. 3,40,3

40,3 Aber für welche Sünde? Geboren zu haben ist doch nicht etwa eine Sünde?[113] Oder zeigt sich hier jene Abkunft von Adam, von der der Apostel sagt: „von dem einem zur Verurteilung" (Röm 5,16) und weil „durch einen Menschen die Sünde in die Welt eintrat und durch die Sünde der Tod und so [der Tod] auf alle Menschen übergegangen ist" (Röm 5,12)? Und hier wird genügend deutlich, in welchem Sinn gesagt worden ist: „Ich bin nämlich in Ungerechtigkeiten empfangen worden, und in Sünden hat meine Mutter mich im Mutterleib ernährt" (Ps 51,7). Warum sagt daher die Schrift nicht, daß das Geborene durch dieses Opfer gereinigt wird, sondern die, die geboren hat? Ist

---

[112] Das „zusätzliche *et* entsteht durch vermeintlich wörtliche, in Wirklichkeit aber in der Zielsprache grammatisch inkorrekte Wiedergabe des im Hebräischen üblichen *waw apodoseos* vor der Apodosis eines Konjunktionalgefüges.

[113] In *c. Iul.* 6,83; *c. Iul. imp.* 1,4; 2,201 (*si in lege non ostenditur originale peccatum [...] cur infante nato offerebatur sacrificium pro peccato?* „Wenn im Gesetz die Erbsünde nicht aufgezeigt wird, [...] warum wurde dann nach der Geburt eines Kindes ein Sündopfer dargebracht?") gewinnt Augustinus aus dem vorgeschriebenen Sündopfer, indem er die Sünde auf das Neugeborene bezieht, ein Argument für seine Theorie der Erbsünde.

natum est purgari dicit scriptura per hoc sacrificium, sed ipsam quae peperit? An ad ipsam quidem, unde illa origo trahebatur, relata purgatio est propter sanguinis fontem? Non poterat tamen sine ipsius fetus purgatione fieri, qui ex ipso sanguine exortus est? Nam quo pertinet quod superius ait: *Super filio aut super filia offeret agnum anniculum sine macula in holocaustum et pullum columbinum aut turturem pro peccato*, si nihil per hoc sacrificium fiebat pro eis qui nascebantur?

40,4 Quodsi quisquam ita distinguere conabitur, ut dicat non esse iungendum *super filio aut super filia offeret agnum anniculum sine macula in holocaustum et pullum columbinum pro peccato*, sed ita potius legendum: *Et cum adinpleti fuerint dies purgationis eius super filio aut super filia*, id est dies purgationis inpleti fuerint super illo aut super illa, filio scilicet vel filia, ut deinde ab alio sensu sequatur: *Offeret agnum anniculum sine macula in holocaustum et pullum columbinum pro peccato*, id est pro peccato suo, cum completi fuerint dies purgationis eius super filio aut super filia: Quisquis ergo ita distinguendum putaverit, ex evangelio convincetur, ubi cum tale aliquid nato ex virgine domino facerent magis propter consuetudinem legis quam propter necessitatem alicuius in eo expiandi purgandique peccati, sic legitur: *Et cum inducerent puerum Iesum parentes eius, ut facerent secundum consuetudinem legis pro eo*. Non dictum est pro matre eius sed *pro eo*, quamvis ea fierent quae hoc loco praecepta sunt de duobus turturibus aut duobus pullis columbinis. Sic enim baptizari etiam ipse dignatus est baptismo Iohannis, qui erat baptismus paenitentiae in remissionem peccatorum, quamvis nullum haberet ille peccatum. Merito ergo quidam nostri ita interpretati sunt etiam istum in Levitico locum, ut non dicerent: *Super filio aut super filia*, sed: *Pro filio aut pro filia*. Hanc enim vim huius praepositionis esse intellexerunt hoc loco, ubi Graecus ait: Ἐφ' υἱῷ ἢ ἐπὶ θυγατρί sane advertendum est quam pauper dominus nasci voluerit,

---

53 Lc 2,27

---

38 ipsam] ipsum *C*   39 sine] propter *N*   41 offeret] offe*ret *S*   44 offeret] offerret *C*, offerre *P S V Am.* μ   45 et] ē *P¹ S V¹*, esse *T (in ras.)*   47 ut] ut* *P S* | offeret] offe*ret *S*   48 columbinum] colum *corr. m. 2* in columbinum *S*   56 etiam ipse] ipse etiam *P S V T Am.* μ   58 ergo *om. p*   60 Ἐφ'...61 θυγατρί] ΕΠΙΥΙΟΕΤΕΠΙΤΥΓΑΤΡΙ *C*, epi yfio et epithi gatros *P*, epi yio he api thygatros *S*, epi sio et epitigrati *N*, ep*ysio ce epi thiagatros *V*, epi ysio et epi thigatros *T*   61 voluerit] voluit *V*

---

[114] Zur Bedeutung des Menstrualblutes für die Bildung des Embryos („weiblicher Same') einerseits bei Aristoteles und in der antiken Medizin, andererseits in frühjüdischen und frühchristlichen Texten vgl. KÜGERL, *Zeugung* 45-56.95-101.114-115.

vielleicht die Reinigung wegen des Blutflusses gerade auf die bezogen worden, von der jener Ursprung herkam? Konnte [die Reinigung] dennoch nicht geschehen, ohne daß die Leibesfrucht ihrerseits gereinigt wurde, die gerade aus diesem Blut entstanden ist?[114] Denn worauf bezieht sich, was die Schrift weiter oben sagt: „sie soll bei einem Sohn oder bei einer Tochter ein einjähriges makelloses Lamm zum Brandopfer und eine junge Taube oder Turteltaube als Sünd(opfer) darbringen", wenn dieses Opfer nichts für die bewirkte, die geboren wurden?

qu. 3,40,4

40,4 Falls nun irgendjemand versuchen sollte, [die Satzteile] in der Weise zu trennen, daß er sagt, es solle nicht verbunden werden: „Sie soll bei einem Sohn oder bei einer Tochter ein einjähriges makelloses Lamm zum Brandopfer und eine junge Taube oder Turteltaube als Sünd(opfer) darbringen", sondern es sei vielmehr so zu lesen: „Und wenn die Tage ihrer Reinigung bei einem Sohn oder bei einer Tochter erfüllt sind", d.h. „[wenn] die Tage der Reinigung erfüllt sind bei jenem oder bei jener, nämlich bei dem Sohn oder bei der Tochter", mit der Folge, daß von da ab [der Text] in einem anderen Sinn fortfährt: „soll sie ein einjähriges makelloses Lamm zum Brandopfer und eine junge Taube oder Turteltaube für die Sünde darbringen",[115] d.h. für ihre Sünde, wenn die Tage ihrer Reinigung bei einem Sohn oder bei einer Tochter erfüllt sind: Jeder, der also der Meinung gewesen sein sollte, es sei so zu trennen, wird aus dem Evangelium widerlegt werden, wo, als sie etwas derartiges mit dem aus der Jungfrau geborenen Herrn mehr wegen der Observanz des Gesetzes als wegen der Notwendigkeit, irgendeine Sünde in ihm zu sühnen und zu reinigen, machten, man folgendes liest: „Und als seine Eltern den Knaben Jesus hineinbrachten, um nach der Observanz des Gesetzes mit ihm zu verfahren" (Lk 2,27). Es heißt nicht: ‚mit seiner Mutter', sondern: „mit ihm", obgleich das ausgeführt wurde, was an dieser Stelle bezüglich der zwei Turteltauben oder der zwei jungen Tauben vorgeschrieben ist. So nämlich hat derselbe sich auch gewürdigt, sich mit der Taufe des Johannes taufen zu lassen, die eine Taufe der Buße zur Vergebung der Sünden war, obgleich er keine Sünde hatte. Aus gutem Grund haben daher einige der Unsrigen jene Stelle in Leviticus derart übersetzt, daß sie nicht sagten: „bei *(super)* einem Sohn oder einer Tochter", sondern: „für *(pro)* einen Sohn oder eine Tochter.[116] Sie haben nämlich verstanden, daß dies an dieser Stelle, wo der Grieche sagt: ἐφ' υἱῷ ἢ ἐπὶ θυγατρί, die Bedeutung der Präposition war. Man muß natürlich beachten, wie arm der Herr geboren werden wollte, so daß

---

[115] Das ist die Satztrennung der LXX. Die Satztrennung des TM wird unterschiedlich beurteilt; vgl. z.B. HIEKE, *Levitikus* einerseits, GERSTENBERGER, *Leviticus* andererseits.
[116] So VL:Cod.Lugd. und Vulg.

ut non pro illo offerretur agnus et pullus columbinus aut turtur sed par turturum aut duo pulli columbini, sicut in evangelio legitur: Quod scriptura Levitici tunc iussit offerri, si non habuerit *manus offerentis quod satis est in agnum.*

41 *Homini si cui facta fuerit in cute corporis eius cicatrix signi lucida et fuerit in cute coloris eius tactus leprae.* Velut exponendo dixit posterius, unde quod primum dixerat intellegeretur, quoniam dixerat: *Homini si cui facta fuerit in cute corporis eius cicatrix signi lucida.* Ne cicatricem sic intellegeremus, quomodo solet esse vestigium sanati vulneris, aperuit hoc se de colore dicere, cum adiunxit: *Et fuerit in cute coloris eius tactus leprae.* Quidquid ergo illud est, coloris vitium est, quod nomine cicatricis appellat. Quod vero ait: *Tactus leprae,* non quod tactu color sentiatur, sed ita dicit tactum leprae, tamquam homo ipse vel corpus eius lepra sit tactum, hoc est maculatum atque vitiatum. Sicut dici solet: Tetigit eum vel non tetigit febris. Denique ipsam maculam tactum vocat et eam semper isto nomine appellat. Unde nonnulli nostri non tactum, sed maculam interpretati sunt. Quo nomine quidem planius videtur sonare quod legitur; sed potuit et Graecus non dicere ἀφήν, id est tactum, sed μῶμον, id est maculam, unde ἄμωμον dicit immaculatum. Quamquam non ab illo solo quod in colore contingit, sed ab omni vitio purum solet scriptura ἄμωμον dicere. Unde non maculam coloris, sed omnis vitii notam vult intellegi, quod μῶμον appellat. Posset ergo

---

41,1 homini] homo *C P S V¹ N T Am.* | fuerit¹] fuerint *N* | fuerit²] fuerint *p*   **2** dixit] dixerit *V*   **3** homini] homine *C* | fuerit] fuerint *p*   **4** signi *om. ᴢ*   **5** aperuit] ostendit *N*   **7** tactu color] color tactu *N*   **8** homo ipse] ipse homo *P V T Am. μ*   **9** tetigit] eum *add. T*   **10** tactum] tantum *P S¹ V*   **12** videtur] videretur *P S V T Am. μ*   **13** ἀφήν] afen *C P S V N T* tactum...est² *om. p* | μῶμον] momon *C P S V n T*   **14** ἄμωμον] amomon *C p P S V T,* amon *n* | non] *s. l. m. 2 S*   **15** purum solet] solet purum *P V T* | ἄμωμον] amomon *C P S V N T*   **16** omnis] omnes *P¹,* omnē *S* | μῶμον] momon *C P S V N T*

---

[117] Der Vers ist im obigen Wortlaut der VL kaum verständlich (Cod.Lugd. weicht stark ab). *signi* ist die Übersetzung für σημασίας der LXX, die darunter in diesem Gesetz über den Aussatz in semantischer Neuerung konkret ‚Fleck' versteht (BdA; MURAOKA, *Lexicon*: „visible, concrete symptom"). Σημασία = VL: *significatio* steht in diesem Gesetz auch für מִסְפַּחַת (Ges[18]: „[gutartiger] Hautausschlag", Lev 13,6-8). Die VL des Augustinus sagt dafür *signum* in 13,6 (vgl. *qu.* 3,44), *significatio* in 13,7-8 (vgl. *qu.* 3,43; 3,45 mit Anm. 127); das erschwert das Verständnis zusätzlich.
[118] TM hat „Haut seines Fleisches" (בְּעוֹר־בְּשָׂרוֹ) bzw. „Haut des Fleisches", LXX zweimal ἐν δέρματι χρωτὸς „auf der Haut des Fleisches/Körpers". VL gibt das erste durch *in cute corporis* („auf der Haut des Körpers"), das zweite aber durch *in cute coloris* („auf der Haut der Farbe") wieder; tatsächlich kann χρώς neben ‚Haut, Fleisch des

für jenen nicht ein Lamm und eine junge Taube oder eine Turteltaube, sondern ein Paar Turteltauben oder zwei junge Tauben geopfert wurden, wie man im Evangelium liest: Das hat die Schrift Leviticus für den Fall geboten, daß die „Hand" des Opfernden nicht „[die Mittel], die für ein Lamm genügen", gehabt haben sollte.

qu. 3,41 (zu Lev 13,2)

41 „Wenn sich bei einem Menschen auf der Haut seines Körpers eine glänzende *cicatrix signi* (Schramme eines Merkmals[117]) gebildet hat und auf der Haut seiner Farbe[118] ein Befall[119] von Aussatz entstanden ist." Gleichsam zur Erklärung hat die Schrift später das angeführt, wodurch verstanden werden könnte, was sie zuerst gesagt hatte, denn sie hatte gesagt: „Wenn sich bei einem Menschen auf der Haut seines Körpers eine glänzende *cicatrix signi* (Schramme eines Merkmals) gebildet hat". Damit wir das [Wort] *cicatrix* nicht so verstünden, wie es gewöhnlich verstanden wird, daß *cicatrix* nämlich Narbe einer geheilten Wunde ist, hat sie dargelegt, daß sie dies von der Farbe sagt, indem sie hinzufügte: „und auf der Haut seiner Farbe ein Befall von Aussatz entstanden ist".[120] Jenes, das sie *cicatrix* nennt, ist daher, was immer es ist, ein Farbfehler. Insofern sie aber von *tactus leprae* (Berührung/Befall des Aussatzes) spricht, [meint sie] nicht, daß die Farbe durch den Tastsinn wahrgenommen werde, sondern sie spricht so vom *tactus* (Berührung/Befall) des Aussatzes, als sei gleichsam der Mensch selbst oder sein Körper von dem Aussatz berührt/befallen, d.h. befleckt und beschädigt worden. Wie man sagt: Den da hat Fieber befallen oder nicht befallen. Schließlich nennt sie den Fleck selbst *tactus* (Berührung/Befall) und bezeichnet ihn stets mit diesem Wort.[121] Daher haben einige der Unsrigen nicht *tactus* (Befall), sondern *macula* (Fleck) übersetzt. Bei [Einsetzung] dieses Wortes scheint zwar die [Formulierung], die man liest, verständlicher zu klingen; aber auch der Grieche hätte das Wort ἀφήν, d.h. Berührung/Befall vermeiden, hingegen μῶμον, d.h. Fleck gebrauchen können, wovon sich ἄμωμον ableitet, das fleckenlos bedeutet. Allerdings nennt die Schrift üblicherweise ἄμωμον nicht nur dasjenige, das von jenem rein ist, was durch Farbe geschieht, sondern

---

menschlichen Körpers' auch ‚Hautfarbe, Farbe' bedeuten (vgl. LSL), aber *in cute coloris eius* bereitet dem Verständnis große Schwierigkeiten und führt vom Sinn des TM ab. Diese sinnverdrehende Verwendung von *color* für LXX: χρώς, TM: בָּשָׂר im gesamten Kapitel provoziert Augustinus zu abenteuerlichen Auslegungen.

[119] TM spricht von נֶגַע „Schlag/Befall", LXX entsprechend: ἀφή „Berührung" (zu diesem Übersetzungsäquivalent der LXX vgl. WEVERS, *Leviticus* 170); VL: *tactus* (qu. 3,41),Vulg: *plaga*.

[120] Vgl. *loc.* 3,25.

[121] Vgl. *loc.* 3,26.

quod ad solum colorem adtinet σπίλον dicere: Quo verbo usus est apostolus, ubi ait de ecclesia: *Non habentem maculam aut rugam.* Nec μῶμον autem nec σπίλον dixit, sed ἀφήν, id est tactum, quod et in Graeca lingua inusitate dicitur in coloribus et tamen hoc septuaginta interpretes non piguit Graece dicere. Cur ergo Latinos piguerit? Quod autem dicitur *cicatrix signi*, vel ideo dicitur, quod significet aliquid, vel ideo potius, quod ipsum hominem signo quodam discernit a ceteris, hoc est notabilem reddit.

42 Quid est quod ait: *Et videbit sacerdos et inquinabit eum,* ad quem veniet, ut mundetur? Sed *inquinabit* dictum est inquinatum pronuntiabit, si haec in eo viderit, quae scriptura dicit de macula leprae.

43 *Si autem lucidus albus erit in cute coloris eius et humilis non fuerit aspectus eius a cute.* *Lucidus albus* subauditur tactus, id est illa macula coloris, non pilus. Quod postea dicit: *Si autem conversa mutata fuerit significatio in cute,* hanc dicit significationem, quod superius *signum* in Latino legitur. Nam Graecus et supra et hic uno eodemque verbo usus est σημασίαν dicens.

44 *Et segregabit illum sacerdos septem diebus, in secundo; et videbit illum sacerdos die septimo in secundo, et obscurus tactus, non est conversus tactus in cute. Et purgabit eum sacerdos; signum enim est*: Hoc est purgatum eum pronuntiabit; non enim est lepra, sed signum.

45 *Si autem conversa mutata fuerit significatio in cute posteaquam vidit illum sacerdos, ut purget <illum>, et visus fuerit denuo sacerdoti et viderit eum sacerdos et ecce commutata*

41,18 Eph 5,27

---

17 σπίλον] spilon *C P S V N T* | est] erat *p* **18** μῶμον] momon *C P S V N T* | σπίλον] spilon *C P S V N T* **19** ἀφήν] afen *C P S V N T* | et *om. C* **21** piguerit] pinguerit *n* **42,2** inquinabit] inquinavit *C P* | inquinabit dictum] inquinabit pronuntiatum *p* | dictum] dicitur *p* **43,2** illa] ulla *C* **5** σημασίαν] semasian *C P V N T*, semassian *S* **44,1** segregabit] segregatuit *C P V¹ N* | et²] etsi *p* **2** obscurus] obscuros *C S V*, ecce *praem. μ ζ* | purgabit] prugavit *P S T Am. μ* **3** est²] et *p* **45,1** vidit] videt *S* **2** illum] add. *ζ (cf. qu. 46 l. 346,3), om. codd. edd.*

---

[122] Das enklitische Personalpronomen 3.m. in וְרָאָהוּ ‚er soll ihn (den Befall) untersuchen' fehlt in LXX, gefolgt von VL.
[123] Vgl. *loc.* 3,27.
[124] Vgl. *loc.* 3,29.

das, was von jeder Art Fehler rein ist. Daher will sie das, was sie μῶμον nennt, nicht als Farbfleck, sondern als Anzeichen jeglicher Art von Fehler verstanden wissen. Sie könnte daher [den Makel], der sich allein auf Farbe bezieht, σπίλον nennen: dieses Wort hat der Apostel benutzt, wo er von der Kirche sagt: „die keinen Flecken und keine Falten hat" (Eph 5,27). Sie hat aber weder μῶμον noch σπίλον gesagt, sondern ἀφήν, d.h. ‚Berührung/Befall'; das ist bezüglich Farben auch in der griechischen Sprache eine ungewöhnliche Ausdrucksweise, und doch haben die Siebzig sich nicht gescheut, dies zu sagen. Warum hätten sich daher die Lateiner [davor] scheuen sollen? Der Ausdruck *cicatrix signi* (Schramme eines Merkmals) wird aber entweder deswegen gebraucht, weil er irgendetwas bezeichnet, oder eher deswegen, weil er diesen Menschen durch irgendein Merkmal von den übrigen unterscheidet, d.h. auffällig macht.

qu. 3,42 (zu Lev 13,3)

42 Was bedeutet die Wendung: „Und der Priester soll [den Befall][122] untersuchen und ihn unrein machen", [der Priester], zu dem er gehen soll, um gereinigt zu werden? Aber *inquinabit* (er soll unrein machen) ist in der Bedeutung gesagt worden: ‚Er soll ihn für unrein erklären',[123] falls er diese [Anzeichen] an ihm gesehen hat, die die Schrift bezüglich des Aussatzflecks nennt.

qu. 3,43 (zu Lev 13,4-7)

43 „Falls aber auf der Haut seiner Farbe ein leuchtend weißer [Befall] sein wird und er nicht tiefer aussieht als die Haut." Bei „leuchtend weißer" wird mitverstanden ‚Befall', d.h. jener Farbfleck, nicht die Behaarung. Bezüglich der später folgenden Wendung: „Wenn sich aber die *significatio* (das Merkmal) auf der Haut durch Veränderung gewandelt hat": [der Übersetzer] nennt das *significatio* (Merkmal), wofür man weiter oben im lateinischen [Kodex] *signum* liest. Denn der Grieche hat sowohl oben als auch hier ein und das selbe Wort gebraucht: σημασίαν.

qu. 3,44 (zu Lev 13,5-6)

44 „[Und] dann soll der Priester jenen sieben Tage absondern, zum zweiten Mal; und der Priester soll jenen am siebten Tag zum zweiten Mal untersuchen, und [wenn er feststellt:] der Befall ist dunkel, der Befall auf der Haut hat sich nicht verändert. [Und] dann soll der Priester ihn reinigen *(purgabit)*; es ist nämlich ein Merkmal"; d.h. er soll ihn für gereinigt erklären;[124] es ist nämlich kein Aussatz, sondern ein Merkmal.

qu. 3,45 (zu Lev 13,7-8)

45 „Wenn sich aber das Merkmal auf der Haut verändert hat, nachdem der Priester jenen untersucht hat, um ihn rein zu erklären,[125] und er sich dem Prie-

---

[125] Zu dieser Wendung vgl. Anm. 128 zu *qu.* 3,46.

<est> *significatio in cute, et inquinabit eum sacerdos; lepra est*. Etiam hic *inquinabit* dixit inquinatum pronuntiabit; *et* autem plus habet ex more locutionis scripturae. Hoc itaque videtur admonuisse, ut, cum visus fuerit solus color albus et lucidus discolor sano colori, adhuc probetur a sacerdote, ut, si viderit etiam pilum mutatum in album colorem et humiliorem factum cutis locum, in quo est albus color, tunc pronuntiet lepram, id est inquinet hominem pronuntiando leprosum. *Si autem,* inquit, *lucidus albus fuerit in cute coloris eius* - id est lucidus albus fuerit ille tactus: Quo nomine eandem maculam appellat - *et humilis non fuerit aspectus eius a cute et pilus non erit conversus in album, ipse autem est obscurus* - id est ipse pilus, quia non est albus - *et segregabit sacerdos tactum septem dies. Et videbit sacerdos tactum die septimo* - id est illam maculam - *et ecce tactus manet ante eum, non commutatus est tactus in cute*, id est non est discolor et dissimilis inventus a cute. Ergo sanatum est quod vitiosum erat. Sed adhuc iubet probari eandem sanitatem per alios septem dies atque ideo sequitur et dicit: *Et segregabit illum sacerdos septem dies in secundo* - id est septem dies alios - *et videbit illum sacerdos die septimo in secundo, et ecce obscurus tactus* - id est quia non albus et lucidus ac per hoc concolor sano colori - *non est mutatus tactus in cute* - sicut et paulo ante dixit, hoc est non est dissimilis a cetera cute - *et purgabit eum sacerdos*, id est purgatum pronuntiabit a suspicione leprae, non quod habuerit lepram, quam iam non habet, sed quoniam lepra non fuit, quod in illo lucido et albo colore tactus, id est maculae illius quae adparuerat, cum expectaretur utrum humilior fieret locus et pilus illic in album converteretur, non contigit, sed potius ille tactus, qui fuit ante lucidus et albus, obscurus inventus est, id est similis cetero colori, non lucidus. Non erat ergo lepra; *signum est enim*, non lepra, quod sic adparuerit. Tamen etiam propter

---

3 est¹] *add.* ᴢ *(cf. qu. 46 l. 546,5), om. codd. edd.* | inquinabit¹] inquinavit *C n*, qui inquinavit *P* (qui *exp. m. 2*) | hic inquinabit] inquinatum *N*   4   pronuntiabit] pronuntiavit *P S¹ n*, pronuntiatum *p* | et] ei *S*, et eo *n*   6 colori] calori *S*   7 mutatum] mutatur *p* | locum] locus *N*   9 lucidus albus²] albus lucidus *C*   11 autem est] est autem *P T* | est¹] erit *S*   14 est tactus *om. p*   15 vitiosum] visum *V*   16 alios] *ex* illos *S*   17 dies² *om. S* | dies alios] alios dies *Am. μ*   18 non] est *add. p*   19 colori] calori *S* | tactus…cute] in cute tactus *S*   20 purgabit] purgavit *P¹ S N* | purgatum] eum *add. S*   21 quod] quo *P¹ V*   22 tactus *om. p*   24 contigit] contingit *n V¹*   26 adparuerit] apparuit *C μ*, adparuit ᴢ

---

[126] Vgl. *loc.* 3,30.
[127] In TM steht für diese Alternative zum Aussatz מִסְפַּחַת. Vgl. ELLIGER, *Leviticus* HAT 182: „Welche Krankheit mit der מִסְפַּחַת gemeint ist, als die sich der vermeintliche Aussatz entpuppt, ist gänzlich unsicher. Vielleicht ist an die sog. Schuppenflechte zu denken, eine nicht übertragbare Hautkrankheit, die in Schüben mit Monate, manchmal Jahre dauernden Intervallen verläuft." GERSTENBERGER ATD übersetzt entsprechend Ges[18]:

ster noch einmal gezeigt und der Priester ihn untersucht hat, und siehe: das Merkmal auf der Haut hat sich verändert, [und] dann soll der Priester ihn für unrein erklären; es ist Aussatz." Auch hier hat die Schrift *inquinabit* (er soll ihn verunreinigen) für ‚er soll ihn für unrein erklären' gesagt; *et* (und) aber hat sie zusätzlich nach der Ausdrucksweise der Schrift.[126] Folgendes scheint die Schrift somit eingeschärft zu haben, daß, wenn sich ausschließlich eine von der gesunden Farbe verschiedene weiße und glänzende Farbe gezeigt hat, der Priester [diese] noch einmal untersuchen soll, damit er dann, falls er festgestellt hat, daß auch der Haarbewuchs sich weiß verfärbt hat und die Hautstelle, wo die weiße Farbe sich findet, tiefer geworden ist, erklärt, daß es Aussatz ist, d.h. den Menschen für unrein erklärt, indem er ihn als aussätzig deklariert. „Falls aber", sagt sie, „er auf der Haut seiner Farbe leuchtend weiß geworden ist" – d.h. [falls] jener Befall, wie sie diesen Flecken bezeichnet, leuchtend weiß geworden ist – „und er nicht tiefer aussieht als die Haut und der Haarbewuchs sich nicht weiß verfärbt hat, er seinerseits aber dunkel ist" – d.h. der Haarbewuchs seinerseits, weil er nicht weiß ist –, „[und] dann soll der Priester den Befall sieben Tage absondern. Und der Priester soll den Befall am siebten Tag beschauen" – d.h. jenen Fleck – „und siehe, der Befall bleibt vor ihm, der Befall auf der Haut hat sich nicht verändert" – d.h. er wurde auf der Haut nicht verschiedenfarbig und verändert angetroffen. Es ist folglich geheilt worden, was ausgeartet war. Aber sie befiehlt außerdem, eben diese Gesundung noch einmal weitere sieben Tage zu prüfen und fährt daher folgendermaßen fort: „Und der Priester soll jenen zum zweiten Mal sieben Tage lang absondern" – d.h. weitere sieben Tage lang –, „und der Priester soll jenen am siebten Tag zum zweiten Mal untersuchen, und siehe, der Befall ist dunkel" – d.h. weil er nicht weiß und glänzend und dadurch von einer Farbe ist, die der gesunden Farbe gleicht – „der Befall auf der Haut hat sich nicht verändert" – wie sie auch kurz zuvor gesagt hat, dieser [Hautbereich] ist der übrigen Haut nicht unähnlich –, „[und] dann soll der Priester ihn reinigen", d.h. er soll ihn für rein erklären vom Verdacht des Aussatzes, nicht weil er Aussatz hatte, den er jetzt nicht mehr hat, sondern weil es kein Aussatz war, weil bezüglich jener glänzenden und weißen Farbe des Befalls, d.h. jenes Fleckens, der aufgetreten war, als man abwartete, ob die Stelle sich vertiefen und der Haarbesatz dort sich weißfärben würde, dies nicht eintrat und vielmehr jener Befall, der zuvor leuchtend und hell gewesen war, dunkel angetroffen worden ist, d.h. der Farbe der übrigen [Haut] ähnlich, nicht hell. Es war somit kein Aussatz; „es ist nämlich ein Merkmal",[127] nicht Lepra, was sich so

---

„gutartiger Ausschlag". HIEKE, *Levitikus* 471: „Grindflechte [...]: Vielleicht ist an Impetigo contagiosa gedacht [...], eine bakterielle Hauterkrankung, die nach einigen Tagen abheilt, in der Regel ohne Narben; für einige Zeit bleiben rote oder etwas dunk-

1200 hoc purgatus a suspicione leprae *lavabit vestimenta sua,* quia et in illo signo aliquid fuit, propter quod lavanda fuerant vestimenta, *et mundus erit.*

46 Deinde sequitur: *Si autem conversa mutata fuerit significatio in cute posteaquam vidit illum sacerdos, ut purget illum* - id est posteaquam vidit eum sacerdos septimo die prius sanum, ut purgaret illum, mutata est illa significatio, id est illud signum in cute - *et visus fuerit in secundo sacerdoti* - id est post alios septem dies - *et viderit eum sacerdos, et ecce commutata est significatio in cute* - id est non stetit in illa sanitate, in qua eum viderat post primos septem dies - *et inquinabit illum sacerdos; lepra est.* Iam hic quoniam illud quod visum fuerat post primos septem dies sanum non stetit in suo, sed mutatum est in pristinum vitium, lepra pronuntiatur, ita ut non illic expectetur vel locus humilior vel pilus in album conversus. Cum enim lepra non sit notabilis atque vitiosa nisi varietas, hoc ipsum de vitioso colore redire ad sanum et de sano redire ad vitiosum ita notabile est, ut non ibi fuerit expectandum, quod in primo expectari praeceperat de humiliore loco et pili candore, sed iam etiam ista varietate sine dubitatione sit lepra.

1220 47 Deinde sequitur: *Et tactus leprae si fuerit in homine, veniet ad sacerdotem. Et videbit sacerdos, et ecce cicatrix alba in cute, et haec mutavit capillum album, et a sano carnis*

45,27 Lv 13,6

---

27 aliquid] aliquod *p* **46,2** purget] purgaret *Am. µ* | eum] illum *N* **3** purgaret] purget *p* **4** et¹] ut *S* **6** primos] primus *n* | inquinabit] inquinavit *C P* **7** hic] hinc *N* | illud quod *om. p* primos] illos *N* **8** pronuntiatur] pronuntiatum *p* **9** illic] illius *p, exp. T* **10** colore] re *s. l. m. 2 S* **11** notabile] ta *s. l. m. 2 S* **12** humiliore] humiliori *P S Am. µ* **47,2** mutavit] mutabit *C V N*

---

lere Hautflecken zurück." Vulg hat *scabies* „Krätze". LXX und VL scheinen diese Bedeutung nicht gekannt zu haben. WEVERS, *Leviticus* 170: Wahrscheinlich war der Übersetzer unsicher über die Bedeutung dieses Wortes und wählte ein relativ neutrales Übersetzungsäquivalent: er übersetzt es stets durch σημασία (Narbe, Fleck): Augustinus läßt sich in seinen Vermutungen von Assoziationen des VL-Übersetzungsäquivalents *signum* bzw. *significatio* leiten. Vgl. Anm. 117 zu *qu.* 3,41.

[128] TM hat: אַחֲרֵי הֵרָאֹתוֹ אֶל־הַכֹּהֵן לְטָהֳרָתוֹ „nachdem er (der Patient) sich dem Priester gezeigt hatte"; die Präpositionalverbindung לְטָהֳרָתוֹ wird unterschiedlich gedeutet; (1) final: ‚z. Feststellung seiner kult. Reinheit' (Ges[18]); vgl. SEIDL, *Tora* 84. (2) modal/konsekutiv: ‚und er infolgedessen für rein erklärt wurde'; vgl. MILGROM, *Leviticus*: „after he

gezeigt hatte. Dennoch soll auch aus diesem Anlaß der vom Verdacht des Aussatzes Gereinigte „seine Bekleidung waschen" (Lev 13,6), weil auch jenes Zeichen etwas an sich hatte, weswegen die Kleider gewaschen werden mußten, „und er soll rein sein".

qu. 3,46 (zu Lev 13,7-8)

46 Darauf fährt die Schrift fort: „Wenn das Merkmal sich aber auf der Haut verändert hat, nachdem der Priester jenen untersucht hat, um ihn rein zu sprechen"[128] – d.h. nachdem ihn der Priester zuvor am siebten Tag untersucht [und für] gesund [befunden] hat, so daß er ihn für rein erklärt hat, hat sich jenes Merkmal, d.h. jenes Zeichen auf der Haut, verändert –, „und er sich dem Priester zum zweiten Mal gezeigt hat" – d.h. nach weiteren sieben Tagen – „und der Priester ihn untersucht hat, und siehe: das Merkmal auf der Haut hat sich verändert" – d.h. er ist nicht in jenem Gesundheitszustand geblieben, in dem er ihn nach den ersten sieben Tagen gesehen hatte –, „[und] dann soll der Priester jenen für unrein erklären; es ist Aussatz." Weil jenes [Merkmal], das nach den ersten sieben Tagen untersucht [und für] gesund befunden worden war, nicht in seinem [gesunden Zustand] geblieben, sondern sich zur ursprünglichen Krankheit verändert hat, wird in diesem Fall schon jetzt Aussatz festgestellt, so daß diesmal weder eine niedrigere Stelle noch ein weiß verfärbter Haarbewuchs abgewartet wird. Da Aussatz nämlich nicht auffällig und nur die Veränderung krankhaft ist, ist dieses Faktum selbst der Rückkehr von der krankhaften zur gesunden Farbe und der Rückkehr von der gesunden zur krankhaften derart bedeutsam, daß man in diesem Fall nicht abwarten mußte, was die Schrift beim ersten Mal bezüglich der niedrigeren Stelle und der Haarfarbe abzuwarten befohlen hatte, sondern es ist bereits jetzt auf Grund dieser Veränderung zweifellos Aussatz.

qu. 3,47 (zu Lev 13,9-17)

47 Anschließend fährt die Schrift fort: „Und wenn Befall von Aussatz bei einem Menschen aufgetreten ist, soll er zum Priester gehen. Und der Priester soll [ihn] untersuchen, und siehe: eine weiße *cicatrix* (Schramme [in Fehlfarbe]) ist auf der Haut, und diese hat den Haarbewuchs weiß verfärbt, und vom Gesunden des lebendigem Fleisches [ist etwas] in der *cicatrix* (Schramme)." Wenn

---

has presented himself to the priest and been pronounced pure". Auch Vertreter der syntaktisch näher liegenden ersten Deutung, wie ELLIGER, *Leviticus* 169, nehmen an, gemeint sei, daß dieses erste Untersuchungsverfahren für den Patienten positiv abgeschlossen worden sei. LXX kompliziert das Verständnis dieser Präpositionalverbindung, indem sie das Subjekt der übergeordneten Konstruktion wechselt: „nachdem der Priester ihn sich angeschaut hat". In diesem Fall erscheint die finale Weiterführung wenig passend.

vivae in cicatrice. Hinc si subtrahamus et, more enim locutionis scripturarum positum est, iste erit sensus: *Et videbit sacerdos, et ecce cicatrix alba in cute, et haec mutavit capillum album a sano carnis vivae in cicatrice.* Ordo est: Mutavit capillum album in cicatrice a sano carnis vivae, id est: Cum caro viva et sana habeat capillum obscurum vel nigrum, haec cicatrix album habet. *Lepra veterescens est in cute coloris eius; et inquinabit eum sacerdos* - id est inquinatum pronuntiabit - *non segregabit eum, quia inmundus est.* Hoc videtur dicere, quia, ubi inventus fuerit pilus in album mutatus concolor albo vitio cutis, iam non segregatur, ut probetur, nec expectatur utrum etiam humilior fiat locus, sed ex hoc tantum quod alba est cutis discolor ceterae et album habet pilum discolorem ceteris qui sunt in carne viva et sana lepra veterescens pronuntiatur; ideo veterescens, quia iam non est probanda illis bis septem diebus. *Si autem restitutus fuerit color sanus et conversus fuerit albus*, quoniam dixerat totum album factum per totam cutem eo ipso iam mundum esse, quia varietas ibi iam non esset. Deinde ait: *Et quacumque die visus fuerit in eo color vivus, inquinabitur.* Ubi satis ostendit varietatem inprobari. Ac per hoc quod modo dixit: *Si autem restitutus fuerit color sanus et conversus fuerit albus, et veniet ad sacerdotem. Et videbit sacerdos, et ecce conversus tactus in album, et purgabit sacerdos*

47,15 totum…16 esse] cf. Lv 13,12-13

---

5 mutavit¹] mutabit *C*   7 veterescens] veterascens *V² T Am. μ*   8 inquinabit] inquinavit *C P¹ S¹ N* | pronuntiabit] pronuntiavit *P¹ N*   9 segregabit] segregavit *C P N*   11 alba] albae *S*   12 ceterae] cetera *C p*   13 veterescens¹] veterascens *V² T Am. μ*   14 bis] vis *C*   16 die *om. V*   17 vivus] visus *P¹, exp. V*   19 purgabit] purgavit *P S V*

---

[129] Gemeint ist das *et* vor *a sano*. Augustinus verkennt hier die Syntax in TM und LXX. Das ‚und' leitet eine weitere Beobachtung ein, die in TM als Nominalsatz formuliert ist: וּמִחְיַת בָּשָׂר חַי בַּשְׂאֵת, ELLIGER, *Leviticus* 163: „Wörtlich: ein „Lebendigwerden lebendigen Fleisches ist […]"; seine Übersetzung S. 160: „und daß wildes Fleisch wächst in dem Ausschlag". LXX entsprechend: „und es ist etwas Gesundes vom lebenden Fleisch in dem Mal" (SD).

[130] LXX meinte einen Fehler des TM berichtigen zu sollen und unterdrückte die Negation. Die VL des Augustinus gibt hingegen eine Version der LXX mit Negation wieder; nach WEVERS, *Leviticus* wurde diese Annäherung an TM wahrscheinlich durch einen der „Drei" vermittelt. Vgl. BILLEN, *Texts* 100.

[131] TM formuliert hier in 13,16 als Reinheitsbedingung folgenden Heilungsprozeß: „Wenn aber הַבָּשָׂר הַחַי „das lebendige Fleisch" (negativ gedeutet als wildwucherndes Fleisch) יָשׁוּב „zurückgeht = sich zurückbildet"(so z.B. HIEKE, *Leviticus*). LXX versteht diesen Ausdruck dagegen positiv und übersetzt daher: ὁ χρὼς ὁ ὑγιὴς „das gesunde Fleisch" (entsprechend VL: *color sanus*). Infolge dessen gibt sie auch יָשׁוּב den zu TM

wir hiervon das *et* (und) entfernen,¹²⁹ es ist nämlich entsprechend der Ausdrucksweise der Schriften gesetzt, wird folgendes der Sinn sein: „Und der Priester soll [ihn] untersuchen, und siehe: eine weiße *cicatrix* (Schramme [in Fehlfarbe]) ist auf der Haut, und diese hat den Haarbewuchs von der gesunden [Farbe] des lebendigen Fleisches in der *cicatrix* (Schramme) weiß verfärbt." Die [richtige syntaktische] Zuordnung ist: „[sie] hat den Haarbewuchs in der *cicatrix* (Schramme) von der gesunden [Farbe] des lebendigen Fleisches weiß verfärbt," d.h. während lebendiges und gesundes Fleisch dunklen oder schwarzen Haarbewuchs hat, hat diese *cicatrix* (Schramme) weißen [Haarbewuchs]." „Es ist alternder Aussatz auf der Haut seiner Farbe; und der Priester soll ihn verunreinigen" – d.h. für unrein erklären –, „er wird ihn nicht absondern,¹³⁰ weil er unrein ist." Die Schrift scheint folgendes zu sagen, daß, wenn sich weiß verfärbter Haarbewuchs von gleicher Farbe wie das krankhafte Weiß der Haut gefunden hat, [der Patient] nicht mehr abgesondert wird, um untersucht zu werden, und man auch nicht abwartet, ob die Stelle sich auch stärker vertieft, sondern allein auf Grund dieses [Faktums], daß das Hautstück weiß ist, von anderer Farbe als die übrige Haut, und weißen Harbewuchs hat, der sich in der Farbe von den übrigen Haaren unterscheidet, die sich auf dem lebendigen und gesunden Fleisch befinden, alternder Aussatz festgestellt wird; deswegen alternd, weil er schon nicht mehr an jenen zweimal sieben Tagen geprüft werden muß. „Wenn aber die gesunde Farbe wieder hergestellt ist¹³¹ und sich in weiße [Farbe] gewandelt hat" – weil die Schrift gesagt hatte, daß [der Patient], wenn er über die gesamte Haut hin ganz weiß geworden ist, allein deswegen schon rein ist (vgl. Lev 13,12-13), weil dort keine [farbliche] Veränderung mehr stattfand. Weiterhin sagt sie: „Und an welchem Tag auch immer an ihm lebendige Farbe gefunden worden ist, soll er für unrein erklärt werden." Hier zeigt sie genügend deutlich, daß die Veränderung als schädlich beurteilt wird.¹³² Bezüglich dessen, was sie soeben gesagt hat: „Wenn aber die gesunde Farbe wieder hergestellt ist und sich in weiße [Farbe] gewandelt hat, [und] dann soll er zum Priester gehen. Und der Priester soll [ihn] untersuchen, und siehe: der Befall hat sich weiß ver-

---

gegenteiligen Sinn: ἀποκαταστῇ „zurückkehrt = wieder kommt" (entsprechend VL: *restitutus fuerit*). VL kompliziert das Verständnis zusätzlich, indem sie hier wie sonst in Lev 13 die (vom Kontext her geurteilt) Fehlübersetzung *color* für χρώς ‚Fleisch' wählt.

¹³² Hier in Lev 13,14 hat TM ebenfalls: בָּשָׂר חַי („lebendiges = wildes Fleisch"); diesmal übersetzt LXX: χρὼς ζῶν („lebendiges Fleisch"; entsprechend VL: *color vivus*; vgl. auch Vulg: *caro vivens*). Den in seinem Verständnis bestehenden scheinbaren Widerspruch zwischen den gegensätzlichen Wertungen des *color vivus/sanus* in 13,14.16 kann Augustinus nur beseitigen, indem er nicht in der Art des Fleisches, sondern nur in der Veränderung das entscheidende Kriterium für Reinheit/Unreinheit sieht.

tactum; mundus est, restitutum colorem sanum non debemus accipere, ut color 20
sanus esset; iam enim ipse erat, per quem tamen fiebat inmundus propter
varietatem. Restitutum ergo dixit colorem sanum, ut illud esset quod fuerat, id
est albus sano pereunte. Tunc enim rursus mundus erit, cum totus albus fuerit,
quia nulla ibi varietas erit. Sed restitutum pro pereunte accipere nimis inusitata
locutio est; magis enim videtur dicere debuisse: Si autem restitutus fuerit color 25
albus. Nunc vere ait: Restitutus sanus *et conversus fuerit albus,* tamquam diceret:
Sanus color si restitutus fuerit in album.

48 Quid est quod, cum de lepra capitis loqueretur, eam etiam quassationem
appellavit, cum in solo colore fiat vel cutis vel capillorum, et quod humilior
aspectus eius a cetera cute adpareat, sine dolore tamen et sine ulla vexatione?
An hoc quod inmundum est quassationem voluit appellare pro plaga, velut hac
inmunditia homo percussus sit? 5

49 Quid sibi vult quod cum diceret de lepra vestimentorum aliarumque
rerum ad usus hominum pertinentium ait: *Aut in vestimento laneo aut in vestimento
stuppeo aut in stamine aut in lana aut in lineis aut in laneis,* cum iam supra dixisset: *In
vestimento laneo aut in vestimento stuppeo?* Nam stuppeum est utique lineum. An illic
vestimenta intellegi voluit, hic autem quodlibet laneum et quodlibet lineum? 5
Non enim vestimenta sunt stramina iumentorum, cum sint lanea, aut vestimenta sunt retia, cum sint linea. Prius ergo specialiter de vestimentis, deinde generaliter de omnibus rebus laneis et lineis dicere voluit.

---

21 iam enim] etenim *Am.* μ   22 ut] et *S¹ N* | esset] est *N*   24 pereunte] proredeunte *S* (ed
in. ras. m. 2), propter eunte *V¹,* pro pereunte *exp. T*   25   color...26 albus¹] coloribus *S V*
26 vere] vero *C P,* voro *V*   27 fuerit *om. S*   48,3 eius] est *p*   4 appellare...velut *om. n*
velut...5 percussus] velud hoc inmunditia hoc percussit *S¹*   5 percussus sit] *P* (s *fin. et* sit *s. l.
m. 2)*   49,2 hominum] hominem *S* | ait aut] ita ut *C,* aut *inclusit ʒ*   3 in¹ *om. P S V N T*   4 in
om. V T | utique] que *p,* aut *n* | an illic *om. n*

---

[133] So z.B. Vulg.: *quod si rursum versa fuerit in alborem.* Auch MILGROM, *Leviticus* 769 versteht TM so: „If the raw flesh again turns white". Beide verstehen יָשׁוּב nicht als Voll-
verb, sondern als Hilfsverb.
[134] So deutet VL:Cod.Lugd.: *si autem cessaverit color sanus.* Das entspricht wohl TM: Vgl.
ELLIGER, *Leviticus*: „Andererseits wenn das wilde Fleisch zurückgeht und (d)er (Betref-

färbt, und der Priester soll den Befall für rein erklären; er ist rein", dürfen wir daher aber nicht dahingehend verstehen, die gesunde Farbe sei wiederhergestellt worden, so daß die Farbe gesund wäre; sie war es ja gerade, durch die er dennoch unrein wurde wegen der [farblichen] Veränderung. Sie sagte also, die gesunde Farbe sei in dem Sinn *restitutum*, daß sie [wieder] das war, was sie gewesen war, d.h. weiß,[133] während die gesunde [Farbe] verschwand. Dann nämlich wird [der Patient] wieder rein sein, wenn er ganz weiß geworden ist, weil dort keine Veränderung sein wird. Aber *restitutum* im Sinn von ‚verschwindend' *(pereunte)* anzunehmen,[134] ist eine allzu ungewöhnliche Ausdrucksweise; es scheint nämlich, die Schrift hätte vielmehr sagen müssen: ‚Wenn aber die weiße Farbe wieder hergestellt ist'. Nun aber sagt sie tatsächlich: „[wenn] die gesunde [Farbe] wieder hergestellt ist und sich in weiße [Farbe] gewandelt hat", als wollte sie gleichsam sagen: ‚wenn die gesunde Farbe wieder weiß geworden ist'.

qu. 3,48 (zu Lev 13,30)

48 Was bedeutet es, daß die Schrift, als sie vom Aussatz am Kopf spricht, ihn auch *quassatio* (Erschütterung)[135] genannt hat, obgleich er sich nur in der Farbe sei es der Haut, sei es der Haare auswirkt und darin, daß er im Vergleich mit der übrigen Haut etwas vertieft erscheint, jedoch ohne Schmerz und ohne jegliche Qual? Wollte sie vielleicht das, was unrein ist, *quassatio* (Erschütterung) anstelle von *plaga* (Schlag) nennen, gleich als sei der Mensch durch diese Unreinheit geschlagen?

qu. 3,49 (zu Lev 13,47-48)

49 Was soll es bedeuten, daß die Schrift, als sie vom Aussatz an Kleidern und anderen Gegenständen, die zu den Gebrauchsgütern der Menschen gehören, sagt: „entweder auf einem leinenen Kleidungsstück oder auf einem Kleidungsstück aus Flachs oder an einem Kettenfaden oder an einem Spinnfaden oder an leinenen oder an wollenen [Stücken]", da sie schon oben gesagt hatte: „entweder auf einem leinenen Kleidungsstück oder auf einem Kleidungsstück aus Flachs"? Denn Flachsenes ist ja Leinenes. Ob sie vielleicht dort Kleidungsstücke verstanden wissen wollte, hier aber ein beliebiges Objekt aus Wolle und ein beliebiges aus Leinen? Denn weder sind die Decken der Lasttiere Kleidungsstücke, wenngleich sie aus Wolle sind, noch sind die Jagdnetze Kleidungsstücke, obgleich sie aus Leinen sind. Folglich wollte sie zunächst im Besonderen von den Kleidungsstücken, darauf allgemein von allen wollenen und leinenen Objekten sprechen.

---

fende) sich weiß verfärbt"; HIEKE, *Levitikus*: „Wenn aber das wilde Fleisch zurückgeht und (die betroffene Stelle) weiß wird".

[135] LXX hat θραῦσμα „Bruch, Schorf" als Übersetzungsäquivalent von TM נֶתֶק „Flechte?".

50 Quaeritur quid dixerit: *In omni operaria pelle*, quod nonnulli interpretati sunt: *In omni confecta pelle*. Sed non ait Graecus ἐργασμένῳ δέρματι, ait autem ἐργασίμῳ, quod verbum etiam in regnorum libro positum est, ubi Ionathan loquitur ad David: *Esto in agro in die operaria*, id est in die qua fit opus. Ac per hoc etiam hic pellem operariam in qua fit opus debemus accipere, id est alicui operi adcommodatam. Sunt enim pelles quae tantummodo ad ornamentum habentur, non ad opus.

51 Quid est quod ait: *In omni vase operario pellis*, nisi quod est ex pelle factum, hoc est in omni vase pelliceo? Hoc autem isto loco vas dicit, quod Graeci appellant σκεῦος; hoc enim nomen generale est omnium utensilium. Aliud est autem quod appellatur ἀγγεῖον; nam et hoc Latina lingua vas dicit. Sed ἀγγεῖον illud magis intellegitur vas quod liquorem capit.

52 Quid est quod ait: *Et quemcumque tetigerit qui fluorem seminis patitur et manus suas non lavit aqua, lavabit vestimenta et lavabit corpus suum aqua et inmundus erit usque in vesperam?* Ambigue quippe positum est quod ait: *Manus suas non lavit aqua*, velut posteaquam tetigerit. Sed intellegendum est: Quemcumque non lotis manibus tetigerit, ipse quem tetigerit lavabit vestimenta et cetera.

53,1 Quid est quod cum praeciperet quomodo intrare deberet sacerdos summus in sanctum, quod est intra velum, ait inter cetera: *Et exorabit pro sanctis ab inmunditiis filiorum Israhel et ab iniustitiis eorum et de omnibus peccatis eorum?* Quo-

---

50,4 1Rg 20,19

50,2 ἐργασμένῳ δέρματι] ergasmeno dermati *C P S V N*, ergasimo dermait *T* | ait² *exp. m. 2 S*   **3** ἐργασίμῳ] ergasmeno *C N*, ergasmeno *P S*, ergasimo *V*, ergasueno *T* | Ionathan] Ionatha *P S V*, Ionatham-*N*, Ionthas *T*   **4** agro] agrum *P S V¹ T*   **6** operi] operi*** *P*, operarum *S¹*, operari *V* | adcommodatam] accomodata *S*   **51,1** 3,51 *Quaest. LI in cod. V desideratur* | in…factum] *exp. T et in marg. notatur:* alius liber et quēcūque tetigerit qui *(aliquot vocabula praesecta sunt)* quod est ex pelliᵉ factū   **3** σκεῦος] sceuos *C P S N T*   **4** ἀγγεῖον¹] angion *C P S N T* | dicit] dicitur *S² Am. μ* | ἀγγεῖον²] angion *C P S N T*   **52,1** quemcumque] quocumque *N*, quodcumque *p*   **2** lavit] labit *P*, lavavit *V¹*, lavabit *T*   **3** vesperam] vespera *S* | lavit] lavavit *C T S V N T, at cf. l. 2*   **5** quem] cum *P S T*   **53,2** ait] ut *n* exorabit] exoravit *P S T*   **3** iniustitiis] iniustiis *C* | et² *om. N, inclusit* ᾱ

---

¹³⁶ TM hat: מְלֶאכֶת עוֹר „Arbeit i.S.v. Produkt, Lederarbeit" (Ges¹⁸), „irgendetwas aus

qu. 3,50 (zu Lev 13,48)

50 Man fragt, was die Schrift mit ihrer Wendung gemeint hat: „auf jedem [Gerät aus] *operaria pelle* (zur Arbeit dienendem Leder)", wofür einige der Unsrigen übersetzt haben „auf jedem verarbeiteten Leder".[136] Aber der Grieche sagt nicht: ἐργασμένῳ δέρματι (auf verarbeitetem Leder), er sagt vielmehr ἐργασίμῳ; dieses Wort steht auch im Buch der Könige, wo Jonatan zu David sagt: „Du sollst am Werktag auf dem Feld sein" (1Sam 20,19), d.h. am Tag, an dem gearbeitet wird.[137] Und deshalb müssen wir auch hier [die Bedeutung] ‚zur Arbeit dienendes Leder[gerät], mit dem Arbeit verrichtet wird', d.h. das für irgendeine Arbeit geeignet ist, annehmen. Es gibt nämlich auch [Objekte aus] Leder, die nur zum Schmuck, nicht zur Arbeit dienen.

qu. 3,51 (zu Lev 13,49)

51 Was bedeutet die Wendung der Schrift: „in jedem Arbeitsgerät des Leders", wenn nicht, daß es aus Leder hergestellt ist, d.h. ‚in jedem ledernen Gerät'? Das nennt [die lateinische Übersetzung] an dieser Stelle *vas* (Gerät), wofür die Griechen σκεῦος sagen; dies ist nämlich eine allgemeine Bezeichnung aller Hausgeräte. Etwas anderes ist das, was ἀγγεῖον (Gefäß) genannt wird; denn auch das nennt die lateinische Sprache *vas*. Aber unter ἀγγεῖον versteht man eher jenes Gerät, das eine Flüssigkeit faßt.

qu. 3,52 (zu Lev 15,11)

52 Was bedeutet die Wendung: „Und jeder, den derjenige berührt hat, der an Samenfluß leidet und seine Hände nicht in Wasser gewaschen hat, soll seine Kleidungsstücke waschen und seinen Leib in Wasser waschen, und wird bis zum Abend unrein sein"? Die Stellung des Satzes: „und der seine Hände nicht in Wasser gewaschen hat" ist ja mehrdeutig, gleichsam als [sei gemeint, der seine Hände nicht gewaschen hat], nachdem er berührt hat. Er ist aber so zu verstehen: ‚Wen immer er mit ungewaschenen Händen berührt hat, diese Person, die er berührt hat, soll die Kleidung waschen usw.'

qu. 3,53,1 (zu Lev 16,16.19)

53,1 Was bedeutet das, was die Schrift unter anderem sagt, als sie vorschreibt, wie der Hohepriester in das Heilige eintreten soll, das sich innerhalb des Vorhangs befindet: „und er soll Fürbitte halten für die Heiligen [,daß sie] von den Unreinheiten der Israeliten und von ihren Vergehen [gereinigt werden,] und von

---

Leder Hergestelltes" (ELLIGER, *Leviticus* 161). LXX: ἐν παντὶ ἐργασίμῳ δέρματι „auf jedem Leder, das bearbeitet werden kann"; diese Bedeutung von ἐργάσιμος scheint Augustinus nicht zu kennen.

[137] TM hat allerdings: בְּיוֹם הַמַּעֲשֶׂה „Tag der Tat"; ob das ‚Werktag' bedeutet oder ein besonderes Ereignis bezeichnet, ist umstritten. LXX: ἐν τῇ ἡμέρᾳ τῇ ἐργασίμῃ: „Arbeitstag, Werktag"; Vulg: *in die qua operari licet*.

modo ergo pro sanctis, si ab inmunditiis filiorum Israhel et ab iniustitiis eorum de omnibus peccatis eorum? An quia non ait pro inmunditiis filiorum Israhel sed *ab inmunditiis*, hoc intellegendum est *exorabit pro sanctis ab inmunditiis filiorum Israhel*? Id est pro eis qui sancti sunt ab inmunditiis filiorum Israhel non consentientes inmunditiis eorum; non quia pro ipsis tantum exorandum erat, sed quia etiam pro ipsis, ne quisquam putaret ita fuisse sanctos, ut nihil esset unde pro eis exoraretur, quamvis essent ab inmunditiis filiorum Israhel et ab iniustitiis eorum alieni. *De omnibus peccatis eorum*, id est: Quae iniustitiae veniebant de omnibus peccatis eorum.

53,2 Potest et iste esse sensus *exorabit pro sanctis ab inmunditiis filiorum Israhel*, id est, ut hoc pro illis exorari intellegatur, ut ab inmunditiis filiorum Israhel tuti essent. Sed *exorabit* non potest accipi nisi quod alio verbo dicitur propitiabit. Unde et propitiatorium vocatur, quod alii exoratorium interpretati sunt; Graece autem dicitur ἱλαστήριον. At quod hoc loco Latinus ait: *Exorabit pro sanctis*, Graecus habet ἐξιλάσεται, quod non intellegitur nisi pro peccatis. Unde scriptum est in Psalmo: *Qui propitius fit omnibus iniquitatibus tuis*. Hic ergo aptior sensus est, ut intellegatur sacerdos etiam pro his propitiare deum, qui sancti sunt ab inmunditiis filiorum Israhel, et quia, licet ita sancti sint, ut inmunditiis filiorum Israhel et iniustitiis non consentiant, habent tamen aliquid propter quod eis necessaria sit propitiatio dei.

53,3 Sane in quodam Graeco invenimus: *Et exorabit sanctum*, non pro sanctis, et illud quidem *sanctum* genere neutro, id est τὸ ἅγιον. Nam posset intellegi exorabit sanctum deum, et nulla esset quaestio; quomodo autem possit intellegi: *Exorabit hoc sanctum*, difficile est dicere, nisi forte illud sanctum quidquid est

---

53,19 qui...tuis] Ps 102,3

6 exorabit] exoravit P^1 S 9 ne] nec C P S V^1 T | nihil] P (hil *add. m. 2*)   11 quae *om.* p 13 exorabit] exoravit P^1 S N 14 intellegatur] itellegat S 15 exorabit] exoravit P^1 S N propitiabit] propitiavit P S N 16 et *om.* p 17 ἱλαστήριον] ilasterion C P V N T, *eras.* S | at] et p | exorabit] exoravit P^1 S N 18 ἐξιλάσεται] exilas C, exilasete P V T, exilaseto n, *eras.* S 19 fit] fuit S, sit V | omnibus] in *praem.* V | hic] sive C V N, sic T 21 sint] sunt P N 22 iniustitiis] iniustiis C, iustitiis S P^1 | tamen *om.* V 24 et *om.* p | exorabit] exoraxit P^1 S 25 τὸ ἅγιον] ΤΟΑΓΙΟΝ C; to agion P S V N T 26 exorabit] exoravit C P S V^1 N | possit] posset S N 27 exorabit] exoravit P S V^1 N

all ihrer Sünden"?[138] Wie also ‚für die Heiligen', wenn ‚von den Unreinheiten der Israeliten und von ihren Vergehen von all ihrer Sünden'? Ist vielleicht, weil die Schrift nicht sagt: ‚für *(pro)* die Unreinheiten der Söhne Israel', sondern „von *(ab)* den Unreinheiten", diese Wendung: *exorabit pro sanctis ab inmunditiis filiorum Israhel* folgendermaßen zu verstehen? D.h. für diejenigen, die heilig sind [und frei] von den Unreinheiten der Söhne Israel, da sie deren Unreinheiten nicht zustimmen; nicht, weil nur für sie Fürbitte gehalten werden sollte, sondern weil auch für sie [Fürbitte gehalten werden sollte], damit keiner meinte, sie seien derartig heilig gewesen, daß es nichts gäbe, weswegen für sie Fürbitte gehalten werden sollte, obwohl sie den Unreinheiten der Söhne Israel und ihren Vergehen entfremdet waren? „Von all ihrer Sünden", d.h. die Vergehen, die von all ihren Sünden herrührten.

qu. 3,23,2

53,2 Die Wendung: *exorabit pro sanctis ab inmunditiis filiorum Israhel* kann auch dahingehend verstanden werden, daß für jene das erbeten wird, daß sie vor den Unreinheiten der Söhne Israel bewahrt blieben. Aber [das Verb] *exorabit* kann nur in dem Sinn angenommen werden, den das andere Verb *propitiabit* (er soll gnädig stimmen) hat. Daher wird das auch *propitiatorium* genannt, das andere mit *exoratorium* übersetzt haben; auf Griechisch aber heißt es: ἱλαστήριον. Aber für den Ausdruck des Lateiners an dieser Stelle: *exorabit pro sanctis* hat der Grieche [das Verb] ἐξιλάσεται (er soll besänftigen/entsühnen), das nur auf Sünden bezogen wird. Daher ist im Psalm geschrieben: „der all deinen Vergehen gnädig gesonnen wird" (Ps 103,3).[139] Dies ist daher der passendere Sinn, daß man deutet: Der Priester stimmt Gott gnädig auch für diejenigen, die heilig [und folglich unbefleckt] von den Unreinheiten der Söhne Israel sind, und zwar, weil sie, obgleich sie so heilig sind, daß sie den Unreinheiten und Vergehen der Söhne Israel nicht zustimmen, dennoch etwas an sich haben, dessentwegen sie die Versöhnung Gottes nötig haben.

qu. 3,23,3

53,3 Allerdings finden wir in irgendeinem griechischen [Kodex]: *et exorabit sanctum* (und er soll das Heilige besänftigen), nicht: ‚für die Heiligen', und zwar ist jenes [Wort] ‚das Heilige' Genus Neutrum, d.h. τὸ ἅγιον. Freilich könnte man deuten: ‚er soll den heiligen Gott durch Bitten besänftigen', und dann gäbe es kein Problem; wie man aber verstehen könnte: *exorabit hoc sanctum*, ist schwierig zu sagen, falls [man] nicht vielleicht [sagt], daß jenes ‚Heilige', was

---

[138] Zu den sprachlichen und sachlichen Problemen dieses Verses und den diesbezüglichen Auslegungen Augustins vgl. Einleitung in *qu.* 3, S. 17-20.
[139] LXX: τὸν εὐιλατεύοντα „der gnädig gesonnen ist = vergibt". TM hat hier הַסֹּלֵחַ „der vergibt".

quod deus est, quia et spiritus sanctus, qui utique deus est, neutro genere Graece dicitur τὸ πνεῦμα τὸ ἅγιον. Et forte hoc est - si tamen ille codex verior est, qui emendatior videbatur - ἐξιλάσεται τὸ ἅγιον, hoc est τὸ πνεῦμα τὸ ἅγιον, quod Latine genere neutro dici non potest. Quamvis et in tribus aliis codicibus, uno Graeco et duobus Latinis, non invenerimus nisi quod supra diximus: *exorabit pro sanctis*. Quod potest et sic accipi, ut non pro sanctis hominibus, sed pro his quae sancta sunt intellegatur, id est tabernaculo ipso et quaecumque in eis essent sanctificata domino; ut hoc sit *exorabit pro sanctis ab inmunditiis filiorum Israhel*: Propitiabit deum pro his quae sanctificata sunt domino ab inmunditiis filiorum Israhel, quia in medio eorum erat tabernaculum. Sic enim sequitur. Nam cum dixisset: *Exorabit pro sanctis ab inmunditiis filiorum Israhel et ab iniustitiis eorum de omnibus peccatis eorum*, continuo subiecit: *Et ita faciet tabernaculo testimonii quod creatum est in eis in medio inmunditiae eorum*, ut ad hoc necessaria videatur illa propitiatio pro sanctis, id est pro tabernaculo et omnibus quae in eo sancta dicuntur. Nam et paulo post hoc dicit de altari, quod aspersione sanguinis mundaret illud sacerdos et sanctificaret ab inmunditiis filiorum Israhel.

54 *Et perficiet exorans sanctum*. Utrum perficiet sanctum? An exorans sanctum secundum id quod supra diximus? Nam et hic neutro genere Graece dictum est τὸ ἅγιον. Utrum ergo exorans deum perficiet sanctum, id est perfecte sanctificat quod sanctificat? An *perficiet*, quod ait, *exorans sanctum*, id est illud sanctum quod est τὸ πνεῦμα τὸ ἅγιον?

---

42 aspersione...43 Israhel] cf. Lv 16,18-19

---

28 qui *om.* S   29 τὸ¹...ἅγιον] to pneuma to agion $\overline{C P S V N T}$ 30 qui] quia $C P N$ ἐξιλάσεται...ἅγιον¹] $\overline{\text{exilas(e)te to agion}}$ $C P S V N T$ | τὸ²...ἅγιον²] to pneuma to agion $\overline{C}$ $\overline{P S V N T}$ 32 invenerimus] invenimus $P V n$ 33 exorabit] exoravit $C P S V^1 N$ | ut *om.* C $P S N$ | non *om.* N   34 pro] et *praem.* S | his] is V^1, iis *Am.* μ | tabernaculo] taberna S ipso] ipse S   35 ut] et n | exorabit] exoravit $P^1 N$ 36 deum] dominus $P S T^1$, dominum V T^2 | his] iis $T Am.$ μ   38 exorabit] exoravit $C P^1 N$ | ab inmunditiis *om.* $P^1 S V$ | et *om.* p ab² *om.* T   40 hoc] huc $P S V T$ 41 propitiatio] propitio C 54,1 an...sanctum³ *om.* $S V$ 2 genere] generi n   3 τὸ ἅγιον] $\overline{\text{to agion}}$ $C p P S V T$, o agion n | deum] dominum $P S V T$ *Am.* μ z *(item C iuxta z, sed errore)* | perfecte] perficiet N   4 ait] agit p | illud] non p   5 τὸ ¹...ἅγιον] to pneuma to agion $\overline{C P V N T}$, to pneu ato agion $\overline{S}$

---

[140] TM und LXX besagen: „Er soll die Entsühnung des Heiligtums beenden." SD übersetzt hier auch das Übersetzungsäquivalent der LXX: ἐξιλάσεται mit „entsühnen". Ent-

immer es ist, Gott ist, da ja auch der Heilige Geist, der jedenfalls Gott ist, auf Griechisch im Genus Neutrum τὸ πνεῦμα τὸ ἅγιον genannt wird. Und vielleicht trifft diese [Lesart] zu – wenn jedenfalls jener Kodex korrekter ist, der genauer korrigiert zu sein schien –: ἐξιλάσεται τὸ ἅγιον, d.h. τὸ πνεῦμα τὸ ἅγιον; das kann man im Lateinischen nicht im Genus Neutrum ausdrücken. Gleichwohl haben wir auch in drei anderen Kodizes, einem griechischen und zwei lateinischen, nur das gefunden, das wir oben zitiert haben: *exorabit pro sanctis*. Das kann man auch so auffassen, daß es sich nicht auf heilige Menschen, sondern auf diejenigen [Gegenstände] bezieht, die heilig sind, d.h. auf das Zelt selbst und auf alle dem Herrn geweihten [Gegenstände], die sich in ihm befinden; so daß *exorabit pro sanctis ab inmunditiis filiorum Israhel* folgendes bedeutet: Er soll Gott gnädig stimmen für die [Gegenstände], die dem Herrn geweiht [und dadurch] von den Unreinheiten der Söhne Israel [gereinigt sind], denn das Zelt stand in deren Mitte. Entsprechend fährt die Schrift nämlich fort. Denn als sie gesagt hatte: *exorabit pro sanctis ab inmunditiis filiorum Israhel et ab iniustitiis eorum de omnibus peccatis eorum*, hat sie unmittelbar anschließend hinzugefügt: „Und so soll er mit dem Zelt des Zeugnisses verfahren, das bei ihnen inmitten ihrer Unreinheiten errichtet worden ist", so daß demnach jene Gnädigstimmung für die Heiligen, d.h. für das Zelt und alle Gegenstände in ihm, die heilig genannt werden, nötig erscheint. Denn kurz darauf sagt sie dies auch vom Altar, daß der Priester jenen durch Besprengung mit Blut reinigen und von den Unreinheiten der Söhne Israel reinigen soll (vgl. Lev 16,18-19).

qu. 3,54 (zu Lev 16,20)

54 „Und er soll die Gnädigstimmung für das Heilige vollenden"[140]. Ob er das Heilige vollenden soll? Oder: indem er für das Heiligtum gnädig stimmt gemäß dem, was wir oben gesagt haben? Denn auch hier heißt es im Genus Neutrum: τὸ ἅγιον. Ob er also, indem er Gott gnädig stimmt, das Heilige vollenden soll, d.h. vollkommen heiligt, was er heiligt? Oder ist jenes Heilige, von dem sie sagt: „er soll vollenden, indem er das Heilige gnädig stimmt", τὸ πνεῦμα τὸ ἅγιον (der Heilige Geist)?

---

sprechend gibt MURAOKA, *Lexicon* auch für diese Stelle die Bedeutung: „to perform the rite of the atonement" an; BdA übersetzt dagegen und bleibt damit semantisch in dem Bereich, in dem auch Augustinus sich bewegt: „apaisera" „er wird besänftigen", erzeugt damit aber erhebliche Verständnisprobleme: „Et il achèvera l'apaisement du lieu saint." NETS dagegen: „he shall make ritually acceptable". Oben ist der Satz der VL so übersetzt, wie Augustinus ihn wohl wahrgenommen hat; sonst könnte er nicht die Identifizierung des ‚Heiligen' mit dem Hl. Geist erwägen. NBA dagegen: „Porterà a termine purificando il Santo." Kaum verständlich ist auch OCA: „Il achèvera en priant ce qui est saint." Vgl. Einleitung in *qu.* 3, S. 20f.

1360   55 De duobus hircis, uno immolando et alio in desertum dimittendo, quem ἀποπομπαῖον vocant, solet esse disceptatio, et a quibusdam ille immolandus in bono accipitur, ille autem dimittendus in malo. Non tamen iste sensus ideo confirmandus est, quia homo, in cuius manu in heremum hircus dimittitur, cum redierit, lavare iussus est vestimenta sua et corpus suum aqua et sic ingredi in 5 castra - tamquam et hoc sit indicium cur in malo sit ille hircus accipiendus, a cuius contagione homo abluendus est; sic enim dicit abluendum et qui alterius hirci <vitulique> acceperit carnes <et> extra castra combusserit - quia ita de illo et de vitulo fieri iubet, de quorum immolatorum sanguine fit aspersio, et sunt pro peccatis. Ac per hoc non neglegenter istorum duorum hircorum di- 10 stinctio in allegorica significatione tractanda est. Item cum constituisset diem decimum septimi mensis sabbato sabbatorum, quo fieret supra dicta purgatio a sacerdote illo uno qui patri succedit, loquens de eodem sacerdote ait: *Exorabit sanctum sancti*. Quod iam nescio utrum aliter accipiendum sit quam exorabit in sancto sancti quodam genere locutionis; in illo scilicet sancto, quo solus ipse 15 summus sacerdos intrabat, quod est intra velum, ubi arca erat testimonii et
1380 altare incensi. Non enim eundem locum tamquam deum exorabit, sed quia ibi exorabit deum, ita positum est: *Exorabit sanctum sancti*. Nam et hoc genere neutro in Graeco positum est: Τὸ ἅγιον τοῦ ἁγίου. An forte sanctum spiritum sancti dei hoc est τὸ ἅγιον πνεῦμα τοῦ ἁγίου θεοῦ? An potius *exorabit* dictum est 20 exorando purgabit? Nam sic verba contexit: *Et exorabit sanctum sancti et tabernaculum testimonii et altare exorabit et pro sacerdotibus et pro omni synagoga exorabit*. Quomodo ergo exorabit tabernaculum et altare nisi, ut dictum est, intellegamus exorando purgabit?

55,13 Lv 16,33

55,1 alio] alium *P* | desertum] deserto *P V T*   **2** ἀποπομπαῖον] apoponpeum *C*, apopompeum *P S V N T*   **5** aqua *om. N*   **8** vitulique] *Am.* μ ζ, qui in loco *C P S V¹ N T*, quo in loco *V²* | et] *Am.* μ ζ, *om. codd.* | quia ita] qui ait *S*, quod ita *N*, qui aut *V T*   **9** et¹] ut *N*   **10** distinctio] distinatio *S*   **12** septimi] septimo *P¹ S V N* | mensis] mense *p* | quo] quod *P¹ S V¹*   **13** exorabit] exoravit *C*   **14** in...15 sancto¹] in s̄cm̄ *C P S V¹ T*, s̄cm̄ *N*   **18** ita] ibi *T* genere] ex *praem. S*   **19** est *om. n* | Τὸ...ἁγίου] to agion tu agiun *P V T*, to agion tu agion *S*, to agion to agiu *C* (*alt. a add. m. 2 sup. lin.*) *N* | sanctum spiritum] s̄cm̄ s̄pm̄ *C N T*, spiritum sanctum *alii*   **20** sancti dei] s̄cd̄m̄ *p*, s̄cm̄ (dei ?) *n* | τὸ...θεοῦ] to agion pneuma tu agiu theu *C*, to agion pneumatiu tu agiu *P*, to agion pneumatuagiu theu *S V N*, to agion pneumatu̇ tu agiu *T* | exorabit] exoravit *P¹ N*   **21** purgabit] purgavit *P¹ S N*   **23** ergo *om. P*

---

[141] Lev 16,10: SD: „Weggeschickter"; NETS: „the one to be sent off". BdA ganz anders: „l'éliminateur" (vgl. BdA zu Lev 16,8).

qu. 3,55 (zu Lev 16,8-10.26-33)

55 Über die beiden Ziegenböcke, den einen, der geopfert werden soll, und den anderen, der in die Wüste geschickt werden soll, den man ἀποπομπαῖον nennt[141], gibt es üblicherweise eine Diskussion, und einige nehmen jenen, der geopfert werden soll, im guten Sinn, jenen aber, der weggeschickt werden soll, im schlechten Sinn. Jedoch läßt sich diese Auslegung nicht durch die Tatsache bekräftigen, daß dem Mann, in dessen Verantwortung es liegt, den Ziegenbock in die Wüste zu treiben, befohlen worden ist, wenn er zurückgekehrt ist, seine Kleidung und seinen Körper mit Wasser zu waschen und so (erst) in das Lager einzutreten – gleich als wäre auch dies ein Argument dafür, daß jener Ziegenbock, dessen Ansteckung von dem Mann abgewaschen werden muß, im schlechten Sinn zu verstehen sei; so nämlich muß nach Anordnung der Schrift auch der [Mann] sich reinigen, der Fleischstücke des zweiten Ziegenbocks und des Jungstiers entgegengenommen und außerhalb des Lagers verbrannt hat –, weil sie ebenso mit jenem und mit dem Jungstier zu verfahren befiehlt, von deren Blut, wenn sie geopfert sind, Blut zur Besprengung verwendet wird und die Sünd(opfer) sind. Und aus diesem Grund darf die allegorische Bedeutung der Unterscheidung dieser zwei Ziegenböcke nicht vernachlässigt werden.[142] Nachdem die Schrift den zehnten Tag des siebten Monats für den Großen Sabbat festgesetzt hat, an dem jener eine Priester, der seinem Vater nachfolgt, die oben genannte Reinigung durchführen sollte, sagt sie desgleichen, indem sie von eben diesem Priester spricht: *exorabit sanctum sancti* (Lev 16,33). Ich weiß nun nicht, ob das vielleicht auf Grund irgendeiner idiomatischen Ausdrucksweise anders zu deuten ist als: ‚Er soll im Allerheiligsten Fürbitte halten'; in jenem Heiligtum natürlich, in das allein der Hohepriester selbst eintrat, das innerhalb des Vorhangs ist, wo die Lade des Zeugnisses war und der Räucheraltar. Denn er wird nicht eben diesen Ort, als sei er gleichsam Gott, ‚gnädig stimmen', sondern weil er dort Gott anflehen soll, lautet die Formulierung so: *exorabit sanctum sancti*. Denn auch dies ist im Griechischen im Genus Neutrum formuliert: τὸ ἅγιον τοῦ ἁγίου. Ob sie vielleicht meint: „den heiligen Geist des heiligen Gottes", d.h.: τὸ ἅγιον πνεῦμα τοῦ ἁγίου θεοῦ? Oder ist *exorabit* in der Bedeutung gesagt: ‚er soll inständig bittend reinigen'? Denn die Schrift hat die Wörter so verbunden: „Und er soll das Allerheiligste *exorare*, und das Zelt des Zeugnisses und den Altar soll er *exorare*, und er soll für die Priester, und für die ganze Gemeinde soll er *exorare*." Wie also wird er das Zelt und den Altar *exorare*, wenn wir nicht, wie gesagt worden ist, deuten: er soll fürbittend reinigen?

---

[142] Zur allegorischen Auslegung der beiden Ziegenböcke in der frühen Patristik vgl. NBA 879 Anm. 86.

56 Illud quod dicit: *Quicumque occiderit vitulum aut ovem aut capram in castris et quicumque occiderit extra castra et ad ostium tabernaculi testimonii non adtulerit*, et in hoc constituit peccatum et comminatur facienti, non de his dicit quae occiduntur ad usum vescendi vel si quid aliud, sed de sacrificiis. Prohibuit enim privata sacrificia, ne sibi quisque quodam modo sacerdos esse audeat, sed illuc adferat, ubi per sacerdotem offerantur deo. Ita enim nec vanis sacrificabunt; nam et hoc in ea consuetudine cavendum praemonuit. Cum ergo non liceret offerri sacrificia nisi in tabernaculo, cui templum postea successit - unde et rex Israhel Hieroboam vaccas facere ausus est, quibus populus sacrificaret, ne huius legis necessitate seducerentur ab eo qui sub regno eius erant, dum pergunt Hierusalem, ut in templo dei offerrent sacrificia sua, in quo facto a domino condemnatus est - merito quaeritur quomodo licite sacrificaverit Helias extra templum dei, quando et ignem de caelo impetravit et prophetas daemoniorum convicit. Quod mihi non videtur alia ratione defendi quam illa, qua defenditur et Abrahae factum, quod filium deo iussus voluit immolare. Cum enim iubet ille qui legem constituit aliquid fieri quod in lege prohibuit, iussio ipsa pro lege habetur, quoniam auctoris est legis. Non enim deesse possent miracula alia praeter sacrificium, quibus superarentur et convincerentur prophetae lucorum; sed spiritus dei, qui fuerat in Helia quidquid in hac re fecit, contra legem esse non potest, quia dator est legis.

57,1 Quid est quod prohibens edendum sanguinem dicit: *Anima omnis carnis sanguis eius est?* Quam totum locum sic explicat: *Et homo homo filiorum Israhel aut de proselytis qui adpositi sunt in vobis quicumque ederit omnem sanguinem, et statuam faciem meam super animam quae manducat sanguinem et perdam illam de populo suo.* Anima enim

---

56,8 unde…11 est] cf. 3 Rg 12,28-30; 13,34   **12**   licite…13 convicit] cf. 3 Rg 18,36-40
14 Abrahae…15 immolare] cf. Gn 22,1-10

56,1 vitulum…2 occiderit *om. p*   **2** hoc *om. S*   **3** comminatur] cominantur *ex* comitantur *P*
5 quisque *om. N*   **10** pergunt] pergerent *P S V² Am. μ*
14 Abrahae] Abrae *C*   **17** auctoris] auctores *P¹*, auctorem *S*, auctor *V T Am. μ* | est *om. S*
18 superarentur] separarentur *V*   **57,2** eius est] est eius *N* | et] *om. P¹ S V N, ɑT* | homo² *om. P S V, exp. T*   **3** qui] quia *T*   **4** et *om. C*

---

[143] Umschreibung der Götzen, die bereits LXX gebraucht; TM sagt dagegen konkreter in 17,7: „den Haarigen = den Bocksgeistern".
[144] Zu Übersetzung und Deutung dieses Satzes und des ganzen Verses Lev 17,11 vgl. Einleitung in *qu.* 3, S. 21f.

qu. 3,56 (zu Lev 17,3-4)

56 Das folgende, was die Schrift ausführt: „Jeder, der einen Jungstier oder ein Schaf oder eine Ziege im Lager, und jeder, der [eines dieser Tiere] außerhalb des Lagers geschlachtet und nicht an den Eingang des Zeltes des Zeugnisses gebracht hat" – und damit stellt sie eine Sünde fest und droht dem, der [entsprechend] handelt – sagt sie nicht bezüglich der [Tiere], die zum Zweck des Verzehrs oder zu irgend einem anderen [Zweck] geschlachtet werden, sondern bezüglich der Opfer(tiere). Sie hat nämlich private Opfer verboten, damit nicht jeder sich erdreistet, für sich irgendwie Priester zu sein, sondern [jene Opfertiere] dorthin bringe, wo sie Gott durch einen Priester geopfert werden sollen. So werden sie nämlich auch nicht den Nichtigen[143] opfern; denn auch daß dies bei diesem Brauch vermieden werden sollte, hat sie im voraus gemahnt. Da somit nicht erlaubt war, Opfer darzubringen, außer im Zelt, dem später der Tempel nachgefolgt ist – deswegen hat auch der König Israels Jerobeam gewagt, Kühe herzustellen, denen das Volk opfern sollte, damit diejenigen, die unter seiner Herrschaft lebten, nicht durch den Zwang dieses Gesetzes zum Abfall von ihm verführt würden, während sie nach Jerusalem zogen, um im Tempel Gottes ihre Opfer(tiere) darzubringen; für diese Tat wurde er vom Herrn verdammt (vgl. 1Kön 12,28-30; 13,34) –, fragt man zu Recht, wieso Elija erlaubtermaßen außerhalb des Tempels Gottes geopfert hat, als er sowohl durch Bitten Feuer vom Himmel erlangte als auch die Propheten der Dämonen siegreich widerlegte (vgl. 1Kön 18,36-40). Das wird, wie mir scheint, durch keinen anderen Grund gerechtfertigt als denjenigen, durch den auch die Tat Abrahams gerechtfertig wird, daß er auf Befehl Gottes hin seinen Sohn opfern wollte (vgl. Gen 22,1-10). Wenn nämlich jener, der ein Gesetz erlassen hat, irgendetwas zu tun befiehlt, was er im Gesetz verboten hat, gilt der Befehl selbst als Gesetz, da er vom Urheber des Gesetzes stammt. Außer dem Opfer könnte es nämlich [zwar] nicht an anderen Wundern mangeln, durch die die Propheten der Haine überwunden und widerlegt worden wären; aber was immer der Geist Gottes, der in Elija war, in dieser Angelegenheit getan hat, kann nicht gegen das Gesetz verstoßen, weil er der Gesetzgeber ist.

qu. 3,57,1 (zu Lev 17,10-12)

57,1 Was bedeutet die Wendung der Schrift anläßlich des Verbots von Blutverzehr: „Die Seele eines jeden Fleisches ist sein Blut"?[144] Diese ganze Stelle entfaltet sie folgendermaßen: „Und welcher Mensch auch immer – ein Mensch aus den Söhnen Israel oder ein Mensch aus den Proselyten[145], die unter euch wohnen – irgendwie Blut verzehrt hat, – [und] ich werde mein Gesicht über die Person *(anima)* aufrichten, die Blut verzehrt, und ich werde jene aus ihrem Volk

---

[145] TM spricht vom גֵּר, „Schutzbürger".

omnis carnis sanguis eius est. Et ego dedi illum vobis exorare pro animabus vestris; sanguis enim eius pro anima exorabit. Propterea dixi filiis Israhel: Omnis anima ex vobis non edet sanguinem, et proselytus qui adpositus est in vobis non edet sanguinem. Numquidnam si animam pecoris sanguinem dicimus, etiam anima hominis sanguis putanda est? Absit. Quomodo ergo non ait: Anima omnis carnis pecoris sanguis eius est, sed: *Anima,* inquit, *omnis carnis sanguis eius est?* In omni utique carne etiam hominis caro deputatur. An quia vitale aliquid est in sanguine, quia per ipsum maxime in hac carne vivitur, qui in omnibus venis per corporis cuncta diffunditur, ipsam vitam corporis vocavit animam, non vitam quae migrat ex corpore, sed quae morte finitur? Qua locutione dicimus istam vitam temporalem esse, non aeternam, mortalem, non inmortalem, cum sit inmortalis animae natura, quae ablata est ab angelis in sinu Abrahae, et cui dicitur: *Hodie mecum eris in paradiso,* et quae in tormentis ardebat inferni. Secundum istam ergo significationem, qua perhibetur anima etiam haec temporalis vita, dixit apostolus Paulus: *Non enim facio animam meam pretiosam mihi,* ubi se ostendere voluit et mori paratum pro evangelio. Nam secundum significationem, qua anima dicitur illa quae migrat ex corpore, magis eam pretiosam faciebat, cui tantum meritum conquirebat. Sunt et aliae huius modi locutiones. Vita itaque ista temporalis maxime sanguine continetur in corpore. Sed quid est quod ait: *Dedi vobis eum ad altare dei, exoret pro anima vestra?* Tamquam anima pro anima exoret. Numquid sanguis pro sanguine, quasi de nostro sanguine solliciti simus, cum pro anima nostra volumus exorari? Absurdum est hoc.

57,2 Sed multo est absurdius, ut sanguis pecoris exoret pro anima hominis, quae mori non potest, cum manifeste scriptura testetur in epistula ad Hebraeos

---

57,15 quae...16 Abrahae] cf. Lv 16,22   **16** Lc 23,43 | quae...17 inferni] cf. Lc 16,23

5 illum] illud *C P S V N T¹ Am. μ* | illum...exorare] „*post* vobis *haud dubie addendum:* ad altare" *(cf. l. 23), ita z* | exorare] exorari *P S V N T*   **6** dixi] dixit *P¹ S* | edet] edit *C*   **7** numquidnam...8 sanguinem *om. p*   **8** sanguis] sanguinis *T*   **9** non] *om. S,* nā *P²* | anima] non anima *P V*   **12** omnibus] omnis *P¹ S¹,* omnes *V* | venis] venas *V* | cuncta] cunctas *V* ipsam...13 vitam¹ *om. N*   **13** vocavit] vocabit *p*   **16** sinu] sinum *T* | Abrahae] Abrae *C* **17** inferni] infernis *C p P S V* | istam ergo] ergo istam *T*   **18** Paulus *om. N*   **19** pretiosam mihi] pretiosiorem quam me *Am. μ cum Vulg.* | et mori] tempori *p,* emori *n*   **22** temporalis] temporales *P*   **23** exoret] ut *praem. V², T (in ras.),* exorare *μ*   **24** exoret] exoraret *T*   **25** simus] sumus *P S V*   **26** exorari] exorare *p S*   **27** multo] multum *p* | pecoris] corporis *T* **28** manifeste] manifesta *C P S V N* | testetur] testatur *S*

ausrotten. Denn die Seele eines jeden Fleisches ist sein Blut. Und ich habe euch jenes (das Blut) gegeben, Fürbitte für eure Seelen zu halten;[146] sein[147] Blut soll nämlich für die Seele Fürbittte leisten. Darum habe ich den Söhnen Israel gesagt: Keine Person *(anima)* von euch darf Blut verzehren, und auch der Proselyt, der unter euch wohnt, darf kein Blut verzehren." Ist, wenn wir die Seele des Viehs ‚Blut' nennen, womöglich gar auch die Seele des Menschen als ‚Blut' zu betrachten? Keinesfalls! Wieso sagt die Schrift daher nicht: ‚Die Seele eines jeden Fleisches des Viehs ist sein Blut', sondern sagt: „die Seele eines jeden Fleisches ist sein Blut"? Zu ‚einem jeden Fleisch' wird selbstverständlich auch das Fleisch des Menschen gezählt. Hat die Schrift vielleicht, weil im Blut etwas Lebenskräftiges ist, weil man haupsächlich durch dieses in diesem Fleisch lebt, das in allen Venen durch sämtliche Teile des Körpers verteilt wird, das Leben des Körpers selbst ‚Seele' genannt, nicht das Leben, das aus dem Körper auswandert, sondern [dasjenige, das] durch den Tod endet?[148] Mit dieser Ausdrucksweise sagen wir, daß dieses Leben zeitlich, nicht ewig, sterblich, nicht unsterblich ist, während die Natur derjenigen Seele unsterblich ist, die von den Engeln in den Schoß Abrahams weggetragen worden ist (vgl. Lk 16,22), und die, zu der gesagt wird: „Heute wirst du mit mir im Paradies sein" (Lk 23,43), und die, die in den Qualen der Hölle brannte (vgl. Lk 16,23). Entsprechend dieser Bedeutung also, derzufolge auch dieses zeitliche Leben ‚Seele' genannt wird, hat der Apostel Paulus dort, wo er seine Bereitschaft zeigen wollte, für das Evangelium sogar zu sterben, gesagt: „Ich halte meine Seele nicht für kostbar für mich" (Apg 20,24). Denn nach der Bedeutung, derzufolge jene ‚Seele' genannt wird, die aus dem Körper auswandert, hielt er sie, der er ein so großes Verdienst erwarb, für viel kostbarer. Es gibt auch andere derartige Ausdrucksweisen. Dieses zeitliche Leben wird demnach hauptsächlich durch das Blut im Körper aufrechterhalten. Aber was bedeutet der Satz: „Ich habe es (das Blut) euch auf dem Altar Gottes gegeben, es soll für eure Seele Fürbitte leisten"?[149] Gleich als ob die Seele für die Seele Fürbitte hielte. [Sollte] etwa das Blut für das Blut [Fürbitte leisten], gleich als ob wir um unser Blut besorgt wären, wenn wir wollen, daß für unsere Seele Fürbitte gehalten werde? Das ist sinnlos.

qu. 3,57,2

57,2 Aber noch viel sinnloser ist die Annahme, daß das Blut des Viehs für die Seele des Menschen Fürbitte leistet, die gar nicht sterben kann, da die Schrift im

---

[146] Augustinus zitiert hier frei und läßt die Ortsangabe von TM und LXX: „auf dem Altar" aus. Die präzisere Formulierung folgt unten im selben Abschnitt.
[147] „Sein" ist Zusatz der LXX.
[148] Vgl. *qu.* 3,81.
[149] Vgl. hierzu Einleitung in *qu.* 3, S. 22.

illum sanguinem victimarum nihil profuisse ad exorandum deum pro peccatis hominum, sed significasse aliquid quod prodesset. *Inpossibile est enim,* inquit, *sanguinem hircorum et taurorum auferre peccata.* Restat itaque, ut, quoniam pro anima nostra exorat mediator ille, qui omnibus illis sacrificiis quae pro peccatis offerebantur praefigurabatur, illud appelletur anima quod significat animam.

57,3 Solet autem res quae significat eius rei nomine quam significat nuncupari; sicut scriptum est: *Septem spicae septem anni sunt*; non enim dixit: Septem annos significant, et: *Septem boves septem anni sunt* et multa huius modi. Hinc est quod dictum est: *Petra erat Christus*; non enim dixit: Petra significabat Christum, sed tamquam hoc esset, quod utique per substantiam non hoc erat, sed per significationem. Sic et sanguis, quoniam propter vitalem quandam corpulentiam animam significat, in sacramentis anima dictus est. Verum si quisquam putat animam pecoris esse sanguinem, non est in ista quaestione laborandum; tantum ne anima hominis, quae carnem humanam vivificat et est rationalis, sanguis putetur valde cavendum est et hic error modis omnibus refutandus. Quaerendae etiam locutiones, quibus per id quod continet significetur id quod continetur, ut, quoniam anima sanguine tenetur in corpore - nam si fuerit effusus abscedit - per ipsum aptius significata sit anima et eius nomen sanguis acceperit. Sicut ecclesia dicitur locus, quo ecclesia congregatur; nam ecclesia homines sunt, de quibus dicitur: *Ut exhiberet sibi gloriosam ecclesiam*. Hoc tamen vocari etiam ipsam domum orationum idem apostolus testis est, ubi ait: *Numquid domus non habetis ad manducandum et bibendum? An ecclesiam dei contemnitis?* Et hoc cotidianus loquendi usus obtinuit, ut in ecclesiam prodire aut ad ecclesiam confugere non dicatur, nisi qui ad locum ipsum parietesque prodierit vel confugerit, quibus ecclesiae congregatio continetur. Scriptum est etiam: *Et effundens sanguinem qui fraudat mercedem mercenarii*. Mercedem sanguinem dixit, quoniam ea sustentatur vita, quae nomine sanguinis appellatur.

---

30 Hebr. 10,4   **35** Gn 41,26   **36** Gn 41,26   **37** 1 Cor 10,4   **48** Eph 5,27   **49** 1 Cor 11,22   **53** Ecli 34,27

---

31 ut *om.* N   **32** quae] qui *C P S V T*   **33** anima…34 significat[1] *om. P¹ per homoiot.*   **36** significant] significat *P¹ S* | est *eras. S*   **37** significabat] significat *P¹ S V Am. μ*   **38** hoc[1]] *exp. V*   **44** quibus *om. C P V N T* | per id] pro eo *T* | continet…quod[2] *om. C* | significetur *Am. μ, om. codd.*   **45** ut *om. C*   **49** domus] domos *V n Am. μ*   **51** in] ad *V (s. l. m. 2),* ab *T* ecclesiam[1]] ecclesia *T*   **52** qui] quid *P¹ S¹*, quod *V*   **54** sanguinem] sanguinis *p* | ea] mea *S¹*, in ea *V T*

Brief an die Hebräer deutlich bezeugt, daß jenes Blut der Opfertiere nichts genützt hat, um Gott gnädig zu stimmen für die Sünden der Menschen, sondern etwas vorausbezeichnet hat, das nützen würde. „Es ist nämlich unmöglich", sagt sie, „daß das Blut von Böcken und Stieren Sünden wegnimmt" (Hebr 10,4). Es bleibt daher, daß, weil jener Mittler, der durch all diese Sündopfer vorausbezeichnet wurde, für unsere Seele Fürbitte leistet, dasjenige ‚Seele' genannt wird, was Seele symbolisiert.

qu. 3,57,3

57,3 Es ist aber üblich, daß die Sache, die etwas vorausbezeichnet, mit dem Namen der Sache, die sie bezeichnet, benannt wird; wie geschrieben steht: „Die sieben Ähren sind sieben Jahre" (Gen 41,26); [Josef] hat nämlich nicht gesagt: ‚sie bezeichnen sieben Jahre'; und: „Die sieben Kühe sind sieben Jahre" (Gen 41,26), und vieles dieser Art. Daher ist gesagt worden: „Der Fels war Christus" (1Kor 10,4); die Schrift hat nämlich nicht gesagt: ‚Der Fels bezeichnete Christus', sondern als wäre er gleichsam dies, was er natürlich seinem Wesen nach nicht, aber der Vorausbezeichnung nach war. So ist auch das Blut, weil es wegen irgendeiner lebenerhaltenden Körperbeschaffenheit die Seele symbolisiert, in heiligen Riten ‚Seele' genannt worden. Wenn einer wirklich glaubt, das Blut sei die Seele eines Tieres, muß man auf diese Frage keine Mühe verschwenden; nur muß man sich sehr davor hüten, das Blut für die Seele des Menschen zu halten, die das Fleisch des Menschen belebt und vernunftbegabt ist, und dieser Irrtum ist mit allen Mitteln zurückzuweisen. Man muß auch nach Ausdrucksweisen suchen, denenzufolge das, was [etwas] enthält, dasjenige bezeichnet, was [darin] enthalten ist, so daß die Seele, da sie durch das Blut im Körper gehalten wird – denn wenn es vergossen ist, entweicht sie – aus durchaus guten Gründen durch [das Blut] symbolisiert worden ist und das Blut ‚Seele' genannt worden ist. Wie der Ort, wo die Kirche sich versammelt, ‚Kirche' genannt wird; denn die Kirche besteht aus Menschen, von denen gesagt wird: „um die Kirche herrlich vor sich hinzustellen" (Eph 5,27). Daß man dennoch auch das Haus der Gebete so nennt, bezeugt derselbe Apostel, wo er sagt: „Habt ihr keine Häuser zum Essen und Trinken? Oder verachtet ihr die Kirche Gottes?" (1Kor 11,22), und der alltägliche Sprachgebrauch hat dazu geführt, daß man nur von demjenigen sagt, er trete in die Kirche ein oder flüchte sich in die Kirche, der in diesen Raum und die Wände eingetreten ist oder sich geflüchtet hat, die die Versammlung der Gemeinde umschließen. Es steht auch geschrieben: „Und Blut vergießt, wer dem Lohnarbeiter den Lohn vorenthält" (Sir 34,27). Jesus Sirach hat den Lohn als ‚Blut' bezeichnet, weil durch ihn das Leben unterhalten wird, das ‚Blut' genannt wird.

57,4 Sed cum dominus dicat: *Nisi manducaveritis carnem meam et biberitis sanguinem meum, non habebitis in vobis vitam,* quid sibi vult quod a sanguine sacrificiorum, quae pro peccatis offerebantur, tanto opere populus prohibetur, si illis sacrificiis unum hoc sacrificium significabatur, in quo vera fit remissio peccatorum? A cuius tamen sacrificii sanguine in alimentum sumendo non solum nemo prohibetur, sed ad bibendum potius omnes exhortantur, qui volunt habere vitam. Quaerendum igitur quid significet, quod homo prohibetur in lege sanguinem manducare eumque deo fundere iubetur. Nam de animae natura, cur per sanguinem significata sit, quantum in praesentia satis visum est, diximus.

58 *Turpitudinem patris tui et turpitudinem matris tuae non revelabis, turpitudinem eorum.* Prohibet cum matre concumbere; ibi est enim turpitudo patris et matris. Nam postea prohibet et novercae, ubi dicit: *Turpitudinem uxoris patris tui non revelabis; turpitudo enim patris tui est.* Ubi exposuit quomodo in matre utriusque sit turpitudo, id est patris et matris; in noverca enim tantum patris.

59 *Turpitudinem sororis tuae ex patre tuo aut ex matre tua quae domi est nata vel quae foris nata est non revelabis turpitudinem earum. Quae domi nata est,* intellegitur ex patre; *quae foris nata est,* intellegitur ex matre, si forte de priore viro eam mater susceperat et cum illa in domum venerat, quando patri eius nupsit, quem monet scriptura ne revelet turpitudinem sororis suae. Hic videtur non prohibuisse et quasi

---

56 Io 6,53

56   sanguinem…57 meum] meum sanguinem *P S T Am.* μ χ *(item C iuxta χ, sed errore)*
57   habebitis] habetis *S T* | in…vitam] vitam in vobis *T* | a] *s. l. P S V*   58   tanto opere] tantopere *P S V N T Am.* μ   59   sacrificium *om. T*   60   sanguine] sanguinem *C*   61   ad] ut *C*   63   iubetur] videtur *S* | sanguinem] sanguine *C*   58,1   revelabis] revelavis *C* | turpitudinem³] *C P S V¹ N T (cf.* De Bruyne, in Misc. Agost., II p. 589 sq.*),* turpitudo enim *V² Bad. Am.* μ χ *(item C iuxta χ, sed errore)*   2   eorum] est *add. V² Am.* μ   4   sit *om. P S V T*   5   turpitudo] ē *add. s. l. V²*   59,2   patre…3 ex *om. S*   4   illa] illam *C*

---

[150] In verschiedenen Sprachen werden semantisch unterschiedlich akzentuierte Euphemismen gewählt. TM: עֶרְוָה „Blöße, Scham", LXX: ἀσχημοσύνη „Unschicklichkeit, Häßlichkeit"; VL des Augustinus und Vulg: „turpitudo" „Schande, Häßlichkeit"; VL: Cod.Lugd: *confusio* „Vereinigung, Vermischung, Schande".

[151] TM, LXX und Vulg haben: „ihre [d.h. der Mutter] Schande": V 7 verbietet Sexualkontakt mit der eigenen Mutter. Daher wird das *w*= in עֶרְוַת אָבִיךָ וְעֶרְוַת אִמֶּךָ zumeist als *w*= *explicativum* gedeutet (vgl. Einheitsübersetzung: „die Scham deines Vaters, nämlich

qu. 3,57,4

57,4 Aber da der Herr sagt: „Wenn ihr nicht mein Fleisch gegessen und mein Blut getrunken habt, werdet ihr das Leben nicht in euch haben" (Joh 6,53), was soll es bedeuten, daß dem Volk das Blut der Opfer, die für die Sünden dargebracht wurden, mit solchem Nachdruck verwehrt wird, wenn jene Opfer dieses eine Opfer vorausbezeichneten, in dem die wahre Sündenvergebung geschieht? Das Blut dieses Opfers zu verzehren, wird jedenfalls nicht nur nicht irgendjemandem verwehrt, sondern es werden vielmehr alle, die das Leben haben wollen, ermahnt, [es] zu trinken. Es bleibt folglich zu fragen, was es bedeutet, daß das Gesetz dem Menschen verbietet, Blut zu verzehren, und ihm befiehlt, es für Gott auszugießen. Denn über die Natur der Seele, warum sie durch Blut symbolisiert worden ist, haben wir soviel gesagt, wie im Moment zu genügen schien.

qu. 3,58 (zu Lev 18,7-8)

58 „Die Schande[150] deines Vaters und die Schande deiner Mutter – du darfst ihre[151] Schande nicht aufdecken." Die Schrift verbietet, mit der Mutter Beischlaf zu üben; darin besteht nämlich die Schande des Vaters und der Mutter. Denn anschließend verbietet sie auch, [die Schande] der Stiefmutter [aufzudecken], wo sie sagt: „Die Schande der Frau deines Vaters darfst du nicht aufdecken; denn sie ist die Schande deines Vaters." Dort hat sie dargelegt, wie in der Mutter die Schande beider ist, d.h. des Vaters und der Mutter; in der Stiefmutter aber nur [die] des Vaters.

qu. 3,59 (zu Lev 18,9.11)

59 „Die Schande deiner Schwester väterlicherseits oder mütterlicherseits, die zuhause geboren oder außerhalb geboren ist, – du darfst ihre Schande nicht aufdecken." „Die zuhause geboren ist" bedeutet: väterlicherseits; „die außerhalb geboren ist" bedeutet: mütterlicherseits, falls die Mutter sie vielleicht von einem früheren Ehemann empfangen hatte und mit ihr in das Haus gekommen war, als sie der Vater desjenigen heiratete, den die Schrift ermahnt, die Schande seiner Schwester nicht aufzudecken. Hier scheint sie den Beischlaf mit der Schwester, die von beiden Eltern geboren ist, nicht verboten und gleichsam übergan-

---

die Scham deiner Mutter"). Gelegentlich, z.B. von ELLIGER, *Leviticus* 240, wird jedoch erwogen, daß es sich um eine normale ‚und'-Verbindung handelt, die von einer späteren Redaktion eingefügt wurde, um auch homosexuellen Umgang mit dem eigenen Vater zu verbieten. Vgl. die ausführliche Diskussion in MILGROM, *Leviticus* 1536-1538. Die VL des Augustinus hat zwar *turpitudinem eorum*, Augustinus legt es dennoch auf den Sexualkontakt nur mit der Mutter aus. Anders interpretiert er eigenartigerweise in *loc.* 3,43 zu Lev 18,7: *hac locutione concubitum vetuit cum his personis* „durch diese Formulierung hat er den Beischlaf mit diesen Personen verboten".

praetermisisse concubitum cum sorore de utroque parente nata; non enim dicit: Turpitudinem non revelabis sororis tuae ex patre et ex matre, sed: *Ex patre aut* 1520 *ex matre.* Verum quis non videat etiam illud esse prohibitum multo maxime? Si enim non licet sororis turpitudinem revelare ex quolibet parente natae, quanto magis ex utroque quid est autem quod interposita prohibitione concubitus 10 etiam cum suis neptibus sive de filio sive de filia sequitur et dicit: *Turpitudinem filiae uxoris patris tui non revelabis?* Si enim huc usque dixisset, intellegeremus etiam cum filia novercae prohibitum fuisse concubitum, quam ex priore viro noverca peperisset nec huius qui prohibetur soror esset vel ex patre vel ex matre; cum vero addidit: *Ex eodem patre soror tua est, non revelabis turpitudinem eius*, manifestat 15 de sorore factam esse istam prohibitionem, cum fuerit ex patre et ex noverca, de qua iam superius dixerat. An ideo iterum hoc apertius voluit prohibere, quia superius subobscurum fuit? Saepe enim hoc facit scriptura.

60 *Turpitudinem fratris patris tui non revelabis et ad uxorem eius non introibis.* Exposuit quid dixerit *turpitudinem fratris patris tui*, id est patrui tui, *non revelabis*; hoc est enim *ad uxorem eius non introibis.* In uxore quippe patrui voluit intellegi turpitudinem patrui, sicut in uxore patris turpitudinem patris.

1540 61 *Turpitudinem uxoris fratris tui non revelabis; turpitudo fratris tui est.* Quaeritur, utrum hoc vivo fratre an mortuo sit prohibitum, et non parva quaestio est. Si enim dixerimus de vivi fratris uxore locutam scripturam uno generali praecepto,

---

7 revelabis] revelabit P^1 *S* | tuae] suae *S* | et *om. n* | ex² *om. Am. μ* **12** huc] hoc *C P S N* **13** filia] filiam *P S* **14** huius] u̯ni̯u̯s *V* (illius *s. l. m.* 2 *V*) | vel ex¹ *om. V* | matre *om. V* **15** patre *om. S* **60,1** patris tui] tui patris *T* **3** eius *om. T* | patrui] tui *add. P^1 S V^1* **4** uxore] uxorem *p* **61,3** dixerimus] diximus *S* | uxore] uxorem *C p P^1 S*

---

[152] Mit *noverca* „Stiefmutter" führt Augustinus in *qu.* 3,58 für Lev 18,9 und in *qu.* 3,59 für Lev 18,11 eine monogame Terminologie ein. So entgeht ihm, daß die atl. Vorschrift hier polygame Verhältnisse voraussetzt, daher eine „weitere gleichzeitige Ehefrau deines Vaters" meint und in 18,11 folglich von der Tochter einer weiteren gleichzeitigen Frau des Vaters die Rede ist. Vgl. aber zur Erlaubnis der Polygamie *qu.* 3,63. Das sachliche Verhältnis der beiden Verse Lev 18,9.11 ist umstritten. Lev 18,9 handelt wohl von jeder Halbschwester, blutsverwandt über den Vater oder über die Mutter (vgl. ELLIGER, *Leviticus* 240), 18,11 TM dagegen von der nicht blutsverwandten Tochter einer weiteren Frau des Vaters, die durch deren Heirat in die väterliche Großfamilie aufgenommen wird. LXX formuliert in V 11: ὁμοπατρία ἀδελφή σού ἐστιν und charakterisiert diese somit als blutsverwandt; insofern fällt sie bereits unter V 9 (vgl. HIEKE, *Leviticus* 670). TM hatte hingegen durch das entsprechende מוֹלֶדֶת אָבִיךָ wohl gemeint: der Vater dieser

gen zu haben; sie sagt nämlich nicht: ‚du darfst die Schande deiner Schwester väterlicher- und mütterlicherseits nicht aufdecken', sondern: „väterlicherseits oder mütterlicherseits". Aber wer sähe nicht, daß auch jenes verboten ist mit weitaus größerem [Nachdruck]? Wenn es nämlich nicht erlaubt ist, die Schande einer Schwester, die von einem beliebigen Elternteil geboren ist, aufzudecken, um so viel mehr [die einer Schwester, die] von beiden [Elternteilen geboren ist]. Was bedeutet es aber, das die Schrift anschließend sagt, nachdem sie das Verbot des Beischlafs auch mit seinen Enkelinnen, sei es von seinem Sohn, sei es von seiner Tochter [geboren], dazwischengeschoben hat: „Die Schande der Tochter einer Frau deines Vaters darfst du nicht aufdecken"? Wenn sie nämlich (nur) bis hierher gesprochen hätte, würden wir es so verstehen, der Beischlaf sei auch mit der Tochter der Stiefmutter verboten, die die Stiefmutter von einem früheren Ehemann geboren hätte und nicht Schwester dessen, dem das verboten wird, wäre, weder von seiten des Vaters noch von seiten der Mutter; da sie aber hinzugefügt hat: „Sie ist deine Schwester vom selben Vater her, du darfst ihre Schande nicht aufdecken", macht sie klar, dieses Verbot sei bezüglich der Schwester erlassen, wenn sie vom Vater und von der Stiefmutter abstammt, über die sie bereits weiter oben gehandelt hatte.[152] Ob sie also das hier noch einmal deutlicher verbieten wollte, da [das Verbot] weiter oben äußerst dunkel war? Das macht die Schrift nämlich häufig.

qu. 3,60 (zu Lev 18,14)

60 „Die Schande des Bruders deines Vaters darfst du nicht aufdecken und zu dessen Ehefrau darfst du nicht eintreten." Die Schrift hat dargelegt, was sie meinte mit „die Schande des Bruders deines Vaters", d.h. deines Onkels väterlicherseits, „darfst du nicht aufdecken"; das bedeutet nämlich: „zu dessen Ehefrau darfst du nicht eintreten."[153] Im Fall der Ehefrau des Onkels väterlicherseits wollte sie ja die Schande seines Onkels väterlicherseits verstanden wissen, wie im Fall der Ehefrau des Vaters die Schande des Vaters.

qu. 3,61 (zu Lev 18,16)

61 „Die Schande der Ehefrau deines Bruders darfst du nicht aufdecken; es ist die Schande deines Bruders." Man fragt, ob dies zu Lebzeiten des Bruders oder nach dem Tod des Bruders verboten ist, und das ist kein geringes Problem. Wenn wir nämlich gesagt hätten, die Schrift habe über die Ehefrau des lebenden Bruders gesprochen, so ist selbstverständlich auch dies in dem einen allgemeinen Gebot enthalten, durch das verboten wird, daß ein Mann an die Frau

---

[152] „Stiefschwester" gehöre zum selben Klan wie der Vater des Angesprochenen (cf. MILGROM, *Leviticus* 1542).
[153] In *loc* 3,44 interpretiert Augustinus, wie oben, das *et* zwischen beiden Sätzen als *et explicativum* : *et posuit, pro id est*.

quo prohibetur homo ad uxorem accedere alienam, etiam hoc utique continetur. Quid est ergo quod tam diligenter has personas, quas appellat domesticas, propriis prohibitionibus distinguit a ceteris? Non enim et quod prohibet de uxore patris, hoc est de noverca, vivo patre accipiendum est et non potius mortuo. Nam vivo patre quis non videat multo maxime prohibitum, si cuiuslibet hominis uxor aliena prohibita est maculari adulterio? De his ergo personis videtur loqui, quae possent non habentes viros in matrimonium convenire, nisi lege prohiberentur, sicut fertur esse consuetudo Persarum. Sed rursus, si fratre mortuo intellexerimus prohibitum esse ducere fratris uxorem, occurrit illud, quod excitandi seminis causa, si ille sine filiis defunctus esset, iubet scriptura esse faciendum. Ac per hoc conlata ista prohibitione cum illa iussione, ne invicem adversentur, intellegenda est exceptio, id est non licere cuiquam defuncti fratris ducere uxorem, si defunctus posteros dereliquit; aut etiam illud esse prohibitum, ne liceret ducere fratris uxorem etiam quae a fratre vivo per repudium recessisset. Tunc enim, sicut dominus dicit, ad duritiam Iudaeorum Moyses permiserat dare libellum repudii et per hanc dimissionem potuit putari quod licite quisquam sibi uxorem copularet fratris, ubi adulterium non timeret, quoniam repudio discessisset.

62 *Turpitudinem mulieris et filiae eius non revelabis*. Id est, ne putet quisquam licere sibi ducere filiam uxoris suae. Simul enim mulieris et filiae eius non licet revelare turpitudinem [eius], id est ambabus misceri et matri et filiae.

63 *Filiam filii eius et filiam filiae eius non accipies*. Etiam neptem uxoris de filio vel de filia duci prohibuit. *Uxorem super sororem eius non accipies in zelum*. Hic non prohibuit superducere, quod licebat antiquis propter abundantiam propagatio-

---

61,18 Tunc...19 repudii] cf. Mt 19,7-8

---

5 est *om.* S   7 est¹] esset S V¹   9 ergo personis] personis ergo P V T   19 putari] putare p
20 uxorem *om.* N   62,2 eius] *s. l. m. 2* V   3 eius] *codd. edd., inclusit* z | matri] matris n
63,1 filii] filiae S | neptem] neptam S V¹

---

¹⁵⁴ Vgl. Ex 20,17; Lev 18,20 (s.u. *qu.* 3,65); Dtn 20,21.

eines anderen herantritt.[154] Was ist also der Grund dafür, daß die Schrift so sorgfältig diejenigen Personen, die sie zum Haus gehörig nennt, durch eigene Verbote von den übrigen unterscheidet? Denn auch das, was sie bezüglich der Ehefrau des Vaters, d.h. der Stiefmutter, verbietet, ist als zu Lebzeiten des Vaters und nicht etwa nach seinem Tod [vollzogen] zu verstehen. Denn wer sähe nicht, daß [dies] zu Lebzeiten des Vaters noch auf das strengste verboten ist, wenn [schon] verboten ist, die fremde Frau irgendeines Mannes durch Ehebruch zu entehren? Die Schrift scheint daher von solchen Personen zu sprechen, die, da sie keine Ehemänner haben, sich in der Ehe verbinden könnten, wenn sie nicht von Gesetzes wegen daran gehindert würden, wie es Brauch der Perser sein soll. Aber wenn wir andererseits dahingehend gedeutet hätten, daß es verboten ist, nach dem Tod des Bruders die Ehefrau des Bruders zu heiraten, steht jener Umstand dagegen, daß die Schrift, um [dem verstorbenen Bruder] Nachkommenschaft zu beschaffen, befiehlt, daß dies getan werden muß, falls der Bruder ohne Söhne gestorben ist.[155] Und wenn man jenes Verbot diesem Gebot konfrontiert hat, muß man deswegen, damit sie sich nicht widersprechen, annehmen, daß dieses Verbot eine Ausnahmebestimmung ist, d.h. daß es niemand erlaubt ist, die Frau des verstorbenen Bruders zu heiraten, wenn der Verstorbene Nachkommen hinterließ; oder auch daß jenes verboten worden ist, damit es auch nicht erlaubt sei, die Frau des Bruders zu heiraten, wenn diese sich vom Bruder zu dessen Lebzeiten auf Grund von Verstoßung getrennt hatte. Damals nämlich hatte Mose, wie der Herr sagt, wegen der Härte der Juden erlaubt, einen Scheidebrief auszustellen (vgl. Mt 19,7-8), und wegen dieses Zugeständnisses konnte man der Meinung sein, daß jemand sich [in diesem Fall], wo er keinen Ehebruch befürchtete, da sie infolge Verstoßung weggegangen war, erlaubterweise mit der Frau des Bruders verbinde

qu. 3,62 (zu Lev 18,17)

62 „Die Schande einer Frau und ihrer Tochter darfst du nicht aufdecken": d.h. niemand soll meinen, es sei ihm erlaubt, die Tochter seiner Frau zu heiraten. Es ist nämlich nicht erlaubt, gleichzeitig die Schande einer Frau und deren Tochter aufzudecken, d.h. sich mit beiden zu vereinen, sowohl mit der Mutter als auch mit der Tochter.

qu. 3,63 (zu Lev 18,17-18)

63 „Die Tochter ihres Sohnes und die Tochter ihrer Tochter darfst du nicht [zur Frau] nehmen." Sie hat auch verboten, die Enkelin der Ehefrau von seiten ihres Sohnes oder von seiten ihrer Tochter zu heiraten. „Du darfst nicht eine Frau zusätzlich zu ihrer Schwester heiraten [und sie so] zur Eifersucht [reizen]." Die Schrift hat hier nicht verboten [eine weitere Frau] hinzuzuheiraten; das war den Alten zum Zweck einer Fülle von Nachkommen erlaubt, sondern sie wollte

nis, sed sororem sorori noluit superduci. Quod videtur fecisse Iacob, sive quia nondum fuerat lege prohibitum sive quia subpositae alterius fraude deceptus est et illa magis de placito veniebat quam posterius accepit; sed iniustum erat priorem dimitti, ne faceret eam moechari. Hoc autem quod ait *in zelum*, utrum ideo positum est, ne sit zelus inter sorores, qui inter illas quae sorores non essent contemnendus fuit? An ideo potius, ne propter hoc fiat, id est, ne hoc animo fiat, ut in zelum sororis soror superducatur?

64 *Et ad mulierem in segregatione inmunditiae eius non accedes revelare turpitudinem eius*: Id est ad menstruatam mulierem non accedes; segregabatur enim secundum legem propter inmunditiam. Hoc cum superius satis sufficienter prohibuisset, quid sibi vult, quod etiam hic hoc isdem praeceptis voluit adiungere? An forte in superioribus quoniam dictum est, ne figurate accipiendum putaretur, etiam hic positum est, ubi talia prohibita sunt, quae etiam tempore novi testamenti remota umbrarum veterum observatione sine dubio custodienda sunt? Quod videtur etiam per prophetam Ezechielem significasse, qui inter illa peccata, quae non figuratae sed manifestae iniquitatis sunt, etiam hoc commemorat, ad mulierem menstruatam si quis accedat, et inter iustitiae merita, si non accedat. Qua in re non natura damnatur, sed concipiendae proli noxium perhibetur.

65 *Et ad uxorem proximi tui non dabis concubitum seminis tui inquinari ad eam*. Ecce ubi rursus prohibet adulterium, quod cum aliena uxore committitur, quod etiam in decalogo prohibetur. Unde adparet illa ita prohibita, ut etiam mortuis viris suis non ducantur uxores, quarum prohibet turpitudinem revelari.

63,4 quod...6 accepit] cf. Gn 29,20-28   **64,3** cum...prohibuisset] cf. Lv 15,19-27 **8** per...11 accedat²] cf. Ez 18,6; 22,10   **65,2** quod²...3 prohibetur] cf. Ex 20,17

---

6 et] at *T*   **8** zelus] zelum *C P S V N* | qui] quod *C P² N T*, quae *P¹ S V*   **9** contemnendus] contemnendum *C P V N T*, condemnendum *S*   **64,1** segregatione] segregationem *C N* **4** isdem] eisdem *V² T Am. µ*   **5** forte] ne *add. C P S V N* | quoniam] quando *T*, quod *V²*, quod iam *Am. µ* | ne *exp. V, om. T*   **9** figuratae] figurate *P S V* | manifestae] manifeste *P S V*   **11** perhibetur] prohibetur *N*   **65,1** tui¹] tibi *C T*   **4** ducantur] ducant *P S V T* | revelari] revelare *V*

nicht, daß die Schwester zur Schwester hinzugeheiratet werde. Das scheint Jakob getan zu haben, sei es weil das noch nicht durch Gesetz verboten war, sei es, weil er durch den Betrug, daß eine andere untergeschoben worden war, getäuscht worden ist und jene, die er später erhielt, [ihm] besser gefiel (vgl. Gen 29,20-28); es war aber ungerecht, die frühere zu entlassen, um sie nicht zum Ehebruch zu veranlassen. Die Formulierung aber: „zur Eifersucht", ob sie in dem Sinn gewählt worden ist, damit keine Eifersucht zwischen den Schwestern sei, die [selbst schon] zwischen solchen, die keine Schwestern waren, zu verurteilen war? Oder eher in dem Sinn, damit es nicht zu diesem Zweck getan werde, d.h. nicht in dieser Absicht getan werde, daß die eine Schwester zur anderen hinzugeheiratet werde, um diese zur Eifersucht [zu reizen]?

qu. 3,64 (zu Lev 18,19)

64 „Und du sollst dich nicht einer Frau in der Absonderung ihrer Unreinheit nähern, um ihre Schande aufzudecken": d.h. du sollst dich nicht einer Frau während ihrer Regel nähern; sie wurde nämlich nach dem Gesetz wegen der Unreinheit abgesondert. Was soll es bedeuten, daß die Schrift dies, obgleich sie es weiter oben ausreichend verboten hatte (vgl. Lev 15,19-27), auch hier eben diesen Vorschriften hinzufügen wollte? Oder wurde es, da es doch bereits weiter oben gesagt worden war, damit man nicht meine, es sei im übertragenen Sinn zu verstehen, auch hier formuliert, wo solche Verbote vorliegen, die auch zur Zeit des Neuen Bundes, nachdem die Observanz der alten Schatten beseitigt worden ist, ohne Zweifel beachtet werden müssen? Wie es scheint, hat die Schrift dies auch durch den Propheten Ezechiel angezeigt, der unter jenen Sünden, die nicht Symbole [für irgendetwas], sondern von offenkundiger Ungerechtigkeit sind, auch diesen Fall erwähnt, wenn einer sich einer Frau während ihrer Regel nähert, und unter den Verdiensten gerechten Verhaltens, wenn er sich nicht nähert (vgl. Ez 18,6; 22,10). In dieser Sache wird nicht die Natur verdammt, sondern Schaden für die Empfängnis des Kindes angezeigt.

qu. 3,65 (zu Lev 18,20)

65 „Und mit der Ehefrau deines Nächsten darfst du nicht den Beischlaf deines Samens vollziehen, dich an ihr zu verunreinigen." Siehe, hier verbietet die Schrift wiederum den Ehebruch, der mit einer fremden Ehefrau begangen wird, der auch im Dekalog verboten wird (vgl. Ex 20,17). Daraus wird deutlich, daß jene [Taten] dermaßen verboten sind, daß auch nach dem Tod ihrer Ehemänner Frauen nicht geheiratet werden dürfen, deren Schande aufzudecken die Schrift verbietet.

---

[155] Vgl. das Leviratsgesetz Dtn 25,5-6 und dazu *qu.* 5,46.

66 *Et a semine tuo non dabis servire principi.* Hic non video quid intellegatur nisi principi qui pro deo colitur. Non enim ait δουλεύειν, sed λατρεύειν in Graeco, quod Latinus non solet interpretari, nisi ut dicat *servire*; plurimum autem distat. Nam servire hominibus sicut servi serviunt, quod non est λατρεύειν sed δουλεύειν, scriptura non prohibet; servire autem secundum id quod est λατρεύειν non iubetur hominibus nisi uni vero deo, sicut scriptum est: *Dominum deum tuum adorabis et illi soli servies.* Non solum autem hoc verbo, quod ait λατρεύειν, satis significat quem principem dicat, id est cui cultus tamquam deo exhibetur, verum etiam eo quod adiungit: *Et non profanabis nomen sanctum,* sive dei, de cuius populo datur illo modo servire principi, sive nomen sanctum ipsius populi Israhel, propter quod dicitur: *Sancti estis, quoniam et ego sanctus sum.* Opportunissime etiam hic adiungit: *Ego dominus,* hoc utique admonens, quia illi soli debetur λατρεία, id est ea servitus, qua servitur deo.

67 Quod dicit: *Et exhorruit terra eos qui insident super eam.* Propter mala facta eorum, quae superius commemoravit, non ideo dictum putandum est, quod habeat terra sensum quo ista sentiat et exhorreat, sed nomine terrae homines significat, qui sunt super terram. Proinde cum haec mala faciunt homines,

---

66,6 Dtn 6,13; 10,20   **11** Lv 11,44.45; 19,2; 1Pt 1,16

66,2 δουλεύειν] duleuin *C N*, duleum *P S V T* | λατρεύειν] latreuin *C N*, latreum *P S V T*   **3** Latinus] Latinos *P¹ S* | interpretari] interpreta *C*   **4** δουλεύειν] duleuin *C N*, duleum *P S V T*   **5** non *om. V*   **7** quod] quo *P S V*   **9** de *om. V* | cuius] cui *S V*   **11** estis] estote *T Am. μ* | et *om. V Am. μ*   **12** dominus] d̄n̄i *C*   **13** λατρεία] latria *C P S V N T* | ea *om. T*
67,1 exhorruit] exhorrevit *C*, exhorrebit *P S V N T*   **3** quo] quonian *p* | ista] ita *P¹ V*, itaque *S* | sentiat] sententia *n*

---

[156] TM spricht von einem Ritus, der vor Molech an Kindern vollzogen wurde: לְהַעֲבִיר לַמֹּלֶךְ „[ihn] für den Moloch [durch das Feuer] hindurchgehen zu lassen". Vgl. dazu MICHEL, *Gott* 297-299. LXX liest mit Sam statt לְהַעֲבִיד לְהַעֲבִיר und wählt dafür einen liturgischen *terminus technicus*: λατρεύειν ἄρχοντι, „dem Herrscher zu dienen". Außerdem liest sie (im Gegensatz zu Aquila, Symmachus und Theodotion) in abweichender Vokalisierung anstatt der verunglimpfenden Götzenbezeichnung Molek das Wort für ‚König': ‚mäläk', gab es aber aus Rücksicht auf den ägyptischen politischen Kontext durch ἄρχων wieder. So WEVERS, *Leviticus*; vgl. auch HIEKE, *Levitikus* 684-686. SD 390 zieht daraus sehr weitgehende Folgerungen: „Die Übs. ἄρχων lässt darauf schließen, dass die Übersetzer der Meinung gewesen sind, der Vers spreche von einem israelitischen König bzw. Herrscher, denn ἄρχων ist die Standardwiedergabe von מלך, wenn es sich um Israels Könige handelt [...] Die LXX schließt mit ihrer Formulierung die kulti-

qu. 3,66 (zu Lev 18,21)

66 „Und von deinem Samen (deiner Nachkommenschaft) darfst du keinen hingeben, dem Fürsten zu dienen."[156] Hier sehe ich nicht, wie man deuten soll, außer: ‚dem Fürsten, der anstelle Gottes verehrt wird'. Es heißt nämlich auf Griechisch nicht δουλεύειν, sondern λατρεύειν, das der Lateiner ausschließlich mit *servire* (dienen) zu übersetzen pflegt; sehr groß ist aber der Unterschied [der beiden Wörter]. Denn Menschen zu ‚dienen' *(servire)*, wie Sklaven dienen, was nicht λατρεύειν, sondern δουλεύειν ist, verbietet die Schrift nicht; dagegen wird zu dienen im Sinn von λατρεύειν den Menschen ausschließlich gegenüber dem einen wahren Gott befohlen, wie geschrieben steht: „Vor dem Herrn, deinem Gott, sollst du dich niederwerfen und ihm allein dienen" (Dtn 6,13; 10,20).[157] Nicht allein durch dieses Wort λατρεύειν zeigt die Schrift deutlich genug, wen sie *princeps* (Fürst) nennt, d.h. wem kultische Verehrung gleichwie Gott dargebracht wird, sondern auch durch das, was sie hinzufügt: „und du darfst den heiligen Namen[158] nicht entweihen", sei es Gottes, von dessen Volk dem Fürsten jene Art des Dienstes erwiesen wird, sei es den heiligen Namen des Volkes Israel selbst, desbezüglich gesagt wird: „Ihr seid heilig, weil auch ich heilig bin" (Lev 11,44.45; 19,2; 1Petr 1,16).[159] Höchst passend fügt die Schrift hier auch [den Satz] hinzu: „Ich bin der Herr"; sie schärft dies natürlich ein, weil jenem allein die λατρεία, d.h. derjenige Dienst, mit dem man Gott dient, gebührt.

qu. 3,67 (zu Lev 18,25)

67 Die Schrift sagt: „Und das Land ist vor denen, die auf ihm wohnen, erschaudert."[160] Wegen ihrer bösen Taten, die die Schrift weiter oben genannt hat; man soll nicht glauben, das sei deshalb gesagt worden, weil das Land ein Wahrnehmungsvermögen besäße, durch das es diese wahrnähme und sich entsetzte, sondern mit dem Wort ‚Land' bezeichnet die Schrift die Menschen, die auf dem Land sind. Folglich verunreinigen die Menschen, wenn sie diese bösen Taten begehen, das Land, weil die Menschen sich verunreinigen, die diese [Taten]

---

sche Verehrung jüd. Autoritäten durch Israels Nachkommen aus." BdA erklärt hingegen, daß die Übersetzer der LXX das hebräische Wort als Königstitel eines Gottes auffaßten, dessen Namen man nicht nennen wollte.

[157] Jeweils – im Unterschied zu TM, LXXB und Vulg – entsprechend LXXA.

[158] TM hat: „den Namen deines Gottes". LXX sagt statt dessen: „den heiligen Namen", erst dies gibt Augustinus Anlaß zu seiner Überlegung.

[159] In TM, LXX und Vulg ist es ein Gebot, Augustinus zitiert den Vers frei als Aussage. Er kennt allerdings auch die korrekte Wiedergabe; so zitiert er z.B.in *en. Ps.* 85,4: *Sancti estote, quia et ego sanctus sum*.

[160] TM gebraucht die drastischere Metapher „ausspeien", die von LXX gemildert wird.

inquinant terram, quia inquinantur homines qui haec imitantur; et exhorret 5
terra, quia exhorrent homines qui nec faciunt nec imitantur.

68 *Non furtum facietis neque mentiemini neque calumniam faciet unusquisque proximo.*
Illud de furto positum est in decalogo. Quod autem dicit: *Neque mentiemini neque calumniam faciet unusquisque proximo,* mirum, si non eo praecepto continetur, quod ibi positum est: *Neque falsum testimonium dices adversum proximum tuum,* quoniam neque calumnia sine mendacio fieri potest, quod falsi testimonii generalitate 5 concluditur. Sed utrum haec aliqua conpensatione admittenda sint, magna quaestio est: Sicut de mendacio paene omnibus videtur, quod ubi nemo laeditur, pro salute mentiendum est. Utrum ergo ita et de furto? An furtum fieri non potest, ubi nullus laeditur? Quin immo fieri potest, etiam quando ei cui fit consulitur, tamquam si quisquam homini volenti se occidere gladium furetur. 10 Nam calumnia nescio utrum cuiquam ad eius utilitatem fieri possit. Nisi forte quod ad maius gaudium fiebat, quo postea fruerentur, quod Ioseph de scypho calumniabatur fratribus suis, quibus etiam explorationis falsum crimen intenderat. Quamquam si definitionibus ista determinare tentemus, fortasse furtum non est, nisi quando alieno occulte ablato proximus laeditur; et calumnia non 15 est, nisi quando falsi criminis obiectione proximus laeditur; mendacium autem non possumus dicere tunc tantummodo esse, quando proximus laeditur; cum enim falsum ab sciente dicitur, procul dubio mendacium est, sive illo quisquam sive nemo laedatur. Proinde magna quaestio de mendacio, utrum possit aliquando iustum esse mendacium, facile solveretur fortasse, si sola praecepta intue- 20 remur, non et exempla. Nam quid isto praecepto absolutius: *Non mentiemini?* Sic enim dictum est quomodo: *Non facies tibi idolum* - quod factum non potest aliquando iustum esse - et quomodo dictum est: *Non moechaberis* - quis autem dicat aliquando moechiam iustam esse posse? - et: *Non furaberis* - secundum definitionem illam furti iustum esse furtum numquam potest - et: *Non occides,* 25

68,2 illud...decalogo] cf. Ex 20,14   **4** Ex 20,16   **12** Ioseph...14 intenderat] cf. Gn 42,9.14; 44,4-5   **22** Ex 20,4   **23** Ex 20,13   **24** Ex 20,14

---

5 qui] quia P^1 S | exhorret] exhorrent P (ex *s. l.*), orrent S, horrent V^1 **68,1** faciet] faciat S proximo] suo *add.* V T   **2** in *om.* S   **3** faciet] faciat S   **4** adversum] adversus C   **5** potest] potes C   **6** admittenda] amittenda P | sint] sunt C γ **8** non *om.* P^1 S V   **9** nullus] nullusi S   **10** quisquam] quisque P S V N | homini] hominum P S V | volenti] volentis S | se] eo S gladium] gladio S   **15** quando] *ex* quod P^2 **19** mendacio] menda S *(in fine lineae)*   **20** facile] autem *add.* T   **21** et *om.* P S V T | nam] num S | absolutius] absolutio S | sic] si S   **23** moechaberis] moechaveris C p   **24** secundum] enim *add.* S *Am.* μ   **25** furtum numquam] numquam furtem S

nachahmen; und es entsetzt sich das Land, weil sich die Menschen entsetzen, die [sie] weder begehen noch nachahmen.

qu. 3,68 (zu Lev 19,11)

68 „Ihr sollt keinen Diebstahl begehen und nicht lügen und keiner soll den Nächsten verleumden." Jenes [Verbot] des Diebstahls findet sich im Dekalog (vgl. Ex 20,15) . Es wäre erstaunlich, wenn das, was die Schrift sagt: „Ihr sollt nicht lügen und keiner soll den Nächsten verleumden", nicht in eben dem Gebot enthalten wäre, das dort [im Dekalog] formuliert ist: „und du sollst kein falsches Zeugnis geben wider deinen Nächsten" (Ex 20,16), weil gar keine Verleumdung ohne Lüge geschehen kann, die in der allgemeinen Bedeutung von ‚falschem Zeugnis' eingeschlossen ist. Aber es stellt ein großes Problem dar, ob diese [Handlungen] im Fall irgendeines Ausgleichs [mit einem Guten] zugelassen werden können: wie es im Fall der Lüge nahezu allen richtig erscheint, daß, wo niemand beschädigt wird, für die Erhaltung des Daseins gelogen werden darf. Ob derartiges also auch vom Diebstahl gilt? Ob man vielleicht keinen Diebstahl begehen kann, durch den niemand beschädigt wird? Ja vielmehr darf er allerdings begangen werden, wenn er demjenigen, dem er widerfährt, hilft, wie wenn einer einem Mann, der sich töten will, das Schwert stehlen würde. Freilich weiß ich nicht, ob jemanden zu seinem Nutzen eine Verleumdung widerfahren könnte. Außer vielleicht der Fall, daß die Verleumdung zum Zweck größerer Freude, die sie (Josefs Brüder) später genießen konnten, verübt wurde, insofern Josef seine Brüder wegen des Bechers verleumdete, denen er auch fälschlicherweise das Verbrechen der Spionage angehängt hatte (vgl. Gen 42,9.14; 44,4-5). Zwar handelt es sich, falls wir diese Dinge durch Definitionen festzulegen versuchen wollten, vielleicht nicht um Diebstahl, außer wenn der Nächste durch heimliche Entwendung eines fremden [Gutes] geschädigt wird; und es liegt keine Verleumdung vor, außer wenn der Nächste durch unzutreffende Beschuldigung eines Verbrechens geschädigt wird; von der Lüge aber können wir nicht sagen, sie liege nur dann vor, wenn der Nächste geschädigt wird; wenn nämlich einer wissentlich etwas Falsches sagt, ist das ohne Zweifel eine Lüge, ob durch diese nun irgendjemand oder niemand geschädigt wird. Daher würde das große Problem bezüglich der Lüge, ob eine Lüge unter irgendwelchen Umständen gerechtfertigt sein könnte, vielleicht leicht gelöst, wenn wir allein die Gebote, nicht auch die Beispiele betrachteten. Denn was gibt es Unbedingteres als dieses Gebot: „Ihr sollt nicht lügen"? Es ist nämlich ebenso formuliert wie: „Du sollst dir kein Götzenbild machen" (Ex 20,4) – das gemacht zu haben kann niemals gerechtfertigt sein – und wie formuliert worden ist: „Du sollst nicht die Ehe brechen" (Ex 20,14) – wer aber wollte sagen, Ehebruch sei irgendwann gerechtfertigt? – Und: „Du sollst nicht stehlen" (Ex 20,15) – nach jener Definition von Diebstahl kann Diebstahl niemals gerecht-

quoniam cum homo iuste occiditur, lex eum occidit, non tu. Numquid ita dici potest: Cum homo iuste mentitur, lex mentitur? Sed exempla faciunt difficillimam quaestionem. Mentitae sunt obstetrices Aegyptiae et bona illis deus retribuit; mentita est Raab pro exploratoribus terrae et ideo liberata est. An ex quo dictum est in lege: *Non mentiemini*, ex illo intellegendum est nec in tali causa licere mendacium, in quali causa legitur Raab esse mentita? Sed magis credibile est, quia iniustum erat mendacium, ideo prohibitum, non quia prohibitum, ideo factum iniustum. Fortassis ergo, sicut de obstetricibus diximus, non hoc in eis remuneratum, quod mentitae sunt, sed quod infantes Hebraeos liberaverunt, ut propter hanc misericordiam illud peccatum veniale sit factum, non tamen existimetur non fuisse peccatum; sic etiam de Raab intellegendum est remuneratam in illa liberationem exploratorum, ut propter eandem liberationem venia sit data mendacio. Ubi autem venia datur, manifestum est esse peccatum. Sed illud cavendum est, ne ita quisque existimet etiam ceteris peccatis, si propter liberationes hominum fiant, ita veniam posse concedi. Multa enim mala intolerabilia et nimium detestanda istum consequuntur errorem.

69 *Non nocebis proximo*. Si quid sit nocere et non nocere pateret hominibus, hoc generale praeceptum ad innocentiam retinendam fortasse sufficeret. Omnia enim quae prohibentur committi in proximum, ad hoc unum referenda sunt, quod dictum est: *Non nocebis proximo*. Nam quod sequitur: *Non rapies*, nisi ad hoc referatur, ne rapiendo noceatur, aliquando evenit, ut non rapiendo quisque noceat. Nam gladius insanienti rapiendus est; et si non fecerit quis ut oportuerit, magis nocuerit.

---

28 mentitae...retribuit] cf. Ex 1,19-20   **29** mentita...est²] cf. Ios. 2,4; 6,25

---

26 numquid] iuste *add. T*   **29** exploratoribus] explorantibus *S*   **30** ex illo *om. N*   **33** in *om. p*   **37** liberationem¹] liberatione *P S V* | liberationem²] explorationem *P S V*   **39** ceteris] de *praem. V T*   **40** fiant] faciant *N* | veniam] venia *S*   **41** consequuntur] sequuntur *Am. μ*   **69,1** et...nocere² *om. C¹*   **4** quod¹] *om. p* | quod dictum] quo dictum *S*   **6** insanienti] insaniendi *T* | fecerit] ferit *T, et add. in marg.:* alius liber etsi non fecerit | quis] quit *C P N*, quid *S T* | ut *om. C¹ T* | oportuerit] *T adnotat alium librum in marg. praebere:* potuerit

---

[161] Vgl. *qu.* 2,1.
[162] In *qu.* 6,2 erzählt Augustinus die Jericho-Episode nach, geht aber auf Rahabs Lüge nicht ein. Ausführlich behandelt er Rahabs Lüge in *c. mend.* 32-34. Vgl. STÄDELE, *Lügenschriften* 175f.

fertigt sein – und: „Du sollst nicht töten" (Ex 20,13) – weil, wenn ein Mensch gerechterweise getötet wird, ihn das Gesetz tötet, nicht du. Kann man etwa so sagen: Wenn ein Mensch gerechterweise lügt, lügt das Gesetz? Aber Beispiele machen das Problem sehr schwierig. Gelogen haben die Hebammen Ägyptens, und Gott vergalt jenen mit guten [Gaben] (vgl. Ex 1,19-20); gelogen hat Rahab zugunsten der Kundschafter des Landes und ist deshalb gerettet worden (vgl. Jos 2,4; 6,25). Ist vielleicht aus jenem [Verbot], das im Gesetz ausgesprochen ist: „Ihr sollt nicht lügen", zu entnehmen, daß auch in einem Fall wie dem, in dem, wie man liest, Rahab gelogen hat, eine Lüge nicht erlaubt ist? Aber es ist glaubhafter, daß die Lüge deswegen verboten war, weil sie ungerecht war, nicht daß sie deswegen ungerecht geworden ist, weil sie verboten war. Vielleicht also sind die Hebammen, wie wir gesagt haben,[161] nicht dafür belohnt worden, daß sie gelogen haben, sondern dafür, daß sie die Kinder der Hebräer gerettet haben, so daß wegen dieser Barmherzigkeit jene Sünde zwar verzeihlich geworden ist, man dennoch aber nicht meinen soll, es sei keine Sünde gewesen; so muß man auch bezüglich Rahab urteilen, daß jene für die Rettung der Kundschafter belohnt worden ist mit der Folge, daß wegen eben dieser Rettung die Lüge vergeben worden ist.[162] Wo aber Vergebung erteilt wird, liegt offenkundig eine Sünde vor. Aber vor jenem [Irrtum] muß man sich hüten, daß nicht jeder Beliebige meint, es könne auch für die übrigen Sünden Vergebung erteilt werden, wenn sie zum Zweck der Rettung von Menschen getan werden. Denn viele unerträgliche und über die Maßen verabscheuenswerte Übel folgen aus diesem Irrtum.

qu. 3,69 (zu Lev 19,13)

69 „Du sollst dem Nächsten keinen Schaden zufügen."[163] Wenn den Menschen klar wäre, was ‚schaden' und ‚nicht schaden' bedeutet, würde diese allgemeine Vorschrift vielleicht genügen, um die Unschuld zu bewahren. Denn alles das, was dem Nächsten zuzufügen verboten wird, muß auf das eine [Gebot] zurückgeführt werden, das lautet: „Du sollst dem Nächsten keinen Schaden zufügen." Denn wenn das folgende: „Du sollst nicht berauben", nicht darauf bezogen wird, daß durch Raub kein Schaden angerichtet werden soll, kann es gelegentlich dazu kommen, daß einer dadurch schadet, daß er nicht raubt. Denn ein Schwert muß einem Wahnsinnigen geraubt werden; und wenn einer das nicht getan hat, als es nötig gewesen war, wird er größeren Schaden angerichtet haben.

---

[163] TM: לֹא־תַעֲשֹׁק „du sollst nicht bedrücken, ausbeuten". LXX: οὐκ ἀδικήσεις „du sollst ihn nicht ungerecht behandeln, ihm kein Unrecht tun"; Vulg: *non facies calumniam* „du sollst nicht verleumden, Betrug, Rechtsverdrehung üben".

70 Quid est quod, cum supra dixisset: *Non odio habebis fratrem tuum in animo tuo; arguendo argues proximum tuum et non accipies propter ipsum peccatum*, consequenter adiunxit: *Et non vindicatur manus tua?* Utrum pro eo, quod est non punitur? Animo enim bono facis, cum disciplinam peccanti proximo inponis, ne accipias peccatum eius neglegendo. Ad hoc enim pertinet quod ante posuit: *Non odio habebis proximum tuum in animo tuo.* Videri enim potest ei qui arguitur, quod oderis eum, cum non sit in animo tuo. *An non vindicatur manus tua* hoc potius admonet, ne quaeras vindicari manum tuam nec ulciscendi libidine rapiaris? Nam quid est aliud vindicari velle nisi laetari vel consolari de alieno malo? Et ideo dictum est: *Non irasceris filiis populi tui.* Sic enim recte ira definita est, quod sit ulciscendi libido. Quidam vero codices habent: *Et non vindicabitur manus tua*, id est ne arguendo vindicare te velis, sed potius consulere illi quem arguis.

71 *Et incisiones super animam non facietis in corpore vestro. Super animam* dixit super funus mortui; de anima quippe dolor est quae recessit. Ad hunc autem dolorem pertinet luctus, in quo luctu nonnullae gentes habent consuetudinem secare corpora sua. Hoc fieri deus prohibet.

72 *Ita ut fornicentur in principes de populo suo.* Non de populo suo principes, sed de populo suo fornicentur. Eos quippe principes vult hic intellegi, qui pro diis

---

70,2 arguendo] argue *P*   **3** quod *om. N*   **4** facis] facies *P S V* | disciplinam] disciplina *S* peccanti] peccati *P V* | ne] nec *P* | accipias] accipies *P¹ S V*   **7** an non] anno *S*   **8** nec] ne *C N*   **10** definita est] diffinitur *T*   **12** ne] non *S* | arguis] argues *N*   **71,2** quae recessit] *bis pos. S* ad hunc] adhuc *P¹ S V* | dolorem] ad *praem. P¹ S V*   **72,2** diis] dis *S N*

---

¹⁶⁴ Augustinus diskutiert beide Übersetzungsmöglichkeiten. Während in den vorausgehenden Sätzen wie auch in diesem TM (Prohibitiv), sowie LXX (οὐκ ἐκδικᾶταί; zu dieser Futurform vgl. HELBIG, *Grammatik* 86) und Vulg *(non quaeres)* (und auch VL: *non odio habebis* in den vorausgehenden Sätzen) Verbotsformen im Futur haben, hat die VL in diesem Satz Präsens Indikativ *(non vindicatur)*, Augustinus kennt aber auch Codices mit Futur *(non vindicabitur)*. LXX, gefolgt von VL, führt zusätzlich das Subjekt „deine Hand" ein. WEVERS, *Leviticus* kann dafür keinen exegetischen Grund erkennen, vermutet aber, daß dadurch die Aktivität des Rachedurstigen betont werden soll.

¹⁶⁵ TM hat לְנֶפֶשׁ „für einen Toten" (HIEKE, *Levitikus* 702:נֶפֶשׁ „als Abkürzung für נפש מת ‚tote Seele/Person', ‚Leiche'"). LXX gibt auch hier die Hauptbedeutung dieses Wortes an: ἐπὶ ψυχῇ „wegen einer Menschenseele" (SD), entsprechend VL: *super animam*. Aus dem Zusammenhang ist deutlich, daß von einem verbotenen Totenritual die Rede ist; Vulg entsprechend: *super mortuo*. Gegen die häufig vertretene Behauptung, נֶפֶשׁ bedeute in Kultgesetzen wie hier ‚Leiche' (vgl. auch Lev 21,1; 22,4; Num 5,2; 6,11; 9,6.7.10;

qu. 3,70 (zu Lev 19,17-18)

70 Was bedeutet es, daß die Schrift, nachdem sie zuerst gesagt hatte: „Du sollst in deinem Gemüt deinen Bruder nicht hassen; mit Tadel sollst du deinen Nächsten tadeln, und so wirst du seinetwegen keine Schuld auf dich laden" unmittelbar anschließend hinzugefügt hat: „und deine Hand wird nicht bestraft/rächt sich nicht."[164] Ob dies *[non vindicatur]* bedeutet: ‚sie wird nicht bestraft'? Denn du handelst in guter Absicht, wenn du deinem sündigenden Nächsten Zurechtweisung auferlegst, damit du nicht dessen Sünde auf dich lädst, indem du gleichgültig zusiehst. Darauf bezieht sich nämlich, was sie zuvor ausgeführt hat: „Du sollst in deinem Gemüt deinen Nächsten nicht hassen." Es kann nämlich der, der getadelt wird, meinen, daß du ihn haßt, obgleich [Haß] nicht in deinem Gemüt ist. Ob vielleicht *non uindicatur manus tua* eher dazu ermahnt, daß du nicht versuchen sollst, daß deine Hand sich rächt, und daß du dich nicht von der Rachsucht ergreifen lassen sollst? Denn was bedeutet ‚sich rächen zu wollen' anderes, als sich an fremdem Unglück zu freuen und daran Gefallen finden? Und deswegen ist gesagt worden: „Du sollst den Söhnen deines Volkes nicht zürnen." Der Zorn ist nämlich richtig dahingehend definiert worden, daß er Rachsucht ist. Einige Kodizes aber haben: „Und deine Hand soll sich nicht rächen", d.h. du sollst dich durch Tadel nicht rächen wollen, sondern vielmehr jenem helfen, den du tadelst.

qu. 3,71 (zu Lev 19,28)

71 „Und ihr sollt an eurem Körper keine Einschnitte machen wegen einer Seele".[165] „Wegen einer Seele" bedeutet: ‚wegen der Beerdigung eines Toten'; der Schmerz bezieht sich ja auf die Seele, die dahingegangen ist. Zu diesem Schmerz aber gehört die Trauer; einige Völker haben den Brauch, in dieser Trauer ihre Körper zu ritzen. Gott verbietet, das zu tun.

qu. 3,72 (zu Lev 20,5)

72 „So daß gegenüber den Fürsten [Leute] aus seinem Volk huren."[166] Nicht: ‚Fürsten aus seinem Volk', sondern: „[Leute] aus seinem Volk huren". Unter den ‚Fürsten' will die Schrift hier diejenigen verstanden wissen, die wie Götter verehrt wurden; wie der Apostel sagt: „entsprechend dem Fürsten der Macht

---

Num 11,11.13; Hag 2,13), hat MICHEL, *Leichnam* wieder für die ältere, z.B. schon von GESENIUS-BUHL, *Handwörterbuch* vertretene These argumentiert, an Stellen wie hier sei נֶפֶשׁ im Sinn von נֶפֶשׁ מֵת („Seele eines Toten") als Totenseele bzw. Totengeist zu deuten.

[166] TM sagt: „hinter dem Molech herhuren". Die Angabe „aus der Mitte ihres Volkes" bezieht sich in TM nicht auf ‚hinterherhuren', sondern auf ‚ausrotten': „ich werde ihn und alle, die hinter ihm herhuren, indem sie hinter dem Molech herhuren, aus der Mitte ihres Volkes ausrotten." Zur Wiedergabe ‚Fürst' für ‚Molech' vgl. oben Anm. 156 zu *qu.* 3,66 und zum überraschenden Plural ‚Fürsten' vgl. WEVERS, *Leviticus*.

colebantur; sicut apostolus dicit: *Secundum principem potestatis aeris*, et in evangelio dominus: *Nunc princeps mundi huius missus est foras*, et: *Ecce veniet princeps mundi et in me nihil inveniet.*

73 *Homo homo quicumque adulteraverit uxorem viri aut quicumque adulteraverit uxorem proximi sui, morte moriantur.* Pluraliter dixit *morte moriantur*, hoc est qui adulteravit et quae adulterata est. Hic aliquid distare voluit inter quemlibet virum et proximum, quamvis multis locis proximum pro omni homine ponat. Sed quae est ista locutio, ut, cum iam dixisset de viro, hoc idem repetierit de proximo, cum sit consequens, ut multo magis ab uxore proximi abstinendum sit, si ab uxore cuiuslibet viri abstinendum est? Nam si prius de proximo dixisset, ne putaretur uxorem licere adulterare non proximi, addendum fuit de quolibet viro; nunc vero, si quod minus est non licet, quanto minus licet quod maius malum est. Nam si non licet adulterare uxorem cuiuslibet viri, quanto magis proximi. An forte ista repetitio tamquam exponit quid prius dictum sit, ut ideo intellegat homo quantum malum sit adulterare uxorem viri, quia, si hoc fecerit, uxorem proximi adulterat? Proximus est enim omnis homo homini.

74 *Et mulier quae accesserit ad omne pecus ascendi ab eo, interficietis mulierem et pecus. Morte moriantur; rei sunt.* Quaeritur quomodo sit reum pecus, cum sit inrationale nec ullo modo legis capax. An quemadmodum transferuntur verba modo locutionis, quae Graece appellatur μεταφορά, ab animali ad inanimale - sicut dicitur inprobus ventus vel iratum mare - ita et hic translatum est a rationali ad

---

72,3 Eph 2,2   4 Io 12,31 | Io 14,30

---

3   aeris] eius *add. C*   4   mundi huius] huius mundi *P S Am. μ* | veniet] venit *P S V Am. μ*   73,1   homo² *om. S* | viri...uxorem² *om. C¹ per homoiot,, add in marg. C²* | adulteraverit²] aut ulterabit *C²*   2   sui] „haud dubie includendum est", *ita ʒ* | pluraliter...moriantur² *om. V* adulteravit] adulteraverit *P S V N T*   4   homine] himini *S* | ponat] ponit *C P V*   5   ista] ita *P¹ S* | idem] id est *p S*   8   fuit] *om. S*, fuisset *Am. μ*   12   quia] quam *N* | si *om. S*   13   homini] hominis *P¹ S V*   74,1   accesserit] accesserat *C P¹* | ascendi] ascendendi *C P*, ascendere *T¹*   2   moriantur] moriatur *S* | pecus] *add. in marg. m. 2 V*   4   μεταφορά] metafora *C P T*, metaphora *S V*, methafora *N* | animali] animalia *C*

---

[167] In TM folgen die beiden Relativsätze asyndetisch aufeinander (HIEKE, *Levitikus*: Dittographie oder explikative Asyndese mit Betonung: „des Nächsten"?), LXX, gefolgt von VL, fügt „oder", Vulg „und" ein.

[168] TM hat Sgl.: „er [der Ehebrecher] soll sterben", fügt aber dennoch (HIEKE, *Levitikus*: unter stillschweigender Voraussetzung, daß die Frau zugestimmt hat) hinzu: „der Ehe-

über die Luft" (Eph 2,2), und [wie] der Herr im Evangelium [sagt]: „Jetzt ist der Fürst dieser Welt hinausgeworfen worden" (Joh 12,31), und: „Siehe, der Fürst der Welt wird kommen, aber in mir wird er nichts finden" (Joh 14,30).

qu. 3,73 (zu Lev 20,10)

73 „Ein Mann, welcher Mann auch immer, der die Ehefrau eines Ehemannes zum Ehebruch verführt hat oder[167] der auch immer die Ehefrau seines Nächsten zum Ehebruch verführt hat, – sie sollen des Todes sterben[168]." Die Schrift hat im Plural formuliert: „sie sollen des Todes sterben", d.h. der, der zum Ehebruch verführt hat, und die, die sich zum Ehebruch hat verführen lassen. Hier wollte die Schrift, daß irgendein Unterschied besteht zwischen einem beliebigen Ehemann und dem Nächsten, obgleich sie an vielen Stellen das Wort ‚Nächster' für jeden [beliebigen] Menschen gebraucht. Aber was bedeutet diese Ausdrucksweise, daß die Schrift, nachdem sie bereits über den Ehemann gesprochen hatte, dieses selbe bezüglich des Nächsten wiederholt hat, da es doch der Vernunft entspricht, daß man sich um so mehr der Ehefrau des Nächsten enthalten muß, wenn man sich der Ehefrau eines beliebigen Ehemannes enthalten soll? Denn wenn sie zuerst über den Nächsten gesprochen hätte, dann mußte [etwas] bezüglich eines beliebigen Ehemannes hinzugefügt werden, damit man nicht meinte, es sei erlaubt, die Frau eines [Mannes, der] kein Nächster [ist], zum Ehebruch zu verführen; jetzt aber, wenn das, was ein geringeres [Übel] ist, nicht erlaubt ist, um wieviel weniger ist erlaubt, was ein größeres Übel ist. Denn wenn es nicht erlaubt ist, die Ehefrau eines beliebigen Ehemannes zum Ehebruch zu verführen, wieviel mehr [gilt das für die Ehefrau] des Nächsten. Oder erläutert diese Wiederholung gleichsam das, was zunächst gesagt worden ist, damit der Mensch dadurch erkenne, welch großes Übel es ist, die Ehefrau eines Ehemannes zum Ehebruch zu verführen, weil er, wenn er dies getan hat, die Ehefrau des Nächsten zum Ehebruch verführt? Jeder Mensch ist nämlich für [jeden] Menschen Nächster.

qu. 3,74 (zu Lev 20,16)

74 „Und eine Frau, die sich irgendeinem beliebigen Stück Vieh genähert hat, um von ihm bestiegen zu werden, – ihr sollt die Frau und das Stück Vieh töten. Sie sollen des Todes sterben; sie sind schuldig." Man fragt, wieso das Stück Vieh schuldig ist, da es vernunftlos und in keiner Weise eines Gesetzes fähig ist. Ob vielleicht, wie Worte durch die Ausdrucksweise, die auf Griechisch μεταφορά genannt wird, von Belebtem auf Unbelebtes übertragen werden – wie man sagt: ‚bösartiger Wind' oder ‚erzürntes Meer' –, so auch hier [das Wort ‚schuldig'] von einem vernunftbegabten auf ein vernunftloses [Lebewesen] übertragen

---

brecher und die Ehebrecherin". LXX, gefolgt von VL und Vulg, setzt das Verb in den Plural.

inrationale? Nam pecora inde credendum est iussa interfici, quia tali flagitio contaminata indignam refricant facti memoriam.

75 *Quicumque acceperit sororem suam ex patre suo aut ex matre sua et viderit turpitudinem eius <et ipsa viderit turpitudinem eius>, inproperium est; exterminabuntur in conspectu generis sui; turpitudinem sororis suae revelavit, peccatum accipient.* Quid ait hoc loco *viderit* nisi concumbendo cognoverit? Sicut in lege dicitur: *Cognovit uxorem suam*; pro eo, quod est mixtus est ei. Et quid ait: *Peccatum suum accipient*, cum de poena eorum loqueretur, nisi quia et ipsam poenam peccati peccatum voluit appellari?

76 *Quicumque dormierit cum cognata sua, turpitudinem cognationis suae revelavit; sine filiis morientur.* Quaeritur quousque sit intellegenda ista cognatio, cum ex longo gradu liceat utique accipere uxorem semperque licuerit. Sed intellegendum est ex his gradibus quos prohibuit non licere et secundum ipsos dictum: *Quicumque dormierit cum cognata sua.* Ubi et aliqua non commemorata intellegenda dimisit, sicut sororem de utroque parente, sicut uxorem fratris matris, id est avunculi. Nam de uxore patrui primum prohibuit, quamvis haec non cognatio, sed affinitas perhibetur. Sed quid est *sine filiis morientur*, cum filii ex huius modi coniunctionibus et ante nati sint et hodieque nascantur? An hoc intellegendum est lege dei constitutum, ut quicumque ex eis nati fuerint, non deputentur filii, id est nullo parentibus iure succedant?

Et non execrabiles facietis animas et in pecoribus et in volucribus et in omnibus serpentibus terrae quae ego segregavi vobis in inmunditiam. Videtur hic significare non haec

---

75,4 Gn 4,1.17.25   76,7 de...prohibuit] cf. Lv 18,14

75,2 et...eius²] *addidi cum* z *ex loc.* 3,47   3 revelavit] revelabit *S n* | peccatum] *codd.,* suum *add. Am. μ* | hoc] in *praem. P S V T Am. μ*   4 concumbendo] concumuendo *C,* concupiendo *S*   5 est¹ *om. S* | suum] *codd. edd., inclusit* z *(cf. l. 3)*   6 appellari] appellare *P V Am. μ*   76,1 revelavit] revelabit *P S n*   5 aliqua] aliquas *Am. μ*   6 parente] parentes *S*   8 quid *om. P¹ S*   9 sint] *ex* sunt *P S V* | et² *exp. T*   10 non deputentur] ne putentur *S*   11 iure] vivi *add. C² P* | succedant] succedunt *C*   12 facietis] facientis *P¹ S* | animas] vestras *add.* z

---

[169] Vgl. *loc.* 3,47.
[170] TM spricht präziser von דֹּדָה, der Tante, hier der Frau des Vaterbruders, und vom Onkel דּוֹד. SDE: „Die Unterscheidung zwischen angeheirateten und blutsverwandten Onkeln/Tanten ist im Griechischen nicht vorgesehen. Möglicherweise wählt die LXX darum das allgemeinere Wort – in der Hoffnung, dass im Kontext deutlich ist, dass es nach V.19 um angeheiratete Verwandtschaftsgrade geht." Der allgemeinere Ausdruck ‚Verwandtschaft' erzeugt für Augustinus Interpretationsprobleme.

worden ist? Denn man muß annehmen, daß die Schrift deswegen befohlen hat, die Viehstücke zu töten, weil sie, durch eine derartige Schandtat befleckt, immer wieder die empörende Erinnerung an [diese] Tat wachrufen.

qu. 3,75 (zu Lev 20,17)

75 „Wer immer seine Schweser väterlicher- oder mütterlicherseits genommen und ihre Schande gesehen hat, und sie hat seine Schande gesehen, – es ist eine Schandtat; sie sollen vor den Augen ihres Geschlechts ausgemerzt werden; er hat die Schande seiner Schwester aufgedeckt, sie sollen ihre Sünde tragen." Was bedeutet an dieser Stelle „[wenn] er gesehen hat", wenn nicht: ‚[wenn] er sie durch Beischlaf erkannt hat'?[169] Wie es im Gesetz dafür, daß er sich mit ihr vereinigt hat, heißt: „Er erkannte seine Frau" (Gen 4,1.17.25). Und was bedeutet: „sie sollen ihre Sünde tragen", wenn von ihrer Strafe die Rede ist, wenn nicht, daß die Schrift die Strafe für die Sünde ihrerseits ‚Sünde' genannt wissen wollte?

qu. 3,76.1 (zu Lev 20,20.25)

76 „Wer immer mit einer seiner Blutsverwandten[170] geschlafen hat, hat die Schande seiner Verwandtschaft aufgedeckt; sie werden ohne Söhne[171] sterben." Man fragt, bis zu welchem Grad man diese Verwandtschaft auslegen soll, da es natürlich erlaubt ist und immer erlaubt war, eine Ehefrau aus Verwandtschaft entfernteren Grades zu heiraten. Man muß es indessen dahingehend verstehen, daß es nicht erlaubt ist, aus diesen Verwandtschaftsgraden [Frauen zu heiraten], die die Schrift verboten hat und bezüglich derer es heißt: „Wer immer mit einer seiner Blutsverwandten geschlafen hat": auch dort hat sie einige, die, obgleich nicht erwähnt, mitzuverstehen sind, übergangen, wie z.B. die Schwester seitens beider Eltern, wie die Ehefrau des Bruders der Mutter, d.h. des *avunculus* (Bruders der Mutter). Denn bezüglich der Ehefrau des Bruders des Vaters hat sie zuerst ein Verbot ausgesprochen (vgl. Lev 18,14)[172], obgleich dies keine Blutsverwandtschaft, sondern eine angeheiratete Verwandtschaft darstellt. Aber was bedeutet: „sie werden ohne Söhne sterben", da doch Söhne aus derartigen Verbindungen sowohl früher geboren worden sind als auch heute geboren werden? Ob man auslegen soll, daß dies durch Gottes Gesetz festgelegt worden ist, daß alle Söhne, die aus diesen [Verbindungen] geboren worden sind, nicht als Söhne anerkannt werden sollen, d.h. ohne jeden Rechtsanspruch auf ihre Eltern folgen?

„Und ihr sollt eure Seelen nicht fluchwürdig machen sowohl mit Viehzeug als auch mit Flugtieren und allen Kriechtieren der Erde, die ich euch in die Un-

---

[171] TM spricht von „kinderlos", bezieht somit auch die Töchter ein. Entsprechend LXX: ἄτεκνοι.

[172] Vgl. *qu.* 3,60.

natura esse inmunda, sed aliquo sacramenti signo, quandoquidem dicit: *Quae ego segregavi vobis in inmunditiam*, tamquam inmunda eis non essent, si eis segregata non essent.

77 *Et vir aut mulier si forte fuerit illi ventriloquus aut incantator, morte moriantur ambo. Lapidibus lapidabitis eos; rei sunt.* Utrum vir et mulier an vir et ventriloquus aut mulier et ventriloquus sive incantator? Sed hoc magis, et qui habet et quem habet.

78 *Mulierem fornicariam et profanam non accipient et mulierem eiectam a viro suo, quoniam sanctus est domino deo suo.* Superius *non accipient* dixerat, nunc autem *quoniam sanctus est*, non quoniam sancti sunt. De pluribus qui uno sunt tempore sacerdotibus loquebatur et de unoquoque eorum dixit: *Quoniam sanctus est*, locutione qua solet uti scriptura. Nam unum illum summum postea commemorat, qui intrabat ad sancta sanctorum. Nam et pluraliter conclusit dicens: *Et sanctificabis eum: Dona domini dei vestri iste offeret; sanctus est, quoniam sanctus ego dominus qui sanctifico eos.* Quantum autem pertinet ad dona, quoniam dixit: *Dona domini dei vestri ipse offeret*, non solum summus ille offerebat, sed etiam secundi sacerdotes. Ac per hoc quod ait: *Mulierem fornicariam et profanam et eiectam a viro suo non accipient*, hoc et secundi sacerdotes prohibiti sunt; nam de summo postea dicit, qui etiam nonnisi virginem accipere iussus est.

---

14 esse *om.* S | esse inmunda] esse inmunda *Am. μ* | quandoquidem] quando S
77,1 incantator] incantatur S **2** an] aut *ex* ait T | aut] an vir *praem.* T **3** incantator] incantatur S **78,5** uti] ut N **6** ad *om.* V T | et¹ *om.* C¹ **7** offeret] C V² N T *Am. μ*, offerret P S V¹, offert *z* | ego] et *praem.* P S V T **8** dona¹] do S **9** offeret] C V² N T *Am. μ*, offerret P S V¹, offert N *z* | solum] solus *p* P¹ S V **10** fornicariam...eiectam] fornicariam et eiectam et profanam et eiectam C **11** suo *om.* C *p* P S V T | accipient] accipiet C *p*

---

¹⁷³ TM: כִּי־יִהְיֶה בָהֶם אוֹב אוֹ יִדְּעֹנִי „falls ein Totengeist oder ein Wahrsagegeist in ihnen ist". TROPPER, *Nekromantie* 264-267: Der junge V 27 wendet sich wohl schon in seiner hebräischen Formulierung gegen die in hellenistischer Zeit aufgekommene und auch nach Palästina eingedrungene ‚Wahrsagerei mittels der Bauchredekunst'. Sie kann „als Nekromantie bezeichnet werden, sofern bewußt bleibt, daß das eigentliche Wahrsagungssubjekt ein Totengeist ist." MILGROM, *Leviticus* akzeptiert diese Deutung, bezweifelt aber die Datierung des Verses in die Zeit des Hellenismus. Der in TM durch אוֹב signalisierte Nekromantieaspekt ist in LXX nicht mehr zu erkennen. LXX fügt ἀμφότεροι hinzu (entsprechend VL: *ambo*) und harmonisiert so mit 20,11.12.13.18, wo jeweils zwei Individuen involviert waren (BdA; WEVERS, *Leviticus*).

reinheit abgesondert habe." Die Schrift scheint hier anzuzeigen, daß diese [Tiere] nicht von Natur unrein sind, sondern durch irgendeine Vorausbezeichnung eines Geheimnisses, da sie ja sagt: „die ich euch in die Unreinheit abgesondert habe", gleich als wären sie für sie nicht unrein, wenn sie von ihnen nicht abgesondert worden wären.

qu. 3,77 (zu Lev 20,27)

77 „Und ein Mann oder eine Frau sollen, falls jener oder jene womöglich einen Bauchredner oder einen Beschwörer gehabt hat[173], beide des Todes sterben. Mit Steinen sollt ihr sie steinigen; sie sind schuldig." Ob der Mann und die Frau oder der Mann und der Bauchredner oder die Frau und der Bauchredner oder der Beschwörer? Aber dies [ist] wahrscheinlicher: Sowohl der, der hat, als auch der, den er hat.

qu. 3,78 (zu Lev 21,7-8)

78 „Eine Prostituierte und eine Entweihte sollen sie nicht heiraten noch eine von ihrem Mann Verstoßene, denn er ist heilig für den Herrn, seinen Gott." Weiter oben hatte die Schrift gesagt: „sie sollen nicht heiraten", jetzt aber: „denn er ist heilig", nicht: „denn sie sind heilig". Sie sprach von mehreren, die zur gleichen Zeit Priester sind, und von einem jeden von ihnen hat sie nach einer Ausdrucksweise, die die Schrift zu gebrauchen pflegt, gesagt: „denn er ist heilig". Denn von jenem einzigen Hohenpriester, der in das Allerheiligste einzutreten pflegte, handelt sie später. Sie hat freilich [den Abschnitt] auch im Plural abgeschlossen: „Und du sollst ihn heiligen:[174] die Gaben des Herrn, eures Gottes, soll dieser darbringen; er ist heilig, denn ich bin heilig, der Herr, der sie heiligt."[175] Was aber die Gaben betrifft, [ist,] weil sie gesagt hat: „die Gaben des Herrn, eures Gottes, soll dieser selbst darbringen" [zu bemerken:] nicht nur jener Hohepriester brachte [sie] dar, sondern auch die Priester des zweiten Ranges. Und deswegen ist dies, was sie sagt: „Eine Prostituierte und eine Entweihte sollen sie nicht heiraten noch eine von ihrem Mann Verstoßene" auch den Priestern zweiten Ranges verboten; denn von dem Hohenpriester handelt sie später, dem ebenfalls befohlen worden ist, ausschließlich eine Jungfrau zu heiraten.

---

[174] WEVERS, *Leviticus*: LXX hat TM: „du [das Volk] sollst ihn [den Priester] heiligen/heilig halten" geändert in: „er wird ihn heiligen", weil nach LevLXX nicht das Volk, sondern JHWH den Priester heiligt. Die VL gibt den Wortlaut einer von der Mehrheit der Handschriften bezeugten Rezension wieder, die wieder zur 2.pers. zurückkehrt. BILLEN, *Texts* 134 erwägt Textkorrekturen durch Augustinus.
[175] LXX mit VL hat hier Plural: „eures Gottes", während TM singularisch formuliert: „deines Gottes", aber auch TM hat den Plural: „der euch heiligt". LXX wechselt hier (wie Sam und 11QLev) mit VL die Persondeixis: „der sie heiligt". Vgl. *loc.* 3,51.

79 *Et sacerdos magnus a fratribus suis*: Id est qui inter fratres suos magnus est, ille scilicet unus magnus sacerdos. *Cui fusum est super caput ex oleo christo*: Ipsum oleum appellat scriptura christum.

80 *Et consummatus manus induere vestimenta*: Illa utique, quae in veste sacerdotali operosissime describuntur.

81 *Caput non reteget cidari et vestimenta sua non scindet et super omnem animam mortuam non introibit*. Intellegitur ea quae supra dixit in luctu facere eum prohibitum, id est caput nudare cidari et vestimenta scindere. Vestimenta enim scindere lugentium erat antiquorum: Sicut de Iob scriptum est, cum ei filii eius ruina nuntiarentur oppressi. Nudare autem caput cidari propterea lugentis esse potuit, quia detractio est ornamenti. Quod vero ait: *Super omnem animam mortuam non introibit*, quomodo dicat animam mortuam corpus mortuum difficile est intellegere; ea tamen scripturarum est usitata locutio, quae nobis inusitatissima est. Nomen ergo rectricis suae etiam corpus accipit anima destitutum, quoniam reddendum illi est in resurrectione; sicut aedificium quod appellatur ecclesia etiam cum inde ecclesia exierit, qui homines sunt, nihilominus ecclesia dicitur. Sed cum corpus non accipiat animae nomen in homine vivente, quomodo tunc vocetur anima, cum caruerit anima, mirum est. Porro si animam mortuam intellexerimus a corpore separatam, ut ipsam separationem mortem dixisse videatur, id est ut anima mortua sit dirempta a corpore non natura sua perdita - non enim et cum dicimur mortui peccato, natura dicitur interisse, sed quod iam peccato non utimur, ut sic intellegatur anima mortua, id est corpori mortua, quod eo uti desierit, cum in sua natura vivat - quomodo potest quisque intrare

---

80,1 quae...2 describuntur] cf. Ex 28,4-43   81,4 sicut...5 oppressi] cf. Iob 1,20   16 dicimur...peccato] cf. Rm 6,2

79,2 fusum] fusus V^1 81,1 cidari] chydari C, cidarim N | et²] *om. N*, ut T^1 2 luctu] luctum C 3 cidari] cidarim p, cidarin n 4 lugentium] lugentibus $V T$ 5 cidari] cidarim p, cidarin n potuit] putavit S 9 accipit] accepit $S^1 V N$ | anima] animam C 10 illi] ille C 12 accipiat] accipiet S 14 a *om. C* | dixisse] dixisset C 15 dirempta] direpta $S T$ | natura] naturae S 16 dicimur] dicimus $V N$ 18 eo uti] uti eo *Am.* μ | quisque] quisquam $S T Am.$ μ

---

[176] Das ist die allzu ,wörtliche' Wiedergabe des hebräischen Ausdrucks für den Komparativ und Superlativ.

[177] Der hebräische Ausdruck lautet: הַמִּשְׁחָה שֶׁמֶן „das Öl der Salbung, Salböl", LXX: ἔλαιον τοῦ χριστοῦ, Vulg: „unctionis oleum".

[178] Für ,zum Priester weihen, ordinieren' sagt das Hebräische: ,die Hand füllen', von

qu. 3,79 (zu Lev 21,10)

79 „Und der Priester, der von seinen Brüdern her den hohen Rang einnimmt",[176] d.h. der unter seinen Brüdern den hohen Rang einnimmt, nämlich jener einzige Hohepriester. „Auf dessen Kopf [etwas] vom gesalbten Öl ausgegossen worden ist": eben dieses Öl nennt die Schrift ‚gesalbt'.[177]

qu. 3,80 (zu Lev 21,10)

80 „Und der geweiht[178] worden ist, die Gewänder anzuziehen": jene natürlich, die bezüglich des priesterlichen Ornats genauestens beschrieben werden (vgl. Ex 28,4-43).

qu. 3,81 (zu Lev 21,10-11)

81 „Seinen Kopf soll er nicht vom Turban entblößen und seine Kleider nicht zerreißen und zu keiner verstorbenen Seele eintreten." Gemeint ist: ihm ist verboten, die Handlungen zu vollziehen, von denen die Schrift oben bezüglich der Trauer gesprochen hat, d.h. den Kopf vom Turban zu entblößen und die Kleider zu zerreißen. Die Kleider zu zerreißen war nämlich [Brauch] der Alten, wenn sie trauerten: wie von Ijob geschrieben ist, als ihm gemeldet wurde, daß seine Kinder durch den Einsturz [ihres Hauses] erschlagen worden waren (vgl. Ijob 1,20). Den Kopf vom Turban zu entblößen konnte deswegen [Geste] eines Trauernden sein, weil sie das Ablegen eines Schmuckes ist. Bezüglich der Wendung: „zu keiner verstorbenen Seele soll er eintreten" ist es jedoch schwierig zu verstehen, wieso die Schrift einen toten Körper ‚tote Seele' nennt; dies ist jedoch eine übliche Ausdrucksweise der Schriften, die bei uns ganz und gar ungebräuchlich ist. Die Bezeichnung für seine Leiterin erhält somit auch der von der Seele verlassene Körper, da er ihr bei der Auferstehung zurückgegeben werden soll; wie das Gebäude, das ‚Kirche' genannt wird, auch dann, wenn die Kirche, die aus Menschen besteht, es verlassen hat, nichtsdestoweniger ‚Kirche' heißt. Aber wieso der Körper, obgleich er beim lebendigen Menschen nicht die Bezeichnung ‚Seele' erhält, dann ‚Seele' genannt wird, wenn er keine Seele mehr hat, ist seltsam. Wenn wir ferner unter der ‚verstorbenen Seele' die vom Körper getrennte Seele verstanden hätten, wie die Schrift diese Trennung selbst Tod genannt zu haben scheint, d.h. daß die ‚verstorbene Seele' [zwar] vom Leib getrennt, ihre Natur [aber] nicht vernichtet worden ist – denn auch wenn man sagt, daß wir der Sünde gestorben sind (vgl. Röm 6,2), heißt das nicht, daß [unsere] Natur zugrunde gegangen ist, sondern daß wir keine Sünde mehr begehen, so daß ‚verstorbene' d.h. dem Körper gestorbene Seele dahingehend verstanden wird, daß sie aufgehört hat, sich des Leibes zu bedienen, während sie in ihrer Natur lebt –, wie kann irgendeiner ‚zu einer verstorbenen Seele eintreten',

---

[178] LXX und VL übersetzt als „[Hand] vollenden". Die obige Wendung lautet wörtlich: „vollendet in Bezug auf die Hände".

super animam mortuam, quod sacerdos iste prohibetur, cum quisquis intrat super mortuum corpus intret, non super animam quae discessit a corpore? An ipsam vitam temporalem animae vocabulo appellavit, quae utique mortua est in defuncto corpore anima illa emigrante, quae mori non potest? Non quod ipsa vita anima fuerit, sed quod per animae praesentiam, qua subsistebat, nomen eius acceperit: Sicut distinximus, cum de sanguine loqueremur, cur dictum sit: *Anima omnis carnis sanguis eius est*. Est enim et ipse sanguis mortuus in corpore mortui; non enim cum abscedente anima abscessit. Vetuit ergo scriptura summum sacerdotem etiam super patris vel matris funus intrare; quod secundum non prohibuit. Sequitur enim: *Super patrem suum et super matrem suam non inquinabitur*; ordo est autem verborum: Super patrem suum non inquinabitur nec super matrem suam.

82 *Et de sanctis non exibit*. Eo procul dubio tempore quo suorum funera celebrabantur, sicut et septem diebus quibus sanctificabatur de sanctis est exire prohibitus, non autem semper. Sane si uxores ducere vel filios gignere non vetabantur summi tunc sacerdotes, magna oritur quaestio. Cum lex etiam coniugali concubitu inmundum hominem dicat usque ad vesperam, etiam cum abluerit corpus suum aqua, et iubeatur summus sacerdos propter incensum continuationis bis in die cotidie intrare intra velum, ubi erat altare incensi, nec quemquam inmundum ad sancta fas esset accedere: Quomodo id cotidie summus sacerdos inplebat, si filios procreabat? Nam si aegritudo illi accidisset, quis loco eius fungeretur, si quis inquirat, responderi potest quod gratia dei non aegrotabat. Numquid sic etiam de filiorum procreatione responderi potest? Unde fit consequens, ut aut continens esset aut diebus aliquibus intermitteretur incensum aut, si illud intermitti non posset, quod nonnisi per summum sacer-

---

24 sicut...loqueremur] cf. *qu.* 3,57 25 Lv 17,11 82,4 cum...6 aqua] cf. Lv 15,16 6 et...7 incensi] cf. Ex 30,7-8

---

19 quisquis] quibus *N* 20 animam] anima *N* 22 illa] ille *S* | emigrante] migrante *S V* non¹ *om. N* 23 praesentiam] presentia *N* | qua] *om. C V¹ N T*, quae *V² s. l.* | nomen...24 eius] n̄ eius *praem. S* 24 loqueremur] loqueretur *C* | cur] quur *C P² N*, quod *P¹ S V¹*, quid *V² Am. μ*, quod cum *T* 25 sanguis¹] sanguinis *S* 26 abscedente] abscente (den *s. l.*) *C*, abscendente *N* 28 et] nec *C N* 82,1 quo] quod *Am. μ* 2 celebrabantur] celebrantur *P¹ V T* | et] eis *C p P² S V T*, eius *P¹* 5 concubitu] concubitum *C N* | inmundum] mundum *N* dicat] dicatur *S* 7 intra] ultra *C p P V¹* 9 si² *om. P¹ S* 10 fungeretur] fugeretur *S*

was diesem Priester verboten wird, da doch jeder, der eintritt, zu einem toten Körper eintritt, nicht zu der Seele, die den Körper verlassen hat? Ob die Schrift vielleicht das zeitliche Leben mit dem Wort ‚Seele' bezeichnet hat, das selbstverständlich in einem verstorbenen Körper tot ist, während jene Seele, die nicht sterben kann, entschwindet? [Es trifft] nicht [zu], daß die Seele das Leben selbst gewesen wäre, sondern daß es wegen der Anwesenheit der Seele, durch die es bestehen blieb, ihre Benennung erhielt: wie wir unterschieden haben, als wir darüber sprachen (vgl. *qu.* 3,57), warum vom Blut gesagt worden ist: „Die Seele eines jeden Fleisches ist sein Blut" (Lev 17,11). Das Blut ist nämlich seinerseits tot in einem toten Körper; denn es ist nicht mit der entweichenden Seele verschwunden. Die Schrift hat somit dem Hohen Priester verboten, selbst zur Beerdigung seines Vaters oder seiner Mutter einzutreten; das hat sie dem Priester zweiten Grades nicht verboten. Sie fährt nämlich fort: „Wegen seines Vaters und wegen seiner Mutter soll er sich nicht verunreinigen"; die [richtige] Reihenfolge der Worte ist aber: „Wegen seines Vaters soll er sich nicht verunreinigen und auch nicht wegen seiner Mutter".

qu. 3,82 (zu Lev 21,12)

82 „Und aus den heiligen [Orten][179] soll er nicht herausgehen." Zweifellos zu der Zeit, in der die Beerdigungsriten der Seinen vollzogen wurden, wie ihm auch verboten worden war, an den sieben Tagen, an denen er geweiht wurde, aus den heiligen [Orten] herauszugehen (vgl. Lev 8,33), aber nicht zu jeder Zeit. Wenn den damaligen Hohenpriestern nicht verboten wurde, Frauen zu heiraten oder Kinder zu zeugen, entsteht allerdings ein großes Problem. Weil das Gesetz einerseits sagt, daß ein Mann auch durch den ehelichen Verkehr bis zum Abend unrein ist, selbst wenn er seinen Körper mit Wasser abgewaschen hat (vgl. Lev 15,16), und andererseits angeordnet wird, daß der Hohepriester wegen des ständigen Weihrauch[opfers] zweimal täglich in das Innere jenseits des Vorhangs eintrete, wo der Rauchopferaltar stand (vgl. Ex 30,7-8), es aber göttliches Gesetz war, daß kein Unreiner sich den heiligen [Dingen] nähere: Wie erfüllte der Hohepriester dies täglich, wenn er Kinder zeugte? Denn wenn jemand fragte, wer an seiner Stelle amtete, wenn ihm eine Krankheit zugestoßen wäre, kann man antworten, daß er dank der Gnade Gottes nicht krank wurde. Man kann doch wohl nicht so auch bezüglich der Erzeugung von Kindern antworten? Daraus folgt, daß er entweder enthaltsam lebte[180] oder an einigen Tagen das Weihrauch[opfer] unterbrach oder daß er, wenn jenes nicht unterbrochen werden konnte, das einzig durch den Hohenpriester [auf den Rauchopferaltar] aufgelegt werden mußte, um seiner herausragenden Weihe willen durch den ehe-

---

[179] TM hat den Sgl.: „aus dem Heiligtum"
[180] Vgl. *qu.* 3,85.

dotem necesse esset inponi, non fieret inmundus coitu coniugali merito praecipuae sanctificationis suae. Aut si etiam ad ipsum pertinet, quod de omnibus filiis Aaron in consequentibus dicit, ut nullus eorum accedat ad sancta, si cui aliquid acciderit inmunditiae, illud profecto restat accipere, quod nonnullis diebus non inponebatur incensum.

83 Quod autem super funus patris sui summus sacerdos prohibetur intrare, quaeri potest, quomodo iam esse poterat summus sacerdos nondum mortuo patre suo, cum eos patribus succedere iubeat. Ideo necesse erat nondum sepulto summo sacerdote continuo substitui sacerdotem propter continuationis incensum, quod per summum sacerdotem cotidie oportebat inponi. Quamquam et illa quaestio de aegritudine summi sacerdotis manet, si vel moriturum necesse erat diebus aliquibus aegrotare; nisi forte et hoc ita solvatur, ut dicatur non solere summos sacerdotes nisi subito mori non praecedente aegritudine, sicut de ipso Aaron scriptura testatur.

84 Advertendum est quotiens dicit: *Ego dominus qui sanctifico eum*, loquens de sacerdote, cum hoc etiam Moysi dixerit: *Et sanctificabis eum*. Quomodo ergo et Moyses sanctificat et dominus? Non enim Moyses pro domino, sed Moyses visibilibus sacramentis per ministerium suum, dominus autem invisibili gratia per spiritum sanctum, ubi est totus fructus etiam visibilium sacramentorum. Nam sine ista sanctificatione invisibilis gratiae visibilia sacramenta quid prosunt? Merito autem quaeritur, utrum etiam ista invisibilis sanctificatio sine

---

83,9 sicut…testatur] cf. Nm 20,26-29   **84,2** Lv 21,8

---

16 dicit ut] dicitur N   **17** profecto] propeccato P¹ V   **83,3** succedere] succere S   **6** si vel] sive P¹ (1 s. l. add. m. 2), V   **84,1** loquens] loques C, om. S   **2** hoc om. S | Moysi] de praem. P¹ S V¹   **3** domino] deo N   **4** visibilibus] invisibilibus S, visibilis V¹   **5** sanctum] suum P S V N   **6** visibilia] invisibilia P¹ S

---

[181] Eine andere Lösung findet Augustinus in *retr.* 2,55,2: *Potest enim sic intelligi quod scriptum est: Immundus erit usque ad vesperam, ut per ipsam vesperam iam non esset immundus, sed usque ipsam, ut vespertino iam tempore incensum mundus offerret, cum propter creandos filios post matutinum incensum mixerit uxori.* „Man kann nämlich das Schriftwort: ‚er wird bis zum Abend unrein sein' (Lev 15,16) dahingehend verstehen, daß er am Abend selbst nicht mehr unrein war, sondern nur bis zu ihm, so daß er zur Abendzeit das Rauchopfer bereits als Reiner darbrachte, obgleich er sich nach dem morgendlichen Rauchopfer mit seiner Ehefrau vereinigt hatte, um Söhne zu zeugen."
[182] In *retr.* 2,81,4 erwägt Augustinus, diese Bestimmung gelte nur für solche Hoheprie-

lichen Beischlaf nicht unrein wurde.[181] Oder wenn sich auch auf ihn bezieht, was die Schrift im folgenden von allen Söhnen Aarons sagt, daß nämlich keiner von ihnen sich den heiligen [Dingen] nähern dürfe, wenn ihm irgendeine Art von Unreinheit zugestoßen sei (vgl. Lev 22,3), bleibt tatsächlich nur übrig, jene [Lösung] anzunehmen, daß das Weihrauch[opfer] an einigen Tagen nicht aufgelegt wurde.

qu. 3,83 (zu Lev 21,11)

83 Bezüglich der Tatsache aber, daß dem Hohenpriester verboten wird, wegen der Begräbnisfeierlichkeit für seinen Vater einzutreten, kann man fragen, wieso er schon Hoherpriester sein konnte, wenn sein Vater noch nicht gestorben war, da die Schrift vorschreibt, daß sie ihren Vätern nachfolgen. Deswegen war es um des ständigen Weihrauch[opfer]s willen, das täglich durch den Hohenpriester aufgelegt werden mußte, notwendig, unmittelbar den Priester in das Amt des Hohenpriesters einzusetzen, bevor noch der Hohepriester begraben war. Gleichwohl bleibt auch jene Frage bezüglich der Krankheit des Hohenpriesters, falls es etwa unumgänglich war, daß der im Sterben Liegende einige Tage krank war; falls nicht auch dies dahingehend gelöst wird, daß man sagt, die Hohenpriester starben üblicherweise nur plötzlich, ohne vorausgehende Krankheit, wie die Schrift für Aaron selbst bezeugt (vgl. Num 20,26-29).[182]

qu. 3,84 (zu Lev 21,15)

84 Es verdient Aufmerksamkeit, wie oft Gott, vom Priester sprechend, sagt: „Ich bin der Herr, der ihn heiligt", da er auch dem Mose gesagt hat: „Und du sollst ihn heiligen" (Lev 21,8).[183] Wie also heiligt sowohl Mose als auch der Herr? Mose [heiligt] nämlich nicht anstelle des Herrn, sondern Mose mit den sichtbaren Riten durch seinen Dienst, der Herr aber mit der unsichtbaren Gnade durch den Heiligen Geist, worin die ganze Frucht auch der sichtbaren Riten besteht. Denn was nützen die sichtbaren Riten ohne diese Heiligung durch die unsichtbare Gnade? Zurecht fragt man jedoch, ob gleicherweise auch diese unsichtbare Heiligung nichts nützt ohne die sichtbaren Riten, durch die der Mensch auf sichtbare Weise geheiligt wird; das ist ganz und gar absurd. An-

---

ster, die das Amt erlangten, obgleich ihr Vater kein Hoherpriester gewesen war, sondern die lediglich Nachkommen Aarons waren, wie z.B. im Fall Samuels, der deswegen auf den Hohenpriester Eli folgte, weil dessen Söhne dieses Amtes unwürdig waren.

[183] Der Verweis auf den Befehl an Mose enthält bzw. bereitet textkritische Probleme. Augustinus bezieht sich auf den ersten Satz von Lev 21,8, den er in *qu.* 3,78 so zitiert hatte: *et sanctificabis eum* (vgl. dazu oben Anm. 174). Das entspricht zwar TM, nicht aber LXX, die das Verb in 3.pers.sgl. (Subjekt Gott) hat: καὶ ἁγιάσει αὐτόν „und er wird ihn heiligen"; 3.pers. des Verbs in diesem Satz hat Augustinus andererseits in *loc.* 3,51, aber im Perfekt: *sanctificavit eum*.

visibilibus sacramentis, quibus visibiliter homo sanctificatur, pariter nihil prosit:
Quod utique absurdum est. Tolerabilius enim quisque dixerit sine illis istam non
esse quam si fuerit non prodesse, cum in ista sit omnis utilitas illorum. Sed 10
etiam hoc, quod sine illis ista esse non possit, quomodo recte dicatur intuendum est. Nihil quippe profuit Symoni mago visibilis baptismus, cui sanctificatio
invisibilis defuit; sed quibus ista invisibilis quoniam adfuit profuit, etiam visibilia
sacramenta perceperant similiter baptizati. Nec tamen Moyses, qui visibiliter
sacerdotes sanctificabat, ubi fuerit ipse ipsis sacrificiis vel oleo sanctificatus 15
ostenditur; invisibiliter vero sanctificatum negare quis audeat, cuius tanta gratia
praeeminebat? Hoc et de Iohanne baptista dici potest; prius enim baptizator
quam baptizatus adparuit. Unde eum sanctificatum nequaquam negare possumus. Id tamen in eo factum visibiliter non invenimus, antequam ad ministerium
baptizandi veniret. Hoc et de latrone illo, cui secum crucifixo dominus ait: *Hodie* 20
mecum eris in paradiso. Neque enim sine sanctificatione invisibili tanta felicitate
donatus est. Proinde colligitur invisibilem sanctificationem quibusdam adfuisse
atque profuisse sine visibilibus sacramentis, quae pro temporum diversitate
mutata sunt, ut alia tunc fuerint et alia modo sint, visibilem vero sanctificationem, quae fieret per visibilia sacramenta, sine ista invisibili posse adesse, non 25
posse prodesse. Nec tamen ideo sacramentum visibile contemnendum est; nam
contemptor eius invisibiliter sanctificari nullo modo potest. Hinc est, quod
Cornelius et qui cum eo erant, cum iam invisibiliter infuso sancto spiritu sanctificati adparerent, baptizati sunt tamen; nec superflua iudicata est visibilis sanctificatio, quam invisibilis iam praecesserat. 30

---

12 nihil…**13** defuit] cf. Act. 8,9-14.18-23   **17** hoc…**18** adparuit] cf. Mt 3,11.14   **20** Lk 23,43
28 Cornelius…**29** tamen] cf. Act. 10,44-48

---

9 non *om. S*   **10** esse] esset *S* | quam] cum *C* | sit] insit *T* | illorum] eorum *P*   **11** possit]
posset *C*   **12** cui] qui *C*   **13** visibilia] invisibilia   **16** negare…audeat] quis audeat negare *S*
17   praeeminebat] preminebat *C S*, p̄minebat *p,* praeminebat *P V* | prius] primus *V*
baptizator] baptizatur *C P S*   **18** possumus] possimus *C*   **24** sunt] est *V*   **26** ideo *om. V*
29 adparerent] apparent *C*

---

[184] In *retr.* 2,55,3 führt Augustinus dagegen aus: *quasi certum posui, cum sit incertum magisque
illum baptizatum fuisse credendum sit, sicut ego quoque alibi postea disputavi* „Ich habe das als
gleichsam sicher behauptet, obgleich es unsicher ist und man vielmehr annehmen muß,
daß er getauft worden war, wie ich auch später andernorts erörtert habe." Vgl. *an. et or.*
3,12: *latro quippe ille [...] tamen etiam utrum non fuerit baptizatus ignoras. Nam, ut ommittam,
quod creditur aqua simul cum sanguine exiliente de latere domini iuxta confixus potuisse perfundi
atque huiusmodi sanctissimo baptismate dilui, quid si in carcere fuit baptizatus [...] quid si et ante-*

nehmbarer könnte freilich irgendeiner gesagt haben, daß ohne jene [Riten] diese [Gnade] nicht vorhanden ist, als, sie nütze nicht, wenn sie vorhanden war, da in dieser der gesamte Nutzen jener besteht. Aber man muß auch zusehen, wie dies, daß ohne jene [Riten] diese [Gnade] nicht vorhanden sein könne, zutreffend formuliert werden kann. Dem Magier Simon, dem die unsichtbare Heiligung fehlte, hat ja die sichtbare Taufe nichts genützt (vgl. Apg 8,9-14.18-23); aber diejenigen, denen diese unsichtbare [Gnade], weil sie anwesend war, genützt hat, hatten, insofern sie gleicherweise getauft wurden, auch die sichtbaren Riten empfangen. Und doch zeigt die Schrift nicht, wo Mose, der auf sichtbare Weise die Priester heiligte, seinerseits durch eben solche Opfer oder das Öl geheiligt worden ist; wer aber wagte es zu bestreiten, daß er, dessen so große Gnade herausragte, auf unsichtbare Weise geheiligt worden ist? Das kann man auch von Johannes, dem Täufer, sagen; früher erschien er nämlich als Täufer denn als Getaufter (vgl. Mt 3,11.14). Folglich können wir auf keinen Fall abstreiten, daß er geheiligt worden ist. Jedoch finden wir [im Evangelium] nicht, daß dies an ihm sichtbar vollzogen worden ist, bevor er den Taufdienst antrat. Das [gilt auch] von jenem Straßenräuber, dem der Herr, nachdem er mit ihm gekreuzigt worden war, sagte: „Heute wirst du mit mir im Paradies sein" (Lk 23,43).[184] Und keinesfalls wurde er ja ohne unsichtbare Heiligung mit einer so großen Seligkeit beschenkt. Daraus folgt: Die unsichtbare Heiligung war bei einigen vorhanden und hat ihnen genützt ohne die sichtbaren Riten, die sich entsprechend der Unterschiedlichkeit der Zeitläufe geändert haben, so daß andere damals gewesen sind und andere jetzt sind, aber die sichtbare Heiligung, die durch sichtbare Riten geschieht, kann ohne diese unsichtbare Heiligung zwar vorhanden sein, nicht jedoch nützen. Aber gleichwohl darf der sichtbare Ritus nicht aus diesem Grund verachtet werden; denn derjenige, der diesen verachtet, kann keinesfalls auf unsichtbare Weise geheiligt werden. Daher kommt es, daß Kornelius und die, die bei ihm waren, obgleich sie offenkundig durch die Eingießung des Heiligen Geistes schon auf unsichtbare Weise geheiligt waren, dennoch getauft worden sind (Apg 10,44-48), und die sichtbare Heiligung, der die unsichtbare schon vorausgegangen war, ist nicht als überflüssig angesehen worden.[185]

---

quam teneretur? „Was ja jenen Straßenräuber betrifft, [...] du weißt nicht, ob er nicht dennoch auch getauft worden ist. Denn, um zu übergehen, daß man glaubt, der daneben Gekreuzigte könne von dem Wasser, das zusammen mit dem Blut aus der Seite des Herrn strömte, begossen und auf diese Weise in der heiligsten Taufe gewaschen worden sein, was, wenn er im Kerker getauft worden ist [...] was, wenn [er getauft worden ist], bevor er gefangen gesetzt wurde?"
[185] Vgl. zur Taufe des Kornelius *doctr. chr. Prooem.* 6.12.

85 *Et locutus est dominus ad Moysen dicens: Dic Aaron et filiis eius: Et adtendant a sanctis filiorum Israhel, et non profanabunt nomen sanctum meum, quanta ipsi sanctificant mihi; ego dominus. Et dices illis: In progenies vestras omnis homo quicumque accesserit ab omni semine vestro ad sancta quaecumque sanctificaverint filii Israhel domino et inmunditia eius in illo, exterminabitur anima illa a me: Ego dominus deus vester.* Ablata est omnis dubitatio neminem sacerdotum vel summorum vel secundorum debuisse accedere ad sancta, si inmunditia eius in ipso esset. Erat ergo consequens continentia sacerdotis, ne propter filiorum procreationem aliquibus diebus non inponeretur continuationis incensum, quod a solis summis sacerdotibus bis die solebat inponi mane et vespera, quandoquidem post coitum coniugalem etiam loto corpore inmundus erat usque ad vesperam a quo id necesse erat inponi. Quod autem ait: Quae sanctificant filii Israhel, intellegendum est offerendo sacerdotibus offerendum per eos domino. Et notandum sanctificationis genus, quod fit voto et devotione offerentis. Sed utrum sicut isto modo sanctificantur ea quae offeruntur ab hominibus, ita et ipsi homines eodem modo se ipsos sanctificare dicantur, cum in aliqua re se ipsos vovent, observandum est in scripturis.

86 *Et qui tetigerit omnem inmunditiam animae,* id est aliquid morticinum, cuius secundum legem tactus inquinat.

87 *Homo homo si maledixerit deum suum peccatum accipiet, nominans autem nomen domini morte moriatur.* Quasi aliud sit maledicere deum suum, aliud nominare nomen domini atque illud sit peccatum, hoc autem tantum nefas, ut etiam morte sit dignum. Quamvis hoc loco ita intellegendum sit, quod dictum est:

85,9 continuationis…10 vespera] cf. Ex 30,7-8   **10** quandoquidem…11 vesperam] cf. Lv 15,18

85,1 a] ad P^1 S n **3** dices] dicis $C P S N$ **4** filii] filiis S | et] erit *add. Am. μ*   **6** dubitatio neminem] dubitationem n **7** ipso] illo p **9** die] in die *Am. μ*   **10** vespera] vespere V quidem] diem P *corr.*   **11** a^1 *om.* N | quo id] quod N **12** est *om.* S **15** ipsi homines] homines ipsi S | se ipsos] homines N **86,2** inquinat] inquinavit V **87,1** homo^2 *om.* P^1 V **3** tantum] peccatum P^1 S, V *(exp.)*   **4** quod] quid S

---

[186] Vgl. *qu.* 3,82.
[187] LXX hat nur: „wenn er Gott verflucht hat", die VL des Augustinus hat dagegen, wie TM, „seinen Gott" und folgt damit dem Wortlaut der Hexapla (auch Symmachus: *deo suo* und Aquila: *deum suum* entsprechen TM): WEVERS, *Leviticus*. Auch Vulg: *deo suo*.
[188] Während TM, gefolgt von Vulg, „seine Schuld" hat, sagt LXX, gefolgt von VL, nur: „Schuld".

qu. 3,85 (zu Lev 22,1-3)

85 „Und der Herr sagte zu Mose: Sag Aaron und seinen Söhnen: Und sie sollen sich in Acht nehmen bezüglich der heiligen [Opfergaben] der Söhne Israel – und sie sollen meinen heiligen Namen nicht entweihen –, bezüglich aller, die sie mir heiligen; ich bin der Herr. Und du sollst jenen sagen: Jeder Mann für eure Generationen, der auch immer von eurer ganzen Nachkommenschaft sich irgendwelchen heiligen [Gaben] genähert hat, die die Söhne Israel dem Herrn geheiligt haben, und der im Zustand seiner Unreinheit ist, jene Person wird aus meiner Gegenwart ausgerottet werden: ich, der Herr, euer Gott." Jeder Zweifel ist beseitigt, daß keiner der Priester, der Hohenpriester oder der Priester des zweiten Ranges, sich den heiligen [Gaben] nähern durfte, wenn seine Unreinheit in demselben war. Daraus folgte darum auch die Enthaltsamkeit des Priesters,[186] damit nicht wegen der Zeugung der Kinder an irgendwelchen Tagen das ständige Räucher[opfer] nicht [auf den Altar] gelegt würde, das üblicherweise einzig von den Hohenpriestern zweimal täglich morgens und abends aufgelegt wurde (vgl. Ex 30,7-8), da er ja nach dem ehelichen Beischlaf, auch nachdem er seinen Körper gewaschen hatte, unrein war bis zum Abend (vgl. Lev 15,18), an dem es aufgelegt werden mußte. Die Wendung aber: ‚die die Söhne Israel heiligen' ist zu verstehen: indem sie [sie] den Priestern übergeben [als Gabe], die durch diese dem Herrn geopfert werden soll. Und zu beachten ist diejenige Art der Heiligung, die durch das Gelübde und die Frömmigkeit des Opfernden bewirkt wird. Aber man muß darauf achten, ob in den Schriften gesagt wird, daß auf dieselbe Weise, wie die Opfergaben der Menschen geheiligt werden, auch die Menschen ihrerseits sich selbst heiligen, wenn sie sich selbst in irgendeiner Angelegenheit durch Gelübde verpflichten.

qu. 3,86 (zu Lev 22,4)

86 „Und wer jedewede Unreinheit einer Seele berührt hat", d.h. irgendeinen Kadaver, dessen Berührung nach dem Gesetz verunreinigt.

qu. 3,87 (zu Lev 24,15-16)

87 „Ein Mensch, ein Mensch soll, wenn er seinen Gott[187] verflucht hat, Schuld[188] tragen, wer aber den Namen des Herrn ausspricht, muß des Todes sterben."[189] Gleich als sei seinen Gott zu verfluchen etwas anderes als den Namen des Herrn auszusprechen und sei jenes eine Sünde, dieses aber ein derartiger Frevel, daß er des Todes würdig ist. Obgleich die Wendung „Name des Herrn" an dieser Stelle dahingehend zu verstehen ist, daß [ihn auszusprechen]

---

[189] TM, gefolgt von Vulg, inkriminiert das Schmähen des Namens Gottes. LXX, gefolgt von VL, macht daraus das in TM nicht bezeugte jüngere Verbot, den Namen Gottes auszusprechen. Daraus resultiert das Auslegungsproblem, warum das Aussprechen des Gottesnamens stärker sanktioniert ist als die Verfluchung Gottes. Vgl. dazu BdA.

Nomen domini, ut cum maledicto fiat, id est maledicendo nominet. Quid ergo 5
distat inter illud peccatum et hoc tanti sceleris crimen? An forte hoc ipsum
repetendo monstravit non leve illud esse peccatum, sed tantum scelus quod
morte puniendum sit? Sed quia per distinctionem hoc intulit, non dicens:
Nominans enim, sed: *Nominans autem*, subobscurum factum est. Et ideo si hoc
recte intellegitur, notandum est etiam locutionis genus. 10

88 *Et homo qui percusserit omnem animam hominis et mortuus fuerit, morte moriatur.*
Non ait: Quicumque percusserit hominem et mortuus fuerit, sed: *Animam*
hominis, cum potius corpus hominis a percussore feriatur, sicut et dominus dicit:
Nolite timere eos qui corpus occidunt. Eo more quo solet scriptura appellat animam
vitam ipsam corporis, quae fit per animam, et hinc voluit ostendere homicidam, 5
quod hominis animam percutiat, id est percutiendo vita hominem privet. Cur
ergo addidit: *Et mortuus fuerit*, si iam hoc ipso ostendit homicidium, quod animam hominis percusserit, id est vita homo a percutiente privatus sit? An
exponere voluit quomodo accipiendum sit, quod dixerat hominis animam
percussam, et sic ait: *Et mortuus fuerit*, tamquam diceret: Id est mortuus fuerit? 10
Hoc est enim, animam hominis fuisse percussam.

89 *Cum introieritis in terram quam ego do vobis et requieverit terra quam ego do vobis,*
sabbata domini. Sex annis seminabis agrum tuum et sex annis putabis vineam tuam et

---

88,4 Mt 10,28

---

8 distinctionem] districtionem *S*   9 si] sic *P*   88,4 more] ergo *add. C*   5 vitam] vita *p S*
corporis] corporisque *S* | homicidam] homicid*am *S*   6 hominis animam] animam hominis
N | vita] vitam *C n*   10 et² *om.* *P¹* | diceret] dicerit *C*   11 fuisse *om. N*   89,1 do¹] dabo *N*
et…vobis² *om. C* | do²] dabo *N*   2 domini] domino *dubitanter z (cf. l. 3)*

---

[190] Das „aber" hat erst die LXX eingeführt, TM koordiniert mit „und".
[191] ELLIGER, *Leviticus* vermutet ansprechend, der ungewöhnliche Ausdruck נֶפֶשׁ אָדָם
(‚Menschenleben') sei hier gewählt in Anspielung auf die Talionformel נֶפֶשׁ תַּחַת נֶפֶשׁ, ‚[du
mußt geben] Leben um Leben' (Ex 21,3) bzw. נֶפֶשׁ בְּנֶפֶשׁ (Dtn 19,21).
[192] LXX, gefolgt von VL, fügt hier und in 24,18.21, diesen Satz hinzu, wohl, so SDE, in
Angleichung an Ex 21,12, wo auch TM diesen Satz hat. Vulg bezeugt dies indirekt
durch die Verdoppelung der Verben: *qui percusserit et occiderit hominem.*
[193] In Lev 25,1-7 folgt VL in folgenden Details den Abweichungen der LXX von TM:
(1) Sie setzt *sabbat in den Plural;* (2) Sie ergänzt in V 2 den Relativsatz *quam ego do uobis*
auch beim zweiten *terram.* (3) Sie übersetzt שַׁבָּתוֹן mit *requies* (LXX: ἀνάπαυσις). In folgenden Punkten aber weicht sie von LXX (und TM) ab. (1) Die LXX ermöglichte es

mit einem Fluch geschieht, d.h. daß man [ihn] fluchend ausspricht. Was ist somit der Unterschied zwischen jener Sünde und dem Vergehen eines derartig großen Frevels? Hat die Schrift vielleicht, indem sie dasselbe wiederholte, gezeigt, daß jenes keine läßliche Sünde, sondern ein so großes Vergehen ist, daß es mit dem Tod bestraft werden muß? Aber weil sie dies mit einer Entgegensetzung einführte, indem sie nicht sagte: ‚wer nämlich ausspricht', sondern : „wer aber ausspricht"[190], ist [der Text] nicht recht verständlich geworden. Und daher muß man, wenn man dies richtig versteht, auch die idiomatische Ausdrucksweise berücksichtigen.

qu. 3,88 (zu Lev 24,17)

88 „Und ein Mann, der irgendeine Seele eines Menschen[191] erschlagen hat und er ist gestorben, muß unbedingt getötet werden." Es heißt nicht: ‚Wer immer einen Menschen erschlagen hat und er ist gestorben', sondern: „die Seele eines Menschen", obgleich vielmehr der Leib des Menschen von dem Mörder getötet wird, wie auch der Herr sagt: „Fürchtet euch nicht vor denen, die den Leib töten" (Mt 10,28). Nach der Ausdrucksweise, die sie üblicherweise verwendet, nennt die Schrift das Leben des Körpers, das durch die Seele erzeugt wird, ‚Seele', und wollte daher bezüglich des Mörders darlegen, daß er die Seele des Menschen tötet, d.h. den Menschen, indem er [ihn] erschlägt, des Lebens beraubt. Warum hat sie also hinzugefügt: „und er ist gestorben"[192], wo sie doch eben dadurch den Mord charakterisiert hat, daß er die Seele des Menschen erschlagen hat, d.h. der Mensch durch den Mörder des Lebens beraubt worden ist? Wollte sie vielleicht darlegen, wie ihre Formulierung, daß die Seele des Menschen erschlagen worden sei, zu verstehen ist, und sagte daher „und er ist gestorben", als sagte sie gleichsam: ‚d.h. er ist gestorben'? Das bedeutet nämlich die Wendung, die Seele des Menschen sei erschlagen worden.

qu. 3,89 (zu Lev 25,2-7)

89 „Wenn ihr in das Land hineingekommen seid, das ich euch gebe, und das Land, das ich euch gebe, geruht hat, [sollen] Sabbate des Herrn [gehalten werden].[193] Sechs Jahre sollst du deinen Acker besäen, und sechs Jahre sollst du

---

den Lateinern nicht, in V 2 die figura etymologica des TM: וְשָׁבְתָה שַׁבָּת zu erkennen, die Vulg sehr gut nachbildet: *sabbatizet sabbatum* und die wohl auch LXX wahrgenommen, freilich in einer im AT einzigartigen Konstruktion (WEVERS, *Leviticus*) wiedergegeben hat. „Dann soll das Land Sabbatruhe halten" ist in TM der durch *waw apodoseos* eingeleitete Hauptsatz zum vorausgehenden Konjunktionalsatz. Die LXX hat das, auch wenn sie dieses durch καὶ ἀναπαύσεται wiedergibt, wohl erkannt, die VL aber anscheinend nicht; da sie das Verb in Futur II setzt: *requieuerit*, hat sie den Satz wohl zum ersten *cum*-Satz koordiniert aufgefaßt und in den syntaktisch nicht eingebundenen *sabbata domini* den Hauptsatz gesehen. Jedenfalls sieht Augustinus es so. (2) In V 2 gibt sie τῷ κυρίῳ

congregabis fructum eius; anno autem septimo sabbata: Requies erit terrae, sabbata domino. Quomodo intellegendum est: *Cum introieritis in terram quam ego do vobis et requieverit terra sex annis seminabis agrum tuum* et cetera? Quasi tunc fieri praeceptum sit, quando terra requieverit, cum propterea terra requiescat, quoniam hoc fit. Requiem enim terrae septimo utique anno vult intellegi, quo iussit nihil in ea quemquam operari per agriculturam. Sed nimirum longum hyperbaton facit obscuritatem huic sensui. Videtur ergo hic esse ordo verborum: *Cum introieritis in terram quam ego do vobis et requieverit terra quam ego do vobis, sabbata domini. Quae ab se surgunt agrum tuum non metes et uvam sanctificationis tuae non vindemiabis. Annus requiescendi erit terrae. Et erunt sabbata terrae esca tibi et puero tuo et puellae tuae et mercenario tuo et inquilino qui applicitus est ad te. Et pecoribus tuis et bestiis quae sunt in terra tua omne quod nascetur ex eo in escam.* Interposuit autem exponendo quomodo terra requiescat et ait: *Sex annis seminabis agrum tuum et sex annis putabis vitem tuam et congregabis fructum eius; anno autem septimo sabbata: Requies erit terrae, sabbata domini. Agrum tuum non seminabis et vineam tuam non putabis.* Et per hoc quod ait *non putabis*, omnem culturam eo anno prohibitam debemus accipere. Neque enim si putanda non est, aranda est aut adminiculis suspendenda vel quodlibet aliud, quod ad culturam eius pertineat, adhibendum; sed quomodo solet a parte totum intellegi, ita per putationem omnis cultura significata est. Et per agrum atque vineam, cum et illum seminari et hanc putari prohibuit, omne agri genus intelle-

---

3 sabbata¹] sabbato *T* | sabbata²] sabbato *S*   4 ego] *N, om. C P S V T Am. μ* | do] dabo *p*   requieverit] requieveret *P¹*, requieveritis *S¹ V¹*   5 annis] annos *C P S N* | quasi] qua *C*   7 requiem] requies *S* (es *plumbo adscr.*) | quo] quod *P¹ N T* | ea] eam *N*   8 hyperbaton] perblaton *C*, perbaton *n*, yperbaton *p P S V T*   11 agrum tuum] *codd. edd.*, ab agro tuo *z cum LXX* | uvam] ulam *C*   12 esca] sca *N*   13 applicitus] applicatus *P T*   14 nascetur] nasceretur *P (re exp.)*   15 et²...tuam *om. p*   16 sabbata¹] ablata *p*, sabbato *S*   19 adminiculis] eminiculis *S*, amminiculis *C P T*   20 quod *om. N*   21 agrum] arborum *add. C*, arvum *add. p P S V T (sed exp. V T)*

---

mit *sabbata domini* wieder, in den Zitaten von V 4 schwankt Augustinus zwischen *sabbata domini* und *sabbata domino*. (3) In V 4 erkennt VL nicht, daß שַׁבַּת שַׁבָּתוֹן = σάββατα ἀνάπαυσις ein fester Ausdruck ist, sondern sie verteilt beide Wörter auf zwei Sätze: *anno autem septimo sabbata: requies erit terrae* „im siebten Jahr aber [sollen] Sabbate [gehalten werden]: das Land soll Ruhe haben."

[194] Hyperbaton ist eine künstliche Änderung der logischen und syntaktisch üblichen Reihenfolge von Wörtern und Satzteilen.

[195] TM spricht von עִנְּבֵי נְזִירֶךָ den „Trauben deines unbeschnittenen Weinstocks". In seiner hauptsächlichen Verwendung bezeichnet נָזִיר den Gottgeweihten (Nasiräer), der

deinen Weinberg beschneiden und seinen Ertrag ernten; im siebten Jahr aber [sollen] Sabbate [gehalten werden]: Das Land soll Ruhe haben, Sabbate für den Herrn." Wie ist zu verstehen: „Wenn ihr in das Land hineingekommen seid, das ich euch gebe, und das Land, das ich euch gebe, geruht hat, [sollen] Sabbate des Herrn [gehalten werden]. Sechs Jahre sollst du deinen Acker besäen" usw.? Gleich als sei vorgeschrieben worden, daß [dies] geschehen soll, wenn das Land geruht hat, obgleich das Land deswegen ruht, weil dies geschieht. Die Ruhe des Landes will die Schrift nämlich jedenfalls als [die Ruhe] im siebten Jahr verstanden wissen, in dem, wie sie befohlen hat, keiner irgenetwas in diesem [Land] durch Ackerbau arbeiten darf. Allerdings verdunkelt das lange Hyperbaton[194] zweifellos diesen Sinn. So scheint denn folgendes die [richtige] Reihenfolge der Wörter zu sein: „Wenn ihr in das Land hineingekommen seid, das ich euch gebe, und das Land, das ich euch gebe, geruht hat, [sollen] Sabbate des Herrn [gehalten werden]: Was von selbst auf deinem Acker aufwächst, sollst du nicht ernten, und die Traube, die du geweiht hast,[195] sollst du nicht lesen. Es soll ein Jahr der Erholung für das Land sein. Und die Sabbate des Landes sollen dir und deinem Knecht und deiner Magd und deinem Tagelöhner und deinem Beisassen, der sich dir angeschlossen hat, zur Nahrung dienen. Und deinem Vieh und den wilden Tieren, die im Land leben, [soll] alles, was davon wachsen wird, zur Speise [dienen]." Die Schrift hat aber dazwischen die Erklärung eingefügt, wie die Erde ruhen soll, und gesagt: „Sechs Jahre sollst du deinen Acker besäen, und sechs Jahre sollst du deinen Weinberg beschneiden und seinen Ertrag ernten; im siebten Jahr aber [sollen] Sabbate[gehalten werden]: das Land soll Ruhe haben, Sabbate für den Herrn. Du sollst deinen Acker nicht besäen und deinen Weinberg nicht beschneiden." Und wir müssen annehmen, daß durch die Wendung „du sollst nicht beschneiden" in diesem Jahr jede Art von landwirtschaftlicher Bearbeitung verboten ist. Wenn man ihn (den Weinberg) nicht beschneiden soll, soll man ihn nämlich auch nicht bepflügen oder mit Werkzeugen auflockern oder irgendetwas anderes anwenden, was zu seiner Bearbeitung gehört; sondern wie man den Teil für das Ganze zu nehmen pflegt, so bezeichnet ‚Beschneidung' jede Art landwirtschaftlicher Bearbeitung. Und unter dem Acker und dem Weinberg ist, da sie verboten hat, sowohl jenen zu besäen als auch diesen zu beschneiden, jede Art von landwirtschaftlicher Fläche zu verstehen. Denn auch im Ölbaumgarten oder jeder anderen Art von land-

---

während der Geltungsdauer seines Gelübdes sein Haar nicht schneiden darf, nur in Lev 25,5.11 den unbeschnittenen Weinstock. LXX bleibt bei ihrer mehrheitlichen Wiedergabe der Wurzel נזר durch Ableitungen von ἁγι- (MAYER נזר, 330) und übersetzt τὴν σταφυλὴν τοῦ ἁγιάσματος, entsprechend VL: *uvam sanctificationis*. Die obige Übersetzung folgt dem Übersetzungsvorschlag von WEVERS, *Leviticus* 403 für den LXX-Wortlaut.

gendum est. Neque enim in oliveto vel quolibet alterius generis agro aliquid
operandum est, de quibus tacuit. Quod vero ait: *Et erunt sabbata terrae esca tibi et
puero tuo et puellae tuae* et cetera, satis aperuit nec dominum agri prohibitum vesci
eis, quae non adhibita cultura illo anno sponte nascantur, sed fructus redigere
prohibitum. Sic ergo permissus est aliquid inde in escam sumere, quomodo
transiens, ut hoc solum caperet quod statim vescendo consumeret, non quod in
usus reponeret.

90 *Et terra non venumdabitur in profanationem.* Alii codices habent *in confirmationem*; quam mendositatem in alterutris prius in Graeco accidisse arbitror propter
verbi similem sonum; βεβήλωσις enim profanatio dicitur, βεβαίωσις autem
confirmatio. Sed ille sensus apertus est: *Et terra non venumdabitur in profanationem*,
id est ne quis auderet terram, quam accepit a deo, vendere profanis, qui ea
utantur ad inpietatem cultumque deorum alienorum atque falsorum. Illud
autem subobscurum est: *Non venumdabitur terra in confirmationem.* Quod puto non
intellegendum, nisi ne ita venditio confirmetur, ut eam non recipiat venditor
tempore remissionis, sicut praeceptum est. Quod vero sequitur utrique sensui
potest congruere, sive legatur: *Et terra non venumdabitur in profanationem*, sive: *In
confirmationem.* Secutus quippe adiunxit: *Mea enim est terra, propter quod proselyti et
incolae vos estis ante me.*

90,8 ne...9 remissionis] cf. Lv 25,10

24 esca] s̄c̄a̅ *S V N*   **26** nascantur] nascuntur *C p*   **27** sic] si *N* | ergo] vero *T (in ras.)* | inde *om. N*   **28** caperet] carperet *N* | statim vescendo] stat in vescendo *P¹ S*   **29** usus] usu *N*   **90,1** venumdabitur] venundabitur *codd. (hic in sqq. saepe)*   **3** βεβήλωσις] bebelosis *C*, bebellosis *N*, beblosis *P S V T* | βεβαίωσις] bebeosis *C P n*, bebeusis *p*, bebelosis *S*, beblosis *V*, bebleosis *T*   **4** profanationem] profanatione *p*   **5** auderet] auderit *C*   **9** remissionis] repromissionis *n*   **11** secutus] sequitur *p* | enim est] est enim *C T* | terra] terrae *S*

---

[196] BILLEN, *Texts* 119: Diese Lesart wird bezeugt durch „Nbwdhptub₂" und die Randlesarten in *Msv*.

[197] TM sagt: „Das Land darf nicht לִצְמִתֻת ‚endgültig/unwiderruflich' verkauft werden".
Dem entsprechen die von Augustinus abgelehnten griechischen Kodizes (εἰς βεβαίωσιν:
„rechtskräftig"; vgl. SDE; WEVERS, *Leviticus*), bzw. „auf Dauer/endgültig" (MURAOKA,
Lexicon; entsprechend VL: Cod.Lugd.: *in confirmationem*; Vulg: *in perpetuum*).TM denkt an

wirtschaftlicher Fläche, die sie nicht erwähnt hat, darf keine Arbeit verrichtet werden. Bezüglich der Wendung: „Und die Sabbate des Landes sollen dir und deinem Knecht und deiner Magd zur Nahrung dienen" usw. ist genügend deutlich geworden, daß dem Besitzer des Ackers gleichwohl nicht verboten ist, sich von den [Pflanzen] zu ernähren, die in jenem Jahr ohne landwirtschaftliche Bearbeitung von selbst wachsen mögen, sondern ihm ist nur verboten, sie zu horten. Es ist ihm folglich erlaubt, etwas davon wie ein Vorübergehender so als Speise zu nehmen, daß er nur soviel ergreift, wie er sofort durch Verzehr aufbraucht, nicht [aber weiteres], das er zu späterem Gebrauch zurücklegt.

qu. 3,90 (zu Lev 25,23)

90 „Und das Land soll nicht in die Entweihung verkauft werden." Andere Kodizes haben: „auf Dauer"; ich meine, daß dieser Fehler im einen oder anderen [Kodex] zuvor im Griechischen [Kodex] geschehen ist, weil die Wörter ähnlich klingen; βεβήλωσις bedeutet nämlich ‚Entweihung',[196] βεβαίωσις aber ‚Bekräftigung'.[197] Doch ist jener Sinn offenkundig: „Und das Land soll nicht in die Entweihung verkauft werden", d.h. es soll niemand wagen, das Land, das er von Gott empfangen hat, an Heiden zu verkaufen, die es zu Gottlosigkeit und zur Verehrung fremder und falscher Götter gebrauchen. Jenes aber ist ein wenig dunkel: „Und das Land soll nicht auf Dauer verkauft werden." Meines Erachtens kann man das nur dahingehend verstehen, daß der Verkauf nicht so endgültig gestaltet werden darf, daß ihn der Verkäufer nicht, wie es vorgeschrieben ist, zur Zeit des Erlasses[198] wiedererlangen kann (vgl. Lev 25,10). Was folgt, kann freilich mit beiden Auslegungen übereinstimmen, sei es, daß man liest: „Und das Land soll nicht in die Entweihung verkauft werden", oder: „auf Dauer". Der Text hat nämlich unmittelbar angefügt: „Denn das Land gehört mir, deswegen seid ihr Hinzugekommene[199] und Insassen vor mir."

(endgültigen) Verkauf von Israeliten an Israeliten. Die von Augustinus bevorzugte LXX-Version hat einen anderen Fall im Blick: den Verkauf an Heiden.

[198] *Tempus remissionis*: Bezeichnung für das Jobeljahr (vgl. *qu.* 3,92 und Lev 25,40 Cod. Lugd.: *usque in annum remissionis operabitur apud te*; TM: עַד־שְׁנַת הַיֹּבֵל) und für das Erlaßjahr (vgl. Dtn 15,9: VL: *appropiat annus septimus, annus remissionis* [*qu.* 5,21]; TM: שְׁנַת־הַשֶּׁבַע שְׁנַת הַשְּׁמִטָּה). Bis zum Jobeljahr kann der Israelit, der ein Stück Land verkaufen mußte, dieses zurückkaufen (Lev 25,13-16), bzw sein verwandter ‚Löser' kann es für ihn zurückkaufen (Lev 25,25-27), andernfalls fällt es im Jobeljahr ohne Bezahlung an ihn zurück (Lev 25,28). Im Erlaßjahr muß der Gläubiger verpfändete Personen und Ländereien herausgeben. Ob ein Schuldenmoratorium oder ein Schuldenerlaß verfügt wurde, ist umstritten (Dtn 15,1-3.9; vgl. GROSS, Gesetze).

[199] Aus den גֵּרִים „Fremden" des TM hat LXX προσήλυτοι „Hinzugekommene, Proselyten" gemacht.

91 *Et per omnem terram possessionis vestrae mercedem dabitis terrae*. Alii autem codices habent *redemptionem dabitis terrae*. Sensus ergo hic est: *Non venumdabitur terra in profanationem*, id est illis qui ea utantur in iniuriam creatoris, aut: *In confirmationem*, id est ut eam emptor perpetuo possideat nec certo secundum dei praeceptum intervallo annorum restituat venditori. *Mea enim est,* inquit, *terra*: Unde secundum meum praeceptum ea uti debetis. Atque ut ostenderet suam esse, non ipsorum, quid ipsi in ea essent, consequenter adiunxit dicens: *Propter quod proselyti et incolae vos estis ante me*, hoc est: Quamvis proselyti, id est advenae sint vobis, qui ex alienigenis adiunguntur genti vestrae, et incolae, id est non in terra propria manentes, tamen etiam vos omnes ante me advenae estis et incolae. Hoc deus dicit sive Israhelitis, quod aliarum gentium terram quas expulit eis dederit, sive omni homini, quoniam ante deum qui semper manet et, sicut scriptum est, caelum et terram inplet utique praesentia sua, omnis homo advena est nascendo et incola vivendo, quoniam conpellitur migrare moriendo.

92 Deinde adiungit et dicit: *Per omnem terram possessionis vestrae mercedem dabitis terrae* tamquam inquilini *vel redemptionem*. Illud, nisi fallor, vult intellegi quod inde reddebant quodam modo per cessationes septimorum quorumque annorum et quinquagesimi anni, quem vocat remissionis, ut ipsa vacatio terrae velut merces habitationis aut redemptio esset ab illo cuius est, hoc est ab eius creatore deo.

93 *Et ponam tabernaculum meum in vobis et non abominabitur anima mea vos.* Animam suam deus voluntatem suam dicit. Non enim est animal habens corpus et animam; neque substantia eius eius modi est cuius modi creatura eius, quae anima dicitur, quam fecit, sicut per Esaiam ipse testatur dicens: *Et omnem flatum*

91,12 deum…13 inplet] cf. Ier 23,24   **92,4** quinquagesimi…remissionis] cf. Lv 25,10
93,4 Is 57,16

91,3 in¹ *om.* T | aut] ait *p*   **5** enim est] est enim *Am. μ*   **6** debetis] debeatis P¹ N   **8** et *om. p*
estis *om.* T   **9** qui] quae P S | et ut T V   **12** deum] dominum *p*   **92,1** per] et *praem.* ᵹ
4 vacatio] vocatio P¹ S   **93,3** substantia] substantiam C   **4** fecit] enim *add.* P¹ V, enim eam
add. T | Esaiam] Isaiam C („sicut perisa iam ipse"), se iam P S V, Ysaiam T

---

²⁰⁰ Oder hörten damalige Bibelleser die Bedeutung ‚Lösegeld' (entsprechend LXX: λύτρα) mit?
²⁰¹ TM: Jobeljahr. Vgl. Anm. 198.
²⁰² TM: מִשְׁכָּנִי „meine Wohnstätte", was LXX üblicherweise durch ‚mein Zelt' wiedergibt. Hier aber liest LXX (WEVERS, *Leviticus* 442: „an early A B *n x y*+ text") statt ‚Zelt' διαθήκην „Bund", wahrscheinlich in Angleichung an 26,9, wo auch TM von „Bund"

qu. 3,91 (zu Lev 25,24)

91 „Und bezüglich des gesamten Landes, das ihr besitzt, sollt ihr für das Land Pacht[200] geben." Andere Kodizes haben dagegen: „sollt ihr Rückkaufsrecht für das Land geben". Der Text hat somit folgenden Sinn: „das Land soll nicht in die Entweihung verkauft werden", d.h. jenen, die es zur Beleidigung des Schöpfers gebrauchen, oder: „auf Dauer", d.h. so daß der Käufer es immerwährend besitzt und es nicht dem Gesetz Gottes entsprechend nach einem gewissen Zeitraum dem Verkäufer zurückerstattet. „Denn mir", sagt er, „gehört das Land"; folglich müßt ihr es nach meiner Vorschrift gebrauchen. Und er hat sogar, um zu zeigen, daß es seines, nicht ihres ist, folgerichtig hinzugefügt, was sie in ihm sind: „deswegen seid ihr Hinzugekommene und Insassen vor mir", das bedeutet, obgleich unter euch Proselyten sind, d.h. Hinzugekommene, die sich aus Fremdstämmigen eurem Volk verbinden, und Insassen, d.h. nicht auf eigenem Land dauernd wohnen, seid dennoch auch ihr alle vor mir Hinzugekommene und Insassen. Das sagt Gott entweder den Israeliten, weil er ihnen das Land anderer Völker, die er vertrieben hat, gegeben hat, oder jedem Menschen, weil vor Gott, der immer fortbesteht und, wie geschrieben steht, Himmel und Erde erfüllt (Jer 23,24) – natürlich mit seiner Gegenwart –, jeder Mensch ein Hinzugekommener durch seine Geburt und ein Insasse durch sein Leben ist, da er gezwungen wird, durch den Tod auszuwandern.

qu. 3,92 (zu Lev 25,24)

92 Dann fügt die Schrift hinzu und sagt: „Und bezüglich des gesamten Landes, das ihr besitzt, sollt ihr für das Land Pacht geben" gleichsam als Insassen oder: „Rückkaufsrecht". Jenes will die Schrift, wenn ich mich nicht täusche, dahingehend verstanden wissen, daß sie davon in gewisser Weise durch das Brachliegen während der jeweils siebten Jahre und des fünfzigsten Jahres, das man [Jahr] des Erlasses[201] nennt (vgl. Lev 25,10), zurückerstatteten, so daß das unbearbeitet Liegen des Landes seinerseits gleichsam die Pacht für das Wohnen oder der Rückkauf von jenem, dem es gehört, d.h. von seinem Schöpfergott, wäre.

qu. 3,93 (zu Lev 26,11)

93 „Und ich will mein Zelt[202] unter euch aufstellen, und meine Seele wird euch nicht verabscheuen." Gott nennt seinen Willen seine ‚Seele'. Er ist nämlich kein Lebewesen, das einen Leib und eine Seele hat; noch ist seine Substanz von der Art, wie sie sein Geschöpf ist, das ‚Seele' genannt wird, die er erschaffen hat, wie er selbst durch Jesaja bezeugt mit den Worten: „und jeden Hauch habe ich gemacht" (Jes 57,16): daß er das von der Seele des Menschen sagt, zeigt das

---

spricht. Die VL des Augustinus folgt hier wiederum einer Rezension der LXX, die näher an TM ist.

ego feci: Quod eum de anima hominis dicere consequentia manifestant. Sicut ergo cum dicit oculos suos et labia sua et cetera vocabula membrorum corporalium non utique accipimus eum forma corporis esse definitum, sed illa omnia membrorum nomina non intellegimus, nisi effectus operationum atque virtutum: Ita et cum dicit: *Anima mea*, voluntatem eius debemus accipere. Perfecta quippe simplex illa natura, quae deus dicitur, non constat ex corpore et spiritu nec ipso spiritu mutabilis est sicut anima; sed et spiritus est deus et semper idem ipse, *apud quem non est commutatio*. Hinc autem acceperunt Apollinaristae occasionem, qui dicunt animam non habuisse mediatorem dei et hominum hominem Christum Iesum, sed tantum verbum et carnem fuisse, cum diceret: *Tristis est anima mea usque ad mortem*. Sed ipso eius actu, qui nobis per evangelicam declaratur historiam, sic adparent humanae animae officia, ut hinc dubitare dementis sit.

94 Quid est quod inoboedientiae poenas cum minaretur deus, dixit inter cetera: *Et consumet vos perambulans gladius*? Deinde ait: *Et erit terra vestra deserta et civitates vestrae erunt desertae. Tunc bene sentiet terra sabbata sua omnes dies desolationis suae, et vos eritis in terra inimicorum vestrorum*. Quomodo ergo consumet eos gladius, si erunt in terra inimicorum suorum? An in ipsa terra consumet, quoniam strage mortuorum facta non erunt ibi? An *consumet vos* sic ait, ac si diceret: Interficiet vos, ut ad istam consummationem illi pertineant, qui gladio cadent, non omnes, quandoquidem paulo post dicit: *Et eis qui residui sunt ex vobis superducam formidinem in cor eorum*? An secundum hyperbolen dictum est: *Consumet vos*, secundum quem loquendi modum et abundantia eorum dicta est sicut arena maris? Secundum istum modum etiam dicitur quod deinde sequitur: *Et persequetur eos sonus folii volantis*, id est, quia nimius in eis timor erit, ut et levissima quaeque formident.

---

12   Iac 1,17   13   mediatorem...14 Iesum] cf. 1 Tm 2,5   14   Mt 26,38
94,10 abundantia...maris] cf. Gn 22,17; 32,12

5 eum] cum *C* | consequentia] consequentiam *C*   6 cum] quam *C*   8 virtutum] virtutem *C*   9 et] ut *P S* | anima mea] animam meam *p* | perfecta] perfecte *P¹ S V N Am. μ*   10 quippe] itaque *T* | illa natura] natura illa *T*   11 et¹] *om. V T* | spiritus *om. S* | est deus] deus est *S* deus *om. N*   13 hominem *om. p*   14 diceret] diceretur *C*   15 evangelicam] angelicam *S*   16 humanae animae] animae humanae *N*   **94,1** inoboedientiae] inoboedientia *S*   2 cetera] ceteras *S* | perambulans] perambulan* *S* (t eras.)   3 erunt desertae] desertae erunt *N*   5 erunt] erant *C* | strage *om. S*   6 mortuorum] *Am. μ*, mortuum *S¹ T*, mortium *Fraipont, cf. qu. 4,27 l. 11* | facta] factu *C*   7 consummationem] consumptionem *N T Am. μ* | cadent] cadant *P S V T*   8 et *om. N* | ex] in *p*

folgende. Wie wir also, wenn er von seinen Augen und seinen Lippen und von den übrigen Bezeichnungen für Körperteile spricht, selbstverständlich nicht annehmen, er sei durch die Gestalt eines Leibes begrenzt, sondern alle diese Bezeichnungen der Glieder nur als Wirkungen von Handlungen und Kräften auffassen: so müssen wir auch, wenn er sagt: „meine Seele", [dies als Bezeichnung für] seinen Willen nehmen. Jene vollkommene einfache Natur, die man Gott nennt, besteht ja nicht aus Körper und Geist noch ist er in seinem Geist wandelbar wie eine Seele; sondern Gott ist sowohl Geist als auch immer eben derselbe, „bei dem es keine Veränderung gibt" (Jak 1,17). Von hier aber entnahmen die Apollinaristen den Vorwand, die sagen, der Mittler zwischen Gott und den Menschen, der Mensch Jesus Christus (vgl. 1Tim 2,5), habe keine Seele gehabt, sondern habe nur aus dem Wort und dem Fleisch bestanden,[203] obgleich er sagte: „Meine Seele ist zu Tode betrübt" (Mt 26,38). Aber aus eben dieser seiner Handlungsweise, die uns die Erzählung des Evangeliums klar darlegt, gehen die Äußerungen der menschlichen Seele so klar hervor, daß daran nur ein Wahnsinniger zweifeln kann.

qu. 3,94 (zu Lev 26,33.36)

94 Was bedeutet das, was Gott unter anderem gesagt hat, als er die Strafen für den Ungehorsam androhte: „und das umhergehende Schwert wird euch fressen"?[204] Anschließend sagt er: „Und euer Land wird verlassen sein, und eure Städte werden verlassen sein. Dann wird das Land seine Sabbate genießen alle Tage seiner Verödung, und ihr werdet im Land eurer Feinde sein." Wie also wird sie das Schwert fressen, wenn sie im Land ihrer Feinde sein werden? Wird es sie vielleicht in eben diesem Land fressen, weil sie dort nicht mehr sein werden, nachdem die Hinmetzelung der Toten geschehen ist? Meint er „es wird euch fressen" so, als sagte er: ‚es wird euch töten', [und zwar in dem Sinn], daß dieses Fressen sich [nur] auf jene bezieht, die durch das Schwert fallen, nicht auf alle, da er ja kurz darauf sagt: „Und denen von euch, die übrig geblieben sind, werde ich Grausen in ihr Herz bringen"? Ist „es wird euch fressen" vielleicht eine Hyperbel, wie entsprechend diesem Stilmittel auch gesagt worden ist, ihre Fülle sei wie der Sand am Meer (vgl. Gen 22,17; 32,13)? Nach dieser Ausdrucksweise wird auch das folgende formuliert: „Und es wird sie das Rascheln eines fliegenden Blattes verfolgen", d.h. daß eine allzu große Angst sie ergreifen wird, so daß sie auch vor den nichtigsten Dingen zurückschrecken.

---

[203] Vgl. *haer.* 55; *div. qu.* 80.
[204] Den Wortlaut des TM mit göttlichem Subjekt („ich werde hinter euch das Schwert zücken") ändert LXX, wohl um einen zu krassen Anthropomorphismus zu vermeiden, dahingehend, daß das personifizierte Schwert Subjekt wird und unausgesprochen bleibt, wer es führt (vgl. WEVERS, *Leviticus*; SDE).

QUAESTIONES NUMERORUM
FRAGEN ZUM BUCH NUMERI

EINLEITUNG

Textgrundlage und Analyseinstrumente

Auch während der Arbeit am Buch Num kennt Augustinus die Übersetzung des Hieronymus aus dem Hebräischen noch nicht. Zur Überprüfung seiner VL und anderslautender Kodizes der VL steht ihm einzig die LXX zur Verfügung, deren Übersetzung des Buches Numeri als die schwächste griechische Übersetzung im Pentateuch gilt. Der Übersetzer wendet seine eigenen Übersetzungskriterien inkonsequent an und ist unsorgfältig;[1] einerseits zeigt er bezüglich der hebräischen Vorlage grammatische Inkompetenz, andererseits nimmt er in der Wiedergabe der Präpositionen mehr Rücksicht auf die griechische Zielsprache als andere Übersetzer im Pentateuch; dagegen reproduziert er in der Syntax streng die hebräische Vorlage und erzeugt so ein semitisierendes Griechisch.[2] Er verfolgt harmonisierende Tendenzen, spielt auf die ihm vorliegenden Übersetzungen Gen – Lev an, erlaubt sich aber auch eigene Interpretationen, die teilweise dem Verständnis seiner Leser im hellenistischen Alexandrien entgegen kommen, teils das Gottesbild von Gewalttaten entlasten und Anthropomorphismen vermeiden.[3] Übereinstimmungen mit dem Qumran-Fragment 4QNum[b] zeigen, daß der Übersetzer eine hebräische Vorlage präsamaritanischen Typs benutzte. BdA läßt die Frage offen, ob er den protomasoretischen Text, wie er im 3. Jh. v. Chr. in Palästina im Gebrauch war, nach Alexandrien mitbrachte oder ob dies der hebräische Text war, den die Juden Ägyptens benutzten.[4]

Augustinus diskutiert die Bedeutung griechischer Wörter (*qu.* 4,1; 4,4; 4,25 [nur am Beispiel des lateinischen Übersetzungsäquivalents]; 4,32; 4,52) und einer griechischen Genitiv-Konstruktion (*qu.* 4,55); er vertritt eine seltene griechische Lesart, kennt aber zum selben Text auch lateinische Kodizes, die auf einer abweichenden, jüngeren Lesart basieren (*qu.* 4,28). Einmal kritisiert er die Wortwahl der LXX (*qu.* 4,3). Einmal führt er die Alternativlesarten von Aquila und Symmachus an (*qu.* 4,52).

---

[1] Vgl. die Liste derartiger unsorgfältiger oder schlicht falscher Übersetzungen bei WEVERS, *Numbers* X-XIV. ders. S. V: „The translator was guilty of grammatical infelicities, and of thoughtless errors of translation and even of stupid mistakes."
[2] SDE 434.   [3] SDE 435f.   [4] BdA 47.

Augustinus kommentiert unterschiedliche Übersetzungen in den ihm vorliegenden Kodizes der VL. Gelegentlich akzeptiert er auch die von seiner VL unterschiedenen Wiedergaben, weil sie auch richtig sind oder doch richtig verstanden werden können (*qu.* 4,18; 4,33,1), häufiger weist er sie zurück (*qu.* 4,1; 4,12; 4,13; 4,28; 4,32; 4,55), einmal lehnt er beide ab und macht einen neuen Vorschlag (*qu.* 4,4).

Augustinus gebraucht folgende *termini technici* der rhetorischen Analyse:
  antistrophe: qu. 4,16,5.
  loquendi consuetudo: qu. 4,28.
  hyperbaton: qu. 4,14.
  locutio: qu. 4,8; 4,9; 4,12; 4,14; 4,16,2; 4,16,5 *(locutio inusitatior)*; 4,16,6 *(locutio usitatissima)*; 4,26; 4,28; 4,30 *(locutio inusitata)*; 4,57 *(locutio inusitatissima)*.
  modus inusitatissimus: qu. 4,16,3; *eo more quo non solet* 4,16,5.
  recapitulatio: qu. 4,30.
  tropica locutio: qu. 4,45.

In Num trifft Augustinus, wie er hervorhebt, auf im Lateinischen besonders ungebräuchliche Hebraismen und, von ihm bzw. bereits von LXX allerdings mißverstandene außergewöhnliche stilistische Eigenheiten *(locutiones)*.

Um den s.E. richtigen Sinn zu erzielen, wendet sich Augustinus gelegentlich gegen falsche syntaktische Trennung von Satzteilen (Stichwort *distinguere: qu.* 4,9; 4,14; 4,33,2) und stellt die s.E. syntaktisch und inhaltlich richtige Reihenfolge der Satzteile oder Sätze her (Stichworte: *distinguere: qu.* 4,9; 4,14; 4,33,2 und *ordo*: *qu.* 4,16,5; 4,50).

Geistlicher Sinn

In den *quaestiones in Numeros* gebraucht Augustinus außergewöhnlich viele unterschiedliche Ausdrücke, um, vor allem in bezug auf das Gesetz über die rote Kuh und das Reinigungswasser, den übertragenen, typologischen, spirituellen Sinn zu bezeichnen:
  aliquid insinuat sacramenti qu. 4,2.
  significare qu. 4,2; 4,33,1 *(occulte)*; 4,33,2; 4,33,5; 4,33,8; 4,33,9; 4,33,11; 4,35.
  signum qu. 4,17.
  significatio qu. 4,33,11.
  signum novi testamenti qu. 4,33,1.
  signum resurrectionis qu. 4,33,5.
  signa futurorum qu. 4,53.
  per significationem, non per proprietatem qu. 4,33,11.
  figurare qu. 4,33,2; 4,33,7; 4,33,11; 4,35.
  figura qu. 4,33,2.
  figurate dictum qu. 4,59,5.

praefigurare qu. 4,33,1; 4,33,3; 4,50.
praefiguratum qu. 4,33,1.
intimare qu. 4,33,5.
demonstrare qu. 4,36.
praenuntiare qu. 4,33,4.
ad aliquid spiritale interpretari qu. 4,17.
spiritaliter intelligere qu. 4,33,9.
spiritalis intelligenda qu. 4,33,11.
pro spiritali et vero Israhel qu. 4,50.
altitudo sacramenti qu. 4,33,1.
sacramenta qu. 4,25 *(res ipsae quarum haec sacramenta sunt)*; 4,33,1.
mysterium rei qu. 4,53.
prophetia clarissima qu. 4,48.
typus qu. 4,53.
umbrae futurorum qu. 4,33,11; 4,53.
personam gerere qu. 4,53.
personam portare qu. 4,33,11.

Exkurs: Extremfall der Allegorese: die rote Kuh, Num 19

In Num 19,1-22 steht das rätselhafte Gesetz über die rote Kuh. Sie wird außerhalb des Lagers geschlachtet und, nachdem der Priester von ihrem Blut siebenmal in Richtung Heiligtum gespritzt hat, samt ihrem Blut und Mist vollständig verbrannt. Ein reiner Mann sammelt die Asche und stellt aus ihr das Reinigungswasser her, mit dem jeder entsündigt wird, der einen Leichnam berührt hat. Jeder aktiv an diesem Ritus Teilnehmende, einschließlich des Priesters, wird dadurch bis zum Abend unrein.

Augustinus sieht in dieser Bestimmung über das Reinigungswasser „ein überaus deutliches Symbol des Neuen Testaments" *(evidentissimum signum novi testamenti)* und ein tiefes Geheimnis vorausgebildet *(qu.* 4,33,1). Er läßt sich in der langen *qu.* 33,1-11 zu einer innerhalb der QH einmaligen und ausführlichen Allegorese hinreißen, sieht sich aber auch verpflichtet, Ausgangspunkt und Grundlage dieser Allegorese vorzuweisen.

Auslöser ist seine eigenartige Deutung einer seltenen Formulierung der LXX und deren Übersetzung in seiner VL. In TM lautet die Überschrift dieses Kapitels unauffällig: זֹאת חֻקַּת הַתּוֹרָה אֲשֶׁר־צִוָּה יְהוָה לֵאמֹר „Das ist die Vorschrift der Tora, die[5] JHWH erlassen hat, indem er sagte". Nur in diesem Fall übersetzt

---

[5] Schon LXX hat entgegen TM einen verallgemeinernden Relativsatz gebildet: ὅσα, entsprechend VL: *quaecumque*. Augustinus gewinnt daraus ein gewichtiges Argument. Zu der gänzlich abweichenden Formulierung der Vulg vgl. SEEBASS, *Numeri* 240.

LXX aus unbekannten Gründen חֻקַּת durch διαστολή, dessen Grundbedeutung „Trennung, Unterscheidung" ist.[6] BdA, gefolgt von WEVERS, *Numbers*, führt jedoch aus: διαστολή ist in Papyri in der Bedeutung „disposition particulière" bezeugt, die für Num 19,2 gut paßt.

Die VL des Augustinus kennt diese Spezialbedeutung von διαστολή wohl nicht, sondern übersetzt es nach seiner Grundbedeutung: *distinctio*.[7] Augustinus kennt bzw. gebraucht das dazugehörige Verb *distinguo* in den Bedeutungen ,festlegen,[8] (Satzteile) trennen,[9] unterscheiden'[10]. In *qu.* 3,3 gibt er eine Art Definition: *videtur ergo ista distinctio quasi definitio esse, qua secernitur aliquid a ceteris, quae solo dicto non tenentur.* „Diese *distinctio* scheint gleichsam eine Begriffsbestimmung zu sein, die eine beliebige Sache von den übrigen, die durch ein Wort allein nicht bezeichnet werden können, unterscheidet." Entsprechend deutet Augustinus auch hier den Wortlaut der VL von Num 19,2, der lautet: *ista distinctio legis, quaecumque constituit dominus* „Folgendes ist die Unterscheidung des Gesetzes bezüglich all dessen, was der Herr festgesetzt hat." Aus dem Relativsatz, den Augustinus mit LXX und VL (ohne Grundlage in TM) als verallgemeinernd versteht, folgert er, hier sei die Rede von der *magna distinctio* des Gesetzes, die alle Bestimmungen Gottes umfaßt, und diese könne nur die Unterscheidung zwischen dem Alten und dem Neuen Bund/Testament sein: *ista distinctio [...] recte intellegitur duo testamenta distinguere*. „Dieselben Dinge sind ja freilich im Alten und im Neuen [Testament] enthalten: dort verhüllt, hier offenbart, dort vorausbezeichnet, hier offenkundig" (*qu.* 4,33,1). Der Kreuzestod Christi signalisiert die grundlegende Unterscheidung zwischen den zeitlichen Gütern, die im Alten Bund verheißen werden und die ewigen Güter lediglich symbolisieren, und den ewigen Gütern, die im Neuen Bund verheißen werden. Damit ist erwiesen: „Dies, was von der Schlachtung der jungen roten Kuh erzählt wird, bezeichnet daher dieses Leiden unseres Herrn Jesus Christus gleichsam als Unterscheidung der beiden Testamente durchaus angemessen voraus."

So ist die argumentative Grundlage für die anschließenden allegorischen Deutungen gelegt:[11] Rote Kuh = das grausam leidende Fleisch Christi. Weib-

---

[6] Vgl. WEVERS, *Numbers;* SDE.
[7] VL:Cod.Lug. dagegen: *constitutio legis, quem constituit Dominus.*
[8] Z.B. *qu.* 3,3. [9] Z.B. *qu.* 3,9 zu Lev 6,6; 4,9 zu Num 5,8. [10] Z.B. *qu.* 3,33 zu Lev 10,10.
[11] Obgleich Augustinus sich in *qu.* 33 vielfach auf neutestamentliche Texte bezieht, gibt er erstaunlicherweise – abgesehen von den möglichen Anspielungen in *qu.* 4,33,11 („tote Werke") auf Hebr 9,14 und in *qu.* 4,53 („Schatten der zukünftigen [Güter]") auf Hebr 10,1 (kann auch aus Kol 2,17 übernommen sein) – keinen Verweis auf Hebr 9,11-14, den einzigen Text des NT, der die Asche der Kuh erwähnt und die Wirkung des mit

liches Rind = Schwäche des Fleisches Christi. Mose = Gesetz. Kuh ohne Makel = das Fleisch Christi hat keinen Makel in sich, aber in den Christen, den Gliedern seines Leibes. Keinem Joch unterworfen = das Fleisch Christi wurde der Ungerechtigkeit nicht unterworfen, er konnte sein Leben geben und wieder nehmen. An Eleasar, nicht an Aaron übergeben = Christi Leiden ereignete sich erst unter den späten Nachkommen des Priesters Aaron. Aus dem Lager hinausgestoßen = Kreuzigung außerhalb der Stadt. Vor Eleasars, nicht vor Aarons Augen schlachten und verbrennen = Tötung und Auferstehung Christi ereignen sich vor den zukünftigen Priestern des Neuen Bundes. Blut an die Vorderseite des Zeltes sprengen = Christi Blut zur Vergebung der Sünden vergossen. Verbrennung der Kuh = Vorausbezeichnung der Auferstehung.[12] Verbrennung von Fleischteilen, Blut und Mist = nicht nur der sterbliche Leib Christi, sondern auch die Schmähungen durch das Volk werden in Herrlichkeit verwandelt. Zedernholz = Hoffnung. Ysop = Glaube. Scharlachrotes Tuch = Liebe. Derjenige, der die Kuh verbrennt = diejenigen, die das Fleisch Christi beerdigt und so der Auferstehung übergeben haben. Asche der Kuh = die Botschaft, die auf Leiden und Auferstehung Christi gefolgt ist. Ein reiner Mann = rein von der Ermordung Christi, Nichtjude. Niederlegung der Asche außerhalb des Lagers = der Ruhm des Evangeliums erglänzt außerhalb der jüdischen Zeremonien. Wasser der Reinigung = Reinigung von der Ungerechtigkeit dieses Lebens. Unrein bis zum Abend = jeder, der nach der Taufe weiterlebt, zieht sich bis zu seinem Tod eine Unreinheit zu. Waschen nur des Leibes = wer die Asche außerhalb des Lagers abgelegt hat, ist im Innern bereits rein. Ewige Vorschrift für Israeliten und Proselyten = die Taufe Christi soll Juden wie Heiden zugutekommen. Tote = Vergehen der Menschen, tote Werke. Mit Wasser waschen = Taufe.

Exkurs: Zwei oder drei Sündenarten? Bedeutung der Intention des Sünders

Num 15,22-29 beschreibt Sünden der Gemeinde und von einzelnen, die durch Opfer im כֶּפֶר-Ritus Verzeihung erlangen können; ihnen steht in 15,30-31 die Sünde „mit erhobener Hand" gegenüber, für die es keine Sühne gibt und auf die Todesstrafe steht. Die Sünden der ersten Kategorie werden durch Nomen

---

ihr hergestellten Reinigungswassers in Beziehung zur Erlösung durch Christus setzt. Zu Augustins Bezugnahmen auf Hebr vgl. LA BONNADIÈRE, *L'épître*.

[12] MICHELS, *Verbrennung* vermutet, Augustinus habe die Verbrennung deswegen als Vorausbezeichnung der Auferstehung bezeichnet, weil ihm die Verbrennung des Bildes des Kaisers im römischen Ritus der Apotheose bekannt war, die seine Vergöttlichung bezeichnete. Vielleicht habe er auch an die Legende vom Phönix gedacht.

und Verb der Wurzel שגג/שגה als ‚versehentlich' bzw. ‚unwissentlich' charakterisiert.[13] CRÜSEMANN, *Tora:* „Gemeint sind also Sünden aus Irrtum oder Unwissenheit [...] Der Ausdruck bezieht sich offenbar nicht direkt auf die subjektive Verfassung des Täters, sondern will einen durchaus objektiven, rechtlich faßbaren Sachverhalt festhalten." Eine „gerade noch nicht völlig präzise Begrifflichkeit [...] So werden offenkundig Fälle wie ganz unvermeidbare Verunreinigungen, Verbotsirrtum, Unkenntnis von Regeln, Unbeherrschtheiten etc. gerade nicht unterschieden."[14] LXX sagt dafür in 15,23-29 konstant ἀκουσίως, ἀκούσιον, ἀκουσιασθείσης „unabsichtlich, versehentlich".

Die Sünde „mit erhobener Hand" בְּיָד רָמָה meint Sünden, die nicht nur vorsätzlich, sondern mutwillig, trotzig, demonstrativ[15] begangen werden. LXX interpretiert: ἐν χειρὶ ὑπερηφανίας „mit der Hand der Überheblichkeit" (SDE), entsprechend die VL des Augustinus: *in manu superbiae.*[16]

Augustinus führt in *qu.* 4,24.25 überraschend eine in seiner LXX-Vorlage (und in TM) nicht angelegte terminologische Unterscheidung zwischen den *peccata nescientium* und den *peccata nolentium* ein und muß infolgedessen innerhalb der *peccata volentium*, ebenfalls durch seine biblische Vorlage nicht gedeckt, eine Sündengruppe annehmen, die von den Sünden „mit erhobener Hand" unterschieden ist. Während TM und LXX auf die unwissentlichen bzw. versehentlichen Sünden abheben und sie den demonstrativ aus trotziger Verachtung der Gebote JHWHs verübten Sünden „mit erhobener Hand" entgegensetzen, sieht Augustinus die Hauptunterscheidung zwischen den *peccata nolentium* und den *peccata volentium*. So erhält durch ihn die Intention des Sünders eine viel höhere Bedeutung als in seiner biblischen Vorlage, die erst auf dem Weg ist, in unsicherer Begrifflichkeit neben den Merkmalen der Tat auch die Subjektivität des Sünders in ihre Betrachtung einzubeziehen. Allerdings betont bereits VL:Cod. Lugd durch seine Übersetzungsäquivalente zu den unwissentlichen Sünden die Unabsichtlichkeit der Sünde; Num 15,24.25.26.27: *nollens peccare*; 15,28: *nollens delinquere*; 15,29: *facere peccatum nollens*; 15,25: *pro delictis non sponte factis.*[17] Augustinus zitiert in *qu.* 4,25 (zu 15,24-29) den Wortlaut seiner VL nicht. Da er dort aber in Eigenformulierung ganz entsprechend von *peccata quae non sponte committuntur* bzw. *peccata nolentium* spricht, kann man annehmen daß seine VL hier mit der VL:Cod.Lugd. im Wortlaut übereinstimmte. In diesem Fall traf Augustinus in Num 15 bereits in seiner biblischen Vorlage ausschließlich auf die *peccata*

---

[13] Vgl. auch Lev 4,2.13.22.27; 5,15.
[14] CRÜSEMANN, *Tora* 371f.
[15] Vgl. SEEBASS, *Numeri;* CRÜSEMANN, *Tora* 371.
[16] Vulg: *anima vero quae per superbiam aliquid commiserit.*
[17] Vulg variiert ständig: *oblita fuerit facere, non sponte peccaverunt, culpa per ignorantiam, nesciens peccaverit, inscia peccaverit, peccaverint ignorantes.*

nolentium, setzte die *peccata nescientium* in Erinnerung an Lev 5,18 (*qu.* 3,7) hinzu und wurde auf diese Weise zu seinen Erwägungen provoziert.

Schon in *qu.* 3,7 zu Lev 5,17-19 hatte Augustinus sich mit dieser Materie befaßt. Dort wird in V 18 das Vergehen eines einzelnen charakterisiert als שִׁגְגָתוֹ אֲשֶׁר־שָׁגָג וְהוּא לֹא־יָדַע „sein Versehen, das er versehentlich, ohne zu wissen, begangen hat". LXX hebt ebenfalls nur auf Unwissen ab und übersetzt: τῆς ἀγνοίας αὐτοῦ, ἧς ἠγνόησεν καὶ αὐτὸς οὐκ ᾔδει „seines Fehlers, den er in Unwissenheit begangen hat, und er selbst hat es nicht erkannt". VL des Augustinus entsprechend: *propter ignorantiam eius quam ignoravit et ipse non scivit.* Augustinus fügt jedoch gegenüber seiner Vorlage dem Merkmal der Unwissentlichkeit das Merkmal der Unabsichtlichkeit hinzu, beachtet somit stärker die Intentionalität des Täters: *per ignorantiam nolens peccaverit.* Schon in *qu.* 3,3 hatte er formuliert: *peccata quae ab ignorantibus et per hoc a nolentibus committuntur.*

Diese Kombination von ‚unwissentlich' und ‚unbeabsichtigt' legt Augustinus auch seiner Diskussion in *qu.* 4,24 zugrunde. Sein Oberbegriff ist aber (wohl entsprechend seiner VL zur Stelle) „unabsichtlich", nicht ‚unwissentlich, versehentlich'. Er bestimmt die *peccata nolentium* zunächst entsprechend *qu.* 3,3 als solche, *quae a nescientibus committuntur.* Er erwägt aber, daß es noch eine weitere Untergruppe der *peccata nolentium* geben könnte: *an etiam possit recte dici peccatum esse nolentis, quod facere conpellitur; nam et hoc contra voluntatem facere dici solet.* „ob man zu Recht auch eine Sünde unabsichtlich nennen könnte, die zu begehen man genötigt wird; denn auch davon pflegt man zu sagen, daß man es gegen den (eigenen) Willen tut." Sein Beispiel: Jemand, der keinen Meineid leisten will, tut es aus Überlebenswillen, wenn ein anderer ihn für den Fall mit Tod bedroht, daß er nicht den Meineid schwört. Augustinus lehnt eine solche Einordnung ab, denn: *vult ergo facere, quia vult vivere, et ideo non per se ipsum adpetendo, ut falsum iuret, sed ut falsum iurando vivat.* „Er will [es] folglich tun, weil er am Leben bleiben will, und zwar so, daß er es (zwar) nicht um seiner selbst willen anstrebt, Falsches zu schwören, sondern [daß er es anstrebt], um dadurch, daß er Falsches schwört, am Leben zu bleiben." Augustinus formuliert als allgemeine Regel: *forte ipsum peccare nemo velit, sed propter aliud fit, quod vult qui peccat.* „Vielleicht will niemand das Sündigen selbst, sondern es geschieht wegen etwas anderem, das der, der sündigt, will." Daher lautet sein Urteil, auch wenn er anschließend (in *qu.* 4,25) wieder schwankt: *non sunt peccata nolentium nisi nescientium, quae discernuntur a peccatis volentium.* „Es gibt unabsichtliche Sünden nur als unwissentliche, die von absichtlichen Sünden unterschieden werden."

Unter dieser Voraussetzung sind aber, wie das Beispiel des Meineidigen zeigt, nicht alle *peccata volentium*, denen er sich in *qu.* 4,25 widmet, Sünden „mit erhobener Hand", denn *aliud est ergo praecepta contemnere, aliud magni quidem pendere, sed aut ignarum contra facere aut victum.* „Eines ist es, die Gebote zu verachten, etwas

anderes, [sie] zwar hoch zu schätzen, aber aus Unwissenheit oder überwältigt (durch Angst) dagegen zu verstoßen."

Wie er, ohne Rückhalt in der VL, innerhalb der willentlichen Sünden zwei Arten von Sünden annimmt, so fügt er, ebenfalls ohne derartigen Anhalt und trotz der angedrohten Todesstrafe, Bedingungen hinzu, unter denen auch die Sünden „mit erhobener Hand" vergeben werden können. Er beobachtet zwar zu Recht, daß der Wortlaut von Num 15,30-31 eine Vergebung der *peccata superbiae* ausschließt, fügt aber seinerseits eine Einschränkung hinzu: *dumtaxat curatione, quae per sacrificia gerebatur, qualia facienda in hac scriptura praecipiuntur.* „[gleich als ob die Schrift sie für unheilbar erklärte], zumindest durch jene Heilung, die durch die Art von Opfern gewirkt wurde, deren Darbringung in dieser Schrift vorgeschrieben werden." Augustinus relativiert zusätzlich dieses harte Urteil der Schrift auf doppelte Weise (1) Die Opfer können aus sich heraus ohnehin keine Sündenvergebung bewirken, sie verweisen lediglich auf das wirksame Opfer Christi. (2) Auch die angedrohte Strafe, daß eine „mit erhobener Hand" sündigende *anima* völlig zermalmt werde, kann nicht im Vollsinn zutreffen, denn *natura inmortalitatis animae hunc intellectum recusat.* Die Lösung findet der Seelsorger Augustinus mit Hilfe eines freilich nur im Lateinischen funktionierenden Wortspieles zwischen der angedrohten Strafe *contritione conteretur* und der in Ps 51,19 ausgesprochenen Zuversicht, daß Gott ein *cor contritum* nicht verachtet: Diese Sünde „mit erhobener Hand" wird durch Reue geheilt. *ipsa enim adflictio paenitentis poena peccati est quamvis medicinalis et salubris.* „Die Betrübnis des Bereuenden ist nämlich selbst die Strafe für die Sünde, wenngleich Medizin und heilsam."

Am Ende der *qu.* 4,25 formuliert Augustinus seine auf differenzierte Beachtung der Intention des Sünders gegründete These von den nicht zwei, sondern drei Sündenarten noch einmal in Frageform und weist darauf hin, daß eine Vertiefung der Problematik nötig wäre: *utrum nemo peccet nisi aut ignarus aut victus aut contemnens.* „ob niemand sündigt, es sei denn entweder unwissentlich oder überwältigt (von Angst) oder aus Verachtung."[18]

Exkurs: Mose – Aaron – Bileam

Augustinus liebt keine Grautöne. Mose und Aaron versucht er, falls nötig und soweit möglich, zu verteidigen und positiv darzustellen, Bileam muß sich unter

---

[18] Diese Unterscheidung der drei Arten von Sünden behandelt Augustinus auch in *en. Ps.* 118, s. 9,1: *Aliud est quippe mandata Dei per infirmitatem vel ignorantiam non implere; aliud ab eis per superbiam declinare.* Vgl. auch *nat. et gr.* 33: *multa enim peccata per superbiam committuntur, sed neque omnia superbe fiunt, quae perperam fiunt – certe a nescientibus, certe ab infirmis, certe plerumque a flentibus et gementibus.*

allen Umständen als Sünder erweisen. Augustinus wertet unablässig moralisch und theologisch und zerstört so die Wirkung der alttestamentlichen Erzählungen.

Zweimal wird erzählt, daß etwas von Mose genommen und auf andere verteilt wird: von dem auf Mose ruhenden Gottesgeist auf die Ältesten (Num 11,17), von Moses Würde (LXX: τῆς δόξης) auf Josua (Num 27,20). Beide Male betont Augustinus, daß Mose seinerseits dadurch nichts vom Gottesgeist und von seiner Würde verliert (*qu.* 4,18; 4,55). Das liegt an der Eigenart dieser Gaben: *non autem res huius modi quasi partiliter divisae minuuntur, sed totae sunt omnibus, totae singulis qui earum habent societatem* (*qu.* 4,55).

In Num 11,21-23 äußert Mose auf JHWHs Verheißung hin einen Einwand. Hat Mose hier angesichts des angekündigten großen Nahrungswunders nur eine Verständnisfrage *(quaerentis)* gestellt[19] oder hat er zweifelnd/ungläubig *(diffidentis)* gefragt[20]? Augustinus wägt ab. Die Reaktion JHWHs: „Ist etwa JHWHs Hand zu kurz?" klingt abweisend und spricht für Zweifel. Das Ausbleiben einer Strafe macht eher eine reine Verständnisfrage wahrscheinlich. Augustinus entscheidet sich für die Verständnisfrage und verweist auf die Frage Marias in Lk 1,34 (*qu.* 4,19).

Augustinus baut in *qu.* 4,19 sogar eine Entschuldigungsargumentation für die Frage auf, die Mose an das Volk stellt, statt sofort Wasser aus dem Felsen fließen zu lassen (Num 20,10): „Folglich könnten jene Worte [...] so verstanden werden, als ob er sagte: ‚Offensichtlich kann man wegen eurer Ungläubigkeit aus diesem Felsen kein Wasser hervorkommen lassen', um am Ende durch den Schlag [auf den Felsen] zu zeigen, daß durch Gott[es Kraft] das geschehen konnte, was jene in ihrem Unglauben nicht glaubten." Augustinus muß aber doch JHWHs Urteil, von dem gilt: *non de verbis, sed de cordibus iudicat*, akzeptieren, daß Mose aus Unglauben zweifelnd gesprochen hat: „Und so entnimmt man daraus, daß Mose diese Worte so gesprochen hat, als habe er gleichsam [auf den Felsen] geschlagen, ohne [über das Ergebnis] sicher zu sein, damit man, wenn sich die Wirkung nicht einstellen sollte, meinte, er habe das vorausgesagt."

In Num 20,12 kündigt JHWH Mose und Aaron an, daß sie wegen ihres Versagens am Felsen nicht in das Verheißungsland hineinkommen werden, und in Num 27, 13-14 begründet er damit Mose gegenüber noch einmal, warum beide jenseits des Jordan sterben müssen. Dieses harte Urteil mildert Augustinus in *qu.* 4,53 ab: „Weil aber beiden Brüdern, d.h. Aaron und Mose, gesagt wird, daß sie zu ihrem Volk versammelt werden, richtet sich offensichtlich nicht solcher Zorn Gottes gegen sie, der vom Frieden heiliger ewiger Gemeinschaft

---

[19] So z.B. SEEBASS, *Numeri:* weil das Wunder sein Vorstellungsvermögen überstieg.
[20] So z.B. SCHMIDT, *Numeri.*

trennt. Daher zeigt sich, daß nicht nur ihre Ämter, sondern auch ihre Todesarten Vorausbezeichnungen zukünftiger Dinge, nicht von Gott aus Unmut verhängte Strafen gewesen sind." Diese Vorausbezeichnung bestimmt Augustinus so: „Als symbolische Bedeutung dieser Angelegenheit *(huius rei mysterium)* kann aber verstanden werden, daß weder das Priestertum, das zuvor eingesetzt worden ist, dessen Rolle Aaron spielte *(cuius personam gerebat Aaron)*, noch das Gesetz selbst, dessen Rolle Mose spielte *(cuius personam gerebat Moyses)*, das Volk Gottes in das Land des ewigen Erbes hineinführen, sondern Josua, der der Typus des Herrn Jesus Christus war *(Iesus, in quo typus erat domini Iesu Christi)*, d.h. ‚aus Gnade durch Glauben' (Eph 2,8)."

Augustinus sieht außerdem einen Unterschied zwischen Mose und Aaron, insofern Aaron vor der Eroberung späterer israelitischer Siedlungsgebiete im Ostjordanland starb, Mose sie hingegen noch erlebte, und gewinnt auch diesem Unterschied einen geistlichen Sinn ab: „Zu einem gewissen Teil wird das Gesetz nämlich im christlichen Glauben eingehalten. Darin gibt es nämlich auch Gebote, die auch heute zu befolgen uns Christen befohlen wird. Jenes Priestertum hingegen und die Opfer haben heute keine Bedeutung für den christlichen Glauben, außer insofern sie als Schatten der zukünftigen [Güter] vollzogen und durchgeführt worden sind" *(qu.* 4,53).[21]

Ohnehin hat Augustinus größere Mühe, Aaron zu verteidigen, in den *quaestiones in Exodum* vor allem bezüglich seiner Mitwirkung bei der Herstellung und Verehrung des Goldenen Kalbs in Ex 32. Augustinus deutet diese Kooperation Aarons in einen Versuch des Widerstands um: „Daß Aaron befiehlt, den Ehefrauen und den Töchtern die Ohrringe von den Ohren' abzunehmen, um daraus Götter herzustellen, deutet man nicht unvernünftig dahingehend, daß er schwere Forderungen stellen wollte, um sie auf diese Weise von jenem Vorhaben abzuhalten" *(qu.* 2,141). Als Aaron seine Mitwirkung an der Herstellung des Kalbes so formulierte: „Und sie gaben mir, und ich warf in das Feuer,[22] und heraus kam dieses Kalb", hat er keineswegs „aus Angst gelogen, um sich zu entschuldigen, als hätte er persönlich gleichsam das Gold, damit es vernichtet werde, in das Feuer geworfen und es wäre jedoch die Gestalt des Kalbes

---

[21] Vgl. *qu.* 7,49,1: Augustinus betont, daß Gott „auch jene Opfer nicht erfreut haben, bei denen Tiere zum Brandopfer dargebracht wurden, sondern daß er uns, da sie Vorausbezeichnungen und gewisse Schatten zukünftiger Dinge gewesen sind, die Realitäten selbst kundtun wollte, die durch diese Opfer vorausbezeichnet wurden; daß folgendes aber auch ein sinnvolles Motiv war, warum jene [Opfer] abgeändert und jetzt ihre Darbringung nicht befohlen, sondern sogar verboten wurde, nämlich damit wir nicht meinen sollten, daß Gott sich tatsächlich einem fleischlichen Verlangen zufolge an derartigen Dingen erfreue."

[22] Sc. den von den Israeliten gesammelten Goldschmuck.

herausgekommen, ohne daß er selbst etwas dazu beigetragen hätte". Diese kühne These begründet Augustinus so: „Daß er das in dieser Absicht gesagt hat, kann man deswegen nicht annehmen, weil es Mose, mit dem Gott sprach, nicht verborgen bleiben konnte, was im Innern des Mannes vorging, und weil er seinen Bruder nicht der Lüge beschuldigt hat." Wenn es also keine Lüge war, was dann? Aaron hat lediglich „verkürzt gesprochen, ohne zu sagen, daß er selbst dazu angeleitet hatte, so daß ein gegossenes Kalb herauskam" (*qu.* 2,145). Dennoch muß Augustinus anläßlich Ex 32,25 zugeben, daß „jene Schandtat, die das Volk beging, insgesamt dem Aaron zugerechnet wird, weil er sich mit ihnen einverstanden erklärt hatte, das zu tun, was sie schändlicherweise verlangt hatten" (*qu.* 2,146). Aber schändlich war nur das Verhalten des Volkes, nicht das Aarons. Daß im Gegensatz zum Volk Aaron nicht erschlagen, sondern sogar verheißungsgemäß zum Hohenpriester eingesetzt wurde, bleibt dennoch unergründlich und Gottes Geheimnis. Aus den entsprechenden Befehlen JHWHs hat Mose erkannt, „wen er verschont, bis er sich gebessert hat, und wen er für gewisse Zeit verschont, obgleich er vorherweiß, daß er sich nicht bessern wird, und wen er nicht verschont, damit er sich bessern kann, und wen er in der Weise nicht verschont, daß er nicht einmal seine Besserung erwartet. Und all dies läuft auf das hinaus, was der Apostel sagt, als er ausruft: ‚Wie unergründlich sind seine Urteile und wie unerforschlich seine Wege' (Röm 11,33)" (*qu.* 2,148).

So viel Verständnis und Bereitschaft zur Entschuldigung hat Augustinus Bileam nicht zuteil werden lassen. Das Bild Bileams hat sich bereits im Laufe der biblischen Überlieferung verdunkelt. War er in Num 22-24 (mit Ausnahme der Eselin-Episode) beispielhaft JHWH gehorsam, hat, vom Gottesgeist getrieben, Israel gesegnet und muß daher ohne Belohnung durch König Balak in seine Heimat zurückkehren,[23] so haben nach Num 31,13 die Midianiterinnen auf Bileams Rat hin die Israeliten zum Abfall zu Baal-Pegor verführt; im NT ist der geldgierige, käufliche Bileam Vorbild der libertinistischen Gnostiker und wollte Israel zur Unzucht und zum Essen von Götzenopferfleisch verführen (2Petr 2,15f.; Jud 11; Offb 2,14). Auch die LXX hat zur Verdunkelung des Bileambildes beigetragen. Im Anschluß an WEVERS[24] spricht RÖSEL von einer „interpretierenden Übersetzungsweise": „So wird [...] die Gestalt des Bileam dadurch abgewertet, daß er nicht mit dem κύριος, sondern fast durchgängig mit θεός in Verbindung gebracht wird. Daher wird in diesen Kapiteln die sonst

---

[23] Vgl. GROSS, *Bileam* 287-288.321-324.
[24] WEVERS, *Numbers* xxixf. formuliert, daß auch den LXX-Übersetzer „an obvious prejudice against Bileam" leitete. Ausführlicher führt er den Nachweis in WEVERS, *Balaam* 135-144.

übliche Übersetzungsgleichung יהוה – κύριος immer dann aufgegeben, wenn nach dem TM der Engel JHWHs zu Bileam spricht."[25]

Dieses im Endergebnis gänzlich negative Bileambild trägt Augustinus in *qu.* 4,49 in Num 22-24 ein. „Es kann nämlich erstaunen, wieso Gott mit einem so ganz schlechten Menschen gesprochen hat; auch wenn feststünde, daß es in Träumen geschehen ist, wäre deswegen nicht jedes Problem bezüglich seiner Unwürdigkeit beseitigt."

Daß Bileam, nachdem er die ersten Boten Balaks auf JHWHs Befehl unverrichteter Dinge zurückgeschickt hatte, auch auf die Einladung durch die zweite Botschaft Balaks hin sich auf seine Gehorsamsverpflichtung gegenüber Gott beruft und daher auf eine Weisung Gottes wartet, legt Augustinus ihm negativ aus. Daß Bileam zu den Boten sagt: „Wenn Balak mir sein Haus voll Silber und Gold gegeben hätte, könnte ich das Wort des Herrn nicht übertreten, indem ich jenes in meinem Sinn klein oder groß machte", nützt ihm nichts, denn „darin hat er sich von Habsucht überwältigt gezeigt, als er wollte, daß der Herr zu ihm nochmals über die Angelegenheit spreche, hinsichtlich derer er seinen Willen bereits erfahren hatte." „Denn bereits nachdem er einmal gehört hatte, was der Herr zu ihm gesagt hatte: ‚Du sollst nicht mit ihnen gehen und auch das Volk nicht verfluchen; es ist nämlich gesegnet', hätte er standhaft bleiben müssen und ihnen keine Hoffnung machen dürfen, daß der Herr so wie Bileam selbst, durch Gaben und Ehren umgestimmt, sein Urteil zuungunsten seines Volkes, das er gesegnet genannt hatte, ändern könnte." Andererseits wiederum war es auch ein Fehler Bileams, daß er, nachdem Gott ihn aufgefordert hatte, mit den Boten zu gehen, wortlos gehorcht, statt noch einmal Gott zu befragen: „Warum hat er nach dieser Erlaubnis Gott nicht noch einmal befragt und war nicht der Meinung, er solle ihn nach jenem Verbot noch einmal befragen, wenn nicht, weil seine verderbliche Habsucht zum Vorschein kam, obgleich er sie aus Furcht vor dem Herrn unterdrückte?" Bileam konnte es dem voreingenommenen Augustinus einfach nicht recht machen, die Eselin-Episode und die neutestamentlichen Notizen geben die negative Bewertung vor (*qu.* 4,49 und 4,50), und viele Ausleger sind Augustinus darin gefolgt.[26] Zwar zitiert Augustinus in *qu.* 4,51 die Aussage Num 23,6, daß der Geist Gottes Bileam überkam, aber er zieht daraus keine Konsequenzen für die Beurteilung des Verhaltens Bileams, sondern gibt nur eine kurze philologische Diskussion.

---

[25] RÖSEL, *Textüberlieferung* 224.
[26] Vgl. GROSS, *Bileam* 275-276. Ganz ähnlich negativ legt auch die jüdische Tradition mehrheitlich die Rolle Bileams in Num 22-24 aus; vgl. VERMES, *Scripture* 127-177.

TEXT UND ÜBERSETZUNG

LIBER QUARTUS. QUAESTIONES NUMERORUM

CCL 33

1 Quid est quod singulos de singulis <tribubus> eligi iubet principes eosque appellat χιλιάρχους? Quos quidam Latini interpretes tribunos appellaverunt; χιλίαρχοι autem videntur a mille cognominati. Sed cum consilium Iothor socer Moysi genero suo daret, quod etiam deus adprobavit, de ordinando populo sub principibus, ut non omnes omnium causae Moysen ultra vires onerarent, χιλιά- 5 ρχους appellavit constituendos super millenos homines, ἑκατοντάρχους super centenos et πεντηκοντάρχους super quinquagenos et δεκαδάρχους super denos, ab ipsis numeris, quibus praeessent, cognominatos. Numquidnam et hic sic accipiendi sunt χιλίαρχοι, quod singuli essent super millenos? Non utique. Neque enim universus omnium populus Israhel duodecim hominum milia tunc 10 fuerunt. Singulos enim elegit de singulis tribubus, quae duodecim tribus procul dubio non millenos homines, sed multa milia continebant. Nomen ergo commune est cum illis, qui in Exodo appellantur χιλίαρχοι, quod unusquisque 20 illorum esset mille hominum princeps: Istorum autem unusquisque milium princeps, quoniam sive a mille sive a milibus eadem compositio nominis reso- 15 nat, ut appellentur χιλίαρχοι.

2 Merito quaeritur quid sibi velit quod per omnes tribus, ubi conputantur per singulas quasque filii Israhel in aetate militari, dicitur: *Secundum propinquitates eorum, secundum populos eorum, secundum domos familiarum eorum, secundum numerum nominum eorum, secundum caput eorum*, et haec quinque similiter omnino repetun-

---

1,5 χιλιάρχους...7 denos] cf. Ex 18,21.25

Incipiunt questiones libri numeri C *(fol. 136ᵛ)*, Incipiunt questiones numerorum P *(fol. 126)*, S *(pag. 359)*, V *(fol. 118)*, Incipit questiones *(numerorum)* N *(fol. 133p, fol. 91ᵛ n)*, Incipit liber de questionibus numerorum T *(fol. 116)* **1,1** singulos] singulo *z (errore)* | tribubus] *Am. μ z,* om. *codd.* | eligi] elegi P **2** χιλιάρχους] chiliarchos C, chiliarcos P S V N T **3** χιλίαρχοι] chiliarchi C *n*, chiliarci *p* P S V T | Iothor] Iethro T **5** χιλιάρχους] chiliarchos C, chiliarcos P S V N T **6** ἑκατοντάρχους] ecatontarchos C P S V N (tharcos *p*) T **7** πεντηκοντάρχους] pentecontarchos C *p* V T, pente contar cos P, pentecontharcos S, pente conthachos *n* δεκαδάρχους] decatontarchos C *p*, (cos *p*), decarchos P¹ S, decatonarchos P² N, decarcos V, decartos T **9** χιλίαρχοι] chiliarchi C *n*, chiliarci *p* P S V T **10** hominum milia] milia hominum T **12** commune...13 est] est commune S **13** χιλίαρχοι] chiliarchi C P S V N, chiliarci T **16** appellentur] appellarentur C *p*, appellantur S, appellaretur *n* | χιλίαρχοι] chiliarchi C P S V N, chiliarci T **2,1** conputantur] computatur C **2** filii] filiis C N **3** secundum¹] aliud *praem.* C | populos] populum P S V N T *Am. μ* | secundum²] aliud *praem.* C

VIERTES BUCH. FRAGEN ZUM BUCH NUMERI

qu. 4,1 (zu Num 1,1-44)

1 Was bedeutet es, daß [Gott] befiehlt, je einzelne Fürsten aus den einzelnen Stämmen zu wählen, und sie χιλιάρχους nennt?[1] Einige lateinische Übersetzer haben diese *tribunos* (Oberste) genannt; die Bezeichnung χιλίαρχοι scheint jedoch vom Wort für tausend abgeleitet. Als der Schwiegervater Jitro seinem Schwiegersohn den Rat, den auch Gott gebilligt hat, gab, das Volk unter Fürsten zu organisieren, damit nicht alle Anliegen aller [Israeliten] Mose über seine Kräfte belasteten, nannte er ja auch die, die über jeweils tausend Menschen gesetzt werden sollten, χιλιάρχους, die über je hundert ἑκατοντάρχους, die über je fünfzig πεντηκοντάρχους und die über je zehn δεκαδάρχους (vgl. Ex 18,21.25.); ihre Bezeichnung ist genau von den Zahlen derer, denen sie vorstehen sollten, genommen. Sind die χιλίαρχοι etwa auch hier so zu verstehen, daß die einzelnen jeweils [nur] Vorgesetzte von je tausend waren? Auf keinen Fall. Denn das gesamte Volk Israel bestand doch damals nicht nur aus zwölftausend Menschen. Denn er wählte [diese Fürsten] je aus einem einzelnen der zwölf Stämme, die ohne Zweifel jeweils nicht tausend Menschen, sondern viele tausende umfaßten. Die Bezeichnung haben sie folglich gemeinsam mit jenen, die im Buch Exodus χιλίαρχοι genannt werden, weil jeder von jenen Vorgesetzter von tausend Menschen war: von diesen ist aber jeder Vorgesetzter von Tausenden, weil eben diese zusammengesetzte Bezeichnung sei es nach tausend, sei es nach mehreren tausend klingt, so daß sie [zu Recht] χιλίαρχοι genannt werden.

qu. 4,2 (Num 1,20-46)

2 Zu Recht fragt man, was es bedeuten soll, daß es da, wo alle Stämme einzeln nach den Söhnen Israel in militärfähigem Alter gemustert werden, durchwegs jeweils heißt: nach ihren Verwandtschaften, nach ihren Völkern, nach ihren Vaterhäusern, nach der Zahl ihrer Namen, nach ihrem Haupt"[2] und diese fünf [Bestimmungen] ganz übereinstimmend wiederholt werden, bis alle Stäm-

---

[1] LXX übersetzt in 1,16: רָאשֵׁי אַלְפֵי יִשְׂרָאֵל ("Häupter der Tausendschaften Israels") semantisch zutreffend: χιλίαρχοι Ισραηλ; Vulg wählt dagegen eine sachgemäße Wiedergabe: *capita exercitus Israhel*.

[2] Nach Num 1,2 TM lauten die Musterungskategorien: „nach ihren Geschlechtern (= Sippen), nach ihren Vaterhäusern (= Familien), nach Zahl von Namen (= Anzahl der einzelnen), alles Männliche, nach ihren Köpfen (= Kopf für Kopf)". Die Ausdrücke בְּמִסְפַּר שֵׁמוֹת „nach Zahl von Namen" und לְגֻלְגְּלֹתָם „nach ihren Köpfen" sind in TM nicht sehr klar, noch weniger ihre Wiedergabe in LXX (und VL) κατὰ ἀριθμὸν ἐξ ὀνόματος αὐτῶν κατὰ κεφαλὴν αὐτῶν; insbesondere bleibt der Sinn des Wechsels zum Sgl: κεφαλὴν dunkel (vgl. BdA und WEVERS, *Numbers*). Das gilt verstärkt für VL, dort auch für ihre Wiedergabe *secundum populos eorum*.

tur, donec tribus omnes conpleantur; quasi aliud sit *secundum propinquitates eorum*, 5
aliud *secundum populos*, aliud *secundum domos familiarum*, aliud *secundum numerum
nominum*, aliud *secundum caput*, cum potius videantur aliis verbis eadem significare
ista omnia. Intentionem autem movet, quia tam diligenter per omnes tribus
eadem repetuntur, ut non frustra fieri quivis iudicet, etiamsi non intellegat.
Nimirum ergo numerus ipse aliquid insinuat sacramenti, ut hoc idem quinquies 10
varie repetatur. Nam iste numerus sicut in ipsis quinque libris Moysi, id est
quinarius, in vetere testamento maxime commendatur. Illa vero quae deinceps
quattuor conectuntur, id est *masculina a viginti annis et supra omnis qui procedit in
virtute, recognitio eorum*, quamvis et ipsa per omnes tribus eodem prorsus modo
repetantur, habent necessariam differentiam. Cum enim ageretur de numero 15
universae multitudinis ad unam tribum pertinentis, discernendus erat sexus;
ideo positum est: *Omnia masculina*. Et ne parvuli etiam conputarentur, adiunctum est: *A viginti annis et supra*. Rursus ne inbellis aetas senectutis adnumeraretur,
additum est: *Omnis qui procedit in virtute*. Et omnia concluduntur verbo eius
operis quod fiebat, ut dicatur: *Recognitio eorum*. Recognitio enim fiebat, ut haec 20
hominum milia conputarentur. Quinque igitur illa: Propinquitates, populi,
domus familiarum, numerus nominum et caput et ista deinde quattuor: Sexus,
aetas, virtus, recognitio fortasse in ipso numero aliquid insinuent. Si enim
horum duorum numerorum, id est quinarii et quaternarii, alter multiplicetur ex
altero, id est ut quinquies quaterni aut quater quini ducantur, viginti fiunt. Quo 25
numero etiam adulescentium aetas illa signatur. Qui numerus commemoratur et
quando intratur ad terram promissionis et dicitur illa aetas viginti annorum,
quae non declinaverit in dextram aut sinistram. Ubi mihi videntur significari
sancti fideles ex utroque testamento fidem veram tenentes. Nam vetus testamentum quinque libris Moysi maxime excellit et novum quattuor evangeliis. 30

---

6 aliud²] a lius *n*   8 omnia] nomina *T*   9 ut *om. n* | iudicet etiamsi] etiamsi iudicet *P V T*
12 vetere] veteri *S T*   14 recognitio] et cognitio *C P S V¹ N T* | prorsus] rursus *p*   20 fiebat²...haec] fiebat haec *S* | fiebat²...21 hominum] haec fiebat ut hominum *Am. μ* | ut² *om.*
P¹ V¹   23 insinuent] insinuant *V² T Am. μ*   24 alter] altero *S*   26 signatur] significatur *Am.*
μ   27 ad terram] *P S V N T*, in terra *C*, in terram *Am. μ ᴢ*   28 sinistram] in *praem. N T*
29 veram] verum *C*

---

³ Num 1,3 TM: כָּל־יֹצֵא צָבָא בְּיִשְׂרָאֵל „jeder, der im Heeresdienst in Israel ausrückt" (vgl.

me vollzählig erfaßt werden; gleich als ob „nach ihren Verwandtschaften" etwas anderes wäre, etwas anderes „nach [ihren] Völkern", etwas anderes „nach [ihren] Vaterhäusern", etwas anderes „nach der Zahl der Namen", etwas anderes „nach dem Haupt", obgleich alle diese vielmehr durch jeweils andere Wörter dasselbe zu bedeuten scheinen. Es erregt aber Aufmerksamkeit, daß dieselben [Formulierungen] so sorgfältig für alle Stämme wiederholt werden, daß jeder urteilt, daß dies nicht grundlos geschieht, auch wenn er [den Grund] nicht versteht. Ohne Zweifel gibt folglich bereits die Zahl selbst dergestalt, daß dieses selbe fünfmal auf unterschiedliche Weise wiederholt wird, irgendein Geheimnis zu erkennen. Denn diese Zahl, d.h. die Fünfzahl, wird, wie im Fall der fünf Bücher Moses selbst, im Alten Testament sehr stark hervorgehoben. Jene [Wendungen] aber, die anschließend zu viert miteinander verbunden werden, d.h. „Männer von zwanzig Jahren und darüber, jeder, der in Kraft ausrückt,[3] deren Musterung", unterscheiden sich notwendigerweise, obgleich auch sie bezüglich aller Stämme auf ganz und gar gleiche Weise wiederholt werden. Weil es ja um die Zahl der gesamten Menge ging, die zu einem Stamm gehörte, mußte das Geschlecht unterschieden werden; daher ist formuliert worden: „alle Männer". Und damit nicht auch die Kleinen mitgezählt würden, ist hinzugesetzt worden: „von zwanzig Jahren und darüber". Damit andererseits nicht auch das unkriegerische Greisenalter mitgezählt würde, ist hinzugefügt worden: „jeder, der in Kraft ausrückt". Und alles beschließt das Fachwort für diese Unternehmung, die durchgeführt wurde, das nämlich lautet: „ihre Musterung". Die Musterung wurde nämlich durchgeführt, damit diese Tausende von Menschen gezählt würden. Folglich zeigen jene Fünf: Verwandtschaften, Völker, Familienhäuser, Zahl der Namen und Haupt, und darauf diese Vier: Geschlecht, Alter, Kraft, Musterung, vielleicht schon durch ihre Zahl irgendetwas an. Wenn man nämlich von diesen Zahlen, d.h. der Fünfzahl und der Vierzahl, die eine mit der anderen multipliziert, d.h. daß die Vierzahl fünfmal oder die Fünfzahl viermal genommen wird, ergibt sich zwanzig. Durch diese Zahl wird auch jenes Alter der Heranwachsenden bezeichnet. Diese Zahl wird auch beim Eintritt in das Land der Verheißung erwähnt und bezeichnet jene Altersstufe der Zwanzigjährigen, die nicht nach rechts oder links abgewichen ist. Wie mir scheint, werden dadurch die heiligen Gläubigen aus beiden Testamenten bezeichnet, die am wahren Glauben festhalten. Denn das Alte Testament ist am erhabensten durch die fünf Bücher des Mose und das Neue durch die vier Evangelien.

GES.[18] sub voce צָבָא). LXX: ὁ ἐκπορευόμενος ἐν δυνάμει Ισραηλ: δύναμις im konkreten Sinn: Armee ist übliche Übersetzung der LXX für צָבָא. Ισραηλ ist wohl als Genitiv konstruiert (WEVERS, *Numbers*). Augustinus läßt ‚Israel' aus, das z.B. VL:Cod. Lugd. bezeugt; das spricht dafür, daß Augustinus diesen konkreten Sinn von δύναμις *virtus* nicht gekannt hat.

3 Quod ait de tabernaculo destringendo, levando, erigendo: *Et alienigena qui accesserit moriatur*, hic alienigena intellegendus est etiam ex illis filiis Israhel, qui non de illa tribu fuerunt, quam tabernaculo servire praecepit, id est qui non fuerit de tribu Levi. Mirum est autem quomodo abusive alienigena dicitur, quod magis alterius generis hominem significat, id est ἀλλογενής et non magis ἀλλόφυλος, quod significat alterius tribus hominem: Quo nomine magis utitur scriptura in aliarum gentium hominibus, ut allophyli appellentur quasi aliarum tribuum homines.

4 *Et locutus est dominus ad Moysen dicens: Accipe tribum Levi et statues eos in conspectu Aaron sacerdotis et ministrabunt ei; et custodient custodias eius et custodias filiorum Israhel ante tabernaculum testimonii*. Quas φυλακάς Graecus dixit, has nostri interpretes alii *custodias*, alii *excubias* interpretati sunt. Sed mirum nisi vigiliae melius dicuntur, quae solent in castris ternarum horarum observationem habere. Unde scriptum est: *Quarta autem vigilia noctis venit ad eos ambulans super mare*, Hoc est post nonam horam noctis, post tres videlicet vigilias. Et multis locis scripturarum nostri vigilias interpretati sunt, quas Graeci φυλακάς vocant. Ubi nulla dubitatio est spatia nocturni temporis significari: Quod puto et hic accipiendum. Quomodo enim levitae iubentur observare custodias Aaron et custodias filiorum Israhel, id est φυλακάς, nisi fortasse dictum est, ne putarent ab observandis vigiliis, quae proprie in castris observari solent, propter honorem, quo

---

4,6 Mt 14,25

3,1 destringendo] distinguendo V^1 T^2 *Am.*, destinguendo V^2, distendendo μ 2 accesserit] accesserint p 3 illa tribu] tribu illa N | fuerunt] fuerant $P S V$ | quam] de *add. n, postea erasit* 5 ἀλλογενής] allogenes $C P S V N T$ 6 ἀλλόφυλος] allophilos C, allofilos $P S V N T$ quod] quo p 7 allophyli] allophili $C N T$, allofili $P S V$ 4,2 custodient] custodientes $P^1 S V$ custodias¹] custodia S 3 φυλακάς] philakas $C N T$, filacas $P S V$ 5 observationem] observatione S | habere *om. S* 6 vigilia] vigilias n | ad...7 noctis *om. S per homoiot.* | super] supra T 8 φυλακάς] philakas $C P S V N T$ 11 φυλακάς] philachas C, phylacas p, philacas $P V n T$, filacas S

---

[4] TM verwendet den Terminus זָר. Er bedeutet häufig ‚Fremder', hat aber in kultischer Sprache eine Spezialbedeutung, deren genaue Bestimmung hier in Num 1,51 (wie in 3,10.38; 18,4.7) umstritten ist. Nach SNIJDERS, zār 561 bezeichnet er „den außerhalb der heiligen Gruppe Stehenden [...], für den ein bestimmtes Gebiet verbotenes Gelände ist". Hier im Kontext: „he who is outside the tribe of the Levites" (SNIJDERS, *Meaning* 147). Kontextnah und wohl zu Recht versteht Augustinus (wie z.B. auch SEEBASS, *Numeri*), dies als „Israelit, der kein Levit ist," und kritisiert daher die LXX, die ἀλλογενής sagt. Nach LEVINE, *Numbers* bezieht sich זָר hingegen sowohl auf Israeliten, die keine Leviten

qu. 4,3 (zu Num 1,51)

3 Im Ausspruch über das Zelt, das abgebaut, aufgenommen, aufgerichtet werden muß: „Und ein Fremder, der sich genähert hat, muß sterben", sind unter diesem ‚Fremden' auch Leute aus jenen Söhnen Israel zu verstehen, die nicht von jenem Stamm gewesen sind, dem [Gott] befohlen hat, dem Zelt zu dienen, d.h. der nicht vom Stamm Levi gewesen ist. Seltsam ist aber, wie in uneigentlichem Sinn vom *alienigena* (Fremden) gesprochen wird, welches [Wort], d.h. ἀλλογενής, eigentlich einen Menschen aus einem anderen Volk bezeichnet, und nicht vielmehr von ἀλλόφυλος, das einen Menschen aus einem anderen Stamm bezeichnet:[4] Dieses Wort gebraucht die Schrift überwiegend bezüglich Menschen aus anderen Völkern, so daß sie ἀλλόφυλοι genannt werden, gleich als ob sie Menschen aus anderen Stämmen wären.

qu. 4,4 (zu Num 3,5-7)

4 „Und der Herr sprach zu Mose: Nimm den Stamm Levi und stelle sie vor den Augen des Priesters Aaron auf, und sie sollen ihm dienen; und sie sollen seine Wachdienste und die Wachdienste der Söhne Israel vor dem Zelt des Zeugnisses verrichten."[5] Dieses Wort φυλακάς, das der Grieche gebraucht hat, haben unsere Übersetzer teils mit *custodias* (Wachdienste), teils mit *excubias* (Wachehalten, Wachposten) wiedergegeben. Aber es sollte mich wundern, wenn sie nicht besser *vigiliae* (Nachtwachen) genannt würden, die in den Lagern üblicherweise einen Dienst von jeweils drei Stunden umfassen. Daher steht geschrieben: „In der vierten Nachtwache aber kam er zu ihnen, indem er über den See wandelte" (Mt 14,25), d.h. nach der neunten Stunde der Nacht, nämlich nach drei Nachtwachen. Und an vielen Stellen der Schriften haben die Unsrigen das, was die Griechen φυλακάς nennen, mit *vigiliae* (Nachtwachen) übersetzt. Dort gibt es keinen Zweifel, daß nächtliche Zeitspannen bezeichnet werden: das muß, meine ich, auch hier angenommen werden. Wieso wird denn den Leviten befohlen, den Wachdienst Aarons und den Wachdienst der Söhne Israel, d.h. φυλακάς, zu übernehmen, falls das nicht vielleicht gesagt worden ist, damit sie sich nicht einbildeten, von der Übernahme der Nachtwachen, die man vorzugsweise im Lager durchzuführen pflegt, wegen ihrer ehrenvollen Aufgabe,

---

sind, als auch auf Nichtisraeliten. LXX wählt die Übersetzung ἀλλογενής (LSL: „of another race"; entsprechend übersetzen Symmachus und Aquila: ἀλλότριος) „Fremder" und entsprechend VL: *alienigena*, Vulg: *quisquis alienus*. Die Übersetzung von SD: „der Andersstämmige" (so auch in 3,10; 18,4.7, in 3,38 dagegen: „der Fremde") trifft daher zwar den Sinn von TM, ist aber für LXX kaum berechtigt.

[5] Num 3,7: וְשָׁמְרוּ אֶת־מִשְׁמַרְתּוֹ; מִשְׁמֶרֶת hat hier über die Grundbedeutung ‚(Wach)dienst' hinaus die umfassendere Bedeutung ‚Dienst, Amtspflichten': „und sie sollen seinen Dienst verrichten"; vgl. Ges[18]. LXX: καὶ φυλάξουσιν τὰς φυλακὰς αὐτοῦ „Sie sollen die Wachdienste für ihn verrichten" (WEVERS, *Numbers*).

serviebant tabernaculo, immunes se esse debere, cum et ipsos oporteret propter opera tabernaculi non minus vicissim observare vigilias, quae observarentur in aliis circumquaque castris filiorum Israhel? 15

5 *Alienigena qui tetigerit morietur.* Quaerendum quomodo dixerit in Levitico: *Qui tetigerit tabernaculum sanctificabitur,* cum hic dicat: *Alienigena qui tetigerit morietur,* volens intellegi eos, qui non essent de tribu Levi. An forte hic *tetigerit* ad obsequium dixerit servitutis, quod a solis levitis deberi tabernaculo praecepit? Hinc enim loquebatur. 5

6 Quid est quod Levitas pro primogenitis filiorum Israhel sibi deus deputat, ita ut numeratis primogenitis populi, qui plures inventi sunt quam erat numerus levitarum, argento redimerentur quinque siclis pro uno datis? Quod pro pecoribus non est factum, cum et pecora levitarum pro primogenitis pecorum Israhel sibi esse voluerit. Quomodo deinceps primogenita eorum vel pecorum eorum 5
pertinebant ad deum, ubi iussit inmunda primogenita vel humana mutari ovibus? Quomodo non et pro istis deinceps primogenitis conputabantur filii Levitarum - manebat enim in posteris eadem tribus, quae posset pro primogenitis posterioribus conputari - nisi quia illud iustum fuit, ut qui nascerentur de illis qui iam ad portionem domini pertinebant datam pro primogenitis qui de 10
Aegypto exierunt, iam deus proprios haberet tamquam suos de suis nec possent iuste pro illis conputari, qui deinceps primogeniti deo debebantur? De universo quippe populo et de universis pecoribus populi data est portio deo pro primogenitis. Et haec portio erat levitae et pecora eorum. Iam si quid genuissent, dei erat; non poterat hoc tamquam a populo dari. Quod iam alienum erat. Ac per 15
hoc debita deinceps primogenita deo reddi oportebat nec pro his conputari posteros levitarum vel pecorum eorum.

5,1 Lev 6,18   **6,6** iussit...ovibus] cf. Ex 22,28-29;34,19-20

---

13 esse *om.* T   **14** vicissim] vicissimo *n*   **5,4** solis] -lis *om.* S | hinc] hic *p S V⁷*   **6,1** levitas] levita *C*   **3** pro² *om.* S   **7** conputabantur] conputabuntur *p*   **8** posset] possit *C*   **12** iuste... illis] pro illis iuste *P S V T Am. μ* | debebantur] dabantur *p*   **14** genuissent] genuisset *p*

---

⁶ TM spricht in Num 1,51; 3,10.38 jeweils von הַקָּרֵב „der sich genähert hat" Vulg entsprechend: *accesserit);* das geben in 1,51 LXX (ὁ προσπορευόμενος) und VL (*qui accesserit;* vgl. *qu.* 4,3) entsprechend wieder; in 3,10.38 sagt LXX dagegen: ὁ ἁπτόμενος „der es berührt"; entsprechend die VL des Augustinus: *qui tetigerit* (VL:Cod.Lugd. hat dagegen in 3,10 *accesserit,* in 3,38 *tetigerit*).

⁷ Augustinus zitiert ungenau. TM = LXX sprechen vom Berühren des hochheiligen Priesteranteils an den Feueropfern. VL: Cod. Lugd. ebenso: *quicumque attigerit ea.*

dem Zelt zu dienen, ausgenommen sein zu müssen, da es doch notwendig war, daß auch sie ihrerseits wegen der Arbeiten im Zelt keineswegs weniger nach dem Turnus die Nachtwachen übernahmen, die in den anderen Lagern der Söhne Israel überall sonst eingehalten wurden?

qu. 4,5 (zu Num 3,10.38)

5 „Ein Fremder, der [es (das Zelt und die Gegenstände darin)] berührt hat,[6] soll sterben." Man muß fragen, wieso die Schrift in Levitikus gesagt hat: „Wer das Zelt berührt hat, wird geheiligt werden" (Lev 6,11)[7], während sie hier sagt: „Ein Fremdstämmiger, der [es] berührt hat, soll sterben", wobei sie darunter diejenigen verstanden wissen will, die nicht vom Stamm Levi waren. Oder hat sie hier vielleicht *tetigerit* (berührt hat) auf den kultischen Dienst bezogen, den nach der Vorschrift allein die Leviten dem Zelt [leisten sollten]? Davon nämlich sprach sie.

qu. 4,6 (zu Num 3,12-14.41-47)

6 Was bedeutet es, daß Gott sich die Leviten anstelle der Erstgeborenen der Söhne Israel vorbehält, so daß die Erstgeborenen des Volkes, soweit man nach ihrer Zählung feststellte, daß ihre Anzahl die Anzahl der Leviten überstieg, durch Silber ausgelöst werden sollten, durch Abgabe von fünf Schekeln pro Person? Das ist im Fall des Viehs nicht geschehen, als er verlangt hatte, daß ihm auch das Vieh der Leviten anstelle der Erstgeborenen des Viehs Israels gehöre. Auf welche Weise standen alsdann ihre Erstgeborenen oder die ihres Viehs Gott zu, da er doch befohlen hat, die unreinen und auch die menschlichen Erstgeborenen durch Schafe zu ersetzen (vgl. Ex 22,28-29; 34,19-20)? Warum wurden nicht auch die Söhne der Leviten für diese danach geborenen Erstgeborenen angerechnet – in [ihren] Nachkommen blieb es ja derselbe Stamm, der anstelle der später geborenen Erstgeborenen angerechnet werden könnte –, wenn nicht, weil jene [Bestimmung] gerecht war, daß Gott diejenigen, die von jenen geboren wurden, die schon zum Anteil des Herrn gehörten, der anstelle der Erstgeborenen, die aus Ägypten ausgezogen waren, gegeben worden war, bereits als Eigentum hatte, gleichsam als die Seinen von den Seinen, und diese demnach nicht gerechtermaßen für jene angerechnet werden konnten, die als anschließend Erstgeborene Gott geschuldet waren. Von dem gesamten Volk und von allem Vieh hat man Gott ja einen Anteil entsprechend den Erstgeborenen gegeben. Und dieser Anteil waren die Leviten und deren Vieh. Wenn sie etwas geboren hätten, gehörte es ja bereits Gott; das konnte nicht gleichsam als Gabe des Volkes gegeben werden. Das war ja schon nicht mehr deren Besitz. Und deswegen war es notwendig, Gott die danach geborenen Erstgeborenen als ihm geschuldete zu entrichten, aber die Nachkommenschaft der Leviten oder ihres Viehs nicht an ihrer Stelle anzurechnen.

7 Cum praeciperet de tollenda mensa, iussit cum illa et panes tolli sic dicens: *Et panes qui semper super eam erunt*. Non utique ipsi semper super eam erunt, sed similis eorum, quia illi auferebantur et recentes cotidie ponebantur, dum tamen sine panibus mensa non relinqueretur. Ideo dixit: *Qui semper super eam erunt*, hoc est quia semper panes, non quia illi semper.

8 *Et super altare aureum adoperient vestimentum hyacinthinum et adoperient illud operimento pelliceo hyacinthino*. Posset ista locutio videri, quam velut absurdam et non integram Latini interpretes transferre noluerunt, id est: *Super altare aureum adoperient vestimentum hyacinthinum*; tamquam debuerit dici: Et altare aureum adoperient vestimento hyacinthino. Nam *adoperient vestimentum hyacinthinum* hoc videtur significare, quod ipsum vestimentum aliunde adoperiretur, non quod ipso vestimento adoperiretur altare. Sed mihi videtur non tam genus locutionis esse quam subobscurus sensus. Hoc quippe intellegi potest: *Et super altare aureum adoperient vestimentum hyacinthinum*, ut ipsum vestimentum hyacinthinum alia re operiendum praeciperet, quod vestimentum iam super altare esset, ac sic breviter utrumque complecteretur, et vestimento hyacinthino altare operiendum et vestimentum hyacinthinum alio tegmine operiendum. Subiunxit denique unde cooperiri vellet vestimentum hyacinthinum, cum adiecit: *Et adoperient illud operimento pelliceo hyacinthino*.

9 *Vir aut mulier quicumque fecerit ab omnibus peccatis humanis et despiciens despexerit et deliquerit, anima illa adnuntiabit peccatum quod peccavit et restituet delictum caput et*

7,3 dum...4 relinqueretur] cf. Ex 25,30; 40, 20-21

7,2 ipsi] isti *P S V N T Am. µ*   3 similis] similes *C p*   4 mensa *om. S*   5 illi] illis *P¹ S*
8,2 absurdam] surdum *p, om. n*   3 noluerunt] voluerunt *V* | super] et *praem. z*   5 nam] non *C*   6 adoperiretur] operiretur *n* | non...7 adoperiretur *om. P¹ S V per homoiot.*   8 subobscurus] suboliscurum *S*   11 et] ut *p P¹ S V*   12 et] *om. p*, ut *S* | operiendum *om. T* | subiunxit] subiunxerit *V*   13 ante cum *in marg. V ponit* ostendens   9,2 adnuntiabit] adnuntiavit *P S V² N* | caput *om. P¹ V*

---

[8] Es handelt sich um den „Tisch des Angesichts[-Brotes]", so die Übersetzung von SEE-BASS, *Numeri*. Er stand an der Nordwand des Heiligen, nicht des Allerheiligsten.
[9] TM hat den nur hier und in Ex 25,30 bezeugten Spezialterminus לֶחֶם הַתָּמִיד, LXX: οἱ ἄρτοι οἱ διὰ παντός.
[10] Hier und im folgenden Satz steht אָשָׁם „Schuld", „Schuldopfer" metonymisch für „Gegenstand seiner Verschuldung", Verschuldungsbetrag" (NOTH, *Numeri*), „Schuldbetrag, Veruntreutes" (Ges¹⁸), „the substance of a payment or penalty, liability" (LE-

qu. 4,7 (zu Num 4,7)

7 Als [der Herr] die Vorschrift über den Transport des Tisches[8] erließ, hat er befohlen, mit jenem auch die Brote zu transportieren, indem er folgendes sagte: „und die Brote, die immer auf ihm sein sollen"[9]. Natürlich sollten nicht diese selben immer auf ihm liegen, sondern ihnen Gleichartige, weil jene täglich weggenommen und frische hingelegt wurden, solange gleichwohl der Tisch nur nicht ohne Brote zurückblieb (vgl. Ex 25,30; 40,22-23). Daher hat er gesagt: „die immer auf ihm sein sollen", d.h. weil immer Brote, nicht weil immer jene selben [auf ihm liegen sollten].

qu. 4,8 (zu Num 4,11)

8 „Und über dem goldenen Altar sollen sie ein hyazinthenfarbiges Tuch bedecken, und sie sollen jenes mit einer hyazinthenfarbigen Felldecke bedecken." Man könnte diesen [Satz] für eine idiomatische Ausdrucksweise halten, die die Lateiner, als sei sie ungereimt und total verstümmelt, nicht übersetzen wollten, d.h.: *super altare aureum adoperient uestimentum hyacinthinum*; als sollte gleichsam gemeint sein: ‚Und den goldenen Altar sollen sie mit einem hyazinthenfarbigen Tuch bedecken'. Denn diese Wendung: *adoperient uestimentum hyacinthinum* scheint zu bedeuten, daß das Tuch seinerseits durch etwas anderes bedeckt werden soll, nicht daß der Altar durch eben dieses Tuch bedeckt werden soll. Aber mir scheint sie nicht so sehr eine Art idiomatischer Ausdrucksweise zu sein, als vielmehr einen etwas dunklen Sinn zu enthalten. Dieser Satz: *et super altare aureum adoperient uestimentum hyacinthinum* kann ja dahingehend verstanden werden, daß er vorgeschrieben hat, daß das hyazinthenfarbene Tuch, das bereits auf dem Altar war, seinerseits mit etwas anderem bedeckt werden solle, und daß er so in einer kurzen Formulierung beides ausdrückte, sowohl daß der Altar mit einem hyazinthenfarbigen Tuch bedeckt werden sollte, als auch daß das hyazinthenfarbene Tuch mit einer anderen Decke bedeckt werden sollte. Und schließlich fügte er hinzu, womit er das hyzinthenfarbene Tuch bedeckt sehen wollte, indem er anfügte: „und sie sollen jenes mit einer hyazinthenfarbigen Felldecke bedecken."

qu. 4,9 (zu Num 5,6-8)

9 „Mann oder Frau, wer auch immer eine von allen menschlichen Sünden begangen und sich nichts daraus gemacht und sich vergangen hat, – jene Person soll die Sünde, die sie begangen hat, bekennen und das Veruntreute[10], die

---

VINE, *Numbers*), „restitution" (BUDD, *Numbers*). Dasselbe gilt für das Übersetzungsäquivalent der LXX: πλημμέλημα „Übertretung", metonymisch für „Kompensation für den durch Gesetzesübertretung angerichteten Schaden", „argent de préjudice" (BdA). So erklärt auch Augustinus das Übersetzungsäquivalent der VL am Ende dieser *quaestio*: *delictum autem dicit, cum redditur ea res quae per delictum ablata est*. „Die Schrift sagt aber *delic-*

quintas eius adiciet super illud et reddet cui deliquit ei. Si autem non fuerit homini proximus, ita ut reddat illi delictum ad ipsum, delictum quod redditur domino sacerdotis erit excepto ariete propitiationis per quem exorabit in illo pro eo. Hic ea peccata intellegenda sunt, quorum in his rebus perpetratio est, quae pecunia restitui possunt. Non enim aliter diceret quomodo restituenda sint, nisi damni pecuniarii fuissent. Iubet enim restitui caput et quintas, id est totum illud quidquid est et quintam eius partem excepto ariete, qui fuerat offerendus in sacrificium ad expiandum delictum. Iubet autem illud quod restituitur sacerdotis esse, id est ipsum caput et quintam, si non est proximus ei in quem commissum est. Ubi utique intellegitur tunc domino reddendum quod sit sacerdotis, si homo ipse non supersit qui damnum passus est nec proximus eius, quem puto heredem intellegi voluisse. Sed de ipso homine nihil dixit scriptura; verum tamen cum dicit: Si non ei fuerit proximus sub hac brevitate insinuat tunc quaeri proximum eius, si ipse non fuerit. Si autem nec proximus erit, domino restituetur, ne inpunitum remaneat quod admissum est: Quod tamen non cedat in sacrificium, sed sit sacerdotis. Sic sane verba scripturae distinguenda sunt: *Si autem non fuerit homini proximus, ita ut reddat illi delictum ad ipsum*, locutionis est enim quod addidit: *Ad ipsum*, aut forte *ad ipsum* dixit, quod ad ipsum pertineat, id est ipse possideat. Deinde sequitur: *Delictum quod redditur domino sacerdotis erit*; delictum autem dicit, cum redditur ea res quae per delictum ablata est.

---

3 cui...ei] ei cui deliquit T **4** sacerdotis] $V^2 N T$, sacerdoti *cett. (cf. l.* 10, 12, 17, 21)   **5** exorabit] exoravit $P^1 S$ **6** in *om.* C | quae] quem n | possunt] possit C, possint N, possent T (n *s. l.*) V^1 **7** sint] sunt p $P V T$ | damni] damna $V^2 Am. \mu$ | pecuniarii] pecunia sui C, pecuniaria $V^2 Am. \mu$ **8** illud] illum T **9** partem] parte S, patrem N | ariete] arietem N sacrificium] sacrificio T | expiandum] expiendum $P^1 S$ **10** iubet] iubeat p **12** si *om. n*   **14** ei *om. p*   **17** admissum] ammissum $C P T$, amissum S | sacerdotis] $C P V N T$, sacerdoti *cett.*

---

tum (Vergehen), weil diejenige Sache zurückerstattet wird, die durch das Vergehen weggenommen worden ist."

[11] D.h. der Geschädigte.

[12] D.h. der Veruntreuer.

[13] TM ist schwierig, LXX hat sinnverändernd zu verdeutlichen versucht. TM bezieht die Veruntreuung in V 6 auf JHWH (zum Verständnis vgl. Lev 5,21). LXX läßt jedoch den JHWH-Bezug weg, so bleibt ein Eigentumsvergehen gegen einen Nächsten, das LXX

Hauptsumme erstatten und ein Fünftel davon zusätzlich zu jenem hinzutun und demjenigen erstatten, dem gegenüber er sich vergangen hat. Wenn aber der Mensch[11] keinen Verwandten hat, so daß er[12] jenem das demselben gegenüber Veruntreute erstatten könnte, soll das Veruntreute, das dem Herrn erstattet wird, dem Priester gehören, ausgenommen der Widder der Besänftigung, durch den er in jener Angelegenheit für ihn Fürbitte leisten soll."[13] Unter den Sünden sind hier diejenigen zu verstehen, die hinsichtlich solcher Tatbestände begangen werden, die durch Geld wiedergutgemacht werden können. Andernfalls würde die Schrift nämlich nicht angeben, auf welche Weise sie wiedergutzumachen sind, wenn es sich nicht um Vermögensverluste gehandelt hätte. Sie befiehlt nämlich, ‚die Hauptsumme und ein Fünftel' zu erstatten, d.h. jenen [Schaden], worin immer er besteht, insgesamt und ein Fünftel davon, abgesehen vom Widder, der als Opfer hatte dargebracht werden sollen, um das Vergehen zu sühnen. Sie befiehlt aber, jenes, das erstattet wird, solle dem Priester zukommen, d.h. die Hauptsumme selbst und der fünfte Teil, wenn derjenige keinen Verwandten hat, gegen den das Vergehen verübt worden ist. Die Stelle ist natürlich dahingehend zu verstehen, daß das, was dem Priester zukommt, dann dem Herrn zu erstatten ist, wenn der Mensch, der den Schaden erlitten hat, selbst nicht überlebt hat und auch nicht dessen Verwandter, den die Schrift, wie ich meine, als Erben verstanden wissen wollte. Zwar hat die Schrift über den Menschen selbst nichts gesagt; dennoch deutet sie, indem sie sagt: ‚wenn er keinen Verwandten hat' durch diese kurze Wendung an, daß man dessen Nächsten dann sucht, wenn er selbst nicht überlebt hat. Wenn es aber auch keinen Verwandten gibt, soll [das Veruntreute] dem Herrn erstattet werden, damit das, was begangen worden ist, nicht unbestraft bleibt: Das soll jedoch nicht für das Opfer aufgewendet werden, sondern soll dem Priester zukommen. Die Worte der Schrift sind jedenfalls so zu trennen [und zu kombinieren]: „Wenn aber der Mensch keinen Verwandten hat, so daß er jenem das demselben gegenüber Veruntreute erstatten könnte"; der Zusatz *ad ipsum* ist nämlich eine idiomatische Ausdrucksweise, oder sie hat vielleicht *ad ipsum* gesagt, weil es ihm gehört, d.h. er selbst es besitzt. Anschließend fährt sie fort: „Das *delictum*, das dem Herrn erstattet wird, soll dem Priester gehören"; sie sagt aber *delictum* (Vergehen), weil diejenige Sache zurückerstattet wird, die durch das Vergehen weggenommen worden ist.

---

als unabsichtlich qualifiziert. Den hebräischen terminus technicus גֹּאֵל „Löser" in V 8 gibt LXX durch ἀγχιστεύων „erbberechtigter Nächstverwandter", VL durch *proximus* wieder. Die eigenartige Wendung הָאָשָׁם הַמּוּשָׁב לַיהוָה לַכֹּהֵן „das zurückzuerstattende Veruntreute [gehört] JHWH dem Priester", „was wohl heißen soll, daß grundsätzlich Jahwe, praktisch aber der Priester die Zahlung bekommen soll" (NOTH, ATD), gibt LXX entsprechend wieder: κυρίῳ τῷ ἱερεῖ. VL verändert die syntaktischen Bezüge, formuliert dadurch aber verständlicher.

10 Quaeri autem potest, quomodo in Exodo dicitur: *Si quis furatus fuerit vitulum aut ovem*, restituere debere quinque vitulos vel quattuor oves, *si occiderit aut vendiderit*, si autem quod abstulerit salvum apud eum reperitur, *duplum* esse restituendum, cum hic restitui iubeat caput et quintam, quod longe est etiam a duplo, quanto magis a quadruplo vel quinquies tanto. Nisi forte, quia hic ait: *Vir aut mulier quicumque fecerit ab omnibus peccatis humanis*, peccata ignorantiae voluit intellegi humana peccata. Fieri enim potest, ut parum adtendendo per neglegentiam traiciat homo rem alienam in rem suam: Quod ideo peccatum est, quia, si diligenter adtenderetur, non admitteretur. Et haec voluit capite et quinta restitui, non sicut furta multari. Nam si furta et fraudes hic intellexerimus, quae non per ignorantiam neglegentiae, sed furandi et fraudandi animo committuntur et ideo dicta *humana*, quia in homines fiunt, ille, nisi fallor, erit exitus quaestionis huius, ut ideo qui fecit non reddat vel duplum, quia non deprehenditur vel convincitur, sed ignorantibus a quo factum sit vel utrum factum sit ipse adnuntiat delictum suum. Cum enim dixisset scriptura: *Vir aut mulier quicumque fecerit ab omnibus peccatis humanis et despiciens despexerit et deliquerit*, id est contemnendo ista commiserit, adiunxit et ait: *Anima illa adnuntiabit peccatum quod peccavit et restituet delictum caput et quintas eius*. Forte ergo propterea tantum, quia ipse adnuntiavit et ideo non eo damno plectendus fuit, quo furem conprehensum vel convictum plecti oporteret.

11 Verba quae scriptura dicit mulieri a sacerdote dicenda, quando a suspicione adulterii eam maritus adducit: *Det eam dominus in maledictum et in execramentum*, Graecus habet ἐνόρκιον. Quo verbo videtur significari iuramentum per execrationem; velut si quisquam dicat: Sic non mihi illud et illud contingat, vel certe

---

10,1 in…4 restituendum] cf. Ex 22,1.4

10,7 adtendendo] attendo *n*   **8** rem¹ *om. T*   **9** admitteretur] amitteretur *S* | capite] capita *p*   **10** multari] mulctari *Am. μ*   **11** neglegentiae] neglegentiam *T*   **13** deprehenditur] reprehenditur *P¹ V N T²*   **15** quicumque] quecomque *C*   **17** ista commiserit] commiserit ista *T* adnuntiabit] adnuntiavit *C P S V*   **11,1** a suspicione] *C P N Am. μ*, ad suspicionem *cett.*   **2** eam¹] te *z (cf. l. 6)*   **3** ἐνόρκιον] enorcion *C P S V N T*

---

¹⁴ TM gebraucht hier die Wendung: נתן + direktes Objekt + Pronominalobjekt mit ל „jemanden zu etwas machen". LXX aber bleibt bei der Grundbedeutung von נתן „geben" und erzeugt so eine im Griechischen schwierige Formulierung: Δῴη κύριός σε ἐν ἀρᾷ καὶ ἐνόρκιον. WEVERS, *Numbers* vermutet folgenden intendierten Sinn: „may the Lord effect you with a curse and (as) an imprecation". SD ‚wörtlicher': „Der Herr gebe dich in einen Fluch und (stelle dich unter) einen Schwur" (BdA als „mot à mot" ent-

qu. 4,10 (zu Num 5,6-7)

10 Man kann aber fragen, warum es in Exodus heißt: „Wenn einer einen Jungstier oder ein Schaf gestohlen habe", müsse er fünf Jungstiere oder vier Schafe erstatten, „wenn er [das Tier] geschlachtet oder verkauft hat", wenn aber, was er beiseite geschafft hat, bei ihm gesund angetroffen wird, sei „das Doppelte" zu erstatten (vgl. Ex 21,37; 22,3), während die Schrift hier befiehlt, die Hauptsumme und ein Fünftel zu erstatten, was weit schon vom Doppelten entfernt ist, umso mehr vom Vierfachen oder noch mehr vom Fünffachen. Falls die Schrift nicht vielleicht, da sie hier sagt: „Mann oder Frau, wer auch immer eine von allen menschlichen Sünden begangen hat", unter den menschlichen Sünden unwissentliche Sünden verstanden wissen wollte. Es kann nämlich geschehen, daß ein Mann, indem er zu wenig acht gibt, sich unwissentlich eine fremde Sache aneignet: was deswegen eine Sünde ist, weil er sich das nicht zuschulden kommen ließe, wenn er sorgfältig acht gäbe. Und das sollte nach dem Willen der Schrift nach Hauptsumme und Fünftel erstattet, nicht wie ein Diebstahl bestraft werden. Denn wenn wir angenommen hätten, daß hier von Diebstählen und Betrügereien die Rede ist, die nicht unwissentlich durch Unachtsamkeit begangen werden, sondern in der Absicht zu stehlen und zu betrügen, und daher „menschlich" genannt worden sind, weil sie gegen Menschen verübt werden, wird die Lösung dieses Problems, wenn ich mich nicht täusche, darin bestehen, daß der Täter deswegen nicht auch nur das Doppelte erstatten muß, weil er nicht ertappt oder überführt wird, sondern den Leuten, die nicht wissen, wer es getan hat oder ob es überhaupt getan worden ist, selbst sein Vergehen bekennt. Nachdem die Schrift nämlich gesagt hatte: „Mann oder Frau, wer auch immer eine von allen menschlichen Sünden begangen und sich nichts daraus gemacht und sich vergangen hat", d.h. diese fahrlässig begangen hat, hat sie hinzugefügt und gesagt: „Jene Person soll die Sünde, die sie begangen hat, bekennen und das Veruntreute, die Hauptsumme erstatten und ein Fünftel davon". Vielleicht also deswegen nur soviel, weil er selbst bekannt hat und deswegen nicht mit der Strafe zu belegen war, mit der man einen ertappten oder überführten Dieb belegen müßte.

qu. 4,11 (zu Num 5,21)

11 Die Worte, die nach Vorschrift der Schrift der Priester zu der Frau sagen soll, wenn der Ehemann sie unter dem Verdacht des Ehebruchs heranführt: „Der Herr möge sie in einen Fluch und in eine Verwünschung geben."[14] Der Grieche hat ἐνόρκιον. Das Wort scheint einen Schwur in Gestalt einer (Selbst)Verfluchung zu bedeuten; wie wenn jemand sagte: ‚So möge mir dieses

---

sprechend). Dem folgen sowohl VL als auch Vulg *(det te Dominus in maledictionem exemplumque)* mit entsprechenden Verständnisschwierigkeiten.

ita iuret: *Illud et illud mihi contingat, si fecero vel non fecero*. Ita hoc dictum est: *Det te dominus in maledictum et in execramentum*, tam quam diceretur: Ut de te iurent quae per execrationem iurabunt, sic non eis contingat aut hoc eis contingat, nisi illud fecerint.

12 *Et offeret munus suum domino agnum anniculum sine vitio in holocaustoma et agnam anniculam sine vitio unam in peccatum*. Hoc quidam nostri interpretes transferre noluerunt veluti locutionem inusitatam vitantes et dixerunt *pro peccato*, non *in peccatum*, cum sit sensus in ea locutione, qui non fuerat perturbandus. *In peccatum* quippe dictum est, quia hoc ipsum, quod pro peccato offerebatur, peccatum vocabatur. Unde illud est apud apostolum de domino Christo: *Eum qui non noverat peccatum pro nobis peccatum fecit*, deus pater scilicet deum filium *pro nobis fecit peccatum*, id est sacrificium pro peccato. Sicut ergo agnus in holocaustoma, ut ipsum pecus esset holocaustoma, sic et agna in peccatum, ut ipsum pecus esset peccatum, id est sacrificium fieret pro peccato, sicut de ariete quod sequitur *in salutare* dicit, tamquam ipsum sit salutare, cum sit sacrificium salutaris. Quod postea repetendo manifestat; nam et illud *pro peccato* dicit, quod prius dixerat *in peccatum*, et hoc *sacrificium salutaris*, quod prius dixerat *in salutare*.

13 *Locutus est dominus ad Moysen dicens: Hoc est de levitis*. Hoc alii interpretati sunt: *Haec est lex de levitis*; sed quod scriptum est: *Hoc est de levitis*, intellegitur dictum: Hoc constituo de levitis.

14 Deinde sequitur: *A quinto et vicesimo anno et supra introibunt ministrare in ministerium in operibus in tabernaculo testimonii; et a quinquagenario recedet ab administra-*

12,6 2 Cor 5,21

---

6 est *om. p* | in²] *om. S* **8** illud] hoc aut *praem. Am. μ* **12,1** holocaustoma] holocaustomata *S V¹* **3** locutionem inusitatam] locutione usitata (inusitata *p*) *N* **4** in¹...locutione] sine allocutione (aquitione *p*) *N* | locutione] lotione *C* **5** quippe] quia *S* **7** pro¹...fecit¹] peccatum pro nobis fecit *P S V N T Am. μ* | deum] eum *C P S V N T* **8** holocaustoma] holocaustomata *S V¹* | ut] et *P¹ S* **9** holocaustoma] holocaustomata *S V¹* | peccatum] peccata *C* **10** fieret] fieri *C* | pro *om. P¹ S V* **11** dicit] dicet *C* **13,1** locutus] et *praem. z* **2** quod scriptum] quodescriptum *C* **14,2** tabernaculo] tabernacula *C* | recedet] recedat *C P V¹ N T*

---

¹⁵ TM: לְחַטָּאת „als Sündopfer". Dafür sagt LXX in Lev: περὶ τῆς ἁμαρτίας (entsprechend die obige, von Augustinus für Num 6,14 abgelehnte Übersetzung: *pro peccato*). Vgl. Einleitung in *qu*. 3, S. 11. Hier in Num aber verfolgt LXX eine abweichende

und jenes nicht geschehen!', oder zweifellos, wenn er so schwöre: ‚Dieses und jenes soll mir geschehen, wenn ich [dies oder jenes] getan oder nicht getan haben werde.' In diesem Sinn ist dies gesagt worden: „Der Herr möge dich in einen Fluch und in eine Verwünschung geben", ebenso gut, als wenn gesagt würde: daß sie bezüglich Deiner schwören, was sie in einer (Selbst)Verwünschung schwören werden, es möge ihnen nicht so geschehen oder dieses möge ihnen geschehen, falls sie jenes nicht getan haben werden.

qu. 4,12 (zu Num 6,14-17)

12 „Und er soll als seine Opfergabe dem Herrn ein einjähriges fehlerloses männliches Lamm zum Brandopfer und ein einjähriges fehlerloses weibliches Lamm zur Sünde darbringen." Das wollten einige unserer Übersetzer, gleichsam eine ungewohne Ausdrucksweise vermeiden, nicht wiedergeben und sagten: „für die Sünde",[15] nicht: „zur Sünde", obgleich dieser Ausdruck einen Sinn hat, der nicht verwirrt werden sollte. „Zur Sünde" ist ja gesagt worden, weil dasjenige, das für die Sünde geopfert wurde, selbst ‚Sünde' genannt wurde. Daher findet sich beim Apostel jener Ausspruch über den Herrn Jesus Christus: „Ihn, der keine Sünde kannte, hat er für uns zur Sünde gemacht" (2Kor 5,21), Nämlich Gott Vater hat Gott Sohn „für uns zur Sünde gemacht", d.h. zum Opfer für [unsere] Sünde. Wie also das männliche Lamm zum Brandopfer [dargebracht wurde], so daß das Schaf selbst das Brandopfer war, so auch das weibliche Lamm zur Sünde, so daß das Schaf selbst die Sünde war, d.h. zum Opfer für die Sünde wurde, so sagt die Schrift über den Widder das folgende: „zum Heil", gleich als ob er selbst Heil sei, weil er das Heilsopfer ist. Bei der Wiederholung verdeutlicht die Schrift dieses; denn sie nennt einerseits jenes „(Opfer) für die Sünde", das sie zuvor „zur Sünde" genannt hatte, und andererseits dieses „Heilsopfer", das sie früher „zum Heil" genannt hatte.

qu. 4,13 (zu Num 8,23-24)

13 „Der Herr sprach zu Mose: Dies betrifft die Leviten." Das haben andere übersetzt: „Folgendes ist das Gesetz über die Leviten";[16] Aber die Formulierung der Schrift: „Dies betrifft die Leviten" bedeutet: ‚Folgendes bestimme ich bezüglich der Leviten.'

qu. 4,14 (zu Num 8,24-26)

14 Anschließend fährt die Schrift fort: „Vom fünfundzwanzigsten Lebensjahr an und darüber sollen sie eintreten, um ihren Dienst in den Arbeiten im Zelt des Zeugnisses zu leisten; und vom Alter von fünfzig Jahren an soll der Betref-

---

Übersetzungsstrategie und hat: εἰς ἁμαρτίαν, das nach WEVERS, *Numbers* ebenfalls „als Sündopfer" bedeutet; entsprechend deutet Augustinus. BdA dagegen: „en vue de la faute", SD: „für die Sünde".

[16] Z.B. Vulg.

tione et non operabitur ultra - et ministrabit frater eius - in tabernaculo testimonii custodire custodias, opera autem non operabitur. Hunc sensum obscurum facit ὑπέρβατον, quod ita confusum est, tamquam de ipso fratre sit dictum *custodire custodias*, cum dictum sit de illo, qui recedet ab operibus et remanebit illi *in tabernaculo testimonii custodire custodias; opera autem non operabitur,* sed operabitur frater eius, id est qui nondum pervenit ad aetatem quinquagenariam a viginti quinque annis incipiens operari. Ergo ita distinguendum est: *Et a quinquagenario recedet ab administratione et non operabitur ultra, et ministrabit frater eius.* Deinde redit ad illum quinquagenarium, de quo loquebatur, et de illo explicat cetera dicens: *In tabernaculo testimonii custodire custodias, opera autem non operabitur.* Quod enim ait *custodire*, subauditur incipiet, tamquam id uno verbo diceret custodiet custodias. Solet enim usitate etiam in Latinis locutionibus infinitum verbum poni pro finito.

15 Cum paschae tempore quidam, *qui inmundi facti erant super animam hominis,* id est super mortuum, quaererent quomodo pascha facerent, quoniam oportebat eos ab inmunditia septem diebus purificari secundum legem, consuluit dominum Moyses et responsum accepit cuicumque tale aliquid accidisset vel tam in longinquo itinere constitutus esset, ut non posset occurrere, alio mense eum facere debere pascha propter diem mensis quartum decimum, ubi lunae numerus observabatur. Sed si quaeratur, quid facerent, si forte talis inmunditia etiam ad secundum mensem occurreret, arbitror id quod dictum est de secundo

---

15,2 Nm 19,10-16

---

3 tabernaculo] tabernaculum *C*   **4** custodias] custodia *C* | ὑπέρβατον] yperbaton *C P S V N T*   **5** est] et *P¹ S V* | cum] quam *N*   **6** recedet] recedit *C p* | operibus] hominibus *p* | illi] ille *V*, illic *Am. μ*   **7** operabitur²] operabit ut *P¹ S*   **8** aetatem] et *add. p* | viginti] vigenta *C*   **9** recedet] recedit *C,* , recedat *N*   **10** ministrabit] ministravit *P¹ S*   **11** explicat] explica *P¹ S* tabernaculo] tabernacula *C*   **13** id] ad *S* | unum verbum *ex* uno verbo *S* | custodiet] custodire *p*, custodiret *n* | usitate...14 Latinis] *corr. a. m. in* usitate etiam in latinis *C*   **14** poni] pono *C* | pro finito] pro finitum *C*   **15,2** pascha...quoniam *om. S*   **3** inmunditia] inmunditiis *P¹ S V Am. μ*, immundicis *T* | purificari] purificare *C* | consuluit] consulit *S V N Am.*   **5** tam in] tamen *C*   **6** pascha] pascam *C* | quartum decimum] quartam decimam *T*   **7** facerent] faceret *C*   **8** arbitror] et *praem. N* | dictum] dictus *corr. V*

---

[17] TM hat in V 26 zwar einen syntaktisch kohärenten Wortlaut:וְשֵׁרֵת אֶת־אֶחָיו בְּאֹהֶל מוֹעֵד לִשְׁמֹר מִשְׁמֶרֶת „und er kann seinen Brüdern im Zelt der Begegnung bei der Verrichtung des Dienstes helfen etc.". Aber er steht inhaltlich in Spannung zu Num 3,7-8.25-26.28.31.36-37, wo *custodire custodias* die Hauptaufgabe der Leviten bezeichnet. Wenn der Levit, der keinen Dienst mehr tun soll, seinen Brüdern jedoch gerade beim Hauptdienst helfen kann, besteht ein Widerspruch zwischen V 25 und V 26. LXX , gefolgt von VL,

fende vom Dienst zurücktreten und nicht länger arbeiten – und sein Bruder soll den Dienst verrichten[17] –, im Zelt des Zeugnisses den Wachdienst zu versehen, aber Arbeiten soll er nicht mehr durchführen." Den Sinn dieser Stelle verdunkelt das Hyperbaton, das so durcheinander geraten ist, gleich als sei von diesem Bruder gesagt: „den Wachdienst zu versehen", während es doch von jenem gesagt ist, der sich von den Arbeiten zurückziehen soll, und jenem soll übrig bleiben, „im Zelt des Zeugnisses den Wachdienst zu versehen, aber Arbeiten soll er nicht mehr durchführen"; es soll aber sein Bruder arbeiten, d.h. der zwar von fünfundzwanzig Jahren an zu arbeiten begann, aber noch nicht das Alter von fünfzig Jahren erreicht hat. Es ist somit folgendermaßen zu trennen (und zu kombinieren): „und vom Alter von fünfzig Jahren an soll der Betreffende vom Dienst zurücktreten und nicht darüber hinaus arbeiten, und sein Bruder soll den Dienst verrichten." Dann kehrt die Schrift zu jenem Fünfzigjährigen zurück, von dem sie sprach, und legt hinsichtlich seiner das Weitere dar: „im Zelt des Zeugnisses den Wachdienst zu versehen, aber Arbeiten soll er nicht mehr durchführen." Denn beim [Infinitiv] „den Wachdienst zu versehen", hört man mit: ‚er soll beginnen', gleichsam als formulierte sie dies: ‚er soll den Wachdienst versehen' durch ein einziges Wort. Es ist nämlich auch in lateinischen Wendungen üblich, ein Verb im Infinitiv anstelle eines finiten Verbs zu setzen.

qu. 4,15 (zu Num 9,6-12)

15 Als zur Zeit des Pascha einige [Männer], „die unrein geworden waren wegen der Seele eines Menschen", d.h. wegen eines Verstorbenen, fragten, wie sie das Pascha feiern könnten, da sie sich nach dem Gesetz sieben Tage lang von der Unreinheit reinigen mußten (vgl. Num 19,10-16), befragte Mose den Herrn und erhielt die Antwort, jeder, dem etwas dieser Art begegnet sei oder der sich auf einer so weiten Reise befunden habe, daß er nicht teilnehmen konnte, solle das Pascha im anderen Monat[18] um den vierzehnten Tag des Monats feiern, an dem man diese Zahl des Mondes beobachtete. Wenn aber jemand fragen sollte, was sie tun sollten, wenn [ihnen] eine derartige Unreinheit vielleicht auch im zweiten Monat begegnete, meine ich, daß das, was über den zweiten Monat gesagt worden ist, gleichsam als Norm festgehalten werden soll-

---

faßt das in TM durch אֶת als Objekt gekennzeichnete „seine Brüder" daher in singularischer Variante als Subjekt: „Und sein Bruder soll im Zelt des Zeugnisses den Dienst verrichten, Arbeiten aber soll er (der Überfünfzigjährige) nicht ausüben" (WEVERS, *Numbers*). Während WEVERS darin eine bewußte Harmonisierung der LXX erblickt, erwägt BdA 118, der LXX habe ein abweichender hebräischer Wortlaut vorgelegen, der entweder durch Homoioarkton entstanden ist oder seinerseits harmonisiert hat. Augustinus erkennt diesen von LXX bearbeiteten Widerspruch nicht und liest aus VL daher den Sinn heraus, den LXX gerade vermeiden will.

[18] TM und LXX sprechen in V 11 ausdrücklich vom „zweiten Monat".

mense tamquam regulariter fuisse retinendum, ut tertio mense observarent aut
certe pascha non egisse tali necessitate ad culpam non pertineret. 10

16,1 *Et die qua statutum est tabernaculum texit nubes tabernaculum, domum testimonii;
et vespere erat super tabernaculum velut species ignis usque mane. Ita fiebant semper: Nubes
tegebat illud die et species ignis nocte. Et cum ascendisset nubes a tabernaculo, et postea
promovebant filii Israhel; et in loco ubicumque steterat nubes ibi castra conlocabant filii
Israhel. Per praeceptum domini castra conlocabunt filii Israhel et per praeceptum domini* 5
*promovebunt. Omnes dies in quibus obumbrat nubes super tabernaculum in castris erunt filii
Israhel. Et quando protraxerit nubes super tabernaculum dies plures, et custodient filii
Israhel custodiam dei et non promovebunt. Et erit cum texerit nubes dies numero super
tabernaculum, per vocem domini in castris erunt et per praeceptum domini promovebunt. Et
erit cum fuerit nubes a vespera usque mane et ascenderit nubes mane, et promovebunt die, vel* 10
nocte et si ascenderit nubes promovebunt; die vel mense diei abundante nube obumbrante super

---

9 fuisse retinendum] fuessereti Et inendum C^1 **16,3** et^1] ut C 4 et *om.* P^1 S T 5 conloca-
bunt] conlocabant S V^1 6 promovebunt] commovebunt T 7 protraxerit] protraxerat C,
protexerit V T 8 dei] diei C S V T | cum texerit] comexirit *corr. in* comexerit C^2 10 usque]
ad *add.* S 11 si] sic P^1 S | diei] die S *Am. μ*

---

[19] TM hat eine schwierige Wendung: אֶת־הַמִּשְׁכָּן לְאֹהֶל הָעֵדֻת. Die ältere, z.B. von
BAENTSCH, *Numeri* bezeugte, bereits von König, Syntax 272 § 289g zurückgewiesene,
aber z.B. von LEVINE, *Numbers* weiterhin vertretene Auslegung versteht dies als ein wegen der Determination des letzten Gliedes durch ל umschriebenes cstr.-Verhältnis: ‚die
Wohnung des Zeltes des Zeugnisses'. Dagegen steht die Deutung, daß die Präpositionalverbindung mit ל hier „Teil-Ganzes-Reidentifikation", genauerhin „repräsentierende
Reidentifikation einer Einzelgröße" (JENNI, *Lamed* 45f. Nr. 1732) ausdrückt: „die Wohnung, d.h. das Zelt des Zeugnisses". Eigenartig SEEBASS, *Numeri*: „die Wohnung als Zelt
des Zeugnisses". LXX stößt zusätzlich auf ein lexikalisches Problem, da sie üblicherweise sowohl משכן als auch אהל durch σκηνή „Zelt" übersetzt. Sie löst es „in ingenious
fashion" (WEVERS, *Numbers*), indem sie hier ausnahmsweise משכן durch οἶκος wiedergibt und die beiden Wörter austauscht: τὴν σκηνήν, τὸν οἶκον τοῦ μαρτυρίου „das Zelt,
das Haus des Zeugnisses". Ihr folgt VL.
[20] Ab Num 9,18 hat LXX, gefolgt von VL, die Verbalsyntax verkannt. TM hat Verbformen des Inversionspaares *w=qatal-x//w=x-yiqtol* LF für generelle Sachverhalte der
Vergangenheit, LXX aber entscheidet sich für eine andere Funktion, für die dieses In-
versionspaar ebenfalls zuständig ist, und deutet sie als zukünftigen Sachverhalt (SDE: in
Funktion: Gebot; so versteht es auch Augustinus).
[21] Zu dieser Übersetzung des Ausdrucks *dies numero*, der LXX: ἡμέρας ἀριθμῷ entspricht, vgl. WEVERS, *Numbers*.

te, daß sie [das Pascha] im dritten Monat einhalten konnten oder daß das Pascha in einer derartigen Notlage nicht gefeiert zu haben sicherlich keine Schuld darstellte.

qu. 4,16,1 (zu Num 9,15-23)

16,1 „Und an dem Tag, an dem das Zelt errichtet worden war, bedeckte die Wolke das Zelt, das Haus des Zeugnisses;[19] und am Abend war sie über dem Zelt wie ein Feuerschein bis zum Morgen. So ereignete es sich ständig: die Wolke bedeckte jenes am Tag und der Feuerschein bei Nacht. Und wenn sich die Wolke vom Zelt erhoben hatte, [und] dann brachen die Söhne Israel danach auf; und an dem Ort, an dem die Wolke zum Stehen gekommen war, dort schlugen die Söhne Israel das Lager auf. Nach dem Befehl des Herrn sollen die Söhne Israel das Lager aufschlagen,[20] und nach dem Befehl des Herrn sollen sie aufbrechen. Alle Tage, an denen die Wolke das Zelt beschattet, sollen die Söhne Israel im Lager bleiben. Auch wenn die Wolke mehrere Tage über dem Zelt verweilt hat, [und] dann sollen die Söhne Israel den Wachdienst Gottes versehen und nicht aufbrechen. Und es soll sein: wenn die Wolke das Zelt wenige Tage[21] bedeckt hat, sollen sie auf die Stimme des Herrn hin im Lager bleiben und auf das Gebot des Herrn hin aufbrechen. Und es soll sein: Wenn die Wolke vom Abend bis zum Morgen geblieben ist und die Wolke am Morgen sich erhoben hat, [und] dann sollen sie am Tag aufbrechen, oder auch bei Nacht, und wenn die Wolke sich erhoben hat, sollen sie aufbrechen; während des Tages oder des Monats des Tages, wenn die Wolke jenes [Zelt] im Überfluß überschattet, sollen die Söhne Israel im Lager bleiben und nicht aufbrechen, weil sie (nur) auf Befehl des Herrn hin aufbrechen sollen.[22] Den Wachdienst des Herrn ha-

---

[22] Die schon in TM schwierigen Verse Num 9,21-22 hat LXX in einer Weise wiedergegeben, die von SDE und von WEVERS, *Numbers* als konfus und teilweise sinnlos charakterisiert wird. VL tut ihr Bestes, um in enger Anlehnung an den Wortlaut der LXX den Text verständlich zu machen; dasselbe gilt von der obigen Übersetzung der VL. Besonders problematisch ist V 22. TM diskutiert folgende Zeiträume, in denen die Wolke eventuell über dem Zelt bleibt: viele Tage (V 19), wenige Tage (V 20), nur von einem Abend bis zum nächsten Morgen (V 21), oder zwei Tage (Dual!) oder einen Monat oder Tage (V 22). LXX hat in V 22: ἡμέρας ἢ μηνὸς ἡμέρας πλεοναζούσης τῆς νεφέλης σκιαζούσης ἐπ' αὐτῆς. BdA deutet: „für Tage oder einen Monat, wobei die Tage sich vermehrten, die Wolke über ihm [dem Zelt] Schatten warf". WEVERS erklärt hingegen ἡμέρας ἢ μηνὸς ἡμέρας für sinnlos; er schlägt vor, das ἢ, das die Hexapla vor dem ersten ἡμέρας unter Asterisk hinzugefügt hat, und das ἢ, das drei Manuskripte vor dem zweiten ἡμέρας bezeugen, für ursprünglich zu halten. Das ergibt: „oder einen Tag oder einen Monat oder einen Tag, wenn die es beschattende Wolke zahlreich wird (d.h. der Tag sich zu einem Jahr vermehrt)". VL hat den Beginn des V 22 Wort für Wort und damit unverständlich übersetzt: *die vel mense diei*.

illud in castris erunt filii Israhel et non promovebunt, quoniam per praeceptum domini promovebunt. Custodiam domini custodierunt per praeceptum domini in manu Moysi.

16,2 Totus hic locus diligenter exponendus est, quoniam inuisitatis generibus locutionum obscuratus est *et die* inquit, *qua statutum est tabernaculum texit nubes tabernaculum, domum testimonii*: Idem tabernaculum appellavit domum testimonii. *Et vespere erat super tabernaculum velut species ignis usque mane. Ita fiebat semper.* Deinde diligenter exprimit, quid fiebat semper. *Nubes,* inquit, *tegebat illud die et species ignis nocte. Et cum ascendisset nubes a tabernaculo, et postea promovebant filii Israhel.* Ista sententia obscura non est nisi propter illam locutionem ubi additur et. Ordo enim verborum integer sequitur, etiamsi desit ipsa coniunctio, ut sic dicatur: Et cum ascendisset nubes a tabernaculo, postea promovebant filii Israhel; quamvis et ipsum quod dictum est *postea* si deesset, plena posset esse sententia. Deinde sequitur dicens: *Et in loco ubicumque steterat nubes ibi castra conlocabant filii Israhel.*

16,3 Hoc autem totum quod faciebant ad praeceptum domini referens ita complectitur: *Per praeceptum*, inquit, *domini castra conlocabunt filii Israhel et per praeceptum domini promovebunt.* Praeceptum domini appellat signum ipsum quod fiebat in nube, sive cum staret obumbrans tabernaculum, ut et castra consisterent, sive cum ascendisset atque ultra moveretur, ut eam elevatis castris sequerentur. Mutavit sane in hac sententia narrantis modum et tamquam praedicens atque praenuntians verba futuri temporis habere coepit. Neque enim ait: *Per praeceptum domini castra* conlocabant *filii Israhel*, sed *conlocabunt*; nec ait: *Per praeceptum domini* promovebant, sed *promovebunt*. Et hunc modum etiam in consequentibus servat, qui modus in scripturis est inusitatissimus. Nam verbis praeteriti temporis saepe futura praedicta esse novimus; sicut est: *Foderunt manus meas et pedes*, et: *Sicut ovis*

16,35 Ps 21,17 | Is 53, 7

14 generibus *om. S*   **15** locutionum] locutionem *S* | die] diei *n* | texit…16 tabernaculum¹ *om. n*   **19** promovebant] provocabant *C¹*   **20** obscura *om. S*   **21** ut] et *P¹ S V* | dicatur] datur *V*   **22** promovebant] promovebunt *C S*   **23** est *om. n* | posset] possit *N*   **24** loco] locum *p*   **25** totum *om. p*   **28** nube] nubes *N* | staret] starem *S* | et] *om. P¹ S V Am. μ, exp. T*   **30** mutavit] mutabit *C*   **31** praenuntians] pronuntians *C*   **35** et² *om. P¹ S V*

---

[23] Es geht um das *et* vor *postea*, durch das VL sklavisch das *w apodoseos* des TM übersetzt, das im Hebräischen, von Konditional- auch auf Temporal- und Kausalsatzgefüge ausgedehnt, regelhaft ist . Vgl. JOÜON – MURAOKA, 646-649 § 176.

ben sie nach dem Gebot des Herrn versehen [„das er] durch die Hand des Mose [vorgeschrieben hat]."

qu. 4,16,2

16,2 Dieser ganze Abschnitt muß sorgfältig ausgelegt werden, da er durch ungewohnte idiomatische Ausdrucksweisen verdunkelt ist. „Und an dem Tag", heißt es, „an dem das Zelt errichtet worden war, bedeckte die Wolke das Zelt, das Haus des Zeugnisses"; dieses Zelt hat die Schrift zugleich ‚Haus des Zeugnisses' genannt. „Und am Abend war sie über dem Zelt wie ein Feuerschein bis zum Morgen. So ereignete es sich ständig." Anschließend führt die Schrift sorgfältig aus, was sich ständig ereignete. „Die Wolke", sagt sie, „bedeckte jenes am Tag und der Feuerschein bei Nacht. Und wenn sich die Wolke vom Zelt erhoben hatte, [und] dann brachen die Söhne Israel danach auf." Dieser Satz ist nur wegen jener idiomatischen Ausdrucksweise dunkel, dergemäß ‚et' (und)[23] hinzugefügt wird. Die Worte folgen nämlich in unversehrter Reihenfolge, auch wenn diese Konjunktion fehlt, so daß folgendes gesagt wird: ‚Und wenn sich die Wolke vom Zelt erhoben hatte, brachen die Söhne Israel danach auf';[24] gleichwohl könnte dieser Ausdruck auch ein vollständiger Satz sein, wenn das Wort „postea" (danach) fehlen würde. Anschließend fährt die Schrift fort, indem sie sagt: „Und an dem Ort, an dem die Wolke zum Stehen gekommen war, dort schlugen die Söhne Israel das Lager auf."

qu. 4,16,3

16,3 All dieses aber, was sie nach dem Befehl des Herrn taten, faßt die Schrift in ihrer Darstellung so zusammen: „Nach dem Befehl des Herrn", sagt sie, „sollen die Söhne Israel das Lager aufschlagen, und nach dem Befehl des Herrn sollen sie aufbrechen." ‚Befehl des Herrn' nennt sie eben dieses Zeichen, das in der Wolke gegeben wurde, sei es wenn sie stehen blieb und das Zelt überschattete, damit auch das Lager Rast machte, sei es wenn sie sich erhoben hatte und weiterzog, damit [die Israeliten] das Lager aufhoben und ihr folgten. Allerdings hat sie in diesem Satz die Darstellungsweise geändert, indem sie damit begann, gleichsam vorschreibend und voraussagend Verbformen im Tempus Futur zu gebrauchen. Sie sagt nämlich nicht: ‚nach dem Befehl des Herrn schlugen die Söhne Israel das Lager auf', sondern „sollen sie aufschlagen"; und sie sagt auch nicht: ‚nach dem Befehl des Herrn brachen sie auf', sondern „sollen sie aufbrechen". Und diese Ausdrucksweise, die in den Schriften ganz und gar ungebräuchlich ist, behält sie auch in den folgenden [Sätzen] bei. Denn wir wissen zwar, daß durch Verben im Vergangenheitstempus oft zukünftige [Ereignisse] vorhergesagt worden sind, wie z.B.: „Sie haben meine Hände und Füße durchbohrt" (Ps 22,17) und: „Er ist wie ein Lamm zur Schlachtung geführt

---

[24] Vgl. *loc.* 4,21.

ad immolandum ductus est et innumerabilia talia; ut autem narrator rerum gestarum verbis utatur temporis futuri, sicut hoc loco, difficillime in scripturis inveniri potest.

16,4 Ergo posteaquam dixit de die et nocte quo signo promoveret populus vel maneret, ne putarentur per noctem ambulare et per diem solere considere atque hoc diebus omnibus facere, secutus adiunxit et ait: *Omnes dies in quibus obumbrat nubes super tabernaculum in castris erunt filii Israhel. Et quando protraxerit nubes super tabernaculum dies plures*. Deinde admonens non hoc ex illorum necessitate fieri, sed ex dei voluntate, *et custodient*, inquit, *filii Israhel custodiam dei*, id est custodiam quam praecepit deus, *et non promovebunt*. Et tamquam diceretur: Quando ergo promovebunt? Et erit, inquit, *cum texerit nubes dies numero super tabernaculum* - id est dies certo numero, qui numerus utique deo placet - *per vocem domini in castris erunt et per praeceptum domini promovebunt*. Hanc videtur dicere vocem domini signum, quod dat de statione et motu nubis, quia et vox loquentis procul dubio signum est voluntatis. Quod ergo ait: *Et per praeceptum*, hoc idem signum puto intellegendum. Quamquam posset vox *et praeceptum domini* etiam illud accipi, quod locutus est, ut solet ad Moysen et praecepit hoc fieri. Neque enim scirent illi promovendum esse nube promovente et standum esse nube stante, nisi hoc eis ante praeciperetur.

16,5 In his autem quae dicta sunt nondum adparuit, utrum per diem tantum ambularetur an etiam per noctem secundum signum quod nubes motu suo dabat. Fortassis enim quamvis plures dies in castris manerent nube non promovente, potuit tamen putari nubem non solere ascendere de castris et signum itineris dare nisi per diem. Sequitur ergo et dicit: *Et erit cum fuerit nubes a vespera usque mane et ascenderit nubes mane, et promovebunt die*. Hic illa copulativa coniunctio more scripturae posita est. Nam ea detracta plenus est sensus hoc modo: Et erit cum fuerit nubes a vespera usque mane et ascenderit nubes mane, promove-

---

39 posteaquam] postquam *T*   **41** et ait *exp. V*   **42** nubes *om. T* | nubes...tabernaculum] tabernaculum super nubes *V*   **43** tabernaculum] nubes *add. S* | plures *om. S*   **44** dei²] domini *P S V N T*   **45** quam] cum *C*   **47** dies *om. P¹ S V N* | placet] placeret *V Am. μ*   **49** statione] testatione *V n*   **51** praeceptum] per *praem. P S*   **52** etiam illud] illud etiam *P V T Am. μ*   **53** promovente...54 nube *om. n*   **58** de *om. n*   **59** vespera] vespere *S*   **60** die] diem *C*   **61** posita *om. S*   **62** vespera] vespere *S*

worden" (Jes 53,7) und unzählige derartige [Stellen]; daß aber ein Erzähler vergangener Taten Verben des Tempus Futur gebraucht, wie hier an dieser Stelle, kann nur äußerst schwer in den Schriften gefunden werden.

qu. 4,16,4

16,4 Nachdem die Schrift somit ausgeführt hat, nach welchem Zeichen das Volk bei Tag und bei Nacht aufbrach oder anhielt, hat sie, damit man nicht meinte, sie pflegten die Nacht hindurch weiterzuziehen und den Tag hindurch zu verweilen und täten dies an allen Tagen, anschließend hinzugefügt und gesagt: „Alle Tage, an denen die Wolke das Zelt beschattet, sollen die Söhne Israel im Lager bleiben. Auch wenn die Wolke mehrere Tage über dem Zelt verweilt hat." Anschließend schärft sie ein, daß dies nicht auf Grund deren Bedürfnisses, sondern auf Grund des Willens Gottes geschah, und sagt: „(und) dann sollen die Söhne Israel den Wachdienst Gottes versehen", d.h. den Wachdienst, den Gott vorgeschrieben hat, „und nicht aufbrechen". Und gleichsam, als würde einer sagen: Wann sollen sie folglich aufbrechen? Sagt sie: „Und es soll sein: wenn die Wolke das Zelt wenige Tage bedeckt hat" – d.h. eine gewisse Zahl von Tagen, die Gott gefällt, natürlich –, „sollen sie auf die Stimme des Herrn hin im Lager bleiben und auf das Gebot des Herrn hin aufbrechen." Als diese ‚Stimme des Herrn' scheint sie das Zeichen zu benennen, das er durch das Stehenbleiben und die Bewegung der Wolke gibt, da auch die Stimme eines Redenden zweifellos Zeichen seines Willens ist. So ist denn die Wendung „und auf das Gebot", wie ich meine, auf dieses selbe Zeichen zu beziehen. Gleichwohl könnte man unter „der Stimme" und „dem Gebot des Herrn" auch das verstehen, das er, wie üblich, zu Mose gesprochen und auszuführen befohlen hat. Auch wüßten jene ja nicht, daß man aufbrechen solle, wenn die Wolke sich bewegt, und anhalten solle, wenn die Wolke stehen bleibt, außer dies würde ihnen zuvor vorgeschrieben.

qu. 4,16,5

16,5 In dem aber, was bisher gesagt worden ist, ist noch nicht deutlich geworden, ob sie nur am Tage weiterziehen sollten oder auch bei Nacht entsprechend dem Zeichen, das die Wolke durch ihre Bewegung gab. Vielleicht hätte man nämlich, auch wenn sie mehrere Tage im Lager blieben, solange die Wolke sich nicht bewegte, dennoch meinen können, die Wolke pflege nur am Tag aus dem Lager aufzusteigen und das Aufbruchssignal zu geben. Daher fährt die Schrift fort und sagt: „Und es soll sein: Wenn die Wolke vom Abend bis zum Morgen geblieben ist und die Wolke sich am Morgen erhoben hat, [und] dann sollen sie am Tag aufbrechen." Hier ist jene verbindende Konjunktion nach der Weise der Schrift gesetzt worden. Denn wenn man sie weggelassen hat, ergibt sich der volle Sinn auf folgende Weise: ‚Und es soll sein: Wenn die Wolke vom Abend bis zum Morgen geblieben ist und die Wolke sich am Morgen erhoben hat,

bunt die. Deinde quia et nocte si nubes ascenderet promovebant atque iter nocturnum si illud signum acciperent agebant, adiunxit et ait: *Vel nocte et si ascenderit nubes promovebunt.* Sed locutio est inusitatior; non enim tantum positum est *et*, sed eo more positum est quo non solet. Unde mihi videtur praeposteratus ordo verborum, sicut saepe et in Latinis locutionibus fieri solet: Quod genus antistrophe dicitur. Proinde si ita dicatur: Vel et nocte si ascenderit nubes promovebunt, aut certe ita: Si et nocte ascenderit nubes promovebunt, planissimus sensus est.

16,6 Adhuc autem occurrebat cogitanti, ut scire vellet utrum, quomodo cognitum est solere illos ad nubis signum diebus et noctibus ambulare vel diebus et noctibus in castris esse, ita etiam solerent per dies tantum manere, etiam quorum noctibus ambularent: Quod arbitror scripturam in consequentibus intimasse cum dicit: *Die vel mense diei abundante nube obumbrante super illud in castris erunt filii Israhel et non promovebunt.* Quia enim dixerat: *Vel nocte et si ascenderit nubes promovebunt*, tamquam restabat, ut diceret: Die autem, si non ascenderit, non promovebunt, quando quasi promovere debere videbantur; sed quia hoc etiam diebus pluribus fieri poterat, ut noctibus ambularent promovente nube et ea manente diebus non ambularent, ideo posuit: *Die vel mense diei.* Non dixit mense, ne ibi et noctes eiusdem mensis acciperentur, sed *mense diei*, id est mense ex ea parte qua dies illi fuit, non ex ea qua nox. *Die* ergo *vel mense diei abundante*

---

63 iter] inter *p S*   **66** et *om. S* | et...est²] *om. n* | quo] quod *n*   **68** dicatur] dicitur *N*   **71** adhuc] et *praem. N*   **76** et si] si et *C*   **77** diceret] dicerit *C*   **79** pluribus] plurimis *S V T* promovente...80 ambularent *om. p*   **81** acciperentur] reciperentur *p*   **82** die] diei *S* abundante...83 obumbrante¹ *om. S*

---

[25] Schon der Wortlaut des TM ist in V 21 schwierig. Gegen Ende ist der Vers so kurz formuliert, daß sich je nach vermuteter Ergänzung ein gegensätzlicher Sinn ergibt: אִ֠ם יוֹמָ֣ם וָלַ֗יְלָה וְנַעֲלָ֤ה הֶֽעָנָן֙ וְנָסָ֔עוּ׃ (1) Bei folgender Ergänzung bricht das Volk nicht nachts auf: „(Und es kam vor [...]) oder (daß sie) einen Tag und eine Nacht (blieb): wenn sich dann die Wolke erhob, so brachen sie auf" (STRACK, *Numeri*). „Oder sie blieb den Tag und die Nacht, erhob sich da nun die Wolke, so brachen sie auf" (BAENTSCH, *Numeri*). (2) Bei folgender Wiedergabe brach das Volk gegebenenfalls auch nachts auf: „ob es bei Tag war oder bei Nacht und die Wolke sich erhob, brachen sie auf" (SEEBASS, *Numeri*). LXX ist deswegen problematisch, weil Vaticanus, dem RAHLFS folgt, nur ἡμέρας ἢ νυκτός hat und damit den Vers enden läßt (vgl. auch BILLEN, *Texts* 83). WEVERS, *Notes* folgt hingegen der längeren, TM entsprechenden Lesart des Alexandrinus und erklärt das Minus des Vaticanus durch Homoioteleuton. LXXA: ἡμέρας ἢ νυκτός καὶ ἀναβῇ ἡ νεφέλη ἀπαροῦσιν. So auch Vulg. BdA versteht diesen Wortlaut der LXX im Sinn der obigen ersten Auslegungsalternative, SD und NETS, bei abweichender syntaktischer Analyse

sollen sie am Tag aufbrechen.' Da sie auch in der Nacht aufbrachen, wenn die Wolke sich erhob, und einen Nachtmarsch unternahmen, wenn sie jenes Zeichen erhielten, hat sie anschließend hinzugefügt und gesagt: „Oder auch bei Nacht, und wenn die Wolke sich erhoben hat, sollen sie aufbrechen.[25] Aber die Formulierung ist ziemlich außergewöhnlich; denn das *et* ist nicht nur gesetzt, sondern es ist auf eine ungewöhnliche Weise gesetzt. Deshalb scheint mir die Reihenfolge der Wörter umgekehrt zu sein, wie es häufig auch in lateinischen Wendungen zu geschehen pflegt: Diese Ausdrucksform heißt Antistrophe. Folglich ist der Sinn völlig klar, wenn man sich so ausdrückt: ‚Oder auch in der Nacht, wenn die Wolke sich erhoben hat, sollen sie aufbrechen', oder gewiß folgendermaßen: ‚Wenn die Wolke sich auch in der Nacht erhoben hat, sollen sie aufbrechen.'

qu. 4,16,6

16,6 Darüber hinaus konnte einer aber, wenn er nachdachte, zu wissen wünschen, ob, wie sie bekanntermaßen auf das Zeichen der Wolke hin an Tagen und in Nächten voranzuziehen oder an Tagen und in Nächten im Lager zu bleiben pflegten, sie gleichermaßen auch nur die Tage über [im Lager] zu bleiben pflegten, in deren zugehörigen Nächten sie auch weiterzogen: Das hat meines Erachtens die Schrift im folgenden mit den Worten ausgeführt: „während des Tages oder des Monats des Tages, wenn die Wolke jenes [Zelt] im Überfluß überschattet, sollen die Söhne Israel im Lager bleiben und nicht aufbrechen." Da sie nämlich gesagt hatte: „Oder auch bei Nacht, und wenn die Wolke sich erhoben hat, sollen sie aufbrechen", blieb gleichsam übrig, daß sie sagte: ‚Am Tag aber, wenn sie sich nicht erhoben hat, sollen sie nicht aufbrechen, [zu dem Zeitpunkt] an dem sie doch gleichsam, wie es schien, aufbrechen sollten; weil dies aber auch an mehreren Tagen geschehen konnte, daß sie in den Nächten bei aufbrechender Wolke loszogen und an den Tagen bei verweilender Wolke nicht loszogen, deshalb hat sie formuliert: „während des Tages oder des Monats des Tages'. Sie sagte nicht: ‚während des Monats', damit man darunter nicht auch die Nächte ebendieses Monats faßte, sondern: „während des Monats des Tages", d.h. ‚während des Monats zu dem Teil, an dem er Tageslicht hatte, nicht zu dem Teil, an dem es Nacht war. „Während des Tages oder des Monats des

---

im Sinn der zweiten. Während Vulg in freier Verdeutlichung *(si fuisset nubes a vespere usque mane et statim diluculo tabernaculum reliquisset proficiscebantur et si post diem et noctem recessisset dissipabant tentoria)* und VL:Cod.Lugd. in verwirrter Wiedergabe und abweichender Satzgrenze zum ersten Satz des folgenden Verses *(Et erit cum fuerit nubs a uespera usque in mane, et ascenderit nubs mane, et promouerit dies siue noctu, et ascenderit nubs, promouebunt die)* nur ein Aufbrechen des Volkes am Tage kennen, spricht die VL des Augustinus, die dem längeren Alexandrinus entspricht, klar von Aufbruch auch bei Nacht. Zu V 22 vgl. oben Anm. 22.

nube obumbrante - id est abundante in obumbrando vel abundantius obumbrante - *super illud* - illud scilicet tabernaculum - *in castris erunt filii Israhel et non promovebunt.* Postremo repetiit divina auctoritate factum, cui resisti utique non debebat, adiungens: *Quoniam per praeceptum domini promovebunt. Custodiam domini custodierunt per praeceptum domini in manu Moysi.* Rediit ad verbum praeteriti temporis, ut diceret *custodierunt.* Quod vero in fine posuit: *In manu Moysi,* usitatissima in scripturis locutio est, quia per Moysen haec deus praecipiebat.

17 *Et cum congregaveritis synagogam, tuba canetis et non in signo.* Non ergo ad hoc canendum praecipit, ut congregetur synagoga - nam si hoc fit, signum est - sed iam congregata synagoga praecipit tuba canere, tamquam ad cantum iam pertineat, non ad dandum signum, quo dato fieri aliquid admoneat. Proinde cum hoc quod iam congregata synagoga tubis canebant quisquam homo novi testamenti ad aliquid spiritale interpretatur, illi signum est, qui intellegit quare fiat, non illis, qui non intellegebant, nisi quando ad hoc fiebat, ut aliquod opus indiceretur.

18 *Et auferam de spiritu qui est in te et superponam super eos; et sustinebunt tecum inpetum populi, et non portabis illos tu solus.* Plerique Latini interpretes non ut in Graeco est transtulerunt, sed dixerunt: *Auferam de spiritu tuo qui est in te et ponam super eos* aut *ponam in eis,* et fecerunt sensum laboriosum ad intellegendum. Putari enim potest de spiritu ipsius hominis dictum, quo humana natura completur corpore adiuncto, quae constat ex corpore et spiritu, quem etiam animam dicunt: De quo et apostolus dicit: *Quis enim scit hominum quae sunt hominis nisi spiritus hominis qui in ipso est? Sic et quae dei sunt nemo scit nisi spiritus dei.* Et quod adiungit ac dicit: *Nos autem non spiritum huius mundi accepimus sed spiritum qui ex deo est,* ostendit utique alium esse spiritum dei, cuius particeps fit spiritus hominis

---

18,9 1 Cor 2,11-12

---

83 nube *om.* P   **85** postremo] et *add.* C (*inter* postremo *et et* signum ·Z· *et in marg. inf.:* promovebunt custodiam d̄n̄i custodierunt praeceptum d̄n̄i *add.* C² [*ex l.* 86–87]) | repetiit] repetit C N   **86** per *om.* C P¹ V¹   **88** diceret] dicerent C P¹   **17,2** praecipit] precepit C p   **3** cantum *om.* p   **18,2** portabis] portabit C | solus] solos C   **5** quo] quod C P S   **6** quem] quam C P S V N   **7** scit hominum] hominum scit *Am.* μ   **9** ac] et T

---

²⁶ *De spiritu tuo* sagt auch Vulg. In *trin.* 5,15 zitiert Augustinus seinerseits den Vers in folgendem Wortlaut: *tollam de spiritu tuo et dabo eis* und erklärt: *hoc est dabo illis de spiritu sancto quem iam tibi dedi.*

Tages", also, „wenn die Wolke jenes" – natürlich jenes Zelt – „im Überfluß überschattet" – d.h. beim Überschatten im Überfluß ist oder im allzu großen Überfluß überschattet – , „sollen die Söhne Israel im Lager bleiben und nicht aufbrechen." Zum Schluß hat sie wiederholt, daß [dies alles] nach dem göttlichen Willen geschehen ist, dem man sich auf keinen Fall widersetzen durfte, indem sie anfügte: „weil sie (nur) auf Befehl des Herrn hin aufbrechen sollen. Den Wachdienst für den Herrn haben sie nach dem Gebot des Herrn durch die Hand des Mose versehen." Sie ist zu einem Verbum im Vergangenheitstempus zurückgekehrt, indem sie sagte: „Sie haben den Dienst versehen." Die Formulierung aber, die sie am Ende gewählt hat: „durch die Hand des Mose" ist eine äußerst gebräuchliche idiomatische Ausdrucksweise der Schrift, da Gott dies durch Mose vorschrieb.

qu. 4,17 (zu Num 10,7)

17 „Und wenn ihr die Versammlung einberufen habt, sollt ihr die Trompete blasen, und zwar nicht im Signalton." Sie schreibt also nicht vor, zu dem Zweck zu blasen, daß die Versammlung einberufen werde – denn wenn das geschieht, ist es ein Signal *(signum)* –, sondern sie schreibt vor, die Trompete zu blasen, nachdem die Versammlung schon einberufen worden ist, gleichsam als gehöre das schon zum Gesang, nicht zur Gabe eines Signals, durch dessen Gabe man dazu auffordert, etwas zu tun. Wenn irgendein Mensch des Neuen Bundes diese Tatsache, daß sie, nachdem die Versammlung bereits einberufen war, Trompeten bliesen, auf irgendeinen geistlichen Sinn hin auslegt, ist es folglich für jenen ein Zeichen, der versteht, warum es geschieht, nicht für jene, die es nur dann verstanden, wenn es zu dem Zweck gegeben wurde, irgendeine Aufgabe anzuzeigen.

qu. 4,18 (zu Num 11,17)

18 „Und ich werde von dem Geist, der in dir ist, wegnehmen und auf sie legen; und sie sollen zusammen mit dir den Andrang des Volkes auf sich nehmen, und du sollst jene nicht allein tragen." Die meisten lateinischen Übersetzer haben nicht übersetzt, wie es im Griechen steht, sondern haben gesagt: „Ich werde von deinem Geist, der in dir ist, wegnehmen und auf sie legen"[26] oder: „in sie legen", und erzeugten einen (nur) mühsam zu verstehenden Sinn. Man kann nämlich meinen, das sei vom eigenen Geist des Menschen gesagt, durch dessen Verbindung mit dem Körper die menschliche Natur vervollständigt wird, die aus Körper und Geist, den man auch Seele nennt, besteht: von ihm sagt auch der Apostel: „Denn wer von den Menschen weiß, was des Menschen ist, wenn nicht der Geist des Menschen, der in demselben ist? So weiß auch niemand, was Gottes ist, außer dem Geist Gottes." Und das, was er hinzufügt und sagt: „Wir aber haben nicht den Geist dieser Welt empfangen, sondern den Geist, der aus Gott stammt" (1Kor 2,11-12), zeigt deutlich, daß der Geist Got-

per gratiam dei. Quamvis posset etiam, sicut alii interpretati sunt, intellegi spiritus dei in eo quod dicitur: *De spiritu tuo qui est in te*, ut dictum sit *tuo*, quia fit etiam noster qui dei est, cum accepimus eum: Sicut de Iohanne dictum est: *In spiritu et virtute Heliae.* Non enim anima Heliae in eum fuerat revoluta. Quod si quidam haeretica perversitate opinantur, quid dicturi sunt in eo quod scriptum est: *Spiritus Heliae requievit super Helisaeum*, cum iam ille utique haberet animam suam, nisi quia dictum est de spiritu dei, ut etiam per illum operaretur qualia per Heliam operabatur, non ab illo recedens, ut istum posset inplere, aut dispertitus minus esset in illo, ut posset ex aliqua parte et in isto esse? Deus est enim qui possit esse in omnibus tantus, in quibus per illam gratiam esse voluerit. Nunc autem cum ita scriptum sit: *Et auferam de spiritu qui est super te*, nec dictum sit: *De spiritu tuo*, facilior est absolutio quaestionis, quia intellegimus nihil aliud deum significare voluisse nisi ex eodem spiritu gratiae illos quoque habituros adiutorium, ex quo habebat Moyses, ut et isti haberent quantum deus vellet, non ut ideo Moyses minus haberet.

19 *Et dixit Moyses: Sexcenta milia peditum, in quibus sum in ipsis, et tu dixisti: Carnes dabo eis, et edent mense dierum. Numquid oves et boves occidentur illis et sufficient illis? Aut omnis piscis congregabitur eis et sufficiet eis?* Quaeri solet utrum hoc Moyses diffidendo dixerit an quaerendo. Sed si putaverimus eum diffidendo dixisse, nascitur quaestio cur hoc ei non exprobraverit dominus, sicut exprobravit quod ad petram unde aqua profluxit videtur de potestate domini dubitasse. Si autem dixerimus hoc eum dixisse quaerendo modum quo fieret, ipsa domini responsio, ubi ad eum dixit: *Numquid manus domini non sufficiet?* Quasi redarguentis videtur quod ille ista non credidisset. Sed melius arbitror intellegi dominum ita

---

13 Lc 1,17   16 4 Rg 2,15   19,5 sicut…6 dubitasse] cf. Num 20,10-12

---

13 cum] quam *C* | accepimus] accipimus *P S V N T Am. μ*   14 revoluta] revelata *C*   16 ille utique] itaque ille *C*   17 est *om. S* | etiam] iam *C N*   18 dispertitus] dispertitur *C*   19 esset] esse *C N*   20 possit] posset *V*   21 sit²] est *T*   22 facilior] fallacior *S* | quia] qua *P² N* intellegimus] intellegamus *C S N* | aliud] alium *P S V*   23 habituros] habituaturos *P¹*   19,3   omnis piscis] omnes pisces *C*   4   nascitur] nascetur *P S V N T¹ Am. μ*   5   ad] a *n*   6 aqua] aquam *P¹ S V*   9 ille] iste *Am. μ* | ita *om. C¹*

---

²⁷ VL: „unter denen ich bin unter ihnen" entspricht wörtlich LXX: ἐν οἷς εἰμι ἐν αὐτοῖς. Das ist eine scheinbar übergenaue, zielsprachlich jedoch inkorrekte Wiedergabe des TM: אֲשֶׁר אָנֹכִי בְּקִרְבּוֹ. Da die hebräische Relativpartikel אֲשֶׁר indeklinabel ist und nur anzeigt, daß sie einen Attributsatz eröffnet, muß die Beziehung zum Bezugswort im übergeordneten Satz („Volk') durch ein eigenes Wort mit Personalpronomen im Relativsatz (בְּקִרְבּוֹ ‚in seiner Mitte') hergestellt werden. Da dieser Bezug im Griechischen (ἐν

tes, dessen der Geist des Menschen durch Gottes Gnade teilhaftig wird, anderer Art ist. Dennoch könnte man, wie die anderen übersetzt haben, auch deuten, daß in dieser Wendung „von deinem Geist, der in dir ist", vom Geist Gottes die Rede ist, so daß deswegen gesagt wurde, „[von] deinem [Geist]", weil er, der [der Geist] Gottes ist, auch unserer wird, wenn wir ihn empfangen haben, wie über Johannes gesagt ist: „im Geist und in der Kraft Elijas" (Lk 1,17) . Denn die Seele Elijas war nicht in ihn übertragen worden. Wenn gewisse Leute das in häretischer Verdrehtheit meinen, was werden sie (erst) über dieses Schriftwort sagen: „Der Geist Elijas ruhte auf Elischa", da jener natürlich schon seine eigene Seele hatte? Es sei denn, [sie kommen zur Einsicht], daß es über den Geist Gottes gesagt worden ist, daß er folglich auch durch jenen derartiges wirkte, wie er durch Elija wirkte, wobei er sich nicht von jenem zurückzog, um diesen erfüllen zu können, oder nach seiner Verteilung weniger wäre in jenem, um zu einem gewissen Teil auch in diesem sein zu können? Gott ist nämlich von der Art, daß er in allen von [gleicher] Vollkommenheit sein kann, in denen er durch jene Gnade sein wollte. Da aber so geschrieben steht: „Und ich werde von dem Geist, der auf dir ist, wegnehmen", aber nicht gesagt ist: „von deinem Geist", löst sich das Problem leichter, weil wir verstehen, daß Gott einzig ausdrücken wollte, daß vom selben Geist der Gnade, von dem Mose [Hilfe] erlangte, auch jene Hilfe erlangen würden, dergestalt daß auch diese so viel hatten, wie Gott wollte, Mose aber deswegen nicht weniger hatte.

qu. 4,19 (zu Num 11,21-23)

19 Und Mose sagte: „[Es sind] sechshunderttausend [Mann] Fußvolk, unter denen ich bin unter ihnen,[27] und du hast gesagt: ich werde ihnen Fleischstücke geben, und sie sollen einen Monat an Tagen[28] essen. Sollen für sie etwa Schafe und Rinder geschlachtet werden und ihnen ausreichen? Oder sollen etwa alle Fische für sie zusammengesammelt werden und ihnen ausreichen?" Gewöhnlich fragt man, ob Mose das zweifelnd oder fragend gesagt hat. Aber wenn wir gemeint haben sollten, er habe es zweifelnd gesagt, stellt sich das Problem, warum der Herr ihm das nicht vorgeworfen hat, wie er [ihm] vorgeworfen hat, daß er am Felsen, aus dem Wasser hervorfloß, wie es scheint, an der Macht Gottes gezweifelt hat (vgl. Num 20,10-12). Sollten wir aber gesagt haben, er habe dies gesagt, indem er nach der Art und Weise fragte, wie es geschehen solle, so klingt die Entgegnung des Herrn, wo er zu ihm sagt: „Wird etwa die Hand des Herrn nicht ausreichen?", als ob er jenen bezichtigte, daß er dies nicht geglaubt habe. Ich halte es aber für richtiger, den Herrn dahingehend zu

---

οἷς) und im Lateinischen *(in quibus)* bereits durch das Relativpronomen hergestellt wird, erübrigt sich eine zusätzliche Wiedergabe des בְּקִרְבּוֹ.

[28] D.h. einen vollen Monat.

respondisse, tamquam modum futuri facti, quem ille requirebat, dicere noluerit, sed potius opere ipso suam potentiam demonstrare. Poterat enim et Mariae dicenti: *Quomodo fiet istud, quoniam virum non cognosco*, a calumniantibus obici quod minus crediderit, cum illa modum quaesiverit, non de virtute dei dubitaverit. Quod autem responsum est illi: *Spiritus sanctus superveniet super te et virtus altissimi obumbrabit te*, poterat et sic responderi quomodo hic: Numquid spiritui sancto inpossibile est, qui superveniet in te? Ac sic idem ipse sensus conservaretur. Porro autem talia quaedam dicens Zacharias incredulitatis arguitur et vocis oppressae poena plectitur. Quare? Nisi quia deus non de verbis, sed de cordibus iudicat. Alioquin et ad illam petram unde aqua profluxit poterant excusari verba Moysi, nisi in eum clara esset divina sententia quod diffidendo talia dixerit. Nam ita se ea verba habent: *Audite me, increduli: Numquid de petra ista educemus vobis aquam?* Deinde sequitur: *Et elevata Moyses manu sua percussit petram virga bis et exiit aqua multa et bibit synagoga et pecora eorum.* Utique ad hoc congregavit populum, ad hoc illam virgam in qua tanta miracula fecerat sumpsit eaque petram percussit atque inde solitae virtutis est consecutus effectus. Verba ergo illa quibus ait: *Numquid ex hac petra educemus vobis aquam?* Possent sic accipi, tamquam diceretur: Nempe ex hac petra secundum vestram incredulitatem aqua educi non potest, ut denique percutiendo ostenderetur fieri divinitus potuisse, quod illi infidelitate non crederent, maxime quia dixerat: *Audite me, increduli.* Ita quidem intellegi possent haec verba, nisi deus qui cordis inspector est, quo animo dicta fuerint indicaret. Sequitur enim scriptura et dicit: *Et dixit dominus ad Moysen et Aaron: Quoniam non credidistis sanctificare me in conspectu filiorum Israhel, propter hoc non inducetis vos synagogam hanc in terram quam dedi eis.* Ac per hoc intellegitur illa verba ita dixisse Moysen, tamquam ad incertum percusserit, ut si non sequeretur effectus, hoc praedixisse putaretur, cum ait: *Numquid ex hac petra*

---

12 Lc 1,34   **14** Lc 1,35   **17** talia…18 plectitur] cf. Lc 1,18-20   **21** Num 20,10-11   **30** Prv 24,12   **31** Num 20,12

---

10 respondisse] respondisset *N*   **11** suam] suum *C*   **13** cum] quam *C* | quaesiverit] quaesierit *C¹*   **14** super] in *S*   **15** obumbrabit] obumbravit *C P S* | te] tibi *T* | poterat] enim *add. C P² T¹* | responderi] respondere *C P S V T*   **16** sic] si *P¹ S*   **18** oppressae] suppresse *T*   **19** aqua] aquam *P¹ S V*   **21** educemus] educimus *P S V*   **22** virga] virgam *C*   **23** bibit] bibet *C* congregavit] congregabit *C*   **24** illam] in *praem. N* | qua tanta] quanta *n* | eaque] eamque *P¹ S¹ V¹ N*   **26** educemus] educimus *P V* | possent] posset *S*   **28** denique] de *p*   **30** quidem] quidam *C*   **33** inducetis] inducitis *P¹ S* | terram] terra *p*   **35** hoc] haec *p*

verstehen, er habe so geantwortet, gleich als ob er die Art und Weise, in der das Zukünftige verwirklicht werden sollte, die jener zu erfahren suchte, nicht habe ansagen wollen, sondern als ob er vielmehr durch die Ausführung selbst seine Macht habe zeigen wollen. Verleumder könnten nämlich auch Maria, die sagte: „Wie soll dies geschehen, da ich keinen Mann erkenne" (Lk 1,34), vorwerfen, sie sei kleingläubig gewesen, während jene doch nach der Weise [der Verwirklichung] gefragt, nicht an der Kraft Gottes gezweifelt hat. Was aber die Antwort betrifft, die jene erhalten hat: „Der Heilige Geist wird über dich kommen, und die Kraft des Höchsten wird dich überschatten" (Lk 1,35), so hätte ihr auch so wie hier geantwortet werden können: „Ist es etwa dem Heiligen Geist unmöglich, der über dich kommen wird?" Und so würde genau derselbe Sinn bewahrt werden. Auf der anderen Seite aber wird Zacharias, der etwas derartiges sagt, des Unglaubens beschuldigt und mit Verstummen bestraft (vgl. Lk 1,18-20). Warum? Einzig, weil Gott nicht über die Worte, sondern über die Herzen urteilt. Im Übrigen könnte man auch bei jenem Felsen, aus dem Wasser hervorfloß, die Worte Moses entschuldigen, wenn nicht das göttliche Urteil über ihn klar wäre, daß er [Worte] dieser Art aus Zweifel gesprochen hat. Denn so lauten diese Worte: „Hört mich, ihr Ungläubigen: Können wir euch etwa aus diesem Felsen Wasser hervorkommen lassen?" Dann fährt [die Erzählung] fort: „Und Mose erhob seine Hand und schlug zweimal mit dem Stab auf den Felsen, und es kam viel Wasser hervor, und die Gemeinde trank und ihr Vieh" (Num 20,10-11). Offenkundig versammelte er das Volk zu diesem Zweck, zu diesem Zweck nahm er jenen Stab mit, mit dem er so große Wunder gewirkt hatte, und schlug mit diesem auf den Felsen und hierauf stellte sich die Wirkung der gewohnten Kraft ein. Folglich könnten jene Worte, die er sprach: „Können wir euch etwa aus diesem Felsen Wasser hervorkommen lassen?" so verstanden werden, als ob er sagte: ‚Offensichtlich kann man wegen eurer Ungläubigkeit aus diesem Felsen kein Wasser hervorkommen lassen', um am Ende durch den Schlag [auf den Felsen] zu zeigen, daß durch Gott[es Kraft] das geschehen konnte, was jene in ihrem Unglauben nicht glaubten, vor allem, weil er gesagt hatte: „Hört mich, ihr Ungläubigen!" So könnte man diese Worte unstreitig verstehen, wenn Gott, der das Herz prüft (vgl. Spr 24,12), nicht anzeigte, in welcher Intention sie gesagt worden sind. Die Schrift fährt nämlich fort und sagt: „Und der Herr sprach zu Mose und Aaron: Weil ihr nicht geglaubt habt, so daß ihr mich angesichts der Söhne Israel geheiligt hättet, deswegen werdet ihr diese Gemeinde nicht in das Land hineinführen, das ich ihnen gegeben habe" (Num 20,12). Und so entnimmt man daraus, daß Mose diese Worte so gesprochen hat, als habe er gleichsam [auf den Felsen] geschlagen, ohne [über das Ergebnis] sicher zu sein, damit man, wenn sich die Wirkung nicht einstellen sollte, meinte, er habe das vorausgesagt, indem er sagte: „Können wir euch etwa aus diesem Felsen Wasser hervorkommen lassen?" Das würde in seinem Herzen gänzlich verborgen bleiben,

educemus vobis aquam? Quod in animo eius lateret omnino, nisi dei sententia proderetur. E contrario itaque isto loco debemus intellegere verba Moysi de promissis carnibus quaerentis potius quomodo fieret quam diffidentis fuisse, quando sententia domini non secuta est, quae vindicaret, sed potius quae doceret.

20 De uxore Moysi Aethiopissa quaeri solet utrum ipsa sit filia Iothor an alteram duxerit vel superduxerit. Sed ipsam fuisse credibile est; de Madianitis quippe erat, qui reperiuntur in Paralipomenon Aethiopes dicti, quando contra eos pugnavit Iosaphat. Nam in his locis dicitur eos persecutus populus Israhel, ubi Madianitae habitant, qui nunc Saraceni appellantur. Sed nunc eos Aethiopes nemo fere appellat, sicut solent locorum et gentium nomina plerumque vetustate mutari.

21 *Et dixit ad eos: Ascendite ista heremo et ascendetis in montem et videbitis terram quae sit et populum qui insidet super eam, si fortis est aut infirmus, si pauci sunt aut multi.* Exposuisse intellegitur, secundum quid dixerit: *Si potens est aut infirmus*, hoc est: *Si pauci sunt aut multi*. Nam quomodo possent de monte prospicientes sentire humanarum virium fortitudinem? Potest et alius sensus esse multo congruentior veritati. Quod ait: *Ascendetis in montem*, in ipsam terram dixit, quam explorare volebant. Non enim possent facile exploratores intellegi, ubi tamquam peregrinantes omnia perquirebant. Nam si de montis vertice eos putaverimus conspexisse terram et explorasse, quomodo possent exquirere omnia quae Moyses exquirenda praecepit? Quomodo intrare civitates, quas eos scriptura dixit intrasse? Quomodo de illa valle botrum tollere, propter quem et loco nomen est inditum, ut vallis Botrui diceretur? In ipso ergo monte explorabatur terra, quia

---

20,1 ipsa...an] cf. Ex 2,21 **3** reperiuntur...quando] cf. 2 Par 14,8-14

36 educemus] educimus P^I S V **38** carnibus] carminibus n | fuisse] *sup. exp.* carne *add. m. 2* P **20,1** Aethiopissa] Ethiopissam C, Ethiopissa $P S V T$ | Iothor] Iethro T **2** Madianitis] Maniaditis *add. m. 2. s. l.* P **3** qui] dici $V T$ **6** vetustate] vetustati C **21,1** ista] de *praem. s. l.* S | heremo] e eremo n | ascendetis] ascenditis $P S$ **2** eam] eum C | aut[1]] an $P S V T$ **3** dixerit] dixerat C | potens] fortis N **6** explorare] explorari $P S V N T$ **8** eos putaverimus] putaverimus eos $C z$ **9** explorasse] explorasset C **12** vallis] valles $C N$ | Botrui] Botri $V T Am.$ μ | ergo] autem S | explorabatur] exploraretur C^I | terra...13 exploraretur] *om.* C^I *per homoiot.*

---

[29] Dort wird sie Zippora, Tochter Reguëls, genannt. In Ex 4,18 dagegen heißt ihr Vater Jitro.

wenn Gottes Urteil es nicht aufdecken würde. Deshalb müssen wir im Gegensatz dazu an dieser Stelle die Worte des Mose über die versprochenen Fleischstücke so verstehen, daß er eher gefragt hat, wie es geschehen könne, als daß er zweifelnd gesprochen hat, da keine Äußerung des Herrn folgte, die [ihn] tadelte, sondern eher eine, die belehrte.

qu. 4,20 (zu Num 12,1)

20 Bezüglich der äthiopischen Ehefrau des Mose pflegt man zu fragen, ob sie die Tochter Jitros war (vgl. Ex 2,21)[29] oder ob er eine weitere geheiratet bzw. zusätzlich geheiratet hat. Doch ist glaubhaft, daß sie eben diese [Tochter Jitros] war; sie stammte ja von den Midianitern, die man in Paralipomenon als Äthiopier bezeichnet findet (vgl. 2Chr 14,8-14), als Joschafat gegen sie kämpfte.[30] Denn das Volk Israel soll sie an denjenigen Orten verfolgt haben, wo die Midianiter wohnen, die man heute Sarazenen nennt. Aber heute nennt sie fast niemand Äthiopier, wie ja die Orts- und Volksnamen in der Länge der Zeit häufig zu wechseln pflegen.

qu. 4,21 (zu Num 13,18-26)[31]

21 „Und er sagte zu ihnen: Zieht durch diese Wüste hinauf, und ihr sollt in das Gebirge hinaufsteigen und das Land inspizieren, welcher Art es ist, und das Volk, das darin wohnt, ob es stark oder schwach ist, ob sie wenige oder viele sind." Man versteht: Er (Mose) hat dargelegt, in welchem Sinn er gesagt hat: „ob es stark oder schwach ist", das bedeutet: „ob sie wenige oder viele sind". Denn wie könnten sie, wenn sie vom Berg herabschauen, die Stärke der menschlichen Streitkräfte wahrnehmen? Es könnte aber auch ein anderer Sinn der Wahrheit viel näher kommen. Durch die Wendung: „und ihr sollt in das Gebirge hinaufsteigen" hat er eben das Land bezeichnet, das sie erkunden wollten. Sie könnten nämlich nicht leicht als Spione angesehen werden, wenn sie alles nach Art von Reisenden erforschten. Denn wenn wir angenommen hätten, daß sie das Land von einem Berggipfel aus betrachtet und erkundet hätten, wie könnten sie all das erkunden, was Mose zu erkunden befohlen hat? Wie hätten sie in die Städte hineingehen können, die sie nach Aussage der Schrift betreten haben? Wie hätten sie aus jenem Tal die Weintraube mitnehmen können, derentwegen der Ort auch seinen Namen erhalten hat, so daß er ‚Traubental' genannt wurde. In eben diesem Bergland wurde das Land folglich erkundet, weil es dasjenige war, das erkundet werden sollte; und dort gab es einen gewis-

---

[30] In Hab 3,4 werden die Kuschiter (TM; LXX: Äthiopier) neben den Midianitern genannt. In 2Par(Chr) kämpft allerdings nicht Joschafat, sondern sein Vorgänger Asa gegen die Kuschiter (Äthiopier).
[31] Num 13,18-26 LXX = TM: 13,17-25.

ipsa erat quae exploraretur; et ibi erat quidam depressior locus, de qua valle botrus ablatus est.

22 *Et protulerunt pavorem terrae quam exploraverunt.* Pavorem terrae dixit, non quo pavebat eadem terra, sed quem ex ea terra conceperant.

23 Caleb et Iesus Nave loquentes ad populum Israhel, ne timerent ingredi terram promissionis, dixerunt inter cetera: *Vos autem ne timueritis populum terrae, quoniam cibus nobis sunt. Abscessit enim tempus ab eis, dominus autem in nobis; ne timueritis eos.* Quod dictum est: *Cibus nobis sunt*, intellegere voluerunt consumemus eos. Quod vero adiunxerunt: *Abscessit enim tempus ab eis, dominus autem in nobis*, satis diligenter non dixerunt. Abscessit dominus ab eis - inpii quippe antiquitus fuerunt - sed, quoniam et inpiis occulta dispensatione divinae providentiae datur tempus florendi atque regnandi, *abscessit*, inquiunt, *tempus ab eis, dominus autem in nobis*. Non dixerunt: Abscessit tempus ab eis et nostrum successit: *Dominus autem in nobis*, non tempus. Illi enim tempus habuerunt, isti dominum deum temporum creatorem et ordinatorem et quibusque, ut ei placet, distributorem.

24 Quod praecipitur quomodo expientur peccata quae non sponte committuntur, merito quaeritur quae sint ipsa peccata nolentium: Utrum quae a nescientibus committuntur, an etiam possit recte dici peccatum esse nolentis, quod facere conpellitur; nam et hoc contra voluntatem facere dici solet. Sed utique vult propter quod facit; tamquam si peierare nolit, et facit, cum vult vivere, si quisquam, nisi fecerit, mortem minetur. Vult ergo facere, quia vult vivere, et ideo non per se ipsum adpetendo, ut falsum iuret, sed ut falsum

---

13 ipsa] ipse *V T* | depressior] depreensior *C* **22,2** pavebat] paveat *P¹ S V* **23,1** ...et] calebat Iesus *C* | Iesus *om. p* | Nave] snave *n* (Iesus *om. ?*) **3** enim *om. T* **4** eos¹] eo *C¹* intellegere] intellegi *N Am. μ* | consumemus] consummamus *C¹* **5** enim *om. V T* **6** quippe] quisque *C¹* **8** inquiunt] *Am. μ χ*, inquit *codd.* **9** non...successit] *om. n* | successit] *C P p S V T (deest n) Bad.*, sed *add. Am. μ* **10** dominus] deus *P* **11** et²] quorumque *T* | quibusque] *exp. et in marg. appos.* quorumque *V* **24,2** quae²] quem *C*, que an *S¹* | nescientibus] anscientibus *C* **3** esse *om. S* **5** tamquam...facit² *om. P¹ S V Bad.* **6** quisquam] sanctum *praem. Bad.* **7** ipsum] ipso *C* | iuret *om. S*

---

32 TM: צִלָּם „ihr Schatten" = ihr (göttlicher) Schutz; LXX: ὁ καιρός „die günstige Zeit". Der Übersetzer verstand wohl die hebräische Metapher nicht (WEVERS, *Numbers*) und hat durch seine ungewöhnliche Übersetzung „sehr deutlich zum Ausdruck gebracht: Die Zeit der ursprünglichen Bewohner des Landes ist vorbei!" (SDE). BdA vermutet

sen tiefer gelegenen Ort, ein Tal, aus dem die Weintrabe mitgenommen worden ist.

qu. 4,22 (zu Num 13,33)

22 „Und sie verbreiteten den Schrecken des Landes, das sie erkundet hatten." „Den Schrecken des Landes", hat die Schrift gesagt: nicht [den Schrecken], der dasselbe Land erfaßte, sondern [den Schrecken], den dieses Land in ihnen erregt hatte.

qu. 4,23 (zu Num 14,9)

23 Als Kaleb und Josua, der Sohn des Nun, zum Volk Israel sprachen, sie sollten sich nicht davor fürchten, in das Land der Verheißung hineinzuziehen, sagten sie unter anderem: „Ihr aber, fürchtet euch nicht vor dem Volk des Landes, denn sie sind für uns Brot. Die Zeit[32] ist nämlich von ihnen gewichen, aber unter uns ist der Herr; habt keine Angst vor ihnen." Die Wendung: „sie sind für uns Brot" wollten sie so verstehen: ‚wir werden sie fressen'. Bezüglich dessen aber, was sie anschließend gesagt haben: „die Zeit ist nämlich von ihnen gewichen, aber unter uns ist der Herr", [ist] sehr sorgfältig [zu beachten]: Sie haben nicht formuliert. ‚Der Herr ist von ihnen gewichen' – sie waren ja von altersher ungläubig –, sondern weil durch die verborgene Ökonomie der göttlichen Vorsehung auch den Ungläubigen eine Zeit des Blühens und des Regierens gegeben wird, sagen sie: „Die Zeit ist von ihnen gewichen, aber unter uns ist der Herr." Sie haben nicht gesagt: ‚Die (für sie günstige) Zeit ist von ihnen gewichen, und unsere (für uns günstige) Zeit ist gefolgt', [sondern]: „aber unter uns ist der Herr", nicht: die (günstige) Zeit. Jene hatten nämlich eine (günstige) Zeit, diese den Herrn Gott, der die Zeiten erschaffen hat und ordnet und jedem beliebigen, wie es ihm beliebt, zuteilt.

qu. 4,24 (zu Num 15,24-29)

24 Bezüglich der Vorschrift, wie Sünden gesühnt werden sollen, die nicht absichtlich begangen werden, fragt man zu Recht, welcher Art diese unabsichtlichen Sünden sind: ob solche, die unwissentlich begangen werden, oder ob man zu Recht auch eine Sünde unabsichtlich nennen könnte, die zu begehen man genötigt wird; denn auch davon pflegt man zu sagen, daß man es gegen den (eigenen) Willen tut. Aber jedenfalls will man das, um dessentwillen man [etwas] tut; so wie wenn einer keinen Meineid leisten will und es doch tut, weil er am Leben bleiben will, wenn irgendjemand [ihn] mit Tod bedroht, falls er es nicht tut. Er will [es] folglich tun, weil er am Leben bleiben will, und zwar so, daß er es (zwar) nicht um seiner selbst willen anstrebt, Falsches zu schwören, sondern [daß er es anstrebt], um dadurch, daß er Falsches schwört, am Leben zu bleiben.

---

einen Bezug auf Gen 6,13, wo LXX „das Ende allen Fleisches" durch Καιρός παντός ἀνθρώπου übersetzt.

iurando vivat. Quod si ita est, nescio utrum possint dici ista peccata nolentium, qualia hic dicuntur expianda. Nam si diligenter consideretur, forte ipsum peccare nemo velit, sed propter aliud fit, quod vult qui peccat. Omnes quippe homines, qui scientes faciunt quod non licet, vellent licere: Usque adeo ipsum peccare nemo adpetit propter hoc ipsum, sed propter illud quod ex eo consequitur. Haec si ita se habent, non sunt peccata nolentium nisi nescientium, quae discernuntur a peccatis volentium.

25 *Et anima quaecumque peccaverit in manu superbiae ex indigenis aut ex proselytis, deum hic exacerbat, et exterminabitur anima illa de populo suo, quoniam verbum domini contempsit et mandata eius disperdidit; contritione conteretur anima illa, peccatum eius in illa.* Quae sint peccata quae fiunt in *manu superbiae*, id est superbia committuntur, scriptura ipsa in consequentibus satis exposuit, ubi ait: *Quoniam verbum domini contempsit.* Aliud est ergo praecepta contemnere, aliud magni quidem pendere, sed aut ignarum contra facere aut victum. Quae duo fortasse pertineant ad illa peccata, quae a nolentibus fiunt, de quibus superius quemadmodum deo propitiato expiarentur admonuit ac inde subiecit peccata superbiae, cum quisque superbiendo, id est praeceptum contemnendo perperam facit. Quod genus peccati non dixit ullo genere sacrificii purgari oportere tamquam insanabile iudicans illa dumtaxat curatione, quae per sacrificia gerebatur, qualia facienda in hac scriptura praecipiuntur. Quae si per se ipsa adtendantur, nulli peccato possunt mederi; si autem res ipsae quarum haec sacramenta sunt inquirantur, in eis inveniri poterit purgatio peccatorum. Quod ergo scriptum est: *Peccator cum venerit in profundum malorum contemnit,* iste significatus est, quem scriptura hoc loco dicit *in manu superbiae* delinquere. Hoc igitur sine poena eius qui committit

---

25,15 Prv 18,3

---

8 possint] possent *C*, possit *P*   13 se *om. S*   14 a *om. C*   25,1 manu] manus *C*   2 exacerbat] exarcervat *p P* | de] a *S*   3 disperdidit] *T Bad. Am. μ*, disperdit *C P S V N Eug. (codd. V M)*, dispersit *χ* | peccatum...illa²] *om. n*   4 superbia] superbiae *C*   6 est ergo] ergo est *T*   9 inde] deinde *p P V T Bad. Eug. (codd. V M)*   12 gerebatur] gerebantur *V*   13 se *om. P¹ S¹ V Bad.* nulli peccato] nullo pacto *V² Bad.*   14 ipsae] ipsas *C* | quarum] quorum *C P S V¹ N*   15 inveniri] invenire *C*   17 delinquere] derelinquere *P¹ S¹ V*

---

³³ Vgl. *conf.* 2,12.
³⁴ Vgl. *duab. an.* und *retr.* 1,15,3. Vgl. Einleitung in *qu.* 4, Exkurs: „Zwei oder drei Sündenarten?", S. 174-176.
³⁵ MT hat: בְּיָד רָמָה „mit erhobener Hand". SEEBASS, *Numeri*: „Die Übersetzung ‚vorsätz-

Wenn sich das so verhält, weiß ich nicht, ob diese Sünden unabsichtliche Sünden genannt werden können [wie diejenigen Sünden], von denen hier gesagt wird, daß sie gesühnt werden sollen. Wenn man es nämlich sorgfältig bedenkt, will vielleicht niemand das Sündigen selbst, sondern es geschieht wegen etwas anderem, das der, der sündigt, will. Es würden ja alle Menschen, die wissentlich etwas tun, was nicht erlaubt ist, wollen, daß es erlaubt wäre: So begehrt wahrlich niemand das Sündigen um seiner selbst willen, sondern um jenes willen, das daraus folgt.[33] Wenn sich dies so verhält, gibt es unabsichtliche Sünden nur als unwissentliche, die von absichtlichen Sünden unterschieden werden.[34]

qu. 4,25 (zu Num 15,30-31)

25 „Und jede Person aus den Einheimischen oder aus den Hinzugekommenen, die mit hochmütiger Hand[35] gesündigt hat, dieser erbittert Gott, und jene Person soll aus ihrem Volk ausgerottet werden, denn sie hat das Wort des Herrn mißachtet und seine Gebote gebrochen; jene Person soll völlig zerschlagen werden; ihre Sünde [ist] in ihr." Welches die Sünden sind, die „mit hochmütiger Hand", d.h. aus Hochmut begangen werden, hat die Schrift anschließend genügend erklärt, wo sie sagt: „denn sie hat das Wort des Herrn mißachtet". Eines ist es also, die Gebote zu verachten, etwas anderes, [sie] zwar hoch zu schätzen, aber aus Unwissenheit oder überwältigt (durch Angst) dagegen zu verstoßen. Diese beiden [Sündenarten] gehören vielleicht zu jenen Sünden, die unwillentlich begangen werden, über die die Schrift weiter oben gehandelt hat, wie sie durch Besänftigung Gottes gesühnt werden sollten, und hierauf hat sie die Hochmutssünden hinzugefügt, wenn irgendjemand aus Hochmut, d.h. indem er das Gebot mißachtet, Schlechtes tut. Bezüglich dieser Sündenart hat die Schrift nicht gesagt, daß man durch irgendeine Art von Opfer von ihr gereinigt werden könne, gleich als ob sie sie für unheilbar erklärte, zumindest durch jene Heilung, die durch die Art von Opfern gewirkt wurde, deren Darbringung in dieser Schrift vorgeschrieben wird. Für sich selbst beurteilt, können diese keinerlei Sünde heilen; wenn man aber auf die Realitäten achtet, deren geheimnisvolle Zeichen diese sind, so wird man in ihnen die Reinigung von den Sünden finden können. In dem Schriftwort: „Wenn der Sünder in die Tiefe der Schandtaten gekommen ist, verachtet er [es]" (Spr. 18,3)[36] ist folglich derjenige bezeichnet, von dem die Schrift in der hiesigen Stelle sagt, daß er sich „mit

---

lich' [...] ist zu schwach." Er spricht daher von „einer demonstrativen Verschuldung an Jahwes Gebot". LXX interpretiert: ἐν χειρὶ ὑπερηφανίας „mit der Hand der Überheblichkeit" (SDE). Vgl. Einleitung in *qu.* 4, Exkurs: „Zwei oder drei Sündenarten?", S. 174-176.

[36] TM: „Wenn ein Frevler kommt, kommt auch Verachtung." LXX, gefolgt von VL und Vulg: „Wenn der Frevler in die Tiefe der Schandtaten kommt". Vermutungen zur Entstehung dieser Lesart bei SDE.

non potest aboleri; atque ideo non potest esse inpunitum et cum paenitendo sanatur. Ipsa enim adflictio paenitentis poena peccati est quamvis medicinalis et salubris. Merito quippe magnum iudicatur peccatum, cum superbia praeceptum contemnit; sed e contrario, ut sanari possit, *cor contritum et humiliatum deus non spernit*. Verum tamen quia sine poena non fit, ideo talia hinc dicta sunt. *Deum*, inquit, *hic exacerbat*, quia *deus superbis resistit*. *Et exterminabitur anima illa de populo suo* - quoniam talis omnino in numero eorum qui ad deum pertinent non est - *quoniam verbum domini contemsit et mandata eius disperdidit; contritione conteretur anima illa*. Quare autem *contritione conteretur*, consequenter adiungit dicens: *Peccatum eius in illa*. Ac per hoc, si tali peccato debitam contritionem ipse sibi adhibeat paenitendo, *cor contritum*, ut dictum est, *deus non spernit*. Quamvis in Graeco non dictum sit hoc loco: *Contritione conteretur*, sed: *Extritione exteretur anima illa*. Quod ita accipi potest, quasi omni modo terendo extinguatur ac non sit. Sed prius natura inmortalitatis animae hunc intellectum recusat; deinde si quod exteritur, omni modo efficeretur, ut non sit, non diceret de sapiente: *Et gradus ostiorum eius exterat pes tuus*. Verum illa discretio magis magisque consideranda est, utrum nemo peccet nisi aut ignarus aut victus aut contemnens: Unde nunc longum est disputare.

26 Quid est quod Dathan et Abiron, cum in seditionem consurrexissent, vocati a Moysi ac superbe et iniuriose respondentes: *Numquid pusillum hoc, quoniam eduxisti nos in terram fluentem lac et mel interficere nos in heremo, quoniam praees nobis, princeps es? Et tu in terram fluentem lac et mel induxisti nos et dedisti nobis sortem*

---

21 Ps 50,19   22 Iac 4,6   32 Ecli. 6,36

18 aboleri...potest² *om. n* | non²...inpunitum] non potest non punitum esse *Bad.*   19 enim *exp. V, om. Bad.*   21 ut *om. C*   22 verum tamen] veruntatem *T* | talia hinc] hinc talia *C z* dicta] disṭinc̣ta *T* | deum] d̄n̄s *n*   23 inquit *om. T* | hic] hinc *T* | et *om. C* | exterminabitur] exterminatur *Bad.*   25 disperdidit] *S Am. Bad. μ*, disperdit *C*, dispersit *P V N T μ Eug. (codd. V M)*   27 illa] *Am. μ z*, illo *codd. Bad. Eug. (codd. V M) (cf. l. 3)*   28 spernit] spernet *Am. μ*   30 accipi] accepi *C*   32 sapiente] sapientes *C*, sapienti *P S¹*, sapientia *S² Eug. (codd. V M)*   33 tuus] eius *Bad.*   26,2 vocati] vocat *n* | Moysi] Moysen *C P S¹ V¹*, Moyse *p* | superbe] superbam *C* | iniuriose] iniuriosam et *C*   4 et¹ *om. p*

---

[37] Die Argumentation der Aufrührer in 16,13 ist im Wortlaut der VL des Augustinus völlig unverständlich. V 13: „In ein Land": Textfehler bzw. fehlerhafte Übersetzung für „aus dem Land". Allerdings hat dies bereits LXX: A B F M (WEVERS, *Numbers*). Dies erklärt sich daraus, daß sonst die Formel ‚Land, das von Milch und Honig fließt' das Verheißungsland charakterisiert. VL:Cod.Lugd. hat dagegen *de terra Aegypti fluente lac et melle* und entspricht damit TM+Vulg (ohne: ‚Ägypten').

hochmütiger Hand" versündigt. Diese [Sünde] kann daher nicht ohne Bestrafung dessen, der sie begeht, beseitigt werden; und deswegen kann sie nicht unbestraft bleiben und wird durch Reue geheilt. Die Betrübnis des Bereuenden ist nämlich selbst die Strafe für die Sünde, wenngleich Medizin und heilsam. Zurecht hält man ja die Sünde für schwer, wenn [der Sünder] das Gebot aus Hochmut verachtet; damit sie aber dennoch geheilt werden kann, „verachtet Gott nicht ein zerschlagenes und erniedrigtes Herz" (Ps 51,19). Weil das aber dennoch nicht ohne Strafe geschieht, deswegen sind solche Worte hier gesagt worden. „Gott", sagt die Schrift, „erbittert dieser", denn „Gott widersetzt sich den Hochmütigen" (Jak 4,6). „Und jene Person soll aus ihrem Volk ausgerottet werden" – weil ein solcher auf keinen Fall zu denen zählt, die zu Gott gehören –, „denn sie hat das Wort des Herrn mißachtet und seine Gebote gebrochen; jene Person soll völlig zerschlagen werden." Als Grund dafür aber, daß sie „völlig zerschlagen werden soll", fügt die Schrift anschließend hinzu: „ihre Sünde [ist] in ihr". Und deswegen, wenn er selbst sich die einer derartigen Sünde geschuldete Zerschlagung durch Reue antut, „verachtet Gott", wie gesagt, „ein zerschlagenes Herz nicht." Allerdings lautet die Formulierung an dieser Stelle im Griechen nicht: „sie soll völlig zerschlagen werden", sondern: „jene Person *(anima)* soll völlig zermalmt werden"; das kann in dem Sinn verstanden werden, als solle sie durch Zermalmung völlig ausgelöscht werden und nicht mehr existieren. Aber erstens schließt die unsterbliche Natur der Seele diese Deutung aus; sodann, wenn das, was zermalmt wird, so vollständig vernichtet würde, so daß es nicht mehr existierte, würde vom Weisen nicht gesagt werden: „Und die Stufen zu seinen Toren soll dein Fuß austreten" *(exterat)* (Sir 6,36). Aber jene Unterscheidung muß noch viel gründlicher bedacht werden, ob niemand sündigt, es sei denn entweder unwissentlich oder überwältigt (von Angst) oder aus Verachtung: Darüber zu diskutieren, würde jetzt zuviel Zeit beanspruchen.

qu. 4,26 (zu Num 16,12-14)

26 Datan und Abiram waren, als sie sich gemeinsam zur Meuterei erhoben hatten, von Mose gerufen worden und hatten überheblich und frevelhaft geantwortet: „Ist dies etwa zu gering, daß du uns in ein Land[37], das von Milch und Honig fließt, herausgeführt hast, um uns in der Wüste zu töten, daß du uns vorstehst, Herrscher [über uns] bist? Und du hast uns in ein Land, das von Milch und Honig fließt, hineingeführt[38] und einen Losanteil am Ackerland und Wein-

---

[38] V 14: TM: „Du hast uns auch nicht in ein Land gebracht, das von Milch und Honig fließt." In diesem Fall entspricht Vulg bezüglich der fehlenden Negation der VL des Augustinus: *re vera induxisti nos in terram quae fluit rivis lactis*. Die Negation fehlt schon in LXX. Der Vers beginnt in TM mit der ungewöhnlichen Wörterverbindung: אַף לֹא. LXX (so WEVERS, *Numbers*; SDE; SEEBASS, *Numeri*) las wohl: לָ֫ה bzw. לוּ (Konditionalkon-

agri et vineas, post haec addiderunt: *Oculos hominum illorum abscidisses; non ascendi-* 5
mus? Quorum oculos hominum dixerunt? Utrum populi Israhel tamquam
dicentes: Si ista praestitisses, oculos hominum illorum abscidisses, id est ita te
diligerent, ut oculos suos eruerent et darent tibi? Quod indicium magnum
dilectionis et apostolus dicit: *Quoniam si fieri posset, oculos vestros eruissetis et dedissetis
mihi*. Et deinde plenam contumaciam addiderunt: *Non ascendimus*, id est non 10
veniemus, quia vocaverat eos. An potius *oculos hominum illorum* dicit hostium, qui
nimis acres et terribiles fuerant nuntiati? Tamquam dicerent: Etsi hoc fecisses,
non tibi obtemperaremus; nisi quod modus verbi alius pro alio positus est, ut
non dicerent: Non ascenderemus, sed: Non ascendimus, quodam genere locutionis. 15

27 *Et locutus est dominus ad Moysen et Aaron dicens: Abscindite vos de medio synagogae*
620 *istius*. Notandum est tunc iubere dominum separationem fieri corporalem, cum
iam vindicta imminet malis. Sic Noe cum domo sua separatur a ceteris diluvio
perituris; sic Lot cum suis separatur a Sodomis igne caelitus consumendis; sic
ipse populus ab Aegyptiis marinis fluctibus obruendis; sic isti nunc a synagoga 5
Core, Abiron et Dathan, qui se primitus per seditionem abrumpere voluerunt:
Cum quibus tamen sancti antea viventes et conversantes et cum ceteris quos
reprobat deus secundum verba quae in eos increpans dicit contaminari tamen
ab eis minime potuerunt. Nec separare se iussi sunt, quando vindictam dominus
sive differebat sive talem adhibebat, qua innocentes periclitari laedive non 10
possent, sicut serpentum morsibus, sicut strage mortium, qua deus quem volebat, sicut volebat, alio percutiebat intacto; non sicut aqua diluvii aut ignea pluvia
aut aqua maris aut hiatu terrae, quae permixtos poterat pariter absumere. Non
quia et ibi deus suos conservare non posset; sed quid opus erat tentatione
miraculi ubi separatio fieri poterat, ut vel aqua vel ignis vel hiatus terrae quos 15

26,9 Gal 4,15   **27,3** sic...4 perituris] cf. Gn 7,1.15   **4** sic¹...consumendis] cf. Gn 19,12-16
sic²...5 obruendis] cf. Ex 14,20   **11** sicut¹...morsibus] cf. Nm 21,6

---

5 abscidisses] abscidisset *C*, abscedisses *P¹ S¹*   **8** suos *om. P¹ V*   **10** contumaciam] contumacia *C*   **11** dicit] dici *p*   **12** fuerant] fuerunt *C*   **27,1** abscindite] *z*, ascendite *C P S V N T*,
abscedite *Bad. Am. μ*   **6** voluerunt *om. C¹*   **7** et² *om. S*   **10** differebat] differebant *C*
11 possent] possunt *C (in ras.)* | serpentum] serpentium *C V*   **13** poterat *om. P¹ V*
absumere] assumere *p*, absumeret *V*   **14** quid] quidquid *C*   **15** ubi *om. p*

---

junktion für Irrealis statt Negation) und kam so auf den Sinn: „Selbst wenn du uns in
[...] geführt hättest" (SEEBASS). So auch (ohne Irrealis) VL:Cod.Lugd.: *et si in terram fluentem lac et mel induxisti nos*.

berge gegeben." Was bedeutet es, daß sie danach hinzufügten: „Du hättest die Augen jener Männer ausgeschnitten; wir steigen nicht hinauf"? Von den Augen welcher Menschen haben sie gesprochen? Etwa [von den Augen] des Volkes Israel, als ob sie sagten: ‚Wenn du [ihnen] diese Dinge verschafft hättest, hättest du jenen Männern die Augen ausgeschnitten', d.h. ‚sie würden dich so lieben, daß sie sich die Augen ausrissen und dir gäben'? Von diesem großen Zeichen der Liebe spricht auch der Apostel: „Denn wenn es geschehen könnte, hättet ihr euch die Augen ausgerissen und mir gegeben" (Gal 4,15). Und dann haben sie eine absolute Widerspenstigkeit hinzugefügt: „wir steigen nicht hinauf", d.h. wir werden nicht kommen; er hatte sie nämlich gerufen. Oder meint „die Augen jener Männer" [die Augen] der Feinde, die als überaus grimmig und schreckerregend angezeigt worden waren? Als ob sie sagten: ‚Selbst wenn du dies getan hättest, würden wir dir nicht gehorchen'; falls nicht ein Modus des Verbs anstelle eines anderen gesetzt worden ist, so daß sie nicht sagten: ‚wir würden nicht hinaufsteigen', sondern in einer gewissen idiomatischen Ausdrucksweise: ‚Wir steigen nicht hinauf.'

qu. 4,27 (zu Num 16,20-21)

27 „Und der Herr sprach zu Mose und Aaron: Sondert euch mitten aus dieser Gemeinde ab." Man muß anmerken: Der Herr befiehlt dann die körperliche Trennung, wenn den Bösen die Bestrafung bereits unmittelbar bevorsteht. So wird Noach mit seinem Haus von den übrigen, die in der Sintflut untergehen sollen, getrennt (vgl. Gen 7,1.15); so wird Lot mit den Seinen von den Sodomitern getrennt, die durch Feuer vom Himmel vernichtet werden sollen (vgl. Gen 19,12-16); so das Volk selbst von den Ägyptern, die in den Meeresfluten versinken sollen (vgl. Ex 14,20); so diese jetzt von der Rotte Korach, Abiram und Datan, die sich zuvor selbst durch Empörung losreißen wollten: Die Heiligen, die zuvor mit ihnen und mit allen anderen, die Gott entsprechend den Worten, die er tadelnd gegen sie spricht, verwirft, zusammen lebten und verkehrten, konnten jedoch in keiner Weise durch sie verdorben werden. Es wurde ihnen aber nicht befohlen, sich zu trennen, wenn der Herr entweder eine Strafe aufschob oder wenn er eine solche Strafe verhängte, durch die Unschuldige nicht gefährdet oder verletzt werden könnten, wie z.B. durch die Schlangenbisse (vgl. Num 21,6), wie durch das Blutbad, durch das Gott, wen er wollte, wie er wollte, totschlug, während ein anderer unversehrt blieb; anders als durch das Wasser der Sintflut oder durch den Feuerregen oder das Wasser des Meeres oder den Erdspalt, der alle ohne Unterschied gleichermaßen verschlingen konnte. Nicht deswegen, weil Gott die Seinen nicht auch dort retten könnte; aber welche Notwendigkeit bestand, [Gott durch die Erwartung] eines Wunders zu versuchen, wo die Trennung auf die Weise geschehen konnte, daß sei es das Wasser, sei es das Feuer, sei es der Erdspalt [alle], die so erreicht

invenisset auferret? Sic et in fine a zizaniis separabuntur frumenta, ut malos
640 crementibus flammis iusti fulgeant *sicut sol in regno patris sui.*

28 Quod ait Moyses de Core et Abiron et Dathan: *In visione ostendet dominus et aperiens terra os suum absorbebit eos,* quidam interpretati sunt: *In hiatu ostendet dominus.* Credo putantes dictum χάσματι, quod Graece positum est φάσματι, quod pro eo dictum est, ac si diceretur: In manifestatione, quod aperte oculis adparebit. Non enim sic dictum est *in visione,* quemadmodum solent dici visiones sive somniorum sive quarumque in extasi figurarum, sed, ut dixi, in manifestatione. Nonnulli autem aliud opinantes *in phantasmate* interpretare voluerunt: Quod omnino sic abhorret a consuetudine locutionis nostrae, ut nusquam fere dicatur phantasma, nisi ubi falsitate visorum sensus noster inluditur. Quamvis et hoc a videndo sit dictum; sed, ut dixi, aliud loquendi consuetudo praeiudicavit. 10

29 *Et descenderunt ipsi et omnia quaecumque sunt eis viventes ad inferos.* Notandum secundum locum terrenum dictos esse inferos, hoc est in inferioribus terrae partibus. Varie quippe in scripturis et sub intellectu multiplici, sicut rerum de
660 quibus agitur sensus exigit, nomen ponitur inferorum et maxime in mortuis hoc accipi solet. Sed quoniam istos viventes dictum est ad inferos descendisse et 5 ipsa narratione quid factum fuerit satis adparet, manifestum est, ut dixi, inferiores terrae partes inferorum vocabulo nuncupatas in comparatione huius superioris terrae in cuius facie vivitur: Sicut in comparatione caeli superioris, ubi

---

16 sic...17 sui] cf. Mt 13,30.40-43

---

16 auferret] auferrat *C* | zizaniis] zizania *C* | malos] malus *C* **17** iusti] iustis *C* | sui] eorum *P V T* **28,1** ostendet] ostendit *S* | dominus] deus *P S V N T Am. μ* **2** absorbebit] obserbebit *C* | eos] vos *C N* | ostendet] ostendit *S V* | dominus] deus *S* **3** χάσματι] chasmati *C p P S V T,* chausmati *n* | φάσματι] phasmati *C P S V N T* **4** pro] pre *S* | oculis] oculus *C* **5** sic...est] dictum est sic *T* **6** extasi] estasi *C,* ecstasi *T Am. μ* | dixi] dixit *C* **7** interpretare] interpretari *P S V N T Am. μ* **10** loquendi] loquendo *C¹* | consuetudo *om. C¹* **29,1** sunt] sint *V* | eis] eius *N* **2** terrenum] terrae nunc *N Eug. (cod. T)* **4** exigit] exiit *C* **5** et] ex *p* **6** dixi] dixit *C* **7** terrae partes] partes terrae *P V T Bad. Am. μ* | in] et *Bad.*

---

[39] Ἐν φάσματι („durch ein Omen/Zeichen vom Himmel"): diese Abweichung der LXX von TM („Wenn JHWH etwas Ungewöhnliches erschafft") entspringt wohl eher einer bewußten Neudeutung entsprechend dem Kontext als einer abweichenden Lesung der hebräischen Vorlage; vgl. WEVERS, *Numbers.* Ἐν φάσματι gibt die VL des Augustinus durch *in visione* wieder, VL:Cod.Lugd. dagegen, der die erste Hälfte des V. ganz abweichend und unsinnig deutet, durch *in fantasmata* (s.u.).

[40] WEVERS, *Numbers* 274: „In the tradition, hex has changed φάσματι to χαάσματι

worden waren, wegriß? So wird auch am Ende [der Welt] das Getreide vom Unkraut getrennt werden, damit, während die Flammen die Bösen verbrennen, die Gerechten „im Reich ihres Vaters leuchten wie die Sonne" (vgl. Mt 13,30.40-43).

qu. 4,28 (zu Num 16,30)

28 Den Ausspruch Moses über Korach und Abiram und Datan: „In einer Vision[39] wird der Herr zeigen, und die Erde wird ihren Schlund öffnen und sie verschlingen" haben einige übersetzt: „in einem Erdschlund wird der Herr zeigen." Weil sie, wie ich vermute, meinten, daß im Griechischen χάσματι ([in einem] Erdschlund) gesagt ist,[40] während es auf Griechisch φάσματι ([in einem] Omen) heißt; das ist in dem [Sinn] gesagt, als hieße es: *in manifestatione* (in einer Offenbarung), was klar in die Augen springen wird. *In visione* (in einer Vision) ist nämlich nicht so gemeint, wie man sei es von Traumvisionen sei es von Visionen beliebiger in Ekstase geschauten Erscheinungen zu sprechen pflegt, sondern, wie ich gesagt habe, *in manifestatione* (in einer Offenbarung). Einige aber, die anderer Meinung sind, wollten *in phantasmate* (in einer Erscheinung) übersetzen:[41] das läuft unserer Ausdrucksgewohnheit so gänzlich zuwider, daß man [das Wort] *phantasma* nahezu bei keiner Gelegenheit gebraucht, außer wenn unser Sinn von Trugbildern getäuscht wird. Zwar ist dies auch vom (visionären) Sehen so gesagt worden, aber der Sprachgebrauch hat, wie ich sagte, im voraus anders entschieden.

qu. 4,29 (zu Num 16,33)

29 „Und sie selbst und alles, was ihnen gehört, stiegen lebend in die Unteren hinab." Man muß anmerken, daß von den Unteren nach Art einer irdischen Örtlichkeit geredet wurde, d.h. in den unteren Bereichen der Welt. Das Wort ‚Untere' wird ja in den Schriften auf unterschiedliche Weise und in vielfacher Bedeutung gebraucht, wie es die Bedeutung der Dinge, um die es geht, erfordert, und zwar pflegt es am häufigsten bezüglich der Toten gebraucht zu werden. Aber weil gesagt worden ist, daß diese lebend in die Unteren hinabgestiegen sind und durch die Erzählung genügend deutlich aufscheint, was geschehen ist, ist, wie ich sagte, offenkundig, daß durch dieses Wort die unteren Bereiche der Erde im Vergleich mit denen dieser Oberwelt, auf deren Oberfläche man lebt, bezeichnet wurden: wie die Schrift im Vergleich zu dem Bereich des oberen Himmels, wo die Heiligen und die Engel sich aufhalten,

---

‚chasm, gulf.'" BILLEN, *Texts* 100: „We sometimes find that Augustine follows a reading supported by one, apparently inferior, uncial and a few cursives, where the MSS represent the more widely supported Greek text […] Aug. knows a Latin based on χάσματι of G$_{og}$, but in Greek seems to know only φάσματι on which Lugd. is based."
[41] S.o. Anm. 39.

sanctorum demoratio est angelorum, peccantes angelos in huius aeris detrusos caliginem scriptura dicit tamquam carceribus inferi puniendos reservari. *Si enim* 10 *deus,* inquit, *angelis peccantibus non pepercit, sed carceribus caliginis inferi retrudens tradidit in iudicio puniendos reservari,* cum apostolus Paulus *principem potestatis aeris* diabolum dicat, *qui operatur in filiis diffidentiae.*

30 *Et dixit dominus ad Moysen et ad Eleazar filium Aaron sacerdotem: Tollite turibula aerea e medio exustorum et ignem alienum hunc semina ibi, quia sanctificaverunt turibula peccatorum horum in animabus suis; et fac ea laminas ductiles circumpositionem altari, quoniam oblata sunt ante dominum et sanctificata sunt et facta sunt in signum in filiis Israhel.* Hoc loco cur non ad Moysen et Aaron sicut in superioribus dominus 5 locutus sit, sed ad Moysen et ad Eleazar filium Aaron, haec mihi causa interim occurrit: Quoniam quaestio erat de progenie sacerdotum, id est de quo genere esse deberent - unde illi ex alio genere, quia sibi usurpare sacerdotium ausi sunt, tam horrendo et mirabili supplicio perierunt - non ad Aaron, qui iam summus sacerdos erat, sed ad Eleazar voluit loqui deus, qui ei succedere debebat et 10 secundo iam sacerdotio fungebatur, ut eo modo seriem generis commendarit, quae in successionibus sacerdotum esse deberet. Unde etiam in consequentibus dicit: *Et accepit Eleazar filius Aaron sacerdotis turibula aerea quanta obtulerunt qui exusti sunt et addidit ea circumpositionem altari, memoriale filiis Israhel, ut non accedat quisquam alienigena, qui non est de semine Aaron, inponere incensum ante dominum; et non erit sicut* 15 *Core et sicut conspiratio eius, sicut locutus est dominus in manu Moysi.* Hoc modo ergo voluit per Eleazar deus non sacerdotium, quod iam erat in Aaron, sed successionis sacerdotalis progeniem commendare. Quod vero ait: *Et ignem alienum hunc*

29,10 2 Pt 2,4 **12** Eph 2,2

---

10 caliginem] caligine *P S V N T Bad. Eug (cod. T)* **11** angelis] angelos *C* **12** aeris] huius *add. T, om. Bad.* **30,1** Eleazar] *scripsi cum z,* Eleazarum *cett. (cf. l. 10, 13, 17; qu. 33 l. 55)* **2** e] de *T* **3** animabus] manibus *S* | ea] eas *C P S V N,* ex eis *T* **4** oblata] ablata *N* | in² *om. P S V N T Am. μ* | filiis] filii *N* **6** Eleazar] Eleazarum *P S V T Am. μ* **10** Eleazar] Eleazarum *p Am. μ* **11** commendarit] commendaret *P S V N T Am. μ* **12** successionibus] successoribus *T* **14** ea] eam *p P¹ S V* | altari] altaris *P S V N T Am. μ* **16** modo ergo] ergo modo *S Am. μ* **17** Eleazar] Eleazarum *Am. μ*

---

⁴² Num 16,36-40 LXX = 17,1-5 TM.
⁴³ Die Deutung des letzten Satzes des Verses Num 16,37LXX, der in Satzgrenze und Syntax von TM abweicht, ist umstritten. „Leichen" übersetzen BdA, SDE und WEVERS, *Numbers* für die erst von LXX hinzugesetzten ψυχαῖς; diese Übersetzung ist für das entsprechende *animabus* der VL des Augustinus (VL:Cod.Lugd.: *animis*), auch im Verständnis des Augustinus, ebenfalls möglich (vgl. qu. 3,71; 3,86); dagegen wird es von

sagt, daß die sündigen Engel, die in die Finsternis dieser Luft verstoßen wurden, gleichsam in den Verließen der Unterwelt für ihre Bestrafung aufgespart werden. „Wenn nämlich Gott", sagt die Schrift, „die Engel, die gesündigt haben, nicht verschont, sondern verstoßen und den Verließen der Finsternis der Unterwelt übergeben hat, um sie für die Bestrafung im Gericht aufzusparen" (2Petr 2,4), während der Apostel Paulus den Teufel „Herrscher über das Reich der Luft" nennt, „der in den Söhnen des Unglaubens wirkt" (Eph 2,2).

qu. 4,30 (zu Num 16,36-40)[42]

30 „Und der Herr sagte zu Mose und zum Priester Eleasar, dem Sohn Aarons: Nehmt die bronzenen Räucherpfannen mitten aus dem Verbrannten weg und säe dort dieses fremde Feuer aus, weil sie die Räucherpfannen dieser Sünder durch ihre Leichen[43] geheiligt haben; und fertige aus ihnen gehämmerte Bleche zur Umhüllung des Altares, denn sie sind vor dem Herrn dargebracht und geheiligt und zum Zeichen unter den Söhnen Israels gemacht worden." Für den Umstand, warum der Herr an dieser Stelle nicht wie an den vorausgehenden Stellen zu Mose und Aaron, sondern zu Mose und Eleasar, dem Sohn Aarons, gesprochen hat, fällt mir einstweilen folgender Grund ein: Weil es um die Frage der Nachkommenschaft der Priester, d.h. aus welchem Geschlecht sie stammen sollten, ging – weswegen jene aus einem anderen Geschlecht, weil sie es gewagt haben, das Priesteramt widerrechtlich für sich zu beanspruchen, durch eine so schreckliche und wunderbare Strafe zugrundegingen –, wollte Gott nicht zu Aaron sprechen, der schon Hoherpriester war, sondern zu Eleasar, der ihm nachfolgen sollte und bereits das Priesteramt zweiten Ranges versah, um auf diese Weise die Geschlechterfolge anzuzeigen, die anläßlich der Amtsnachfolgen der Priester eingehalten werden mußte. Daher sagt die Schrift auch im folgenden: „Und Eleasar, der Sohn des Priesters Aaron, nahm die bronzenen Räucherpfannen, soviele diejenigen, die verbrannt worden sind, dargebracht hatten, an sich und fügte sie dem Altar als Umhüllung hinzu, als Mahnmal für die Söhne Israel, daß kein Fremder, der nicht von Aaron abstammt, herantrete, um Räucherwerk vor dem Herrn hinzulegen; und [dann] wird es [ihm] nicht ergehen wie Korach und wie seiner Rotte, wie der Herr durch die Hand des Mose gesagt hat." Auf diese Weise wollte Gott durch Eleasar nicht das Priesteramt, das Aaron schon innehatte, anzeigen, sondern das Geschlecht, dem die Nachfolge im Priesteramt zukam. Die Formulierung der Schrift aber: „und säe dort dieses fremde Feuer aus" ist zu verstehen als: ‚verstreue [dieses fremde Feuer]'. Und was folgt: „weil sie die Räucherpfannen

---

NBA durch *anime* und von BAC durch *almas* übersetzt. Nach SDE ist das Subjekt dieses Satzes der LXX völlig unklar, das gilt auch für VL.

semina ibi, sparge intellegendum est. Et quod addidit: *Quia sanctificaverunt turibula peccatorum horum in animabus suis*, locutione quidem inusitata expressa sententia est; sed notandum novo modo dicta sanctificata poena eorum, a quibus hoc peccatum fuerat perpetratum, quia per eos exemplum datum est ceteris, quod timerent. Circumpositionem autem altari cur ex eis fieri voluit, addidit dicens: *Quoniam oblata sunt ante dominum et sanctificata <sunt et> facta sunt in signum in filiis Israhel*. Non ergo in eis reprobari voluit, quod a talibus oblata sunt, sed hoc potius cogitari et adtendi, ante quem oblata sint - id est quia ante dominum - ut plus in eis valeret nomen domini ante quem oblata sunt quam pessimum meritum eorum a quibus oblata sunt. Hoc autem iam et in Exodo commemoraverat scriptura, quando altare fabricatum dicit. Unde intellegitur genera rerum gestarum distributa esse per libros, non temporum ordo contextus. Nam et de virga Aaron, quomodo res gesta sit, ut et florens et germinans electionem sacerdotii eius divinitus indicaret, in hoc libro scriptura narravit. Et tamen de ipsa virga in Exodo dicitur, ut in sanctis sanctorum cum manna in arca poneretur, quando praecipitur de tabernaculo fabricando: Quod utique longe ante praeceptum est, quam ipsum tabernaculum fabricatum perfectumque consisteret. Stetit autem primo mense secundi anni, ex quo de Aegypto egressi sunt, et liber iste incipit a secundo mense eiusdem anni secundi primo die mensis: Unde clarum est ista, si librorum ordinem consideremus, per recapitulationem, id est praeteritorum recordationem commemorari, quae putant qui minus diligenter intendunt eodem facta ordine quo narrantur.

30,28 hoc…29 dicit] cf. Ex 38,22   **30** et…32 narravit] cf. Nm 17,1-8   **36** stetit…sunt] cf. 40,15 | et…37 mensis] cf. Nm 1,1

---

20 locutione *om.* S | expressa sententia] sententia expressa N   **22** quod] quo P^t S V Am. μ   **24** oblata] ablata N | sunt et] z *(cf. l. 4), om. cett.* | in^2 *om.* P S V T Am. μ   **26** oblata] ablata C sint] sunt T   **33** in^2 *om.* C   **36** secundi] secundo C

---

[44] D.h. die Räucherpfannen.
[45] D.h. durch die verbrannten Sünder.
[46] Den Verweis auf die Räucherpfannen der Rotte Korach, aus denen der Kupferüberzug des Altars gefertigt war, hat erst LXX hinzugefügt.
[47] Diesen Erweis der wunderbaren Macht Gottes erwähnt Augustinus häufig zusammen mit ähnlichen Machttaten: *qu.* 5,29; *trin.* 3,11; *bapt.* 5,15; *Gn. litt.* 9,17,32; *c. adv. leg.* 2,37.
[48] Das steht zwar bezüglich des Stabes Aarons in Num 17,10 LXX = 17,25 TM , es findet sich aber nichts davon im Buch Exodus anläßlich der Vorschriften über die Errichtung des Heiligtums Ex 26,33-34 und des Ausführungsberichts Ex 40,18-19 LXX =

dieser Sünder durch ihre Leichen geheiligt haben" ist zwar eine in ungewöhnlicher Formulierung ausgedrückte Aussage; aber es ist zu bemerken: Sie[44] sind auf neuartige Weise durch die Strafe derer, die diese Sünde begangen hatten, als geheiligt bezeichnet worden, weil durch sie[45] den übrigen ein Beispiel dafür gegeben worden ist, was sie fürchten sollten. Warum die Schrift aber wollte, daß aus ihnen eine Umhüllung für den Altar hergestellt würde, hat sie mit den Worten hinzugefügt: „Denn sie sind vor dem Herrn dargebracht und geheiligt und zum Zeichen unter den Söhnen Israels gemacht worden." Bezüglich ihrer wollte er folglich nicht, daß sie verworfen würden, weil sie von derartigen Menschen dargebracht worden sind, sondern daß man eher dies bedenke und beachte, vor wem sie dargebracht wurden – d.h. daß sie ‚vor dem Herrn' [dargebracht wurden] –, so daß an ihnen der Name des Herrn, vor dem sie dargebracht wurden, von größerem Wert sei als die schlimmste Schuld derer, die sie dargebracht haben. Dies hatte die Schrift aber auch bereits im [Buch] Exodus vermerkt, als sie von der Anfertigung des Altares sprach (vgl. Ex 38,1-2)[46]. Daraus ergibt sich, daß [zwar] die verschiedenen Ereignisse auf die Bücher verteilt sind, nicht [aber] in ihrer ununterbrochenen zeitlichen Abfolge. Denn die Schrift hat einerseits in diesem Buch [Numeri] erzählt, wie es geschehen ist, daß der Stab Aarons dadurch, daß er blühte und sproßte,[47] anzeigte, daß er von Gott zum Priesteramt erwählt war (vgl. Num 17,16-23). Andererseits heißt es dennoch von demselben Stab im [Buch] Exodus, als die Vorschrift über die Herstellung des Zeltes erlassen wird, daß er zusammen mit dem Manna im Allerheiligsten in die Lade gelegt werden solle.[48] Das ist natürlich lange, bevor das Zelt selbst hergestellt und vollendet war, vorgeschrieben worden. Es stand aber (vollendet) im ersten Monat des zweiten Jahres, seitdem sie aus Ägypten ausgezogen waren (vgl. Ex 40,17), und dieses Buch (Numeri) beginnt im zweiten Monat desselben zweiten Jahres, am ersten Tag des Monats (vgl. Num 1,1): Daher ist klar, daß, wenn wir die Reihenfolge der Bücher beachten, diese [Dinge] durch Rekapitulation, d.h. durch Erinnerung an vergangene [Ereignisse], vergegenwärtigt werden, von denen diejenigen, die [darauf] weniger sorgfältig achten, meinen, sie hätten sich in der Reihenfolge ereignet, wie sie erzählt werden.

qu. 4,31 (zu Num 18,1)

31 „Und der Herr sagte zu Aaron: Du und deine Söhne und das Haus deines Vaters, ihr sollt die Sünden der Heiligen auf euch nehmen; und du und deine

---

40,20-21TM. Nach Ex 16,33-34 stellt Aaron ein goldenes Gefäß mit Manna „vor JHWH" vor „das Zeugnis". Nach Hebr 9,4 befindet sich dieser goldene Krug mit Manna zusammen mit den Gesetzestafeln und dem Stab Aarons in der Bundeslade. Aus dieser Stelle, nicht aus Ex hat Augustinus dies entnommen. Vgl. NBA.

31 *Et ait dominus ad Aaron dicens: Tu et filii tui et domus patris tui tecum accipietis peccata sanctorum; et tu et filii tui accipietis peccata sacerdotii vestri.* Haec sunt peccata quae appellantur sacrificia pro peccatis. Proinde *peccata sanctorum* dictum est non quae sancti committant, sed ab eo quod sunt sancta dictum est *sanctorum*. Quia in sanctis offeruntur et peccata dicuntur sacrificia pro peccatis, ideo appellata sunt *peccata sanctorum*. Et *peccata sacerdotii vestri*, id est eadem ipsa quae offeruntur pro peccatis: Sicut etiam in Levitico declarat et pertinere debere dicit ad sacerdotem.

32 *Primogenita omnia quaecumque fuerint in terra eorum, quantacumque adtulerint domino, tibi erunt.* Hic primogenita, non fetus primitivos pecorum dicit; nam ipsa Graece πρωτότοκα nominantur, haec autem πρωτογενήματα. Sed Latine duabus his rebus duo nomina reperta non sunt. Et ideo ista πρωτογενήματα quidam *primitias* interpretati sunt; sed primitiae ἀπαρχαί dicuntur et aliud sunt. Haec igitur tria ita discernuntur, quia πρωτότοκα sunt primitivi animalium fetus, etiam hominum, πρωτογενήματα vero primi fructus de terra sumti vel de arbore vel de vite; primitiae autem de fructibus quidem, sed iam redactis ab agro, sicut de massa, de lacu, de dolio, de cupa, quae primitus sumebantur.

33,1 De iuvenca rufa, cuius cinerem ad aquam aspersionis eorumque mundationem qui mortuum tetigerint proficere lex mandavit, nec tacere permittimur - evidentissimum enim signum in ea novi testamenti praefiguratur - nec satis digne festinantes dicere de tanto sacramento valemus. Primo enim quod ita coepit de hac re loqui scriptura, quem non moveat et intentissimum faciat in

---

31,6 eadem…8 sacerdotem] cf. Lv 6,25-26.29

31,4 committant] committunt *p V*   7 debere *om. S¹ T*   **32**,3 πρωτότοκα] prototoca *C P S V N T* | nominantur] nominatur *P S Am. μ* | πρωτογενήματα] protogenemata *C P S V N T*   4 ista proto] *om. V (spatio relicto)*   5 ἀπαρχαί] aparchae *C N T*, aparcae *P*, aparte *S*, aparce *V*   6 ita] ista *C N T*, *om. S* | πρωτότοκα] prototocur *C*, prototoca *P S V N T*   7 πρωτογενήματα] protogenemata *C P S V N T*   **33**,1 aspersionis] asparsionis *V*

---

[49] TM spricht von שׁ֣דָּק ֖מִּהַ ן֥וֹעֲ־תֶא bzw. ם֑כֶתְּנַהֻכְּ ן֖וֹעֲ־תֶֽא: zu übersetzen etwa: „die Verschuldung am Heiligtum" bzw. „die Verschuldung an eurem Priestertum" (SCHMIDT, *Numeri*), oder: „die (Konsequenz einer) Verschuldung, soweit das Heiligtum betroffen ist" bzw. „die Schuld(konsequenz), soweit euer Priestertum betroffen ist" (SEEBASS, *Numeri*). LXX wählt für ‚Heiligtum' abweichend den Plural: τὰς ἁμαρτίας τῶν ἁγίων, wohl als „Verschuldung an den heiligen Dingen" zu verstehen. Augustinus aber deutet, wie

Söhne sollt die Sünden eures Priesteramtes auf euch nehmen." [49] Dies sind diejenigen ‚Sünden', die ‚Sündopfer' genannt werden. Daher hat die Schrift nicht diejenigen Sünden „die Sünden der Heiligen" genannt, die die Heiligen begehen, sondern [sie hat] deswegen [gesagt: die Sünden] „der Heiligen", weil [die Sündopfer] heilig sind. Weil sie in heiligen [Geräten] geopfert werden und man ‚Sünden' sagt für ‚Sündopfer', deswegen sind sie „Sünden der Heiligen" genannt worden. Und die „Sünden eures Priesteramtes", d.h. eben dieselben [Opfer], die für die Sünden dargebracht werden: so, wie die Schrift auch im [Buch] Levitikus darlegt und sagt, [diese Opfer] sollten dem Priester gehören (vgl. Lev 6,18-19.22).

qu. 4,32 (zu Num 18,13)

32 „Alle Erstlingsfrüchte, die auch immer in ihrem Land gewachsen sind,[50] soviel sie für den Herrn herbeigebracht haben, sollen dir gehören." Hier spricht die Schrift von den Erstlingsfrüchten, nicht von den Erstgeburten des Viehs; denn diese werden auf Griechisch πρωτότοκα genannt, jene hingegen πρωτογενήματα. Aber im Lateinischen haben sich für diese beiden Dinge keine zwei [verschiedenen] Bezeichnungen gefunden. Und deswegen haben gewisse Leute diese πρωτογενήματα mit „Erstlingsgaben" *(primitiae)*[51] übersetzt; aber Erstlingsgaben heißen ἀπαρχαί und sind etwas anderes. Diese drei [Termini] unterscheiden sich daher folgendermaßen: πρωτότοκα sind die Erstgeburten der Tiere, auch der Menschen, πρωτογενήματα hingegen die Erstlingsfrüchte, geerntet von der Erde oder vom Baum oder vom Weinstock; *primitiae* (Erstlingsgaben) aber sind diejenigen, die zwar von den Früchten, aber nachdem sie schon vom Feld eingeholt worden sind, als erste genommen wurden wie z.B. von Teig, Trog, Faß, Tonne.

qu. 4,33,1 (zu Num 19,1-22)

33,1 Von der jungen roten Kuh, bezüglich deren Asche das Gesetz bestimmt hat, daß sie für das Besprengungswasser und zur Reinigung derer dienen sollte, die eine Leiche berührt haben, wird uns weder gestattet zu schweigen – in ihr wird nämlich ein überaus deutliches Symbol des Neuen Testamentes vorausbezeichnet –, noch sind wir in der Lage, in Eile angemessen würdig über ein solches Geheimnis zu reden. Denn wen wird nicht zunächst die Tatsache, daß die

---

schon Origenes (vgl. BdA), die wörtliche Übersetzung der VL: *peccata sanctorum* als „Sünden der Heiligen" (VL:Cod.Lugd.: *peccata sanctorum sacerdotii uestri*; Vulg dagegen mit TM: *iniquitatem sactuarii*), die *peccata* aber nicht als Sünden, sondern als ‚Sündopfer'.

[50] TM: בִּכּוּרֵי כָּל־אֲשֶׁר בְּאַרְצָם; LXX: τὰ πρωτογενήματα πάντα; Vulg: *universa frugum initia*.

[51] In *conf.* 9,24 spricht Augustinus unter Bezugnahme auf Röm 8,23 von den „Erstlingsgaben des Geistes" *(primitiae spiritus)*. Vgl. dazu BA 14, 552-555, sowie BRACHTENDORF, *Confessiones,* 192.

altitudinem sacramenti? *Et locutus est*, inquit, *dominus ad Moysen et Aaron dicens: Ista distinctio legis, quaecumque constituit dominus*. Procul dubio non est distinctio nisi inter aliqua duo vel plura; nam singularitas distinctionem non requirit. Nec distinctionem cuiuslibet rei commemoravit, sed addidit: *Legis*, nec cuiuscumque legis. Assidue quippe in scriptura dicitur de unaquaque re, de qua legitime praecipitur: Haec est lex illius vel illius rei, non universalis lex, quae continet omnia quae legitime praecipiuntur. Hic vero cum dixisset: *Haec est distinctio legis*, secutus adiunxit: *Quaecumque constituit dominus*, praecipiendo utique non creando. Nam etiam nonnulli interpretes *quaecumque praecepit dominus* transtulerunt. Si ergo haec est distinctio legis, quaecumque praecepit dominus, procul dubio magna est ista distinctio; et recte intellegitur duo testamenta distinguere. Eadem quippe sunt in vetere et novo: Ibi obumbrata, hic revelata, ibi praefigurata, hic manifestata. Nam non solum sacramenta diversa sunt verum etiam promissa. Ibi videntur temporalia proponi, quibus spiritale praemium occulte significetur; hic autem manifestissime spiritalia promittuntur et aeterna. Temporalium autem bonorum atque carnalium et spiritalium atque aeternorum quae clarior certiorque distinctio est quam passio domini nostri Iesu Christi? In cuius morte satis constitit non istam terrenam transitoriamque felicitatem a domino deo pro magno munere sperandam et optandam: Quandoquidem in unigenito filio suo, quem tanta illa perpeti voluit, longe aliud a se peti expectarique oportere apertissima distinctione declaravit. Hanc igitur passionem domini nostri Iesu Christi velut distinctionem duorum testamentorum, hoc quod de iuvencae rufae mactatione narratur, satis congrue praefigurat.

---

6 altitudinem] altitudine *P S V Am. μ*   **8** singularitas distinctionem] distinctionem singularitas *P S V T Am. μ*   **10** unaquaque] unaquaeque *P¹ S*   **11** praecipitur] precipiuntur *C* | rei] isti *P¹ S*, i̠s̠t̠i̠ *V*, id est *add. T*   **15** legis *om. S*   **20** et *om. P S V N T*   **21** bonorum] honorum *z*   **23** a *om. n*   **25** expectarique] spectarique *C*   **26** domini...Iesu] d̄n̄s noster Ihs *C P²* | Christi *om. C*   **27** rufae] rumfae *n*

---

[52] Vgl. hierzu und zu Num 19 insgesamt Einleitung in *qu.* 4, Exkurs: „Die rote Kuh", S. 172-174.
[53] Vgl. POLLASTRI, *patto*; sie schildert S. 265-277 die unterschiedlichen Versuche Augustins, den Alten Bund und den Neuen Bund voneinander zu unterscheiden und zueinander in Beziehung zu setzen.
[54] Vgl. *qu.* 5,11: *hic enim discrevit novum testamentum a vetere, quod in vetere data est lex in tabulis lapideis, in novo autem in cordibus, quod fit per gratiam.* „Hier hat er nämlich das Neue Testament vom Alten unterschieden, weil das Gesetz im Alten auf Tafeln aus Stein gegeben ist, im Neuen aber in den Herzen, was durch Gnade geschieht."

Schrift zum ersten Mal so über diese Sache gesprochen hat, faszinieren und auf die Tiefe des Geheimnisses höchst neugierig machen? „Und der Herr", sagt die Schrift, „sprach zu Mose und Aaron, indem er sagte: Folgendes ist die *distinctio* (Unterscheidung) des Gesetzes bezüglich all dessen, was der Herr festgesetzt hat".[52] Zweifellos gibt es eine *distinctio* (Unterscheidung) nur zwischen zwei oder mehr Dingen; denn Einzigkeit erfordert keine *distinctio*. Er hat auch nicht von der Unterscheidung einer beliebigen Sache gesprochen, sondern hinzugefügt: „des Gesetzes", und auch nicht eines beliebigen Gesetzes. Ständig wird ja in der Schrift von jeder Sache, die durch Gesetz vorgeschrieben wird, gesagt: ‚Dies ist das Gesetz über diese oder jene Angelegenheit', nicht das allgemeine Gesetz, das alles umfaßt, was durch Gesetz vorgeschrieben wird. Hier dagegen hat die Schrift, nachdem sie gesagt hatte: „Folgendes ist die Unterscheidung des Gesetzes" unmittelbar angeschlossen: „bezüglich all dessen, was der Herr festgesetzt hat" *(constituit)*, selbstverständlich indem er [es] vorschrieb, nicht, indem er [es] erschuf. Denn einige Übersetzer haben auch übersetzt: „bezüglich all dessen, was der Herr vorgeschrieben hat". Folglich ist diese Unterscheidung, wenn sie ‚die Unterscheidung des Gesetzes bezüglich all dessen, was der Herr festgesetzt hat', ist, zweifellos bedeutend; und man deutet zu Recht, daß sie die beiden Testamente unterscheidet.[53] Dieselben Dinge sind ja freilich im Alten und im Neuen [Testament] enthalten: dort verhüllt, hier offenbart, dort vorausbezeichnet, hier offenkundig.[54] Es unterscheiden sich nämlich nicht nur die Geheimnisse [voneinander], sondern auch die verheißenen [Güter]. Dort sieht man zeitliche [Güter] vor Augen gestellt, durch die versteckt ein geistlicher Schatz symbolisiert wird; hier hingegen werden ganz offen geistliche und ewige [Güter] verheißen. Welche klarere und unzweifelhaftere Unterscheidung zwischen den zeitlichen und sogar fleischlichen Gütern und den geistlichen und sogar auch ewigen gibt es als das Leiden unseres Herrn Jesus Christus? Durch seinen Tod stand genügend fest, daß nicht dieses irdische und vergängliche Glück von Gott, dem Herrn, als große Gabe erhofft und erwünscht werden soll: da er ja durch seinen eingeborenen Sohn, der nach seinem Willen jene so großen [Leiden] erdulden mußte, in einer höchst offenkundigen Unterscheidung erklärt hat, daß man etwas ganz anderes von ihm erbitten und erwarten soll. Dies, was von der Schlachtung der jungen roten Kuh erzählt wird, bezeichnet daher dieses Leiden unseres Herrn Jesus Christus gleichsam als Unterscheidung der beiden Testamente durchaus angemessen voraus.

qu. 4,33,2

33,2 „Der Herr sprach zu Mose und Aaron, indem er sagte: Folgendes ist die Unterscheidung des Gesetzes bezüglich all dessen, was der Herr festgesetzt hat." Und anschließend beginnt er, Gebote zu erlassen, indem er folgendes hinzufügt: „Sprich zu den Söhnen Israel." [Die Textteile] kann man auch so

33,2 *Locutus est dominus ad Moysen et Aaron dicens: Ista distinctio legis, quaecumque constituit dominus.* Ac deinde mandare incipit haec adiungens dicens: *Loquere filiis Israhel.* Potest etiam ita distingui: *Et locutus est dominus ad Moysen et Aaron dicens: Ista distinctio legis, quaecumque constituit dominus dicens,* non quaecumque constituit dominus creans, sicut caelum et terram et omnia quae in eis sunt, sed quaecumque constituit dominus dicens in duobus videlicet testamentis, ut deinde sequatur: *Loquere filiis Israhel, et accipiant ad te iuvencam rufam sine vitio.* Iuvenca rufa carnem Christi significat: Sexus femineus est propter infirmitatem carnalem; rufa est propter ipsam cruentam passionem. Quod autem ait: *Accipiant ad te,* in ipso Moyse figuram legis ostendit, quoniam secundum legem sibi visi sunt occidere Christum, quia solvebat secundum ipsos sabbatum et, sicut putabant, observationes legitimas profanabat. Quod ergo sine vitio dicitur haec iuvenca, mirum non est; hanc enim carnem etiam ceterae hostiae figurabant, ubi similiter sine vitio pecora immolari iubentur. Erat quippe illa caro *in similitudine carnis peccati,* sed non caro peccati. Verum tamen hic ubi evidentius legis distinctionem deus voluit commendare, parum fuit dicere: *Sine vitio,* nisi diceretur: *Quae non habet in se vitium.* Quod si repetendi causa dictum est, fortasse non frustra est, quod eam rem ipsa repetitio firmius commendavit. Quamquam et illud non abhorret a vero, ut ideo additum intellegatur *quae non habet in se vitium,* cum iam dictum esset: *Iuvencam sine vitio,* quia in se non habuit vitium caro Christi, in aliis autem habuit, quae membra sunt eius. Quae enim caro in hac vita sine peccato nisi illa sola quae non habet in se vitium? *Et non est superpositum super eam iugum.* Non enim subiugata est iniquitati. Cui subiugatos inveniens liberavit et eorum vincula disrupit, ut ei dicatur: *Disrupisti vincula mea, tibi sacrificabo hostiam laudis.* Super illius quippe carnem non est positum iugum, qui potestatem habuit ponendi animam suam et iterum sumendi eam.

33,3 *Et dabis eam,* inquit, *ad Eleazar sacerdotem.* Cur non ad Aaron, nisi forte ita praefiguratum est non ad tempus quod tunc erat, sed ad posteros huius sacerdotii passionem domini perventuram? *Et eicient eam extra castra:* Sic et eiectus est

---

33,42 Rm 8,3   **52** Ps 115,16-17   **53** qui...54 eam] cf. Io 10,18

---

29 locutus] et *praem.* ʒ | est] enim *add. p*   **30** ac *om. N* | dicens] et *praem. V² T Am. μ*   **31** est *om. C*   **33** sicut *om. V* | quaecumque] cumque *om. p*   **34** deinde] inde *T*   **35** ad] a *V² T* iuvenca rufa] iuvencam rufam *P¹ S¹ p¹ n*   **36** carnem] carne *C*   **37** autem *om. p* | ad] a *S*, ad *V*   **38** Moyse] | sibi] ibi *n*   **39** ipsos] ipsas *n*   **41** figurabant] figurabantur *n*   **44** dicere... vitio] sine vitio dicere *T*   **45** habet...se] in se habet *P V N T* | causa] causam *C*   **49** habuit] habet *V* | quae¹] qui *V T Am. μ* | enim] enim sunt (sunt *exp. m. 2*)   **55** Eleazar] Eleazarum *Am. μ*   **57** eicient] eiciant *P V¹ T*

voneinander trennen [und zusammensetzen]: „Und der Herr sprach zu Mose und Aaron: Folgendes ist die *distinctio* des Gesetzes bezüglich all dessen, was der Herr festgesetzt hat, indem er sagte", nicht bezüglich all dessen, was der Herr *constituit* (festgesetzt hat), indem er [es] erschuf, wie z.B. den Himmel und die Erde und alles, was in ihnen ist, sondern bezüglich all dessen, was der Herr *constituit* (festgesetzt hat), indem er sprach, nämlich in den beiden Testamenten, mit der Folge, daß sich dann anschließt: „Sprich zu den Söhnen Israel, und sie sollen eine junge rote Kuh ohne Makel nehmen [und] zu dir [bringen]." Die junge rote Kuh bedeutet das Fleisch Christi: [sie ist] weiblichen Geschlechts wegen der Schwäche des Fleisches; sie ist rot wegen des grausamen Leidens selbst. Die Wendung aber: „sie sollen nehmen [und] zu dir [bringen]" zeigt Mose selbst als Symbol des Gesetzes, da [die Juden] ja gemeint haben, Christus nach dem Gesetz zu töten, da er nach ihrem Verständnis das Sabbat[gebot] brach und, wie sie dafür hielten, die Regeln des Gesetzes profanierte. Daher ist es nicht erstaunlich, daß die junge Kuh „ohne Makel" genannt wird; denn dieses Fleisch symbolisierten auch die übrigen Opfertiere an den Stellen der Schrift, wo in gleicher Weise befohlen wird, makellose Tiere zu opfern. Jenes Fleisch war ja „in Gestalt des Sündenfleisches" (Röm 8,3), aber [es war] nicht Sündenfleisch. Aber dennoch genügte es hier, wo Gott ganz offenkundig die Unterscheidung des Gesetzes darlegen wollte, nicht zu sagen: „ohne Makel", wenn nicht [zusätzlich] gesagt wurde: „in der kein Makel ist". Wenn dies um der Wiederholung willen gesagt wurde, ist es vielleicht nicht ohne Wirkung, weil die Wiederholung als solche dieselbe Sache stärker betont hat. Indes ist auch jene [Erklärung] nicht fern der Wahrheit, die besagt, daß „in der kein Makel ist" deswegen hinzugesetzt ist, obgleich bereits gesagt worden war: „eine junge Kuh ohne Makel", weil das Fleisch Christi keinen Makel in sich, aber in anderen hatte, die seine Glieder sind. Denn welches Fleisch ist in diesem Leben ohne Sünde, außer allein jenes, das keinen Makel in sich hat? „Und der kein Joch auferlegt worden ist." Es (das Fleisch Christi) ist nämlich nicht der Ungerechtigkeit unterworfen worden. Diejenigen, die er ihm (dem Joch) unterworfen antraf, hat er befreit und ihre Fesseln zerbrochen, so daß von ihm gesagt werden kann: „Du hast meine Fesseln zerbrochen, dir werde ich ein Opfer des Lobes darbringen" (Ps 116,16-17). Auf das Fleisch jenes [Mannes] ist ja kein Joch gelegt worden, der die Macht hatte, sein Leben hinzugeben und es wieder zu nehmen (vgl. Joh 10,18).

qu. 4,33,3

33,3 „Und du sollst sie", sagte er, „dem Priester Eleasar übergeben. Warum nicht Aaron, falls nicht vielleicht auf diese Weise vorausbezeichnet worden ist, daß das Leiden des Herrn sich nicht zur damaligen Zeit, sondern unter Nachfolgern dieses Priestertums ereignen sollte? „Und sie sollen sie aus dem Lager

dominus passurus extra civitatem. Quod autem ait: *In locum mundum*, ita significatum est, quia non habuit causam malam. *Et occident eam in conspectu eius*: Sicut occisa est caro Christi in conspectu eorum qui iam futuri erant in novo testamento domini sacerdotes.

33,4 *Et accipiet Eleazar sanguinem eius et asperget contra faciem tabernaculi testimonii a sanguine eius septies*. Haec testificatio est Christum secundum scripturas fudisse sanguinem in remissionem peccatorum. Ideo *contra faciem tabernaculi testimonii* quia non aliter declaratum est, quam fuerat divino testimonio praenuntiatum; et ideo *septies*, quia ipse numerus ad mundationem pertinet spiritalem.

33,5 *Et cremabunt eam in conspectu eius*. Puto quia concrematio ad signum pertinet resurrectionis. Natura est quippe ignis, ut in superna moveatur, et in eum convertitur quod crematur. Nam et ipsum cremare de Graeco in Latinum ductum verbum est a suspensione. Quod vero additum est: *In conspectu eius*, id est in conspectu sacerdotis, hoc mihi insinuatum videtur, quia illis adparuit resurrectio Christi, qui futuri erant regale sacerdotium. Iam quod sequitur: *Et pellis eius et carnes et sanguis eius cum stercore eius conburetur*, id ipsum expositum est quomodo concremabitur et significatum est, quod non solum substantia mortalis corporis Christi, quae commemoratione pellis et carnium et sanguinis intimata est, verum etiam contumelia et abiectio plebis, quam nomine stercoris significatam puto, converteretur in gloriam, quam combustionis flamma significat.

33,6 *Et accipiet sacerdos lignum cedrinum et hyssopum et coccinum et inmittet in medium conbustionis iuvencae*. Lignum cedrinum spes est, quae debet in supernis firmiter habitare; hyssopus fides, quae cum sit herba humilis, radicibus haeret in petra; coccinum caritas, quod fervorem spiritus igneo colore testatur. Haec tria

---

63 Christum...64 peccatorum] cf. Eph 1,7; Rm 3,25

---

58 dominus *om. p*   62 tabernaculi *om. C p S*   67 conspectu] conspectum *C*   68 ut *om. C*
74 substantia] supstanciam *C*   77 converteretur] convertetur *N*   78 hyssopum] isopo *C*, ysopum *P S N V T*   80 sit] velut *add. S* | herba *om. P¹ V*

---

[55] Die VL wählt mit *eicio* eine gewalttätige Wiedergabe (das kommt Augustins Allegorie zugute) für וְהוֹצִיא, LXX: ἐξάξουσιν, VL:Cod.Lugd.: *adducent*, Vulg: *eductam*.
[56] Zusatz der LXX zum Zweck der Harmonisierung mit V 9 (WEVERS, *Numbers*; SDE).
[57] MICHELS, *Verbrennung* vermutet, Augustinus habe die Verbrennung deswegen als Vorausbezeichnung der Auferstehung bezeichnet, weil ihm die Verbrennung des Bildes des Kaisers im römischen Ritus der Apotheose bekannt war, die seine Vergöttlichung bezeichnete. Vielleicht habe er auch an die Legende vom Phönix gedacht.

hinausstoßen"⁵⁵; so ist auch der Herr, als er leiden sollte, aus der Stadt hinausgestoßen worden. Die Wendung aber: „an einen reinen Ort"⁵⁶ ist so formuliert worden, weil er keinen schlimmen Anklagepunkt hatte. „Und sie sollen sie vor seinen Augen schlachten": wie das Fleisch Christi vor den Augen derjenigen getötet worden ist, die bald im Neuen Bund Priester des Herrn werden sollten.

qu. 4,33,4

33,4 „Und Eleasar soll ihr Blut nehmen und von ihrem Blut siebenmal an die Vorderseite des Zeltes des Zeugnisses sprengen." Dies bezeugt, daß Christus gemäß den Schriften [sein] Blut zur Vergebung der Sünden vergossen hat (vgl. Eph 1,7; Röm 3,25). Deswegen „an die Vorderseite des Zeltes des Zeugnisses", weil es nicht anders offenbart wurde, als es durch göttliches Zeugnis angekündigt worden war; und deswegen „siebenmal", weil eben diese Zahl in Verbindung zur geistlichen Reinigung steht.

qu. 4,33,5

33,5 „Und sie sollen sie vor seinen Augen verbrennen." Meines Erachtens gehört die Verbrennung zur Vorausbezeichnung der Auferstehung.⁵⁷ Es entspricht ja der Natur des Feuers, daß es sich nach oben bewegt und daß sich dasjenige, was verbrannt wird, in dieses verwandelt. Denn auch das Verb *cremare* (verbrennen) stammt seinerseits aus dem Griechischen [und ist abgeleitet] von einem Wort[, das] *suspensio*⁵⁸ (Aufhängung) [bedeutet]. Der Zusatz aber: „vor seinen Augen", d.h. vor den Augen des Priesters, dieser scheint mir hinzugesetzt worden zu sein, weil sich die Auferstehung Christi jenen gezeigt hat, die ein königliches Priestertum werden sollten. [In dem,] was unmittelbar folgt: „Und ihr Fell und ihre Fleischteile und ihr Blut sollen zusammen mit ihrem Mist verbrannt werden", ist dargelegt worden, wie eben dies gemeinsam verbrannt werden soll, und ist vorausbezeichnet worden, daß nicht nur die Substanz des sterblichen Körpers Christi, die durch die Erwähnung des Felles und der Fleischteile und des Blutes bezeichnet worden ist, sondern auch die Schmähung und die Verwerfung durch das Volk, die meines Erachtens durch das Wort ‚Mist' bezeichnet ist, in Herrlichkeit, die die Flamme des Brandes bezeichnet, verwandelt werden würde.

qu. 4,33,6

33,6 „Und der Priester soll Zedernholz und Ysop und ein scharlachrotes [Tuch] nehmen und mitten in das Feuer werfen, in dem die junge Kuh verbrannt wird." Das Zedernholz ist die Hoffnung, die in den Höhen fest wohnen muß; der Ysop, der, obgleich er ein unansehnliches Kraut ist, sich mit den Wurzeln im Felsen festhält, ist der Glaube; das scharlachrote [Tuch] ist die Liebe,

---

⁵⁸ Augustinus vermutet wohl fälschlich einen etymologischen Zusammenhang mit κρεμάσις „Aufhängen" (NBA).

debemus mittere in resurrectionem Christi tamquam in medium combustionis illius, et cum illo sit abscondita vita nostra, sicut dicit apostolus: *Et vita vestra abscondita est cum Christo in deo.*

33,7 *Et lavabit vestimenta sua sacerdos et lavabit corpus suum aqua et postea introibit in castra; et inmundus erit sacerdos usque in vesperam.* Lavatio vestimentorum et corporis quid est nisi mundatio exteriorum et interiorum? Hoc sacerdos. Deinde sequitur: *Et qui comburet eam lavabit vestimenta sua et lavabit corpus suum aqua et inmundus erit usque ad vesperam.* In eo qui conburit eos figuratos arbitror, qui Christi carnem sepelierunt resurrectioni eam veluti conflagrationi mandantes.

33,8 *Et congregabit homo mundus cinerem iuvencae et ponet extra castra in locum mundum.* Quid dicimus cinerem iuvencae, reliquias videlicet illius interfectionis et conbustionis, nisi famam quae consecuta est passionem resurrectionemque Christi? *Quoniam sunt reliquiae homini pacifico.* Nam et cinis erat, quia velut mortuus ab infidelibus contemnebatur, et tamen mundabat, quia et resurrexisse a fidelibus credebatur. Et quia haec fama apud eos maxime claruit, qui in ceteris gentibus erant et non erant de consortio Iudaeorum, ideo dictum esse existimo: *Et congregabit homo mundus cinerem iuvencae.* Mundus utique ab interfectione Christi, quae Iudaeos fecerat reos. *Et reponet in locum mundum*, id est honorabiliter tractabit, tamen *extra castra*, quia extra celebrationem Iudaeicae consuetudinis honor evangelicus claruit. *Et erit synagogae filiorum Israhel in conservationem, aqua*

---

83 Col 3,3   94 Ps 36,37

---

83 vita¹ *om.* C¹   **85** lavabit¹] lavavit C S¹ T, labit n | lavabit²] lavit C¹, lavavit P, labit n | aqua] aquae C | introibit] introivit C | in *om.* P S N V T   **86** in] ad S V Am. μ   **87** hoc sacerdos *del.* S   **88** comburet] conburit C | lavabit²] lavit V | aqua] aquae C   **89** vesperam] vesperum S | conburit] conburet S   **90** sepelierunt] repellierunt C | conflagrationi] conflagratione C   **91** congregabit] congregavit P¹ S¹ N | iuvencae] iuvenca C | ponet] C P S V N T Am. μ, reponet z (*cf. l.* 99) | locum...92 mundum] loco mundo T   **92** cinerem] cinere C   **95** contemnebatur] contemnabatur V | et² *om.* S   **96** apud...maxime] maxime apud eos N   **98** congregabit] congregavit C   **99** locum mundum] loco mundo T   **100** tractabit] tractat P S V¹ N | tractabit tamen] tractamen C

---

[59] TM spricht von אַחֲרִית „Ende, Zukunft, Nachkommenschaft, Übriggebliebene". LXX: ἐγκατάλειμμα „Nachkommen, Überlebende" (vgl. MURAOKA, *Lexicon*). VL: *reliquiae.* Vgl. Augustinus, *en. Ps.* z.St.: *Quid est: sunt reliquiae? Cum mortuus fueris, non eris mortuus.* [...] *Erit illi aliquid et post hanc vitam.* „Was bedeutet: Es gibt einen Rest? Wenn du gestorben bist, wirst du nicht tot sein. [...] Es wird für jenen etwas auch nach diesem Leben geben."

weil es durch die feurige Farbe die Leidenschaft des Geistes bezeichnet. Diese drei müssen wir in die Auferstehung Christi werfen, gleichsam mitten hinein in dessen Verbrennung, und mit jenem soll unser Leben verborgen sein, wie der Apostel sagt: „Und euer Leben ist mit Christus verborgen in Gott" (Kol 3,3).

qu. 4,33,7

33,7 „Und der Priester soll seine Kleider waschen, und er soll seinen Leib im Wasser waschen und anschließend in das Lager hineingehen; und der Priester wird bis zum Abend unrein bleiben." Was ist die Waschung der Kleider und des Leibes anderes als die Reinigung des Äußeren und des Inneren? Dies [soll] der Priester [tun]. Anschließend fährt er fort: „Und derjenige, der sie verbrennt, soll seine Kleider waschen, und er soll seinen Leib im Wasser waschen, und er wird bis zum Abend unrein bleiben." Meiner Meinung nach sind in dem, der [die Kuh] verbrennt, diejenigen vorausbezeichnet, die das Fleisch Christi beerdigt haben, indem sie es der Auferstehung gleichsam als seiner Verbrennung übergaben.

qu. 4,33,8

33,8 „Und ein reiner Mann soll die Asche der jungen Kuh sammeln und außerhalb des Lagers an einen reinen Ort legen." Als was bezeichnen wir die Asche der jungen Kuh, d.h. die Überreste aus jener Schlachtung und Verbrennung, wenn nicht als die Botschaft, die auf das Leiden und die Auferstehung Christi gefolgt ist? „Denn es gibt Überreste für den friedfertigen Menschen" (Ps 37,37).[59] Denn er war einerseits Asche, weil er wie ein Toter von den Ungläubigen verachtet wurde, und dennoch reinigte er andererseits, weil die Gläubigen glaubten, daß er auferstanden ist. Und weil diese Botschaft am meisten denjenigen einleuchtete, die unter den übrigen Völkern lebten und nicht aus der Gemeinschaft der Juden stammten, deswegen ist meines Erachtens gesagt worden: „Und ein reiner Mann soll die Asche der jungen Kuh sammeln": rein natürlich von der Ermordung Christi, deren sich die Juden schuldig gemacht hatten. „Und er soll [die Asche] an einen reinen Ort legen", d.h. er soll sie ehrenvoll behandeln, dennoch „außerhalb des Lagers", weil der Ruhm des Evangeliums außerhalb der bei den Juden üblichen Zeremonien erglänzte. „Und sie [die Asche] soll für die Gemeinschaft der Söhne Israel aufbewahrt werden, es ist Wasser der Besprengung, Reinigung[60]." Anschließend erklärt er ausführlicher, wie aus dieser Asche das Besprengungswasser

---

[60] TM: חַטָּאת „Sündopfer". Es handelt sich hier um einen Reinigungsritus. LXX hat daher hier als Übersetzung das LXX-Hapax ἅγνισμα „Reinigung" gewählt (ähnlich in 19,17 und 31,23), entsprechend VL des Augustinus: *purificatio* , VL:Cod.Lugd.: *sanctificatio*, während Vulg bei der traditionellen Wiedergabe bleibt: *quia pro peccato vacca conbusta est*. Vgl. zur Bedeutung des חַטָּאת-Ritus Einleitung Vgl. Einleitung in *qu*. 3, S. 11.

aspersionis purificatio est. Postea declarat plenius quemadmodum ex isto cinere fiebat aqua aspersionis, unde mundabantur a contactu mortuorum: Quod utique significat ab iniquitate huius moribundae vel morticinae vitae.

33,9 Sed mirum est quod sequitur: *Et qui congregat,* inquit, *cinerem iuvencae, lavabit vestimenta sua et inmundus erit usque ad vesperam.* Quomodo erit ex hoc inmundus qui mundus accesserat, nisi quia et hi qui sibi videntur mundi in fide christiana se agnoscunt quia *omnes peccaverunt et egent gloria dei iustificati gratis* per sanguinem ipsius? Hunc tamen vestimenta sua lavare dixit, non etiam corpus suum; credo, quod illius cineris congregatione et repositione in loco mundo, si haec spiritaliter intellegantur, iam intrinsecus vult intellegi fuisse mundatum. Sicut Cornelius audiens et credens quod praedicaverat Petrus ita mundatus est, ut ante visibilem baptismum cum suis qui aderant acciperet donum spiritus sancti; verum tamen nec visibile sacramentum contemni potuit, ut ablutus etiam extrinsecus lavaret quodam modo vestimenta sua. *Et erit,* inquit, *filiis Israhel et proselytis qui adponuntur legitimum aeternum.* Quid aliud ostendit nisi baptismum Christi, quem significabat aqua aspersionis, et Iudaeis et gentibus profuturum, id est filiis Israhel et proselytis tamquam naturalibus ramis et inserto pinguedini radicis oleastro? Quem autem non faciat intentum, quod post ablutionem de singulis quibusque dicitur: *Et inmundus erit usque ad vesperam*? Neque hic tantum, sed in omnibus aut paene in omnibus talibus mundationibus hoc dicitur. Ubi nescio utrum aliquid aliud possit intellegi nisi quod omnis homo post remissionem plenissimam peccatorum permanendo in hac vita contrahit aliquid, unde sit inmundus usque ad eiusdem vitae finem, ubi ei dies iste quodam modo clauditur, quod significat vespera.

33,10 Deinde incipit scriptura dicere et exequitur quemadmodum inmundi facti homines aqua illa aspersionis purificentur. *Qui tetigerit,* inquit, *mortuum, omnis anima hominis inmunda erit septem diebus; hic purificabitur die tertio et die septimo et mundus erit.* Et hic nihil aliud intellegendum video nisi contactum mortui esse

---

108 Rm 3,23-24   **112** Cornelius…114 sancti] cf. Act 10,44-48   **118** est…119 oleastro] cf. Rm 11,16-24

---

103 contactu] contractu $P^1 S^1 T$ **104** significat] significatur $P V T$ **106** lavabit] levabit, lavavit $P S^1$ **107** hi] hii $P T^1$, ii *Am. μ*   **108** gloria] gloriam $C P S^1 V^1$ **109** sanguinem] gratiam N **113** visibilem] visibile* S | acciperet] acciperent C **116** legitimum] legitimi C **118** pinguedini] pinguedine C **119** ablutionem] ablutio S^1 **120** vesperam] vesperum $C P^1$ **121** in² *om.* p   **125** clauditur *om.* T   **129** mundus] *Am. μ z,* immundus *codd. Bad.*

hergestellt wurde, durch das man von der Berührung von Leichen gereinigt wurde. Das bedeutet natürlich: von der Ungerechtigkeit dieses dem Tod verfallenen und abgestorbenen Lebens.

qu. 4,33,9

33,9 Aber seltsam ist, was folgt: „Und derjenige", sagt die Schrift, „der die Asche der jungen Kuh sammelt, soll seine Kleider waschen und wird bis zum Abend unrein sein." Wie wird der, der rein herangetreten war, dadurch unrein sein, außer weil auch diejenigen, die sich selbst für rein halten, im christlichen Glauben bezüglich ihrer selbst anerkennen, daß „alle gesündigt haben und die Herrlichkeit Gottes entbehren, gerechtfertigt umsonst" (Röm 3,23-24) durch sein Blut? Dennoch hat sie gesagt, daß dieser seine Kleider wäscht, nicht auch seinen Leib. Ich meine, daß die Schrift will, daß man versteht: Durch die Sammlung jener Asche und [ihre] Ablegung an einem reinen Ort ist er, wenn man dies geistlich auffaßt, schon im Innern gereinigt worden. So ist Kornelius, indem er das, was Paulus gepredigt hatte, hörte und glaubte, dermaßen gereinigt worden, daß er zusammen mit den Seinen, die dabei waren, vor der sichtbaren Taufe die Gabe des Heiligen Geistes empfing (vgl. Apg 10,44-48); dennoch konnte aber auch das sichtbare Sakrament nicht geringgeschätzt werden, so daß der, der abgewaschen war, auch äußerlich in gewisser Weise seine Kleider wusch. „Und das soll", sagt sie, „für die Söhne Israel und die Proselyten, die hinzugefügt werden, eine ewige Vorschrift sein." Was zeigt das anderes, als daß die Taufe Christi, die das Besprengungswasser bezeichnete, sowohl den Juden als auch den Völkern nutzen sollte, d.h. den Söhnen Israel und den Proselyten als den gleichsam natürlichen Zweigen und dem wilden Ölbaum, der in das Mark der Wurzel eingepfropft wurde (vgl. Röm 11,16-24)? Wessen Aufmerksamkeit erregt es aber nicht, daß nach der Waschung von jedem einzelnen gesagt wird: „Und er wird unrein sein bis zum Abend"? Auch wird dies nicht nur hier, sondern bei allen oder fast allen derartigen Waschungen gesagt. Ich weiß nicht, ob hier irgendetwas anderes verstanden werden könnte außer, daß jeder Mensch, wenn er nach der vollständigen Vergebung der Sünden weiterhin in diesem Leben bleibt, sich etwas zuzieht, wodurch er unrein ist bis zum Ende eben dieses Lebens, an dem ihm dieser Tag in gewisser Weise beendet wird, was der Abend bezeichnet.

qu. 4,33,10

33,10 Anschließend beginnt die Schrift [davon] zu sprechen und führt aus, wie die Menschen, die sich verunreinigt haben, durch jenes Besprengungswasser gereinigt werden. „Jede Menschenseele", sagt sie, „die einen Toten berührt hat, wird sieben Tage unrein sein; dieser soll sich am dritten Tag reinigen und am siebten Tag und wird rein sein." Auch hier sehe ich keine andere Erklärung, als daß die Berührung eines Toten das Vergehen des Menschen ist. Die

hominis iniquitatem. Septem vero dierum inmunditiam propter animam et corpus dictam puto, animam in ternario, corpus in quaternario. Quod quare ita sit, longum est disputare. Secundum hoc dictum arbitror per prophetam: *In tribus et quattuor inpietatibus non aversabor.* Adiungit autem et dicit: *Si autem non purificatus fuerit die tertio et die septimo, non erit mundus. Omnis qui tetigerit mortuum ab omni anima hominis, et mortuus fuerit et non fuerit purificatus* - id est ante mortuus fuerit tacto mortuo quam fuerit purificatus - *tabernaculum domini polluit: Exteretur anima illa ex Israhel.* Notandum est quod difficillime reperitur in his libris aliquid evidentius de vita animae post mortem fuisse conscriptum. Hic ergo cum dicit si fuerit mortuus ante purificationem, manere in illo inmunditiam et exteri animam illam ex Israhel, id est a consortio populi dei, quid aliud vult intellegi nisi manere animae poenam etiam post mortem, si, cum vivit, mundus non fuerit sacramento isto, quo Christi baptismus figuratur? *Quoniam aqua aspersionis, inquit, non est circumaspersa super eum, inmundus est; adhuc inmunditia eius in ipso est. Adhuc,* scilicet etiam post mortem. Quod vero supra dixit: *Tabernaculum domini polluit,* quantum in ipso est utique, dixit, sicut apostolus: *Spiritum nolite extinguere,* cum extingui ille non possit. Nam si ex hoc tabernaculum inmundum factum vellet intellegi, mundari utique iuberet.

33,11 Postea vero inmundos a mortuis factos, hoc est a mortuis operibus, quae sunt omnes iniquitates, ita mundari iubet. *Et accipient illi inmundo,* inquit, *a*

---

132 Am 1,3   145 1 Th 5,19

---

131 animam] anima *C*   132 dictum arbitror] arbitror dictum *S Am. µ*   133 inpietatibus *om. P¹ V* | aversabor] aberrabor *C¹*, adversabor *n Am.* | autem¹] etiam *N*   134 omnis] omnes *C* mortuum *om. P¹ V*   135 et¹] si *z* | id…136 purificatus *om. N*   138 conscriptum] conscriptam *N* | hic…154 tertio] *C T, om. P¹ (sed omnia in marg. m.* 2 *adscripsit) S V N (fol.* 97 hic minus habet *adnotatur in n*) Bad. (*cf. µ „detractis … versibus, quos restituimus ope veterum codicum Corbeiensis, Thuanei, et Cisterciensis, necnon auctoritate Flori seu Bedae vulgati in comment. super epist. ad. Hebr. cap. 9")*   141 etiam…vivit] etiam si post mortem, quum vivit *C (add. m.* 2 *si s. l. inter* mortem *et* quum) | mundus] mundata *µ*   148 inmundos] inmundus *C P² T* | factos] factus *P² T*

---

[61] Num 19,12: TM, gefolgt von Vulg, wertet nach Ausweis der Akzente das *w=* vor „am siebten" als *waw apodoseos:* „Wenn er sich am dritten Tag nicht entsündigt, wird er am siebten Tag nicht rein." LXX und VL werten es als innerhalb desselben Satzes Wortgruppen verbindendes *w=*. Die Kommentare konjizieren zumeist in der ersten Hälfte des Verses unter Berufung auf Sam, LXX und Vulg (WEVERS, *Numbers*: „This […] may well be the better text") dahingehend, daß auch dort der dritte und der siebte Tag koordiniert sind, und folgen dann in der zweiten Vershälfte ebenfalls der LXX.
[62] Num 19,13.TM hat: „Und jeder, der einen Toten, eine Menschenseele, die stirbt,

sieben Tage lange Unreinheit aber ist meines Erachtens wegen der Seele und wegen des Körpers ausgesagt, der Seele im Zeitraum von drei Tagen, des Körpers im Zeitraum von vier Tagen. Warum das so ist, erfordert eine lange Erörterung. Dem entsprechend hat, wie ich meine, der Prophet gesagt: „Wegen der drei und der vier Vergehen, werde ich [meine Strafe] nicht zurücknehmen" (Am 1,3). Die Schrift fährt aber fort und sagt: „Wenn er sich aber nicht am dritten und am siebten Tag gereinigt hat, wird er nicht rein sein.[61] Jeder, der einen Toten von jeder beliebigen Menschenseele berührt hat und gestorben ist und sich nicht gereinigt hat"[62] – d.h. der, nachdem er den Toten berührt hat, gestorben ist, bevor er sich gereinigt hat –, „hat das Zelt des Herrn verunreinigt: jene Seele soll aus Israel ausgemerzt werden." Es ist beachtlich, daß man in diesen Büchern äußerst schwer irgendeine klarere [Äußerung] über das Leben der Seele nach dem Tod geschrieben findet. Wenn die Schrift daher hier sagt, daß in jenem [Mann], wenn er vor der Reinigung gestorben ist, die Unreinheit bleibt und jene Seele aus Israel, d.h. aus der Gemeinschaft des Gottesvolkes, ausgemerzt werden soll, was will sie anderes darunter verstanden wissen, als daß die Strafe für die Seele auch nach dem Tod bleibt,[63] wenn sie nicht, solange sie lebt, durch diesen Ritus gereinigt worden ist, durch den die Taufe Christi symbolisiert wird? „Weil das Besprengungswasser", sagt sie, „nicht auf ihn gesprengt worden ist, ist er unrein; seine Unreinheit haftet noch an ihm." „Noch", nämlich auch nach dem Tod. Insofern die Schrift aber oben gesagt hat: „Er hat das Zelt des Herrn verunreinigt", hat sie gemeint: natürlich [nur], soweit er selbst dazu in der Lage ist, wie der Apostel [gesagt hat]: „Löscht den Geist nicht aus" (1Thess 5,19), obleich jener nicht ausgelöscht werden kann. Denn wenn sie verstanden wissen wollte, daß das Heiligtum dadurch verunreinigt worden wäre, würde sie selbstverständlich befehlen, es zu reinigen.

qu. 4,33,11

33,11 Danach aber befiehlt die Schrift, diejenigen, die sich durch Tote, d.h. durch tote Werke – das sind alle Vergehen –, verunreinigt haben, auf folgende Weise zu reinigen: „Und jene", sagt sie, „sollen für den Unreinen etwas von der

---

berührt und sich nicht entsündigt". LXX gibt den Relativsatz „die stirbt" durch einen Wenn-Satz (ἐὰν ἀποθάνῃ) wieder und stiftet damit Verwirrung. WEVERS, *Numbers* beruft sich auf den gesunden Menschenverstand, der fordert, daß „der stirbt" sich auf den Toten, „und nicht gereinigt worden ist" dagegen auf den ihn Berührenden bezieht und übersetzt: „if *it* has died, and *he* has not been cleansed". So auch BdA. SD dagegen: „Jeder, der [...] berührt, verunreinigt, wenn er stirbt und nicht gereinigt wurde, das Zelt des Herrn." So auch NETS. VL hat LXX verstanden wie SD, und Augustinus hat Mühe, daraus einen erträglichen Sinn zu entnehmen.

[63] Auch in *c. adv. leg.* 2,23 gewinnt Augustinus aus dieser Stelle ein Argument für die Unsterblichkeit der Seele.

cinere illius exustae purificationis et effundent super illum - id est super eundem cinerem - *aquam vivam in vase; et accipiens hyssopum intinguens in aqua vir mundus et circumaspergens super domum et super vasa et super animas, quotquot fuerint illic, et super eum qui tetigerit os humanum aut vulneratum aut mortuum aut monumentum et asperget mundus super inmundum die tertio et in die septimo et purificabitur die septimo et lavabit vestimenta sua et lavabitur aqua et inmundus erit usque ad vesperam.* Alia est aqua aspersionis et alia utique illa, qua lavabit vestimenta sua. *Et lavabitur aqua*, quam puto spiritalem intellegendam per significationem, non per proprietatem. Nam sine dubio visibilis erat sicut illae omnes umbrae futurorum. Proinde qui sacramento baptismi recte abluitur, quod illa aspersionis aqua figurabatur, mundatur et spiritaliter, id est invisibiliter et in carne et in anima, ut sit mundus et corpore et spiritu. Quod vero hyssopo dixit aquam aspersionis aspergi, qua herba supra diximus fidem significari, quid aliud occurrit nisi quod scriptum est: *Fide mundans corda eorum*? Non enim prodest baptismus, si desit fides. A viro autem mundo dixit hoc fieri, ubi significantur ministri portantes personam domini sui, qui vere vir mundus est. Nam et de his ministris in consequentibus dicit: *Et qui circumasperget aquam aspersionis lavabit vestimenta sua* - id est observabit et corpore - *et qui tetigerit aquam aspersionis inmundus erit usque ad vesperam. Et omne quodcumque tetigerit illud inmundus inmundum erit; et anima quae tetigerit inmunda erit usque ad vesperam.* Iam dixi superius quid mihi significare videatur *usque ad vesperam.*

34 *Omnis qui tetigerit super faciem campi vulneratum aut mortuum aut os hominis aut monumentum.* Quaeri potest quid dictum sit *vulneratum aut mortuum.* Si enim aliud voluit intellegi vulneratum, aliud mortuum, cavendum est, ne putetur inmundus esse etiam qui tetigerit vulneratum vivum, quod utique absurdum est. Sed quia

---

162 Act 15,9

---

150 effundent] effundens *C*   152 quotquot] quodquod *C* | fuerint] fuerunt *C*   154 die¹] in praem. *Am.* μ ζ | in] *exp. V¹, om. T*   155 ad] in *C N* | vesperam] vespera *C*   156 lavabit] labit *C*, lavit *P N V T*, lavavit *S*   160 et¹ *om. P S V T*   161 hyssopo] ysopum *C P S¹ V N* aquam] aqua *p V²* | aspergi] aspargi *C n* | supra *om. T*   162 diximus fidem] fidem diximus *T*   163 prodest] prodeest *N*   165 vere] vero *C* | et¹ *om. C P S*   166 aquam] aqua *C*   167 vesperam] vesperum *S*   168 illud *om. T* | inmundus] *del. V*   34,3 inmundus] inmundum *p T*

---

⁶⁴ TM, gefolgt von Vulg: „Und am Abend wird er rein sein." LXX, gefolgt von VL, formuliert dagegen entsprechend V 7.8.10.21.22, er werde unrein sein (SDE).

Asche jener zur Reinigung verbrannten [jungen Kuh] nehmen und über jene" – d.h. über eben diese Asche – „lebendiges Wasser in einem Gefäß ausgießen; und ein reiner Mann soll den Hysop ergreifen, ihn in das Wasser tauchen und [damit] das Haus und die Gefäße und die Seelen (Menschen) besprengen, soviele sich dort aufgehalten haben, und den, der das menschliche Gebein oder den Verwundeten oder den Toten oder das Grab berührt hat, und der Reine soll [damit] den Unreinen am dritten Tag und am siebten Tag besprengen, und er wird am siebten Tag gereinigt werden, und er soll seine Kleider waschen und soll sich mit Wasser waschen, und er wird unrein sein bis zum Abend."[64] Das Wasser der Besprengung ist natürlich etwas anderes als jenes [Wasser], in dem er seine Kleider waschen soll. „Und er soll sich mit Wasser waschen"; dieses [Wasser] ist meines Erachtens im geistlichen Sinn zu verstehen, der Vorausbezeichnung, nicht dem Wortsinn nach. Denn zweifellos war es sichtbar, wie alle jene Schatten der zukünftigen [Dinge]. Wer durch das Sakrament der Taufe richtig abgewaschen wird, was jenes Besprengungswasser vorausbezeichnete, wird folglich auch geistlich, d.h. auf unsichtbare Weise, sowohl dem Fleisch als auch der Seele nach gereinigt, so daß er sowohl am Leib als auch am Geist rein ist. Sofern die Schrift aber gesagt hat, das Besprengungswasser werde mit dem Hysop gesprengt, welches Kraut, wie wir oben sagten, den Glauben bezeichnet, was kommt uns anderes [in den Sinn] als das Schriftwort: „ihre Herzen durch den Glauben reinigend" (Apg 15,9)? Die Taufe nützt nämlich nichts, wenn der Glaube fehlt. Durch einen reinen Mann aber werde dies durchgeführt, hat die Schrift gesagt; dadurch werden die Diener bezeichnet, die die Rolle ihres Herrn spielen, der wahrhaftig ein reiner Mann ist. Denn sie spricht im folgenden auch von diesen Dienern: „Und wer das Besprengungswasser versprengen wird, soll seine Kleider waschen" – d.h. er soll auf [die Reinheit] auch an seinem Körper achten –, „und wer das Besprengungswasser berührt hat, wird bis zum Abend unrein sein, und alles, was der Unreine berührt hat, jenes wird unrein sein; und die Seele (Person), die [ihn] berührt hat, wird bis zum Abend unrein sein." Was mir [die Wendung] „bis zum Abend" zu bedeuten scheint, habe ich schon weiter oben ausgeführt.[65]

qu. 4,34 (zu Num 19,16)

34 „Jeder, der auf freiem Feld einen Verwundeten oder Gestorbenen oder den Knochen eines Menschen oder ein Grab berührt hat". Man kann fragen, was mit „einen Verwundeten oder Gestorbenen" gemeint ist. Wenn die Schrift nämlich wollte, daß man den Verwundeten vom Toten verschieden auffasse, muß man sich davor hüten, daß auch derjenige für unrein gehalten wird, der einen lebenden Verwundeten berührt hat, was selbstverständlich unsinnig ist.

---

[65] Vgl. oben *qu.* 4,33,9.

possunt et mortui esse vulnerati, ipsos mortuos intellegitur discrevisse, ut et 5
vulneratum mortuum intellegamus, id est vulnere peremptum aut mortuum sine
vulnere.

35 Quod de petra aqua educta est, apostolus Paulus quid esset exposuit, ubi
ait: *Et omnes eundem potum spiritalem biberunt. Bibebant enim de spiritali sequenti petra;
petra autem erat Christus.* Significata est ergo de Christo profluens gratia spiritalis,
qua interior sitis inrigaretur. Sed quod virga petra percutitur, crux Christi figuratur. Ligno enim accedente ad petram gratia ista manavit; et quod bis percutitur, 5
evidentius significat crucem. Duo quippe ligna sunt crux.

36 Quod de aqua illa quae de petra profluxit dictum est: *Haec aqua contradictionis, quia maledixerunt filii Israhel ante dominum, et sanctificatus est in ipsis,* prius maledixerunt, quando locuti sunt contra beneficium domini, quo educti erant de
Aegypto; et postea sanctificatus est in ipsis, cum illo miraculo profluentis aquae
eius sanctitas declarata est. An forte duo genera hominum demonstravit, et 5
contradicentium gratiae Christi et percipientium gratiam Christi, ut illis sit aqua
contradictionis, istis sanctificationis? Nam et de ipso domino in evangelio
legitur: *Et in signum cui contradicetur.*

37 Quod inter mandata Moyses ad regem Edom dicit inter cetera: *Neque
bibemus aquam de lacu tuo,* intellegendum est gratis, id est quia non gratis bibemus.
Quod postea manifestat dicens: *Si autem de aqua tua bibemus ego et pecora mea, dabo
pretium tibi.*

38 *Non declinabimus in dextera neque in sinistra.* Pluraliter dictum est in ea quae
dextra sunt vel quae sinistra sunt.

35,2 1 Cor 10,4   **36,2** prius…4 Aegypto] cf. Nm 20,4-6   **8** Lc 2,34

35,1 aqua educta] quae ducta *n*   **2** enim] autem *P V T* | sequenti] consequenti eos *S*   **5** ista
om. P S V T Am. μ | manavit] mannabit *C* | bis] vis *C*   **36,1** quae] quod *C n*   **3** quo] qua *n*
4 profluentis] profluentes *C*   **8** legitur] *ex* loquitur *V* | contradicetur] contradicitur *C n*
37,1 dicit] dicet *C* | inter²] in *T*   **3** quod…bibemus *om. C¹ per homoiot.*   **38,1** declinabimus]
declinavimus *C n* | dextera] dexteram *C S*, dextram *P¹ V* | sinistra] sinistram *C P¹ S V*
2 dextra] *C P S V N T*, dextera *edd.*

---

⁶⁶ Zu weiteren typologischen Auslegungen Augustins dieser und anderer Art vgl. NBA.

Weil aber auch Tote verwundet sein können, erkennt man, daß sie unter den Toten selbst dergestalt eine Unterscheidung gemacht hat, daß wir [darunter] auch einen verwundeten Toten, d.h. einen durch Verwundung [mit einer Waffe] Umgekommenen, oder einen Toten ohne Verwundung verstehen.

qu. 4,35 (zu Num 20,11)

35 Der Apostel Paulus hat dargelegt, was es [geistlich] bedeutet, daß Wasser aus dem Felsen hervorgerufen wurde: „Und alle tranken denselben geistlichen Trank; sie tranken nämlich aus dem geistlichen Felsen, der mit ihnen zog; der Fels aber war Christus (1Kor 10,4)." Es ist daher die geistliche Gnade, die aus Christus hervorfließt, vorausbezeichnet, durch die der innerliche Durst gestillt wird. Daß aber mit dem Stab auf den Felsen geschlagen wird, bezeichnet das Kreuz Christi voraus. Denn diese Gnade strömte heraus, als das Holz den Felsen berührte; und daß er zweimal geschlagen wird, bezeichnet noch deutlicher das Kreuz voraus. Zwei Hölzer bilden ja das Kreuz.[66]

qu. 4,36 (zu Num 20,13)

36 Bezüglich der Aussage über jenes Wasser, das aus dem Felsen hervorströmte: „Dies ist das Wasser des Widerspruchs, weil die Söhne Israel vor dem Herrn gelästert haben und er sich an ihnen als heilig erwiesen hat": zunächst haben sie gelästert, als sie gegen die Wohltat des Herrn, durch die sie aus Ägypten herausgeführt worden waren, redeten (vgl. Num 20,4-6); und anschließend hat er sich gerade an ihnen als heilig erwiesen, als sich seine Heiligkeit durch jenes Wunder des [aus dem Felsen] hervorströmenden Wassers offenbarte. Oder hat er vielleicht zwei Arten von Menschen bezeichnet, einerseits [die Art] derer, die der Gnade Christi widersprechen, und andererseits [die Art] derer, die die Gnade Christi annehmen, so daß es für jene das Wasser der Widerrede, für diese [das Wasser] der Heiligung ist? Denn vom Herrn selbst liest man im Evangelium: „und zum Zeichen, dem widersprochen werden wird" (Luk 2,34).

qu. 4,37 (zu Num 20,17.19)

37 Das, was Mose unter anderem unter den Botschaften an den König von Edom sagt: „Und wir werden kein Wasser aus deinem Brunnen trinken", bedeutet: ‚ohne Bezahlung', d.h. ‚daß wir nicht ohne Bezahlung trinken werden'. Das spricht er später deutlich aus: „Wenn wir aber von deinem Wasser trinken, ich und mein Vieh, werde ich dir dafür zahlen."

qu. 4,38 (zu Num 20,17)

38 „Wir werden nicht nach den rechts [Gelegenen] noch nach den links [Gelegenen] abbiegen": das ist im Plural ausgedrückt: ‚zu den Dingen, die rechts liegen oder die links liegen'.

qu. 4,39 (zu Num 20,24)

39 „Ihr werdet nicht in das Land hineinkommen, das ich den Söhnen Israel zum Besitz gegeben habe, denn ihr habt mich an den Wassern der Lästerung

39 *Non introibitis in terram quam dedi filiis Israhel in possessionem, quoniam exacerbastis me super aquam maledictionis.* Quam dixit superius aquam contradictionis, ipsam dicit hic *maledictionis;* non enim ait ἀντιλογίας, sed λοιδορίας.

40 *Et vovit Israhel votum domino et dixit: Si mihi tradideris populum istum subiectum* - id est: Si mihi eum tradendo subieceris - *anathemabo illum et civitates eius.* Hic videndum est, quomodo dicatur anathemabo, quod vovetur et tamen pro maledicto ponitur, sicut et de isto populo dicitur. Unde illud est: *Si quis vobis evangelizaverit praeterquam quod accepistis, anathema sit.* Hinc vulgo ductum est, ut devotatio dicatur; nam devotare se quemquam nemo fere dicit nisi maledicens.

41 *Et anathemavit eum et civitates eius; et vocatum est nomen loci illius anathema.* Hinc ductum est, ut anathema detestabile aliquid et abominabile videatur. Ut enim nihil inde victor in usus suos auferret, sed totum in poenam luendam voveret, hoc erat anathemare, quod vulgo dicitur devotare. Origo autem huius verbi est in Graeca lingua ab his rebus, quae votae et persolutae, hoc est promissae et redditae sursum ponebantur in templis ἀπὸ τοῦ ἄνω τιθέναι, hoc est sursum ponere vel figendo vel suspendendo.

42 In itinere filiorum Israhel, quo castra promovebant atque ponebant, inter cetera scriptum est: *Et inde castra conlocaverunt trans Arnon in Ermon quod exstat a*

39,2 quam...contradictionis] cf. Nm 20,13 40,4 Gal 1,9

39,2   quam...3 sed λοιδορίας] non enim ait antilogias sed lidorias quam dixit superius *eqs. S* 3 dicit hic] hic dicit *T* | ἀντιλογίας] antilogias *C P S V N T* | λοιδορίας] lydorias *C p P V T*, lidorias *S n*   40,3 vovetur] vocetur *C*   5 ductum] dictum *C P V T*   6 quemquam] quamquam *n*   41,1 civitates] civitatem *Am. μ*   2 ut¹ *om. P¹ S¹ V* | anathema] quod *add. V* 3 auferret] auferrit *C*   5 persolutae] persoluta ē *C*   6 ἀπὸ...τιθέναι] apo tu ano t(ch)ithene *C N*, apotuanotithermę *P T*, apotu anothithene *S V*   42,1   promovebant] promovebunt *C* 2 Ermon] Hermon *n*, Eremo *μ*

---

[67] Während nach TM, gefolgt von Vulg, JHWH zwar zu Mose und Aaron spricht, aber die Strafe nur über Aaron verhängt, läßt LXX, gefolgt von VL, durch pluralische Formulierung die Strafe Mose und Aaron treffen.
[68] TM hat: וְהַחֲרַמְתִּי „ich werde die Vernichtungsweihe (Bannung) vollziehen.", LXX, der VL folgt, dagegen: ἀναθεματιῶ „ich werde verfluchen".
[69] Der folgende Passus ist in TM teilweise unverständlich und hat auch in der modernen Exegese vielfältige Konjekturen provoziert. Vgl. SEEBASS, *Numeri* zu TM, WEVERS, *Numbers* 346-347 zu den Varianten in LXX. LXX versucht in V 14 eine sinnvolle Wie-

erbittert."⁶⁷ Das Wasser, das die Schrift weiter oben ‚Wasser des Widerspruchs' genannt hat (vgl. Num 20,13), nennt sie hier „[Wasser] der Lästerung": sie sagt nämlich nicht ἀντιλογίας, sondern λοιδορίας.

qu. 4,40 (zu Num 21,2)

40 „Und Israel gelobte dem Herrn ein Gelübde und sagte: wenn du mir dieses Volk unterworfen ausgeliefert hast" – d.h. wenn du es mir dadurch, daß du [es mir] auslieferst, unterworfen hast –, „werde ich jenes und seine Städte anathematisieren."⁶⁸ Hier ist darauf zu achten, in welchem Sinn [das Verb] ‚ich werde anathematisieren' verwendet wird, das Gegenstand eines Gelübdes ist und dennoch für eine Verwünschung gebraucht wird, wie es auch von diesem Volk ausgesagt wird. Daher [lautet] auch jener [Ausspruch]: „Wenn irgend jemand euch ein anderes Evangelium verkündet hat außer dem, das ihr empfangen habt, sei er verflucht (Gal 1,9)." Daraus hat sich ergeben, daß es allgemein im Sinn von *devotatio* (Verwünschung) gebraucht wird; denn nahezu niemand sagt, er verwünsche jemanden, außer wenn er [ihn] verflucht.

qu. 4,41 (zu Num 21,3)

41 „Und [Israel] anathematisierte ihn (den Kanaanäer) und seine Städte; und jener Ort erhielt den Namen *anathema* (Verfluchung)." Daraus hat man geschlossen, daß *anathema* (Verfluchtes) als etwas Verabscheuenswertes und Abscheuliches angesehen wurde. Daß nämlich der Sieger nichts davon für seine Bedürfnisse abzweige, sondern das Ganze zur Verbüßung der Strafe gelobe, dies bedeutete ‚anathematisieren', wofür man allgemein *devotare* gebrauchte. Etymologisch leitet sich dieses Wort in der griechischen Sprache von den Dingen ab, die, nachdem sie gelobt und bezahlt, d.h. versprochen und erstattet waren, oben in die Tempel gelegt wurden ἀπὸ τοῦ ἄνω τιθέναι, d.h. in der Höhe anbringen, sei es durch Anschlagen, sei es durch Aufhängen.

qu. 4,42 (zu Num 21,13-15)

42 Bezüglich der Route der Söhne Israel, auf der sie das Lager voranrückten und aufschlugen, sagt die Schrift u.a.:⁶⁹ „Und von dort [brachen sie auf und]⁷⁰

---

dergabe, übersetzt z.B. singularisch „Krieg des Herrn" statt „Kriege JHWHs", und die der VL zugrunde liegende LXX-Version macht diesen Ausdruck zum Subjekt des folgenden, indem sie, um einen Satz zu erzeugen, das Verb „in Brand setzen" hinzufügt. In V 15 weicht LXX gänzlich von TM ab und findet nicht den Landnamen ‚Ar', sondern denkt an ‚Er', den Sohn Judas und einer Kanaanäerin (Gen 38,3.6.7; 46,12), vgl. BdA. VL weicht in der von Augustinus zitierten Fassung in Details von VL:Cod.Lugd. ab, beide folgen weitgehend LXX. z.B. V 13: Cod.Lugd., entsprechend TM und LXX: *in deserto* „in der Wüste"; VL des Augustinus: Ortseigenname: *Ermon*; V. 14: Cod.Lugd. entsprechend LXX: *dicitur in libro: Bellum Domini Zoob inflammavit* („In einem Buch heißt es: Der Krieg des Herrn hat Zoob in Brand gesetzt"), so versteht es wohl auch die VL

limitibus Amorrhaeorum. Est enim Arnon limes Moab inter Moab et inter Amorrhaeum. Propterea dicitur in libro: Bellum domini Zoob inflammavit et torrentes Arnon. Et torrentes constituit inhabitare Er. In quo libro hoc scriptum sit, non commemoravit, neque ullus est in his quos divinae scripturae canonicos appellamus. De talibus occasiones reperiunt, qui libros apocryphos incautorum auribus et curiosorum conantur inserere, ad persuadendas fabulosas inpietates. Sed hic dictum est scriptum in libro, non dictum est in cuius prophetae vel patriarchae sancto libro. Neque negandum est fuisse iam libros sive Chaldaeorum, unde egressus est Abraham, sive Aegyptiorum, ubi didicerat Moyses omnem illorum sapientiam, sive cuiusque gentis alterius, in quorum librorum aliquo potuit hoc esse scriptum: Qui tamen non ideo sit adsumendus in eas scripturas quibus divina commendatur auctoritas. Sicut nec propheta ille Cretensis, cuius mentionem facit apostolus, nec Graecorum scriptores vel philosophi vel poetae, quos idem ipse apostolus magnum sane aliquid et veraciter promtum ad Athenienses loquens dixisse confirmat: *In illo enim vivimus et movemur et sumus.* Licet enim divinae auctoritati unde voluerit quod verum invenerit testimonium sumere; sed non ideo omnia quae ibi scripta sunt accipienda confirmat. Cur autem hoc isto commemoratum sit loco, non evidenter adparet; nisi forte, ut fines illic inter duas gentes constituerentur, bello actum est, quod bellum eiusdem loci homines propter magnitudinem bellum domini esse dixerunt, ut scriberetur in aliquo eorum libro: *Bellum domini Zoob inflammavit,* quod vel arserit eodem bello ista civitas aut ad pugnandum inflammata sit, hoc est excitata, vel si quid aliud in obscuritate loci huius latet.

42,11 Aegyptiorum...sapientiam] cf. Act 7,22   **14** propheta...apostolus] cf. Tit 1,12   **17** Act 17,28

---

3 est...Amorrhaeum *om. T per homoiot.* | Arnon] Armon *N* | Moab inter *om. V*   **4** Zoob] Ioab *C P S V¹ N T,* Moab *V²*   **5** Er] *Am.* μ ζ, et *codd.*   **11** cuiusque] cuius cumque *T*   **13** tamen] tunc *add. T* | non ideo] ideo non *T*   **16** ad *om. P¹,* aput *V*   **19** commemoratum] commemorato *C*   **20** constituerentur] constituerunt *C¹*   **23** Zoob] *scripsit in spatio vacuo C²,* Zoab *p T* | arserit] asserit *p* | eodem] eorum *C* | aut] ut *p* | pugnandum] purgandum *N*

---

des Augustinus, der entsprechend LXX und VL:Cod.Lugd. auslegt und „Krieg des Herrn" nicht als Titel des Buches versteht.

[70] Die eingeklammerten Wörter sind in der VL des Augustinus wohl aus Versehen weggefallen, denn sie sind in VL:Cod.Lugd. vorhanden *(et inde promoverunt et constituerunt [...]),* und *inde castra conlocaverunt* ist eine harte Fügung.

schlugen das Lager jenseits des Arnon auf, in Ermon, das an den Grenzen der Amoriter liegt. Der Arnon bildet nämlich das Grenzgebiet Moabs zwischen Moab und dem Amoriter. Deswegen wird in einem Buch gesagt: Der Krieg des Herrn hat Zahab in Brand gesetzt und die Sturzbäche des Arnon. Und die Sturzbäche [des Arnon] richtete er ein, damit Er sie bewohne." In welchem Buch dies geschrieben steht, hat die Schrift nicht erwähnt, und es findet sich auch kein derartiges unter denen, die wir die kanonischen Bücher der göttlichen Schriften nennen. Diejenigen, die die apokryphen Bücher den Ohren unbedachter und neugieriger [Menschen] einzuprägen versuchen, finden in derartigen [Büchern] Gelegenheiten, zu unglaublichen Ruchlosigkeiten zu überreden. Aber hier ist gesagt worden, [es] sei in einem Buch geschrieben, es ist nicht gesagt worden, in welches Propheten oder heiligen Patriarchen heiligem Buch. Man kann auch nicht leugnen, daß es schon Bücher gegeben hat, sei es der Chaldäer, aus [deren Land] Abraham ausgezogen ist, sei es der Ägypter, wo Mose deren ganze Weisheit gelernt hatte (vgl. Apg 7,22), sei es eines beliebigen anderen Volkes; in irgendeinem dieser Bücher konnte dies geschrieben worden sein. Dieses [Buch] darf dennoch nicht deswegen unter die Schriften aufgenommen werden, denen göttliche Autorität zugesprochen wird. Wie auch weder jener Philosoph aus Kreta, den der Apostel erwähnt (vgl. Tit 1,12),[71] noch die Schriftsteller oder Philosophen oder Dichter der Griechen, von denen derselbe Apostel in seiner Rede zu den Athenern bestätigt, daß sie in der Tat etwas Bedeutendes und wahrhaft Offenkundiges gesagt haben: „Denn in jenem leben wir und bewegen wir uns und sind wir" (Apg 17,28). Der göttlichen Autorität steht es nämlich frei, ein Zeugnis, das sie als richtig erfunden hat, zu nehmen, woher es ihr gefiel; aber dadurch bestätigt sie nicht, daß alles, was dort geschrieben ist, angenommen werden soll. Warum aber dieses [Ereignis] an dieser Stelle erwähnt worden ist, liegt nicht offen zutage; falls nicht vielleicht ein Krieg geführt worden ist, um dort die Grenzen zwischen zwei Völkern festzusetzen, ein Krieg, von dem die Menschen derselben Gegend wegen seiner Bedeutung sagten, es sei ein Krieg des Herrn, mit der Folge, daß in einem ihrer Bücher geschrieben steht: „Der Krieg des Herrn hat Zahab in Brand gesetzt", weil diese Stadt in eben diesem Krieg entweder abgebrannt ist oder zum Kampf entflammt, d.h. aufgestachelt worden ist, oder falls irgend ein anderer Sinn in dieser unverständlichen Stelle verborgen liegt.

qu. 4,43 (zu Num 21,16)

43 „Dies ist der Brunnen, von dem der Herr zu Mose gesagt hat: Versammle das Volk, und ich werde ihnen Wasser zu trinken geben." Dies ist hier so er-

---

[71] Bezug auf einen Hexameter, der dem Dichterphilosophen Epimenides (6. Jh.v.Chr.) zugeschrieben wird.

43 *Hic est puteus quem dixit dominus ad Moysen: Congrega populum, et dabo eis aquam bibere.* Ita hoc commemoratum est, quasi alicubi superius hoc ad Moysen dixisse dominus legatur; sed quia nusquam reperitur, hic intellegendum est et illic bibisse populum, qui de siccitate conquerebatur.

44 *Et percussit eum Israhel nece gladii; et dominati sunt terrae eius ab Arnon usque Iaboc usque ad filios Ammon, quoniam Iazer termini filiorum Ammon sunt. Et accepit Israhel omnes civitates istas. Et habitavit Israhel in omnibus civitatibus Amorrhaeorum in Esebon.* Hic certe Israhel possedit civitates Amorrhaeorum, quas bello superavit, quia non eas anathemavit; nam si anathemasset, possidere illi non liceret nec inde ad usus suos aliquid praedae usurparet. Notandum est sane quemadmodum iusta bella gerebantur. Innoxius enim transitus negabatur, qui iure humanae societatis aequissimo patere debebat. Sed iam ut deus sua promissa compleret, adiuvit hic Israhelitas, quibus Amorrhaeorum terram dari oportebat. Nam Edom cum similiter eis transitum denegaret, non pugnaverunt cum ipsa gente Israhelitae, id est filii Iacob cum filiis Esau, duorum germanorum atque geminorum, quia terram illam Israhelitis non promiserat; sed declinaverunt ab eis.

45 *Propterea dicent aenigmatistae: Venite in Esebon* et cetera. Qui sint aenigmatistae ideo non adparet, quia non sunt in consuetudine litteraturae nostrae neque in ipsis divinis scripturis fere alio loco reperitur hoc nomen. Sed quia videntur quasi canticum dicere, quo cecinerunt bellum inter Amorrheos et Moabitas gestum, in quo Seon rex Amorrhaeorum Moabitas superavit, non incredibiliter putantur isti aenigmatistae sic tunc appellati, quos poetas nos appellamus, eo quod poetarum sit consuetudo atque licentia miscere carminibus suis aenigmata fabularum, quibus aliquid significare intellegantur. Non enim aliter essent aenigmata, nisi esset illic tropica locutio, qua discussa perveniretur ad intellectum qui in aenigmate latitaret.

44,7 innoxius…negabatur] cf. Nm 21,21-23 **10** nam…11 Israhelitae] cf. Nm 20, 14-21

43,1 Moysen] Moyses *P* **2** ad] a *C* **3** reperitur] repperiatur *C P N* **44,2** Iaboc] μ ᵹ Obhoc *C P V N T*, Aboc *S* | usque] *et praem. Am.* μ | termini] terminum *C* | Ammon²] Amman *P¹ S V* **3** in²…4 Amorrhaeorum] *om. C per homoiot.* **5** quia] qui *T* | si] eas *add. Am.* μ **7** negabatur] negabitur *C* **8** aequissimo] aequissimum *C* | deus] dominus *p* **9** hic] *om. P V T* **45,1** aenigmatistae¹] in enigmatiste *C* | sint] sunt *N* **3** divinis *om. p* **4** Amorrheos] Amorreus *C* **9** esset illic] illic esset *P V T Am.* μ **10** qui] quia *n* | latitaret] laterent *C*

wähnt worden, als ob man irgenwo weiter oben läse, daß der Herr dies zu Mose gesagt habe; weil [etwas derartiges] aber nirgendwo zu finden ist, muß man an dieser Stelle deuten, daß das Volk, das sich über die Trockenheit beschwerte, auch dort getrunken hat.

qu. 4,44 (zu Num 21,24-25)

44 „Und Israel erschlug ihn (Sihon) mit der Schärfe des Schwertes, und seine Länder wurden vom Arnon bis zum Jabbok bis zu den Ammonitern, weil Jaser die Grenze der Ammoniter bildet, besetzt. Und Israel nahm alle diese Städte ein. Und Israel ließ sich in allen Städten der Amoriter in Heschbon nieder." Hier nahm Israel sicherlich die Städte der Amoriter, die es im Krieg besiegt hatte, in Besitz, weil es sie nicht anathematisiert hatte; hätte es sie nämlich anathematisiert, wäre es ihm nicht erlaubt, sie in Besitz zu nehmen, und es würde auch nichts von der Beute zu seinem Gebrauch beanspruchen. Es ist freilich zu beachten, auf welche Weise die gerechten Kriege geführt wurden.[72] Es wurde nämlich ein harmloser Durchzug verweigert, der nach völlig billigem Recht der menschlichen Gesellschaft offen stehen mußte (vgl. Num 21,21-23). Aber Gott hat hier, um seine Verheißungen zu erfüllen, sogleich den Israeliten geholfen, denen das Land der Amoriter gegeben werden mußte. Denn als Edom ihnen gleicherweise den Durchzug verweigerte, haben die Israeliten nicht mit diesem Volk gekämpft (vgl. Num 20,14-21), d.h. die Söhne Jakobs mit den Söhnen Esaus, der beiden leiblichen und sogar Zwillingsbrüder, weil [der Herr] den Israeliten jenes Land nicht versprochen hatte; sondern sie bogen von ihnen ab.

qu. 4,45 (zu Num 21,27-30)

45 „Deswegen werden die Volksliederdichter sagen: Kommt nach Heschbon" usw. Wer die *aenigmatistae* (Volksliederdichter) sind, ist deswegen nicht klar, weil sie nicht zu unserer literarischen Tradition gehören und dieses Wort auch in den göttlichen Schriften selbst nahezu an keiner anderen Stelle vorkommt. Aber da sie anscheinend gleichsam ein Lied vortragen, in dem sie den Krieg, der zwischen den Amoritern und den Moabitern geführt wurde, besungen haben, in dem Sihon, der König der Amoriter, die Moabiter besiegt hat, nimmt man glaubhaft an, daß damals diejenigen, die wir Dichter nennen, deswegen *aenigmatistae* genannt wurden, weil die Dichter gewohnt und berechtigt sind, ihren Liedern Rätselreden beizumischen, durch die sie, wie man meint, irgendetwas Symbolisches bezeichnen wollen. Sonst wären es nämlich keine Rätsel, wenn darin nicht eine tropische Redeweise vorläge, durch deren Erklärung man zu dem Sinn vorstieße, der sich in dem Rätsel verbirgt.

---

[72] Vgl. die Definition gerechter Kriege in *qu.* 6,10. Vgl. WEISSENBERG, *Friedenslehre*; BRACHTENDORF, *Friedensethik* 239-244. Vgl. Einleitung in *qu.* 6, Exkurs: „Der gerechte Krieg", S. 383-389.

46 Quod dicit scriptura, posteaquam Israhel vicit Amorrhaeos et possedit omnes civitates eorum, misisse legatos Balac regem Moabitarum ad conducendum Balaam, a quo malediceretur Israhel, satis ostenditur non omnes Moabitas venisse in condicionem Seon regis Amorrhaeorum, quando eos bello superavit, si quidem remansit gens Moabitarum usque ad illud tempus, ubi regnaret Balac 5 rex Moab. Quod vero Moab dixit senioribus Madian, id est Moabitae senioribus Madianitarum: *Nunc ablinguet synagoga haec omnes qui in circuitu nostro sunt*, non una gens erat, sed vicini ad vicinos dixerunt quod pariter cavendum esset. Nam Moab filius fuit Lot ex una filiarum, Madian vero filius Abrahae de Cettura. Non itaque una gens erat, sed duae vicinae atque conterminae. 10

47 Quid est quod scriptum est: *Et divinationes in manibus eorum*, cum de his diceretur quos miserat Balac ad conducendum Balaam, ut malediceret Israhel? Numquidnam ipsi divinabant? An aliquid ferebant, unde faceret Balaam, quo posset divinare, tamquam aliqua quae in sacrificiis incenderentur aut quoquo modo inpenderentur, et ideo dictae sunt divinationes, quia per haec ille poterat 5 divinare? An quid aliud? Obscure enim dictum est. Notandum sane, quod *venit deus ad Balaam et dixit ei: Quid homines hi penes te?* Et cetera. Nec dictum est utrum in somnis hoc factum sit, quamvis per noctem factum satis eluceat, cum post haec dicit scriptura: *Et exsurgens Balaam mane.* Potest enim movere quomodo cum homine pessimo deus locutus sit, quod etiam si in somnis factum esse 10 constaret, non ideo nulla quaestio remaneret propter ipsam indignitatem. Sic et dominus Iesus Christus ait de divite illo, qui destruere veteres apothecas et ampliores novas disponebat inplere: *Dixit ad illum deus: Stulte, hac nocte anima tua auferetur a te; haec quae praeparasti cuius erunt?* Ne quisquam glorietur quod ei

---

46,3 non...4 superavit] cf. Nm 21,26-30   **9** Moab...filiarum] cf. Gn 19,37 | Madian...Cettura] cf. Gn 25,1-2

46,7 Madianitarum] Moabitarum *T* | ablinguet] ablinget *P S V N T Am. μ*   **47,2** conducendum] concedendum *C*   **3** aliquid] aliqua *P S V N T Am. μ* | Balaam] Baalac *C P S V N T*   **4** quoquo] quo *p P¹ S*   **6** quid] aliquid *C*   **7** hi] hii *C*   **9** exsurgens] p̄s hęc surgens (*ex l. 8–9 post haec ?*) *vel* p̄sh ęcsurgens *C (at cf. qu. 48 l. 17 in app.)*   **14** a te *om. P¹ V* | haec] *C Am. μ*, et *P² T, om. P¹ S V N*

---

[73] Die Bedeutung des zugrunde liegenden Wortes קְסָמִים ist bis heute umstritten. LXX hat τὰ μαντεῖα (LSL mit Verweis nur auf diese Stelle Num 22,7: „rewards of divination"; MURAOKA, *Lexicon* entsprechend). Meist wird die z.B. schon von Vulg (*divinationis pretium*) vertretene Deutung „Wahrsagerlohn" bevorzugt; doch sprechen starke philologi-

qu. 4,46 (zu Num 22,4-6)

46 Dadurch, daß die Schrift sagt, nachdem Israel die Amoriter besiegt und alle ihre Städte in Besitz genommen hatte, habe Balak, der König der Moabiter, Boten zu Bileam geschickt, um ihn herbeizuholen, damit Israel von ihm verflucht werde, zeigt sich genügend deutlich, daß nicht alle Moabiter unter die Herrschaft Sihons, des Königs der Amoriter, geraten waren, als [Sihon] sie im Krieg besiegt hatte (vgl. Num 21,26-30), weil ja das Volk der Moabiter bis zu jener Zeit überlebte, in der Balak als König von Moab regierte. Bezüglich dessen, was Moab zu den Ältesten Midians, d.h. die Moabiter zu den Ältesten der Midianiter sagte: „Jetzt wird dieser Haufen alles in unserer Umgebung abfressen": sie waren nicht ein einziges Volk, sondern Nachbarn sprachen zu Nachbarn über das, was beide gleichermaßen vermeiden müßten. Denn Moab war Sohn Lots aus [seiner Verbindung mit] einer seiner Töchter (vgl. Gen 19,37), Midian hingegen Sohn Abrahams aus Ketura (vgl. Gen 25,1-2). Es handelte sich daher nicht um ein einziges Volk, sondern sie waren zwei benachbarte und aneinander grenzende Völker.

qu. 4,47 (zu Num 22,7.9.13)

47 Was bedeutet die Formulierung der Schrift: „Und [sie hatten] *divinationes* in ihren Händen", da es von denen gesagt wurde, die Balak gesandt hatte, um Bileam herbeizuholen, damit er Israel verfluche?[73] Sie haben doch wohl nicht ihrerseits geweissagt? Oder überbrachten sie etwas, das Bileam benutzen konnte, um damit zu weissagen, so wie einige Dinge, die bei Opfern entzündet oder auf welche Weise auch immer verwendet wurden, und wurden sie deswegen *divinationes* genannt, weil jener mit deren Hilfe weissagen konnte? Oder [bedeutet es] etwas anderes? Es ist nämlich dunkel formuliert. Man muß sorgfältig beachten, daß „Gott zu Bileam kam und zu ihm sagte: Was sind das für Leute bei dir?" Usw. Es ist auch nicht gesagt, ob dies in Träumen geschehen ist, wenngleich genügend deutlich in die Augen fällt, daß es sich nachts ereignet hat, da die Schrift danach sagt: „Und Bileam stand am Morgen auf." Es kann nämlich erstaunen, wieso Gott mit einem so ganz schlechten Menschen gesprochen hat; auch wenn feststünde, daß es in Träumen geschehen ist, wäre deswegen nicht jedes Problem bezüglich seiner Unwürdigkeit beseitigt. So sagt der Herr Jesus Christus auch von jenem Reichen, der plante, seine alten Speicher zu zerstören und neue größere zu füllen: „Gott sagte zu jenem: Du Tor, heute Nacht wird man deine Seele von dir nehmen; wem werden diese [Sachen] gehören, die du vorbereitet hast?" Niemand soll sich rühmen, daß Gott zu ihm auf solche Weise spricht, wie er weiß, daß so zu solchen gesprochen werden muß, da doch dies

---

sche Gründe für die von Augustinus bevorzugte Wiedergabe: „Orakelinstrumente, Losorakel"; vgl. GROSS, *Bileam* 141-143; SEEBASS, *Numeri* 15f.

loquitur deus eo modo quo talibus loquendum esse novit, quando potest hoc et 15
reprobis fieri, quia et cum per angelum loquitur ipse loquitur.

48 Quod ait Balaam iterum ad se missis honoratioribus nuntiis: *Si dederit mihi Balac plenam domum suam argento et auro, non potero praevaricare verbum domini facere illud pusillum vel magnum in mente mea*, nullum habet omnino peccatum; sed quod sequitur non est sine gravi peccato. Iam enim constans esse debuit semel audito, quod ei dixerat dominus: *Non ibis cum eis neque maledices populum; est enim* 5 *benedictus*, nec eis ullam spem dare, quod posset dominus tamquam ipse Balaam muneribus et honoribus flexus adversus populum suum, quem benedictum esse dixerat, suam mutare sententiam. Sed ibi se victum cupiditate monstravit, ubi loqui sibi dominum de hac re iterum voluit, de qua eius iam cognoverat voluntatem. Quid enim opus erat quae sequuntur adiungere: *Et nunc sustinete ibi et vos* 10 *nocte hac, et sciam quid adiciet dominus loqui ad me?* Proinde dominus videns eius cupiditatem captam devictamque muneribus permisit eum ire, ut per iumentum quo vehebatur eius avaritiam coherceret, hoc ipso confundens illam dementiam, quod prohibitionem domini per angelum factam transgredi asina non audebat, quam ille cupiditate transgredi conaretur, quamvis eandem cupiditatem timore 15 supprimeret. *Venit* enim *deus ad Balaam nocte et ait illi: Si vocare te venerunt homines, exsurgens sequere eos; sed verbum quodcumque locutus fuero ad te, hoc facies. Et exsurgens Balaam mane stravit asinam suam et abiit cum principibus Moab.* Cur post istam permissionem deum iterum non consuluit et post illam prohibitionem iterum consulendum putavit, nisi quia eius maligna cupiditas adparebat, quamvis timo- 20 re domini premeretur? Denique scriptura sequitur: *Et iratus est animatione deus, quia ibat ipse; et insurrexit angelus dei, ut non permitteret eum in via* et cetera quae sequuntur, donec asina loqueretur. Nihil hic sane mirabilius videtur quam quod loquente asina territus non est, sed insuper ei velut talibus monstris adsuetus ira perseverante respondit. Postea illi et angelus loquitur arguens et inprobans eius 25 viam: Quo viso tamen exterritus adoravit. Deinde ire permissus est, ut iam per

---

15 quo] quod *C*   16 reprobis] reprobes *C*   48,2 domini] dei *add. z*   4 gravi peccato] grave peccatum *C*   5 maledices] maledicens *C*   6 dare] daret *C T¹*   9 iam *om. C*   10 erat] erant *P S N*   12 cupiditatem] mentem cupiditate *T* | devictamque] devinctamque *C* (n *s. l. m. 1*)   13 avaritiam] abaricia *C* | coherceret] cohercere *C*   14 asina] asinam *C* | audebat] auderet *P S V N*   16 supprimeret] suprimerit *C* | vocare] vocarent *C*   17 ad] a *C* | facies] facias *V T* exsurgens²] surgens *C*

---

⁷⁴ Für *ut non permitteret* sagt Augustinus im unten wiederholten Zitat *differre*; VL:Cod. Lugd.: *ut non transmitteret*.

auch Verworfenen widerfahren kann, weil er auch dann selbst spricht, wenn er durch einen Engel spricht.

qu. 4,48 (zu Num 22,12-27)

48 In dem, was Bileam zu den zum zweiten Mal zu ihm gesandten angeseheneren Boten sagt: „Wenn Balak mir sein Haus voll Silber und Gold gegeben hätte, könnte ich das Wort des Herrn nicht übertreten, indem ich jenes in meinem Sinn klein oder groß machte", liegt überhaupt keine Sünde, aber das, was folgt, ist nicht ohne schwere Sünde. Denn bereits nachdem er einmal gehört hatte, was der Herr zu ihm gesagt hatte: „Du sollst nicht mit ihnen gehen und auch das Volk nicht verfluchen; es ist nämlich gesegnet", hätte er standhaft bleiben müssen und ihnen keine Hoffnung machen dürfen, daß der Herr so wie Bileam selbst, durch Gaben und Ehren umgestimmt, sein Urteil zuungunsten seines Volkes, das er gesegnet genannt hatte, ändern könnte. Aber darin hat er sich von Habsucht überwältigt gezeigt, als er wollte, daß der Herr zu ihm nochmals über die Angelegenheit spreche, hinsichtlich derer er seinen Willen bereits erfahren hatte. Denn wozu war es nötig das folgende hinzuzufügen: „Und nun bleibt auch ihr hier diese Nacht, und ich will erkunden, was der Herr weiter zu mir sagen wird?" Infolgedessen hat ihm der Herr, weil er sah, daß seine Habgier durch die Geschenke gefangen und besiegt worden war, erlaubt zu gehen, um durch das Lasttier, auf dem er ritt, seine Habgier zu bestrafen, indem er durch eben dieses jene Unvernunft beschämte, weil die Eselin es nicht wagte, das durch den Engel verhängte Verbot des Herrn zu übertreten, das jener aus Habgier zu übertreten versuchte, obgleich er aus Angst eben diese Habgier unterdrückte. Denn „Gott kam in der Nacht zu Bileam und sagte zu ihm: Wenn die Männer gekommen sind, um dich einzuladen, steh auf und geh mit ihnen; aber welches Wort auch immer ich zu dir gesprochen haben werde, dies sollst du tun. Und Bileam stand am Morgen auf, sattelte seine Eselin und zog mit den Fürsten Moabs los." Warum hat er nach dieser Erlaubnis Gott nicht noch einmal befragt und war nicht der Meinung, er solle ihn nach jenem Verbot noch einmal befragen, wenn nicht, weil seine verderbliche Habsucht zum Vorschein kam, obgleich er sie aus Furcht vor dem Herrn unterdrückte? Schließlich fährt die Schrift fort: „Und Gott entbrannte vor Unwillen, weil dieser ging; und der Engel Gottes erhob sich, um ihn nicht des Weges ziehen zu lassen"[74] und das Übrige, das folgt, bis die Eselin spricht. Nichts freilich erscheint hier verwunderlicher, als daß er durch das Sprechen der Eselin nicht erschreckt wurde, sondern ihr überdies, gleich als wäre er solche Wunderzeichen gewohnt, in hartnäckigem Zorn antwortete. Danach spricht auch der Engel zu jenem und rügt und tadelt seine Reise; nach dessen Anblick ist er jedoch außer sich vor Schreck [vor ihm] niedergefallen. Anschließend erhielt er die Erlaubnis zu gehen, damit gerade durch ihn jene hochberühmte Prophezeiung ausgesprochen würde.

ipsum prophetia clarissima proferretur. Nam omnino permissus non est dicere quod volebat, sed quod virtute spiritus cogebatur. Et ipse quidem reprobus mansit; nam posterior de illo sancta scriptura ita locuta est, ut quidam reprehensibiles et reprobi viam eius secuti dicerentur. *Secuti*, inquit, *viam Balaam filii* 30 *Beor, qui mercedem iniquitatis dilexit.*

49 De angelo qui locutus est Balaam in via, quo viso asina eius progredi non ausa est, scriptura ita loquitur: *Et iratus est animatione deus, quia ibat ipse; et insurrexit angelus dei differre eum in via*. Ubi primo notandum est quemadmodum quia *iratus est deus et insurrexit angelus dei* nec interposuit iratum deum misisse angelum, sed tamquam in angelo iratum deum significavit, quoniam veritas et 5 iustitia dei irasci angelum fecit. Nam *insurrexit* quod dictum est, utique commotione intellegendum est. Deinde quod ait: *Differre eum in via*, quod Graece positum est διαβαλεῖν, hoc et in consequentibus dicit ipse angelus: Et ecce ego exii in dilationem tuam, ubi Graecus habet διαβολήν. Ubi fortassis accusatio congruentius intellegitur, ut hic quod dictum est *differre eum in via*, accusare 10 accipiatur. Unde creditur etiam diabolus appellatus, tamquam accusator Latine dicendus sit, non quia nemo possit etiam bene recteque accusare, sed quoniam diabolus amat accusare utique invidentiae stimulis agitatus, quale illi in Apocalypsi testimonium perhibetur. Positum est autem hoc verbum et in comoedia, unde Latinum esse non dubium est, sub eadem significatione vel certe vicina, 15 ubi de patre irato dicitur filio: „Orationem sperat invenisse se, qua differat te."

48,30 2 Pt 2,15 **49,13** diabolus…14 perhibetur] cf. Act 12,9-10 **16** Publius Terentius Afer, Andria 2,4

---

30 et *om*. C | reprobi *om*. C¹ **31** Beor] Vehor C **49,1** viso] visu *p* **4** quia] dixerit *Am. μ* deus] dixit *add. ʒ* | et insurrexit] *Am. μ ʒ*, exsurrexit *C P S V N T (cf. l. 3, 6)* **5** angelo] angelum *P S¹ V T* **6** angelum] dei *add. P (m. 2 s. l.) T* **8** διαβαλεῖν] diabalin *C*, diaballin *P V N T*, diaballim *S* | dicit] dicet *C* **9** διαβολήν] diabolen *C P² N*, diaboliten *P¹ S V*, diabolite *T* **16** se] *om. C, eras. P*

---

[75] TM: „Der Bote JHWHs stellte sich auf den Weg als Widersacher/Hindernis (לְשָׂטָן; vgl. SEEBASS, *Numeri*) für ihn." LXX ersetzt, wie häufiger in Num 22-24, den Gottesnamen durch das Appellativ ‚Gott' (vgl. GROSS, *Bileam* 73-77; WEVERS, *Numbers*: LXX will die Rolle JHWHs minimalisieren); statt ‚sich hinstellen' wählt sie ‚aufstehen'; die Bestimmung ‚auf den Weg' läßt sie aus; das Substantiv in לְשָׂטָן deutet sie als Inf.cs. und übersetzt es durch ἐνδιαβάλλειν. Nach WEVERS, *Numbers* bedeutet es wahrscheinlich „to play the role of a διαβολός i.e. an adversary, a Satan", nach BdA und MURAOKA, *Lexicon* „abbringen von", SDE: „hindern", NETS: to oppose or accuse". Die VL des

Denn ihm wurde keinesfalls erlaubt zu sagen, was er wollte, sondern [nur das], wozu er durch die Kraft des Geistes gezwungen wurde. Und er selbst blieb jedoch verworfen; denn später hat die Heilige Schrift in der Weise von jenem gesprochen, daß sie sagte, gewisse tadelnswerte und verworfene [Menschen] wären seinem Weg gefolgt. „Sie folgten", sagt sie, „dem Weg Bileams, des Sohnes Beors, der den Lohn für Ungerechtigkeit liebte" (2Petr 2,15).

qu. 4,49 (zu Num 22,22.32)

49 Über den Engel, der zu Bileam auf dem Weg gesprochen hat, bei dessen Anblick seine Eselin nicht gewagt hat weiterzugehen, spricht die Schrift folgendermaßen: „Und Gott entbrannte vor Unwillen, weil dieser ging; und der Engel Gottes erhob sich, um ihn auf dem Weg aufzuhalten."[75] Hier verdient zuerst Beachtung, wie [die Schrift zwar sagte,] daß „Gott zornig wurde und der Engel Gottes sich erhob", aber nicht [die Aussage] dazwischen einschob, Gott habe im Zorn den Engel gesandt, sondern gleichsam durch den Engel den erzürnten Gott bezeichnete, da ja die Wahrheit und die Gerechtigkeit Gottes den Engel zornig machte. Denn die Wendung: „er erhob sich" bedeutet natürlich: ‚[er erhob sich] in Erregung'. Was die Schrift danach sagt: „um ihn auf dem Weg aufzuhalten", wofür im Griechischen das Wort διαβαλεῖν gesetzt ist, dies sagt im folgenden auch der Engel selbst: ‚Und siehe, ich bin ausgezogen, um dich aufzuhalten', wofür der Grieche hat: διαβολήν. Darunter versteht man dort vielleicht passender eine Anklage, so daß der hiesige Ausdruck *differre eum in via* als ‚anklagen' gedeutet wird. Man meint auch, daß das Wort *diabolus* (Teufel) davon abgeleitet ist, so daß er gleichsam auf Lateinisch ‚Ankläger' genannt werden müßte, nicht weil niemand auch aus guten Gründen und berechtigterweise anklagen könnte, sondern weil der Teufel es liebt anzuklagen, freilich durch Neid und Eifersucht angestachelt; derartiges bezeugt die Offenbarung (des Johannes) von ihm (vgl. Offb 12,9-10). Dieses Wort ist aber auch in der Komödie, weswegen es zweifellos lateinisch ist, mit derselben oder doch wenigstens ähnlichen Bedeutung [an der Stelle] gebraucht worden, wo über einen erzürnten Vater zu seinem Sohn gesagt wird: „Er hofft, eine Formulierung ausgedacht zu haben, durch die er dich in Verwirrung setzen[76] kann" (Publius Terentius Afer, *Andria* 2,4).

Man pflegt aber *differat* an dieser Stelle dahingehend zu verstehen, daß es bedeutet: daß er [ihn] durch einen Gewittersturm von Worten hierhin und dort-

---

Augustinus folgt in allem LXX, hat aber ein Übersetzungsäquivalent für בְּדֶרֶךְ, das sie jedoch im Gegensatz zu TM nicht vom Verb des Hauptsatzes, sondern vom Übersetzungsäquivalent für לְשָׂטָן abhängig macht. VL:Cod.Lugd. ist noch näher an TM: *et contra stetit angelus Dei in via ut non transmitteret eum* (vgl. dazu BILLEN, *Texts* 66).

[76] Oder: ‚zerreißen'?

1200 Solet autem hic intellegi differat velut hac atque illac ferat tempestate verborum, quasi discerpat et dissipet: Quod utique ille accusando videbatur esse facturus. Sed et si *differre eum in via* sic intellexerimus, quia distulit angelus eius festinationem remorando, ut ei quod opus erat et demonstraret et diceret, non 20 absurda est huius verbi etiam sub ista significatione positio.

50 *Et cum vidisset asina angelum dei resistentem in via et gladium evaginatum in manu eius, et declinavit asina de via et ibat in campum.* Campus iste adhuc extra macerias vinearum fuit. *Et percussit asinam in virga, ut corrigeret eam in via. Et stetit angelus dei in sulcis vinearum, maceria hinc et maceria hinc.* Merito quaeritur, si hinc atque inde maceriae in medio ponebant viam, sicut fieri solet, quomodo ibi stans angelus 5 dicitur stetisse in sulcis vinearum; neque enim in via inter macerias potuerunt sulci esse vinearum. Sed ordo verborum est: *Ut corrigeret eam in via, maceria hinc et maceria hinc*. In hac ergo via corrigere voluit asinam Balaam, ut inter macerias ambularet. Interpositum est autem: *Et stetit angelus dei in sulcis vinearum*, in una 1220 scilicet vinearum, quae in medio ponebant viam. *Et cum vidisset asina angelum dei,* 10 *compressit se ad parietem*, id est ad maceriam illius utique vineae, in qua non erat angelus, quoniam ab alia parte erat in sulcis vinearum. *Et compressit pedem Balaam ad parietem; et adiecit adhuc caedere eam. Et adposuit angelus dei et adiciens substitit in loco angusto* - iam non in sulcis vinearum, sed inter ipsas macerias, id est in via - *in quo non fuit declinare dextram nec sinistram. Et cum vidisset asina angelum dei, consedit sub* 15 *Balaam*. Caesa enim retro non ibat, in parietem non se premebat, quoniam non ab altera parte terrebatur, sed in media via in angusto angelus erat; restabat ergo

---

18 utique *om.* P V T | ille] quidem *add.* P V T   **21** significatione] s̄eificatione V² **50,1** gladium evaginatum] evaginatum gladium *Am.* μ   **2** et¹] *exp.* V   **3** virga] virgam C   **4** maceria¹] macherie C   **8** corrigere] corrigeret C | asinam] asina S V⁷   **9** dei *om.* C *iuxta* z, *sed errore*   **10** vidisset] audisset T | asina] asinam C   **11** vineae] vinearum C   **13** adiciens] abiens z substitit] subsistit C P S V, subsistit T   **15** quo] qua S | nec] neque P S V T *Am.* μ | asina] asinam C   **16** retro] in *praem.* P S V⁷ N T | parietem] partem C P S V⁷ N

---

[77] TM: „Und der Engel JHWHs stellte sich in den Hohlweg zwischen den Weinbergen." Das hapax legomenon מִשְׁעוֹל bedeutet wahrscheinlich ‚Hohlweg'; vgl. Ges¹⁸. LXX: ἐν ταῖς αὔλαξιν: „durch Pflügen verursachte Furchen" (LSL). Nach WEVERS, *Numbers* bezog sich der Terminus in LXX auf die schmalen Abstände zwischen den Reihen der Weinstöcke. Er erklärt aber die Lesart der LXXA: ἀμπελώνων (‚der Weinberge') für ursprünglich, diejenige der LXXB: ἀμπέλων (‚der Weinstöcke') für sekundär. Aus den Mauern des TM (גָּדֵר) werden in LXX Zäune (φραγμός; SDE: eher: Mauern). VL hat entsprechend TM „Mauern" *(maceria)*, aber Cod.Lugd. hat Zäune *(saepes)* anstelle der Furchen: *et stetit angelus Dei inter saepes vinearum, maceria erat hinc et inde*. Die VL Augustins

hin treiben, gleichsam zerreißen und zersprengen kann: das schien jener vor allem durch Anklagen erreichen zu wollen. Aber auch wenn wir *differre eum in via* in der Weise verstanden hätten, daß der Engel seine Eile durch Verzögerung hemmte, um ihm sowohl zu zeigen als auch zu sagen, was [er] tun sollte, ist die Verwendung dieses Wortes auch in dieser Bedeutung nicht sinnlos.

qu. 4,50 (zu Num 22,23-29)

50 „Und als die Eselin den Engel Gottes, der sich auf dem Weg entgegenstellte, und das gezückte Schwert in seiner Hand gesehen hatte, [und] da wich die Eselin vom Weg ab und lief ins Feld." Dieses ‚Feld' befand sich noch außerhalb der Weinbergmauern. „Und er schlug die Eselin mit dem Stock, um sie auf den Weg zurückzubringen. Und der Engel Gottes stellte sich in den Furchen zwischen den Weinstöcken[77] auf, eine Mauer hier und eine Mauer dort." Man fragt zu Recht, wieso, wenn die beidseitigen Weinbergmauern, wie üblich, in der Mitte einen Weg ließen, von dem dort stehenden Engel gesagt wird, er habe sich in den *sulcis uinearum* aufgestellt; denn auf dem Weg zwischen den Mauern konnten sich doch keine *sulci vinearum* befinden. Die Reihenfolge der Wörter ist jedoch: „um sie auf den Weg zurückzubringen, eine Mauer hier und eine Mauer dort". Bileam wollte die Eselin somit auf diesen Weg zurückbringen, damit sie zwischen den Mauern liefe. Es ist aber dazwischen gesetzt: „Und der Engel Gottes stellte sich in den Weinstockfurchen auf", nämlich in einem der Weingärten, die in der Mitte einen Weg ließen. „Und als die Eselin den Engel Gottes erblickt hatte, drückte sie sich an die Wand", d.h.: an die Mauer natürlich jenes Weinbergs, in dem der Engel nicht stand, da er auf der anderen Seite in den Weinstockfurchen stand. „Und sie drückte den Fuß Bileams an die Wand; und er gab ihr noch weitere Schläge. Und der Engel Gottes stellte sich [an einer anderen Stelle] auf, und zusätzlich wählte er seine Position an einer engen Stelle" – nicht mehr in den Weinstockfurchen, sondern genau zwischen diesen Mauern, d.h. auf dem Weg –, „an der man weder nach rechts noch nach links ausweichen konnte. Und als die Eselin den Engel Gottes erblickt hatte, kauerte sie sich unter Bileam nieder." Da sie geschlagen worden war, ging sie nämlich nicht zurück, an die Wand drückte sie sich nicht, weil sie nicht von der anderen Seite her in Schrecken versetzt wurde, sondern der Engel mitten auf dem Weg an der engen Stelle stand; es blieb ihr daher nur übrig, sich niederzu-

---

spricht dagegen mit LXX von Ackerfurchen *(in sulcis vinearum)*. Unklar ist, wo diese Ackerfurchen zu lokalisieren sind, denn *vineae* kann nicht nur ‚Weinberge', sondern auch ‚Weinstöcke' bedeuten: „in den Furchen der Weinberge" (= LXXA) oder „in den Furchen der Weinstöcke" (= LXXB). Da Augustinus erklärt, zwischen den Mauern, d.h. auf dem Weg, könne es keine derartigen Furchen geben und diese befänden sich in einem der Weingärten, versteht er den Wortlaut seiner VL wohl dahingehend, daß der Engel Gottes in den Furchen zwischen den Weinstöcken stand.

ut subsideret. *Et iratus est Balaam et percutiebat asinam virga. Et aperuit deus os asinae et ait ad Balaam: Quid feci tibi, quia percussisti me tertio hoc? Et ait Balaam asinae: Quia inlusisti mihi. Et si haberem gladium in manu mea, iam transfixissem te.* Nimirum iste tanta cupiditate ferebatur, ut nec tanti monstri miraculo terreretur et responderet quasi ad hominem loquens, cum deus utique non asinae animam in naturam rationalem vertisset, sed quod illi placuerat, ex illa sonare fecisset ad illius vesaniam cohibendam, illud fortasse praefigurans, quia *stulta mundi electurus erat deus, ut confunderet sapientes* pro illo spiritali et vero Israhel, hoc est promissionis filiis.

51 *Et factus est spiritus dei super illum*, id est super Balaam. Non factus est spiritus dei, tamquam factura sit spiritus dei; sed *factus est super illum*, id est factum est, ut super illum esset: Quomodo: *Qui post me venit, ante me factus est*, id est factum est, ut ante me esset, ut praeponeretur mihi, *quia prior me*, inquit, *erat*, sicut: *Dominus factus est adiutor meus*; non enim dominus factura est, sed factum est, ut me adiuvaret, et: *Factus est dominus refugium pauperum*, id est factum est, ut ad eum refugerent pauperes, et: *Facta est super me manus domini*, id est factum est, ut super me esset; et multa talia in scripturis reperiuntur.

52 *Et dixit dominus ad Moysen: Accipe duces populi et ostenta eos domino contra solem; et auferetur ira animationis domini ab Israhel.* Iratus deus de fornicationibus Israhel et carnalibus et spiritalibus - nam et filiabus Moab se inpudice miscuerant et idolis fuerant consecrati hoc ad Moysen dixit, ut ostentaret domino duces populi contra solem. In quo verbo intellegitur eos iussos esse crucifigi, ut hoc

---

50,24 1 Cor 1,27   **25** promissionis filiis] cf. Rm 9,8   **51,4** Io 1,30   **5** Ps 29,11   **6** Ps 9,10   **7** Ez 1,3; 3,22

---

23 rationalem] rationabilem *C*   **51,1** dei] domini *V T*   **4** praeponeretur] praeponetur *corr. m. 1 C* | me² *om. T* | erat] mihi *praem. T*   **5** sicut] et *praem. Am. μ*   **52,2** auferetur] avertetur *χ (cf. l. 18 et loc. 4,79)* | iratus] est *add. T Am. μ*   **3** Moab] Ioab *C* | miscuerant] miscuerunt *C*   **4** fuerant] fuerunt *C*   **5** verbo] verbum *C*

---

[78] Dieser Satz findet sich hier nicht in TM, er begegnet erst in 24,2. Die ungelenke deutsche Übersetzung wurde gewählt, um zu verdeutlichen, woran Augustinus Anstoß nahm.
[79] Dort als Bitte.
[80] Ez 1,3; 3,22.
[81] Im Gegensatz zu TM, LXX, VL:Cod.Lugd. und Vulg fehlt in der VL des Augustinus: ‚alle'.
[82] VL übersetzt so die Wendung der LXX: παραδειγμάτισον αὐτοὺς κυρίῳ ἀπέναντι τοῦ

kauern. „Und Bileam wurde zornig und schlug die Eselin heftig mit dem Stock. Und Gott öffnete das Maul der Eselin, und sie sagte zu Bileam: Was habe ich dir getan, daß du mich jetzt zum dritten Mal geschlagen hast? Und Bileam sagte zu der Eselin: Weil du dein Spiel mit mir getrieben hast. Und wenn ich ein Schwert in der Hand hätte, hätte ich dich schon durchbohrt." Ohne Zweifel wurde dieser von so starker Habgier getrieben, daß ihn nicht einmal ein so großes Wunderzeichen erschreckte, und er antwortete, als würde er zu einem Menschen sprechen, als Gott zwar gewiß nicht die Seele der Eselin in eine vernünftige Natur gewandelt, sondern, was ihm gefallen hatte, aus ihr hervortönen hatte lassen, um den Wahnsinn jenes [Menschen] aufzuhalten; damit hat er vielleicht vorausbezeichnet, daß „Gott das Törichte in der Welt erwählen wollte, um die Weisen zu beschämen" (1Kor 1,27), zugunsten jenes geistlichen und wahren Israel, d.h. der Söhne der Verheißung (vgl. Röm 9,8).

qu. 4,51 (zu Num 23,6)

51 „Und der Geist Gottes wurde über jenen gemacht",[78] d.h. über Bileam. Der Geist Gottes ist nicht ‚gemacht' worden, gleich als sei der Geist Gottes etwas, das gemacht wird; sondern „er wurde über jenen gemacht", d.h. es geschah, daß er auf jenem war, wie: „Der nach mir gekommen ist, ist vor mir gemacht geworden", d.h. es ist geschehen, daß er vor mir war, daß er vor mich gesetzt wurde, "weil er vor mir", heißt es, „war" (Joh 1,30), wie: „Der Herr ist mir zum Helfer gemacht worden" (Ps 30,11);[79] der Herr ist nämlich nicht etwas Gemachtes, sondern ‚es ist geschehen, daß er mir half'; und: „Der Herr ist zur Zuflucht der Armen gemacht worden" (Ps 9,10), d.h. ‚es ist geschehen, daß sich die Armen zu ihm flüchteten', und: „Die Hand Gottes ist über mich gemacht worden (gekommen)" (Ez 1,3; 3,22),[80] d.h. ‚es ist geschehen, daß sie über mir war'; und viele derartige [Wendungen] finden sich in den Schriften.

qu. 4,52 (zu Num 25,1-4)

52 „Und der Herr sagte zu Mose: Nimm die Führer[81] des Volkes und biete sie dem Herrn dar gegen die Sonne;[82] und der wütende Zorn des Herrn wird von Israel weggenommen werden." Gott war erzürnt über die sowohl fleischlichen als auch geistlichen Hurereien Israels – denn sie hatten sich sowohl mit den Töchtern Moabs unzüchtig vereinigt als auch den Götzen geweiht – und hatte dies zu Mose gesagt, daß er die Führer des Volkes dem Herrn gegen die Sonne darbieten solle. Dieses Wort bedeutet, er habe befohlen, sie zu kreuzigen; folglich bedeutet dieser [Satz]: „biete sie dem Herrn dar gegen die Sonne", d.h.

ἡλίου „mach sie zum Beispiel für den Herrn gegen die Sonne (= öffentlich)", die wiederum den nicht sicher gedeuteten TM paraphrasiert; TM: וְהוֹקַע: das Verb (nur noch in 2Sam 21) bezeichnet eine unbekannte Hinrichtungsart, vielleicht Verrenkung (vgl. SEEBASS, *Numeri*).

sit: *Ostenta eos domino contra solem*, id est palam in conspicuo lucis huius. Nam Graecus ait: Παραδειγμάτισον, quod dici posset exempla, quia παράδειγμα exemplum dicitur. Nam praeter septuaginta interpretes Aquila perhibetur dixisse *configere* vel potius *sursum configere*, quod est ἀνάπηξον, Symmachus autem verbo evidentiore *suspende*. Mirum est sane, quod scriptura narrare destiterit utrum hoc fuerit ex praecepto domini inpletum: Quod contemni potuisse non video aut, si contemptum est, inpune contemni. Si autem factum est et tacitum, cur ex eo, quod Phinees filius Eleazar transfixit adulteros, placatum fuisse dominum scriptura testatur plagamque cessasse? Quasi crucifixis ducibus, sicut praeceperat dominus, adhuc indignatio perseverans alio modo placanda videretur, cum procul dubio falsum esse non posset, quod praenuntiaverat et promiserat dominus dicens: *Accipe duces populi et ostenta eos domino contra solem; et avertetur ira animationis domini ab Israhel*. Si ergo factum erat, quis dubitet iram domini aversam fuisse ab Israhel? Quid itaque opus erat, ut adhuc Phinees ad placandum deum sic in adulteros vindicaret eique testimonium scriptura perhiberet, quod eo modo placaverit dominum? Nisi forte intellegamus, cum illud de ducibus populi Moyses, quod praeceperat, inplere disponeret, eum voluisse etiam secundum legem talia punire flagitia et sacrilegam audaciam, ut iuberet quemque interficere proximum suum diis alienis nefarie consecratum atque interea etiam illud Phinees faceret ac sic ira domini iam placata non opus fuisse duces populi crucifigi. Haec sane severitas illi tempori congrua quantum malum sit fornicationis et idolatriae prudentium fidei satis evidenter ostendit.

52,13 ex...14 cessasse] cf. Nm 25,6-8 **24** quemque...consecratum] cf. Nm 25,5

7 Παραδειγμάτισον] paradigmatis son *C*, paradigmatison *P S V N T* | παράδειγμα] paradigma *C P S V N T* **9** vel...confige²] *om. n* | ?Fn1033ἀνάπηξον] anapexon *C P S N V T* **10** narrare] renarrare *S* **14** cessasse] cessare *C* **18** avertetur] advertitur *C*, avertatur *S* iram] *et praem. C N* **19** aversam] aversa, adversam *n* | ut *om. V¹* **21** quod] quo *p* | placaverit] placaverat *C*, placuerit *P¹ V* **22** praeceperat] dominus *add. Am. µ* **23** punire] ponere *p* **25** fuisse] fuisset *T* **27** idolatriae] idolatriae *Am. µ* | prudentium] prudenciam *C*

---

[83] Symmachus: κρέμασον. Auch Vulg hat *suspende*.

[84] In unterschiedlichen Argumentationszusammenhängen bezieht sich Augustinus auf diese Tat des Pinhas: *f. et op.* 3; *c. adv. leg.* 1,29; *en. Ps.* 105,26 (*Quod si odio eorum, non dilectione fecisset, dum eum comederet zelus domus Dei, non ei reputaretur ad iustitiam* „Wenn er das aus Haß, nicht aus Liebe ihnen gegenüber getan hätte, während ihn der Eifer um das

‚öffentlich in der Helligkeit dieses Tages'. Denn der Grieche sagt: παραδειγμάτισον, was mit ‚[mache sie] zum Beispiel' übersetzt werden könnte, weil man für παράδειγμα ‚Beispiel' sagt. Denn abgesehen von den Siebzig Übersetzern hat, wie man überliefert, Aquila gesagt: „nagle an" bzw. eher „nagle hoch oben an", was ἀνάπηξον wiedergibt, Symmachus aber mit dem einleuchtenderen Wort „hänge auf".[83] Seltsam ist freilich, daß die Schrift nicht weiter erzählt hat, ob dies entsprechend dem Befehl des Herrn ausgeführt worden ist: daß man sich darüber hinweggesetzt haben könnte, sehe ich nicht, oder, daß man, falls man sich darüber hinweggesetzt hat, sich straflos darüber hinweggesetzt haben sollte. Wenn es aber durchgeführt und [nur] verschwiegen worden ist, warum bezeugt die Schrift, daß [erst] infolge dessen, daß Pinhas, der Sohn Eleasars, die Ehebrecher durchbohrt hat, der Herr besänftigt worden ist und die Plage aufgehört hat (vgl. Num 25,6-8)?[84] Gleich als ob es scheinen könnte, daß, nachdem die Führer, wie der Herr befohlen hatte, gekreuzigt worden waren, der Unmut noch anhielt und auf andere Weise besänftigt werden mußte, obgleich das zweifellos nicht falsch sein konnte, was der Herr mit den Worten im voraus angekündigt und verheißen hatte: „Nimm die Führer des Volkes und biete sie dem Herrn dar gegen die Sonne; und der wütende Zorn des Herrn wird von Israel weggenommen werden." Wer könnte daher bezweifeln, daß der Zorn des Herrn von Israel abgewendet worden ist, wenn es durchgeführt worden war? Wieso war es daher notwendig, daß Pinhas zusätzlich, um den Herrn zu besänftigen, so strafend gegen die Ehebrecher vorging und die Schrift ihm bezeugt, daß er auf diese Weise den Herrn besänftigt hat? Falls wir es nicht vielleicht [folgendermaßen] verstehen können: Als Mose Vorkehrungen traf, jenen [Befehl] bezüglich der Führer des Volkes, den [der Herr] erlassen hatte, auszuführen, wollte er zusätzlich solche Schandtaten und götzendienerische Vermessenheit dem Gesetz entsprechend bestrafen, und so befahl er, jeder solle seinen Nächsten, der sich frevelhaft fremden Göttern geweiht hatte, töten (vgl. Num 25,5); aber als inzwischen auch Pinhas jene Tat vollbrachte und so der Zorn des Herrn bereits besänftigt war, war es nicht [mehr] nötig, die Führer des Volkes zu kreuzigen. Diese jener Zeit durchaus angemessene Strenge zeigt den klugen Gläubigen genügend deutlich, wie groß die Sünde der Unzucht und des Götzendienstes ist.

qu. 4,53 (zu Num 27,13-14)

53 Der Herr nennt Mose denselben Grund für seinen Tod wie bereits für seinen Bruder. Beiden hatte er nämlich auch dies zuvor angekündigt, daß sie

---

Haus Gottes verzehrte, würde es ihm nicht zur Gerechtigkeit angerechnet." Er durchbohrte den Mann aber, der das ganze Volk symbolisierte, *ut animam eius salvaret a morte* „um seine Seele vor dem Tod zu retten.").

53 Eam causam mortis Moysi dominus dicit quam etiam fratris eius. Ambobus enim etiam hoc ante praedixerat, quod ideo non intrarent cum populo dei in terram promissionis, quia non eum sanctificaverunt coram populo ad aquam contradictionis; id est quia dubitaverunt de dono eius, quod posset aqua de petra profluere, sicut exposuimus in eo ipso scripturae loco. Huius autem rei mysterium datur intellegi, quia nec sacerdotium quod prius institutum est, cuius personam gerebat Aaron, nec ipsa lex cuius personam gerebat Moyses introducunt populum dei in terram hereditatis aeternae, sed Iesus, in quo typus erat domini Iesu Christi, id est *gratia per fidem*. Et Aaron quidem ante defunctus est, quam Israhel in aliquam partem terrae promissionis intraret; Moyse autem adhuc vivente capta est terra Amorrhaeorum atque possessa, sed Iordanem cum eis non est transire permissus. Ex aliqua enim parte lex observatur in fide christiana. Ibi sunt enim etiam praecepta, quae hodieque observare christiani iubemur. Sacerdotium vero illud et sacrificia nullam partem tenent hodie fidei christianae, nisi quod in umbris futurorum acta atque transacta sunt. Cum vero ambobus fratribus, id est Aaron et Moysi, dicitur, ut adponantur ad populum suum, manifestum est non esse in illos iram dei, quae separat a pace sanctae societatis aeternae. Unde manifestatur non solum officia, sed etiam mortes eorum signa fuisse futurorum, non supplicia indignationis dei.

54 *Et locutus est dominus ad Moysen dicens: Accipe ad te ipsum Iesum filium Nave, hominem qui habet spiritum in se ipso, et inpone manus tuas super eum; et statues eum in conspectu Eleazar sacerdotis et mandabis ei in conspectu omnis synagogae* et cetera. Notandum est, quod cum iam haberet spiritum in se ipso Iesu Nave, sicut scriptura testatur - ubi quid aliud quam spiritum sanctum debemus accipere? Non enim de spiritu hominis hoc diceret, quem nullus erat qui non habebat - iussus est

---

53,1 ambobus...4 contradictionis] cf. Nm 20,12   **9** Eph 2,8 | Aaron...10 intraret] cf. Nm 20,28   **10** Moyse...11 possessa] cf. Dt 3,8-10   **15** umbris futurorum] cf. Col 2,17; Hebr 10,1

53,1 dominus dicit] dicit dominus *P S V T Am. μ*   **3** promissionis] repromissionis *V T*   **4** aqua] aquam *C*   **13** sunt enim] enim sunt *P S V T Am. μ* | etiam...14 iubemur *om. C¹* hodieque observare] observare hodieque *C ζ* | christiani...14 iubemur] iubemur christiani *C ζ*   **17** illos] illo* *C*   **54,2** inpone] impones *p n*   **3** Eleazar] Eleazari *Am. μ*   **4** Iesu] Iesus *C P S*   **6** habebat] haberet *S*

---

[85] Vgl. *qu.* 4,19.
[86] Vgl. *c. Faust.* 16,17; *en. Ps.* 98,12: *et ostendit eos qui sub lege esse vellent, et sub gratia esse nol-*

deshalb nicht mit dem Volk Gottes das Land der Verheißung betreten dürften, weil sie ihn am Wasser des Widerspruchs nicht vor dem Volk geheiligt hatten (vgl. Num 20,12); d.h. weil sie an seiner Gabe gezweifelt hatten, daß er Wasser aus dem Felsen herausfließen lassen könne, wie wir an der entsprechenden Schriftstelle dargelegt haben.[85] Als symbolische Bedeutung dieser Angelegenheit kann aber verstanden werden, daß weder das Priestertum, das zuvor eingesetzt worden ist, dessen Rolle Aaron spielte, noch das Gesetz selbst, dessen Rolle Mose spielte, das Volk Gottes in das Land des ewigen Erbes hineinführen, sondern Josua, der der Typus des Herrn Jesus Christus war, d.h. „aus Gnade durch Glauben" (Eph 2,8). Und Aaron ist ja gestorben, bevor Israel in irgendeinen Teil des Verheißungslandes eintrat (vgl. Num 20,28); dagegen ist das Land der Amoriter noch zu Lebzeiten des Mose erobert und in Besitz genommen worden (vgl. Dtn 3,8-10), aber den Jordan mit ihnen zu überqueren war ihm nicht erlaubt. Zu einem gewissen Teil wird das Gesetz nämlich im christlichen Glauben eingehalten. Darin gibt es nämlich auch Gebote, die auch heute zu befolgen uns Christen befohlen wird. Jenes Priestertum hingegen und die Opfer haben heute keine Bedeutung für den christlichen Glauben, außer insofern sie als Schatten der zukünftigen [Güter] (vgl. Kol 2,17; Hebr 10,1) vollzogen und durchgeführt worden sind. Weil aber beiden Brüdern, d.h. Aaron und Mose, gesagt wird, daß sie zu ihrem Volk versammelt werden, richtet sich offensichtlich nicht solcher Zorn Gottes gegen sie, der vom Frieden heiliger ewiger Gemeinschaft trennt. Daher zeigt sich, daß nicht nur ihre Ämter, sondern auch ihre Todesarten Vorausbezeichnungen zukünftiger Dinge, nicht von Gott aus Unmut verhängte Strafen gewesen sind.[86]

qu. 4,54 (zu Num 27,18-19)

54 „Und der Herr sagte zu Mose: Nimm Josua, den Sohn des Nun, zu dir selbst, einen Mann, der Geist in sich selbst hat, und lege ihm deine Hände auf; und du sollst ihn vor die Augen des Priesters Eleasar hintreten lassen, und du sollst ihn vor den Augen der ganzen Versammlung beauftragen" usw. Es verdient Beachtung, daß, obgleich Josua, [Sohn des] Nun, schon den Geist in sich selbst hatte, wie die Schrift bezeugt – was anderes als den Heiligen Geist sollen wir darunter verstehen? Denn vom Geist des Menschen würde er dies nicht sagen, da es keinen gab, der ihn nicht hatte –, Mose dennoch den Befehl erhielt, ihm die Hände aufzulegen, damit kein Mensch, der vor anderen durch

---

lent, non intraturos in terram promissionis. Ergo illud quod dictum est Moysi, figura erat, non poena. „Und [Gott] zeigte, daß diejenigen, die unter dem Gesetz sein wollten und unter der Gnade nicht sein wollten, nicht in das Land der Verheißung eintreten dürften. Also war dieser Ausspruch gegenüber Mose eine Vorausbezeichnung, keine Strafe." Vgl. Einleitung in *qu.* 4, S. 178f.

tamen Moyses ei manus inponere, ne quisquam homo qualibet praepollens gratia sacramenta consecrationis audeat recusare.

55 Quid est quod, cum deus Moysi praeciperet de Iesu Nave, ait inter cetera: *Et dabis de gloria tua super eum*? Nam Graeca locutione τῆς δόξης habet, quod tantundem valet, ac si diceret *de gloria*, id est ἀπὸ τῆς δόξης. Latini autem nonnulli interpretati sunt: *Dabis gloriam tuam*, non: *De gloria tua*. Sed sive illud esset, ut gloriam tuam diceret, non ideo eam non habiturus erat Moyses; nec, quia dixit *de gloria*, ideo minutum est quod habebat. Sic enim accipiendum est, ac si diceret: Facies eum socium gloriae tuae; non autem res huius modi quasi partiliter divisae minuuntur, sed totae sunt omnibus, totae singulis qui earum habent societatem.

56 *Homo homo quicumque voverit votum domino aut iuraverit iuramentum aut definierit definitionem de anima sua, non profanabit verbum suum; omnia quaecumque exierint ex ore eius faciet.* Non hoc ad omnem iurationem pertinet, sed ad eam, ubi quisque de anima sua voverit alicuius utique rei abstinentiam, qua ei licebat uti per legem, sed per votum sibi ipse efficit non licere.

57 *Si autem mulier voverit votum domino aut definierit definitionem in domo patris sui in iuventute sua et audierit pater eius vota eius et definitiones eius quas definivit adversus animam suam et tacuerit pater eius, et stabunt omnia vota eius et omnes definitiones eius quas definivit adversus animam suam manebunt ei. Si autem abnuens abnuerit pater eius quacumque die audierit omnia vota eius et definitiones eius, quas definivit adversus animam suam, non stabunt; et dominus emundabit eam, quia abnuit pater eius.* Quoniam quidem de muliere, quae adhuc in iuventute sua in domo patris est, loquitur, merito hic quaeritur etiam de voto virginitatis; mulieres quippe etiam virgines in scriptura appellari solere notissimum est. Et videtur etiam apostolus de patre loqui, cum

---

55,1 Moysi praeciperet] praeciperet Moysi *T Am. μ*   **2** τῆς δόξης] tes doxes *C P S V N*, tres doxes *T*   **3** ἀπὸ...δόξης] apo tes doxes *C P S N*, aporte doxes *V*, apotes doxes *T*   **7** res... modi] huiusmodi res *Am. μ ζ (C iuxta ζ, sed errore)*   **56,1** homo² *om. V*   **2** profanabit] profanavit *S¹ N*   **57,3** et² *exp. V T* | eius³ *om. p*   **6** emundabit] emundavit *P¹ N* | de] *s. l. m. 1 C*

---

[87] Vulg dagegen:*et dabis ei [...] partem gloriae tuae*.
[88] Für einfaches אִישׁ אִישׁ hat LXX: ἄνθρωπος ἄνθρωπος. Augustinus erklärt in *loc.* 4,92: „homo homo" bedeute ‚omnis homo'.

welche Gnade auch immer ausgezeichnet ist, es wagt, die Riten der Weihe zurückzuweisen.

qu. 4,55 (zu Num 27,20)

55 Was bedeutet das, was Gott, als er dem Mose bezüglich Josua, [des Sohnes des] Nun, Aufträge erteilte, unter anderem sagte: „Und du sollst etwas von deiner Herrlichkeit auf ihn geben"? Denn in der griechischen Formulierung heißt es: τῆς δόξης, was dasselbe bedeutet, als wenn es hieße „von der Herrlichkeit", d.h. ἀπὸ τῆς δόξης. Einige Lateiner haben aber übersetzt: „du sollst deine Herrlichkeit geben", nicht: „von deiner Herrlichkeit".[87] Aber wenn auch jenes zuträfe, daß [der Herr] sagte: „[du sollst] deine Herrlichkeit [geben]", so sollte doch Mose sie nicht deswegen nicht [weiterhin] haben; und auch ist deswegen, weil er gesagt hat: „von der Herrlichkeit", nicht vermindert worden, was er hatte. Es ist nämlich so zu verstehen, als ob er sagte: Du sollst ihn zum Teilhaber deiner Herrlichkeit machen; Realitäten dieser Art werden jedoch nicht in Teile aufgeteilt und vermindert, sondern als ganze gehören sie allen, als ganze den einzelnen, die Anteil daran haben.

qu. 4,56 (zu Num 30,3)

56 „Jeder Mann,[88] der dem Herrn ein Gelübde gelobt oder einen Eid geschworen oder seiner Seele eine Verpflichtung auferlegt hat, darf sein Wort nicht brechen; er soll alles ausführen, was immer aus seinem Mund hervorgegangen ist." Das bezieht sich nicht auf jeden Schwur, sondern auf einen solchen, durch den irgendjemand in bezug auf seine Seele gelobt hat, sich speziell einer Sache zu enthalten, deren Gebrauch ihm zwar nach dem Gesetz erlaubt war, er sich aber durch das Gelübde unerlaubt gemacht hat.

qu. 4,57 (zu Num 30,4-6)

57 „Wenn aber eine Frau in ihrer Jugend im Haus ihres Vaters dem Herrn ein Gelübde gelobt oder eine Verpflichtung festgelegt hat und der Vater ihre Gelübde und ihre Verpflichtungen, die sie gegen ihre Seele festgelegt hat, gehört hat und wenn ihr Vater [dazu] geschwiegen hat, [und] dann sollen alle ihre Gelübde Bestand haben und alle ihre Verpflichtungen, die sie gegen ihre Seele festgelegt hat, für sie gültig bleiben. Wenn ihr Vater aber seine Zustimmung an irgendeinem Tag, an dem er von allen ihren Gelübden und ihren Verpflichtungen, die sie gegen ihre Seele festgelegt hat, erfahren hat, verweigert hat, werden sie nicht Bestand haben; und der Herr wird sie reinigen, weil ihr Vater die Zustimmung verweigert hat." Weil die Schrift unstreitig von einer Frau spricht, die noch in ihrer Jugend im Haus des Vaters lebt, stellt man hier zu Recht auch die Frage nach dem Gelübde der Jungfräulichkeit; es ist ja überall bekannt, daß in der Schrift auch Jungfrauen üblicherweise ‚Frauen' genannt werden.[89] Und auch

---

[89] Vgl. *loc.* 4,93, dort unter Bezug auf Gal 4,4.

dicit: *Servet virginem suam*, et: *Det nuptum virginem suam* et cetera hoc modo. Ubi
nonnulli intellexerunt *virginem suam* virginitatem suam; nulla tamen hoc simili
scripturarum locutione demonstrant, cum sit inusitatissima. Quod autem ait:
Adversus animam suam, non sic accipiendum est, quasi animae noceat talibus
votis; sed *adversus animam* dicitur adversus animalem delectationem, sicut etiam
de ieiunio praecipiens superius ait: *Et adfligetis animas vestras*.

58 Quod autem ait: *Et dominus emundabit eam, quia abnuit pater eius*, emundabit
dixit a voti non inpleti crimine absolvet. Sicut in multis locis dicitur: *Et mundabit
eum sacerdos*, id est mundum habebit, mundum iudicabit; sicuti est et illud: *Mundatione non mundabis reum*, id est: Non dices mundum eum qui inmundus est.

59,1 *Si autem facta fuerit viro et vota eius super eam secundum distinctionem labiorum
eius, quanta definivit adversus animam suam, et audierit vir eius et tacuerit ei quacumque die
audierit, et ita stabunt omnia vota eius et definitiones eius, quas definivit adversus animam
suam, stabunt. Si autem abnuens abnuerit vir eius in quacumque die audierit, omnia vota
eius et definitiones eius, quas definivit adversus animam suam, non manebunt, quoniam vir
abnuit ab ea, et dominus mundabit eam.* Feminam sub patre antequam nubat et sub
viro nuptam noluit lex ita vovere aliquid deo adversus animam suam, id est in
aliquarum rerum licitarum atque concessarum abstinentia, ut in eisdem votis
feminea valeat auctoritas, sed virilis, ita ut, si adhuc innuptae iam concesserat

---

57,10 1 Cor 7,37-38   **15** Nm 29,7   **58,2** Lv 13,6

---

10 det] dat *P S¹ V¹ N T*   **12** sit] sint *C*   **58,1** emundabit¹] emundavit *C* | emundabit²] emundavit *C n*   **2** mundabit] mundabite quae *n*   **3** eum] eam *C T, om. n* | iudicabit] iudicavit *C* | et *om. C*   **4** dices] dicis *P* | mundum eum] eum mundum *C*   **59,3** et¹ *exp. V T* | stabunt *exp. V*   **5** eius² *om. S U*   **6** mundabit] mundavit *C N* | nubat] vivat *C*   **7** nuptam] nupta *C* noluit] voluit *p*   **9** feminea] feminae *C* | iam *om. P V*

---

⁹⁰ Augustinus zitiert einen abweichenden Wortlaut oder aus dem Gedächtnis. Jedenfalls vereindeutigt die Wendung *det nuptum* den Bezug auf den Vater, während der überlieferte lateinische Wortlaut *(matrimonio iungit)* eher auf den Verlobten zu beziehen ist, was auch dem Kontext besser entspricht.
⁹¹ Dieselbe Erklärung gibt Augustinus in *loc.* 4,95: *adversus delectationes animae suae*. TM hat in Num 30,5.6 hat עַל־נַפְשָׁהּ „[die sie] ihrer Seele = sich [auferlegt hat]". LXX: κατὰ τῆς ψυχῆς αὐτῆς, NETS: „against her soul", BdA: „sur son âme".
⁹² Während TM in Num 30,6 von „vergeben" (סלח) spricht, wählt LXX, gefolgt von VL, das Verb „reinigen" bzw. „für rein erklären". Vulg: *nec obnoxia tenebitur*. LXX bevorzugt somit „stärker kultisch-rituelle Implikationen" (SDE). WEVERS, *Numbers*: Nach der Interpretation der LXX hat die junge Frau keine Sünde begangen, die vergeben werden

der Apostel scheint vom Vater zu sprechen, wenn er sagt: „Er bewahre seine Jungfrau unversehrt", und: „Er gebe seine Jungfrau in die Ehe" (1Kor 7,37-38)[90] und weiteres in diesem Sinn. Einige haben hier *virginem suam* als ‚ihre Jungfräulichkeit' verstanden; jedoch bringen sie dafür keine ähnliche Ausdrucksweise der Schriften zum Beweis, da sie höchst ungebräuchlich ist. Der Ausdruck aber: *aduersus animam suam* (gegen ihre Seele) darf nicht so verstanden werden, als ob sie mit derartigen Gelübden [ihrer] Seele schadete; sondern „gegen die Seele" bedeutet ‚gegen die animalische Lust',[91] wie die Schrift weiter oben, wo sie eine Vorschrift über das Fasten erläßt, sagt: „Ihr sollt eure Seelen kasteien" (Num 29,7).

qu. 4,58 (zu Num 30,6)

58 Bezüglich der Wendung aber: „und der Herr wird sie reinigen,[92] weil ihr Vater die Zustimmung verweigert hat", hat sie mit „er wird reinigen" gemeint: Er wird sie vom Vergehen des nicht erfüllten Gelübdes lossprechen. Wie an vielen Stellen gesagt wird: „Und der Priester wird ihn reinigen" (Lev 13,6), d.h. ‚als rein ansehen, für rein erklären'; wie auch jene Formulierung lautet: „Du sollst den Schuldigen nicht reinigen",[93] d.h. ‚Du sollst einen, der unrein ist, nicht rein nennen'.

qu. 4,59,1 (zu Num 30,7-19)

59,1 „Wenn sie aber einem Mann (verheiratet) worden ist und ihre Gelübde entsprechend der von ihr ausgesprochenen Verpflichtung, soviel sie gegen ihre Seele festgelegt hat, auf ihr liegen und ihr Mann [davon] gehört und, an welchem Tag auch immer er davon gehört hat, ihr gegenüber [davon] geschwiegen hat, [und] dann werden damit alle ihre Gelübde und ihre Verpflichtungen, die sie gegen ihre Seele festgelegt hat, Bestand haben. Wenn ihr Mann aber, an welchem Tag auch immer er [davon] gehört hat, allen ihren Gelübden und ihren Verpflichtungen, die sie gegen ihre Seele festgelegt hat, die Zustimmung verweigert hat, werden sie nicht gültig bleiben, weil [ihr] Mann ihr die Zustimmung dazu verweigert hat, und der Herr wird sie reinigen." Das Gesetz wollte nicht, daß eine Frau unter der Gewalt des Vaters, bevor sie heiratet, und unter der Gewalt eines Ehemannes, wenn sie verheiratet ist, Gott irgendetwas gegen ihre Seele, d.h. bezüglich der Enthaltung von irgendwelchen erlaubten und zugestandenen Dingen, in der Weise gelobt, daß in eben diesen Gelübden die Autorität der Frau Geltung hätte, sondern [es wollte vielmehr, daß] die Autorität des Ehemannes [Geltung habe] dergestalt, daß, wenn der Vater der noch Unverhei-

---

könnte, sondern sie verbleibt in ihrem untadeligen Zustand; daher: „will consider her blameless".

[93] Anspielung auf Ex 34,7LXX: οὐ καθαριεῖ τὸν ἔνοχον („Er wird den Schuldigen nicht für rein erklären")?

pater vota persolvere, si, antequam persolverit, nupserit et viro eius hoc cogni- 10
tum non placuerit, non persolvat et sit omnino sine peccato, *quia dominus munda-*
bit eam, sicut dicit, id est mundam iudicabit; neque hoc contra deum fieri putandum est, cum ipse deus hoc praeceperit, hoc voluerit.

59,2 Sequitur autem de viduis vel a viro abiectis, id est non sub potestate viri
constitutis aut patris et earum vota ad persolvendum libera esse dicit hoc modo. 15
Et votum, inquit, *viduae et expulsae quaecumque voverit adversus animam suam manebunt*
ei. Deinde dicit de nupta, si in domo viri sui iam constituta aliquid tale voverit.
De illa enim prius dixerat, quae in domo patris voverat et antequam redderet
nupserat. De hac ergo, quae in domo mariti vovit, ita loquitur: *Si autem in domo*
viri eius votum eius aut definitio quae adversus animam eius cum iureiurando et audierit vir 20
eius et tacuerit ei et non abnuerit ei, et stabunt omnia vota eius et omnes definitiones, quas
definivit adversus animam suam, stabunt adversus eam. Si autem circumauferens circumau-
ferat vir eius quacumque die audierit, omnia quaecumque exierint ex labiis eius secundum
vota eius et secundum definitiones quae adversus animam eius non manet ei; vir eius circum-
abstulit et dominus mundabit eam. Omne votum et omne iusiurandum vinculi adfligere 25
animam vir eius statuet ei et vir eius circumauferet. Si autem tacens tacuerit ei diem ex die, et
statuet ei omnia vota eius et definitiones quae super ipsam statuet ei, quoniam tacuit ei die
quo audivit. Si autem circumauferens circumauferat <vir> eius post diem quem audivit, et
accipiet peccatum suum.

59,3 Manifestum est ita voluisse legem feminam esse sub viro, ut nulla vota 30
eius, quae abstinentiae causa voverit, reddantur ab ea, nisi auctor vir fuerit
permittendo. Nam cum ad peccatum eiusdem viri pertinere voluerit, si prius

---

11 peccato] peccatum *C* | mundabit] mundavit *C N* **12** eam] ea *S¹ U¹ T* | iudicabit] iudica-
vit *C* **16** voverit] volverit *vel* voluerit *V* **18** voverat] volverit *vel* voluerit *V P¹ S V¹ U* **21** et³]
exp. V, eras. T | definitiones] eius *add. z cum* LXX **22** stabunt] et *praem. P S V N U, T (exp.),*
Bad. **23** eius¹ *om. C* **24** quae] *exp. V* | manet] manent *V¹ Am. μ* **25** mundabit] mundavit
C P n | adfligere] affigere *p* **26** statuet] statuat *C* | circumauferet] circum eum auferet *C*,
circumauferret *P¹ V¹* | ei²] et *C P, eras. T* | et²] *exp.T* **28** quo] qua *P V N U T* | vir] *Am. μ*
z, om. codd., Bad. (cf. 23) | eius *om. C*, us *exp. V*, us *eras. T*, ei *Bad.* | quem] quam *P S V¹ N U*
T, qua *V² Bad.* | et] *exp. T* **32** cum] quam *C*

---

⁹⁴ TM, gefolgt von Vulg: „ihre Schuld", LXX mit Sam, gefolgt von VL: „seine Schuld".

rateten bereits erlaubt hatte, die Gelübde zu erfüllen, sie, wenn sie, bevor sie [sie] erfüllt hatte, sich verheiratet hatte und ihrem Mann dies, als er davon Kenntnis erhalten hatte, nicht gefallen hat, [die Gelübde] nicht erfüllen muß und ganz ohne Sünde ist, „weil der Herr sie reinigen wird", wie die Schrift sagt, d.h. sie für rein erklären wird; und man soll auch nicht meinen, daß dies Gott zuwider geschieht, da Gott selbst dies vorgeschrieben, dies gewollt hat.

qu. 4,59,2

59,2 Es folgt aber [die Bestimmung] über die Witwen oder die vom Ehemann Verstoßenen, d.h. nicht unter der Gewalt des Ehemannes oder des Vaters Stehenden, und die Schrift sagt mit folgenden Worten, daß sie frei sind, ihre Gelübde zu erfüllen. „Und das Gelübde", sagt sie, „einer Witwe und einer Verstoßenen, [alle Gelübde], die auch immer sie gegen ihre Seele gelobt hat, werden für sie Bestand haben." Anschließend spricht sie von der Verheirateten, wenn sie als bereits im Haus ihres Mannes Lebende etwas derartiges gelobt hat. Zuvor hatte sie nämlich von jener Frau gesprochen, die im Haus ihres Vaters ein Gelübde gemacht und geheiratet hatte, bevor sie es erfüllte. Über diese somit, die im Haus ihres Ehemannes ein Gelübde gemacht hat, spricht sie so: „Wenn aber ihr Gelübde oder die Verpflichtung, die sie mit einem Schwur gegen ihre Seele [festgesetzt hat], im Haus ihres Mannes [vorgefallen ist] und ihr Mann [davon] gehört und [dazu] geschwiegen und ihr die Zustimmung nicht verweigert hat, [und] dann werden alle ihre Gelübde und alle Verpflichtungen, die sie gegen ihre Seele festgelegt hat, gegen sie Bestand haben. Wenn ihr Mann aber, an welchem Tag auch immer er [davon] gehört hat, alle [Worte], die aus ihren Lippen hervorgekommen sind, bezüglich ihrer Gelübde und bezüglich der Verpflichtungen, die sie gegen ihre Seele [festgesetzt hat], gänzlich aufhebt, bleibt es nicht für sie gültig; ihr Mann hat aufgehoben, und der Herr wird sie reinigen. Jedes Gelübde und jeden Schwur [des Inhalts], [ihre] Seele mit einer Fessel zu belasten, soll ihr Mann für sie in Kraft setzen und soll ihr Mann aufheben. Wenn er aber von einem Tag bis zum anderen [dazu] geschwiegen hat, [und] dann wird er alle ihre Gelübde für sie in Kraft setzen und die Verpflichtungen, die auf ihr liegen, für sie in Kraft setzen, denn er hat ihr gegenüber [davon] geschwiegen an dem Tag, an dem er [davon] gehört hat. Wenn ihr Mann [sie] aber nach dem Tag, an dem er [davon] gehört hat, gänzlich aufhebt, [und] dann wird er seine Schuld[94] tragen."

qu. 4,59,3

59,3 Es ist deutlich, daß das Gesetz wollte, daß die Frau in der Weise dem Mann untertan sei, daß keine ihrer Gelübde, die sie der Enthaltung halber gelobt hat, von ihr erfüllt werden dürften, es sei denn, ihr Mann hätte [es] veranlaßt, indem er [es] erlaubte. Denn obgleich es wollte, daß es eben dem Mann zur Sünde gereiche, wenn er es erst erlaubt und dann verboten hat, hat die

permiserit et postea prohibuerit, etiam hic tamen non dixit, ut faciat mulier quod voverat, quia permissa prius a viro fuerat. Viri dixit esse peccatum, quia abnuit quod prius concesserat; non tamen mulieri vel ex hoc permissum dedit, ut, cum prius ei vir concesserit, postea si prohibuerit contemnatur.

59,4 Utrum autem ista etiam ad vota continentiae et a concubitu abstinentiae pertineant, merito quaeritur, ne forte ea tantum intellegenda sint adversus animam voveri, quae sunt in cibis et potionibus. Quod videtur et illud significare, ubi dominus ait: *Nonne anima plus est quam esca?* Et cum de ieiunio praecipitur, ita praecipitur: *Adfligetis animas vestras.* Nescio autem utrum alicubi legi possit adversus animam dici votum quod de abstinentia concubitus fuerit: Maxime quia cum hic lex auctoritatem viro tribuat, non mulieri quae viro subdita est, ut tunc persolvenda sint vota mulieris, si vir adprobaverit, si autem renuerit, non debeantur, apostolus tamen, cum de concubitu coniugatarum loqueretur, non ibi maiorem auctoritatem viro quam feminae dedit, sed, *uxori*, inquit, *vir debitum reddat, similiter et uxor viro. Uxor non habet potestatem corporis sui, sed vir; similiter autem et vir non habet corporis sui potestatem, sed mulier.* Quando ergo in hac re parem utriusque esse voluit potestatem, puto quod nobis intellegendum insinuet istam de concumbendo vel non concumbendo regulam non pertinere ad ea vota, ubi non habent parem vir et mulier potestatem, sed viri maior est ac prope eius solius est. Non enim ait lex virum non debere reddere vota sua, si uxor prohibuerit, sed uxorem, si vir prohibuerit. Unde non mihi videtur in huius modi votis et definitionibus atque obligationibus, quae adversus animam fiunt, etiam ista debere accipi, quae inter se vir et uxor de concumbendo vel de abstinentia concumbendi placita habuerint.

59,5 Deinde quia et istae iustificationes dicuntur et meminimus in illis iustificationibus, quae in Exodo sub hoc nomine aliae commemorantur, multa prae-

---

59,40 Mt 6,25   **41** Nm 29,7   **46** 1 Cor 7,3-4

34 quia²] qui P^1 V N **36** contemnatur] condemnetur V, contempn*tur T **37** ista] istam p a *om.* P V N T **38** pertineant] pertineat P^1 V U^1 | sint] sunt C z **39** significare] significari n **41** adfligetis] adfligitis N **43** quia *om.* S T | cum *om.* T **45** coniugatarum] coniugatorum p **46** feminae] fe**nae C **48** corporis…potestatem] potestatem corporis sui P V Am. μ **50** concumbendo¹] concumuendo C *(et sic saepius)* | vel…concumbendo² *om.* n **51** viri] vir S U **52** enim ait] ait enim p **53** sed…prohibuerit *om.* n **58** commemorantur] commemorant U | multa] multaque T | praecipi *om.* T

Schrift dennoch auch hier nicht gesagt, daß die Frau das, was sie gelobt hatte, ausführen darf, weil [ihr] Mann es zuvor erlaubt hatte. Das Gesetz hat gesagt, der Mann habe darin gesündigt, daß er die Zustimmung zu dem verweigert hat, was er früher erlaubt hatte; dennoch erlaubte es nicht etwa deshalb der Frau, sich, weil [ihr] Mann [es] ihr zuvor erlaubt hatte, darüber hinwegzusetzen, wenn er es später verboten hatte.

qu. 4,59,4

59,4 Aber man fragt zu Recht, ob diese [Bestimmungen] sich auch auf die Gelübde der Enthaltsamkeit und des Verzichts auf Beischlaf beziehen, ob man nicht vielleicht annehmen soll, daß nur die Gelübde ‚gegen die Seele' gelobt werden, die sich auf Speisen und Getränke beziehen. Das scheint auch jene [Stelle] zu besagen, wo der Herr sagt: „Ist die Seele nicht mehr wert als die Speise?" (Mt 6,25), und anläßlich des Fastengebots lautet die Vorschrift folgendermaßen: „Ihr sollt eure Seelen hart behandeln" (Num 29,7). Ich weiß aber nicht, ob man anderswo lesen kann, ‚gegen die Seele' gerichtet sei ein Gelübde, das bezüglich der Enthaltung vom Beischlaf [gelobt] worden ist: vor allem weil, obgleich das Gesetz hier dem Mann, nicht der Frau, die dem Mann untertan ist, die Vollmacht zuschreibt, so daß die Gelübde der Frau dann erfüllt werden müssen, wenn der Mann zugestimmt hat, dagegen nicht [erfüllt] werden müssen, wenn er seine Zustimmung verweigert hat, der Apostel dennoch, als er vom Beischlaf der Eheleute sprach, in dieser Sache dem Mann keine größere Vollmacht zuschrieb als der Frau, sondern sagte: „Der Frau gegenüber soll der Mann seine Pflicht erfüllen, gleichermaßen auch die Frau gegenüber dem Mann. Die Frau verfügt nicht über ihren Leib, sondern der Mann; gleichermaßen verfügt der Mann nicht über seinen Leib, sondern die Frau" (1Kor 7,3-4). Da er somit wollte, daß in dieser Angelegenheit die Verfügungsgewalt beider gleich sei, meine ich, daß er uns das Verständnis nahelegen will, daß diese Vorschrift über Vollzug oder Nichtvollzug des Beischlafs nicht zu [der Materie] derjenigen Gelübde gehört, bezüglich derer Mann und Frau nicht gleiche Vollmacht haben, sondern diejenige des Mannes größer ist und sogar nahezu ihm allein zukommt. Das Gesetz sagt nämlich nicht, der Mann müsse seine Gelübde nicht erfüllen, wenn die Ehefrau es verwehrt hat, sondern die Ehefrau, wenn der Mann es untersagt hat. Daher sind meines Erachtens zu dieser Art von Gelübden und Verpflichtungen und Festlegungen, die gegen die Seele [festgelegt] werden, nicht auch diese zu rechnen, die Ehemann und Ehefrau miteinander bezüglich des Beischlafs oder der Enthaltung vom Beischlaf für gut befunden haben.

qu. 4,59,5

59,5 Da andererseits auch diese [Bestimmungen] *iustificationes* (Vorschriften) genannt werden und wir uns daran erinnern, daß in jenen anderen ‚Vorschriften', die unter dieser Bezeichnung im [Buch] Exodus aufgeführt werden, vieles

cipi, quae accipi ad proprietatem non possint nec in novo testamento observentur - sicut de aure servi pertundenda et si quid eius modi est - non absurde 60
etiam hic aliquid figurate dictum intellegitur, ut, quoniam sunt multae abstinentiae caerimoniarum inrationabiles et aliquando etiam inimicae veritati, hoc
fortasse hic intellegi voluerit tunc ratas esse, cum rationabiles fuerint, hoc est
cum eas adprobaverit ratio, quae ad vicem viri debet regere omnem animalem
motionem, quae fit non tantum in adpetendo verum etiam in abstinendo: Ut, si 65
mente et ratione decernitur, tunc fiat, si autem inprobatur consilio rationis, non
fiat. Quodsi ratio quod prius recte faciendum esse decreverit, post inprobet, sit
peccatum consilii, etiam sic tamen nonnisi rationi motio illa consentiat.

60 Quid est: *Et misit eos Moyses mille ex tribu et mille ex tribu cum virtute eorum?*
Utrum virtutem eorum vult intellegi principes eorum? An virtutem a domino
eis datam vel per ipsum Moysen impetratam? An potius virtutem eorum dicit ea
quibus virtus eorum sustentaretur?

61 Potest videri quaestio, quomodo quando Israhelitae Madianitas debellaverunt interfectum dicat scriptura Balaam, qui fuerat conductus ad maledicendum
populum Israhel, cum superius quando benedicere coactus est ita eandem
actionem scriptura concluserit, cum ait: *Et surgens Balaam abiit reversus in locum
suum; et Balac abiit ad semet ipsum.* Si ergo redierat ad locum suum Balaam, quo- 5
modo hic interfectus est, cum de tam longinquo, id est de Mesopotamia venerit? An forte reversus est ad Balac et hoc scriptura non dixit? Quamquam
etiam possit in locum suum redisse intellegi, quod ab illo loco, ubi sacrificia
faciebat, in eum locum reversus est, unde illuc exierat, id est ubi tamquam
peregrinus habebat hospitium. Non enim dictum est in domum suam aut in 10
patriam suam, sed: *In locum suum.* Habet autem et quisque peregrinus locum

---

60 de…pertundenda] cf. Ex 21,6   **61,4** Nm 24,25

---

63   voluerit] *Am. μ ℨ,* voluit *codd. Bad.* | ratas] ratam *V*   **66** si…inprobatur] si ab animi probatur *C (m. 2 in ras.)*   **67** decreverit] decrevit *V*, decreverit *T* | sit *om. N*   **68** etiam] autem *P T¹, om. V*   **60,2** eorum¹] illorum *C*   **61,4** concluserit] concluserat *C ℨ* | et surgens] exsurgens *C* | reversus] revertens *P S V N U T*   **5** et *om. P¹ S V U*   **6** Mesopotamia] Mesopotamiam *C U¹*   **8** etiam possit] possit etiam *C* | illo] ipso *P V n T Am. μ Bad.* | loco] *om. U*

---

⁹⁵ TM: „Und Mose sandte sie in den Krieg (לַצָּבָא), sie (אֹתָם) und Pinhas [...]" LXX zieht
לַצָּבָא und אֹתָם gegen die Grammatik zusammen zu „mit ihrem Heer" (vgl. WEVERS,
Numbers) und übersetzt לַצָּבָא mit σὺν δυνάμει αὐτῶν; dem folgt VL, nach deren Wortlaut Augustinus aus *virtute* nicht mehr auf die Bedeutung ‚Heer, Krieg' zurückschließen
kann.

vorgeschrieben wird, was nicht in wörtlichem Sinn verstanden werden kann und auch im Neuen Testament nicht eingehalten wird – wie [die Vorschrift] über das zu durchbohrende Ohr des Sklaven (vgl. Ex 21,6) und was es derart [noch mehr] gibt –, ist es nicht unvernünftig anzunehmen, daß auch hier etwas in übertragenem Sinn ausgesagt ist, so daß, weil viele rituelle Enthaltungen [vom Beischlaf] unvernünftig und manchmal auch gegen die Wahrheit gerichtet sind, die Schrift hier vielleicht folgendes zu verstehen geben wollte: [diese Enthaltungen] sind dann anerkannt worden, wenn sie vernünftig waren, d.h. wenn die Vernunft sie gebilligt hat, die nach Art des Ehemannes jede animalische Regung leiten muß, die sich nicht nur im Begehren, sondern auch im Sichenthalten äußert: folglich soll [die Enthaltung] geschehen, wenn sie von Verstand und Vernunft angeordnet wird, wenn sie aber durch Beschluß der Vernunft verworfen wird, soll sie nicht geschehen. Wenn also die Vernunft das später verwirft, bezüglich dessen sie zuvor angeordnet hatte, es solle richtig getan werden, mag das eine Sünde gegen die Klugheit sein, dennoch soll auch so jene Änderung einzig mit der Vernunft übereinstimmen.

qu. 4,60 (zu Num 31,5-6)

60 Was bedeutet: „Und Mose schickte sie los je tausend aus jedem Stamm mit ihrer Kraft"?[95] Ob die Schrift will, daß man ihre *virtus* als ihre Anführer deutet? Oder als die Kraft, die ihnen vom Herrn gegeben oder von Mose selbst durch Bitten erlangt worden war? Oder bezeichnet sie als *virtus* eher das, wodurch ihre Kraft aufrechterhalten wurde?[96]

qu. 4,61 (zu Num 31,8)

61 Es kann als Problem erscheinen, warum die Schrift sagt, daß, nachdem die Israeliten die Midianiter besiegt hatten, Bileam getötet wurde, der herbeigeholt worden war, um das Volk Israel zu verfluchen, weil die Schrift weiter oben, nachdem er gezwungen worden war zu segnen, eben diese Handlung so abgeschlossen hat, indem sie sage: „Und Bileam machte sich auf und kehrte an seinen Ort zurück; und Balak ging zu sich nach Hause" (Num 24,25). Wenn Bileam somit an ‚seinen Ort' zurückgekehrt war, wieso ist er hier getötet worden, obgleich er doch von so weit her, d.h. aus Mesopotamien, gekommen ist? Oder ist er vielleicht zu Balak zurückgekehrt, und die Schrift hat dies nicht berichtet? Freilich könnte man auch deuten, er sei an ‚seinen Ort' zurückgekehrt, weil er von jenem Ort, wo er die Opfer darbrachte, an den Ort zurückgekehrt ist, von dem er dorthin ausgezogen war, d.h. wo er als Fremder ein Quartier hatte. Die Formulierung lautete nämlich nicht: ‚nach Hause' oder ‚in seine Heimat', sondern: „an seinen Ort". Es hat aber auch jeder Fremde dort ‚seinen Ort', wo er zeitweilig wohnt. Von Balak seinerseits aber, der ihn hergeholt hatte,

---

[96] Unten, *qu.* 4,62, entscheidet sich Augustinus für diese Bedeutung: *annona* ‚Proviant'.

suum, ubi ad tempus habitat. De ipso autem Balac qui eum conduxerat non
dictum est ad locum suum, sed: *Ad semet ipsum*, id est ubi dominans habitabat.
Posset ergo dici: *Ad locum suum* et dominans et peregrinus; *ad semet ipsum* autem
non video quomodo posset dici peregrinus, cum ad hospitium suum venisset.

62 *Et praedam egerunt mulieres Madian et supellectilem eorum et pecora eorum et omnia
quae possederant et virtutem eorum depraedati sunt.* Cum iam dixisset mulieres, supellectilem, et pecora et omnia quae possidebant, quid deinde addidit: *Et virtutem
eorum depraedati sunt?* Nimirum enim haec intellegenda est virtus. De qua et supra
dictum est misisse millenos de singulis tribubus *cum virtute eorum.* An forte cibus,
quo sustentabantur, virtus eorum appellata est, quo subministrato vires subpe-
tunt et quo subtracto vires deficiunt? Unde per prophetam deus cum minaretur
ait: *Auferam virtutem panis et virtutem aquae.* Et Moyses ergo cum annona miserat
illos millenos, quod dictum est: *Cum virtute eorum,* et isti Madianitis victis etiam
hoc eorum inter cetera fuerant depraedati.

63 *Ut quid vivificastis omne femininum? Haec enim fuerunt filiis Israhel secundum
verbum Balaam, ut recedere facerent et despicere verbum domini propter Phogor.* Hoc consilium malignum, ut eis ad inlecebram feminae subponerentur, per quas non
solum corporaliter sed etiam spiritaliter in adorando idolo fornicarentur, quando dederit Balaam scriptura non dixit; et tamen adparet factum esse, cum hic
commemoratur. Sic ergo potuit et redire ipse Balaam, qui iam ierat in locum
suum, ut non locum eius intellegamus peregrinationis hospitium, quamvis hoc
scriptura tacuerit.

62,5 Nm 31,6   **8** Is 3,1

12 habitat] habitet $C \, z$ **14** ergo] etiam S | dici] redisse *add.* T | semet ipsum] se ipsum $P \, S$
$V \, N \, U \, T$ | ipsum] dominans *add.* U^2 **62,1** supellectilem] super lectile C^1, superlectilem n
2 dixisset] dixissent $P \, S^1 \, V^1 \, N \, U^1 \, T^1$ | supellectilem] super lectilem C **3** et^1 *om.* $C \, z$
addidit] addit $S \, V \, N \, U \, Am. \, \mu \, Bad.$ **5** tribubus] tribubus $C^1 \, p$, tribus $P^1 \, S \, V^1 \, U$ | eorum *om.*
T | cibus] civos C **6** quo^1] quos C, quod n | sustentabantur] sustebantur C | virtus] virtutes
n | quo^2] quod n **7** quo] quod n | deus] dominus V **8** virtutem^1] eorum *add.* V **9** eorum]
ex *praem.* V **10** depraedati] depreda C **63,1** vivificastis] vivificatis V | haec] hae* U
fuerunt] fuerant C | filiis] filii $P^1 \, V \, N \, U^1$ **6** sic] si N **7** non] nos N

hat es nicht geheißen: ‚zu seinem Ort', sondern „zu sich nach Hause", d.h. wo er als Herrscher residierte. Man könnte folglich sowohl vom Herrscher als auch vom Fremden sagen: „zu seinem Ort", dagegen sehe ich nicht, wie man bezüglich eines Fremden formulieren könnte: „zu sich nach Hause", wenn er zu seinem Quartier gekommen wäre.

qu. 4,62 (zu Num 31,9)

62 „Und sie erbeuteten die Frauen Midians und ihren Hausrat und ihr Vieh und alles, was sie besessen hatten, und plünderten ihren Besitz *(virtus)*[97] aus." Warum hat die Schrift, nachdem sie schon die Frauen, den Hausrat und das Vieh und alles, was sie besaßen, aufgezählt hatte, anschließend hinzugefügt: „und plünderten ihren Besitz aus"? Dahingehend ist nämlich zweifellos die *virtus* zu verstehen, von der auch oben gesagt worden ist, daß er (Mose) je tausend aus jedem Stamm „mit ihrer *virtus*" geschickt habe (vgl. Num 31,6).[98] Ob vielleicht die Nahrung, durch die sie unterhalten wurden, ‚ihre *virtus*' genannt worden ist, nach deren Zuteilung die Kräfte ausreichen, nach deren Entzug sie aber versiegen? Daher sagte Gott, als er durch einen Propheten drohte: „Ich werde [ihnen] die Kraft des Brotes und die Kraft des Wassers entziehen" (Jes 3,1).[99] Einerseits hatte Mose folglich jene Tausendschaften mit Proviant, wofür „mit ihrer *virtus*" gesagt worden ist, losgeschickt, andererseits hatten diese nach dem Sieg über die Midianiter unter anderem auch diesen ihren [Proviant] geplündert.

qu. 4,63 (Num 31,15-16)

63 „Aus welchem Grund habt ihr alles Weibliche am Leben gelassen? Denn diese waren auf das Wort Bileams hin für die Söhne Israel [die Ursache dafür], daß sie sie zum Abfall und zur Verachtung des Wortes des Herrn wegen Peor veranlaßten." Die Schrift hat nicht gesagt, wann Bileam [ihnen] diesen schlimmen Rat gegeben hat, daß die Frauen sich ihnen als Lockvogel hingeben sollten, mit denen sie nicht nur körperlich, sondern, indem sie den Götzen anbeteten, auch geistlich Unzucht trieben; und doch stellt sich heraus, daß es geschehen ist, weil es hier erwähnt wird. So konnte also Bileam, der schon ‚an seinen Ort' gegangen war, seinerseits auch [in dem Sinn] zurückkehren, daß wir ‚seinen Ort' nicht als Unterkunft für Fremde verstehen, obgleich die Schrift nichts davon gesagt hat.

---

[97] TM: חֵילָם, LXX: τὴν δύναμιν αὐτῶν; beide Wörter umfassen die Bedeutungen: Kraft, Besitz, Heer.
[98] Vgl. *qu.* 4,60.
[99] Im Gegensatz zu LXX (ἰσχὺν), VL *(virtutem)* und Vulg *(robur)* spricht TM von מִשְׁעַן (Stab, Stütze).

64 Quid est quod ait: *Et erunt civitates vobis refugia a vindicante sanguinem et non morietur is qui occidit, quoadusque stet in conspectu synagogae in iudicium*? Cum de his loquatur, qui nolentes occiderint, et alibi dicat tunc unumquemque in tali causa confugientium exire liberum de civitate quo confugerat, cum sacerdos maximus fuerit defunctus. Quomodo ergo hic dicit: *Et non morietur is qui occidit, quoadusque stet in conspectu synagogae in iudicium*, nisi quia ideo iudicatur, ut tunc ei liceat esse in civitate refugii, si manifestum factum fuerit in iudicio quod nolens occiderit?

65 Quid est quod ait: *Qui vindicat sanguinem, ipse interficiet homicidam; cum occurrerit ei iste, interficiet eum*? Sic enim sonat male intellegentibus, quasi passim et sine iudicio data fuerit ultori mortis propinqui sui licentia occidendi eius interfectorem. Sed hoc intellegi voluit, quia secundum id quod supra dictum est qui occiderit confugiat ad unam de civitatibus refugiorum, *quoadusque stet in iudicium*, ne ante inventus a propinquo occidatur; quia, etsi nolens occidit, praeter illas civitates inventus occiditur. Cum vero in iudicium steterit in aliqua earum civitatum et iudicatus fuerit homicida in aliqua earum, in quas fugere conceditur, esse ibi non sinitur tum demum iam iudicatum ubicumque compertum propinquo licet occidere. Neque enim opus est eum ad iudicium deduci, cum iam fuerit iudicatus homicida et propterea de illis civitatibus pulsus sit.

64,3 tunc...5 defunctus] cf. Nm. 35,28

64,1 refugia] refugium C^1 | sanguinem] sanguine S **2** occidit] occiderit $C P^2 T^1$ **3** occiderint] occiderunt $P^1 V^1$ | dicat] dicit V^1 **4** quo] qui V^1, ad quam T *(in ras.)* | maximus] magnus S **6** nisi...iudicatur *om.* U **7** factum *om.* $V n U$ **65,1** interficiet] interficiat $P V$ occurrerit] hococcurrerit n **2** interficiet] interficiat n | enim] eū $P U$ **3** iudicio] licentia *add.* T | licentia *om.* $P^1 V^1 T$, vis V^1 *s. l.*   **4** hoc *om. p* | quia] qui U | id *om.* $P^1 V$ **5** quoadusque] quousque $P^1 V N U T$ **6** quia] qui U **7** aliqua] aliquam N **8** civitatum...earum *om.* $P^1 V$ *per homoiot.* | et] cum *add.* U | fugere] fugerat n **9** esse] et *praem.* T

Expliciunt questiones libri numeri C *(fol. 157ᵘ)*, Expliciunt questiones numerorum P *(fol. 149)*, V *(fol. 139)*, U *(fol. 175)*, Explicit questiones numerorum n *(fol. 105ʳ)*, Explicit liber de quaest. numeri T *(fol. 131)*.

qu. 4,64 (zu Num 35,11-12)

64 Was bedeutet die Wendung: „Und ihr sollt Städte haben als Zufluchtsstätten vor dem Bluträcher, und derjenige, der getötet hat, soll nicht sterben, bevor er vor der Gemeinde vor Gericht steht"? Da die Schrift [hier] über diejenigen spricht, die unabsichtlich getötet haben, und an anderer Stelle sagt, daß jeder von denen, die unter diesen Umständen Zuflucht gesucht haben, die Stadt, in die er sich geflüchtet hatte, als freier Mann verlassen kann, nachdem der Hohepriester gestorben ist (vgl. Num 35,28), wieso also sagt sie hier: „und derjenige, der getötet hat, soll nicht sterben, bevor er vor der Gemeinde vor Gericht steht", es sei denn, weil ihm so das Urteil gesprochen werden soll, daß es ihm in dem Fall erlaubt ist, in der Asylstadt zu leben, wenn vor Gericht klar erwiesen worden ist, daß er unabsichtlich getötet hat?

qu. 4,65 (zu Num 35,19.12)

65 Was bedeutet die Wendung: „Der Bluträcher soll selbst den Mörder töten; wenn der ihm begegnet ist, soll er ihn töten"? So klingt es nämlich für solche, die [diese Aussage] schlecht verstehen, als ob es dem Rächer des Todes seines Verwandten generell und ohne Urteil erlaubt sei, seinen Mörder zu töten. Aber die Schrift wollte dies dahingehend verstanden wissen, daß gemäß dem oben Gesagten der, der getötet hat, in einer der Asylstädte seine Zuflucht suchen kann, „bis er vor Gericht steht", damit er nicht vorher vom Verwandten aufgespürt und getötet wird; weil er, obgleich er unabsichtlich getötet hat, wenn er außerhalb dieser Städte angetroffen wird, getötet wird. Wenn er hingegen in einer dieser Städte vor Gericht gestanden hat und in einer derjenigen Städte, in die er sich erlaubterweise flüchten kann, als Mörder verurteilt worden ist, läßt man ihn nicht dort bleiben; erst dann ist es dem Verwandten erlaubt, den bereits Verurteilten, wo immer er ihn angetroffen hat, zu töten. Auch ist es nämlich nicht notwendig, ihn vor Gericht zu stellen, da er schon als Mörder verurteilt und deswegen aus jenen Städten vertrieben worden ist.

QUAESTIONES DEUTERONOMII[1]
FRAGEN ZUM BUCH DEUTERONOMIUM

EINLEITUNG

Textgrundlage und Analyseinstrumente

Während der Arbeit am Buch Dtn zeigt Augustinus erstmals, daß er die Vulgata des Hieronymus kennt bzw. von ihr gehört oder sie punktuell konsultiert hat. Nur einmal zitiert er sie: *qu.* 5,20 zu Dtn 14,27LXX (14,28TM): *sed in ea interpretatione quae est ex Hebraeo apertius hoc distinctum reperimus. ait enim.* Dagegen ist umstritten, ob Augustinus sich auch in *qu.* 5,54 zu Dtn 30,14 mit der Formulierung: *quod ex Hebraeo translatum est, quantum a nobis inspici potuit* auf die Vulg bezieht.[2] Durch seine Wendung in *qu.* 5,3 zu Dtn 3,11: *hoc nomine, quod est Raphain, gigantes significari in Hebraea lingua dicunt qui eam noverunt* verweist er nicht auf die Vulg, sondern auf Hieronymus, *Nom. Hebr. Deut.* Ansonsten bleibt Augustinus bei seiner auf der LXX basierenden VL.

Die LXX-Version des Dtn „schreibt nicht unbedingt gutes, aber im Allgemeinen verständliches Übersetzungsgriechisch." Allerdings ist wichtigstes Ziel des Übersetzers „die Wiedergabe aller Elemente seiner Vorlage [...]; ob der von ihm produzierte Text für einen unbedarften griech. Leser verständlich war [...], hatte demgegenüber nur eine untergeordnete Bedeutung."[3] BdA führt Beispiele für wortgetreue Übersetzungen des TM, die eine im Griechischen sehr harte Wortfolge erzeugen,[4] und für lexikalische Neologismen auf, die DtnLXX teils allein, teils gemeinsam mit Gen-NumLXX hat.[5] Ortsnamen werden häufig unkenntlich, weil DtnLXX sie übersetzt.[6] Entsprechend TM ist die Sprache in

---

[1] Zur Behandlung von Zitaten aus Dtn in den übrigen Werken Augustins, die den *QH* vorangehen, und in den *loc.* vgl. LA BONNARDIÈRE, *Deutéronome* 9-27.29-31, sowie die Listen 35-70. Die relative Kürze von Augustins Befassung mit Dtn in *QH* mag sich daraus erklären, daß, wie KAMMENGIESSER, *Handbook* 285, urteilt, „The book of Deuteronomy did not excercise the attention of early Church Fathers."

[2] NBA bejaht es S. 1027 (mit Anm. 20) in der Einleitung zu den *quaestiones in Deuteronomium*, erklärt es aber in Anm. 70 zu *qu.* 5,54 unter Verweis auf RÜTING für fraglich, denn Augustinus konnte aus einem griechischen oder lateinischen Manuskript, das hier den von Origenes, *Hexapla,* eingetragenen Obelus übernommen hatte, erfahren haben, daß die fraglichen Worte in seiner VL ein Zusatz der LXX waren. RÜTING, *UntersTuchungen* 147: Die Formulierung: *quod ex Hebraeo translatum est,* ist unüblich für Augustins Verweise auf die Vulg.

[3] SDE 526 unter Verweis auf WEVERS.   [4] BdA 30-33.   [5] BdA 64-65.   [6] BdA 97-100.

Dtn sehr formelhaft, und ähnliche Formeln wurden häufig – teils schon in der TM-Überlieferung, teils erst in der LXX-Überlieferung – einander angeglichen.[7]

Unterschiedliche Versionen der VL benennt Augustinus in *qu.* 5,3; 5,19; 5,32; 5,55.

In *qu.* 5,10,3 betont er, obgleich er zumeist auch aus geringen Formulierungsvarianten unterschiedliche Bedeutungen erschließt, man solle, wenn derselbe Inhalt an unterschiedlichen Stellen unterschiedlich formuliert werde, auf den gemeinsamen Sinn, nicht auf die abweichenden Wörter achten.[8] Zu der s.E. eventuell auftauchenden Notwendigkeit, eine allzu gravierend unterschiedliche Darstellung desselben Sachverhalts durch *intellectus violentus* zu bereinigen, vgl. unten den Exkurs zu den Dekalogtafeln.

Er verwendet nur wenige *termini technici* der rhetorischen Analyse:

hyperbolica commendatio: qu. 5,17.
hyperbaton: qu. 5,10,2.
locutio: qu. 5,8; 5,13.

Geistlicher Sinn

Für den übertragenen, geistlichen Sinn gebraucht Augustinus folgende Ausdrücke:

figurare: qu. 5,57.
mystice accipere: qu. 5,24.
mystice prophetare: qu. 5,35.
ex alicuius persona dicere: qu. 5,23.
Mose spricht *in persona* des neuen Gottesvolkes: *qu.* 5,56.
praedicere: qu. 5,56.
praenuntiare: qu. 5,56.
prophetia: qu. 5,56.
in sacramento dicere: qu. 5,14.
significare: qu. 5,15,2.4; 5,16; 5,29; 5,54; 5,56.
significatio: qu. 5,29.
spiritalia significare: qu. 5,54.
spiritales conflictus: qu. 5,30.
verbo transferre: qu. 5,11.

---

[7] Eine umfangreiche Liste der Formeln in DtnLXX bietet WEVERS, *Text History* 86-99.
[8] Vgl. *qu.* 1,64. In *civ.* 18,43 erklärt er bezüglich nur stilistischer Unterschiede zwischen Aussagen des TM und der LXX: *quia utrumque idem Spiritus diceret, et hoc ipsum aliter, ut, si non eadem verba, idem tamen sensus bene intellegentibus dilucesceret* „weil derselbe Geist beides gesagt hat, und zwar eben dasselbe auf verschiedene Weise, so daß zwar nicht dieselben Worte aber dennoch derselbe Sinn denen, die es recht verstanden, aufleuchtete".

Exkurs: Wer schrieb den Dekalog auf die Steintafeln?

Zweimal behandelt Augustinus das Problem der ersten und der zweiten steinernen Dekalogtafeln und deren Beschriftung: in den *quaestiones in Exodum* und in den *quaestiones in Deuteronomium*. Es gilt hier, sich (nur auf den ersten Blick?) widersprechende biblische Aussagen auszulegen. In den *quaestiones in Deuteronomium* distanziert sich Augustinus in Details von einschlägigen Ausführungen in den *quaestiones in Exodum*. Dem Verhältnis von wörtlichem und geistlichem Sinn kommt beim Lösungsversuch eine bedeutende Rolle zu. Schließlich äußert Augustinus sich ungeschützt, wieweit er zu gehen bereit ist, wenn ein Widerspruch zweier biblischer Belege, der keinesfalls so stehen bleiben darf, anders nicht aus der Welt zu schaffen ist.

Die biblische Ausgangslage ist kompliziert:
JHWH verheißt, er selbst werde die Tafeln beschreiben, bzw. versichert, er habe sie beschrieben (die ersten Tafeln: Ex 24,12; die zweiten Tafeln: Ex 34,1, Dtn 10,2).
Der Erzähler berichtet, JHWH habe die (ersten) Tafeln beschrieben (Ex 31,18; 32,16).
Mose berichtet, JHWH habe die ersten Tafeln beschrieben (Dtn 4,13; 5,22; 9,10).
Mose schreibt unaufgefordert die Gebote JHWHs auf (Ex 24,3).
Mose liest die Gebote JHWHs aus dem „Buch des Bundes" *liber testamenti* vor (Ex 24,7).
Mose erhält nach der Zerstörung der ersten Tafeln den Befehl, die Worte JHWHs (Ex 34,11-26) aufzuschreiben (Ex 34,27).
Mose berichtet, JHWH habe die zweiten Tafeln mit dem Dekalog beschrieben (Dtn 10,4).
Ein nur pronominal Genannter beschreibt die zweiten Tafeln mit dem Dekalog (Ex 34,28).
Die ersten Steintafeln hat JHWH selbst hergestellt (Ex 32,16).
Mose erhält den Befehl, die zweiten Steintafeln zurechtzuhauen (Ex 34,1; Dtn 10,1).
Mose berichtet, er habe die zweiten Steintafeln zurechtgehauen (Ex 34,4; Dtn 10,3).

Besondere Probleme bereitet die Abfolge der beiden Verse Ex 34,27.28, die in der VL des Augustinus lauten:
Ex 34,27: *scribe tibi verba haec; etenim in verbis his posui tibi testamentum et Israhel.*

Ex 34,28: *et erat ibi Moyses in conspectu domini quadraginta diebus et quadraginta noctibus; panem non manducavit et aquam non bibit, et scripsit in tabulis verba testamenti, decem verba.*

Dieser biblische Befund hat in der historisch-kritischen Exegese zu unzähligen literarkritischen und redaktionsgeschichtlichen Hypothesen geführt, an synchrone Ausleger des Endtextes aber besonders hohe Herausforderungen gestellt. Augustinus erarbeitet seine Lösung in mehreren Argumentationsgängen.

(1) In den *quaestiones in Exodum qu.* 2,166 geht Augustinus das Tafelproblem vor allem von Ex 34,27.28 aus an und diskutiert das Verhältnis zwischen den ersten und den zweiten Tafeln. Zuvor hat er bereits Details geklärt, die später für seine Argumentation wichtig werden. Der *liber testamenti*, den Mose nach Ex 24,4.7 (unaufgefordert) schreibt und beim Bundesschluß am Sinai vorliest, enthält nicht den Dekalog – denn dieser wurde auf Steintafeln geschrieben –, sondern die *iustificationes*, die Vorschriften Gottes, die sich in Ex 21,1-23,32 finden (*qu.* 2,95; 2,99).[9] Die ersten Tafeln mit dem Dekalog bezeichnen den Alten Bund, die zweiten Tafeln mit dem Dekalog den Neuen Bund. Daher bedeutet die Zerschmetterung der ersten Tafeln durch Mose: *magno mysterio figurata est iteratio testamenti, quoniam vetus fuerat abolendum et constituendum novum.* „Durch die hochsymbolische Handlung wurde die Erneuerung des Bundes vorausbezeichnet, da der alte aufgehoben und der neue errichtet werden mußte" (*qu.* 2,144).

In *qu.* 2,166 führt er aus: Die ersten Tafeln hat Gott selbst hergestellt und beschrieben (Ex 31,18; 32,15-16), die zweiten Tafeln hat dagegen Mose hergestellt (Ex 34,1) und auf Auftrag hin beschrieben (Ex 34,27-28).[10] Hier identifiziert Augustinus somit das ungenannte schreibende Subjekt von Ex 34,28 mit Mose und *verba haec* des Schreibbefehls in Ex 34,27 mit dem Dekalog: *de Moyse dictum est quod ipse scripserit, cui etiam deus paulo ante dixerat: scribe tibi verba haec.* „Von Mose ist gesagt worden, daß er selbst geschrieben hat (Ex 34,28); kurz zuvor hatte Gott ihm auch gesagt: Schreib dir diese Worte auf (Ex 34,27)" (*qu.* 2,166,1). Bei dieser These bleibt Augustinus, auch wenn er später zugibt, daß er, als er die *quaestiones in Exodum* schrieb, den Zusammenhang in Ex zu schnell und nur oberflächlich geprüft hat.

---

[9] Diese Gesetzessammlung wird auch heute ‚Bundesbuch' genannt.
[10] Vgl. auch *qu.* 2,172: „obgleich er die zehn Worte des Gesetzes von neuem auf Steintafeln erhalten hatte, die er selbst ausgehauen, selbst beschrieben hatte".

Anschließend bietet Augustinus übertragene Bedeutungen an: Erste Tafeln = Gnade Gottes; zweite Tafeln = Menschen, die sich ihrer eigenen Werke rühmen. Erste Tafeln = das heilige Gesetz des Alten Bundes, das Gott erlassen, die Menschen aber nicht befolgt haben; zweite Tafeln = in der Liebe und durch die Gnade des Neuen Bundes wird das Gesetz ausgeführt.

(2) In den *quaestiones in Deuteronomium* widmet Augustinus die lange *qu.* 5,15,1-4 zu Dtn 10,1-4 dem Tafelproblem, und zwar nur den zweiten Tafeln. Zunächst stellt er fest, daß sich Dtn 10,1-4 und Ex 34,27-28 in dem von ihm in *qu.* 2,166,1 entwickelten Verständnis widersprechen: nach Ex 34 hat Mose, nach Dtn 10 aber JHWH die zweiten Tafeln mit dem Dekalog beschrieben (*qu.* 5,15,1). Bei genauerer Lektüre des Ex-Textes, den er in *quaestiones in Exodum* nur *transeunter* „im Vorbeigehen" traktiert hatte (*qu.* 5,15,2), zeigt sich jedoch, daß dieser Widerspruch nicht nur zwischen Ex und Dtn besteht, sondern sich bereits in Ex allein findet: Nach Ex 34,1 wird Gott die zweiten Tafeln beschreiben, nach Ex 34,27-28 hat Mose dies auf Gottes Befehl hin getan.

Als Ausweg erwägt Augustinus zunächst, die *verba haec* im Schreibbefehl in Ex 34,27 nicht auf den Dekalog, sondern auf die in 34,12-26 vorausgehenden Gebote[11] zu beziehen, die tatsächlich nicht mit dem Dekalog übereinstimmen. Unter dieser Voraussetzung habe Gott dem Mose befohlen, *ut non in duabus lapideis tabulis scriberentur, sed in illo libro legis, ubi multa conscripta sunt* „daß sie nicht auf zwei Steintafeln, sondern in jenes Gesetzbuch geschrieben werden sollten, in dem vieles verzeichnet ist". Zwar existiert ein Befehl in dieser Formulierung nicht. Aber Augustinus hat diese Konkretisierung des Schreibbefehls von Ex 34,27 wohl aus Ex 24,4.7 erschlossen, wo Mose die Worte Gottes aufschreibt und aus dem Buch des Bundes vorliest.

Zwar besagt Ex 34,28 auf den ersten Blick dennoch, daß Mose die zweiten Tafeln beschrieb. Aber die Unterscheidung zwischen dem, was nach Ex 34,27 geschrieben werden soll (das Privilegrecht in das Bundesbuch), und dem, was in Ex 34,28 geschrieben wird (der Dekalog auf die zweiten Tafeln), eröffnet eine andere Deutung des ungenannten Subjekts von Ex 34,28: *nisi forte violenter quidem sed certa necessitate conpellimur, ubi dictum est: et scripsit in tabulis verba testamenti, decem verba, non Moysen subaudire, sed dominum – supra enim positum est: et erat ibi Moyses in conspectu domini – ut a domino, in cuius conspectu erat Moyses quadraginta diebus et quadraginta noctibus panem non manducans et aquam non bibens, scripta intellegantur haec verba in*

---

[11] Heutige Bezeichnung: ‚Privilegrecht JHWHs'.

tabulis, sicut ante promiserat. „Falls wir nicht vielleicht, gewaltsam zwar, aber mit unzweifelhafter Notwendigkeit, gezwungen werden, in dem Satz: ‚und er schrieb auf die Tafeln die Worte des Bundes, die Zehn Worte' nicht Mose, sondern den Herrn [als Subjekt] mitzuhören – oben steht nämlich: ‚Und Mose war dort vor dem Angesicht Gottes' –, so daß man versteht, daß der Herr, vor dessen Angesicht Mose vierzig Tage und vierzig Nächte war, ohne Brot zu essen und Wasser zu trinken, diese Worte auf die Tafeln schrieb, wie er zuvor verheißen hatte" (*qu.* 5,15,3).[12] Aufschlußreich ist das methodische Selbstverständnis Augustins. Oberste Priorität hat sein Postulat der Widerspruchsfreiheit biblischer Aussagen. Im Zweifelsfall muß dann eben *violenter quidem sed certa necessitate* (*qu.* 5,15,3)*, violento intellectu* (*qu.* 5,15,4) der Sinn eines Satzes hingebogen werden! Freilich gebraucht Augustinus wohl nur deshalb derartig starke, dekouvrierende Ausdrücke, weil er sich letztlich doch nicht auf diese Notlösung einläßt, sondern auch dem Wortlaut, wie er ihn versteht, im *sensus proprius* verpflichtet bleibt.

(3) Augustinus zieht sich vielmehr auf seine Überzeugung zurück, daß ein Widerspruch zweier Sätze im Wortsinn dann mit der Inspiration durch Gott und der Wahrhaftigkeit Gottes vereinbar ist, wenn Gott gerade durch diesen vordergründigen Widerspruch eine geistliche Wahrheit mitteilen wollte.[13] In diesem Fall zeigt die Doppelung des Schreibers der

---

[12] Dies ist auch die zur Zeit in der Exegese nahezu unisono vertretene Auslegung. Z.B. BLUM, *Privilegrecht* 355-357; OTTO, *Pentateuchredaktion* 93; HOUTMAN, *Exodus;* KONKEL, *Sünde* 100f.130-132; JACOB, *Exodus;* DOHMEN, *Exodus* 373; PROPP, *Exodus;* ALBERTZ, *Exodus*. In ZENGER, 2004 vermutet DOHMEN 152 vorsichtiger, „dass die Doppeldeutigkeit bewusst in Kauf genommen wird, um eine innere Verbindung zwischen Dekalog und Privilegrecht herzustellen." HOSSFELD, *Dekalog* 209 spricht in diesem Zusammenhang von „geschickt bzw. schon trickreich". Vgl. auch die zurückhaltendere Formulierung von ZENGER, *Sinaitheophanie* 98: „Jahwe kann durchaus Subjekt von V 28b sein, da er in V 28a ausdrücklich erwähnt ist." Wie schwierig die Annahme ist, JHWH sei das schreibende Subjekt in V 28, wenn man sie nicht auf eine quellenkritische Vorstufe oder die Absicht des Redaktors bezieht, sondern das Verständnis des Lesers des vorliegenden Endtextes in den Blick nimmt, zeigt z.B. BAENTSCH, *Exodus* z. St.: Im ursprünglichen Zusammenhang des von ihm rekonstruierten Elohisten sei JHWH das gemeinte Subjekt gewesen. Für den redaktionellen Endtext aber gelte: „Subj. [...] kann nur Moses sein." Auch NOTH, *Exodus* sagt von Mose in V 28: „darüber hinaus bleibt ihm lediglich die Aufgabe, die ihm mitgeteilten ‚Bundesworte' [...] auf die vorbereiteten Tafeln zu schreiben." Entsprechend (für seinen Jahwisten) ZENGER, *Mose* 280.

[13] Vgl. *civ.* 18,43: Für den Fall, daß eine Stelle in TM und in LXX unvereinbar zu sein scheinen, gilt: *si non congruere videtur, altitudo ibi prophetica esse credenda est* „wo keine Übereinstimmung gegeben zu sein scheint, muß eine tiefe Prophetie angenommen werden".

zweiten Tafeln (= des Neuen Testaments) an, daß im Neuen Bund Gott und der begnadete Mensch kooperieren. Zur Beschriftung der zweiten Tafeln durch Gott und Mose führt er aus: *porro autem si diligentius adtendamus ideo utrumque dictum esse in secundis tabulis, quia et deus facit per gratiam suam opus legis in homine et homo per fidem suam suscipiens gratiam dei pertinens ad testamentum novum cooperator est adiuvantis dei [...], profecto non cogimur violento intellectu subaudire, quod deus scripserit, ubi scriptura dixit: et erat ibi Moyses in conspectu domini quadraginta diebus et quadraginta noctibus; panem non manducavit et aquam non bibit, et scripsit in tabulis verba testamenti* (Ex 34,28), *ubi valde sonat scripsisse Moysen.* „Wenn wir aber ferner aufmerksamer beachten, daß deswegen beides von den zweiten Tafeln gesagt worden ist, weil einerseits Gott durch seine Gnade die Verwirklichung des Gesetzes im Menschen bewirkt, andererseits der Mensch, der durch seinen Glauben die Gnade Gottes empfängt und zum Neuen Bund gehört, mit dem ihm helfenden Gott mitarbeitet [...], so werden wir keinesfalls gezwungen auf Grund einer gewaltsamen Deutung herauszuhören, daß Gott geschrieben habe, wo doch die Schrift gesagt hat: ‚Und Mose war dort vor dem Angesicht Gottes vierzig Tage und vierzig Nächte; er aß kein Brot und trank kein Wasser, und er schrieb auf die Tafeln die Worte des Bundes' (Ex 34,28); das klingt doch sehr danach, daß Mose geschrieben hat (*qu.* 5,15,4)."

Exkurs: Verhältnis: Vetus testamentum – Novum testamentum[14]

Vor allem in den *quaestiones in Deuteronomium* und den *quaestiones in Exodum* äußert sich Augustinus mehrfach zu den Eigenheiten des Alten und des Neuen Bundes und zu ihrem wechselseitigen Verhältnis. Er folgt dabei selbstverständlich neutestamentlichen Vorgaben, setzt aber auch eigene Akzente. Er spricht, wie generell das AT, von *testamentum* nur im Singular. Nur so kann er Alten und Neuen Bund als geschlossene Größen zueinander in Beziehung setzen. Im Dtn

---

Augustinus hat dieses Prinzip bereits in *qu.* 1,169 und in *civ.* 18,44 angewendet, um zu erklären, warum Jona die Zerstörung Ninives nach Jon 3,4TM in vierzig Tagen, nach Ion 3,4LXX aber nach drei Tagen ankündigt.

[14] LXX gibt das Wort בְּרִית überwiegend durch das Wort διαθήκη wieder, das seinerseits auch andere Wörter wie Tora oder עֵדָה wiedergibt. Hieronymus übersetzt בְּרִית durch *foedus* und *pactum*, VL dagegen gibt διαθήκη (wo es für בְּרִית steht) stets durch *testamentum* wieder. Augustinus übernimmt dies, gebraucht seinerseits aber *testamentum* sowohl für den von Gott gegebenen Bund und die daraus resultierenden Bundesordnungen als auch für die beiden Kanonteile Neues und Altes Testament. Vgl. POLLASTRI, *patto* 263f. Sie gibt in diesem Beitrag eine gedrängte Übersicht über die Bundeskonzeptionen im Gesamtwerk Augustins.

findet er zwar außer dem am Horeb Dtn 5,2 den in Moab Dtn 29,1LXX = 28,69TM geschlossenen Bund, der dort ausdrücklich als zum Horebbund hinzutretender Bund bezeichnet wird, und in Jos 24,25 den durch Josua geschlossenen Bund. Augustinus führt aus: *nec tamen haec appellantur duo testamenta, quamvis ita haec verba sonare videantur; utrumque enim unum est testamentum, quod in ecclesia dicitur vetus* „Und dennoch werden diese nicht zwei Bünde genannt, wenngleich diese Worte so zu klingen scheinen; beide zusammen sind nämlich ein einziger Bund, der in der Kirche Alter [Bund] genannt wird" (*qu.* 5,49). Wie diese Formulierung zeigt, ist Augustinus sich dessen bewußt, daß die Bezeichnung ‚Alter Bund' und damit auch die in dieser beschlossene Wertung nicht biblischen, sondern christlich-theologischen Ursprungs sind. Insofern der (‚Alte') Bund nach dem Zeugnis des AT erneuert wird, weist dies aber nicht auf ein Handeln Gottes an diesem (‚Alten') Bund, sondern auf den Neuen Bund hin: *repetitio quippe testamenti novum testamentum significat; quod significat et Deuteronomium, quod interpretatur secunda lex; quod significant et prioribus confractis tabulae renouatae. multis enim modis significandum quod uno modo inplendum fuit.* „Die Wiederholung des Bundes bezeichnet ja den Neuen Bund; das zeigt auch das Deuteronomium an, das mit ‚Zweites Gesetz' übersetzt wird; das bezeichnen auch die Tafeln, die erneuert wurden, nachdem die ersten zerbrochen worden waren. Auf viele Weisen mußte nämlich vorausbezeichnet werden, was auf eine einzige Weise erfüllt werden sollte" (*qu.* 6,30,1).

Nach Augustinus verweist das AT vielfach typologisch oder prophetisch auf das NT, und spricht insofern von Christus oder der Kirche. Dieses Verhältnis beschreibt er auf allgemeine Weise so: *eadem quippe sunt in vetere et novo: ibi obumbrata, hic revelata, ibi praefigurata, hic manifestata,* „Dieselben Dinge sind ja freilich im Alten und im Neuen [Testament] enthalten: dort verhüllt, hier offenbart, dort vorausbezeichnet, hier offenkundig" (*qu.* 4,33,1) bzw.: *quamquam et in vetere novum lateat et in novo vetus pateat* „obgleich sowohl im Alten Testament das Neue verborgen als auch im Neuen das Alte offenbar ist" (*qu.* 2,73).[15]

Zumeist sieht Augustinus AT und NT bzw. Alten und Neuen Bund als Gegensätze – besonders vielfältigen Anlaß bieten ihm dazu die ersten und die zweiten steinernen Gesetzestafeln – und charakterisiert zu diesem Zweck den Alten Bund einseitig negativ.[16] Insofern Augustinus ‚positive' Aussagen des AT allein auf den Neuen Bund bezieht, nur die ‚negativen' dem Alten Bund beläßt, handelt es sich hier um theologische Beraubung des AT.

---

[15] Zur Rezeption dieser Formulierung im 20. Jh. vgl. Generelle Einleitung, S. 65f. Vgl. *qu.* 6,5: Der Alte Bund wurde *in cuiusdam enim rei alterius venturae testimonium* gegeben.
[16] So befestigte er z.B. das bis in die Gegenwart unausrottbare Vorurteil, typisch für das AT sei die Furcht, typisch für das NT dagegen die Liebe.

- *vetus fuerat abolendum et constituendum novum* „der Alte [Bund] mußte aufgehoben und der Neue errichtet werden" (*qu.* 2,144).[17] Zwar sind die handelnden Subjekte nicht genannt, aber da nur Gott den Neuen Bund errichten konnte, wird wegen der parallelen Ausdrucksweise auch Gott als Subjekt anzusetzen sein, das den Alten Bund aufhebt bzw. zerstört. So reiht sich Augustinus in die Reihe derer ein, die für lange Jahrhunderte christlicher Theologie die Aufhebung des Alten Bundes als Voraussetzung des Neuen Bundes ansahen und so für das Judentum *post Christum* eine Existenz ohne Gottesbund konstruierten.
- *in vetere data est lex in tabulis lapideis, in novo autem in cordibus, quod fit per gratiam* „das Gesetz wurde im Alten [Bund] auf Tafeln aus Stein gegeben, im Neuen aber in den Herzen, was durch Gnade geschieht (*qu.* 5,11).[18]
- *multum et solide significatur ad vetus testamentum timorem potius pertinere sicut ad novum dilectionem* „Vielfach und unerschütterlich wird angezeigt, daß die Furcht eher zum Alten Testament gehört wie zum Neuen die Liebe" (*qu.* 2,73).[19] *unde significatur timor esse in vetere testamento, in novo dilectio* „Infolgedessen wird dadurch angezeigt, daß die Furcht im Alten Bund herrscht, im Neuen die Liebe" (*qu.* 2,166,2).
- *utrum hic testamenti novi indulgentia figurata sit et praeterita ultio ad vetus pertineat testamentum, hoc est, illud ad legis severitatem, hoc ad gratiae bonitatem* „Ist hier vielleicht die Nachsicht des Neuen Bundes vorausgebildet und gehört die zurückliegende Strafe zum Alten Bund (vgl. Mt 5,38-39), d.h. jenes zur Strenge des Gesetzes, dieses zu Güte der Gnade?" (*qu.* 1,15).[20]
- Der Mosesegen Dtn 33,1-3LXX bezieht sich nicht auf das Israel des AT, sondern auf das Gottesvolk des NT: *adparet quippe ista benedictio ad novum populum pertinere, quem dominus Christus sanctificavit, ex cuius persona ista dicuntur a Moyse, non ex persona ipsius Moysi [...] nimirum ergo prophetia est, ut diximus, populum novum Christi gratia sanctificatum praenuntians ideo sub nomine filiorum Israel, quia semen est Abraham, hoc est filii sunt promissionis* (cf. Rm 9,8) „Dieser Segen scheint sich ja auf das neue Volk zu beziehen, das der Herr Christus geheiligt hat, in dessen Rolle – nicht in der Rolle des Mose selbst – Mose diese [Worte] ausspricht [...] Zweifellos ist es also eine Prophetie, wie wir gesagt haben, die das neue, durch Christi Gnade geheiligte Volk deswegen unter dem Namen der Söhne Israel vorhersagt, weil es Nachkommenschaft Abrahams ist, d.h. weil sie Söhne der Verheißung sind" (*qu.* 5,56).

---

[17] Anläßlich der Zerstörung der ersten Gesetzestafeln Ex 32,19.　[18] Anläßlich JerLXX38 = JerTM31; 2Kor 3,3.6.　[19] Anläßlich Ex 20,18-19. In *qu.* 2,74 zieht Augustinus für diese These auch Hebr 12,18-24.28 heran.　[20] Anläßlich Gen 8,21.

- *Istae promissiones [...] ad vetus testamentum pertinent: ubi [...] promissiones tamen carnales atque terrenae sunt* „Diese Verheißungen [...] sind doch, wenn man sie gemäß dem zeitlichen Glück der Menschen deutet, charakteristisch für das Alte Testament [...] die Verheißungen sind dennoch fleischlich und irdisch" (*qu.* 2,92).[21] *non solum sacramenta diversa sunt verum etiam promissa. ibi videntur temporalia proponi, quibus spiritale praemium occulte significetur; hic autem manifestissime spiritalia promittuntur et aeterna* „Es unterscheiden sich nämlich nicht nur die Geheimnisse [voneinander], sondern auch die verheißenen [Güter]. Dort sieht man zeitliche [Güter] vor Augen gestellt, durch die versteckt ein geistlicher Schatz symbolisiert wird; hier hingegen werden ganz offen geistliche und ewige [Güter] verheißen" (*qu.* 4,33,1).
- *in vetere testamento lex commendaretur tamquam opus dei, ubi homo nihil fecerit, eo quod lex timore non posset inpleri*. NT: *homo potest facere opus legis per caritatem iustitiae, quod non potest per timorem poenae* „daß durch diese Verschiedenheit die beiden Testamente so bezeichnet wurden, daß im Alten Testament das Gesetz gleichsam als Werk Gottes gepriesen wird, zu dem der Mensch nichts beigetragen hat, und zwar deshalb, weil das Gesetz durch Furcht nicht erfüllt werden kann." NT: „der Mensch kann das Gesetz durch Liebe zur Gerechtigkeit erfüllen, was durch Furcht vor Strafe nicht geschehen kann" (*qu.* 5,15,2). *et deus facit per gratiam suam opus legis in homine et homo per fidem suam suscipiens gratiam dei pertinens ad testamentum novum cooperator est adiuvantis dei* „einerseits bewirkt Gott durch seine Gnade die Verwirklichung des Gesetzes im Menschen, andererseits gehört der Mensch, der durch seinen Glauben die Gnade Gottes empfängt, zum Neuen Bund und arbeitet mit dem ihm helfenden Gott mit" (*qu.* 5,15,4).
- *forte ideo magis in illis prioribus vetus significatum est testamentum, quia deus ibi praecepit, sed homo non fecit?* „Wurde vielleicht deswegen eher durch jene früheren [Tafeln] der Alte Bund vorausbezeichnet, weil Gott dort befohlen, der Mensch es aber nicht getan hat?" (*qu.* 2,166,2).
- *lex enim posita est in vetere testamento, quae convinceret transgressores, quae subintravit, ut abundaret delictum* (Rm 5,20). „Das Gesetz ist nämlich im Alten Bund gegeben worden, damit es die Übertreter überführe; ,es ist zwischenhereingekommen, damit die Übertretung überhandnehme'." Dagegen: *novi testamenti caritas legem facit* „die Liebe des Neuen Testaments führt das Gesetz aus" (*qu.* 2,166,2).[22]

---

[21] Anläßlich Ex 23,25-27.
[22] In *civ.* 18,54 *l.* 24-25 identifiziert Augustinus sogar das Gesetz vom Sinai mit dem *vetus testamentum*.

Andererseits ist das Neue Testament bzw. der Neue Bund im Alten Testament bzw. im Alten Bund vielleicht nicht gänzlich verborgen: *qu.* 2,102: *novum testamentum et absconditum esse in lege et aliquando adparere intellegentibus* „Bezeichnet die Schrift durch den Namen Jesus [Josua] vielleicht, daß das Neue Testament sowohl im Gesetz verborgen ist als auch sich gelegentlich dem Einsichtigen zeigt?" Augustinus kann auch von der Harmonie des Alten und des Neuen Bundes sprechen. So sagt er *qu.* 2,105 von den beiden Kerubim auf der Kapporet, die nach Ex 25,19LXX=25,20TM ihre Gesichter einander zuwenden: *invicem se adtendunt, quia consonant – duo quippe ibi testamenta figurantur* „Sie wenden sich einander zu, weil sie miteinander harmonieren – dort werden ja die zwei Testamente symbolisiert." Und von der ganzen Generation, die bei der Volkszählung noch nicht zwanzigjährig war (Num 1,18) und in das Verheißungsland einziehen durfte, weil sie, als ihre Väter murrten, Gut und Böse noch nicht unterscheiden konnten (Num 14,23LXX; Dtn 1,39),[23] sagt Augustinus: *ubi mihi videntur significari sancti fideles ex utroque testamento fidem veram tenentes* „Wie mir scheint, werden dadurch die heiligen Gläubigen aus beiden Testamenten bezeichnet, die am wahren Glauben festhalten" (*qu.* 4,2).

---

[23] In *qu.* 5,9 erwägt Augustinus sogar, daß der Horeb-Bund nur diesen Jungen, nicht aber ihren Vätern gegolten habe, obgleich diese Väter erst während der Wüstenwanderung nach dem Bundesschluß am Horeb der Strafe des Todes in der Wüste wegen ihres Murrens verfallen waren (vgl. Dtn 1,19-35.39).

TEXT UND ÜBERSETZUNG

LIBER QUINTUS. QUAESTIONES DEUTERNOMII

1 In eo, quod commemorat Moyses dixisse se populo timenti hostes inhabitantes terram, quo introducendus fuit: *Ne paveatis neque timeatis ab eis; dominus deus vester, qui praecedit ante faciem vestram, ipse simul debellabit eos vobiscum*, satis ostenditur ita esse adiutorem deum, ut etiam homines agant aliquid.

2 *Et noluit Seon rex Esebon transire nos per ipsum, quoniam induraverat dominus deus noster spiritum eius et confortavit cor eius, ut traderetur in manus tuas sicut in hac die*. Haec dicens Moyses, dum populum alloquitur, tale aliquid commemorat, quale dicebatur in Exodo: *Ego induravi cor Pharaonis*, et quod in Psalmis legitur: *Convertit cor eorum, ut odissent populum eius*. Nec tacetur hic causa indurationis huius, cum dicitur: *Ut traderetur in manus tuas sicut in hac die*, id est ut vinceretur a te. Quod non fieret, nisi resisteret; non autem resisteret nisi corde obdurato. Cuius rei iustitiam si quaesierimus, *inscrutabilia sunt iudicia dei*; iniquitas autem non est apud deum. Sane notandum est confortatum cor posse dici et in malo.

3 *Verum tamen Og rex Basan reliquus factus est a Raphain*. Hoc nomine, quod est Raphain, gigantes significari in Hebraea lingua dicunt qui eam noverunt. Unde quod habent plerique codices *derelictus est a Raphain*, planius utique dicitur: *Reliquus factus est*, ut ipse ex illis remansisse intellegatur, cuius etiam consequen-

---

2,4 Ex 10,1 | Ps 104, 25   **8** Rm 11,33 | Rm 9,14

1,1 Incipiunt quaestiones deuteronomii P *(fol. 149)*, V *(fol. 139)*, U *(fol. 175)*, Incipiunt quaestiones deuteronomii S *(pag. 423)*, Incipiunt (incipit *n*) quaestiones eiusdem libri *(deuteronomii)* N *(fol. 156p, fol. 108n)*, liber de quaesionibus deuteronomii T *(fol. 131)*   **3** vester] noster *p P S V U T Bad. Am. μ* | praecedit] praecedat *V¹* | debellabit] debellavit *P U¹*   **2,8** inscrutabilia] ut scrutabilia *T*   **9** deum] eum *N U T* | confortatum *del. S* | et] etiam *P Am. μ, om. S* | malo] mala *n*   **3,2** dicunt] dicuntur *S V¹ U*   **3** habent] latini *add. T* | derelictus] derelictum *n*

---

[1] LXX, der VL folgt, erzeugt durch συνεκπολεμήσει αὐτοὺς μεθ᾽ ὑμῶν erst die Sinn-Nuance der Kooperation Israels mit Gott, die Augustinus wichtig ist. TM, gefolgt von Vulg, sagt hingegen: „Er wird für euch kämpfen". Vgl. WEVERS, *Deuteronomy*. Nur dies mit Gott als alleinigem Kämpfer ist, obgleich de facto Israel kämpfen müssen wird, hier

FÜNFTES BUCH. FRAGEN ZUM BUCH DEUTERONOMIUM

qu. 5,1 (zu Dtn 1,29-30)

1 In dem, was Mose, wie er darlegt, zu dem Volk gesagt hat, das sich vor den Feinden fürchtete, die das Land, in das es hineingeführt werden sollte, bewohnten: „Ängstigt euch nicht und fürchtet euch nicht vor ihnen; der Herr, euer Gott, der vor eurem Angesicht herzieht, er selbst wird sie zusammen mit euch niederkämpfen", zeigt sich genügend deutlich, daß der Herr in der Weise als Helfer handelt, daß auch die Menschen etwas tun müssen.[1]

qu. 5,2 (zu Dtn 2,30)

2 „Und Sihon, der König von Heschbon, wollte nicht, daß wir durch ihn (sein Land) hindurchzögen, denn der Herr, unser Gott, hatte seinen Geist verhärtet und sein Herz mutig gemacht, damit er in deine Hände ausgeliefert würde, wie es am heutigen Tag [geschehen ist]." Während Mose zum Volk spricht, ruft er mit diesen Worten eine ähnliche [Aussage] in Erinnerung, wie sie im [Buch] Exodus ausgesprochen wurde: „Ich habe das Herz Pharaos verhärtet" (Ex 10,1), und die man in den Psalmen liest: „Er wandelte ihr Herz, damit sie sein Volk haßten" (Ps 105,25). Und auch der Grund für diese Verhärtung wird hier nicht verschwiegen, wenn es heißt: „damit er in deine Hände ausgeliefert würde, wie es am heutigen Tag [geschehen ist]", d.h. damit er von dir besiegt würde. Das würde nicht geschehen, wenn er sich nicht widersetzte; er würde sich aber nur mit verhärtetem Herzen widersetzen. Wenn wir nach der Gerechtigkeit dieses Vorgangs gefragt hätten, [müßten wir bedenken:] „Unerforschlich sind die Entscheidungen Gottes" (Röm 11,33); Ungerechtigkeit aber gibt es bei Gott nicht (vgl. Röm 9,14). Freilich ist anzumerken, daß man auch sagen kann, das Herz sei im Bösen bestärkt worden.

qu. 5,3 (zu Dtn 3,11)

3 „Doch ist Og, der König des Baschan, von den Refaitern übrig gelassen worden." Diejenigen, die die Hebräische Sprache kennen, sagen, daß in ihr mit dieser Bezeichnung ‚Refaiter' die ‚Giganten' bezeichnet werden.[2] Daher wird das, was die meisten Kodizes haben: „er ist von den Refaitern zurückgelassen worden", jedenfalls verständlicher formuliert: „er wurde übrig gelassen", so daß man versteht: er selbst ist von jenen übrig geblieben; im folgenden wird auch

---

sinnvoll, da explizit auf das Beispiel der Rettung aus Ägypten verwiesen wird, wo nur JHWH gekämpft hat; vgl. Ex 14,14, der einzigen Parallele zu diesem Satz, wo es ausdrücklich heißt: „aber ihr sollt euch still verhalten".

[2] Vgl. Hieronymus, *Nom. Hebr. Deut*: *Raphaim medici vel gigantes*; Ios: *Rafaim gigantes*. Vulg: *solus quippe Og rex Basan restiterat de stirpe gigantum*.

ter longitudo et latitudo ferrei lecti commemoratur ad eius magnitudinem 5
commendandam.

4 *Ne feceritis iniquitatem et faciatis vobis ipsis sculptilem similitudinem, omnem imaginem.* Quid intersit inter similitudinem et imaginem quaeri solet. Sed hic non video quid interesse voluerit, nisi aut duobus istis vocabulis unam rem significaverit aut similitudinem dixerit, si verbi gratia fiat statua vel simulacrum habens effigiem humanam, non tamen alicuius hominis exprimantur liniamenta, sicut 5
pictores vel statuarii faciunt intuentes eos quos pingunt seu fingunt; hanc enim imaginem dici nemo dubitaverit. Secundum quam distinctionem omnis imago etiam similitudo est, non omnis similitudo etiam imago est. Unde si gemini inter se similes sint, similitudo dici potest alterius cuiuslibet in altero, non imago. Si autem patri filius similis sit, etiam imago recte dicitur, ut sit pater prototypus, 10
unde illa imago expressa videatur. Quarum aliae sunt eiusdem substantiae, sicut filius, aliae non eiusdem, sicut pictura. Unde illud, quod in Genesi scriptum est: *Fecit deus hominem ad imaginem dei,* manifestum est ita dictum, ut non eiusdem substantiae sit imago quae facta est. Si enim eiusdem esset, non facta, sed genita diceretur. Sed quod non addidit et similitudinem, cum superius dictum esset: 15
Faciamus hominem ad imaginem et similitudinem nostram, quibusdam visum est similitudinem aliquid amplius esse quam imaginem, quod homini reformando per Christi gratiam postea servaretur. Miror autem si non propterea postea imagi-

---

4,13 Gen 1,27   **16** Gen 1,26

4,5 effigiem] effigiam *n* | exprimantur] exprimatur *P U¹* | sicut] aut *praem. N*   **7** dici] dī *P¹ V N U*   **10** pater *om. U*

---

³ Die folgende Diskussion leidet daran, daß es schon der LXX schwer fällt, die vielfältige hebräische Bildterminologie wiederzugeben. LXX übersetzt gelegentlich das gleiche Wort verschieden und gibt andererseits verschiedene hebräische Wörter durch dasselbe Wort wieder. Hier in Dtn 4,16 verwendet sie γλυπτὸν ὁμοίωμα für TM: פֶּסֶל תְּמוּנַת und πᾶσαν εἰκόνα für das, in „schwerfällige[r] Syntax" (VEIJOLA, *Deuteronomium* 105), in einer st.cs.-Verbindung angeschlossene,כָּל־סָמֶל. WEINFELD, *Deuteronomy* spricht von einer „chain of synonyms in the construct state" im TM und gibt folgende wörtliche Übersetzung: „a sculpted image of a figure of any statue". TIGAY, *Deuteronomy* läßt die cs.-Kette mit כָּל enden: „an idol of the visage of anything, a statue". Von LXX an: γλυπτὸν ὁμοίωμα, πᾶσαν εἰκόνα (SDE: hier „formt πᾶσαν εἰκόνα dagegen eine Apposition zu γλυπτὸν ὁμοίωμα") bis in die Gegenwart lösen die Übersetzungen diese cs.-Kette auf.

⁴ So z.B. Tertullian, *bapt.* 5,7, der die Wirkung der Taufe für den Menschen, der durch den Sündenfall Adams zwar die Gottähnlichkeit (das ewige Leben), nicht aber die

die Länge und Breite seines eisernen Bettes erwähnt, um seine Größe zu demonstrieren.

qu. 5,4 (zu Dtn 4,16-17)

4 „Frevelt nicht und macht für euch selbst keine geschnitzte Ähnlichkeit, keinerlei Bild."[3] Man pflegt zu fragen, welcher Unterschied zwischen ‚Ähnlichkeit' *(similitudo)* und ‚Bild' *(imago)* besteht. Aber ich sehe nicht, welchen Unterschied [die Schrift] hier intendiert haben könnte, es sei denn, sie hat entweder mit diesen beiden Wörtern ein und dieselbe Sache bezeichnet, oder sie hat von ‚Ähnlichkeit' *(similitudo)* gesprochen, wenn z.B. eine Statue oder ein Bild hergestellt wird, das menschliche Gestalt hat, ohne daß jedoch die Züge irgendeines (individuellen) Menschen ausgeprägt würden, wie es die Maler oder die Bildhauer machen, die sich diejenigen anschauen, die sie malen oder plastisch darstellen; denn niemand würde bezweifelt haben, daß man dies ‚Bild' *(imago)* nennt. Nach dieser Unterscheidung ist jedes ‚Bild' auch eine ‚Ähnlichkeit', aber nicht jede ‚Ähnlichkeit' ist auch ein ‚Bild'. Wenn Zwillinge einander ähnlich sind, kann man daher von der Ähnlichkeit eines der beiden im anderen, nicht aber vom Bild [eines der beiden im anderen] sprechen. Wenn aber der Sohn [seinem] Vater ähnlich ist, wird er zutreffend auch [sein] Bild genannt, wie ja der Vater das Urbild ist, von dem jenes Bild, wie es scheint, abgebildet ist. Einige von diesen sind von derselben Substanz, wie der Sohn, andere nicht von derselben, wie ein Gemälde. Daher ist jener Ausspruch im [Buch] Genesis: „Gott machte den Menschen nach dem Bild Gottes" (Gen 1,27) offenkundig in dem Sinn gemeint, daß das Bild, das gemacht worden ist, nicht von derselben Substanz ist. Wenn es nämlich von derselben [Substanz] wäre, würde es nicht ‚gemacht', sondern ‚gezeugt' genannt werden. Aber weil die Schrift nicht hinzugefügt hat ‚und [nach seiner] Ähnlichkeit', obgleich zuvor gesagt worden war: „Laßt uns den Menschen machen nach unserem Bild und unserer Ähnlichkeit", waren manche der Meinung, die Ähnlichkeit sei etwas Großartigeres als das Bild, weil sie für den Menschen, der durch die Gnade Christi erneuert werden sollte, für später vorbehalten wurde.[4] Ich frage mich hingegen, ob die Schrift

---

Gottebenbildlichkeit verloren hat, folgendermaßen beschreibt: *Ita restituitur homo deo ad similitudinem eius, qui retro ad imaginem dei fuerat – imago in effigie, similitudo in aeternitate censentur –: recipit enim illum dei spiritum quem tunc de adflatu eius acceperat sed post amiserat per delictum* „So wird der Mensch Gott zurückgegeben/ zurückversetzt in den Zustand der Ähnlichkeit mit ihm, er, der zuvor nur noch dem Bilde Gottes gemäß gewesen war – als Bild gilt das Ebenbild, als Ähnlichkeit das ewige Leben. Denn er empfängt wieder jenen Geist Gottes, den er damals durch seinen Hauch empfangen (Gen 2,7), jedoch später durch die Sünde verloren hatte" (Übersetzung von SCHLEYER, *de baptismo* 177).
Augustinus diskutiert in *trin.* 14 die Frage, inwiefern der menschliche Geist *(mens humana)* imago bzw. *similitudo* des dreifaltigen Gottes ist. Während Bildsein ein Wesensmerk-

nem solam voluit commemorare, quia ubi imago, continuo et similitudo est.
Unde et hic Moyses similitudinem et imaginem fieri vetat secundum eam fortasse rationem quam diximus. In decalogo autem generaliter dicitur nullam fieri
debere similitudinem nec imago commemoratur. Cum enim nulla similitudo fit,
procul dubio nec imago fit, quoniam si imago, utique et similitudo; non autem
si fit similitudo, continuo fit et imago. Tamen, si nulla similitudo, sequitur, ut
nulla imago. Denique ubi prohibuit similitudinem et imaginem, hominis intellegi voluit, ubi et similitudo fieri potest non huius aut illius, sed cuiuslibet
hominis, et imago, id est huius proprie vel illius hominis; cum vero de pecoribus diceretur atque inrationalibus animantibus, solam similitudinem dixit. Quis
enim reperiri potest, qui sibi unum constituat canem vel quid eius modi, quem
intuens eius imaginem pingat aut fingat? Quod de hominibus usitatissimum est.

5 Quid est autem quod ait: *Similitudinem omnis piscis, quaecumque sunt in aquis sub
terra*? An et aquam propter tractabilem corpulentiam terram intellegi voluit et
secundum hoc in eo, quod scriptum est: *Fecit deus caelum et terram*, et aquas
debemus accipere? Assidue quippe scriptura his duabus partibus commemoratis
universum mundum vult intellegi secundum illud: *Auxilium meum a domino, qui
fecit caelum et terram* et innumerabilia eius modi. An ideo dictum est *sub terra*,

---

21 in...22 commemoratur] cf. Ex 20,2/Dtn 5,8   **5,3** Gn 1,1   **5** Ps 120,2

---

19 et] est *p*   **24** si nulla *om. P S V U T* | similitudo² *om. T*   **25** hominis] homines *P S¹ V N U T*   **26** fieri potest] potest fieri *S*   **27** de pecoribus] decoribus *N*   **28** inrationalibus] inrationa-
bilibus *P S V U*   **5,1** quaecumque] quicumque *T* | sunt] sint *n* | sub] sub<ter> *z*   **2** terra]
terram *P¹ S V¹ N U* | an et] anent *N*   **6** eius modi] huiusmodi *T* | sub] sub<ter> *z* | terra]
terram *p P S U*

---

mal des menschlichen Geistes und damit unverlierbar ist, wird die Ähnlichkeit durch die
Sünde vermindert und durch die Umkehr wiederhergestellt. Vgl. dazu BRACHTENDORF,
Struktur, 230-250).
⁵ In TM weicht die Bild-Terminologie in Gen 1,26 (צֶלֶם und דְּמוּת) von der im Dekalog
Ex 20,4//Dtn 5,8 (פֶּסֶל und תְּמוּנָה) völlig ab. LXX dagegen gebraucht sowohl für דְּמוּת
in Gen 1,26 als auch für תְּמוּנָה im Dekalog das Wort ὁμοίωσις (Gen 1,26) bzw. ὁμοίωμα
(Ex 20,4//Dtn 5,8) und ermöglicht so den unmittelbaren Bezug zwischen der Gott-
ebenbildlichkeitsaussage und dem Bilderverbot. Vulg hat in allen drei Fällen „similitudo". Für פֶּסֶל sagt LXX im Dekalog Ex 20,4 und LXXB in Dtn 5,8: εἴδωλον, in Dtn
4,16: γλυπτὸν. Anders VL: Gen 1,26: *ad imaginem et similitudinem*, Ex 20,4: VL des Augu-

nicht deswegen anschließend nur vom Bild sprechen wollte, weil dort, wo das Bild ist, zugleich auch die Ähnlichkeit ist. Deswegen verbietet Mose vielleicht auch hier aus diesem Grund, den wir genannt haben, eine Ähnlichkeit und ein Bild anzufertigen. Im Dekalog wird dagegen allgemein gesagt, man dürfe keine ‚Ähnlichkeit' herstellen, aber vom ‚Bild' ist keine Rede (vgl. Ex 20,4//Dtn 5,8).[5] Wenn nämlich keine Ähnlichkeit angefertigt wird, wird zweifellos auch kein Bild hergestellt, weil wenn Bild, dann jedenfalls auch Ähnlichkeit; dagegen wird, wenn eine Ähnlichkeit hergestellt wird, nicht zugleich auch ein Bild angefertigt. Wenn keine Ähnlichkeit [angefertigt wird], folgt jedoch, daß kein Bild [hergestellt wird]. Wo die Schrift schließlich Ähnlichkeit und Bild verboten hat,[6] wollte sie diese als [Ähnlichkeit und Bild] eines Menschen verstanden wissen, wobei einerseits eine ‚Ähnlichkeit' nicht dieses oder jenes, sondern jedes beliebigen Menschen und andererseits ein ‚Bild', d.h. speziell dieses oder jenes Menschen, angefertigt werden kann; als sie dagegen vom Vieh und vernunftlosen Lebewesen redete, sprach sie nur von ‚Ähnlichkeit'.[7] Denn wen könnte man finden, der sich einen Hund oder irgend ein [Tier] dieser Art [vor sich] hinstellt, um nach Augenschein sein Bild zu malen oder zu meißeln? Das ist bezüglich Menschen ganz üblich.

qu. 5,5 (zu Dtn 4,18)

5 Was bedeutet aber die Wendung: „Ähnlichkeit irgendeines von den Fischen, die auch immer im Wasser unter der Erde leben"? Wollte die Schrift unter der Bezeichnung ‚Erde' wegen seiner physischen Beschaffenheit, daß man es berühren kann, auch das Wasser verstanden wissen, und sollen wir entsprechend der Formulierung der Schrift: „Gott machte den Himmel und die Erde" (Gen 1,1), darunter auch das Wasser mitverstehen? Beständig will ja die Schrift unter diesen beiden genannten Teilen die gesamte Welt verstanden wissen, wie in jenem Zitat: „Meine Hilfe [kommt] vom Herrn, der Himmel und Erde gemacht hat" (Ps 121,2) und unzählige [Belege] dieser Art. Oder heißt es deswegen „unter der Erde", weil die Erde keinesfalls von Menschen bewohnt

---

stinus: *non facies tibi idolum neque ullum simulacrum*, Dtn 5,8 VL:Cod.Lugd.: *non facies tibi sculptilem, neque similitudinem;* Dtn 4,16: *ne [...] faciatis uobis ipsis sculptilem similitudinem, omnem imaginem*. Mit seiner obigen Behauptung, der Dekalog spreche nur von *similitudo*, nicht aber von *imago*, kann sich Augustinus somit nicht auf die von ihm in *qu.* 2,71,2 zitierte Fassung seiner VL zu Ex 20,4 berufen. Falls seine VL in Dtn 5,8 mit Cod.Lugd. übereinstimmt, meint er wohl den Dekalog von Dtn 5. Er könnte auch den Dekalog in Ex 20 meinen, falls er die Version der Vulg zu Ex 20,4//Dtn 5,8 kennt und anerkennt: *non facies tibi sculptile nec similitudinem* (in *spec.* 4 wird Dtn 5,8 nach diesem Vulg-Wortlaut zitiert, allerdings ist umstritten, ob dieses Werk tatsächlich von Augustinus stammt).

[6] Dtn 4,16. Vgl. oben Anm. 5.
[7] Dtn 4,17: TM: תַּבְנִית „Figur", LXX: ὁμοίωμα.

quod terra, nisi superior aquis esset, habitari utique ab hominibus et animalia terrena habere non posset?

6 *Et ne suspiciens in caelum et videns solem <et lunam> et stellas et omnem ornatum caeli errans adores ea et servias illis, quae distribuit dominus deus tuus ea omnibus gentibus quae sunt sub caelo.* Non ita dictum est, tamquam deus praeceperit ea coli a gentibus, a solo autem populo suo non coli; sed aut ita dictum est, quod deus praescierit gentes culturam exhibituras his caelestibus et tamen hoc praesciens creaverit ea, eum vero populum suum futurum esse praesciverit, qui ista non coleret; aut *distribuit* dictum est, ut intellegatur usus, qui commendatur in Genesi: *Ut sint in signis et in temporibus et in diebus et in annis,* quem usum in eis communem habet populus dei cum omnibus gentibus, non autem cultum quem habent aliae gentes.

7 *Ne obliviscamini testamentum domini dei vestri, quod disposuit ad vos, et faciatis vobismet ipsis sculptilem similitudinem omnium quaecumque constituit tibi dominus deus tuus.* Hic certe generaliter loquens similitudinem posuit, imaginem tacuit, quoniam, si nulla fit similitudo, profecto nec imago, quia ubi imago, continuo similitudo, quamvis non ubi similitudo continuo imago.

8 Quaerendum quomodo dictum sit: *Interrogate dies priores qui fuerunt priores te ex die qua creavit deus hominem super terram et a summo caeli usque ad summum caeli*; subauditur enim interrogate. Videtur autem significare totum orbem terrarum. Sed cur *a summo caeli usque ad summum caeli* dicat, non a summo terrae usque ad summum terrae, non est facile dinoscere. Talis enim quaedam locutio est et in evangelio, cum dicit dominus, quod congregabuntur electi eius *a summis caelorum usque ad terminos eorum.* Nisi forte hic nec in hominibus nec in angelis auditum

---

6,8 Gn 1,14   **8,6** Mt 24,31

7 habitari] habituri P^1 U^1 **6,1** et lunam *om. codd. Bad., addidi cum Am.* μ ʒ | omnem] omne P U **2** errans] erran N | servias] servies V n U | quae] quia n | ea² *exp.* T **3** est *om.* n | deus *om.* S **6** ea] eas S n U T | eum] seu p | praesciverit] praescierit N **7** intellegatur usus] intellegaturus n **7,2** sculptilem] scluptilem p, scuptilem n **8,4** usque¹...terrae *om.* V **5** facile] facere n | talis] tales N | et *om.* N **7** hic] hinc N

---

⁸ Zur Debatte unter den frühen Kirchenvätern über diesen Vers vgl. BdA.

werden und Landtiere haben könnte, wenn sie nicht über den Wassern [erschaffen] wäre?

qu. 5,6 (zu Dtn 4,19)

6 „Und wenn du hinauf an den Himmel blickst und die Sonne und den Mond und die Sterne und alle Zierde des Himmels siehst, gerate nicht auf Abwege und bete sie nicht an und diene jenen nicht; sie hat der Herr, dein Gott, allen Völkern unter dem Himmel zugewiesen." Das ist nicht so gemeint, als habe Gott befohlen, daß diese von den Völkern verehrt, allein von seinem Volk aber nicht verehrt werden sollten; sondern es ist entweder so gemeint, daß Gott vorherwußte, daß die Völker diesen himmlischen Wesen Verehrung erweisen würden, und sie dennoch, obgleich er dies wußte, erschaffen hat,[8] daß er aber vorauswußte, daß sein Volk existieren werde, das diese nicht verehren würde; oder „er hat zugewiesen" ist so gemeint, daß man darunter den Gebrauch [dieser Himmelskörper] verstehen sollte, der im [Buch] Genesis erwähnt wird: „damit sie als Zeichen dienen und [zur Bestimmung] von Zeiten und Tagen und Jahren" (Gen 1,14); diesen Gebrauch von ihnen hat das Gottesvolk mit allen Völkern gemeinsam, nicht aber [ihre] Verehrung, die die anderen Völker haben.

qu. 5,7 (zu Dtn 4,23)

7 „Vergeßt nicht den Bund des Herrn, eures Gottes, den er für euch eingesetzt hat, und macht für euch selbst keine geschnitzte Ähnlichkeit von allem, was immer der Herr, dein Gott, für dich angeordnet hat." Hier hat die Schrift sicher in allgemeiner Bedeutung das Wort ‚Ähnlichkeit' *(similitudo)* gesetzt, vom ‚Bild' *(imago)* [jedoch] nicht gesprochen, weil wenn keine Ähnlichkeit hergestellt wird, auf alle Fälle auch kein Bild entsteht, denn wo ein Bild ist, ist zugleich eine Ähnlichkeit, obgleich nicht, wo eine Ähnlichkeit ist, zugleich ein Bild ist.[9]

qu. 5,8 (zu Dtn 4,32-33)

8 Es ist zu fragen, in welchem Sinn gemeint ist: „Erforscht die früheren Tage, die vor dir waren, vom Tag an, an dem Gott den Menschen auf der Erde geschaffen hat, und vom einen Ende des Himmels bis zum anderen"; man ergänzt nämlich: ‚erforscht'. [Der Ausdruck] scheint aber den ganzen Erdkreis zu bezeichnen. Aber warum die Schrift sagt: „vom einen Ende des Himmels bis zum anderen", nicht: ‚vom einen Ende der Erde bis zum anderen', ist nicht leicht zu verstehen. Eine derartige Redensart findet sich allerdings auch im Evangelium, wo der Herr sagt, daß seine Erwählten „vom einen Ende des Himmels bis an seine Grenzen" (Mt 24,31) gesammelt werden sollen. Falls sie hier nicht verstanden wissen will, daß das einzigartige Ereignis, von dem sie berichtet, daß es diesem Volk widerfahren ist, weder unter den Menschen noch unter

---

[9] Vgl. oben *qu.* 5,4.

esse vult intellegi, quod in hoc populo factum singulare commendat; hoc enim sequitur: *Si factum est secundum verbum magnum hoc, si auditum est tale quid; si audivit gens vocem dei viventis loquentis e medio ignis, quemadmodum audisti tu et vixisti*. Quod si ita est, ut nec in hominibus nec in angelis hoc dicat auditum, quid est ergo illud in evangelio: *A summis caelorum usque ad terminos eorum*, cum sine dubio dominus hoc ait, cum de novissima electorum suorum congregatione loqueretur?

9 Quid est quod ait: *Dominus deus vester disposuit ad vos testamentum in Coreb; non patribus vestris disposuit dominus testamentum hoc, sed ad vos, vos hic omnes viventes hodie. Facie ad faciem locutus est dominus ad vos in monte e medio ignis*? An quia illi qui non ingrediuntur in terram promissionis - mortui sunt enim omnes - non pertinent ad hoc testamentum, quorum tunc recognitio facta est, cum a viginti annis aetatis et supra numerarentur usque ad quinquaginta annos habiles ad bellum? Quomodo ergo illis locutus est dominus, qui hodie vivunt? An quia ex viginti annis et infra potuerunt multi tunc esse, qui hoc bene meminissent, alieni ab illa poena, quam deus constituit illis, qui tunc numerati sunt, non intrare in terram promissionis, et hoc utique appellat, qui quamvis viginti annorum et supra non essent, quando deus in monte loquebatur, ut numerari tunc possent, potuerunt tamen esse decem et novem et infra usque ad puerilem aetatem, quae posset illa quae facta et dicta sunt et videre et audire et memoria retinere?

Sed quid est quod ait: *Facie ad faciem locutus est dominus ad vos*, quos paulo ante maxime admonere curavit, quod nullam similitudinem viderint, sed solam vocem de medio ignis audierint? An propter rerum evidentiam et quodam modo praesentiam manifestatae divinitatis, de qua dubitare nemo posset, his verbis usus est? Quod si ita est, quid prohibet de ipso Moyse hoc intellegi in eo

---

9,4 mortui…omnes] cf. 2,14   **5** quorum…6 bellum] cf. Nm 1,20-47   **15** nullam…16 audierint] cf. Dt 4,12

---

8 esse] esset *n* | singulare] singularem $P\ U^1\ T$, singularit//rem V, singulariter *Am*. μ   **10** vixisti] vidisti T **9,1** Coreb] Oreb S, Choreb V, Horeb *Am*. μ   **2** vos^2 *om*. N **3** facie] faciem $P\ N\ V$ | monte] montem $P\ S\ N\ U\ T^1$ **6** bellum] annis *add*. *n*   **9** quam] qua U **10** *post* supra *repetit n l. 6–10* numerarentur … annorum   **14** facie] faciem $P\ V^1\ N$ | dominus *om*. $P\ V\ T$

---

[10] TM hat in 5,2-3 durchgehend Pronomina der 1.pers.pl., Mose schließt sich also ein, und wechselt erst in V 4 zur 2.pers.pl. VL folgt LXX, die vereinheitlicht und auch in 5,2-3 Pronomina der 2.pl. hat, so daß Mose ausgeschlossen ist. Vielleicht reagiert LXX so auf V 5, wo Mose dem Volk gegenüber steht (so WEVERS, *Deuteronomy* z.St.). Vulg vereinheitlicht in entgegengesetzter Richtung und hat auch in V 4 Pronomen der 1.pers.pl.

den Engeln vernommen worden ist; dies nämlich folgt: „[Forscht nach], ob je etwas derartiges wie diese große Sache geschehen ist, ob etwas derartiges gehört worden ist; ob ein Volk die Stimme des lebendigen Gottes mitten aus dem Feuer reden gehört hat, wie du gehört hast und am Leben geblieben bist." Wenn es sich so verhält, daß sie sagt, das sei weder unter den Menschen noch unter den Engeln gehört worden, wie ist folglich jene [Wendung] im Evangelium zu verstehen: „vom einen Ende des Himmels bis zum anderen", da der Herr dies zweifellos sagte, als er von der Sammlung der Erwählten am Jüngsten Tag sprach?

qu. 5,9 (zu Dtn 5,2-4)

9 Was bedeutet die Formulierung: „Der Herr, euer Gott, hat für euch einen Bund am Horeb eingesetzt; nicht euren Vätern hat der Herr diesen Bund eingesetzt, sondern für euch, die ihr hier alle heute am Leben seid. Von Angesicht zu Angesicht hat der Herr zu euch auf dem Berg mitten aus dem Feuer gesprochen"?[10] Vielleicht, weil jene, die nicht in das Land der Verheißung hineinkommen – sie sind nämlich alle gestorben (vgl. Dtn 2,14) –, nicht zu diesem Bund gehören, sie, deren Musterung damals durchgeführt worden ist, als [die Männer] vom Alter von zwanzig Jahren an und darüber bis zum [Alter von] fünfzig Jahren als kriegsfähig gezählt wurden (vgl. Num 1,20-47)? In welchem Sinn also hat der Herr zu jenen gesprochen, die ‚heute' leben? Vielleicht, weil unter den Zwanzigjährigen und darunter damals viele sein konnten, die sich an dieses [Ereignis] gut erinnern konnten, nicht betroffen von jener Strafe, die Gott über jene, die damals gemustert worden sind, verhängt hatte, daß sie nicht in das Land der Verheißung hineinkommen durften, und weil er (der Herr) dies zu denen sagt, die, wenn sie auch nicht zwanzig Jahre alt oder älter waren, als der Herr auf dem Berg sprach, so daß sie damals hätten gemustert werden können, dennoch neunzehn Jahre alt und jünger bis zum Knabenalter sein konnten, das in der Lage war, jene Ereignisse und Worte sowohl zu sehen als auch zu hören als auch in Erinnerung zu bewahren?

Aber was bedeutet die Aussage: „Von Angesicht zu Angesicht hat der Herr zu euch gesprochen", [zu denen,] die er kurz zuvor mit größtem Nachdruck daran zu erinnern Sorge getragen hat, daß sie keine Ähnlichkeit gesehen, sondern nur eine Stimme mitten aus dem Feuer gehört hätten (vgl. Dtn 4,12)? Hat er diese Worte gebraucht wegen der Klarheit der Ereignisse und weil auf irgendeine Weise die Gegenwart Gottes sich so deutlich zeigte, daß niemand daran zweifeln konnte? Wenn sich das so verhält, was hindert, auch im Fall des Mose selbst an der Stelle, an der von jenem gesagt ist, daß der Herr mit ihm von Angesicht zu Angesicht gesprochen habe (vgl. Ex 33,11), dies dahingehend zu deuten, daß auch er seinerseits gar nichts mit seinen Augen gesehen hat außer das Feuer? Oder kann man denken, daß er etwas darüber hinaus gesehen

quod de illo dictum est, quod facie ad faciem locutus sit cum eo dominus, ut
nec ipse aliquid oculis viderit praeter ignem? An aliquid amplius vidisse intelle- 20
gitur, quia scriptum est eum intrasse in nebulam vel nimbum ubi erat deus? Sed
etsi aliquid amplius vidit quam illi, non eum tamen mortalibus oculis vidisse dei
substantiam ex illis eius verbis intellegi potest, quibus ait deo: *Si inveni gratiam
ante te, ostende mihi temet ipsum, scienter ut videam te.* Neque enim arbitrandum est
hunc populum, cui Moyses loquebatur, sic tunc vidisse deum facie ad faciem, 25
quando in monte loquebatur e medio ignis, quemadmodum apostolus dicit in
fine nos esse visuros, ubi ait: *Videmus nunc per speculum in aenigmate, tunc autem facie
ad faciem.* Quid autem hoc et quantum esset, consequenter aperuit dicens: *Nunc
scio ex parte, tunc autem cognoscam sicut et cognitus sum.* Quod etiam ipsum caute
accipiendum est, ne tantam putetur habiturus homo cognitionem dei, quantam 30
nunc habet hominis deus, sed pro suo modo ita perfectam, ut ei nihil adhuc
expectetur addendum: Ut quam perfecte nunc deus novit hominem, sed tamen
sicut deus hominem, ita tunc perfecte noverit homo deum, sed tamen sicut
homo deum. Neque enim, quia dictum est, *estote perfecti, sicut pater vester caelestis
perfectus est*, ideo aequalitatem patris, quam verbum habet unigenitum, sperare 35
debemus; quamvis non defuerint qui et hoc futurum putaverint, nisi forte qui
dicant parum intellegimus.

10,1 Quid est quod ait: *Et ego stabam inter dominum et vos in tempore illo adnuntiare
vobis verba domini*, tamquam in loco esset dominus, hoc est in monte, unde illi
voces audiebant? Quod sic accipiendum est, ut non ex hoc suspicemur dei
substantiam in ullo aliquo esse corporali loco, qui est ubique totus, nec per
locorum intervalla propinquat aut recedit; sed demonstrationes eius in ea 5
creatura, quae non est quod ipse, non aliter humanis sensibus exhibentur. Unde
dominus volens auferre ab huius modi suspicionibus mentem nostram, quibus
putatur deus loco aliquo contineri, *veniet*, inquit, *hora, quando neque in monte hoc*

---

19 facie...dominus] cf. Ex 33,11   **21** eum...deus] cf. Ex 24,18   **23** Ex 33,13 LXX   **27** 1 Cor 13,12   **34** Mt 5,48   **10,8** Io 4,21-24

---

19 de illo *om. n* | facie] faciem *P V¹ N*   **20** an] in *n*   **24** scienter ut] *codd.* (ut scienter *p*) *edd.*, ut *inclusit z (cf. qu. 2,151 l. 4.7.16)*   **25** sic] si *P¹ U* | facie] faciem *P N*   **26** in monte *om. n* | e] in *n* | dicit] dixit *V*   **27** facie] faciem *V¹ N*   **28** esset] esse *n*   **29** ipsum] ipsius *n*   **30** quantam] quantum *T*   **32** sed...33 deum *om. T*   **36** defuerint] defuerunt *U¹*
10,1 dominum] deum *P V¹ T¹*   **2** illi *om. T*   **3** suspicemur] su//suspimur *T*   **4** totus] tocius *n*   **8** veniet] venihit *n*

hat, weil geschrieben steht, daß er in den Nebel bzw. in die Wolke hineingegangen ist, wo Gott war (vgl. Ex 24,18)? Aber wenn er auch etwas mehr gesehen hat als jene, kann man dennoch aus diesen seinen Worten, mit denen er zu Gott sagt: „Wenn ich Gnade vor dir gefunden habe, zeige mir dich selbst, damit ich dich so sehe, daß ich dich bewußt erkennen kann" (Ex 33,13 LXX) nicht entnehmen, er habe mit seinen sterblichen Augen das Wesen Gottes gesehen.[11] Auch soll man nicht meinen, dieses Volk, zu dem Mose sprach, habe Gott damals, als er auf dem Berg mitten aus dem Feuer sprach, so von Angesicht zu Angesicht gesehen, wie der Apostel sagt, daß wir [ihn] am Ende sehen werden, wo er sagt: „Jetzt sehen wir durch einen Spiegel in einem Rätsel, dann aber von Angesicht zu Angesicht" (1Kor 13,12). Was und wieviel dies aber wäre, legte er anschließend dar: „Jetzt erkenne ich stückweise, dann aber werde ich erkennen, wie auch ich erkannt bin." Selbst das muß mit Vorsicht aufgefaßt werden, damit man nicht meint, der Mensch werde eine so umfassende Erkenntnis Gottes haben, wie Gott sie jetzt vom Menschen hat, sondern eine seiner Fassungskraft entsprechende derart vollkommene [Erkenntnis], daß nichts mehr zu erwarten sein wird, was ihr hinzugefügt werden könnte: so daß, wie Gott jetzt den Menschen vollkommen kennt, allerdings zwar wie Gott den Menschen, dann der Mensch so vollkommen Gott kennen wird, aber dennoch so wie der Mensch Gott [erkennt]. Denn wir sollen ja auch nicht deswegen, weil es heißt: „Ihr sollt vollkommen sein, wie euer himmlischer Vater vollkommen ist" (Mt 5,48), die Gleichheit mit dem Vater, die das eingeborene Wort hat, erwarten; freilich hat es nicht an denen gemangelt, die gemeint haben, daß auch dies geschehen werde, falls wir [diejenigen] nicht vielleicht schlecht verstehen, die [es] sagen.[12]

qu. 5,10,1 (zu Dtn 5,5-6.24)

10,1 Was bedeutet die Aussage: „Und ich stand zu jener Zeit zwischen dem Herrn und euch, um euch die Worte des Herrn zu verkünden", gleich als ob der Herr an dem Ort, d.h. auf dem Berg, wäre, von dem her jene die Stimmen hörten? Das muß so verstanden werden, daß wir nicht daraus die Vermutung ableiten, das Wesen Gottes sei an irgendeinem materiellen Ort, er, der überall ganz ist und sich auch nicht durch räumliche Erstreckungen nähert oder zurückzieht; aber seine Erweise werden in einem solchen Geschöpf, das nicht ist, was er selbst ist, nicht auf andere Weise den menschlichen Sinnen dargeboten. Daher sagt der Herr, weil er unseren Verstand von derartigen Vermutungen fernhalten will, nach denen man meint, Gott sei in irgendeinem Ort enthalten: „Die Stun-

---

[11] Vgl. *qu.* 2,151 und 2,154,5 und Einleitung in *qu.* 2: Exkurs „Ex 33 und die Wesensschau Gottes", S. 288-293.
[12] Vgl. ausführlich zu diesem Problem: Augustinus ep. 147 *De videndo deo liber unus*. Zur Frage der Gottesschau des Menschen vgl. auch *Gn. litt.* 12,50-69.

neque in Hierosolymis adorabitis patrem. Vos adoratis quod nescitis; nos adoramus quod scimus, quia salus ex Iudaeis est. Sed venit hora et nunc est, quando veri adoratores adorabunt patrem in spiritu et veritate. Nam et pater tales quaerit qui adorent eum. Spiritus est deus et eos qui adorant eum in spiritu et veritate oportet adorare. Medium ergo se dixit Moyses non inter dei substantiam et populum intervallo aliquo loci, sed quia per eum placuit populo audire cetera dei verba, posteaquam vehementer est territus audita de medio ignis voce dei dicentis decalogum legis.

10,2 Sed merito quaeritur quomodo accipiantur haec verba Deuteronomii dicente Moyse: *Et ego stabam inter dominum et vos in tempore illo adnuntiare vobis verba domini, quoniam timuistis a facie ignis et non ascendistis in montem, dicens: Ego sum dominus deus tuus* et cetera: Quae iam verba dei sunt, quae decalogus continet. Quid ergo vult quod addidit: *Dicens*? Si enim putaverimus hyperbaton, ut ordo verborum sit: *Et ego stabam inter dominum et vos in tempore illo adnuntiare vobis verba domini dicens: Ego sum dominus deus tuus*, non erit verum. Non enim haec verba per Moysen populus, sed de medio ignis audivit: Quod cum sustinere non posset audito decalogo, postulavit, ut per Moysen cetera audiret. Restat ergo, ut quod positum est *dicens* pro eo positum intellegamus, ac si esset: Cum diceret, ut iste sit sensus: *Et ego stabam inter dominum et vos in tempore illo adnuntiare vobis verba domini, quoniam timuistis a facie ignis et non ascendistis in montem*, cum diceret: *Ego sum*

---

14 per…verba] cf. Dt 5,27

---

11 et¹ *om. n*   12 se *om. P V T*   14 est…15 territus] esterius *n*   15 audita] audit *P U¹*, audiens *S N* | voce] vocem *P N U* | dei] domini *N z*   17 dominum] deum *S V N U T Bad.*   19 quae iam] qua etiam *n* | verba dei] dei verba *S*   21 in…illo] illo in tempore *T*   22 domini *om. S*   23 Moysen] Moyse *P¹ U¹*   24 ut²] uti *n*   25 cum] ut *S V N U T (exp.) Bad.*   26 dominum] deum *S*

---

¹³ Augustinus ringt hier mit einem Problem, das die Ausleger seit der Antike beschäftigt. Dieselbe Deutung, die dem Inf.cs. לֵאמֹר, der keine Subjektsangabe enthält, das Subjekt JHWH zuteilt, erreicht die moderne Exegese zumeist durch textentstehungsgeschichtliche Hypothesen. Häufig wird V 5 (ohne das לֵאמֹר „dicens" am Ende) als jüngerer Zusatz betrachtet, der den ursprünglichen Zusammenhang dieses לֵאמֹר (infolgedessen mit JHWH als Subjekt) mit V 4 stört, indem er entgegen dem älteren Zusammenhang leugnet, daß das Volk den Dekalog unmittelbar von JHWH gehört hat, und Mose als Vermittler (nicht nur des dtn Gesetzes, sondern) auch des Dekalogs einführt. So z.B. VEIJOLA, *Deuteronomium* und Otto, *Deuteronomium*. Freilich bleibt dann offen, wie Dtn 5 in seiner Endfassung zu verstehen sei. MILLER, *representation* 378 und WEINFELD, *Deuteronomy* hingegen neigen der schon älteren These zu, V 5 ohne das לֵאמֹר sei als Parenthese zu verstehen. Sie betont nach WEINFELD, Mose habe als Ausleger fungiert, der dem

de wird kommen, in der ihr den Vater weder auf diesem Berg noch in Jerusalem anbeten werdet. Ihr betet an, was ihr nicht kennt; wir beten an, was wir kennen, weil das Heil von den Juden kommt. Aber die Stunde kommt, und sie ist jetzt da, in der die wahren Anbeter den Vater im Geist und in der Wahrheit anbeten werden. Denn auch der Vater sucht solche, die ihn so anbeten. Gott ist Geist, und diejenigen, die ihn anbeten, müssen im Geist und in der Wahrheit anbeten" (Joh 4,21-24). Als in der Mitte bezeichnete sich Mose folglich nicht zwischen dem Wesen Gottes und dem Volk in irgendeinem örtlichen Abstand, sondern weil das Volk wünschte, die weiteren Worte Gottes durch ihn zu hören (Dtn 5,27), nachdem es dadurch heftig erschreckt worden war, daß es gehört hatte, wie die Stimme Gottes mitten aus dem Feuer den Dekalog des Gesetzes verkündet hatte.

qu. 5,10,2

10,2 Aber zu Recht fragt man, wie diese Worte des Deuteronomium zu verstehen sind, wo Mose sagt: „Und ich stand zu jener Zeit zwischen dem Herrn und euch, um euch die Worte des Herrn zu verkünden, denn ihr habt euch vor dem Gesicht des Feuers gefürchtet und seid nicht auf den Berg hinaufgestiegen, sagend: Ich bin der Herr, dein Gott" usw.; dies sind bereits Worte, die zum Dekalog gehören. Was also bedeutet der Zusatz: „sagend"? Wenn wir das nämlich für ein Hyperbaton gehalten hätten, so daß die Reihenfolge der Wörter lautete: „Und ich stand zu jener Zeit zwischen dem Herrn und euch, um euch die Worte des Herrn zu verkünden, sagend: Ich bin der Herr, dein Gott", wird es nicht wahr sein. Denn das Volk hörte diese Worte nicht durch Mose, sondern mitten aus dem Feuer: Weil es das, nachdem es den Dekalog gehört hatte, nicht aushalten konnte, forderte es, das Weitere durch Mose zu hören. Es bleibt daher [nur], daß wir den Zusatz „sagend" in dem Sinn hinzugesetzt verstehen, als wenn er lautete: ‚als er sagte', so daß sich folgender Sinn ergibt: „Und ich stand zu jener Zeit zwischen dem Herrn und euch, um euch die Worte des Herrn zu verkünden, denn ihr habt euch angesichts des Feuers gefürchtet und seid nicht auf den Berg hinaufgestiegen, als er sagte: Ich bin der Herr, dein Gott", so daß mitverstanden wird: ‚als' – natürlich: ‚der Herr – sagte.'[13] Denn

---

Volk die von allen gehörte Stimme Gottes erklärte, die ertönte, aber keine klar artikulierten Worte vernehmen ließ (zur entsprechenden mittelalterlichen jüdischen Diskussion vgl. KONKEL, *Israel* 16-19). Dann entfällt die Notwendigkeit einer diachronen Analyse. PERLITT, *Deuteronomium* bleibt isoliert mit der Behauptung: „In V. 5 wird gar nicht ausdrücklich gesagt, daß es sich hier um die Worte des Dekalogs handelt." KONKEL, *Israel* 20 beschreibt den Vorgang einer synchronen Lesung: „Die in V. 4 ausgedrückte Unmittelbarkeit der Gottesrede wird [durch V 5. W.G.] gebrochen. Israel bleibt zwar der direkte Adressat des Dekalogs, aber es bedurfte zu seiner Übermittlung dennoch des Mose. Der Leser ist aufgefordert, eine Ursache dafür zu postulieren, warum Mose in dieser

dominus deus tuus, ut subauditur cum diceret utique dominus. Cum enim haec verba diceret dominus, quae consequenter ex decalogo cuncta commemorat, tunc timuit populus a facie ignis et non ascendit in montem et rogavit, ut per Moysen potius verba domini audiret.

10,3 Quae verba Moyses commemorat in Deuteronomio dicta sibi a populo, cum audire iam nollent vocem dei, sed per eum peterent sibi dici quae dicebat deus, id est: *Ecce ostendit dominus deus noster nobis gloriam suam et vocem eius audivimus e medio ignis* et cetera, non eadem prorsus leguntur in Exodo, ubi primum narrata sunt, quae modo repetuntur. Unde intellegamus, quod aliquotiens iam commemoravi, non esse in mendacio deputandum, si aliis quibuslibet verbis eadem voluntas manifestatur, propter evangelistarum etiam verba, quae ab inperitis et calumniosis tamquam repugnantia reprehenduntur. Neque enim magnum erat Moysi adtendere quae in Exodo scripserat et eisdem omnino verbis illa repetere, nisi pertineret ad sanctos doctores nostros hoc ipsum insinuare discentibus, ut nihil aliud in verbis loquentium quaerant nisi voluntatem propter quam enuntiandam verba instituta sunt.

11 Quid est quod ait Moyses dictum sibi esse a domino de populo Hebraeo: *Quis dabit esse sic cor eorum in eis, ut timeant me et custodiant mandata mea?* An hic iam vult intellegi gratia sua concedi hoc beneficium, ut sit in hominibus iustitia dei ex fide non quasi propria velut ex lege? Hoc enim et per prophetam significat dicens: *Auferam eis cor lapideum et dabo eis cor carneum.* Quod propter sensum dictum est, quem caro habet et lapis non habet, verbo utique translato. Hoc ipsum et alibi dicit: *Ecce dies veniunt, dicit dominus, et consummabo super domum Israhel et super domum Iuda testamentum novum non secundum testamentum quod disposui ad*

---

35 non…36 repetuntur] cf. Ex 20,8-19   **11,3** gratia…4 lege] cf. Phil 3,9   **5** Ez 11,19; cf. 36,26   **7** Ier 38,31.32*.33*.34*

---

28 subauditur] subauditatur *p*   **33** dei] domini *S*   **38** manifestatur] manifestantur *n*   **42** discentibus] dicentibus *V¹ U¹*   **11,2** dabit] dabis *V* | in eis *om. T* | hic] hinc *S*   **3** gratia sua] gratiam suam *n* | concedi] concede *n*   **7** Israhel…8 domum *om. N*

Situation als Mittler fungieren musste. Er muss folgerichtig annehmen, dass das Volk die Worte JHWHs nicht als artikulierte Laute wahrnehmen konnte – sei es aufgrund der großen Entfernung, sei es aufgrund der Eigenart der göttlichen Stimme." Zurückhaltender formuliert LOHFINK, *Hauptgebot* 147: „Nach 5,4 f [ist] eine gewisse Unmittelbarkeit zwischen Gott und Volk mit der Mittlerstellung des Mose verbunden, ohne daß es uns heute möglich wäre, hier noch Genaueres zu sagen."

als der Herr diese Worte sprach, die er anschließend sämtlich aus dem Dekalog anführte, da fürchtete sich das Volk angesichts des Feuers und stieg nicht auf den Berg und bat darum, die Worte des Herrn lieber durch Mose hören zu können.

qu. 5,10,2

10,3 Mose erwähnt im Deuteronomium, daß das Volk diese Worte zu ihm sprach, weil sie die Stimme Gottes nicht mehr hören wollten, sondern erbaten, daß das, was Gott sagte, ihnen durch ihn (Mose) gesagt würde, d.h.: „Siehe, der Herr, unser Gott, hat uns seine Herrlichkeit gezeigt, und wir haben seine Stimme mitten aus dem Feuer gehört" usw. ; nicht ganz und gar die identischen [Worte] liest man im [Buch] Exodus, wo sie, die jetzt wiederholt werden, zum ersten Mal berichtet worden sind (Ex 20,18-19). Daraus sollen wir entnehmen, was ich schon mehrfach bemerkt habe, daß man nicht für Lüge halten darf, wenn derselbe Wille in irgendwelchen abweichenden Worten mitgeteilt wird, [und das gilt] auch bezüglich der Worte der Evangelisten, die von unkundigen und verleumderischen [Menschen] als sich widersprechend getadelt werden.[14] Es war nämlich in der Tat für Mose nicht schwierig, darauf zu achten, was er im [Buch] Exodus geschrieben hatte, und jene [Ausführungen] mit ganz denselben Worten, zu wiederholen, wenn es nicht Aufgabe unserer heiligen Lehrer wäre, genau dies den Lernenden beizubringen, daß sie in den Worten der Redenden nichts anderes suchen sollten als die (Aussage-)Absicht, zu deren Ausdruck die Worte gewählt worden sind.

qu. 5,11 (zu Dtn 5,29)

11 Was bedeutet das, was, wie Mose sagt, der Herr ihm über das hebräische Volk gesagt hat: „Wer wird geben,[15] daß ihr Herz in ihnen von der Art ist, daß sie mich fürchten und meine Gebote beachten?" Will er hier schon verstanden wissen, daß durch seine Gnade diese Wohltat gewährt wird, daß in den Menschen die Gerechtigkeit Gottes aus Glauben ist, nicht wie die eigene [Gerechtigkeit] gleichsam aus dem Gesetz (Vgl. Phil 3,9)? Das verkündet er nämlich auch durch den Propheten, indem er sagt: „Ich werde ihnen das Herz aus Stein wegnehmen und werde ihnen ein Herz aus Fleisch geben" (Ez 11,19; vgl. 36,26): das ist, natürlich in übertragenem Sinn, hinsichtlich des Empfindungsvermögens gesagt, das das Fleisch besitzt und der Stein nicht besitzt. Eben dasselbe sagt er auch an anderer Stelle: „Siehe, Tage kommen, sagt der Herr, [und] da werde ich über dem Haus Israel und über dem Haus Juda einen neuen Bund

---

[14] Vgl. *qu.* 1,64. Derartige *calumniae* wirft Augustinus häufig den Manichäern vor. Vgl. *Gn. adv. Man.* 1,16: *calumniantur Manichaei*; 1,23: *calumnia*; 1,27: *qua impudentia de talibus verbis veteri testamento calumnientur*.

[15] Hebraismus für Wunsch: ‚o daß doch'.

patres eorum in die qua adprehendi manum eorum, ut educerem eos de terra Aegypti. Quoniam hoc testamentum quod disposui ad eos: Post dies illos dans leges meas in cor eorum et in mente eorum superscribam eas et iniquitatum eorum et peccatorum eorum non memor ero amplius. Hic enim discrevit novum testamentum a vetere, quod in vetere data est lex in tabulis lapideis, in novo autem in cordibus, quod fit per gratiam. Unde et apostolus dicit: *Non in tabulis lapideis, sed in tabulis cordis carnalibus*, et alio loco: *Idoneos nos*, inquit, *fecit ministros novi testamenti non litterae, sed spiritus.*

12 Quod ait de domino: *Et in nomine eius iurabis*, non ita praeceptum accipiendum est, quasi iurari iusserit, sed in alterius alicuius dei nomine iurari prohibuit. Melius autem fit, si secundum evangelium nec iuraveris; non quia mala est vera iuratio, sed ne in periurium incidatur facilitate iurandi. Qui enim iurat, non solum verum, sed etiam falsum potest iurare; qui autem omnino non iurat, a periurio longe ambulat.

13 *Et recordaberis omnem viam quam duxit te dominus deus tuus in deserto, ut adfligeret te et tentaret te et cognita faceret quae in corde tuo sunt, si observabis mandata eius, an non.* Hic apertius dictum est, quod alibi genere locutionis obscurum est, ubi legitur: *Tentat vos dominus deus vester, ut sciat si diligitis eum.* Intellegitur enim positum esse *ut sciat* pro eo quod est ut sciri faciat. Quod modo dilucide dictum est: *Ut tentaret te et cognita faceret quae in corde tuo sunt*; non enim ait: Et cognosceret; quod quidem si dixisset, intellegendum erat cognita faceret.

---

14 2 Cor 3,3   **15** 2 Cor 3,6   **12,3** secundum…iuraveris] cf. Mt 5,34   **13,4** Dt 13,3

---

10 hoc] est *add.* P *Am. µ*   **11** peccatorum] peccatum U   **12** hic] hoc *Am. µ* | discrevit] discernit *Am. µ* | in *om.* S V U¹   **15** litterae] *Am. µ z*, littera *codd. Bad.* | spiritus] spiritu V N U T   **12,2** iurari iusserit] iusserit iurari T | iusserit…iurari² *om.* N | iurari²] iurare T   **4** in] *om.* S, im *n* | periurium] peiurium *n* U T | incidatur] incitatur *n*   **5** potest iurare] iurare potest *Am. µ*   **6** periurio] peiurio P N U   **13,1** recordaberis] recordaveris P¹ S¹ U | quam] per *praem.* T   **2** in *om. n*   **5** quod²] quo S¹ V U | dilucide] dilucidum *n* | dictum *om. n*

---

[16] TM, LXX und Vulg haben Futur.
[17] LXX hat Verstand und Herz in umgekehrter Reihenfolge.

errichten, nicht wie den Bund, den ich mit ihren Vätern an dem Tag geschlossen habe, als ich sie bei der Hand nahm, um sie aus dem Land Ägypten herauszuführen, denn dies ist der Bund, den ich mit ihnen geschlossen habe:[16] Nach jenen Tagen werde ich meine Gesetze in ihr Herz legen und sie auf ihren Verstand schreiben,[17] und ihrer Ungerechtigkeiten und ihrer Sünden nicht mehr gedenken" (Jer LXX 38,31.32*.33*.34*).[18] Hier hat er nämlich das Neue Testament vom Alten unterschieden, weil das Gesetz im Alten auf Tafeln aus Stein gegeben ist, im Neuen aber in den Herzen, was durch Gnade geschieht. Daher sagt auch der Apostel: „nicht auf Tafeln aus Stein, sondern auf Tafeln des Herzens aus Fleisch" (2Kor 3,3), und an anderer Stelle sagt er: „Er hat uns zu fähigen Dienern des Neuen Bundes, nicht des Buchstabens, sondern des Geistes gemacht" (2 Kor 3,6).

qu. 5,12 (zu Dtn 6,13)

12 Das, was [das Gesetz] über den Herrn sagt: „und bei seinem Namen sollst du schwören", ist nicht so als Vorschrift zu verstehen, als habe es befohlen zu schwören, sondern es hat verboten, beim Namen irgend eines anderen Gottes zu schwören. Dem Evangelium zufolge ist es aber besser, wenn du nicht geschworen hast (vgl. Mt 5,34); nicht weil ein wahrhaftiger Schwur schlecht ist, sondern daß man nicht wegen der Leichtigkeit zu schwören in einen Meineid verfällt. Wer nämlich schwört, kann nicht nur wahr, sondern auch falsch schwören; wer hingegen überhaupt nicht schwört, hält sich von einem Meineid weit entfernt.

qu. 5,13 (zu Dtn 8,2)

13 „Und du sollst dich an den ganzen Weg erinnern, den dich der Herr, dein Gott, in der Wüste geführt hat, um dich zu demütigen und dich auf die Probe zu stellen und bekannt zu machen,[19] was in deinem Herzen ist, ob du seine Gebote befolgen wirst oder nicht." Hier ist deutlicher ausgesagt, was an anderer Stelle wegen einer idiomatischen Ausdrucksweise dunkel ist, wo man liest: „Der Herr, euer Gott, erprobt euch, um zu erfahren, ob ihr ihn liebt" (Dtn 13,4). Man versteht nämlich, daß [die Schrift] „um zu erfahren" als Äquivalent für ‚um erkennen zu lassen' gesetzt hat. Das ist eben hier deutlich ausgedrückt worden: „um dich auf die Probe zu stellen und bekannt zu machen, was in deinem Herzen ist"; die Schrift sagt nämlich nicht: ‚und um zu erkennen'; das war ja doch, wenn sie es gesagt hätte, so zu deuten: ‚um bekannt zu machen'.

---

[18] LXX weicht mehrfach von Jer 31,31-34 TM ab, und VL variiert mehrfach gegenüber LXX.
[19] TM hat genau den Sinn, den Augustinus ablehnt: לָדַעַת „um zu erkennen"; LXX hat dagegen: διαγνωσθῇ „damit erkannt werde", wofür VL sagt: *ut cognita faceret*, Vulg: *ut nota fierent*.

14 *Et scies hodie quia non propter iustitias tuas dominus deus tuus dat tibi terram bonam istam hereditare, quoniam populus dura cervice es.* Certe isti sunt, qui propterea non meruerunt perire in deserto, quia nescierunt dextera aut sinistra. Ecce iam dura cervice appellantur. Unde videndum est illud in sacramento esse dictum, non quod istorum merita commendata sint. Nam ne quis existimet subito istos vituperabiles factos, qui merito fuissent ante laudati, paulo post eis dicitur: *Memor esto, ne obliviscaris quanta exacerbasti dominum deum tuum in deserto: Ex qua die existis de terra Aegypti, donec venistis in locum hunc, increduli perseverabatis quae ad dominum.* Quodsi quidam eorum tales erant, quidam vero fideles et boni, etiam sic non utique illis datur terra promissionis, qui nesciunt dextra aut sinistra, ut hoc intellegamus quasi non offenderint deum. Nam et patres eorum, qui mortui sunt nec in eandem terram intrare permissi sunt, tales inveniuntur fuisse, ut in eis essent quidam etiam boni. Propter quod apostolus non omnes, sed quosdam eorum dicit offendisse, in quibus eorum peccata commemorat. Similes quippe istos parentibus suis ita evidentius docet et ista scriptura Deuteronomii, quod consequenter adiungit et dicit: *Et in Coreb exacerbastis dominum.* Ubi certe illi exacerbaverunt, qui propter eadem mala merita sua non sunt in terram promissionis inducti.

15,1 *In illo tempore dixit dominus ad me: Excide tibi duas tabulas lapideas quemadmodum priores et ascende ad me in montem; et facies tibi arcam ligneam. Et scribam in tabulis verba quae erant in tabulis prioribus, quas contrivisti; et inmittes eas in arcam. Et feci arcam ex lignis inputribilibus et excidi duas tabulas lapideas sicut priores et ascendi in montem et*

14,2 qui…3 sinistra] cf. Nm 14,23 LXX; Dt 1,39 **13** non…14 offendisse] cf. 1Cor 10,6-9

14,1 scies] scias *P Am. μ* **3** dextera] dextra *N U T*, dexteram *Am. μ* | sinistra] sinistram *Am. μ* **5** subito] et *praem. V* **6** eis] ei *n* **7** quanta] quantum *T* | exacerbasti] exacervasti *P S* **8** perseverabatis] perseverabitis *V¹ N*, perseveravistis *V² T*, perseverastis *Am. μ* | quae *exp. T* **10** sic non] non sic *N* | dextra] dexteram *Am. μ* | sinistra] sinistram *Am. μ* **12** permissi sunt] permissunt *P* **16** Coreb] Oreb *S*, Choreb *V*, Horeb *Am. μ* **17** terram] terra *n*
15,2 facies] facias *U¹* | tabulis] tabulas *n* **3** inmittes] inmittet *P¹ S N U¹*, immitte *P² T*

---

[20] *Quae ad dominum* ist wörtliche Übersetzung der VL für LXX: τὰ πρὸς κύριον. BdA: Diese Konstruktion mit Akkusativ der Beziehung (vgl. Ex 4,16; Dtn 9,6.7.24; 31,27) begegnet bereits klassisch, dann in der Koine. Sie ist sehr selten auch im NT bezeugt (z.B. Röm 15,17). Vgl. HOFFMANN/SIEBENTHAL *Grammatik* 225 § 156. Zutreffender ist wohl nach BLASS/DEBRUNNER, *Grammatik* 76 § 160 bezüglich des Belegs Röm 15,17, der dem obigen am nächsten kommt, von adverbiellem Akkusativ zu sprechen. So deutet auch Vulg in Ex 4,16: *in his quae ad Deum pertinent.* Vgl. auch LSL s.v. πρός C III.1; MURAOKA, *Lexicon* s.v. πρός III.9.

qu. 5,14 (zu Dtn 9,6-8)

14 „Und du sollst heute wissen, daß der Herr, dein Gott, dir dieses gute Land nicht deiner gerechten Taten wegen zum Erbe gibt, denn du bist ein halsstarriges Volk." Das sind sicher diejenigen, die deswegen nicht verdient haben, in der Wüste zugrunde zu gehen, weil sie weder rechts noch links kannten (vgl. Num 14,23 LXX; Dtn 1,39). Siehe, jetzt werden sie ‚halsstarrig' genannt. Daraus ist zu entnehmen: Jenes ist in geheimnisvoller Vorausdeutung gesagt, nicht daß die Verdienste jener Menschen gerühmt worden wären. Denn damit keiner meint, auch diese, die zuvor zu Recht gelobt worden sind, wären plötzlich tadelnswert geworden, wird ihnen kurz darauf gesagt: „Denk daran, vergiß nicht, wie sehr du den Herrn, deinen Gott, in der Wüste erbittert hast: von dem Tag an, als ihr aus dem Land Ägypten herausgezogen seid, bis ihr an diesen Ort gekommen seid, seid ihr hinsichtlich der Dinge, die sich auf den Herrn beziehen,[20] ungläubig geblieben." Wenn demnach einige von ihnen dieser Art waren, einige dagegen gläubig und gut, wird das Land der Verheißung jedenfalls auch in dieser Hinsicht jenen, die rechts oder links nicht kennen, nicht gegeben, damit wir dies dahingehend deuteten, als ob sie Gott nicht beleidigt hätten. Denn man findet heraus, daß auch ihre Väter, die gestorben sind und denen nicht erlaubt wurde, in dieses selbe Land hineinzukommen, derart waren, daß unter ihnen auch einige Gute waren. Deswegen sagt der Apostel in den [Sätzen], in denen er ihre Sünden darlegt, nicht alle, sondern einige von ihnen hätten sich vergangen (vgl. 1Kor 10,6-9). Dieser Text des Deuteronomiums lehrt ja auch ganz eindeutig, daß diese ihren Eltern gleichen, weil er anschließend folgendes hinzufügt: „Und am Horeb habt ihr den Herrn erbittert." Dort haben ohne Zweifel jene erbittert, die wegen derselben Vergehen nicht in das Verheißungsland hineingeführt worden sind.

qu. 5,15,1 (zu Dtn 10,1-4)

15,1 „In jener Zeit sagte der Herr zu mir: Hau dir zwei steinerne Tafeln wie die früheren zurecht und steig herauf zu mir auf den Berg; und du sollst dir eine hölzerne Lade anfertigen. Und ich werde auf die Tafeln die Worte schreiben, die auf den früheren Tafeln standen, die du zerschmettert hast; und du sollst sie in die Lade legen. Und ich fertigte eine Lade aus nicht verfaulenden Hölzern[21] an und haute zwei steinerne Tafeln wie die früheren zurecht und stieg auf den

---

[21] TM: שִׁטִּים (von Vulg transkribiert: *setthim*) Akazie. Ob das LXX-Äquivalent im Pentateuch ξύλων ἀσήπτων „nicht verfaulende Hölzer" eine falsche Übersetzung oder „aus exegetischen Gründen" gewählte Charakteristik ist (WEVERS, *Deuteronomy*), ist umstritten (vgl. SDE). „Die Akazie, die hier gemeint ist, ist nicht die in Amerika und Europa bekannte Akazie. Vielmehr handelt es sich um die *acacia nilotica*, den Schotendorn, der auch Nil- oder Dornakazie genannt wird" (OTTO, *Deuteronomium*).

duae tabulae in duabus manibus meis. Et scripsit in tabulis secundum scripturam priorem decem verba, quae locutus est dominus ad vos in monte e medio ignis; et dedit eas dominus mihi. Non inmerito quaeritur quomodo haec in Deuteronomio dicantur Moyse recolente ac repetente quae gesta sunt, cum in Exodo, ubi primum haec dicta et facta narrantur, ita sit scriptum: *Et dixit dominus ad Moysen: Scribe tibi verba haec; etenim in verbis his posui tibi testamentum et Israhel. Et erat ibi Moyses in conspectu domini quadraginta diebus et quadraginta noctibus; panem non manducavit et aquam non bibit, et scripsit in tabulis verba testamenti, decem verba.* Cum ergo in Exodo ipse Moyses in tabulis decem legis verba scripsisse narretur, quomodo hic in Deuteronomio deus in tabulis eadem verba scripsisse recolitur?

15,2 Denique illud quod est in Exodo cum transeunter tractaremus et quid nobis in ea differentia visum fuerit litteris mandaremus, cur priores tabulae, quae contritae sunt, digito dei scriptae referantur, secundas autem tamdiu in arca tabernaculoque mansuras ipse Moyses scripsisse dicatur, ita per hanc differentiam duo testamenta significata esse diximus, ut in vetere testamento lex commendaretur tamquam opus dei, ubi homo nihil fecerit, eo quod lex timore non posset inpleri, quoniam cum vere fit opus legis caritate fit, non timore: Quae caritas gratia est testamenti novi. Ideo in secundis tabulis homo legitur scripsisse verba dei, quia homo potest facere opus legis per caritatem iustitiae, quod non potest per timorem poenae.

15,3 Nunc ergo, cum legitur in Deuteronomio de secundis tabulis ita dictum: *Et excidi duas tabulas lapideas sicut priores et ascendi in montem et duae tabulae in duabus manibus meis. Et scripsit in tabulis secundum scripturam priorem decem verba* - non enim ait: Et scripsi, sed *scripsit*, hoc est deus, sicut paulo ante dixerat verba dei sibi dicta: *Excide tibi duas tabulas lapideas quemadmodum priores et ascende ad me in montem: Et facies tibi arcam ligneam; et scribam in tabulis verba quae erant in tabulis prioribus* - discutienda nascitur quaestio, quod utrasque tabulas, id est et priores et secun-

---

15,9 SEx 34,27-28   **15** illud...16 mandaremus] cf. *qu.* 2,166   **21** cum...timore] cf. Rm 13,10

5 scripsit] scripsi *N*   **6** monte] montem *P V N U T*   **8** ubi *om. T*   **10** tibi testamentum] testamentum tibi *P Am. μ*   **11** manducavit] manducavi *n*   **15** est] et *T, om. Am. μ* | in...cum *om. T*   **23** potest] potes *n*   **26** montem] monte *N*   **27** scripsit] scripsi *N*   **28** scripsi] scripsit *T corr.*   **29** ad] a *n* | montem] monte *n*   **30** facies] facias *P n*

---

[22] Es geht um die zweiten Gesetzestafeln. Vgl. zur gesamten Diskussion um die Dekalogtafeln Einleitung in *qu.* 5: Exkurs:„Wer schrieb den Dekalog auf die Steintafeln?", S. 284-288.

Berg mit den beiden Tafeln in meinen beiden Händen. Und er schrieb auf die Tafeln entsprechend der früheren Inschrift die Zehn Worte, die der Herr auf dem Berg zu euch mitten aus dem Feuer gesprochen hat; und der Herr gab sie mir." Nicht ohne Grund fragt man, wieso dies im Deuteronomium gesagt wird, als Mose die Geschehnisse wieder in Erinnerung rief und wiederholte, während im [Buch] Exodus, wo diese Worte und Taten zum ersten Mal erzählt werden, folgendes geschrieben steht: „Und der Herr sagte zu Mose: Schreibe dir diese Worte auf; denn mit diesen Worten habe ich mit dir und mit Israel einen Bund geschlossen. Und Mose war dort vor dem Angesicht Gottes vierzig Tage und vierzig Nächte; er aß kein Brot und trank kein Wasser und schrieb auf die Tafeln die Worte des Bundes, die Zehn Worte" (Ex 34,27-28). Da also im [Buch] Exodus erzählt wird, daß Mose selbst die Zehn Worte des Gesetzes auf die Tafeln geschrieben hat,[22] wieso wird hier im Deuteronomium in Erinnerung gerufen, daß Gott dieselben Worte auf die Tafeln geschrieben hat?

15,2 Als wir jenen [Abschnitt] im [Buch] Exodus im Vorübergehen behandelten und aufschrieben, was uns bezüglich dieses Unterschieds richtig zu sein schien (vgl. *qu.* 2,166), warum berichtet wird, daß die ersten Tafeln, die zerschmettert worden sind, vom Finger Gottes beschrieben wurden, von den zweiten aber, die so lange in der Lade und im Zelt aufbewahrt werden sollten, gesagt wird, Mose seinerseits habe sie beschrieben, haben wir schließlich gesagt, daß durch diese Verschiedenheit die beiden Testamente so bezeichnet wurden, daß im Alten Testament das Gesetz gleichsam als Werk Gottes gepriesen wird, zu dem der Mensch nichts beigetragen hat, und zwar deshalb, weil das Gesetz durch Furcht nicht erfüllt werden kann, denn wenn das Gesetz wirklich erfüllt wird, geschieht das durch Liebe, nicht durch Furcht (vgl. Röm 13,10): Diese Liebe ist die Gnade des Neuen Testaments. Daher liest man, daß ein Mensch die Worte Gottes auf die zweiten Tafeln geschrieben hat, da der Mensch das Gesetz durch Liebe zur Gerechtigkeit erfüllen kann, was durch Furcht vor Strafe nicht geschehen kann.

15,3 Da man im Deuteronomium folgende Aussage über die zweiten Tafeln liest: „Und ich haute zwei steinerne Tafeln wie die früheren zurecht und stieg auf den Berg mit den beiden Tafeln in meinen beiden Händen. Und er schrieb auf die Tafeln entsprechend der früheren Inschrift die Zehn Worte" – er sagt nämlich nicht: ‚und ich schrieb', sondern „er", d.h. Gott, „schrieb", wie er kurz zuvor gesagt hatte, Gott habe folgende Worte zu ihm gesagt: „Hau dir zwei steinerne Tafeln wie die früheren zurecht und steig herauf zu mir auf den Berg; und du sollst dir eine hölzerne Lade anfertigen. Und ich werde auf die Tafeln die Worte schreiben, die auf den früheren Tafeln standen" –, erhebt sich folglich jetzt das zu diskutierende Problem, daß man hier liest, daß Gott, nicht ein Mensch, beide Tafeln, d.h. sowohl die ersten als auch die zweiten, beschrieben hat. Doch wenn man im selben [Buch] Exodus die Worte Gottes liest, wo er

das, deus hic legitur scripsisse, non homo. Sed si in ipso quoque Exodo verba dei legantur, ubi iubet easdem tabulas secundas excidi a Moyse, nihil aliud invenitur quam ipsum deum se easdem promisisse scripturum; nam ita scriptum est: *Et dixit dominus ad Moysen: Excide tibi tuas tabulas lapideas sicut et priores et ascende ad me in montem. Et scribam in tabulis verba quae erant in tabulis prioribus, quas tu contrivisti.* Excepto itaque libro Deuteronomii quaestionem istam etiam solus liber Exodi continet, quomodo dixerit deus: *Et scribam in tabulis verba quae erant in tabulis prioribus,* cum paulo post legatur: *Scribe tibi verba haec; etenim in verbis his posui tibi testamentum et Israhel. Et erat ibi Moyses in conspectu domini quadraginta diebus et quadraginta noctibus; panem non manducavit et aquam non bibit, et scripsit in tabulis verba testamenti, decem verba.* Si enim superius quod dictum est: *Scribe tibi verba haec; etenim in verbis his posui tibi testamentum et Israhel,* ad superiora pertinet, quando deus ista praecipiebat, ut non in duabus lapideis tabulis scriberentur, sed in illo libro legis, ubi multa conscripta sunt, certe illud, quod sequitur: *Et erat ibi Moyses in conspectu domini quadraginta diebus et quadraginta noctibus; panem non manducavit et aquam non bibit, et scripsit in tabulis verba testamenti, decem verba,* satis manifestat eundem Moysen in tabulis haec decem verba scripsisse, non deum. Nisi forte violenter quidem sed certa necessitate conpellimur, ubi dictum est: *Et scripsit in tabulis verba testamenti, decem verba,* non Moysen subaudire, sed dominum - supra enim positum est: *Et erat ibi Moyses in conspectu domini* - ut a domino, in cuius conspectu erat Moyses quadraginta diebus et quadraginta noctibus panem non manducans et aquam non bibens, scripta intellegantur haec verba in tabulis, sicut ante promiserat.

15,4 Quod si ita est, non quidem illa differentia duorum testamentorum, quae nobis visa est, in his verbis commendari potest, quando et priores et secundas tabulas scripsit non homo sed deus, verum tamen illa certe distantia non habet dubitationem, quod priores tabulas et deus fecit et deus scripsit. Non enim tunc dictum est ad Moysen: *Excide tibi duas tabulas,* sed ita potius legitur: *Et conversus Moyses descendit de monte, et duae tabulae testimonii in manibus eius: Tabulae*

---

35 Ex 34,1   **39** Ex 34,27-28   **60** Ex 32,15-16

32 legitur scripsisse] scripsisse legitur *S*   **34** promisisse] promisisset *n*   **35** et² *om. S*   **40** tibi testamentum] testamentum tibi *p*   **42** superius quod] quod superius *S* | scribe] scribet *n*   **43** tibi testamentum] testamentum tibi *S Am. μ* | et *om. P¹* | quando] quae *P S V N Am. μ*   **44** ista] ita *N Am. μ*   **46** manducavit] manducabit *n*   **49** certa] certe *P V n*   **57** non...deus *om. V*

---

[23] In Ex 24,12, als die ersten steinernen Tafeln hergestellt und beschrieben wurden.

Mose befiehlt, eben diese zweiten Tafeln zurechtzuhauen, findet man auch nichts anderes, als daß Gott seinerseits versprochen hat, er werde eben diese beschriften; denn so steht es geschrieben: „Und der Herr sprach zu Mose. Hau dir zwei steinerne Tafeln wie auch die früheren zurecht und steig herauf zu mir auf den Berg. Und ich werde auf die Tafeln die Worte schreiben, die auf den früheren Tafeln standen, die du zerschmettert hast" (Ex 34,1). Das Buch Deuteronomium beiseite gelassen, enthält daher auch das Buch Exodus allein dieses Problem, wieso Gott gesagt hat: „Und ich werde auf die Tafeln die Worte schreiben, die auf den früheren Tafeln standen", während man wenig später liest: „Schreibe dir diese Worte auf; denn mit diesen Worten habe ich mit dir und mit Israel einen Bund geschlossen. Und Mose war dort vor dem Angesicht Gottes vierzig Tage und vierzig Nächte; er aß kein Brot und trank kein Wasser, und er schrieb auf die Tafeln die Worte des Bundes, die Zehn Worte" (Ex 34,27-28). Denn selbst wenn das, was weiter oben gesagt wurde: „Schreibe dir diese Worte auf; denn mit diesen Worten habe ich mit dir und mit Israel einen Bund geschlossen", sich auf die weiter oben [erwähnten Gebote] bezieht, als Gott diese vorschrieb, [in der Absicht] daß sie nicht auf zwei Steintafeln, sondern in jenes Gesetzbuch geschrieben werden sollten, in dem vieles verzeichnet ist, zeigt ohne Zweifel das folgende: „Und Mose war dort vor dem Angesicht Gottes vierzig Tage und vierzig Nächte; er aß kein Brot und trank kein Wasser, und er schrieb auf die Tafeln die Worte des Bundes, die Zehn Worte", deutlich genug, daß eben dieser Mose, nicht Gott, diese Zehn Worte auf die Tafeln geschrieben hat. Falls wir nicht vielleicht, gewaltsam zwar, aber mit unzweifelhafter Notwendigkeit, gezwungen werden, in dem Satz: „und er schrieb auf die Tafeln die Worte des Bundes, die Zehn Worte" nicht Mose, sondern den Herrn [als Subjekt] mitzuhören – oben steht nämlich: „Und Mose war dort vor dem Angesicht Gottes" –, so daß man versteht, daß der Herr, vor dessen Angesicht Mose vierzig Tage und vierzig Nächte war, ohne Brot zu essen und Wasser zu trinken, diese Worte auf die Tafeln schrieb, wie er zuvor verheißen hatte.

15,4 Wenn sich das so verhält, kann zwar jener Unterschied der zwei Testamente, der uns [zu existieren] schien, nicht durch diese Worte aufgewiesen werden, da sowohl die ersten als auch die zweiten Tafeln nicht der Mensch, sondern Gott beschrieben hat, gleichwohl ist offenkundig der folgende Unterschied unbezweifelbar, daß Gott die ersten Tafeln sowohl gemacht als auch beschrieben hat. Denn damals[23] wurde zu Mose nicht gesagt: „Haue dir zwei Tafeln zurecht", sondern man liest vielmehr das folgende: „Und Mose wandte sich um und stieg vom Berg herab mit den beiden Tafeln des Zeugnisses in seinen Händen: Die Steintafeln waren auf beiden Seiten beschrieben, vorn und hinten waren sie beschrieben; und die Tafeln waren das Werk Gottes, und die in die Tafeln gemeißelte Schrift ist die Schrift Gottes" (Ex 32,15-16). Schon weiter oben hatte die Schrift nämlich gesagt, daß eben diese Tafeln vom Finger Gottes

lapideae scriptae ex utraque parte, hinc atque hinc erant scriptae; et tabulae opus dei erant et scriptura scriptura dei est sculpta in tabulis. Iam enim superius dixerat easdem tabulas scriptas digito dei sic loquens: *Et dedit Moysi statim ut cessavit loqui ad eum in monte Sina duas tabulas testimonii, tabulas lapideas scriptas digito dei.* Ibi ergo et tabulae opus dei erant et scriptura earum digito dei facta. Secundas autem tabulas ipse Moyses iubetur excidere, ut ipsae certe opere humano intellegantur excisae, quamvis eas deus ipse scripserit, sicut promisit cum iuberet excidi. Porro autem si diligentius adtendamus ideo utrumque dictum esse in secundis tabulis, quia et deus facit per gratiam suam opus legis in homine et homo per fidem suam suscipiens gratiam dei pertinens ad testamentum novum cooperator est adiuvantis dei - ideo autem in primis solum opus dei commemoratur, quia lex spiritalis est et *lex sancta et mandatum sanctum et iustum et bonum*; ideo vero nullum opus hominis ibi commemoratur, quia infideles non contemperantur adiutorio gratiae, sed *ignorantes dei iustitiam et suam volentes constituere iustitiae dei non sunt subiecti*: Unde illis lex ad condemnationem valet, quod significat contritio tabularum - profecto non cogimur violento intellectu subaudire, quod deus scripserit, ubi scriptura dixit: *Et erat ibi Moyses in conspectu domini quadraginta diebus et quadraginta noctibus; panem non manducavit et aquam non bibit, et scripsit en tabulis verba testamenti*, ubi valde sonat scripsisse Moysen. Sed ideo superius deus se promisit scripturum et in Deuteronomio non solum ita promisisse verum etiam ipse scripsisse narratur, ut significetur quod ait apostolus: *Deus est enim qui operatur in vobis et velle et operari pro bona voluntate*, hoc est in eis qui ex fide gratiam suscipiunt et non suam iustitiam volunt statuere, sed iustitiae dei subiecti sunt, ut ipsi sint in Christo iustitia dei. Nam et illic apostolus utrumque dicit et deum operari et ipsos. Nam si ipsi non operabantur, quomodo eis dicebat: *Cum timore et tremore vestram ipsorum salutem operamini?* Operatur ergo ille, cooperamur nos; non enim aufert, sed adiuvat bonae voluntatis arbitrium.

---

63 Ex 31,18 **72** Rm 7,12 **74** Rm 10,3 **77** Ex 34,28 **79** superius…80 scripturum] cf. Ex 34,1 **81** Phil 2,13 **83** non…sunt] cf. Rm 10,3 | ut…84 dei] cf. 2 Cor 5,21 **85** Phil 2,12

---

61 parte] earum *add. z (cf. qu. 2,166 l. 10)* | erant scriptae *exp. V* **62** est] *inclusit z (cf. qu. 2,166 l. 11)* **65** scriptura] scripta *T* **66** certe opere] cer hopere *n* **68** dictum esse] esse dictum *S* **69** suam² *om. V* **70** cooperator] quo operator *p* **73** contemperantur] cooperantur *T* **76** cogimur] cogemur *N* | deus] dominus *S N U* **77** dixit] dicit *S N U Am. μ* **78** manducavit] manducabit *n* **80** solum] autem *add. T* | promisisse] promisse *V¹ n* **81** narratur] enarratur *V*, dinarrantur *n* | est enim] enim est *S μ z*, et enim *n* **86** vestram] vestrum *p*, vestru *n* | nos] et *praem. T*

beschrieben worden waren, wobei sie sich so ausdrückte: „Und sobald er aufgehört hatte, auf dem Berg Sinai mit Mose zu reden, gab er ihm die zwei Tafeln des Zeugnisses, die vom Finger Gottes beschriebenen Steintafeln" (Ex 31,18). An dieser (Text-)Stelle waren somit sowohl die Tafeln das Werk Gottes, als auch ihre Schrift vom Finger Gottes ausgeführt. Dagegen erhält Mose den Befehl, die zweiten Tafeln selbst zurechtzuhauen, damit man erkenne, daß diese ohne Zweifel durch menschliche Arbeit zurechtgehauen wurden, obgleich Gott seinerseits sie beschrieben hat, wie er verhieß, als er befahl, [sie] zurechtzuhauen. Wenn wir aber ferner aufmerksamer beachten, daß deswegen beides von den zweiten Tafeln gesagt worden ist, weil einerseits Gott durch seine Gnade die Verwirklichung des Gesetzes im Menschen bewirkt, andererseits der Mensch, der durch seinen Glauben die Gnade Gottes empfängt und zum Neuen Bund gehört, mit dem ihm helfenden Gott mitarbeitet – bei den ersten [Tafeln] wird aber deswegen nur das Werk Gottes erwähnt, weil das Gesetz geistlich ist und „das Gesetz heilig und das Gebot heilig und gerecht und gut" (Röm 7,12); dort wird aber deswegen kein Werk des Menschen erwähnt, weil die Ungläubigen sich nicht mit Hilfe der Gnade mäßigen, sondern „sich, da sie die Gerechtigkeit Gottes verkannten und ihre eigene Gerechtigkeit aufrichten wollten, der Gerechtigkeit Gottes nicht unterworfen haben" (Röm 10,3): Daher gereicht jenen das Gesetz zur Verdammung; das bezeichnet die Zerstörung der Tafeln –, so werden wir keinesfalls gezwungen auf Grund einer gewaltsamen Deutung herauszuhören, daß Gott geschrieben habe, wo doch die Schrift gesagt hat: „Und Mose war dort vor dem Angesicht Gottes vierzig Tage und vierzig Nächte; er aß kein Brot und trank kein Wasser, und er schrieb auf die Tafeln die Worte des Bundes" (Ex 34,28); das klingt doch sehr danach, daß Mose geschrieben hat. Aber deswegen hat Gott weiter oben versprochen, er werde schreiben (Ex 34,1), und wird im Deuteronomium nicht nur erzählt, er habe solches verheißen, sondern auch, daß er selbst geschrieben hat, um vorauszubezeichnen, was der Apostel sagt: „Gott ist es nämlich, der in euch sowohl das Wollen als auch das Vollbringen entsprechend dem guten Willen bewirkt" (Phil 2,13); d.h. in denjenigen, die aus Glauben die Gnade empfangen und nicht ihre eigene Gerechtigkeit aufrichten wollen, sondern sich der Gerechtigkeit Gottes unterworfen haben (vgl. Röm 10,3), um ihrerseits in Christus Gerechtigkeit Gottes zu sein (vgl. 2Kor 5,21). Denn auch dort sagt der Apostel beides, sowohl daß Gott als auch daß sie selbst wirken. Denn wieso sagte er zu ihnen, wenn sie selbst nicht wirkten: „In Furcht und Zittern sollt ihr euer eigenes Heil wirken" (Phil 2,12)? Folglich wirkt jener, wir wirken mit; er beseitigt nämlich nicht, sondern unterstützt die Entscheidung des guten Willens.[24]

---

[24] Vgl. *nat. et gr.* 35; *gr. et lib. arb.*

16 *In illo tempore distinxit dominus tribum Levi portare arcam testamenti domini, adsistere coram domino, ministrare et orare in nomine eius usque in hunc diem. Propter hoc non est levitis pars et sors cum fratribus suis; dominus ipse pars eius est, sicut dixit ei.* Nisi per hanc tribum significaretur universum regale sacerdotium, quod ad novum pertinet testamentum, nullo modo ausus esset dicere homo, qui ex eadem tribu non erat: *Pars mea dominus*, et in alio Psalmo: *Dominus pars hereditatis meae.*

17 Quid est quod praecepit Moyses commendans verba domini et ait: *Scribetis ea super limina domorum vestrarum et ianuarum vestrarum*, cum hoc secundum proprietatem nemo fecisse Israhelitarum commemoretur vel legatur, quia nec quisquam potest, nisi forte dividat ea per multas partes domus suae? An hyperbolica commendatio est, sicut multa dicuntur?

18 Quaerendum quomodo iubeat decimationes omnium fructuum et primitiva pecorum non manducari nisi in civitate ubi templum erit, cum eas levitis dari in lege praeceperit.

19 *Si autem surrexerit in te propheta seu somniator somnians et dederit tibi signum vel prodigium et venerit signum sive prodigium quod locutus est ad te dicens: Eamus et serviamus diis aliis, quos nescitis, non audietis verba prophetae illius vel somniantis somnium illud, quoniam tentat dominus deus vester vos scire an diligatis dominum deum vestrum ex toto corde vestro et ex tota anima vestra.* Hoc quidam interpretes Latini non ita posuerunt: *Scire an diligatis*, sed *ut sciat an diligatis*. Quamvis eadem sententia videatur, verum tamen illud, quod dictum est *scire*, facilius ad illos refertur; ut sic accipiamus *tentat vos scire*, ac si diceretur: Tentando vos facit scire. Ubi sane intellegi

---

16,6 Ps 72,26 | Ps 15,5   **18,2** cum…3 praeceperit] cf. Num 18,21-32; Dt 18,1-8; 26,12

16,1 tribum] tribuum V^1 5 esset] esse *n* | dicere] diceret *n*   6 dominus²] domine *p* U   **17,1** praecepit] praecipit S | scribetis] et *praem.* χ 2 ea] eas P T^1 3 nec] ne *n*   **18,2** civitate] civita P^1 | erit] erat V   3 praeceperit] praecepit P V, praeciperit U^1 **19,1** surrexerit] surrexit T *Am. μ* | tibi] sibi V^1 N U   2 ad] a *n* | et serviamus *om. n*   3 diis] dis *n* | audietis] audieritis V | somniantis] somnianti P S^1 V^1 U^1 T   5 quidam] quidem P U N   8 vos facit] facit vos S

---

[25] TM hat „zu segnen", LXX: ἐπεύχεσθαι „zu beten". SDE vermutet eine dogmatische Korrektur, „da der Übersetzer [...] an den Priestersegen denkt, der den Leviten vorenthalten ist".
[26] Zur Ausweitung des levitischen Priestertums auf Israel bei Philo und zu seiner Übertragung auf die christlichen Priester bei Irenäus und auf die Heiligen bei Origenes vgl. BdA.
[27] TM und LXX haben „Türpfosten" (so auch Vulg: *postes*). *Limen* kann den oberen oder

qu. 5,16 (zu Dtn 10,8-9)

16 „In jener Zeit sonderte der Herr den Stamm Levi dazu aus, die Lade des Bundes des Herrn zu tragen, vor dem Herrn zu stehen, zu dienen und in seinem Namen zu beten,[25] bis auf diesen Tag. Deswegen haben die Leviten keinen Anteil und kein Erbe unter ihren Brüdern; der Herr selbst ist sein Anteil, wie (der Herr) ihm gesagt hat." Wenn durch diesen Stamm nicht das allgemeine königliche Priestertum, das zum Neuen Testament gehört, vorausbezeichnet würde,[26] hätte ein Mann, der nicht aus eben diesem Stamm war, keinesfalls zu sagen gewagt: „Mein Anteil ist der Herr" (Ps 73,26), und in einem anderen Psalm: „Der Herr ist der Anteil meines Erbes" (Ps 16,5).

qu. 5,17 (zu Dtn 11,20)

17 Was bedeutet die Vorschrift des Mose, der die Worte des Herrn anordnet und sagt: „Ihr sollt sie auf die Schwellen[27] eurer Häuser und eurer Türen schreiben", da berichtet wird oder zu lesen ist, daß kein Israelit dies nach seinem Wortsinn ausgeführt hat, da auch niemand dazu in der Lage ist, außer vielleicht er verteilt sie über viele Bereiche seines Hauses? Ist es vielleicht eine hyperbolische Vorschrift, wie viele [derartige] formuliert werden?

qu. 5,18 (zu Dtn 12,11)

18 Es ist zu fragen, wieso die Schrift befiehlt, die Zehnten aller Früchte und die Erstgeburten des Viehs nur in der Stadt zu verzehren, wo der Tempel sein wird, obgleich sie im Gesetz vorgeschrieben hat, sie den Leviten zu geben (vgl. Num 18,21-32; Dtn 18,1-8; 26,12).

qu. 5,19 (zu Dtn 1-3)[28]

19 „Wenn aber bei dir ein Prophet oder ein Träumer von Träumen aufgetreten ist und dir ein Zeichen oder ein Wunderzeichen gegeben hat und das Zeichen oder Wunderzeichen eingetroffen ist, das er dir mit den Worten angekündigt hat: Laßt uns gehen und anderen Göttern dienen, die ihr nicht kennt, so sollt ihr nicht auf die Worte jenes Propheten oder des Träumers, der jenen Traum geträumt hat, hören, denn der Herr, euer Gott, prüft euch, zu erkennen, ob ihr den Herrn, euren Gott, aus eurem ganzen Herzen und aus eurer ganzen Seele liebt." Dies haben gewisse lateinische Übersetzer nicht so wiedergegeben: „zu erkennen, ob ihr liebt", sondern: „um zu erkennen, ob ihr liebt". Obgleich der Sinn derselbe zu sein scheint, bezieht man jene Wendung: „zu erkennen" leichter auf jene, so daß wir: „er prüft euch zu erkennen", so auffassen, als würde gesagt: ‚indem er euch prüft, läßt er [euch] erkennen'. Dort wollte die Schrift in der Tat verstanden wissen, daß jene Aussprüche, die von Wahrsagern nicht in

---

den unteren Querbalken des Rahmens bezeichnen. Sollte man besser ‚Rahmen' übersetzen?
[28] Dt 13,1-3 LXX = 13,2-4 TM.

voluit etiam illa quae divinantibus non secundum deum dicuntur, si acciderint quae dicuntur, non accipienda sicut fiant quae praecipiuntur ab eis aut colantur quae coluntur ab eis. Nec praeter suam potestatem deus ostendit esse quod ista contingunt, sed, quasi quaereretur cur ea permittat, causam tentationis exposuit ad cognoscendam eorum dilectionem, utrum eam habeant erga deum suum, cognoscendam vero ab ipsis potius quam ab illo qui scit omnia antequam fiant.

20 *Post tres annos produces omnem decimam fructuum tuorum; in illo anno pones illud in civitatibus tuis, et veniet levita, quia non est ei pars neque sors tecum et advena et pupillus et vidua quae in civitatibus tuis et manducabunt et saturabuntur, ut benedicat te dominus deus tuus in omnibus operibus tuis quaecumque feceris.* Ex ista decima non dixit ut ipse manducet cum suis; ac per hoc levitis et advenis et pupillis et viduis eam iussit inpendi. Sed obscure positum est, quia non est distincta ista decima ab illa quam voluit cum levitis in eo loco manducari, quem dominus elegisset templo suo. Sed in ea interpretatione quae est ex Hebraeo apertius hoc distinctum reperimus. Ait enim: *Anno tertio separabis aliam decimam ex omnibus, quae nascentur tibi eo tempore, et repones intra ianuas tuas; venietque levites, qui aliam non habet partem nec possessionem tecum et peregrinus et pupillus et vidua, qui intra portas tuas sunt, et comedent et saturabuntur, ut benedicat tibi dominus deus tuus in cunctis operibus manuum tuarum, quae feceris.* Primo hoc ipsum planius est quod ait: *Anno tertio*; intellegitur enim uno anno interposito; in septuaginta autem, quoniam *post tres annos* dixit, incertum est utrum eos medios esse voluerit, ut quinto quoque anno fieret. Deinde cum ait: *Et separabis aliam decimam*, satis ostendit extra esse illam quam voluit eum ipsum qui offert manducare cum suis et levitis in eo loco quem dominus elegisset. Et hanc enim aliam decimam intra ianuas suas eum ponere praecepit,

---

20,6 decima...8 suo] cf. Dt 14,21-22.26

---

10 sicut] *P S V T*, non *add. N*, si *add. U²* (*s. l.*) *z*, sic ut *Bad. Am. μ*   **12** exposuit] adposuit *n*   **14** ab² *om. S*   **20,1** decimam] decimas *n*   **3** vidua] viduae *T* (e *in ras.*)   **4** ex ista] existima *P S*, existima *T*, ista *om. U¹* | ipse *om. n*   **5** ac] hac *n* | hoc *om. n*   **7** templo] tempore *V (in ras.)*   **9** nascentur] nascuntur *T Am. μ*   **10** repones] repone *P S V U*   **11** et peregrinus *om. p* | pupillus] populus *p*   **12** et...21 comedent *om. p*   **13** planius] blanius *n*   **15** ut *om. n* | quoque anno] anno quoque *n*   **16** et *inclusit z*   **18** et] *inclusit z* | aliam] et *praem. Am.*

---

[29] Vgl. *qu.* 5,13 und *s. dom. m.* 2,31.
[30] Dt 14,27-28 LXX = 14,28-29 TM.
[31] Im Rahmen der *quaestiones* ist dies die erste Erwähnung der Vulgata des Hieronymus.
[32] Das entscheidende *aliam* hat Hieronymus in Übereinstimmung mit der jüdischen halachischen Auslegung hinzugefügt (vgl. TIGAY, *Deuteronomy*). TM spricht nicht von

Übereinstimmung mit Gott gesprochen werden, auch wenn das, was gesagt wird, eingetroffen ist, nicht in dem Sinn anzunehmen sind, daß das, was sie vorschreiben, ausgeführt wird oder jene [Wesen] verehrt werden, die sie verehren. Gott hat gezeigt, daß es auch nicht jenseits seiner Macht liegt, daß diese [Dinge] geschehen, sondern er hat, als würde gleichsam gefragt, warum er sie zuläßt, als Grund der Prüfung dargelegt, [sie geschehe,] um ihre Liebe zu erkennen, ob sie sie zu ihrem Gott hätten, damit sie aber eher von ihnen selbst als von jenem erkannt würde, der alles weiß, bevor es geschieht.[29]

qu. 5,20 (zu Dtn 14,27-28; 15,1)[30]

20 „Nach drei Jahren sollst du den gesamten Zehnten deiner Früchte abliefern; in jenem Jahr sollst du ihn in deinen Städten niederlegen, und der Levit soll kommen, da er weder einen Anteil noch ein Los bei dir besitzt, und der Fremdling und die Waise und die Witwe, die in deinen Städten leben, und sie sollen essen und sich sättigen, damit der Herr, dein Gott, dich bei all deinen Werken, die auch immer du getan hast, segne." Die Schrift hat nicht gesagt, daß er selbst mit den Seinen von jenem Zehnten essen darf; und deswegen hat sie befohlen, ihn für die Leviten und die Fremdlinge und die Waisen und die Witwen zu verwenden. Aber es ist unklar ausgedrückt worden, weil dieser Zehnte nicht von jenem Zehnten unterschieden worden ist, der nach dem Willen der Schrift mit den Leviten an demjenigen Ort gegessen werden sollte, den der Herr für seinen Tempel ausgewählt haben würde (vgl. Dtn 14,22-23.27). Aber wir haben festgestellt, daß dies in derjenigen Übersetzung, die aus dem Hebräischen erstellt wurde, klarer unterschieden ist.[31] Sie lautet nämlich: „Im dritten Jahr sollst du einen weiteren Zehnten von allem, was dir in jener Zeit wachsen wird, absondern und innerhalb deiner Türen lagern; und der Levit soll kommen, der keinen anderen Anteil noch Besitz bei dir hat, und der Fremde und die Waise und die Witwe, die innerhalb deiner Tore wohnen, und sie sollen essen und sich sättigen, damit dir der Herr, dein Gott, Segen gibt in allen Werken deiner Hände, die du getan hast." Erstens ist eben diese [Wendung] klarer, die lautet: „im dritten Jahr"; das bedeutet nämlich: nach Einschub eines Jahres.; in der Septuaginta dagegen ist, weil sie formuliert hat: „nach drei Jahren", ungewiß, ob sie wollte, daß diese dazwischen seien, so daß [die Absonderung des Zehnten] in jedem fünften Jahr geschehen sollte. Zweitens, wenn [die Vulgata] sagt: „und du sollst einen weiteren[32] Zehnten absondern", zeigt sie recht deutlich, daß nicht jener [Zehnte] gemeint ist, bezüglich dessen [die Schrift] wollte, daß ihn derjenige, der opfert, selbst mit den Seinen und den Leviten an dem

---

einem zusätzlichen Zehnten, sondern gibt dem Zehnten des jeweils dritten Jahres eine Sonderbestimmung (vgl. KÖNIG, *Deuteronomium*; ROSE, *5. Mose* 34; OTTO, *Deuteronomium* 1317).

non ad eum locum deferre, ubi dominus se voluit invocari. *Et veniet*, inquit, *levites, qui non habet partem nec possessionem tecum et peregrinus et pupillus et vidua, qui intra portas tuas sunt, et comedent.* Hinc certe manifeste verum est non istam decimam deum fieri voluisse communem ei qui offert et his quibus inpendenda est: Sed illis solis erogari eam iussit, qui aliud non haberent, in quibus praecipue leviten posuit. *Post septem annos facies remissionem.* Hic certe manifestatur, quomodo et superius dixerit: *Post tres annos*. Non enim et hos septem annos medios esse voluit: Unoquoque anno eam fieri praecepit tamquam sabbatismum annorum.

21 *Adtende tibi ipsi, ne fiat verbum occultum in corde tuo, iniquitas, dicens: Adpropiat annus septimus, annus remissionis; et malignetur oculus tuus in fratrem tuum egenum et non tribuas ei, et exclamabit adversum te ad dominum, et erit in te peccatum magnum.* Magnifice occultum verbum hoc dixit, quoniam nemo audet hoc dicere qui potuerit cogitare, ideo non esse mutuum dandum indigenti, quoniam adpropinquat annus remissionis, cum deus propter misericordiam utrumque praeceperit, et commodari cum quisque indiget et remitti anno remissionis. Quomodo ergo misericorditer remissurus est illo anno quo remittendum est, si crudeliter cogitat illo tempore dandum non esse quo dandum est?

22 *Si autem venumdatus fuerit tibi frater tuus Hebraeus aut Hebraea, serviet tibi sex annis et septimo dimittes eum liberum a te.* Hos emptos non anno remissionis remitti voluit, quem septimum quemque observari oportebat ab omnibus; sed anno

---

20 nec] neque *S* | et peregrinus *om. n* | pupillus] pupillum *n* | vidua] viduam *n* **21** manifeste] manifestum *T* **24** leviten] levitem *V Am. μ*, levites *U* **26** unoquoque] ut nonoquoque anno (nonoquoque anno *om. n*) fieret remissio sed utique septimo quoque *N* sabbatismum] sabbatissimum *P S* **21,1** adtende] adtendite *T corr.* | adpropiat] adpropriat *S N* **4** dicere] diceret *n* **5** adpropinquat] propinquat *S N U* **8** remittendum] remittendus *P corr.* **22,1** venumdatus] venundatus *P S V U*, venundatum *n* | aut] vel *S* **2** septimo] septimum U^1 | dimittes] dimittis *p* U^1 *T* | remitti *om. n*

---

[33] So Vulg: *septimo anno*. Das muß wohl auch Augustinus hier meinen, bleibt aber unklar, weil das Wort ‚der siebte' fehlt. NBA übersetzt hingegen: „egli commandò che si facesse il condono ogni anno come se si trattasse dell'osservanza di un Sabato d'anni." Das widerspricht sowohl der klaren Bestimmung Dtn 15,1 in TM und LXX als auch den Ausführungen Augustins in den beiden anschließenden *quaestiones*. BAC: „Mandó pagar cada año el diezmo, como si tratara de la observacion de un sábado de años." Augustinus handelt hier aber von *remissio* Erlaß, nicht vom Zehnten *decima*. Vgl. die Paraphrase in Handschrift n: *ut nonoquoque anno fieret remissio sed utique septimo quoque* „daß der Nachlaß nicht in jedem Jahr geschehen sollte, sondern natürlich in jedem siebten."

Ort verzehre, den der Herr erwählt haben würde. Denn sie hat auch vorgeschrieben, diesen anderen Zehnten innerhalb seiner Türen zu lagern, nicht an den Ort zu transportieren, wo der Herr angerufen werden wollte. „Und der Levit", sagt sie, „der keinen anderen Anteil noch Besitz bei dir hat, soll kommen und der Fremde und die Waise und die Witwe, die innerhalb deiner Tore wohnen, und sie sollen essen." Daher ist offenbar sicher wahr, daß Gott nicht wollte, daß jener Zehnte dem, der opfert, und denen, für die er verwendet werden soll, gemeinsam zukomme, sondern er hat befohlen hat, ihn allein für jene zu verwenden, die nichts anderes besitzen, worunter er vor allem den Leviten angeführt hat. „Nach sieben Jahren sollst du einen Nachlaß veranstalten." Hier tritt deutlich zutage, in welchem Sinn [die LXX] auch oben gesagt hat: „nach drei Jahren". Denn er wollte auch nicht, daß diese sieben Jahre dazwischen wären: er hat vorgeschrieben, daß er in jedem [siebten]³³ Jahr veranstaltet werde gleichsam als Sabbat von Jahren.

qu. 5,21 (zu Dtn 15,9)

21 „Nimm dich selbst in acht, daß in deinem Herzen nicht ein geheimes Wort³⁴ aufkommt, keine Ungerechtigkeit, indem du sagst: Das siebte Jahr, das Jahr des Nachlasses, kommt heran, und daß dein Auge nicht bösartig wird gegen deinen bedürftigen Bruder und daß du ihm nichts verleihst, und er wird gegen dich zum Herrn schreien, und du wirst eine große³⁵ Sünde begehen." Sehr passend hat [die Schrift] dies ‚geheimes Wort' genannt, weil niemand, der dies hätte denken können, es wagt auszusprechen, man müsse deswegen dem Bedürftigen kein Darlehen geben, weil das Erlaßjahr nahe kommt, da doch Gott beides um der Barmherzigkeit willen vorgeschrieben hat, sowohl zu verleihen, wenn jemand [dessen] bedarf, als auch im Erlaßjahr [das Darlehen] zu erlassen. Wie wird daher einer aus Barmherzigkeit in jenem Jahr Nachlaß gewähren, in dem Nachlaß gewährt werden soll, wenn er grausamerweise denkt, er müsse in jener Zeit kein [Darlehen] gegeben, in der es gegeben werden soll?

qu. 5,22 (zu Dtn 15,12)

22 „Wenn sich aber dein Bruder, ein Hebräer oder eine Hebräerin, dir verkauft hat, soll er dir sechs Jahre dienen, und im siebten sollst du ihn als freien Mann von dir entlassen." Die Schrift wollte, daß diese, die gekauft worden waren, nicht im Erlaßjahr entlassen würden, das von allen in jedem siebten Jahr

---

³⁴ TM: דָּבָר֩ עִם־לְבָבְךָ֨ בְלִיַּ֜עַל „ein Wort/Gedanke in deinem nichtswürdigen Herzen" (Vulg: *impia cogitatio*). LXX setzt zu דָּבָר ein Attribut hinzu: ῥῆμα κρυπτὸν „verborgenes Wort", entsprechend VL des Augustinus: *verbum occultum* (VL:CodLugd: *verbum absconsum*) und gibt בְלִיַּעַל, nur hier (BdA), durch ἀνόμημα „Gesetzwidrigkeit" wieder; VL des Augustinus entspricht: *iniquitas* (VL:Cod.Lugd: *peccatum*).

³⁵ Auch dieses Attribut fügt LXX, gefolgt von VL, ohne Grundlage in TM hinzu.

septimo emtionis eius, quotocumque anno illorum septimus iste annus occurreret.

23 *Omne primogenitum quod natum fuerit in bubus tuis et in ovibus tuis masculina sanctificabis domino deo tuo.* Quaerendum utrum quae Graece dicuntur πρωτότοκα nec Latine dici nisi *primogenita* potuerunt, in his tantum intellegenda sunt, quae nascuntur ex matribus; ipsa enim proprie pariuntur potius quam gignuntur. Parere quippe est τίκτειν, quod est ex femina - unde πρωτότοκον dicitur - gignere autem est γεννᾶν, unde proprie Latine primogenitus dicitur. Ex feminis autem dabantur primitiva, id est quae prima pariebantur, non quae prima gignebantur a viris, si forte ex viduis quae iam pepererant gignerentur. Non enim aliter essent quae aperirent vulvam, quod proprium voluit esse lex eorum quae primo nata domino debebantur. Si ergo est in his verbis certa distinctio, non frustra dominus non dicitur a patre μονότοκος, sed μονογενής - id est unigenitus, quod est unicus - *a mortuis* autem *primogenitus* quidem Latine dicitur, quia non potuit Latinum verbum ita componi secundum loquendi consuetudinem; Graece autem πρωτότοκος dicitur, non πρωτογενής: Tamquam pater genuerit aequalem sibi, creatura vero pepererit. Nam et quod dicitur: *Primogenitus omnis creaturae*, quae et ibi πρωτότοκος Graece legitur, potest ita intellegi secundum novam creaturam, de qua dicit apostolus: *Si qua igitur in Christo nova creatura*: Ex qua ille primitivus est, quia primitus ita resurrexit, ut iam non moriatur nec *ei mors ultra dominetur*, quod novae creaturae, quae in illo est, futurum in fine promittitur. Sed ista distinctio non temere adfirmanda sed in scripturis diligentius perscrutanda est. Movet enim quemadmodum dici potuit in Prover-

---

23,9 quae…vulvam] cf. Ex 13,2.12   **12** Col 1,18   **15** Col 1,15   **17** 2 Cor 5,17   **19** Rm 6,9

---

4 septimus] septem *N* | occurreret] occurret *V*   **23,1** natum] natu *n* | bubus] bobus *V Am. μ*   **2** Graece] Graeci *p P S V¹ U* | dicuntur] dicunt *P S N U* | πρωτότοκα] protottoca *P*, prototoca *S V N U T*   **3** sunt] sint *N U Am. μ*   **4** pariuntur] patiuntur *n*   **5** est¹ *om. V* τίκτειν] tictin *p P S V U T*, tunc id *n*   **6** autem] aut* *T* | est *er. T* | γεννᾶν] gennan *p P S V U T*, gennā *n*   **7** dabantur] dabuntur *n* | prima¹] primum *V T*   **10** nata] genita *N* | est *om. T* distinctio] est *add. T (in ras.)*   **11** μονότοκος] monotocos *P S V N U T* | μονογενής] monogenes *P S V N U T*   **14** πρωτότοκος] prototocos *P S V N U T* | πρωτογενής] protogenes *P S V N U T*   **15** genuerit] eum *praem. N* | pepererit] peperit *n*   **16** quae…ibi] quae tibi *P V U*, que* et ibi *S* (et *s. l.*), quia et ibi *N*, quae ibi *T*, quod ibi *Am. μ* | Graece legitur] legitur Graece *T*   **18** primitivus] primogenitus *T (in ras.)*   **19** ei mors] mors ei *S* (ei] illi) *N U* | in²…20 promittitur] promittitur in fine *Am. μ*

eingehalten werden mußte, sondern im siebten Jahr nach seinem Kauf, im wievielten Jahr jener [sieben Jahre] dieses siebte Jahr auch anfiel.

qu. 5,23 (zu Dtn 15,19)

23 „Alle Erstgeburt, die dir geboren sein wird unter deinen Rindern und unter deinen Schafen, sollst du, wenn sie männlich sind, dem Herrn, deinem Gott, weihen." Man muß fragen, ob zu diesen, die auf Griechisch πρωτότοκα (Erstgeborene) genannt werden, auf Lateinisch aber nur als *primogenita* (Erstgezeugte) bezeichnet werden konnten, nur diejenigen zu rechnen sind, die von den Müttern [als erste] geboren werden; nur diese werden nämlich im eigentlichen Wortsinn geboren, eher als gezeugt. *Parere* (gebären) ist nämlich [auf Griechisch] τίκτειν, das von der Frau gesagt wird – daher heißt es πρωτότοκον (Erstgeborenes) –, *gignere* (erzeugen) dagegen ist [auf Griechisch] γεννᾶν, daher heißt es im Lateinischen im eigentlichen Wortsinn *primogenitus* (Erstgezeugter). Man gab aber die Erstlinge von den weiblichen [Tieren], d.h. die als erste geboren wurden, nicht jedoch diejenigen, die als erste von männlichen [Tieren] gezeugt wurden, falls sie etwa mit verwitweten [weiblichen Tieren], die bereits geboren hatten, gezeugt wurden. Denn andernfalls wären sie nicht diejenigen, die die Gebärmutter öffneten (Ex 13,2.12), was nach dem Willen des Gesetzes die charakteristische Eigenschaft derjenigen war, die als Erstgeborene dem Herrn zustanden. Wenn es daher unter diesen Wörtern eine gewisse [begriffliche] Unterscheidung gibt, wird der Herr nicht grundlos nicht μονότοκος (Einziggeborener), sondern μονογενής (Einziggezeugter) vom Vater genannt – d.h. *unigenitus* (Einziggezeugter), weil er der einzige ist –, aber freilich wird er auf Lateinisch „*primogenitus* (Erstgezeugter) von den Toten" (Kol 1,18) genannt, weil nach dem Sprachgebrauch kein solches lateinisches Kompositum gebildet werden konnte; im Griechischen wird er dagegen πρωτότοκος (Erstgeborener), nicht πρωτογενής (Erstgezeugter) genannt: gleich als hätte der Vater einen sich Gleichen gezeugt, das Geschöpf aber hätte geboren. Denn auch die Wendung „*primogenitus* (Erstgezeugter) der ganzen Schöpfung" (Kol 1,15), wofür man auch dort auf Griechisch πρωτότοκος (Erstgeborener) liest, kann so von der neuen Schöpfung verstanden werden, von der der Apostel sagt: „Wenn daher in Christus irgendeine neue Schöpfung ist" (2Kor 5,17)[36]: von dieser ist jener der Erste, da er als erster so auferstanden ist, daß er nicht mehr stirbt „und der Tod keine Macht mehr über ihn hat" (Röm 6,9); der neuen Schöpfung, die in ihm ist, wird versprochen, daß ihr dies am Ende zuteil werden wird. Aber diese Unterscheidung darf nicht leichthin behauptet, sondern sie muß in den Schriften noch sorgfältiger untersucht werden. Schwierigkeiten bereitet nämlich, wieso im

---

[36] Allerdings ist das τις des griechischen Textes so zu verstehen: ‚Wenn *jemand* in Christus ist, dann ist das/er neue Schöpfung.'

biis: *Primogenite, tibi dico, fili*; id est ex cuius persona dictum intellegatur. Si enim ex dei patris persona ad Christum dicitur - cui sententiae utrum sequentia consonent vix est adserere - eundem dicit primogenitum quem unigenitum: Primogenitum, quia etiam nos filii dei sumus, unigenitum vero, quoniam solus 25 ille de substantia patris et patri aequalis atque coaeternus est. Mirum est autem utrum inter parere et gignere evidentissimis documentis sacra scriptura distinguat.

24 *Et immolabis pascha domino deo tuo oves et boves.* Quid sibi hoc vult, quod addidit: *Boves*, cum immolationem paschae de ove tantummodo commendaverit, quam iussit accipi ex ovibus et haedis vel ex capris? Quod mystice accipitur propter Christum, cuius ex iustis et peccatoribus est origo carnalis. Non enim ait: Ex ovibus aut capris, licet proprie non possit intellegi ovis ex capris; sed ne 5 forte Iudaei dicerent subaudiendum caprum, si dictum esset aut ex capris, dictum est: *Ex ovibus et capris.* Quid ergo hic sibi volunt boves? An propter alia sacrificia quae ipsis diebus azymorum sunt immolanda?

25 Quaerendum quomodo praeceperit observari quod ait: *Septem septimanas integras dinumerabis tibi ipsi, inchoare te falcem inicere in messem incipies numerare septem septimanas. Et facies diem festum septimanarum domino deo tuo, prout valet manus tua, quaecumque dominus tibi dederit, secundum quod benedicet te dominus deus tuus; et epulaberis ante dominum deum tuum.* Si enim ab universo populo haec pentecoste iussa est 5 observari, numquid omnes uno die credendum est falcem iussos mittere in

---

22 Prv 31,2   24,2 immolationem...3 capris] cf. Ex 12,5   7 Ex 12,5

23 cui] cuius *V corr.*   25 primogenitum *om. S V U¹ T*   24,1 deo] dei *p* | hoc vult] vult hoc *Am. μ*   2 addidit] addit *S U* | immolationem] immolatione *S*   3 ex² *om. S*   5 ovis] oves *p P V U*   6 si] sic *T*   7 est] autem *add. P S V¹ N* (aut *p*) *U*   25,2 inchoare] inchoante *z* messem] mensem *N*   4 dederit *om. P N U T* | epulaberis] epulaveris *P U¹*   5 pentecoste] pentecosten *U*

---

[37] Vgl. *qu.* 2,42.
[38] In *qu.* 2,42 zitiert Augustinus den Passus allerdings so: *ab agnis et haedis.*
[39] Das Attribut ist ein Zusatz der LXX.
[40] In TM ist dies eine nebensatzäquivalente Präpositionalgruppe mit Inf. cs.: מֵהָחֵל; LXX wählt eine Partizipialkonstruktion im Gen. absol.: ἀρξαμένου σου, entsprechend VL:Cod.Lugd.: Ablat. absol.: *incipiente te*; frei Vulg.: *ab ea die qua.* Der Inf. *inchoare* der VL des Augustinus scheint dagegen syntaktisch nicht integriert zu sein.

Buch der Sprichwörter gesagt werden konnte: „Erstgezeugter, dir sage ich, mein Sohn" (Spr 31,2); d.h. in welcher Rolle gesprochen man [das] verstehen soll. Wenn es nämlich in der Rolle Gottvaters zu Christus gesprochen wird – ob das folgende zu dieser Behauptung paßt, kann man kaum behaupten –, nennt er ein und denselben *primogenitum* (Erstgezeugten), den er *unigenitum* (Einziggezeugten) [nennt]: Erstgezeugten, weil auch wir Söhne Gottes sind, Einziggezeugten hingegen, weil allein jener von der Substanz des Vaters und dem Vater gleich und gleich ewig ist. Es ist jedoch fraglich, ob die Heilige Schrift mit völlig klaren Argumenten zwischen *parere* (gebären) und *gignere* (erzeugen) unterscheidet.

qu. 5,24 (zu Dtn 16,2)

24 „Und als Pascha sollst du dem Herrn, deinem Gott, Schafe und Rinder opfern." Was soll der Zusatz „Rinder" bedeuten; da doch die Schrift nur das Paschaopfer vom Schaf erwähnt hat, das sie von Schafen und Ziegenböckchen oder von Ziegen zu nehmen befahl (vgl. Ex 12,5)? Das wird mystisch bezüglich Christus verstanden, dessen fleischlicher Ursprung von Gerechten und Sündern herkommt.[37] Es heißt nämlich nicht: ‚[ein Schafsbock] aus Schafen oder Ziegen', wenngleich ‚Schaf aus Ziegen' nicht im wörtlichen Sinn verstanden werden könnte, sondern die Schrift hat formuliert: „aus Schafen und Ziegen" (Ex 12,5),[38] damit die Juden nicht, wenn formuliert worden wäre: ‚oder aus Ziegen', womöglich behaupteten, es sei darunter ein Ziegenbock zu verstehen. Was also haben hier die Rinder zu suchen? Vielleicht bezüglich anderer Opfer, die an eben diesen Tagen der ungesäuerten Brote darzubringen sind?

qu. 5,25 (zu Dtn 16,9-11)

25 Man muß untersuchen, in welchem Sinn die Schrift folgende Vorschrift erlassen hat: „Du sollst für dich selbst sieben ganze[39] Wochen abzählen; wenn du beginnst[40], die Sichel an die zu erntenden Früchte zu legen, sollst du anfangen, sieben Wochen zu zählen. Und du sollst den Wochenfesttag für den Herrn, deinen Gott, feiern, soweit deine Hand vermag, was immer der Herr dir gegeben hat,[41] entsprechend wie der Herr, dein Gott, dich segnen wird, und du sollst vor dem Herrn, deinem Gott, fröhlich sein."[42] Wenn nämlich befohlen worden ist, daß das ganze Volk dieses Pfingstfest beobachte, soll man etwa glauben, daß allen befohlen worden ist, die Sichel am selben Tag an die zu

---

[41] TM hat eine schwierige Formulierung: „nach Maßgabe der freien Gabe deiner Hand, was du geben wirst". LXX, gefolgt von VL, gibt sehr frei wieder und verschiebt den Sinn, indem sie Gott zum Subjekt des Gebens macht: „wie deine Hand es vermag, wie viel er dir gibt" (SDE).

[42] TM, LXX haben „sich freuen, fröhlich sein", VL und Vulg dagegen *epulari* „speisen, schmausen"; im biblischen Latein bedeutet es auch „fröhlich sein, sich freuen an": BLAISE, *Dictionnaire*.

messem? Si autem sibi quisque observat istam quinquagesimam dinumerans ab illo die quo falcem mittit, non una est universo populo; illa vero una est quae computatur ab immolatione paschae usque in diem datae legis in Sina.

26 *Si autem intraveris in terram quam dominus deus tuus dat tibi in sorte et hereditaveris eam et habitaveris in ea, et dices: Constituam super me principes sicut et ceterae gentes quae circa me sunt. Constituendo constitues super te principem, quem elegerit dominus deus tuus ipsum; ex fratribus tuis constitues super te principem; non poteris constituere super te hominem alienum, quia non est frater tuus.* Quaeri potest cur displicuerit populus deo, quando regem desideravit, cum hic inveniatur esse permissus. Sed magis hinc intellegendum est merito non fuisse secundum voluntatem dei, quia fieri hoc non praecepit, sed desiderantibus permisit. Verum tamen praecepit, ne fieret alienus, sed frater, id est ex eodem populo indigena, non alienigena. Quod autem ait: *Non poteris*, intellegendum est non debebis.

27 De rege cum loqueretur ait: *Non multiplicabit sibi uxores, ut non discedat cor eius; et argentum et aurum non multiplicabit sibi valde.* Unde quaeritur utrum David contra hoc praeceptum non fecerit; non enim unam habuit uxorem. Nam de Salomone manifestum est quod transgressus fuerit hoc praeceptum et in feminis et in auro et in argento. Sed hinc potius intellegitur permissum fuisse regibus, ut plures haberent quam unam; multiplicare enim prohibiti sunt. Quae prohibitio non habet transgressionem, si paucae fuerint, sicut David fuerunt;

26,5 cur...6 desideravit] cf. 1 Rg 8,7   27,3 non²...uxorem] cf. 2 Rg 5,13   4 transgressus...5 argento] cf. 3 Rg 10,14-15; 11,1-3

---

7 messem] terram *T* | observat istam] observa tantu *U* (tū *a. m. s. l.*) | dinumerans] dinumeratam *V*   8 quo] quod *N*   26,1 intraveris] intraberis *p* | sorte] sortem *T* | hereditaveris] hereditaberis *N U*   2 habitaveris] habitaberis *N*   3 deus *om. T*   6 hinc] hic *V N U*   27,1 non¹] et *praem. z* | multiplicabit] multiplicavit *P*   5 et in²] et *p*, in *n*

---

[43] *In sorte* bedeutet hier als Übersetzung der prähexaplarischen Glosse der LXX (WEVERS, *Deuteronomy*) ἐν κλήρῳ wohl ‚als Erbbesitz'.
[44] Als Übersetzung von κληρονομήσῃς, das in LXX nicht nur ‚erben', sondern auch ‚in Besitz nehmen' bedeutet (MURAOKA, *Lexicon*), hat wohl auch *hereditaveris* der VL des Augustinus diese Bedeutung angenommen. VL:Cod.Lugd. und Vulg: *possederis*.
[45] TM: מֶלֶךְ. WEVERS, *Deuteronomy* 286: Während die LXX in Dtn überall da, wo von Königen anderer Völker die Rede ist, מֶלֶךְ, wie zu erwarten, durch βασιλεύς übersetzt, sagt sie aus theologischen Gründen – Israels König ist allein JHWH – dafür, wenn der König über Israel gemeint ist, ἄρχων ‚Herrscher' (Dtn 17,14.15; 28,36; 33,5). Entsprechend hier auch VL:Cod.Lugd.: *principem* (Vulg dagegen: *regem*). Die VL des Augusti-

erntenden Früchte zu legen? Wenn aber jeder für sich diesen fünfzigsten Tag beobachtet, indem er von jenem Tag an zählt, an dem er die Sichel anlegt, ist es nicht ein und derselbe [Festtag] für das gesamte Volk; jener [Festtag], der von der Opferung des Pascha bis zum Tag der Gesetzgebung auf dem Sinai gezählt wird, ist aber ein und derselbe.

qu. 5,26 (zu Dtn 17,14-15)

26 „Wenn du aber in das Land hineingekommen bist, das der Herr, dein Gott, dir zum Erbbesitz[43] gibt, und es in Besitz genommen hast[44] und in ihm gesiedelt hast und sagst: Ich will Herrscher[45] über mich einsetzen wie auch die übrigen Völker, die um mich herum wohnen, dann darfst du durchaus einen Herrscher über dich einsetzen, den der Herr, dein Gott, erwählt hat[46]; aus deinen Brüdern sollst du einen Herrscher über dich einsetzen; du wirst keinen Ausländer über dich einsetzen können, weil er nicht dein Bruder ist." Man kann fragen, warum das Volk Gott mißfiel, als es einen König begehrte (vgl. 1Sam 8,7), da man doch hier findet, daß es erlaubt worden war. Doch aus der hiesigen Stelle muß man vielmehr mit gutem Grund schließen, daß es nicht nach dem Willen Gottes geschehen ist, weil er nicht angeordnet hat, daß dies geschehe, sondern es denen, die danach verlangten, erlaubte. Gleichwohl hat er vorgeschrieben, daß kein Fremder, sondern ein Bruder, d.h. ein Einheimischer aus eben diesem Volk, nicht ein Ausländer [König] werden sollte. Die Wendung aber: „Du wirst nicht können" ist zu deuten: ‚Du darfst nicht.'[47]

qu. 5,27 (zu Dtn 17,17)

27 Als die Schrift vom König sprach, heißt es: „Er soll sich nicht viele Frauen nehmen, damit sein Herz nicht abweicht; und er soll nicht sehr viel Silber für sich anhäufen." Daher fragt man, ob David nicht gegen dieses Verbot verstoßen hat; er hatte nämlich nicht nur eine einzige Gattin (vgl. 2Sam 5,13). In der Tat ist bezüglich Salomo offenkundig, daß er dieses Verbot übertreten hat sowohl hinsichtlich der Frauen als auch des Goldes und des Silbers (vgl. 1Kön 10,14-15; 11,1-3). Aber hieraus ist eher zu entnehmen, daß es den Königen erlaubt war, mehr als eine [Ehefrau] zu haben; es ist ihnen nämlich verboten worden, viele [Frauen] zu nehmen. Dieses Verbot wird nicht übertreten, wenn es wenige [Frauen] waren, wie die [Frauen] Davids waren; nicht aber viele, wie

---

nus folgt dagegen LXXA, die hier Plural aufweist. Augustinus spricht seinerseits im folgenden von ‚König'.

[46] Das αὐτόν, VL: *ipsum* ist ein Hebraismus, die sklavische Übersetzung des hebräischen Ausdrucks, der darauf zurückzuführen ist, daß die indeklinable hebräische Relativpartikel nur einen Relativsatz, nicht aber die syntaktische Rolle des Bezugswortes im Relativsatz anzeigt.

[47] Vgl. *loc.* 5,49.

non autem multae, sicut Salomoni. Quamvis cum addidit: *Ut non discedat cor eius,* hoc magis videtur praecepisse, ne multiplicando perveniat ad alienigenas feminas, per quas factum est in Salomone, ut discederet cor eius a deo. Multiplicatio tamen generaliter ita prohibita est, ut, etiamsi ex Hebraeis solis eas multiplicasset, contra hoc praeceptum fecisse merito argui posset.

28 *Si autem supervenerit levites ex una civitatum tuarum ex omnibus filiis Israhel, ubi ipse incolit, secundum quod cupit anima eius, in locum quem elegerit dominus* - id est si desideravit ire ad locum ubi dominus invocatur - *et ministrabit nomini domini dei sui sicut omnes fratres eius levitae qui adstant ibi coram domino; partem partitam edet praeter venditionem, quae est secundum familiam.* Quam dicat venditionem obscurum est; nisi forte quia decimationes et primogenita praecepit vendi ab eis qui in longinquo habitarent, ne multa cogerentur portare ad locum invocationis domini vel pecora ducere, ut illic ab eis denuo emerentur ex eodem pretio, et iusserat habere ibi partem levitam, qui maneret in ea civitate, unde illi decimationes et primogenita debebantur. Et ideo dixit secundum familiam hoc deberi levitae, quoniam ex successione, qua succedit parentibus suis, hoc circa eum servari oportet, quod parentibus exhibitum est.

29 Quoniam portentorum inspectores prohibet esse in populo dei, quaerendum est quomodo ista portenta, quae inspici prohibentur, discernantur ab eis, quae divinitus ita dantur, ut quid significent dici debeant. Sicut omnia miracula, quae in scripturis reperiuntur, significantia quod pertineat ad regulam fidei; sicut dicimus quid significaverit vellus in area conpluta siccum vel in sicca area conplutum aut virga Aaron quae floruit et nuces adtulit et cetera huius modi. Sicut autem discernuntur divinationes quas consequenter prohibet a praedictionibus vel adnuntiationibus prophetarum, sic illae inspectiones prodigiorum a significationibus divinorum miraculorum discernendae sunt.

---

10 per…deo] cf. 3 Rg 11,4-6   **29,5** quid…conplutum] cf. Idc 6,37-39   6 virga…adtulit] cf. Nm. 17,8

28,1 civitatum] civitatium *S V¹ N U*   2 elegerit] elegit *V*   3 desideravit] desideraverit *p* | et exp. *V* | ministrabit] ministravit *P U¹* | domini *om. V*   4 ibi] tibi *U T*   5 venditionem¹] vendentionem *P*, vendintionem *V¹*   9 illi] illae *P S N U T Am. μ*   12 parentibus] eius *add. N*
29,3   debeant] debeat *n T¹ Am. μ*   7   prohibet] prohibit *P* | a *eras. sed 2. m. add. P* praedictionibus] praedicationibus *S V¹ U T*

---

[48] TM+Vulg haben „Mandeln", LXX und VL: „Nüsse".

Salomo [sie] hatte. Obgleich die Schrift, als sie hinzufügte: „damit sein Herz nicht abweicht", dies mehr deswegen vorgeschrieben zu haben scheint, damit er nicht, indem er viele [Frauen] nehme, sich auf ausländische Frauen einlasse; durch diese ist es bei Salomo geschehen, daß sein Herz von Gott abwich (vgl. 1Kön 11,4-6). Viele [Frauen] zu nehmen, ist jedoch ohne Einschränkung verboten worden, so daß man zu Recht argumentieren könnte, daß er auch dann gegen dieses Verbot verstoßen hätte, wenn er nur viele [Frauen] aus den Hebräerinnen genommen hätte.

qu. 5,28 (zu Dtn 18,6-8)

28 „Wenn aber ein Levit aus einer deiner Städte von allen Söhnen Israel, wo er selbst wohnt, entsprechend dem Verlangen seiner Seele an den Ort, den der Herr erwählt haben wird, hinzugekommen ist" – d.h. wenn er begehrt hat, an den Ort zu gehen, wo der Herr angerufen wird –, [und] dann soll er dem Namen des Herrn, seines Gottes, dienen wie alle seine Brüder, die Leviten, die dort dienend vor dem Herrn stehen; er soll einen zugeteilten Teil essen unter Absehung vom Verkauf dessen, was ihm gemäß der Familie zusteht." Was die Schrift *venditio* (Verkauf) nennt, ist unklar, es sei denn, sie hat vorgeschrieben, daß diejenigen, die in großer Entfernung wohnen, die Zehnten und die Erstlinge verkaufen sollten, damit sie nicht gezwungen würden, zu dem Ort der Anrufung des Herrn viele Besitztümer zu tragen oder Vieh zu treiben, so daß sie sie dort von neuem zum selben Preis kaufen könnten, und sie hatte befohlen, daß der Levit, der in jener Stadt bliebe, aus der jenem Zehnte und Erstlinge zustanden, dort Anteil habe. Und deshalb hat sie gesagt, dies stehe dem Leviten ‚gemäß der Familie' zu, da auf Grund der Nachfolge, in der er seinen Eltern nachfolgt, dies zu seinen Gunsten erhalten werden muß, was den Eltern geliefert worden ist.

qu. 5,29 (zu Dtn 18,10-11)

29 Weil die Schrift verbietet, daß es Vorzeichenschauer im Gottesvolk gebe, muß man fragen, wie diese Vorzeichen, deren Beobachtung verboten wird, sich von denen unterscheiden, die von Gott so gegeben werden, daß man erklären muß, was sie vorherbezeichnen. Wie z.B. alle Wunder, die sich in den Schriften finden, die [etwas] bezeichnen, das die Glaubensregel betrifft; wie wir z.B. ausgeführt haben, was das trockene Schaffell bedeutet hat, das auf der beregneten Tenne trocken bzw. auf der trockenen Tenne beregnet war (vgl. Ri 6,37-39), oder der Stab Aarons, der blühte und Nüsse hervorbrachte (vgl. Num 17,23)[48], und weitere [Wunderzeichen] dieser Art. Wie sich aber die Weissagungen, die die Schrift anschließend verbietet, von den Vorhersagungen bzw. Ankündigungen der Propheten unterscheiden, so sind jene Vorzeichensuchen von den Vorbezeichnungen durch göttliche Wunder zu unterscheiden.

30 *Quoniam dominus deus vester qui praecedit vobiscum simul debellabit vobiscum inimicos vestros et salvos faciet vos.* Ecce quemadmodum et in spiritalibus conflictibus sperandum et petendum est adiutorium dei, non ut nos nihil faciamus, sed ut adiuti cooperemur. Sic enim ait: *Debellabit vobiscum*, ut etiam ipsos acturos quod agendum esset ostenderet.

31 *Et loquentur scribae ad populum dicentes: Quis est homo qui aedificavit domum novam et non dedicavit eam? Vadat et revertatur in domum suam, ne moriatur in bello et homo alius dedicet eam. Et quis est homo qui pastinavit vineam et non est epulatus ex ea? Vadat et revertatur in domum suam, ne moriatur in bello et homo alius epuletur ex ea. Et quis est homo qui sponsavit uxorem et non accepit eam? Vadat et redeat in domum suam, ne moriatur in bello et homo alius accipiat eam.* Possunt movere ista, quasi meliore condicione moriantur in bello qui iam dedicaverunt aedificia sua iamque epulati sunt de novellis iamque duxerunt sponsas suas quam hi qui nondum. Sed quoniam his rebus tenetur humanus adfectus et magni extimantur haec ab hominibus, intellegendum est ab hoc ista dici in bellum procedentibus, ut quisquis animo his tenetur adpareat cum revertitur, ne propter hoc minus fortiter agat, dum timet, ne ante moriatur quam domum dedicaverit aut de novella sua biberit aut sponsam suam duxerit. Nam utique quantum ad feminam pertinet, melius alteri nubit intacta quam vidua; sed haec, ut dixi, instituta sunt propter virorum animos explorandos.

32 *Non erunt vasa viri super mulierem.* Vasa bellica vult intellegi, id est arma. Nam quidam etiam hoc interpretati sunt.

30,1 praecedit] praecedet *V* | vobiscum² *om. T*   **2** conflictibus *om. T*   **3** nos *om. N*   **4** debellabit] debellavit *P U¹ T*   **31,6** accipiat] accipiet *T*   **7** moriantur] ne *praem. U* | dedicaverunt] edificaverunt *Bad.*   **8** novellis] suis *add. N*   **9** extimantur] aestimantur *p P S V U T Bad. Am. μ*   **10** hominibus] omnibus *n* | ab] ad *p*   **12** ante] forte *N*

---

[49] Diese Augustinus wichtige Nuance hat erst LXX erzeugt: TM: לְהִלָּחֵם לָכֶם „um für euch zu kämpfen", Vulg: *pro vobis contra adversarios dimicabit*; LXX dagegen: συνεκπολεμῆσαι ὑμῖν „um gemeinsam mit euch zu bekriegen" (SD).
[50] Vgl. *qu.* 5,1.
[51] TM: כְּלִי ist vieldeutig. Entsprechend unterschiedlich wird es hier erklärt: als „Kleidungsstück" (vgl. STEUERNAGEL, *Deuteronomium*; ROSE, *5. Mose*; BRAULIK, *Deuteronomium*; Ges[18]); „überhaupt Ausstattungsgegenstände eines Mannes" (KÖNIG, *Deuteronomium*); einschließlich Waffen (DILLMANN, *Deuteronomium*; OETTLI, *Deuteronomium*;

qu. 5,30 (zu Dtn 20,4)

30 „Denn der Herr, euer Gott, der mit euch voranzieht, wird zugleich mit euch eure Feinde niederkämpfen und euch retten." Siehe, wie auch in geistlichen Kämpfen die Hilfe Gottes zu erhoffen und zu erbitten ist, nicht damit wir nichts tun, sondern damit wir, die Hilfe erfahren haben, mitwirken. Die Schrift sagt nämlich so: „er wird mit euch[49] niederkämpfen", um zu zeigen, daß auch sie das tun sollten, was zu tun ist.[50]

qu. 5,31 (zu Dtn 20,5-7)

31 „Und die Schreiber sollen zum Volk sagen: Wer ist ein Mann, der ein neues Haus gebaut und es noch nicht eingeweiht hat? Er trete weg und kehre in sein Haus zurück, damit er nicht im Krieg fällt und ein anderer Mann es einweiht. Und wer ist ein Mann, der einen Weinberg umgegraben, aber noch nicht von ihm gegessen hat? Er trete weg und kehre in sein Haus zurück, damit er nicht im Krieg fällt und ein anderer Mann von ihm ißt. Und wer ist ein Mann, der sich mit einer Gattin verlobt und sie noch nicht zur Frau genommen hat? Er trete weg und kehre in sein Haus zurück, damit er nicht im Krieg fällt und ein anderer Mann sie sich zur Frau nimmt." Diese [Worte] können erstaunen, gleich als ob diejenigen unter besseren Umständen im Krieg zu Tode kämen, die ihre Häuser bereits eingeweiht und schon von den jungen Weinstöcken genossen und ihre Verlobten schon geheiratet haben, als diese, die [all das] noch nicht [getan haben]. Aber weil der menschliche Gemütszustand durch diese Dinge gefesselt wird und diese von den Menschen hoch geschätzt werden, ist zu berücksichtigen, daß dies zu [Männern], die daraufhin in den Krieg ziehen, gesagt wird, damit deutlich wird, daß, wenn irgendeiner umkehrt, der im Gemüt durch diese [Dinge] gefesselt wird, er [dies tut,] um nicht solange weniger mutig zu handeln, als er zu sterben fürchtet, bevor er sein Haus eingeweiht oder vom jungen Weinstock getrunken oder seine Verlobte geheiratet hat. Denn, soweit eine Frau betroffen ist, ist es gewiß besser [für sie], sich einem anderen als Unberührte denn als Witwe zu vermählen, aber diese [Vorschriften] sind, wie ich gesagt habe, erlassen worden, um die Gesinnung der Männer zu erkunden.

qu. 5,32 (zu Dtn 22,5)

32 „Eine Frau soll nicht Gerätschaften von Männern tragen": Die Schrift will Kriegsgerät verstanden wissen, d.h. Waffen.[51] Denn einige Leute haben dies auch so übersetzt.

TIGAY, *Deuteronomy*). Ebenso vieldeutig ist LXX: σκεύη. Vulg: *veste virili*. Das von VL gewählte Übersetzungsäquivalent *vas* wird dagegen nicht für Kleidung verwendet, sondern für „Gefäß, Geschirr, Gerät [...] insbes. Plur. *vasa* Kriegsgerät, Gepäck" (GEORGES). Die *quidam*, die Augustinus für seine Erklärung als Waffen anführt, identifiziert RÜTING, *Untersuchungen* 194 als Tertullian und Ambrosius.

33 *Si autem quis acceperit uxorem et habitaverit cum ea et oderit eam et inponat ei occasionis verba et detulerit ei nomen malignum et dixerit: Mulierem hanc accepi et accedens ad eam non inveni eius virginalia, et accipiens pater puellae et mater producent virginalia puellae ad senatum ad portam et dicet pater puellae senioribus: Filiam meam hanc dedi homini huic uxorem et odio habens eam ipse nunc inponit ei occasionis verba dicens: Non inveni filiae tuae virginalia, et ecce virginalia filiae meae. Et replicabunt pallium coram senibus civitatis illius, et accipient senes civitatis illius hominem illum et castigabunt eum et damnificabunt eum centum siclis et dabunt patri adulescentulae, quia protulit nomen malum super virginem Israhelitem; et ipsius erit uxor, non poterit dimittere eam perpetuo tempore. Si autem verum factum sit hoc verbum et non inveniantur virginalia puellae, et producent adulescentulam ad ianuam domus patris ipsius et lapidabunt eam viri civitatis eius in lapidibus et morietur, quoniam fecit inprudentiam in filiis Israhel prostituere domum patris sui; et auferes malignum ex vobis ipsis.* Satis hinc adparet quemadmodum subditas feminas viris et paene famulas lex esse voluerit uxores, quod dicens adversus uxorem vir testimonium unde lapidaretur illa, si hoc verum esse demonstraretur, ipse tamen non vicissim lapidatur, si hoc falsum esse constiterit, sed tantummodo castigatur et damnificatur eique perpetuo iubetur adhaerere qua carere voluerat. In aliis autem causis eum, qui testimonio falso cuiquam nocuerit, quo, si probaretur, iussit occidi, eadem poena plecti iubet, qua fuerat, si verum esset, iste plectendus.

34 *Si autem invenerit aliquis puellam virginem quae sponsata non est et vim faciens ei dormierit cum ea et inventus fuerit, dabit homo qui dormivit cum ea patri puellae quinqua-*

33,18 in...20 plectendus] cf. Dt 19,16-19

33,3 et¹] *exp. V*, ac *T*   4 ad¹...puellae² *om. P S V U T* | senatum] seniores *Am. μ*   5 inponit] inponet *P U¹*, imponens *S*   6 ecce] haece *zt*   7 illius¹ *om . N* | illius² *om. P S V U T Am. μ* eum *om. S*   9 Israhelitem] Israhelitam *N*   10 verum] vere *p* | sit] fuerit *T* | et² *exp. V²* 12 inprudentiam] inpudentiam *n T² Am. μ*   15 demonstraretur] demonstraverit *U¹*   17 eique *om. p* | voluerat] voluerit *S*   18 quo] quem *V T Am. μ*   **34,1** virginem *om. S*   2 dormivit] dormierit *S*

---

⁵² TM: עֲלִילֹת דְּבָרִים „unziemliche Dinge" (nicht sicher gedeuteter Ausdruck); OTTO, *Deuteronomium*: „Üble Verdächtigungen"; LXX: προφασιστικοὺς λόγους „irreführende Beschuldigungen, Beschuldigungen als Vorwand".

qu. 5,33 (zu Dtn 22,13-21)

33 „Wenn aber jemand eine Frau geheiratet und mit ihr zusammengelebt und Haß gegen sie gefaßt hat und sie als Vorwand mit Beschuldigungen belegt[52] und sie in Verruf gebracht und gesagt hat: Diese Frau habe ich geheiratet, und als ich mich ihr genaht habe, habe ich die Jungfräulichkeitsmerkmale[53] nicht an ihr gefunden, [und] dann sollen der Vater und die Mutter der jungen Frau die Beweise der Jungfräulichkeit der jungen Frau nehmen und zum Rat der Ältesten an das Tor bringen, und der Vater der jungen Frau soll zu den Ältesten sagen: 'Diese meine Tochter habe ich diesem Mann zur Gattin gegeben, und weil er sie haßt, belegt er sie nun zum Vorwand mit Beschuldigungen, indem er sagt: Ich habe an deiner Tochter die Jungfräulichkeitsmerkmale nicht gefunden, aber hier sind die Beweise der Jungfräulichkeit meiner Tochter!' Und sie sollen das Gewand vor den Ältesten jener Stadt ausbreiten, und die Ältesten jener Stadt sollen jenen Mann ergreifen und ihn züchtigen und ihm eine Strafe von hundert Schekeln auferlegen und [diese] dem Vater der jungen Frau aushändigen, weil er eine israelitische Jungfrau in Verruf gebracht hat, und sie soll seine Ehefrau bleiben, er wird sie für alle Zukunft nicht entlassen können. Wenn dieser Vorwurf aber zutrifft und sich die Beweise für die Jungfräulichkeit der jungen Frau nicht finden, [und] dann soll man die junge Frau an die Tür ihres eigenen Vaters hinführen, und die Männer ihrer Stadt sollen sie mit Steinen steinigen, und sie soll sterben, denn sie hat unter den Söhnen Israel die Torheit begangen, das Haus ihres Vaters zu schänden; und du sollst das Böse aus euch selbst wegschaffen." Hieraus geht genügend klar hervor, wie nach dem Willen des Gesetzes die Frauen den Männern untertan und nahezu Dienerinnen sind, weil zwar, wenn der Mann gegen die Ehefrau ein Zeugnis ablegte, jene auf Grund dessen gesteinigt wurde, wenn sich dieses als wahr erwies, er seinerseits dagegen nicht gesteinigt wird, wenn sich herausgestellt hatte, daß dieses [Zeugnis] falsch war, sondern nur gezüchtigt wird und eine Geldstrafe auferlegt bekommt und ihm befohlen wird, für immer [der] anzuhängen, die er hatte loswerden wollen. In anderen Rechtsfällen dagegen befiehlt die Schrift, daß derjenige, der irgendjemandem durch ein falsches Zeugnis, auf Grund dessen sie, wenn es [als zutreffend] anerkannt wurde, Todesstrafe verhängt hat, geschadet hat, dieselbe Strafe erhalten soll, die über diesen, wenn es wahr wäre, hätte verhängt werden müssen (vgl. Dtn 19,16-19).

qu. 5,34 (zu Dtn 22,28-29)

34 „Wenn aber jemand einer jungfräulichen jungen Frau, die nicht verlobt ist, begegnet ist und [sie] vergewaltigt und mit ihr geschlafen hat und ertappt worden ist, muß der Mann, der mit ihr geschlafen hat, dem Vater der jungen Frau

---

[53] So SD; vgl. SDE.

ginta didragma argenti et ipsius erit uxor, quia humiliavit eam; non poterit dimittere eam per omne tempus. Merito quaeritur utrum ista poena sit, ut non eam possit dimittere per omne tempus, quam inordinate atque inlicite violavit. Si enim ob hoc intellegere voluerimus eam non posse, id est non debere dimitti per omne tempus, quia uxor effecta est, occurret illud quod permisit Moyses dare libellum repudii et dimittere. In his autem qui inlicite vitiant noluit licere, ne ad ludibrium fecisse videatur et potius finxisse quod eam uxorem duxerit quam vere placitoque duxisse. Hoc et de illa iussum est, cui fuerit vir calumniatus de virginalibus non inventis.

35 *Non intrabit Ammanites et Moabites in ecclesiam domini et usque ad decimam generationem non intrabit in ecclesiam domini et usque in aeternum*. Quaestio est, quomodo intraverit Ruth quae Moabitis fuit, de qua etiam caro domini originem ducit. Nisi forte istam mystice prophetaverit intraturam, quod ait: *Usque ad decimam generationem*. Computantur enim generationes ex Abraham, quando fuit et Lot qui genuit Moabitas et Ammanitas ex filiabus, et inveniuntur cum ipso Abraham compleri decem generationes usque ad Salmon, qui genuit Booz, qui maritus secundus fuit Ruth. Sunt enim istae: Abraham, Isaac, Iacob, Iudas, Phares, Esrom, Aram, Aminadab, Naason, Salmon. Salmon quippe genuit Booz, qui viduam duxit Ruth; ac per hoc videtur post decimam generationem genus fecisse in ecclesia domini pariendo filios ipsi Booz. Sed cur additum sit: *Et usque in aeternum*, merito adhuc quaeritur. An quia deinceps nulla anima de Ammanitis et Moabitis intravit in illam ecclesiam populi Hebraeorum, posteaquam ista generatione decima prophetia completa est? An potius ita dictum est: *Et usque ad decimam generationem*, ut omnino semper intellegi voluerit, per denarii numeri quandam universitatem, ut hoc exposuerit quodam modo addendo et dicendo: *Et usque in aeternum*? Quod si ita est, Ruth contra praeceptum vetitum

---

34,7 illud...8 dimittere] cf. Dt 24,1.3; Mt 5,31; 19,7; Mk 10,4   **10** hoc...11 inventis] cf. Dt 22,19   **35,3** Ruth...fuit] cf. Rt 1,4 | de...4 ducit] cf. Mt 1,5   **6** et[1]...filiabus] cf. Gn 19,36-38   **7** Booz...8 Ruth] cf. Rt 4,13   **9** salmon...10 Booz] cf. Rt 4,21; 1 Par 2,11

3 didragma] didragmata V^2, didragmas T, didrachma *Am.* μ | eam[2] *om. S*   **7** occurret] occurrit *Am.* μ **35,1** ad...2 usque *om. p*   **11** ecclesia] ecclesiam $V U$ **13** illam ecclesiam] illa aecclesia U **14** generatione] de *praem. p*   **17** praeceptum *exp. T*

---

[54] Dt 23,3-4 LXX = Dtn 23,4-5 TM.

fünfzig silberne Doppeldrachmen entrichten, und sie soll seine Ehefrau werden, weil er sie gedemütigt hat; er wird sie für alle Zeit nicht entlassen können." Zu Recht fragt man, ob diese Strafe darin besteht, daß er sie für alle Zeit nicht entlassen kann, die er gegen die Ordnung und unrechtmäßig geschändet hat. Wenn wir nämlich hätten interpretieren wollen, sie könne, d.h. dürfe deswegen für alle Zeit nicht entlassen werden, weil sie Ehefrau geworden ist, stünde jener Scheidebrief dagegen, den Mose zu geben und [so] zu entlassen, erlaubt hat (vgl. Dtn 24,1.3; Mt 5,31; 19,7; Mk 10,4). Bezüglich derer aber, die unrechtmäig schänden, wollte er (Mose) nicht, daß [die Entlassung] erlaubt sei, damit nicht der Eindruck entstünde, daß er es nur zum Spaß gemacht und eher nur so getan habe, als wolle er sie heiraten, als daß er sie ernsthaft und willentlich geheiratet hätte. Das ist auch bezüglich jener befohlen worden, die der Ehemann verleumdet hatte, er habe die Beweise der Jungfräulichkeit nicht gefunden (vgl. Dtn 22,19).

qu. 5,35 (zu Dtn 23,3-4)[54]

35 „Kein Ammoniter und kein Moabiter darf in die Gemeinde des Herrn eintreten, und er darf bis zur zehnten Generation und auf ewig nicht in die Gemeinde des Herrn eintreten." Es stellt sich die Frage, wie Rut, die eine Moabiterin war (vgl. Rut 1,4), von der her sogar das Fleisch des Herrn seinen Ursprung hat (vgl. Mt 1,5), eingetreten ist. Falls die Schrift nicht vielleicht mystisch prophezeit hat, daß sie, wie es heißt „bis zur zehnten Generation" eintreten werde. Die Generationen werden nämlich von Abraham an gezählt, [zu der Zeit,] als auch Lot lebte, der die Moabiter und die Ammoniter mit [seinen] Töchtern gezeugt hat (vgl. Gen 19,36-38), und man findet einschließlich Abraham selbst in Summe zehn Generationen bis zu Salmon, der Boas zeugte, der der zweite Ehemann Ruts war (vgl. Rut 4,13). [Die Generationen] sind nämlich folgende: Abraham, Isaak, Jakob, Juda, Perez, Hezron, Aram, Amminadab, Nachschon, Salmon. Salmon zeugte ja Boas (vgl. Rut 4,21; 1Chr 2,11), der Rut, die Witwe war, heiratete; und daraus ist ersichtlich, daß sie nach der zehnten Generation ein Geschlecht in der Gemeinde des Herrn gegründet hat, indem sie eben diesem Boas Söhne gebar. Aber zu Recht fragt man weiterhin, warum hinzugefügt wurde: „und auf ewig". Vielleicht weil danach keine Person von den Ammonitern und Moabitern in jene Gemeinde des Volkes der Hebräer eingetreten ist, nachdem mit dieser zehnten Generation die Prophetie erfüllt worden ist? Oder hat die Schrift eher derart formuliert: „und bis zur zehnten Generation", weil sie entsprechend der gewissen Totalität der Zahl zehn verstanden wissen wollte: ‚überhaupt niemals', so daß sie dies darlegte, indem sie gewissermaßen als Zusatz sagte: „und auf ewig"? Wenn es sich so verhält, scheint Rut gegen das Verbot zugelassen worden zu sein. Oder hat die Schrift verboten, nur Ammoniter, nicht Ammoniterinnen, d.h. daher Männer

videtur admissa. An Ammanitas prohibuit admitti, non Ammanitidas, id est
viros inde, non feminas? Maxime quia cum evertissent Israhelitae ipsam gentem, omnes viros occidere iussi sunt, feminas autem non, nisi eas quae noverant   20
concubitum viri, quoniam ipsae in fornicationem seduxerant populum, virgines
autem salvas esse voluerunt non eis inputantes culpam qua everti illa gens
meruit, quam etiam hic commemoravit, velut quaereretur cur Moabitas et
Ammanitas admitti noluerit in ecclesiam domini. Subiunxit enim: *Eo quod non
obviaverint vobis cum panibus et aqua in via, cum exiretis de Aegypto, et quia conduxerunt*   25
adversum te Balaam filium Beor de Mesopotamia, ut malediceret te. Has culpas nec tunc,
quando illa gens debellata est, feminis inputaverunt, quas salvas conservare
maluerunt.

36 *Non trades puerum domino suo, qui adpositus est tibi a domino suo*: Non quod
dominus eius eum adposuerit, id est commendaverit - potius enim depositum
diceret - sed adpositum dixit a domino suo, id est huic adiunctum, cum ab illo
abscessisset; non ergo suscipi, sed reddi potius prohibuit fugitivos. Hoc quidem
putari potest, nisi intellegamus genti et populo ista dici, non uni homini. Ex alia   5
itaque gente refugientem ad istam gentem, cui loquebatur, hominem a domino
suo, id est a rege suo reddi prohibuit: Quod etiam alienigena servavit Amman
rex Geth, quando ad eum refugit David a facie domini sui, hoc est regis Saul.
Apertissime autem hoc explanat, cum dicit de ipso refuga: *In vobis habitabit in
omni loco ubi placuerit ei*.   10

37 *Non erit meretrix a filiabus Israhel et non erit fornicans a filiis Israhel*. Ecce ubi
manifeste prohibuit fornicari et viros et feminas etiam cum non alienis coniugibus peccatum esse demonstrans misceri non coniugibus suis, quando et meretrices esse et ad meretrices accedere prohibet, quarum publice venalis est turpi-

---

20 omnes...22 voluerunt] cf. Nm 31,15-18   **36,7** Amman...8 Saul] cf. 1 Rg 21,11-16

---

20 noverant] non *praem.* T   21 fornicationem] fornicatione T | seduxerant] deduxerunt V
22 qua] quae p (que) P U¹ | everti] verti p U T   24 noluerit] noluerint P N (*alt.* n *sup. lin. in p*)
U T¹   **36,1** trades] tradas P S   5 ex] sed *praem.* P S U T¹   6 itaque *om.* V | gente] gentem
Am. μ   7 Amman] Aman P S V U T, Achis *Am.* μ   9 refuga] regula n | habitabit] habitavit
P S U¹   **37,1** filiis] filiabus N   2 cum non] non cum P N

---

55 TM hat hier Sgl. und bezieht sich damit, ohne ihn zu nennen, auf Balak, den König
der Moabiter (vgl. Num 22,5). LXX, gefolgt von VL und Vulg, gleicht durch Pl. an den
vorausgehenden Satz an.
56 Dtn 23,15-16 LXX = 23,16-17 TM.
57 Dtn 23,17 LXX = 23,18 TM.

aus diesem Volk, nicht Frauen, zuzulassen? Vor allem, weil den Israeliten, als sie dieses Volk besiegt hatten, befohlen wurde, alle Männer zu töten, die Frauen aber nicht außer denjenigen, die Beischlaf von Männern erfahren hatten, da gerade sie das Volk zur Hurerei verführt hatten, [weil] sie (die Israeliten) aber wollten, daß die Jungfrauen am Leben blieben (vgl. Num 31,15-18), weil sie ihnen die Schuld nicht anlasteten, derentwegen dieses Volk verdiente, vernichtet zu werden; diese [Schuld] hat die Schrift auch hier erwähnt, gleich als ob gefragt würde, warum sie nicht wollte, daß Moabiterinnen und Ammoniterinnen zur Gemeinde des Herrn zugelassen würden. Die Schrift hat nämlich hinzugefügt: „deswegen, weil sie euch nicht mit Broten und Wasser auf dem Weg entgegengekommen sind, als ihr aus Ägypten ausgezogen seid, und weil sie[55] Bileam, den Sohn Beors, aus Mesopotamien gegen dich hergeholt haben, damit er dich verfluche." Auch diese Vergehen haben sie damals, als jenes Volk besiegt worden ist, den Frauen nicht angerechnet, die sie lieber am Leben erhalten wollten.

qu. 5,36 (zu Dtn 23,15-16)[56]

36 „Du sollst einen Sklaven, der sich von seinem Herrn zu dir geflüchtet hat, nicht seinem Herrn ausliefern": [es geht] nicht [darum], daß sein Herr ihn ‚beigegeben', d.h. anvertraut hat – [in diesem Fall] würde die Schrift nämlich eher sagen: *depositum* (in Verwahrung gegeben) –, sondern sie hat gesagt, [er] habe sich *adpositum* (geflüchtet) ‚von seinem Herrn', d.h. sich diesem verbunden, weil er von jenem weggelaufen war; sie hat folglich nicht Flüchtlinge aufzunehmen, sondern eher auszuliefern verboten. Das kann man freilich nur annehmen, wenn wir auslegen, daß diese [Bestimmungen] einem Stamm und Volk, nicht einem einzelnen Mann gesagt werden. Die Schrift hat somit verboten, einen Mann auszuliefern, der aus einem anderen Volk vor seinem Herrn, d.h. vor seinem König, zu diesem Volk, zu dem sie sprach, geflohen ist: Das hat auch ein Ausländer beachtet: Achisch, der König von Gat, als David zu ihm vor dem Angesicht seines Herrn, d.i. des Königs Saul, floh (vgl. 1Sam 21,11-16). Ganz eindeutig aber legt die Schrift dies dar, als sie über eben diesen Flüchtling sagt: „Unter euch soll er wohnen an jedem Ort, wo es ihm beliebt hat."

qu. 5,37 (zu Dtn 23,17)[57]

37 „Es soll unter den Töchtern Israel keine Prostituierte und unter den Söhnen Israel keinen Hurer geben."[58] Siehe, hier hat die Schrift offenkundig sowohl Männern als auch Frauen Hurerei verboten, auch mit Leuten, die nicht Ehepartner anderer sind, indem sie zeigt, daß es eine Sünde ist, mit Personen, die nicht der eigene Ehepartner sind, Geschlechtsverkehr auszuüben, da sie sowohl verbietet, daß es Prostituierte gibt, als auch, zu Prostituierten zu gehen, deren Schändlichkeit öffentlich gekauft werden kann. Im Dekalog aber hat sie dies

---

[58] TM spricht hier von Kultprostitution. Vgl. Anm. 61.

tudo. In decalogo autem moechiae nomine non videtur hoc aperte prohibuisse, 5
quoniam moechia nonnisi adulterium intellegi solet. Unde quid nobis videretur,
ibi tractavimus.

38 *Non offeres mercedem meretricis neque commutationem canis in domum domini dei tui
ad omne votum, quoniam abominatio domino deo tuo est et utrumque*: Quod ita intellegitur, quoniam abominatio domino deo tuo est et hoc non unum horum, sed
utrumque. De cane quippe vetat fieri commutationem primogenitorum, quam
iubet fieri de aliis inmundis animalibus, id est equis et asinis et si quid est eorum 5
quae adiuvant hominem et Latine a iuvando iumenta dicuntur. De cane autem
noluit; utrum et de porco et quare noluerit, requirendum est et, si de omnibus
talibus noluit, quare solum canem isto loco exceptum fecerit. De mercede
autem meretricis ut diceret, videtur ea esse causa, quia superius prohibuerit esse
meretricem de filiabus Israhel aut quemquam filiorum Israhel uti meretrice; et 10
ne subreperet cogitationi expiari posse hoc peccatum, si aliquid inde offerretur
in templum, dicendum fuit quod sit abominatio domino.

39 *Morietur fur ille* - id est qui furatus est hominem - *et auferetis malignum ex
vobis ipsis*. Assidue hoc dicit scriptura, cum iubet occidi malos. Qua locutione
usus est etiam apostolus, cum diceret: *Quid enim mihi de his qui foris sunt iudicere?
Nonne de his qui intus sunt vos iudicatis? Auferte malum ex vobis ipsis*. Nam Graecus

---

39,2 assidue…malos] cf. Dt 13,5; 17,7.12; 19,19; 21,21; 22,21.22.24   **4** 1 Cor 5,12-13

---

5 moechiae] moetie *p P¹ S¹*, moeciae *n U¹*   **6** moechia] moetiae *P¹ S*, moeciae *U*, moetia *p*,
moecia *n* | intellegi solet] solet intellegi *N*   **7** tractavimus] tractabimus *P n¹*   **38,2** et…3 est
om. P   **6** a iuvando] adiuvando *N U*   **7** et² *om. T* | noluerit] noluit *V*   **8** de] et *praem. V¹*
9 prohibuerit] prohibuerat *S N U*   **10** Israhel uti] Israeliti *P*   **11** subreperet] subscriperet *P S
V U T* | posse] posset *P T¹* | offerretur] offeretur *P S U*   **39,1** hominem] *exp. V*   **3** iudicere] iudicare *p*   **4** iudicatis] iudicastis *V* | vobis] vobismet *P*

---

[59] Vgl. *qu.* 2,71,4.
[60] Dtn 23,18 LXX = 23,19 TM.
[61] Da TM in 23,18 von קְדֵשָׁה „Geweihte, Hierodule, weibliche Kultprostituierte" und
von קָדֵשׁ „Geweihter, Hierodule, männlicher Kultprostituierter" spricht, versteht man
in V 19 „Hundegeld" als *Terminus technicus* für die Entlohnung des männlichen Kultprostituierten (vgl. Offb 22,15). LXX (πόρνη und πορνεύων) und VL *(meretrix und fornicans)*
sowie Vulg *(meretrix* und *scortator)* lassen in V 18 (LXX:17) den kultischen Bezug nicht

anscheinend durch den Terminus *moechia* nicht eindeutig verboten, da *moechia* üblicherweise nur als Ehebruch gedeutet wird. Was wir dazu denken, haben wir dort behandelt.[59]

qu. 5,38 (zu Dtn 23,18)[60]

38 „Du darfst weder Hurenlohn noch das Entgelt für einen Hund[61] als Opfergabe in das Haus des Herrn, deines Gottes, auf irgendein Gelübde hin darbringen, denn für den Herrn, deinen Gott, ist es ein Greuel, und zwar beides": das wird so ausgelegt: ‚weil es dem Herrn, deinem Gott, ein Greuel ist, und dies nicht nur eines von beiden, sondern beides.' Bezüglich des Hundes verbietet die Schrift ja, den Ersatz der Erstgeburten, die sie bezüglich der anderen unreinen Tiere zu leisten befiehlt, d.h. bezüglich der Pferde und der Esel und was es sonst noch von dergleichen gibt, die dem Menschen helfen und im Lateinischen vom Helfen *iumenta* (Lasttiere) genannt werden.[62] Bezüglich des Hundes aber wollte die Schrift [dies] nicht; ob und warum sie [es] auch bezüglich des Schweins nicht wollte, und warum sie, wenn sie es bezüglich aller derartigen [Tiere] nicht wollte, an dieser Stelle nur den Hund ausgenommen hat, muß untersucht werden. Der Grund dafür aber, daß sie über den Hurenlohn sprach, scheint zu sein, daß sie weiter oben verboten hat, daß es unter den Töchtern Israel eine Prostituierte gebe oder irgendeiner der Söhne Israel sich einer Prostituierten bediene; und damit sich nicht der Gedanke einschleiche, diese Sünde könne gesühnt werden, wenn irgendein [Teil] davon zum Opfer in den Tempel gebracht werde, mußte gesagt werden, daß es ein Greuel für den Herrn sei.

qu. 5,39 (zu Dtn 24,7)

39 „Jener Dieb" – d.h. der einen Menschen gestohlen hat – „soll sterben, und ihr sollt den Übeltäter aus euch selbst wegschaffen." Unablässig sagt die Schrift dies, wenn sie befiehlt, Böse hinzurichten (vgl. Dtn 13,6; 17,7.12; 19,19; 21,21; 22,21.22.24). Diese Ausdrucksweise hat auch der Apostel gebraucht, als er sagte: „Denn was habe ich die, die draußen sind, zu richten? Richtet ihr nicht die, die drinnen sind? Schafft den Bösen aus euch selbst weg" (1Kor 5,12-13)! Der Grieche hat freilich: τὸν πονηρόν, was auch hier geschrieben ist; dies wird

---

erkennen (allerdings setzt LXX als Doppelübersetzung hinzu: οὐκ ἔσται τελεσφόρος ἀπὸ θυγατέρων Ισραηλ, καὶ οὐκ ἔσται τελισκόμενος ἀπὸ υἱῶν Ισραηλ; dies wird von WEVERS, *Deuteronomy* und BdA als Bezeichnung von Kultprostiuierten, von SDE dagegen mit Philo und Theodoret als Bezeichnung von Initiierten in Kultmysterien verstanden; Augustinus zitiert diesen Zusatz nicht). Augustinus nimmt daher *canis* im biologischen Sinn.

[62] Explizit gebietet die Schrift nur die Auslösung der Erstgeburt des Esels (Ex 13,13//34,20). Aus Lev 27,27 ist wohl zu erschließen, daß dies auf alle unreinen und daher nicht opferbaren Tiere zutrifft (vgl. die Listen unreiner Tiere: Lev 11,4-8.10.12-20.23.26-31.41-42; Dtn 14,7-8.10.12-19).

habet τὸν πονηρόν, quod etiam hic scriptum est; hoc autem potius malignum 5
solet interpretari quam malum. Nec ait: τὸ πονηρόν, id est hoc malignum; sed
τὸν πονηρόν, quod est hunc malignum. Ex quo adparet eum voluisse intellegi,
qui aliquid tale commisit, ut excommunicatione sit dignus. Hoc enim nunc agit
in ecclesia excommunicatio, quod agebat tunc interfectio. Quamvis et aliter
illud apostolicum possit intellegi, ut unusquisque malum vel malignum ex se 10
ipso sit iussus auferre. Qui sensus acceptabilior esset, si hoc malum vel hoc
malignum, non autem hunc malignum in Graeco inveniretur; nunc vero credibilius est de homine dictum quam de vitio. Quamquam possit eleganter intellegi
etiam homo auferre a se malum hominem, quemadmodum dictum est: *Exuite
vos veterem hominem*, quod exponens ait: *Qui furabatur, iam non furetur.* 15

40 *Secundum legem omnem quam iuraverint vobis sacerdotes levitae.* Hic adparet
omnem sacerdotem levitam fuisse, quamvis non omnis levites sacerdos fuerit.

41 *Si debitum fuerit in proximo tuo, debitum quodcumque, non intrabis in domum eius
pignerare pignus: Foris stabis, et homo apud quem debitum tuum est proferet tibi pignus
foras. Si autem homo eget, non dormies in pignore eius; redditione reddes ei vestimentum suum
circa occasum solis et dormiet in vestimento suo et benedicet te et tibi erit misericordia coram
domino deo tuo.* Non inmerito videtur ad opus misericordiae pertinere, ut non 5
intret pignerator in domum, ne fiat perturbatio debitori; sed ex hoc etiam ipsum
debitorem admonet pignus foras proferre creditori. Quod vero iubet egenti
pignus eodem die restitui, ut in eo dormiat qui non habet ubi dormiat, merito
movet, ut requiratur cur non potius creditori praeceperit, ut non auferat pignus,
quod eodem die oportet ut restituat. Quod si ad conpellendum debitorem fieri 10
voluerit, quomodo se urgeat ad reddendum, cum sciat pignus eodem die se
recepturum? An forte hoc fieri voluerit propter memoriam, ne obliviscatur

---

14 Eph 4,22.28

---

5 τὸν πονηρόν] ton poneron *P S V N U T* | autem] etiam *S*   6 τὸ πονηρόν] to poneron *P
S V N U T* | sed…7 malignum *om. P V T per homoiot.*   8 qui] quia *S* | agit] ait *P*   9 et *om. P
V T*   10 ut] et *S*   12 non…malignum² *om. n per homoiot.*   40,1 iuraverint] annuntiaverint *dub.
ζ cum LXX*   41,1 debitum¹ *exp. V*   2 homo…quem] apud quem homo *T* | proferet] profer
P¹, profert *S N U¹*   10 ut *om. P V N*

---

[63] Vgl. *retr.* 2,17. Vgl. dazu NBA 359.

aber üblicherweise eher mit ‚den Übeltäter' als ‚den Bösen/das Böse' übersetzt. Auch heißt es nicht: τὸ πονηρόν, d.h. diese Übeltat, sondern τὸν πονηρόν, d.h. diesen Übeltäter. Daraus geht hervor, daß er verstanden wissen wollte, derjenige, der irgendetwas derartiges begangen hat, habe die Exkommunikation verdient.[63] Dies nämlich bewirkt jetzt in der Kirche die Exkommunikation, was damals die Hinrichtung bewirkte. Gleichwohl könnte jener Ausspruch des Apostels auch anders dahingehend verstanden werden, daß einem jeden befohlen worden ist, das Böse oder die Übeltat aus sich selbst wegzuschaffen. Dieser Sinn erschiene annehmbarer, wenn man im Griechen ‚dieses Böse' bzw. ‚diese Übeltat', nicht aber ‚diesen Übeltäter' fände; so aber ist es glaubhafter vom Menschen als vom Vergehen gesagt worden. Obgleich man auch durchaus ansprechend auslegen könnte, der Mensch schaffe den bösen Menschen aus sich weg, wie der Apostel gesagt hat: „Zieht den alten Menschen aus", was er folgendermaßen auslegt: „Wer zu stehlen pflegte, stehle nicht mehr" (Eph 4,22.28).

qu. 5,40 (zu Dtn 24,8)

40 „[Ihr sollt handeln] nach dem gesamten Gesetz, das euch die levitischen Priester mit einem Eid bekräftigt haben." Hier wird deutlich: Jeder Priester war Levit, wenngleich nicht jeder Levit Priester war.

qu. 5,41 (zu Dtn 24,10-13)

41 „Wenn bei deinem Nächsten eine Darlehensschuld entstanden ist, welche Darlehensschuld auch immer, sollst du nicht sein Haus betreten, um ein Pfand zu pfänden: Du sollst draußen stehen bleiben, und der Mann, der dein Darlehen hat, bringt dir ein Pfand heraus. Wenn der Mann aber bedürftig ist, sollst du dich nicht in seinem Pfand schlafenlegen; du sollst ihm unbedingt sein Kleidungsstück gegen Sonnenuntergang zurückgeben, und er wird in seinem Gewand schlafen und dich segnen, und dir wird vor Gott Barmherzigkeit zuteil werden." Nicht ohne Grund scheint zum Werk der Barmherzigkeit zu gehören, daß der Pfandnehmer nicht in das Haus eintritt, damit der Schuldner nicht außer Fassung gerät; aber damit ermahnt die Schrift auch den Schuldner seinerseits, dem Gläubiger ein Pfand nach draußen zu bringen. Die Tatsache aber, daß die Schrift befiehlt, dem Bedürftigen das Pfand am selben Tag zurückzugeben, damit er, der nicht hat, worin er schlafen könnte, in ihm schlafen kann, reizt zu Recht zu erforschen, warum sie nicht eher dem Gläubiger vorgeschrieben hat, das Pfand gar nicht wegzunehmem, weil er es am selben Tag zurückgeben muß. Wenn sie wollte, daß dies geschehe, um den Schuldner unter Druck zu setzen, warum sollte er sich bemühen, [es] herzugeben, wenn er weiß, daß er das Pfand am selben Tag zurückbekommen wird? Oder wollte sie vielleicht, daß dies geschehe, um [den Schuldner] daran zu erinnern, daß er nicht vergesse, [das Pfand] herzugeben, und es nur dann nicht herausrücke, wenn er [es] wirklich

reddere et tunc non reddat, si vere non habuerit? Maxime quia creditoris sui misericordia vincitur, cui esse non debet ingratus, si pignus receperit in quo dormiat; simul et creditor cum ille non reddiderit, debet eum credere non habere, qui hac etiam indiget misericordia, ut pignus ei propterea restituatur, quod aliud non habet ubi dormiat.

42 *Non morientur patres pro filiis et filii non morientur pro patribus: Unusquisque in suo peccato morietur.* Ecce non solum prophetae hoc dixerunt verum etiam lex dicit sua culpa quemque interimendum, non aut patris sui aut filii sui. Quid est ergo quod alibi dicitur: *Deus reddens peccata patrum in filios in tertiam et quartam progeniem?* An de filiis nondum natis illud intellegitur propter originale peccatum, quod etiam ex Adam traxit genus humanum, hic autem de filiis iam natis est facta distinctio, ut unusquisque in suo peccato moriatur? Non enim trahit aliquid ex patre, qui iam natus erat, quando pater eius peccavit. Sed cum et ibi dicit: *His qui oderunt me*, manifestum est etiam illam condicionem posse mutari, si filii parentum suorum facta non fuerint imitati. Nam et illud ex Adam temporaliter redditur, quia omnes propter hoc moriuntur, non autem in aeternum eis qui fuerint per gratiam spiritaliter regenerati in eaque permanserint usque in finem. Quamvis et illud merito quaeri possit, si redduntur *peccata patrum in filios his qui oderunt* deum, cur in tertiam et quartam generationem vel praetermissa prima et secunda vel non etiam in ceteras permanente inpietate et imitatione malorum parentum an per hunc numerum, quoniam septenarius intellegitur, universitatem significare voluit et ideo non ipsum potius septenarium posuit, ut diceret in septimam generationem ac sic omnis intellegeretur, quia causam perfectionis huius numeri hoc modo potius intimavit? Ideo namque perhibetur perfectus, quia ex his duobus constat, ternario scilicet primo inpari toto et quaternario

---

42,2 non...dixerunt] cf. Ez. 18,18-20   4 Ex 20,5; 34,7   8 Ex. 20,5

---

13 non[1] *exp.* T   42,1 in *om.* P N U[1] T   3 aut[1]] autem V *Bad. Am.* μ   4 progeniem] generationem T   8 et] etiam *Bad.*   9 qui *om. Bad.*   10 fuerint] scient S | imitati] imitari S T   12 fuerint] fuerunt *Bad.* | permanserint] permanserunt *Bad.* | in[2]] ad *Bad.*   13 et *om. Bad.* | filios] filio *Bad.*   14 deum] dominum *Bad.*   15 permanente inpietate] permanentem pietate N   17 ipsum] per *praem. n,* iterum *praem.* T   20 scilicet] et *add.* P S U[1] | et...21 toto *om.* p S per *homoiot.*

---

[64] TM hat יוּמָ֑תוּ „getötet werden" (so auch Targum Pseudo-Jonathan und Vulg: *occidentur*), LXX (wie VL) dagegen ἀποθανοῦνται „sterben" (so auch Manuskripte des Sam, Peschitta und Targum Onkelos; vgl. WEVERS, *Deuteronomy*).
[65] Vgl. auch 4 Rg/2Kön 14,6.

nicht hatte? Vor allem, weil er durch die Barmherzigkeit seines Gläubigers besiegt wird, dem er nicht undankbar sein darf, wenn er das Pfand zurückerhalten hat, in dem er schlafen kann; zugleich auch muß der Gläubiger, wenn jener [es] nicht zurückgegeben hat, annehmen, daß er [es] nicht hat, er, der bereits dieser Barmherzigkeit bedarf, daß ihm das Pfand deswegen zurückgegeben werde, weil er nichts anderes hat, worin er schlafen könnte.

qu. 5,42 (zu Dtn 24,16)

42 „Väter sollen nicht für Söhne sterben[64], und Söhne sollen nicht für Väter sterben; ein jeder soll in seiner eigenen Sünde sterben." Siehe, das haben nicht nur Propheten gesagt (vgl. Ez 18,18-20),[65] sondern auch das Gesetz sagt, ein jeder solle auf Grund seiner eigenen Schuld getötet werden, nicht [auf Grund der Schuld] etweder seines Vaters oder seines Sohnes. Was bedeutet also das, was andernorts gesagt wird: „Gott vergilt die Sünden der Väter an den Söhnen, an der dritten und vierten Generation" (Ex 20,5; 34,7)?[66] Wird jener [Ausspruch] vielleicht auf die noch ungeborenen Kinder wegen der Erbsünde ausgelegt, die das Menschengeschlecht sich auch von Adam her zugezogen hat, ist hier dagegen bezüglich der bereits geborenen Kinder der Unterschied gemacht worden, daß ein jeder in seiner eigenen Sünde stirbt? Derjenige nämlich zieht sich nichts vom Vater zu, der bereits geboren war, als sein Vater sündigte. Aber weil die Schrift dort auch sagt: „bei denen, die Haß gegen mich gefaßt haben" (Ex 20,5), ist klar, daß sich jene Bedingung auch ändern kann, wenn die Söhne die Taten ihrer Väter nicht nachgeahmt haben. Denn auch jenes von Adam [herstammende Vergehen] wird nur auf Zeit vergolten, weil zwar alle deswegen sterben, nicht aber auf ewig im Fall derjenigen, die durch die Gnade geistlich wiedergeboren und in ihr bis zum Ende geblieben sind. Gleichwohl kann man mit gutem Grund auch jene Frage stellen: Wenn „die Sünden der Väter an den Söhnen bei diesen, die Haß" gegen Gott „gefaßt haben", vergolten werden, warum [werden sie] an der dritten und der vierten Generation [vergolten], sei es unter Übergehung der ersten und zweiten, sei es, [daß sie] sogar an den weiteren [Generationen] nicht [vergolten werden], selbst wenn die Gottlosigkeit und die Nachahmung der bösen Taten der Väter andauern? Oder wollte die Schrift durch diese Zahl, weil sie als Siebenzahl aufgefaßt wird, vielleicht die Gesamtheit bezeichnen und hat sie die Zahl sieben selbst, so daß sie formulierte: ‚an der siebten Generation', und so ‚jede [Generation]' verstanden würde, eher nur deshalb nicht genannt, weil sie vielmehr auf diese Weise den Grund der Vollkommenheit dieser Zahl hervorhob? Sie erweist sich nämlich insofern als vollkommen, weil sie aus diesen beiden [Zahlen] besteht: nämlich der Dreizahl, der ersten ganz ungeraden [Zahl], und der Vierzahl, der ersten ganz geraden

---

[66] Vgl. auch Ex 34,7; Num 14,18; Dtn 5,9; Jer 32,18(TM = 39,18LXX).

primo pari toto. Unde esse et illud propheticum existimo, quod assidue repetitur: *In tribus et quattuor inpietatibus non aversabor.* Per quod voluit inpietates universas potius quam tres vel quattuor intellegi.

43 *Non declinabis iudicium advenae et orphani et viduae, non pignerabis vestimentum viduae.* Cur non ait: Et non pignerabis vestimentum eorum? Quae enim causa est, ut trium istorum iudicium declinare vetuerit, pignus autem auferri vestimentum solius viduae, non et illorum? Nisi quia iudicia omnium facienda propterea commendavit, quia non habent a quibus defendantur sive advena, quia in terra aliena est, sive orphanus, id est pupillus, quia parentibus caret, sive vidua, quia maritum non habet; pignus vero cum prohibet vestimentum auferre viduae, puto quod satis eleganter admoneat eas vere dicendas esse viduas, quae etiam pauperes sunt. Id enim et apostolus evidenter ostendit, ubi ait: *Si qua autem vidua filios et nepotes habet, discat primum domum suam pie tractare et mutuam vicem parentibus reddere; hoc enim acceptum est coram domino. Quae autem vere vidua est et desolata, speravit in dominum et persistit in orationibus nocte et die.* Hanc vere viduam dixit, quae non habet a quibus sustentetur, quia non solum viro, sed etiam posteris atque omni ope destituta est; divitem quippe non diceret desolatam. Pauperi itaque pignus non est auferendum vestimentum; nam et hoc ipso, quod vestimentum prohibet auferri, pauperem ostendit. Neque enim creditor non potius auferret argentum vel si quid aliud quam vestimentum. Porro si occurrerit animo: Quid? Si multa habeat vestimenta non necessaria, sed superflua, quomodo intellegitur vere vidua, hoc est non solum desolata verum etiam quae non in deliciis agit? Quam subiecit dicens: *Quae autem in deliciis agit, vivens mortua est.* Et hanc quippe obposuit tamquam e contrario verae viduae, tamquam talis non sit vera vidua. Quaecumque autem divites alias nuptias experiri noluerunt, continentia in eis

---

22 Am 1,3.6.9.11.13; 2,1.4.6   **43,9** 1 Tm 5,4.5   **20** 1 Tm 5,6

---

22 aversabor] adversabor *U T*   **43,7** auferre] auferri *S Am. μ*   **9** id] et *add. V* | ubi] ibi *n*
12 persistit] perstiti *S¹ V U T* | vere] veram *P S V U T*   **15** nam…vestimentum² *om. n*
16 auferret] auferet *T*   **19** desolata] non *praem. T* | non² *exp. T*   **20** dicens *om. n* | et *exp. T, om. Am. μ, inclusit z*   **21** verae] vere *P S N U*

---

[67] Vgl. *civ.* 11,31.
[68] Die Witwe fehlt hier in TM, so daß dort das von Augustinus diskutierte Problem gar nicht entstehen kann. Sie wird schon von LXX zur geläufigen Trias der *personae miserae* ergänzt.
[69] Der griechische Text besagt dagegen: „sollen sie [die Kinder und Enkel] zuerst ler-

[Zahl].⁶⁷ Daraus, meine ich, leitet sich auch jene prophetische [Ausdrucksweise] ab, die ständig wiederholt wird: „Wegen der drei und der vier Verbrechen werde ich [es] nicht zurücknehmen" (Am 1,3.6.9.11.13; 2,1.4.6): dadurch wollte die Schrift eher die Verbrechen insgesamt als drei oder vier verstanden wissen.

qu. 5,43 (zu Dtn 24,17)

43 „Du sollst das Recht des Fremden und der Waise und der Witwe⁶⁸ nicht beugen; du sollst das Kleid der Witwe nicht pfänden." Warum heißt es nicht: ‚und du sollst deren Kleid nicht pfänden'? Was ist denn der Grund dafür, daß die Schrift verboten hat, das Recht dieser drei zu beugen, als Pfand wegzunehmen aber nur das Kleid der Witwe, nicht auch [das Kleid] jener? Falls nicht, weil die Schrift deswegen angeordnet hat, [gerechte] Urteile für alle zu fällen, weil sie keine [Helfer] haben, von denen sie verteidigt würden, weder der Fremde, weil er auf fremdem Territorium lebt, noch die Waise, d.i. der Unmündige, weil er keine Eltern hat, noch die Witwe, weil sie keinen Ehemann hat; insofern sie aber verbietet, als Pfand der Witwe das Kleid wegzunehmen, gibt sie, wie ich meine, sehr taktvoll zu bedenken, daß diejenigen zu Recht Witwen zu nennen sind, die auch arm sind. Das zeigt nämlich offenkundig der Apostel, wo er sagt: „Wenn aber irgendeine Witwe Söhne und Enkel hat, lerne sie zuerst, ihr eigenes Haus pflichtgemäß zu leiten und den Eltern zu vergelten, was diese für sie getan haben,⁶⁹ denn das gefällt dem Herrn. Diejenige aber, die wahrhaft Witwe und verlassen ist, hat auf den Herrn gehofft und verharrt bei Tag und bei Nacht in Gebeten" (1Tim 5,4-5). Diese hat er wahrhaft Witwe genannt, die keine [Verwandten] hat, von denen sie unterhalten würde, weil sie nicht nur ohne Ehemann, sondern auch ohne Nachkommen und ohne jedes Vermögen ist; eine reiche [Witwe] würde er ja nicht ‚verlassen' nennen. Einer Armen darf man daher das Kleid nicht als Pfand wegnehmen; denn eben dadurch, daß sie die Wegnahme des Kleides verbietet, zeigt die Schrift, daß [sie] arm [ist]. Auch würde der Gläubiger ja Geld oder, wenn etwas anderes vorhanden ist, [dieses] eher wegnehmen als das Kleid. Ferner, wenn einem [folgender Einwand] in den Sinn gekommen ist: Was [soll gelten]? Falls sie viele Kleider besitzt, nicht unverzichtbare, sondern überflüssige, wie wird sie als wahrhaftige Witwe angesehen, d.h. nicht nur als verlassene, sondern auch als eine, die nicht in üppigen Genüssen lebt? Hinsichtlich dieser hat [der Apostel] hinzugefügt: „Die aber in üppigen Genüssen lebt, ist lebendig tot" (1Tim 5,6). Und diese hat er ja gleichsam als Gegensatz der wahrhaftigen Witwe gegenübergestellt, gleich als sei eine derartige keine wahrhaftige Witwe. An allen reichen [Witwen] aber, die weitere Hochzeiten verschmäht haben, wird die Enthaltsamkeit gelobt, daß sie verlas-

---

nen, gegenüber dem eigenen Haus ihre Pflicht zu erfüllen und das Empfangene den Vorfahren zu vergelten".

laudatur, non desolatio commendatur. Hae quippe maritis tantum viduatae sunt, non aliis rebus.

44 Quod admonet, ut in messe oblitum manipulum nemo colligat et olivam vel uvam relictam nemo repeat diligentius neglecta colligere et dicit egentibus dimittenda, occurrit forsitan cogitationi: Quid? Si haec quae ab agrorum dominis dimittuntur non egentes, sed inprobi colligant? Sed considerandum primo illum misericordia facere, qui hoc animo dimittit, ut egentes habeant quod dimittitur. Deinde cum haec populo praecipiuntur, simul admonentur hi qui non indigent ista non quaerere. Quod si quaesierint, quid aliud quam res alienas et, quod est gravius, pauperum invadere iudicandi sunt? Utrique ergo commemorantur his praeceptis, et quorum agri sunt, ut misericorditer ea relinquant, et qui indigentes non sunt, ut inde se abstineant, quando utrumque dicitur, et a quibus dimittenda sint et quibus dimittenda sint.

45 *Si autem fuerit altercatio inter homines et accesserint ad iudicium et iudicaverint et iustificaverint iustum.* Iudices intellegendi sunt iudicare, non illi qui dicti sunt altercationem habere. Deinde sequitur: *Et reprehenderint inpium et erit si dignus fuerit plagis qui inpie agit, constitues eum in conspectu iudicum et flagellabunt eum ante se secundum inpietatem eius. Numero quadraginta flagellabunt eum, non adponent; si autem adposuerint flagellare eum super has plagas plures, deturpabitur frater tuus coram te.* Valde advertendum est. Cum ea peccata plagis emendanda praeceperit, quae digna non sunt mortis supplicio vindicari, et hoc tam paucis plagis, eum tamen qui caeditur appellavit inpium vel inpie agentem, ut noverimus non, sicut plurimi loquuntur, locutas esse scripturas. Quas incuriosius legimus, cum putamus adulterium non esse inpietatem, quia in hominem videtur peccasse qui hoc fecerit, cum illud peccatum morte plecti lex iubeat, et his peccatis graviores esse dicimus inpieta-

---

45,11 cum...12 iubeat] cf. Dt 22,22

23 hae] haec $S\ U^1$ | tantum] tamquam V | viduatae] viduae V **24** aliis] aliae $P\ S\ U^1$ **44,5** misericordia] misericordiam $V\ U^2$ **8** est gravius] gravius est $Am.\ \mu$ **9** relinquant] relinquent P **11** sint¹] sunt $P\ V$ **45,1** accesserint] abscesserint N **6** super] si P | deturpabitur] deturpabibitur $P\ V\ U$ **7** cum] quod *praem.* $T\ Am.\ \mu$ **8** eum] cum n | qui] quia $P\ S\ V^1\ U\ T$, quid n **12** lex iubeat] iubeat lex $V\ T\ Am.\ \mu$

sen seien, wird nicht behauptet. Diese sind ja nur ihrer Ehemänner beraubt, nicht der anderen Dinge.

qu. 5,44 (zu Dtn 24,19)

44 Die Schrift ermahnt, daß niemand bei der Ernte eine vergessene Garbe und eine zurückgelassene Olive oder Traube einsammeln soll, niemand soll ein zweites Mal [ernten], um sorgfältiger die übersehenen [Früchte] einzusammeln, und sie sagt, sie müssen den Bedürftigen überlassen werden. Diesbezüglich stellt sich vielleicht der Gedanke ein: Was [soll gelten]? Wenn nicht Bedürftige, sondern Gauner diese [Früchte] einsammeln, die von den Besitzern der Äcker zurückgelassen werden? Aber erstens ist zu bedenken, daß jener aus Barmherzigkeit handelt, der in der Absicht [Früchte] zurückläßt, daß die Bedürftigen bekommen, was zurückgelassen wird. Zweitens: Wenn dies dem Volk vorgeschrieben wird, werden zugleich diejenigen, die nicht bedürftig sind, ermahnt, diese [Früchte] nicht zu suchen. Wenn sie das aber gesucht haben, wie anders müssen wir über sie urteilen, als daß sie Dinge an sich reißen, die anderen gehören und, was schwerer wiegt, Bedürftigen zustehen? Beide [Kategorien von Leuten] werden somit durch diese Gebote berücksichtigt, sowohl diejenigen, denen die Äcker gehören, damit sie diese [Früchte] aus Barmherzigkeit zurücklassen, als auch diejenigen, die nicht bedürftig sind, damit sie sich ihrer enthalten, da beides gesagt wird, von welchen Personen sie zurückgelassen werden und welchen Personen sie überlassen werden sollen.

qu. 5,45 (zu Dtn 25,1-3)

45 „Wenn aber ein Streit unter Männern ausgebrochen ist und sie vor Gericht gegangen sind und man Recht gesprochen und den Gerechten für gerecht erklärt hat." Man muß deuten, daß die Richter Recht sprechen, nicht jene, von denen es heißt, daß sie Streit hatten. Dann folgt: „[und wenn] sie den Übeltäter verurteilt haben, [und] dann soll geschehen: Wenn der, der ruchlos handelt, Schläge verdient hat, sollst du ihn in Gegenwart der Richter hinstellen und sie sollen ihn vor sich prügeln lassen entsprechend seinem Vergehen. Vierzig Schläge sollen sie ihm geben, sie sollen nicht [mehr] hinzufügen; wenn sie ihm aber darüber hinaus noch viele zusätzliche Schläge gegeben haben sollten, wird dein Bruder vor dir entehrt werden." Das verlangt große Aufmerksamkeit. Obgleich die Schrift angeordnet hat, daß diejenigen Vergehen, die nicht die Ahndung durch Todesstrafe verdienen, durch Schläge korrigiert werden sollen, und dies mit so wenigen Schlägen, hat sie dennoch den, der geprügelt wird, *impius* (ruchlos) bzw. ruchlos handelnd genannt, damit wir erkennen, daß die Schriften nicht so gesprochen haben, wie die meisten sprechen. Wir lesen sie allzu oberflächlich, wenn wir meinen, Ehebruch sei keine Ruchlosigkeit, da derjenige, der das getan hat, wie es scheint, nur gegen einen Menschen gesündigt hat, obgleich das Gesetz befiehlt, jenes Vergehen mit dem Tod zu bestrafen (vgl. Dtn 22,22), und

tes, cum sint earum quaedam quae flagelli plagis quadraginta puniuntur. Est itaque levis inpietas, quae verbere digna est; et est gravis quae morte digna est. Ita etiam illa peccata, quae non in deum, sed in hominem videntur admitti, sunt morte digna quaedam, sunt alia correptione seu verbere seu venia faciliore. Ita enim locutos esse septuaginta interpretes constat, ut etiam illius qui plagis dignus est inpietatem vocaverint.

46,1 *Si autem habitaverint fratres in unum et mortuus fuerit unus ex eis, semen autem non fuerit ei, non erit uxor defuncti foris non adpropianti; frater viri eius intrabit ad eam et accipiet eam sibi uxorem et cohabitabit ei. Et erit infans quicumque natus fuerit constituetur ex defuncti nomine et non delebitur nomen eius ex Israhel.* Videtur hoc praecepisse lex de fratris uxore ducenda non ob aliud, nisi ut semen suscitet fratri, qui sine liberis defunctus est. Quod autem ait: *Constituetur ex defuncti nomine et non delebitur nomen eius ex Israhel,* id est nomen defuncti, ex hoc videtur dictum, ut ille qui nascitur hoc nomine appelletur, quo appellabatur defunctus, cui quodam modo propagatur. Unde nobis visum est magis secundum adoptionis morem solvere in evangelio quaestionem de duobus patribus Ioseph, quorum unum commemorat Matthaeus, eum scilicet qui genuit Ioseph, alterum Lucas eum cuius filius erat Ioseph, quoniam nullius eorum Ioseph nomen accepit. Nisi forte hoc

---

46,11 qui…Ioseph] cf. Mt 1,16 | cuius…12 Ioseph¹] cf. Lc 3,23

---

14 levis] legis *n* | gravis] gravius *P¹ S*, gravior *V T AM. μ* **15** hominem] homine *p U* admitti] amitti *P* | sunt…16 quaedam] morte digna quaedam sunt *P ζ* **16** sunt *om. P ζ* venia] pena *Bad.* **46,2** ei] et *N* | non erit *om. P S V N U T Bad.* | foris] foras *T*, fr̄is *U* adpropianti] adpropriabit *S² V² T*, alteri nubet *praem. Bad.* | intrabit] intravit *P n U¹* **3** cohabitabit] cohabitavit *P U¹* | et² *exp. V²* **11** alterum…12 Ioseph¹ *om. V* **12** nullius] nullus *P¹ S* | Ioseph nomen] nomen Ioseph *Am. μ*

---

[70] TM: וְיִבְּמָהּ „und er soll mit ihr die Schwagerehe eingehen". Vulg: *et suscitabit semen fratris sui.* LXX: καὶ συνοικήσει αὐτῇ; WEVERS, *Deuteronomy:* „he must live with her, i.e. have relations with her"; so auch NETS: „and shall live with her"; anders BdA: „et l'épousera" und SD: „und mit ihr in Ehegemeinschaft leben". Zum Verb *cohabitare,* ‚beisammenwohnen', das seit Tertullian in der christlichen Sprache belegt ist, vgl. MOHRMANN, *Sondersprache* 172. *Cohabitator* und *cohabitatrix* gebraucht Augustinus *qu.* 2,39 ohne sexuellen Nebensinn für ‚Nachbar' und ‚Mitbewohnerin'. Im Kirchenlatein wird *cohabitatio* auch für ‚das Beiwohnen, der eheliche Verkehr' gebraucht (SLEUMER, *Wörterbuch*).
[71] Jakob. [72] Eli.
[73] Ebenso argumentiert Augustinus in *c. Faust.* 3,3 und *cons. Ev.* 2,5. In *qu. ev.* 2,5,2 er-

wenn wir sagen, die Ruchlosigkeiten wögen schwerer als diese Vergehen, weil unter diesen einige sind, die durch vierzig Schläge mit der Peitsche bestraft werden. Es gibt daher eine leichte Ruchlosigkeit, die Prügel verdient, und es gibt eine schwere, welche den Tod verdient. Auch unter jenen Vergehen, die, wie es scheint, nicht gegen Gott, sondern gegen einen Menschen begangen werden, verdienen einige die Todesstrafe, während andere Tadel oder Prügel oder eine leichter [erreichbare] Vergebung [verdienen]. Es steht nämlich fest, daß die Siebzig Übersetzer so formuliert haben, daß sie auch das Vergehen jenes, der Schläge verdient hat, *inpietas* (Ruchlosigkeit) genannt haben.

qu. 5,46.1 (zu Dtn 25,5–6)

46,1 „Wenn aber Brüder zusammen gelebt haben und einer von ihnen gestorben ist, er aber keinen Nachkommen bekommen hat, soll die Ehefrau des Verstorbenen nicht außerhalb [der Familie] jemandem, der nicht verwandt ist, [verheiratet werden]; der Bruder ihres Mannes soll zu ihr eintreten und sie als Ehefrau für sich annehmen und mit ihr zusammenwohnen.[70] Und es soll geschehen: welches Kind auch immer geboren worden sein wird, soll entsprechend dem Namen des Verstorbenen [als Nachkomme/Erbe] eingesetzt werden, und dessen Name soll nicht aus Israel getilgt werden." Das Gesetz über die Pflicht, die Frau des Bruders zu heiraten, scheint dies zu keinem anderen Zweck vorgeschrieben zu haben, als dem Bruder, der ohne Kinder gestorben ist, einen Nachkommen zu verschaffen. Die Vorschrift aber: „[der Sohn] soll entsprechend dem Namen des Verstorbenen eingesetzt werden, und dessen Name" – d.h. der Name des Verstorbenen – „soll nicht aus Israel getilgt werden", scheint aus dem [Grund] formuliert worden zu sein, damit jener, der geboren wird, diesen Namen trägt, den der Verstorbene trug, dessen Nachkomme er in gewisser Weise wird. Daher schien es uns richtig, das Problem im Evangelium mit den beiden Vätern Josefs, deren einen Matthäus erwähnt – den nämlich, der Josef zeugte (vgl. Mt 1,16)[71] –, [deren] anderen Lukas nennt – den, dessen Sohn Josef war (vgl. Lk 3,23)[72] –, eher nach dem Brauch der Adoption zu lösen, da Josef den Namen keines dieser beiden angenommen hat.[73] Falls

---

wägt Augustinus drei mögliche Erklärungen: (1) Adoption, (2) Leviratsehe, (3) Ein Evangelist nennt den Vater, der andere den Großvater mütterlicherseits oder einen der entfernteren Blutsverwandten. Er scheidet dann die Erklärung durch die Leviratsehe aus und schließt: *aut adoptio solvit istam quaestionem aut origo maiorum aut aliqua alia causa, quae nobis in praesentia non occurrit.* „Entweder löst die Adoption das Problem oder die Herkunft von den Vorfahren oder irgendein anderer Grund, der uns im Moment nicht einfällt." In *retr.* 2,12 widerruft Augustinus seinen Einwand gegen die Erklärung durch die Leviratsehe, da – wie er im folgenden auch hier ausführt – auf Grund der Leviratsehe der erste Sohn des Bruders des kinderlos Verstorbenen durch *fictio iuris* als Sohn des Verstorbenen gilt, er aber nicht dessen Namen erhalten muß.

dictum est *constituetur ex defuncti nomine*, non ut eius nomen accipiat, sed ut ex eius nomine, id est tamquam filius non eius, cuius semine est genitus, sed illius defuncti, cui semen suscitatum est, heres constituatur. Quod enim additum est: *Et non delebitur nomen eius ex Israhel*, potest ita intellegi, non quod nomen eius puer consequenter accipiat, sed quod ille non sine posteritate mortuus esse videbitur; et ideo permanet eius nomen, hoc est memoria. Neque enim, etiam si ipse filium genuisset, nomen suum ei fuerat inpositurus, ut nomen eius non deleretur ex Israhel, sed ex hoc utique non deleretur, quia non sine liberis ex hac vita emigraret. Et hoc iubetur ex eius uxore frater eius inplere, quod ille non potuit. Nam etsi frater non fuisset, et propinquus ducebat uxorem eius, qui sine filiis mortuus esset, ad suscitandum semen fratri suo; sicut fecit Booz ducendo Ruth, ut semen excitaret propinquo suo, cuius fuerat illa uxor nec de illo pepererat. Et tamen qui de illa natus est ex nomine quidem defuncti constitutus est, quia filius eius est dictus - atque ita factum est, ut nomen defuncti non deleretur ex Israhel - nec tamen eius nomine appellatus est.

46,2 Quae cum ita sint, abundantius duobus modis solvi potest evangelica quaestio, ut unus eorum, quos diversos commemorant Matthaeus et Lucas, ita fuerit propinquus alteri ad ducendam eius uxorem, ut alios etiam sursum versus parentes atque maiores iste, alios ille habere potuerit. Nam si fratrum filii fuissent, unum habuissent avum. Quod non ita est; nam secundum Matthaeum Mathan est avus Ioseph, secundum Lucam vero non Mathan, sed Mathath. Quodsi quisquam putat esse tantum similitudinem hominis, ut ab scriptoribus in una littera erratum sit, ut fieret tam parva et paene nulla diversitas, quid de istorum patribus dicturus est? Nam secundum Lucam Mathath filius fuit Levi, secundum Matthaeum autem Mathan ex Eleazar genitus invenitur; atque ita inde sursum versus diversi sunt patres et avi et deinde maiores usque ad Zorobabel, qui fere est vicesimus sursum versus a Ioseph apud Lucam, apud Mat-

---

23 sicut…25 pepererat] cf. Rt 4,13-17 **32** secundum…33 Mathath] cf. Mt 1,15-16; Lc 3,23-24

---

14 non] nomen *P* **19** ipse] ipsum *V Bad.* **20** ex¹…deleretur² *om. P per homoiot.* **22** frater] frs *V* | et *V¹ μ ʐ* | propinquus] propinquo *T* **24** excitaret] suscitaret *S* **26** est² *om. S* **29** quos] quod *n* **30** ducendam] ducendum *P* | ut] et *U* **33** Mathan¹] Nathan *S* | Mathan²] Nathan *S* **34** putat] putet *V Bad.* | esse tantum (tantam *μ*) *P μ ʐ*, tantum (tantam *S n U*, tam *p*) esse *S V N U T Bad. Am.* **39** sursum] rursum *P S¹ U¹* | versus] versus versus *n U¹, om. V Am. μ* | a] ad *P¹ T*, ab *V¹ Am. μ*

nicht vielleicht diese [Wendung]: *constituetur ex defuncti nomine* nicht in dem Sinn formuliert worden ist, daß er seinen Namen annehmen soll, sondern daß er ‚entsprechend seinem Namen', d.h. als Sohn nicht dessen, aus dessen Samen er gezeugt worden ist, sondern jenes Verstorbenen, dem ein Nachkomme aufgerichtet worden ist, zum Erben eingesetzt werden soll. Der Zusatz nämlich: „und sein Name soll nicht aus Israel getilgt werden", kann auch dahingehend verstanden werden, nicht daß der Knabe entsprechend dessen Namen erhält, sondern daß jener als einer angesehen werden soll, der nicht ohne Nachkommenschaft gestorben ist; und auf diese Weise bleibt sein Name, d.h. die Erinnerung [an ihn], erhalten. Denn auch wenn er selbst einen Sohn gezeugt hätte, hätte dieser seinen Namen nicht erhalten müssßen, damit sein Name nicht aus Israel getilgt würde, sondern er würde natürlich deswegen nicht getilgt werden, weil er nicht kinderlos aus diesem Leben auswandern würde. Und deswegen wird seinem Bruder befohlen, mit dessen Ehefrau zu vollenden, wozu jener nicht in der Lage war. Denn selbst wenn kein Bruder da gewesen wäre, heiratete auch ein Verwandter die Ehefrau dessen, der kinderlos gestorben wäre, um seinem Bruder Nachkommen zu schaffen; so machte es Boas, indem er Rut heiratete, um seinem Verwandten, dessen Ehefrau jene gewesen war, dem sie aber nicht geboren hatte, einen Nachkommen zu verschaffen (vgl. Rut 4,13-17). Und dennoch ist derjenige, den jene geboren hat, zwar ‚entsprechend dem Namen des Verstorbenen eingesetzt worden', weil er dessen Sohn genannt wurde – und das ist so geschehen, damit der Name des Verstorbenen nicht aus Israel getilgt werde –, aber er hat dennoch nicht dessen Namen erhalten.

qu. 5,46,2

46,2 Da diese [Dinge] sich so verhalten, kann das Problem im Evangelium sehr überzeugend dahingehend auf zwei Weisen gelöst werden, daß einer von denen, die Matthäus und Lukas als unterschiedliche [Väter Josefs] benennen, mit dem anderen nahe verwandt gewesen war, so daß er dessen Ehefrau heiratete, und zwar in der Weise verwandt, daß dieser in aufsteigener Linie auch andere Verwandte und Vorfahren haben konnte als jener. Denn wenn sie die Söhne von Brüdern gewesen wären, hätten sie einen gemeinsamen Großvater gehabt. Das trifft nicht zu, denn nach Matthäus ist Mattan Josefs Großvater , nach Lukas aber nicht Mattan, sondern Mattat (vgl. Mt 1,15-16; Lk 3,23-24). Wenn nun jemand meint, hier liege nur eine Namensähnlichkeit vor, so daß die Schreiber sich nur in einem Buchstaben geirrt hätten, so daß die so kleine, fast gar nicht vorhandene Abweichung entstand, was wird er von deren Vätern sagen? Denn nach Lukas war Mattat der Sohn Levis, nach Matthäus aber findet man, daß Mattan von Eleasar gezeugt wurde, und folglich sind von da an in aufsteigender Linie die Väter und die Großväter und dann die [entfernteren] Vorfahren verschieden bis zu Serubbabel, der bei Lukas ungefähr die zwan-

thaeum vero undecimus. Qui propterea ideo ipse esse creditur, quia pater eius
apud utrumque evangelistam Salathiel invenitur; quamvis fieri potuerit, ut alius
fuerit eodem nomine habens eiusdem nominis patrem, cuius et ille habuit. Nam
et inde sursum versus diversi sunt; alium quippe habet Zorobabel avum apud
Lucam, qui est Neri, alium apud Matthaeum, qui est Iechonias. Atque inde
superius nusquam est consonantia, quousque veniatur ad David apud Matthaeum per Salomonem, apud Lucam per Natham. Difficillimum autem videtur non
fuisse aliquem propinquiorem qui duceret uxorem fratris sui quam eum qui ex
David esset consanguineus tam longinquo gradu non aliqua infra propinquitate
coniunctus, cum sit apud Lucam David paene quadragesimus a Ioseph, apud
Matthaeum autem ferme vicesimus septimus. Aut si propinqui ad uxores defunctorum ducendas etiam illi quaerebantur, qui ex feminarum sanguine propinquabant, fieri potuit, ut esset aliquis ita propinquans, qui Ioseph genuerit de
uxore propinqui sui, qui sine liberis decessit. Ac sic ei esset alter ex natura pater,
alter ex lege. In quorum patribus et avis et deinde maioribus ideo nulla propinquitas adpareret, quod non ex maribus sed ex feminis propinquarent. Verum
tamen si ita esset, nec David aliquando unus pater occurreret. Aut si quisquam
potuisse contendit, ubi ponimus quod consuetudo scripturae non est feminas in
genealogia pro maribus ponere, sicut eas nullus evangelista interposuit? Ubi
enim commemorantur matres, non ponuntur nisi cum patribus. Ac per hoc aut
ita propinquior defuit ad uxorem defuncti sibi copulandam, ut origo cognationis David repeteretur; aut adoptio fecit alterum patrem quem posset habere
Ioseph.

47 Quid est quod inter illa quae iubet dicere hominem, qui in dandis decimis
et quaecumque dare vel inpendere iussus est omnia mandata complevit, etiam

---

58 ubi...59 patribus] cf. Mt 1,3.5.6

40 vero] *om.* V, autem *Am.* μ | ideo] idem *Am.* μ 41 Salathiel] Salatiel *p* P, Alathiel *n*, Salatihel U 46 Natham] *z*, Nathan *cett. cf. qu. 1,121 l. 17* | autem *om.* S 49 a] ad T 52 aliquis] aliqui P V¹ N U | propinquans] propinquus *p S Am.* μ, propincus *n* 53 sic] si S 57 potuisse] fieri *praem.* T 59 matres] et *n* 61 David] a *praem.* V² *Am.* 47,2 complevit] complevi* U

---

[74] In *retr.* 2,55,3 bekräftigt Augustinus zwar dieses Faktum, gibt aber zu, daß es zur Lösung des Problems nichts beiträgt.

zigste Generation in aufsteigender Linie von Josef, bei Matthäus aber die elfte ist. Man meint deswegen, er sei dieselbe Person, weil man bei beiden Evangelisten Schealtiël als seinen Vater findet. Obgleich es auch geschehen konnte, daß es einen anderen Mann gleichen Namens gegeben hat, dessen Vater den gleichen Namen hatte, wie ihn auch der Vater jenes [anderen Mannes] hatte. Denn auch ab hier sind [die Stammbäume] in aufsteigender Linie verschieden; Serubbabel hat ja bei Lukas einen anderen Großvater, der Neri ist, als bei Matthäus, der Jojachin ist. Und von da an nach oben gibt es keinerlei Übereinstimmung, bis man zu David kommt, bei Matthäus über Salomo, bei Lukas über Natan. Es scheint aber [die Annahme] äußerst schwierig zu sein, daß es nicht irgendeinen näheren Verwandten gegeben haben soll, der die Frau seines Bruders heiratete, als denjenigen, der von David her in einem so entfernten Grad blutsverwandt wäre, durch keine [nähere] Verwandtschaft weiter unten in der Linie verbunden, obgleich David bei Lukas ungefähr die vierzigste Generation vor Josef, bei Matthäus aber beinahe die siebenundzwanzigste ist. Oder wenn man als Verwandte, die verpflichtet wären, die Ehefrauen Verstorbener zu heiraten, auch jene suchte, die von den Frauen her blutsverwandt waren, konnte es geschehen, daß einer, der Josef mit der Frau seines Verwandten, der kinderlos starb, gezeugt hat, auf diese Weise verwandt war. Und so hätte er einen anderen als leiblichen Vater, einen anderen dem Gesetz nach. Unter deren Vätern und Großvätern und entfernteren Vorfahren würde deswegen keine Verwandtschaft ans Licht kommen, weil die Verwandtschaft nicht von den Männern, sondern von den Frauen herstammte. Aber wenn es sich so verhielte, würde doch auch David nicht irgendwann als gemeinsamer Vater begegnen. Oder wenn jemand behauptet, es hätte sein können [daß die Genealogie nicht nach den Männern, sondern nach den Frauen eingerichtet wäre], wo setzen wir sie ein, weil die Schrift nicht den Brauch hat, Frauen statt Männer in der Genealogie aufzuführen, wie sie [ja auch] kein Evangelist eingefügt hat? Wo Mütter erwähnt werden, werden sie nämlich nur mit den Vätern genannt (vgl. Mt 1,3.5.6).[74] Und deswegen fehlte entweder ein näherer Verwandter, der sich mit der Ehefrau des Verstorbenen verbunden hätte, so daß man auf diese Weise den Ursprung der Verwandtschaft Davids rekonstruieren könnte, oder eine Adoption führte dazu, daß Josef einen anderen Vater haben konnte.

qu. 5,47 (zu Dtn 26,14)

47 Was bedeutet es, daß die Schrift unter jenen [Bekenntnissen], die sie dem Mann auszusprechen befiehlt, der bezüglich der Ablieferung der Zehnten und aller Dinge, die ihm auch immer abzuliefern oder zu verteilen befohlen worden sind, alle Gebote erfüllt hat, auch folgendes zusammen mit seinem Lob und seiner Verherrlichung zu sagen befiehlt: „Ich habe nichts davon einem Toten

hoc cum laude et commendatione sua dicere iubetur: *Non dedi ex eis mortuo?* An per hoc prohibet parentalia, quae observare gentes solent?

48,1 *Non praeteribis ab omnibus verbis quae ego mando tibi hodie dextra aut sinistra ire post deos alienos servire illis.* Quaeri potest quomodo possit intellegi ire in dextra, qui post deos alienos ierit servire illis, cum dextra in laude ponatur, illud autem numquam laudabiliter fieri possit; nam et quod reprehenditur in via vitae qui declinat in dextra, non ibi ea reprehenduntur quae dextra sunt, sed ille qui declinat in ea, id est qui sibi adrogat quae dei sunt. Ideo dicitur in Proverbiis: *Ne declines in dextra aut in sinistra; vias enim quae a dextris sunt novit dominus; perversae autem sunt quae a sinistris.* Ergo bonae sunt dextrae, quas novit dominus; *novit enim dominus vias iustorum,* sicut in Psalmo legitur. Cur ergo dictum sit: *Ne declines in dextra,* consequenter ostendit addendo: *Ipse enim rectos faciet cursus tuos.* Absit autem, ut dextras, quas novit dominus, negemus esse rectas; sed, ut dixi, declinare in eas est non illius gratiae, sed tibi tribuere velle quod rectum est. Denique, ut dixi, adiungit et dicit: *Ipse enim rectos faciet cursus tuos, et omnia itinera tua in pace producet.*

48,2 Quapropter quod isto loco Deuteronomii, de quo agimus, dictum est: *Non praeteribis ab omnibus verbis quae ego mando tibi hodie dextra aut sinistra ire post deos alienos servire illis,* non ideo dictum est, quia dii alii possunt etiam in dextris accipi; sed aut terrena loca significata sunt, quia et in dextra et in sinistra habebant gentes alios deos colentes; aut hoc de diis aliis separatim pronuntiandum est, ut duo sint sensus, unus videlicet: *Non praeteribis ab omnibus verbis quae ego*

48,6 Prv 4,27.27a   **10** Prv 4,27b   **13** Prv 4,27a+b

---

3 hoc cum] cum hoc *P V* | iubetur] iuberetur *P S V¹ U T¹*, iubet *T² Am. μ*   **48,1** dextra] in dextera *Bad.*   **2** alienos] alios *z*   **4** et quod] quod et *N*   **6** declinat] declinet *V¹* | ne] non *V Am. μ*   **7** aut] vel *S* | in² *om. S U* | enim] autem *P T*   **10** rectos faciet] faciet rectos *P T*   **13** rectos faciet] faciet rectos *P S V U T Bad. Am. μ*   **14** producet] producit *S*   **15** quod] hoc *praem. Am. μ* | Deuteronomii] Deuteronomiū *T* (ū *in ras.*) | de *om. P S V N U*   **17** alienos] alios *z* | alii *om. S*

---

[75] Neuntägige Totenfeiern zu Ehren der verstorbenen Eltern, Verwandten, Vorfahren 13. bis 21. Febr., „eine familiäre und nicht-apotropäische Feier bei Tageslicht": SPIRA, *Parentalia* 512.

[76] Vgl. NBA Anm. 58.

[77] Während LXX „nach rechts oder links" vielleicht von „hinterhergehen" abhängig macht (so z.B. BdA, anders WEVERS, *Deuteronomy* und SD) und auch VL nicht eindeutig ist, hängen die Richtungsangaben in TM (und in Vulg) eindeutig von תָּסוּר „abweichen"

gespendet"? Ob sie damit auch die *parentalia*⁷⁵ verbietet, die die Heiden zu beobachten pflegen?⁷⁶

qu. 5,48,1 (zu Dtn 28,13-14)

48,1 „Du sollst von allen Worten, die ich dir heute auftrage, nicht nach rechts oder links⁷⁷ abweichen, um hinter fremden Göttern herzugehen, ihnen zu dienen." Man kann fragen, wie man verstehen kann, daß derjenige, der hinter anderen Göttern hergegangen ist, um ihnen zu dienen, nach rechts geht, da die Rechte gelobt wird, jene [Handlung] aber niemals lobenswert durchgeführt werden kann; denn auch insoweit derjenige getadelt wird, der auf dem Weg des Lebens nach rechts abweicht, werden dort nicht diejenigen [Dinge] getadelt, die rechts sind, sondern jener, der zu diesen hin abweicht, d.h. der sich [Dinge] anmaßt, die Gottes sind. Daher heißt es im [Buch der] Sprüche: „Du sollst nicht nach rechts oder nach links abweichen; denn die Wege, die von rechts verlaufen, kennt der Herr; verkehrt aber sind diejenigen, die von links verlaufen" (Spr 4,27.27aLXX).⁷⁸ Folglich sind die rechten, die der Herr kennt, gut; denn „Der Herr kennt die Wege der Gerechten" (Ps 1,6)⁷⁹, wie man im Psalm liest. Warum es heißt: „Du sollst nicht nach rechts abweichen", zeigt die Schrift daher anschließend, indem sie hinzufügt: „Er selbst wird nämlich deine Bahnen gerade machen" (Spr 4,27bLXX).⁸⁰ Ferne sei aber, daß wir behaupten, daß die rechten, die der Herr kennt, nicht gerade sind; sondern, wie ich sagte, abzuweichen zu ihnen ist nicht [Folge] seiner Gnade, sondern bedeutet, sich selbst zuschreiben zu wollen, was recht ist. Am Ende fügt die Schrift, wie ich sagte, hinzu: „Er selbst wird nämlich deine Bahnen gerade machen und alle deine Wege im Frieden voranführen" (Spr 4,27a+bLXX)⁸¹.

qu. 5,48,2

48,2 Deswegen ist das, was an dieser Stelle des Deuteronomiums, die wir behandeln, gesagt worden ist: „Du sollst von allen Worten, die ich dir heute auftrage, nicht nach rechts oder links abweichen, um hinter fremden Göttern herzugehen, ihnen zu dienen" nicht in dem Sinn gesagt, daß auch andere Götter auf der rechten Seite angenommen werden können, sondern entweder sind irdische Orte bezeichnet worden, denn Heiden, die andere Götter verehren, hatten [sie] sowohl auf der rechten als auch auf der linken Seite; oder dies muß von den anderen Göttern getrennt ausgesagt werden, so daß sich zwei Sinne ergeben, nämlich der eine: „Du sollst von allen Worten, die ich dir heute auf-

---

ab. Augustinus bezieht die Richtungsangaben auf „abweichen", wie im folgenden der Verweis auf Spr 4,27 zeigt.
⁷⁸ Spr 4,27a ist ein Zusatz der LXX.
⁷⁹ TM, LXX und Vulg haben Sgl.: „den Weg".
⁸⁰ Zusatz der LXX.   ⁸¹ Zusatz der LXX.

mando tibi hodie dextra aut sinistra, secundum illum scilicet intellectum, quem supra exposui; alius autem sit sensus: *Ire post deos alienos servire illis*, ut et hic subaudiatur: *Non praeteribis ab omnibus verbis quae ego mando tibi hodie*. Quem totum sensum si dicere velimus, superiora verba, quae utrique sensui sunt communia, repetituri sumus, ut, quomodo illic dicitur: *Non praeteribis ab omnibus quae ego mando tibi hodie dextra aut sinistra*, sic et istic repetatur: *Non praeteribis ab omnibus quae ego mando tibi hodie ire post deos alienos servire illis*. Praetereundo enim a verbis, quae mandata sunt, etiam hoc fit, ut eatur post deos alienos. Non enim hoc solum mandatum est aut hoc solum praeteriri deus non vult, quod mandavit, ne post deos alienos eatur, sed omnia quae mandavit; hoc tamen ita praecipue, ut post generalitatem praecepti quo admonuit non esse praetereundum ab omnibus verbis mandatorum suorum etiam hoc seorsum commendare voluerit.

48,3 Potest hoc, quod ait *dextra aut sinistra*, etiam sic intellegi, ut nec eorum causa, quae propter felicitatem adpetuntur, nec eorum, quae propter infelicitatem fugiuntur, ire mandaverit post deos alios, id est nec pro his quae amantur nec contra ea quae odio habentur a diis aliis auxilium esse poscendum, aut certe illo modo, ut vel concilientur, quo prosint, vel placentur, ne noceant. Nam et de quibusdam scriptum est in Psalmo: *Quorum os locutum est vanitatem et dextera eorum dextera iniquitatis*, ideo quia his rebus opinantur fieri hominem beatum, quas et boni et mali possunt habere; et ideo dextera est iniquitatis, quia iniqui sunt, qui eam dexteram putant. Non enim est vera dextera, sed *dextera est eorum quorum os locutum est vanitatem*; *beatum dixerunt populum cui haec sunt*, cum potius, sicut mox adiungit et docet, *beatus sit populus cuius dominus deus ipsius*. Haec est vera dextera aequitatis, non iniquitatis. Non est ergo eundum post deos alienos neque in dextra, ut existimet homo ex ipsis se fieri beatum, neque in sinistra, ut existi-

---

38 Ps 143,8   41 Ps 143,15

22 alienos] alios *P S N U T z* | et *eras*. *V*   25 illic] ille *P V¹ N U*   26 hodie ire *add. et exp*. *V* sic…istic] dicet iste *N* | istic] iste *P*, ista *P S V¹ U T* | repetatur] repetantur *T*   27 alienos] alios *z*   28 alienos] alios *P S n U z*   29 praeteriri] praeterire *P V* | praeteriri deus] deus praeteriri *T*   30 alienos] alios *P S N U z*   31 praecepti] praeceptis *N* | quo] quod *T*   33 dextra] dextera *T*   35 amantur] mandantur *P corr*.   41 est² *om. n*   42 beatum] quippe *add. N*

trage, nicht nach rechts oder links abweichen", und zwar in jenem Sinn, den ich oben dargelegt habe; [so daß] der andere Sinn aber ist: „[du sollst nicht] hinter fremden Göttern hergehen, ihnen zu dienen", wobei auch hier mitgehört wird: „Du sollst von allen Worten, die ich dir heute auftrage, nicht abweichen." Wenn wir diesen Gesamtsinn ausdrücken wollten, müssen wir die obigen Worte, die jedem der beiden Sinne gemeinsam sind, in der Weise wiederholen, daß, wie dort gesagt wird: „Du sollst von allen Worten, die ich dir heute auftrage, nicht nach rechts oder links abweichen", so auch hier wiederholt wird: „Du sollst von allen Worten, die ich dir heute auftrage, nicht abweichen, um hinter fremden Göttern herzugehen, ihnen zu dienen." Indem man von den Worten, die aufgetragen worden sind, abweicht, geschieht auch dies, daß man hinter fremden Göttern hergeht. Gott hat nämlich nicht dieses [Gebot] allein aufgetragen bzw. Gott will nicht, daß man von diesem [Gebot] allein nicht abweiche, das er aufgetragen hat, nicht hinter fremden Göttern herzugehen, sondern [daß man] von allen, die er aufgetragen hat, [nicht abweiche]; dennoch hat er dies aber vorzugsweise so [formuliert], daß er nach der umfassenden Formulierung des Gebotes, der gemäß er ermahnt hat, man dürfe von allen Worten seiner Gebote nicht abweichen, speziell auch dieses [Gebot] getrennt vorschreiben wollte.

qu. 5,48,3

48,3 Man kann diese Wendung „nach rechts oder links" auch so verstehen, daß er befohlen hat, weder um der Dinge willen, die man, um glücklich zu werden, erstrebt, noch um derjenigen willen, die man, um nicht unglücklich zu werden, meidet, hinter anderen Göttern herzugehen, d.h. daß man weder für das, was man liebt, noch gegen das, was man haßt, Hilfe von anderen Göttern erbitten darf, oder gewiß in jener Weise [nicht hinter anderen Göttern hergehen soll], daß man sie entweder geneigt macht, damit sie helfen, oder besänftigt, damit sie nicht schaden. Denn von gewissen Leuten steht im Psalm geschrieben: „deren Mund Nichtiges gesprochen hat und deren Rechte eine Rechte der Ungerechtigkeit ist" (Ps 144,8), deswegen [sprechen sie Nichtiges], weil sie meinen, der Mensch werde selig durch solche Dinge, die sowohl Gute als auch Böse haben können; und deswegen ist [ihre Rechte] eine Rechte der Ungerechtigkeit, weil diejenigen ungerecht sind, die sie für die Rechte halten. Es ist nämlich nicht die wahre Rechte, sondern „es ist die Rechte derjenigen, deren Mund Nichtiges gesprochen hat"; „sie priesen das Volk selig, das diese Dinge hat" (Ps 144,15), obgleich vielmehr, wie die Schrift alsbald hinzufügt und lehrt, „das Volk glücklich ist, dessen Gott der Herr ist". Das ist die wahre Rechte der Gerechtigkeit, nicht der Ungerechtigkeit. Man darf somit nicht fremden Göttern hinterhergehen, weder nach rechts, mit der Folge, daß der Mensch denkt, er werde durch sie glücklich, noch nach links, mit der Folge, daß er, weil er meint, er werde unglücklich, wenn sie [ihn] feindlich behandeln, sie zu dem Zweck

mando ipsis adversantibus se fieri miserum ad hoc eos colat ut avertat. Aut certe, si dextra intellegimus aeterna, sinistra vero temporalia bona, nec propter illa, nec propter ista eos colendos sancta scriptura hoc loco admonuisse credatur.

49 *Haec verba testamenti quod mandavit dominus Moysi statuere filiis Israhel in terra Moab praeter testamentum quod testatus est eis in Coreb.* Ostendit unde appellatus sit liber Deuteronomion quasi secunda lex. Ubi magis illius repetitio est quam aliquid aliud; pauca enim sunt, quae ibi non sint, quod primum datum est. Nec tamen haec appellantur duo testamenta, quamvis ita haec verba sonare videantur; utrumque enim unum est testamentum, quod in ecclesia dicitur vetus. Nam si propter haec verba duo testamenta dicenda essent, iam non duo, sed plura essent excepto novo. Multis enim locis scriptura dicit testamentum; sicut illud quod factum est ad Abraham de circumcisione vel illud superius ad Noe.

50 *Vos vidistis omnia quaecumque fecit dominus deus vester in terra Aegypto coram vobis Pharaoni et omnibus servis eius et omni terrae illius, tentationes magnas, quas viderunt oculi tui, signa et prodigia illa magna et manum validam. Et non dedit dominus deus vobis cor scire et oculos videre et aures audire usque in diem istam.* Quomodo ergo ait superius: *Vos vidistis tentationes magnas, quas viderunt oculi tui,* si *non dedit dominus eis oculos videre et aures audire?* Nisi quia viderunt corpore et corde non viderunt, quia oculi dicuntur et cordis. Propterea inde coepit: *Et non dedit dominus deus vobis cor scire.* Ad hoc pertinent duo, quae sequuntur: *Et oculos videre et aures audire,* id est intellegere et obtemperare. Quod vero dicit: *Et non dedit dominus deus vobis,* nullo modo increpans et arguens hoc diceret, nisi ad eorum quoque culpam pertinere intellegi vellet, ne quisquam se ex hoc excusabilem putet. Simul enim ostendit et

---

49,8 illud…9 circumcisione] cf. Gn 17,10-14   9 illud…Noe] cf. Gn 9,8-17

---

47 si *exp. V*   48 eos] deos *S*   **49,**2 Coreb] Choreb *P V T*, Oreb *S U¹*   3 Deuteronomion] Deuteronomio *U¹*, Deuteronomium *Am. μ*   4 sint] sunt *S* | quod] in eo *praem. Am. μ*   5 haec appellantur] appellantur haec *Am. μ*   9 ad²] a *P U*   **50,**1 vos] et *praem. P S V U T Bad. Am. μ (cf. loc. 5,64)* | quaecumque] quae *p* | fecit *om. V* | Aegypto] Aegypti *P S V U T Bad. Am. μ*   2 terrae] tempore *S¹* | illius] fecit *add. V*   3 deus *om. S*   4 aures audire] audire aures *P V U T* | audire *om. S* | diem istam] die ista *P N U*   5 magnas *om. V* | si *om. N*   6 et¹ …audire *om. n* | corpore…corde] corde et corpore *p*   8 pertinent] pertinet *P U*   11 ex hoc *om. S*

---

[82] Dtn 29,1 LXX = 28,69 TM.   [83] Dt 29,2-4 LXX = Dtn 29,1-3 TM.
[84] „Und die starke Hand": harmonisierender Zusatz von LXXA Bˢ nach Dtn 3,24; 7,19; 11,2.

verehrt, um [dies] abzuwenden. Oder wenn wir die rechten [Dinge] als die ewigen Güter deuten, die linken aber als die zeitlichen, muß man annehmen, daß die Heilige Schrift an dieser Stelle dazu ermahnt hat, sie weder um jener noch um dieser willen zu verehren.

qu. 5,49 (zu Dtn 29,1)[82]

49 „Das sind die Worte des Bundes, den für die Söhne Israel im Land Moab festzusetzen der Herr dem Mose befohlen hat, zusätzlich zu dem Bund, den er ihnen am Horeb eingerichtet hat." [Diese Stelle] zeigt, warum das Buch ‚Deuteronomium' genannt worden ist, gleichsam ‚das Zweite Gesetz'. Hier findet sich mehr die Wiederholung jenes [Gesetzes] als irgendetwas anderes; es gibt nämlich nur weniges, das sich dort in dem [Bund], der zuerst gegeben worden ist, nicht findet. Und dennoch werden diese nicht zwei Bünde genannt, wenngleich diese Worte so zu klingen scheinen; beide zusammen sind nämlich ein einziger Bund, der in der Kirche Alter [Bund] genannt wird. Denn wenn man wegen dieser Worte von zwei Bünden sprechen müßte, wären es bereits nicht zwei, sondern mehrere, außer dem Neuen [Bund]. An vielen Stellen spricht die Schrift nämlich von ‚Bund', wie jener, der mit Abraham bezüglich der Beschneidung geschlossen worden ist (vgl. Gen 17,10-14), oder jener, der zuvor mit Noach [geschlossen worden ist] (vgl. Gen 9,8-17).

qu. 5,50 (zu Dtn 29,2-4)[83]

50 „Ihr habt alles gesehen, was der Herr, euer Gott, im Land Ägypten vor euch an Pharao und allen seinen Dienern und seinem ganzen Land getan hat, die großen Prüfungen, die deine Augen gesehen haben, jene großen Zeichen und Wunder und die starke Hand,[84] und der Herr, euer Gott, hat euch kein Herz, zu erkennen, und keine Augen, zu sehen, und keine Ohren, zu hören, gegeben bis auf den heutigen Tag." Wieso also sagt die Schrift weiter oben: „Ihr habt die großen Prüfungen, die deine Augen gesehen haben, gesehen", wenn „der Herr ihnen keine Augen, zu sehen, und keine Ohren, zu hören, gegeben hat"? Außer deswegen weil sie mit dem Körper gesehen und mit dem Herzen nicht gesehen haben, denn man spricht auch von ‚Augen des Herzens'. Daher hat Mose damit begonnen: „und der Herr, euer Gott, hat euch kein Herz, zu erkennen, gegeben." Darauf beziehen sich die beiden folgenden [Angaben]: „und keine Augen, zu sehen, und keine Ohren, zu hören", d.h. zu verstehen und zu gehorchen. Sein Satz aber: „Und der Herr Gott hat euch nicht gegeben", dies würde Mose keineswegs tadelnd und beschuldigend sagen, wenn er nicht wollte, daß sie einsähen, daß dies auch zu ihrer Schuld gehört, damit niemand meint, er sei dadurch zu entschuldigen. Zugleich zeigt er nämlich, daß sie ohne die Hilfe des Herrn Gottes weder mit den Augen des Herzens noch mit den Ohren des Herzens verstehen noch gehorchen können. Und [er zeigt, daß], wenn die Hilfe Gottes fehlt, dennoch die Verfehlung des Menschen nicht

sine adiutorio domini dei eos intellegere et oboedire non posse oculis cordis et auribus cordis. Et tamen, si adiutorium dei desit, non ideo esse excusabile hominis vitium, quoniam iudicia dei quamvis occulta tamen iusta sunt.

51 *Et adduxit vos quadraginta annis in deserto; non inveteraverunt vestimenta vestra et calciamenta vestra non sunt adtrita a pedibus vestris; panem non manducastis, vinum et siceram non bibistis, ut sciretis quia iste dominus deus vester.* Hinc adparet tantum vini in suis inpedimentis potuisse portare Israhelitas, quando exierunt de Aegypto, quod possent cito consumere. Nam si omnino nihil secum tulissent, unde esset illud de quo dictum est: *Sedit populus manducare et bibere et surrexerunt ludere*? Non enim hoc de aqua diceretur, cum et ipsius Moysi manifestissima verba sint non fuisse illam vocem principium belli, sed principium vini.

52 *Numquid aliquis est inter vos vir aut mulier vel familia vel tribus, cuius mens declinavit a domino deo vestro ire servire diis gentium illarum? Ne qua est in vobis radix sursum germinans in felle et amaritudine? Et erit cum audierit verba maledictionis huius, et opinabitur in corde suo dicens: Sancta mihi fiant, quoniam in errore cordis mei incedo, ut non simul perdat peccator eum qui sine peccato est. Nolet deus propitiare ei, sed tunc incendetur ira domini et zelus eius in homine illo, et adhaerebunt in eo omnia maledicta testamenti huius,*

50,14 iudicia…sunt] cf. Tb 3,2; Apc 16,7; 19,2 **51,6** Ex 32,6 **7** non…8 vini] cf. Ex 32,18

51,1 adduxit] duxit z | et²…2 vestra *om. S per homoiot.* **2** vinum] et *praem. T* **4** exierunt…Aegypto] de Aegypto exierunt *S* **5** esset] e* *P V T* **8** principium¹] principum *N* | principium²] principum *p*, principuum *n* **52,1** aliquis] aliquid *n* | aliquis est] est aliquis *Am. μ* | aut] vel *p* | vel¹] aut *Am. μ* | familia] famulus *P S V N Bad. Am. (μ: „famulus Edd. et plures MSS")* **2** ne] num *Am. μ* („nequam est in eo radix *Edd. et plures MSS. Locum hunc redintegrant, et cum LXX conciliant codd. aliquot melioris notae"*) | qua] quā *V U²* | vobis] *μ z*, eo *cett.* | sursum] rursum *P S U* **5** incendetur] inciditur *N* **6** domini] dei *add. P S V N U*

---

[85] Dt 29,5-6 LXX = Dtn 29,4-5 TM.
[86] TM: „ich habe geführt"; LXX: „er hat geführt".
[87] TM: „daß ich JHWH, euer Gott, bin", LXX wechselt, wie schon in V 4, in die 3.pers.
[88] LXX: Dtn 29,18-20 = TM: 29,17-19.
[89] TM: „Es soll niemand unter euch sein, Mann oder Frau [...]" Vulg entsprechend: *ne forte sit [...]* Nach WEVERS, *Deuteronomy* und BdA ist auch LXX so zu verstehen. SD und NETS deuten diesen Satz der LXX dagegen wie die VL als Frage. Dadurch wird der Zusammenhang schwerer verständlich.
[90] TM: „Es wird/soll mir gut gehen, selbst wenn ich in der Verstocktheit meines Herzens wandeln werde." WEVERS, *Deuteronomy*: Nur hier steht in LXX ὅσια für שָׁלוֹם. Vgl. auch BdA. LXX: „Heilige Dinge mögen mir geschehen [MURAOKA, *Lexicon* s.v. ὅσιος:

deswegen entschuldbar ist, denn die Urteile Gottes sind, wenngleich verborgen, dennoch gerecht (vgl. Tob 3,2; Offb 16,7; 19,2).

qu. 5,51 (zu Dtn 29,5-6)[85]

51 „Und er hat euch vierzig Jahre in der Wüste geführt;[86] eure Kleider sind nicht gealtert, und eure Schuhe sind nicht an euren Füßen abgenutzt worden; Brot habt ihr nicht gegessen, Wein und Scherbet habt ihr nicht getrunken, damit ihr erkenntet, daß dies der Herr, euer Gott, ist."[87] Daraus geht hervor, daß die Israeliten, als sie aus Ägypten auszogen, in ihrem Gepäck Wein nur in der Menge mitnehmen konnten, die sie schnell verbrauchen konnten. Wenn sie nämlich überhaupt nichts mit sich genommen hätten, woher käme dann jene [Menge an Nahrungsmitteln], von der die Schrift gesagt hat: „Das Volk setzte sich zum Essen und zum Trinken, und sie standen auf, um sich zu vergnügen" (Ex 32,6)? Das würde nämlich nicht vom Wasser gesagt, denn die Worte des Mose besagen völlig eindeutig, daß jenes Geschrei nicht der Beginn eines Krieges, sondern der Beginn eines Weingelages war (vgl. Ex 32,18).

qu. 5,52 (zu Dtn 29,18-20)[88]

52 „Gibt es etwa unter euch irgendeinen Mann oder eine Frau oder eine Familie oder einen Stamm, dessen Sinn sich vom Herrn, eurem Gott, abgewendet hat, so daß er Göttern jener Völker dient?[89] Oder gibt es etwa unter euch eine Wurzel, die nach oben hervorsprießt in Bosheit und Bitterkeit? Und es soll sein: wenn er die Worte dieses Fluches gehört hat und in seinem Herzen denkt und sagt: Heilige Dinge mögen mir geschehen, weil ich im Irrtum meines Herzens einhergehe[90], damit der Sünder nicht zugleich den zugrunde richtet, der ohne Sünde ist"[91], dann wird Gott ihm nicht vergeben wollen, sondern dann

---

„May I be allowed to"), daß ich in der Verwirrung meines Herzens wandeln werde." SD: „Es sei mir erlaubt, dass ich in der Verwirrung meines Herzens wandeln werde." Die VL des Augustinus wechselt von der Zukunft in die Gegenwart (VL: Cod.Lugd. dagegen: *ibo*) und bringt, indem sie die Redewendung mit ὅσια ‚wörtlich' übersetzt und anschließend einen Kausalsatz formuliert: *quoniam in errore cordis mei incedo*, Augustinus auf ganz andere Gedanken.

[91] TM: „das bewässerte [Land] mit dem durstigen zugrundezurichten". Die syntaktische Anbindung dieses Bildwortes, das wohl nicht mehr zur Rede des Verstockten gehört, ist in TM umstritten. NIELSEN, *Deuteronomium*, der wie SD den Satz noch als Rede des Sünders auffaßt: „Es mag hier eine Aposiopese vorliegen. Der Schuldige sagt: (Mich kann Jahwe, der gerechte Richter, nicht bestrafen; wollte er das,) möchte sein Zorn zugleich die Unschuldigen treffen." LXX bringt, gefolgt von VL, statt dieser schwer verständlichen Bildaussage den vermuteten gemeinten Sachverhalt und fügt eine Negation hinzu, um zu verdeutlichen, „dass diese Folge von Gott nicht gewollt ist" (SDE). Nach WEVERS, *Deuteronomy* hat LXX zwar erkannt, daß bildliche Rede vorliegt, diese jedoch mißverstanden und kontextentsprechend ausgelegt. „What he made it mean was the one

quae scripta sunt in libro legis huius. Ita dictum est: *Numquid est in vobis?* Ut tamquam requirentem intellegamus, ne forte sit. Si quis autem esset, eum terruit vehementer, ne forte quisquam diceret in corde suo audiens illa maledicta: *Sancta mihi sint* [maledicta sancta mihi sint], *quoniam in errore cordis mei incedo*, id est: Absit, ut mihi ista eveniant; non mihi sint haec mala, sed sancta, id est propitia et innoxia, *quoniam in errore cordis mei incedo*, eundo scilicet post deos gentium et eis tamquam inpune serviendo. Non, inquit, erit sic. *Non perdat simul peccator eum qui sine peccato est*, tamquam diceret: Cavete, ne cui vestrum talia persuadeat, qui talia cogitat. *Nolet deus propitiare ei*, sive talia cogitanti sive illi, cui talia fuerint persuasa, sicut ipse opinatus est dicendo: *Sancta mihi sint*, et quasi hoc modo avertendo a se vim illius maledicti. *Sed tunc accendetur ira domini et zelus eius in homine illo*, quando putabit eam se avertere ista in corde suo dicendo. *Et adhaerebunt in eo omnia maledicta testamenti huius, quae scripta sunt in libro legis huius.* Non possunt quidem omnia evenire uni homini; non enim etiam totiens mori potest, quot genera mortis hic dicta sunt; sed *omnia* dixit pro quibuslibet, ut non sit immunis ab omnibus, cui evenerint aliqua eorum quibus pereat. Quod autem ait: *Ut non simul perdat peccator eum qui sine peccato est*, quod Graecus habet ἀναμάρτητον, non sic accipiendum est, tamquam ab omni prorsus peccato mundum et inmunem hic dixerit ἀναμάρτητον, id est sine peccato, sed eum, qui sine isto peccato esset, de quo loquebatur; sicut dicit dominus in evangelio: *Si non venissem et locutus eis fuissem, peccatum non haberent*, non utique omne, sed hoc peccatum, quod non crediderunt in eum. Dicit etiam deus ab Abimelech de Sarra uxore Abrahae: *Scio quia in mundo corde fecisti hoc*; non utique mundum illius cor ita voluit intellegi, ut similis eis esset, de quibus dictum est: *Beati mundo corde*,

---

52,26 Io 15,22   **29** Gn 20,6   **30** Mt 5,8

7 numquid] enim *add. T*, aliquis *add. ʓ* | est²...vobis] est in vobis est *P V¹*, in vobis est *T*
8 terruit] interruit *V* **9** quisquam] quisque *n* | sancta...10 mihi¹] mihi sancta *S* **10** maledicta...sint²] *S V U, del. P T, om. N Bad.*, id est *praem. Am. μ, recte inclusit ʓ* **13** erit *om. n* **15** propitiare] propiciari *p* | fuerint] fuerant *N* **18** putabit] putavit *P S V N U¹* | eam] *om. U*, ea *T²*
20 enim *om. N* | totiens] tocius *n* **21** quot] quod *P N U¹* | hic] haec *U* | sunt] sint *P*
23 simul] solum *V* | ἀναμάρτητον] anamartheton *p P S V U T*, anamarthaton *n* **25** hic] hoc *P S V U T Am. μ* | ἀναμάρτητον] anamartheton *P S V N U T* **26** isto *om. N* | isto peccato] peccato isto *Am. μ* **28** quod] quo *P S V N U Am. μ* | crediderunt] crediderint *V T* **29** in *exp. V* **30** eis] ei *U* | mundo] mundi *ʓ*

---

who walks in the dictates of his own heart (i.e. the sinner) might well, in doing so, endanger, in fact, destroy the other (i.e. the innocent)."

wird der Zorn des Herrn und seine Eifersucht gegen jenen Menschen entbrennen, und alle Flüche dieses Bundes, die im Buch dieses Gesetzes aufgeschrieben sind, werden an ihm haften." [Mose] hat so formuliert: „Gibt es etwa unter euch?", damit wir verstehen, daß er gleichsam nachforscht, ob es womöglich zutrifft. Für den Fall aber, daß es [einen solchen Mann] geben würde, hat er ihn heftig abgeschreckt, daß nicht womöglich irgendeiner in seinem Herzen sagen würde, wenn er diese Flüche hört: „Sie mögen mir heilig sein",[92] die Flüche mögen mir heilig sein, „weil ich im Irrtum meines Herzens einhergehe", d.h.: fern sei, daß mir diese widerfahren; diese [Worte des Fluches] seien für mich nicht schädlich, sondern ‚heilig', d.h. günstig und unschädlich, „weil ich im Irrtum meines Herzens einhergehe", indem ich nämlich hinter den Göttern der Heiden hergehe und ihnen gleichsam ungestraft diene. So wird es nicht sein, sagt er. „Der Sünder soll nicht zugleich den zugrunde richten, der ohne Sünde ist", als ob er sagte: ‚Nehmt euch in acht, daß nicht einer, der so denkt, einen von euch zu solchen Dingen überredet.' „Gott wird ihm nicht vergeben wollen", sei es dem, der solches denkt, sei es jenem, der sich zu solchen Dingen überreden ließ, wie er seinerseits gedacht hat, indem er sagte: „Sie seien mir heilig", und indem er sozusagen auf diese Weise die Gewalt jenes Fluches von sich abwendete. „Sondern dann wird der Zorn des Herrn und seine Eifersucht gegen jenen Menschen entbrennen", wenn er meinen wird, ihn [den Zorn Gottes] dadurch abzuwenden, daß er diese [Worte] in seinem Herzen spricht. „Und alle Flüche dieses Bundes, die im Buch dieses Gesetzes aufgeschrieben sind, werden an ihm haften." Sie können zwar nicht allesamt einem einzigen Menschen widerfahren; er kann ja nicht so oft [und auf so viele Weisen] sterben, wie Todesarten hier aufgezählt sind, aber er hat ‚alle' gesagt anstelle von irgendwelchen, damit derjenige, dem einige von denen, an denen er zugrunde geht, widerfahren sind, nicht unbehelligt von allen sei. Die Wendung aber: „Damit der Sünder nicht zugleich den zugrunde richtet, der ohne Sünde ist," wofür der Grieche hat: ἀναμάρτητον, ist nicht so zu verstehen, als habe er hier [einen Mann] ἀναμάρτητον genannt, der überhaupt von jeder Sünde rein und unbetroffen wäre, sondern einen solchen, der ohne diese Sünde wäre, von der er sprach; in diesem Sinn sagt der Herr im Evangelium: „Wenn ich nicht gekommen wäre und zu ihnen gesprochen hätte, hätten sie keine Sünde" (Joh 15,22), nicht natürlich jede, sondern diese Sünde, daß sie nicht an ihn geglaubt haben. Auch sagt Gott bezüglich Sara, der Ehefrau Abrahams, zu Abimelech: „Ich weiß, daß du dies mit reinem Herzen getan hast" (Gen 20,6); er wollte natürlich nicht verstanden wissen, daß dessen Herz so rein sei, daß er denen ähnlich wäre, von denen gesagt worden ist: „Selig, die reinen Herzens sind, denn sie

---

[92] In seiner Paraphrase wechselt Augustinus vom *fiant* des Textes zu *sint*.

quoniam ipsi deum videbunt, sed ab illo peccato, de quo agebatur, mundum cor habebat, quoniam quantum ad ipsum pertinebat non concupiverat coniugem alienam.

53 *Et circumpurgabit dominus cor tuum et cor seminis tui diligere dominum deum tuum ex toto corde tuo et ex tota anima tua, ut vivas tu.* Evidens pollicitatio gratiae; promittit enim deus se esse facturum quod solet iubere ut fiat.

54 *Quia mandatum hoc quod ego mando ibi hodie non est supra modum neque longe abs te est; non in caelo est dicens* - id est ut dicas - *quis ascendet nobis in caelum et accipiet nobis illud et audientes illud faciemus? Neque trans mare est dicens* - id est ut dicas - *quis transfretabit nobis trans mare et accipiet nobis illud et audientes illud faciemus? Prope est verbum hoc valde in ore tuo et in corde tuo et in manibus tuis facere illud.* Hoc esse verbum fidei dicit apostolus, quod ad novum pertinet testamentum. Sed quaeri potest, cur ea superius mandata dixerit, *quae scripta sunt in libro legis huius,* nisi quia his omnibus spiritalia significantur ad novum testamentum pertinentia, si bene intelleguntur. Item quaeri potest, cur id, quod hic positum est: *Neque trans mare est,* ut dicas: *Quis transfretabit nobis trans mare et accipiet nobis illud,* apostolus dixerit: *Aut quis descendet in abyssum,* atque id exponens adiunxerit: *Hoc est Christum a mortuis reducere*; nisi quia mare appellavit totam in hoc saeculo vitam, quae morte transitur, ut quodam modo mare finiatur et trans mare mors ipsa appelletur velut trans istam vitam, quae maris vocabulo significatur. Deinde quod hic additum est: *Et in manibus tuis,* non ait apostolus nisi: *In ore tuo et in corde tuo.* Et hoc usque in finem exsecutus est dicens: *Corde enim creditur ad iustitiam, ore autem confessio fit ad salutem.* Merito quod ex Hebraeo translatum est, quantum a nobis

---

54,5 hoc²...6 apostolus] cf. Rm 10,8   7 Dt 30,10   11 Rm 10,7   15 Rm 10,8   16 Rm 10,10

53,1 circumpurgabit] circumpurgavit *p P S¹ U,* circumpugnabit *n* | deum *om. P n T*   54,1 ibi] tibi *p*   2 ascendet] ascendit *P U¹ T* | nobis] e *praem. S,* in *praem. et exp. U*   3 quis] qui *P¹*   4 transfretabit] transfretavit *P S¹ U¹ T* | prope] te *add. ʒ*   5 facere] faceret *n*   7 dixerit] dixerint *n* | legis *om. S¹*   9 intelleguntur] intellegantur *S N U* | id] hic *P S V U T,* hoc *Am. µ*   10 nobis illud] illud nobis *S* | dixerit] dixit *U*   11 descendet] discendit *P,* descendit *N U*   13 transitur] transito *P* | mare² *om. U*   16 in *om. S N U* | autem *om. P S V N U*

---

⁹³ VL folgt LXX; TM spricht von Beschneidung des Herzens.
⁹⁴ TM, LXX, VL:Cod.Lugd., Vulg: „dir".
⁹⁵ VL:Cod.Lugd. hat hier und in V 13: *ut dicas* (Vulg: V 12: *ut possis dicere*; V 13: *ut possimus dicere*). Die VL des Augustinus folgt dagegen LXX, die TM: לֵאמֹר sklavisch übersetzt: λέγων.
⁹⁶ „Und in deinen Händen" ist ein Zusatz der LXX.

werden Gott schauen" (Mt 5,8), sondern er hatte ein von jener Sünde, um die es ging, reines Herz, weil er, soweit es von ihm selbst abhing, keine fremde Ehefrau begehrt hatte.

qu. 5,53 (zu Dtn 30,6)

53 „Und der Herr wird dein Herz und das Herz deiner Nachkommen ringsum reinigen[93], so daß du den Herrn, deinen Gott, aus deinem ganzen Herzen und aus deiner ganzen Seele liebst, damit du am Leben bleibst." Eine eindeutige Verheißung der Gnade; Gott verspricht nämlich, er werde das bewirken, was er üblicherweise zu tun befiehlt.

qu. 5,54 (zu Dtn 30,11-14)

54 „Denn dieses Gebot, das ich hier[94] heute auftrage, ist nicht übermäßig, und es ist auch nicht fern von dir; es ist nicht im Himmel, sagend"[95] – d.h. daß du sagen müßtest –: „Wer wird für uns in den Himmel hinaufsteigen und jenes für uns holen, und wir werden jenes hören und tun? Und es ist nicht jenseits des Meeres, sagend" – d.h. daß du sagen müßtest –: „Wer wird für uns über das Meer setzen und jenes für uns holen, und wir werden jenes hören und tun? Dieses Wort ist sehr nahe in deinem Mund und in deinem Herzen und in deinen Händen[96], so daß du es tun kannst." Der Apostel sagt, daß dies das Wort des Glaubens ist (vgl. Röm 10,8), das zum Neuen Testament gehört. Aber man kann fragen, warum Mose diese weiter oben als diejenigen Gebote bezeichnet hat, „die im Buch dieses Gesetzes geschrieben sind" (Dtn 30,10), es sei denn, [er hat es getan,] weil alle diese [Worte], wohl verstanden, geistliche [Realitäten] bezeichnen, die zum Neuen Testament gehören. Man kann weiterhin fragen, warum der Apostel das, was hier formuliert ist: „Noch ist es jenseits des Meeres", daß du sagen müßtest: „Wer wird für uns über das Meer setzen und jenes für uns holen?", so wiedergegeben hat: „Oder wer wird in den Abgrund hinabsteigen", und als Interpretation hinzugefügt hat: „d.h. Christus von den Toten zurückführen" (Röm 10,7), es sei denn, weil er als ‚Meer' das ganze Leben in dieser Welt bezeichnet hat, das im Tod überschritten wird, so daß das Meer gewissermaßen endet, und das Ufer jenseits des Meeres seinerseits ‚Tod' genannt wird, gleichsam jenseits dieses Lebens, das durch das Wort ‚Meer' bezeichnet wird.[97] Das schließlich, was hier hinzugesetzt ist: „und in deinen Händen" zitiert der Apostel nicht, sondern nur: „in deinem Mund und in deinem Herzen" (Röm 10,8). Und dies hat er bis zum Schluß weitergeführt und gesagt: „Denn mit dem Herzen glaubt man zur Gerechtigkeit, mit dem Mund jedoch bekennt man zum Heil" (Röm 10,10). [Das tut der Apostel] zu Recht, denn die Übersetzung aus dem Hebräischen hat, soweit wir sie einsehen konnten, „in

---

[97] Augustinus verwendet das Meer bzw. die Meerfahrt häufig als Metapher für die irdische Welt und das Leben in ihr. Vgl. *Io. ev. tr.* 2; *en. Ps.* 39,9; 94,9; 95,11-12.

inspici potuit, non habet: *In manibus tuis*. Nec frustra tamen hoc a septuaginta interpretibus additum existimo: Nisi quia intellegi voluerunt etiam ipsas manus, quibus significantur opera, in corde accipi debere, ubi est *fides quae per dilectionem* 20 *operatur*. Nam si forinsecus ea quae deus iubet manibus fiant et in corde non fiant, nemo est tam insulsus, qui praecepta arbitretur inpleri. Porro si caritas, quae plenitudo legis est, habitet in corde, etiamsi manibus corporis quisquam non possit operari, pax illi est utique cum hominibus bonae voluntatis.

55 *Peccaverunt non ei filii vituperabiles*. Quod est in Graeco: Τέκνα μωμητά, quidam interpretati sunt, sicut hoc est: *Filii vituperabiles*, quidam: *Filii commaculati*, quidam: *Filii vitiosi*. Unde non magna quaestio, immo nulla est. Sed illud merito ad quaerendum movet, si generaliter dictum est: *Peccaverunt non ei* - quoniam qui peccat non deo peccat, id est non deo nocet, sed sibi - quomodo intellegendum 5 sit, quod in Psalmo legitur: *Tibi soli peccavi*, et in Hieremia: *Tibi peccavimus, patientia Israhel, domine*, et iterum in Psalmo: *Sana animam meam, quoniam peccavi tibi*, et utrum hoc sit peccare deo quod peccare in deum. Unde ait Heli sacerdos: *Si in*

---

20 Gal 5,6   22 caritas...23 est] cf. Rm 13,10   24 Lc 2,14   55,6 Ps 50,6 | Ier 14,7-8   7 Ps 40,5   8 1 Rg 2,25

---

20   accipi] et *praem*. *P*   23   plenitudo...est] est plenitudo dei *V*, plenitudo est legis *Am*. μ   24   utique *om*. S^1 55,1   est...Graeco] in Graeco est *V Am*. μ | Τέκνα μωμητά] ΤΕΡΗΜΥΙΜΗΤΑ *P*, ΤΕΡΗΜΩΜΗΤΑ *S U T*, tepnaa. anta *N*, τερημοιμετα *V* (teremoy meta *s. l.*)   2   hoc] hic U^2 *Am*. μ | est] id *praem*. V^1 *Am*. μ | commaculati...3 filii *om*. *p*   4   ei] et *n*   5   deo^1 *om*. *P S V N U*, ei *Am*. μ | peccat^2] deo *add. s. l*. U^2, non peccat *repet*. *P S (sed del. in S)*   6   et *om*. S^1 *N U*   7   quoniam] quia *P S V T Am*. μ   8   ait] et p^1 *S*, ut p^2 P^1 *N* U^1

---

[98] RÜTING, *Untersuchungen* 147: Die Formulierung: *quod ex Hebraeo translatum est*, ist unüblich für Augustins Verweise auf die Vulg. NBA: Augustinus konnte dies erfahren haben entweder aus einem griechischen oder lateinischen Manuskript, das hier den von Origenes, *Hexapla*, eingetragenen Obelus übernommen hatte, oder aus der Vulg, die den Zusatz nicht hat; oben in *qu.* 5,20 verweist Augustinus erstmalig innerhalb der *quaestiones* auf die Vulgata.
[99] Nur nach der lateinischen Version. Der griechische Text hat ἐν ἀνθρώποις εὐδοκίας „bei den Menschen des [Gottes] Wohlgefallens".
[100] TM ist vielleicht korrupt. Häufig wird in der Abfolge לֹו לֹא בָּנָיו מוּמָם die Negation als Dittographie getilgt. Andere beziehen sie auf das folgende Nomen und deuten לֹא בָּנָיו als ‚nicht seine Söhne' (so wohl schon Vulg: *peccaverunt ei non filii eius*). LXX tut ihr Bestes. Sie kehrt die Reihenfolge לֹו לֹא בָּנָיו um: οὐκ αὐτῷ τέκνα μωμητά; dies wird von

deinen Händen" nicht.⁹⁸ Und dennoch haben, wie ich meine, die Siebzig Übersetzer dies nicht grundlos hinzugefügt, sondern nur, weil sie wollten, daß man verstehe, daß man auch eben diese Hände, die die Werke bezeichnen, im Herzen aufnehmen muß, wo „der Glaube" ist, „der durch die Liebe wirkt" (Gal 5,6). Denn niemand ist so töricht zu meinen, die Gebote würden erfüllt, wenn die [Werke], die Gott befiehlt, nur äußerlich mit den Händen vollbracht, aber im Herzen nicht gewirkt werden. Ferner, wenn die Liebe, die die Erfüllung des Gesetzes ist (vgl. Röm 13,10), im Herzen [eines beliebigen Menschen] wohnt, so hat jener, auch wenn er mit den leiblichen Händen nicht wirken kann, natürlich Frieden mit den Menschen guten Willens (vgl. Lk 2,14).⁹⁹

qu. 5,55 (zu Dtn 32,5)

55 „Es haben gesündigt nicht ihm die tadelnswerten Söhne."¹⁰⁰ Den Ausdruck im Griechen: τέκνα μωμητά haben die einen übersetzt, wie es hier steht: „die tadelnswerten Söhne", andere: „die befleckten Söhne", wieder andere: „die lasterhaften Söhne". Daraus entsteht kein großes Problem, nein vielmehr gar keines. Aber jene [Wendung] provoziert zu Recht zu fragen: Wenn allgemein formuliert worden ist: „Sie haben nicht ihm gesündigt" – weil, wer sündigt, nicht Gott sündigt, d.h. nicht Gott schadet, sondern sich –, wie ist zu deuten, was man im Psalm liest: „Dir allein habe ich gesündigt" (Ps 51,6) und in Jeremia: „Dir haben wir gesündigt, du Ausdauer¹⁰¹ Israels, Herr" (Jer 14,7-8), und nochmals im Psalm: „Heile meine Seele, denn ich habe dir gesündigt" (Ps 41,5), und ist diese Wendung *peccare Deo* (Gott sündigen) identisch mit *peccare in Deum* (gegen Gott sündigen)"?¹⁰² Warum sagt der Priester Eli: „Wenn einer gegen Gott gesündigt hat, wer wird für ihn bitten?" (1Sam 2,25) Ich will einstweilen sagen, welcher Meinung ich gegenwärtig bin. Diejenigen, die mehr davon wis-

---

manchen gedeutet: *ils ne sont plus ses enfants, ils sont blâmables* (BdA), „sie gehören nicht (mehr) zu ihm, Kinder, die zu tadeln sind" (SD), „disgraceful children who are not his" (WEVERS, *Deuteronomy*). Selbst wenn LXX so verstanden werden könnte, gilt dies nicht für die VL des Augustinus (zu anderen VL-Varianten vgl. den Apparat zum Cod.Lugd., ROBERT, *Heptateuchi Versio* 44). Er deutet *non* als Negation des verbalen Prädikats und *ei* als Objekt dazu (bzw. *dat. incommodi*).

¹⁰¹ TM hat: מִקְוֵה יִשְׂרָאֵל „Hoffnung Israels", entsprechend Vulg: *expectatio Israhel*, LXX dagegen, gefolgt von VL, ὑπομονὴ Ισραηλ (NETS: „Israel's endurance", MURAOKA, *Lexicon*: „that which helps one enduring sufferings", BAUER, *Wörterbuch*: „das Erwarten, d. Erwartung", SD: „Hoffnung Israels").

¹⁰² Dies ist ein Problem der Übersetzungen. In der Konstruktion „sich verfehlen gegen jeden" regiert חטא sowohl ל als auch, seltener, ב. LXX gibt die Belege mit ל unterschiedlich wieder, z.T. sogar im selben Vers. Vgl. 1Rg 2,25: לְאִישׁ: εἰς ἄνδρα, לַיהוָה: τῷ κυρίῳ, VL ihrerseits wechselt die Präposition nicht konkordant zur LXX.; sie sagt z.B. in diesem Vers: *in deum*, während sie in den oben genannten Belegen Dativ gewählt hatte.

deum peccaverit, quis orabit pro eo? Dicam ergo interim quid mihi in praesentia videatur. Intellegent fortasse aliquid melius, qui melius haec sapiunt, aut etiam nos alio tempore, quantum adiuverit dominus. Peccare in deum est in his peccare quae ad dei cultum pertinent. Nam hoc, quod commemoravi, nihil aliud indicat; sic enim peccabant filii Heli, quibus hoc pater eorum dixit. Sic existimandum est peccari etiam in homines qui pertinent ad deum; nam hoc deus legitur dixisse ad Abimelech de Sarra: *Propterea peperci tibi, ne peccares in me.* Peccare autem domino vel potius peccasse domino - nisi forte alicubi scriptum occurrat quod huic sensui resistat - hi mihi videntur non inmerito dici, qui piam paenitentiam peccati sui non agunt, ut glorificetur ignoscens dominus. Causam quippe reddens David cur dixerit: *Tibi soli peccavi et malignum coram te feci*, subiecit et ait: *Ut iustificeris in sermonibus tuis et vincas cum iudicaris*; sive cum dicit deus: *Iudicate inter me et vineam meam*; sive de domino Iesu Christo intellegatur, qui solus verissime dicere potuit: *Venit enim princeps mundi et in me non habet quidquam* - id est quidquam peccati quod morte sit dignum - *sed ut cognoscat mundus quia diligo patrem et sicut mandatum dedit mihi pater sic facio; surgite, eamus hinc*, tamquam diceret: Etiamsi levissima peccata mortis supplicio persequatur princeps mundi, *in me non habet quidquam*, sed *surgite, eamus hinc*, id est ut patiar, quia in eo, quod patior, voluntatem inpleo patris mei, non poenam solvo peccati mei; et quod Hieremias ait: *Tibi peccavimus, patientia Israhel*, domino utique suppliciter dicitur in paenitentia cum spe salutis ex venia; et quod dictum est: *Sana animam meam, quoniam peccavi tibi*, hoc idem agitur, ut deus ignoscendo glorificetur, quia magna est eius misericordia super confitentes sibi et redeuntes ad se, qui dicit se nolle mortem peccatoris, quantum ut revertatur et vivat. Hinc et ipse David non

---

13 sic¹...Heli] cf. 1 Rg 2,12-17   **15** Gn 20,6   **19** Ps 50,6   **21** Is 5,3   **22** Io 14,30-31   **28** Ier 14,7-8   **29** Ps 40,5   **31** se²...32 vivat] cf. Ez 33,11

---

9 peccaverit] homo *add. s. l. V²*, vir *add. T* | orabit] oravit *P¹ S¹ V¹ U¹*   **10** aliquid] aliqui* *V*   **14** ad deum *om. S¹ U*   **18** non] eras. *T*, nunc *Am. μ* | dominus] deus *p*   **19** malignum] malum *N Am. μ*   **21** sive *exp. V* | Christo *om. S*   **22** mundi] huius *praem. N* | id...23 quidquam *om. S*   **25** persequatur] persequantur *S* | mundi] qui *add. s. l. m. 1 V*   **26** sed *om. S V*   **29** spe] spei *N*   **30** quoniam] quia *Am. μ*   **31** qui] quid *U*

---

¹⁰³ לִי֙ – εἰς ἐμέ – *in me*.

¹⁰⁴ VL folgt LXX. TM hat dagegen: „damit du recht behältst in deinem Reden, rein dastehst in deinem Richten." Die auf Gott bezogene, in Röm 3,4 zitierte passivische Wendung (LXX: ἐν τῷ κρίνεσθαί σε; oder Medium: ‚wenn man mit dir rechtet'?) *cum iudicaris* erklärt Augustinus in *en. Ps.* 50,9, wie im folgenden hier, unter Bezug auf Joh 14,30-31 christologisch: *Deus Pater non est iudicatus [...] Videt futurum iudicem iudicandum, iudicandum a peccatoribus iustum, et in eo vincentem, quia quod in illo iudicaretur non erat.* „Gott

sen, werden dies vielleicht etwas besser verstehen, oder auch wir unsererseits zu einer anderen Zeit in dem Maß, wie uns der Herr geholfen haben wird. ‚Sündigen gegen Gott' bedeutet: in den Angelegenheiten sündigen, die die Verehrung Gottes betreffen. Denn diese Stelle, die ich zitiert habe, zeigt nichts anderes an; so nämlich sündigten die Söhne Elis (vgl. 1Sam 2,12-17), zu denen ihr Vater dies gesagt hat. So – muß man urteilen – sündigt man auch gegen Menschen, die zu Gott gehören; denn man liest, Gott habe dies zu Abimelech bezüglich Sara gesagt: „Deswegen habe ich dich davor bewahrt, gegen mich zu sündigen" (Gen 20,6).[103] Aber ‚dem Herrn sündigen' bzw. eher haben gesündigt – falls nicht irgendwo ein Schriftbeleg auftaucht, der diesem Sinn widerstreitet –, diejenigen, wie man meines Erachtens nicht grundlos sagt, die keine fromme Buße für ihre Sünde tun, um den Herrn zu verherrlichen, der [ihnen] vergibt. Als David begründete, warum er gesagt hatte: „Dir allein habe ich gesündigt und das in deinen Augen Böse getan", fügte er ja hinzu und sagte: „damit du gerechtfertigt wirst in deinen Sprüchen und siegst, wenn du gerichtet wirst" (Ps 51,6);[104] [das kann man] entweder [auf Gott beziehen,] wenn Gott sagt: „Richtet zwischen mir und meinem Weinberg" (Jes 5,3), oder man kann es bezüglich Jesus Christus verstehen, der allein mit vollem Recht sagen konnte: „Denn der Fürst der Welt ist gekommen und gegen mich hat er überhaupt nichts" – d.h. keinerlei Sünde, die den Tod verdient –, „sondern [dies geschieht], damit die Welt erkennt, daß ich den Vater liebe und so handle, wie der Vater mir aufgetragen hat; steht auf, wir wollen von hier weggehen" (Joh 14,30-31); als wollte er gleichsam sagen: Obgleich der Fürst der Welt die geringsten Sünden mit Todesstrafe verfolgt, „hat er gegen mich überhaupt nichts", aber „steht auf, wir wollen von hier weggehen", d.h. damit ich leide, weil ich dadurch, daß ich leide, den Willen meines Vaters erfülle, nicht Strafe für meine Sünde ableiste; und das, was Jeremia sagt: „Dir haben wir gesündigt, du Ausdauer Israels" (Jer 14,7-8), wird dem Herrn natürlich als Bitte vorgetragen in Reue mit der Hoffnung auf Heil aufgrund von Vergebung; und das Wort: „Heile meine Seele, denn ich habe dir gesündigt" (Ps 41,5), darin geht es um dasselbe, daß Gott, indem er verzeiht, sich verherrlicht, weil seine Barmherzigkeit groß ist gegenüber denen, die ihm [ihre Schuld] bekennen und zu ihm umkehren, er, der sagt, er wolle nicht den Tod des Sünders, wie[105] [er wolle], daß er umkehrt und am Leben bleibt (vgl. Ez 33,11). Darum hat auch David seinerseits nicht nur im Psalm, sondern auch als

---

Vater ist nicht gerichtet worden [...] [der Prophet David] sieht den zukünftigen Richter, der gerichtet werden soll, den Gerechten, der von den Sündern gerichtet werden soll und darin siegt, weil es in ihm nichts zu richten gab." Im *Psalterium iuxta Hebraeos* folgt Hieronymus TM und übersetzt aktivisch: *et vincas cum iudicaveris* „und [damit] du siegst, wenn du gerichtet hast."

[105] TM hat: „sondern". VL folgt LXX, die statt dessen ein schwieriges ὡς einsetzt.

solum in Psalmo verum etiam cum eum deus argueret per prophetam non sine spe propitiationis domini respondit: *Peccavi domino.* Medico enim vulneratus videtur quodam modo, qui ut sanetur se subdit manibus medici, ut in eo medi- 35 cinae opus inpleatur. In hoc autem cantico praevidebat propheta futuros quosdam, qui sic fuerint peccaturi deum offendendo magnis iniquitatibus suis, ut nec paenitentiam agere vellent et ad deum redire, ut sanarentur. De quibus etiam alibi dicitur: *Quoniam caro sunt et spiritus ambulans et non revertens.* Potest etiam sic intellegi: Peccaverunt non ei, secundum id quod non ei nocuerunt 40 peccato suo, sed sibi.

    56 *Et haec benedictio quam benedixit Moyses homo dei filios Israhel, priusquam defungeretur. Et dixit: Dominus ex Sina venit et alluxit ex Seir nobis; festinavit ex monte Pharan cum multis milibus Cades, ad dexteram eius angeli cum eo. Et pepercit populo suo; et omnes sanctificati sub manus tuas et hi sub te sunt. Et accepit de verbis ipsius legem, quam mandavit nobis Moyses, hereditatem congregationibus Iacob. Et erit in dilecto princeps* 5 *congregatis principibus populorum simul tribubus Israhel.* Non neglegenter praetereunda est ista prophetia. Adparet quippe ista benedictio ad novum populum pertinere, quem dominus Christus sanctificavit, ex cuius persona ista dicuntur a Moyse, non ex persona ipsius Moysi, quod in consequentibus evidenter adparet. Nam si propterea dictum est: *Dominus ex Sina venit,* quia in monte Sina lex data est, quid 10 sibi vult quod sequitur: *Et alluxit ex Seir nobis,* cum Seir mons Idumaeae sit, ubi regnavit Esau? Deinde cum Moyses filios Israhel benedicat his verbis, sicut scriptura praedixit, quomodo idem dicit: *Et accepit de verbis ipsius legem, quam mandavit nobis Moyses?* Nimirum ergo prophetia est, ut diximus, populum novum Christi gratia sanctificatum praenuntians ideo sub nomine filiorum Israhel, quia 15 semen est Abraham, hoc est filii sunt promissionis, et interpretatio eius est

---

34 2 Rg 12,13   **39** Ps 77,39   **56 ,16** semen…promissionis] cf. Rm 9,8

---

36 praevidebat] providebat *S*   **37** fuerint] *Andegavensis z,* fuerunt *P¹ S¹ V N U¹,* fuerant *P² S² U² Cameracensis Bad. Am. μ* | peccaturi] ei *praem. U*   **38** vellent] valeant *N*   **56 ,1** quam] qua *S V² T²*   **2** festinavit] et *praem. z*   **6** tribubus] tribus *V*   **7** adparet] appararet *P S¹ V*   **11** nobis *om. V*   **16** filii *om. n* | est³ *om. N*

---

[106] VL und Vulg folgen LXX: „uns"; TM hat: לָמוֹ „vor ihnen".
[107] SDE: wohl keine Übersetzung des Verbs in TM: הוֹפִיעַ, sondern Doppelübersetzung der LXX von מהר (in abweichender Vokalisierung).
[108] Καδης, *Cades* ist, in abweichender Vokalisierung, „simply a transliteration of קדש" (WEVERS, *Deuteronomy*).
[109] Bruchstücke aus 33,2 TM. Bezug der LXX zu TM unklar (WEVERS, *Deuteronomy*).
[110] Bezug dieser Sätze der LXX zu 33,3 TM unklar.

Gott ihn durch den Propheten anklagte, nicht ohne Hoffnung, den Herrn gnädig zu stimmen, geantwortet: „Ich habe dem Herrn gesündigt" (2Sam 12,13). Derjenige, der sich den Händen des Arztes preisgibt, um geheilt zu werden, scheint durch den Arzt nämlich in gewisser Weise verwundet worden zu sein, damit die Medizin in ihm ihre Wirkung erfüllt. In diesem Lied aber sah der Prophet voraus, daß es einige Leute geben werde, die, indem sie Gott mit ihren großen Verbrechen beleidigten, in der Weise gesündigt hätten, daß sie weder Buße tun noch zu Gott umkehren wollten, um geheilt zu werden. Von denen heißt es auch anderswo: „weil sie Fleisch sind und ein Hauch, der vergeht und nicht wiederkehrt" (Ps 78,39). Man kann den Satz: ‚Sie sündigten nicht ihm' auch in dem Sinn verstehen, daß sie mit ihrer Sünde nicht ihm schadeten, sondern sich.

qu. 5,56 (zu Dtn 33,1-3)

56 „Und dies ist der Segen, mit dem Mose, der Mann Gottes, die Söhne Israel segnete, bevor er starb. Und er sagte: Der Herr kam vom Sinai und leuchtete uns[106] auf vom Seïr; er eilte heran[107] vom Gebirge Paran mit vielen Tausenden [von] Kadesch[108], zu seiner Rechten Engel[109] mit ihm. Und er schonte sein Volk, und alle Geheiligten kamen unter deine Hände, auch diese sind unter dir.[110] Und es[111] empfing von den Worten desselben[112] das Gesetz, das Mose uns aufgetragen hat, das Erbe für die Versammlungen Jakobs. Und unter dem Geliebten wird es einen Fürsten geben[113], nachdem die Fürsten der Völker[114] sich zusammen mit den Stämmen Israels versammelt haben." Diese Prophezeiung darf man nicht nachlässig übergehen. Dieser Segen scheint sich ja auf das neue Volk zu beziehen, das der Herr Christus geheiligt hat, in dessen Rolle – nicht in der Rolle des Mose selbst – Mose diese [Worte] ausspricht; das wird im folgenden ganz klar. Denn wenn deswegen gesagt worden ist: „Der Herr kam vom Sinai", weil auf dem Berg Sinai das Gesetz gegeben worden ist, was soll das folgende bedeuten: „und leuchtete uns auf vom Seïr", da Seïr doch ein Berg in Idumäa ist, wo Esau geherrscht hat? Weiterhin: wenn Mose die Söhne Israel mit diesen Worten, wie die Schrift vorhergesagt hat, segnet, in welchem Sinn sagt derselbe: „Und es empfing von den Worten desselben das Gesetz, das Mose uns aufgetragen hat"? Zweifellos ist es also eine Prophetie,

---

[111] ‚Es', weil Augustinus das ungenannte Subjekt mit dem Volk identifiziert, s.u. LXX scheint eher Mose als Subjekt zu intendieren; vgl. SDE.
[112] „Empfing […] desselben": ungenaue Entsprechung zu den letzten beiden Worten von 33,3 TM.
[113] LXX verwandelt die vergangenheitliche Aussage des TM in eine zukünftige. In diesem Fall folgt auch Vulg der LXX (in christologischer Deutung?). LXX sagt konstant (Dtn 32,15; 33,5.26; Jes 44,2) „Geliebter" für TM: Jeschurun (Ehrenname Israels).
[114] TM: „des Volkes" = Israels; LXX: „der Völker" = der Heiden.

videns deum. Dominus ergo, qui ex Sina venit, Christus intellegendus est, quoniam Sina interpretatur tentatio. Venit ergo ex tentatione passionis, crucis, mortis. *Et alluxit ex Seir.* Seir interpretatur pilosus, quod significat peccatorem; sic enim natus est Esau odio habitus. Sed quoniam qui sedebant in tenebris et in umbra mortis, lux orta est eis, ideo alluxit ex Seir. Simul etiam non absurde intellegitur esse praedictum ex gentibus quae significantur per nomen Seir, quia mons est pertinens ad Esau, venturam gratiam Christi populo Israhel. Unde dicit apostolus: *Ita et hi nunc non crediderunt in vestra misericordia, ut et ipsi misericordiam consequantur.* Ipsi ergo dicunt: *Alluxit ex Seir nobis. Et festinavit ex monte Pharan* - id est ex monte fructifero; id enim interpretatur *Pharan*, quo significatur ecclesia - *cum multis milibus Cades.* Et mutata interpretatur Cades et sanctitudo. Mutata sunt ergo multa milia et sanctificata per gratiam, cum quibus venit Christus ad Israhelitas postea colligendos. Sequitur et dicit: *Ad dexteram eius angeli cum eo*; hoc non indiget expositione. *Et pepercit,* inquit, *populo suo,* donans remissionem peccatorum. Unde ad ipsum convertit sermonem atque ait: *Et omnes sanctificati sub manus tuas et hi sub te sunt,* non utique superbientes et *suam iustitiam volentes constituere,* sed agnoscentes gratiam, ut iustitiae dei subiciantur. *Et accepit,* inquit, *de verbis ipsius legem;* populus utique de quo ait: *Et pepercit populo suo.* Accepit ergo de verbis ipsius legem, *quam mandavit,* inquit, *nobis Moyses;* hoc est: Populus eius de verbis eius accepit legem, quia de doctrina eius intellexit legem eam ipsam quam mandavit nobis Moyses. Ipse quippe ait in evangelio: *Si crederetis Moysi, crederetis et mihi; de me enim ille scripsit.* Non enim accepit populus ille

---

19 pilosus...20 Esau] cf. Gn 25,25   20 odio habitus] cf. Mal 1,3; Rm 9,13 | qui...21 eis] cf. Is 9,2   24 Rm 11,31   32 Rm 10,3   37 Io 5,46

17 qui] quia *S*   20 sedebant] sedebat $S^1 U^1$ 22 quia] qui *in ras. V*   24 vestra misericordia] vestram misericordiam *T*   25 nobis *om. n*   26 quo] quod *N U T*   27 mutata...et^2 *om. S per homoiot.*   30 hoc *om. U*   31 unde] inde *p*   32 hi] hii *P V*   33 ut] et *P $S^1 U^1$*   34 populus...35 legem *om. n*   37 eam] meam *S U*

---

[115] Gemeint ist der Name Israel. Vgl. Hieronymus, *Nom. Hebr.* 13,21: *Israhel est uidere deum siue uir aut mens uidens deum* („Israel bedeutet ‚Gott schauen', entweder ein Mann oder ein Verstand, der Gott schaut").

[116] Vgl. Hieronymus, *Nom. Hebr.* 23,13: *Sinai tentatio siue rubus, si tamen per samech litteram scribatur* (Sinai [bedeutet] ‚Prüfung' oder ‚Dornbusch', wenn anders es mit dem Buchstaben Samech geschrieben wird").

[117] Vgl. Hieronymus, *Nom. Hebr.* 10,27-28: *Seir pilosus uel hispidus* („Seïr [bedeutet]: ‚behaart' oder ‚struppig'.").

[118] Wie in TM und Vulg ist das Verb in VL vergangenheitlich, in LXX dagegen zukünftig.

wie wir gesagt haben, die das neue, durch Christi Gnade geheiligte Volk deswegen unter dem Namen der Söhne Israel vorhersagt, weil es Nachkommenschaft Abrahams ist, d.h. Söhne der Verheißung sind (vgl. Röm 9,8), und sein [Name] bedeutet übersetzt: ‚Gott schauend'.[115] Der Herr, der vom Sinai kam, ist daher als Christus zu deuten, weil Sinai ‚Prüfung' bedeutet.[116] Er kam also aus der Prüfung des Leidens, des Kreuzes, des Todes, „und leuchtete auf vom Seïr." Seïr bedeutet ‚behaart',[117] was einen Sünder bezeichnet, denn so ist Esau geboren worden (vgl. Gen 25,25), der gehaßte (vgl. Mal 1,3; Röm 9,13). Aber weil denen, die in Finsternis und Todesschatten saßen, ein Licht aufgegangen ist (vgl. Jes 9,1),[118] deswegen ‚leuchtete er auf vom Seïr'. Ebenso versteht man auch nicht unpassend, es sei vorhergesagt worden, die Gnade Christi werde dem Volk Israel von den Heiden kommen, die durch den (Orts)Namen Seïr bezeichnet werden, da es ein Berg ist, der zu Esau gehört. Daher sagt der Apostel: „So haben auch diese jetzt nicht an die euch erwiesene Barmherzigkeit geglaubt, damit auch sie Barmherzigkeit erlangen" (Röm 11,31). Sie selbst also sagen: „Er leuchtete uns auf vom Seïr und eilte heran vom Gebirge Paran" – d.h. von einem fruchtbaren Gebirge, als solches wird nämlich Paran gedeutet, wodurch die Kirche vorausbezeichnet wird – „mit vielen Tausenden [von] Kadesch." ‚Kadesch' bedeutet sowohl ‚veränderte' als auch ‚Heiligkeit'.[119] Durch die Gnade verändert und geheiligt worden sind daher die vielen Tausende, mit denen Christus kommt, um anschließend die Israeliten zu sammeln. Mose fährt fort und sagt: „zu seiner Rechten Engel mit ihm". Das bedarf keiner Erläuterung. „Und er schonte sein Volk", sagt er: indem er Vergebung der Sünden schenkte. Von da an richtet Mose die Rede an ihn (Christus) selbst und sagt: „und alle Geheiligten kamen unter deine Hände, auch diese sind unter dir", natürlich nicht die, die hochmütig sind und „ihre eigene Gerechtigkeit aufrichten wollen" (Röm 10,3), sondern die, die die Gnade anerkennen, so daß sie sich der Gerechtigkeit Gottes unterwerfen. „Und es empfing", sagt Mose, „von den Worten desselben das Gesetz"; das Volk natürlich, von dem er sagt: „Und er schonte sein Volk." Es empfing also aus den Worten desselben[120] das Gesetz, sagt die Schrift, „das Mose uns aufgetragen hat", d.h. sein Volk empfing aus seinen Worten das Gesetz, weil es aus seiner Lehre eben dieses Gesetz selbst verstand, das Mose uns aufgetragen hat. Er selbst sagt ja im Evangelium: „Wenn ihr Mose glauben würdet, würdet ihr auch mir glauben, denn von mir hat jener geschrieben" (Joh 5,46). Jenes Volk nahm nämlich das Gesetz, das es nicht verstand, nicht an; aber es nahm es dann

---

[119] Vgl. Hieronymus, *Nom. Hebr.* 4,7: *Cades sancta uel mutata* („Kadesch [bedeutet] ‚heilige' oder ‚veränderte'.").
[120] Gemeint ist von Augustinus Christus.

legem quam non intellexit, sed tunc accepit, quando intellexit de verbis eius carens velamine veteri conversus ad dominum. Hanc dicit *hereditatem congregatio-* 40 *nibus Iacob*, quae intellegenda est non terrena, sed caelestis, non temporalis, sed aeterna. *Et erit*, inquit, *in dilecto princeps*; ipse utique in dilecto populo erit princeps dominus Iesus *congregatis principibus populorum* - id est gentium - *simul tribubus Israhel*, ut inpleatur quod supra dictum est: *Laetamini, gentes simul cum populo eius, quia caecitas ex parte Israhel facta est, donec plenitudo gentium intraret et sic omnis Israhel* 45 *salvus fieret*.

57 Cum Ioseph benediceret, ait inter cetera: *Primogenitus tauri pulchritudo eius*. Quod non ita legendum est, tamquam dixerit: Primogenitus tauri, sed, cum sit primogenitus, pulchritudo eius tauri est; propter crucis cornua de domino intellegitur figuratum.

---

39 quando…40 dominum] cf. 2 Cor 3,15-16   **42** Dt 33,5   **44** Dt 32,43   **45** Rm 11,25-26

42 et *om.* V   **43** tribubus] tribus P S V N U¹ T   **44** populo] plebe N   **45** Israhel¹] in *praem.* P S Am. μ   **57,1** inter] in N
Expliciunt questiones deuteronomii P *(fol. 168)*, Finiunt questiones de deuteronomio N *(fol. 176ᵛ p, fol. 121 n)*, Expliciunt questiones deuteronomii U *(fol. 195)*, T *(fol. 144)*

an, als es [es] verstand, da es, von der alten Hülle befreit, sich dem Herrn zugewandt hatte (vgl. 2Kor 3,15-16). Dieses [Gesetz] nennt Mose „das Erbe für die Versammlungen Jakobs"; es ist nicht als das irdische, sondern als das himmlische, nicht als das zeitliche, sondern als das ewige [Erbe] zu verstehen. „Und unter dem Geliebten", sagt Mose, „wird es einen Fürsten geben"; der Herr Jesus wird natürlich der Fürst im geliebten Volk sein, „nachdem die Fürsten der Völker" – d.h. der Heiden – „sich zusammen mit den Stämmen Israels versammelt haben" (Dtn 33,5 LXX), damit sich erfüllt, was weiter oben gesagt worden ist: „Freut euch, ihr Heiden, zusammen mit seinem Volk" (Dtn 32,43 LXX),[121] „weil Blindheit von seiten eines Teils Israels geschehen ist, bis die Fülle der Völker eintritt und so ganz Israel gerettet wird" (Röm 11,25-26).

qu. 5,57 (zu Dtn 33,17)

57 Als er (Mose) Josef segnete, sagte er unter anderem: „Der Erstgeborene eines Stieres ist seine Schönheit." Das ist nicht so zu lesen, als hätte Josef gesagt: ‚der Erstgeborene eines Stieres',[122] sondern: ‚da er (der Stamm Josef) der Erstgeborene ist, ist seine Schönheit die eines Stieres'; wegen der Hörner[123] des Kreuzes wird dies als Vorausbezeichnung bezüglich des Herrn gedeutet.[124]

---

[121] Zitiert in Röm 15,10.

[122] So aber TM (בְּכוֹר שׁוֹרוֹ הָדָר לוֹ „Der Erstgeborene seines Stieres – er besitzt Pracht") und wohl auch LXX (πρωτότοκος ταύρου τὸ κάλλος αὐτοῦ „Der Erstgeborene eines Stieres ist seine Pracht"). Wahrscheinlich war auch VL so gemeint. Augustinus erklärt den Wortlaut der VL mit Nominativ: *primogenitus* aber, indem er eine (von der Pendenskonstruktion des TM abweichende) Pendenskonstruktion annimmt („Der Erstgeborene – seine Schönheit ist die eines Stieres"). Vulg hat dagegen Genitiv: *quasi primogeniti tauri pulchritudo eius*.

[123] Vgl. Dtn 33,17LXX: „Seine Hörner sind Hörner eines Einhorns" κέρατα μονοκέρωτος; Vulg: *cornua rinocerotis* „Hörner eines Nashorns" (Einhorn wäre *monoceros*); TM dagegen: קַרְנֵי רְאֵם „Hörner eines Wildstieres". Zum eigenartigen Plural „Hörner", bezogen auf ein Einhorn, vgl. SDE.

[124] RÜTING, *Untersuchungen* 196 zufolge ist Augustinus mit dieser Deutung von Tertullian, *Marc.* 3,18,3-4 abhängig, der zu Dtn 33,17 ausführt: *Christus in illo significabatur, taurus ob utramque dispositionem, aliis ferus ut iudex, aliis mansuetus ut salvator, cuius cornua essent crucis extima. Nam et in antemna, quae crucis pars est, extremitates cornua vocantur*. „Dadurch [durch das Einhorn] wurde Christus vorausbezeichnet: als Stier wegen der doppelten Funktion, den einen gegenüber wild als Richter, den anderen gegenüber sanft als Retter, dessen Hörner die äußersten Enden des Kreuzes waren. Denn auch beim Querbalken, der Teil des Kreuzes ist, werden die Enden Hörner genannt."

QUAESTIONES IESU NAVE
FRAGEN ZUM BUCH JOSUA

EINLEITUNG

Textgrundlage

In den Textzeugen der LXXJos gibt es Spuren der hexaplarischen, der lukianischen[1] und der *kaige*-Rezension.[2] Sowohl durch Textplus als auch durch Textminus und in der Anordnung einiger Verse weicht LXX mehrfach beträchtlich von TM ab.[3] Die Unterschiede zwischen den Fragmenten der beiden Qumran-Rollen 4QJos^{a+b}, LXX und TM machen wahrscheinlich, daß die hebräische Vorlage der ursprünglichen LXX, Qumran und TM „drei unterschiedliche Stadien in der Entwicklung des Textes des Josuabuches belegen [...] doch wird man die drei so belegten Texttraditionen nicht in einem Nach-, sondern in einem Nebeneinander verstehen müssen; sie können als eigenständige Gestaltungen eines gemeinsamen Ausgangstextes gesehen werden."[4] Der griechische Übersetzer übersetzt „relativ frei". Er „schreibt gutes Übersetzungsgriechisch. Seine Wortwahl ist differenziert und dem Kontext bzw. der Sache angepasst. Sein griech. Wortschatz ist sehr groß." In der Wortfolge schließt er sich seiner Vorlage zumeist so weitgehend an, daß dies „in manchen Fällen zu einer Verletzung der Stilprinzipien der griech. Sprache" führt.[5] Er setzt gegenüber seiner hebräischen Vorlage eigene Akzente, indem er „sein Josuabuch stärker mit den anderen Geschichtsbüchern verzahnt hat, wie es besonders an den Vorverweisen auf die Könige- und Richterüberlieferung abzulesen ist."[6]

Augustinus folgt weiterhin der VL, die LXX übersetzt. Zweimal verweist er auf Übersetzungsvarianten unter seinen VL-Exemplaren: *qu.* 6,12; 6,30,1;

---

[1] Vgl. BIEBERSTEIN, *Lukian*.
[2] Vgl. GREENSPOON, *Studies* 269-377.380.
[3] Vgl. die Zusammenstellung BdA 34-38.
[4] RÖSEL, *Septuagintaversion* 199. DE TROYER, *Building* verdeutlicht dies am Beispiel des Altarbaus auf dem Berg Ebal Jos 8,30-35. Der Textbestand von Jos war wegen dessen gegenüber der Tora späteren und geringeren kanonischen Wertschätzung länger Wandlungen unterworfen. DE TROYER, *Rewriting* 29-58 versucht nachzuweisen, daß LXX, in der die Verse Jos 10,15.43 mit Gilgal fehlen, eine hebräische Vorlage bezeugt, die älter als TM ist, und daß Gilgal erst im 2. Jh.n.Chr. (!) in TM eingeführt wurde.
[5] SDE 608f.
[6] RÖSEL, *Septuagintaversion* 207f. Vgl. auch den HERTOG, *Studien* 158f.180-183 zu lexikalischen Differenzierungen und eigenen theologischen Akzenten gegenüber TM.

vielleicht weist er in *qu.* 6,26 eine Formulierung nach Art von VL:Cod.Lugd zurück. Er bezieht sich zwar fünfmal auf die Vulg: In *qu.* 6,7; 6,24 entnimmt er der Vulg eine Präzision bzw. Erläuterung, in *qu.* 6,15 eine Korrektur; in *qu.* 6,19 identifiziert er mit Hilfe der Vulg einen Zusatz der LXX, den diese aus der Kenntnis ihrer jüngsten Vergangenheit hinzugesetzt hat; in *qu.* 6,25 entnimmt er der lexikalischen Abweichung der LXX eine Prophetie auf die Kirche.[7] Aber er zieht die Vulg nicht systematisch heran.

Geistlicher Sinn

Für Passagen des Buches Josua gibt Augustinus nur selten eine übertragene Bedeutung. Er gebraucht dafür folgende Ausdrücke:
implere: qu. 6,9,2.
praenuntiare: qu. 6,25.
profundum mysterium: qu. 6,30,1.
prophetia: qu. 6,25.
sacramenta: qu. 6,30,1.
significare: qu. 6,4; 6,9,2; 6,9,3; 6,30,1.
significatio: qu. 6,11.
spiritaliter accipere: qu. 6,30,1.
testimonium: qu. 6,5.

Exkurs: Der gerechte Krieg, Gottes Gerechtigkeit und die Ausrottungskriege Israels

In den *QH* äußert Augustinus sich mehrfach zu den Kriegen, die Gott im Rahmen des Wüstenzuges und der Landnahme Israel befiehlt. Er behauptet gegen Angriffe der Manichäer, die daraus auf einen bösen Gott des Alten Testaments schlossen, stets, daß die einschlägigen Befehle Gottes gerecht sind.[8]
- Nur einmal definiert er den gerechten Krieg:
    Qu. 6,10 (zum Hinterhalt gegen Ai Jos 8,2):

---

[7] In *qu.* 6,26 lehnt Augustinus zwar eine Formulierung ab, die sich *de facto* in Vulg findet. Aber er benutzt nicht den üblichen Verweis auf die Vulg und hat wohl eher den Wortlaut eines von seiner Version abweichenden Textes nach Art der VL:Cod.Lugd im Auge, wo sich die Wendung bereits findet, die dann auch Hieronymus gebrauchte.
[8] Zu den Äußerungen über den gerechten Krieg in Augustins sonstigen Werken vgl. WEISSENBERG, *Friedenslehre* 122-171.440-446; BUDZIK, *Doctor* 293-302; RIEF, *Bellum* 88-104; FUX, *Paix* 117-140 (Anthologie); BERROUARD, *Bellum* 638-645; BRACHTENDORF, *Friedensethik* 239-245. BRACHTENDORF 243: „Augustinus bringt eine heilsgeschichtliche Differenzierung an [...] Im Alten Testament habe Gott tatsächlich Kriege befohlen, im Neuen befehle er hingegen Geduld und Friedfertigkeit."

iusta autem bella ea definiri solent quae ulciscuntur iniurias, si qua gens vel civitas, quae bello petenda est, vel vindicare neglexerit quod a suis inprobe factum est vel reddere quod per iniurias ablatum est.

„Als gerecht definiert man aber üblicherweise Kriege, die ungerechte Taten vergelten, wenn irgendein Volk oder eine Stadt, die kriegerisch angegriffen werden soll, es versäumt hat, entweder die schlechten Taten zu bestrafen, die ihre [Leute] begangen haben, oder das wieder herzugeben, was ungerechterweise geraubt worden ist."

- Da Augustinus freilich sehr wohl einsieht, daß die Kriege Israels nach dieser Definition mehrheitlich nicht als gerecht beurteilt werden können, fügt er sofort hinzu:

sed etiam hoc genus belli sine dubitatione iustum est, quod deus imperat, apud quem non est iniquitas [cf. Rm 9,14] et novit quid cuique fieri debeat.

„Ohne Zweifel ist aber auch die Art von Krieg gerecht, die Gott befiehlt, bei dem es keine Ungerechtigkeit gibt (vgl. Röm 9,14) und der weiß, was einem jeden zugefügt werden muß."

- Augustinus versucht hier und mehrfach nicht, die Gerechtigkeit des göttlichen Kriegsbefehls plausibel zu machen, sondern er verwehrt eine Argumentation, indem er, unter Anspielung auf Paulus, Röm 9,14, die Gerechtigkeit Gottes als eine Art theologisches Totschlagsargument einsetzt: Gott ist in jeder Beziehung gerecht; dieser Kriegsbefehl stammt von Gott; also ist der Befehl gerecht.[9]

- Augustinus folgert daraus, daß Israel, wenn es diesem Befehl Folge leistet, seinerseits gerecht handelt und keine Verantwortung für die unvermeidlichen Kriegsgreuel trägt. Nach dieser totalitären – unter den damaligen Voraussetzungen des Menschen- und Gottesbildes wohl unvermeidbaren – Argumentation enthebt der Gehorsam gegen Gott den Gehorchenden jeder Verantwortung, ja sogar des Rechts, den Befehl Gottes seinerseits ethisch zu beurteilen.

Hinc admonemur non iniuste fieri ab his qui iustum bellum gerunt, ut nihil homo iustus praecipue cogitare debeat in his rebus, nisi ut iustum bellum suscipiat, cui bellare fas est; non enim omnibus fas est [...] in quo bello ductor exercitus vel ipse populus non tam auctor belli quam minister iudicandus est.

„Dadurch werden wir belehrt, daß diejenigen, die einen gerechten Krieg führen, nicht ungerecht handeln; folglich muß ein gerechter Mensch in dieser Angelegenheit auf nichts anderes vornehmlich bedacht sein, als daß derjenige, dem Krieg zu führen erlaubt ist, einen gerechten Krieg führt; es

---

[9] Vgl. auch *qu.* 5,2; 6,18.

ist nämlich nicht allen erlaubt¹⁰ [...] In diesem Krieg ist der Heerführer oder das (Kriegs-)Volk selbst nicht so sehr als Urheber des Krieges als vielmehr als dienend Ausführender zu beurteilen."

- Daraus folgt, wie Augustinus im Zusammenhang des Befehles Gottes, die Israeliten sollten beim Auszug die Ägypter um ihre kostbaren Geräte und Kleider ausplündern (Ex 3,22), ausführt:

Qu. 2,6:
Mandati huius non potest iniustum esse iudicium. mandatum enim dei est, de quo non iudicandum sed ei obtemperandum fuit. ille enim novit quam iuste mandaverit; ad servum autem pertinet oboedienter facere quod mandavit.

„Man kann diesen Befehl nicht als ungerecht beurteilen. Es ist nämlich ein Befehl Gottes, den man nicht beurteilen durfte, sondern dem man willfahren mußte. Er weiß nämlich, wie gerecht sein Befehl war; dem Knecht aber kommt es zu, gehorsam auszuführen, was er befohlen hat."¹¹

- Im gerechten Krieg sind viele Kriegstaktiken erlaubt, zumal wenn Gott sie anordnet:

Qu. 6,10:
Cum autem iustum bellum susceperit, utrum aperta pugna, utrum insidiis vincat, nihil ad iustitiam interest.

---

¹⁰ Entsprechend übersetzen auch RIEF, *Bellum* 91; BAC und NBA, leicht abweichend WEISSENBERG, *Friedenslehre* 170. Einen anderen Sinn auf der Basis einer anderen syntaktische Analyse setzen OCA und FUX, *Paix* 122 („l'homme juste devrait donc avant tout songer dans ces matières à n'entreprendre une guerre que si elle est justifiée, contre qui est permis de la faire; ce n'est en effet pas licite contre tous") an. Für die obige Übersetzung spricht, daß Augustinus *bellare* auch sonst absolut, ohne nominale Ergänzung verwendet; vgl. *qu.* 6,17: *ad nullam civitatem bellando accessit Iesus*; *qu.* 6,18: *quasi praebenda esset, si non bellarent; ad hoc dictum esse intellegendum est istos ita bellasse, ut; ut ipsi iam illo non bellante divisas sibi terras partim iam hoste vacuas tenerent*; *qu.* 6,30,2: *quae ipsum Iesum bellantem secuta sunt*; *qu.* 7,8: *quod utique fecit longe lateque bellando; cum Scythae aliquando bellando in longinqua progrederentur*; *qu.* 7,17,3: *ut bellare discerent, id est, ut tanta pietate et oboedientia legis dei bellarent [...] qui domino deo etiam bellando placuerunt.* Außerdem ist gegen die Übersetzung von OCA und FUX anzuführen, daß Augustinus in *QH bellare* zwar gelegentlich mit Acc.-Objekt oder mit *adversus*, aber niemals mit Dat.-Obj. konstruiert.

¹¹ Dasselbe trifft nach *qu.* 2,39 auf einen Gerichtsdiener zu, der auf Anordnung eines Richters einen Delinquenten hinrichtet. Bezüglich der die gesamte Familie einbeziehenden Kollektivstrafe für Achans Beutefrevel, die Augustinus erhebliche Verständnisprobleme bereitet, vermerkt er in *qu.* 6,8, daß Gott zwar den menschlichen Richtern in Dtn 24,16 Kollektivstrafen verboten hat, daß dies aber für Gott in seiner *longe secretiore iustitia* und *alto et invisibili consilio suo* nicht gilt, da er auch nach dem Tod retten kann. Welchen Sinn diese Kollektivstrafe letztlich hatte, *latet apud eum apud quem non est iniquitas* (*qu.* 6,9,4).

„Wenn er aber einen gerechten Krieg begonnen hat, macht es bezüglich der Gerechtigkeit keinen Unterschied, ob er in offener Feldschlacht oder durch Hinterhalt siegt."[12]

- Im Fall des Krieges gegen die Amoriter nennt Augustinus einen gerechten Grund für einen gerechten Krieg:
  Qu. 4,44 (zu Num 21,21-25: Krieg gegen den Amoriterkönig Sihon):
  Notandum est sane quemadmodum iusta bella gerebantur. innoxius enim transitus negabatur, qui iure humanae societatis aequissimo patere debebat.
  „Es ist freilich zu beachten, auf welche Weise die gerechten Kriege geführt wurden. Es wurde nämlich ein harmloser Durchzug verweigert, der nach völlig billigem Recht der menschlichen Gesellschaft offen stehen mußte."
- Entgegen WEISSENBERG, *Friedenslehre* 391f. und anderen ist freilich nicht sicher, daß Augustinus diesen gerechten Grund auch als hinreichende Rechtfertigung des gerechten Krieges angesehen hat, zumal die Israeliten ja keineswegs nur den verweigerten Durchzug erkämpften, sondern das Land der Amoriter eroberten und besiedelten. Augustinus verweist vielmehr auf eine entsprechende Verheißung (und somit Landzueignung) JHWHs und gibt sogleich mit Num 20,14-21 ein Gegenbeispiel, in dem das gleiche Verhalten anderer Feinde aus gutem Grund nicht zu einem Krieg geführt hat, weil eine entsprechende Verheißung Gottes nicht vorlag.
  Nam Edom cum similiter eis transitum denegaret, non pugnaverunt cum ipsa gente Israelitae, id est filii Iacob cum filiis Esau, duorum germanorum atque geminorum, quia terram illam Israelitis non promiserat; sed declinaverunt ab eis.
  „Denn als Edom ihnen gleicherweise den Durchzug verweigerte, haben die Israeliten nicht mit diesem Volk gekämpft, d.h. die Söhne Jakobs mit den Söhnen Esaus, der beiden leiblichen und sogar Zwillingsbrüder, weil [der Herr] den Israeliten jenes Land nicht versprochen hatte; sondern sie bogen von ihnen ab."

---

[12] In *qu.* 6,11 kommt Augustinus noch einmal darauf zurück. Der Hinterhalt bereitet ihm Probleme, weil er eine Täuschungsabsicht und daher eine Lüge impliziert. Er rettet sich schließlich mit der Möglichkeit, daß dieser Hinterhalt eine zeichenhafte Bedeutung haben kann, auch wenn ihm keine einfällt: „Man muß fragen, ob jede Täuschungsabsicht als Lüge zu beurteilen ist und, falls das zutrifft, ob eine Lüge gerecht sein kann, durch die jener getäuscht wird, der es verdient hat, getäuscht zu werden; und wenn nicht einmal diese Lüge als gerecht erfunden wird, bleibt nur, daß nach irgendeiner zeichenhaften Bedeutung das, was bezüglich des Hinterhalts geschehen ist, auf die Wahrheit bezogen wird." Zu Augustins Äußerungen über die Lüge vgl. Einleitung in *qu.* 2: Exkurs: „Ethisch-moralische Prinzipien: Gehorsam ohne Eigenverantwortung und Lüge", S. 286-288.

In *qu.* 5,2 gibt Augustinus mit Dtn 2,30 andere Umstände an, die zum Krieg mit Sihon führten: JHWH selbst hatte das Herz Sihons verhärtet und kampflustig gemacht, um ihn zu dem verhängnisvollen Kampf aufzustacheln:

Nec tacetur hic causa indurationis huius, cum dicitur: ut traderetur in manus tuas sicut in hac die, id est ut vinceretur a te. quod non fieret, nisi resisteret; non autem resisteret nisi corde obdurato.

„Und auch der Grund für diese Verhärtung wird hier nicht verschwiegen, wenn es heißt: damit er in deine Hände ausgeliefert würde, wie es am heutigen Tag [geschehen ist], d.h. damit er von dir besiegt würde. Das würde nicht geschehen, wenn er sich nicht widersetzte; er würde sich aber nur mit verhärtetem Herzen widersetzen."[13]

In diesem Fall stellt sich unmittelbar die Frage nach Gottes Gerechtigkeit, zumal Israel nach Dtn 2,34 die gesamte Bevölkerung „der Vernichtung weihte", d.h. Männer, Frauen und Kinder vollständig ausrottete. Hier bleibt Augustinus wiederum nur der argumentationsverweigernde Rekurs auf die *a priori* feststehende uneingeschränkte und unerforschliche göttliche Gerechtigkeit:

Cuius rei iustitiam si quaesierimus, inscrutabilia sunt iudicia dei [Rm 11,33]; *iniquitas autem non est apud deum* [*cf.* Rm 9,14].

„Wenn wir nach der Gerechtigkeit dieses Vorgangs gefragt hätten, [müßten wir bedenken:] Unerforschlich sind die Entscheidungen Gottes. Ungerechtigkeit aber gibt es bei Gott nicht."[14]

- Augustinus verteidigt im Kontext der kriegerischen Gewalttaten nicht nur den befehlenden Gott und das ausführende Israel, sondern auch den Patriarchen Jakob und seine Sippe. Nach Gen 34 hat Sichem, der Sohn des Landesfürsten, die Jakobstochter Dina vergewaltigt. Aus Liebe zu ihr akzeptiert er als Vorbedingung der Heirat mit ihr, sich selbst und alle Männer der Stadt Sichem beschneiden zu lassen. Die Dinabrüder und Jakobssöhne Simeon und Levi nützen die Tatsache aus, daß die Sichemiten nach der Beschneidung im Wundfieber liegen, töten alle Männer Sichems und plündern die Stadt aus. Es ist Augustinus durchaus bewußt, daß Jakob sich in Gen 34,30-31 von dieser Mordtat distanziert (vgl. *qu.* 1,108) und er die beiden Söhne (nach seiner Exegese) in Gen 49,5-7 dafür tadelt und

---

[13] Vgl. *qu.* 6,18 (zu Jos 11,20: JHWH hat die Herzen der Völker Kanaans verhärtet, damit sie gegen Israel kämpften und von Israel ausgerottet werden konnten: *quod divino altoque iudicio iuste fieri minime dubitandum est*) und den Exkurs „Die Herzensverhärtung Pharaos" in der Einleitung in *qu.* 2, S. 271-274.

[14] Zu Augustins Begriff der *iustitia dei occulta* in Auseinandersetzung mit den Manichäern vgl. DODARO, *Iustitia* 870f.877f.

verflucht (vgl. *qu.* 1,167). Weil es sich nur um Söhne Jakobs handelt, bereitet ihm das kein Problem. Da Augustinus jedoch in Gen 48,22 mit LXX und VL die Aussage Jakobs vorfindet, er, Jakob, gebe die Stadt Sichem, die er durch Gewalt den Amoritern entrissen habe, seinem Sohn Josef, gerät Jakob persönlich in unmittelbare Verbindung zur Schandtat von Simeon und Levi; er präsentiert sich als den damaligen siegreichen Kriegsherrn. Obgleich diese Überwältigung Sichems nicht von Gott befohlen, sondern ein Akt der Rache unverhältnismäßiger Grausamkeit und unter Bruch des Friedens- und Eheversprechens begangen war, versucht Augustinus, sie als gerechten Krieg zu rechtfertigen!

Qu. 1,167 (zu Gen 48,22):
An quia Salem civitatem Sicimorum filii eius expugnaverunt et iure belli potuit eius fieri, ut iustum bellum cum eis gestum uideatur, qui tantam priores iniuriam fecerunt in eius filia contaminanda?
„Vielleicht, weil seine Söhne Salem, die Stadt der Sichemiten, erobert haben und sie kraft Kriegsrecht ihm zufallen konnte, so daß er einen gerechten Krieg gegen diejenigen geführt zu haben scheint, die zuvor durch Schändung gegen seine Tochter ein so großes Unrecht verübten?"

Mit diesen Ausführungen verrät Augustinus alle Prinzipien, die er selbst für einen gerechten Krieg aufgestellt hat. Die Unbescholtenheit Jakobs ist ihm wichtiger. Er ist damit letztlich aber auch nicht glücklich und weicht (ohne die Deutung als gerechten Krieg zurückzunehmen) auf eine typologische christologische Interpretation aus,[15] indem er den Vers Gen 35,4 heranzieht, demzufolge Jakob bei der Eiche von Sichem die Fremdgötterfigürchen seiner Entourage vergrub.

Procul dubio ergo aliquod hic latet propheticum sacramentum, quia et Ioseph quadam praecipua significatione Christum praefiguravit et ei datur illa terra, ubi disperdiderat obruendo deos alienos Iacob, ut Christus intellegatur possessurus gentes diis patrum suorum renuntiantes et credentes in eum.

„Ohne Zweifel liegt daher hier ein prophetisches Geheimnis verborgen, da Josef sowohl in wahrhaft hervorragender Symbolisierung Christus voraus dargestellt hat als auch ihm dasjenige Land gegeben wird, wo Jakob die

---

[15] Den moralisierenden Augustinus bringt Jakob mit seinen Lügen und Betrügereien mehrfach in Argumentationsnöte. Er weicht dann auch in diesen Fällen auf eine allegorisch-typologische Erklärung aus, selbst wenn ihm im konkreten Einzelfall keine einfällt. Vgl. Exkurs: „Patriarchen und deren Frauen und Verwandte" in Einleitung in *qu.* 1, S. 88-93. Die Probleme Augustins resultieren aus der Eigenart des biblischen Textes, in dem ältere Erzählungen über betrügerische oder zumindest fragwürdige Hirtenkniffe Jakobs in „Erzählungen über die geheime Führung Gottes im Leben Jakobs" (JEREMIAS, *Theologie* 70) umgewandelt wurden.

fremden Götter vernichtet hatte, indem er sie vergrub, damit man versteht, daß Christus die Völker besitzen sollte, die den Göttern ihrer Väter abschwören und an ihn glauben."

- Schließlich hat Augustinus ein letztes Argument, mit dem er die Grausamkeit der von Gott befohlenen und infolgedessen gerechten Ausrottungskriege Israels zu relativieren sucht.

Qu. 6,16 (zu Jos 11,14-15):
Propter hoc nullo modo putanda est ista crudelitas, quod nullum vivum in civitatibus sibi traditis dimittebat Iesus, quia deus hoc iusserat. Qui autem existimant hinc deum ipsum fuisse crudelem et propter hoc veteris testamenti verum deum fuisse auctorem nolunt credere, tam perverse de operibus dei quam de peccatis hominum iudicant nescientes quid quisque pati dignus sit et magnum putantes malum, cum casura deiciuntur mortalesque moriuntur.

„Deswegen[16] ist dies keinesfalls für Grausamkeit zu halten, daß Josua in den ihm ausgelieferten Städten nichts am Leben ließ, weil Gott dies befohlen hatte. Diejenigen aber, die daraus schließen, daß Gott selbst grausam war, und deswegen nicht glauben wollen, daß der wahre Gott der Autor des Alten Testaments gewesen ist, urteilen ebenso abwegig über die Werke Gottes wie über die Sünden der Menschen, da sie nicht wissen, was jeder zu erleiden verdient hat, und weil sie es für ein großes Übel halten, wenn, was fallen muß, gefällt wird und sterbliche Wesen sterben."

In prägnanter Kürze und großer Kälte formuliert er dies in anderem Zusammenhang in *qu.* 6,8:

Non enim aliquid dirum, quantum adtinet et universi mundi administrationem, contingit mortalibus, cum moriuntur quandoque morituri.

„Auch was das Regiment über die ganze Welt angeht, geschieht den Sterblichen nämlich nichts Grauenhaftes, wenn sie sterben, da sie ja ohnehin irgendwann sterben müssen."[17]

---

[16] „Deswegen" d.h. weil Josua damit einen ihm durch Mose übermittelten Befehl Gottes ausgeführt hat. Josua ist nicht grausam, weil er nur Gottes Befehl gehorcht; Gott ist nicht grausam, weil er seine gerechten Gründe hat. Die Grausamkeit der Tat bemißt sich in dieser Logik nicht nach dem Leid, das den Frauen und Kindern der Feinde angetan wurde, sondern danach, ob diese Ausrottung von Gott befohlen wurde oder nicht.

[17] Vgl. *civ.* 1,11.

TEXT UND ÜBERSETZUNG

LIBER SEXTUS. QUAESTIONES IESU NAVE

1 Dominus dicit ad Iesum Nave: *Et sicut eram cum Moyse, ita ero et tecum*. Non solum autem hoc testimonio sed etiam in Deuteronomio multis documentis probatur Moyses ita defunctus ut dei famulus et deo placens, quamvis in eo illa vindicta completa sit, ne terram promissionis intraret. Ex quo datur intellegi dominum etiam bonis servis suis in aliquo suscensentem et temporaliter vindicare et tamen in eorum habere numero, quae sunt in domo eius vasa in honorem utilia domino, quibus daturus est promissa sanctorum.

2 Quaestio est, quomodo posteaquam locutus est dominus ad Iesum Nave exhortans et confirmans eum seque promittens cum illo futurum mandaverit idem Iesus populo per scribas, ut praepararent cibaria, quod post tres dies Iordanem fuerant transituri, cum inveniantur post multo plures dies transisse Iordanem. Cum enim haec populo mandasset, misit exploratores in Iericho, quoniam Iordane transiecto ipsa proxima civitas occurrebat; illi autem diverterunt ad Raab mulierem fornicariam et ab illa occultati atque a rege quaesiti et minime inventi eadem dimittente illos per fenestram et monente, ut triduo laterent in montanis, quattuor dies videntur esse consumpti. Inde posteaquam nuntiaverunt quae circa illos gesta fuerint promovit Iesus cum populo universo de loco, ubi erat diluculo. Qui cum venisset ad Iordanem, divertit et mansit; tunc rursus populus admonetur, ut post triduum se praeparet transire Iordanem arca domini praecedente. Hinc ergo intellegitur humanam fuisse dispositionem, quam fecit populo nuntiari, ut cibaria praepararent tamquam post tres dies memoratum fluvium transituri; potuit enim hoc sicut homo sperare fieri posse, si exploratores celeriter revertissent. Quibus tardantibus intellegitur, quamvis scriptura tacuerit, ex divina dispositione cetera inpleta, ut iam inciperet apud populum glorificari Iesus et ostendi, quod cum illo dominus esset, sicut fuerat

---

1,3 quamvis...4 intraret] cf. Nm 20,12; Dt 1,37;32,48-52; 34,4-5   **6** vasa...7 domino] cf. 2 Tm 2,21

Incipiunt quaestiones iesu nave P *(fol.168)*, S *(pag. 484)*, Inc̄ quaestiones eiusdem libri *(iesu nave)* N *(fol. 179ᵛ p, fol. 122ˣ n)*, Incipiunt questiones ihesu nave U *(fol. 195)* T *(fol. 144)*. **1,1** et¹ *om.* V | **3** eo] se n | **5** suscensentem] irascentem U | **2,3** Iesus] Isrł N | praepararent] praepararent P S V¹ N U | **4** transisse] transire n | **5** Iericho] Iericho p, Hierichum P S V, Hiericho N U, Iherico T | **6** transiecto] traiecto p S V T Am. μ | **7** occultati] occultatis V | quaesiti] quaesitis V | **10** illos] eos n | promovit Iesus] primovitiis n | **11** venisset] venissent T | **12** rursus] rursum V | **13** fuisse] primam *add.* N | **14** quam] qua* V | praepararent] praeparent P S V¹ n U¹ | **18** Iesus] Isrł N *(ita saepe)*

SECHSTES BUCH. FRAGEN ZUM BUCH JOSUA

qu. 6,1 (zu Jos 1,5)

1 Der Herr sagt zu Josua (Ben) Nun: „Und wie ich mit Mose war, so werde ich auch mit dir sein." Nicht nur aber durch dieses Zeugnis, sondern auch durch viele Belege im Deuteronomium wird erwiesen, daß Mose so als Diener Gottes und Gott wohlgefällig gestorben ist, obgleich an ihm jene Strafe vollzogen worden ist, daß er nicht in das Land der Verheißung eintreten durfte (vgl. Num 20,12; Dtn 1,37; 32,48-52; 34,4-5). Dadurch gibt die Schrift zu erkennen, daß der Herr auch seine guten Diener, wenn er in irgendeiner Angelegenheit [über sie] aufgebracht ist, einerseits zeitlich straft und [sie] dennoch andererseits zu denen zählt, die in seinem Haus dem Herrn nützliche Gefäße zur Ehre sind (vgl. 2Tim 2,21), denen er die Verheißungen für die Heiligen geben wird.

qu. 6,2 (zu Jos 1,11; 2,1-6.15-16; 3,1-3.7)

2 Es stellt sich die Frage, wieso, nachdem der Herr zu Josua [Ben] Nun gesprochen hatte, indem er ihn ermahnte und bestärkte und ihm versprach, er werde mit ihm sein, derselbe Josua dem Volk durch Schreiber aufgetragen hat, sie sollten Nahrungsmitttel zubereiten, weil sie nach drei Tagen über den Jordan ziehen würden, obgleich man doch feststellt, daß sie viele Tage später über den Jordan gezogen sind. Denn nachdem er dies dem Volk aufgetragen hatte, schickte er Kundschafter nach Jericho, weil eben diese nach der Überschreitung des Jordan als nächste Stadt vor ihnen lag; jene aber kehrten bei Rahab, einer Prostituierten, ein, und sie wurden von jener versteckt und vom König gesucht, aber keineswegs aufgespürt, da eben diese jene durch das Fenster entkommen ließ und sie ermahnte, sie sollten sich drei Tage lang im Gebirge verstecken, so scheinen vier Tage vergangen zu sein. Darauf zog Josua, nachdem jene berichtet hatten, was sie erlebt hatten, mit dem ganzen Volk von dem Ort, wo er sich aufhielt, bei Anbruch des Tages los. Als er den Jordan erreicht hatte, übernachtete er dort und blieb dort; dann wird das Volk wiederum aufgefordert, sich nach drei Tagen bereit zu halten, den Jordan zu überschreiten, wenn die Lade des Herrn vorausziehe. Daraus schließt man folglich, daß es menschliche Planung war, die er dem Volk ankündigen ließ, daß sie Verpflegung vorbereiten sollten, gleich als ob sie nach drei Tagen den erwähnten Fluß überschreiten würden; er konnte nämlich als Mensch hoffen, daß dies geschehen könne, wenn die Kundschafter schnell zurückgekehrt wären. Da diese sich verspäteten, versteht man, obgleich die Schrift daüber geschwiegen hat, daß das übrige entsprechend der göttlichen Planung vollendet wurde, damit Josua schon begänne, vor dem Volk verherrlicht zu werden, und es begänne, offenbar zu werden, daß der Herr mit ihm war, wie er mit Mose gewesen war. Denn auch folgendes wird jenem, als er sich anschickte, den Fluß zu überschreiten, gesagt, wie geschrieben steht:

cum Moyse. Nam et hoc illi dicitur fluvium transituro, sicut scriptum est: *Et dixit dominus ad Iesum: In die isto incipiam, exaltare te coram omnibus filiis Israhel, ut sciant quoniam sicut eram cum Moyse sic ero et tecum.* Nec incredibile debet videri etiam illos, cum quibus deus loquebatur, aliquid ex humana dispositione agere voluisse, in qua sibi deum tamen fiderent esse rectorem, eorumque ex illius a quo regebantur providentia consilia fuisse mutata. Nam et Moyses ipse utique tamquam homo putaverat esse faciendum, ut causas populi sic audiret, quemadmodum et sibi et illis onus intolerabile subeundo prodesse non posset; eiusque dispositio divinitus et hoc ipsum socero eius suggerente et monente atque hanc admonitionem deo adprobante mutata est.

3 Scribae populo dicunt: *Cum videritis arcam testimonii domini dei nostri et sacerdotes nostros et levitas tollentes eam, proficiscimini de locis vestris et ite post eam. Sed longum intervallum sit inter vos et illam, quantum duo milia cubitorum stabitis; ne propinquetis ei, ut sciatis viam quam ibitis in eam. Non enim abistis viam ab hesterna et nudustertiana die.* Longe iussum est arcam praecedere, ut posset a populo videri. Tam grande quippe agmen, si post eam proximum pergeret, non eam videret praeire nec nosset qua sequeretur. Ex hoc autem facto intellegendum est, quod columna illa nubis, quae solebat movendis castris signum dare et iter ostendere, iam recesserat nec eis adparebat; hinc factum est, ut etiam triduum illud ex humana dispositione praediceretur. Nunc ergo duce Iesu arcam domini sequuntur nube subtracta tamquam velamine ablato. *Iordanes autem plenus erat per totam crepidinem suam sicut in diebus messis tritici.* Hoc incredibile videtur regionibus nostris. Ibi autem, sicut perhibent qui noverunt, initio veris est messis tritici; tunc autem ille fluvius repletur amplius quam per hiemem.

2,24 Ex 18,13-26   **3,7** columna…8 ostendere] cf. Ex 13,21   **9** ut…10 praediceretur] cf. *qu.* 6,2

---

23 fiderent] viderent $P\,V\,U$ | **3,1** populo] populi $V\,T$ | **2** levitas] levites $P\,S\,U^1$ | **4** in] *codd. edd., seclusit* ζ | viam² *om.* p | nudustertiana] nudiustertiana $C\,S\,V^2\,U^2\,Am.\,\mu\,\zeta$ | **5** longe] de *praem.* V | praecedere] praecidere N | **6** praeire] periret $P\,T^1$ | **10** praediceretur] praedicaretur N | Iesu] Iesum N | **11** iordanes] Iordanis $V^1\,n\,T$ | **13** initio] in *praem. Am. μ*

---

[1] Dieses Verb, das den Zusammenhang verwirrt, hat erst LXX hinzugefügt. AULD, *Joshua* 104.

[2] Da die hebräische Relativpartikel indeklinabel ist, muß das Bezugswort im Relativsatz

„Und der Herr sagte zu Josua: Am heutigen Tag werde ich damit beginnen, dich groß zu machen vor allen Söhnen Israel, damit sie erkennen, daß ich, wie ich mit Mose war, so auch mit dir sein werde." Und es darf nicht unglaubhaft erscheinen, daß auch jene, mit denen Gott sprach, einiges nach menschlicher Planung durchführen wollten, bezüglich der sie dennoch darauf vertrauten, daß Gott sie leite, und daß ihre Pläne nach der Vorsehung jenes, durch den sie geleitet wurden, abgeändert wurden. Denn auch Mose hatte seinerseits, natürlich als Mensch, gemeint, er müsse so verfahren, daß er die Angelegenheiten des Volkes auf eine solche Weise anhörte, wie es weder ihm, indem er eine unerträgliche Last auf sich nahm, noch jenen nützen konnte; und sein Verfahren wurde von Gott abgeändert, indem sein Schwiegervater eben dazu riet und ihn dazu aufforderte und auch Gott diesen Ratschlag anerkannte (vgl. Ex 18,13-26).

qu. 6,3 (zu Jos 3,3-4.15)

3 Die Schreiber sagen zu dem Volk: „Wenn ihr die Lade des Zeugnisses des Herrn, unseres Gottes, und unsere Priester und Leviten, die sie tragen, gesehen habt, brecht auf von euren Plätzen und folgt ihr. Aber es soll ein großer Abstand zwischen euch und jener sein, im Abstand von zweitausend Ellen sollt ihr stehen bleiben;[1] nähert euch ihr nicht, damit ihr den Weg erkennt, den ihr gehen sollt.[2] Ihr seid den Weg ja seit gestern und vorgestern nicht gegangen." Die Schrift hat befohlen, daß die Lade in weitem Abstand vorausgehen soll, damit sie vom Volk gesehen werden könne. Wenn ein so langer Zug ganz nahe hinter ihr herziehen würde, würde er sie ja nicht vorausgehen sehen und auch nicht wahrnehmen, auf welchem [Weg] er [ihr] folgen sollte. Aus diesem Umstand ist aber zu schließen, daß jene Wolkensäule, die das Zeichen zum Aufbruch des Lagers zu geben und den Weg zu zeigen pflegte (vgl. Ex 13,21), sich schon zurückgezogen hatte und ihnen nicht mehr erschien; daher ist es geschehen, daß auch jene Zeitspanne von drei Tagen nach menschlicher Planung angekündigt wurde (vgl. *qu.* 6,2). Jetzt folgen sie daher der Lade des Herrn unter der Führung Josuas, da die Wolke verschwunden und so gleichsam die Hülle entfernt worden war. „Der Jordan aber füllte sein ganzes Flußbett[3] wie in den Tagen der Weizenernte." Das erscheint in unseren Gegenden unglaubhaft. Dort aber findet, wie diejenigen, die sich auskennen, bezeugen, am Frühlingsanfang die Weizenernte statt; dann aber füllt sich jener Fluß stärker an als den Winter über.

---

zusätzlich pronominal aufgenommen werden. LXX, gefolgt von VL, gibt dies sklavisch wieder: τὴν ὁδόν, ἣν πορεύεσθε αὐτήν, *quam ibitis in eam*, wörtlich: „den ihr ihn gehen sollt". Vgl. *loc.* 6,2.

[3] So übersetzt SD. Wörtlich: „Der Jordan aber war voll entlang seinem ganzen Uferrand." *Crepido* ist ein latinisiertes griechisches Fremdwort: κρηπίς. Vulg: *ripas alvei sui*.

4 *Et erunt vobis lapides isti memoriale filiis Israhel usque in aeternum.* Quomodo in *aeternum*, cum caelum et terra transeant? An quoniam aeternum aliquid significant hi lapides, cum ipsi aeterni esse non possint? Quamvis possit quod in Graeco est: ἕως τοῦ αἰῶνος, dici Latine et usque in saeculum, quod non est consequens ut intellegatur aeternum.

5 *Et dixit dominus ad Iesum dicens: Manda sacerdotibus portantibus arcam testamenti testimonii.* Solet dici arca testamenti vel arca testimonii; nunc dicta est arca testamenti testimonii, ut non solum arca sed etiam ipsum testamentum appellaretur testamentum testimonii. Hinc enim dicit apostolus: *Nunc autem sine lege iustitia dei manifestata est testimonium habens per legem et prophetas.* In cuiusdam enim rei alterius venturae testimonium datum fuerat illud, quod dicitur testamentum vetus.

6 *Dixit dominus ad Iesum: Fac tibi ipsi cultros de petra acutos vel,* sicut habet Graecus, *de petra acuta et sedens circumcide filios Israhel iterum.* In hoc praecepto quaeritur cur dixerit *iterum*; non enim unus homo bis circumcidendus erat. Sed quia unus populus erat in quibusdam circumcisus, in quibusdam non circumcisus, ideo dictum est *iterum*, ut circumcisus iterum circumcideretur non homo, sed popu-

---

4,2 cum...transeant] cf. Mt 24,35   **5,4** Rm 3,21

4,1 quomodo...2 aeternum¹ *om. p* | 2 caelum] caelo *p* | 4 ἕως...αἰῶνος] eostuaeonos *p P S V*, eostueonos *n*, *ostuaeonos *T* | **5,3** testamentum] testimonium *P, corr. m. 2* | appellaretur] appelletur *p* | 4 lege] legis *n* | **6,3** bis *om. P¹* | erat *om. P V T* | 4 non *om. n*

---

[4] „Für euch" ist ein Zusatz der LXX.

[5] In Jos 4 wechseln schon in TM die Bezeichnungen für die Lade: von den sechs Belegen in 4,7.9.10.11.16.18 stimmen nur 4,7 und 18 überein. LXX folgt TM, ergänzt aber in den drei Belegen 4,10.11.16, wo TM בְּרִית nicht hat, τῆς διαθήκης. So entsteht in 4,18, wo TM nur: אֲרוֹן הָעֵדוּת „Lade des Zeugnisses" hat, in LXX, gefolgt von VL, der überfüllte Ausdruck: τὴν κιβωτὸν τῆς διαθήκης τοῦ μαρτυρίου κυρίου.

[6] TM hat nur: „steinerne Messer".

[7] Der Text der LXX weicht in der Beschneidungsperikope Jos 5,2-9 stark von TM ab (nach TM waren alle Israeliten, die aus Ägypten auszogen, beschnitten, nur die während der Wüstenwanderung Geborenen blieben unbeschnitten; nach LXX, gefolgt von VL, war auch ein Teil, wenn nicht sogar die Mehrheit der aus Ägypten Ausgezogenen unbeschnitten), ist kürzer und insofern widersprüchlich, als ihm zufolge Josua auch die Unbeschnittenen, die aus Ägypten ausgezogen waren, beschnitten hat, obgleich die gesamte Ägypten-Generation vor dem Einzug in das Verheißungsland gestorben war. Zu dem

qu. 6,4 (zu Jos 4,7)

4 „Und diese Steine sollen für euch[4] ein Erinnerungszeichen für die Söhne Israel auf ewig sein." Wieso „auf ewig", da doch Himmel und Erde vergehen (vgl. Mt 24,35)? Vielleicht, weil diese Steine, obgleich sie ihrerseits nicht ewig sein können, etwas Ewiges bezeichnen? Gleichwohl könnte der Ausdruck im Griechischen: ἕως τοῦ αἰῶνος durchaus auf Lateinisch auch wiedergegeben werden: *usque in saeculum* (auf lange Zeit); das muß nicht notwendigerweise als *aeternum* (ewig) verstanden werden.

qu. 6,5 (zu Jos 4,15-16)

5 „Und der Herr sagte zu Josua: Gebiete den Priestern, die die Lade des Bundes des Zeugnisses[5] tragen." Üblicherweise wird gesagt ‚Lade des Bundes' oder ‚Lade des Zeugnisses'; jetzt wurde sie „Lade des Bundes des Zeugnisses" genannt, damit nicht nur die Lade, sondern auch der Bund seinerseits ‚Bund des Zeugnisses' genannt würde. Daher sagt nämlich der Apostel: „Jetzt aber ist die Gerechtigkeit Gottes ohne das Gesetz offenbart worden, die Bezeugung hat durch das Gesetz und die Propheten" (Röm 3,21). Denn jener Bund, der ‚Alter Bund' genannt wird, war zum Zeugnis für irgendeine andere zukünftige Sache gegeben worden.

qu. 6,6 (zu Jos 5,2-7)

6 „Der Herr sagte zu Josua: Mach dir selbst scharfe Messer aus Stein" oder, wie der Grieche hat, „aus scharfkantigem Stein[6] und setz dich hin[7] und beschneide die Söhne Israel noch einmal." Man fragt, warum die Schrift in diesem Gebot „noch einmal" gesagt hat; denn kein einziger Mensch mußte zweimal beschnitten werden. Aber weil das eine einzige Volk aus einigen Beschnittenen und einigen Unbeschnittenen bestand, deswegen ist gesagt worden: „noch einmal", damit nicht ein beschnittener Mann, sondern das Volk noch einmal beschnitten würde, denn auch das folgende zeigt dies. Die Schrift sagt nämlich:

---

umstrittenen Verhältnis der beiden Textformen, den darauf bezogenen Debatten zwischen antiken Juden und Christen und zu den sprachlichen Problemen in 5,2 vgl. DEN HERTOG, *Studien* 145-149, BdA und SDE. TM: „Beschneide die Söhne Israel wiederum (שׁוּב), zum zweiten Mal (שֵׁנִית)." Es ist zwar nicht gemeint, daß dieselben Personen zum zweiten Mal beschnitten werden sollen, die Wendung kann aber so verstanden werden. Die LXX hat „zum zweiten Mal" entweder unterdrückt oder in ihrer hebräischen Vorlage nicht gelesen. Das in dieser Vorlage defektiv geschriebene שׁב hat sie im Gegensatz zu TM nicht als שׁוּב (‚Kehre zurück', hier desemantisiert: ‚wiederum') gedeutet, sondern als שֵׁב (‚setz dich hin'). LXX sagt somit: „Setz dich hin und beschneide die Israeliten." So auch VL:Cod.Lugd.: *et sedens circumcide filios Istrahel*. Die VL des Augustinus übersetzt allerdings einen Wortlaut alexandrinischen Typs, der eine hebräische Vorlage mit שֵׁנִית = εκ δευτερου ‚zum zweiten Mal' wiedergibt.

lus; nam et sequentia id ostendunt. Dicit enim scriptura: *Et fecit Iesus cultros petrinos sibi ipsi acutos et circumcidit filios Israhel in loco qui vocatur collis praeputiorum. Hoc autem modo circumpurgavit Iesus filios Israhel: Qui aliquando fuerant in via et qui aliquando incircumcisi erant eorum qui exierant ex Aegypto, omnes istos circumcidit Iesus. Quadraginta enim et duobus annis conversatus est Israhel in deserto Mabdaritide, et ideo incircumcisi erant illorum plurimi pugnatorum qui exierant de terra Aegypti, qui inoboedientes fuerant mandatis dei, in quibus et definierat dominus eis, ne viderent illi terram quam iuraverat dominus patribus eorum dare illis, terram fluentem lac et mel. Pro his autem substituit filios eorum, quos circumcidit Iesus, eo quod fuissent in itinere incircumcisi.* Manifestum est ergo non omnes fuisse, sed quosdam. Quidam enim de Aegypto exeuntium filii in illo populo incircumcisi erant, quos potuit circumcidere Iesus; illorum scilicet filios, qui genuerunt in deserto et contempserunt eos circumcidere, quod inoboedientes erant legi dei. Nulla itaque causa est cur hi qui putant rebaptizandos eos qui habent christiani baptismi sacramentum hoc testimonio legis adiuvari se putent, quia nullus bis numero unus homo est circumcisus, sed populus qui iam fuerat in quibusdam circumcisus, in quibusdam vero adhuc incircumcisus erat. Et si aliquo modo id fieri posset, ut bis circumcidi hominem deus iuberet, numquid possunt dicere ideo fuisse praeceptum, quia illi ab Aegyptiis fuerant circumcisi aut ab aliquibus haereticis ab Israhelitarum societa-

---

6,12 ne...13 illis] cf. Dt 1,35

---

7 sibi] *bis pon.* P S¹ V | **8** circumpurgavit] circumpugnavit *n* | **9** incircumcisi] circumcisi P¹ ex] in V¹ *n* | **10** Mabdaritide] Mabdarithide P, Mabdarith S V T | et²] *incl.* z | **11** exierant] exierunt S *n* T *Am.* μ | **13** lac] fac *n* | **14** fuissent] fuisset P¹ | **18** hi] ii *Am.* μ | **20** putent] putant *n* | nullus] nullum P S¹ | **21** fuerat] fuerant *p* | adhuc] adhunc P¹

---

⁸ SIPILÄ, *Text* 259 Anm. 11: das seltene Verb *circumpurgavit* („reinigte ringsum" für „beschnitt") Jos 5,4 ist die wörtliche Entsprechung zu LXX: περιεκάθαρεν. Zu dem umfangreichen und verwirrten Zusatz, den VL:Cod.Lugd. hier im Gegensatz zur VL des Augustinus hat, vgl. SIPILÄ, *Text*.
⁹ SIPILÄ, *Text* 260 Anm.13: *aliquando* Jos 5,4 gibt ὅσοι ποτὲ („so viel wie", „alle, die") wieder.
¹⁰ Jos 5,6: TM hat hier, wie auch sonst (Ex 16,35; Num 14,33.34; 32,13; Dtn 2,7; 8,2.4; 29,4), für die Wüstenzeit die runde Zahl vierzig Jahre, LXX folgt jeweils TM (nur in Dtn 8,2 fehlt die Zahlenangabe), nur hier hat sie zweiundvierzig Jahre. Nach Dtn 2,14 TM+LXX hat Israel nach der Revolte des Volkes infolge des Berichts der Kundschafter in Kadesch Barnea bzw. Kadesch in der Wüste Paran achtunddreißig Jahre bis zum Tod der Kundschafter und der murrenden Generation in der Wüste umherziehen müssen, bevor die inzwischen herangewachsene neue Generation das den Stämmen Israels zuge-

„Und Josua machte für sich selbst scharfe Steinmesser und beschnitt die Söhne Israel an dem Ort, der ‚Hügel der Vorhäute' genannt wird. Auf folgende Weise aber reinigte Josua die Söhne Israel ringsum[8]: Diejenigen, die einst unterwegs [geboren] worden waren, und diejenigen von denen, die aus Ägypten ausgezogen waren, die einst[9] unbeschnitten waren, diese alle beschnitt Josua. Denn Israel hatte sich zweiundvierzig Jahre[10] lang in der Mabdaritis-Wüste[11] aufgehalten, und daher waren die meisten jener Krieger unbeschnitten, die aus dem Land Ägypten ausgezogen waren,[12] die den Geboten Gottes ungehorsam gewesen waren, über die der Herr [zur Strafe] für sie auch festgelegt hatte,[13] daß sie das Land nicht sehen sollten, das der Herr ihren Vätern zu geben geschworen hatte (vgl. Dtn 1,35), das Land, das von Milch und Honig fließt. An deren Stelle aber ließ er ihre Söhne treten, die Josua deswegen beschnitt, weil sie unterwegs unbeschnitten geblieben waren." Offenkundig waren folglich nicht alle, sondern nur einige [unbeschnitten]. Einige Söhne derjenigen, die aus Ägypten auszogen, waren nämlich in jenem Volk unbeschnitten; sie konnte Josua beschneiden, die Söhne jener [Männer], versteht sich, die sie in der Wüste gezeugt und aus Verachtung nicht beschnitten hatten, weil sie dem Gesetz Gottes ungehorsam waren. Daher gibt es keinen Grund dafür, daß diejenigen, die meinen, daß die, die das Sakrament der christlichen Taufe haben, wiedergetauft werden sollten, der Überzeugung sind, durch dieses Zeugnis des Gesetzes unterstützt zu werden, denn kein einziger Mann ist zweimal beschnitten worden, sondern das Volk, zu dem eben einige Beschnittene, aber auch einige noch Unbeschnittene gehörten. Und selbst wenn es irgendwie geschehen könnte, daß Gott anordnete, einen Mann zweimal zu beschneiden, könnten sie etwa behaupten, dies sei deswegen vorgeschrieben worden, weil jene von den Ägyptern beschnitten worden waren oder von irgendwelchen Häretikern, die von der

---

dachte Gebiet betreten konnte. Zusammen mit den zwei Jahren, die Israel von Ägypten über den Sinai/Horeb bis zur Wüste Paran brauchte (Num 10,11-12), ergibt das die vierzig Jahre. Hier in Jos 5,6 hat die LXX anders gerechnet: sie hat zur Wüstenzeit ab Kadesch, die nach Num 14,33-34 vierzig Jahre dauerte, die zwei Jahre bis Kadesch hinzugerechnet und kommt so auf zweiundvierzig Jahre. Vgl. BIEBERSTEIN, *Josua* 201.203; SDE; AULD, *Joshua* 126.

[11] LXX hat: ἐν τῇ ἐρήμῳ τῇ Μαδβαρίτιδι „in der Madbaritiswüste", das ist Übersetzung und zusätzliche Transkription des TM: בַּמִּדְבָּר „in der Wüste" (ähnlich Jos 18,12). Die VL Augustins hat durch Konsonantenumstellung zusätzlich in „Mabdaritis" verballhornt. VL:Cod.Lugd. hat wie TM nur *in deserto*.

[12] LXX formuliert hier nicht nur sehr frei gegenüber TM, sondern erzeugt auch einen zum Kontext spannungsvollen Wortlaut (BIEBERSTEIN, *Josua* 202).

[13] VL:Cod.Lugd. hat einen verständlicheren Wortlaut: *quibus et definierat ne*.

te segregatis? Cum vero etiam satis adpareat quare sit a deo dictum, nullum hic possunt homines erroris sui patrocinium reperire.

7 Quando Iesus vidit virum *contra se stantem* evaginato gladio et eo respondente dicit, quod esset *princeps militiae virtutis domini*, et prostratus in terram dixit: *Quid praecipis tuo famulo?* Quaeri potest, utrum angelo se prostraverit eumque dixerit dominum an potius intellegens a quo missus fuerit ipsum dominum dixerit eique se prostraverit. Erat autem, sicut legitur, Iesus in Iericho, non utique in ipsa civitate, cuius muri nondum ceciderant, quod mox futurum erat, ut in eam possent intrare, sed in agro ad eam pertinente; nam interpretatio, quae est ex Hebraeo, sic habet.

8 In eo quod factum est, ut Achar de tribu Iuda furaretur de anathemate civitatis Iericho contra praeceptum domini, et propter eius peccatum tria milia quae missa fuerant in Gai dederunt terga hostibus et occisi sunt ex eis triginta sex viri et populo graviter territo Iesus cum senioribus se prostravit ad dominum eique responsum est ideo factum esse, quod peccaverit populus, minatus est etiam deus non se cum eis futurum, nisi abstulerint anathema de se ipsis, et quod ostensus est qui fecerat nec solus occisus, sed cum omnibus suis: Quaeri solet quomodo iuste pro alterius peccatis in alios vindicetur, maxime quia in lege dominus dixit nec patres pro filiorum nec filios pro patrum peccatis esse puniendos. An illud iudicantibus hominibus est praeceptum, ne quemquam pro altero puniant, dei autem iudicia non sunt eius modi, qui alto et invisibili consilio suo novit quatenus extendat etiam temporalem hominum poenam salubremque terrorem? Non enim aliquid dirum, quantum adtinet et universi mundi administrationem, contingit mortalibus, cum moriuntur quandoque morituri. Et tamen apud eos qui talia metuunt disciplina sancitur, ut non se solum quisque

---

8,9 nec[1]...10 puniendos] cf. Dt 24,16

25 etiam satis] satis etiam *Am. μ* | hic] hinc *N* | **7,1** quando] quomodo *S* | **2** dicit] didicit *N T* | **4** dominum[1]] d̄m̄ *S¹* | fuerit] fuerat *T Am. μ* | **7** pertinente] pertinentem *P S¹ N* | **8,4** se *om. P* | **6** eis] illis *T* | **7** quaeri] quod non tantum unusquisque pro se sed et pro aliis debeat esse sollicitus suis *praem. T* | **8** vindicetur] ut indicetur *n* | **10** illud] aliud *Am. μ* | **11** sunt] sint *P V N* | et invisibili] invisibili et *V¹* | **12** quatenus *om. P¹* | etiam *om. T* | **13** universi] adversi *T* | **14** contingit] contingi *P¹* | **15** eos *om. S¹* | metuunt] metunt *P¹*

---

[14] Eigenartigerweise läßt Augustinus im Zitat gerade das Wort aus, nach dessen Referenz er im folgenden fragt. TM: מַה־אֲדֹנִי מְדַבֵּר; LXX: Δέσποτα, τί προστάσσεις; *quid dominus meus loquitur*; VL:Cod.Lugd.: *Domine, quid praecipis*.

Gemeinschaft der Israeliten abgesondert waren? Da ja aber genügend klar zutage liegt, warum Gott das angeordnet hat, können die Menschen hier keinerlei Verteidigung ihres Irrtums finden.

qu. 6,7 (zu Jos 5,13-15)

7 Als Josua einen Mann mit gezücktem Schwert „sich gegenüberstehen" sah und durch seine Antwort erfuhr, daß er „der Fürst der Streitmacht des Herrn" war, und er, nachdem er sich zu Boden geworfen hatte, sagte: „Was befiehlst du deinem Knecht?"[14], kann man fragen, ob er sich vor einem Engel niedergeworfen und ihn ‚Herrn' genannt hat, oder ob er vielmehr, da er verstand, von wem er gesandt worden war, diesen ‚Herrn' genannt und sich vor ihm niedergeworfen hat. Josua befand sich aber, wie man liest, ‚in Jericho', natürlich nicht in der Stadt selbst, deren Mauern noch nicht gefallen waren, was bald geschehen sollte, so daß sie sie betreten konnten, sondern auf dem zu ihr gehörigen freien Feld, denn die Übersetzung, die aus dem Hebräischen gefertigt ist, hat es so.[15]

qu. 6,8 (zu Jos 7,1ff.)

8 Es ereignete sich, daß Achan vom Stamm Juda etwas vom Banngut der Stadt Jericho gegen das Gebot des Herrn stahl, und wegen seiner Sünde wandten dreitausend [israelitische Kämpfer], die nach Ai geschickt worden waren, den Feinden den Rücken zu, und von ihnen wurden sechsunddreißig Männer getötet, und da das Volk zutiefst erschrocken war, warf sich Josua mit den Ältesten vor dem Herrn nieder, und er erhielt die Antwort, das sei deswegen geschehen, weil das Volk gesündigt habe, Gott drohte auch noch, er werde nicht mit ihnen sein, solange sie das Banngut nicht aus ihrer Mitte entfernt hätten, und es zeigte sich, wer es getan hatte, und er wurde nicht allein, sondern mit all den Seinen getötet: Bezüglich dessen fragt man üblicherweise, inwiefern es gerecht sei, daß für die Sünden des einen andere bestraft würden, vor allem da der Herr im Gesetz gesagt hat, weder dürften die Väter für die Sünden der Söhne noch die Söhne für die Sünden der Väter bestraft werden (vgl. Dtn 24,16).[16] Ob jene Vorschrift, niemand für einen anderen zu bestrafen, vielleicht den menschlichen Richtern gegeben wurde, die Urteile Gottes aber nicht dieser Art sind, der in seinem hohen und unsichtbaren Ratschluß weiß, wieweit er auch die zeitliche Strafe und den heilsamen Schrecken für Menschen ausdehnt? Auch was das Regiment über die ganze Welt angeht, geschieht den Sterblichen nämlich nichts Grauenhaftes, wenn sie sterben, da sie ja ohnehin irgendwann sterben müssen. Und dennoch setzt unter denen, die derartiges fürchten, die Schrift als Regel fest, daß keiner im Volk nur für sich allein sorgen soll, sondern

---

[15] Vulg.: *cum autem esset Iosue in agro urbis Hiericho*. Hieronymus präzisiert hier gegenüber TM, LXX und VL, die nur „in Jericho" haben.
[16] Es geht dort um die Todesstrafe. Diese dtn Vorschrift wird in 2Kön 14,6 zitiert.

curet in populo, sed invicem sibi adhibeant diligentiam et tamquam unius corporis et unius hominis alia pro aliis sint membra sollicita. Nec tamen credendum est etiam poenis quae post mortem inrogantur alium pro alio posse damnari, sed in his tantum rebus hanc inrogari poenam, quae finem fuerant habiturae, etiamsi non eo modo finirentur. Simul etiam ostenditur quantum conexa sit in populi societate ipsa universitas, ut non in se ipsis singuli, sed et tamquam partes in toto extimentur. Per unius igitur peccatum mortemque paucorum admonitus est populus universus tamquam in corpore universo quaerere quod admissum est. Simul etiam significatum est quantum mali fieret, si universa illa congregatio peccasset, quando ne unus quidem ita potuit iudicari, ut ab eo possent ceteri esse securi. At vero, si Achar ab aliquo inventus atque comprehensus et illius criminis reus ad iudicium Iesu fuisset adductus, nequaquam putandum est hominem iudicem vel pro illo vel cum illo quemquam alium, qui societate facti eius minime teneretur, fuisse puniturum. Neque enim ei mandatum legis licebat excedere, quod datum est hominibus, ne iudicio suo, quod in hominem homini iussum sive permissum est, alterum pro alterius peccato arbitretur esse plectendum. Longe autem secretiore iustitia iudicat deus, qui potens est etiam post mortem, quod homo non potest, vel liberare vel perdere. Visibiles igitur adflictiones hominum sive mortes, quoniam his quibus ingeruntur et obesse et prodesse possunt, novit dominus in occulto providentiae suae quemadmodum iuste quibusque dispenset, etiam cum aliorum peccata in aliis videtur ulcisci. Poenas vero invisibiles, quae nonnisi nocent et prodesse non possunt, ita nullus deo iudice pro alienis peccatis luit, sicut homine iudice luere nullus nisi pro sua culpa istas visibiles debet. Hoc enim praecepit homini iudici deus in his quae ad humanum iudicium pertinent vindicanda, quod in suo iudicio facit ipse, quo potestas non aspirat humana.

---

16 sed...17 sollicita] cf. 1 Cor 12,12.25   32 deus...33 perdere] cf. Iac. 4,12

---

19 inrogari] interrogari *V* | 20 etiam] *ex* eo *V* | quantum] quanta *S V* | 21 populi] populo *P*, populis *n* | et] etiam *S V, om. N* | tamquam] quia *V* | 22 extimentur] exaestimentur *V¹*, aestimentur *N*, existimentur *T Am. μ* | igitur] ergo *T* | 25 unus] unius *P* | ita *om. p* | iudicari] iudicare *P S¹*, vindicari *T* | 28 putandum] putandus *P* | 29 ei *om. V* | 30 ne] nec *p* | 31 iussum] visum *P¹* | est *om. V* | 35 occulto] occultae *n* | 36 dispenset] dispendet *P¹* | 39 debet] dedit *T* | 41 aspirat] adspirat *n*

daß sie sich gegenseitig Aufmerksamkeit schenken und die einen für die anderen gleichsam wie fürsorgliche Glieder eines einzigen Leibes und eines einzigen Menschen da sein sollen (vgl. 1Kor 12,12.25). Dagegen muß man aber nicht meinen, daß auch zu den Strafen, die nach dem Tod verhängt werden, einer für den anderen verdammt werden könnte, sondern [man muß annehmen], daß diese Strafe nur bezüglich der Dinge verhängt wird, die ein Ende haben mußten, wenn sie auch nicht auf diese Weise enden sollten. Zugleich zeigt sich auch, wie eng in der Volksgemeinschaft die Gesamtheit selbst verknüpft ist, so daß sie für sich selbst nicht als einzelne, sondern auch gleichsam als Teile in einem Ganzen betrachtet werden. Daher wurde durch die Sünde eines einzigen und den Tod weniger das ganze Volk dazu ermahnt, nachzuforschen, welche [Sünde] gleichsam im ganzen Körper begangen worden war. Zugleich wurde auch angezeigt, wieviele Übel geschehen würden, wenn jene ganze Gemeinschaft gesündigt hätte, wenn nicht einmal der eine so abgeurteilt werden konnte, daß die anderen vor ihm sicher sein konnten. Dagegen aber soll man keinesfalls meinen, daß, wenn Achan von irgendwem aufgespürt und verhaftet und als jenes Vergehens schuldig vor das Gericht Josuas geführt worden wäre, der menschliche Richter, sei es an jenes Stelle, sei es zusammen mit jenem, irgendeinen anderen bestraft haben würde, der in keiner Weise überführt würde, an dessen Tat beteiligt gewesen zu sein. Es war ihm [dem menschlichen Richter] nämlich in der Tat nicht erlaubt, die Vorschrift des Gesetzes, die den Menschen gegeben worden war, zu übertreten, daß er in seinem Urteil, das einem Menschen gegen einen Menschen anbefohlen oder zugestanden worden war, nicht entscheiden dürfe, daß einer für die Sünde eines anderen bestraft werden solle. Mit bei weitem geheimerer Gerechtigkeit richtet aber Gott, der die Macht besitzt, zu tun, was ein Mensch nicht kann, nämlich auch nach dem Tod zu retten oder zu verderben (vgl. Jak 4,12). Weil die sichtbaren Bedrängnisse oder der Tod der Menschen denen, über die sie verhängt werden, sowohl schaden als auch nützen können, weiß der Herr folglich in der Verborgenheit seiner Vorhersehung, wie und wem er auf gerechte Weise zuteilt, auch wenn er die Sünden der einen an anderen zu ahnden scheint. Die unsichtbaren Strafen aber, die nur schaden und nicht nützen können, büßt ebenso niemand nach dem Richtspruch Gottes für fremde Sünden ab, wie niemand nach menschlichem Richtspruch sichtbare Strafen außer für seine eigene Schuld abbüßen muß. Dies hat Gott nämlich dem menschlichen Richter bezüglich der [Vergehen], deren Bestrafung dem menschlichen Urteil untersteht, vorgeschrieben, weil er selbst in seinem eigenen Gericht tut, wohin die menschliche Vollmacht nicht reicht.

9,1 Merito quaeritur, cum dominus propter illum, qui de anathemate furtum fecerat, praeceperit eum qui fuisset ostensus igni cremari, cur eum ostensum Iesus lapidari potius a populo fecerit. An ita eum mori oportuit quemadmodum Iesus, qui propius dominum sequebatur, domini verba iubentis intellegere potuit? Sic enim alius quisquam non facile potuit. Unde magis quaerendum est cur lapidationem ignem appellaverit dominus, quam credendum Iesum aliud fecisse quam iusserat dominus. Nam neque ad intellegendum verba domini quisquam potuit esse sapientior neque ad faciendum quisquam oboedientior. Proinde ignis nomine poenam potuisse significari scriptura testis est in Deuteronomio, ubi dicitur ad filios Israhel: *Et eduxit vos de fornace ferrea ex Aegypto*: Ubi utique duram tribulationem intellegi voluit.

9,2 Duae autem mihi causae occurrunt – non ut ambae sint, sed ut altera ex eis – cur non ille cum suis omnibus evidenti igne crematus sit. Si enim peccatum eius dominus tale esse iudicavit, quod supplicio illo expiatum non puniret in aeternum, propter ipsam expiationem et purgationem congruenter illa poena ignis nomen accepit. Neque ad hunc intellectum quisquam tendere admoneretur, si eum proprie visibilis ignis exureret, sed in eo quisque remaneret, quod aperte videbat impletum, nec aliquid ultra quaereret; nunc vero cum propter dei verba et factum Iesu, a quo praevaricari illa verba non possent, rectissime dicitur etiam lapidationem ignem fuisse, eleganter agnoscitur illa poena hominem, ne in posterum peccato illo interiret, fuisse purgatum. Quod significant etiam vasa in Levitico, quae iubentur igne purgari. Si autem tale fuit illud peccatum, propter quod eum etiam post istam vitam gehenna susciperet, ideo Iesus eum voluit lapidari, ut quod a domino dictum est: *Igni cremabitur*, illud admoneret intellegi, quod dominus faceret, non quod ab ipsis esset faciendum. Si enim

---

9,10 Dt 4,20   **21** quod...22 purgari] cf. Lev 13,52

9,2 fecerat] faceret *P V¹* | igni *om. P V T* | cur eum] circum *V¹* | ostensum] ostensus *n* | **4** propius] propi**us *P*, proipsius *p*, proprium *n* | domini *om. V N T* | **5** sic...potuit² *om. P V T per homoiot.* | **7** neque] (ne *s. l. m. 2) P S* | intellegendum] intellegenda *N* | **8** sapientior...9 potuisse] *add. m. 2 in marg. inf. V* | faciendum] facienda *P S N T* | **10** eduxit] eduxi *n* | **11** utique] itaque *S¹* | **12** autem mihi] mihi autem *S¹ V N* | **13** si] sic *p* | peccatum] sit *add. et exp. P* | **16** ad hunc] adhuc *p* | admoneretur] ammonetur *P S¹ V* | **17** remaneret] remanet *P S¹ N* | **19** Iesu a] sua *P S* | a *om. T* | **20** agnoscitur] agnoscere *V T* | **21** interiret] interire *n* fuisse] fuisset *n* | **24** igni] ignem *P¹*, igne *V* | illud] ut *praem. P S*

---

[17] TM: Eisenschmelzofen.

qu. 6,9,1 (zu Jos 7,15.25)

9,1 Zu Recht fragt man, warum, obgleich der Herr bezüglich dessen, der vom Banngut gestohlen hatte, vorgeschrieben hat, denjenigen, der überführt worden wäre, im Feuer zu verbrennen, Josua ihn, nachdem er überführt war, vielmehr vom Volk steinigen ließ. Mußte er vielleicht so sterben, wie Josua, der dem Herrn sehr genau folgte, die Befehlsworte des Herrn verstehen konnte? So [zutreffend] konnte [sie] irgendein anderer nämlich schwerlich [verstehen]. Daher muß man eher fragen, warum der Herr die Steinigung ‚Feuer' genannt hat, als zu meinen, Josua habe anders gehandelt, als der Herr befohlen hatte. Denn weder konnte irgendeiner größere Weisheit besitzen, die Worte des Herrn zu verstehen, noch konnte irgendeiner (darin) gehorsamer sein, [sie] auszuführen. Auf gleiche Weise bezeugt die Schrift im Buch Deuteronomium, daß das Wort ‚Feuer' eine Strafe bezeichnen konnte, wo zu den Söhnen Israel gesagt wird: „Und er hat euch aus dem eisernen Ofen[17], aus Ägypten, herausgeführt" (Dtn 4,20): darunter wollte die Schrift natürlich eine harte Drangsal verstehen wissen.[18]

qu. 6,9,2

9,2 Mir kommen aber zwei Gründe in den Sinn – nicht, daß beide zutreffen, sondern einer von diesen beiden –, warum jener nicht mit all den Seinen in sichtbarem Feuer verbrannt worden ist. Falls nämlich der Herr urteilte, dessen Sünde sei von der Art, daß er sie, nachdem sie durch jene Todesstrafe gesühnt wäre, nicht auf ewig bestrafen wollte, erhielt jene Strafe wegen eben dieser Sühnung und Reinigung zutreffend die Bezeichnung ‚Feuer'. Aber niemand würde dazu angeregt, sich diesem Verständnis zuzuneigen, wenn ihn im eigentlichen Sinn sichtbares Feuer verbrennen würde, sondern jeder würde bei dem bleiben, was sich vor seinen Augen offenbar vollzogen hatte, und nichts darüber hinaus suchen; jetzt aber, da man wegen der Worte Gottes und der Handlung Josuas, der jene Worte nicht übertreten könnte, völlig zu Recht sagt, auch die Steinigung sei ein Feuer gewesen, wird auf elegante Weise anerkannt, daß der Mann durch jene Strafe gereinigt worden ist, damit er in Zukunft nicht durch diese Sünde zugrunde gehe. Das bezeichnen auch die Gegenstände im [Buch] Levitikus, die die Schrift durch Feuer zu reinigen befiehlt (vgl. Lev 13,52). Wenn jene Sünde aber von der Art war, daß ihn (Achan) ihretwegen auch nach diesem Leben die Hölle aufnahm, wollte Josua deswegen, daß er gesteinigt würde, damit er dazu auffordern konnte, jenen Ausspruch des Herrn: „Er soll im Feuer verbrannt werden" dahingehend zu verstehen, daß der Herr [dies] tun werde, nicht, daß sie selbst es tun sollten. Wenn der Herr nämlich gesagt hätte: ‚Ihr sollt ihn und all seine Habe im Feuer verbrennen', gäbe es keinen Anlaß für

---

[18] Vgl. *loc.* 5,9.

dixisset dominus: *Igni eum cremabitis et omnia eius*, huic sensui locus nullus esset; cum vero ita positum est, ut magis videatur deus quod ei futurum esset praedixisse quam quod ei ab hominibus deberet fieri praecepisse, melius non potuit facere Iesus, qui divina verba sicut tantus propheta intellexit, qui etiam hoc ipsum prophetice fecit, quam ut illum lapidibus potius quam flammis interimeret, ne in illis ignibus verba domini viderentur inpleta, quae ob aliud dicta volebat intellegi.

9,3 Nec movere debet, quod non ipsum tantum sed etiam omnia quae sunt eius deus cremanda igni praedixerit. Sic enim ait: *Igni cremabitur et omnia quaecumque sunt ei*. *Omnia* enim *quaecumque sunt ei*, opera eius possunt intellegi, quae cum illo dixit esse concremanda, non sicut dicit apostolus de quibusdam operibus igne consumptis *ipse autem salvus erit*, si huius peccatum ita intellegendum est, ut etiam aeterno igne puniatur. Filios ergo eius et filias cum pecoribus et omnibus quae habebat populus quidem cum eum puniret, simul lapidibus obruit; non tamen hoc iudicio humano, sed prophetico spiritu fecit Iesus sive ita intellegens *omnia quae sunt ei*, ut nec filios censeret exceptos lapidationis etiam poenam pro igne ingerens, sive opera eius quae post mortem deus in illo fuerat crematurus non solum per cetera quae illi erant verum etiam per filios eius significans.

9,4 Nec ideo sane credendum est eos pro peccato patris, a quo, innocentes erant, etiam post mortem supplicio inferni ignis incensos. Mors quippe ista quae omnes manet quamvis de primo peccato veniat, tamen quia ita nati sumus, ut necessario moriendum sit, accelerata quibusdam est utilis. Unde legitur de quodam: *Raptus est, ne malitia mutaret intellectum eius*. Quo ergo iudicio dei vel misericordia fuerit inrogata sive filiis huius sive illis triginta sex viris, cum omnes ab eius peccato alieni fuerint, latet apud eum apud quem non est iniquitas. Verum illud in promptu est, quod et populum terribiliter oportebat quaerere

---

37 1 Cor 3,15   **46** quae…veniat] cf. Rm 5,12   **48** Sap 4,11   **49** illis…viris] cf. Ios 7,5   **50** apud[2]…iniquitas] cf. Rm 9,14

28 ab] ex *T* | **34** ait] agit *N* | igni cremabitur] cremabitur igni *N* | **35** sunt[1] *om. T* | possunt] sunt *T* | **38** ergo *om. P V T* | **39** puniret…obruit] lapidibus puniret obtuit *n* | **41** exceptos] excepto *P S[1]* | etiam] etiã *T* | **47** quibusdam] quibus *T* | utilis] ut illis *S V* | **49** huius] eius *Am. μ* | omnes] omnibus *P* | **51** in promtu] inpromtum *p*

dieses Verständnis; weil [der Satz] aber so formuliert worden ist, daß Gott eher vorausgesagt zu haben scheint, was mit ihm (Achan) geschehen werde, als daß er vorgeschrieben hätte, was die Menschen ihm zufügen sollten, konnte Josua, der die göttlichen Worte als so großer Prophet verstand, der auch eben dies auf prophetische Weise ausführte, nicht besser verfahren, als daß er jenen eher durch Steine als durch Flammen hinrichtete, damit die Worte des Herrn, von denen er wollte, daß man verstünde, daß sie aus anderem Grund gesagt worden waren, nicht in jenen Feuern erfüllt schienen.

qu. 6,9,3

9,3 Auch soll die Tatsache nicht Probleme bereiten, daß Gott erklärt hat, daß nicht nur er (Achan) selbst, sondern auch alles, was ihm gehört, im Feuer verbrannt werden sollte. So heißt es nämlich: „Im Feuer soll er verbrannt werden und alles, was immer ihm gehört." „Alles, was immer ihm gehört", darunter kann man nämlich auch seine Werke verstehen, die, wie er gesagt hat, mit jenem zusammen verbrannt werden sollen, nicht [allerdings] wie der Apostel von einigen vom Feuer verzehrten Werken sagt: „Er selbst aber wird gerettet werden" (1Kor 3,15), falls die Sünde jenes Mannes so zu verstehen ist, daß er zusätzlich im ewigen Feuer bestraft wird. Das Volk hat daher zwar, als es ihn bestrafte, zugleich seine Söhne und Töchter mit dem Vieh und all seinem Besitz mit Steinen überschüttet; Josua tat dies jedoch nicht auf Grund [seines] menschlichen Urteils, sondern in prophetischem Geist, sei es weil er „all seinen Besitz" dahingehend verstand, daß er meinte, auch die Söhne seien nicht ausgenommen, wenn er auch die Strafe der Steinigung an Stelle des Feuers verhängte, sei es weil er dessen (Achans) Werke, die Gott nach dem Tod an jenem verbrennen wollte, nicht nur durch seinen übrigen Besitz, sondern auch durch seine Söhne bezeichnete.

qu. 6,9,4

9,4 Aber selbstverständlich darf man nicht deswegen meinen, daß sie für die Sünde des Vaters, an der sie unschuldig waren, auch nach dem Tod durch die Strafe des Höllenfeuers verbrannt wurden. Dieser Tod, der allen bevorsteht, obgleich er aus der ersten Sünde kommt (vgl. Röm 5,12), ist allerdings dennoch, da wir so geboren sind, daß wir notwendigerweise sterben müssen, manchen nützlich, wenn er beschleunigt wurde. Daher liest man von einem: „Er wurde entrückt, damit nicht Schlechtigkeit sein Denken verkehrte" (Weish 4,12). Durch welches Urteil oder durch [welche] Barmherzigkeit [der Tod] sei es über dessen Söhne sei es über jene sechsunddreißig Männer, obgleich sie alle mit seiner Sünde nichts zu tun hatten (vgl. Jos 7,5), verhängt wurde, ist bei dem verborgen, bei dem es keine Ungerechtigkeit gibt (vgl. Röm 9,14). Aber es liegt auf der Hand, daß auch das Volk voller Schrecken nach jenem [Vergehen] fragen mußte, das begangen worden war, und daß die übrigen sich um so heftiger

quod admissum est et tanto vehementius timuerunt ceteri factum eius imitari, quanto magis humana exhorret infirmitas, et in tam magnum tamque iustum populi odium dari et eis quos ad spem propagandi generis se relicturum putabat peccato suo secum consumtis suis posteris emori. 55

10 Quod deus iubet loquens ad Iesum, ut constituat sibi retrorsus insidias, id est insidiantes bellatores ad insidiandum hostibus, hinc admonemur non iniuste fieri ab his qui iustum bellum gerunt, ut nihil homo iustus praecipue cogitare debeat in his rebus, nisi ut iustum bellum suscipiat, cui bellare fas est; non enim omnibus fas est. Cum autem iustum bellum susceperit, utrum aperta pugna, 5 utrum insidiis vincat, nihil ad iustitiam interest. Iusta autem bella ea definiri solent quae ulciscuntur iniurias, si qua gens uel civitas, quae bello petenda est, vel vindicare neglexerit quod a suis inprobe factum est vel reddere quod per iniurias ablatum est. Sed etiam hoc genus belli sine dubitatione iustum est, quod deus imperat, apud quem non est iniquitas et novit quid cuique fieri debeat. In 10 quo bello ductor exercitus vel ipse populus non tam auctor belli quam minister iudicandus est.

11 Iesus mittens ad Gai debellandum triginta milia bellatorum ait illis: *Vos insidiabimini post civitatem et non longe eritis a civitate et eritis omnes parati. Et ego et omnis populus qui mecum est accedemus ad civitatem. Et erit cum exierint qui commorantur in Gai in obviam nobis sicut antea, et fugiemus a facie illorum. Et cum exierint post nos, abducemus illos de civitate, et dicent: Fugiunt isti a facie nostra sicut antea. Vos autem exsurgetis ex* 5 *insidiis et ibitis in civitatem. Secundum verbum istud facietis. Ecce praecipio vobis.* Quae-

---

10,10 apud…iniquitas] cf. Rm 9,14

---

55 consumtis] consumtum N | emori] emoris n | **10,1** retrorsus] retrorsum N T | **2** insidiantes] insidientes P¹, insidentes S N | iniuste] iuste N | **6** ea *om.* V T Am. μ | **7** qua] ea S N | **11** ductor *om.* V | **12** iudicandus] iudicandum V¹ n | **11,1** Iesus] Iesu n | debellandum] debellandam N | **2** a] in n | **3** accedemus] accedimus P S | commorantur] commemorantur n | **4** antea] et *praem.* z | et¹] et V | abducemus] adducemus P¹ V T Am. μ, adducimus N | **5** antea] et *praem.* z | **6** istud] istum P S V

---

[19] Zu dieser Übersetzung vgl. Einleitung in *qu.* 6: Exkurs: „Der gerechte Krieg, Gottes Gerechtigkeit und die Ausrottungskriege Israels", S. 385, Anm. 10.
[20] Zu Augustins Konzeption des gerechten Krieges und der Gerechtigkeit Gottes, der im AT Kriege befiehlt, vgl. Einleitung in *qu.* 6: Exkurs: „Der gerechte Krieg, Gottes Gerechtigkeit und die Ausrottungskriege Israels", S. 383-389.

davor fürchteten, dessen Tat nachzuahmen, als menschliche Schwäche sich davor entsetzt, daß [er] einerseits sowohl so großem als auch gerechtem Zorn des Volkes ausgeliefert wurde als auch zugrunde ging, nachdem diese seine Nachkommen, die er in der Hoffnung, [sein] Geschlecht fortzupflanzen, zurückzulassen meinte, durch seine Sünde mit ihm hinweggerafft worden waren.

qu. 6,10 (zu Jos 8,2)

10 In seiner Rede zu Josua befiehlt Gott, er solle für sich auf der Rückseite [der Stadt Ai] einen Hinterhalt legen, d.h. Kämpfer, die einen Hinterhalt bilden, um den Feinden aufzulauern: Dadurch werden wir belehrt, daß diejenigen, die einen gerechten Krieg führen, nicht ungerecht handeln; folglich muß ein gerechter Mensch in dieser Angelegenheit auf nichts anderes vornehmlich bedacht sein, als daß [nur] derjenige, dem Krieg zu führen erlaubt ist, einen gerechten Krieg führt; es ist nämlich nicht allen erlaubt.[19] Wenn er aber einen gerechten Krieg begonnen hat, macht es bezüglich der Gerechtigkeit keinen Unterschied, ob er in offener Feldschlacht oder durch Hinterhalt siegt. Als gerecht definiert man aber üblicherweise Kriege, die ungerechte Taten vergelten, wenn irgendein Volk oder eine Stadt, die kriegerisch angegriffen werden soll, es versäumt hat, entweder die schlechten Taten zu bestrafen, die ihre [Leute] begangen haben, oder das wieder herzugeben, was ungerechterweise geraubt worden ist.[20] Ohne Zweifel ist aber auch die Art von Krieg gerecht, die Gott befiehlt, bei dem es keine Ungerechtigkeit gibt (vgl. Röm 9,14) und der weiß, was einem jeden zugefügt werden muß. In diesem Krieg ist der Heerführer oder das (Kriegs-)Volk selbst nicht so sehr als Urheber des Krieges als vielmehr als dienend Ausführender zu beurteilen.

qu. 6,11 (zu Jos 8,4-8)

11 Als Josua dreißigtausend Soldaten losschickt, um Ai durch Krieg völlig zu bezwingen, sagt er zu jenen: „Ihr sollt euch hinter der Stadt in den Hinterhalt legen und sollt euch nicht weit entfernt von der Stadt halten und sollt euch alle bereit halten. Und ich und das ganze Kriegsvolk bei mir, wir werden gegen die Stadt vorrücken. Und es soll geschehen: Wenn diejenigen, die sich in Ai aufhalten, wie zuvor uns entgegen ausgerückt sind, [und] dann werden wir vor ihrem Angesicht fliehen. Und wenn sie hinter uns her ausgerückt sind, werden wir jene von der Stadt weglocken, und sie werden sagen: Die da fliehen vor unserem Angesicht wie früher. Ihr aber sollt euch aus dem Hinterhalt erheben und in die Stadt einmarschieren. Nach dieser Anweisung[21] sollt ihr handeln. Siehe, ich befehle es euch hiermit." Man muß fragen, ob jede Täuschungsabsicht als

---

[21] So LXX, gefolgt von VL (freier, aber entsprechend Vulg: *omnia facietis ut iussi*). TM dagegen: „nach dem Wort des Herrn".

rendum est utrum omnis voluntas fallendi pro mendacio deputanda sit et, si ita est, utrum possit iustum esse mendacium, quo ille fallitur, qui dignus est falli; et si ne hoc quidem mendacium iustum reperitur, restat, ut secundum aliquam significationem hoc, quod de insidiis factum est, ad veritatem referatur.

12 Quod Gabaonitae venerunt ad Iesum cum vetustis panibus et saccis, ut putarentur, sicut finxerant, de terra venisse longinqua, quo eis parceretur - constitutum enim erat a domino, ne alicui terras illas inhabitanti parcerent, quo ingrediebantur - nonnulli codices et Graeci et Latini habent: *Et accipientes saccos veteres super humeros suos*; alii vero, qui veraciores videntur, non habent: *Super humeros*, sed: *Super asinos suos*. Similitudo enim verbi in Graeca lingua mendositatem facilem fecit et ideo Latina quoque exemplaria variata sunt; ὤμων quippe et ὄνων non multum ab invicem dissonant, quorum prius humerorum nomen est, posterius asinorum. Ideo est autem de asinis credibilius, quoniam se a sua ente longinqua missos esse dixerunt: Unde adparet eos fuisse legatos et ideo magis in asinis quam in humeris necessaria portare potuisse, quia nec multi esse poterant et non solum saccos sed etiam utres eos portasse scriptura commemorat.

13 Quaeri potest quomodo iurationem servandam esse crediderint Hebraei Gabaonitis, quibus ita iuraverant tamquam de longinqua terra venientibus, sicut illi mentiti fuerant. Sciebant enim se debellandos, si cognitum esset Hebraeis in ea terra eos habitare, quam promissam fuerant interfectis habitantibus retenturi. Mentientibus ergo quod de longinqua terra ad eos venissent, iuraverunt eis Israhelitae. Posteaquam vero cognoverunt ibi eos habitare, ubi omnes quos invenerant secundum dei praeceptum debellare oportebat, noluerunt tamen frangere iurationem et, licet eos mentitos esse didicissent, parcere maluerunt

---

12,3 constitutum…4 ingrediebantur] cf. Dt 7,1-2; 20,16-17

7 est *om. V* | **12,2** finxerant] fixerant *p* | longinqua] longinquam *S* | quo] quod *S* | **6** super…suos] superat in hos suos *n* | **7** ὤμων] omon *P V N T*, ΟΜΩΝ *S* | **8** ὄνων] onon *P V N T*, ΟΝΩΝ *S* | **11** potuisse] potuisset *n* | multi] multa *P* | **12** portasse] fortasse *P¹ V* commemorat] commerat *S*, commonuerat *T* | **13,1** crediderint] crederint *P* | **2** iuraverant] iuraverunt *N* | **4** interfectis *om. P S V N* | habitantibus *om. P S N* | **5** longinqua] longa *V* iuraverunt] iuraverint *p* | **6** posteaquam vero] postea vero quam *V T* | **7** oportebat] oportebant *P¹*

---

²² Vgl. SCHIRNER, *Inspices* 77-79. Sie notiert als bemerkenswert, dass Augustinus bezüglich der griechischen Kodizes von *mendositas* spricht, während er die lateinischen Übersetzungen

Lüge zu beurteilen ist und, falls das zutrifft, ob eine Lüge gerecht sein kann, durch die jener getäuscht wird, der es verdient hat, getäuscht zu werden; und wenn nicht einmal diese Lüge als gerecht erfunden wird, bleibt nur, daß nach irgendeiner zeichenhaften Bedeutung das, was bezüglich des Hinterhalts geschehen ist, auf die Wahrheit bezogen wird.

qu. 6,12 (zu Jos 9,3-4.13)

12 Die Gibeoniten kamen zu Josua mit altem Brot und mit Säcken, damit man, wie sie vorgegeben hatten, annehme, sie seien von weit her gekommen, so daß sie deswegen geschont würden – der Herr hatte nämlich vorgeschrieben, daß sie keinen Einwohner jener Länder, in die sie einrückten, schonen dürften (vgl. Dtn 7,1-2; 20,16-17), – hier haben einige griechische und lateinische Kodizes: „Und sie luden sich alte Säcke auf ihre Schultern", andere aber, die zuverlässiger zu sein scheinen, haben nicht: „auf die Schultern", sondern: „auf ihre Esel". Die Ähnlichkeit des Wortes hat nämlich in der griechischen Sprache den Fehler erleichtert, und daher haben auch die lateinischen Exemplare unterschiedlichen Wortlaut:[22] ὤμων und ὄνων klingen ja nicht sehr verschieden voneinander; deren erstes bezeichnet ‚Schultern', das zweite ‚Esel'.[23] Der [Wortlaut] mit den Eseln ist aber deshalb glaubwürdiger, weil sie gesagt haben, sie seien von ihrem weit entfernten Stamm geschickt worden; daraus geht hervor, daß sie Gesandte waren und deswegen ihre notwendigen [Güter] eher auf Eseln als auf den Schultern tragen konnten, weil sie nicht viele gewesen sein konnten und, wie die Schrift erwähnt, nicht nur Säcke, sondern auch Weinschläuche transportierten.

qu. 6,13 (zu Jos 9,19.9)

13 Man kann fragen, wieso die Hebräer gemeint haben, der Eid müsse den Gibeoniten eingehalten werden, denen sie so geschworen hatten, als wenn sie von fernem Land kämen, wie jene gelogen hatten. Sie wußten nämlich, daß sie hätten bekriegt werden müssen, wenn den Hebräern bekannt gewesen wäre, daß sie in eben dem Land wohnten, das sie nach der Verheißung behaupten sollten, nachdem sie [deren] Bewohner getötet hätten. Die Israeliten leisteten ihnen folglich den Eid, weil sie logen, daß sie aus fernem Land zu ihnen gekommen wären. Nachdem sie aber erfahren hatten, daß diese dort wohnten, wo sie nach dem Gebot Gottes alle, die sie angetroffen hatten, bekriegen mußten, wollten sie dennoch den Eid nicht brechen, und obgleich sie gemerkt hatten, daß diese gelogen hatten, zogen sie vor, sie wegen des Eides zu schonen, ob-

---

ohne Wertungen lediglich als *variata* bezeichnet. Vgl. Generelle Einleitung: Textgrundlage S. 21.

[23] LXXA hat ὄνων, LXXB ὤμων, TM: Esel, so auch Vulg: *asinis*. VL:Cod.Lugd. kombiniert beide Lesarten: *in dorsum asinorum*.

causa iurationis, cum possent utique dicere se tamquam illis iurasse, quos eos esse crediderant, id est de longinquo venientes; cum vero aliud cognoverunt, praeceptum circa eos domini inplendum erat, ut sicuti ceteri expugnarentur. Deus autem hoc adprobavit nec parcentibus suscensuit, quamvis eum non interrogassent quinam illi essent et ideo eos illi fallere valuissent. Unde non inportune utique credendi sunt, etsi fallere homines pro sua salute voluerunt, non tamen fallaciter deum timuisse in populo eius. Propterea nec suscensuit dominus iurantibus aut parcentibus, ut postea Gabaonitas ipsos tamquam populi sui homines de domo Saul vindicaverit, sicut regnorum ostendit historia. Et quoniam iuratio sic servata est quamvis in hominibus qui mentiti sunt, ut ad clementiam sententia flecteretur, non displicuit deo. Nam si e contrario iurassent aliquos se interfecturos, quos Gabaonitas in terra promissionis esse putavissent et postea didicissent eos esse ab illa terra extraneos et de longinquo ad se venisse, nullo modo arbitrandum est, quod eos essent debellaturi causa iurationis inplendae, cum propter ipsam parcendi clementiam sanctus David etiam post verba quibus se Nabal interfecturum esse iuraverat utique sciens quem fuerat interfecturus parcere maluit nec in re duriore inplere iuramentum magis deo placere existimans, si quod ira perturbatus ad nocendum iuraverat non fecisset quam si perfecisset.

14 Cum obsessi Gabaonitae a regibus Amorrhaeorum misissent ad Iesum, ut sibi subveniretur, ita scriptura sequitur et dicit: *Et ascendit Iesus a Galgala, ipse et omnis populus bellator cum illo, omnis potens in fortitudine. Et dixit dominus ad Iesum: Noli timere illos; in manus enim tuas tradidi eos: Non subsistet ex illis quisquam coram vobis.* Ubi neque consultus est dominus utrum eundum ad eos esset, sed ultro suis recte subvenire volentibus, futuram victoriam praenuntiavit. Sic ergo posset quamvis non consultus de ipsis Gabaonitis admonere, qui essent, cum se longinquos esse mentirentur, nisi ei placuisset illa iuratio, quae subiectis parcere cogeret. Crediderant enim deo, quem audierant suo populo promisisse, quod

---

13,16 postea…17 vindicaverit] cf. 2 Rg 21,1-9 **23** cum…27 perfecisset] cf. Rg 25,22-33
14,7 quamvis…Gabaonitis] cf. Ios 9,14 | cum…8 mentirentur] cf. Ios 9,6 **9** crediderant…10 obtineret] cf. Ios 9,9-10

---

9 causa iurationis] iurationis causa *Am. μ* | se] sed *N* | tamquam] tantum *Am. μ* | **10** crediderant] se *praem. p* | **11** sicuti] sicut *N* | **12** suscensuit] succensuit *T Am. μ* | eum] eos *N* | **15** suscensuit] succensuit *T Am. μ* | **16** ut] adeo *praem. S Am. μ*, et *N* | **17** vindicaverit] vindicavit *p P S¹ V* | **18** hominibus] omnibus *P¹ S N* | **20** Gabaonitas *exp. m. 1 T* | **24** interfecturum *P S* | **26** perturbatus] turbatus *S* | **14,2** subveniretur] superveniretur *P*, subvenietur *n* | ita] ista *P S V* | **3** bellator] *N ζ cum LXX*, bellatorum *P S V T Bad. Am. μ*, *fort. recte* | omnis²] omni *n* | **7** Gabaonitis] Gabaonitas *S* | **9** promisisse] promisse *n*

gleich sie natürlich sagen konnten, daß sie jenen als solchen geschworen hätten, die zu sein sie ihnen geglaubt hatten, nämlich Ankömmlingen aus der Ferne; als sie jedoch das Gegenteil erfahren hatten, mußte das sie betreffende Gebot des Herrn erfüllt werden, daß sie wie die übrigen vernichtet würden. Gott aber hat dies gebilligt und war gegen sie darüber, daß sie verschonet, nicht aufgebracht, obgleich sie ihn nicht gefragt hatten, wer jene denn seien, und jene sie deswegen hatten täuschen können. Daher kann man freilich mit gutem Grund annehmen, daß, wenngleich sie Menschen zum Zweck [ihrer] Rettung täuschen wollten, sie dennoch Gott ehrlich in seinem Volk gefürchtet haben. Deswegen zürnte der Herr ihnen auch weder, weil sie geschworen hatten, noch, weil sie verschont hatten, mit der Folge, daß er später eben diese Gibeoniten als Menschen seines Volkes an dem Haus Sauls gerächt hat, wie die Erzählung [im Buch] der Könige zeigt (vgl. 2Sam 21,1-9). Und daß der Eid Leuten gegenüber, obgleich sie gelogen haben, in der Weise eingehalten wurde, daß das Urteil zur Milde hin abgeändert wurde, hat Gott nicht mißfallen. Denn wenn sie im Gegenteil geschworen hätten, irgendwelche Leute zu töten, die sie für Gibeoniten im Verheißungsland gehalten hätten, und wenn sie später erfahren hätten, daß diese jenem Land fremd und von fern zu ihnen gekommen wären, ist auf keinen Fall zu glauben, daß sie sie, um diesen Eid zu erfüllen, bekriegt hätten, da doch wegen eben dieser zur Schonung bereiten Milde auch der heilige David nach den Worten, mit denen er Nabal zu töten geschworen hatte, zumal er wußte, wer der war, den er zu töten beabsichtigte, [ihn] lieber verschonen und sogar in dem schwererwiegenden Fall den Eid nicht erfüllen wollte, weil er überzeugt war, Gott mehr zu gefallen, wenn er das, was er, von Zorn getrieben, um [ihm] zu schaden, geschworen hatte, nicht getan hätte, als wenn er es ausgeführt hätte (vgl. 1Sam 25,22-33).

qu. 6,14 (zu Jos 10,7-8)

14 Als die Gibeoniten von den Königen der Amoriter belagert worden waren und an Josua um Hilfe gesandt hatten, fährt die Schrift folgendermaßen fort und sagt: „Und Josua zog von Gilgal hinauf, er und das ganze Kriegsvolk mit ihm, jeder an Kraft Starke. Und der Herr sagte zu Josua: Fürchte dich nicht vor jenen, ich habe sie dir nämlich in die Hand gegeben; keiner von ihnen wird vor euch standhalten!" Hier ist der Herr nicht einmal befragt worden, ob man gegen sie ziehen solle, aber er verhieß denen, die den Ihren zu Recht aus freien Stücken zu Hilfe eilen wollten, den künftigen Sieg. Infolgedessen hätte er daher, obgleich er bezüglich der Gibeoniten nicht befragt worden war (vgl. Jos 9,14), darüber informieren können, was für Leute sie waren, da sie erlogen, sie seien von fern her (vgl. Jos 9,6), wenn ihm nicht jener Eid gefallen hätte, der erzwang, diejenigen, die sich unterworfen hatten, zu verschonen. Sie hatten nämlich an Gott geglaubt, von dem sie gehört hatten, daß er seinem Volk verheißen

illas gentes subverteret eorumque terram obtineret; et hanc eorum fidem non 10
eos prodendo remuneravit quodam modo.

15 Quaeritur quemadmodum rex civitatis Hierusalem Adonibezec et ceteri quattuor cum quibus obsedit Gabaonitas secundum septuaginta interpretes primo reges Iebusaeorum cum ad eos obsidendos convenerunt, postea vero reges Amorrhaeorum dicantur ab ipsis Gabaonitis, quando nuntios miserunt ad Iesum, ut eos de obsidione liberaret. Sicut autem inspicere potuimus in ea 5 interpretatione quae ex Hebraeo est, utrobique Amorrhaeorum dicuntur, cum constet Iebusaeorum fuisse regem civitatis Hierusalem, quia ipsa est dicta Iebus tamquam illius gentis metropolis, et septem gentes saepissime scriptura commemoret, quas promisit deus exterminaturum se esse a facie populi sui, ex quibus una perhibetur Amorrhaeorum. Nisi forte hoc nomen Universale fuerat 10 omnium aut potius maioris partis, ut non una, sed plures in his septem hoc nomine tenerentur; quamvis esset etiam una de septem quae Amorrhaeorum proprie vocaretur, sicut est pars quaedam quae proprie dicitur Libya, quamvis hoc nomen universae Africae conpetat, et pars quaedam quae proprie dicitur Asia, quamvis Asiam vel dimidium terrarum orbem quidam vel alii tertiam 15 partem orbis posuerint. Nam, quod constat, et Chananaei tamquam una gens in illis septem commemorantur et tamen universa illa terra originaliter Chanaan vocatur.

16 *Non dimisit in ea Iesus quidquam spirans. Sicut praecepit dominus Moysi puero suo, et Moyses similiter praecepit Iesu, et sic fecit Iesus: Non est transgressus nihil ab omnibus quibus constituit dominus Moysi.* Propter hoc nullo modo putanda est ista crudeli-

---

15,7 ipsa…Iebus] cf. Ios 18,28   8 septem…10 Amorrhaeorum] cf. Dt 7,11; Ios 3,10; 24,11

15,1 Adonibezec] Adonibezer *P V N T* | 3 cum] quam *p* | obsidendos] obsidentes *P S V* | 5 autem] enim *T* | inspicere] inspiceret *n* | 7 ipsa] ipse *p* | est dicta] dicta est *S* | 8 commemoret] commemorat *S* | 9 se *om. P S N T* | 13 dicitur] dictum *n* | 14 conpetat] competet *p* | 17 commemorantur] commemoratur *S¹ V¹ N* | Chanaan] terra *praem. p* | 16,1 spirans] spirat *n* | praecepit *om. V* | 2 nihil] quidquam *V² Am. μ* | 3 quibus] *mut. in* quae *V²*

---

[24] TM: Adoni-Zedek, LXX: Adoni-Besek.

[25] TM: Könige der Amoriter, LXX: Könige der Jebusiter. Warum LXX den Volksnamen ändert, ist bislang unerklärt (SDE).

[26] Verweis Augustins auf die Vulg.

[27] Häufiger bezeugt ist eine sechsgliedrige Liste der zu vernichtenden Ureinwohner

hatte, daß es jene Völker vernichten und deren Land erhalten werde (vgl. Jos 9,9-10), und diesen ihren Glauben hat er in gewisser Weise dadurch belohnt, daß er sie nicht preisgab.

qu. 6,15 (zu Jos 10,5-6)

15 Man fragt, wieso Adoni-Besek,[24] der König der Stadt Jerusalem, und die übrigen vier, mit denen zusammen er die Gibeoniter belagerte, nach den Siebzig Übersetzern zuerst, als sie zu deren Belagerung zusammenkamen, ‚Könige der Jebusiter'[25], später aber von den Gibeonitern, als sie Boten zu Josua sandten, damit er sie von der Belagerung befreite, ‚Könige der Amoriter' genannt werden. Wie wir aber in derjenigen Übersetzung, die aus dem Hebräischen [übersetzt] ist,[26] sehen konnten, werden sie an beiden Stellen ‚[Könige] der Amoriter' genannt, da feststeht, daß der König der Stadt Jerusalem [König] der Jebusiter war, weil eben dieses [Jerusalem] Jebus, als Hauptstadt jenes Volkes, genannt worden ist (vgl. Jos 18,28), und da die Schrift sehr oft die sieben Völker erwähnt, die Gott vor dem Angesicht seines Volkes zu vertilgen verheißen hat, von denen eines [Volk] der Amoriter genannt wird (vgl. Dtn 7,11; Jos 3,10; 24,11).[27] Falls dies nicht vielleicht eine allgemeine Bezeichnung aller oder eher eines größeren Teils war, so daß nicht nur ein [Volk], sondern mehrere aus diesen sieben unter diesem Namen zusammengefaßt wurden; dennoch gäbe es auch eines von den sieben, das im eigentlichen Sinn [Volk der] Amoriter genannt würde, so wie es einen Teilbereich gibt, der im eigentlichen Sinn Libyen genannnt wird, obgleich dieser Name dem gesamten Afrika zukommt,[28] und [so wie] es einen Teilbereich [gibt], der im eigentlichen Sinn Asien genannt wird, obgleich einerseits manche Asien für die Hälfte des Erdkreises, andererseits andere für den dritten Teil des Erdkreises erklärt haben.[29] Denn, wie bekannt ist, werden auch die Kanaanäer als ein Volk unter jenen sieben aufgezählt, und dennoch wird dieses ganze Land ursprünglich Kanaan genannt.

qu. 6,16 (zu Jos 11,14-15)

16 „Josua ließ nichts in ihr am Leben. Wie der Herr dem Mose, seinem Diener, vorgeschrieben hat, schrieb auch Mose gleichermaßen Josua vor, und so machte [es] Josua: er hat nichts von allen [Geboten] übertreten, die der Herr dem Mose festgesetzt hat."[30] Deswegen ist dies keinesfalls für Grausamkeit zu

---

Palästinas. In Ex 23,23; 33,2; Dtn 20,17 entspricht der Sechserliste von TM in LXX eine Siebenerliste (vgl. dazu unten *qu.* 6,21,2 mit den Anm. 42 und 45). Vgl. auch Apg 13,19.

[28] Vgl. *civ.* 4,6.

[29] Vgl. *civ.* 16,17; 18,2.

[30] Hier bezeugt die VL des Augustinus wieder einen LXX-Text des Alexandrinischen Typs, der TM entspricht. LXX dagegen: „alles, was Mose ihm angeordnet hatte"; entsprechend VL:Cod.Lugd.: *quae praeceperat illis Moyses.*

tas, quod nullum vivum in civitatibus sibi traditis dimittebat Iesus, quia deus hoc iusserat. Qui autem existimant hinc deum ipsum fuisse crudelem et propter hoc veteris testamenti verum deum fuisse auctorem nolunt credere, tam perverse de operibus dei quam de peccatis hominum iudicant nescientes quid quisque pati dignus sit et magnum putantes malum, cum casura deiciuntur mortalesque moriuntur.

17 *Et non erat civitas quae non erat tradita filiis Israhel.* Quaeritur quomodo hoc verum sit, cum nec temporibus postea iudicum nec temporibus regum omnes omnino illarum septem gentium civitates capere potuerint Hebraei. Sed aut sic intellegendum est, quod ad nullam civitatem bellando accessit Iesus quam non ceperit; aut certe nulla non capta est, sed earum quae in regionibus supra commemoratis fuerunt. Enumeratae sunt enim regiones, in quibus fuerunt civitates de quibus facta est ista conclusio: *Et omnes cepit in bello.*

18 *Quia per dominum factum est confortari cor eorum, ut obviam irent ad bellum ad Israhel, ut exterminarentur, ita ut non daretur eis misericordia, sed ut exterminarentur, sicut dixit dominus ad Moysen.* Ita dictum est hoc *per dominum factum confortari cor eorum,* hoc est obdurari cor eorum, sicut de Pharaone. Quod divino altoque iudicio iuste fieri minime dubitandum est, cum deserit deus et possidet inimicus: Quod sic accipiendum est quemadmodum et ibi. Sed hic aliud movet, quomodo dictum sit ad hoc eis confortatum cor, ut exsurgerent in bellum adversus Israhel et ob hoc eis non praeberent misericordiam; quasi praebenda esset, si non bellarent, cum deus praeceperit nulli eorum esse parcendum et ob hoc Gabaonitis pepercerint, quia se de longinqua terra venisse fingentes eorum iurationem tenuerant. Sed quoniam quibusdam ultro praebuerunt Israhelitae misericordiam

---

17,2 nec¹...3 Hebraei] cf. Idc 1,21-36; 3,1-6   **18,3** per...eorum] cf. Ex 4,21; 7,3; 9,12; 10,20.27; 11,10; 14,4.8   **9** ob...11 tenuerant] cf. Ios 9,3-27

4 quod] quo *P S V¹ N T* | **5** existimant] existimabant *P¹ S V* | hinc] hic *p P S V* | fuisse *om.* *V* | **6** perverse] perversa *P V T* | **8** pati *om.* *P S V N* | **17,1** filiis] a *praem.* *n* | **5** nulla non] non nulla *T* | **18,1** ad² *eras.* *V* | **2** daretur] dominaretur *P*, dominarentur *V T* | **3** factum] est *add.* *P¹* cor *om.* *p* | eorum *Bad. Am. μ ʒ, om. codd.* | **4** sicut] ut *add.* *n* | **5** deserit deus] deus deserit *T* inimicus] inimicos *P¹ S¹ V T* | **6** hic] hinc *V* | **7** confortatum] confortatur *P*, confortari *V T*

---

³¹ TM: „Es gab keine Stadt, die mit den Israeliten Frieden geschlossen hätte." Da „Frieden zu schließen" (הִשְׁלִימָה) nach Dtn 20,10-11 die Bereitschaft zur Versklavung bedeutet hätte, übersetzt Vulg sachgemäß: *quae se non traderet.* LXX ganz anders: „Es gab keine Stadt, die Israel nicht einnahm." Der Wortlaut der VL läßt *passivum divinum* vermuten.

halten, daß Josua in den ihm ausgelieferten Städten nichts am Leben ließ, weil Gott dies befohlen hatte. Diejenigen aber, die daraus schließen, daß Gott selbst grausam war, und deswegen nicht glauben wollen, daß der wahre Gott der Autor des Alten Testaments gewesen ist, urteilen ebenso abwegig über die Werke Gottes wie über die Sünden der Menschen, da sie nicht wissen, was jeder zu erleiden verdient hat, und weil sie es für ein großes Übel halten, wenn, was fallen muß, gefällt wird und sterbliche Wesen sterben.

qu. 6,17 (zu Jos 11,19)

17 „Und es gab keine Stadt, die den Söhnen Israel nicht ausgeliefert worden war."[31] Man fragt, wieso das wahr ist, da die Hebräer weder später zu Zeiten der Richter (vgl. Ri 1,21-36; 3,1-6) noch zu Zeiten der Könige alle Städte insgesamt jener sieben Völker einnehmen konnten. Aber das ist entweder so zu verstehen, daß Josua keine Stadt kriegerisch angegriffen hat, die er nicht eingenommen hätte; oder es wurden gewiß alle eingenommen, aber von jenen, die in den oben erwähnten Gegenden gelegen sind. Es wurden nämlich die Gegenden aufgezählt, in denen die Städte lagen, über die zusammenfassend gesagt worden ist: „Und alle eroberte er im Kampf."

qu. 6,18 (zu Jos 11,20)

18 „Denn durch den Herrn ist bewirkt worden, daß ihre Herzen gestärkt wurden, damit sie Israel zum Kampf entgegenträten, damit sie ausgerottet würden, so daß ihnen kein Erbarmen zuteil würde, sondern damit sie ausgerottet würden, wie der Herr zu Mose gesagt hat." Dies: „Durch den Herrn ist bewirkt worden, daß ihre Herzen gestärkt wurden", d.h. daß ihr Herz verhärtet wurde, ist so gesagt worden wie von Pharao (vgl. Ex 4,21; 7,3; 9,12; 10,20.27; 11,10; 14,4.8). Keinesfalls kann bezweifelt werden, daß es durch ein göttliches und erhabenes Urteil auf gerechte Weise geschieht, wenn Gott verläßt und der Feind in Besitz nimmt; das ist [hier] im selben Sinn anzunehmen wie auch dort. Doch hier erregt etwas anderes Aufmerksamkeit, [nämlich] in welchem Sinn die Schrift gesagt hat, daß ihr Herz zu dem Zweck gestärkt worden ist, daß sie sich zum Krieg gegen Israel erhöben und man ihnen deswegen keine Barmherzigkeit erwiese; gleich als ob sie erwiesen werden sollte, wenn sie keinen Krieg führten, obgleich Gott vorgeschrieben hatte, es dürfe keiner von ihnen verschont werden, und sie die Gibeoniten [nur] deshalb verschont hatten, weil sie vorgetäuscht hatten, sie seien aus einem weit entfernten Land gekommen, und so deren Schwur erhalten hatten (vgl. Jos 9,3-27). Weil die Israeliten aber einigen freiwillig Barmherzigkeit erwiesen haben, wenngleich gegen das Gebot des Herrn, muß man diesbezüglich annehmen, daß gesagt worden ist, daß diese so

---

Zu den vielgestaltigen Textzeugen der LXX vgl. BIEBERSTEIN, *Lukian;* DEN HERTOG, *Studien* 36f.64f.; BILLEN, *Texts* 129: VL folgt hier ausnahmsweise Aquila gegen LXX.

quamvis contra dei mandatum, ad hoc dictum esse intellegendum est istos ita
bellasse, ut non eis parceretur nec ab eis ipsis Israhelitae neglecto dei mandato
ad misericordiam flecterentur. Quod quidem duce Iesu, qui omnia diligenter
divina praecepta servabat, non est credendum fieri potuisse. Verum tamen nec
ipse istos tam cito delevisset, nisi conspirantissime contrairent atque ita fieri
posset ut eis ab illo minime debellatis, qui dei praecepta inplere curabat, remansissent ad illud tempus, quando eis possent parcere post mortem Iesu, qui non
tanta cura dei mandata faciebant. Nam et adhuc eodem vivente quibusdam illi
pepercerunt tantummodo eos ditioni suae subiugantes; quosdam vero nec
vincere potuerunt. Verum haec non illo duce facta sunt, sed cum iam senex
vacaret a bello tantummodo eis terras dividens, ut ipsi iam illo non bellante
divisas sibi terras partim iam hoste vacuas tenerent, partim pugnando caperent.
Et quod vincere aliquos minime potuerunt, providentiae divinae fuisse opportune scripturarum certis adparebit locis.

19 *Et non perdidit Ephraem Chananaeum qui habitabat in Gazer; et habitabat Chananaeus in Ephraem usque in diem istum, donec ascendit Pharao rex Aegypti et cepit civitatem et incendit eam in igni et Chananaeos et Pherezaeos et qui habitabant in Gazer transpunxit; et dedit eam Pharao in dotem filiae suae.* Quod de Pharaone rege dictum est, miror si
prophetice dictum intellegere debemus, cum haec historia illis temporibus
conscripta credatur, quibus erant gesta illa recentia. Quid autem magnum eligi
potuit quod prophetice diceretur, cum praeterita narrentur taceanturque futura
maiora et maxime necessaria? Proinde potius existimandum est septuaginta
interpretes, qui auctoritate prophetica ex ipsa mirabili consensione interpretati
esse perhibentur, haec addidisse, non tamquam futura praenuntiantes, sed quia
illo tempore ipsi erant, quo facta esse meminerant et in libris regnorum lege-

gekämpft haben, daß ihnen keine Schonung zuteil wurde und sie auch nicht eben diese Israeliten unter Mißachtung des Gebotes Gottes zur Barmherzigkeit umstimmen konnten. Daß dies unter der Führung Josuas, der alle göttlichen Gebote sorgfältig einhielt, hätte geschehen können, soll man freilich nicht glauben. Aber selbst er hätte diese dennoch nicht so schnell vernichtet, wenn sie [ihm] nicht völlig einmütig entgegentreten würden und es auf diese Weise geschehen könnte, daß sie, wenn sie von jenem, der darauf bedacht war, die Gebote Gottes zu erfüllen, in keiner Weise besiegt worden wären, bis zu jener Zeit erhalten geblieben wären, in der, nach dem Tod Josuas, die [Israeliten], die die Gebote Gottes nicht so sorgfältig ausführten, sie verschonen konnten. Denn selbst als er noch lebte, verschonten jene einige, indem sie sie lediglich ihrer Botmäßigkeit unterstellten (vgl. Jos 16,10; 17,12-13); einige jedoch vermochten sie auch nicht zu besiegen (vgl. Jos 13,1-5; 15,63). Aber diese Dinge sind nicht unter seiner Führung geschehen, sondern als er, bereits im Greisenalter, dem Kampf fernblieb und ihnen lediglich ihre Gebiete zuteilte, damit sie ihrerseits die Gebiete, die jener, schon nicht mehr selbst kämpfend, ihnen zugeteilt hatte, teils, da vom Feind bereits entblößt, einnähmen, teils im Kampf eroberten. Und die Tatsache, daß es Werk der göttlichen Vorsehung gewesen war, daß sie einige überhaupt nicht besiegen konnten (vgl. Ri 2,21-22; 3,1-2), wird sich zur rechten Zeit an gewissen Stellen der Schriften zeigen.

qu. 6,19 (zu Jos 16,10)

19 „Und Efraim vernichtete nicht[32] den Kanaanäer, der in Gezer wohnte, und der Kanaanäer blieb in Efraim wohnen bis zu jenem Tag, als Pharao, der König Ägyptens, heraufzog und die Stadt einnahm und sie im Feuer verbrannte und die Kanaanäer und die Perisiter und die Einwohner von Gezer durchbohrte; und Pharao gab sie seiner Tochter zur Mitgift.[33] Ich möchte gern wissen, ob wir annehmen sollen, daß das, was über den König Pharao gesagt worden ist, prophetisch gesagt worden ist, da man meint, daß diese Geschichte zu jener Zeit aufgeschrieben worden ist, in der jene Dinge sich jüngst zugetragen hatten. Welche Sache von Bedeutung konnte aber dazu ausgewählt werden, daß sie prophetisch gesagt würde, da (nur) Vergangenes erzählt und bedeutenderes und höchst wichtiges Zukünftiges nicht genannt wird? Daher ist eher anzunehmen, daß die Siebzig Übersetzer, die, wie berichtet wird, mit prophetischer Autorität in dieser wunderbaren Übereinstimmung übersetzt haben, dies hinzugefügt haben, nicht wie solche, die Zukünftiges ankündigen, sondern weil sie ihrerseits zu jener Zeit lebten, in der sie sich noch erinnern konnten und in den Büchern

---

einer der Zusätze, die „dem Josuabuch eine größere erzählerische Geschlossenheit verleihen" (SDE 606), insofern sie Beleg „einer schriftübergreifenden Harmonisierungstendenz" (RÖSEL, *Septuaginta-Version* 203) sind.

rant; etenim regum temporibus factum est. Quod ideo credibilius nobis visum est, quoniam inspeximus interpretationem quae est ex Hebraeo et hoc ibi non invenimus; sicut nec illud quod dictum est de Iericho, quod Hoza, qui eam reparasset, incurrerit maledictum quod dixerat Iesus. Sic enim scriptum est: *Et adiuravit Iesus in die illa: Maledictus homo qui resuscitabit et aedificabit civitatem illam; in primogenito suo fundavit eam et in novissimo suo inponet portas eius.* Huc usque invenitur in interpretatione ex Hebraeo; illud autem quod sequitur: *Et ita fecit Hoza qui ex Bethel; in Abiron primogenito fundavit eam et in resalvato novissimo inposuit portas eius,* hoc illic non legitur. Unde adparet a septuaginta interpositum, qui factum esse noverant.

20 *Et Amorrhaeus permansit ut habitaret in Elom et in Salamin; et gravata est manus Ephraem super eos et facti sunt illis tributarii.* Hoc iam contra domini praeceptum fiebat et adhuc vivebat Iesus, sed dux eorum in illis proeliis iam prae senectute non erat. Propter hoc dictum est a domino factum, ut confortaretur cor illorum, qui simul conspiraverunt ire in bellum contra Iesum, ne ista illis misericordia praeberetur etiam contra dei praeceptum, si remansissent non expug-

---

19,14 quod¹...15 Iesus] cf. Ios 6,26a   **15** Ios 6,26   **18** Ios 6,26a   **20,4** a...6 praeberetur] cf. Ios 11,20

---

12 etenim regum] regum enim *S N* | **14** Hoza] Īs *p*, Ihs *P S n*, Oza *V T* | **15** reparasset] separasset *T*, praeparasset *n* | incurrerit] incurreret *P S N T* | **16** adiuravit] adiurabit *N* | die illa] illa die *P S V T Am. μ* | resuscitabit] resuscitavit *P¹ n* | aedificabit] aedificavit *S¹ n* | **17** fundavit] fundabit *P² S² V N T Am. μ* | eius] suas *T* | **19** resalvato] sesalvato *P V*, sesalnato *T* | **20,4** factum] est *T* | **6** praeberetur] praeberet *S¹* | si *om. p*

---

³⁴ Verweis Augustins auf die Vulg.
³⁵ Der dortige nur in LXX vorhandene Verweis auf Hiël entspricht 1Kön 16,34 = 3 Rg 16,34. Das Verhältnis beider Passagen zueinander und zum jeweiligen Kontext ist umstritten; vgl. BIEBERSTEIN, *Josua* 266 (die Erfüllungsnotiz wurde sekundär von 1 Kön 16,34 nach Jos 6,26a übertragen); MAZOR, *Curse* 9-14.23-25 (die von ihr postulierte hebräische [von TM differierende] Vorlage der LXX von Jos 6,26a ist gegenüber 1Kön 16,34 ursprünglich); RÖSEL, *Septuaginta-Version* (sowohl 1Kön 16,34 TM als auch Jos 6,26a LXX sind Nachträge im jeweiligen Kontext; ihr wechselseitiges Verhältnis kann nicht sicher bestimmt werden). Vgl. RÖSEL, *Joshua.*
³⁶ TM hat: יָקוּם וּבָנָה „der sich erheben und aufbauen wird". LXX vernachlässigt יָקוּם und hat nur οἰκοδομήσει „der aufbauen wird". So auch VL:Cod.Lugd.: *qui aedificaverit.* LXXA folgt allerdings TM und hat: ἀναστήσει καὶ οἰκοδομήσει. Augustinus scheint hier

der Könige gelesen hatten, was geschehen war; es ist nämlich in der Königszeit geschehen. Das ist uns deswegen als wahrscheinlicher erschienen, weil wir die Übersetzung eingesehen haben, die aus dem Hebräischen gefertigt worden ist,[34] und dies dort nicht gefunden haben, wie auch nicht jenes, was über Jericho gesagt worden ist, daß Hiël, der es wiederaufgebaut hatte, sich die Verwünschung zuzog, die Josua ausgesprochen hatte (vgl. Jos 6,26LXX).[35] So steht nämlich geschrieben: „Und Josua schwor an jenem Tag: Verflucht sei der Mann, der jene Stadt wieder errichten und aufbauen wird;[36] auf seinem Erstgeborenen hat er ihre Fundamente gelegt[37] und auf seinem Jüngsten soll er ihre Tore einsetzen" (Jos 6,26). Bis hierher findet sich [der Text] in der Übersetzung aus dem Hebräischen; jene Passage aber, die folgt: „Und so machte es Hiël, der aus Betel stammte; auf seinem Erstgeborenen Abiram legte er ihre Fundamente, und auf seinem zum zweiten Mal geretteten[38] Jüngsten setzte er ihre Tore ein" (Jos 6,26 LXX), – dies liest man dort nicht. Daraus ist ersichtlich, daß die Siebzig, die wußten, daß es geschehen war, sie eingefügt haben,

qu. 6,20 (zu Jos 19,48a)

20 „Und der Amoriter hielt sich hartnäckig, so daß er in Ajalon und Schaalbim wohnen blieb; und die Hand Efraims lastete schwer auf ihnen, und sie wurden ihnen tributpflichtig.[39] Das geschah bereits gegen das Gebot des Herrn, und [damals] lebte Josua noch, war aber wegen seines hohen Alters schon nicht mehr ihr Anführer in jenen Schlachten. Deswegen hat die Schrift gesagt, daß der Herr es veranlaßt hat, daß das Herz jener [Könige], die sich gemeinsam verschworen hatten, gegen Josua in den Krieg zu ziehen, gestärkt wurde, damit nicht auch jenen gegen das Gebot Gottes diese Barmherzigkeit erwiesen würde (vgl. Jos 11,20), wenn sie nicht bezwungen worden wären und sich so behauptet hätten, und damit sie nicht, wenn Josua alterte oder verstorben war, den Söhnen

---

mit stilistischen Abwandlungen Vulg *(qui suscitaverit et aedificaverit)* zu folgen, oder (sehr unwahrscheinlich) seine VL übersetzt eine griechische Version, die ihrerseits, wie Vulg, in TM, יקים voraussetzt.

[37] Perfekt mit LXXA. LXXB hat, wie vom Kontext gefordert, Futur.

[38] Zu *resalvato*, „zum zweiten Mal Geretteter": In 1Kön 16,34 heißt der jüngere Sohn Hiëls Segub, Σεγουβ, in dem damit nur teilweise übereinstimmenden Zusatz Jos 6,26a steht statt dessen die Apposition διασωθέντι „der [durch die Gefahr hindurch] Gerettete, der Überlebende". Entgegen der älteren These von Margolis, dies sei der Versuch, den Namen Segub zu übersetzen, sieht MAZOR, Curse 13 darin die Übersetzung des von ihr für die hebräische Vorlage postulierten שארה, das sich als Name in 1Chr 7,24 findet. VL gibt dem griechischen Wort διασωθέντι durch die Übersetzung *resalvato* eine neue Nuance.

[39] Zusatz der LXX aus Ri 1,35, aber ohne den Ortsnamen Har-Heres.

nanti et senescente Iesu sive defuncto relinquerentur expugnandi a filiis Israhel, qui eis contra praeceptum domini possent parcere, quod ille non faceret.

21,1 Merito quaeritur, cum Israhel non solum usque ad diem mortis Iesu verum etiam postea non eradicaverit gentes quae terram promissionis tenebant, quamvis ex parte illis debellatis in eadem promissa hereditate consisterent, quomodo intellegendum sit quod dictum est: *Et dedit dominus Israheli omnem terram quam iuraverat dare patribus eorum; et hereditaverunt eam et habitaverunt in ea. Et requiem dedit illis dominus in circuitu, sicut iuraverat patribus eorum; non restitit quisquam ante faciem illorum ab omnibus inimicis eorum; omnes inimicos eorum tradidit dominus eis in manus eorum. Non decidit ex omnibus verbis bonis quae locutus est dominus filiis Israhel; omnia advenerunt.*

21,2 Diligenter ergo universa consideranda sunt. Et primum videndum quot gentium terra promissa sit Israhelitis. Septem quidem gentes assidue videntur commemorari, sicut in Exodo legitur: *Et dixit dominus ad Moysen: Vade, ascende hinc tu et populus tuus, quos eduxisti de terra Aegypti, in terram quam iuravi Abraham et Isaac et Iacob dicens: Semini vestro dabo eam. Et simul mittam ante faciem tuam angelum meum et eiciet Amorrhaeum et Cettaeum et Pherezaeum et Gergesaeum et Evaeum et Iebusaeum et Chananaeum.* Harum ergo septem gentium terram videtur deus patribus promisisse. Scriptum est etiam in Deuteronomio multo expressius: *Si autem accesseris ad civitatem expugnare eam et evocaveris eos cum pace, si quidem pacifica responderint tibi et aperuerint tibi, omnis populus qui inventi fuerint in civitate erunt tibi tributarii et oboedientes; si autem non oboedierint tibi et fecerint ad te bellum, et circumsedebis eam et*

21,12 Ex 33,1-2   **17** Dt 20,10-17

---

7 Iesu...defuncto] sive defuncto Iesu *Am. μ* | a *om. N T* | **8** faceret] fecit *p* | **21,1** ad *om. S¹* | **2** promissionis] repromissionis *P* | **3** consisterent] consisteret *T* | **4** Israheli] Israhel *p* | **5** eorum *om. V* | ea] eam *P S¹ V¹ T¹* | **7** in] et *P S V* | **8** manus] manibus *n* | **10** quot] quod *p P S¹ Am. μ* | **12** ascende] et *praem. Am. μ* | **15** Pherezaeum] Ferezeum *P S V N* (et Iebuseum *add. n*), *T* | et⁶ *om. N* | **18** evocaveris] vocaveris *N* | eos *om. V* | **19** aperuerint] aperuerunt *P*, aparuerint *n* | omnis populus] omnes populi *Am. μ* | **20** et² eras. *V*

---

⁴⁰ Vgl. *qu.* 6,18.
⁴¹ Zusatz der LXX.

Israel zur Vertreibung übrig blieben, die sie gegen die Vorschrift des Herrn womöglich verschonen würden, was jener (Josua) nicht täte.[40]

qu. 6,21,1 (zu Jos 21,43-45)

21,1 Da Israel nicht nur bis zum Todestag Josuas, sondern auch später noch die Völker, die das Verheißungsland inne hatten, nicht ausgerottet hat, obgleich sie in eben diesem verheißenen Erbland Fuß faßten, nachdem sie jene teilweise besiegt hatten, fragt man zu Recht, wie die Aussage verstanden werden soll: „Und der Herr gab Israel das ganze Land, das er ihren Vätern zu geben geschworen hatte, und sie nahmen es in Besitz und wohnten darin, und der Herr gab ihnen von allen Seiten Ruhe, wie er ihren Vätern geschworen hatte, niemand von all ihren Feinden widerstand vor ihrem Angesicht; alle ihre Feinde lieferte der Herr ihnen in die Hand aus. Von all den guten Worten, die der Herr zu den Söhnen Israel gesagt hat, ist keines dahingefallen; alle sind eingetroffen."

qu. 6,21,2

21,2 Man muß daher alle [Worte] insgesamt sorgfältig untersuchen. Und zuerst muß man sehen, wievieler Völker Land den Israeliten verheißen worden ist. Es werden zwar anscheinend ständig sieben Völker genannt, wie man im [Buch] Exodus liest: „Und der Herr sagte zu Mose: Geh! Zieh von hier hinauf, du und dein Volk, die du aus dem Land Ägypten herausgeführt hast, in das Land, das ich Abraham, Isaak und Jakob zugeschworen habe mit den Worten: Deinem Samen werde ich es geben. Und zugleich werde ich deinem Angesicht meinen[41] Engel vorausschicken, und er wird den Amoriter und den Hetiter und den Perisiter und den Girgaschiter und den Hiwiter und den Jebusiter und den Kanaanäer vertreiben" (Ex 33,1-2).[42] Offenbar hat somit Gott den Vätern das Land dieser sieben Völker verheißen. Es steht auch viel deutlicher im [Buch] Deuteronomium geschrieben: „Wenn du aber vor eine Stadt gezogen bist, um sie zu erobern, und ihre Bewohner aufgefordert hast, in Frieden herauszukommen, wenn sie dir jedenfalls friedliche [Worte] geantwortet und dir [die Tore] geöffnet haben, soll die ganze Bevölkerung, die in der Stadt aufgefunden worden ist, dir tributpflichtig und untertan sein; wenn sie dir aber nicht gehorcht und gegen dich Krieg geführt haben, [und] dann sollst du sie belagern, und der Herr, dein Gott, wird sie in deine Hand ausliefern, und du sollst alles Männliche

---

[42] TM und LXX nennen nur sechs Völker; LXX läßt den Kanaanäer an der Spitze der Liste des TM weg, fügt dafür den Girgaschiter ein. VL hat dagegen sieben Völker; VL:Cod.Lugd bringt den Kanaanäer an sechster und den Girgaschiter an siebter Position. Die VL des Augustinus folgt der Reihenfolge der LXX, nennt aber zusätzlich den Kanaanäer an siebter Stelle. In *qu.* 2,150 zitiert Augustinus denselben Vers, jedoch mit dem Kanaanäer an der Spitze. Für beides gibt es griechische Zeugen. Vgl. BILLEN, *Texts* 88.

tradet eam dominus deus tuus in manus tuas et interficies omne masculinum eius in nece gladii praeter mulieres et supellectilem, et omnia pecora et omnia quaecumque fuerint in civitate et omnia utensilia praedaberis tibi; et edes omnem praedationem inimicorum tuorum, quos dominus deus tuus dat tibi. Sic facies omnibus civitatibus quae longe sunt a te valde, quae non sunt a civitatibus gentium istarum. Ecce autem ex civitatibus istis, quas dominus deus tuus dat tibi hereditare terram eorum, non vivificabis omne vivum, sed anathemate anathematizabis eos: Cettaeum et Amorrhaeum et Chananaeum et Pherezaeum et Evaeum et Iebusaeum et Gergesaeum, quemadmodum mandavit tibi dominus deus tuus. Et hic istarum septem gentium terram promissam in hereditatem, quam debellatis usque ad internecionem eisdem gentibus Israhelitae possiderent, manifestum est. Ceteras enim quae longinquius extra istas gentes invenirentur, voluit fieri tributarias eorum, si non resisterent; si autem resisterent, etiam ipsas interfici et in perditionem dari exceptis pecoribus et quae in praedam possent venire. Item alio loco in Deuteronomio ita legitur: *Et erit cum induxerit te dominus deus tuus in terram in quam intras ibi hereditare eam et abstulerit gentes magnas et multas a conspectu tuo, Cettaeum et Gergesaeum et Amorrhaeum et Pherezaeum et Chananaeum et Evaeum et Iebusaeum, septem gentes magnas et multas et fortiores vobis, et tradet eos dominus deus tuus in manus tuas et percuties eos, exterminio exterminabis eos. Non dispones ad eos testamentum neque misereais eorum neque matrimoniis iungamini cum eis; filiam tuam non dabis filio eius et filiam eius non sumes filio tuo* et cetera.

---

34 Dt 7,1-3

---

21 deus *om.* PV^1 | interficies] interficias PSV^1T | in²] *et praem.* PV^1 | **22** supellectilem] superlectilem N, suppellectilem T | quaecumque] quae PVT | **23** civitate] civitatem N praedaberis] praedaveris P | **24** quos] quas P, quā VT | dat] dabit $PSVTAm.\ \mu$ | **25** a] *mut. in* de V | **26** dat] dabit PT | hereditare] hereditatem T | anathemate *om.* $PSVTAm.$ μ | **27** anathematizabis] anathemabis $Am.\ \mu$ | **28** Gergesaeum] Gergeseorum n | **29** hereditatem] hereditate $PVNT$ | **30** ad *om.* PS | **31** longinquius] longius PT | **32** si²...resisterent² *om.* S | interfici et] interficias n | **35** intras ibi] intrabitis PVT | magnas...multas] multas et magnas N | **37** vobis] nobis S^1 | **38** percuties] percutiet V | exterminabis] exterminabit S

---

[43] TM: הַטָּף. Ges¹⁸: „Koll. nicht voll Marschfähige, bes. kleine Kinder, aber a. Greise". Entsprechend hier Vulg: *infantes*; LXX dagegen: ἀποσκευή, Hausrat, Inventar; entspre-

in ihr durch Schwerttod töten, außer den Frauen und dem Hausrat,[43] und alles Vieh und alles, was immer in der Stadt vorhanden war, und allen beweglichen Besitz darfst du für dich erbeuten, und du darfst die ganze Beute deiner Feinde, die der Herr, dein Gott, dir gibt, verzehren. So sollst du mit allen Städten verfahren, die sehr weit entfernt von dir gelegen sind, die nicht zu den Städten der folgenden Völker gehören. Siehe aber, aus den folgenden Städten, die der Herr, dein Gott, dir gibt, daß du ihr Land erbst, sollst du kein Lebewesen am Leben lassen, sondern du sollst sie mit einem Todesfluch verfluchen:[44] den Hetiter und den Amoriter und den Kanaanäer und den Perisiter und den Hiwiter und den Jebusiter und den Girgaschiter[45], wie der Herr, dein Gott, dir aufgetragen hat" (Dtn 20,10-17). Und an dieser Stelle wird klar, daß das Land dieser sieben Völker den Israeliten als Erbbesitz verheißen worden ist, den sie besitzen sollten, nachdem sie eben diese Völker bis zur Ausrottung bekämpft hätten. Die übrigen [Völker], die über diese Völker hinaus in größerer Entfernung angetroffen würden, sollten ihnen nämlich nach dem Willen [Gottes] tributpflichtig werden, falls sie sich nicht widersetzten; wenn sie sich aber widersetzten, sollten auch diese ihrerseits getötet und vernichtet werden, außer dem Vieh und was in die Beute eingehen könnte. Desgleichen liest man an einer anderen Stelle im Deuteronomium folgendes: „Und es soll geschehen: Wenn dich der Herr, dein Gott, in das Land hineingeführt hat, in das du hineinziehst, um es dir dort zum Erbbesitz zu erwerben, und wenn er große und zahlreiche Völker vor deinem Angesicht vertrieben hat – den Hetiter und den Girgaschiter und den Amoriter und den Perisiter und den Kanaanäer und den Hiwiter und den Jebusiter, sieben große und zahlreiche und an Stärke euch überlegene Völker, dann wird der Herr, dein Gott, sie dir in die Hand ausliefern, und du wirst sie schlagen, sie völlig ausrotten. Du sollst mit ihnen keinen Bund schließen und dich ihrer nicht erbarmen, und ihr sollt euch nicht durch Eheschließungen mit ihnen verbinden; deine Tochter sollst du nicht seinem Sohn [in die Ehe] geben und seine Tochter nicht für deinen Sohn [zur Ehe] nehmen" usw. (Dtn 7,1-3).

---

chend VL:Cod.Lugd.: *possessio*, VL des Augustinus: *supellex*. WEVERS, *Deuteronomy* 326 und Anm. 16: Das griechische Wort muß im Sinn des hebräischen Wortes verstanden werden. Er plädiert für ‚Kinder' (dies gibt neben „family members other than male adults" auch MURAOKA, *Lexicon* als Bedeutungen von ἀποσκευή an), ist dagegen skeptisch gegenüber der Wiedergabe ‚Familie' (so aber BdA); SDE: „Gesinde". Kann dies auch für *supellex* in VL angenommen werden?

[44] TM: הַחֲרֵם תַּחֲרִימֵם, „bannen, der Vernichtung weihen". LXX: ἀναθέματι ἀναθεματιεῖτε: „mit Todesfluch verfluchen". Zum Sprachgebrauch Augustins vgl. MOHRMANN, *Sondersprache* 76-79.

[45] Die Girgaschiter hat die LXX hinzugefügt und so eine Siebenerliste erstellt.

21,3 Proinde his atque aliis scripturarum locis saepe ostenditur harum septem gentium terras ita accepisse in hereditatem filios Israhel, ut non cum eis qui easdem terras tenebant, sed pro eis illic habitarent. Verum tamen in Genesi non istae tantum septem gentes, sed undecim promittuntur semini Abrahae. Sic enim legitur: *In die illa disposuit dominus deus testamentum ad Abraham dicens: Semini tuo dabo terram hanc a flumine Aegypti usque ad flumen magnum, flumen Euphraten: Cenaeos et Cenezaeos et Chelmonaeos et Cettaeos et Pherezaeos et Raphain et Amorrhaeos et Chananaeos et Evaeos et Gergesaeos et Iebusaeos.* Quae ita solvitur quaestio, ut intellegamus hanc praecessisse prophetiam, quod in eos fines regnum fuerat porrecturus et dilataturus Salomon, de quo ita scriptum est: *Et omne propositum Salomonis, quod destinaverat aedificare in Hierusalem et Libano et in omni terra potestatis suae: Omnis populus qui derelictus est a Cettaeo et Amorrhaeo et Pherezaeo et Evaeo et Iebusaeo, qui non erant ex Israhel, ex filiis eorum qui residui erant cum eis in terra, quos non consummaverant filii Israhel, et subiugavit eos Salomon in tributum usque in diem hunc.* Ecce residua populorum debellandorum atque omnino ex dei praecepto perdendorum subiugavit Salomon in tributum, quos utique secundum dei praeceptum perdere debuit; sed tamen subiugati tamquam tributarii possessi sunt. Paulo post autem ita legitur: *Et erat dominans in omnibus regibus a flumine usque ad terram Philistiim et usque ad fines Aegypti.* Ecce ubi inpletum est quod in Genesi deus ad Abraham loquens promittensque praedixerat. A flumine quippe hic intellegitur ab Euphrate; magnum enim flumen in illis locis etiam proprio nomine non addito potest intellegi. Neque enim de Iordane hoc accipi potest, cum et citra Iordanen et ultra Iordanen iam terras Israhelitae obtinuerant et ante regnum Salomonis. Ergo a flumine Euphrate ex partibus orientis usque ad fines Aegypti, quae pars illis erat ab occidente, regnum Salomonis scriptura regnorum dixit fuisse porrectum. Tunc ergo amplius subiugatum est quam septem illae gentes tenebant; ac per hoc tunc in servitutem redactae sunt non septem sed undecim gentes.

---

45 Gn 15,18-20   50 3 Rg 10,22a-b   58 3 Rg 10,26a

---

42 hereditatem] hereditate *N* | 46 flumen² *exp. V* | 47 Chelmonaeos] Chelmoneos *P S V N T*, Cetmoneos *μ*, Cettheos *p* | 49 eos] eo *P S¹ V* | regnum] regum *P V S¹ N* | 51 quod] quo *Am. μ* | 52 a] *eras. n* | 53 ex¹ *om. n* | consummaverant] consumpserant *V² T Am. μ* | 54 subiugavit] subiungavit *S* | hunc] hanc *P V* | 55 perdendorum] percellendorum *T* | 59 ad² *om. p V* | 63 regnum *om. P¹*

---

[46] 1Reg 10,22b:Zusatz der LXX nach 1Kön 9,20-21//2Chr 8,7-8 TM.

[47] Zusatz der LXX nach 1Kön 5,1 TM(Vulg 4,21; fehlt dort in 3 Rg)//2Chr 9,26; 2 Par 9,26; vgl. auch 3 Rg 2,46b. Für Philister (im Spendertext 1Kön 5,1) hat LXX ἀλλοφύλοι „Andersstämmige". Die VL des Augustinus entspricht dagegen mit *Philistiim* dem TM.

qu. 6,21,3

21,3 Folglich zeigt sich häufig an diesen und anderen Stellen der Schriften: Die Söhne Israel haben die Länder dieser sieben Völker in der Weise zum Erbbesitz erhalten, daß sie nicht zusammen mit ihnen eben diese Länder innehätten, sondern an deren Stelle dort wohnten. Dennoch aber werden dem Samen Abrahams in der Genesis nicht nur diese sieben Völker, sondern elf verheißen. Folgendes nämlich liest man: „An jenem Tag schloß der Herr mit Abraham einen Bund mit den Worten: Deinem Samen werde ich dieses Land geben vom Fluß Ägyptens bis zum großen Strom, dem Fluß Eufrat, die Keniter und die Kenasiter und die Kadmoniter und die Hetiter und die Perisiter und die Refäiter und die Amoriter und die Kanaanäer und die Hiwiter und die Girgaschiter und die Jebusiter" (Gen 15,18-20). Dieses Problem wird so gelöst, daß wir verstehen, daß dies im voraus als Prophezeiung ergangen ist, daß Salomo das Reich bis zu diesen Grenzen ausdehnen und erweitern sollte, von dem so geschrieben steht: „Und jedes Bauvorhaben in Jerusalem und im Libanon und in jedem Land seiner Herrschaft, das er beschlossen hatte: die ganze Bevölkerung, die vom Hetiter und Amoriter und Perisiter und Hiwiter und Jebusiter, die nicht von Israel abstammten, übrig geblieben ist: von deren Söhnen, die zusammen mit ihnen im Land übrig geblieben waren, die die Söhne Israel nicht vernichtet hatten, [und] die machte Salomo tributpflichtig bis auf diesen Tag" (1Kön 10,22LXX).[46] Siehe, die Überreste der Völker, die besiegt und nach dem Gebot Gottes gänzlich ausgerottet werden sollten, hat Salomo tributpflichtig gemacht; er sollte sie eigentlich nach dem Gebot Gottes unbedingt vernichten; aber sie wurden doch wenigstens unterworfen und als Tributpflichtige seine Sklaven. Kurz danach liest man folgendes: „Und er war der Oberherr über alle Könige vom Strom bis zum Land der Philister und bis zu den Grenzen Ägyptens" (1Kön 10,26LXX).[47] Siehe, dort hat sich erfüllt, was Gott in Genesis in seiner Verheißungsrede an Abraham vorausgesagt hatte. ‚Vom Strom' bedeutet hier ja ‚vom Eufrat'; der große Strom kann nämlich auch an jenen Stellen [als Eufrat] verstanden werden, wo der Eigenname nicht hinzugefügt worden ist. Auch kann diese [Bezeichnung] nämlich nicht auf den Jordan gedeutet werden, da die Israeliten schon vor der Regierung Salomos diesseits des Jordan und jenseits des Jordan Gebiete eingenommen hatten. Folglich hat der Text aus [dem Buch] der Könige gesagt, daß sich das Herrschaftsgebiet Salomos vom Strom Eufrat in den östlichen Bereichen bis zu den Grenzen Ägyptens, die ihr westlicher Bereich waren, erstreckt hat. Damals ist folglich ein umfangreicheres [Gebiet] als das Territorium, das jene sieben Völker innehatten, unterworfen worden; und deswegen wurden damals nicht sieben, sondern elf Völker der Sklaverei unterworfen. Was nämlich in den Büchern der Könige, wo die Schrift zeigen wollte, wie weit der Herrschaftsbereich sich von Osten nach Westen erstreckt hat, geschrieben steht: „bis zu den Grenzen Ägyptens vom Strom her", dies ist

Quod enim in regnorum libris scriptum est: *Usque ad fines Aegypti a flumine*, cum scriptura ab oriente usque ad occidentem quantum porrectum esset regnum vellet ostendere, hoc idem in Genesi, cum ab occidente usque ad orientem praefiniretur, dictum est: *A flumine Aegypti usque ad flumen magnum Euphraten.* Flumen quippe Aegypti, qui finis est disterminans regnum Israhel ab Aegypto, non est Nilus, sed alius est non magnus fluvius, qui fluit per Rhinocoruram civitatem, unde iam ad orientem versus incipit terra promissionis. Sic ergo fuerat constitutum filiis Israhel, ut septem gentium terras exterminatis et perditis illis gentibus ipsi inhabitarent, aliis autem regnarent subditis atque tributariis usque ad flumen Euphraten. Et quamvis in hoc deo non obtemperassent, quia et ex illis, quas exterminare deberent, oboedientes aliquas fecerant, deus tamen temporibus Salomonis fidem suae promissionis inplevit.

21,4 Nunc itaque in libro Iesu Nave quod considerare suscepimus quomodo erit verum: *Et dedit dominus Israheli omnem terram quam iuraverat dare patribus eorum; et hereditaverunt eam*? Quomodo adhuc vivente Iesu omnem terram dedit, cum etiam reliquias illarum septem gentium nondum superavissent? Nam quod sequitur: *Et hereditaverunt eam*, verum est, quia ibi erant ibique consederant. Deinde quod adiungit: *Et requiem dedit illis dominus in circuitu, sicut iuraverat patribus eorum*, verum est, quia vivo adhuc Iesu non eis quidem cedebant reliquiae illarum gentium, sed nulla earum eos in terris ubi consederant bello lacessere audebat. Ideo dictum est et quod deinde adiungitur: *Non restitit quisquam ante faciem illorum ab omnibus inimicis eorum*. Quod vero sequitur: *Sed omnes inimicos eorum*

---

71 Gn 15,18

---

68 Aegypti] Aegypte *n* | **71** praefiniretur] perfiniretur *S¹* | Euphraten] flumen *praem. z (cf. l. 46)* | **73** fluit] fuit *N* | Rhinocoruram] Ronocouram *P¹ S¹*, Rinocouran(t *n*) *N* | **77** et *exp. T* | **78** deberent] iussi sunt *T* | aliquas] aliquos *P S V N Am. µ* | **79** inplevit] implebit *p* | **81** dominus] deus *µ* | Israheli] Israhel *p P S V* | **82** eam *om. T* | **84** quia...erant] qui abierant *P S¹ N* | consederant] considerant *P n* | **85** illis *om. V* | illis dominus] dominus illis *P S N T* | sicut] sicuti *n* | iuraverat] d̄n̄s *add. P V T* | **86** Iesu *om. P¹* | **87** consederant] considerat *P*, consederat *S N*

---

[48] Dieselbe Angabe einschließlich des Stadtnamens *Rhinocorura* bringt Augustinus in *civ.* 16,24. Nur hier in Gen 15,18 wird die Grenze zu Ägypten נָהָר („Strom Ägyptens"); LXX: ποταμός, VL: *flumen*; Vulg: *fluvius*), sonst stets נַחַל („Bach Ägyptens") genannt; die Übersetzungsäquivalente in LXX und Vulg variieren (Num 34,5; LXX: χειμάρρουν Αἰγύπτου ; Vulg: *usque ad torrentem Aegypti*; Jos 15,4; LXX: ἕως φάραγγος Αἰγύπτου; Vulg: *ad torrentem Aegypti*; 1Kön 8,65; LXX: ἕως ποταμοῦ Αἰγύπτου; Vulg: *usque ad rivum Aegypti*;

identisch in Genesis ausgesagt, wo [der Herrrschaftsbereich] von Westen bis Osten im voraus umgrenzt wurde: „Vom Fluß Ägyptens bis zum großen Strom, dem Eufrat" (Gen 15,18). Der ‚Fluß Ägyptens', der die Grenze ist, die den Herrschaftsbereich Israels von Ägypten abgrenzt, ist freilich nicht der Nil, sondern ein anderer nicht großer Fluß, der durch die Stadt Rhinocorura fließt; von dort nach Osten beginnt schon das Verheißungsland.[48] So also war es für die Söhne Israel bestimmt worden, daß sie die Territorien der sieben Völker, nachdem sie jene ausgerottet und vernichtet hatten, ihrerseits bewohnen, über andere aber, nachdem sie sie unterworfen und tributpflichtig gemacht hatten, bis zum Strom Eufrat herrschen sollten. Und obgleich sie darin Gott nicht gehorcht hatten, weil sie auch von jenen, die sie ausrotten sollten, einige zu Sklaven gemacht hatten, hat Gott dennoch zu Salomos Zeiten seine Verheißungszusage erfüllt.

qu. 6,21,4

21,4 Wie kann nun also im Buch Josua [ben] Nun, das wir zu behandeln übernommen haben, [die Behauptung] wahr sein: „Und der Herr gab Israel das ganze Land, das er ihren Vätern zu geben geschworen hatte, und sie nahmen es in Besitz"? In welchem Sinn gab [der Herr] noch zu Lebzeiten Josuas das ganze Land, obgleich sie bis dahin die Reste jener sieben Völker noch nicht überwunden hatten? Denn das folgende: „und sie nahmen es in Besitz" ist wahr, da sie dort waren und sich dort niedergelassen hatten. Ferner ist das, was die Schrift hinzufügt: „und der Herr gab ihnen von allen Seiten Ruhe, wie er ihren Vätern geschworen hatte," wahr, denn, solange Josua noch lebte, zogen sich die Reste jener Völker zwar nicht vor ihnen zurück, aber keines von ihnen wagte, sie in den Territorien, in denen sie sich niedergelassen hatten, durch Krieg zu reizen. Daher hat die Schrift auch gesagt, was anschließend hinzugefügt wird: „Niemand von all ihren Feinden hielt stand vor ihrem Angesicht." Das folgende aber: „sondern alle ihre Feinde lieferte der Herr ihnen in die Hand aus" – unter diesen wollte die Schrift die Feinde verstanden wissen, die gewagt haben, gegen [Israel] in den Krieg zu ziehen. Das folgende: „Von all den guten Worten, die

---

2Kön 24,7: ἀπὸ τοῦ χειμάρρου Αἰγύπτου; Vulg: *a rivo Aegypti*; Jes 27,12: ἕως Ῥινοκορούρων; Vulg: *usque ad torrentem Aegypti*). Ob Gen 15,18 TM in übertreibender Rede den Nil meint oder ob נַחַל zu konjizieren ist, bleibt umstritten. Augustinus jedenfalls liest *a flumine Aegypti* und identifiziert diese Grenzangabe mit den üblichen, die vom נַחַל Ägyptens sprechen. Augustinus versteht darunter das Wadi El-Arisch, wie sein Verweis auf die griechisch-römische Stadt *Rhinocorura* (= El-Arisch) beweist. Diesen Stadtnamen setzt bereits die LXX in Jes 27,12: ἕως Ῥινοκορούρων für TM: עַד־נַחַל מִצְרָיִם ein und bezeugt damit für das 2. Jh.v.Chr. diese wohl schon ältere Lokalisierung des „Baches Ägyptens". Vgl. KEEL/KÜCHLER, *Orte* 112f.

tradidit dominus illis in manus eorum, hos intellegi voluit inimicos, qui obviam ire in bellum ausi sunt. Deinde quod dicit: *Non decidit ex omnibus verbis bonis quae locutus est dominus filiis Israhel; omnia advenerunt*, ita vult intellegi, quia, cum iam illi contra praeceptum domini fecissent quibusdam parcendo ex illis septem gentibus et eos oboedientes faciendo, adhuc tamen inter eos salvi erant. Ideo cum dixisset: *Ex omnibus verbis*, addidit *bonis*, quia nondum advenerant maledicta contemptoribus et transgressoribus constituta. Restat ergo, ut quod ait: *Dedit dominus Israheli omnem terram quam iuraverat dare patribus eorum*, secundum hoc intellegatur, quia etsi adhuc erant ex illis gentibus reliquiae conterendae et exterminandae vel ex aliis usque ad flumen Euphraten aut subiugandae, si non resisterent, aut perdendae, si resisterent, tamen in usum eorum relictae sunt, in quibus exercerentur, ne carnalibus adfectibus et cupiditatibus infirmi repentinam tantam rerum temporalium prosperitatem modeste ac salubriter sustinere non possent, sed elati citius interirent, quod opportune alio loco demonstrabitur. Omnis ergo illis terra data est, quia et illa pars, quae nondum data fuerat in possessionem, iam data fuerat in quandam exercitationis utilitatem.

22 Quod ait: *Non restitit quisquam ante faciem illorum ab omnibus inimicis eorum*, quaeri potest quomodo verum sit, cum de tribu Dan superius scriptum sit, quod eos hostes eorum non permiserint descendere in vallem et praevaluerint eis in montibus. Sed quod diximus, cum duodecim filios Iacob scriptura in Mesopotamia natos commemorasset, ubi non fuerat natus Beniamin, hoc etiam hic intellegendum est, quia pro universo populo undecim tribus deputatae sunt ea regula, quae aliis scripturarum locis nobis satis innotuit. Causa autem si quaeritur, cur haec tribus in ea sorte, quae illi obvenit, non obtinuerit sufficientes terras et ab eis a quibus tenebantur adflicta sit, in dei quidem secreto consilio esse redendum est. Verum tamen cum Iacob filios suos benediceret, talia

---

22,2 de...4 montibus] cf. Ios 19,47a   **4** quod...5 Beniamin] cf. Gn 35,23-26; *qu.* 1,117
10 cum...11 Antichristus] cf. Gn 49,17

92 est *om.* P V¹ | ita] ut *add.* P S¹ | iam *om.* V | **94** oboedientes] oboedientibus V¹ | dixisset] dixissem *n* | **95** addidit] addit P¹ S¹ V¹ | advenerant] evenerat *p*, evenerant P V *Am.* μ | **96** Israheli] Israhel P S V | **100** si resisterent] *Am.* μ *z*, *om. codd. Bad. (cf. supra, l. 32)* exercerentur] exercentur *p* | **101** tantam] tamquam P S V *Am.* μ | **104** data²...possessionem] fuerat in possessionem data *Am.* μ | **22,2** Dan] Gad P S V N | **3** permiserint] permiserunt V¹ | praevaluerint] praevalerunt P V¹ T | **5** non *om.* P | **6** est] sit P V T | deputatae] deputati V | **8** cur] cum V | obvenit] obtinuit V

der Herr zu den Söhnen Israel gesagt hat, ist keines dahingefallen; alle sind eingetroffen", will die Schrift dahingehend verstanden wissen, daß jene, obgleich sie gegen das Gebot des Herrn verstoßen hatten, indem sie einige aus jenen sieben Völkern verschonten und sie dienstbar machten, dennoch weiterhin unter ihnen in Sicherheit lebten. Als sie gesagt hatte: „von allen Worten", fügte sie daher hinzu: „guten", weil die Verwünschungen noch nicht eingetreten waren, die für die Verächter und Übertreter festgesetzt worden waren. Es ergibt sich daher, daß die Formulierung: „Der Herr gab Israel das ganze Land, das er ihren Vätern zu geben geschworen hatte", im folgenden Sinn verstanden wird, daß, obgleich es von jenen Völkern noch Reste gab, die vernichtet und ausgerottet werden sollten, oder von den anderen [Völkern] bis zum Eufratstrom solche, die entweder unterworfen werden sollten, wenn sie sich nicht widersetzten, oder vernichtet werden sollten, falls sie Widerstand leisteten, sie dennoch zu ihrem Nutzen übrig gelassen worden sind, damit sie durch sie in Übung gehalten würden, damit sie nicht, durch fleischliche Leidenschaften und Begierden geschwächt, unfähig würden, einen so großen plötzlichen Wohlstand an zeitlichen Gütern bescheiden und heilsam zu ertragen, aber auch nicht, zum Hochmut verführt, allzu schnell zugrunde gingen; das wird zur rechten Zeit andernorts gezeigt werden. Daher ist jenen das ganze Land gegeben worden, weil auch jener Teil, der noch nicht zum Besitz gegeben worden war, von nun an gewissermaßen zu dem nützlichen Zweck gegeben worden war, sie in Übung zu halten.[49]

qu. 6,22 (zu Jos 21,42)

22 Man kann fragen, inwiefern der Satz: „niemand von all ihren Feinden hielt stand vor ihrem Angesicht" wahr ist, da vom Stamm Dan weiter oben geschrieben steht, daß ihre Feinde sie nicht in das Tal hinabsteigen ließen und im Gebirge die Übermacht über sie behielten (vgl. Jos 19,47aLXX).[50] Doch dies, was wir gesagt haben, als die Schrift von den in Mesopotasmien geborenen zwölf Söhnen Jakobs gesprochen hatte, obgleich Benjamin dort nicht geboren worden war (vgl. Gen 35,23-26 und *qu.* 1,117), muß auch hier verstanden werden, daß nämlich die elf Stämme für das ganze Volk genommen worden sind auf Grund derjenigen Regel, die uns durch andere Stellen der Schriften genügend bekannt geworden ist.[51] Wenn man aber nach dem Grund fragt, warum dieser Stamm in diesem Anteil, der ihm zugekommen ist, nicht genügend Ländereien erlang hat und warum er von denen, die sie innehatten, bedrängt worden ist, so muß man glauben, daß er sicherlich in Gottes geheimen Rat liegt. Dennoch aber hat die

---

[49] Vgl. *qu.* 7,5.
[50] Zusatz der LXX aus Ri 1,34; vgl. *qu.* 7,11.
[51] Vgl. Tyconius, 4. Regel: *de specie et genere.* Zu Tyconius vgl. Generelle Einleitung, S. 36f.

dixit de isto Dan, ut de ipsa tribu existimetur exsurrecturus Antichristus. Unde nunc plura dicere non suscepimus, cum etiam sic solvi possit haec quaestio, quia *non restitit quisquam ante faciem illorum ab omnibus inimicis eorum*, cum simul sub unius ducis imperio bellum gererent, antequam singulis tribubus sua defendenda dividerentur loca.

23 *Et in sacrificiis salutarium nostrorum*. Quia pluraliter dicta sunt sacrificia, pluraliter etiam salutaria. Ubi advertendum est diligentius, quemadmodum dici soleat sacrificium salutaris, quoniam, si Christum acceperimus quoniam ipse dictus est *salutare dei*, non occurrit quemadmodum pluraliter possit hoc verbum intellegi; *unus* enim *dominus* noster *Iesus Christus*. Quamvis dicantur Christi per eius gratiam, sicut in Psalmo legitur: *Nolite tangere Christos meos*; sed utrum salutares dici possint vel salutaria, non facile audendum est; solus enim *ipse salvator corporis*.

24 Quod dicit Iesus de sua propinquante morte: *Ego autem recurro viam sicut et omnes qui super terram*, in ea interpretatione quae est ex Hebraeo invenimus: *Ingredior viam*. Ita ergo accipiendum est quod septuaginta dixerunt *recurro*, sicut dictum est homini: *Donec revertaris in terram unde sumptus es*, ut secundum corpus dictum intellegatur. Secundum animam vero si voluerimus ita accipere, quemadmodum in Ecclesiaste positum est: *Et spiritus revertetur ad deum qui dedit eum*, non arbitror de omnibus posse dici, sed de his qui sic vixerint, ut ad deum redire mereantur tamquam ad auctorem, a quo creati sunt. Neque enim hoc et de illis recte intellegi potest, de quibus dicitur: *Spiritus ambulans et non revertens*. Iste autem vir sanctus Iesus Nave si non addidisset: *Sicut et omnes qui sunt super terram*, nulla esset quaestio; neque enim aliud de illo crederemus, quam quod eum dignum esse legimus. Cum vero additum est: *Sicut et omnes qui sunt super*

23,4 Lc 2,30   **5** 1 Cor 8,6   **6** Ps 104,15   **7** Eph 5,23   **24,4** Gn 3,19   **6** Ecl 12,7   **9** Ps 77,39

---

12 plura dicere] dicere plura *Am. μ* | suscepimus] suscipimus *P S μ* | possit] potest *P* | **13** restitit] resistit *ex* restitit *P* | **14** imperio] imperium *p* | singulis] in praem. *S* | **15** dividerentur] viderentur *N* | **23,2** etiam] vero *V* | **24,5** voluerimus] vero add. *P¹* | **7** vixerint] vixerant *P¹* | **8** redire] venire *T* | **10** sunt] *om. μ* | **11** quod] *codd. Bad. z*, quo *Am. μ* | **12** sunt *om. S N μ*

---

⁵² Vgl. *qu.* 3,35.

⁵³ TM hat Sgl.: „meinen Gesalbten", LXX dagegen Plural: τῶν χριστῶν μου. Hieronymus behält diesen Plural sogar im *Psalterium iuxta Hebraeos* bei. Vgl. *en. Ps.* 104,10.

⁵⁴ TM: אָנֹכִי הוֹלֵךְ „ich gehe"; LXX: ἀποτρέχω (LSL: „run off, run away, run home, depart"); VL:Cod.Lugd: *excedo vitam* [! für *viam*].

Schrift, als Jakob seine Söhne segnete, derartige Dinge über diesen Dan geredet, daß man glaubte, der Antichrist werde sich aus eben diesem Stamm erheben (vgl. Gen 49,17). Daher haben wir es jetzt nicht unternommen, mehr zu sagen, da dieses Problem auch dahingehend gelöst werden könnte, daß "niemand von all ihren Feinden vor ihrem Angesicht standhielt", solange sie gemeinsam unter dem Befehl eines einzigen Führers Krieg führten, bevor den einzelnen Stämmen ihre zu verteidigenden Orte zugeteilt wurden.

qu. 6,23 (zu Jos 22,27)

23 „Und mit den Opfern unserer Rettungen." Weil die Opfer im Plural genannt wurden, [wurde] auch [das Wort] das Heil/die Rettung im Plural genannt.[52] Man muß hierbei sehr sorgfältig beachten, wie man üblicherweise vom Heilsopfer spricht, denn, wenn wir angenommen haben, daß Christus seinerseits „Heil Gottes" (Lk 2,30) genannt worden ist, sieht man nicht, in welchem Sinn dieses Wort im Plural verstanden werden könnte, denn „einer ist" unser „Herr Jesus Christus" (1Kor 8,6). Obgleich einige *christi* (Gesalbte) durch seine Gnade genannt werden, wie man im Psalm liest: „Tastet meine *christos* (Gesalbten) nicht an" (Ps 105,15);[53] aber [zu entscheiden,] ob man sie *salutares* (heilsam) oder *salutaria* (Rettungen) nennen könnte, ist kein leichtes Wagnis; denn allein „er ist der Retter des Leibes" (Eph 5,23).

qu. 6,24 (zu Jos 23,14)

24 Bezüglich der Aussage Josuas über seinen nahenden Tod: „Ich aber gehe den Weg zurück wie auch alle, die auf der Erde [leben]", finden wir in derjenigen Übersetzung, die aus dem Hebräischen gefertigt ist: „Ich betrete den Weg."[54] Das Wort „ich gehe zurück" *(recurro)*, das die Siebzig gebraucht haben, muß daher so verstanden werden, wie zum Menschen gesagt worden ist: „bis du zurückkehrst zur Erde, von der du genommen worden bist" (Gen 3,19), so daß man deutet, es sei vom Körper gesagt. Wenn wir es aber auf die Seele hätten beziehen wollen so, wie es im Kohelet formuliert ist: „und [bevor] der Hauch zurückkehrt zu Gott, der ihn gegeben hat" (Koh 12,7), kann das meines Erachtens nicht von allen gesagt werden, sondern nur von denen, die so gelebt haben, daß sie es verdienen, zu Gott als ihrem Urheber, von dem sie erschaffen worden sind, zurückzukehren. Und dies kann nämlich auch von jenen nicht in zutreffendem Sinn verstanden werden, von denen gesagt wird: „ein Hauch, der geht und nicht zurückkehrt" (Ps 78,39). Wenn aber dieser heilige Mann Josua [Ben] Nun nicht hinzugefügt hätte: „wie auch alle, die auf der Erde [leben]", gäbe es kein Problem, denn wir würden auch nichts anderes von jenem annehmen als das, was, wie wir lesen, seiner würdig ist. Da nun aber hinzugefügt worden ist: „wie auch alle, die auf der Erde [leben]", frage ich mich, ob dieses Wort], das der Lateiner mit *recurro* übersetzt hat, nicht eher durch *percurro* (ich durchlaufe) oder *excurro* (ich laufe heraus) wiederzugeben ist, wenn das [Wort]

terram, mirum si hoc, quod Latinus interpres *recurro* posuit, non magis percurro vel excurro dicendum est, si hoc potest dici quod Graecus habet ἀποτρέχω. Omnes enim percurrunt vel excurrunt huius vitae viam, cum ad eius finem pervenerint. Sed quia hoc verbum positum est, ubi parentes Rebeccae dicunt ad servum Abrahae: *Ecce Rebecca, accipiens recurre; et sit uxor <filii> domini tui*, ideo et hic ita hoc verbum interpretatum est.

25 Quod septuaginta interpretes habent: *Et adsumpsi patrem vestrum Abraham de trans flumine et deduxi eum in omnem terram*, interpretatio, quae est ex Hebraeo, habet: *Et induxi eum in terram Chanaan*. Mirum est ergo, si septuaginta pro terra Chanaan omnem terram ponere voluerunt nisi intuentes prophetiam, ut magis ex promissione dei tamquam factum accipiatur, quod certissime futurum in Christo et in ecclesia praenuntiabatur, quod est verum semen Abrahae non in filiis carnis, sed in filiis promissionis.

26 *Et bellaverunt adversus vos qui habitabant Iericho*. Quaeri potest quomodo id verum sit, cum clausis portis se murorum ambitu tantummodo tuerentur. Sed recte dictum est, quia et claudere adversum hostem portas ad bellum pertinet. Non enim miserunt legatos, qui poscerent pacem. Unde, si dictum esset: Pugnaverunt adversum vos, falsum esset. Neque enim bellum continuas pugnas habet sed aliquando crebras, aliquando raras, aliquando nullas. Bellum est tamen quando est quodam modo armata dissensio.

27 Quid est, quod inter cetera quae Iesus Nave erga Israhelitas dominum fecisse commemorat dicit: *Misit ante vos vespas et eiecit illos a facie vestra*? Quod etiam in libro Sapientiae legitur nec tamen uspiam factum esse in his quae gesta sunt invenitur. An forte translato verbo *vespas* intellegi voluit acerrimos timoris

---

17 Gn 24,51   **25,6** est...7 promissionis] cf. Rm 9,8   **27,3** in¹...Sapientiae] cf. Sap 12,8

14 ἀποτρέχω] αττορεχο *P V (attorecho s. l.) T*, αττοτρεχο *S*, αποτρεχο *N* | **16** Rebeccae] Rebecham *n* | **17** Rebecca] Rebeccam *p T* | filii] add. *z, (cf. qu. 1,67 l. 1), om. codd. edd. (fort. recte, cf. Fischer, II, p. 257)* | **25,2** flumine] flumen *V² T Am. μ* | deduxi] deduxit *V¹ N* est...Hebraeo] ex Hebraeo est *T* | ex] in *P S V N* | **3** induxi] induxit *p*, indux̄ *n* | **5** accipiatur] excipiatur *S* | **6** in² *om. p* | **26,3** adversum] adversus *p S T Am. μ* | **4** si] sic *p* | **5** adversum] adversus *S* | **27,1** Nave] deum add. *N* | dominum] deum *(in marg. m. 2) P V*, dn̄m *S (in marg. m. 2), om. N* | **2** a...vestra *eras. in V* | **3** factum] *om. S*

---

⁵⁵ TM hat: „in dem ganzen Land Kanaan". LXX ist hier näher zu TM als Vulg.
⁵⁶ Zwar hat, wie RÜTING, *Untersuchungen* 150 bemerkt, Vulg eben diesen Wortlaut: *pugna-*

ἀποτρέχω, das der Grieche hat, diesen Sinn haben kann. Alle nämlich durchlaufen den Weg dieses Lebens oder laufen [aus ihm] heraus, wenn sie an sein Ende gekommen sind. Aber weil dieses Wort dort gebraucht worden ist, wo die Eltern von Rebekka zum Knecht Abrahams sagen: „Siehe, da ist Rebekka; nimm sie und kehre zurück; und sie soll die Ehefrau des Sohnes deines Herrn werden" (Gen 24,51), deswegen ist dieses Wort auch hier so übersetzt worden.

qu. 6,25 (zu Jos 24,3)

25 Bezüglich des Wortlauts der Siebzig Übersetzer: „Und ich nahm euren Vater Abraham von jenseits des Stromes und ließ ihn in das ganze Land herabziehen" hat die Übersetzung, die aus dem Hebräischen gefertigt ist: „und führte ihn hinein in das Land Kanaan."[55] Es sollte mich daher wundern, wenn die Siebzig statt ‚Land Kanaan' lieber ‚das ganze Land/die ganze Erde' formulieren wollten, es sei denn, weil sie eine Prophetie im Sinn hatten, damit man das eher als der Verheißung Gottes nach bereits geschehen begreife, was als sich in Zukunft ganz sicher in Christus und in der Kirche Ereignendes im voraus verkündet wurde, daß nämlich der wahre Same Abrahams nicht aus den Söhnen des Fleisches, sondern aus den Söhnen der Verheißung besteht (vgl. Röm 9,8).

qu. 6,26 (zu Jos 24,11)

26 „Und die Einwohner Jerichos haben gegen euch Krieg geführt." Man kann fragen, inwiefern dies wahr ist, obgleich sie nur bei geschlossenen Toren innerhalb der Mauern Schutz suchten. Es ist aber zu Recht gesagt worden, weil auch die Tore gegen den Feind zu schließen zum Krieg gehört. Sie schickten nämlich keine Gesandten, die Frieden erbitten sollten. Daher wäre es unzutreffend, wenn gesagt worden wäre: ‚Sie haben gegen euch gekämpft.'[56] In einem Krieg gibt es nämlich auch nicht ununterbrochen Kämpfe, sondern manchmal häufig, manchmal selten, manchmal gar keine. Dennoch herrscht Krieg, wenn es auf irgendeine Weise bewaffnete Uneinigkeit gibt.

qu. 6,27 (zu Jos 24,12)

27 Was bedeutet das, was Josua [ben] Nun unter dem Übrigen sagt, das, wie er berichtet, der Herr zugunsten der Israeliten getan hat: „Er sandte Wespen vor euch her und vertrieb jene vor eurem Angesicht"? Das liest man auch im Buch der Weisheit (Weish 12,8), aber dennoch findet man nicht, daß dies irgendwo unter den geschichtlichen Ereignissen geschehen sei. Ob Josua unter dem Wort „Wespen" in übertragenem Sinn die äußerst schmerzhaften Stachel des Schreckens verstanden wissen wollte, durch die sie gewissermaßen durch sich ausbreitende Gerüchte gestochen wurden, so daß sie flohen,[57] oder verbor-

---

veruntque contra vos, aber daraus folgt nicht, daß Augustinus hier die Übersetzung des Hieronymus kritisiert, denn auch VL:Cod.Lugd hat: *et pugnaverunt adversus vos*.
[57] Vgl. *qu.* 2,93.

aculeos, quibus quodam modo volantibus rumoribus pungebantur, ut fugerent, 5
aut aerios occultos spiritus, quod in Psalmo dicit: *Per angelos malignos?* Nisi forte
quis dicat non omnia quae facta sunt esse conscripta et hoc quoque visibiliter
factum, ut veras vespas velit intellegi.

28 Quid est, quod dixit Iesus ad populum: *Non poteritis servire domino, quia deus sanctus est?* An quia illius sanctitati perfecta servitute quodam modo contemperari humanae fragilitati inpassibile est? Quo audito isti non solum eius eligere servitutem sed etiam de adiutorio eius et misericordia praesumere debuerunt: Quam ille intellexit, qui dicit in Psalmo: *Ne intres in iudicium cum servo tuo, quoniam* 5
non iustificabitur in conspectu tuo omnis vivens. Isti autem de se potius praesumere delegerunt, quod deo possent sine ulla offensione servire, ut iam tunc inciperent, quod de illis expressit apostolus: *Ignorantes enim dei iustitiam et suam volentes constituere iustitiae dei non sunt subiecti*; ita eis iam lex *subintrabat, ut abundaret delictum* et postea *superabundaret gratia* per dominum Christum, qui *finis* est *legis ad iustitiam* 10
omni credenti.

29 Quid est, quod ait idem Iesus loquens ad populum: *Et nunc circumauferte deos alienos qui sunt in vobis et dirigite corda vestra ad dominum deum Israhel?* Non enim credendi sunt adhuc habuisse apud se aliqua gentium simulacra, cum superius eorum oboedientiam praedicaverit; aut vero, si haberent, post tantas legis comminationes illa eos prospera sequerentur, cum sic in eos vindicatum sit, 5
quod unus eorum de anathemate furtum fecerat. Denique Iacob dixit hoc eis qui cum illo exierant de Mesopotamia, ubi sic idola colebantur, ut et Rachel paterna furaretur; sed post illam admonitionem Iacob dederunt quae habebant: Unde adparuit hoc eis ita dictum esse, quia sciebat eos habere ille qui dixerat. Nunc vero post hanc admonitionem Iesu nave nullus tale aliquid protulit. Nec 10
tamen putandum est hoc illum inaniter praecepisse; non enim ait: Et nunc

---

6 Ps 77,49   **28,5** Ps 142,2   **8** Rm 10,3   **9** Rm 5,20   **10** Rm 10,4   **29,3** cum…4 praedicaverit] cf. Ios 24,16-18.21-22   **5** cum…6 fecerat] cf. Ios 7,1-12   **7** sic…8 furaretur] cf. Gn 31,19   **8** sed…habebant] cf. Gn 35,2-4

---

5 quibus] quibusdam *T* | pungebantur] pugnebantur *n* | **6** dicit] dicat *V¹* | **8** ut] et *N* | velit] vellet *T* | **28,1** servire *om. S¹* | domino] deo *V* | **3** inpassibile] inpossibile *p V T* | **5** ne] non *S* | iudicium] iudicio *p P V* | **6** isti] hic *p*, hi *n* | **7** inciperent] incipere *p* | **10** Christum] I̅h̅m̅ X̅p̅m̅ *S* | **29,1** est *om. S* | **5** comminationes] comminationi *S¹* | **7** Mesopotamia] Mesopotamiam *N* | **9** dixerat] dilexerat *n*

---

58 TM: מַלְאֲכֵי רָעִים „Boten des Unheils", LXX: δι' ἀγγέλων πονηρῶν „durch böse Engel".

gene Geister der Luft verstanden wissen wollte, wovon die Schrift im Psalm spricht: „durch böse Engel" (Ps 78,49)?[58] Falls nicht vielleicht einer sagen mag, es sei nicht alles, was geschehen ist, aufgeschrieben und daß auch dies sichtbar geschehen ist, so daß die Schrift echte Wespen verstanden wissen wollte.

qu. 6,28 (zu Jos 24,19)

28 Was bedeutet das Wort Josuas zum Volk: „Ihr werdet dem Herrn nicht dienen können, denn er ist ein heiliger Gott"? Vielleicht, weil es der menschlichen Gebrechlichkeit unmöglich ist, seiner Heiligkeit irgendwie durch vollkommenen Dienst zu entsprechen? Nachdem sie dies gehört hatten, mußten sie nicht nur seinen Dienst erwählen, sondern auch auf seine Hilfe und Barmherzigkeit ihr Vertrauen setzen, wie jener verstanden hat, der im Psalm sagt: „Geh nicht ins Gericht mit deinem Knecht, denn keiner, der lebt, wird vor dir gerechtfertigt werden" (Ps 143,2). Diese aber zogen vor, von sich zu wähnen, sie könnten Gott ohne jeglichen Anstoß dienen; folglich begannen jene schon damals damit, was der Apostel über sie deutlich ausgesagt hat: „Da sie nämlich die Gerechtigkeit Gottes nicht erkannten und ihre eigene Gerechtigkeit aufrichten wollten, haben sie sich der Gerechtigkeit Gottes nicht unterworfen" (Röm 10,3); so ist ihnen bereits das Gesetz „hinzugekommen, damit die Übertretung zunehme" und danach „die Gnade noch reichlicher zunehme" (Röm 5,20) durch den Herrn Christus, der „das Ende des Gesetzes ist, jedem Glaubenden zur Gerechtigkeit" (Röm 10,4).

qu. 6,29 (zu Jos 24,23)

29 Was bedeutet das, was derselbe Josua in seiner Rede an das Volk sagt: „Und nun entfernt gänzlich die fremden Götter, die bei euch sind, und wendet eure Herzen dem Herrn, dem Gott Israels, zu"? Man kann nämlich nicht meinen, daß sie zu diesem Moment irgendwelche Götterbilder der Völker bei sich hatten, da die Schrift weiter oben ihren Gehorsam hervorgehoben hat (vgl. Jos 24,16-18.21-22); oder aber würden ihnen, wenn sie [welche] hätten, nach so starken Bedrohungen durch das Gesetz jene Erfolge zuteil werden, da [Gott] sie doch so [hart] bestraft hatte, weil einer von ihnen etwas vom Banngut gestohlen hatte (vgl. Jos 7,1-12)? Schließlich hat Jakob dies zu denen gesagt, die mit ihm aus Mesopotamien ausgezogen waren, wo sie in so hohem Grad Götzenbilder verehrten, daß auch Rahel die väterlichen [Götzenbilder] stahl, (vgl. Gen 31,19); aber nach jener Ermahnung lieferten sie Jakob [die Götzenbilder], die sie besaßen, aus (vgl. Gen 35,2-4): Daraus leuchtete ein, daß ihnen dies deshalb gesagt worden ist, weil jener, der es gesagt hatte, wußte, daß sie [Götzenbilder] besaßen. In diesem Fall aber hat nach dieser Ermahnung Josuas [ben] Nun niemand etwas derartiges herbeigebracht. Und dennoch soll man nicht meinen, jener habe dies grundlos vorgeschrieben; er hat nämlich nicht gesagt: ‚Und jetzt entfernt die fremden Götter, falls welche bei euch sind', sondern wie einer, der

auferte deos alienos si qui sunt in vobis, sed omnino tamquam sciens esse, *qui sunt*, inquit, *in vobis*. Proinde propheta sanctus in cordibus eorum esse cernebat cogitationes de deo alienas a deo et ipsas admonebat auferri. Quisquis enim talem cogitat deum, qualis non est deus, alienum deum utique et falsum in cogitatione portat. Quis est autem qui sic cogitet deum quemadmodum ille est? Ac per hoc relinquitur fidelibus, quamdiu peregrinantur a domino auferre a corde suo inruentia vana phantasmata, quae se cogitantibus ingerunt, velut talis aut talis sit deus, qualis utique non est, et dirigere cor ad illum fideliter, ut, quemadmodum et quantum nobis expedire novit, ipse se insinuet per spiritum suum, donec absumatur omne mendacium - unde dictum est: *Omnis homo mendax* - et transacta non solum inpia falsitate verum etiam ipso speculo et aenigmate facie ad faciem cognoscamus, sicut et cogniti sumus, quemadmodum apostolus dicit: *Videmus nunc per speculum in aenigmate, tunc autem facie ad faciem; nunc scio ex parte, tunc autem cognoscam sicut et cognitus sum.*

30,1 *Et disposuit Iesus testamentum ad populum in illo die et dedit illi legem et iudicium in Silo coram tabernaculo domini dei Israhel. Et scripsit verba haec in libro legum dei; et accipit lapidem magnum et statuit illum Iesus sub terebintho ante dominum. Et dixit Iesus ad populum: Ecce lapis iste erit vobis in testimonium, quia hic audivit omnia quae dicta sunt a domino, quaecumque locutus est ad vos hodie; et hic erit vobis in testimonium in novissimis diebus, cum mentiti fueritis domino deo vestro.* Haec verba qui non in superficie tantum audiunt sed aliquanto altius perscrutantur, nequaquam tantum virum tam insipientem putare debent, ut verba dei quae locutus est populo inanimum lapidem audisse crediderit: Qui etiam si ab artifice in hominis similitudinem effigiatus esset, inter illos utique deputaretur, de quibus in Psalmo canitur: *Aures*

---

17 peregrinantur...domino] cf. 2 Cor 5,6   **21** Ps 115,2; Rm 3,4   **24** 1 Cor 13,12   **30,10** Ps 113,14

---

12 qui¹] quis ē *V* (ē *s. l. m. 2*), *T* | **14** alienas...deo² *om.* *S* | **17** relinquitur] relinquetur *V* | **18** talis] tales *P S¹ V* | **19** ut *om.* *T* | **21** absumatur] assumatur *Am. μ* | **23** facie] faciem *P¹ S V N* | **24** facie] faciem *p P¹ V¹* | **30,2** Silo] Zelo *P*, eo loco *N* | legum] ʒ legem *P S V¹ N*, legis *V² T Bad. Am. μ* | **3** sub] subter ʒ | **6** cum *om. n* | **8** inanimum] inanimatum *T*

---

⁵⁹ Für „in Sichem" TM hat LXX: „in Schilo vor dem Zelt des Gottes Israels". Schon in 24,1 verortet LXX die Versammlung aller Stämme in Schilo statt, wie TM, in Sichem, wohl weil dort die letzte Versammlung stattgefunden hatte (Jos 18,1). Eine antisamaritanische Tendenz ist unwahrscheinlich (AULD, *Joshua;* RÖSEL, *Joshua;* SDE).
⁶⁰ TM: „uns", LXX: „euch".

genau weiß, daß [sie] vorhanden waren, sagte er: „die unter euch sind". Folglich nahm der heilige Prophet wahr, daß sie in ihren Herzen Gedanken über Gott hegten, die Gott nicht entsprachen, und er befahl, eben diese zu entfernen. Wer nämlich Gott so denkt, wie Gott nicht ist, der trägt freilich einen fremden und falschen Gott in seinem Denken. Aber wer existiert, der Gott so denken könnte, wie jener ist? Und so bleibt deswegen den Gläubigen, solange sie fern vom Herrn in der Fremde wandeln (vgl. 2Kor 5,6), nur übrig, nichtige sich einstellende Fantasiegebilde, die sich ihren Gedanken aufdrängen, wie z.B. als sei Gott so oder so, wie er aber keineswegs ist, aus ihrem Herzen zu entfernen und [ihr] Herz gläubig auf jenen auszurichten, damit er selbst, so und in dem Maß, wie es nach seiner Kenntnis uns nützt, sich durch seinen Geist mitteilt, bis alle Lüge beseitigt wird – daher heißt es: „Jeder Mensch ist ein Lügner" (Ps 116,11; Röm 3,4) –, und damit wir ihn, wenn nicht nur die gottlose Unwahrheit, sondern auch der Spiegel seinerseits und die rätselhafte Gestalt vergangen sind, [ihn] von Angesicht zu Angesicht erkennen, wie auch wir erkannt sind, wie der Apostel sagt: „Jetzt sehen wir in einem Spiegel und in rätselhafter Gestalt, dann aber von Angesicht zu Angesicht; jetzt erkenne ich stückweise, dann aber werde ich erkennen, wie auch ich erkannt bin" (1Kor 13,12).

qu. 6,30,1 (zu Jos 24,25-27)

30,1 „Und Josua schloß an jenem Tag für das Volk einen Bund und gab ihm in Schilo[59] vor dem Zelt des Herrn, des Gottes Israels, Gesetz und Recht und schrieb diese Worte in das Buch der Gesetze Gottes; und er ergriff einen großen Stein und Josua stellte ihn unter einer Terebinthe vor dem Herrn auf. Und Josua sagte zu dem Volk: Seht, dieser Stein soll euch[60] zum Zeugnis dafür dienen, daß dieser alle [Worte], die der Herr gesprochen hat, welche auch immer er heute zu euch gesprochen hat, gehört hat; und dieser soll euch zum Zeugnis dienen an den letzten Tagen,[61] falls ihr dem Herrn, eurem Gott, gelogen habt[62]." Diejenigen, die diese Worte nicht nur oberflächlich hören, sondern einigermaßen tiefer erforschen, dürfen keinesfalls den so bedeutenden Mann für so töricht halten, daß er geglaubt hätte, der unbelebte Stein habe die Worte Gottes, die er zum Volk gesprochen hat, gehört; selbst wenn er von einem Künstler in Menschengestalt gebildet worden wäre, würde er selbstverständlich unter jene gerechnet, von denen im Psalm gesungen wird: „Ohren haben sie und werden nicht hören" (Ps 115,6). Auch bei den Götzenbildern der Völker ist

---

[61] „An den letzten Tagen": eschatologisierender Zusatz der LXX (DEN HERTOG, *Studien* 183; SDE); vgl. Num 24,14; Dtn 4,30; 8,16; 31,29; 32,20 (AULD, *Joshua*), wo aber auch in TM Zeitangaben vorliegen. RÖSEL, *Septuaginta-Version* 209: Der Übersetzer spricht „von einem eschatologischen Strafgericht".

[62] Zu VL des Augustinus: *mentiti fueritis* – VL:Cod.Lugd: *recesseritis* vgl. BILLEN, *Texts* 108.

habent et non audient. Neque enim idola gentium aurum et argentum sola non audiunt et, si lapidea sint, audiunt. Sed per hunc lapidem profecto illum significavit, qui fuit lapis offensionis non credentibus Iudaeis et petra scandali, qui cum reprobaretur ab aedificantibus, factus est in caput anguli. Quem praefiguravit et illa petra quae potum sitienti populo ligno percussa profudit, de qua dicit apostolus: *Bibebant autem de spiritali sequenti petra; petra autem erat Christus.* Unde et cultellis petrinis populum circumcidit iste ductor egregius: Qui cultri petrini cum illo etiam sepulti sunt, ut profundum mysterium demonstrarent posteris profuturum. Sic ergo et istum lapidem quamquam visibiliter statutum spiritaliter debemus accipere in testimonium futurum Iudaeis infidelibus, hoc est mentientibus, de quibus dicit Psalmus: *Inimici domini mentiti sunt ei.* Neque enim frustra, cum iam dei famulus Moyses vel potius per eum deus disposuisset ad populum testamentum, quod in arca erat, quae dicta est arca testamenti, et in libris legis tanta sacramentorum et praeceptorum multiplicitate conscriptis, tamen etiam hic dictum est: *Disposuit Iesus ad populum testamentum in illa die.* Repetitio quippe testamenti novum testamentum significat; quod significat et Deuteronomium, quod interpretatur secunda lex; quod significant et prioribus confractis tabulae renovatae. Multis enim modis significandum quod uno modo inplendum fuit. Iam vero quod sub terebintho statutus est lapis, hoc significat quod virga ad petram, ut aqua proflueret, quia neque hic sine ligno statutus est lapis. Ideo autem subter, quia non fuisset in cruce exaltatus nisi humilitate subiectus, vel quod illo tempore, quo id faciebat Iesus Nave, adhuc obumbrandum mysterium fuit. Terebinthi etiam lignum medicinalem lacrimam exsudat,

---

11 idola...12 audiunt¹] cf. Ps 113,12-14; 134, 15-17   **13**   qui¹...14 anguli] cf. Is 8,14; Ps 117,22; 1 Pt 2,7-8   **15**   petra...profudit] cf. Ex 17,6; Num 20,11   **16**   1 Cor 10,4   **17** cultellis...egregius] cf. Ios 5,2-3 | qui...18 sunt] cf. Ios 24,31a   **21** Ps 80,16   **22** iam...23 testamentum] cf. Dt 10,2.5; Hebr 9,4

---

12 et...audiunt² *om.* S *per homoiot.* | sint *om.* P | **13** fuit] fluit *n* | **14** anguli] angeli P¹ | **15** profudit] perfudit *n* | qua] quo *p* | **16** sequenti] eos *add.* N | **17** iste *om. p* | **19** quamquam] quamvis T | **22** iam *om. n* | **26** testamenti] testamentum P | **29** sub] subter *z (cf. l. 3 et 31)* | **30** proflueret] flueret *n*

es nämlich nicht so, daß nur diejenigen nicht hören, die aus Silber und Gold sind (vgl. Ps 115,4-6; 135,15-17), sie aber hören, wenn sie aus Stein sind. Sondern er hat durch diesen Stein zweifellos jenen vorausbezeichnet, der der Stein des Anstoßes und der Fels des Strauchelns für die ungläubigen Juden war, der, obgleich er von den Bauleuten verworfen wurde, zum Eckstein gemacht worden ist (vgl. Jes 8,14; Ps 118,22; 1Petr 2,7-8). Den hat auch jener Fels vorausbezeichnet, der, nachdem er mit dem Holz geschlagen worden war, dem dürstenden Volk Trank hervorsprudeln ließ (vgl. Ex 17,6; Num 20,11), von dem der Apostel sagt: „Sie tranken aber aus einem geistlichen Felsen, der [sie] begleitete; der Fels aber war Christus" (1Kor 10,4).[63] Deswegen hat dieser herausragende Anführer auch das Volk mit Steinmesserchen beschnitten (vgl. Jos 5,2-3): diese Steinmesserchen sind auch mit ihm begraben worden (vgl. Jos 24,31a LXX),[64] damit sie ein tiefes Geheimnis anzeigten, das späteren Generationen zugute kommen sollte. So müssen wir daher auch diesen Stein, obgleich sichtbar aufgestellt, in geistlichem Sinn verstehen, zum zukünftigen Zeugnis gegen die ungläubigen, d.h. lügenden Juden, von denen der Psalm sagt: „Die Feinde des Herrn haben ihm gelogen" (Ps 81,16). Und obgleich schon der Diener Gottes Mose bzw. eher Gott durch ihn mit dem Volk einen Bund geschlossen hatte (vgl. Dtn 24,3-8; Dtn 5,2), der (dessen Urkunde) sich in der Lade befand, die Bundeslade genannt wurde (vgl. Dtn 10,2.5; Hebr 9,4), und in den Büchern des Gesetzes, die mit einer solchen Fülle an Geheimnissen und Vorschriften vollgeschrieben waren, ist nämlich dennoch auch hier nicht ohne Grund gesagt worden: „Josua schloß an jenem Tag für das Volk einen Bund." Die Wiederholung des Bundes bezeichnet ja den Neuen Bund; das zeigt auch das Deuteronomium an, das mit ‚Zweites Gesetz' übersetzt wird; das bezeichnen auch die Tafeln, die erneuert wurden, nachdem die ersten zerbrochen worden waren.[65] Auf viele Weisen mußte nämlich vorausbezeichnet werden, was auf eine einzige Weise erfüllt werden sollte. Ferner aber bedeutet dieser [Umstand], daß der Stein unter einer Terebinthe aufgestellt wurde, dasselbe wie der Stab [, der] gegen den Felsen [geschlagen wurde], damit Wasser hervorströmte, denn auch hier ist der Stein nicht ohne Holz aufgestellt worden. Deswegen aber *unter* [der Terebinthe], weil [Christus] nicht am Kreuz erhöht worden wäre, wenn er sich nicht in Demut erniedrigt hätte, oder weil zu jener Zeit, als Josua [ben] Nun dies ausführte, das Geheimnis noch verhüllt werden mußte. Das Holz der Terebinthe schwitzt nämlich ein heilkräftiges Harz aus; diesen Baum haben die Sieb-

---

[63] Vgl. hierzu und zur Beschneidung mit den Steinmessern in den übrigen Werken Augustins die Bemerkungen in der Einleitung NBA 1122f.
[64] Zu diesem Zusatz der LXX vgl. RÖSEL, *Septuaginta-Version* 204f.
[65] Vgl. Ex 34,1.4.

quae arbor a septuaginta interpretibus hoc loco posita est quamvis secundum alios interpretes quercus legatur.

30,2 Mirum est sane, quod saltem in novissimis suis verbis, quibus populum adlocutus est Iesus homo dei, nihil eos obiurgavit ex eo quod his gentibus pepercerunt, quas dominus usque ad internecionem cum anathemate perdendas esse praecepit. Sic enim scriptum est: *Et factum est postquam invaluerunt filii Israhel, et fecerunt Chananaeos oboedientes, exterminio autem eos non exterminaverunt.* Nam primo eos id non potuisse scriptura testata est; sed nunc posteaquam praevaluerunt, ita ut facerent obaudientes, quod non etiam exterminaverunt, utique contra praeceptum domini factum est: Quod non est cuiquam factum, cum Iesus exercitum duceret. Cur ergo non eos obiurgavit adlocutione novissima, quod in hoc domini praecepta neglexerint? An forte quia prius dixit eos scriptura non potuisse, utique antequam praevalerent, etiam cum praevaluissent timuisse credendi sunt, ne forte paratis oboedire si parcere noluissent, acrius eos adversum se ex ipsa desperatione pugnare conpellerent et eos superare non possent? Hunc ergo eis humanum timorem dominus noluit inputare, etsi adparet in eo quaedam subdefectio fidei: Quae si fortis in eis esset, ea sequerentur quae ipsum Iesum bellantem secuta sunt. Quia vero non in eis tanta fides fuit, etiam cum adversariis suis praevaluissent, pugnare cum eis usque ad interemptionem eorum timore non ausi sunt. Quem timorem, ut dixi, non de malitia neque de superbia vel contemptu praecepti dominici, sed de animi infirmitate venientem noluit eis dominus inputare, cum eis per Iesum novissima loqueretur. Unde et apostolus, *Alexander,* inquit, *aerarius multa mala mihi ostendit; reddet illi dominus secundum opera ipsius.* De illis autem, qui eum periclitantem non malitia sed timo-

---

39 Ios 17,13   40 primo…41 est] cf. Ios 7,12; 17,12

---

36 novissimis] quaerculus *p* | 37 Iesus] Moyses *P S N* | eo] quo *P T* | 38 usque *om. S* | 39 praecepit] praecedit *S¹* | filii] filiis *p* | 41 eos id] id eos *Am. μ* | testata] testa *p* | 43 Iesus] Ih̄m *n* | 45 neglexerint] neglexerunt *n T Am. μ* | quia] qui *P V* | 47 oboedire] obaudire *Am. μ* | 49 eis] eius *P S¹* | 51 ipsum] seipsum *p* | in *om. V* | 52 interemptionem] internecionem *Am. μ* | 55 noluit] voluit *S* | per *om. p* | 56 reddet] reddat *N* | 57 illis] his *Am. μ*

---

[66] So Aquila und Symmachus (δρῦς), Vulg: *quercus.* LXX dagegen, gefolgt von VL: τερέμινθον. TM: אַלָּה ist eine Nebenform zu אֵלָה. אֵלָה wird schon in LXX sowohl durch δρῦς als auch durch τερέμινθος/τερέβινθος wiedergegeben, so auch in deutschen Bibelübersetzungen durch Eiche oder (überwiegend) Terebinthe. „Doch spricht die diesen Nomi-

zig Übersetzer an dieser Stelle genannt, obgleich man nach anderen Übersetzern ‚Eiche' liest.⁶⁶

qu. 6,30,2

30,2 Erstaunlich ist allerdings, daß Josua, der Mann Gottes, wenigstens in seinen letzten Worten, mit denen er zum Volk sprach, ihnen keinen Vorwurf daraus machte, daß sie diese Völker geschont haben, bezüglich derer der Herr befohlen hat, daß sie bis zur Ausrottung mit Vernichtungsweihe zugrunde gerichtet werden sollten. So steht nämlich geschrieben: „Und es geschah, nachdem die Söhne Israel stark geworden waren, [und] da machten sie die Kanaanäer zu Untergebenen, aber sie rotteten sie nicht gänzlich aus" (Jos 17,13). Denn zuerst waren sie nach dem Zeugnis der Schrift nicht dazu imstande gewesen (vgl. Jos 7,12; 17,12); aber jetzt, nachdem sie die Oberhand gewonnen hatten, so daß sie sie dienstbar machen konnten, ist es natürlich gegen das Gebot Gottes geschehen, daß sie sie nicht auch ausgerottet haben: so sind sie mit niemand verfahren, solange Josua das Heer führte. Warum also hat er sie in seiner letzten Rede nicht dafür getadelt, daß sie in diesem Punkt die Vorschriften des Herrn mißachtet haben? Soll man vielleicht, weil die Schrift früher gesagt hat, daß sie nicht dazu in der Lage gewesen waren – natürlich, bevor sie die Oberhand gewannen –, annehmen, daß sie auch, als sie die Oberhand gewonnen hatten, fürchteten, sie würden, falls sie, obgleich sie bereit gewesen waren zu gehorchen, nicht willens gewesen wären, sie zu verschonen, sie zwingen, aus eben dieser Verzweiflung heraus heftiger gegen sie zu kämpfen, und sie würden sie vielleicht nicht überwältigen können? Diese menschliche Angst wollte der Herr ihnen folglich nicht zur Schuld anrechnen, obgleich sich darin ein gewisser Glaubensmangel zeigt: Wenn dieser [Glaube] in ihnen stark wäre, würden dieselben Folgen eintreten, die sich beim kriegführenden Josua seinerseits eingestellt haben. Weil aber ein so großer Glaube in ihnen nicht vorhanden war, haben sie, obgleich sie die Oberhand über ihre Feinde gewonnen hatten, aus Furcht nicht gewagt, mit ihnen bis zu deren Vernichtung zu kämpfen. Diese Furcht, deren Beweggrund, wie ich sagte, nicht Bosheit noch Überheblichkeit noch Verachtung des Gebotes des Herrn, sondern die Schwäche des Gemütes war, wollte ihnen der Herr nicht anrechnen, als er zu ihnen durch Josua in der letzten [Rede] sprach. Daher sagt auch der Apostel: „Alexander, der Schmied, hat mir viel Böses erwiesen; der Herr wird jenem nach seinen Werken vergelten." Über jene hingegen, die ihn, als er in Gefahr war, nicht aus Bosheit, sondern aus Furcht im Stich gelassen hatten, spricht er so: „Bei meiner ersten Ver-

---

na zugrundeliegende Wurzel *'wl* ‚vorne, stark, mächtig sein' dafür, daß diese Begriffe nicht botanische Termini im engeren Sinn darstellen, sondern ‚eindrückliche, machthaltige, göttliche Bäume' [...] bezeichnen wollen" (RIEDE, *Register* 355).

re deserverant, ita locutus est: *In prima mea defensione nemo mihi adfuit sed omnes me dereliquerunt; non illis inputetur.*

---

58 2 Tm 4,14.16

---

59 Expliciunt questiones i̅h̅s̅ nave P *(fol. 108)*, V *(fol. 168)*, T *(fol. 152)*, explicit (expl. *n*) questiones de libro i̅u̅ nave N *(fol. 194 p, fol. 130 n)*

teidigung hat mir niemand beigestanden, sondern alle haben mich im Stich gelassen; möge es ihnen nicht angerechnet werden" (2Tim 4,14.16).

QUAESTIONES IUDICUM
FRAGEN ZUM BUCH RICHTER

EINLEITUNG

Textgrundlage und Analyseinstrumente

Die *quaestiones in Iudices* – und damit das Gesamtwerk zum Heptateuch – brechen mit *qu.* 56 zu Ri 15,12 mitten in der Simson-Erzählung ab. Ähnliches trifft auf die *locutiones* zu; sie enden bei Ri 16,26, und der diesbezügliche letzte Eintrag enthält ungewöhnlicherweise lediglich den Wortlaut der VL des Augustinus[1], aber keine Erläuterung dazu. Hat Augustinus aus unbekannten Gründen hier seine Arbeit abgebrochen? Jedenfalls geht er auf die restlichen Kapitel Ri 17-21 auch in keinem anderen Werk ein.[2]

Der letzte Satz von *qu.* 7,56 lautet in den kritischen Editionen: *haec est enim vis generalis omnium locutionum, ut quemadmodum ipsae linguae non intellegantur, nisi audiendo vel legendo discantur.* „Das ist nämlich die allgemeine Charakteristik aller idiomatischen Redewendungen, daß man sie wie die Sprachen selbst nicht versteht, außer man lernt sie durch Hören oder Lesen." CCSL nennt im Apparat zu *intellegantur* die durch N = *consensus codicum p* [Padova saec. IX] *et n* [Novara saec.X][3] bezeugte Lesart *intelleguntur*. Clemens Weidmann widmet diesem Befund eine längere Erörterung.[4] Er weist zurecht darauf hin, daß der Satz in dieser Lesart unvollständig ist: „Das ist nämlich die allgemeine Charakteristik aller idiomatischen Redewendungen, daß, wie man die Sprachen selbst nicht versteht, außer man lernt sie durch Hören oder Lesen." Dies sei die besser bezeugte Lesart, denn sie finde sich auch in S (Sankt Gallen saec. IX) und in der Handschrift Cambrai, bibl. mun. 545 (503), s. XIII (*Ca*). Außerdem bezeuge diese Handschrift Cambrai einen in CCSL nicht vermerkten Zusatz: *ita nec modi locutionum*, durch den ein syntaktisch vollständiger Satz entsteht: „Das ist nämlich die allgemeine Charakteristik aller idiomatischen Redewendungen, daß man, wie man die Sprachen selbst nicht versteht, außer man lernt sie durch Hören oder Lesen, so auch nicht die Eigenheiten der idiomatischen Redewendungen [versteht]." Weidmann führt diesen Zusatz auf Augustinus zurück und gründet darauf seine Hypothese, daß Augustinus die *quaestiones in Iudices* über *qu.* 7,56 hinaus in unbekanntem Umfang weitergeführt habe und diese letzten Teile – entsprechend dem Textverlust zu Beginn der *quaestiones in Leviticum*, mit denen

---

[1] VL:Cod.Lugd weicht stark ab.
[2] Hinweis von NBA 1177 Anm. 1.
[3] CCSL 33, LXXXIV.
[4] WEIDMANN, *Lücken* 132-135.

der mit den *quaestiones in Iudices* endende zweite Band der *QH* s.E. begonnen habe[5] – durch sehr frühen mechanischen Textverlust verloren gegangen seien.

Augustinus verweist gelegentlich zur Bestätigung seiner Auslegung oder weil er in ihr einen üblicheren lateinischen Ausdruck als in seiner VL findet, auf die Vulg des Hieronymus[6]: *qu.* 7,16 zu Ri 2,13; 7,21 zu Ri 3,17; 7,37 zu Ri 7,6; 7,41,3 zu Ri 8,27; 7,47 zu Ri 10,1; 7,55 zu Ri 15,8; einmal liefert ihm die Vulg die Lösung eines durch die LXX geschaffenen Problems: *qu.* 7,25 zu Ri 3,31. Aber er konsultiert die Vulg nicht systematisch, sondern arbeitet weiterhin mit der VL, die die LXX übersetzt. Er diskutiert gelegentlich Varianten innerhalb seiner VL-Exemplare: *qu.* 7,37; 38; 45; 46; 48.

Die LXX des Richterbuchs folgt in gut verständlichem Griechisch eng dem hebräischen Text. Der Codex Alexandrinus und der Codex Vaticanus, jeweils verbunden mit ähnlichen Handschriften(gruppen), unterscheiden sich so kontinuierlich und so weitgehend voneinander, daß man zwei grundlegende Textformen der Richter-LXX unterscheidet.[7] Rahlfs und Rahlfs-Hanhart drucken sie parallel. Diese Textausgabe wird sowohl von SD als auch von NETS, ebenfalls in parallelen Spalten gedruckt, übersetzt, auf sie bezieht sich auch die vorliegende Kommentierung. Die folgende Charakterisierung der beiden Textformen folgt der Darstellung in SDE[8].

Textform A ist ein kritisch rekonstruierter Text, der weitgehend identisch ist mit dem Codex Alexandrinus: LXXA. Ihr liegen auch diejenigen Handschriften zugrunde, die die lukianische Revision repräsentieren: LXXAL. Textform B gibt im Wesentlichen den Codex Vaticanus wieder: LXXB.

Einige Differenzen zwischen LXXAL und LXXB resultieren aus unterschiedlichen Interpretationen desselben hebräischen Wortlauts oder aus innergriechischen Verschreibungen. Andere Unterschiede aber reichen tiefer. LXXB gehört zur *kai-ge*-Textrevision und wurde einer Revision im Anschluß an den protomasoretischen Text unterzogen. Dagegen stellt SDE bezüglich LXXA(L) in Anschluß an Forschungen von Soisalon-Soininen, Billen und Bodine fest: LXXAL gibt am genauesten den ursprünglichen Wortlaut der LXX („Alte LXX") wieder, vor allem da, wo ihn auch die VL bezeugt, die manchmal sogar der einzige Zeuge der „Alten LXX" ist. Wenn LXXA(L) und LXXB überein-

---
[5] Vgl. Einleitung in *qu.* 3, S. 7-8.
[6] Die Vulg zu Richter enthält viele freie Übersetzungen: FERNÁNDEZ MARCOS, *Text* 38.40.
[7] FERNÁNDEZ MARCOS, *Text* 34f. betont: Die beiden Textgruppen A und B gehen nicht auf zwei verschiedene griechische Übersetzungen des hebräischen Textes, sondern auf eine einzige Übersetzung zurück.
[8] SDE 658-661. Vgl. auch, mit weiteren Differenzierungen, LINDARS, *Commentary* 170-174.192-194.

stimmen und zugleich von TM abweichen, weist dies auf eine abweichende hebräische Vorlage hin, die u.U. älter als der protomasoretische Text ist.

Die VL des Augustinus weicht nicht selten von VL:Cod.Lugd ab. Die VL folgt in der Regel LXXA(L), die VL des Augustinus auch da, wo VL:Cod.Lugd LXXB entspricht.[9] In folgenden Fällen[10] aber geht die VL des Augustinus ausnahmsweise mit LXXB, während VL:Cod.Lugd LXXA(L) wiedergibt: Ri 1,10 (*qu.* 7,3); 1,19 (*qu.* 7,5); 1,20 (*qu.* 7,6); 3,23 (*qu.* 7,22); 11,9 (*qu.* 7,49,22). In Ri 7,6 (*qu.* 7,37) hat die VL des Augustinus einen Mischtext von LXXAL und LXXB, während VL:Cod.Lugd LXXL folgt.[11]

Augustinus gebraucht folgende *termini technici* der rhetorischen Analyse:
  hyperbaton: qu. 7,18; 7,29.
  hysterologia:[12] qu. 7,18.
  locutio:[13] qu. 7,17,1; 7,21;[14] 7,25; 7,26; 7,41,3; 7,55; 7,56.
  praeoccupatio:[15] qu.7,3; 7,42.
  praeoccupare: qu. 7,3; 7,10; 7,11; 7,12.
  prolepsis: qu. 7,3; 7,10; 7,42.
  recapitulatio: qu. 7,3; 7,14.
  recapitulare: qu. 7,6; 7,10; 7,11; 7,22; 7,42.

Ohne den Terminus technicus *synecdoche* zu verwenden, gebraucht er diesen Tropus in der Formulierung: *a parte totum* und *a toto pars*: qu.7,41,3.

Gelegentlich versucht Augustinus, einen *intermixtus ordo verborum* (*qu.* 7,29) zu entwirren oder einen Ausdruck herzustellen, den er für *ordinatius et usitatius* (*qu.* 7,47) hält. Zu diesem Zweck stellt er unter den Stichworten *ordo* (*qu.* 7,18; 7,29) und *distinguere* (*qu.* 7,44; 7,51) die s.E. richtige Abgrenzung oder Abfolge von Sätzen oder Wörtern her.

Geistlicher Sinn

Um den übertragenen, typologischen, spirituellen Sinn zu bezeichnen, um den sich Augustinus im Bereich des Richterbuchs vor allem anläßlich der allegori-

---

[9] Vgl. Ri 12,7 *qu.* 7,49,22.
[10] Zu den komplizierten textkritischen Verhältnissen vgl. BILLEN, *Texts* 93-95.
[11] BILLEN, *Version* 140 vermutet, Augustinus habe diesen Wortlaut ohne Stützung durch irgendeine lateinische Handschrift erzeugt.
[12] Übliche Bezeichnung: Hysteron proteron.
[13] Im Sinn von idiomatischer Ausdrucksweise oder Redefigur.
[14] In *loc.* 7,12 identifiziert Augustinus sie als Antiphrasis.
[15] Üblichere Bezeichnung: Prolepsis.

schen Auslegung der Taten Gideons sowie des Lebens und der Taten Jiftachs und seiner Tochter in *qu.* 7,49,16-28 bemüht, gebraucht er folgende Ausdrücke:

actio prophetica: qu. 7,49,12.
adumbrare: qu. 7,49,16.
figuram gestare: qu. 7,49,26.
figurare: qu. 7,49,9; 7,49,21; 7,49,22; 7,49,26; 7,49,27; 7,49,28.
inplere: qu. 7,49,17.
insinuare: qu. 7,37.
pluvia spiritali: qu. 7,49,9.
portendere: qu. 7,49,17.
praedicatio: qu. 7,49,13.
praefiguratio: qu. 7,49,13; *qu.* 7,49,19.
praefigurare: qu. 7,37; 7,49,12; 7,49,16.
praenuntiare: qu. 7,49,9; 7,49,10; 7,49,11.
prophetia: qu. 7,36; 7,49,14; 7,49,21; 7,49,22; 7,49,26.
prophetice fieri: qu. 7,36.
significare: qu. 7,37; 7,49,1; 7,49,2; 7,49,11; 7,49,13 *(magnum aliquid et spiritale)*; 7,49,17 *(in figura)*; 7,49,19; 7,49,20; 7,49,24; 7,49,25; 7,49,26; 7,49,27; 7,49,28; 7,54.
significatio: qu. 7,49,13; 7,49,14 *(spiritalium)*; 7,49,21; 7,49,23.
significativa: qu. 7,49,1.
signum: qu. 7,37,12.
typum gerere: qu. 7,49,26.
umbra futurorum: qu. 7,49,1.

Exkurs: Gottesbild

- „Die Schrift lehrt, daß Gott in den Herzen wirkt, damit er den Dingen den Erfolg verleiht, den er festgesetzt hat" (*qu.* 7,27). Vgl. *qu.* 1,112 *(in hominum mentibus).*
- Gott befiehlt oder läßt nur zu *(imperantem an permittentem deum)* (*qu.* 7,45).
- „Der gnädige Gott zerbricht die Übertreibungen zu großen Glücks auch in den Herzen der Seinen, mit der Folge, daß er bewirkt, daß die Feinde ihnen nützlich werden, nicht nur, wenn die Feinde besiegt werden, sondern auch wenn sie gefürchtet werden: jenes zum Lob seiner Freigebigkeit, dieses um ihre Überhebung zu unterdrücken" (*qu.* 7,5).
- Wir sollen verstehen, „daß einige Sünden auch aus dem Zorn Gottes kommen" (*qu.* 7,13). Gemeint ist: Gott verhängt Strafen, in deren Folge die Israeliten sündigen, und Gott kündigt diese Sünden sogar an.
- Ein wichtiges Thema in *qu.* 7, das hinsichtlich Abraham, Gideon, Jiftach und Elija diskutiert wird, lautet: Gott gibt außer seinen allgemeingültigen

Gesetzen auch spezielle Gebote/Befehle.[16] Diese können seinen allgemeingültigen Gesetzen widersprechen (*qu.* 7,49,4). Wenn infolgedessen der Befehlsempfänger gegen das allgemeingültige Gesetz verstößt, „ist deswegen dennoch, wenn jener, dessen Befehle man nicht verachten darf, dies befohlen hat, nicht nur keine Torheit zu bestrafen, sondern vielmehr sogar [sein] Gehorsam zu loben. Auch wenn der Mensch sich selbst tötet, was natürlich nach menschlichem Willen und Entschluß zu tun durchaus ein Frevel ist, ist in der Tat anzuerkennen, daß dies eher aus Gehorsam als verbrecherisch geschieht, wenn es von Gott befohlen ist" (*qu.* 7,49,14). „Daher muß man erkennen, daß, was immer Gott außerhalb jener [Gesetze] vorgeschrieben hat, nicht Übertreter, sondern Fromme und Gehorsame erfüllt haben" (*qu.* 7,36). „Gott hat ja jene Gesetzesbestimmungen in der Weise aufgestellt, daß er die Gesetze nicht sich, sondern den Menschen gab" (*qu.* 7,36). Der Mensch darf die Gebote Gottes nicht einmal einer eigenen Beurteilung unterziehen. „Es ist nämlich ein Befehl Gottes, den man nicht beurteilen durfte, sondern dem man willfahren mußte. Er weiß nämlich, wie gerecht sein Befehl war; dem Knecht aber kommt es zu, gehorsam auszuführen, was er befohlen hat." (*mandatum enim dei est, de quo non iudicandum sed ei obtemperandum fuit. ille enim novit quam iuste mandaverit; ad servum autem pertinet oboedienter facere quod mandavit (qu. 2,6))*.[17]

- Mehrfach behandelt Augustinus die These, daß Gott auch Böse und Böses zu Gutem gebraucht.[18] „Gott [...] bediente sich des nicht nur gläubigen und frommen, sondern auch schwachen und sündigen Sinns dieses Führers [Gideons], den er für diese Tat erwählt hatte, sowohl um vorauszuverkünden, was er wollte, als auch um zu erfüllen, was er gesagt hatte" (*qu.*

---

[16] In *qu.* 7,49,4 stellt er *lex generalis* und *speciale imperium* einander gegenüber. Die Verben für das Erlassen von speziellen Geboten lauten: *praecipere* und *iubere* (vgl. *qu.* 7,49,4.5.10. 14). In *civ.* 1,21 lautet die Opposition: *vel lex iusta generaliter vel ipse fons iustitiae Deus specialiter iubet*. Dort erwägt er, auch im Fall Simsons die Spannung zwischen seinem ‚Selbstmord' in Ri 16,30 und seinem Lob in Hebr 11,32-34 auf diese Weise zu lösen: *quia Spiritus latenter hoc iusserat, qui per illum miracula faciebat*. Vgl. auch *qu.* 2,2, wo Augustinus Moses Mord an dem Ägypter (Ex 2,12) durch einen, zwar in der Schrift nicht erwähnten, Auftrag Gottes *(divinitus admonitus)* entschuldigt, und *qu.* 3,56, wo Augustinus auf diese Weise das Opfer Elijas auf dem Karmel (1Kön 18,36-40) rechtfertigt: „Wenn nämlich jener, der ein Gesetz erlassen hat, irgendetwas zu tun befiehlt, was er im Gesetz verboten hat, gilt der Befehl selbst als Gesetz *(iussio ipsa pro lege habetur)*, da er vom Urheber des Gesetzes stammt." In *qu.* 7,36 nennt Augustinus Abraham (Tötung seines Sohnes) und Elija (Opfer am Karmel) als Empfänger eines derartigen Spezialgebotes.
[17] Vgl. *civ.* 1,26.
[18] Vgl. *civ.* 11,18; 14,27.

7,49,10). „Gott hat nämlich seinem Volk nicht nur durch diejenigen viel Gutes erwiesen, die, wenngleich sie gesündigt haben, dennoch unter die Gerechten gerechnet werden, sondern sogar durch den ganz und gar verworfenen Saul, über den auch der Geist Gottes kam und der prophezeite" (*qu.* 7,49,11). „Der Geist des Herrn wirkt nämlich, was er weiß und zu tun beschlossen hat, sowohl durch Gute als auch durch Böse, sowohl durch Wissende als auch durch Unwissende: er hat auch durch Kajaphas, den schärfsten Verfolger des Herrn, der nicht wußte, was er sagte, die bedeutsame Prophezeiung verkündet, es sei nötig, daß Christus für das Volk sterbe" (*qu.* 7,49,11). „Der Geist des Herrn hat folglich in den Zeiten der Propheten die Vorausbezeichnung und Voraussage zukünftiger Dinge sei es durch Wissende, sei es durch Unwissende bewirkt; aber man darf nicht sagen, daß ihre Sünden deswegen keine Sünden gewesen sind, weil Gott, der auch unsere bösen Taten gut zu gebrauchen weiß, auch eben diese ihre Sünden benutzt hat, um vorauszubezeichnen, was er wollte" (*qu.* 7,49,13).

- Gott hat kein Wohlgefallen an Menschenopfern, nicht einmal an Tieropfern. Diese hat er zunächst nur als Vorausbezeichnungen gewollt, und er hat sie verboten, als das Vorausbezeichnete eingetreten war (*qu.* 7,49,1.2).
- Gott hat Wohlgefallen daran, wenn ein Gerechter für die Wahrheit oder die Gerechtigkeit getötet wird, und krönt ihn (*qu.* 7,49,3).

Exkurs: Jiftachs Gelübde und Tochteropfer

Die Erzählung von dem Gelübde Jiftachs vor der Schlacht gegen die Ammoniter und seiner Brandopferschlachtung der einzigen Tochter nach dem Sieg Ri 11,29-40 hat zu allen Zeiten Anstoß erregt.[19] Im Judentum wurde Jiftach sowohl seines Gelübdes wegen als auch wegen dessen Durchführung nahezu einstimmig kritisiert. Christliche Autoren, die Menschenopfer gleichermaßen verabscheuen, nahmen diese Kritikpunkte auf, waren aber in ihrer Kritik gehemmt durch Hebr 11,32-34, wo Jiftach unter den vorbildlichen Glaubenshelden aufgezählt wird;[20] mit einem frühen Höhepunkt bei Ephraem, dem

---

[19] Vgl. außer den Richterkommentaren BAUKS, *Tochter;* GROSS, *Rolle;* GROSS, *Tochter;* HOUTMAN/SPRONK, *Jefta;* ROTTZOLL/ROTTZOLL, *Erzählung;* THOMPSON, *Daughter.*

[20] Der Ausgleich zwischen Kritik und durch Hebr erzwungenem Lob fiel nie überzeugend aus. Thomas von Aquin, der in vielen Punkten Augustinus folgt, seine Kritik an Jiftach in dem nicht verifizierten Zitat aus Hieronymus zusammenfaßt: *In vovendo fuit stultus, quia discretionem non adhibuit, et in reddendo impius* („im Geloben war er töricht, weil er keine Unterscheidung anbrachte, und in der Erfüllung des Gelübdes war er ruchlos") und sein Opfer als *secundum se illicitum* verurteilt, sucht in *summa theologiae* II/IIae *qu.* 88:

Syrer, und Aphrahat legten sie vielfältige typologisch-allegorische Auslegungen vor. Augustinus hat in Aufnahme der vorausgegangenen Diskussionen, soweit sie ihm vor allem durch Ambrosius und Hieronymus bekannt geworden waren,[21] und eigener systematischer Durchdringung in der langen *qu.* 7,49,1-28 die für die westliche Kirche des Mittelalters maßgebliche Analyse vorgelegt. Neben dem Versuch, Hebr 11,32-34 gerecht zu werden,[22] ist es sein wichtigstes Anliegen, den Gott des AT gegen den vor allem von Manichäern erhobenen Vorwurf zu verteidigen, er habe Gefallen an Menschenopfern (vgl. *qu.* 7,49,1). Das war deshalb nicht so einfach, weil dem Gelübde Jiftachs Ri 11,30-31 die Gabe des Gottesgeistes in Ri 11,29 unmittelbar vorausgeht und der Sieg über die Ammoniter, den Jiftach als Bedingung für seine Gelübdeleistung benannt hatte, in 11,32f. unmittelbar folgt und kein Urteil JHWHs über das Gelübde und die Opferung der Tochter berichtet wird.

Wie zumeist in der gesamten Auslegungstradition[23] findet die Tochter – außer in seinen allegorischen Auslegungen – auch bei Augustinus wenig Beachtung. Augustinus wendet zunächst ein Prinzip auf die Tochter an, das er angesichts des Todes israelitischer Kämpfer vor Ai, den JHWH wegen des Bannfrevels Achans verhängt hatte, formuliert hat[24]: „Es trifft nicht zu, daß wir uns aus diesem Grund über den Tod von Menschen, die über kurz oder lang [ohnehin] sterben würden, entsetzen und in große Angst geraten müßten, wenn jene, falls sie mit Freuden annähmen, daß dies mit ihnen geschehe, sich Gott für ewige Belohnung empfehlen würden" (*qu.* 7,49,2). Wegen des strikten Selbstmordverbots ist ihm besonders wichtig, daß sie nicht von sich aus, sondern lediglich aus Gehorsam den Opfertod angestrebt hatte. Unter dieser Voraussetzung kann der Tod der unschuldigen Tochter weder auf sie noch auf Gott ein schlechtes Licht werfen, da er ihre Seele gnädig aufgenommen hat, „weil sie

---

de voto, a. 2: *utrum votum semper debeat fieri de meliori bono, ad secundum* schließlich einen Ausweg aus diesem Dilemma, indem er sich den hochmittelalterlichen Theologen Alanus von Lille und Hugo von St. Cher anschließt (vgl. THOMPSON, *Daughter* 139) und frei postuliert: *probabile est eum poenituisse de facto iniquo, quod tamen aliquod bonum figurabat* („wahrscheinlich hat er die ungerechte Tat bereut, die dennoch etwas Gutes vorausbezeichnete").

[21] Vgl. dazu THOMPSON, *Daughter* 118-124.126.

[22] Zum Hebräerbrief im Werk Augustins vgl. LA BONNARDIÈRE, *l'Èpître;* speziell zu seiner Verwendung in exegetischen Fragen S. 147 Anm. 18.

[23] Eine frühe jüdische Ausnahme bietet Pseudo-Philo, *lib. ant. bib. XL*, der der in Ri 11 namenlos bleibenden Tochter den Namen Seila verlieh.

[24] Vgl. *qu.* 6,8 zu Jos 7: „Auch was das Regiment über die ganze Welt angeht, geschieht den Sterblichen nämlich nichts Grauenhaftes, wenn sie sterben, da sie ja ohnehin irgendwann sterben müssen."

nicht selbst ihre Opferung gelobt, sondern sich [nur] dem Gelübde und dem Willen des Vaters nicht widersetzt hatte und Gottes Urteil gefolgt war. Wie man nämlich den Tod weder aus freiem Entschluß sich selbst noch aus freiem Entschluß irgendeinem anderen zufügen darf, so darf man ihn auch nicht verweigern, wenn Gott [ihn] befiehlt, auf dessen Festsetzung hin man ihn zu irgendeinem Zeitpunkt erleiden muß" (*qu.* 7,49,15).

Bezüglich der Rolle Gottes und Jiftachs legt Augustinus folgende Argumentationen vor.

(1) Die Gott entlastende allgemeine *Hauptthese* lautet: Gott hat kein Gefallen an Menschenopfern.

Argumente aus der Bibel:
- Gott haben nicht einmal Brandopfer von Tieren gefallen. Er hat sie nur als Vorzeichen künftiger Dinge gewollt, und als diese eingetreten waren, hat er die Tieropfer verboten (*qu.* 7,49,1).
- Gott hat die Auslösung der menschlichen Erstgeburt befohlen (Ex 13,2.12f.) und Menschenopfer ausdrücklich durch allgemeines Gesetz verboten (Dtn 29,29-31) (*qu.* 7,49,2).
- *Einwand 1*: Gott liebt den Tod Unschuldiger für die Gerechtigkeit und die Wahrheit und den Tod der Märtyrer, und Christus hat sich in der Weise Gott zum Opfer gebracht, daß er um der Gerechtigkeit willen getötet wurde (*qu.* 7,49,3).
- *Erwiderung*: Jiftach hat seine Tochter nicht auf diese Weise geopfert, sondern verbotenerweise nach Art der Tieropfer (*qu.* 7,49,4).
- *Einwand 2*: Vielleicht hat Gott (entgegen seiner generellen Gesetzgebung) Jiftach in einem speziellen Gebot das Menschenopfer geboten, wie er es bei Abraham getan hat (*qu.* 7,49,4), der dafür in Hebr 11,17-19 ausdrücklich gelobt wird (*qu.* 7,49,5).
- *Erwiderung 1*: Jitach hat es ohne spezielles Gebot getan: *fecit quod et lege vetabatur et nullo speciali iubebatur imperio*.[25]
- *Erwiderung 2*: Indem Gott das Sohnesopfer Abrahams verhinderte und durch ein Tieropfer ersetzte, hat er gezeigt, daß er keine Freude am Sohnesopfer hatte (*qu.* 7,49,4).
- *Erwiderung 3*: *aliud esse ultro vovere, aliud iubenti obtemperare* „Eines ist, aus freien Stücken ein Gelübde abzulegen, etwas anderes, einem, der befiehlt, zu gehorchen" (*qu.* 7,49,5).
- *Erwiderung 4*: „Abraham hatte Grund zur Annahme, daß er seinen Sohn wegen des göttlichen Befehls *(propter divinum imperium)* nicht verschonen

---

[25] In *civ.* 1,21 formuliert Augustinus vorsichtiger: *merito queritur utrum pro iussu Dei sit habendum*.

durfte, obgleich er nicht glaubte, daß Gott derartige Opfergaben mit Wohlgefallen annehme, sondern [überzeugt war], daß er ihm dies in der Absicht befohlen habe, den Getöteten aufzuerwecken und dadurch als weiser Gott etwas zu erkennen zu geben" (Hebr 11,17-19).

- Ergebnis des Vergleichs mit Abraham: Jiftach *et deo non iubente neque poscente et contra legitimum eius praeceptum ultro sacrificium vovit humanum* Er „hat sowohl ohne Befehl noch Forderung Gottes als auch gegen dessen geltendes Gebot aus eigenem Antrieb ein Menschenopfer gelobt" (*qu.* 7,49,5). Er hat das Opfer nicht eines Tieres, sondern eines Menschen, wohl nicht seiner Tochter, aber vielleicht seiner Ehefrau gelobt (*qu.* 7,49,6).

(2) Da Gott in Ri 11 kein Urteil über das Verhalten Jiftachs abgegeben hat, müssen im folgenden *Argumente aufgrund eigener Überlegungen* gefunden werden (*qu.* 7,49,7).

- *Erwägung 1:* Daß unerwarteterweise die Tochter Jiftach entgegenkam und daß Gott ihn auch in den der Tochter gewährten sechzig Tagen Aufschub der Opferung nicht zur Besinnung kommen ließ, ist wohl Strafe Gottes für das Gelübde, das ihm mißfallen hat.
- *Erwägung 2*: Gott schlug ihn speziell mit der durch ihn selbst verursachten Kinderlosigkeit, „damit das Beispiel eines solchen Gelübdes nicht ungestraft bliebe, [das dazu hätte führen können,] daß die Menschen entweder meinten, Gott etwas Bedeutendes zu geloben, wenn sie Menschenopfer und, was schrecklicher ist, [die Opferung ihrer] Söhne, gelobten oder daß eben diese Gelübde nicht ehrlich, sondern eher vorgetäuscht wären, weil diejenigen, die gelobt hätten, hofften, daß Gott, wie im Beispiel Abrahams, die Erfüllung derartiger Gelübde verhindern werde" (*qu.* 7,49,7).[26]
- *Einwand 1*: Nur nicht voreilig urteilen, denn Hebr 11,32f. nennt Jiftach unter den Glaubenshelden!

---

[26] Vgl. auch *qu.* 7,49,26. Wenige Jahrzehnte zuvor hatte Johannes Chrysostomus in seiner *Homilia XIV ad Populum Antiochenum* diese apologetische These entwickelt: „Ich aber möchte behaupten, Gott habe dieses Opfer zugelassen, um seine große Sorgfalt und Menschenfreundlichkeit zu bezeugen und aus Liebe zu unserem Geschlecht jenen Mord nicht gehindert. Denn hätte er nach jenem laut ausgesprochenen Gelübde das Opfer verhindert, so hätten nach Jephte wohl Manche mehr solche Gelübde in der Hoffnung gethan, daß Gott sie nicht annehmen würde, und hätten sich so nach und nach der Ermordung ihrer Kinder schuldig gemacht; da nun aber Gott die wirkliche Erfüllung zuließ, so hat er das bei der ganzen Nachwelt verhindert" (Übersetzung: MITTERRUTZNER, *Homilien* 281f; vgl. GROSS, *Rolle* 26f. Anm. 74).

- *Einwand 2*: Jiftachs Gelübde scheint das Werk des Gottesgeistes zu sein, denn unmittelbar davor wird in Ri 11,29 gesagt, daß der Geist Gottes über ihn kam (*qu.* 7,49,8).
- *Erwiderung*: Die Hl. Schrift wird jedoch, wenn sie den Glauben und die Gerechtigkeit von Männern lobt, „dadurch nicht daran gehindert, auch ihre Sünden offen zu benennen, wenn sie welche kennt und es für nötig erachtet" (*qu.* 7,49,9).
- *Beweis*: Gideon, der ebenfalls in Hebr 11,32-34 als Glaubensheld gelobt wird und von dem es Ri 6,34 heißt, daß der Geist Gottes über ihn kam, obgleich er sich schwerwiegend gegen Gott versündigt hat.
  - Gideon hat das goldene Efod errichtet und wird dafür Ri 8,27 getadelt (*qu.* 7,49,9). Die Errichtung des Efods ist eine unentschuldbare Sünde (*qu.* 7,49,12).
  - Gideon hat nach der Verfehlung mit dem Efod keinen Sieg mehr errungen, Jiftach aber nach seinem Opfer sehr wohl (*qu.* 7,49,10).
  - Außerdem hat Gideon Gott mit der Schafswolle auf die Probe gestellt (Ri 6,36-40) und damit gegen das Gebot Dtn 6,16 verstoßen (*qu.* 7,49,9).
  - Aber nach seiner Erprobung Gottes hat Gideon dennoch sowohl die zeichenhaften Wunder Gottes (Ri 6,38.40) erhalten als auch durch seinen Sieg über die Midianiter das Volk befreit (Ri 8,28) (*qu.* 7,49,10).
  - Da Gott durch das Wunder mit Schafswolle und Tenne die Gnade Gottes mit Israel und der Kirche vorausbezeichnen wollte (*qu.* 7,49,9), hat wohl der Geist Gottes Gideon zu diesem Zweck die Idee, Gott zu erproben, eingegeben, und unter dieser Voraussetzung hat Gideon in seinem Gehorsam gegenüber dem Geist vielleicht nicht gesündigt (*qu.* 7,49,11).
  - Auch die erfolgreiche Kriegslist mit den Krügen und Fackeln (Ri 7,16-22) hat wohl Gott dem Gideon als Vorausbezeichnung der Märtyrer eingegeben (*qu.* 7,49,12).
  - Außerdem ist der Geist Gottes sogar über den verworfenen Saul (1Sam 19,20-25) gekommen, und zwar als er gegen den heiligen David *(virum sanctum David innocentemque)* wütete, und er hat durch Kajaphas eine Prophezeiung verkündet (Joh 11,49-51) (*qu.* 7,49,11).
- *Folgerung 1:* „Der Geist des Herrn hat folglich in den Zeiten der Propheten die Vorausbezeichnung und Voraussage zukünftiger Dinge sei es durch Wissende, sei es durch Unwissende bewirkt; aber man darf nicht sagen, daß ihre Sünden deswegen keine Sünden gewesen sind, weil Gott, der auch unsere bösen Taten gut zu gebrauchen weiß, auch

eben diese ihre Sünden benutzt hat, um vorauszubezeichnen, was er wollte" (*qu.* 7,49,13).
- *Folgerung 2:* Daraus, daß Gott durch die Opferung der Tochter Jiftachs etwas Bedeutendes und Geistliches vorausbezeichnet hat *(magnum aliquid et spiritale significavit)*, folgt nicht, daß die Opferung keine Sünde Jiftachs gewesen ist oder Gott gefallen hat (*qu.* 7,49,13).
- *Differenzierung: alia quaestio est de animo voventis, alia de providentia dei qualicumque animo eius optime utentis* „Eine Frage betrifft die Absicht des Gelobenden, eine andere die Vorhersehung Gottes, der sich dessen Absicht, wie immer sie sei, zum besten bedient" (*qu.* 7,49,14).
- *Folgerung 3:* „Wenn der Geist des Herrn, der über Jiftach gekommen ist, tatsächlich befohlen hat, daß er dies geloben solle, was die Schrift allerdings nicht offen ausgesprochen hat, dann ist deswegen dennoch, wenn jener, dessen Befehle man nicht verachten darf, dies befohlen hat, nicht nur keine Torheit zu bestrafen, sondern vielmehr sogar [sein] Gehorsam zu loben."
- *Alternative Folgerung 4:* „Wenn Jiftach aber, indem er einem menschlichen Irrtum folgte, gemeint hat, ein Menschenopfer geloben zu sollen, ist zwar seine Versündigung an der einzigen Tochter zu Recht bestraft worden, aber dieser sein Irrtum hat dennoch auch etwas Lobenswertes an Glauben, kraft dessen er Gott so fürchtete, daß er, was er gelobt hatte, erfüllte, und [kraft dessen er] nicht versuchte, dem gegen ihn ergangenen Urteil des göttlichen Gerichts zu entgehen, sei es weil er hoffte, Gott werde [ihn] hindern, wie er es bei Abraham getan hatte, sei es weil er, auch nachdem er eingesehen hatte, daß er [ihn] nicht hinderte, beschloß, seinen Willen lieber zu tun als zu verachten." (*qu.* 7,49,14).

(3) Es folgt in *qu.* 7,49,16-28 eine ausführliche allegorische Auslegung des Lebens und der Taten Jiftachs, die ihn als Typus Christi erweist. In diesem Rahmen kommt Augustinus in *qu.* 7,49,26.27 noch einmal auf Jiftachs Tochteropfer zurück, um nun dessen typologischen Sinn sowohl hinsichtlich Jiftachs als auch besonders hinsichtlich seiner Tochter darzulegen. Dabei gilt das Prinzip: „Aus beidem hat sich somit die Prophetie zusammengefügt: aus dem, was er durch sein Gelübde beabsichtigte, und aus dem, was ihm gegen seinen Willen widerfuhr" (*qu.* 7,49,26).
- Vielleicht dachte Jiftach bei seinem Gelübde an seine Ehefrau. In diesem Fall hätte deren Opferung die Kirche als Ehefrau Christi (Eph 5,31-32) bezeichnet.
- „Weil aber die Ehefrau dieses Jiftach keine Jungfrau sein konnte, blieb dadurch, daß [ihm] vielmehr die Tochter entgegenkam, die Jungfräulichkeit der Kirche vorausbezeichnet (2Kor 11,2)."

- Auch wird die Kirche durch das Wort ‚Tochter' bezeichnet (vgl. Mt 9,20-22).
- Daß die jungfräuliche Tochter als Brandopfer dargebracht wird, bezeichnet voraus, daß Christus bei der Auferstehung der Toten sie (seine Kirche = sein Reich) Gott übergeben wird (1Kor 15,24).
- Der gelobende Jiftach spielt die Rolle des Königs Christus, der die Kirche Gott übergibt: *[Christus] ipse cuius figuram vovens ille gestabat.*
- Die sechzig Tage Aufschub der Opferung der Tochter bezeichnen einerseits durch die Zahl sechs die sechs Zeitalter, aus denen die Kirche gesammelt wird, andererseits, insofern sechzig für zwei Monate steht, Adam und Christus bzw. das Alte und das Neue Testament (*qu.* 7,49,26).
- Daß die Israelitinnen die geopferte Tochter jedes Jahr vier Tage lang beweinen, bezeichnet durch die Trauergesänge, daß in der irdischen Zeit der Kirche Trauernde selig waren (Mt 5,4), durch die Zahl vier die Verbreitung der Kirche über die vier Weltteile.
- Augustinus will jedoch nicht, daß die übertragene Deutung die bleibende Problematik dieses Menschenopfers überblendet: „Was jedoch den Wortsinn der Erzählung betrifft, meine ich, daß die Israeliten dies nur angeordnet haben, weil sie erkannten, daß in dieser Angelegenheit das Urteil Gottes eher ergangen war, um den Vater zu schlagen, damit in Zukunft niemand wagte, ein derartiges Opfer zu geloben. Denn warum würden sie Trauer und Wehklagen anordnen, wenn jenes Gelübde [Anlaß zur] Freude wäre?" (*qu.* 7,49,27).

Letztlich bleibt Augustins Urteil somit ambivalent und läßt vieles offen. Zu Beginn dieses ausführlichen allegorischen Teils bezeichnet er nämlich Jiftach zwar als *quendam potentem uirtute* „einen an Tugend starken [Mann]", charakterisiert sein Vorhaben aber folgendermaßen: *nunc iam quid spiritus domini sive per nescientem Iephte sive per scientem sive per eius inprudentiam sive per oboedientiam sive per offensionem sive per fidem in hac re gesta praefiguraverit, quantum deus adiuvat, requiramus breviterque pandamus* „Jetzt aber wollen wir sogleich, soweit Gott uns beisteht, untersuchen und kurz auseinandersetzen, was der Geist des Herrn in diesem Geschehen durch Jiftach vorausbezeichnet hat, sei es daß er sich dessen nicht bewußt war, sei es daß er sich dessen bewußt war, sei es durch dessen Unvorsichtigkeit, sei es durch dessen Gehorsam, sei es durch dessen Vergehen, sei es durch dessen Glauben" (*qu.* 7,49,16).

TEXT UND ÜBERSETZUNG

LIBER SEPTIMUS. QUAESTIONES IUDICUM

1 In fine libri Iesu Nave breviter narrator porrexit historiam, quo usque filii Israhel ad colendos deos alienos declinaverunt; in hoc autem libro ad ordinem reditur, quomodo consequentia gesta fuerint post mortem Iesu Nave. Non ergo ab illo tempore incipit liber, quo populus ad colenda simulacra defluxit, sed a prioribus interpositis temporibus, quibus ea gesta sunt, post quae ad illa pervenit.

2 *Et factum est postquam defunctus est Iesus, interrogabant filii Israhel in domino dicentes: Quis ascendet nobiscum ad Chananaeum dux ad bellandum eum? Et dixit dominus: Iudas ascendet; ecce dedi terram in manu ipsius.* Hic quaeritur, utrum aliquis homo Iudas vocabatur, an ipsam tribum ita ut solet sic appellavit. Sed illi, qui interrogaverant dominum, post mortem Iesu Nave ducem requirebant: Unde putatur unius expressum hominis nomen. Verum quia non solet duces nominare scriptura cum constituuntur nisi commemorata etiam origine parentum et

---

1,1 quo...2 declinaverunt] cf. Ios 24,33b

Incipiunt questiones iudicum P *(fol. 181)*, V *(fol. 168)*, T *(fol. 152)*, Incipiunt quaestiones de libro iudicum S *(fol. 523)*, Incip(inc̄ n) quaestiones eiusdem libri *(iudicum)* N *(fol. 197ʳ p, fol. 132ʳ)* **1,1** fine] finem N   **3** reditur] redditur n   **2,1** Iesus] Is p   **2** ascendet] ascendit P S V¹ n T | bellandum] debelladum S² V² Am. µ | eum] in eo z cum LXX   **3** manu] manus S V N T   **4** interrogaverant] interrogaverunt N T   **5** Iesu] Ihesum T   **6** expressum...nomen] hominis nomen expressum T

---

[1] Durch den Zusatz Ios 24,33b greift LXX, gefolgt von VL, auf den Abfall der Israeliten von JHWH (vgl. Ri 2,13 TM+LXX) und die Einleitung zur Ehud-Episode (vgl. Ri 3,12.14 TM+LXX, ohne Berücksichtigung des in Ri 1,1-3,11 Erzählten) voraus. So wird „die Abfallgeschichte [...] schon in der Gründungslegende Israels präsent" (RÖSEL, *Septuagintaversion* 207). TOV, *Text* 273-275 übernimmt von ROFÉ, *End* die These, darin sei eine hebräische Vorlage enthalten, die älter als TM sei und den ursprünglichen Übergang von Jos zu Ri bezeuge; vgl. auch GREENSPOON, *Studies* 81f. und BdA). Dies bezweifeln RÖSEL, H, *Überleitung* 349, gefolgt von BUTLER, *Joshua*, und RÖSEL, M, *Septuagintaversion* 207 mit Anm. 46. Ios 24,33b spielt mit τὴν Ἀστάρτην καὶ Ἀσταρωθ καὶ τοὺς θεοὺς τῶν ἐθνῶν τῶν κύκλῳ αὐτῶν nur ungenau auf Ri 2,13 an, wo TM und LXX „dem Baal und den Astarten" haben. Die Zusammenstellung Ios 24,33a+b (Lade, Tod Eleazars und Josuas und Astarten) findet sich auch in der Damaskusschrift V,1-5 (vgl. AULD, *Joshua* 229; SDE); das wird textgeschichtlich unterschiedlich ausgewertet. Ganz

SIEBTES BUCH. FRAGEN ZUM BUCH RICHTER

qu. 7,1 (zu Ri 1,1)

1 Am Ende des Buches von Josua [ben] Nun hat der Erzähler die Erzählung bis zu [dem Punkt] vorangetrieben, an dem die Söhne Israel der Neigung nachgaben, fremde Götter zu verehren (vgl. Jos 24,33LXX)¹; in diesem Buch aber kehrt er zur [zeitlichen] Ordnung zurück, [indem er erzählt], wie die Begebnisse sich nach dem Tod des Josua [ben] Nun ereignet haben. Das Buch beginnt folglich nicht mit jenem Zeitpunkt, in dem das Volk bis zur Verehrung von Götzenbildern herabgesunken war, sondern mit früheren Zeitabschnitten, in denen sich zwischenzeitlich diejenigen Taten ereignet haben, nach denen er [der Erzähler] erst zu jenen kam.

qu. 7,2 (zu Ri 1,1-3)

2 „Und es geschah: Nachdem Josua gestorben war, fragten die Söhne Israel beim Herrn an², indem sie sagten: Wer soll mit uns als Anführer hinaufziehen gegen den Kanaanäer,³ um ihn zu bekriegen? Und der Herr sagte: Juda soll hinaufziehen; siehe, ich habe ihm das Land in die Hand gegeben." Hier fragt man, ob ‚Juda' der Name irgendeines Mann war oder ob die Schrift, wie üblich, den Stamm als ganzen so genannt hat. Zwar verlangten jene, die den Herrn befragt hatten, nach dem Tod Josuas [ben] Nun einen Anführer: Daher meint man, es sei der Name eines Mannes bezeichnet worden. Weil aber die Schrift üblicherweise, wenn Anführer eingesetzt werden, deren Namen nur nennt,

---

ungewöhnlich ist die Kombination Ἀστάρτην καὶ Ασταρωθ. VL:Cod.Lugd hat statt dessen sinnvoller: *Astarten et Aseroth.*

² Während VL:Cod.Lugd: *interrogaverunt Dominum* das Verb *interrogo*, wie üblich, mit direktem Objekt konstruiert (so im folgenden auch Augustinus selbst), folgt die VL des Augustinus mit *interrogabant in Domino* exakt der LXXAL: ἐπηρώτων ἐν κυρίῳ (LXXB: διά), die durch die Präposition eine Vermittlung durch einen Priester bzw. das Ephod andeutet (vgl. BdA) und die Konstruktion des TM nachzuahmen sucht: וַיִּשְׁאֲלוּ בַּיהוָה (vgl. SDE). Diese unübliche Konstruktion des Verbs notiert Augustinus *loc.* 7,1.

³ TM: „Wer soll für uns zuerst (בַּתְּחִלָּה) gegen den Kanaanäer hinaufziehen, um gegen ihn zu kämpfen?" LXX bewahrt die *commodi*-Angabe (ἡμῖν). VL macht daraus *nobiscum*, d.h. alle wollen gegen den Kanaanäer ziehen. Diese Änderung verweist bereits auf die abweichende Auffassung im folgenden. LXX: ἀφηγούμενος τοῦ πολεμῆσαι („um als erster zu kämpfen" oder: „um als Führer zu kämpfen"). VL entscheidet sich für die zweite Möglichkeit: *dux ad bellandum*. So fragen die Israeliten nicht nach dem, der zunächst, während sie noch untätig bleiben, für sie, sondern nach dem, der als Führer zusammen mit ihnen kämpfen soll. Dieselbe Deutung vertritt Vulg.: *quis ascendet ante nos contra Chananeum et erit dux belli.*

constat post Iesum duces habuisse populum Israhel, quorum primus est Gothoniel filius Cenez, rectius intellegitur nomine Iudae tribum Iuda fuisse significatam. Ab ipsa enim tribu voluit dominus incipere conteri Chananaeos. Et cum populus de duce interrogasset, ad hoc valuit responsio domini, ut scirent deum noluisse ab universo populo bellari adversus Chananaeos. Dixit ergo: *Iudas ascendet.* Et sequitur scriptura narrans: *Et dixit Iudas ad Symeon fratrem suum*, utique tribus ad tribum. Non enim adhuc vivebant illi filii Iacob, qui dicti sunt Iudas et Symeon, inter ceteros fratres suos propriis nominibus appellati; sed dixit tribus Iuda ad tribum Symeon: *Ascende mecum in sortem meam et bellemus in Chananaeo, et ibo etiam ego tecum in sortem tuam.* Manifestum est auxilium sibi tribum Iuda alterius tribus postulasse, quod redderet, cum et illi in sua sorte habere inciperent necessarium.

3 *Et dixit Caleb: Quicumque percusserit civitatem litterarum et ceperit eam, et dabo ei filiam meam Axam in uxorem.* Iam hoc et in libro Iesu Nave commemoratum est; sed utrum Iesu vivente factum sit et nunc per recapitulationem repetitum, an post eius mortem, posteaquam dictum est: *Iudas ascendet*, et coepit Iudas debellare Chananaeos, in quo bello ista omnia gesta narrantur, merito quaeritur. Sed credibilius est post mortem Iesu factum, tunc autem per prolepsin, id est per praeoccupationem commemoratum quemadmodum et alia. Nunc enim cum res gestae adversus Chananaeos tribus Iuda exponerentur, ita se narrationis ordo continet inter cetera Iudae facta bellica, de quo post mortem Iesu dixerat dominus: *Iudas ascendet. Et postea descenderunt filii Iuda pugnare ad Chananaeum qui habitabat in montana et austrum et campestrem. Et abiit Iudas ad Chananaeum inhabitan-*

3,2 iam…est] cf. Ios 15,16   **4** Idc 1,2

9 Cenez] Zenez *S*, Cenet *T* | Iuda] *Am. μ ʒ*, Iudam *P S V N T Bad. (at cf. l. 18)* | significatam] significatum *T*   **10** voluit] voluisse *T*   **15** inter] et *praem. T* | appellati] appellatos *P S¹ N*, appellatis *V*   **16** sortem] sorte *P S V N* | meam] mea *p P S V*   **17** ego *om. n*   **3,1** ceperit] *codd. edd.*, anteceperit *ʒ cum LXX (cf. l. 15)*   **2**   Axam] *T Bad. μ ʒ, om. P S V N Am. et omnes codd. Maurinorum* | in¹ *om. Am. μ*   **3** Iesu] Nave *add. p* | repetitum] est *add. V T*   **6** Iesu] Iesum *P¹ S¹*   **10** Iudas] Iudax *n*   **11** in *inclusit ʒ*

---

[4] Kirjat-Sefer. Zu Varianten der Namensdeutung (Stadt des Buches etc.) vgl. GASS, *Ortsnamen* 24. LXX, gefolgt von VL, hat den Ortsnamen entgegen ihrem üblichen Verfahren nicht transkribiert, sondern übersetzt: Πόλιν τῶν γραμμάτων. Vulg. dagegen: *Cariathsepher*. In Ri 1,11 hat LXX sowohl transkribiert als auch übersetzt: Καριαϑσωφαρ, πόλις γραμμάτων; dem folgt Vulg dort verdeutlichend: *Cariathsepher id est civitas Litterarum*.
[5] LXX: προκαταλάβηται: „als erster/vor den anderen eingenommen hat".

nachdem sie auch, als Angabe ihrer jeweiligen Herkunft, die Eltern angeführt hat, und weil feststeht, daß das Volk Israel nach Josua Anführer hatte, deren erster Otniel, Sohn des Kenas, ist, lautet die zutreffende Deutung, daß mit dem Namen Juda der Stamm Juda bezeichnet worden ist. Der Herr wollte nämlich gerade mit diesem Stamm die Austilgung der Kanaanäer beginnen. Und da das Volk um einen Anführer nachgefragt hatte, zielte die Antwort des Herrn darauf ab, daß sie erkennen sollten, daß Gott nicht wollte, daß das ganze Volk gegen die Kanaanäer Krieg führe. Folglich sagte er: „Juda soll hinaufziehen." Und die Schrift erzählt weiter: „Und Juda sagte zu seinem Bruder Simeon", natürlich der Stamm zum Stamm. Denn jene Söhne Jakobs, die, unter ihren übrigen Brüdern mit Eigennamen bezeichnet, Juda und Simeon genannt wurden, lebten nicht mehr. Vielmehr sagte der Stamm Juda zum Stamm Simeon: „Zieh hinauf mit mir in meinen Losanteil, und wir wollen den Kanaanäer bekriegen, und ich werde auch mit dir in deinen Losanteil gehen." Offensichtlich hat der Stamm Juda sich die Hilfe des anderen Stammes erbeten; sie wollte er erwidern, sobald auch jene in ihrem Losanteil [Hilfe] nötig haben würden.

qu. 7,3 (zu Ri 1,9-12)

3 „Und Kaleb sagte: Wer auch immer die Stadt der Schriften[4] geschlagen und erobert hat,[5] [und] dem werde ich meine Tochter Achsa zur Frau geben." Dies wurde bereits auch im Buch Josua [ben] Nun berichtet (vgl. Jos 15,16); aber man fragt zu Recht, ob es noch zu Lebzeiten Josuas geschehen und nun durch Rekapitulation wiederholt worden ist oder erst nach seinem Tod, nachdem [der Herr] gesagt hat: „Juda soll hinaufziehen" (Ri 1,2) und Juda begonnen hat, die Kanaanäer in dem Krieg zu bekämpfen, in dem der Erzählung zufolge alle diese Dinge sich ereignet haben. Aber wahrscheinlicher ist es nach Josuas Tod geschehen, wurde damals aber, wie auch anderes, durch Prolepse, d.h. vorausnehmend, berichtet. Denn jetzt, da die Taten des Stammes Juda gegen die Kanaanäer dargelegt wurden, ordnet sich die Erzählung folgendermaßen in die übrigen Kriegstaten Judas ein, über den der Herr nach dem Tod Josuas gesagt hatte: „Juda soll hinaufziehen." „Und danach zogen die Söhne Judas hinab in die Schlacht gegen den Kanaanäer, der im Gebirge und im Süden und in der Ebene wohnte. Und Juda zog los gegen den Kanaanäer, der in Hebron wohnte, und Hebron zog heraus [ihnen] entgegen[6] – der Name Hebrons aber war Kir-

---

[6] Dieser Satz *et exiit Chebron ex aduerso* in Ri 1,10 ist ein Zusatz der LXX, gefolgt von der VL des Augustinus, und zwar im Wortlaut der LXXB (so BdA gegen RAHLFS, der seine Textform A entgegen LXXA: „der Kanaanäer, der gegenüber wohnte" und LXXL: „der Kanaanäer, der in Hebron gegenüber wohnte" an LXXB: „der Kanaanäer, der in Hebron wohnte, und Hebron zog heraus entgegen" angleicht; oder lautete LXXAL ursprünglich wie LXXB und ist der Passus: καὶ ἐξῆλθεν Χεβρων in LXXA, gefolgt von

tem in Chebron et exiit Chebron ex adverso - nomen autem erat Chebron Cariatharbocsepher - et percussit Sesi et Achiman et Cholmi filios Enac. Et ascenderunt inde ad inhabitantes Dabir. Nomen autem Dabir quod erat ante civitas litterarum. Et dixit Caleb: Quicumque percusserit civitatem litterarum et acceperit eam, et dabo ei filiam meam in uxorem. Constat ergo ex hoc ordine gestarum rerum tam perspicuo post mortem Iesu hoc esse factum. Tunc vero, cum civitates datae ipsi Caleb commemorarentur, progressus ex occasione narrator quod postea factum est praeoccupavit. Nec tamen frustra arbitror hoc de filia Caleb data in victoris praemium bis numero scripturam commemorare voluisse.

4 Alia nascitur quaestio de filia Caleb, quod in libro Iesu Nave sic de illa dicitur: *Et factum est cum ingrederetur ipsa, et consilium habuit cum eo dicens: Petam patrem meum agrum; et exclamavit de asino* et cetera, ubi agrum petit a patre atque concessus est, hic autem, *et factum est*, inquit, *cum ingrederetur ipse, monuit eam Gothoniel, ut peteret a patre suo agrum.* Sed in eo quod ibi dictum est: *Cum ingrederetur ipsa*, et hic dictum est: *Cum ingrederetur ipse*, nihil contrarium est; simul enim ingrediebantur viam. Quod vero ibi dictum est: *Consilium habuit cum eo* - id est

---

17 cum…commemorarentur] cf. Ios 15,13   4,2 Ios 15,18-19

12   Cariatharbocsepher] ante *praem.* ʒ, Xcariatharuoxefer *P V T*, Cariaturuoxeffer *S*, Cariaterboxefer *N*   13 Enac] Senac *S*, Enach *Am. μ*   14 Dabir¹] Tabir *S*, David *n* | Dabir²] David *p* quod] *inclusit* ʒ   15 acceperit] *codd. edd.,* anteceperit ʒ *(cf. l. 1)* | et² *om. P V Am. μ* | meam] *codd. edd.,* axam *add.* ʒ *(cf. 2)*   17   progressus] est *add. P S N T⁷*   18   narrator] narratur *N*   19   scripturam] scriptura *N*   4,3   petit] petiit *Am. μ*   5   ibi dictum] dictum ibi *Am. μ*   6   ipsa…ingrederetur *om. p per homoiot.* | et…ipse *om. P¹ V per homoiot.* | ipse] ipsam *N*, ipse *V¹*

VL:Cod.Lugd, durch Homoioteleuton ausgefallen? So Pretzl, *Septuagintaprobleme* 365). LXX hat לְפָנִים, das in TM nur bei der Namensangabe steht („Hebron hieß früher Kirjat-Arba"), einerseits in den hinzugesetzen Angriff vorgezogen, andererseits bei der Namensangabe belassen, somit doppelt übersetzt (vgl. Schreiner, *Septuaginta-Massora* 90): hier, bezogen auf den Angriff, in lokalem Sinn: ἐξ ἐναντίας, VL des Augustinus: *ex adverso*, anschließend an der nach TM richtigen Stelle in temporalem Sinn: (LXXA: ἔμπροσθεν, LXXB: τὸ πρότερον), hier ist dies Adverb von der VL des Augustinus: nicht übersetzt; VL:Cod.Lugd. hat einerseits *contra*, andererseits *ante*.
⁷ TM: Kirjat-Arba; LXX: Καριαθαρβοκσεφερ: Kombination der beiden Städtenamen Kirjat-Arba (in Jos 21,11 = Καριαθαρβοκ) und Kirjat-Sefer. Vulg dagegen entsprechend TM: *Cariatharbe*.
⁸ Zu Beginn von *qu.* 7,3 zitiert Augustinus: *ceperit*. LXX: προκαταλάβηται.

jat-Arba -Sepher[7] –, und er erschlug Scheschai und Ahiman und Talmai, die Söhne Anaks. Und sie zogen von dort hinauf gegen die Einwohner von Debir. Debir aber hieß früher Stadt der Schriften. Und Kaleb sagte: Wer auch immer die Stadt der Schriften geschlagen und eingenommen[8] hat, [und]dem werde ich meine Tochter Achsa zur Frau geben." Aus dieser so klaren Abfolge der Ereignisse geht folglich hervor, daß dies nach Josuas Tod geschehen ist. Damals aber, als die Städte genannt wurden, die Kaleb seinerseits gegeben worden sind (vgl. Jos 15,13), hat der Erzähler bei dieser Gelegenheit vorgegriffen und hat vorweggenommen, was später geschehen ist. Und gleichwohl wollte meiner Meinung nach die Schrift dieses [Ereignis], daß die Tochter Kalebs dem Sieger zum Lohn gegeben wurde, nicht ohne Grund zweimal geben.

qu. 7,4 (zu Ri 1,14-15)

4 Eine andere Frage stellt sich bezüglich der Tochter Kalebs, weil von jener im Buch Josua [Ben] Nun folgendes gesagt wird: „Und es geschah: Als sie selbst hineinkam, [und] da beriet sie sich mit ihm und sagte: Ich will von meinem Vater ein Stück Land erbitten, und sie rief vom Esel herab" usw. (Jos 15,18-19): Dort erbat sie vom Vater ein Stück Land, und es ist [ihr] gewährt worden.[9] Hier aber heißt es: „Und es geschah: Als er selbst hineinkam, forderte Otniël sie auf, von ihrem Vater ein Stück Land zu erbitten." Aber es gibt darin keinen Widerspruch, daß dort gesagt wurde: „Als sie selbst hineinkam", und es hier heißt: „Als er selbst hineinkam", sie machten sich nämlich gemeinsam auf den Weg. Dort aber heißt es: „Sie beriet sich mit ihm" – d.h. mit ihrem Mann – „und sagte: Ich will von meinem Vater ein Stück Land erbitten, und sie rief vom Esel herab", und sie stellte die Bitte; in dieser Beratschlagung, die sie vollzog, wurde sie aufgefordert zu bitten: Von diesen Einzelheiten wurde das eine dort,

---

[9] Die Eigentümlichkeit des TM, daß hier und in der Richter-Parallele Ri 1,14-15 Achsa kommt und zunächst ‚ihn' = Otniël anstachelt, von ihrem Vater Kaleb als Mitgift ein Stück Land zu erbitten, unmittelbar anschließend aber diese Bitte selbst ausspricht, hat vielfältige Hypothesen und Textveränderungen hervorgerufen. Vgl. GROSS, *Richter* 132f. LXX hat ändernd hier in Jos 15,18 durch „sie beriet sich mit ihm" und Verwandlung der Absicht Achsas in wörtliche Rede auf die eine Weise (sie kommt und berät sich mit ihm über ihren Wunsch, ihren Vater zu bitten, und bittet dann), in Ri 1,14 auf die andere Weise (sie kommt und Otniël drängt sie, dann bittet sie) eine konsistente Abfolge geschaffen. Weitere Details in BdA. Die VL des Augustinus folgt LXX und vereinfacht zusätzlich, indem sie in Ri 1,14 (nicht aber in Jos 15,18, wo sie kommt) Otniël, nicht Achsa ankommen läßt. VL:Cod.Lugd. geht dagegen anders vor. Sie läßt in Jos 15,18 Otniël (nicht Achsa) ankommen und Achsa den Rat erteilen *(cum introiret ad eam, consilium dedit illi, dicens: Pete a patre tuo agrum)*; in Ri 1,14 ist das nicht so klar, da der Bezug des *eius* uneindeutig ist *(et factum est in introitum eius et suasit illi petere a patre suo agrum)*.

cum viro suo - *dicens: Petam patrem meum agrum; et exclamavit de asino*, et petit, in eo quod habuit consilium ibi monita est, ut peteret: Quorum alterum ibi dictum est, alterum hic. Utrumque autem ita diceretur: Et consilium habuit cum eo dicens: Petam patrem meum agrum; ille autem monuit eam. Et exclamavit de asino. Porro autem quod ibi agrum refertur petisse nec nomen ipsius agri tacitum est, hic vero, cum agrum petere monita fuerit a viro suo, non agrum petisse dicitur clamans de subiugali - quod ibi dictum est de asino - sed *redemtionem aquae* - eo quod in terram austri fuisset tradita - subiecitque scriptura: *Et dedit ei Caleb secundum cor eius redemtionem excelsorum et redemtionem humilium*, quid sibi velit obscurum est; nisi forte ager ipse ideo petebatur, ut haberet de fructibus eius unde aquam redimeret, cuius inopia in illis regionibus erat quo nupta ducebatur. *Sed dedit ei Caleb redemtionem excelsorum et redemtionem humilium* non video quid subaudiamus nisi fluentorum, excelsorum videlicet in montanis, humilium in campestribus sive in vallibus.

5 *Et non hereditavit Iudas Gazam et finem eius et Ascalonem et finem eius et Accaron et finem eius et Azotum et adiacentia eius. Et erat dominus cum Iuda. Et hereditavit montem, quoniam non potuit hereditare inhabitantes in valle, quoniam Rechab obstitit eis, et currus*

---

8 petit] petiit *V N T Am. µ* **12** agri *om. S¹* **15** terram austri] tramagistri *n* **17** petebatur] petetur *S* **5,2** adiacentia] iacentia *P*

---

¹⁰ Nach Jos 15,19//Ri 1,15 erbittet Achsa sich als Zugabe zur Mitgift im trockenen Negeb גֻּלֹּת מָיִם „Wasserbecken". In Jos 15,19 faßt LXX dies als Ortsnamen auf und transkribiert: Γολαθμαιν. In Ri 1,15 übersetzt sie dagegen: λύτρωσιν ὕδατος „Ersatz für/Ausgleich an/Anspruch auf Wasser" (sie las wohl nicht גלת, sondern גאלת oder intendierte, so BdA zu Jos 15,19, ein Wortspiel; LSL gibt als Bedeutung nur an dieser Stelle: „spring of water"); VL des Augustinus: *redemtionem aquae*, VL:Cod.Lugd.: *benedictionem aquae*; Vulg dagegen entsprechend TM: *[terram] inriguam aquis*.
¹¹ TM spricht in Jos 15,18 wie in Ri 1,14 von Esel, LXX nur in Jos 15,18 von Esel, in Ri 1,14 dagegen von ἐπάνω τοῦ ὑποζυγίου, das die VL des Augustinus durch *de subiugali* (VL:Cod.Lugd. dagegen durch *de uehiculo subiunctionis*!) übersetzt.
¹² TM hat nur den Personennamen כָּלֵב Kaleb. Nach BdA folgte darauf als Wortspiel כְּלִבָּהּ „nach ihrem Herzen", allerdings fehlt ein Äquivalent in Vulg. LINDARS, *Commentary* 179 hält es dagegen für „an accidental dittograph in the Hebrew Vorlage of the OG".

das andere hier erzählt. Beides [zusammen] aber könnte man folgendermaßen ausdrücken: „Und sie beriet sich mit ihm und sagte: Ich will von meinem Vater ein Stück Land erbitten; jener aber forderte sie [dazu] auf. Und sie rief vom Esel herab." Ferner aber wird dort berichtet, daß sie ein Stück Land erbeten hat, und nicht einmal der Name eben dieses Landstückes ist verschwiegen worden;[10] hier dagegen wird gesagt, sie habe, als ihr Mann sie aufgefordert hatte, ein Stück Land zu erbitten, nicht ein Stück Land erbeten, indem sie vom Lasttier – wofür dort gesagt ist: vom Esel[11] – herab rief, sondern *redemtionem aquae* (Kauf von Wasser) – deswegen weil sie in das Südland vergeben worden sei –, und die Schrift hat hinzugefügt: „Und Kaleb gab ihr entsprechend ihrem Herzenswunsch[12] den Kauf der höheren und den Kauf der niedrigen"[13]; was das bedeuten soll, ist undeutlich, falls sie nicht vielleicht das Stück Land speziell zu dem Zweck erbat, um von seinen Früchten [einen genügend hohen Kaufpreis] zu erlangen, mit dem sie Wasser kaufen konnte, woran in jenen Gegenden Mangel herrschte, wohin sie als Ehefrau geführt wurde. Ich sehe aber nicht, was wir unter „Kaleb gab ihr den Kauf der höheren und den Kauf der niedrigen" verstehen könnten außer [den Kauf] der Wasserläufe, ‚der höheren' nämlich in den Bergen, ‚der niedrigeren' auf dem flachen Land oder in den Tälern.

qu. 7,5 (zu Ri 1,18-19)

5 „Und Juda nahm Gaza und sein Gebiet und Aschkelon und sein Gebiet und Ekron und sein Gebiet und Aschdod und sein Umland nicht in Besitz,[14] und der Herr war mit Juda. Und er nahm das Bergland in Besitz, da er die Bewohner des Tales nicht in Besitz nehmen konnte,[15] weil Rechab sich ihnen

---

SCHREINER, *Septuaginta-Massora* 91 vermutet, hier liege eine ausmalende Dublette der LXX vor.

[13] TM: „die oberen und die unteren Becken" (גֻּלֹּת); LXX: τὴν λύτρωσιν μετεώρων καὶ τὴν λύτρωσιν ταπεινῶν „den Ausgleich für die oberen und den Ausgleich für die niedrigeren" (in Jos 15,19 dagegen: „das obere Golathmain und das untere Golathmain").

[14] Die rätselhafte Behauptung von Ri 1,18 TM, gefolgt von Vulg, Juda habe die Philisterstädte der Küstenebene erobert, bringt LXX, gefolgt von VL, durch die Einfügung der Negation in Ausgleich mit Ri 1,19; 3,1.3, denenzufolge eben diese Gebiete nicht unterworfen werden konnten. LXX fügt Aschdod aus dem Besitzverzeichnis des Stammes Juda in Jos 15,46 hinzu.

[15] Das Verb הוֹרִישׁ bedeutet sowohl ‚in Besitz nehmen' als auch ‚vertreiben' und begegnet in diesem Vers entsprechend den unterschiedlichen Objekten in beiden Bedeutungen. LXXB gebraucht im zweiten Fall ἐξολεθρεύω, LXXA dagegen beidemale κληρονομέω, entsprechend VL: *hereditare* (erben; als Erbe in Besitz nehmen). Es ist schwer zu sehen, wie dieses Verb zu der hier erwarteten Bedeutung ‚vertreiben' kommen könnte. Daher bleibt obige Übersetzung bei ‚in Besitz nehmen'.

erant ei ferrei. Quod in libro Iesu Nave, cum illum locum tractarem, ubi scriptum est: *Et dedit dominus Israheli omnem terram,* cum multas eius partes nondum possiderent, dixi ita posse intellegi omnem terram datam, quia ea quae data non est in possessionem data est in quandam exercitationis utilitatem: Hoc multo evidentius hic adparet, quandoquidem commemorantur civitates, quas non hereditavit Iudas, et dicitur: Et erat dominus cum Iuda. Et hereditavit montem, quoniam non potuerunt hereditare inhabitantes in valle. Quis enim non intellegat etiam hoc ipsum ad id pertinuisse, quod erat dominus cum Iuda, ne totum repente obtinendo extolleretur? Quod enim adiungit: *Quoniam Rechab obstitit eis, et currus erant ei ferrei,* quos currus timuerit, dictum est, non dominus qui erat in Iuda, sed ipse Iudas; cur autem timuerit, cum quo dominus erat, si quaeritur, hoc est quod prudenter intellegendum est refringere deum propitium etiam in cordibus suorum nimiae prosperitatis excessus, ut in usum eorum convertat inimicos, non solum quando vincuntur inimici, sed etiam quando metuuntur: Illud ad commendandam largitatem suam, illud ad eorum reprimendam elationem. Nam utique inimicus sanctorum est angelus satanae, quem tamen sibi datum colaphizantem dicit apostolus, ne magnitudine revelationum extolleretur.

6 *Et dederunt Caleb Chebron, sicut locutus est Moyses; et hereditavit inde tres civitates filiorum Enac et abstulit inde tres filios Enac.* Iam hoc dictum est in libro Iesu Nave quoniam illo vivo factum est; sed hic recapitulando commemoratum est, cum de tribu Iuda, unde fuit Caleb, scriptura loqueretur.

5,5 Ios 21,43   **6** ea…7 utilitatem] cf. *qu.* 6,21,4   **19** quem…20 extolleretur] cf. 2 Cor 12,7
6,2 iam…Nave] cf. Ios 15,13-14

4 ei] eis *N T Am.*   **5** Israheli] Isrł *p P S V*   **8** commemorantur] commemorarentur *n*   **9** et² om. *P S V N* | Iuda] illa *V¹*   **11** totum] tantum *N*   **13** ei] eis *V N T Am. μ*   **16** usum] usu *N*
20 magnitudine] in magnitudine *p S* (tudine add. *m. 2*)   **6,3** illo] ille *n* | commemoratum] commoratum *P*   **4** loqueretur] loquetur *n*

---

[16] TM: „weil sie eiserne Streitwagen (רֶ֣כֶב בַּרְזֶ֗ל) hatten". LXX (LXXA: „weil Rechab es befehligte", LXXB: „weil Rechab sie befehligte"), gefolgt von VL, faßt hingegen das Wort für Streitwagen: רֶכֶב als Personennamen Ρηχαβ und das Wort für Eisen: בַּרְזֶל als Verb. SCHREINER, *Septuaginta-Massora* 113: Sie las eine Form von בדל H. BdA („parce que Rèkhab en avait fait l'objet d'une prescription") vermutet, es liege eine Anspielung auf die Rechabiten in Jer 35 vor. Die VL des Augustinus, die mit *eis* LXXB folgt (VL:Cod.Lugd dagegen mit LXXA: *eam*), nimmt eine andere Bedeutung des Verbs an:

entgegenstellte und er eiserne Streitwagen besaß."[16] Als ich jene Stelle im Buch Josua [Ben] Nun behandelte, wo geschrieben steht: „Und der Herr gab Israel das ganze Land" (Jos 21,43), obgleich sie viele seiner Teile noch nicht in Besitz nahmen, habe ich gesagt, man könne die Gabe des ganzen Landes dahingehend verstehen, daß dieses [Land], das nicht in Besitz gegeben wurde, gewissermaßen zu dem nützlichen Zweck gegeben worden ist, daß sie in Übung gehalten würden (vgl. *qu.* 6,21,4): Das zeigt sich hier viel deutlicher, da ja Städte genannt werden, die Juda nicht in Besitz genommen hat, und [dennoch] gesagt wird: „Und der Herr war mit Juda." „Und er nahm das Bergland in Besitz", ,da sie die Bewohner des Tales nicht in Besitz nehmen konnten.' Denn wer verstünde nicht, daß auch gerade dies dazu gehörte, daß der Herr mit Juda war, [nämlich] damit sie sich nicht überhöben, indem sie das Ganze mit einem Schlag erhielten. Was die Fortführung betrifft: „weil Rechab sich ihnen entgegenstellte und er eiserne Streitwagen besaß", ist nämlich gesagt, daß nicht der Herr, der in Juda war, sondern Juda selbst diese Wagen gefürchtet hat; wenn man aber fragt, warum er, mit dem der Herr war, sich gefürchtet hat, so ist dies [die Antwort], die umsichtig bedacht werden muß: Der gnädige Gott zerbricht die Übertreibungen zu großen Glücks auch in den Herzen der Seinen, mit der Folge, daß er bewirkt, daß die Feinde ihnen nützlich werden, nicht nur, wenn die Feinde besiegt werden, sondern auch wenn sie gefürchtet werden: jenes zum Lob seiner Freigebigkeit, dieses um ihre Überhebung zu unterdrücken.[17] Denn eindeutig ist der Satansengel Feind der Heiligen; dennoch sagt der Apostel, er sei ihm gegeben worden, ihn mit Fäusten zu schlagen, damit er sich nicht wegen der Bedeutung der Offenbarungen überhebe (vgl. 2Kor 12,7).

qu. 7,6 (zu Ri 1,20)

6 „Und sie gaben[18] dem Kaleb Hebron, wie Mose gesagt hat, und er nahm von dort die drei Städte der Söhne Anaks in Besitz[19] und vertrieb von dort die drei Söhne Anaks." Das wurde bereits im Buch Josua [ben] Nun gesagt (vgl. Jos 15,13-14), weil es zu dessen Lebzeiten geschehen ist, aber hier wurde es in Rekapitulation berichtet, da die Schrift über den Stamm Juda, aus dem Kaleb stammte, sprach.

---

obstitit eis (VL:CodLugd dagegen: *partitus eam*). Außerdem fügt sie (im Gegensatz zu VL:Cod.Lugd) entsprechend B (BILLEN, *Version* 140: „exactly as MN and the other B and KZ cursives") die korrekte Übersetzung des TM hinzu. So liegt bei Augustinus eine Doppelübersetzung des hebräischen Satzes vor.

[17] Ähnlich argumentiert Augustinus in *civ.* 1,28.

[18] Bezüglich des Plurals des Verbs stimmt die VL des Augustinus mit TM = LXXB überein, während VL:Cod.Lugd. wie LXXA Singular hat.

[19] Dieser Satz ist ein Zusatz der LXX.

7 Quaeritur quomodo dictum sit: *Et Iebusaeum habitantem in Hierusalem non hereditaverunt filii Beniamin; et habitavit Iebusaeus cum filiis Beniamin in Hierusalem usque in hodiernum diem,* cum superius legatur eadem civitas a Iuda capta et incensa interfectis in ea Iebusaeis. Sed cognoscendum est istam civitatem communem habuisse duas tribus, Iudam et Beniamin, sicut ostendit ipsa divisio terrarum, quae facta est a Iesu Nave. Ipsa est enim Iebus quae Hierusalem. Ideo duae istae tribus remanserunt ad templum domini, quando ceterae excepta Levi, quae sacerdotalis fuit et terras in divisionem non accepit, separaverunt se a regno Iuda cum Ieroboam. Intellegendum est ergo a Iuda quidem civitatem captam et incensam interfectis eis qui illic reperti fuerant sed non omnes Iebusaeos esse extinctos, sive quia erant extra illam civitatem sive quia fugere potuerunt: Quos reliquos Iebusaeos admissos esse a filiis Beniamin, quibus cum Iuda erat civitas illa communis, in ea simul habitare. Quod ergo, dictum est: *Non hereditaverunt Iebusaeum filii Beniamin,* intellegendum quod nec tributarios eos facere potuerunt sive voluerunt. Aut certe non hereditavit Iebusaeum dictum est, quia non sine illo tenuit terram quae ab illo possidebatur.

8 *Et non hereditavit Manasses Bethsan, quae est Scytharum civitas.* Ipsa hodie perhibetur Scythopolis dici. Potest autem movere, quomodo in illis partibus multum ab Scythia diversis potuerit esse Scytharum civitas. Sed similiter potest

---

7,5 sicut…6 Nave] cf. Ios 15,63; 18,28   **6** Ios 18,28; Idc 19,10 | ideo…9 Ieroboam] cf. 3 Rg 12,1-20.24oᵃ.tᵃ.u

---

7,2 Beniamin¹] Begnamin *n (ita semper)*   **3** a Iuda] *ex* aliud *m.* 2 P   **4** in ea *om. S* | istam] ista *n*   **10** eis *om.* P S V T Am. μ ζ | esse] et P¹ V¹, *del.* V², *om.* N   **11** quia¹] qui *p* | fugere potuerunt] potuerunt fugere P ζ | potuerunt] poterant V T   **12** quibus] in *praem. p* P S T ζ *(inclusit)*   **14** intellegendum] est *add.* Am. μ   **15** voluerunt] noluerunt S V | hereditavit] habitavit P N T
8,1 est *om. p*   **3** Scythia] Scytia P¹, Squitia S N | potuerit] Am. μ ζ, poterit *codd.* Bad.

---

[20] Zur Übersetzung von *hereditare* vgl. oben Anm. 15.
[21] Dort, in Ri 1,8, wird zwar die Ausrottung der Einwohner Jerusalems durch Juda berichtet, sie werden aber nicht als Jebusiter identifiziert. Augustinus verschärft somit die Spannung zwischen Ri 1,8 und 1,21. Beide Sätze stehen in Widerspruch zu Jos 15,63: Ri 1,8, weil in Jos Juda Jerusalem nicht einnimmt, und Ri 1,21, weil in Jos Juda (nicht Benjamin) die Jebusiter nicht vertreibt. Vgl. zur komplizierten exegetischen Diskussion GROSS, *Richter* 139-141.
[22] Jerusalem taucht sowohl im Verzeichnis des Stammesgebietes von Juda (Jos 15,63; LXX läßt allerdings „zusammen mit den Judäern" [TM] aus) als auch in dem Benjamins (Jos 18,28, dort mit Jebus gleichgesetzt) auf. Augustinus kombiniert beide Aussagen, was

qu. 7,7 (zu Ri 1,21)

7 Man fragt, wieso die Schrift gesagt hat: „Und den Jebusiter, der in Jerusalem wohnte, haben die Söhne Benjamin nicht in Besitz genommen;[20] und der Jebusiter blieb mit den Söhnen Benjamin in Jerusalem wohnen bis zum heutigen Tag", da man doch weiter oben liest, daß dieselbe Stadt von Juda eingenommen und, nachdem die Jebusiter in ihr getötet worden waren, in Brand gesetzt worden ist.[21] Aber man muß wissen, daß zwei Stämme, Juda und Benjamin, diese Stadt gemeinsam besaßen, wie ihrerseits die Aufteilung des Landes zeigt, die Josua [ben] Nun durchgeführt hat (vgl. Jos 15,63; 18,28).[22] Jebus und Jerusalem sind nämlich identisch (vgl. Jos 18,28; Ri 19,10).[23] Diese beiden Stämme blieben daher beim Tempel des Herrn zurück, als die übrigen mit Ausnahme von Levi, der priesterlich war und bei der Aufteilung keine Ländereien erhielt, sich zusammen mit Jerobeam vom Königreich Juda trennten (vgl. 1Kön 12,1-20). Man muß folglich deuten, daß die Stadt zwar von Juda eingenommen und in Brand gesetzt wurde, nachdem diejenigen, die man dort angetroffen hatte, getötet worden waren, daß aber nicht alle Jebusiter ausgerottet wurden, sei es weil sie sich außerhalb jener Stadt aufhielten, sei es weil sie fliehen konnten: daß die Söhne Benjamin, die jene Stadt gemeinsam mit Juda besaßen, diesen übrig gebliebenen Jebusitern gestatteten, in ihr zu wohnen. Daher ist der Satz: „Den Jebusiter haben die Söhne Benjamin nicht in Besitz genommen" dahingehend zu verstehen, daß sie sie nicht tributpflichtig machen konnten oder wollten. Oder es heißt wenigstens deshalb: ‚Er hat den Jebusiter nicht in Besitz genommen', weil er (Benjamin) nicht ohne jenen das Land innehatte, das jener besaß.

qu. 7,8 (zu Ri 1,27)

8 „Und Manasse hat Bet-Schean, das die Stadt der Skythen ist,[24] nicht eingenommen." Man sagt, daß sie heute Skythopolis genannt wird. Man kann sich aber wundern, wieso in jenen weit von Skythien entfernten Gebieten eine Stadt der Skythen liegen konnte. Aber ähnlich kann erstaunen, wieso der Makedone

---

in TM nicht geschieht, und versucht auch noch, einen spannungslosen Zusammenhang mit Ri 1,8 herzustellen. Seine Lösung, daß sowohl Judäer als auch Benjaminiten in Jerusalem wohnten (zusätzlich zu den nicht vertriebenen Jebusitern), vertritt noch HUMMELAUER, *Commentarius* 50.

[23] Ähnlich Jos 15,8; 18,28; Ri 19,10. KLOSTERMANN, *Onomastikon,* 107: *Iebus ipsa est quae et Ierusalem.*

[24] Der Relativsatz ist eine Hinzufügung der LXX. In hellenistischem, römischem und byzantinischem Sprachgebrauch wurde Bet-Schean Skythopolis genannt; vgl. GASS, *Ortsnamen* 84; KLOSTERMANN, *Onomastikon,* 55: *Bethsan [...] nunc appellatur Scythopolis urbs nobilis Palaestinae.*

movere, quomodo tam longe a Macedonia Macedo Alexander condiderit Alexandriam civitatem, quod utique fecit longe lateque bellando, ita etiam, cum Scythae aliquando bellando in longinqua progrederentur, istam condere potuerunt. Nam legitur in historia gentium universam paene Asiam Scythas aliquando tenuisse, cum regi Aegyptiorum illi qui eis ultro bellum indixerat irent obviam, quorum adventu territus in suum se regnum recepit.

9 *Et non hereditavit Manasses Bethsan, quae est Scytharum civitas, neque filias eius.* Filias eius dicit civitates, quas ipsa quasi metropolis instituerat.

10 *Et factum est quando praevaluit Israhel, et posuit Chananaeum in tributarium et auferens non abstulit eum.* Iam tale aliquid dictum est in libro Iesu Nave paene ipsis verbis. Proinde aut hic per anacephalaeosin dicitur aut illic per prolepsin dictum est, id est aut hic recapitulando aut illic praeoccupando.

11 *Et contribulavit Amorrhaeus filios Dan in monte, quoniam non permisit eos descendere in vallem.* Et hoc similiter aut in libro Iesu Nave praeoccupando commemoratum est aut hic recapitulando.

12 *Et ascendit angelus domini super Clauthmontem.* Scriptor libri hoc nomine appellavit locum, quia postea scripsit; nam quando angelus domini super eum ascendit, nondum sic appellabatur. A ploratione quippe nomen accepit, eo quod Graece κλαυθμός ploratio dicitur. Ibi enim populus flevit, cum audisset ab hoc

---

10,2 iam…3 verbis] cf. Ios 17,13   **11,2** et…3 recapitulando] cf. Ios 19,47a   **12,4** ibi…flevit] cf. Idc 2,4

---

6 in *om.* PSV^1N **7** universam] universa p | Scythas] Scitasi n **8** indixerat] dixerat p **9** in…se] se in suum PV^2 | se *om.* V^1 **10,1** tributarium] *codd. Bad.*, tributum *Am.* μ ζ   **11,3** hic] illic P **12,1** Clauthmontem] Clautmos montem PV, Claudmos montem S, Clautmontem N, Clautmō* montem T, Clauthmon montem *Am.* μ   **3** eo *om.* pPV **4** κλαυθμός] clautmos PVN, claudmos S, clatmons T | ibi] ubi T | enim *om.* P | hoc *om.* S *Am.* μ

---

[25] Augustinus bezieht sich wohl auf M. Terentius Varro, *Antiquitates rerum humanarum et divinarum* (vermutet von CCSL).
[26] Vgl. Jos 17,13.
[27] Dieser Zusatz der LXX ist unter Variation ergänzt aus Ri 1,34.
[28] TM: „von Gilgal nach Bochim". LXX: ἀπὸ Γαλγαλ ἐπὶ τὸν Κλαυθμῶνα καὶ ἐπὶ

Alexander so weit von Makedonien entfernt die Stadt Alexandria gegründet hat, zumal er das tat, während er weit und breit Krieg führte: So konnten auch die Skythen, als sie irgendwann einmal Krieg führend weit vorrückten, diese gründen. Denn man liest in der Geschichte der Völker,[25] daß die Skythen einmal fast ganz Asien beherrschten, als jene sogar gegen den König der Ägypter marschierten, der ihnen ohne Veranlassung den Krieg erklärt hatte, [aber], durch ihren Anmarsch erschreckt, sich in sein Reich zurückzog.

qu. 7,9 (zu Ri 1,27)

9 „Und Manasse hat Bet-Schean, die die Stadt der Skythen ist, und auch ihre Töchter nicht eingenommen." Die Schrift nennt „ihre Töchter" diejenigen Städte, die diese ihrerseits gleichsam als Hauptstadt gegründet hatte.

qu. 7,10 (zu Ri 1,28)

10 „Und es geschah, als Israel die Oberhand gewonnen hatte, [und] da machte es den Kanaanäer tributpflichtig, aber es vertrieb ihn nicht völlig." Etwas von der Art ist bereits im Buch Josua [ben] Nun in nahezu den gleichen Worten gesagt worden (vgl. Jos 17,13).[26] Folglich ist es entweder hier durch Rekapitulation oder dort durch Vorausnahme gesagt worden, d.h. entweder hier wiederholend oder dort vorausgreifend.

qu. 7,11 (zu Ri 1,34)

11 „Und der Amoriter bedrängte die Söhne Dan im Bergland, weil er sie nicht in das Tal hinabsteigen ließ." Auch dies ist auf ähnliche Weise entweder im Buch Josua [ben] Nun vorausnehmend oder hier wiederholend ausgeführt worden (vgl. Jos 19,47aLXX).[27]

qu. 7,12 (zu Ri 2,1)

12 „Und der Engel des Herrn zog hinauf auf den Klauthmons."[28] Der Buchschreiber hat dem Ort diesen Namen gegeben, weil er zu späterer Zeit schrieb; denn als der Engel des Herrn zu ihm hinaufzog, wurde er noch nicht so genannt. Er hat ja seinen Namen vom Weinen bekommen, weil κλαυθμός auf Griechisch ‚Weinen' bedeutet.[29] Denn dort weinte das Volk (vgl. Ri 2,4), als es von diesem Engel die Worte des Herrn gehört hatte, der sie tadelte, daß sie

---

Βαιθηλ καὶ ἐπὶ τὸν οἶκον Ισραηλ. LXX hat den nur in Ri 2,1-5 erwähnten Ortsnamen (‚Weinende' bzw. ‚[Ort von] Weinenden'; vgl. GASS, *Ortsnamen* 194f.) übersetzt. κλαίω (be)weinen, κλαυθμός Weinen, κλαυθμών Ort des Weinens. VL hat volksetymologisch, wohl wegen des Hinaufsteigens, die zweite Worthälfte als *mons* ‚Berg' gedeutet, die erste Hälfte aus der LXX transkribiert; VL:Cod.Lugd. hat verdeutlichend getrennt: *super Clauth montem*.

[29] Vgl. KLOSTERMANN, *Onomastikon,* 119: *Clauthmon, id est fletuum locus, a planctu nomen accipiens.*

angelo verba domini vindicantis in eos, quod inoboedientes fuissent, quia non
exterminaverunt populos secundum praeceptum eius, quibus praevaluerunt,
eligentes eos facere tributarios quam interimere et perdere, quemadmodum
iusserat dominus. Quod sive contemto dei mandato sive timore fecerint, ne
hostes adversum se acrius pugnare pro salute obtinenda quam pro tributo non
dando cogerent, sine dubio peccaverunt vel spernendo quod divinitus imperatum est vel non praesumendo quod eos posset qui imperaverat adiuvare. Quod
ideo per Iesum noluit eis dicere - si tamen adhuc eo vivente iam fieri praeceperat et non potius praeoccupando commemoratum fuerat quod illo mortuo fieri
coepit - quia hoc omnibus voluit exprobrare per angelum; nondum autem
omnes id fecerant vivente Iesu, etsi aliqui forte iam coeperant. Credibilius est
tamen nihil tale fieri coeptum vivente Iesu Nave tantumque terrarum sub illo
tenuisse filios Israhel quantum eis ad considendum sufficeret, quamvis in
sortibus suis haberent unde crescendo et convalescendo adhuc adversarios
exterminarent. Proinde post mortem Iesu, posteaquam praevaluerunt, ut hoc
possent facere, maluerunt eos habere tributarios secundum voluntatem suam
quam interimere et perdere secundum voluntatem dei; propter hoc ad eos
corripiendos angelus missus est. Quod vero commemoratum est in libro Iesu
Nave, magis existimo praeoccupando commemoratum, quod post eius mortem
vel futurum esse iam ipse noverat prophetico spiritu, si ab illo liber conscriptus
est, qui appellatur Iesu Nave, vel, si ab alio scriptus est, iam factum esse sciebat
post mortem Iesu, quod in illo libro praeoccupando commemoravit.

13 Quid est quod angelus domini inter cetera divinae comminationis dicit:
*Non adiciam transmigrare populum quem dixi eicere; non auferam eos a facie vestra; et erunt
vobis in angustias et dii eorum erunt vobis in scandalum*, nisi ut intellegamus nonnulla
etiam de ira dei venire peccata? Ut enim dii gentium, inter quas non a se
exterminatas Israhelitae habitare voluerunt, essent eis in scandalum, id est

---

5 non…7 perdere] cf. Ios 17,13   22 quod…23 Nave] cf. Ios 13,1-6

---

6 populos] populo *n*   12 iam] ita *T* | fieri praeceperat] coeperat fieri *Am. µ*   14 voluit *om. n*
15 fecerant] fecerunt *N* | Iesu] tantumque *add. S* | est *om. V*   16 Nave *om. S*
22 commemoratum…23 praeoccupando *om. P per homoiot.*   24 si *om. N*   25 qui…est² *om. p*
26 illo *om. p*   13,2 non auferam] *inclusit z*   3 dii] di *p¹*   4 dii] di *p¹*   5 essent] esse *S* | in *om. P¹*

---

[30] TM, gefolgt von LXXB, hat nur: „Ich werde sie nicht vor euch vertreiben"; LXXA,
gefolgt von VL, formuliert ausführlicher und harmonisiert mit Ri 2,21 (BdA).
[31] Das Wort צִדִּים, häufig konjiziert, ist ungedeutet. LXX: εἰς συνοχάς „zu Beklemmungen".

ungehorsam gewesen waren, weil sie die Völker, über die sie die Oberhand gewonnen hatten, nicht entsprechend seinem Gebot ausgerottet hatten, indem sie vorzogen, sie tributpflichtig zu machen statt zu töten und zu vernichten (vgl. Jos 17,13), wie der Herr befohlen hatte. Ob sie dies sei es aus Verachtung gegenüber dem Gebot Gottes, sei es aus der Furcht heraus getan haben, daß sie die Feinde heftiger gegen sie zu kämpfen zwingen würden, um ihr Leben zu erhalten als um keinen Tribut entrichten zu müssen, sie haben zweifellos gesündigt, entweder weil sie den göttlichen Befehl mißachtet oder weil sie nicht erwartet haben, daß derjenige, der den Befehl erteilt hatte, ihnen helfen könne. Das wollte er ihnen deshalb nicht durch Josua sagen – wenn anders er es schon zu seinen Lebzeiten zu tun befohlen hatte und die Schrift nicht vielmehr im Vorgriff von dem gesprochen hatte, das nach seinem Tod zu geschehen begann –, weil er diesbezüglich alle durch den Engel tadeln wollte, aber noch nicht alle so gehandelt hatten, solange Josua lebte, wenngleich einige vielleicht schon damit begonnen hatten. Glaubhafter ist es jedoch, daß man nichts dergleichen zu Lebzeiten Josuas zu tun begonnen hat und die Söhne Israel unter seiner [Führung] nur soviel an Landbesitz eingenommen haben, wie ihnen zum Siedeln genügte, obgleich sie in ihren Losanteilen [Landstriche] hatten, aus denen sie, als sie zunahmen und erstarkten, noch Feinde ausrotten mußten. Folglich haben sie es nach Josuas Tod, nachdem sie die Oberhand gewonnen hatten, so daß sie dies tun konnten, vorgezogen, sie nach ihrem eigenen Willen als Fronpflichtige zu halten als sie nach Gottes Willen zu töten und zu vernichten; deswegen ist der Engel des Herrn zu ihnen gesandt worden, um sie zu tadeln. Ich bin aber der Meinung, daß das, was im Buch Josua [ben] Nun berichtet worden ist (vgl. Jos 13,1-6), eher vorausnehmend gesagt worden ist, entweder weil er selbst bereits durch den prophetischen Geist erkannt hatte, was nach seinem Tod geschehen werde, falls das Buch von jenem Mann geschrieben worden ist, der Josua [Ben] Nun heißt, oder weil, falls ein anderer es geschrieben hat, dieser bereits wußte, daß das nach Josuas Tod geschehen ist, was er in jenem Buch vorausnehmend berichtet hat.

qu. 7,13 (zu Ri 2,3)

13 Was anderes bedeutet das, was der Engel des Herrn unter den übrigen göttlichen Drohungen sagt: „Ich werde das Volk nicht weiterhin davonjagen, das ich zu vertreiben zugesagt habe; ich werde sie nicht vor eurem Angesicht entfernen;[30] und sie werden euch zur Ursache von Beengung,[31] und ihre Götter werden euch zum Anstoß werden,"[32] außer daß wir verstehen sollen, daß einige Sünden auch aus dem Zorn Gottes kommen? Entrüstet hat Gott ihnen nämlich dies angedroht, daß die Götter der Völker, unter denen die Israeliten, nachdem

---

[32] TM: „zur Falle".

facerent eos scandalizari in domino deo suo eoque offenso vivere indignans hoc comminatus est deus: Quod certe manifestum est magnum esse peccatum.

14 *Et dimisit Iesus populum; et abierunt filii Israhel unusquisque in domum suam et unusquisque in hereditatem suam hereditare terram.* Hoc per recapitulationem iterari nulla dubitatio est. Nam et mors ipsius Iesu Nave etiam in hoc libro commemoratur, ut tamquam ab exordio cuncta breviter insinuentur, ex quo eis dominus dedit terram, et quemadmodum sub ipsis iudicibus vixerint quaeve perpessi sint; atque iterum reditur ad ipsorum iudicum ordinem ab eo qui primus est constitutus.

15 *Et surrexit generatio altera post eos, qui non scierunt dominum et opera eius quae fecit Israhel.* Exposuit quomodo dixerit *non scierunt dominum*, in illis videlicet praeclaris et mirabilibus operibus, per quae factum est ante illis, ut Israhel sciret dominum.

16 *Et servierunt Baal et Astartibus.* Solet dici Baal nomen esse apud gentes illarum partium Iovis, Astarte autem Iunonis quod et lingua Punica putatur ostendere. Nam Baal Punici videntur dicere dominum: Unde Baalsamen quasi dominum caeli intelleguntur dicere; Samen quippe apud eos caeli appellantur. Iuno autem sine dubitatione ab illis Astarte vocatur. Et quoniam istae linguae non multum inter se differunt, merito creditur hic de filiis Israhel hoc dicere scriptura, quod Baal servierunt et Astartibus, quia Iovi et Iunonibus. Nec movere debet, quod non dixit Astarti, id est Iunoni, sed, tamquam multae sint Iunones, pluraliter hoc nomen posuit. Ad simulacrorum enim multitudinem referri

---

14,2 hoc…iterari] cf. Ios 24,28

14,3 nam et] manet *S*   **4** insinuentur] insinuarentur *P S V T Am.* μ   **5** ipsis] ipsius *p*   **6** sint] sunt *P V* | reditur] redditur *p*   **15,2** dixerit] dixerint *P¹ S*   **3** operibus *om. p* | illis] illos *p*   **16,1** Astartibus] Startibus *P* (us *s. l. m. 2*) *S V N* | esse] est *S*   **6** differunt] differentur *p* creditur] queritur *p*   **9** referri] referre *n*

---

[33] „Jeder in sein Haus": Zusatz in LXXA, fehlt in TM und LXXB. Anklang an Jos 22,4.7.8, wo LXX die Wendung des TM: „zu ihren Zelten" durch „in ihre Häuser" wiedergibt (vgl. BdA).
[34] LXXAL hat (im Gegensatz zu LXXB) hier in Idc 2,13 und 10,6.10 den weiblichen Artikel bei Baal: τῇ Βααλ (so auch in Rg, Ier, Os, So). Wiedergabe in SD: „Baal-Schande", BdA: „la Baalesse", NETS: „she-Baal". BdA und SD erklären dies als Entsprechung zum hebräischen Qere: בָּשֶׁת für Baal, als Anleitung, statt des Gottesnamens

sie sie nicht ausgerottet hatten, wohnen wollten, ihnen zum Anstoß sein würden, d.h. daß sie bewirken würden, daß sie am Herrn, ihrem Gott, Anstoß nehmen und unter Beleidigungen gegen ihn leben würden: das ist gewiß offenkundig eine große Sünde.

qu. 7,14 (zu Ri 2,6.8)

14 „Und Josua entließ das Volk, und die Söhne Israel gingen weg, ein jeder in sein Haus[33] und ein jeder in seinen Erbbesitz, um das Land in Besitz zu nehmen." Es besteht keinerlei Zweifel, daß dies durch Wiederholung erneut gesagt wird (vgl. Jos 24,48). Denn sogar der Tod Josuas [ben] Nun selbst wird auch in diesem Buch berichtet, damit alles in Kürze gleichsam von Anfang an mitgeteilt wird, [von dem Zeitpunkt an,] als der Herr ihnen das Land gab, und wie sie unter diesen Richtern gelebt haben und was sie erlitten haben; und dann kehrt die Schrift zum zweiten Mal zur Abfolge der Richter zurück, [beginnend] mit dem, der als erster eingesetzt worden ist.

qu. 7,15 (zu Ri 2,10)

15 „Und nach ihnen kam eine andere Generation auf, die den Herrn und seine Werke, die er für Israel vollbracht hat, nicht kannten." Die Schrift hat dargelegt, in welchem Sinn sie gesagt hat: „sie kannten den Herrn nicht", nämlich aus jenen herrlichen und wunderbaren Werken, durch die vor ihren Lebzeiten bewirkt worden ist, daß Israel den Herrn kannte.

qu. 7,16 (zu Ri 2,13)

16 „Und sie dienten dem Baal[34] und den Astarten." Üblicherweise sagt man, daß Baal bei den Völkern jener Gebiete der Name des Jupiter, Astarte aber [der Name] der Juno ist, was, wie man meint, auch die Punische Sprache zeigt. Denn die Punier scheinen den Baal ‚Herr' zu nennen: daher denkt man, daß sie ‚Baalsamen' gleichsam für ‚Herr des Himmels' sagen, Himmel heißt ja bei ihnen ‚Samen'.[35] Juno aber nennen jene zweifellos ‚Astarte'. Und weil sich diese Sprachen nicht stark voneinander unterscheiden, meint man zu Recht, daß die Schrift hier von den Söhnen Israel dieses sagt, daß sie Baal und den Astarten dienten, weil sie Jupiter und den Junonen [dienten]. Und es soll auch nicht irritieren, daß die Schrift nicht gesagt hat: ‚der Astarte', d.h. der Juno, sondern diesen Namen in den Plural gesetzt hat, als gäbe es gleichsam viele Junonen. Sie wollte die Aufmerksamkeit nämlich auf die Vielzahl der Bilder [dieser Göttin]

αἰσχύνη ‚Schande' zu lesen (in 3Rg 18,19.25 ist αἰσχύνη für Baal eingesetzt). Dies konnte die lateinische Übersetzung nicht wiedergeben; daher stellt sich für Augustinus dieses Problem nicht.

[35] NIEHR, Baʿalšamem 321: „Dieser Text belegt [...] die Reste einer Verehrung des Gottes Baʿalšamem durch die nichtchristliche Bevölkerung Nordafrikas bis in das 5. Jh. n. Chr." Zur Identifikation von Baʿalšamem mit Zeus bei Philo Byblios vgl. ebd. 310-313.

voluit intellectum, quoniam unumquodque Iunonis simulacrum Iuno vocabatur; 10
ac per hoc tot Iunones quot simulacra intellegi voluit. Varietatis autem causa
existimo Iovem singulariter, Iunones pluraliter commemorare voluisse; nam
eadem causa plurium simulacrorum etiam Ioves pluraliter dici possent. Hoc
autem, id est nomine plurali Iunones in Graecis secundum septuaginta reperimus, in Latinis autem singulariter erat. Quorum in illo, qui non habebat septua- 15
ginta interpretationem, sed ex Hebraeo erat, Astaroth legimus; nec Baal, sed
Baalim. Quodsi forte aliud in Hebraea vel Syra lingua nomina ista significant,
deos tamen alios fuisse constat et falsos, quibus Israhel servire non debuit.

17,1 *Et vendidit eos in manu inimicorum suorum in circuitu.* Quaeri solet quare
dixerit *vendidit*, tamquam aliquod pretium intellegatur datum. Sed et in Psalmo
legitur: *Vendidisti populum tuum sine pretio*, et apud prophetam: *Gratis venditi estis et
non cum argento redimemini.* Quare ergo *venditi*, si *gratis* et *sine pretio* et non potius
donati? An forte scripturarum locutio est, ut venditus etiam qui donatur dici 5
possit? Hic autem sensus est optimus in eo, quod dictum est: *Gratis venditi estis*,
et: *Vendidisti populum tuum sine pretio*, quia illi, quibus tradidisti populum, inpii
fuerunt, non deum colendo tradi sibi illum populum meruerunt, ut ipse cultus
tamquam pretium videretur. Quod vero dictum est: *Neque cum argento redimemini*,
non ait: Neque cum pretio, sed: *Neque cum argento*, ut pretium redemtionis 10
intellegamus, quale dicit apostolus Petrus: *Non enim argento et auro redemti estis sed
pretioso sanguine tamquam agni inmaculati.* In argento enim propheta omnem pecu-

---

17,3 Ps 43,13 | Isa 52,3   **11** 1 Pt 1,18-19

11 quot] quod P^1 S V^1 **12** Iunones] Iunonem p P S V | voluisse] voluissem n **13** plurium] pluri*um $P S$ **18** deos] deus n **17,1** manu] manum p P S V T **2** et *om. p*   **3** legitur] dicitur S | tuum *om. T*   **5** dici] autem *praem. n*   **8** non] nec T | deum] dominum n **10** pretio…cum² *om. n* | redemtionis *om.* P^1 **12** tamquam *om.* $P S V T Am. \mu$ | propheta] prophetam n

---

[36] LXX: τῇ Βααλ καὶ ταῖς Ἀστάρταις. Allerdings hat nicht nur die VL des Augustinus den Plural: *Astartibus*, sondern auch VL:Cod.Lugd: *Arstartiis*.
[37] Vulg. hat in 2,13 entsprechend TM: *Baal et Astharoth*. Augustinus hat somit *Astaroth* nicht als Plural erkannt. Den Plural *Baalim* bringt Vulg. in Übereinstimmung mit TM und LXX in 2,11.

richten, da jedes Bild der Juno ‚Juno' genannt wurde; und deswegen wollte sie zu verstehen geben, daß es so viele Junonen gebe, wie es Bilder [von ihr] gab. Ich meine aber, daß die Schrift um der Variation willen von Jupiter im Singular, von den Junonen im Plural sprechen wollte; denn aus demselben Grund der zahlreichen (Jupiter-)Bilder, könnte man auch von ‚Jupitern' im Plural sprechen. Dies aber, d.h. Junonen im Plural, finden wir in den griechischen [Kodizes] nach den Siebzig, in den lateinischen war es dagegen singularisch [ausgedrückt].[36] In jenem [Exemplar] dieser [lateinischen Kodizes], das nicht die Übersetzung der Siebzig hatte, sondern aus dem hebräischen [Text übersetzt] war, haben wir Astaroth gelesen; und auch nicht Baal, sondern Baalim.[37] Wenn also diese Namen in der hebräischen oder syrischen Sprache vielleicht etwas anderes bedeuten, so steht doch fest, daß sie andere und falsche Götter waren, denen Israel nicht dienen durfte.

qu. 7,17,1 (zu Ri 2,14.20-23; 3,1-4)

17,1 „Und er verkaufte sie in die Hand ihrer Feinde ringsum." Man pflegt zu fragen, warum die Schrift gesagt hat: „er verkaufte"[38], gleich als solle man deuten, daß irgendein Preis entrichtet worden sei. Man liest aber auch im Psalm: „Du hast dein Volk ohne Preis verkauft" (Ps 44,13), und beim Propheten: „Für nichts seid ihr verkauft worden, und ihr sollt nicht mit Silber losgekauft werden" (Jes 52,3). Warum also „verkauft", wenn „für nichts" und „ohne Preis", und nicht vielmehr ‚verschenkt'? Oder ist es vielleicht eine eigentümliche Ausdrucksweise der Schriften, daß auch derjenige, der verschenkt wird, ‚verkauft' genannt werden könnte? Dies ist aber der beste Sinn in diesem Satz: „für nichts seid ihr verkauft" und [in dem Satz]: „du hast dein Volk ohne Preis verkauft": Weil jene, denen du dein Volk ausgeliefert hast, verrucht waren, haben sie dadurch, daß sie Gott nicht verehrten, verdient, daß ihnen jenes Volk ausgeliefert wurde, so daß diese Verehrung[39] ihrerseits gleichsam als Preis erschien. Was aber den Satz betrifft: „und ihr sollt nicht um Silber losgekauft werden", so heißt es nicht: ‚und nicht für einen Preis', sondern: „und nicht um Silber", damit wir den Preis für den Loskauf als so geartet verstehen, wie der Apostel Petrus sagt: „Ihr seid nämlich nicht um Silber oder Gold losgekauft worden, sondern mit dem kostbaren Blut gleichsam des makellosen Lammes" (1Petr 1,18-19). Mit Silber hat der Prophet nämlich jede Art Geld bezeichnet, wo er sagt: „und ihr sollt nicht um Silber losgekauft werden", weil sie zwar um

---

[38] TM: וַיִּמְכְּרֵם („er verkaufte sie"), korrekt übersetzt durch LXX: ἀπέδοτο, die VL des Augustinus und (allerdings mit Subjektswechsel zu den zuvor genannten Räubern) Vulg: *vendiderunt*; VL:Cod.Lugd dagegen: *tradidit*.

[39] Gemeint ist wohl: ihr idolatrischer Kult; vgl. OCA; ähnlich, allerdings mit abweichendem Bezug der Negation, NBA.

niam significavit, ubi ait: *Non cum argento redimemini*, quoniam pretio quidem sanguinis Christi, non tamen pretio pecuniario fuerant redimendi.

17,2 In eo, quod dominus dicit: *Et ego non adponam auferre virum a facie ipsorum de gentibus quas reliquit filius Nave; et dimisit ad tentandum in eis Israhel, si observant viam domini abire in eam quemadmodum custodierunt patres eorum an non. Et dimisit dominus gentes has, ut non auferret illas tunc, et non tradidit illas in manu Iesu*, satis ostenditur causa, quare non Iesus omnes illas gentes bellando deleverit; quia hoc si fieret, non essent in quibus isti probarentur. Poterant autem esse ad utilitatem ipsorum, si tentati in eis non reprobi invenirentur eisque talibus inventis, quales eos esse debere praeceperat dominus, iam gentes illae auferrentur a facie eorum, si ita viverent, nec bellis eos exerceri oporteret. Verba enim domini hucusque accipienda sunt: *Propter quod tanta dereliquit gens haec testamentum meum, quod mandavi patribus eorum, et non oboedierunt voci meae, et ego non adponam auferre virum a facie ipsorum* - id est adversarium - cetera vero verba scriptoris sunt exponentis, unde dixerit dominus non se ablaturum virum de gentibus quas reliquit Iesus filius Nave. Deinde subiungens, qua causa dereliquerit, *et dimisit*, inquit, *ad tentandum in eis Israhel, si observant viam domini abire in eam, quemadmodum*

---

14 sanguinis] sanguinem *P¹*, sanguines *S¹*, sanguine *N*   15 et *om. n*   16 filius] *codd. Bad.*, Iesus *praem. Am. μ z cum LXX* | observant] observabant *P S*, observabunt *V T Am. μ*   17 eam] ea *Am. μ*   18 tunc] *codd. edd.*, celeriter *z (ex l. 37)* | manu] manum *P S N*, manus *T (in ras.)*   20 essent] esset *P S V*   21 tentati] tentat *N*   22 inventis] inventi *n* | auferrentur] auferentur *P S¹ V¹ N*   23 nec] ut *praem. N*, ne *T*   24 dereliquit] derelinquit *p*   27 dixerit] dixerat *P S V T Am. μ*   28 dereliquerit] derelinquerit *p*   29 in eis *om. P S V T Am. μ* | observant] observent *V T Am. μ* | eam] ea *P V N T Am. μ*

---

[40] Schon in TM ist der kompliziert gewachsene Text Jos 2,21-22 sprachlich holprig und syntaktisch schwierig und mehrdeutig. TM: „die Josua zurückgelassen hat und dann gestorben ist, um so durch sie Israel zu prüfen". Durch die Sterbenotiz am Ende in V 21 ist die Infinitiv-Konstruktion in V 22 so weit von Josua als handelndem Subjekt abgerückt, daß man als Subjekt des Infinitivs, obgleich nicht genannt, JHWH erkennt (entsprechend 3,1: „Und das sind die Völker, die JHWH dagelassen hat, um durch sie Israel zu prüfen"). Vgl. z.B. OETTLI, *Richter*. WEBB, *Judges* behauptet dagegen, die Syntax erfordere Josua als Subjekt des Prüfens. LXX, gefolgt von VL, reproduziert diese Probleme. Sie hat die Sterbenotiz וַיָּמׇת nicht, sondern stattdessen καὶ ἀφῆκεν „und ließ in Ruhe" (bezogen auf die Völker). Wegen 3,1 LXXB (= TM) und da das Verb ἀφῆκεν unmittelbar danach in 2,23 mit göttlichem Subjekt begegnet (für TM: וַיָּנַח), liegt es nahe, auch für LXXB anzunehmen, daß Subjekt des Prüfens in 2,22 Gott ist (vgl. BdA). An-

den Preis des Blutes Christi, nicht jedoch um Geldpreis losgekauft werden sollten.

qu. 7,17,2

17,2 „Auch ich werde nicht fortfahren, auch nur einen Mann von den Völkern vor ihrem Angesicht zu vertreiben, die der Sohn des Nun übriggelassen hat; und die er zurückgelassen hat, um durch sie Israel zu prüfen,[40] ob sie darauf achteten, auf dem Weg des Herrn zu gehen, wie ihre Väter [darauf] geachtet haben, oder nicht. Und der Herr ließ diese Völker zurück, so daß er jene damals[41] nicht beseitigte, und er lieferte jene nicht in die Hand Josuas." In diesen Worten des Herrn zeigt sich genügend deutlich der Grund, warum Josua nicht alle jene Völker, indem er sie bekriegte, vernichtet hat; weil, wenn dies geschähe, [keine Völker] da wären, durch die diese (die Israeliten) auf die Probe gestellt würden. Sie konnten aber denselben von Nutzen sein, wenn sie, durch diese auf die Probe gestellt, nicht als verworfen erfunden würden; und wenn, nachdem sich herausgestellt hatte, daß sie so waren, wie der Herr ihnen, daß sie sein sollten, vorgeschrieben hatte, jene Völker alsbald vor ihrem Angesicht vertrieben würden und sie auch, wenn sie so lebten, es nicht nötig hätten, sich durch Kriege zu üben. Bis zu dieser Stelle sind die Worte nämlich als Worte des Herrn zu verstehen: „Deswegen, weil dies so große[42] Volk meinen Bund verlassen hat, den ich ihren Vätern aufgetragen habe, und weil sie meiner Stimme nicht gehorcht haben, [und] werde auch ich nicht fortfahren, auch nur einen Mann", das heißt: einen Feind, „von den Völkern vor ihrem Angesicht zu vertreiben." Die übrigen Worte sind dagegen Worte des Schreibers, der erklärt, warum der Herr gesagt hat, er werde keinen Mann aus den Völkern, die Josua [ben] Nun übriggelassen hat, vertreiben. Anschließend fügt er den Grund hinzu, warum er [diese Völker] übriggelassen hat, und sagt: „Und er hat zurückgelassen, um durch sie Israel zu prüfen, ob sie darauf achteten, auf dem Weg

---

ders verhält es sich mit LXXAL, der, wie *qu.* 7,17,3 zeigt, VL und Augustinus folgen, da hier gegen TM und LXXB, obgleich in V 23 Gott Subjekt ist („und der Herr ließ diese Völker in Ruhe"), in 3,1 Josua statt JHWH als Subjekt des In-Ruhe-Lassens und daher auch des Prüfens eingesetzt ist: „Und die folgenden Völker ließ Josua in Ruhe, um durch sie Israel zu prüfen." Vgl. SCHREINER, *Septuaginta-Massora* 74 und 75f. VL:Cod.Lugd. führt sogar explizit Josua als Subjekt des Prüfens ein: *uti temptaret Iesus Istrahel*. Vulg hat mit TM die Sterbenotiz, klärt aber gegen TM und LXX das Problem, welches Subjekt dem Infinitiv zu Beginn von V 22 zuzuweisen ist, indem sie die Persondeixis ändert: *quas dimisit Iosue et mortuus est ut in ipsis experiar Israhel*.

[41] Die VL des Augustinus hat *tunc* statt TM: מָהֵר, LXX: τὸ τάχος, Vulg: *cito* „schnell", in der Wiederholung des Zitats unten *qu.* 17,3 hat Augustinus allerdings *celeriter*.

[42] *Tanta*: Zusatz der VL des Augustinus, nicht vorhanden auch in VL:Cod.Lugd.

custodierunt patres eorum an non, eos volens intellegi patres custodisse viam domini, qui fuerunt cum Iesu, id est eo tempore quo ille vivebat. Generationem quippe alteram superius retulit surrexisse post illos, qui vixerunt cum Iesu, et ab ipsis coepisse transgressiones quae offenderent dominum: Pro quibus tentandis, id est probandis, relictae fuerant gentes nec exterminatae per Iesum.

17,3 Deinde ne putaretur hoc Iesus consilio suo tamquam humano egisse, ut gentes illae relinquerentur, subiungit scriptura: *Et dimisit dominus gentes has, ut non auferret illas celeriter; et non tradidit eas in manu Iesu*. Deinde sequitur: *Et hae gentes quas reliquit Iesus, ut tentaret in eis Israhel, omnes qui nescierunt omnia bella Chanaan, verum propter generationes filiorum Israhel docere illos bellum*. Erat ergo ista causa in eorum tentatione, ut bellare discerent, id est, ut tanta pietate et oboedientia legis dei bellarent quanta patres eorum qui domino deo etiam bellando placuerunt, non quia optabile aliquid est bellum, sed quia pietas laudabilis et in bello. Quod autem sequitur: *Verum qui ante illos non scierunt illas*, quid nisi gentes vult intellegi, quas nescierunt bellando qui fuerunt ante istos, quorum tentationi, hoc est probationi relictae sunt? Deinde commemorans quae sint, *quinque*, inquit, *satrapias alienigenarum*, quas in libris Regnorum manifestius exprimit. Satrapiae autem dicuntur quasi parva regna, quibus satrapes praeerant: Quod nomen in illis partibus cuiusdam honoris est sive fuit. *Et omnem*, inquit, *Chananaeum et Sidonium*

---

31 generationem...33 dominum] cf. Idc 2,10-12   46 quas...exprimit] cf. 1 Rg 6,4.16-18

33   offenderent] offenderunt V^2 *Am. µ*   34   fuerant] ferant V^1 35   tamquam] quam P^1
37   illas *om. V* | manu] *µ ζ*, manus *codd. Bad. cum Vulg. (cf. l. 18)*   38   reliquit] relinquit *p*
40   tentatione] temptationem *P S T*   42   et] est *T Am.*   43   qui] quia *P* | non scierunt] nescierunt *S V Am. µ*   44   fuerunt] fuerant *V T*   45   probationi] reprobationi *p* | satrapias] satrapas *S V^1*   46   satrapiae] satrapae *S*   47   satrapes] satrapes *T*, satrapae *Am. µ*

---

[43] Vgl. oben Anm. 41.
[44] Diese Sätze sind schon in TM eine späte Glosse in ungepflegtem Hebräisch.
[45] Die VL des Augustinus folgt LXX; VL:Cod.Lugd. und Vulg geben TM wieder: *satrapas*, „Satrapen"; TM spricht von den „fünf Fürsten der Philister" (סַרְנֵי פְלִשְׁתִּים, ein den Stadtkönigen der Philister bis zur Regierungszeit Sauls vorbehaltener Titel).
[46] Ἀλλόφυλοι, VL: *alienigenae* „Fremdstämmige": erstmals gebraucht LXX hier diese Bezeichnung anstelle des Völkernamens Philister. SDE 664f.: „Während von Gen 10,14 bis Jos 13,3 die Philister mit Φιλιστιιμ wiedergegeben werden, setzt mit Ri 3,3 dieser

des Herrn zu gehen, wie ihre Väter [darauf] geachtet haben, oder nicht." Damit wollte [der Schriftsteller] zu verstehen geben, daß diese Väter den Weg des Herrn bewahrt haben, die mit Josua waren, d.h. zur selben Zeit wie jener lebten. Er hat ja weiter oben berichtet (vgl. Ri 2,10-12), daß nach jenen, die zur Zeit Josuas gelebt haben, eine andere Generation aufgekommen ist und mit diesen die Übertretungen begonnen haben, die den Herrn beleidigten: Um diese zu prüfen, d.h. auf die Probe zu stellen, waren die Völker durch Josua übriggelassen und nicht ausgerottet worden.

qu. 7,17,3

17,3 Damit aber schließlich nicht die Meinung aufkommt, Josua habe dies, jene Völker übrigzulassen, aus seinem, gleichsam menschlichen Beschluß getan, fügt die Schrift anschließend hinzu: „Und der Herr ließ diese Völker zurück, so daß er jene nicht schnell[43] beseitigte, und er lieferte jene nicht in die Hand Josuas." Darauf folgt: „Und dies sind die Völker, die Josua übriggelassen hat, um durch sie Israel auf die Probe zu stellen, alle, die alle Kriege um Kanaan nicht kannten, aber wegen der Generationen der Söhne Israel, jene den Krieg zu lehren."[44] Also war dies der Grund für ihre Erprobung, daß sie das Kriegführen lernen sollten, d.h. daß sie mit so großer Frömmigkeit und [so großem] Gehorsam gegenüber dem Gesetz Gottes Krieg führten, wie ihre Väter [es getan hatten], die dem Herrn Gott auch durch ihr Kriegführen gefielen, nicht weil Krieg etwas Wünschenswertes ist, sondern weil Frömmigkeit im Krieg lobenswert ist. Das folgende aber: „aber [nur] die, die vor jenen jene nicht kennengelernt haben", worauf will die Schrift das bezogen wissen, wenn nicht auf die Völker, die diejenigen, die vor diesen gelebt haben, nicht durch Kriegführen kennengelernt haben, zu deren Erprobung, d.h. Prüfung, sie übriggelassen worden sind? Anschließend führt [die Schrift] aus, welche es sind, und sagt: „die fünf Satrapien[45] der Fremdstämmigen";[46] in den Büchern der Könige nennt er sie deutlicher (vgl. 1Sam 6,4.16-18).[47] Als ‚Satrapien' aber bezeichnet man gleichsam kleine Herrschaftsgebiete, denen Satrapen vorstanden: Dieser Titel bezeichnet oder bezeichnete in jenen Gegenden eine gewisse Ehrenstellung. Er sagt: „und alle Kanaanäer und den Sidonier und den Hiwiter, der den Libanon vor dem Berg Hermon bis nach Lebo-Hamat bewohnte. Und das ist gesche-

---

neue Sprachgebrauch ein. Er wird prägend in allen weiteren Schriften und findet sich in den älteren Geschichtsbüchern, aber auch in Psalmen und Propheten (erst in Jesus Sirach steht wieder Philister). [...] Der lautliche Anklang – Philister / phyle – wird eine gewisse Rolle gespielt haben. Wichtig für die Verwendung ist, dass in Ägypten wie auch in Alexandria die verschiedenen nebeneinander lebenden Volksgruppen als φύλαι bezeichnet wurden."

[47] Hier sagt LXX „Satrapen".

et Evaeum inhabitantem Libanum ante montem Hermon usque ad Laboemath. Et factum est, ut tentaretur in ipsis Israhel. Tamquam diceret: Hoc autem factum est, ut tentaretur in ipsis Israhel, *scire si audient mandata domini*; non ut sciret deus omnium cognitor etiam futurorum, sed ut scirent ipsi et sua conscientia vel gloriarentur vel convincerentur utrum audirent mandata domini, *quae mandavit patribus eorum in manu Moysi*. Quoniam ergo manifestati sibi sunt non se oboedisse deo in his gentibus quae ad eorum tentationem, id est exercitationem atque probationem fuerant derelictae, propterea dixit deus vel illa, in quibus aperte missus angelus et locutus expressius est, vel paulo ante, ubi ait: *Propter quod tanta dereliquit gens haec testamentum meum, quod mandavi patribus eorum, et non oboedierunt voci meae, et ego non adponam auferre virum a facie ipsorum.*

17,4 Dictum est autem in Deuteronomio ex persona dei loquentis de istis gentibus adversariis: *Non eiciam illos in anno uno, ne fiat terra deserta et multiplicentur in te bestiae ferae; paulatim eiciam illos, donec multiplicemini et crescatis et hereditetis terram.* Poterat hanc promissionem suam servare dominus erga oboedientes, ut exterminatio gentium illarum crescentibus Israhelitis partibus fieret, cum eorum multitudo terras unde adversarii exterminarentur desertas esse non sineret. Quod autem ait: *Ne multiplicentur in te bestiae ferae*, mirum si non bestiales quodam modo cupiditates et libidines intellegi voluit, quae solent de repentino successu terrenae felicitatis existere. Neque enim deus homines exterminare poterat et bestias non poterat vel perdere vel nasci potius non permittere.

18 *Et excitavit dominus salvatorem Israhel et salvavit eos.* Deinde velut quaereretur quem salvatorem, *Gothoniel*, inquit, *filium Cenez*. Accusativum enim casum hic

---

51 deus…52 futurorum] cf. Dn 13,42   **61** Ex 23,29-30

49 ante montem] *cadd.* μ, aut montem *Bad. Am.*, a monte *z cum LXX* | Laboemath] Laboemat *N*, Caboemath *V Am.* μ, Labemath *T*   **50** autem *m. p*   **53** eorum] *p*   **54** sibi *om. S* | his] iis *Am.* μ   **57** expressius] expressus *p P S V* μ, expraesus *n*, expresse *Am.* (expresse locutus) tanta dereliquit] dereliquit tanta *T* | dereliquit] derelinquit *p P S V¹*   **58** mandavi] mandavit *N*   **60** Deuteronomio] Deutero *S* | dei] domini *T*   **62** eiciam] etiam *P S¹* | hereditetis] heriditatis *N*   **63** poterat] poterant *P¹* | hanc] autem *V*   **69** nasci] pasci *P S V N Am.* μ

---

[48] So LXX und VL. TM: „und sie waren dazu da/dazu bestimmt daß". Vulg. verdeutlicht: *dimisitque eos ut.*
[49] Vgl. *qu.* 1,39; 1,57; 1,58; 5,13; 5,19.
[50] Augustinus verweist irrtümlich auf das Deuteronomium.
[51] Wie in TM und LXX kann sowohl der Herr (vgl. Ri 2,18) als auch der Retter (vgl. Ri

hen,⁴⁸ damit Israel durch sie auf die Probe gestellt würde." Gleich als sagte er: Dies ist aber geschehen, damit durch sie Israel auf die Probe gestellt würde, „um zu erkennen, ob sie auf die Gebote des Herrn hören würden"; nicht damit Gott [es] erkennen sollte, der alles, auch die zukünftigen Dinge kennt (vgl. Dan 13,42), sondern damit sie ihrerseits [es] erkennen sollten⁴⁹ und auf Grund ihrer Erkenntnis entweder sich rühmten oder überführt würden [hinsichtlich der Frage], ob sie auf die Gebote des Herrn hörten, „die er ihren Vätern vorgeschrieben hat durch die Hand des Mose." Weil es aber ihnen selbst deutlich geworden ist, daß sie Gott bezüglich dieser Völker nicht gehorcht hatten, die zu ihrer Erprobung, d.h. zu ihrer Übung und Überprüfung übrig gelassen worden waren, deswegen hat Gott sei es jene [Worte] gesprochen, mit denen öffentlich der Engel gesandt worden ist und [die er] sehr deutlich ausgesprochen hat, sei es ein wenig zuvor, wo er sagt: „Weil dieses so große Volk meinen Bund verlassen hat, den ich ihren Vätern aufgetragen habe, und weil sie meiner Stimme nicht gehorcht haben, [und] werde auch ich nicht fortfahren, auch nur einen Mann vor ihrem Angesicht zu vertreiben."

qu. 7,17,4

17,4 Im Deuteronomium aber ist als Ausspruch Gottes in eigner Person über diese feindlichen Völker gesagt worden: „Ich werde jene nicht in einem einzigen Jahr vertreiben, damit das Land nicht verödet und die wilden Tiere sich nicht zu deinem Schaden vermehren; nach und nach werde ich jene vertreiben, bis ihr euch vermehrt und zahlreich werdet und das Land in Besitz nehmt" (Ex 23,29-30).⁵⁰ Diese seine Verheißung konnte Gott gegenüber den Gehorsamen [in der Weise] verwirklichen, daß die Ausrottung jener Völker nach und nach entsprechend der Zunahme der Israeliten geschah, wenn deren Menge [jeweils] nicht zuließ, daß die Landstriche, aus denen die Feinde ausgerottet wurden, verödeten. In der Formulierung aber: „damit die wilden Tiere sich nicht zu deinem Schaden vermehren", wollte die Schrift höchst wahrscheinlich unter den wilden Tieren die Leidenschaften und Begierden verstanden wissen, die aus plötzlichem Erfolg irdischen Glücks hervorzugehen pflegen. Es kann nämlich nicht zutreffen, daß Gott zwar die Menschen ausrotten konnte, aber nicht in der Lage war, die wilden Tiere entweder zu vernichten oder eher deren Geburt nicht zuzulassen.

qu. 7,18 (zu Ri 3,9)

18 „Und der Herr ließ ihnen einen Retter erstehen, und er rettete sie."⁵¹ Anschließend, so als ob man fragte: welchen Retter, sagt die Schrift: „Otniël, den

---

2,16) Subjekt sein. Die Tatsache, daß Otniël als Apposition zum Objekt Retter aus dem vorherigen Satz erst auf diesen zweiten Satz folgt, spricht dafür, Otniël als Subjekt von ‚retten' anzunehmen. Augustinus scheint für den Herrn als Subjekt zu plädieren.

debemus accipere, tamquam diceretur Gothonielem. Advertendum est autem quod salvatorem dicat etiam hominem, per quem deus salvos faciat. Nam *clamaverunt filii Israhel ad dominum; et excitavit dominus salvatorem Israhel et salvavit eos, Gothoniel filium Cenez fratrem Caleb iuniorem ipsius, et exaudivit eos.* Inter illa autem quae appellantur ὑπέρβατα, hoc genus rarum est, quoniam habet et illud quod Graeci vocant ὑστερολογίαν. Quod enim ait postea: Et exaudivit eos, si prius ponatur, fit sermo lucidior. Nam ordo est: Et clamaverunt filii Israhel ad dominum. Et exaudivit eos et excitavit dominus salvatorem Israhel. Deinde quod hic interpositum est: *Et salvavit eos*, et postea dictum est: *Gothoniel* - aut Gothonielem - *filium Cenez*, si ita diceretur, planius fieret: Et excitavit dominus salvatorem Israhel Gothoniel filium Cenez et salvavit eos.

19 Quadraginta annos quievisse terram promissionis a bellis sub Gothoniele iudice scriptura testatur: Quantum temporis primordia Romani imperii sub Numa Pompilio tantummodo rege pacata habere potuerunt.

20 Quaeri potest utrum mentitus fuerit Aod iudex, quando occidit Eglom regem Moab. Cum enim solus soli insidiaretur, ut eum percuteret, hoc illi ait: *Verbum occultum mihi est ad te, rex*, ut ille a se omnes, qui cum illo fuerant, removeret. Quod cum factum esset, iterum dixit Aod: *Verbum dei mihi ad te, rex*. Sed potest non esse mendacium, quandoquidem verbi nomine solet etiam factum appellare scriptura; et revera ita erat. Quod autem dixit: *Verbum dei*, intellegendum est hoc illi deum ut faceret praecepisse, qui eum populo suo excitaverat salvatorem, sicut illis temporibus talia fieri divinitus oportebat.

18,3 diceretur] diceret *S Am. μ* **4** faciat] facit *p* **6** fratrem] frater *T* | iuniorem] iunior *T* **7** ὑπέρβατα] yperbata *P S V N T* **8** ὑστερολογίαν] ysterologian *p P V T*, ysterologiam *S*, yyterologian *n* | et *om. p* **11** aut] *S² Am. μ*, ut *P S¹ N, om. V*, vel *T*, velut *z* **12** Gothonielem *om. V* | planius] planus *p* **19,1** Gothoniele] Gotolia *N* **3** rege] regem *p* | pacata] paccato *S T*, paccatum *V N* **20,5** solet] et *in ras. V*, sol *n*

---

[52] Der letzte Satz ist ein Zusatz der LXXA.

[53] Üblichere Bezeichnung: *Hysteron proteron*: etwas der Sache nach Späteres wird früher erwähnt.

[54] Vgl. *civ.* 3,9: 43 oder 39 Friedensjahre unter Numa Pompilius. Cicero, *rep.* 2,14,26-27: 39 Friedensjahre; Livius, *ab urbe condita libri* 1,21,5-6: 43 Friedensjahre.

Sohn des Kenas". Wir müssen hier nämlich den Kasus Akkusativ ansetzen, als hieße es: ‚den Otniël'. Man muß aber beachten, daß die Schrift auch einen Menschen, durch den Gott rettet, ‚Retter' nennt. Denn „die Söhne Israel schrieen zum Herrn und der Herr ließ ihnen einen Retter erstehen, und er rettete sie, den Otniël, den Sohn des Kenas, den Bruder des Kaleb, und zwar dessen jüngeren [Bruder], und er erhörte sie."[52] Unter jenen [Redefiguren], die ‚Hyperbata' genannt werden, ist diese Art selten, denn sie enthält auch jene [Redefigur], die die Griechen ‚Hysterologie' nennen.[53] Wenn nämlich der spätere Satz: ‚und er erhörte sie' früher gesetzt wird, wird die Darstellung deutlicher. Denn die [richtige] Abfolge ist: ‚und die Söhne Israel schrieen zum Herrn, und er erhörte sie, und der Herr ließ Israel einen Retter erstehen.' Wenn schließlich [der Satz], der hier dazwischen geschoben ist: „und er rettete sie", und der [Ausdruck], der später gesetzt ist: „Otniël" – oder: ‚den Otniël –, den Sohn des Kenas', folgendermaßen formuliert würde, würde [die Darstellung] verständlicher: ‚Und der Herr ließ Israel einen Retter erstehen, den Otniël, den Sohn des Kenas, und er rettete sie.'

qu. 7,19 (zu Ri 3,11)

19 Die Schrift bezeugt: Vierzig Jahre hatte das Land der Verheißung unter dem Richter Otniël Ruhe von den Kriegen: Einen so großen Zeitraum der Befriedung konnten die Anfänge des Römischen Reiches nur unter dem König Numa Pompilius haben.[54]

qu. 7,20 (zu Ri 3,19-20)

20 Man kann fragen, ob der Richter Ehud gelogen hat, als er Eglon, den König Moabs, tötete. Als er nämlich allein das Attentat gegen ihn allein verübte, um ihn zu durchbohren, sagte er jenem, damit jener alle, die bei ihm waren, von sich entfernte, folgendes: „Ich habe ein geheimes Wort an dich, o König." Als dies geschehen war, sagte Ehud zum zweiten Mal: „Ich habe ein Wort Gottes an dich, o König."[55] Aber es ist möglicherweise keine Lüge, da die Schrift mit dem Terminus ‚Wort' auch eine Tat zu bezeichnen pflegt; und so verhielt es sich tatsächlich.[56] Daß er aber gesagt hat: „Wort Gottes", ist dahingehend zu verstehen, daß Gott, der ihn für sein Volk als Retter hatte erstehen lassen, jenem aufgetragen hat, dies zu tun; so mußten derartige [Dinge] zu jenen Zeiten durch göttliche Fügung geschehen.

---

[55] Dieser Vokativ ist ein Zusatz der LXX.
[56] Ein vergleichbares Wortspiel (*dabar* für ‚Wort' und für ‚etwas' = den Dolch) wird in der modernen Exegese mehrfach vermutet, wenn auch nicht, um Ehud vom Vorwurf der Lüge zu entlasten, sondern um den satirischen Stil dieser Episode zu erläutern (vgl. GROSS, *Richter;* WEBB, *Judges* 168).

21 Merito quaeritur quomodo fuerit *exilis valde rex Eglom et concluserunt adipes vulnus*, quando percussus est. Sed intellegendum est ea locutione dictum, quae solet a contrario intellegi; sicut dicitur lucus, quod minime luceat, et abundare respondetur, quod non est, et benedixit regi pro maledixit, sicut scriptum est in regnorum libro de Nabuthe. Nam in ea interpretatione, quae non secundum septuaginta, sed ex Hebraeo est, ita invenimus: *Erat autem Eglom crassus nimis*.

22 *Et exiit Aod foras et transiit observantes et clausit ianuas domus superioris super eum et coartavit*. Hoc recapitulando dictum est, quod fuerat praetermissum. Nam prius hoc fecisse intellegendum est et sic de superioribus descendisse et transisse observantes.

23 Quomodo pueri regis Eglom clavi aperuerint quod Aod clavi non clauserat, potest movere, aut, si ille clavi clauserat, quomodo secum eam non auferret, ut isti nec clavi aperire possent. Proinde aut alia clavis adlata est aut tale clusurae genus fuit, quod sine clavi posset claudi nec sine clave aperiri. Nam sunt quaedam talia, sicut ea quae veruclata dicuntur.

24 Sub iudice Aod octoginta annos pacem habuit Israhel in terra promissionis duplicato scilicet tempore quam fuit memorabile Romanorum sub rege Numa Pompilio.

21,4 sicut…5 Nabuthe] cf. 3 Rg 21,10.13

21,1 exilis] exsilis *p*, exillis *P¹ S¹*, excilis *n*, excillis *T corr*. | concluserunt] concluserint *P V N T Am. µ*   **3** intellegi] intellegit *n*   **4** in…5 regnorum *om. P¹*   **5** libro *om. P S V*   **22,1** Aod] ad *P S*   **3** superioribus] superius *P S V Am. µ*, supernis *T*   **23,3** alia] talia *p* | clusurae] clausurae *V T Am. µ*   **4** posset] possit *P S N T* | clave] clavi *T Am. µ*   **5** veruclata] verruclata *P S (add. m. 2) V T* | dicuntur *om. S¹*   **24,2** Romanorum sub] sub Romanorum *Am. µ*   **3** Numa *om. V N T*

---

⁵⁷ TM: בָּרִיא „feist" (so auch Vulg: *crassus*), dagegen LXX: ἀστεῖος „ansehnlich (BdA: Euphemismus; SDE: „oder ironisch"), VL:Cod.Lugd.: *subtilis*, „fein, dünn,zart".
⁵⁸ TM+LXX: „das Fett umschloß die Klinge" (des Dolches Ehuds).

qu. 7,21 (zu Ri 3,17.22)

21 Zurecht fragt man, inwiefern „der König Eglon sehr mager[57] war", „und das Fett seine Wunde verschloß",[58] als er durchbohrt wurde. Aber man muß annehmen, daß [der zweite Satz] in jener Redefigur formuliert worden ist, die im entgegengesetzten Sinn verstanden zu werden pflegt;[59] wie man etwas ‚Hain'[60] nennt, was ganz und gar nicht hell ist, und versichert, daß etwas überreich vorhanden ist, das gar nicht existiert, und ‚er hat den König gesegnet' für ‚er hat gelästert' [sagt], wie im Buch der Könige von Nabot geschrieben steht (vgl. 1Kön 21,10.13). Denn in jener Übersetzung, die nicht nach den Siebzig, sondern aus dem Hebräischen gefertigt ist, finden wir folgendes: „Eglon war aber sehr fett."

qu. 7,22 (zu Ri 3,23)

22 „Und Ehud ging hinaus und ging an den Wachen vorbei[61] und schloß die Türen des Obergemachs hinter ihm und verriegelte [sie]." Dies, was ausgelassen worden war, ist hier durch *recapitulatio* gesagt worden. Denn man muß sich vorstellen, daß [Ehud] dies zuvor getan hat und so vom Obergemach hinuntergestiegen und an den Wachen vorbeigegangen ist.

qu. 7,23 (zu Ri 3,25)

23 Es kann erstaunen, wieso die Diener des Königs Eglon [die Tür], die Ehud nicht mit einem Schlüssel verschlossen hatte, mit einem Schlüssel öffneten, oder, wenn jener [sie] mit einem Schlüssel verschlossen hatte, warum er ihn nicht mit sich wegnahm, damit diese auch nicht mit dem Schlüssel öffnen könnten. Demnach wurde entweder ein anderer Schlüssel beigebracht, oder es war ein Schloß von der Art, die ohne Schlüssel verschlossen, aber nicht ohne Schlüssel geöffnet werden kann. Denn es gibt einige von dieser Art, wie diejenigen, die [Schlösser] *veruclata*[62] genannt werden.

qu. 7,24 (zu Ri 3,30)

24 Unter dem Richter Ehud hatte Israel achtzig Jahre Frieden im Verheißungsland, d.h. die Zeitspanne ist doppelt solange wie die denkwürdige Zeitspanne, [die den] Römern unter König Numa Pompilius [zuteil wurde].[63]

---

[59] So auch *loc.* 7,12, wo er die Redefigur mit dem *terminus technicus Antiphrasis* benennt. Sie wird meist ironisch oder sarkastisch, im AT vor allem euphemistisch gebraucht. Vgl. STÄDELE, *Augustinus* 232f. Anm. 44.
[60] *Lucus* ist Homonym für Wald *(lūcus, lūcī)* und für Licht *(lūcus, lūcūs,* Abl. *lūcū)*. Die Beispiele nennt Augustinus auch in *c. mend.* 24
[61] Dieser Satz ist ein Zusatz der LXXB, der die VL des Augustinus folgt; er fehlt in VL:Cod.Lugd.
[62] GEORGES: *vericulatus* „mit einem kleinen Spieß versehen".
[63] Zur Friedenszeit unter Numa Pompilius vgl. *qu.* 7,19.

25 *Et post eum surrexit Samegar filius Anath et percussit alienigenas in sexcentos viros praeter vitulos boum et salvavit Israhel.* Quomodo post Aod iste pro Israhel pugnaverit et dictus sit salvasse Israhel potest esse quaestio; non enim rursus fuerant captivati vel iugo servitutis innexi. Sed intellegendum ita dictum *salvavit*, non quia nocuerit aliquid hostis, sed ne permitteretur nocere: Quem credendum est bello coepisse tentare et huius victoria fuisse depulsum. Sed quid sibi velit quod addidit: *Praeter vitulos boum*, obscurum est. An forte et boum stragem pugnando fecit et ita dictum est eum occidisse sexcentos viros praeter illud quod fecit de bubus occisis? Sed quare vitulos? An Graecae locutionis consuetudo est etiam vitulos eos appellare, qui grandes sunt? Nam ita loqui vulgo in Aegypto perhibentur, sicut apud nos pulli appellantur gallinae cuiuslibet aetatis. Non autem habet interpretatio ex Hebraeo *praeter vitulos boum*, sicut ista quae secundum septuaginta est; sicut habet illa ex Hebraeo: *Vomere occisos sexcentos viros*, quod ista non habet.

26 Quid est quod respondens Barac Debborae ait: *Si ibis, ibo et si non ieris mecum, non ibo, quoniam nescio diem in qua prosperat angelum dominus mecum* quasi a prophetissa diem audire non potuerit? Nec illa diem respondit, sed perrexit cum illo. Et quid est: *Prosperat angelum dominus mecum*? An hic demonstratum est, quia et angelorum actus prosperantur, id est adiuvantur a domino, ut feliciter cedant? An locutionis est *prosperat angelum mecum*, id est facit mecum prospera per angelum?

25,1 Anath] Anead *p P S V*, Ane *n*, Aneath *Am. μ*   **2** post] potest potest *n* | pro Israhel *om. n*   **4** captivati] captivi *n* | salvavit] servavit *P V*   **5** nocuerit] nocuerat *N* | quem] quoniam *P V T Am. μ*   **6** victoria] victoriae *N*   **8** occidisse] se *add. n*   **9** bubus] bobus *Am. μ*   **13** occisos] se *add. n*   **26,1** Debborae] Deborrae *add. m.* 2 *S* | ibo *om. S* | ieris] eris *n*   **4** quid] quod *n*

---

[64] LXX+VL für TM: Philister.

[65] TM: בְּמַלְמַד הַבָּקָר „mit dem Ochsenstachel". Das nur noch Sir 38,25 belegte hebräische Wort für die ungewöhnliche Waffe Schamgars hat den Übersetzern Probleme bereitet. Vulg vergrößert die Waffe, läßt aber das wenig dazu passende Wort für Rindvieh weg: *vomere* „mit einer Pflugschar". Hieronymus hat dies wohl von LXXB übernommen, die für die Waffe das *hapax legomenon* gewählt hat: ἀροτρόπους „Pflugschar" (LSL; SDE 673: „die kegelförmige, metallene Umhüllung der hölzernen Spitze des Pfluges"): ἐν τῷ ἀροτρόποδι τῶν βοῶν „mit der Rinderpflugschar". Ganz anders und wenig sinnvoll LXXAL, der die VL folgt: Anstelle von בְּמַלְמַד liest sie מִלְבַד „außer" und übersetzt הַבָּקָר doppelt (vgl. SOISALON-SOININEN, *Textformen* 80f.; SCHREINER, *Septuaginta-Massora* 117; BdA); so entfällt die Waffe: ἐκτὸς μόσχων τῶν βοῶν „außer den Jungrindern".

qu. 7,25 (zu Ri 3,31)

25 „Und nach ihm trat Schamgar, der Sohn Anats, auf, und er erschlug Fremdstämmige,[64] gegen sechshundert Mann, außer den Jungrindern,[65] und er rettete Israel." Man kann fragen, wieso dieser nach Ehud gekämpft hat und von ihm gesagt worden ist, er habe Israel gerettet; denn sie waren nicht von neuem gefangen genommen oder dem Joch der Knechtschaft unterworfen worden. Aber man muß verstehen, daß nicht deswegen „er rettete" gesagt worden ist, weil ein Feind irgendeinen Schaden angerichtet hätte, sondern deswegen, [weil er kämpfte], damit ihm nicht erlaubt würde zu schaden: man muß annehmen, daß er (der Feind) damit begonnen hat zu versuchen, Krieg zu führen, und durch dessen Sieg genötigt wurde aufzugeben. Aber was der Zusatz „außer den Jungrindern" bedeuten soll, ist unklar. Ob er vielleicht in der Schlacht auch ein Gemetzel unter Rindern anrichtete und deswegen gesagt worden ist, er habe sechshundert Männer getötet, abgesehen davon, was er bezüglich der getöteten Rinder angerichtet hat? Aber warum ‚Kälber'? Ob es in griechischer Ausdrucksweise üblich ist, auch diejenigen ‚Kälber' zu nennen, die herangewachsen sind?[66] Denn man gibt an, daß man in Ägypten allenthalben so spricht, wie man bei uns Hühner jeden Alters ‚Hühnchen' nennt. Die Übersetzung aus dem Hebräischen hat aber nicht: „nicht gerechnet die Kuhkälber", wie diese, die nach den Siebzig erstellt ist; entsprechend hat jene [Übersetzung] aus dem Hebräischen, „sechshundert Männer seien durch eine Pflugschar getötet worden", was diese nicht hat.

qu. 7,26 (zu Ri 4,8)

26 Was bedeutet das, was Barak Debora antwortet: „Wenn du gehst, werde ich gehen, und wenn du nicht mit mir gehst, werde ich nicht gehen, denn ich kenne den Tag nicht, an dem der Herr dem Engel mit mir Erfolg verschafft",[67] als könnte er den Tag nicht von der Prophetin erfahren? Und jene gab ihm in ihrer Antwort den Tag nicht an, aber sie zog mit ihm los. Und was bedeutet: „[an dem] der Herr dem Engel mit mir Erfolg verschafft? Ob die Schrift hier bewiesen hat, daß der Herr auch den Handlungen der Engel Gunst erweist, d.h. ihnen hilft, damit sie glücklichen Erfolg haben? Oder ob: *prosperat angelum mecum*, eine Art idiomatischer Ausdrucksweise ist, die bedeutet: er bewirkt mit mir glückliche Erfolge mit Hilfe des Engels?[68]

---

[66] Vgl. *loc.* 7,31.
[67] Der Kausalsatz ist ein Zusatz der LXX. Pretzl, *Septuagintaprobleme* 364 und BdA vermuten (wegen Ri 4,14 TM und Targum), daß er in der griechischen Vorlage der LXX stand. Schreiner, *Septuaginta-Massora* 49 erwägt eine Glosse in der hebräischen Vorlage.
[68] Dieselbe Erwägung stellt Augustinus in *loc.* 7,15 an.

27 *Et pavefecit dominus Sisaram et omnes currus eius*. Ecce quemadmodum commendat scriptura agere deum in cordibus, ut det exitum rebus, quem constituit. Utique enim pavefecit vel obstupefecit Sisaram, ut traderet eum.

28 Ubi Iahel mulier, quae occidit Sisaram, cum locuta esset ad Barac qui eum quaerebat, scriptum est de ipso Barac, quia *intravit ad eam*. Animadvertendum est non esse consequens, ut, cum scriptura dicit de viro quod intravit ad aliquam feminam, iam etiam concubuisse credatur. Assidue quippe sic loquitur scriptura: *Intravit ad eam*, ut nolit intellegi nisi quod ei mixtus sit. Hic ergo proprie dictum est *intravit ad eam*, id est in domum eius intravit, non ut per haec verba intellegatur concubitus.

29 In cantico Debborae dicitur: *Defecerunt habitantes in Israhel, defecerunt, donec surrexit Debbora, donec surrexit mater in Israhel. Elegerunt ut panem hordeaceum deos novos; tunc expugnaverunt civitates principum*. Hic intermixtus ordo verborum obscuritatem facit et quaestionem movet. Quomodo enim intellegatur: *Elegerunt ut panem hordeaceum deos novos; tunc expugnaverunt civitates principum*? Quasi tunc eis faverit deus ad expugnandas civitates principium, *quando elegerunt ut panem hordeaceum deos novos*. Sed in aliis iam scripturarum locis saepe didicimus quemadmodum fiant hyperbata, quorum directione cum verba ad ordinem redeunt sensus explanatur. Iste ergo est ordo: Defecerunt habitantes in Israhel, defecerunt; elegerunt ut panem hordeaceum deos novos, donec surrexit Debbora, donec surrexit mater in Israhel; tunc expugnaverunt civitates principum.

27,1 currus] curros *P S¹* **3** enim *om. S¹* **28,1** Iahel] Iael *p*, Aiel *n* **3** dicit] dicetis *p*, dicat *V* **29,2** donec] do *add. s. l. m. 2 P* | surrexit²] resurrexit *V corr.* **3** principum] principium *p* hic] hinc *N* **4** enim *om. T* **5** principum] principium *p* **6** faverit] favet *T* **8** directione] directionem *P S¹* **10** elegerunt] elegerent *P S* | ut *om. p*

---

[69] Jael bewohnt nicht ein Haus, sondern ein Zelt; vgl. Ri 4,18.

[70] Vgl. zu dieser Übersetzung der VL des Augustinus für das nur in Ri 5 bezeugte schwierige פְּרָזוֹן BILLEN, *Texts* 93. LXXA vermutet dahinter das Partizip eines Verbs oder translitteriert (vgl. BdA, SDE). Zu Vermutungen, wie es zur Übersetzung von LXXB: „Mächtige" kam, vgl. BdA.

[71] *Defecerunt* bedeutet hier ‚sie hörten auf/blieben aus, fehlten' (für LXX: ἐξέλιπεν als Übersetzung von חָדְלוּ, Vulg: *cessaverunt, quieverunt*), Augustinus aber versteht es als ‚sie wurden abtrünnig', wie seine folgenden Ausführungen und *qu. 7,30 (defecerunt a deo vivo)* zeigen; er wählt eine Bedeutung, die für ihn im Kontext einen guten Sinn ergibt.

qu. 7,27 (zu Ri 4,15)

27 „Und der Herr erschreckte Sisera und alle seine Streitwagen." Siehe, wie die Schrift lehrt, daß Gott in den Herzen wirkt, damit er den Dingen den Erfolg verleiht, den er festgesetzt hat. Offenkundig nämlich hat er Sisera in Schrecken oder Verwirrung versetzt, um ihn [den Israeliten] auszuliefern.

qu. 7,28 (zu Ri 4,22)

28 An der Stelle, an der, als die Frau Jaël, die Sisera getötet hatte, Barak, der ihn suchte, angesprochen hatte, steht über eben diesen Barak geschrieben, daß er „zu ihr hineinging": Es ist zu beachten, daß, wenn die Schrift von einem Mann sagt, er sei zu irgendeiner Frau hineingegangen, daraus nicht die Annahme folgt, daß er dann auch mit ihr geschlafen hat. Ständig formuliert die Schrift freilich so: „er ging zu ihr hinein", um einzig verstanden wissen zu wollen, daß er sich mit ihr vereinigt hat. Hier also spricht die Schrift im eigentlichen Wortsinn: „er ging zu ihr hinein", d.h. er trat in ihre Behausung[69] ein, nicht [aber], daß man diese Worte auf Beischlaf hin deute.

qu. 7,29 (zu Ri 5,7-8)

29 Im Lied der Debora heißt es: „Die Bewohner Israels[70] wurden abtrünnig, sie wurden abtrünnig,[71] bis sich Debora erhob, bis sich die Mutter in Israel erhob. Sie wählten neue Götter wie Gerstenbrot; damals eroberten sie die Städte der Herrscher."[72] Diese konfuse Abfolge erzeugt Unverständlichkeit und provoziert eine Frage. Denn wie soll verstanden werden: „Sie wählten neue Götter wie Gerstenbrot; damals eroberten sie die Städte der Herrscher"? Gleich als hätte Gott ihnen damals geholfen, die Städte der Herrscher zu erobern, als „sie neue Götter wie Gerstenbrot wählten". Aber an anderen Stellen der Schriften haben wir bereits oft gelernt, wie Hyperbata gebraucht werden, deren Sinn sich durch [richtige] Anordnung klärt, wenn die Worte zur [richtigen] Abfolge zurückkehren. Folgendes ist somit die [richtige] Abfolge: ‚Die Bewohner Israels wurden abtrünnig, sie wurden abtrünnig, sie wählten sich neue Götter wie Gerstenbrot, bis sich Debora erhob, bis sich die Mutter in Israel erhob; dann eroberten sie die Städte der Fürsten.'

qu. 7,30 (zu Ri 5,8)

30 Man kann fragen, in welchem Sinn gesagt worden ist: „Sie wählten neue Götter wie Gerstenbrot", da Gerstenbrot, obgleich es im Vergleich zu Weizen-

---

[72] Der hebräische Text des Deboraliedes ist schlecht überliefert, z. T. verderbt. Schon die alten Übersetzungen raten. Die VL des Augustinus kombiniert – vor allem bezüglich des schwierigen לֶחֶם (‚Brot' oder ‚Kampf'?) – in einer Art Doppelübersetzung Bruchstücke der Versionen von LXXAL („wie Gerstenbrot") und LXXB („damals eroberten sie die Städte der Herrscher"; allerdings mißverstanden; in LXXB sind die Städte Subjekt: „damals kämpften die Städte der Herrscher"). Vgl. BILLEN, Texts 94; BdA.

30 Quaeri potest quomodo dictum sit: *Elegerunt ut panem hordeaceum deos novos*, cum panis hordeaceus, quamvis sit in comparatione triticei panis abiciendus, tamen etiam ipse pascat et vitale alimentum sit; dii autem novi, quos dicuntur elegisse qui defecerunt a deo vivo, non possunt in alimentis animae deputari, sed potius in venenis. An hactenus accipienda est similitudo, quatenus valet, ut propter hoc solum dictum intellegatur, quia, sicut plerumque fastidio fit, ut eligenda reiciantur et aspernanda delectent, ita vitio pravae voluntatis tamquam languore fastidii, cum esset deus eorum verus, in falsis elegerunt nihil aliud quam novitatem spreta veritate, atque ita cibum mortiferum tamquam panem hordeaceum elegerunt non se arbitrantes inde perituros, sed etiam inde vitam velut esca innoxia licet viliore sumturos? Secundum opinionem ergo eorum similitudo posita est animique languorem, non secundum veritatem. Nam dii illi novi nullis sunt cibis vitalibus comparandi.

31 *Et factum est quando clamaverunt filii Israhel ad dominum propter Madian, et misit dominus virum prophetam ad filios Israhel et dixit eis.* Cur non dicatur nomen huius prophetae, quod valde scripturis inusitatum est, latens causa est; non tamen nullam esse arbitror. Sed quia post verba, quibus exprobravit inoboedientiam populo, sequitur scriptura dicens: *Et venit angelus domini et sedit sub quercum quae erat in Ephra*, non absurde intellegitur iste angelus significatus nomine viri, ut, posteaquam haec verba dixit, venerit ad quercum memoratam et ibi sederit. Nomine enim virorum solere appellari angelos notum est, quamvis eum, qui esset angelus, appellatum esse prophetam non facile nec evidenter occurrat; eum sane, qui propheta esset, dictum angelum legimus. Sed si angelorum dicta prophetica nota sunt, id est quibus futura praenuntiaverunt, cur non possit angelus prophetae nomine nuncupari? Verum tamen, ut dixi, expressum et manifestum de hac re testimonium non occurrit.

31,8 nomine...angelos] cf. Gn 19,8.10.12.16   **10** eum...legimus] cf. Mt 11,9-10

30,4 possunt] possint *p P S V* | in *om. P¹* | deputari] dubitari *P T*   **5** in] de *n*   **6** fit] *ex* sit *V*   **10** inde²] unde *P V¹*   **11** esca] escam *V*   **12** nam] *ex* non *S* | dii] di *N*   **13** nullis] nulli *V¹ n*   **31,3** scripturis] in *praem. p* | non tamen] nomen *P T*   **4** nullam] nullum *N* | exprobravit] exprobavit *n*   **5** sub] super *V T* | quercum] quercu *Am. μ*   **6** Ephra] Ephara *p*   **8** eum] enim *P*   **12** prophetae] propheticae *V*

brot abgelehnt werden muß, dennoch auch seinerseits ernährt und ein lebenerhaltendes Nahrungsmittel ist; die neuen Götter aber, die, wie es heißt, diejenigen, die vom lebendigen Gott abgefallen sind, gewählt haben, können nicht zu den Nahrungsmitteln der Seele, sondern vielmehr zu den Giften gerechnet werden. Ist der Vergleich, soweit er zutrifft, nur in dem Sinn zu akzeptieren, daß man einsieht, daß nur wegen dieses folgenden [Vergleichpunktes] formuliert worden ist: Wie es meist aus Überdruß geschieht, daß Dinge, die gewählt werden sollten, verworfen werden und solche, die verachtet werden sollten, Genuß gewähren, so haben sie infolge des Lasters eines verdorbenen Willens gleichsam aus Ermattung durch Überdruß, obgleich ihr Gott der wahre Gott war, unter Verachtung der Wahrheit bei den falschen [Göttern] nichts anderes als die Neuigkeit gewählt, aber auf diese Weise eine todbringende Speise, gleichsam Gerstenbrot, gewählt, da sie meinten, daß sie daran nicht zugrunde gehen würden, sondern daß sie auch daraus wie durch unschädliche, wenngleich wertlosere Speise Leben erlangen würden? Die Schrift hat den Vergleich folglich entsprechend ihrer Meinung und der Ermattung ihres Geistes, nicht nach der Wahrheit formuliert. Denn jene neuen Götter können mit keinerlei lebenerhaltenden Speisen verglichen werden.

qu. 7,31 (zu Ri 6,7-8.11)

31 „Und es geschah, als die Söhne Israel wegen Midian zum Herrn schrieen, [und] da sandte der Herr einen prophetischen Mann zu den Söhnen Israel, und der sagte zu ihnen." Der Grund, warum der Name dieses Propheten nicht genannt wird, was in den Schriften sehr unüblich ist, bleibt verborgen; dennoch meine ich nicht, daß es keinen gibt. Aber weil die Schrift nach den Worten, mit denen er dem Volk Ungehorsam vorgeworfen hat, fortfährt: „Und es kam der Engel des Herrn und setzte sich unter die Eiche, die in Efra war", ist die Auffassung nicht unvernünftig, daß die Benennung ‚Mann' diesen Engel bezeichnet hat, so daß er, nachdem er diese Worte gesagt hatte, zu der erwähnten Eiche kam und sich dort hinsetzte. Es ist nämlich bekannt, daß Engel ‚Männer' genannt zu werden pflegen (vgl. Gen 19,8.10.12.16), obgleich nicht leicht und nicht eindeutig begegnet, daß einer, der ein Engel war, ‚Prophet' genannt wurde; wir lesen allerdings, daß derjenige, der ein Prophet war, ‚Engel' genannt wurde (vgl. Mt 11,9-10).[73] Aber wenn man prophetische Worte von Engeln kennt, d.h. in denen sie zukünftige Dinge vorhergesagt haben, warum sollte man nicht einen Engel ‚Prophet' nennen können? Dennoch gibt es, wie ich sagte, über diese Sache kein ausdrückliches und deutliches Zeugnis.

---

[73] Jesus über Johannes den Täufer.

32 Quod angelus dicit ad Gedeon: *Dominus tecum potens in fortitudine*, nominativus casus est, non vocativus; hoc est: Dominus potens tecum est, non tu potens.

33 Advertendum est dixisse angelum tamquam ex domini auctoritate: *Nonne ecce misi te?* Cum loqueretur ad Gedeon. Quis enim eum misit, nisi qui ad eum angelum misit? Debbora vero non ait ad Barac: Nonne mandavi tibi? Sed ait: *Nonne mandavit dominus deus Israhel tibi?* Hic autem non dictum est: Nonne ecce misit te dominus? Sed: *Nonne ecce misi te?*

34 Ubi respondet Gedeon ad angelum: *In me, domine* - hoc est: In me intende - *in quo salvabo Israhel? Ecce mille mei humiliores in Manasse?* Intellegitur praepositus fuisse mille hominum, quos Graece χιλιάρχους appellat scriptura. An quid aliud?

35 Animadvertendum est quod Gedeon non ait angelo: Offeram tibi sacrificium, sed ait: *Offeram sacrificium meum et ponam in conspectu tuo*. Unde intellegendum est non eum angelo, sed per angelum sacrificium offerre voluisse. Quod et ipse angelus evidenter ostendit, qui non ab eo sacrificium tamquam sibi sumsit, sed ait illi: *Accipe carnes et azymos et pone ad petram illam et ius effunde*. Et cum hoc fecisset Gedeon, *extendit angelus domini summum virgae quae in manu eius et tetigit carnes et azymos; et accensus est ignis de petra et comedit carnes et azymos*. Ita etiam ipse angelus in sacrificio quod obtulit Gedeon officium ministrantis inplevit; ignem quippe homo minister ut homo sine miraculo subiecisset, quem mirabiliter ut angelus iste subiecit. Denique tunc cognovit Gedeon quod angelus domini esset; nam hoc scriptura continuo subdidit: *Et vidit Gedeon quoniam angelus domini est*. Prius ergo tamquam cum homine loquebatur, quem tamen hominem dei

---

33,4 Idc 4,6

32,1 dicit] dicitur *T*   **33,3** non *om. S V Am. μ* | nonne...sed *om. P S V T Am. μ*   5 misit] misi *S¹* | misi] misit *P¹ S*   **34,3** χιλιάρχους] chiliarcos *P S V N T*   **35,4** sibi] ibi *p*, si *P*   6 summum] summam *P* | quae] erat *add. V² T Am. μ*   7 et¹ *om. P S¹ V¹* | est *om. P V T* et³ *om. T*   **11** hoc scriptura] scriptura hoc *S* | subdidit] subdit *S*   **12** homine] homini *P*, homin* *T*

---

[74] In TM, gefolgt von Vulg, ist es Anrede an Gideon, in LXX (vgl. SD), gefolgt von VL, Apposition zum Subjekt.

qu. 7,32 (zu Ri 6,12)

32 Was der Engel zu Gideon sagt: „Der Herr ist mit dir, mächtig an Kraft" ist Kasus Nominativus, nicht Vokativus; d.h. ‚der mächtige Herr ist mit dir', nicht: ‚du Mächtiger'.[74]

qu. 7,33 (zu Ri 6,14)

33 Man muß beachten, daß der Engel gleichsam mit der Autorität des Herrn, als er zu Gideon sprach, gesagt hat: „Siehe, habe ich dich nicht gesandt?" Denn wer hat ihn gesandt, wenn nicht der, der den Engel zu ihm gesandt hat? Debora aber sagt zu Barak nicht: ‚Habe ich [es] dir nicht befohlen?' Sondern sie sagt: „Hat der Herr, der Gott Israels dir nicht befohlen?" (Ri 4,6) Hier aber ist nicht gesagt: ‚Siehe, hat dich nicht der Herr gesandt?' Sondern: „Siehe habe ich dich nicht gesandt?"

qu. 7,34 (zu Ri 6,15)

34 Wo Gideon dem Engel antwortet: „Auf mich,[75] Herr" – d.h. achte auf mich –, „womit soll ich Israel retten? Siehe, meine Tausendschaft ist die unbedeutendste in Manasse", versteht man, daß er Anführer von tausend Männern war, die die Schrift auf Griechisch χιλιάρχους nennt. Oder etwas anderes?

qu. 7,35 (zu Ri 6,18-22)

35 Es ist zu beachten, daß Gideon zu dem Engel nicht sagt: ‚ich will dir ein Opfer darbringen', sondern sagt: „Ich will mein Opfer darbringen und es vor deinem Angesicht hinlegen." Daraus muß man ableiten, daß er nicht dem Engel, sondern durch den Engel das Opfer darbringen wollte. Das zeigte auch der Engel seinerseits deutlich, der von ihm das Opfer nicht annahm, als [gälte] es ihm, sondern zu jenem sagte: „Nimm die Fleischstücke und die ungesäuerten [Brote] und lege [sie] auf den Felsen da, und die Brühe gieße aus!" Und als Gideon dies getan hatte, „streckte der Engel die Spitze des Stabes, den er in der Hand hatte, aus und berührte die Fleischstücke und die ungesäuerten [Brote]; und ein Feuer entbrannte vom Felsen her und verzehrte die Fleischstücke und die ungesäuerten [Brote]." So hat der Engel persönlich beim Opfer, das Gideon darbrachte, auch das Amt des Dieners erfüllt; ein menschlicher Diener als Mensch hätte ja das Feuer ohne ein Wunder darunter entzündet, das dieser als Engel auf wunderbare Weise entzündet hat. Dann schließlich erkannte Gideon, daß es der Engel des Herrn war; denn Folgendes hat die Schrift unmittelbar angefügt: „Und Gideon sah, daß es der Engel des Herrn ist." Zuvor also sprach er [mit ihm] wie mit einem Menschen, den er dennoch für einen Mann Gottes

---

[75] VL folgt LXX, die בִּי ‚wörtlich' übersetzt (ἐν ἐμοί), aber verkennt, daß es hier als „Part. d. Gesprächsaufnahme z. Höherstehenden, bitte, mit Verlaub" (Ges[18]) fungiert. LXX gibt es in Gen 43,20; Jos 7,8 gar nicht, in Gen 44,18; Ex 4,10.13; Num 12,11 durch δέομαι, in Ri 6,13; 13,8; 1 Rg 1,26; 3 Rg 3,17.26, wie hier, durch ἐν ἐμοί wieder.

credidit, ut coram ipso sacrificium vellet offerre velut adiuvandus eius praesentia sanctitatis.

36 Quaeri potest quare Gedeon ausus fuerit sacrificium offerre deo praeter locum ubi iusserat deus. Praeter tabernaculum quippe suum deus prohibuerat sacrificari sibi cui tabernaculo templum postea successit. Tempore autem, quo fuit Gedeon, tabernaculum dei erat in Silo; atque ideo illic tantum legitime posset sacrificari. Sed intellegendum est quod illum angelum primo prophetam putaverat et tamquam deum in illo consuluerat de offerendo sacrificio: Quod ille si prohibuisset, non utique fieret; sed quoniam adprobavit et ut fieret annuit, dei auctoritatem Gedeon in faciendo secutus est. Ita quippe deus legitima illa constituit, ut leges non sibi, sed hominibus daret. Unde quodcumque praeter illa ipse praecepit, non a transgressoribus, sed potius a piis et oboedientibus inpletum intellegendum est: Sicut Abraham de immolando filio. Nam sic et Helias extra tabernaculum domini ad convincendos sacerdotes idolorum sacrificavit: Quod ex praecepto domini fecisse intellegendus est, qui ei tamquam prophetae revelatione atque inspiratione iussit ut faceret. Quamquam tanta consuetudo praeter tabernaculum sacrificandi crebuerat, ut etiam Salomon in excelsis sacrificasse inveniatur nec eius sacrificium fuisse reprobatum. Et tamen notantur reges, qui inter opera laudabilia sua non destruxerunt excelsa, ubi contra legem dei populus sacrificare consueverat, et qui destruxit maiore praedicatione laudatur. Ita deus consuetudinem populi sui, qua praeter eius tabernaculum tamen non diis alienis offerebant, sed domino deo suo, sustinebat potius quam vetabat etiam sic exaudiens offerentes. Hoc autem, quod Gedeon fecit, quis non intellegat per angelum procuratum ut prophetice fieret, in qua prophetia petra illa commendaretur? Cui quidem petrae non sacrificatum est, sed de illa ignis commemoratur exisse, quo sacrificium consumeretur. Sive enim per aquam, quam percussa petra effudit in eremo, sive per ignem donum spiritus sancti significatur, quod ditissime dominus Christus effudit super nos. Nam et

---

36,2 praeter...3 sacrificari] Dt 12,13   **11** sicut...filio] cf. Gn 22,2.10-12 | nam...12 sacrificavit] cf. 3 Rg 18,30-38   **15** ut...16 reprobatum] cf. 3 Rg 3,4-15   **16** et...17 excelsa] cf. 3 Rg 15,14; 22,44; 4 Rg 12,4; 14,4; 15,4.35   **18**   et...19 laudatur] cf. 4 Rg 18,4; 23,8.15   **24** per...25 eremo] cf. Ex. 17,6; Nm 20,11

36,2 deus¹ *om.* P   **4** Silo] Selom *N*, Sylo *T*   **6** in illo] *codd. Bad. Am. μ (intellege* in illo angelo), illum *z* | consuluerat] consulerat *S¹*, consuerat *n*   **7** et *om. p*   **10** a piis] sapit *n*   **11** Abraham de] de Habraham *n* | sic et] et sic *P S V T Am. μ*   **13** intellegendus] intellegendum *P S V T* ei] et *p*   **14** iussit] ei *praem. p*   **15** crebuerat] crebruerat *S*, debuerat *P¹ V¹*   **17** destruxerunt] destruxerint *p*   **20** diis] dis *N*   **21** vetabat] vetebat *P¹ V¹*   **24** commemoratur] commemoraretur *T*

hielt, so daß er vor ihm, gleichsam unterstützt durch die Gegenwart seiner Heiligkeit, das Opfer darbringen wollte.

qu. 7,36 (zu Ri 6,20)

36 Man kann fragen, warum Gideon es gewagt hatte, Gott außerhalb des Ortes ein Opfer darzubringen, an dem Gott [zu opfern] befohlen hatte. Gott hatte ja verboten, ihm außerhalb seines Zeltes zu opfern (vgl. Dtn 12,13), an dessen Stelle später der Tempel trat. Zu der Zeit, in der Gideon lebte, war das Zelt Gottes aber in Schilo; und deshalb hätte man nur dort rechtmäßig opfern können. Aber man muß denken, daß er jenen Engel zunächst für einen Propheten gehalten und [ihn] gleichwie Gott in jener Angelegenheit bezüglich der Darbringung des Opfers befragt hatte: Wenn jener es verboten hätte, hätte er es natürlich nicht getan; aber weil er zustimmte und die Erlaubnis gab, [es] zu tun, ist Gideon, indem er [es] tat, der Autorität Gottes gefolgt. Gott hat ja jene Gesetzesbestimmungen in der Weise aufgestellt, daß er die Gesetze nicht sich, sondern den Menschen gab. Daher muß man erkennen, daß, was immer Gott außerhalb jener [Gesetze] vorgeschrieben hat, nicht Übertreter, sondern Fromme und Gehorsame erfüllt haben: wie Abraham bezüglich der Opferung [seines] Sohnes (vgl. Gen 22,2.10-12). Denn so hat auch Elija außerhalb des Zeltes des Herrn Opfer dargebracht, um die Götzenpriester zu widerlegen (vgl. 1Kön 18,30-38): Man muß annehmen, daß er dies nach einem Gebot des Herrn getan hat, der ihm als einem Propheten in einer Offenbarung und Eingebung [es] zu tun befahl. Gleichwohl hatte sich die Gewohnheit, außerhalb des Zeltes zu opfern, so sehr verbreitet, daß man findet, auch Salomo habe auf den Höhen geopfert und auch sein Opfer sei nicht verworfen worden (vgl. 1Kön 3,4-15). Und dennoch werden Könige erwähnt, die unter ihren lobenswerten Taten die Höhen nicht zerstört haben (vgl. 1Kön 15,14; 22,44; 2Kön 12,4; 14,4; 15,4.35), wo das Volk gegen das Gesetz Gottes zu opfern gewohnt gewesen war, und wird derjenige [König] mit größerem Lob gepriesen, der [sie] zerstört hat (vgl. 2Kön 18,4; 23,8.15). So hat Gott die Gewohnheit seines Volkes, außerhalb seines Zeltes – doch wenigstens nicht fremden Göttern, sondern dem Herrn, ihrem Gott, – zu opfern, eher geduldet als verboten, indem er auch die, die so opferten, erhörte. Wer aber sähe nicht ein, daß der Engel dafür gesorgt hat, daß dies, was Gideon tat, auf prophetische Weise geschah, durch die jener Fels ausgezeichnet wurde? Diesem Fels ist zwar nicht geopfert worden, aber es wird berichtet, daß von jenem Feuer ausgegangen ist, das die Opfergabe aufzehrte. Sowohl nämlich durch das Wasser, das der Fels, als er geschlagen worden war, in der Wüste hervorquellen ließ (vgl. Ex 17,6; Num 20,11), als auch durch das

in evangelio significatum est hoc donum per aquam, ubi ipse dominus ait: *Si quis sitit, veniat et bibat. Qui credit in me, sicut dicit scriptura, flumina de ventre eius fluent aquae vivae*; Ubi evangelista subiunxit: *Hoc autem dicebat de spiritu quem accepturi erant credentes in eum*. Significatum est et per ignem, ubi veniente illo super congregatos legitur: *Visae sunt illis linguae divisae velut ignis, qui et insedit super unumquemque eorum*; et ipse dominus ait: *Ignem veni mittere super terram*.

37 *Et factus est numerus eorum qui lambuerunt manu sua, lingua sua trecenti viri.* Plerique Latini codices non habent *manu sua*, Sed tantummodo *lingua sua*, Quoniam sic intellexerunt quod supra dictum est: *Sicut canes*; Graecus autem utrumque habet: *Manu sua, lingua sua*, Ut intellegatur quod manu aquam raptam in os proiciebant. Et hoc erat simile bibentibus canibus, qui non ore adposito sicut boves aquam ducunt quam bibunt, sed lingua in os rapiunt, sicut etiam isti fecisse intelleguntur, sed cum manu in os aquam proicerent, quam lingua exciperent. Nam et interpretatio ex Hebraeo planius id habet his verbis: *Fuit itaque numerus eorum qui manu in os proiciente aquam lambuerant trecenti viri*. Neque enim solent homines ita bibere, ut sine opere manus lingua sicut canes aquam hauriant; aut vero istis praeceptum fuerat ut hoc facerent. Sed cum ad bibendum descendissent ad aquam, multi genu fixo biberunt, quod facilius et minore labore fieret; pauci vero, quia non flexo genu se incuruauerunt, ut canes biberunt, sed aquam manu in os iactam. Quorum numerus, quia trecenti erant, signum insinuat crucis propter litteram τ Graecam, qua iste numerus significa-

---

29 Io 7,37-39 31 Act 2,3 32 Lc 12,49 37,3 Idc 7,5

27 hoc *om. n* | dominus] eras. *P, om. V* 28 sitit] scitat *n* | dicit] dixit *S* 29 subiunxit] subiungit *n* 37,1 lambuerunt] laverunt *n* 2 manu sua] manus suas *n* 3 utrumque...4 habet] habet utrumque *Am. μ* 5 adposito] opposito *S* 7 fecisse intelleguntur] intelleguntur fecisse *Am. μ* | sed *om. T* 9 lambuerant] lambuerunt *p* 10 opere] ope *T² Am. μ* 12 fixo] flexo *S T Am. μ* 13 flexo] flexu *P V* | genu *om. P V* | se] sed *P* 14 aquam] aqua *V T Am. μ* iactam] iacta *V T Am. μ* 15 τ] tau *P S V N T* | qua *om. P S N*

---

[76] TM: בְּיָדָם אֶל־פִּיהֶם „(die leckten) mit ihrer Hand zu ihrem Mund" (so auch Vulg: *manu ad os proiciente*). LXXAL (entsprechend TM 7,5): ἐν τῇ γλώσσῃ αὐτῶν „(die leckten) mit ihrer Zunge"; LXXB (wie TM): ἐν χειρὶ αὐτῶν πρὸς τὸ στόμα αὐτῶν (= TM 7,6). Die VL:Cod.Lugd folgt LXXL *(lamserunt lingua sua)*. Die VL des Augustinus gibt dagegen eine griechische Mischversion von LXXAL und LXXB wieder. Vgl. BILLEN, *Texts* 94; BILLEN, *Version* 140 und BdA.

Feuer wird die Gabe des Heiligen Geistes bezeichnet, die der Herr Christus sehr reichlich über uns ausgegossen hat. Denn diese Gabe ist auch im Evangelium durch Wasser bezeichnet worden, wo der Herr selbst sagt: „Wenn jemand Durst hat, komme er und trinke. Wer an mich glaubt, aus dessen Leib werden, wie die Schrift sagt, Ströme lebendigen Wassers fließen;" dort hat der Evangelist hinzugefügt: „Dies sagte er aber über den Heiligen Geist, den alle, die an ihn glauben, empfangen sollten" (Joh 7,37-39). Auch durch Feuer ist sie (die Gabe des Hl. Geistes) bezeichnet worden, wo man, als er über die Versammelten kam, liest: „Es erschienen jenen Zungen, die sich verteilt hatten, wie von Feuer, das sich auch auf einem jeden von ihnen niederließ" (Apg 2,3); und der Herr selbst sagt: „Ich bin gekommen, Feuer auf die Erde zu werfen" (Lk 12,49).

qu. 7,37 (zu Ri 7,6)

37 „Und die Zahl derer, die mit ihrer Hand, mit ihrer Zunge[76] leckten, belief sich auf dreihundert Männer." Die meisten lateinischen Kodices haben nicht „mit ihrer Hand", sondern nur „mit ihrer Zunge", weil sie so gedeutet haben, was weiter oben gesagt worden ist: „wie Hunde" (Ri 7,5); der Grieche aber hat beides: „mit ihrer Hand mit ihrer Zunge", damit man versteht, daß sie mit der Hand das hastig aufgenommene Wasser zum Mund brachten. Und das ähnelte trinkenden Hunden, die nicht wie die Rinder das Maul [in das Wasser] eintauchen und so das Wasser aufnehmen, das sie trinken, sondern [es] mit der Zunge hastig in das Maul schlürfen; so haben sich, wie man versteht, auch diese verhalten, als sie das Wasser, aber freilich mit der Hand zum Mund führten, das sie [dann] mit der Zunge aufnahmen. Denn auch die Übersetzung aus dem Hebräischen hat dies deutlicher in folgenden Worten: „So belief sich die Zahl derjenigen, die aus der Hand, die das Wasser zum Mund brachte, geleckt hatten, auf dreihundert Männer." Die Menschen pflegen nämlich nicht so zu trinken, daß sie ohne Beteiligung der Hand wie die Hunde das Wasser mit der Zunge schöpfen; oder aber es war diesen wohl sogar befohlen worden, dies zu tun. Aber als sie zum Trinken zum Wasser hinuntergestiegen waren, tranken viele mit gebeugtem Knie, was leichter und mit geringerer Anstrengung geschehen konnte; wenige dagegen tranken wie die Hunde, weil sie sich nicht mit gebeugtem Knie krümmten, aber Wasser, das sie mit der Hand zum Mund geführt hatten, [tranken]. Da sie dreihundert waren, deutet ihre Zahl wegen des griechischen Buchstabens T, durch den diese Zahl bezeichnet wird, das Zeichen des Kreuzes an.[77] Weil es ein griechischer Buchstabe ist, ist durch diesen auch stärker vorausbezeichnet worden, daß die Völker an den Gekreuzigten glauben

---

[77] Vgl. *en. Ps.* 67,32. Zum griechischen Zahlzeichen T für 300 und seinem Bezug auf das Kreuz Christi in der Patristik vgl. RIVIÈRE, *Trois;* speziell bezogen auf die 300 Streiter Gideons in Ri 7,6: S. 352-355.

tur. Per quam etiam gentes magis in crucifixum creditura praefiguratum est, quod littera Graeca est. Unde Graecorum nomine apostolus omnes gentes significat, cum dicit: *Iudaeo primum et Graeco*, et: *Iudaeis et Graecis*, saepe ita commemorans circumcisionem et praeputium, quod in linguis gentium Graeca ita excellat, ut per hanc omnes decenter significentur. Iste numerus et in vernaculis Abrahae animadvertendus est, per quos fratrem ab hostibus liberavit, quando eum Melchisedec in magno mysterio benedixit. Quod enim exuberant illic decem et octo - nam trecenti decem et octo fuisse referuntur - videtur mihi significatum quo etiam tempore fieret, id est tertio, quod futurum erat sub gratia. Nam primum est ante legem, secundum sub lege, tertium sub gratia. Singula vero tempora senario numero significata sunt propter perfectionem; nam ter seni decem et octo sunt. Unde et illa mulier decem et octo annos habebat in infirmitate, quam curvam salvator cum invenisset erexit et a diaboli alligamento, ut evangelium indicat, solvit. Nam quod ita isti probati sunt, per quos vinceret Gedeon, ut similes in bibendo canibus dicerentur, significat quod contemtibilia et ignobilia elegit dominus; pro contemtu enim habetur canis. Unde dicit: *Non est bonum tollere panem filiorum et mittere canibus*; et David, ut se tamquam contemtibilem abiceret, canem se appellavit loquens ad Saul.

38 Quid sibi vult quod scriptum est de Gedeon: *Descendit ipse et Phara puer eius in partem quinquaginta qui erant in castris*? Quod Latini quidam codices habent: *In eam partem in qua erant quinquageni custodes in castris*, Alii vero: *In partem quinquagesimam in castra*; obscurum quippe dictum plures sententias interpretum fecit. Sed aut ea pars castrorum erat, quam servabant quinquaginta custodes, aut, si quinquageni intellegendi sunt circumquaque servasse, in unam partem isti descenderunt ubi erant quinquaginta.

---

18 Rm 2,9 | 1 Cor 1,24 **20** vernaculis…22 benedixit] cf. Gn 14,14-20 **27** illa…29 solvit] cf. Lc 13,11-13 **31** 1 Cor 1,28 **32** Mt 15,26 | David…33 Saul] cf. 1 Rg 24,15

16 quam] quas *P S V,* quod *T* **18** Iudaeo] I*daeo *S* **20** decenter] decentur *P¹ V¹*, dicenter *n* significentur] significetur *P* **21** animadvertendus] enimadvertendus *P¹ S¹*, animadvertendum *n* **23** trecenti…et²] decem et trecenti *S*, trecenti et decem *N* **24** quo] quod *N* **28** habebat] habet *V* | et *om. P S¹ T* | a¹ *om. V* **30** vinceret] gentes *add. N* **31** dominus] deus *N* **33** abiceret] abicerent *n* **38,1** quid] quod *n* | de *om. P S V T Am. µ* | ipse et] et ipse *V T* **2** castris] castra *n* | habent] haberent *n* **4** obscurum] obscure *N*

---

[78] D.h. die Beschnittenen und die Unbeschnittenen.
[79] Vgl. *civ.* 8,2, *l.* 1-2.
[80] Zur Vollkommenheit der Zahl sechs vgl. *Gn. litt.* 4,2,2-3; *civ.* 11,30.

werden. Daher bezeichnet der Apostel mit dem Wort ‚Griechen' alle Völker, wenn er sagt: „dem Juden zuerst und auch dem Griechen" (Röm 2,9), und: „Juden und Griechen" (1 Kor 1,24), wobei er auf diese Weise oft die Beschneidung und die Vorhaut[78] benennt, weil unter den Sprachen der Völker die griechische so hervorragt, daß durch diese alle passend bezeichnet werden.[79] Diese Zahl ist auch bei den Hausklaven Abrahams wahrzunehmen, durch die er den Bruder von den Feinden befreit hat, als ihm Melchisedech den hoch geheimnisvollen Segen erteilte (vgl. Gen 14,14-20). Bezüglich der Tatsache, daß dort achtzehn mehr sind – denn es heißt, es seien dreihundertundachtzehn gewesen –, so scheint mir [dadurch] auch vorausbezeichnet zu sein, zu welcher Zeit es geschehen würde, d.h. im dritten [Zeitalter], das unter der Gnade stehen sollte. Denn das erste ist vor dem Gesetz, das zweite unter dem Gesetz, das dritte unter der Gnade. Die einzelnen Zeitalter wurden aber durch die Zahl sechs bezeichnet wegen der Vollkommenheit [dieser Zahl];[80] denn dreimal sechs sind achtzehn. Daher war jene Frau auch achtzehn Jahre lang krank gewesen, die der Erlöser, als er sie gekrümmt vorgefunden hatte, aufgerichtet und von der Fessel des Teufels befreit hat, wie das Evangelium berichtet (vgl. Luk 13,11-13). Daß diejenigen, durch die Gideon siegen sollte, auf diese Weise gemustert worden sind, daß man von ihnen sagte, daß sie im Trinken den Hunden ähnelten, bezeichnet nämlich voraus, daß der Herr das Verächtliche und das Unedle erwählt hat (vgl. 1 Kor 1,28)[81], denn der Hund wird verachtet. Daher sagt er: „Es ist nicht recht, das Brot den Kindern wegzunehmen und den Hunden vorzuwerfen" (Mt 15,26); und David nannte sich im Gespräch mit Saul ‚Hund', um sich gleichsam als verächtlich herabzusetzen (vgl. 1 Sam 24,15).

qu. 7,38 (zu Ri 7,11)

38 Was bedeutet das, was über Gideon geschrieben steht: „Er selbst und sein Diener Pura stiegen hinab zum Bereich der fünfzig,[82] die im Lager waren"? Dafür haben einige lateinische Kodizes: „in denjenigen Bereich, in dem sich je fünfzig Wachsoldaten im Lager befanden", andere dagegen: „in den fünfzigsten Bereich in das Lager";[83] freilich hat die unklare Formulierung mehrere Übersetzungen hervorgebracht. Aber entweder war es derjenige Bereich des Lagers, in dem fünfzig Wachsoldaten Dienst taten, oder, falls man verstehen soll, daß je fünfzig überall herum Wache hielten, [dann] sind diese in einen Bereich hinabgestiegen, wo fünfzig standen.

---

[81] Vgl. *qu.* 7,39.
[82] TM: „bis zum Rand der Bewaffneten". LXX liest im Gegensatz zu TM nicht den militärischen terminus technicus הַחֲמֻשִׁים „Krieger", sondern interpretiert den Konsonantenbestand in abweichender Vokalisierung als חֲמִשִּׁים „fünfzig".
[83] So Cod.Lugd.

39 Quod ille, qui proximo suo somnium narravit, quod audivit Gedeon, ut de victoria futura confirmaretur, dixit se vidisse mensam panis hordeacei voluentem in castris et percutientem tabernaculum Madian et subvertentem, hoc intellegendum arbitror quod de canibus, quia per contemptibilia mundi - quod significat mensa panis hordeacei - salvator superbos fuerat confusurus.

40 Quod exclamari iussit Gedeon a trecentis suis: *Gladius domino et Gedeon*, Id est huic Gedeon, hoc significat, quod gladius id erat operaturus, quod domino placeret et Gedeon.

41,1 Quaeri solet quid sit ephud vel ephod. Quod quidem si sacerdotale est indumentum, quod plerique dicunt, vel potius superindumentum, quod ἐπένδυμα Graece dicitur vel ἐπωμίς, quod magis superhumerale interpretari Latine potest, merito movet quomodo de tanto auro Gedeon id fecerit. Nam ita scriptum est: *Et factum est pondus inaurium aurearum quas petierat sicli mille septingenti auri praeter brachialia et torques et operimenta purpurea quae erant super reges Madian, praeter torques quae erant in cervicibus camelorum ipsorum. Et fecit illud Gedeon in ephud et statuit illud in civitate sua in Ephra. Et fornicatus est omnis Israhel post illud ibi et factum est Gedeon et domui eius in scandalum.* Quomodo ergo ista vestis de tanto auro fieri potuit? Nam et mater Samuelis fecit filio suo, sicut legimus, ephud bar, quod nonnulli interpretati sunt ephud lineum, quando eum dedit domino in templo nutriendum: Ubi evidentius adparet hoc genus esse indumenti. An ideo dictum est: *Statuit illud in civitate sua*, ut hinc intellegeretur aureum fuisse factum? Non

---

39,4 quod¹...canibus] cf. Idc 7,5-6 | per...5 confusurus] cf. 1 Cor 1,27-28   **41,10** mater... bar] cf. 1 Rg 2,18

39,5 superbos] superuos *vel* supervos *P S¹*, super hos *V*   **40,1** gladius] claudius *n*   **2** gladius] claudius *n*   **41,1** ephud] efud *ita fere semper P S V N T* | ephod] efod *ita fere semper P S V N T*, seu ephot *add. Bad.* | si *om. n* | sacerdotale] sacerdotalis *n*   **2** ἐπένδυμα] ependyma *p*, ependima *P S V N T*   **3** ἐπωμίς] epomis *P S V N T* | Latine] solet *eras. S*   **4** potest] post *n*   **6** super...7 erant *om. T*   **10** ephud bar] efudbar *P S V N*, efubar *T*   **11** domino *om. V*

---

[84] TM hat das hapax legomenon unsicherer Etymologie und Bedeutung: צָלוּל ‚Laib' oder ‚Fladen'. LXX: μαγίς „any kneaded mass, cake, kneadingtrough, small table" (LSL); VL:Cod.Lugd entscheidet sich für „Schüssel": *magida panis hordiacius*, die VL des Augustinus für *mensa* „Tisch"; da *volventem* mit *mensam*, nicht mit *panis* kongruiert, ergibt dies das seltsame Bild eines sich im Lager herumwälzenden Tisches. Vulg frei: *subcinericius panis ex hordeo* „in Asche gebackenes Brot aus Gerste".
[85] Vgl. *qu.* 7,37.

qu. 7,39 (zu Ri 7,13)

39 Daß jener, der seinem Genossen einen Traum erzählte, den Gideon hörte, damit er bezüglich des zukünftigen Sieges Sicherheit erlange, sagte, er habe einen Tisch[84] mit Gerstenbrot gesehen, der sich im Lager herumwälzte und das Zelt Midians zerstörte und umstürzte, dies ist meines Erachtens zu deuten wie [die Aussage über] die Hunde (vgl. Ri 7,5-6), daß [nämlich] der Erlöser durch das Verächtliche in der Welt – das bezeichnet der Tisch mit Gerstenbroten – die Stolzen beschämen werde (vgl. 1Kor 1,27-28).[85]

qu. 7,40 (zu Ri 7,20)

40 Was Gideon seinen Dreihundert auszurufen befahl: „Schwert für den Herrn und Gideon", d.h. für diesen Gideon, dies bedeutet, daß dieses Schwert bewirken sollte, was dem Herrn gefiele und Gideon.

qu. 7,41,1 (zu Ri 8,26-27)

41,1 Man pflegt zu fragen, was ein *ephud* oder *ephod* ist. Wenn es ein priesterliches Gewand ist, wie die meisten sagen, oder eher ein Überkleid, das auf Griechisch ἐπένδυμα oder ἐπωμίς genannt wird, das auf Lateinisch besser durch *superhumerale* (Obergewand) übersetzt werden kann,[86] fragt man sich zu recht, wie Gideon es aus soviel Gold angefertigt hat. Denn so steht geschrieben: „Und das Gewicht der goldenen Ohrringe, die er erbeten hatte, betrug eintausendsiebenhundert Goldschekel, abgesehen von den Armspangen und den Halsketten und den purpurnen Gewändern, die die Könige von Midian trugen, und außer den Halsketten, die an den Hälsen ihrer Kamele waren. Und Gideon machte jenes zu einem Efod und stellte es in seiner Stadt Ofra auf. Und ganz Israel hurte dort hinter jenem her, und es wurde für Gideon und sein Haus zum Ärgernis." Wie konnte also dieses Gewand aus soviel Gold gefertigt werden? Denn, wie wir lesen, stellte auch die Mutter Samuels für ihren Sohn ein *ephud bar*[87] her (vgl. 1Sam 2,18) – das einige durch ‚leinenes Efod' übersetzt haben –, als sie ihn dem Herrn im Tempel zur Erziehung übergab: Dort zeigt sich deutlicher, daß dies eine Art Gewand ist. Hat die Schrift vielleicht deshalb formuliert: „Er stellte es in seiner Stadt Ofra auf", damit man daraus schließe, daß es

---

[86] Vgl. Hieronymus, *ep.* 64,15: *ephod, septuaginta* ἐπωμίδα, *id est superumerale. appellant Aquila* ἐπένδυμα, *hoc est desupervestimentum.*

[87] Schon LXX verliest TM: אֵפוֹד בָּד (leinenes Efod) in אֵפוֹד בָּר (Efod ??) und erzeugt damit ein unbekanntes Wort. Unten, *qu.* 7,41,3, verweist Augustinus auf die richtige hebräische Lesung und die Übersetzung „leinenes Efod", wie die Vulg sie bietet: *ephod lineo.* Vgl. Hieronymus, *ep.* 64,15: *ephod bad, id est superumerale lineum. Ep.* 29,5: *audiens ‚bar' risum tenere non possum. Nam cum apud Hebraeos dicitur ‚bad', ipsos quoque septuaginta interpretes sic transtulisse manifestum sit, pro ‚bad' ut ‚bar' scribatur, error obtinuit, bad autem lingua Hebraica ‚linum' dicitur.*

enim dictum est posuit, sed *statuit*, quoniam ita erat solidum et validum, ut statui posset, hoc est positum stare.

41,2 Hoc ergo inlicitum cum fecisset Gedeon, *fornicatus est post illud omnis Israhel*, id est sequendo illud contra legem dei. Ubi non frustra quaeritur, cum idolum non fuerit, id est cuiusquam dei falsi et alieni simulacrum, sed ephud, id est unum de sacramentis tabernaculi quod ad vestem sacerdotalem pertineret, quomodo fornicationem scriptura dicat populi ista sectantis atque venerantis. Ideo scilicet, quod praeter tabernaculum dei, ubi erant ista quae ibi fieri iusserat deus, extra simile aliquid fieri fas non erat. Ideo sequitur et dicit scriptura: *Et factum est Gedeon et domui eius in scandalum*, id est, ut ab offenso deo discederet, quia et hoc quoddam genus idoli quodam modo erat, quod extra dei tabernaculum quodlibet manu factum pro deo coleretur, cum illa ipsa quae iussa sunt in tabernaculo fieri ad dei potius cultum referrentur quam pro deo aliquid eorum aut pro dei simulacro colendum haberetur.

41,3 Quamquam per ephud vel ephod ea locutione, quae significat a parte totum, omnia possint intellegi quae constituit Gedeon in sua civitate veluti ad colendum deum similia tabernaculo dei: Et propterea per hoc, quia hoc est sacerdotalis honoris insigne, quod saepe scriptura commemorat, ut hoc sit peccatum Gedeon, quod extra dei tabernaculum fecerit aliquid simile, ubi coleretur deus. Non quod solido auro velut adorandum constituerit ephud, sed quod ex auro ipso, quod esset de praeda, fecerit ea quae pertinerent ad ornamenta vel instrumenta sacrarii, quae omnia per ephud significata sunt, propter excellentiam, ut dixi, vestis sacerdotalis. Nam et ipsum ephud non quidem ex auro solo fieri praeceptum est, si hoc est superhumerale sacerdotalis vestis, verum tamen etiam aliquid auri habet; nam ex auro et hyacintho et purpura et coccino et bysso ut fieret, divinitus imperatum est. Sed quia hoc ita posuerunt septuaginta interpretes, ut commemoratis omnibus quae de spoliis acceperat

---

36 ipsum...39 est] cf. Ex 28,2.4-5

---

17 dei] dm *vel* dni T   **18** id² *eras. sed in marg. add. m.* 2 V   **20** ista] iste P¹   **21** iusserat...22 deus] deus iusserat N   **23** discederet] disceret P¹   **24** quodam] quo P | quod *om. p*   **30** tabernaculo] tabernacula P S¹   **36** ipsum] ipsud P S   **37** est si] etsi *p* | si] sicut P

---

[88] Was der Autor von Ri 8,27 sich unter dem soliden aufstellbaren goldenen Efod, hinter dem die Israeliten ‚herhurten', vorgestellt hat, ist bis heute umstritten. Vielleicht ein Orakelgerät/ein Götterbild? Vgl. GROSS, *Richter* 457-460. Augustinus arbeitet im folgenden die Ambivalenz zwischen Gerät und Gottesbild sehr präzise heraus.

aus Gold gemacht worden war? Sie formulierte nämlich nicht: ‚legte hin‘, sondern „stellte auf", weil es so kompakt und fest war, daß es aufgestellt werden, d.h. aufrecht stehen konnte.[88]

qu. 7,41,2

41,2 Daher hat, als Gideon diesen unerlaubten [Gegenstand] hergestellt hatte, „ganz Israel hinter jenem hergehurt", d.h. indem es jenem gegen das Gesetz Gottes folgte. Da es kein Götzenbild, d.h. die Statue irgend eines falschen und fremden Gottes, gewesen ist, sondern ein Efod, d.h. einer aus den heiligen Gegenständen des Zeltes, der zum priesterlichen Gewand gehörte, fragt man hier nicht grundlos, wieso die Schrift dieses [Verhalten] des Volkes, das [dem Efod] folgte und [es] verehrte, Hurerei nennt. Deswegen natürlich, weil es nicht erlaubt war, außerhalb des Zeltes Gottes, wo jene [Gegenstände] sich befanden, die Gott herzustellen befohlen hatte, zusätzlich etwas Ähnliches herzustellen. Daher fährt die Schrift fort und sagt: „und es wurde für Gideon und sein Haus zum Anstoß", d.h. so daß er sich von Gott, der [dadurch] beleidigt worden war, entfernte, da auch dieses [Efod] in gewisser Weise irgendeine Art von Götzenbild war, weil außerhalb des Zeltes Gottes jeder beliebige von Hand gefertigte Gegenstand als Gott verehrt wurde, während jene [Gegenstände] ihrerseits, deren Herstellung innerhalb des Zeltes befohlen worden war, eher auf die Verehrung Gottes bezogen wurden, als daß man meinte, irgendeinen von ihnen als Gott oder als Götterstatue verehren zu sollen.

qu. 7,41,3

41,3 Dennoch könnten nach derjenigen Redefigur, die durch einen Teil das Ganze bezeichnet, unter *ephud* oder *ephod* alle dem Zelt Gottes ähnlichen [Gegenstände] verstanden werden, die Gideon in seiner Stadt gleichsam zur Verehrung Gottes aufstellte: und aus diesem Grund, weil dieses [Efod] Zeichen der priesterlichen Würde ist, das die Schrift oft erwähnt, [ergibt sich] daraus, daß die Sünde Gideons darin bestand, daß er außerhalb des Zeltes Gottes irgendetwas Ähnliches herstellte, wo Gott verehrt wurde. Nicht weil er das Efod, gleichsam als sollte es verehrt werden, aus massivem Gold hergestellt hat, sondern weil er aus eben diesem Gold, das aus der Beute stammte, diejenigen [Gegenstände] hergestellt hat, die zum Schmuck oder zu den Instrumenten des Heiligtums gehörten, die alle durch [das Wort] Efod bezeichnet worden sind, vorzugsweise, wie ich sagte, das priesterliche Gewand. Denn es ist zwar nicht befohlen worden, auch das Efod selbst aus reinem Gold herzustellen, wenn dieses das priesterliche Obergewand ist, dennoch aber hat es etwas Gold an sich; denn durch Gott ist befohlen worden, es aus Gold und aus Violettem und Purpur und Scharlachrotem und aus feinem Leinen herzustellen (vgl. Ex 28,2.4-5). Aber weil die siebzig Übersetzer es in der Weise formuliert haben, daß sie, nachdem sie alles aufgezählt hatten, was Gideon aus der Beute erhalten hatte, hinzu-

680 Gedeon, inferrent: *Et fecit illud Gedeon in ephud*, videtur ita dictum, tamquam ex toto illo quod commemoratum est hoc factum esse credatur, cum possit etiam illic intellegi locutio quae significat a toto partem, ut quod dictum est: *Fecit illud in ephud*, intellegatur fecit inde ephud vel fecit ex eo ephud, non scilicet illud totum consumens in ephud, sed ex illo quantum sufficiebat inpendens. Nam in illa interpretatione quae ex Hebraeo est sic legitur: *Fecitque ex eo Gedeon ephod*. Quod enim apud septuaginta scriptum est *ephud*, hoc in Hebraeo perhibetur dici *ephod*. Non autem omnes sacerdotes tali utebantur superhumerali, quod esset ex auro et hyacintho et purpura et coccino et bysso, sed solus summus sacerdos. Unde illud, quod de Samuele commemoravimus factum illi ab eius matre, non erat utique tale, quoniam cum datus est nutriendus non erat summus sacerdos utique puer. Unde, ut dictum est, ephud bar appellatur vel potius ephud bat, sicut adserunt qui Hebraeam linguam noverunt, et interpretatur ephud lineum. Sed Gedeon existimo illud fecisse, quod erat praecipuum summi sacerdotis indumentum atque ornamentum, per quod et cetera significata sunt opera
700 sacrarii, quod in sua civitate praeter dei tabernaculum constituerat. Et propter hoc peccatum factum est illi et domui eius in scandalum, ut sic interiret - quod postea scriptura narrat - tanta eius numerositas filiorum.

42 Non praetereunda oritur quaestio, quomodo quieverit terra quadraginta annos in diebus Gedeon, cum post victoriam, qua liberavit Hebraeos, ex auro spoliorum fecerit abominationem et post illam fornicatus sit omnis Israhel et fuerit illi et domui eius in scandalum. Quomodo ergo post hoc tantum nefas, quod et Gedeon et populus admisit, requievit terra quadraginta annos, cum hoc scriptura soleat ostendere, cum a domino deo populus fornicaretur, tunc potius pacem illos perdere, non adquirere, et hostibus subiugari, non ab hostium infestatione muniri? Sed intellegendum est, sicut solet scriptura, per prolepsin, id est per praeoccupationem dixisse, quod fecerit ephud contra dei legem Gedeon ex illo auro, quod fuerat hostibus devictis atque prostratis ablatum, quia

---

57 ut...58 filiorum] cf. Idc 9,5

42 possit] potuit *T (in ras.)*   **44** inde ephud] inde in efud *P S*   **46** ex²...Gedeon] Gedeon ex eo *S*   **52** appellatur] appellabatur *T* | ephud bat] epudbad *p*; efudbat *P S V*, ephudbad *n*, effudbat *T*   **42,2** annos] annis *N*   **4** tantum *om. P¹*   **5** requievit] requievitque *P S¹ T¹*

setzten: „Und Gideon machte jenes zu einem Efod", scheint es so gesagt worden zu sein, damit man meine, daß dieses gleichsam aus allem jenem [Beutegut], das aufgezählt worden ist, hergestellt worden ist, obgleich man hier auch die Redefigur, die durch das Ganze einen Teil bezeichnet, annehmen könnte, so daß der Satz: „er machte jenes zu einem Efod" auch dahingehend verstanden werden kann, daß er davon ein Efod machte oder daraus ein Efod machte, indem er, versteht sich, nicht jenes insgesamt für das Efod verbrauchte, sondern nur so viel davon verwendete, wie [dazu] ausreichte. Denn in jener Übersetzung, die aus dem Hebräischen gemacht ist, liest man folgendes: „Und Gideon machte daraus ein Efod." Das [Wort], das bei den Siebzig als *ephud* geschrieben ist, erscheint nämlich im Hebräischen als *ephod*. Aber nicht alle Priester trugen ein solches Obergewand, das aus Gold und Violettem und Purpur und Scharlachrotem und feinem Leinen [gemacht] ist, sondern nur der Hohepriester. Daher war jenes [Efod], das, wie wir bezüglich Samuel erwähnt haben, jenem von seiner Mutter angefertigt worden war, natürlich nicht von dieser Beschaffenheit, da der Knabe, als er zur Erziehung übergeben worden ist, selbstverständlich nicht Hoherpriester war. Deswegen wird es, wie wir gesagt haben, *ephud bar* bzw. eher *ephud bat* genannt, wie diejenigen bezeugen, die die hebräische Sprache kennen, und als leinenes Efod übersetzt. Aber ich bin der Meinung, Gideon hat jenes [Efod] hergestellt, das das wichtigste Kleidungsstück und der Schmuck des Hohepriesters war, durch das auch die übrigen Werke des Heiligtums bezeichnet sind, das er in seiner Stadt zusätzlich zum Zelt Gottes aufgestellt hatte. Und wegen dieser Sünde ist es jenem und seinem Haus zum Anstoß geworden, so daß deswegen – was die Schrift später erzählt – die so große Anzahl seiner Söhne zugrunde ging (vgl. Ri 9,5).

qu. 7,42 (zu Ri 8,27-28)

42 Es erhebt sich die Frage, die nicht übergangen werden darf, wieso das Land in den Tagen Gideons vierzig Jahre Ruhe hatte, obgleich er nach dem Sieg, durch den er die Hebräer befreite, aus dem Beutegold den Greuel hergestellt hat und ganz Israel hinter jenem hergehurt ist und es jenem und seinem Haus zum Ärgernis geworden ist. Wieso also hat das Land nach diesem so großen Frevel, den sowohl Gideon als auch das Volk begangen haben, vierzig Jahre Ruhe gehabt, obgleich die Schrift folgendes zu zeigen pflegt, daß, wenn das Volk vom Herrn Gott weghurte, jene dann eher den Frieden verloren, nicht erwarben und [eher] den Feinden unterworfen wurden, nicht vor dem Angriff der Feinde geschützt wurden? Aber man muß verstehen, daß die Schrift, wie üblich, durch Prolepsis, d.h. durch Vorwegnahme gesagt hat, daß Gideon gegen das Gesetz Gottes das Efod aus jenem Gold hergestellt hat, das den Feinden, nachdem sie besiegt und niedergestreckt waren, abgenommen worden ist, weil sie an einer einzigen Stelle sagen wollte, woher das Gold stammte und was aus

uno loco dicere voluit et unde erat aurum et quid de illo factum sit. Sed postea factum est in fine dierum Gedeon hoc peccatum, quando consecuta sunt etiam mala, quae deinde scriptura contexuit, posteaquam commemoravit, quot annis in diebus Gedeon terra conquieverit, quos annos recapitulando commemoravit, id est ad ordinem rediens quem praetervertrrat prius dicendo de illo scandalo quod novissime factum est.

43 *Et factum est cum mortuus esset Gedeon, et aversi sunt filii Israhel et fornicati sunt post Baalim et posuerunt ipsi sibi Baalberith testamentum, ut esset eis ipse in deum.* Et Baalim et Baalberith idola intellegenda sunt. Maior itaque transgressio et fornicatio commissa est a populo post mortem Gedeon quam illo vivo propter ephud, quoniam et illud, etsi inlicite factum erat, tamen de sacramentis tabernaculi erat; ista vero post idola fornicatio non habet vel falsam paternae religionis defensionem. Unde etiam si illud ephud non in fine temporis Gedeon, sed ante factum est, ita deus patienter tulit, ut pax in terra perseveraret, quia, licet factum erat quod prohibuerat, non tamen longe recessum erat ab illo qui tale aliquid in tabernaculo suo atque in honorem suum fieri iusserat. Nunc vero graviora commissa et apertissimam post idola fornicationem populi esse noluit inpunitam.

44 Quod inducitur rhamnus, id est quoddam spinarum genus, in similitudinem dicere omnibus lignis convenientibus eam, ut regnaret super ea: *Si in veritate ungitis me vos regnare super vos, venite, confidite in protectione mea; et si non, exeat ignis de rhamno et comedat cedros Libani*, obscurus sensus est, sed eum inventa distinctio manifestat. Non enim ita legendum est: *Et si non exeat ignis de rhamno*, sed subdistinguendum *et si non* ac deinde inferendum *exeat ignis de rhamno*, id est: Et si

---

13 commemoravit] memoravit *p* **14** quos] quod *p* | quos annos] quod annos *N* commemoravit] commeravit *p P* **15** rediens] *om. P S V T*, revertendo *Am. μ* praetervertrrat] praetererat *p*, praetierat *n*, praeterierat *T* **43**,1 mortuus esset] esset mortuus *V Am. μ* **2** in *om. P¹* **5** et *om. N* **7** non] si *add. Am. μ* **11** inpunitam] inpunitum *V T* **44**,2 eam] ad *praem. T* | ea si] eas *P S V* **3** ungitis] unguitis *V¹ Am. μ* **6** deinde] inde *V* et² *om. V*

---

[89] TM: „Und sie machten den *Baalberit* (den Baal des Bundes) zu ihrem Gott." LXXA, gefolgt von VL, gibt hier *berit* („Bund") doppelt wieder: sie transkribiert es (entsprechend TM) als Namensteil in *Baalberit* und übersetzt es anschließend als Appellativum ‚Bund'. LXXB, gefolgt von Vulg, betrachtet dagegen *berit* nur als Appellativum, nicht als Namensbestandteil: *percusseruntque cum Baal foedus ut esset eis in deum*. Vgl. SCHREINER, *Septuaginta-Massora* 69.92.

jenem gemacht worden ist. Aber diese Sünde ist später am Ende der Tage Gideons verübt worden, als auch die Übel [darauf] gefolgt sind, die die Schrift anschließend gemeinsam dargestellt hat, nachdem sie berichtet hat, wieviel Jahre lang das Land in den Tagen Gideons Ruhe hatte; diese Jahre hat sie durch Rekapitulation genannt, d.h. insofern sie zu der [zeitlichen] Reihenfolge zurückkehrte, die sie verlassen hatte, indem sie zuerst von jenem Anstoß gesprochen hatte, der erst ganz am Ende verursacht worden ist.

qu. 7,43 (zu Ri 8,33)

43 „Und es geschah, als Gideon gestorben war, [und] da fielen die Söhne Israel ab und hurten hinter den *Baalim* her und schlossen ihrerseits mit *Baalberit* einen Bund, damit er seinerseits für sie Gott sei."[89] Sowohl *Baalim* als auch *Baalberit* sind als Götzenbilder zu verstehen. Daher hat das Volk nach Gideons Tod eine größere Übertretung und Hurerei begangen als wegen des Efods zu dessen Lebzeiten, da auch jenes, obgleich es unerlaubterweise angefertigt worden war, dennoch zu den heiligen Gegenständen des Tempels gehörte; dagegen gibt es für diese Hurerei mit den Götzenbildern keine Verteidigung oder nur eine falsche Verteidigung [als Bestandteil] der väterlichen Religion. Auch wenn jenes Efod nicht am Ende der Zeit Gideons, sondern früher angefertigt worden ist, hat Gott [es] deswegen so geduldig ertragen, daß der Friede im Land andauerte, weil, obgleich etwas angefertigt worden war, was er verboten hatte, [das Volk dadurch] doch nicht weit von ihm abgewichen war, der befohlen hatte, etwas dieser Art in seinem Zelt und zu seiner Ehre anzufertigen. Jetzt aber wollte er die größeren Vergehen und die ganz offenkundige Hurerei des Volkes hinter den Götzenbildern her nicht unbestraft lassen.

qu. 7,44 (zu Ri 9,14-15)

44 Der Sinn [der Stelle] ist unklar, in der der Dornstrauch, d.h. irgendeine Art Dorngewächs, eingeführt wird, wie er in der Fabel zu allen Bäumen, die sich bei ihm versammelten, damit er über sie herrsche, sagt: „Wenn ihr mich wahrhaftig salben wollt, damit ich über euch herrsche, kommt, vertraut meinem Schutz;[90] wenn aber nicht, gehe Feuer aus vom Dornstrauch und fresse die Zedern des Libanon." [Den Sinn] verdeutlicht aber die Einführung der Interpunktion. Es ist nämlich nicht so zu lesen: „und wenn kein Feuer vom Dornbusch ausgeht", sondern es ist ein Komma nach: „und wenn nicht" einzufügen, anschließend aber fortzufahren: „gehe Feuer vom Dornbusch aus", d.h.: und wenn ihr nicht auf meinen Schutz vertraut, oder: und wenn ihr mich nicht in

---

[90] Während LXXB die Bildrede des TM wiedergibt: „Stellt euch in meinen Schatten", bringt LXXA, gefolgt von der VL des Augustinus, die intendierte Sachaussage: „vertraut auf meinen Schutz"; VL:Cod.Lugd wählt einen Mittelweg: *intrate in protectione mea*.

non confiditis in protectione mea aut: Et si non in veritate ungitis me regnare super vos, *exeat ignis de rhamno et comedat cedros Libani.* Comminantis enim verba sunt quid facere possit, si noluerint eam regnare super se. Verum quia non ait: Exibit ignis de rhamno et manducabit cedros Libani, sed ait: Exeat et manducet, obscurius factum est, quam si sola distinctio lateret. Vehementioris autem comminationis est et quodam modo praesentioris efficaciae, si quis dicat: Si non vis facere quod volo, saeviat in te ira mea, id est iam saeviat, ut quid eam teneo? Quam si dicat: Saeviet, promissivo modo poenam intentans futuram.

45 *Et emisit deus spiritum malignum inter Abimelech et inter viros Sicimorum.* Hoc verbum, utrum imperantem an permittentem deum significet, non facile definiri potest. Quod enim hic positum est *emisit*, Graecus habet ἐξαπέστειλεν: Quod est etiam in Psalmis, ubi legitur: *Emitte lucem tuam.* Quamquam in quibusdam locis interpretes nostri et ubi est in Graeco ἐξαπέστειλεν *misit* interpretati sunt, non *emisit*. Potest ergo et sic intellegi, ut spiritum malignum deus tamquam ire inter eos volentem emiserit, id est potestatem dederit maligno spiritui ad eorum pacem perturbandam. Usque adeo autem etiam mitti a domino malignum spiritum propter iustitiam vindicandi non absurdum visum est, ut quidam id, quod est ἐξαπέστειλεν, etiam *inmisit* interpretati sint.

46 Verba quae misit ad nuntios Abimelech Zebul princeps civitatis Sicimorum etiam id habent: *Et nunc surge nocte tu et populus tuus tecum et insidiare in agro. Et erit mane simul ut oritur sol, maturabis et tendes super civitatem.* Quod Latini quidam

---

45,4 Ps 42,3

---

9 quia] qui *T*   10 exibit] exeat *p*, exivit *n* | manducabit] manducavid *n*, manducat *T*   13 in…saeviat² *om. n per homoiot.* | quid] quod *P S¹*   14 quam] qua* *V* | dicat] dicam *p*   **45,1** et¹ *om. S* | emisit] misit *P V T*   3 ἐξαπέστειλεν] exapestilen *P V T*, exapestilem *S N*   4 est *om. p* | est etiam] etiam est *Am. μ*   5 ἐξαπέστειλεν] exapestilen *P V N T*, exapestilem *S*   6 potest] post *n* | et *om. N* | malignum] malum *P S V N*   10 ἐξαπέστειλεν] exapestilen *P V N T*, exapestilem *S* | inmisit *om. n* | sint] sunt *p*   **46,1** Abimelech] ad *praem. N*   2 nocte] noctu *N*   3 ut] et *P S¹ V¹* | oritur] orietur *V¹ T*

---

[91] Vulg übersetzt verdeutlichend: *sin autem non vultis.*
[92] *Eam*, bezogen auf den Dornstrauch *rhamnos/us*, der fem. gen. ist.
[93] TM hat: בַּעֲלֵי שְׁכֶם „die Herren von Sichem", entsprechend VL:Cod.Lugd.: *inter principes Sicomorum*, LXX: ἀνὰ μέσον τῶν ἀνδρῶν Σικιμων „zwischen die Männer von Sichem", so auch die VL des Augustinus, Vulg,: *habitatores Sychem* „die Einwohner von Sichem".

Wahrheit salben wollt,[91] damit ich über euch herrsche, „gehe Feuer aus vom Dornstrauch und fresse die Zedern des Libanon." Es sind nämlich die Worte eines, der droht, was er tun könnte, wenn sie nicht gewollt haben sollten, daß er[92] über sie herrsche. Weil er aber nicht sagt: ‚wird Feuer vom Dornbusch ausgehen und die Zedern des Libanon fressen', sondern sagt: ‚gehe aus und fresse', ist [der Sinn] undeutlicher geworden, als wenn allein die Interpunktion verborgen wäre. Es drückt nämlich eine heftigere Drohung aus und [hat] in gewisser Weise eine stärkere Wirkung, falls jemand sagte: ‚Wenn du nicht tun willst, was ich will, wüte mein Zorn gegen dich', d.h. wüte er augenblicklich, wozu halte ich ihn zurück? Als wenn er sagte: ‚er wird wüten' und so im Modus der Verheißung eine zukünftige Strafe androhte.

qu. 7,45 (zu Ri 9,23)

45 „Und Gott sandte einen bösen Geist zwischen Abimelech und die Männer von Sichem."[93] Ob dieses Wort *[emisit]* bedeutet, daß Gott befahl, oder daß er nur zuließ, läßt sich nicht leicht entscheiden.[94] Für das hier benutzte [Wort] *emisit* hat der Grieche nämlich ἐξαπέστειλεν; das steht auch in den Psalmen, wo man liest: „Sende aus dein Licht" (Ps 43,3). Gleichwohl haben unsere Übersetzer an manchen Stellen und wo beim Griechen ἐξαπέστειλεν steht, *misit*, nicht *emisit* übersetzt.[95] Man kann [den Passus] daher auch dahingehend verstehen, daß Gott einen bösen Geist, der gleichsam unter sie gehen wollte, losgehen ließ, d.h. daß er einem bösen Geist die Macht gab, ihren Frieden zu stören. Es ist aber in so hohem Grad als nicht sinnlos erschienen, daß der böse Geist von Gott auch aus Strafgerechtigkeit gesandt worden ist, so daß einige das Wort ἐξαπέστειλεν auch als *immisit* (sandte hinein) übersetzt haben.

qu. 7,46 (zu Ri 9,32-33)

46 Unter den Worten, die Zebul, der Stadtkommandant von Sichem, den Boten Abimelechs[96] sandte, sind auch folgende: „Und nun brich in der Nacht auf, du und dein Kriegsvolk bei dir, und leg dich auf dem Feld in den Hinterhalt. Und es soll geschehen: Am Morgen, sobald die Sonne aufgeht, sollst du dich beeilen und die Stadt überfallen." Der Grieche hat für das Wort, das einige Lateiner mit *maturabis* (du sollst dich beeilen), einige aber mit *manicabis* (du sollst am Morgen kommen) übersetzen, [einen Ausdruck], der nicht mit einem Wort

---

[94] GEORGES: *emitto*: „in doppelter Bedeutung: sowohl = ‚herausgehen-, herauslaufen machen *(faire aller)*', als auch ‚zulassen, dass etwas herausgeht, herausläuft *(laisser aller)*'".
[95] So auch hier in Ri 9,23 VL:Cod.Lugd und Vulg. Im Unterschied zu Augustinus betont GEORGES allerdings s.v. *emitto*, daß auch einfaches *mitto* beide Bedeutungen hat.
[96] Hier liegt ein Irrtum Augustins oder seiner VL vor. Nach Ri 9,31 TM+LXX+ VL:Cod.Lugd.+Vulg schickt Zebul Boten zu Abimelech, nicht zu den Boten Abimelechs.

habent *maturabis*, quidam vero *manicabis*, Graecus habet quod dici posset non uno verbo: *Diluculo surges*. Et fortasse hinc sit dictum *maturabis* a matutino tempore, quamvis etiam aliis temporibus dici soleat ad rem accelerandam. *Manicabis* autem Latinum verbum esse mihi non occurrit. Sed illud movet, quod cum dixisset: *Simul ut oritur sol*, addidit: *Diluculo surges*, cum ipsum diluculum, quod Graece dicitur ὄρθρος, tempus ante solem significet, quod iam usitatissime dicitur, cum albescere coeperit. Sic itaque intellegendum est, ut quod positum est *mane* ipsum diluculum intellegatur. Additum est autem: *Simul ut oritur sol*, ut exprimeretur non iam orto sole faciendum, sed ubi fulgor adparuerit solis orientis. Non enim aliunde albescit diluculum, nisi cum coeperit partem caeli, quam videmus ab oriente, lux solis ad eam redeuntis adtingere. Hinc est quod etiam in evangelio unam atque eandem rem alius evangelista dicit diluculo factam, cum adhuc obscurum esset, alius oriente sole, quia et ipsa lux quantulacumque diluculi sole utique fiebat oriente, id est ad ortum veniente et fulgorem suum de suae praesentiae propinquitate iactante. Quam lucem quidam idiotae solis non esse putaverunt, sed esse illam, quae primitus condita est, antequam deus quarto die conderet solem.

47 *Et surrexit post Abimelech, qui salvum faceret Israhel, Thola filius Phua, filius patris fratris eius, vir Isachar.* Filium patrui eius dixit filium patris fratris eius, cum ordinatius et usitatius atque apertius diceretur: Filium fratris patris eius; filius enim erat patrui eius, sicut evidentius in ea interpretatione quae ex Hebraeo est

---

46,15 evangelio…16 esset] cf. Io 20,1   **16** alius…sole] cf. Mc 16,2   **19** illam…20 solem] cf. Gn 1,3.14-19

---

4 manicabis] manichabis *P S¹ V*   **6** accelerandam] aḍ accelebrandam *S*   **7** manicabis] manichabis *P*   **8** oritur] orietur *T*   **9** ὄρθρος] OPTHPOS *P S V T*, ortros *p*, horthros *n* quod²] cum *N* | iam] quod *add. p*   **10** cum *om. P S N*   **11** oritur] orietur *T*   **18** suae] sua *P*   **19** esse illam] illam esse *S Am. μ*   **47,1** Phua *om. n*   **2** Isachar] Isachar *P S V N T* | filium¹] filius *N* | patris fratris] fratris patris *P S N* (*ex* patris patris *n*)   **3** diceretur] diceret *S*   **4** quae] qua *V¹ T*

---

[97] SCHIRNER, *Inspice* 521f. vermutet, die Wiedergabe durch zwei Wörter *diluculo surges* sei Augustins eigener Übersetzungsvorschlag. Für *QH* und *Loc.* vermutet sie generell, „dass bei den durch die Wendung *Graecus habet* o.ä. chaarakterisierten Versionen eigene Übertragungen des Kirchenvater vorliegen" (524).

[98] Vgl. aber Lc 21,38: *Et omnis populus manicabat ad eum in templo audire eum*; weitere Belege bei BLAISE, *Dictionnaire*.

[99] Augustinus spielt auf die Manichäer an.Vgl. Augustinus, *cons. Ev.* 3,65.

[100] TM: „der Sohn des Pua, des Sohnes des Dodo". LXX (υἱὸς πατραδέλφου αὐτοῦ)

wiedergegeben werden könnte: „du sollst in der Morgendämmerung aufbrechen".⁹⁷ Und aus diesem Grund mag vielleicht in Anbetracht der Morgenzeit *maturabis* (du sollst dich beeilen) übersetzt worden sein, obgleich man [so] auch bezüglich anderer Tageszeiten zu formulieren pflegt, [wenn es darum geht], eine Sache zu beschleunigen. Daß aber *manicabis* ein lateinisches Wort sei, steht mir nicht fest.⁹⁸ Aber jener Umstand irritiert, daß [Zebul], nachdem er gesagt hatte: „sobald die Sonne aufgeht", fortfuhr: „sollst du in der Morgendämmerung aufbrechen", da *diluculum* (Morgendämmerung), das auf Griechisch ὄρϑρος heißt, seinerseits die Zeit vor Sonnenaufgang bezeichnet; es wird ganz üblicherweise schon [für die Zeit], wenn es hell zu werden begonnen hat, gebraucht. [Die Wendung] ist daher dahingehend zu deuten, daß das gewählte Wort „am Morgen" im selben Sinn von ‚Morgendämmerung' zu verstehen ist. Es wurde aber hinzugefügt: „sobald die Sonne aufgeht", um auszudrücken, daß es nicht erst nach Aufgang der Sonne getan werden soll, sondern sobald der erste Schimmer der aufgehenden Sonne erschienen ist. Die Dämmerung wird nämlich aus keinem anderen Grund hell, als wenn das Licht der Sonne, die zu dem Teil des Himmels, den wir im Osten erblicken, zurückkehrt, ihn zu berühren begonnen hat. Daher kommt es, daß auch im Evangelium von ein und demselben Ereignis der eine Evangelist sagt, es sei in der Dämmerung geschehen, als es noch dunkel war (vgl. Joh 20,1), der andere aber, [es sei] bei Sonnenaufgang [geschehen] (vgl. Mk 16,2), da ja auch das noch so geringe Licht der Dämmerung seinerseits von der aufgehenden Sonne stammte, d.h. [von der Sonne,] als sie zum Horizont kam und ihren Glanz aus der Nähe ihrer Gegenwart ausstrahlte. Einige Ungebildete meinten, dies sei nicht das Licht der Sonne, sondern es sei jenes [Licht], das am Anfang geschaffen wurde, bevor Gott am vierten Tag die Sonne schuf (vgl. Gen 1,3.14–19).⁹⁹

qu. 7,47 (zu Ri 10,1)

47 „Und nach Abimelech trat einer auf, der Israel retten sollte, Tola, der Sohn des Pua, der Sohn seines Vatersbruders,¹⁰⁰ ein Mann aus Issachar." Den Sohn seines Onkels väterlicherseits hat die Schrift „Sohn seines Vaterbruders" genannt, obgleich man in richtigerer Reihenfolge und gebräuchlicher und klarer ‚Sohn des Bruders seines Vaters' sagen würde; er war nämlich der Sohn seines Onkels väterlicherseits, wie sich deutlicher in derjenigen Übersetzung findet, die aus dem Hebräischen gefertigt worden ist. Der Ausdruck „des Vaters des Bru-

---

versteht דּוֹדוֹ nicht als Personennamen, sondern sieht darin das Appellativ דּוֹד „Onkel väterlicherseits" mit enklitischem Personalpronomen. Dieses wird auf den unmittelbar zuvor genannten Abimelech bezogen, wie Vulg zeigt: *filius Phoa patrui Abimelech*. Die obige Übersetzung versucht, die von Augustinus diskutierte sprachliche Ambivalenz nachzuahmen.

invenitur. Non ergo quod dictum est *patris fratris* ab eo declinatum est quod est in nominativo pater fratris, sed ab eo quod est patris frater; hoc est enim patruus. Nam sive ponatur in nominativo: Hic pater fratris, sive ponatur: Hic patris frater, genetivum facit huius patris fratris. Verum altera oritur quaestio, quomodo fuerit patruus Abimelech *vir Issachar*, id est vir de tribu Issachar, cum Abimelech patrem habuerit Gedeon, qui Gedeon de tribu fuit Manasse. Quomodo ergo Phua et Gedeon fratres fuerunt, ut possit esse Phua patruus Abimelech, cuius patrui filius Thola succederet secundum istam narrationem ipsi Abimelech? Potuerunt ergo Gedeon et Phua unam habere matrem, ex qua diversis patribus nascerentur et fratres essent unius matris filii, non unius patris. Solebant enim nubere feminae de aliis tribubus in alias tribus. Unde et Saul, cum esset de tribu Beniamin, dedit filiam suam Dauid homini de tribu Iuda; et sacerdos Ioiade, utique homo de tribu Levi, duxit filiam Ioram regis, hominis de tribu Iuda. Hinc factum est, ut Elizabeth et Maria cognatas in evangelio legamus, cum fuerit Elizabeth de filiabus Aaron. Ex quo intellegitur de tribu Levi et filiabus Aaron aliquam nupsisse in tribum Iuda, unde ita fieret inter ambas illa cognatio, ut domini caro non solum de regia verum etiam de sacerdotali stirpe propagaretur.

48 Inter cetera, quae Iephte mandat per nuntios regi filiorum Ammon, etiam hoc dicit: *Nonne quaecumque hereditavit tibi Chamos deus tuus haec hereditabis, et omnia quaecumque hereditavit dominus deus noster a facie vestra, haec hereditabimus?* Quod quidam Latini sic interpretandum putaverunt, ut dicerent: *Nonne quaecumque dedit tibi in hereditate Chamos deus tuus, haec possidebis?* Ubi videri potest confirmasse Iephte deum istum, qui vocatur Chamos, potuisse aliquid dare in hereditate cultoribus suis. Quidam vero sic habent: *Nonne quaecumque possedit Chamos deus*

47,15 et…16 Iuda] cf. 1 Rg 18,27   **17** sacerdos…18 Iuda] cf. 2 Par 22,11   **18** Elizabeth…19 Aaron] cf. Lc 1,36

---

5 quod¹ *exp.* V | patris fratris] pater fratris V, fratris (frater *p*) patris N | ab eo] ex quo intellegitur de tribu levi et filiabus aaron sed *praem.* V Bad. | declinatum] dictum T   **6** frater] fre̅ T   **8** patris¹] fratris *n* | frater] fris̅ T | fratris] fr̅ T   **9** vir¹] viri *n*   **10** Manasse] Manase S, Manasses *n*   **11** fratres] frater *n*   **12** succederet] suscederet *n*   **13** matrem] patrem P¹   **14** diversis] *de praem. p* | patribus] partibus P¹ | patris *om. n*   **15** alias] aliis P   **16** et…18 Iuda *om.* P *per homoiot.*   **17** Ioiade] Iudae S V N   **18** Maria] Mariam N T *Am. μ*   **20** tribum] tribu *p* Iuda] Iudam P S V T   **48,2** hereditavit] hereditabit P V¹ Bad. (alibi hereditavit *in marg.*)   **3** noster *om.* S¹   **5** hereditate] hereditatem *Am. μ* | possidebis] possidebit P   **6** hereditate] hereditatem *Am. μ*

ders" ist daher nicht vom Nominativ ‚Vater des Bruders', sondern vom [Nominativ] ‚Bruder des Vaters' dekliniert; dies ist nämlich der Onkel väterlicherseits. Denn ob man nun im Nominativ sagt: ‚dieser Vater des Bruders' oder sagt: ‚dieser Vatersbruder', als Genitiv ergibt sich: ‚dieses Vatersbruders'. Es erhebt sich jedoch die andere Frage, wieso Abimelechs Onkel väterlicherseits „ein Mann aus Issachar", d.h. ein Mann aus dem Stamm Issachar war, obgleich Abimelech Gideon zum Vater hatte, der aus dem Stamm Manasse war. Wieso also waren Pua und Gideon Brüder mit der Folge, daß Pua der Onkel väterlicherseits des Abimelech sein konnte, so daß Tola, der Sohn dieses Onkels väterlicherseits, nach dieser Erzählung dem Abimelech direkt nachfolgte? Gideon und Pua konnten also dieselbe Mutter haben, durch die sie [jedoch] von verschiedenen Vätern abstammten, und Brüder als Söhne derselben Mutter, nicht desselben Vaters sein. Die Frauen pflegten sich nämlich aus [ihren] Stämmen jeweils in andere Stämme zu verheiraten. Daher gab auch Saul, obwohl er aus dem Stamm Benjamin war, seine Tochter dem David, einem Mann aus dem Stamm Juda (vgl. 1 Sam 18,27); und der Priester Jojada, zwar Mann aus dem Stamm Levi, heiratete die Tochter des Königs Joram, eines Mannes aus dem Stamm Juda (vgl. 2Chr 22,11). Daher ist es geschehen, daß wir im Evangelium von Elisabet und Maria als Verwandten lesen, obgleich Elisabet aus den Töchtern Aarons war (vgl. Lk 1,36). Daraus entnimmt man, daß irgendeine [Frau] vom Stamm Levi und den Töchtern Aarons in den Stamm Juda einheiratete, weswegen zwischen beiden jene Verwandtschaft entstand, infolge deren das Fleisch des Herrn nicht nur aus dem königlichen, sondern auch aus dem priesterlichen Stamm hervorging.

qu. 7,48 (zu Ri 11,24)

48 Unter Sonstigem, das Jiftach dem König der Ammoniter durch Boten sagen ließ, sagt er auch das folgende: „Ist es nicht so: was immer dein Gott Kemos dir zu eigen gegeben hat, dies wirst du in Besitz nehmen, und was immer der Herr, unser Gott, von euch weg[101] in Besitz gegeben hat, dies werden wir in Besitz nehmen?"[102] Das meinten gewisse Lateiner so übersetzen zu sollen, daß sie formulierten: „Ist es nicht so: was immer dein Gott Kemos dir zum Besitz gab, dies wirst du besitzen?" Dort kann der Eindruck entstehen, als hätte Jiftach bestätigt, daß dieser Gott, der Kemos genannt wird, seinen Verehrern irgendetwas zum Besitz geben konnte. Andere aber formulieren so: „Ist es

---

[101] Während TM und LXX, gefolgt von VL:Cod.Lugd. formulieren: „vor unseren Augen", ändert die VL des Augustinus die Personaldeixis: „vor euren Augen/von euren Augen weg".

[102] Zum Problem der angemessenen Übersetzung des Verbs *hereditare* im Kontext der Landnahme Israels vgl. oben *qu.* 7,5 Anm. 15.

tuus, haec possidebis? Et hoc ita sonat, quasi aliquid potuerit possidere. An forte secundum hoc dictum est, quod sub angelis constitutae sunt gentes iuxta canticum Moysi famuli dei? Numquidnam ergo ille angelus, sub quo erant filii Ammon, Chamos appellatus est? Quis hoc audeat adfirmare, cum possit intellegi secundum eius opinionem dictum, quia putabat deum suum hoc possidere vel in possessionem sibi dedisse? Magis autem iste sensus elucet in his verbis, quae Graecus habet: *Nonne quaecumque hereditavit tibi Chamos deus tuus, haec hereditabis?* Ut in eo, quod positum est *tibi* intellegatur ita dictum, ac si diceretur: Sicut videtur tibi. Tibi enim hereditavit qui hoc putas, non quod ille aliquid posset hereditare. Denique in eo quod sequitur: *Et omnia quaecumque hereditavit dominus deus noster*, non dixit: Hereditavit nobis, tamquam diceret: Sicut videtur nobis, sed vere hereditavit *a facie vestra*, quoniam ipsis abstulit et his dedit: *Haec*, inquit, *hereditabimus*.

49,1 De filia Iephte quod eam pater in holocaustoma obtulit deo - quoniam in bello voverat, si vicisset, eum se holocaustoma oblaturum, qui sibi de domo exiens occurrisset; quod cum vovisset, vicit et occurrente sibi filia quod voverat reddidit - solet esse magna et ad diiudicandum difficillima quaestio quibusdam quid sibi hoc velit nosse cupientibus et pie quaerentibus, quibusdam vero qui scripturis his sanctis inperita inpietate adversantur, hoc maxime in crimen vocantibus, quod legis et prophetarum deus etiam humanis sacrificiis fuerit delectatus. Quorum calumniis sic primitus respondemus, ut deum legis et prophetarum, atque ut expressius dicam, deum Abraham et deum Isaac et deum Iacob nec illa sacrificia delectaverint, ubi pecorum holocausta offerebant-

---

48,9 sub...10 dei] cf. Dt 32,8   **49,9** deum[1]...10 Iacob] cf. Ex 3,16

8 et] ut *n*   **9** constitutae] statutae *T*   **10** erant *om. S¹*   **13** possessionem] possessione *T* | his] iis *Am. μ*   **14** hereditavit] hereditabit *p P S¹ V¹*   **15** tibi] ibi *n T*   **16** videtur] videbitur *S Am. μ* | hereditavit] hereditabit *p P S*   **17** hereditavit] hereditabit *P S¹ V¹*   **18** videtur nobis] nobis videtur *Am. μ*   **19** hereditavit] heredetabit *p* | vestra] nostra *T* | ipsis abstulit] abstulit ipsis *T Am. μ*   **20** hereditabimus] hereditavimus *P*   **49,3** occurrisset] occurrissent *n* occurrente] occurrentes *n* | filia] filiam *p* | quod² *om. n*   **4** diiudicandum] iudicandum *T* **8** calumniis] calumniae haec *N* (haec *om. n*) | ut *exp. T*

---

[103] TM, gefolgt von Vulg, weicht auf Grund sekundärer dogmatischer Korrektur ab: Der Höchste hat die Gebiete der Völker „nach der Zahl der Söhne Israel", nicht (so LXX, gefolgt von VL) „nach der Zahl der Engel Gottes" (Übersetzungsäquivalent für

nicht so: was immer dein Gott Kemos besessen hat, dies wirst du besitzen?",
und dies klingt so, als hätte er irgendetwas besessen haben können. Oder ist es
vielleicht in dem Sinn gesagt worden, daß die Völker gemäß dem Lied des Gottesknechtes Mose der Gewalt von Engeln unterstellt worden sind (vgl. Dtn
32,8LXX)[103]? Hieß also womöglich jener Engel, dem die Söhne Ammon unterstanden, Kemos? Wer wagte es, dies zu behaupten, da man denken könnte, es
sei dessen Verständnis[104] entsprechend gesagt worden, weil er meinte, sein Gott
besitze dies oder habe dies ihm zum Besitz gegeben? Stärker aber tritt dieser
Sinn in diesen Worten hervor, die der Grieche hat: „Ist es nicht so: was immer
dir dein Gott Kemos zu Besitz gegeben hat, wirst du in Besitz nehmen?", so
daß man deswegen, weil [das Personalpronomen] „dir" gesetzt worden ist,
denkt, es sei so formuliert, als wenn gesagt würde: ‚wie dir scheint'. Dir nämlich
gab er zu Besitz, der du das meinst, nicht daß jener irgendetwas zu Besitz geben
könnte. Schließlich hat Jiftach in der folgenden Wendung: „und was immer der
Herr, unser Gott, in Besitz gegeben hat", nicht gesagt: ‚uns zum Besitz', als
wollte er sagen: ‚wie uns scheint', sondern der Wahrheit gemäß: „er hat von
euch weg in Besitz gegeben", da er von ihnen wegnahm und diesen gab; er
sagte: „dies werden wir in Besitz nehmen."

qu. 7,49,1 (zu Ri 11,29-40)

49,1 Weil der Vater Jiftach seine Tochter Gott zum Brandopfer dargebracht
hat – im Krieg hatte er nämlich gelobt, er werde, falls er gesiegt hätte, denjenigen als Brandopfer darbringen, der ihm aus dem Haus tretend entgegengekommen wäre; als er das gelobt hatte, siegte er und erfüllte, als seine Tochter ihm
entgegenkam, [das Gelübde], das er gelobt hatte –, stellt sich üblicherweise bezüglich der Tochter Jiftachs ein großes und äußerst schwer zu lösendes Problem, wobei einige zu wissen begehren, was das bedeuten soll, und ehrfürchtig
[danach] fragen, andere aber, die in unkundiger Gottlosigkeit diesen heiligen
Schriften widerstreiten,[105] dies am heftigsten zum Vorwurf machen, daß der
Gott des Gesetzes und der Propheten sich auch an Menschenopfern erfreut
habe. An erster Stelle antworten wir auf deren Verleumdungen folgendes, daß
den Gott des Gesetzes und der Propheten, und daß ich es deutlicher sage: den
Gott Abrahams und den Gott Isaaks und den Gott Jakobs (vgl. Ex 3,16) auch
jene Opfer nicht erfreut haben, bei denen Tiere zum Brandopfer dargebracht
wurden, sondern daß er uns, da sie Vorausbezeichnungen und gewisse Schatten

---

ursprüngliches hebräisches ‚El-Söhne, Gottes-Söhne') festgelegt. Vgl. ROSE, *5. Mose*
568; OTTO, *Deuteronomium 23,16-34,12,* 2147.2162f. 2176f.
[104] Nach dem Verständnis des Ammoniterkönigs.
[105] NBA: Gemeint sind die Manichäer. Zur Argumentationsstruktur dieser langen *qu.*
7,49 vgl. Einleitung in *qu.* 7, Exkurs: „Jiftachs Gelübde und Tochteropfer", S. 451-457.

tur, sed, quod significativa fuerint et quaedam umbrae futurorum, res ipsas nobis quae his sacrificiis significabantur commendare voluisse; fuisse autem etiam istam utilem causam cur illa mutarentur nec modo iuberentur, immo prohiberentur offerri, ne vere secundum carnalem adfectum talibus deum delectari putaremus.

49,2 Sed utrum etiam humanis sacrificiis significari futura oportuerit, merito quaeritur: Non quo mortes hominum quandoque moriturorum in hac causa exhorrescere et formidare deberemus, si illi, qui haec de se fieri gratanter acciperent, in aeternam remunerationem commendarentur deo. Sed si hoc verum esset, hoc genus sacrificiorum deo non displiceret: Displicere autem deo satis evidenter eadem scriptura testatur. Nam cum omnia primogenita sibi dicari et sua esse voluerit atque praeceperit, redimi tamen a se voluit primogenita hominum, ne immolandos deo crederent filios suos, quos natos primitus suscepissent. Deinde hoc apertius ita loquitur, quod humana holocausta sic deus inprobet, ut prohibeat detestans ea in aliis gentibus et populo suo praecipiens ne audeat imitari. *Si autem,* inquit, *exterminaverit dominus deus tuus gentes, in quas tu intras hereditare terram eorum, a conspectu tuo et hereditabis eos et habitabis in terra eorum, adtende tibi ipsi, ne exquiras sequi eos, postquam exterminati fuerint a facie tua, ne exquiras deos eorum dicens: Quemadmodum faciunt gentes diis suis, faciam et ego. Non facies ita domino deo tuo; abominamenta enim, quae dominus odit, fecerunt diis suis, quoniam et filios suos et filias suas comburunt igni diis suis.*

49,3 Quid evidentius ostendi potest his sanctae scripturae testimoniis, ut alia huiusce modi omittam, quam deum, a quo haec scriptura humano generi contributa est, non solum non diligere verum etiam odisse talia sacrificia, in quibus homines immolantur? Illa plane diligit et coronat, cum quisque iustus iniquitatem patiens usque ad mortem pro veritate decertat vel ab inimicis, quos pro

---

21 cum…23 hominum] cf. Ex 13,2.12-13   26 Dt 12,29-31

17 quo] quod *S T Am.* μ   18 si illi] ulli *n* | fieri] deum *praem. T*   19 aeternam] aeternum *n*
24 suscepissent] suscepisse *n*   28 ipsi *om. p* | fuerint] fuerant *n*   29 faciunt] facient *n*   31 igni in *praem.* z   35 quisque] quis *S*

---

[106] So VL mit LXX; TM: פֶּן־תִּנָּקֵשׁ „damit du nicht in die Falle läufst".

zukünftiger Dinge gewesen sind, die Realitäten selbst kundtun wollte, die durch diese Opfer vorausbezeichnet wurden; daß folgendes aber auch ein sinnvolles Motiv war, warum jene [Opfer] abgeändert und jetzt ihre Darbringung nicht befohlen, sondern sogar verboten wurde, [nämlich] damit wir nicht meinen sollten, daß Gott sich tatsächlich einem fleischlichen Verlangen zufolge an derartigen Dingen erfreue.

qu. 7,49,2

49,2 Aber man fragt zu Recht, ob es nötig war, daß auch durch Menschenopfer zukünftige Dinge bezeichnet wurden: Es trifft nicht zu, daß wir uns aus diesem Grund über den Tod von Menschen, die über kurz oder lang [ohnehin] sterben würden, entsetzen und in große Angst geraten müßten, wenn jene, falls sie mit Freuden annähmen, daß dies mit ihnen geschehe, sich Gott für ewige Belohnung empfehlen würden. Aber wenn dies zuträfe, würde diese Opferart Gott nicht mißfallen: daß sie Gott mißfällt, bezeugt die Schrift jedoch deutlich genug. Denn obgleich er wollte und vorschrieb, daß alle Erstgeburten ihm geweiht werden und ihm gehören sollten, wollte er dennoch, daß die menschlichen Erstgeburten vor ihm ausgelöst würden (vgl. Ex 13,2.12-13), damit sie (die Israeliten) nicht meinten, sie müßten ihre Söhne, die sie als Erstgeborene empfangen hätten, Gott opfern. Außerdem spricht die Schrift dies deutlicher dadurch aus, daß Gott Menschenopfer so sehr mißbilligt, daß er sie untersagt, indem er sie bei anderen Völkern mißbilligt und seinem Volk vorschreibt, es solle nicht wagen, [sie] nachzuahmen. „Wenn der Herr, dein Gott, aber", sagt sie, „die Völker vor deinem Angesicht ausgerottet hat, zu denen du einmarschierst, um ihr Land in Besitz zu nehmen, und wenn du ihren Besitz übernimmst und in ihrem Land wohnst, nimm dich selbst in Acht, daß du nicht darauf sinnst,[106] ihnen zu folgen, nachdem sie vor deinem Angesicht ausgerottet worden sind, daß du nicht nach ihren Göttern fragst, indem du sagst: Wie die Völker an ihren Göttern handeln,[107] will auch ich handeln. Du sollst nicht so am Herrn, deinem Gott, handeln; sie taten für ihre Götter nämlich Gräuel, die der Herr haßt, denn sie verbrennen sowohl ihre Söhne als auch ihre Töchter im Feuer für ihre Götter (Dtn 12,29-31)."

qu. 7,49,3

49,3 Was kann durch diese Zeugnisse der Heiligen Schrift deutlicher gezeigt werden – damit ich anderes derartiges übergehe –, als daß Gott, von dem diese Schrift dem Menschengeschlecht gegeben worden ist, solche Opfer, durch die Menschen geopfert werden, nicht nur nicht liebt, sondern haßt? Jene [Taten] liebt und krönt er offenkundig, wenn irgendein Gerechter, der Ungerechtigkeit erleidet, bis zum Tod für die Wahrheit streitet oder von den Feinden getötet

---

[107] So VL mit LXX; TM: יַעַבְדוּ „kultisch dienen".

iustitia offendit, occiditur, retribuens eis bona pro malis, id est pro odio dilectionem. Talem dicit dominus sanguinem iustum a sanguine Abel usque ad sanguinem Zachariae. Praecipue autem quod sanguinem fudit ipse pro nobis et sacrificium se ipsum obtulit deo; sic utique obtulit, ut ab inimicis pro iustitia occideretur. Hunc imitata martyrum milia usque ad mortem pro veritate certarunt et ab inimicis saevientibus immolata sunt. De quibus dicit scriptura: *Tamquam aurum in fornace probavit illos et sicut holocausta hostiam accepit illos*; unde et apostolus dicit: *Ego enim iam immolor.*

49,4 Sed non sic Iephte de filia fecit holocaustoma domino, sed sicut praeceptum fuerat pecora offerri et prohibitum fuerat homines immolari. Magis hoc illi simile videtur quod fecit Abraham, quod dominus specialiter fieri praecepit, non generali lege ut talia sibi sacrificia fierent aliquando mandavit, immo etiam fieri omnino prohibuit. Distat itaque hoc quod Iephte fecit a facto Abrahae, quoniam ipse iussus obtulit filium, iste autem fecit quod et lege vetabatur et nullo speciali iubebatur imperio. Deinde non solum in sua lege postea verum etiam tunc deus in ipso Abrahae filio talibus sacrificiis quam non delectaretur ostendit, cum patrem, cuius fidem iubendo probaverat, a filii tamen interfectione prohibuit et arietem, quo sacrificium licite secundum veterum congruam temporibus consuetudinem conpleretur, adposuit.

49,5 Si autem hoc quemquam movet, quomodo pie crediderit Abraham deum sacrificiis talibus delectari, si haec inlicite offeruntur deo, et ideo putat recte credidisse etiam Iephte quod tale sacrificium deo esse posset acceptum, primo consideret aliud esse ultro vovere, aliud iubenti obtemperare. Non enim, si aliquid praeter morem in domo a domino institutum servo iubetur atque id laudabili oboedientia facit, ideo non est plectendus, si hoc facere sponte praesumpserit. Deinde habebat quod crederet Abraham, ut propter divinum impe-

---

38 talem…39 Zachariae] cf. Mt 23,35   42 tamquam…43 illos²] cf. Sap. 3,6   44 2 Tm 4,6
47 quod¹…praecepit] cf. Gn 22,2-13

---

41 occideretur] proderetur *n* | certarunt] certaverunt *S*   43 aurum *om. P T* | holocausta] *P V N T Bad.*, holocasta *S*, holocausti *Am. μ*, holocaustum *z* | hostiam] hostia *P n*, ita *S*
44 enim *om. T*   47 illi simile] simile illi *n*   48 talia] alia *N*   50 ipse] ille *N* | vetabatur] vetebatur *P V n*   52 in] dominus *p*   53 patrem] patre *P* | probaverat] probaberat *V¹*   54 et] ac *S Am. μ*   58 credidisse] credisse *S* | esse *om. S* | esse posset] posset esse *Am. μ*   60 iubetur] iuberetur *P S V¹ N*   61 plectendus] plectenda *P V¹ N*

---

[108] Vgl. Augustinus, *civ.* 1,21.

wird, die er um der Gerechtigkeit willen beleidigt, indem er ihnen Gutes für Schlechtes, d.h. Liebe für Haß entgilt. Solches Blut nennt der Herr gerecht vom Blut Abels bis zum Blut des Zacharias (vgl. Mt 23,35). Vor allem aber, weil er selbst [sein] Blut für uns vergossen und sich selbst Gott zum Opfer dargebracht hat; in der Weise natürlich brachte er [sich dar], daß er von den Feinden um der Gerechtigkeit willen getötet wurde. Diesen haben Tausende von Märtyrern nachgeahmt und bis zum Tod für die Wahrheit gestritten und sind von tobenden Feinden geopfert worden. Von ihnen sagt die Schrift: „Wie Gold im Schmelzofen hat er jene erprobt und jene als Brandopfer, als Opfergabe angenommen" (vgl. Weish 3,6); daher sagt auch der Apostel: „Ich werde jetzt geopfert" (2Tim 4,6).

qu. 7,49,4

49,4 Aber nicht auf diese Weise machte Jiftach aus seiner Tochter ein Brandopfer für den Herrn, sondern so, wie vorgeschrieben worden war, Tiere zu opfern, und verboten worden war, Menschen zu opfern. Dies scheint jenem ähnlicher zu sein, was Abraham tat. Das hat der Herr ihm in einem speziellen [Gebot] zu tun befohlen (vgl. Gen 22,2-13), niemals hat er in einem allgemeinen Gesetz verlangt, daß ihm derartige Opfer dargebracht würden, im Gegenteil hat er sogar gänzlich verboten, [derartiges] zu tun. Dies, was Jiftach getan hat, unterscheidet sich daher von der Tat Abrahams, weil dieser auf Befehl hin seinen Sohn darbrachte, jener aber tat, was sowohl das Gesetz verbot als auch durch keinerlei spezielles Gebot befohlen wurde.[108] Außerdem hat Gott nicht nur später in seinem Gesetz, sondern auch damals beim Sohn Abrahams selbst gezeigt, wie sehr er sich [daran] nicht erfreute, als er den Vater, dessen Glauben er durch seinen Befehl auf die Probe gestellt hatte, dennoch an der Tötung des Sohnes hinderte und einen Widder daneben stellte, damit durch ihn das Opfer auf erlaubte Weise nach dem den Zeiten der Alten angemessenen Brauch vollzogen werden konnte.

qu. 7,49,5

49,5 Wenn aber dies für irgendjemanden ein Problem darstellt, wieso Abraham fromm geglaubt haben konnte, daß Gott sich an solchen Opfern erfreue, wenn diese Gott unerlaubterweise dargebracht werden, und wenn er deswegen meint, auch Jiftach habe zu Recht geglaubt, daß ein solches Opfer Gott angenehm sein könne, bedenke er zuerst, daß es eines ist, aus freien Stücken ein Gelübde abzulegen, etwas anderes, einem, der befiehlt, zu gehorchen. Wenn nämlich einem Sklaven irgendetwas befohlen wird, das gegen die vom Herrn im Haus festgelegte Verhaltensweise verstößt, und er dies in lobeswertem Gehorsam ausführt, verdient er nicht deswegen keine Strafe, wenn er gewagt hat, dies aus eigenem Antrieb zu tun. Außerdem hatte Abraham Grund zur Annahme, daß er seinen Sohn wegen des göttlichen Befehls nicht verschonen durfte, ob-

rium non parceret filio, non credens deum tales victimas libenter accipere, sed hoc eum propterea iussisse, ut resuscitaret occisum et hinc aliquid tamquam deus sapiens demonstraret. Nam hoc de illo etiam in epistula legitur quae inscribitur ad Hebraeos et fides eius, quia hoc de deo crediderit, quod posset filium eius suscitare, laudatur. Iste vero et deo non iubente neque poscente et contra legitimum eius praeceptum ultro sacrificium vovit humanum. Sic enim scriptum est: *Et vovit Iephte votum domino et dixit: Si traditione tradideris mihi filios Ammon in manu mea et erit quicumque exierit de ianuis domus meae in obviam mihi in revertendo me in pace a filiis Ammon, et erit domino <et> offeram eum holocaustoma.*

49,6 Non utique his verbis pecus aliquod vovit, quod secundum legem holocaustoma posset offerre; neque enim est aut fuit consuetudinis, ut redeuntibus cum victoria de bello ducibus pecora occurrerent. Quantum autem adtinet ad muta animalia, canes solent dominis blando famulatu adludentes currere in obviam: De quibus ille in suo voto cogitare non posset, ne in iniuriam dei aliquid non solum inlicitum verum etiam contemtibile et secundum legem inmundum vovisse videretur. Nec ait: Quodcumque exierit de ianuis domus meae in obviam mihi, offeram illud holocaustoma, sed ait: *Quicumque exierit, offeram eum.* Ubi procul dubio nihil aliud quam hominem cogitavit; non tamen fortasse unicam filiam. Quamquam illam in tanta paterna gloria quis posset anteire nisi forte uxor? Nam quod non dixit quaecumque, sed *quicumque exierit de ianuis domus meae*, solet scriptura masculinum genus pro quolibet sexu ponere; sicut de Abraham dictum est: *Surgens a mortuo*, cum eius uxor mortua fuisset.

---

65 hoc…67 laudatur] cf. Hebr 11,17-19   84 Gn 23,3

66 deo] domino *p*   70 et exp. *m. 2 V T*   71 et¹] ẹṭ *T* | et²] ⱬ om. cett. (cf. l. 387 et Sabatier, ad locum)   74 occurrerent] occurrent *n*   75 muta] mu*ta *n*, multa *T Am. μ*   76 dei] domini *n*   77 inlicitum] inclitum *T* | contemtibile] contemptibilem *n*   82 quaecumque] quocumque *n*

---

[109] Diesen von jüdischen Autoren erhobenen Vorwurf, Jiftach habe durch die unbedachte Formulierung seines Gelübdes nicht ausgeschlossen, daß ein ihm als erster entgegenlaufender unreiner Hund betroffen sein könnte (vgl. Pseudo-Philo, *lib. ant. bibl.* 39,10.11; bTaan 4a), haben sehr früh Christen übernommen (vgl. z.B. Origenes, *Selecta in Judices* PG 12,949 A1-7; Hieronymus, *Commentarius in Ieremiam* 2,45,4; noch Thomas von Aquin tradiert ihn, nun in der allgemeineren Wendung, es hätte Jiftach ein *animal non immolativum sicut asinus vel homo* entgegenlaufen können (s.th. II/IIae qu. 88 a2 *ad secundum*) (vgl. GROSS, *Rolle* 17f.21.23.28f.).

[110] Flavius Josephus, *Ant.* 5,7,10 fügt noch die neutrische Variante hinzu. Zur Kontro-

gleich er nicht glaubte, daß Gott derartige Opfergaben mit Wohlgefallen annehme, sondern [überzeugt war], daß er ihm dies in der Absicht befohlen habe, den Getöteten aufzuerwecken und dadurch als weiser Gott etwas zu erkennen zu geben. Denn dies liest man von jenem auch in dem Brief, der die Überschrift trägt: ‚An die Hebräer', und sein Vertrauen, weil er dies von Gott geglaubt hat, daß er seinen Sohn auferwecken könne, wird gelobt (vgl. Hebr 11,17-19). Der aber (Jiftach) hat sowohl ohne Befehl noch Forderung Gottes als auch gegen dessen geltendes Gebot aus eigenem Antrieb ein Menschenopfer gelobt. So steht nämlich geschrieben: „Und Jiftach gelobte dem Herrn ein Gelübde und sagte: Wenn du mir die Söhne Ammon wirklich in meine Hand ausgeliefert hast, [und] dann soll geschehen: Wer auch immer aus den Türen meines Hauses mir entgegen getreten ist, wenn ich in Frieden von den Söhnen Ammon zurückkehre, [und] der soll dem Herrn gehören und ich werde ihn als Brandopfer darbringen."

qu. 7,49,6

49,6 Mit diesen Worten hat er natürlich nicht irgendein Tier gelobt, das man nach dem Gesetz als Brandopfer darbringen könnte; und es ist und war auch nicht üblich, daß den Führern, die siegreich aus dem Krieg zurückkehrten, Viehzeug entgegenlief. Was aber die sprachlosen Tiere betrifft, so pflegen die Hunde ihren Herren in zutraulicher Dienstbarkeit fröhlich entgegenzulaufen: An sie könnte jener in seinem Gelübde gar nicht denken, damit nicht der Eindruck entstünde, daß er zur Beleidigung Gottes etwas nicht nur Unerlaubtes, sondern sogar Verachtenswertes und nach dem Gesetz Unreines gelobt habe.[109] Auch sagt er nicht: ‚Was immer mir aus den Türen meines Hauses entgegen herausgetreten ist, das werde ich als Brandopfer darbringen', sondern er sagt: „Wer immer herausgetreten ist, den werde ich opfern." Dabei dachte er ohne Zweifel an nichts anderes als an einen Menschen; nicht jedoch vielleicht an seine einzige Tochter. Freilich, wer könnte angesichts so großen väterlichen Ruhmes ihr vorausgehen außer vielleicht [seine] Ehefrau? Denn bezüglich der Tatsache, daß er nicht gesagt hat: ‚welche auch immer', sondern: „wer auch immer aus den Türen meines Hauses herausgetreten ist",[110] [ist zu bemerken, daß] die Schrift das genus masculinum für beliebiges Geschlecht benutzt; wie von Abraham gesagt worden ist: „Er erhob sich von dem Toten" (Gen 23,3),[111] obgleich die Tote seine Frau war.

---

verse bis in moderne Übersetzungen und Kommentare, ob maskulinisch oder neutrisch zu übersetzen sei, vgl. GROSS, *Rolle* 11f.

[111] Zu מֵתוֹ vgl. G-K 408 § 122f und (mit eigenartiger Erklärung) KÖNIG, *Syntax* 154 § 246c. LXX: ἀπὸ τοῦ νεκροῦ αὐτοῦ ist unauffällig, weil νεκρός auch als ‚Leiche' aufgefaßt werden kann. (So die Übersetzung in Septuaginta Deutsch).

49,7 Quia ergo de hoc voto atque facto nihil videtur scriptura iudicasse, sicut 85
de Abraham, quando filium iussus obtulit, apertissime iudicavit, sed tantummodo scriptum reliquisse legentibus iudicandum, quemadmodum de facto Iudae filii Iacob, quando ad nurum quidem suam nesciens intravit, verum quantum in ipso fuerat fornicatus est, quia meretricem putavit, neque adprobavit hoc scriptura neque reprobavit, sed iustitia et dei lege consulta aestimandum 90
pensandumque dimisit: Quia ergo de isto Iephte facto in neutram partem sententiam scriptura dei protulit, ut noster intellectus in iudicando exerceretur, possemus iam dicere deo displicuisse tale votum et ad illam perductum esse vindictam, ut patri potissimum filia unica occurreret - quod si sperasset atque voluisset, non continuo, ut eam vidit, scidisset vestimenta sua et dixisset: *Heu* 95
me, filia mea, inpedisti me; in offendiculum facta es in oculis meis - deinde sexaginta dierum tam longa dilatione data filiae suae dominus eum ab unicae carissimae
980 nece cum non prohibuerit, sicut prohibuit Abraham, donec perficiendo quod voverat se ipsum percuteret orbitate gravissima, deum autem nequaquam hominis immolatione placaret; et ideo huiusce modi patri poenam fuisse retri- 100
butam, ne inpunitum talis voti relinqueretur exemplum, ut aut magnum aliquid se vovere deo putarent homines, cum victimas humanas voverent et, quod est horribilius, filiorum, aut non vera, sed potius simulata eadem vota essent, cum velut exemplo Abrahae sperarent qui vovissent deum prohibiturum talia vota conpleri: 105

49,8 Possemus, inquam, haec dicere, nisi ab ista sententia duo nos praecipue divinarum scripturarum testimonia retardarent, ut hanc rem gestam et in libris tantae auctoritatis memoriae commendatam diligentius, quantum dominus adiuvat, et cautius perscrutemur, ne in ullam partem iudicium temerarium proferamus. Unum, quod in epistula ad Hebraeos iste Iephte inter tales com- 110

---

85 sicut...86 iudicavit] cf. Hebr 11,17   **87** de...89 putavit] cf. Gn 38,15
98 sicut...Abraham] cf. Gn 22,12

---

87 legentibus] degentibus *T*   **90** dei lege] lege dei *Am.* μ   **91** in *om. P*   **97** eum *om. S Am.* μ
98 cum *om. P S V* | non] eum *praem. T Am.* μ | perficiendo] proficiendo *V*   **99** orbitate] orbitare μ   **100** placaret] placere *p*   **101** ut] ne *T*   **103** horribilius] orribilis *p* | eadem] eandem *N*   **108** diligentius] diligentiam *p*   **109** ullam] nullam *T*   **110** unum] unde *T*

---

[112] TM: „Ach, meine Tochter! Ganz in die Knie gezwungen hast du mich. Gerade du hast dich zu meinen Schädigern gestellt." Die VL des Augustinus folgt LXXAL: „Du bist mir in den Weg getreten, zum Dorn bist du geworden in meinen Augen." Anders LXXB: „Du hast mich sehr bestürzt, und du warst in meiner Bestürzung." Diesem

qu. 7,49,7

49,7 Weil die Schrift daher über dieses Gelübde und diese Tat anscheinend kein Urteil der Art abgegeben hat, wie sie [hingegen] über Abraham, als er auf Befehl seinen Sohn darbrachte, ganz offen geurteilt hat (vgl. Hebr 11,17), sondern [sie] nur aufgeschrieben und dem Urteil der Leser überlassen hat, wie die Schrift im Fall der Tat Judas, des Sohnes Jakobs, als er zu seiner Schwiegertochter, zwar ohne es zu wissen, eintrat, aber, soweit es von ihm selbst abhing, gehurt hat, weil er sie für eine Prostituierte hielt (vgl. Gen 38,15), [dies] weder gebilligt noch getadelt hat, sondern der Einschätzung und der Abwägung im Licht der Gerechtigkeit und des Gesetzes Gottes überlassen hat: weil daher die Schrift über diese Tat Jiftachs nach keiner der beiden Seiten ein Urteil abgegeben hat, damit wir unseren Verstand im Urteilen üben, könnten wir sagen: bereits das so geartete Gelübde hat Gott mißfallen und jene Strafe zur Folge gehabt, daß dem Vater zu allererst seine einzige Tochter entgegenging – wenn er das erwartet und gewollt hätte, hätte er nicht sofort, als er sie erblickt hatte, seine Kleider zerrissen und gesagt: „Weh mir, meine Tochter, du hast mich behindert; du bist zum Anstoß in meinen Augen geworden"[112] –, daß der Herr ihn danach, obgleich er seiner Tochter einen so langen Aufschub von sechzig Tagen gewährt hatte, an der Ermordung seiner einzigen heiß geliebten [Tochter] nicht hinderte, wie er Abraham gehindert hat (vgl. Gen 22,12), bis er schließlich, indem er erfüllte, was er gelobt hatte, sich selbst mit der höchst furchtbaren Kinderlosigkeit schlug, Gott aber dennoch durch das Menschenopfer in keiner Weise besänftigte; und dem Vater wurde diese so geartete Strafe deswegen auferlegt, damit das Beispiel eines solchen Gelübdes nicht ungestraft bliebe, [das dazu hätte führen können,] daß die Menschen entweder meinten, Gott etwas Bedeutendes zu geloben, wenn sie Menschenopfer und, was schrecklicher ist, [die Opferung ihrer] Söhne, gelobten oder daß eben diese Gelübde nicht ehrlich, sondern eher vorgetäuscht wären, weil diejenigen, die gelobt hätten, hofften, daß Gott, wie im Beispiel Abrahams, die Erfüllung derartiger Gelübde verhindern werde.

qu. 7,49,8

49,8 Wir könnten, sagte ich, dies sagen, wenn uns nicht vor allem zwei Zeugnisse der göttlichen Schriften von diesem Urteil abhielten, so daß wir diese Tat, die geschehen ist und in Büchern so großer Autorität berichtet wurde, sorgfältiger und, soweit der Herr uns hilft, vorsichtiger erforschen wollen, damit wir kein voreiliges Urteil über jenen Passus äußern. Das erste [Zeugnis findet sich]

Übersetzungsmodell folgt syntaktisch Vulg: *decepisti me et ipsa decepta es*. „Du hast mich betrogen und bist selbst betrogen" (NETELER, *Richter*). „Du bist gegen meine Erwartung, und ich gegen die deine" (LOCH-REISCHL, *Schriften*).

memoratur, ut eum culpare vereamur, ubi sic scriptum est: *Et quid adhuc dicam? Deficit enim me tempus enarrandi de Gedeon, Barac, Samson et Iephte et David et Samuel et prophetis, qui per fidem vicerunt regna operantes iustitiam consecuti sunt promissiones*; alterum, quod ubi de illo ista narrantur, quod tale voverit et inpleverit votum, praemisit scriptura dicens: *Et factus est super Iephte spiritus domini; et perrexit Galaad et Manasse et transiit speculam Galaad et de specula Galaad ad trans filios Ammon. Et vovit Iephte votum domino* et cetera ad hoc ipsum votum pertinentia, ut omnia, quae deinceps facta sunt, tamquam opera spiritus domini, qui super eum factus est, intellegenda videantur. Ista testimonia nos conpellunt quaerere potius cur factum sit quam facile inprobare quod factum est.

49,9 Sed primo illud, quod ex epistula quae ad Hebraeos est commemoravi, inter illos laudabiles viros, qui ibidem recoluntur, non solum est Iephte verum etiam Gedeon, de quo similiter scriptura dicit: *Spiritus domini confortavit Gedeon*. Et tamen eius factum, quod de illo auro praedae operatus est ephud et fornicatus est post illud omnis Israhel et factum est domui Gedeon in scandalum, non solum laudare non possumus, verum etiam, quia scriptura hinc apertissime iudicavit, reprobare minime dubitamus; nec tamen ex hoc ulla fit iniuria spiritui domini, qui eum confortavit, ut hostes populi eius tanta facilitate superaret. Cur ergo inter eos commemoratur, *qui per fidem vicerunt regna operantes iustitiam*, nisi quia sancta scriptura, quorum fidem atque iustitiam veraciter laudat, non hinc inpeditur eorum etiam peccata, si qua novit et oportere iudicat, notare veraciter? Nam et in eo, quod idem Gedeon signum petens, sicut ipse locutus est, tentavit in vellere, nescio utrum non fuerit transgressus praeceptum, quo scriptum est: *Non tentabis dominum deum tuum*; verum tamen etiam in eius tentatione

---

111 Hebr 11,32-33   **123** Idc 6,34   **124** eius…**125** scandalum] cf. Idc 8,27   **132** idem…**133** vellere] cf. Idc 6,39   **134** Dt 6,16

114 ubi] ibi *n* | illo *om. n*   **116** Galaad² *om. p* | ad *om. P V n T*   **117** vovit…votum¹] votum vovit Iephte *Am. μ*   **119** conpellunt] conpellent *n*   **123** spiritus] et *praem. z*   **126** possumus] possimus *P S V¹* | hinc] hic *Am. μ*   **129** eos] illos *S V n T Am. μ* | commemoratur] scosmemoratur *T*   **130** veraciter laudat] laudat everaciter *T*   **133** quo] quod *S T Am. μ*

---

[113] Mit *et factus est* (Vulg entsprechend) übersetzt VL wörtlich LXX: Καὶ ἐγενήθη = TM: וַתְּהִי (diese Form der Geistformel begegnet noch Ri 3,10).

im Brief an die Hebräer; [dort] wird dieser Jiftach unter Leuten von der Art genannt, daß wir [davor] zurückschrecken, ihn zu beschuldigen; dort steht folgendes geschrieben: „Und was soll ich noch sagen? Mir fehlt nämlich die Zeit, von Gideon zu reden, von Barak, Simson und Jiftach und David und Samuel und den Propheten, die kraft des Glaubens Königreiche besiegt, [und] weil sie Gerechtigkeit übten, Verheißungen erlangt haben" (Hebr 11,32-33). Das zweite [Zeugnis findet sich in dem Abschnitt], wo diese Dinge von jenem erzählt werden, daß er derartiges gelobt und sein Gelübde erfüllt hat; dort hat die Schrift vorausgeschickt: „Und der Geist des Herrn kam[113] über Jiftach; und er zog durch Gilead und Manasse und durchquerte die Warte Gileads und [marschierte] von der Warte Gileads bis hinüber zu den Söhnen Ammons. Und Jiftach legte dem Herrn ein Gelübde ab" und das Weitere, was zum Gelübde selbst gehört; folglich entsteht der Eindruck, man solle alles, was daraufhin geschehen ist, als Werke des Geistes des Herrn auffassen, der über ihn gekommen ist. Diese Zeugnisse nötigen uns, vielmehr zu fragen, warum es geschehen ist, als leichthin zu tadeln, was geschehen ist.

qu. 7,49,9

49,9 Aber zunächst jener [Passus], den ich aus dem Brief an die Hebräer zitiert habe: Unter jenen lobwürdigen Männern, die dort ins Gedächtnis gerufen werden, findet sich nicht nur Jiftach, sondern auch Gideon, von dem die Schrift gleichermaßen sagt: „Der Geist des Herrn stärkte Gideon" (Ri 6,34). Und dennoch können wir seine Tat, daß er von jenem aus der Beute stammenden Gold das Efod hergestellt hat und ganz Israel hinter jenem hergehurt hat und es für das Haus Gideons zum Stolperstein geworden ist (vgl. Ri 8,27)[114], nicht nur nicht loben, sondern, da die Schrift darüber ganz offen geurteilt hat, zögern wir nicht einmal im geringsten, es zu tadeln; und dennoch geschieht dem Geist des Herrn dadurch keinerlei Unrecht, der ihn stärkte, so daß er die Feinde seines Volkes mit solcher Leichtigkeit besiegte. Warum also wird er unter denen aufgeführt, „die kraft des Glaubens Königreiche besiegt haben, weil sie Gerechtigkeit übten", wenn nicht deswegen, weil die Heilige Schrift, die deren Glauben und Gerechtigkeit aufrichtig lobt, dadurch nicht daran gehindert wird, auch ihre Sünden offen zu benennen, wenn sie welche kennt und es für nötig erachtet? Denn ich weiß nicht, ob derselbe Gideon nicht auch dadurch, daß er ein Zeichen erbat und, wie er selbst formulierte, mit der Schafswolle ausprobierte (vgl. Ri 6,39), das Gebot übertreten hat, das in folgendem Wortlaut geschrieben ist: „Du sollst den Herrn, deinen Gott, nicht auf die Probe stellen" (Dtn 6,16); aber dennoch hat der Herr auch in der Erprobung, die dieser vollzog, gezeigt, was er voraussagen wollte: Durch die naßgeregnete Schur-

---

[114] Vgl. *qu.* 7,41.

dominus quod praenuntiare volebat ostendit: In conpluto scilicet vellere et area 135
tota circumquaque sicca figurare primum populum Israhel, ubi erant sancti cum
gratia caelesti, tamquam pluvia spiritali; et postea conpluta area sicco vellere
figurare ecclesiam toto orbe diffusam, habentem non in vellere tamquam in
velamine sed in aperto caelestem gratiam illo priore populo velut ab eiusdem
gratiae rore alienato atque siccato. Nec tamen frustra inter fideles et operantes 140
iustitiam propter bonam fidelemque vitam, in qua eum credendum est esse
defunctum, tale in epistula ad Hebraeos meruit testimonium.

49,10 Utrum autem, quia, posteaquam dictum est: *Factus est super Iephte spiritus*
domini, ea secuta sunt, ut votum illud voveret atque hostes vinceret et quod
voverat redderet, spiritui domini omnia deputanda sint, ut perinde habeatur et 145
hoc sacrificium, tamquam id dominus sicut Abrahae fieri iusserit, non facile
dixerim, cum utique de Gedeon possit haec adferri differentia, quia <post>
peccatum quod fecit, quando fecit ephud post quod universus populus fornicatus est, nulla est eius commemorata prosperitas, postea vero quam Iephte
votum vovit, illa est insignis eius victoria consecuta, propter quam adipiscen- 150
dam voverat et qua adepta quod voverat solvit. Rursus enim considerandum
est, quia Gedeon, etsi non posteaquam fecit ephud, tamen posteaquam tentavit
dominum, quod utique peccatum est, magna strage hostibus caesis atque
superatis populo adquisivit salutem: Sic enim scriptum est: *Et dixit Gedeon ad*
dominum: Non irascatur indignatio tua in me; et loquar adhuc semel et tentabo adhuc semel 155
in vellere. Iram quippe dei metuebat, quia noverat se tentando peccare, quod
deus in lege sua manifestissime prohibet. Hoc tamen peccatum eius et mirabilis
signi evidentia et magna victoriae prosperitas liberationisque populi consecuta
est. Iam enim deus statuerat adflicto populo subvenire atque huius ducis, quem
ad hoc opus adsumpserat, utebatur animo non solum fideli et pio verum etiam 160
subdeficiente et delinquente et ad praenuntianda quae volebat et complenda
quae dixerat.

---

154 Idc 6,39   **156** noverat…157 prohibet] cf. Dt 6,16; Mt 4,7; Lc 4,12   **157** hoc…158
evidentia] cf. Idc 6,38.40   **158** et…159 est] cf. Idc 8,28

138 figurare] figuraret *N*   **143** factus] factum *P S¹*   **144** voveret] voverit *S V¹*   **145** perinde] proinde *T*   **147** post] *Am. µ ʒ*, om. *cett.*   **151** rursus] rursum *T*   **153** est] fuit *V (s. l. m. 2)*
156 vellere] et cetera add. *Am. µ* | quia] qua *P S V T* | se tentando] tentando se *Am. µ*
158 victoriae] victoria *N*   **161** praenuntianda] praenuntiante *S¹*

wolle nämlich und die ganze ringsherum trockene Tenne [wollte er] zuerst das Volk Israel vorausbezeichnen, wo die Heiligen aufgrund der himmlischen Gnade, wie gleichsam aufgrund eines geistlichen Regens lebten; und dann [wollte er] durch die naßgeregnete Tenne bei trockener Schurwolle die über den ganzen Erdkreis verbreitete Kirche bezeichnen, die die himmlische Gnade nicht in der Schurwolle als gleichsam unter einem Schleier, sondern offen besitzt, während jenes frühere Volk gleichsam des Taus derselben Gnade entfremdet und vertrocknet war. Und dennoch verdiente [Gideon] wegen des guten und gläubigen Lebens, in dem er, wie man annehmen muß, gestorben ist, nicht grundlos im Brief an die Hebräer ein solches Zeugnis unter denen, die glauben und Gerechtigkeit wirken.

qu. 7,49,10

49,10 Nachdem gesagt worden war: „Und der Geist des Herrn kam über Jiftach", [ist] folgendes [erzählt worden], daß er jenes Gelübde ablegte und die Feinde besiegte und sein Gelübde erfüllte. Ob aber deswegen all dies dem Geist des Herrn zuzurechnen ist, so daß man auch von diesem Opfer annehmen sollte, daß der Herr seine Darbringung ebenso befohlen habe, wie er es Abraham befohlen hatte, hätte ich nicht leichthin behauptet, obgleich man hinsichtlich Gideon doch wenigstens folgenden Unterschied anführen kann: Nach der Sünde, die er begangen hat, als er das Efod anfertigte, hinter dem das ganze Volk hergehurt ist, wird nicht erwähnt, daß ihm irgendein Erfolg [zuteil geworden wäre]; nachdem aber Jiftach sein Gelübde abgelegt hatte, ist darauf jener unerhörte Sieg gefolgt, um den zu erlangen, er das Gelübde abgelegt hatte und nach dessen Erringung er sein Gelübde erfüllt hat. Andererseits ist allerdings zu bedenken, daß Gideon, zwar nicht nachdem er das Efod angefertigt hatte, jedoch nachdem er den Herrn versucht hatte, was eindeutig eine Sünde ist, in einer großen Schlacht die Feinde schlug und überwand und so Rettung für das Volk erlangte: So steht nämlich geschrieben: „Und Gideon sagte zum Herrn: Dein Zorn entbrenne nicht gegen mich; und ich will nur dieses eine Mal noch reden und es nur noch einmal mit der Wolle versuchen" (Ri 6,39). Er fürchtete ja den Zorn Gottes, da er wußte, daß er durch die Versuchung [Gottes] sündigte, was Gott in seinem Gesetz mit aller Deutlichkeit verbietet (vgl. Dtn 6,16; Mt 4,7; Lk 4,12). Dennoch ist auf diese seine Sünde sowohl das offenbare wunderbare Zeichen (vgl. Ri 6,38.40) als auch das große Glück des Sieges und der Befreiung des Volkes (vgl. Ri 8,28) gefolgt. Gott hatte nämlich beschlossen, jetzt dem bedrängten Volk zur Hilfe zu eilen, und er bediente sich des nicht nur gläubigen und frommen, sondern auch schwachen und sündigen Sinns dieses Führers, den er für diese Tat erwählt hatte, sowohl um vorauszuverkünden, was er wollte, als auch um zu erfüllen, was er gesagt hatte.

49,11 Non enim per istos tantum, qui etiam si peccaverunt, inter iustos tamen narrantur, sed etiam per ipsum Saulem omni modo reprobatum multa deus populo suo praestitit, in quem insilivit etiam spiritus dei et prophetavit. Non cum iuste ageret. Sed cum in virum sanctum David innocentemque saeviret. Agit enim spiritus domini et per bonos et per malos et per scientes et per nescientes, quod agendum novit et statuit: Qui etiam per Caiphan, acerrimum domini persecutorem, nescientem quid dixerit insignem protulit prophetiam, quod oporteret Christum mori pro gente. Quis enim egit nisi spiritus domini curans praenuntiare ventura, ut iudici Gedeon tentare volenti dominum et non credenti quod ei fuerat per manum eius de salute populi iam locutus, hoc potissimum de vellere prius conpluto, postmodum sicco et de area primum sicca, postea rigata veniret in mentem? Ut, quod subdefecit a fide infirmitati eius delictoque deputetur; quod vero etiam tali eius animo ad hoc quod generi humano significari oportebat usus est deus, ad eius intellegatur misericordiam et mirabilem providentiam pertinere.

49,12 Si quis autem dicit omnia scientem fecisse et dixisse Gedeon ex revelatione prophetica, ut per eum signa talia monstrarentur, nec defecisse a fide et quod ei iam promiserat dominus credidisse, sed actione prophetica in vellere voluisse tentare atque ita illius tentationem fuisse inculpabilem sicut dolum Iacob et illud quod domino ait: *Non irascatur indignatio tua in me*, non ideo dixisse, quod iram eius timeret, sed quod eum confideret non irasci, cum ea faceret quae spiritu eius dictante facienda esse tamquam propheta sentiret: Dicat, ut videtur, dum modo illud, quod de facto ephud scriptura ipsa culpavit quodlibet significet non audeat excusare a peccato. Nam et illud, quod trecenti viri ad signum crucis ipso numero pertinentes hydrias fictiles acceperunt eisque ardentes faculas incluserunt, quibus hydriis fractis repente lumina numerose micantia tantam hostium multitudinem terruerunt, tamquam ex suo arbitrio videtur

---

165 in...prophetavit] cf. 1 Rg 19,20-25   **170** oporteret...gente] cf. Io 11,49-51   **172** hoc... **174** mentem] cf. Idc 6,36-40   **181** dolum...**182** Iacob] cf. Gn 27,15-17   **182** Idc 6,39   **186** illud...**189** terruerunt] cf. Idc 7,16-22

169 quid] qui *n*   **170** oporteret] oportuerit *S* | egit] agit *P*   **171** curans] curant *N*   **172** locutus] locus *V*   **174** subdefecit] subdeficit *p*   **176** oportebat] intellegatur *p*   **179** nec] ne *P¹ V¹* a *om. p*   **180** ei iam] etiam *p*   **189** ex] a *P*

qu. 7,49,11

49,11 Gott hat nämlich seinem Volk nicht nur durch diejenigen viel Gutes erwiesen, die, wenngleich sie gesündigt haben, dennoch unter die Gerechten gerechnet werden, sondern sogar durch den ganz und gar verworfenen Saul, über den auch der Geist Gottes kam und der prophezeite (vgl. 1Sam 19,20-25). [Der Geist Gottes kam über ihn,] nicht als er gerecht handelte, sondern als er gegen den heiligen und unschuldigen David wütete. Der Geist des Herrn wirkt nämlich, was er weiß und zu tun beschlossen hat, sowohl durch Gute als auch durch Böse, sowohl durch Wissende als auch durch Unwissende: Er hat auch durch Kajaphas, den schärfsten Verfolger des Herrn, der nicht wußte, was er sagte, die bedeutsame Prophezeiung verkündet, es sei nötig, daß Christus für das Volk sterbe (vgl. Joh 11,49-51). Denn wer wenn nicht der Geist des Herrn, der Zukünftiges vorauszuverkünden suchte, hat bewirkt, daß dem Richter Gideon, als er den Herrn versuchen wollte und nicht auf das vertraute, was er ihm durch seine Hand über die Rettung des Volkes schon gesagt hatte, speziell diese [Idee] mit der zuerst naßgeregneten, später trockenen Wolle und der zunächst trockenen, später naßgeregneten Tenne in den Sinn kam (vgl. Ri 6,36-40)? Folglich muß ihm [die Tatsache], daß er es an Glauben fehlen ließ, als Schwäche und Vergehen angerechnet werden; dennoch soll man erkennen, daß die Tatsache, daß Gott sich sogar seines so gearteten Sinnes zu dem bediente, was dem Menschengeschlecht vorausbezeichnet werden sollte, Folge seiner Barmherzigkeit und wunderbaren Vorsehung ist.

qu. 7,49,12

49,12 Wenn aber jemand behauptet, Gideon habe alles wissentlich auf Grund einer prophetischen Offenbarung getan und gesagt, damit sich durch ihn solche Zeichen zeigten, und er sei nicht im Glauben schwach geworden und habe geglaubt, was Gott ihm bereits verheißen hatte, habe aber durch die prophetische Handlung mit der Wolle eine Überprüfung veranstalten wollen und seine Probe sei deswegen unsträflich gewesen wie die List Jakobs (vgl. Gen 27,15-17) und, was er zum Herrn sagte: „Dein Zorn entbrenne nicht gegen mich" (Ri 6,39), habe er nicht deswegen gesagt, weil er dessen Zorn fürchtete, sondern weil er darauf vertraute, daß er nicht zürnen werde, wenn er dies ausführe, was er gleichsam als Prophet auf Befehl seines Geistes tun zu sollen meinte: so kann er das, wie es scheint, sagen, solange er nur nicht wagt, jene Herstellung des Efods – was immer es bedeuten mag –, die die Schrift selbst mißbilligt hat, zu entschuldigen, als sei sie keine Sünde. Denn auch jene [Kriegslist, die darin bestand], daß die dreihundert Männer – die schon allein wegen ihrer Zahl zur Vorausbezeichnung des Kreuzes gehören – Tonkrüge ergriffen und darin brennende Fackeln einschlossen, [und] daß die, nachdem sie diese Krüge zerbrochen hatten, plötzlich zahlreich aufblitzenden Lichter die so große

fecisse Gedeon; non enim scriptura dicit dominum admonuisse, ut hoc faceret. Et tamen tam grande signum quis eius animo atque consilio faciendum nisi dominus inspiravit? Qui praefiguravit sanctos suos thesaurum evangelici luminis in vasis fictilibus habituros, sicut apostolus dicit: *Habemus autem thesaurum istum in vasis fictilibus*: Quibus in passione martyrii tamquam vasculis fractis maior eorum gloriae fulgor emicuit, quae inpios evangelicae praedicationis inimicos inopinata illis Christi claritate superavit.

49,13 Seu ergo per scientes seu per nescientes praefigurationem praedicationemque futurorum spiritus domini propheticis temporibus operatus est, nec ideo peccata eorum dicendum est non fuisse peccata, quia et deus, qui et malis nostris bene uti novit, etiam ipsis eorum peccatis usus est ad significanda quae voluit. Proinde si propterea peccatum non fuit sive cuiuslibet necis humanae sive etiam parricidale sacrificium vel vovere vel reddere, quia magnum aliquid et spiritale significavit, frustra deus talia prohibuit et se odisse testatus est, quoniam et illa quae fieri iussit utique ad aliquam significationem rerum spiritualium magnarumque referuntur. Cur ergo illa prohiberet, quandoquidem poterant propter eandem rerum earundem significationem, propter quam et ista licite fiebant, nihilominus licite fieri? Nisi quia nec tale aliquid significantia quale expedit credere humana deo sacrificia placuerunt, quando non pro iustitia quisque ab inimicis, quia recte vivere voluit aut peccare noluit, interimitur, sed homo ab homine tamquam electa hostia more pecoris immolatur.

49,14 Quid? Si, ait aliquis, quoniam pecorum victimae iam eo ipso quo fuerant usitatae, quamvis et ipsae a recte intellegentibus ad significationem spiritalium referrentur, minus tamen faciebant intentos ad magnum sacramentum Christi et ecclesiae requirendum, propterea deus re insigni et inopinata

---

193 2 Cor 4,7

195 fulgor...quae] fulgorem atque *p*, fulgore atquae *n*   **199** quia et] et quia et *S*   **203** frustra] n̄ *praem. s. l. m. 1 S* | et *om. V¹, add. post* se *V²*   **206** licite] licere *T*   **212** ipsae a] ipsa ea *P S V¹ T*   **213** referrentur] referuntur *P S V T*   **214** et¹ *om. n*

Menge der Feinde in Schrecken versetzten (vgl. Ri 7,16-22), scheint Gideon gleichsam auf eigenen Beschluß hin durchgeführt zu haben; die Schrift sagt nämlich nicht, daß der Herr ihn beauftragt habe, dies zu tun. Und dennoch: Wer, wenn nicht der Herr, gab seinem Verstand und seiner Beschlußfassung ein, er solle ein so großes Zeichen vollbringen? Dieser Herr hat [dadurch] vorausbezeichnet, daß seine Heiligen den Schatz des Lichtes des Evangeliums in tönernen Gefäßen besitzen würden, wie der Apostel sagt: „Wir haben aber diesen Schatz in tönernen Gefäßen" (2Kor 4,7). Nachdem diese Geschirre durch das Erleiden des Martyriums gleichsam zerbrochen worden sind, leuchtete der größere Glanz ihrer Herrlichkeit auf, die die ungläubigen Feinde der Verkündigung des Evangeliums durch das ihnen unerwartete strahlende Licht Christi überwunden hat.

qu. 7,49,13

49,13 Der Geist des Herrn hat folglich in den Zeiten der Propheten die Vorausbezeichnung und Voraussage zukünftiger Dinge sei es durch Wissende, sei es durch Unwissende bewirkt; aber man darf nicht sagen, daß ihre Sünden deswegen keine Sünden gewesen sind, weil Gott, der auch unsere bösen Taten gut zu gebrauchen weiß, auch eben diese ihre Sünden benutzt hat, um vorauszubezeichnen, was er wollte. Wenn das Gelübde oder der Vollzug der Opferschlachtung eines beliebigen Menschen oder gar eines nahen Verwandten deswegen, weil sie etwas Bedeutendes und Geistliches vorausbezeichnet hat, keine Sünde war, hat Gott folglich nutzlos derartiges verboten und bezeugt, daß er es haßt, da sich ja natürlich auch jene Opfer, die er zu vollbringen befohlen hat, auf irgendeine Vorausbezeichnung geistlicher und bedeutender Dinge beziehen. Warum sollte er nämlich jene [Menschenopfer] verbieten, da sie ja wegen derselben Vorausbezeichnung derselben Dinge, derentwegen auch diese [Opfer] erlaubterweise getan wurden, nichtsdestoweniger erlaubterweise getan werden durften? Einzig [deshalb hat er sie verboten], weil selbst Menschenopfer, die etwas von der Art vorausbezeichneten, was zu glauben nützt, Gott nicht gefallen haben, da nicht einer von Feinden um der Gerechtigkeit willen getötet wird, weil er richtig leben wollte oder zu sündigen ablehnte, sondern da ein Mensch durch einen Menschen wie eine auserwählte Opfergabe nach Art eines Tieres geopfert wird.

qu. 7,49,14

49,14 Was? Jemand könnte folgende Erwägung anstellen: Tieropfer haben schon eben deswegen, weil sie üblich waren, obgleich auch sie ihrerseits von denen, die recht verstehen, auf die Vorausbezeichnung geistlicher Dinge bezogen wurden, dennoch die Aufmerksamkeit der Menschen weniger darauf gerichtet, das große Geheimnis Christi und der Kirche zu erforschen. Wenn also Gott deswegen in der Absicht, durch eine bedeutsame und unerwartete Sache

volens quasi dormientes hominum animos excitare eo magis, quod talia sibi sacrificia offerri vetuerat, curavit sibi eius modi aliquid offerendum, ut ipsa admiratio magnam gigneret quaestionem et magna quaestio ad perscrutandum magnum mysterium studium piae mentis erigeret, pie vero scrutans mens hominis altitudinem prophetiae velut hamo piscem dominum Christum de profundo scripturarum levaret? Huic nos rationi et considerationi non obsistimus. Sed alia quaestio est de animo voventis, alia de providentia dei qualicumque animo eius optime utentis. Quamobrem si spiritus domini, qui factus est super Iephte, ut hoc voveret omnino praecepit, quod quidem scriptura non aperuit, tamen, si hoc ille praecepit, cuius non licet iussa contemnere, non solum insipientia culpanda non est verum etiam laudanda oboedientia est. Hoc enim, etiam si se homo ipse interimat, quod utique humana voluntate atque consilio facere nefas est, profecto intellegendum est oboedienter fieri potius quam sceleste, si divinitus iussum est: De qua quaestione satis in primo libro de civitate dei disputavimus. Si autem Iephte humanum secutus errorem humanum sacrificium vovendum putavit, eius quidem peccatum de unica filia iure punitum est - quod etiam ipse verbis suis satis videtur ostendere, ubi ait: *Heu me, filia <mea>, inpedisti me; in offendiculum facta es in oculis meis*, discissis etiam vestimentis suis - verum tamen etiam hic eius error habet aliquam laudem fidei, qua deum timuit, ut quod voverat redderet, nec divini in se iudicii sententiam declinavit, sive sperans deum prohibiturum, sicut fecit Abrahae, sive eius voluntatem etiam non prohibentis intellectam facere potius quam contemnere statuens.

49,15 Quamquam et hic merito quaeri potest utrum verius intellegitur hoc deum nolle fieri et in eo potius deo, si non fieret, oboediretur, quoniam hoc se nolle et in Abrahae filio et in legitima prohibitione monstraverat. Verum tamen si propterea Iephte non faceret, sibi potius in unica pepercisse quam dei voluntatem secutus esse videretur. Magis ergo intellexit in eo, quod illi filia occurrit,

---

228 de¹...229 disputavimus] cf. *civ.* 1,21   238 quoniam...239 filio] cf. Gn 22   239 et² ...monstraverat] cf. Dt 12,31; 18,9-10

215 hominum animos] animum hominos *n* | quod] quo *P V N T Am.* μ   217 perscrutandum] praescrutandum *n*   219 hamo] amo *P S¹ V¹ N*   229 dei *om. S¹*   232 mea] *Am.* μ ζ, *om. codd.*, mi *Bad. (cf. l. 96)* | in¹ *om. V, exp. T*   233 suis *om. P*   234 voverat] voverit *S*   236 prohibentis] prohibendis *V*   237 intellegitur] intellegeretur *p*   241 videretur] videatur *V¹* | illi] ei *S Am.* μ

---

[115] Vgl. Lev 18,21; 20,1-5; Jer 7,31.

den gleichsam schlafenden Sinn der Menschen aufzurütteln – umso mehr, weil er verboten hatte, ihm solche Opfer darzubringen –, dafür gesorgt hat, daß ihm etwas von der Art dargebracht wurde, daß die Verwunderung [darüber] ihrerseits eine große Frage erzeugte und die große Frage das Interesse eines frommen Sinnes darauf ausrichtete, das große Geheimnis zu erforschen, der Verstand des Menschen aber, indem er die Tiefe der Prophetie fromm erforschte, wie mit dem Angelhaken den Fisch den Herrn Christus aus der Tiefe der Schrift [ans Licht] höbe? Diesem Grund und dieser Erwägung widersprechen wir nicht. Aber eine Frage betrifft die Absicht des Gelobenden, eine andere die Vorhersehung Gottes, der sich dessen Absicht, wie immer sie sei, zum besten bedient. Wenn der Geist des Herrn, der über Jiftach gekommen ist, tatsächlich befohlen hat, daß er dies geloben sollte, was die Schrift allerdings nicht offen ausgesprochen hat, dann ist deswegen dennoch, wenn jener, dessen Befehle man nicht verachten darf, dies befohlen hat, nicht nur keine Torheit zu bestrafen, sondern vielmehr sogar [sein] Gehorsam zu loben. Auch wenn der Mensch sich selbst tötet, was natürlich nach menschlichem Willen und Entschluß zu tun durchaus ein Frevel ist, ist in der Tat anzuerkennen, daß dies eher aus Gehorsam als verbrecherisch geschieht, wenn es von Gott befohlen ist: über dieses Problem haben wir ausreichend im ersten Buch von *de civitate Dei* gehandelt (vgl. *civ.* 1,21). Wenn Jiftach aber, indem er einem menschlichen Irrtum folgte, gemeint hat, ein Menschenopfer geloben zu sollen, ist zwar seine Versündigung an der einzigen Tochter zu Recht bestraft worden – das scheint er auch selbst durch seine Worte genügend [deutlich] zu zeigen, wo er, nachdem er auch seine Kleider zerrissen hat, sagt: „Weh mir, meine Tochter, du hast mich behindert; du bist zum Anstoß in meinen Augen geworden" –, aber dieser sein Irrtum hat dennoch auch etwas Lobenswertes an Glauben, kraft dessen er Gott so fürchtete, daß er, was er gelobt hatte, erfüllte, und [kraft dessen er] nicht versuchte, dem gegen ihn ergangenen Urteil des göttlichen Gerichts zu entgehen, sei es aus der Hoffnung heraus, Gott werde [ihn] hindern, wie er es bei Abraham getan hatte, sei es weil er, auch nachdem er eingesehen hatte, daß er [ihn] nicht hinderte, beschloß, seinen Willen lieber zu tun als zu verachten.

qu. 7,49,15

49,15 Dennoch kann man auch in diesem Fall zu Recht fragen, ob die Deutung mehr Wahrheit für sich hat, daß Gott nicht wollte, daß es geschähe, und Gott daher in diesem Fall eher gehorcht würde, wenn es nicht geschähe, da er sowohl im Fall des Sohnes Abrahams (vgl. Gen 22,12) als auch durch gesetzliches Verbot (vgl. Dtn 12,31; 18,9-10)[115] gezeigt hatte, daß er es nicht will. Wenn Jiftach [es] jedoch deswegen nicht getan hätte, hätte er eher den Eindruck erweckt, sich selbst in seiner einzigen [Tochter] geschont als Gottes Willen befolgt zu haben. Darin, daß ihm die Tochter entgegenkam, erkannte er

ultorem deum iustaeque poenae se fideliter subdidit timens saeviorem tamquam de tergiversatione vindictam. Credebat enim etiam bonae et virginis animam filiae bene recipi, quod non se ipsa voverat immolandam, sed voto et voluntati non restiterat patris et dei fuerat secuta iudicium. Mors enim sicut nec sibi a quoquam sponte nec cuiquam sponte inferenda est, ita deo iubente recusanda non est, cuius constitutione quocumque tempore subeunda est; nec quisquam qui eam perpeti detrectat, ut omnino evitetur, sed tantummodo ut differatur, laborat.

49,16 Nunc iam quid spiritus domini sive per nescientem Iephte sive per scientem sive per eius inprudentiam sive per oboedientiam sive per offensionem sive per fidem in hac re gesta praefiguraverit, quantum deus adiuvat, requiramus breviterque pandamus. Admonet enim nos et urget quodam modo iste sanctarum scripturarum locus cogitare quendam potentem virtute. Talis enim dicitur Iephte, quod nomen interpretatur aperiens; dominus autem Christus, sicut indicat evangelium, discipulis suis *aperuit sensum, ut intellegerent scripturas*. Hunc Iephte fratres eius reprobaverunt et de paterna domo expulerunt obicientes ei quod esset filius fornicariae, tamquam ipsi essent de uxore legitima nati. Hoc etiam egerunt adversus dominum principes sacerdotum et scribae et Pharisaei, qui de legis observatione gloriari videbantur, tamquam ille solveret legem et ideo veluti non esset legitimus filius. Et quamquam de sancta quidem virgine corpus adsumpserat, quod fidelibus notum est, tamen eius mater, quantum ad gentem pertinet, etiam illa Iudaica synagoga dici potest. Revolvat qui voluerit propheticos libros et videat quotiens et quanta verbi severitate atque indignatione domini illa gens velut inpudica mulier de suis fornicationibus arguatur. Unde est etiam illud in hoc libro recentissimum, vel cum post ephud quod fecit Gedeon omnis Israhel legitur fornicatus vel quod

---

256 Lc 24,45   257 hunc…258 fornicariae] cf. Idc 11,2-3   261 veluti…filius] cf. Io 8,41
267 cum…fornicatus] cf. Idc 8,27 | quod²…269 Ammon] cf. Idc 10,6-8

242 se] si *V*   244 voverat] voveret *V*   245 restiterat] resisterat *P V* | nec] ne *n* | nec…246 sponte¹ *om. S T per homoiot.*   246 cuiquam] quiquam *p* | sponte²] inlicite *N*   247 tempore] temporis *P S V Am. μ* | subeunda] obeunda *P S V Am. μ*, suo veunda *n* | nec] ne *n*
248 qui…perpeti] perpeti qui eam *T* | eam] ea *P N* | detrectat] detractat *n T*   249 laborat] haec autem festinantibus nobis de praedicta quaestione satis esse utcumque discussa pro hac quidem parte visa sunt *add. Bad. Am. μ, om. codd.; verba taman genuina videntur*   250 nunc] secunda pars capituli *praem. Bad.*   253 pandamus] pendamus *Am.*   256 ut *om. V¹*   259 legitima] legitime *N*   261 quamquam] quoniam *P S V N*   263 ad] *add. m. 2 sup. et P* | Iudaica] vidua *V*

daher mehr den rächenden Gott und unterwarf sich fromm der gerechten Strafe aus Furcht vor schwerer Strafe für [ein Verhalten, das] wie eine Verweigerung [hätte wirken können]. Er glaubte nämlich auch, daß die gute und jungfräuliche Seele der Tochter gut aufgenommen werde, weil sie nicht selbst ihre Opferung gelobt, sondern sich [nur] dem Gelübde und dem Willen des Vaters nicht widersetzt hatte und Gottes Urteil gefolgt war. Wie man nämlich den Tod weder aus freiem Entschluß sich selbst noch aus freiem Entschluß irgendeinem anderen zufügen darf, so darf man ihn auch nicht verweigern, wenn Gott [ihn] befiehlt, auf dessen Festsetzung hin man ihn zu irgendeinem Zeitpunkt erleiden muß; und niemand, der sich weigert, ihn zu erdulden, bemüht sich, ihm gänzlich zu entgehen, sondern nur, ihn hinauszuzögern.

qu. 7,49,16

49,16 Jetzt aber wollen wir sogleich, soweit Gott uns beisteht, untersuchen und kurz auseinandersetzen, was der Geist des Herrn in diesem Geschehen durch Jiftach vorausbezeichnet hat, sei es daß er sich dessen nicht bewußt war, sei es daß Jiftach sich dessen bewußt war, sei es durch dessen Unvorsichtigkeit, sei es durch dessen Gehorsam, sei es durch dessen Vergehen, sei es durch dessen Glauben. Diese Episode der Heiligen Schriften ermahnt und drängt uns nämlich gewissermaßen über einen an Tugend starken [Mann] nachzudenken. Als solcher wird Jiftach nämlich bezeichnet. Dieser Name bedeutet: ‚Öffnender'[116]; der Herr Christus aber „eröffnete", wie das Evangelium sagt, seinen Schülern „den Sinn, damit sie die Schriften verstanden" (Lk 24,45). Diesen Jiftach wiesen seine Brüder zurück und vertrieben ihn aus seinem Vaterhaus, indem sie ihm vorwarfen, er sei der Sohn einer Prostituierten (vgl. Ri 11,2-3), gleich als ob sie von einer rechtmäßigen Ehefrau geboren wären. So handelten nämlich auch gegen den Herrn die Führer der Priester und die Schriftgelehrten und die Pharisäer, die sich der Gesetzesbeobachtung zu rühmen schienen, gleich als ob jener das Gesetz aufhöbe und deswegen gleichsam kein legitimer Sohn wäre (vgl. Joh 8,41). Und obgleich er zwar seinen Leib von der heiligen Jungfrau angenommen hatte, was den Gläubigen bekannt ist, kann dennoch, insofern er zum Volk gehört, auch jene jüdische Synagoge als seine Mutter bezeichnet werden. Wer mag, möge die prophetischen Bücher durchlesen und feststellen, wie oft und mit wie großer Strenge des Wortes und mit wie großer Entrüstung des Herrn jenes Volk gleichsam als schamlose Frau wegen ihrer Hurereien angeklagt wird. Dazu gehört auch jene [Notiz] in diesem Buch, [die wir] soeben [erwähnt haben], wo man liest, sei es daß ganz Israel hinter dem Efod, das Gideon gemacht hatte, hergehurt hat (vgl. Ri 8,27), sei es daß sie

---

[116] Vgl. Hieronymus, *Nom. Hebr. Ios: Iepte aperiens vel apertus. Nom. Hebr. Ad Hebr: Iepte aperuit sive aperientis.*

abierunt post deos gentium quibus erant circumdati. Unde in illos divina ira commota est, ut per annos decem et octo conterentur a filiis Ammon. Sed numquid non ex eadem gente Israhel etiam illi nati erant sacerdotes et scribae et Pharisaei, quos in eis diximus fuisse praefiguratos, qui Iephte, tamquam isti dominum Christum, veluti non legitimum filium persecuti expulerunt? Sed in eo similitudo adumbrata est, quod isti, ut dixi, veluti legis observatores eum qui contra praecepta legis facere videbatur tamquam legitimi non legitimum iure sibi visi sunt eiecisse. Secundum hoc enim plebs illa dicta est fornicari, quod legis praecepta non servans tamquam viro non exhibebat fidem.

49,17 Sic autem scriptum est de Iephte: *Et creverunt filii uxoris et eiecerunt Iephte.* Verbum quod positum est *creverunt* significat in figura praevaluerunt: Quod in Iudaeis inpletum est, qui praevaluerunt infirmitati Christi, quia ita voluit, ut ab eis quae oportebat passione perferret; sicut hoc idem significans Iacob praevaluit angelo, cum quo ut id ipsum portenderet luctabatur. Dixerunt ergo ad Iephte: *Non hereditabis in domo patris nostri, quoniam filius mulieris fornicariae tu,* tamquam dicerent quod evangelium loquitur: *Non est iste homo a deo, qui sic solvit sabbatum*; se autem velut iactantes legitimos filios domino dixerunt: *Nos ex fornicatione non sumus nati; unum patrem habemus deum. Et fugit Iephte a facie fratrum suorum et habitavit in terra Tob.* Fugit, quoniam se quantus esset abscondit; fugit, quoniam eos saevientes latuit; *si enim cognovissent, numquam dominum gloriae crucifixissent*; fugit, quoniam morientis infirmitatem viderunt, virtutem autem resurgentis non viderunt. Habitavit autem in terra bona vel, ut expressius dicamus optima. Quod enim Graece ἀγαθόν, hoc Latine optimum dicitur; id autem interpretatur Tob. Ubi mihi videtur intellegenda eius a mortuis resurrectio.

---

277 Idc 11,2   280 hoc…281 luctabatur] cf. 32,24-28   282 Idc 11,12   283 Io 9,16   284 Idc 11,3   287 1 Cor 2,8

---

268   circumdati *om. S¹* | in] contra *P (s. l. m. 2) T*, circa *S (s. l. m. 2)*   269   conterentur] conterentur *P¹ V¹*   270 non *om. p*   274 videbatur] videbantur *P S¹*   278 positum] factum *in ras. m. 2 V*   280 perferret] proferret *P*   281 portenderet] portaret *S*   284 velut] veluti *N*   285 unum] cum *p* | fugit] fuit *n*   286 terra] terram *p* | fugit] fuit *n*   288 fugit] fugiit *N*   290 optima] opima *Bad. Am. μ* | ἀγαθόν] agathon *p*, agaton *P S V n T* | optimum] opimum *Bad. Am. μ*

---

117 „Einer Prostituierten": VL folgt LXX, die an 11,1 angleicht. TM dagegen: „einer anderen Frau".

hinter den Göttern der Völker her, von denen sie umgeben waren, abgefallen sind. Deswegen ist der Zorn Gottes gegen jene erregt worden mit der Folge, daß sie achtzehn Jahre lang von den Söhnen Ammon mißhandelt worden sind (vgl. Ri 10,6-8). Aber waren etwa nicht aus eben diesem Volk Israel auch jene Priester und Schriftgelehrten und Pharisäer geboren worden, die, wie wir gesagt haben, in jenen vorausbezeichnet worden sind, die den Jiftach, wie jene den Herrn Christus, als illegitimen Sohn verfolgt und vertrieben haben? Die Ähnlichkeit ist aber, wie ich gesagt habe, darin angedeutet worden, daß jene der Meinung waren, sie hätten gleichsam als Beobachter des Gesetzes denjenigen, der gegen die Gebote des Gesetzes zu verstoßen schien, gleichsam als die legitimen [Söhne] den illegitimen zu Recht vertrieben. Insofern nämlich hat, wie die Schrift gesagt hat, jenes Volk gehurt, als es, indem es die Gebote des Gesetzes nicht befolgte, gleichsam dem Ehemann nicht die Treue hielt.

qu. 7,49,17

49,17 So aber steht von Jiftach geschrieben: „Und die Söhne der Ehefrau wuchsen heran und vertrieben Jiftach" (Ri 11,2). Das hier verwendete Wort „wuchsen heran" bedeutet symbolisch ‚siegten': Das hat sich in den Juden erfüllt, die über die Schwäche Christi siegten, weil er es so wollte, damit er von ihnen im Leiden das erdulde, was notwendig war; ebenso hat Jakob dasselbe vorausbezeichnet, indem er über den Engel siegte, mit dem er kämpfte, um dasselbe vorauszubezeichnen (vgl. Gen 32,25-29). Sie sagten daher zu Jiftach: „Du sollst nicht erben in unserem Vaterhaus, denn du bist der Sohn einer Prostituierten" (Ri 11,2);[117] gleich als sagten sie, was das Evangelium sagt: „Dieser Mensch, der so den Sabbat nicht hält, ist nicht von Gott" (Joh 9,16); indem sie aber sich rühmten, gleichsam legitime Söhne zu sein, sagten sie zum Herrn: „Wir stammen nicht aus Hurerei, wir haben [nur] einen einzigen Vater: Gott" (Joh 8,41). „Und Jiftach floh vom Angesicht seiner Brüder und ließ sich im Land Tob nieder" (Ri 11,3). Er floh, weil er verbarg, wie groß er war; er floh, weil er diesen Rasenden unbekannt blieb; „wenn sie nämlich [die Weisheit Gottes] erkannt hätten, hätten sie den Herrn der Herrlichkeit auf keinen Fall gekreuzigt" (1Kor 2,8); er floh, weil sie die Schwäche des Sterbenden sahen, die Kraft des Auferstehenden aber nicht sahen. Er ließ sich aber nieder in einem guten Land bzw., damit wir es deutlicher sagen, in einem sehr guten. Das griechische Wort ἀγαϑόν bedeutet nämlich im Lateinischen ‚sehr gut'[118] und damit übersetzt man *Tob*. Darunter ist meines Erachtens seine Auferstehung von den Toten zu verstehen. Denn welches Land ist in höherem Maß ‚sehr gut' als der

---

[118] RÜTING, *Untersuchungen* 200 Anm. 1: diese Wiedergabe durch den Superlativ ist eine afrikanische Eigentümlichkeit (Er bezieht sich auf CAPELLE, *Texte* 12 und 30). Die gleiche Übersetzungstechnik verwendet VL in Dtn 1,35 (zitiert in *loc.* 5,3).

Nam quae terra magis optima quam terrenum corpus excellentia inmortalitatis et incorruptionis indutum?

49,18 Quod autem dicitur de Iephte, quia, posteaquam fugiens a facie fratrum suorum habitavit in terra Tob, *colligebantur ad eum viri latrones et obambulabant cum ipso*, quamquam et ante passionem obiectum fuerit domino, quod cum publicanis et peccatoribus manducaret, quando respondit non esse necessarium sanis medicum sed aegrotis, *et inter iniquos deputatus est*, quando inter latrones crucifixus est et unum ex eis de cruce in paradisum transtulit: Tamen posteaquam resurrexit et esse coepit, secundum id quod supra exposuimus in terra Tob collecti sunt ad illum scelerati homines propter remissionem peccatorum, qui cum illo ambulabant, quia secundum eius praecepta vivebant. Neque hoc fieri desinit usque nunc et deinceps, quousque ad eum confugiunt mali, ut iustificet inpios, qui ad eum convertuntur, et discant iniqui vias eius.

49,19 Iam illud, quod hi qui abiecerant Iephte - erat etiam Galaadites - conversi sunt ad eum et quaesiverunt eum, per quem liberarentur ab inimicis suis, quam clara praefiguratione significat, quod hi qui abiecerunt Christum ad eum rursus conversi in illo reperiunt salutem! Sive illi intellegantur, quos Petrus apostolus cum de ipso scelere arguisset, sicut in actibus apostolorum legitur, et hortatus esset, ut ad eum converterentur quem fuerant persecuti, conpuncti sunt corde et ab illo quem a se alienaverant desideraverunt salutem - quid est autem liberari ab inimicis nisi a peccatis? Sic enim illis ait: *Agite paenitentiam et baptizetur unusquisque vestrum in nomine domini Iesu Christi; et remittentur vobis peccata vestra* - sive illa potius significetur, quae in fine speratur vocatio gentis Israhel. Magis quippe ipsa videtur adparere in eo quod dicitur: *Et factum est post dies*, quod utique post tempus significat; et per hoc insinuat non illud intellegendum quod recenti passione domini est, sed quod postea futurum est. Quo videtur

---

292 terrenum...**293** indutum] cf. 1 Cor 15,53-34   **295** Idc 11,3   **296** obiectum...**298** aegrotis] cf. Mt 9,11-12   **298** Is 53,12 | quando...**299** transtulit] cf. Lc 23,33.43   **304** qui...eius] cf. Ps 50,15   **308** quos...**311** salutem] cf. Act 2,22-37   **312** Act 2,38   **314** quae...Israhel] cf. Rm 11,25-26   **315** Idc 11,4

---

292 optima] opima *Bad. Am. μ*   **295** obambulabant] ambulabant *P V*   **297** publicanis...peccatoribus] peccatoribus et publicanis *T*   **299** de cruce *om. T*   **304** convertuntur...361 ibi *om. P (uno folio perdito)*   **308** reperiunt] repererunt *N*   **311** desideraverunt] desiderarunt *S V*   **312** sic] si *n* | ait] agit *n*   **313** remittentur] remittuntur *n*   **317** passione domini] domini passione *Am. μ* | est¹ *om. N* | quo] quod *n*

irdische Körper, der mit der Vortrefflichkeit der Unsterblichkeit und der Unverweslichkeit bekleidet ist (vgl. 1Kor 13,53-54)?

qu. 7,49,18

49,18 Bezüglich dessen aber, was von Jiftach erzählt wird, daß, nachdem er sich auf der Flucht vor dem Angesicht seiner Brüder im Land Tob niederließ, „Banditen sich um ihn sammelten und mit ihm umherstreiften" (Ri 11,3), [ist zu sagen:] Obgleich man dem Herrn auch vor [seinem] Leiden vorgeworfen hat, daß er mit Zöllnern und Sündern speiste, als er antwortete, nicht die Gesunden bedürften des Arztes, sondern die Kranken (vgl. Mt 9,11-12); „und [obgleich] er unter die Verbrecher gerechnet wurde" (Jes 53,12), als er zwischen Straßenräubern gekreuzigt worden ist und einen von ihnen vom Kreuz in das Paradies versetzte (vgl. Lk 23,33.43), haben sich dennoch Verbrecher um der Vergebung der Sünden willen um ihn versammelt, nachdem er auferstanden war und begonnen hatte, in dem Sinn, den wir oben dargelegt haben, im Land Tob zu leben; diese wandelten mit ihm, weil sie nach seinen Geboten lebten. Und das hat auch bis heute nicht aufgehört zu geschehen und [wird] in Zukunft [geschehen], solange Böse sich zu ihm flüchten, damit er die Übeltäter rechtfertige, die sich zu ihm bekehren, und damit die Ungerechten seine Wege lernten (vgl. Ps 51,15).

qu. 7,49,19

49,19 Ferner jenes [Geschehen], daß diejenigen, die Jiftach vertrieben hatten – er war auch ein Gileaditer –, sich ihm wieder zuwandten und ihn aufsuchten, damit sie durch ihn von ihren Feinden befreit würden: Mit welch deutlicher Vorausdeutung bezeichnet es, daß diejenigen, die Christus verworfen haben, in ihm, wenn sie sich wieder zu ihm bekehrt haben, das Heil erlangen! Man kann entweder jene darunter verstehen, die im Herzen getroffen wurden, als der Apostel Petrus sie, wie man in der Apostelgeschichte liest, desselben Vergehens beschuldigt und ermahnt hatte, daß sie sich zu dem bekehrten, den sie verfolgt hatten, und die von jenem, den sie von sich gestoßen hatten, das Heil begehrten (vgl. Apg 2,22-37) – was ist aber von Feinden befreit zu werden anderes als von Sünden [befreit zu werden]? Er spricht nämlich so zu ihnen: „Tut Buße, und jeder von euch lasse sich taufen im Namen des Herrn Jesus Christus, und dann werden euch eure Sünden vergeben werden." (Apg 2,38) –, oder es könnte eher jene Berufung des Volkes Israel vorausbezeichnet werden, die am Ende erwartet wird (vgl. Röm 11,25-26). Eben diese scheint ja noch deutlicher darin zum Vorschein zu kommen, daß gesagt wird: „Und es geschah nach Tagen" (Ri 11,4), was eindeutig ‚nach einer Zeitspanne' bedeutet, und dadurch deutet [die Schrift] an, daß darunter nicht jenes [Geschehen] zu verstehen ist, das sich unmittelbar nach dem Leiden des Herrn ereignet hat, sondern was sich danach in Zukunft ereignen wird. Darauf scheint sich auch das Faktum zu beziehen,

etiam id pertinere, quod seniores Galaad venerunt ad Iephte, ut per aetatem senilem posteriora et novissima tempora accipienda sint. Interpretatur autem Galaad abiciens sive revelatio. Quorum utrumque satis apte huic rei congruit, quia primo dominum Christum abiecerunt eisque postea revelabitur.

49,20 Quod vero contra filios Ammon dux quaerebatur Iephte, quibus victis liberarentur, qui eo duce adversus illos bellare cupiebant, quoniam interpretatur Ammon filius populi mei sive populus maeroris, profecto aut illi significantur inimici, qui ex ipsa gente perseverantes in infidelitate praedicti sunt, aut omnino omnes gehennae praedestinati, ubi *erit* eis *fletus et stridor dentium*, tamquam populo maeroris. Quamquam populus maeroris etiam diabolus et angeli eius non inconvenienter intelleguntur, sive quia aeternam miseriam eis quos decipiunt adquirunt sive quia et ipsi aeternae miseriae deputati sunt.

49,21 Eleganter sane ad exprimendam multo evidentius prophetiam Iephte respondit senioribus Galaad: *Nonne vos odio habuistis me et eiecistis me de domo patris mei et emisistis me a vobis? Et quid est quod venistis, quando tribulati estis?* Tale aliquid figuratum est in Ioseph, quem fratres vendentes abiecerunt et cum fame tribularentur ad eius opem misericordiamque conversi sunt. Hic vero multo amplius elucet significatio futurorum, quod non ipsi prorsus fratres qui eiecerunt Iephte ad eum venerunt, sed Galaad seniores pro universo illo populo eidem supplicantes. Sicut eadem gens dicitur Israhel sive in eis qui tunc fuerunt Christumque reprobaverunt sive in eis qui ad eius opem postea reversi sunt. Populo enim dicitur inimico sive in maioribus sive in posteris suis longa odia trahenti atque

---

318   quod…Iephte] cf. Idc 11,5-10   322   contra…Iephte] cf. Idc 11,6   326   Mt 25,30
331   Idc 11,7   333   Ioseph…abiecerunt] cf. Gn 37,28 | cum…334 sunt] cf. Gn 42,3-6

---

319 sint] sunt *T*   323 illos] eos *T*   324 aut] autem *V (sed exp.)*   326 eis *om. T*   328 miseriam] misericordiam *S corr.*   329 quia] quod *S*   338 reversi] reversuri *N*   339 dicitur] dicit *C*, dicitur *T*

---

[119] Diese Namenserklärung findet sich nach NBA 1259 Anm. 85 und Altaner nicht bei Hieronymus, der Galaad vielmehr als *acervus testimonii* (*Qu. Hebr. Gen.* zu Gen 31,47 [dort hat TM allerdings: גַּלְעֵד]), *acervus testimonii sive transmigratio testimonii* (*Nom. Hebr. Gen*), *acervus testis* (*Nom. Hebr. Ex*) erklärt. ALTANER, *Onomastika* 315 erschließt u.a. aus diesem Beleg des Augustinus, „daß Augustinus außer dem von Hieronymus bearbeiteten Werk noch andere Hilfsmittel benutzt hat. Es werden dies Schriftkommentare älterer Exegeten (z.B. des Origenes und Ambrosius), aber auch etymologische Listen gewesen sein, die wir nicht genauer bestimmen können." (Hinweis NBA 1259 Anm. 85).

daß die Ältesten von Gilead zu Jiftach kamen (vgl. Ri 11,5-10), weil unter dem Greisenalter die späteren und letzten Zeiten zu verstehen sind. Gilead bedeutet aber ‚der Verwerfende' oder ‚Offenbarung'.[119] Jede dieser beiden [Bedeutungen] paßt ziemlich gut zu dieser [vorausbezeichneten] Wirklichkeit, weil sie zuerst den Herrn Christus verworfen haben und er ihnen später offenbart werden wird.

qu. 7,49,20

49,20 Bezüglich der Tatsache aber, daß man Jiftach zum Führer gegen die Söhne Ammon haben wollte (vgl. Ri 11,6), damit diejenigen, die unter seiner Führung gegen jene Krieg zu führen begehrten, durch den Sieg über sie befreit würden, werden [dadurch], da Ammon ‚Sohn meines Volkes' oder ‚Volk der Trauer'[120] bedeutet, sicherlich entweder jene Feinde aus eben diesem Volk bezeichnet, von denen vorhergesagt worden ist, daß sie im Unglauben verharren werden, oder überhaupt alle, die für die Hölle vorherbestimmt sind, wo für sie als gleichsam Volk der Trauer „Heulen und Zähneknirschen" (Mt 25,30) [bestimmt] sein wird. Allerdings versteht man unter dem ‚Volk der Trauer' auch nicht unpassend den Teufel und seine Engel, sei es weil sie denen, die sie täuschen, ewiges Leid verschaffen, sei es weil auch sie selbst zu ewigem Leid bestimmt sind.

qu. 7,49,21

49,21 Jiftach antwortet den Ältesten Gileads ganz geschickt, um die Prophezeiung viel deutlicher auszudrücken: „Habt nicht gerade ihr mich gehaßt und mich aus meinem Vaterhaus vertrieben und von euch weggeschickt? Und wieso seid ihr [jetzt] gekommen, wo ihr in Nöten seid?" (Ri 11,7). Etwas dieser Art ist in Josef vorausbezeichnet worden, den die Brüder vertrieben, indem sie ihn verkauften (vgl. Gen 37,28), und an dessen Hilfe und Barmherzigkeit sie sich gewandt haben, als sie der Hunger quälte (vgl. Gen 42,3-6). Hier aber leuchtet die Vorausbezeichnung zukünftiger Dinge viel deutlicher auf, weil keineswegs die Brüder selbst, die Jiftach vertrieben hatten, zu ihm kamen, sondern die Ältesten Gileads, die demselben die Bitte im Namen jenes ganzen Volkes vortrugen. In gleicher Weise wird eben dieses Volk Israel genannt, sei es daß es sich um diejenigen handelt, die damals lebten und Christus verwarfen, sei es um diejenigen, die später zu ihm umkehrten, um [seine] Hilfe [zu erlangen]. Denn dem feindlichen Volk, das, sei es in seinen Vorfahren, sei es in seinen Nachkommen, langdauernden Haß mit sich schleppt und pflegt, sich aber am Ende doch in

---

[119] Zumindest dieser Beleg des Augustinus ist jedoch nicht beweiskräftig, denn in Hieronymus, *Nom. Hebr. Iud.* findet sich folgende Angabe: *Galaa abiciens vel revelatio*.
[120] Zitat aus Hieronymus, *Nom. Hebr. Gen.* Vgl. auch *Nom. Hebr. Ios: Ammon populus moeroris*.

servanti tandemque converso in eis qui tunc convertendi sunt: *Nonne vos odio* 340
habuistis me et eiecistis me de domo patris mei? Hoc enim eis visum est qui persecuti
sunt, quod eiecerunt Christum de domo David, in qua *regni eius non erit finis.*

49,22 *Et dixerunt seniores Galaad ad Iephte: Non sic; modo venimus ad te.* Tamquam
dicerent Iudaei conversi ad Christum: Tunc venimus, ut persequeremur, modo
venimus, ut sequamur. Profitentur etiam adversus inimicos eum futurum sibi 345
caput. Respondet ille, si eorum vicerit inimicos, quod erit eis in principem:
Quod Gedeon noluit, cum id Israhelitae voluissent. Respondit quippe illis:
Princeps vester dominus erit. Rex enim nomine principis significatur: Quod nondum
habebat gens illa tempore iudicum. Coeperunt autem habere Saulem et deinceps
alios eius successores, qui in libris regnorum leguntur. Nam in Deuteronomio 350
cum eis praecipitur qualem debeant habere regem, si hoc eis placuerit, non ibi
rex, sed princeps appellatur. Sed quia iste Iephte illum figurabat, qui verus est
rex - quod etiam in titulo scriptum fuit, qui cruci eius adfixus est, quem Pilatus
delere vel emendare non ausus est - ideo credendum est esse dictum: *Ero vobis in*
principem. Illi autem dixerant: *Eris nobis in caput,* quoniam *caput viri Christus* et ipse 355
est caput corporis ecclesiae. Denique posteaquam eos liberavit Iephte ab
omnibus inimicis, non eis factus est rex, ut intellegeremus illud quod dictum est
ad prophetiam potius pertinuisse de Christo quam ad ipsum proprie Iephte, de
quo scriptura narrationem ita concludit: *Et iudicavit Iephte Israhel sex annis; et*

---

342 Lc 1,33   343 Idc 11,8   345 profitentur…346 principem] cf. Idc 11,8-9   348 Idc 8,23
349 coeperunt…Saulem] cf. 1 Rg 10,1   350 nam…352 appellatur] cf. Dt 17,14-15   352 verus…354 est¹] cf. Io 19,19-22   354 Idc 11,9   355 Idc. 11,8 | 1 Cor 11,3 | et…356 ecclesiae]
cf. Eph 5,23   359 Idc 12,7

340 converso] conversuri *S V N*   341 eis *om. n*   342 qua] quo *S*   343 modo] quomodo *n*
346 respondet] respondit *S*   347 voluissent] noluissent *n*   350 alios…successores]
successores eius alios *Am. μ* | eius successores] successores eius *p*   358 prophetiam]
propetam *n*   359 annis] annos *N*

---

[121] VL folgt LXXAL: Οὐχ οὕτως, die wohl לֹא כֵן las: ZAPLETAL, *Richter.* BOLING, *Judges*
und WEBB, *Judges* halten dies sogar für die ursprüngliche hebräische Lesart. LXXB: Διὰ
τοῦτο folgt dagegen TM: לָכֵן עַתָּה, so auch Vulg *(ob hanc igitur causam nunc).*
[122] Ri 11,8: VL folgt LXXAL: κεφαλήν, die wörtlich TM: רֹאשׁ übersetzt, während LXXB
zutreffend deutet: ἄρχοντα (entsprechend Vulg: *dux*).

denen, die sich dann bekehren sollen, bekehrt haben wird, wird gesagt: „Habt nicht gerade ihr mich gehaßt und mich aus meinem Vaterhaus vertrieben?" Dies nämlich erschien denen, die [ihn] verfolgt haben, angebracht, daß sie Christus aus dem Haus Davids vertrieben, in dem „seine Herrschaft kein Ende haben wird" (Lk 1,33).

qu. 7,49,22

49,22 „Und die Ältesten von Gilead sagten zu Jiftach: So ist es nicht.[121] Jetzt sind wir zu dir gekommen." Gleich als ob die zu Christus bekehrten Juden sagten: ‚Damals sind wir gekommen, um zu verfolgen, jetzt kommen wir, um zu folgen.' Sie sagen auch zu, er werde für sie gegen die Feinde Haupt[122] sein (vgl. Ri 11,8-9). Jener antwortet, daß er, wenn er ihre Feinde besiegt hat, ihr Herrscher sein wird (vgl. Ri 11,8-9):[123] das hat Gideon abgelehnt, als die Israeliten dies gewollt hatten. Er hat ja jenen geantwortet: „Der Herr soll euer Herrscher sein" (Ri 8,23). Durch den Terminus ‚Herrscher' wird nämlich der König bezeichnet: dieses [Amt] hatte jenes Volk zur Zeit der Richter noch nicht. Sie begannen aber mit Saul [einen König zu haben] (vgl. 1Sam 10,1) und anschließend mit seinen weiteren Nachfolgern, von denen man in den Büchern der Könige liest. Denn als sie im Deuteronomium die Vorschrift erhalten, welchen König sie haben sollten, wenn ihnen dies gefiele, wird er dort nicht ‚König', sondern ‚Herrscher' genannt (vgl. Dtn 17,14-15).[124] Weil aber dieser Jiftach jenen vorausbezeichnete, der der wahre König ist – das war auch auf der Tafelinschrift geschrieben worden, die an seinem Kreuz angebracht worden ist, die Pilatus zu tilgen oder zu ändern nicht gewagt hat (vgl. Joh 19,19-22) –, deshalb, soll man annehmen, ist formuliert worden: „Ich werde euer Herrscher sein (Ri 11,9)." Jene aber hatten gesagt: „Du sollst unser Haupt sein" (Ri 11,8), weil „das Haupt des Mannes Christus" (1Kor 11,3) und er seinerseits das Haupt des Leibes der Kirche ist (vgl. Eph 5,23). Schließlich ist Jiftach, nachdem er sie von allen Feinden befreit hatte, nicht ihr König geworden, damit man versteht, daß jener Ausspruch sich als Prophetie mehr auf Christus bezogen hat als direkt auf Jiftach selbst, über den die Schrift die Erzählung so beschließt: „Und Jiftach richtete Israel sechs Jahre lang; und der Gileaditer Jiftach starb und wurde in

---

[123] Ri 11,9: TM hat wiederum רֹאשׁ, entsprechend LXXAL κεφαλήν und VL:Cod.Lugd.: *capud* , LXXB wiederum ἄρχοντα; dem entspricht VL des Augustinus: *princeps* (so auch Vulg). Zur komplizierten LXX-Überlieferung vgl. BILLEN, *Texts* 93.

[124] Nach 1Sam 10,1 wird Saul zum נָגִיד „Fürst" gesalbt (LXX: ἄρχοντα, Vulg: *principem*), Dtn 17,14-15 TM spricht dagegen von מֶלֶךְ „König", entsprechend Vulg: *rex*, LXX hat jedoch aus theologischen Gründen ἄρχοντα (vgl. *qu.* 5,26 mit Anm. 45), entsprechend VL: *princeps*. Augustinus zitiert diese Stelle in *qu.* 5,26 (seine VL hat dort allerdings den Plural *principes*), spricht dort seinerseits jedoch von *rex* König.

mortuus est Iephte Galaadites et sepultus est in civitate sua Galaad. Iudicavit ergo Israhel 360
sicut ceteri iudices; non ibi regnavit ut princeps, sicut hi qui regnorum voluminibus continentur.

49,23 Iam vero quod posteaquam eis idem Iephte dux constitutus est misit nuntios ad hostes prius pacis verba portantes, illud ostenditur quod ait apostolus, in quo Christus loquebatur: *Si fieri potest, quod ex vobis est, cum omnibus homini-* 365 *bus pacem habentes.* Verba porro ipsa quae mandavit Iephte omnia pertractare nimis longum est festinantibus nobis; videntur tamen mihi sic intellegenda, quantum adtinet ad significationem futurorum, ut in eis advertatur doctrina Christi admonens nos quemadmodum sit ambulandum, hoc est vivendum inter eos qui non secundum propositum vocati sunt; *novit* enim *dominus qui sunt eius.* 370

49,24 Iam vero quod cum esset debellaturus inimicos factus est super eum spiritus domini, significatur spiritus sanctus inpertitus membris Christi.

49,25 Quod autem *pertransiit Galaad et Manasse et transiit speculam Galaad et ab specula Galaad ad trans filios Ammon*, proficientia significantur membra Christi ad victoriam de inimicis reportandam. Galaad quippe interpretatur abiciens, Ma- 375 nasse necessitas. Transeundi sunt ergo a proficientibus abicientes, id est contemnentes, transeunda et necessitas, ne forte cum transierit qui proficit contemnentes cedat terrentibus, transeunda etiam specula Galaad, quoniam Galaad etiam revelatio interpretatur. Est autem specula altitudo ad prospiciendum vel despiciendum, id est desuper aspiciendum. Specula itaque Galaad congruenter 380 mihi videtur significare superbiam revelationis: Unde dicit apostolus: *Et in*

---

363 Iephte…364 portantes] cf. Idc 11,12   **365** Rm 12,8   **370** secundum…sunt[1]] cf. Rm 8,28 2 Tm 2,19   **371** quod…372 domini] cf. Idc 11,29   **373** Isc 11,29   **381** 2 Cor 12,7

---

360   Iephte Galaadites *om.* T | est[2] *om.* T | Galaad] in *praem.* S V N T   **369**   admonens] admonet P S N T   **372**   inpertitus] inpertitur P S N   **373**   speculam] speluncam P¹ S¹ V   **374**   specula] spelunca P¹ S¹ V | Galaad] transiit *add.* N | trans *exp.* V, *om.* T | significantur] significantia p   **375**   Manasse] et *praem.* P S   **376**   sunt] sint P S¹   **378**   Galaad²] ad *praem.* T   **379**   revelatio] revelationem P S V¹ N T¹ | specula] spelunca V

---

[125] TM hat die problematische Formulierung, die zu vielen Spekulationen Anlaß gegeben hat: „in den Städten Gileads". Augustins VL folgt LXXA, VL:Cod.Lugd dagegen LXXB *(in civitate sua in Galaad).* Zur Textkritik vgl. GROSS, *Richter* 547.
[126] TM: Mizpe Gilead, Vulg: *Maspha Galaad* (vgl. Hieronymus *Nom. Hebr. Ios: Masfa*

seiner Stadt¹²⁵ Gilead begraben"(Ri 12,7). Folglich hat er Israel gerichtet wie die übrigen Richter; er hat dort nicht als Herrscher regiert wie die, die in den Büchern der Könige enthalten sind.

qu. 7,49,23

49,23 Darin, daß derselbe Jiftach aber sogleich, nachdem er zu ihrem Führer eingesetzt worden war, zuerst Gesandte, die Worte des Friedens überbrachten, zu den Feinden schickte (vgl. Ri 11,12), verwirklicht sich das, was der Apostel sagt, durch den Christus sprach: „Wenn es geschehen kann, haltet, soweit es auf euch ankommt, mit allen Menschen Frieden" (Röm 12,18). Die Worte selbst, die Jiftach übermitteln ließ, nun aber in ihrer Gesamtheit weiterhin zu behandeln, dauert für uns, da wir in Eile sind, zu lange. Soweit die Vorausbezeichnung der zukünftigen Dinge betroffen ist, sind sie, wie mir scheint, dahingehend zu verstehen, daß sie die Aufmerksamkeit auf die Lehre Christi richten, die uns ermahnt, wie man unter denen wandeln, d.h. leben soll, die nach dem Plan nicht berufen sind (vgl. Röm 8,28), denn „der Herr kennt die Seinen" (2Tim 2,19).

qu. 7,49,24

49,24 Ferner aber wird darin, daß, als er sich daran machte, die Feinde zu bekriegen, der Geist des Herrn über ihn gekommen ist (vgl. Ri 11,29), der Heilige Geist vorausbezeichnet, der den Gliedern Christi geschenkt worden ist.

qu. 7,49,25

49,25 Durch den Bericht aber, daß „er durch Gilead und Manasse zog und die Warte Gileads¹²⁶ durchquerte und von der Warte Gileads auf die andere Seite der Ammoniter [marschierte]" (Ri 11,29), wird vorausbezeichnet, daß die Glieder Christi voranschreiten, bis sie den Sieg über die Feinde errungen haben. Gilead bedeutet ja ‚der Verwerfende',¹²⁷ Manasse ‚Notlage'.¹²⁸ Die Voranschreitenden müssen daher die Verwerfenden, d.h. die Verachtenden, durchschreiten und die Notlage überstehen, damit derjenige, der voranschreitet, nicht womöglich, wenn er die Verachtenden durchschritten hat, vor denen, die Schrecken erregen, zurückweicht; auch die Warte Gileads muß durchschritten werden, denn Gilead bedeutet auch ‚Offenbarung'.¹²⁹ Eine Warte ist aber eine Anhöhe, [von der aus] man in die Ferne schauen oder herabschauen, d.h. von oben Ausschau halten [kann]. Die Warte Gileads scheint mir daher in geeigneter Weise den durch Offenbarung erzeugten Hochmut zu bezeichnen. Daher sagt

---

specula sive de specula). Vgl. GASS, *Ortsnamen* 481. LXX übersetzt die erste Hälfte des Ortsnamens: τὴν σκοπιὰν Γαλααδ, entsprechend VL: *speculam Galaad*.

¹²⁷ Vgl. *qu.* 7,49,19.

¹²⁸ Vgl. Hieronymus *Nom. Hebr. Gen*: *Manasse oblitus vel necessitas*.

¹²⁹ Vgl. *qu.* 7,49,19.

magnitudine revelationum ne extollar. Ergo et ipsa transeunda est, id est non est in ea manendum propter cadendi periculum. His pertransitis facile superantur inimici: Quod significat dicendo: *Et ab specula Galaad trans ad filios Ammon,* de quibus inimicis iam supra dictum est.

49,26 *Et vovit Iephte votum et dixit: Si traditione tradideris mihi filios Ammon in manu mea, et erit quicumque exierit de ianuis domus meae in obviam mihi in revertendo me in pace a filiis Ammon, et erit domino et offeram eum holocaustoma.* Quemlibet in hoc loco cogitaverit Iephte secundum cogitationem humanam, non videtur unicam filiam cogitasse; alioquin non diceret, cum illam cerneret occurrisse: *Heu me, filia mea, inpedisti me; in offendiculum facta es in oculis meis. Inpedisti* enim ita dictum est, tamquam ad hoc se inpeditum indicaverit, ne illud quod cogitarat inpleret. Sed quem potuit cogitare primitus occurrentem, qui filios alios non habebat? An coniugem cogitavit? Et ut hoc fieret deus noluit et ut non relinqueret inpunitum, ne quis deinceps id auderet, et ut magna providentia ex hoc quoque ipso quod accidit sacramentum ecclesiae figuraret? Ex utroque igitur prophetia coaptata est: Et ex eo quod vovens cogitavit et ex eo quod nolenti contigit. Si enim coniugem cogitavit, coniux Christi ecclesia est; *propterea relinquet homo patrem et matrem et adhaerebit uxori suae; et erunt duo in carne una. Sacramentum hoc magnum est,* inquit apostolus, *ego autem dico in Christo et in ecclesia.* Sed quia huius Iephte coniux virgo esse non potuit, in eo quod filia potius occurrit et inulta non remansit prohibitum sacrificium voventis audacia et virginitas ecclesiae figurata est. nec abhorret a vero, quod filiae nomine eadem significatur ecclesia; nam cuius alterius typum gerebat etiam illa mulier, cui post tactam fimbriam suam sanatae ait dominus: *Filia, fides tua te salvam fecit; vade in pace?* Et certe, unde nullus ambigit, discipulos suos ipse sponsi filios appellavit se apertissime in-

---

398 Eph 5,31-32 **405** Mt 9,20-22

384 ab] in *add.* P¹ V¹ | trans] transiit S² *Am.* μ, tr̰ans V | ad *om.* P V T **386** manu...387 mea] manum meam T **387** et *exp.* T **388** a filiis] ad filios P T | et¹ *exp.* S T | et² *exp.* T *(cf. l. 71)* | holocaustoma] holocaustomata S **390** mea] mihi P, mei S, mi V N **395** et *om.* P | ut] aut P **397** et¹ *s. l.* P² S², *om.* V | et² *om.* V **399** duo] inquid *add.* n **400** in² *om.* V **403** nec] non S

der Apostel: „und damit ich mich nicht wegen der Größe der Offenbarungen überhebe" (2 Kor 12,7). Also muß man auch diese ihrerseits durchschreiten, d.h. man darf wegen der Gefahr zu fallen nicht in ihr verweilen. Wenn diese durchschritten sind, werden die Feinde leicht überwunden. Das bezeichnet die Schrift im voraus, indem sie sagt: „und von der Warte Gileads auf die andere Seite der Ammoniter"; von diesen Feinden war oben schon die Rede.

qu. 7,49,26

49,26 „Und Jiftach gelobte ein Gelübde und sagte: Wenn du mir die Söhne Ammon wirklich in meine Hand ausgeliefert hast, [und] dann soll geschehen: Wer auch immer aus den Türen meines Hauses mir entgegengetreten ist, wenn ich in Frieden von den Söhnen Ammon zurückkehre, [und] der soll dem Herrn gehören und ich werde ihn als Brandopfer darbringen." An wen auch immer Jiftach an dieser Stelle nach menschlicher Denkweise gedacht haben mag, er scheint nicht an seine einzige Tochter gedacht zu haben; sonst würde er, als er wahrnahm, daß sie ihm entgegengekommen war, nicht sagen: „Weh mir, meine Tochter, du hast mich behindert; du bist zum Anstoß in meinen Augen geworden." „Du hast mich behindert" ist nämlich so formuliert, als habe er angedeutet, er sei daran gehindert worden, jenes [Vorhaben] zu erfüllen, das er vorgehabt hatte. Aber von wem konnte er, der keine anderen Söhne hatte, denken, daß er ihm als erster entgegenkommen werde? Hat er vielleicht an seine Ehefrau gedacht? Und wollte Gott vielleicht nicht, daß dies geschehe, [und wollte er] dies [vielleicht] nicht unbestraft lassen, damit keiner dies in Zukunft wagte, und [wollte er vielleicht] auf Grund bedeutender Vorhersehung auch durch eben dies, was geschah, das Geheimnis der Kirche vorausbezeichnen? Aus beidem hat sich somit die Prophetie zusammengefügt: aus dem, was er durch sein Gelübde beabsichtigte, und aus dem, was ihm gegen seinen Willen widerfuhr. Wenn er nämlich an seine Ehefrau dachte, so ist die Kirche die Ehefrau Christi; „deswegen wird der Mann Vater und Mutter verlassen und seiner Ehefrau anhängen; und die zwei werden ein Fleisch sein. Dies Geheimnis ist groß", sagt der Apostel, „ich sage es aber bezüglich Christus und der Kirche" (Eph 5,31-32). Weil aber die Ehefrau dieses Jiftach keine Jungfrau sein konnte, blieb dadurch, daß [ihm] vielmehr die Tochter entgegenkam, einerseits die Vermessenheit dessen, der ein verbotenes Opfer gelobt hatte, nicht straflos und wurde andererseits die Jungfräulichkeit der Kirche vorausbezeichnet. Und es ist auch nicht der Wahrheit zuwider, daß durch das Wort ‚Tochter' eben diese Kirche bezeichnet wird; denn welch anderer Person Typus stellte auch jene Frau dar, die, nachdem sie den Saum seines [Gewandes] berührt hatte, geheilt worden war und der der Herr sagte: „Meine Tochter, dein Glaube hat dich geheilt; geh hin in Frieden" (Mt 9,20-22)? Und unbestreitbar hat er selbst, woran niemand zweifelt, seine Schüler ‚Gefährten des Bräutigams' genannt und

dicans sponsum, *non possunt*, inquit, *ieiunare filii sponsi, quamdiu cum illis est sponsus; venient autem dies cum auferetur ab eis sponsus, et tunc ieiunabunt*. Holocaustoma ergo erit ecclesia, quam *virginem castam* beatus apostolus appellat, quando in resurrectione mortuorum fiet in universa, quod scriptum est: *Absorpta est mors in victoriam*; tunc tradet *regnum deo et patri*, quod regnum ipsa ecclesia est, ipse cuius figuram vovens ille gestabat. Sed quoniam tunc fiet, cum completa fuerit sexta aetas saeculi, ideo sexaginta dierum a virginitate dilatio postulata est. Ex omnibus quippe aetatibus ecclesia congregatur. Quarum prima est ab Adam usque ad diluvium, secunda a diluvio, id est a Noe usque ad Abraham, tertia ab Abraham usque ad David, quarta a David usque ad transmigrationem in Babyloniam, quinta ab hac transmigratione usque ad virginis partum, sexta inde usque in huius saeculi finem. Per quas sex aetates tamquam per sexaginta dies flevit sancta virgo ecclesia virginalia sua: Quia licet virginalia, tamen fuerant peccata deflenda; propter quae universa ipsa virgo toto orbe diffusa cotidie dicit: *Dimitte nobis debita nostra*. Eosdem autem sexaginta dies duos menses maluit appellare, quantum existimo, propter duos homines: Unum, per quem mors, alterum, per quem resurrectio mortuorum: Propter quos etiam duo testamenta dicuntur.

49,27 Quod vero *factum est in praecepto in Israhel, ex diebus in dies conveniebant lamentari filiam Iephte Galaaditen quattuor dies in anno*, non puto significare aliquid post inpletum holocaustoma, quod erit in vitam aeternam, sed praeterita tempora ecclesiae, in quibus erant beati lugentes. Quatriduo autem figurata est eius universitas propter quattuor partes orbis, per quas longe lateque diffusa est. Ad historiae vero proprietatem non arbitror hoc decrevisse Israhelitas, nisi quia intellegebant in ea re iudicium dei magis ad percutiendum patrem fuisse de-

---

407 Mt 9,15   **409** 2 Cor 11,2   **410** 1 Cor 15,54   **411** 1 Cor 15,24   **413** sexaginta…est] cf. Idc 11,37   **420** Mt 6,12   **422** 1 Cor 15,21   **424** Idc 11,39-40   **427** erant…lugentes] cf. Mt 5,4

408   venient] veniet *N*   **410**   absorpta] absorta *P V N T*   **411**   ipse] rex *praem. Am. μ*
413   sexaginta *om. T* | virginitate] virginem *p* (m *exp.*), virgine *n*   **417**   sexta] *ex* sexaginta *P*
419   ecclesia *om. N T* | fuerant] fuerat *V¹*   **420**   propter] peccata *add. T* | dimitte] et *praem. ʒ*
424   praecepto] praeceptum *T Am. μ*   **425**   Galaaditen] Galaditem *S N Am. μ*, Galaaditae *ʒ*
significare aliquid] aliquid significare *T*   **427**   erant] erunt *T* | quatriduo] quadriduo *S² N*

---

[130] Zur Zeitalterlehre vgl. Augustinus, *civ.* 22,30 und *Gn. adv. Man.* 1,35-42.
[131] Nahezu die gesamte exegetische Tradition folgt hier LXX (und VL). TM aber hat überraschenderweise eine feminine Verbform: וַתְּהִי, die sich nicht auf das maskuline חֹק beziehen kann, sondern im Kontext auf die Tochter Jiftachs beziehen muß. Vgl. GROSS,

sich so ganz deutlich als Bräutigam bezeichnet; „die Gefährten des Bräutigams", sagt er, „können nicht fasten, solange der Bräutigam bei ihnen ist; es werden aber Tage kommen, da er ihnen weggenommen werden wird, und dann werden sie fasten" (Mt 9,15). Die Kirche, die der selige Apostel „reine Jungfrau" (2Kor 11,2) nennt, wird daher ein Brandopfer sein, wenn bei der allgemeinen Auferstehung der Toten geschehen wird, was geschrieben steht: „Verschlungen ist der Tod in den Sieg" (1Kor 15,54); dann wird er „das Reich dem Gott und Vater" (1Kor 15,24) übergeben; dieses Reich ist die Kirche, der König seinerseits ist derjenige, dessen Typus dieser Gelobende darstellt. Aber weil es dann geschehen wird, wenn das sechste Zeitalter der Welt vollendet sein wird, deshalb hat die Jungfrau den Aufschub um sechzig Tage gefordert (vgl. Ri 11,37). Die Kirche wird ja aus allen Zeitaltern gesammelt. Deren erstes ist [das Zeitalter] von Adam bis zur Sintflut, das zweite von der Sintflut, d.i. von Noach, bis Abraham, das dritte von Abraham bis David, das vierte von David bis zum Babylonischen Exil, das fünfte von diesem Exil bis zur Geburt durch die Jungfrau, das sechste von da an bis zum Ende dieses Zeitalters.[130] Durch diese sechs Zeitalter hindurch wie gleichsam sechzig Tage hindurch beweinte die heilige Jungfrau Kirche ihre Jungfrauschaft: denn, obgleich Jungfrauschaft, waren es dennoch beweinenswerte Sünden; derentwegen sagt die gesamte über den ganzen Erdkreis verstreute Jungfrau ihrerseits täglich: „Vergib uns unsere Schuld" (Mt 6,12). Diese selben sechzig Tage wollte die Schrift meines Erachtens zweier Männer wegen lieber zwei Monate nennen: wegen des einen, durch den der Tod, wegen des anderen, durch den die Auferstehung gekommen ist (vgl. 1Kor 15,21): derentwegen spricht man auch von zwei Testamenten.

qu. 7,49,27

49,27 Was aber [die Aussage] betrifft: „Es wurde[131] zu einer Vorschrift in Israel: Von Zeit zu Zeit kamen sie zusammen, um die Tochter des Gileaditers Jiftach zu beweinen, vier Tage im Jahr" (Ri 11,39-40), so glaube ich nicht, daß sie nach Vollzug des Brandopfers irgendetwas vorausbezeichnet, das für das ewige Leben [bedeutsam] sein wird, sondern daß sie vergangene Zeiten der Kirche [vorausbezeichnet], in denen Trauernde selig waren (vgl. Mt 5,4). Der Zeitraum von vier Tagen aber bezeichnet im voraus ihre (der Kirche) Gesamtheit wegen der vier Teile des Weltkreises, durch die sie lang und breit ausgebreitet ist. Was jedoch den Wortsinn der Erzählung betrifft, meine ich, daß die Israeliten dies nur angeordnet haben, weil sie erkannten, daß in dieser Angelegenheit das Urteil Gottes eher ergangen war, um den Vater zu schlagen, damit in Zukunft niemand wagte, ein derartiges Opfer zu geloben. Denn warum würden

---

Richter 610; MARCUS, *Jephthah* 34 (er deutet: sie wurde ein Beispiel [„example or model"]).

promtum, ne tale vovere sacrificium deinceps ullus auderet. Nam quare luctus et lamentatio decerneretur, si votum illud laetitiae fuit?

49,28 Si autem et illud, quod populus Ephraem postea ab eodem Iephte debellatus est, ad iudicium dei, quod erit in fine, referendum est, sicut ipse dominus dicit: *Eos, qui noluerunt me regnare sibi, adducite et interficite coram me*, nec ibi quadraginta duo milia, quae ceciderunt, vacanti numero commemorata sunt. Sicut enim illi duo menses propter sexaginta dies senarium numerum sex aetatum significant, ita et ibi sexies septenarius ductus hoc idem figurat, quantum ad sex aetates saeculi pertinet; sexies enim septeni quadraginta duo sunt. Nec frustra et ipse Iephte sex annis populum iudicavit.

50 Quaeri potest quomodo dixerit angelus ad matrem Samson, cum adnuntiaret ei filium futurum, quia sterilis erat: *Et nunc observa et non bibas vinum et siceram, non manduces omne inmundum.* Quid est enim inmundum? Nisi forte dissolutio disciplinae, quae esse coeperat in Israel, etiam ad ea manducanda eos labefecerat, quae prohibuerat deus in generibus animalium. Cur enim non credatur etiam hoc eos multo proclivius facere potuisse, qui etiam ad cultum idolorum transgrediebantur?

51 Quod mater Samson viro suo indicans quemadmodum illi angelus adnuntiaverit filium futurum dixit: *Et interrogabam eum unde esset et nomen suum, non adnuntiavit mihi*, quaeri potest utrum verum dixerit, quoniam non legitur, cum ei angelus loqueretur. Sed intellegendum est hoc ibi scripturam tacuisse, hic autem commemorasse quod ibi tacuerat. Illud etiam, quod non ait: Interrogavi eum quid vocaretur et nomen suum non adnuntiavit mihi, sed ait: Interrogavi *unde*

---

433 populus...434 est¹] cf. Idc 12,4-6   **435**   Lc 19,27 | ibi...436 milia] cf. Idc 12,6
440 Iephte...iudicavit] cf. Idc 12,7   **50,4** etiam...5 animalium] cf. Dt 14,3-21

---

432 illud] illum N   **436** quae *om. S¹*   **437** enim *om. S*   **438** et *om. p*   **439** septeni] septini *n*, septem *Am. μ*   **50,1** Samson] Samso *S n*, Sampson *μ*   **3** siceram] sicera *n* | non] et *praem. N*   **7** transgrediebantur] transgrediebatur *V¹*   **51,2** non *om. T*   **3** adnuntiavit] annuntiavi *n*   non] hoc *praem. Am. μ*   **4** scripturam] scriptura *P S*   **5** interrogavi] interrogavit *p*   **6** adnuntiavit] annuntiaverunt *n* | interrogavi] interrogavit *p*

---

[132] TM, gefolgt von LXXB, hat eine Negation; in LXXAL (vgl. dazu SCHREINER, *Septuaginta-Massora* 64; SDE), gefolgt von VL und der hier sehr frei übersetzenden Vulg., fehlt diese. LAGRANGE, *Juges* plädiert dafür, die Negation auch für den ursprünglichen hebrä-

sie Trauer und Wehklagen anordnen, wenn jenes Gelübde [Anlaß zur] Freude wäre?

qu. 7,49,28

49,28 Wenn aber auch jener Vorgang, daß das Volk von Efraim später von demselben Jiftach besiegt worden ist (vgl. Ri 12,4-6), auf das Urteil Gottes, das am Ende ergehen wird, zu beziehen ist, wie der Herr selbst sagt: „Bringt diejenigen, die nicht wollten, daß ich über sie herrsche, her und tötet sie vor mir" (Lk 19,27), dann sind auch die zweiundvierzigtausend Gefallenen (vgl. Ri 12,6) hier nicht grundlos erwähnt worden. Wie nämlich jene zwei Monate, weil sie sechzig Tage umfassen, die Zahl sechs der sechs Weltalter bezeichnen, so bezeichnet auch hier die mit sechs multiplizierte Zahl sieben dasselbe, soweit es sich auf die sechs Zeitalter der Welt bezieht; sechsmal die sieben ergibt nämlich zweiundvierzig. Nicht ohne Grund hat auch Jiftach seinerseits sechs Jahre lang das Volk gerichtet (vgl. Ri 6,7).

qu. 7,50 (zu Ri 13,4)

50 Man kann fragen, wieso der Engel zur Mutter Simsons, als er ihr, weil sie unfruchtbar war, ankündigte, sie werde einen Sohn bekommen, gesagt hat: „Nun aber nimm dich in acht, und du sollst keinen Wein und kein Rauschgetränk trinken und keinerlei Unreines essen." Was ist nämlich „Unreines"? Falls die Auflösung der Ordnung, die in Israel sich auszubreiten begonnen hatte, sie nicht vielleicht dazu verführt hatte, auch solche [Tiere] zu essen, die Gott unter den Tierarten verboten hatte (vgl. Dtn 14,3-21). Denn warum sollte man nicht meinen, daß sie dies ja viel bereitwilliger tun konnten, die [Gottes Gebote] sogar bis hin zur Verehrung der Götzenbilder übertraten?

qu. 7,51 (zu Ri 13,6)

51 Bezüglich dessen, daß die Mutter Simsons, als sie ihrem Mann mitteilte, wie ihr der Engel den zukünftigen Sohn verheißen hatte, sagte: „Und ich habe ihn gefragt,[132] woher er sei, und nach seinem Namen,[133] er hat [es] mir nicht angezeigt", kann man fragen, ob sie die Wahrheit gesagt hat, weil man nichts davon [in der Szene] liest, als der Engel zu ihr sprach. Aber man muß annehmen, daß die Schrift dies dort verschwiegen, hier aber erwähnt hat, was sie dort verschwiegen hatte. Auch jenes [Verhalten], daß sie nicht sagt: ‚Ich habe ihn gefragt, wie er heißt, und er hat mir seinen Namen nicht angezeigt', sondern

---

schen Wortlaut zu streichen. Zu den unterschiedlichen Nuancen, je nachdem die Negation gesetzt ist oder nicht, vgl. NIDITCH, *Judges*.

[133] Die Kommasetzung entspricht dem Verständnis, das Augustinus im folgenden bevorzugt. Dem Wortlaut von LXXAL und von VL entspräche eher die Übersetzung, die Augustinus zunächst diskutiert: „und/aber seinen Namen hat er mir nicht genannt." Das Problem entsteht erst durch das Fehlen der Negation bei ‚fragte'.

esset, videtur inconsequens quod addidit: *Et nomen suum non adnuntiavit mihi.* Non enim nomen eius interrogaverat, cum quaereret unde esset, sed locum vel civitatem, cum hominem putaret. Nam et hominem dei eum appellavit, specie tamen vel habitu angelo similem, hoc est, quia tam praeclarum vidit, sicut ipsa narravit. Sed si ita distinguatur: *Et interrogabam eum unde esset et nomen suum*, ut subaudiatur interrogabam eum et postea inferatur *non adnuntiavit mihi*, non habet quaestionem; ad utrumque enim referri potest, quod ait: *Non adnuntiavit mihi*, id est nec unde esset nec nomen suum.

52 Item quod ait eadem mulier dictum sibi esse ab angelo *quoniam Nazaraeus dei erit puer a ventre usque ad diem mortis suae*, non legitur ab angelo dictum. Et quod legitur dictum: *Ipse incipiet salvum facere Israhel de manu Philistiim*, non est a muliere commemoratum. Itaque et aliquid non dixit, quod audivit, et tamen nihil credenda est dixisse, quod non audivit, sed scripturam potius non omnia verba angeli posuisse, cum ipsum mulieri loquentem insereret narrationi. Ideo autem dictum est: *A ventre usque ad diem mortis suae*, quia Nazaraei dicebantur in lege, ad tempus qui votum habebant, secundum ea quae scriptura per Moysen praeceperat. Unde est hoc, quod huic iussum est, ut ferrum non ascenderet in caput eius et vinum et siceram non biberet. Hoc enim tota vita sua observavit Samson, quod illi qui vocati sunt Nazaraei certis diebus observabant voventes votumque reddentes.

53 Quod dicit scriptura: *Quoniam ignoravit Manoe quia angelus dei est*, manifestum est etiam eius uxorem hominem credidisse. Quod ergo ei dixit: *Vim faciamus nunc tibi et faciamus in conspectu tuo haedum caprarum*, tamquam hominem invitavit, sed ita, ut hoc cum illo epularetur, quod sacrificium fecisset. Nam

---

52,7 quia…9 praeceperat] cf. Num 6,2-21

7 addidit] addit *p P S V*   8 nomen eius] eius nomen *T*   10 similem] simile *P*   11 unde…12 eum *om. p*   **52,4** itaque] ita *p P S V*   6 posuisse] profuisse *P*, potuisse *S¹* | narrationi] narratio *P*   8 secundum ea] ea secundum *T*   9 est hoc] hoc est *V*   10 siceram] sicera *N*   **53,2** vim] vis *T*   3 nunc tibi] tibi nunc *P V T Am. µ* | haedum] haecdum *n*

---

[134] TM: אִישׁ הָאֱלֹהִים, „der Mann Gottes"; entsprechend Vulg.: *vir Dei*; LXX dagegen, gefolgt von VL: Ἄνϑρωπος (τοῦ) ϑεοῦ.
[135] TM hat נוֹרָא מְאֹד „sehr furchterregend", entsprechend LXXB: φοβερὸν σφόδρα, Vulg.: *terribilis nimis*; VL folgt LXXAL, die ἐπιφανὴς σφόδρα „sehr prächtig" hat; vgl. BdA.

sagt: Ich habe gefragt, „woher er sei," erscheint inkonsequent, weil sie fortgefahren ist: „und er hat mir seinen Namen nicht angezeigt." Sie hatte nämlich nicht nach seinem Namen gefragt, als sie fragte, woher er sei, sondern nach dem Ort oder der Stadt, da sie [ihn] für einen Menschen hielt. Denn sie hat ihn auch ‚Mensch Gottes'[134] genannt, wenngleich nach Aussehen bzw. Haltung einem Engel ähnlich, d.h. weil sie ihn in solchem starken Glanz[135] erblickte, wie sie selbst erzählt hat. Wenn man aber [die Sätze] so trennen wollte: „Und ich fragte ihn, woher er sei, und nach seinem Namen", so daß mitgehört wird: ‚fragte ich ihn' und danach sich anschlösse: „er hat mir nicht angezeigt", gibt es kein Problem; der Satz „er hat mir nicht angezeigt" kann nämlich auf beides bezogen werden, d.h. weder, woher er sei, noch seinen Namen.[136]

qu. 7,52 (zu Ri 13,7.5)

52 Desgleichen liest man nicht, daß der Engel das gesagt hat, von dem eben diese Frau behauptet, der Engel habe es ihr gesagt: „Denn ein Nasiräer Gottes soll der Knabe sein vom Mutterleib an bis zu seinem Todestag." Und das, von dem man liest, daß es gesagt worden ist: „Er wird beginnen, Israel aus der Hand der Philister zu befreien", hat die Frau nicht erwähnt. Daher hat sie einerseits irgendetwas nicht berichtet, was sie gehört hat, andererseits soll man dennoch annehmen, daß sie nichts gesagt hat, was sie nicht gehört hat, sondern daß die Schrift eher nicht alle Worte des Engels zitiert hat, als sie ihn im Gespräch mit der Frau in die Erzählung einfügte. [Der Engel] hat aber deswegen gesagt: „vom Mutterleib an bis zu seinem Todestag", weil im Gesetz [diejenigen] Nasiräer genannt wurden, die ein Gelübde auf Zeit [abgelegt] hatten, gemäß den Vorschriften, die die Schrift durch Mose erlassen hatte (vgl. Num 6,2-21). Daher stammt auch dieses [Gebot], das diesem auferlegt worden ist, daß kein (Scher)Messer auf seinen Kopf kommen und er weder Wein noch Rauschgetränk trinken sollte. Simson beobachtete tatsächlich sein ganzes Leben hindurch dieses [Gebot], das diejenigen, die Nasiräer genannt worden sind, als Gelobende und [ihr] Gelübde Erfüllende nur für eine gewisse Anzahl von Tagen beobachteten.

qu. 7,53 (zu Ri 13,15-16)

53 Aus dem Satz der Schrift: „weil Manoach nicht wußte, daß er der Engel Gottes ist" geht klar hervor, daß auch seine Ehefrau ihn für einen Menschen gehalten hat. Damit, daß er zu ihm sagte: „Wir wollen dich nun drängen und in deiner Gegenwart ein Ziegenböckchen zubereiten", hat er ihn folglich wie einen Menschen eingeladen, aber so, daß er mit jenem dieses [Opfertier] essen wollte, das er geopfert hätte. Denn ‚ein Ziegenböckchen zubereiten' pflegt man

---

[136] So versteht den Text auch Vulg., wenn auch in freierer und eleganterer Formulierung: *quem cum interrogassem quis esset et unde venisset et quo nomine vocaretur noluit mihi dicere.*

facere haedum caprarum non solet dici nisi cum fit sacrificium. Denique et ille 5
ita respondit: *Si vim feceris mihi, non manducabo de panibus tuis*: Ubi ostendit se
fuisse ad epulas invitatum. Deinde addidit: *Et si feceris holocaustum, domino offeres
illud.* Utique ideo dixit: *Si feceris holocaustum*, quia ille dixerat: *Faciamus in conspectu
tuo haedum caprarum.* Non autem omne sacrificium holocaustum erat; nam de
holocausto non manducabatur, quia totum incendebatur, et ideo vocabatur 10
holocaustum. Sed angelus etiam non manducaturus holocaustum fieri potius
admonvit non tamen sibi, sed domino; propter hoc maxime, quia gens Israhel
illo tempore consueverat quibuslibet diis falsis sacrificare: Unde et tunc offenderat deum, ut traderetur inimicis per quadraginta annos.

54 Quid sibi vult, quod, posteaquam manifestatus est Manoe et uxori eius
angelus, qui cum eis loquebatur, dixit idem Manoe uxori suae: *Morte moriemur,
quoniam deum vidimus*? Ex illa scilicet legis sententia, ubi scriptum est: *Nemo potest
faciem meam videre et vivere.* Opinabantur ergo ut homines deum se vidisse tanto
utique miraculo facto, quod in igni sacrificii stetit, qui cum illis prius quasi 5
homo loquebatur. Sed deum in angelo an deum ipsum angelum appellabant? Sic
enim scriptum est: *Et sumpsit Manoe haedum caprarum et sacrificium et obtulit super
petram domino mirabilia facienti; et Manoe et uxor eius expectabant. Et factum est dum
ascenderet flamma desuper altare ad caelum, et ascendit angelus domini in flamma. Et
Manoe et uxor illius expectabant; et ceciderunt super faciem suam super terram.* Et non 10
*adposuit ultra angelus domini adparere ad Manoe et ad uxorem eius. Tunc cognovit Manoe
quoniam angelus domini est; et dixit Manoe ad uxorem suam: Morte moriemur, quoniam
deum vidimus.* In his ergo verbis quia non dixit: Morte moriemur, quoniam
angelum domini vidimus, sed: *Deum vidimus*, oritur quaestio, utrum in angelo
intellegebant deum an eundem angelum deum vocabant. Illud enim tertium, 15

53,13 unde...14 annos] cf. Idc 13,8

---

5 haedum] haecdum *n* **10** vocabatur] vocatur *T* **11** fieri potius] potius fieri *Am. μ* **13** consueverat] consuerat *P* | diis] dis *p¹* **54,1** posteaquam] postquam *P* (post *s. l. m. 2*) **3** ubi] ibi *V¹* **4** faciem...videre] videre faciam meam *T* **5** igni] igne *N T* **6** ipsum angelum] angelum ipsum *T* **7** et¹ *om. V, exp. T* **9** flamma²] flammam *T* **10** et uxor] uxorque *P S Am. μ* **14** sed...vidimus² *om. S per homoiot.*

---

[137] Zur Frage, ob „dem Herrn" in die Protasis (so die Kommasetzung in der Edition der VL:Cod.Lugd und die Übersetzung durch Martin Luther 1545 [„Wiltu aber dem HERR ein Brandopffer thu / so magstu es opffern"] und Martin Buber) oder (mit den hebräischen Akzenten, Vulg, Augustinus und den meisten modernen Übersetzern) mit Betonung in die Apodosis zu ziehen ist, vgl. GROSS, *Richter*.

nur zu sagen, wenn man ein Opfer darbringt. Schließlich antwortet auch jener folgendermaßen: „Wenn du mich auch bedrängt hättest, werde ich von deinen Broten nichts essen": damit zeigt er, daß er zu einer Mahlzeit eingeladen worden war. Dann hat er hinzugefügt: „Und wenn du ein Brandopfer zubereitet hast, sollst du es dem Herrn darbringen."[137] Eindeutig hat er deswegen gesagt: „Wenn du ein Brandopfer zubereitet hast", weil jener gesagt hatte: „Wir wollen in deiner Gegenwart ein Ziegenböckchen zubereiten." Es war aber nicht jedes Opfer ein Brandopfer; denn vom Brandopfer pflegte man nicht zu essen, weil es ganz verbrannt wurde; und deswegen nannte man es ‚Holokaustum' (Brandopfer). Der Engel, der nicht [davon] essen wollte, forderte aber auch vielmehr dazu auf, ein Brandopfer darzubringen, nicht jedoch für seine eigene Person, sondern für den Herrn; [dies sagte er] hauptsächlich deswegen, weil das Volk Israel zu jener Zeit gewohnt gewesen war, beliebigen falschen Göttern zu opfern: Dadurch hatte es auch damals Gott beleidigt, so daß es vierzig Jahre lang den Feinden ausgeliefert wurde (vgl. Ri 13,1).

qu. 7,54 (zu Ri 13,15-23)

54 Was bedeutet das, daß, nachdem der Engel, der mit Manoach und seiner Ehefrau sprach, sich ihnen zu erkennen gegeben hatte, eben dieser Manoach zu seiner Frau sagte: „Wir müssen sicher sterben, denn wir haben Gott gesehen"? Aus jener Bestimmung des Gesetzes natürlich, wo geschrieben steht: „Niemand kann mein Angesicht schauen und am Leben bleiben" (Ex 33,20). Sie meinten folglich, sie hätten als Menschen Gott gesehen, natürlich weil ein so großes Wunder geschehen war, daß derjenige im Feuer des Opfers stand, der zuvor wie ein Mensch mit ihnen sprach. Aber [glaubten sie], daß Gott im Engel [anwesend war], oder nannten sie den Engel selbst Gott? So steht nämlich geschrieben: „Und Manoach nahm ein Ziegenböckchen und das [Speise]Opfer und brachte [sie] auf dem Felsen dem Herrn dar, der Wunderbares tut, und Manoach und seine Frau schauten dabei zu, und es geschah, während die Flamme vom Altar zum Himmel hinaufstieg, [und] da stieg der Engel des Herrn in der Flamme empor. Und Manoach und dessen Frau schauten zu; und sie fielen auf ihr Gesicht zu Boden. Und der Engel des Herrn erschien Manoach und seiner Frau nicht noch einmal. Damals erkannte Manoach, daß es der Engel des Herrn ist; und Manoach sagte zu seiner Frau: Wir müssen sicher sterben, denn wir haben Gott gesehen." Bezüglich dieser Worte also, weil er nicht sagte: ‚Wir müssen sicher sterben, weil wir den Engel des Herrn gesehen haben', sondern: „[weil] wir Gott gesehen haben", erhebt sich die Frage, ob sie meinten, daß Gott im Engel [anwesend war], oder eben diesen Engel Gott nannten. Denn jene dritte [Hypothese], daß sie den, der ein Engel war, für Gott gehalten hatten, läßt sich nicht halten, da die Schrift in aller Deutlichkeit sagt: „Damals erkannte Manoach, daß es der Engel des Herrn ist." Aber aus welchem Grund

quod deum putaverant qui erat angelus, dici non potest apertissime dicente scriptura: *Tunc cognovit Manoe quoniam angelus domini est.* Sed unde metuebant mortem? Non enim scriptura in Exodo dixerat: Nemo videt faciem angeli et vivet, sed *faciem meam* dixit, cum deus loqueretur. An et in hoc ipso, quod in angeli praesentia deum cognoverat Manoe, ita perturbatus est, ut mortem timeret? Quod autem illi uxor sua respondit: *Si vellet dominus mortificare nos, non accepisset de manu nostra holocaustoma et sacrificium nec inluminasset nos omnia haec, sed nec audita fecisset nobis haec,* utrum ipsum angelum crediderunt accepisse sacrificium, quia viderunt eum in altaris flamma stetisse, an per hoc intellexerunt accepisse dominum, quia hoc fecit angelus, ut se ostenderet angelum? Quodlibet autem horum sit, iam tamen angelus dixerat: *Si autem facis holocaustum, domino offeres illud,* hoc est non mihi, sed domino. Quod ergo stetit angelus in altaris flamma, magis significasse intellegendus est illum magni consilii angelum in forma servi, hoc est in homine, quem suscepturus erat non accepturum sacrificium sed ipsum sacrificium futurum.

55 Quid est quod dictum est, quod *percussit* alienigenas Samson *tibiam super femur*? Quis enim habet tibiam super femur, cum tibia deorsum versus non sit nisi a genu usque ad talum? Deinde si locum corporis significaret, ubi eos vulneravit, numquidnam omnes, quos percussit, in uno corporis loco fuerant vulnerati? Quod si esset credibile, possemus forsitan suspicari eum pugnasse tibia alicuius animalis tamquam fuste et ea illos super femur percussisse; sicut de illo scriptum est, quod maxilla asini mille occiderit. Sed neque illud, ut dixi, credibile est, quod pugnans unum tantum locum observaverit ubi eos percuteret; et non ait scriptura: Percussit eos tibia super femur, sed *tibiam super femur*. Nimirum ergo inusitata locutio facit obscuritatem. Ita enim dictum est, ac si diceretur: Percussit eos valde mirabiliter, id est, ut admirando stupentes tibiam super femur ponerent; tibiam scilicet unius pedis super femur alterius, sicut

---

54,19 Ex 33,20   **28** illum...angelum] cf. Is 9,6   **29** in¹...servi] cf. Phil 2,7

17 metuebant] metuebat *Am.* μ   **19** in¹ om. *N*   **22** nos] nobis *T*   **23** haec om. *S*   **27** offeres] offer *P S V T Am.* μ   **55,1** Samson] Samso *P S V¹* | tibiam] tibia *T*   **2** femur¹] femus *n* enim habet] habet enim *S* | femur²] femus *n*   **4** fuerant] fuerat *P S V N*   **5** vulnerati] vulneraturus *P S² V N* | esset] esse *n* | credibile] credibiles *n*

---

[138] Vgl. *civ.* 10,20. Zur Frage, wer der Engel des Herrn und wie sein Verhältnis zu Gott und zu Christus ist, vgl. *qu.* 1,59; 2,3; 4,49; 6,7; 7,31; 7,35.
[139] VL sagt mit LXX „die Fremden" für TM: „die Philister".

fürchteten sie den Tod? Denn die Schrift hatte im [Buch] Exodus nicht gesagt: ‚Niemand kann das Angesicht eines Engels sehen und am Leben bleiben', sondern [sie hatte formuliert,] als [sie wiedergab, was] Gott sagte: „mein Angesicht" (Ex 33,20). Ist Manoach vielleicht auch gerade dadurch, daß er in der Gegenwart des Engels Gott erkannt hatte, so verwirrt worden, daß er den Tod fürchtete? Bezüglich aber dessen, was jenem seine Ehefrau entgegnete: „Wenn der Herr uns töten wollte, hätte er das Brandopfer und das [Speise]Opfer nicht aus unserer Hand angenommen und uns all diese Dinge nicht sehen lassen und auch diese Dinge nicht hören lassen" [fragt man sich]: Ob sie meinten, der Engel selbst habe das Opfer angenommen, da sie sahen, wie er in der Flamme des Altares gestanden hatte, oder ob sie daraus schlossen, der Herr habe das Opfer angenommen, weil der Engel dies tat, um sich als Engel auszuweisen? Was immer aber davon zutreffen mag, jedenfalls hatte der Engel bereits gesagt: „Wenn du aber ein Brandopfer zubereitest, sollst du es dem Herrn darbringen", das bedeutet: nicht mir, sondern dem Herrn. Man muß daher verstehen: Insofern der Engel in der Flamme des Altares stand, hat er vielmehr vorausbezeichnet, daß jener Engel des großen Rates (vgl. Jes 9,5) in der Gestalt des Knechtes (vgl. Phil 2,7), d.h. in dem Menschen, den er annehmen sollte, kein Opfer annehmen, sondern selbst die Opfergabe sein werde.[138]

qu. 7,55 (zu Ri 15,8.15)

55 Was bedeutet die Formulierung: Simson „schlug" die Fremden[139] „das Schienbein auf dem Oberschenkel"?[140] Denn wer hat das Schienbein auf dem Oberschenkel, da das Schienbein nach unten nur vom Knie bis zum Knöchel reicht? Außerdem, wenn er die Körperstelle bezeichnete, wo er sie verwundet hat, waren etwa alle, die er erschlug, an derselben Körperstelle verwundet worden? Wenn das glaubhaft wäre, könnten wir vielleicht vermuten, er habe mit dem Schienbein irgendeines Tieres wie mit einem Knüppel gekämpft und damit jene auf den Oberschenkel geschlagen, wie von jenem geschrieben steht, daß er mit einem Eselskinnbacken Tausend getötet hat. Aber auch dies ist, wie ich sagte, nicht glaubhaft, daß er beim Kämpfen nur auf eine einzige Stelle geachtet habe, wo er sie schlagen könnte, und die Schrift sagt nicht: ‚er schlug sie mit dem Schienbein auf den Oberschenkel', sondern: „das Schienbein auf den Oberschenkel." Ohne Zweifel bewirkt daher die ungewohnte Ausdrucksweise Unklarheit. Die Schrift hat es nämlich so formuliert, als wenn sie sagen wollte: ‚Er schlug sie auf höchst außergewöhnliche Weise, d.h. so, daß sie, vor Staunen verblüfft, das Schienbein auf den Oberschenkel legten', natürlich das Schienbein des einen Beines auf den Oberschenkel des anderen, wie Leute zu sitzen

---

[140] Die Bedeutung der rätselhaften Wendung in TM ist unbekannt, ihre Wiedergabe in LXX noch unverständlicher.

solent sedere, qui mirando stupent. Tamquam si diceretur: Percussit eos manum ad maxillam, id est tanta caede, ut manum ad maxillam tristi admiratione ponerent. Hunc sensum ita se habere etiam interpretatio, quae est ex Hebraeo, satis edocet; nam ita legitur: *Percussitque eos ingenti plaga, ita ut stupentes suram femori inponerent.* Tale est enim, ac si diceret: Tibiam femori inponerent, quoniam sura utique retrorsus cum tibia est.

56 Quid est quod ait Samson viris Iuda: *Iurate mihi ne interficiatis me vos; et tradite me eis, ne forte occurratis in me vos*? Quam locutionem ita nonnulli interpretati sunt: *Ne forte veniatis adversum me vos.* Sed hoc eum ne ab his interficeretur dixisse illud indicat, quod in regnorum libro scriptum est iubente Salomone ut homo occideretur et dicente: *Vade, occurre illi.* Quod ideo non intellegitur, quia non est consuetudinis apud nos ita dici. Sic enim quod militares potestates dicunt: Vade, alleva illum, et significat occide illum, quis intellegat, nisi qui illius locutionis consuetudinem novit? Solet et vulgo apud nos dici: Conpendiavit illi, quod est occidit illum; et hoc nemo intellegit, nisi qui audire consuevit. Haec est enim vis generalis omnium locutionum, ut quemadmodum ipsae linguae non intellegantur, nisi audiendo vel legendo discantur. Amen.

56,5 3 Rg 2,29

---

16 percussitque] percussit *P Am.* μ   **56,2** me eis] meis *n*   3 me *om. S T*   4 libro *om. P S V N*, volumine *T* | ut *desinit V*   5 occurre] occurrere *P*   8 consuetudinem] consuetudinis *n* | et inclusit *z* | dici] duci *P* | conpendiavit] conpendiabit *P S¹*   10 intellegantur] intelleguntur *N*
Explicuerunt quaestiones iudicum AVGVST EPI *P (fol. 202)*, Expl quaestiones iudicum do gratias lege feliciter et ora pro mae *n (fol. 148)*, codd. *S T subscriptione carent*, Finis questionum super librum iudicum; et ita totius operis variarum questionum in heptateuchum *Bad.*

pflegen, die vor Staunen verblüfft sind. Wie wenn gesagt würde: Er schlug sie die Hand an das Kinn, d.h. mit einem solchen Schlag, daß sie in schmerzlicher Verwunderung die Hand an das Kinn legten. Daß dies der Sinn ist, zeigt genügend [deutlich] die Übersetzung aus dem Hebräischen; denn man liest folgendes: „Er schlug sie mit ungeheurem Schlag, so daß sie vor Staunen das Wadenbein auf den Oberschenkel legten."[141] Es ist nämlich so, als ob er sagte: „[so daß] sie das Schienbein auf den Oberschenkel legten," da sich das Wadenbein ja an der Rückseite des Schienbeins befindet.

qu. 7,56 (zu Ri 15,12)

56 Was bedeutet das, das Simson zu den Männern von Juda sagt: „Schwört mir, daß nicht ihr selbst mich niederstoßen werdet; und liefert mich ihnen aus, damit nicht womöglich ihr selbst auf mich losgeht"?[142] Diese Wendung haben einige folgendermaßen übersetzt: „damit nicht womöglich ihr selbst mir entgegenkommt."[143] Aber daß er dies gesagt hat, um nicht von ihnen getötet zu werden,[144] zeigt das, was im Buch der Könige geschrieben steht, als Salomo befahl, einen Menschen zu töten, und sagte: „Geh, geh auf jenen los" (1Kön 2,29).[145] Das versteht man deswegen nicht, weil man sich bei uns nicht so ausdrückt. Wer könnte nämlich entsprechend verstehen, was die militärischen Befehlshaber sagen: ‚Geh, beseitige jenen' – und das bedeutet: ‚Töte jenen'–, außer wer die übliche Verwendung jener Ausdrucksweise kennt? Es pflegt auch jedermann bei uns zu sagen: ‚er hat jenem abgekürzt', was bedeutet: ‚er hat jenen getötet'; und das versteht niemand außer dem, der [diese Wendung] zu hören gewöhnt ist. Das ist nämlich die allgemeine Charakteristik aller idiomatischen Redewendungen, daß man sie wie die Sprachen selbst nicht versteht, außer man lernt sie durch Hören oder Lesen.[146] Amen.

---

[141] *Ita ut stupentes ssuram femori inponerent* vgl. auch *loc.* 7,50.

[142] „Und liefert" bis „losgeht": Zusatz von LXXAL. Mit *occurratis in me* übersetzt die VL des Augustinus LXXB: ἀπαντήσητε ἐν ἐμοί.

[143] VL:Cod.Lugd.: *ovvietis in me*.

[144] Vgl. *loc.* 7,52.

[145] TM: לֵךְ פְּגַע־בּוֹ „Geh, stoß ihn nieder!", LXX: Πορεύου καὶ ἄνελε αὐτὸν „Geh und beseitige/töte ihn!" Vulg.: *vade interfice eum*.

[146] Zu Varianten in der Überlieferung dises Satzes und möglichen Folgerungen für das ursprüngliche Ende der *qu.* 7 vgl. Einleitung in *qu.* 7, S. 446f. Zu Varianten in der Überlieferung dises Satzes und möglichen Folgerungen für das ursprüngliche Ende der *qu.* 7 vgl. Einleitung in *qu.* 7, S. 446f.

ANHANG

ABKÜRZUNGEN

Abkürzungen von Werktiteln werden im Quellenverzeichnis erklärt; vgl. 569-580.

BIBLIOGRAPHISCHE ABKÜRZUNGEN

AASF.DHL	Studien zur Stellung des Gesetzes in der johanneischen Theologiegeschichte. (= Annales Academiae Scientiarum Fennicae Dissertationes Humanarum Litterarum 48)
AAWG.PH	Abhandlungen der Akademie der Wissenschaften in Göttingen - Philosophisch-historische Klasse
ADPV	Abhandlungen des Deutschen Palästina-Vereins
AKG	Arbeiten zur Kirchengeschichte
AL	Augustinus-Lexikon
AnBib	Analecta biblica
AncB	Anchor bible
AOAT	Alter Orient und Altes Testament
ASE	Annali di Storia dell'Esegesi
ATD	Das Alte Testament Deutsch
ATS	Arbeiten zu Text und Sprache im Alten Testament
BA	Œuvres de Saint Augustin, Bibliothèque Augustienne, Paris 1949 ff.
BEThL	Bibliotheca ephemeridum theologicarum Lovaniensium
Bib	Biblica
BC	Biblischer Commentar über das Alte Testament, hrsg. von C. F. Keil und F. Delitzsch
BK	Biblischer Kommentar
BKV	Bibliothek der Kirchenväter
BN	Biblische Notizen
BN.B	Biblische Notizen/Beihefte
BThSt	Biblisch-theologische Studien
BWANT	Beiträge zur Wissenschaft vom Alten und Neuen Testament
BZ	Biblische Zeitschrift
BZAW	Beihefte zur Zeitschrift für die alttestamentliche Wissenschaft
BZNW	Beihefte zur Zeitschrift für die neutestamentliche Wissenschaft
CBLa	Collectanea biblica Latina
CSion	Cahiers sioniens
CSS	Cursus scripturae sacrae
DÖAW.PH	Denkschriften. Österreichische Akademie der Wissenschaften Philosophisch-historische Klasse
EeC	Études et Commentaires

EHAT	Exegetisches Handbuch zum Alten Testament
EL	Ephemerides Liturgicae
EtB	Études bibliques
FAT	Forschungen zum Alten Testament
FChLDG	Forschungen zur christlichen Literatur- und Dogmengeschichte
FKDG	Forschungen zur Kirchen- und Dogmengeschichte
FRLANT	Forschungen zur Religion und Literatur des Alten und Neuen Testaments
fzb	Forschung zur Bibel
GAT	Grundrisse zum Alten Testament
GCS	Die griechischen christlichen Schriftsteller der ersten drei Jahrhunderte
HAT	Handbuch zum Alten Testament
HBS	Herders biblische Studien
HK	Handkommentar zum Alten Testament, hrsg. von W. Nowack, Göttingen 1892-1929
HSM	Harvard Semitic Monographs
HThKAT	Herders Theologischer Kommentar zum Alten Testament
IthS	Innsbrucker Theologische Studien
JBL.MS	Journal of biblical literature, Monograph Series
JPSTC	The Jewish Publication Society Torah Commentary
JSHRZ	Jüdische Schriften aus hellenistisch-römischer Zeit
JSJ	Journal for the Study of Judaism in the Persian, Hellenistic, and Roman Periods
JThS	Journal of Theological Studies
KHC	Kurzer Hand-Commentar zum Alten Testament
KK	Kurzgefaßter Kommentar zu den heiligen Schriften Alten und Neuen Testamentes
KEH	Kurzgefaßtes exegetisches Handbuch
KriG	Krieg in der Geschichte
LCP	Latinitas christianorum primaeva. studia ad sermonem latinum christianum pertinentia
LQF	Liturgiewissenschaftliche Quellen und Forschungen
LThK	Lexikon für Theologie und Kirche
LXXA	LXX: Codex Alexandrinus (vgl. Einleitung *qu.* 7 S. 447)
LXXAL	LXX: Lukianische Revision (vgl. Einleitung *qu.* 7 S. 447)
LXXB	LXX: Codex Vaticanus (vgl. Einleitung *qu.* 7 S. 447)
MSU	Mitteilungen des Septuaginta-Unternehmens der Gesellschaft/Akademie der Wissenschaften in Göttingen
MyGG	Mystik in Geschichte und Gegenwart: Texte und Untersuchungen
NEB	*Neue Echter Bibel, Würzburg.*
NIC	The new international commentary on the Old Testament

NIV	New International Version
ÖBS	Österreichische Biblische Studien
OBO	Orbis biblicus et orientalis
OLA	Orientalia Lovaniensia Analecta
OTL	The Old Testament Library
OTS	Old Testament Studies
OTSSA	Old Testament Society of Southern Africa
QD	Quaestiones disputatae
REAug	Revue des Ètudes Augustiniennes
RGG[4]	Religion in Geschichte und Gegenwart, 4. Auflage
RThAM	Recherches de Théologie Ancienne et Médiévale
SBAB	Stuttgarter biblische Aufsatzbände
SBL	Society of Biblical Literature
SBS	Stuttgarter Bilbel-Studien
SB(T)	Sacra Biblia (Turin)
SCSt	Septuagint and Cognate Studies
SGTK	Studien zur Geschichte der Theologie und der Kirche
StANT	Studien zum Alten und Neuen Testament
StPB	Studia post-biblica
SThE	Studien zur theologischen Ethik
SVigChr	Supplements to Vigiliae Christianae
TECC	Textos y Estudios „Cardenal Cisneros"
ThWAT	Theologisches Wörterbuch zum Alten Testament.
ThWNT	Theologisches Wörterbuch zum Neuen Testament.
TRE	Theologische Realenzyklopädie
VT	Vetus Testamentum
VTS	Vetus Testamentum/Supplements
WUNT	Wissenschaftliche Untersuchungen zum Neuen Testament
WBC	Word Biblical Commentary
WBTh	Wiener Beiträge zur Theologie
WMANT	Wissenschaftliche Monographien zum Alten und Neuen Testament
ZAH	Zeitschrift für Althebraistik
ZAW	Zeitschrift für die alttestamentliche Wissenschaft
ZBK	Zürcher Bibelkommentar

Durch Sigle zitierte Sekundärliteratur

G-K — bzw. GESENIUS-KAUTZSCH, *Wilhelm Gesenius' Hebräische Grammatik*, völlig umgearbeitet von E. *Kautzsch*, Leipzig 1909²⁸ (Nachdruck Hildesheim 1962).

Georges — *Der Neue Georges: Ausführliches Lateinisch-Deutsches Handwörterbuch. Auf der Grundlage der 8., verbesserten und vermehrten Auflage von Heinrich Georges*, Hannover und Leipzig 1913, neu bearbeitet von Tobias DÄNZER, Darmstadt 2013.

Ges¹⁸ — Wilhelm GESENIUS, *Hebräisches und Aramäisches Handwörterbuch über das Alte Testament* (bearbeitet und herausgegeben von D. Rudolf MEYER und Dr. Dr. Herbert DONNER), Berlin/Heidelberg 1987ff.

LSL — LIDDELL, Henry George/SCOTT, Robert, *A Greek-English Lexicon*, Oxford 1940⁹ with a Supplement, Oxford 1968.

SDE — KARRER, Martin/KRAUS, Wolfgang (Hrsg.), *Septuaginta Deutsch. Erläuterungen und Kommentare zum griechischen Alten Testament*, Bd I: Genesis bis Makkabäer, Stuttgart 2011.

BIBLIOGRAPHIE

Quellen

Bibelausgaben

BdA — *La Bible d'Alexandrie, Traduction du texte grec de la Septante, Introduction et Notes. 1-7*:

HARL, Marguerite, *La Genèse*, Paris ²1994;
LE BOULLUEC, Alain/SANDEVOIR, Pierre, *L'Exode*, Paris 1989;
HARLÉ, Paul/PRALON, Didier, *Le Lévitique*, Paris 1988;
DORIVAL, Gilles, *Les Nombres*, Paris 1994;
DOGNIEZ, Cécile/HARL, Marguerite, *Le Deutéronome*, Paris 1992;
MOATTI-FINE, Jacqueline, *Jésus (Josué)*, Paris 1996;
HARLÉ, Paul, *Les Juges*, Paris 1999.

BUBER, Martin, *Bücher der Kündung* (verdeutscht von Martin BUBER gemeinsam mit Franz ROSENZWEIG), Köln 1958.

Cod.Lugd.	ROBERT, Ulysse, *Pentateuchi versio latina antiquissima e codice Lugdunensi*, Paris 1881.
	ROBERT, Ulysse, *Heptateuchi partis posterioris versio latina antiquissima e codice Lugdunensi. Version latine du Deutéronome, de Josué et des Juges antérieure a saint Jérôme*, Lyon 1900.
	Martin LUTHER, *Biblia. Das ist: Die gantze Heilige Schrifft Deudsch Auffs new zugericht*, Württemberg 1545.
LXX	*Septuaginta. Vetus Testamentum Graecum. Auctoritate Academiae Scientiarum Gottingensis editum*, Göttingen 1931 ff.
	RAHLFS, Alfred, *Septuaginta: id est Vetus Testamentum graece iuxta LXX interpretes*, Stuttgart 1979.
	RAHLFS, Alfred/HANHART, Robert, *Septuaginta: id est Vetus Testamentum graece iuxta LXX interpretes. Editio altera quam recognovit et emendavit Robert Hanhart*, Stuttgart 2006.
NETS	PIETERSMA, Albert/WRIGHT, Benjamin G. (ed.s), *A New English Translation of the Septuagint and the other Greek translations traditionally included under that title*, New York/Oxford 2007.
Peschitta	*The Old Testament in Syriac according to the Peshitta Version* (edited ... by the Peshitta Institute of the University of Leiden), Leiden 1972ff.
Sam	*Pentateuchus samaritanus. Ad fidem librorum manuscriptorum apud Nablusianos repertorum* (ed. et varias lectiones adscripsit H. J. PETERMANN), Berlin, 1872–1891.
SD	KARRER, Martin/KRAUS, Wolfgang (Hrsg.), *Septuaginta Deutsch. Das griechische Alte Testament in deutscher Übersetzung*, Stuttgart 2009.
	Targum Neofiti 1 An Exegetical Commentary to Genesis by Bernard Grossfeld. (Complete Text edited by Lawrence H. SCHIFFMAN), New York 2000.
	Targum Onkelos (Herausgegeben und erläutert von Dr. A. Berliner, Erster Theil), Berlin 1884.
	Targum Pseudo-Jonathan of the Pentateuch (Text and Concordance E. G. Clarke with collaboration by W. E. Aufrecht, J. C. Hurd and F. Spitzer), Hoboken, New Jersey 1984.
TM	ELLINGER, Karl/SCHENKER, Adrian (Hrsg.), *Biblia Hebraica Stuttgartensia*, Stuttgart 1997.
VL	*Vetus Latina*. Zitiert nach Augustinus QH und CodLug.

QUELLEN

	Genesis. (hrsg. von Bonifatius FISCHER = Vetus Latina 2): *Die Reste der altlateinischen Bibel* (nach Petrus SABATIER neu gesammelt und hrsg. von der Erzabtei Beuron unter der Leitung von Roger GRYSON), Freiburg i. Br. 1949ff.
Vulg	*Biblia sacra iuxta Vulgatam versionem* (adiuvantibus B. FISCHER, I. GRIBOMONT, H. F. D SPARKS, W. THIELE. Recensuit et brevi apparatu critico instruxit Robert WEBER), Stuttgart ^{5}2007.
	WEBER, Robertus, *Biblia sacta iuxta vulgatam versionem*, I+II, Stuttgart 1985.

Werke Augustins

Die Werke Augustins werden zitiert nach den im AL genannten Editionen:

an. et or.	*De anima et eius origine libri quattuor*
bapt.	De baptismo libri septem
c. adv. leg.	Contra adversarium legis et prophetarum libri duo
civ.	De civitate dei libri viginti duo
conf.	Confessionum libri tredecim
cons. ev.	De consensu evangelistarum libri quattuor
cura mort.	De cura pro mortuis gerenda ad Paulinum episcopum liber unus
div. qu.	De diversis quaestionibus octoginta tribus liber unus
doctr. chr.	De doctrina christiana libri quattuor
duab. an.	De duabus animabus liber unus
Dulc. qu.	De octo Dulcitii quaestionibus liber unus
en. Ps.	Enarrationes in Psalmos
ench.	De fide spe et caritate liber unus
ep.	Epistulae
exp. prop. Rm.	Expositio quarundam propositionum ex epistula apostoli ad Romanos
c. Faust.	Contra Faustum Manichaeum libri triginta tres
f. et op.	De fide et operibus liber unus
Gn. adv. Man.	De Genesi adversus Manichaeos libri duo
Gn. litt.	De Genesi ad litteram libri duodecim
Gn. litt. inp.	De Genesi ad litteram liber unus inperfectus
gr. et lib. arb.	De gratia et libero arbitrio liber unus
gr. et pecc. or.	De gratia Christi et de peccato originali libri duo
gr. t. nov.	De gratia testamenti novi ad Honoratum liber unus (= ep. 140)
haer.	De haeresibus ad Quoduultdeum liber unus
inq. Ian.	Ad inquisitiones Ianuarii libri duo (= ep. 54; 55)

Io. ev. tr.	In Iohannis evangelium tractatus CCXXIV
c. Iul.	Contra Iulianum libri sex
c. Iul. imp.	Contra Iulianum opus imperfectum
loc.	Locutionum libri septem
gr. et lib. arb.	De gratia et libero arbitrio liber unus
mend.	De mendacio liber unus
c. mend.	Contra mendacium liber unus
nat. et gr.	De natura et gratia liber unus
pecc. mer.	De peccatorum meritis et remissione et de baptismo parvulorum ad Marcellinum libri tres
c. Prisc.	Contra Priscillianistas liber unus
qu. ev.	Quaestiones evangeliorum libri duo
qu. Mt.	Quaestiones XVI in Matthaeum
qu. c. pag.	Quaestiones expositae contra paganos numero sex
qu. vet. t.	De octo quaestionibus ex veteri testamento
retr.	Retractationum libri duo
c. Sec.	Contra Secundinum Manicheum liber unus
s.	Sermones
s. dom. M.	De sermone domini in monte libri duo
Simpl.	Ad Simplicianum libri duo
spec.	Speculum
trin.	De Trinitate libri quindecim

Neben den im AL genannten Editionen wurden folgende Textausgaben und Übersetzungen herangezogen:

BAC DE LA FUENTE, Olegario Garcia, Augustín, *Cuestiones sobre el Heptateuco, introduction, version, notas e indices* (= Obras completas de San Agustín 28. Escritos biblicos (4.°), BAC 504) Madrid 1989.

CSEL Iosephus ZYCHA, Sancti Aureli Augustini quaestionum in heptateuchum libri VII, CSEL vol. 28, Pragae – Vindobonae – Lipsiae 1895.

Gen. ad litt. *Aurelius Augustinus. Über den Wortlaut der Genesis. De Genesi ad litteram libri duodecim. Der große Genesiskommentar in zwölf Büchern.* Bd. II: Buch VII bis XII (Zum ersten Mal in deutscher Sprache von Carl Johann PERL.), Paderborn 1964.

mend./c. mend. *De mendacio/Contra mendacium* (Eingeleitet, übersetzt und kommentiert von Alfons STÄDELE = AOW 50), Paderborn 2013.

NBA Opere die Sant'Agostino. Locuzioni e Questioni sull'Ettateuco (L. CARROZZI e A. POLLASTRI, Introduzioni generali; A. POLLASTRI, Introduzioni particolari; L. Carrozzi e A. POLLASTRI, Note; L. CARROZZI, Traduzione = Nuova Biblioteca Agostiniana IX/1), Roma 1997 und IX/2, Roma 1998.

OCA POGNON, M., Questions sur l'Heptateuque (= Ouevres complètes de Saint Augustin, tom. 4), Bar-Le-Duc 1866.

Werke anderer antiker und mittelalterlicher Autoren

AMBROSIASTER

Contre les Païens (Question sur l'Ancien et le Nouveau Testament 114) et Sur le Destin (Question sur l'Ancien et le Nouveau Testament 115). (Introduction, Texte critique, Traduction et Notes par Marie-Pierre BUSSIÈRES = SC 512), Paris 2007.

AMBROSIUS

Hex. Exameron: Sancti Ambrosii Opera. Pars prima (recensuit Carolus SCHENKL = CSEL 32/1), Wien 1897, 1-261.
Parad. De Paradiso: ibid., 263-336.
Abr. De Abraham: ibid., 501-638.
Bon mort. De Bono Mortis: ibid., 703-753.

De Ioseph Sancti Ambrosii Opera. Pars altera (recensuit Carolus SCHENKL = CSEL 32/2), Wien 1897, 71-122.

In Luc. Expositio evangelii secundum Lucam (recensuit Carolus SCHENKL = CSEL 32/4), Wien 1902.

Ps. Sancti Ambrosii Opera. Pars V: Expositio Psalmi CXVIII (recensuit M. Petschenig = CSEL 62), Wien 1999.

ARISTEASBRIEF
Die Apokryphen und Pseudepigraphen des Alten Testaments, 2 (in Verbindung mit Fachgenossen übersetzt u. hrsg. von E. KAUTZSCH), Tübingen, 1900.

BONAVENTURA
sent. S. Bonaventurae commentaria in quattuor libros sententiarum magistri Petri Lombardi: S. Bonaventurae Opera omnia Tom. I- IV, Quaracchi 1882-1889.

coll.	De decem praeceptis collatio: *S. Bonaventurae opera omnia* Tom. V, Quaracchi 1891.
in lib. Eccl.	Commentarius in librum Ecclesiastes: Bonaventurae commentarii in sacram scripturam: *S. Bonaventuae opera omnia* Tom. VI, Quaracchi 1893.
in Ev. Lucae	Commentarius in Evangelium S. Lucae: *S. Bonaventurae opera omnia* Tom.VII, Quaracchi 1895.
Exp.	Bonaventura, Opusculum XVI: Expositio super regulam FF Minorum: S. Bonaventurae opuscula varia ad theologiam mysticam: *S.Bonaventurae opera omnia* Tom. VIII, Quaracchi 1898.

JEAN CALVIN

In primum Mosis librum, qui Genesis vulgo dicitur, commentarius Johannis Calvini, Paris 1554.

CICERO

leg.	*M. Tulli Ciceronis De re publica. De legibus. Cato maior de senectute. Laelius de amicitia* (recognovit brevique adnotatione critica instruxit J. P. POWELL), Oxford 2006.
rep.	ibidem., 1-154.

DIDYMUS DER BLINDE

De spiritu sancto. Über den heiligen Geist. (Lateinisch-deutsch. Übersetzt und eingeleitet von Herrmann Josef SIEBEN = Fontes Christiani 78), Turnholt 2004.

EUSEBIUS VON CAESAREA

Chronik	Die Chronik des Hieronymus: *Eusebius Werke Bd.* 7/1 (hrsg. von Rudolf HELM, 1. Teil: Text = GCS 24), Leipzig 1913.
	Die Chronik des Hieronymus: *Eusebius Werke Bd.* 7/2 (hrsg. von Rudolf HELM, 2. Teil: Lesarten der Handschriften und Quellen - Kritischer Apparat zur Chronik = GCS 34), Leipzig 1926.

Das Onomastikon der biblischen Ortsnamen: *Edition der syrischen Fassung mit griechischem Text, englischer und deutscher Übersetzung*. (Eingeleitet, hrsg. und mit Indices versehen von Stefan Timm = TU 152), Berlin 2005.

περὶ τῶν ἐν εὐαγγελίοις: Epitome selecta ex compositis ab Eusebio ad Stephanum circa evangelia Quaestionibus ac Solutionibus: *Eusebii Pamphili Caesareae Palaestinae episcopi opera omnia quae existant* (accurante J[aques]-P[aul] MIGNE = PG 22), Paris 1857, 879-1016.

HistEccl. Historia ecclesiastica (hrsg. von Eduard SCHWARTZ und Theodor MOMMSEN = GCS 9,1–3) Leipzig 1903–1909 (unveränderte 2. Auflage von Friedhelm WINKELMANN, Berlin 1999).

AULUS GELLIUS
A. Gellii noctium Atticarum libri XX (post Martinum Hertz edidit Carolus HOSIUS), Vol. I-II, Leipzig 1903 (Nachdruck Stuttgart 1959).

GILGAMESCH EPOS
The Babylonian Gilgamesh Epic. 2 (Introduction, Critical Edition and Cuneiform Texts: Andrew R. GEORGE), London 2003.

GLOSSA ORDINARIA
Biblia latina cum glossa ordinaria, (Facs. repr. of the editio princeps Adolph Rusch of Strassburg 1480/81, introduced by Karlfried FROEHLICH and Margaret T. GIBSON), Turnhout, 1992.

HIERONYMUS

ep. Sancti Eusebii Hieronymi Epistulae. Pars I ep. I - LXX (recensuit Isidorus HILBERG. Editio altera supplementis aucta = CSEL 54), Wien 1996.

Sancti Eusebii Hieronymi Epistulae. Pars II: ep. LXXI - CXX (recensuit Isidorus HILBERG. Editio altera supplementis aucta = CSEL 55), Wien 1996.

Sancti Eusebii Hieronymi Epistulae. Pars III: ep. CXXI - CLIV (recensuit Isidorus HILBERG. Editio altera supplementis aucta = CSEL 56/1), editio altera, Wien 1996.

Ezech. Commentariorum in Hiezechielem libri XVI. (Cura et studio Francisco GLORIE = CCL 75), Turnholt 1964.

Is. S. Hieronymi Presbyteri Opera. Pars I. Opera Exegetica. 2-2A. Commentariorum in Esaiam (cura et studio Marci ADRIAEN et al. = CCL 73-73A), Turnholt 1963.

Nom. Hebr. Liber interpretationis hebraicorum nominum: *Hebraicae quaestiones in libro Geneseos. Liber interpretationis hebraicorum nominum. Commentarioli in psalmos. Commentarius in Ecclesiasten Liber interpretationis hebraicorum moninum.* (cura et studio Pauli DE LAGARDE = CCL 72), Turnholt 1959, 57-161.

Ps. Hebr. Sancti Hieronymi psalterium iuxta Hebraeos (Édition critique par Henri de Sainte-Marie = Collectanea biblica Latina 11), Rom 1954.

Qu. Hebr. Gen. Hebraicae quaestiones in libro Geneseos: *Hebraicae quaestiones in libro Geneseos. Liber interpretationis hebraicorum nominum. Commentarioli in psalmos. Commentarius in Ecclesiasten Liber interpretationis hebraicorum moninum.* (cura et studio Pauli DE LAGARDE = CCL 72), Turnholt 1959, 1-56.

Saint Jerome's Hebrew Questions on Genesis. (Translated with Introduction and Commentary by C. T. Robert HAYWARD = Oxford early Christian studies), New York 1975.

Sancti Hieronimi Presbyteri in Hieremiam libri VI (Recensuit Sigofredus REITER = CCL 74), Turnholt 1960.

Praefatio in evangelio: *Biblia sacra: iuxta Vulgatam versionem* (adiuvantibus B. FISCHER, I. GRIBOMONT, H. F. D SPARKS, W. THIELE. Rec. et brevi apparatu critico instruxit Robert WEBER), STUTTGART 2007, 1515-1516.

Praefationes sancti Hieronymi in libro Paralipomenon. Alia Praefatio: *Biblia Sacra iuxta latinam vulgatam versionem ad codicum fidem iussu Pii PP..XII* (cura et studio monachorum abbatiae pontificiae sancti Hieronymi in urbe ordinis sancti Benedicti edita, vol. VII Verba Dierum), Rom 1948, 7-10.

HORAZ
Ep. Epistulae: *Q. Horati Flacci opera* (edidit D[avid] R[oy] SHACKLETON BAILEY = BSGRT), editio tertia, Stuttgart 1995, 251-309.

IRENAEUS
AdvHaer *Adversus Haereses* (= Eusebius, *HistEccl.*)

JOHANNES CHRYSOSTOMUS
Ausgewählte Schriften des Heiligen Chrysostomus, Erzbischof von Constantinopel und Kirchenlehrer. (Nach dem Urtexte übersetzt mit einer kurzen Lebensbeschreibung d. Heiligen von Joh. Chrysostomus MITTERRUTZNER = BKV 22), KEMPTEN 1874.

FLAVIUS JOSEPHUS
Ant. Antiquitates Iudaicae: *Flavii Iosephi opera* (edidit et apparatu critico instruxit Benedictus NIESE), 7 Bände, Berlin 1885-1895 (^{2}1955).

JUBILÄENBUCH
Jub. *The Book of Jubilees 2* (edited, translated by James C. VANDERKAM), Leuven 1989.

TITUS LIVIUS

ab urbe condita   Römische Geschichte 11 (Lateinisch und deutsch, hrsg. von Hans Jürgen HILLEN), Darmstadt, 1974-2000.

MARCUS ANNAEUS LUCANUS
Phars.   M. *Annaei Lucani De bello civili libri* X (ed. David R. SHACKLETON BAILEY), Stuttgart 1997.

MARTIN LUTHER
D. Martin Luthers Werke. [Abt. 1]. Schriften/Werke, Bd. 4, 5, 9, 16, 42-44, 46, 53, Weimar 1883-2009.

MIDRASCH BERESCHIT RABBA
Midrasch BerR   *Der Midrasch Bereschit Rabba: Das ist die haggadische Auslegung der Genesis* (zum ersten Male ins Deutsche übertragen von August WÜNSCHE = Bibliotheca Rabbinica Lfg. 2 = Lfg. 4/5 = Lfg. 8 = Lfg. 10/11), Leipzig 1881, Nachdruck 2010.

MISCHNA-TRAKTATE
Ber   Berachot - Segenssprüche: *Die Mischna. Textkritische Ausgabe mit deutscher Übersetzung und Kommentar* (hrsg. von Michael KRUPP), JERUSALEM 2008.

Nidda (Unreinheit der Frau) (Text, Übersetzung und Erklärung nebst einem textkritischen Anhang von Benyamin Z. BARSLAI), Berlin 1980.

ORIGENES
Hom. Gen.   *Homiliae in Genesim - Origéne, Homélies sur la Genèse.* (Texte latin de W.A. BAEHRENS (= GCS 29), introduction par Henri de LUBAC et Louis , traduction et notes par L. DOUTRELEAU = SC 7 bis), Paris 1976 (Neuedition 1996, Nachdruck 2003).

Hom. Lev.   *Homiliae in Leviticum - Origène, Homélies sur le Lévitique 1.* (Texte latin, introduction, traduction et notes par Marcel BORRET = SC 286), Paris 1981.

Hexapla   *Origenis Hexaplorum quae supersunt; sive veterum interpretum Graecorum in totum Vetus Testamentum fragmenta,* 1 (post Flaminium nobilium, Drusium, et Montefalconium, adhibita etiam versione syro-hexaplari, concinnavit, emendavit, et multis partibus auxit Fridericus FIELD), Oxford 1875.

sel. in Iud.   Selecta in Iudices: *Origenis opera omnia* (opera et studio DD. Caroli et Caroli Vincentii Delarue. Accurante et denue recognoscente J[aques]-P[aul] MIGNE = PG 12), Paris 1857 (949-950).

sel. in Gen.   Selecta in Genesim, ibid. (91-144).

PETRUS LOMBARDUS

sent. Magistri Petri Lombardi Sententiae in IV Libris distinctae (Spicilegium Bonaventurianum IV), Grottaferrata, Tom. I ³1971, Tom II: Liber III et IV ³1981.

PHILO ALEXANDRINUS

De opif. mund. De opificio mundi: *Philonis Alexandrini Opera quae supersunt,* vol. I (edidit Leopoldus COHN), Berlin 1896 (Nachdruck 1962), 1-60.

leg. Legum allegoriae: ibid., 61-169.

det. Pot. Ins. Quod deterius potiori insidiari soleat: ibid., 258-298.

vit. Mos. De vita Mosis 1-2: *Philonis Alexandrini Opera quae supersunt,* vol. IV (edidit Leopoldus COHN), Berlin 1902 (Nachdruck 1962), 119-268.

De specialibus legibus: *Philonis Alexandrini Opera quae supersunt,* vol. V (edidit Leopoldus COHN), Berlin 1906 (Nachdruck 1962), 1-265.

quaest. in Gen. Quaestiones et solutiones in Genesim 1 et 2 e versione armeniaca: *Les œuvres de Philon d'Alexandrie* (introduction, traduction et notes par Charles MERCIER = 34a), Paris 1979.

Quaestiones et solutiones in Genesim 3,4,5 et 6 e versione armeniaca: *Les œuvres de Philon d'Alexandrie* (introduction, traduction et notes par Charles MERCIER = 34b), Paris 1979.

Philo von Alexandria. Die Werke in deutscher Übersetzung. 7 Bände (Hrsg. von Leopold COHN, Isaak HEINEMANN, Maximilian ADLER und Willy THEILER), Berlin 1909–1938 (Nachdruck 1962).

PSEUDO-PHILO

lib. ant. bibl. Liber antiquitatum biblicarum XL: *Pseudo-Philon, Les Antiquités Bibliques.* (Introduction et Texte Critiques par Daniel J. HARRINGTON. Traduction par Jacques CAZEAUX revue par Chaerles PERROT et Pierre-Maurice BOGAERT = SC 229-230), Paris 1976.

PUBLIUS TERENTIUS AFER

Andria *P. Terenti Afri Comoediae,* recognoverunt brevique adnotatione critica instruxerunt ROBERT KAUER, WALLACE M. LINDSAY, supplementa apparatus curavit OTTO SKUTSCH (= Scriptorum Classicorum bibliotheca Oxoniensis) Oxford 1926 .

Komödien/Terenz. 2 Bände. Lateinisch und deutsch. (Hrsg., übersetzt und kommentiert von Peter Rau), Darmstadt 2012.

TERTULLIAN

de anima *Quinti Septimi Florentis Tertulliani Opera. Pars I.* (Ex recensione Augusti Reifferscheid et Georgii Wissowa = CSEL 20), Wien 1890, 298-396.

bapt. *De baptismo. De oratione.* (Übersetzt und eingeleitet von Dietrich SCHLEYER, = FC 76), Turnhout 2006.

Marc. Adversus Marcionem: ibid., 441-726.

THEODORETUS CYRENSIS

Quaestiones in Genesim LXXXVIII: *Theodoreti Cyrensis Quaestiones in octateuchum*, (N. Fernández MARCOS and A. SÁENZ-BADILLOS = TECC, vol. 17), Madrid 1979.

The questions on the Octateuch. (Greek text revised by John F. PETRUCCIONE. English translation with introduction and commentary by Robert C. HILL), Washington, D.C 2007.

THOMAS VON AQUIN

s. theol. *S. Thomae Aquinatis opera omnia. Vol. II: Summa contra gentiles – Autographi deleta – Summa theologiae* (curante Roberto BUSA), Stuttgart-Bad Cannstatt 1980, 184-926.

TYCONIUS

Liber Regularum *Le Livre des Règles. (Introduction, Traduction et Notes par* Jean-Marc VERCRUYSSE = SC 488), Paris 2004.

M. TERENTIUS VARRO

Ling. *M. Terenti Varronis De lingua Latina quae supersunt* (recens. Georgius GOETZ et Fridericus SCHOELL), Leipzig 1910.

VERGIL

ecl. *P. Vergilius Maro: Bucolica. Hirtengedichte.* (Lateinisch/Deutsch, Übersetzung, Anmerkungen, interpretierender Kommentar und Nachwort von Michael von ALBRECHT), Stuttgart 2001.

Georg. *Georgica: P. Vergili Maronis opera* (recognovit brevique adnotatione critica instruxit R.A.B., MYNORS), Oxford 1972, 29-101.

PAOLO ZACCHIA

Die Beseelung des menschlichen Foetus: *Buch IX, Kapitel 1 der Quaestiones medico-legales* (ediert, übersetzt und kommentiert von Beatrix SPITZER), Köln 2002.

Kirchliche Dokumente

CODEX IURIS CANONICI
CIC   *Codex iuris canonici.* Pii X Pontificis Maximi iussu digestus Benedicti Papae XV auctoritate promulgatus. Rom 1917.

CORPUS IURIS CANONICI
Corpus   *Corpus Iuris Canonici.* (Editio Lipsiensis secunda post Aemilii Ludovici Richteri curas ad librorum manu sriptorum et editionis romanae fidem recognovit et adnotatione critica instruxit Aemilius FRIEDBERG, 1: Decretum Magistri Gratiani), Leipzig 1879 (Nachdruck Graz 1959).

Herders theologischer Kommentar zum Zweiten Vatikanischen Konzil 1 (hrsg. von Peter HÜNERMANN/ Bernd Jochen HILBERATH), Freiburg 2004.

Dogmatische Konstitution über die göttliche Offenbarung: *Authentischer lateinischer Text der Acta Apostolicae Sedis* (deutsche Übersetzung im Auftrage der deutschen Bischöfe, mit einer Einl. von Michael SCHMAUS), Münster Westf. 1967.

Verlautbarungenes Apostolischen Stuhls 115, III C 1, Rom 1993 in der Übersetzung: *Die Interpretation der Bibel in der Kirche: das Dokument der Päpstlichen Bibelkommission vom 23.4.1993* (mit einer kommentierenden Einführung von Lothar RUPPERT und einer Würdigung durch Hans-Josef KLAUCK = SBS 161), Stuttgart 1995.

Katechismus der Katholischen Kirche. Neuübersetzung aufgrund der Editio typica Latina München, Wien, Oldenbourg, 2005 (Korrigierter Nachdruck der Ausgabe von 2003).

Nachschlagewerke und grammatische Untersuchungen

AEJMELAEUS, Anneli, *Parataxis in the Septuagint. A Study oft he Renderings oft he Hebrew coordinate clauses in the Greek Pentateuch* (AASF.DHL 31), Helsinki 1982.

ANDERSEN, Francis I., *The Hebrew Verbless Clause in the Pentateuch* (JBLMS 14), Nashville/New York 1970.

BAUER, Walter, *Wörterbuch zum Neuen Testament*, Berlin ⁵1958.

BLAISE, A., *Dictionnaire Latin-Français des Auteurs Chrétiens*, Turnhout/Belgique 1954.

BLAISE, A., *Manuel du Latin Chrétien*, Brepols 1986 (Nachdruck von 1955).

BLASS, Friedrich/DEBRUNNER, Albert, *Grammatik des neutestamentlichen Griechisch*, Göttingen ⁷1943.

BLASS, F./DEBRUNNER, A./REHKOPF, F.: *Grammatik des neutestamentlichen Griechisch*, bearbeitet von Friedrich Rehkopf, Göttingen 1979¹⁵

GESENIUS, Wilhelm, *Hebräisches und Aramäisches Handwörterbuch über das Alte Testament* (bearbeitet und herausgegeben von D. Rudolf MEYER und Dr. Dr. Herbert DONNER), Berlin/Heidelberg 1987ff. = Ges¹⁸

GESENIUS, Wilhelm, BUHL, Frants, *Wilhelm Gesenius' hebräisches und aramäisches Handwörterbuch über das Alte Testament* (in Verbindung mit H. Zimmern ... bearb. von Frants BUHL), Berlin ¹³1917.

GEORGES, Heinrich, *Der Neue Georges: Ausführliches Lateinisch-Deutsches Handwörterbuch. Auf der Grundlage der 8., verbesserten und vermehrten Auflage.* Hannover und Leipzig 1913, neu bearbeitet von Tobias Dänzer, Darmstadt 2013.

GROSS, Walter, *Die Pendenskonstruktion im Biblischen Hebräisch* (ATS 27), St. Ottilien 1987.

HELBIG, ROBERT, *Grammatik der Septuaginta. Laut und Wortlehre*, Göttingen ²1979.

HOFFMANN, Ernst G./VON SIEBENTHAL, Heinrich, *Griechische Grammatik zum Neuen Testament*, Riehen Schweiz 1985.

HOFMANN, J. B./SZANTYR, Anton, *Lateinische Syntax und Stilistik* (von J. B. HOFMANN, neubearbeitet von Anton SZANTYR = HAW Zweite Abteilung, Zweiter Teil, Zweiter Band), München 1965.

JENNI, Ernst, *Die hebräischen Präpositionen 1: Die Präposition Beth*, Stuttgart 1992.

—, *Die hebräischen Präpositionen 3: Die Präposition Lamed*, Stuttgart 2000.

JOÜON, P., *Grammaire de l'Hébreu Biblique*, Èdition photomécanique corrigée, Rom 1965.

JOÜON, P./MURAOKA, T., *A Grammar of Biblical Hebrew* (SubBi 14/I+II), Rom 1991.

KAUTZSCH, E., *Wilhelm Gesenius' Hebräische Grammatik völlig umgearbeitet*, Leipzig ²⁸1909. =G-K

KÖNIG, Eduard, *Historisch-Kritisches Lehrgebäude der Hebräischen Sprache. Mit comparativer Berücksichtigung des Semitischen überhaupt. Zweite Hälfte 2. (Schluss-) Theil. Syntax*, Leipzig 1897.

—, *Stilistik, Rhetorik, Poetik in Bezug auf die Biblische Litteratur komparativisch dargestellt,* Leipzig 1900.

LAUSBERG, Heinrich, *Elemente der literarischen Rhetorik. Eine Einführung für Studierende der klassischen, romanischen, englischen und deutschen Philologie,* Ismaning [10]1990.

LIDDELL, Henry George/SCOTT, Robert, *A Greek-English Lexicon,* Oxford 1940[9] with a Supplement, Oxford 1968.

LÜNEMANN, Georg Heinrich, *Lateinisch-deutsches Handwörterbuch,* Leipzig [7]1831.

LUST, J./EYNIKEL, E./HAUSPIE, K., *A Greek – English Lexikon oft he Septuagint,* Stuttgart 1992.

MOHRMANN, Christine, *Die altchristliche Sondersprache in den Sermones des hl. Augustin. Erster Teil: Einführung, Lexikologie, Wortbildung* (LCP 3), Amsterdam 1965.

MURAOKA, Takamitsu, *A Greek-English Lexicon oft he Septuagint,* Löwen, Paris, Walpole, MA 2009.

PAPE, W., *Griechisch-Deutsches Handwörterbuch* 2. Dritte Auflage bearbeitet von M. SENGEBUSCH) Braunschweig 1902.

REHKOPF, Friedrich, *Septuaginta-Vokabular,* Göttingen 1989.

RÖNSCH, Hermann, *Itala und Vulgata. Das Sprachidiom der urchristlichen Itala und der katholischen Vulgata unter Berücksichtigung der römischen Volkssprache durch Beispiele erläutert,* Marburg 1875, Nachdruck München 1965.

SCHWYZER, Eduard, *Griechische Grammatik, Bd. 2: Syntax und syntaktische Silistik.* (Vervollständigt und hrsg. von Albert DEBRUNNER = HAW 2,1,2), München 1950.

SLEUMER, Albert, *Kirchenlateinisches Wörterbuch,* Limburg 1926, Nachdruck[6], Hildesheim 2015.

TOV, Emanuel, *Der Text der Hebräischen Bibel. Handbuch der Textkritik,* Stuttgart 1997.

VINEIS, Edoardo, *Studio sulla lingua dell'Itala* (Biblioteca dell'Italia Dialettale e di Studi e Saggi Linguistici 8), Pisa 1974.

BIBELKOMMENTARE

ALBERTZ, Rainer, *Exodus II: Ex 19-40* (ZBK.AT 2.2), Zürich 2015.

AULD, A. Graeme, *Joshua. Jesus son of Nauē in Codex Vaticanus* (Septuagint commentary Series 1), Leiden 2005.

BAENTSCH, Bruno, *Exodus – Leviticus – Numeri übersetzt und erklärt* (HK I,2), Göttingen 1903.

BOLING, Robert G., *Judges. A new translation with introduction and Commentary* (AncB 6A), New York 1975.

BRAULIK, Georg, *Deuteronomium* II: 16,18-34,12 (NEB 28), Würzburg 1992.

BRAYFORD, Susan, *Genesis* (Septuagint Commentary Series), Leiden – Boston 2007.
BUDD, Philip, J., *Numbers* (WBC 5), Waco, Texas 1984.
BUTLER, Trent C., *Joshua* (WBC 7), Waco, Texas 1983.
CHILDS, Brevard S., *Exodus: a commentary*, London 1974.
Cornelius a Lapide, *Commentaria in Pentateuchum Mosis*, (Ultima editio aucta et recognita) Antwerpen 1559.
DILLMANN, August, *Die Genesis erklärt* (KEH 11), Leipzig ⁴1882.
—, *Die Bücher Numeri, Deuteronomium und Josua* (KEH 13), Leipzig ²1886.
DOGNIEZ, Cécile/HARL, Marguerite, *Le Deutéronome* (BdA V), Paris 1992.
DOHMEN, Christoph, *Exodus 19-40, übersetzt und ausgelegt* (HThKAT) Freiburg i. Br. 2004.
DORIVAL, Gilles, *Les Nombres* (BdA IV), Paris 1994;
EBACH, Jürgen, *Genesis 37-50* (HThKAT), Freiburg i.Br. 2007.
ELLIGER, Karl, *Leviticus* (HAT 1,4), Tübingen 1966.
GERSTENBERGER, Erhard S., *Das 3.Buch Mose. Leviticus* (ATD 6), Göttingen 1993.
GROSS, Walter, *Richter. Übersetzt und ausgelegt* (HThKAT), Freiburg 2009.
GUNKEL, Hermann, *Genesis übersetzt und erklärt*, Göttingen ⁸1969.
GURTNER, Daniel M., *Exodus. A commentary on the Greek Text of Codex Vaticanus* (Septuagint Commentary Series), Leiden – Boston 2013.
HARL, Marguerite, *La Genèse* (BdA I), Paris ²1994;
HARLÉ, Paul/PRALON, Didier, *Le Lévitique* (BdA III), Paris 1988;
HARLÉ, Paul, *Les Juges* (BdA VII), Paris 1999.
HIEKE, Thomas, *Levitikus, übersetzt und ausgelegt* (HThKAT), Freiburg 2014.
HOLZINGER, H., *Exodus erklärt* (KHC II), Tübingen 1900.
HOSSFELD, Frank-Lothar/ZENGER, Erich, Psalmen 51-100, übersetzt und ausgelegt (HThKAT), Freiburg i.Breisgau 2000.
—, Psalmen 101-150 übersetzt und ausgelegt (HThKAT), Freiburg i. Br. 2008.
HOUTMAN, Cornelis, *Exodus 3: Chapters 20-40*, Löwen 2000.
HUMMELAUER, Franz von, *Commentarius in libros Iudicum et Ruth* (CSS, In libros historicos IV) Paris 1888.
—, *Commentarius in Exodum et Leviticum*, (CSS, In libros historicos II) Paris 1897.
JACOB, Benno, *Das erste Buch der Tora. Genesis. Übersetzt und erklärt*, Berlin 1934 (Nachdruck unter dem Titel: Das Buch Genesis, Stuttgart 2000.)
—, *Das Buch Exodus*, Stuttgart 1957.
KARRER, Martin/KRAUS, Wolfgang (Hrsg.), *Septuaginta Deutsch. Erläuterungen und Kommentare zum griechischen Alten Testament*, Bd I: Genesis bis Makkabäer, Stuttgart 2011.

KEIL, Carl Friedrich, *Biblischer Commentar über die Prophetischen Geschichtsbücher des Alten Testaments, Josua, Richter und Ruth* (BC Zweiter Theil, Erster Band), Leipzig ²1874.

—, *Genesis und Exodus* (Die Bücher Mose's. Erster Band), Leipzig ³1878.

KÖNIG, Eduard, *Das Deuteronomium eingeleitet, übersetzt und erklärt*, Leipzig 1917.

—, *Die Genesis eingeleitet, übersetzt und erklärt*, Gütersloh ²⁺³1925.

—, *Die Psalmen eingeleitet, übersetzt und erklärt*, Gütersloh 1927.

LAGRANGE, Marie-Joseph, *Le Livre des Juges* (EtB), Paris 1903.

LE BOULLUEC, Alain/SANDEVOIR, Pierre, *L'Exode. Traduction du text grec de la Septante, Introduction et Notes* (BdA II), Paris 1989.

LEVINE, Baruch A., *Numbers 1-20. A New Translation with Introduction and Commentary* (=AncB 4A), New York etc. 1993.

MILGROM, Jacob, *Leviticus 1-16. A New Translation with Introduction and Commentary* (AncB 3), New York etc. 1991.

—, *Leviticus 17-22* (AncB 3A), New York etc. 2000

—, *Leviticus 23-27* (AncB 3B), New York etc. 2001.

MOATTI-FINE, Jacqueline, *Jésus* (Josué) (BdA VI), Paris 1996.

NETELER, Bernhard, *Das Buch der Richter der Vulgata und des hebräischen Textes übersetzt und erklärt*, Münster 1900.

NIDITCH, Susan, *Judges. A Commentary* (OTL), Louisville, Kentucky 2008.

NIELSEN, Eduard, Deuteronomium (HAT I,6) 1995.

NOTH, M., *Das zweite Buch Mose. Exodus. Übersetzt und erklärt* (ATD 5), Göttingen ³1965.

—, *Das vierte Buch Mose. Numeri. Übersetzt und erklärt* (ATD 7), Göttingen 1966.

OETTLI, Samuel, Das Deuteronomium und die Bücher Josua und Richter (KK A zweite Abteilung), München 1893.

OTTO, Eckart, Deuteronomium 1-11. Erster Teilband: 1,1-4,43; Zweiter Teilband: 4,44-11,32 (HThKAT), Freiburg i. Br., 2012.

—, Deuteronomium 12,1-23,15 (HThKAT), Freiburg i. Br., 2016.

—, Deteronomium 23,16-34,12 (Deuteronomium 12-34. 2. Teilband) (HThKAT), Freiburg i. Br. 2017.

PENNA, Angelo, *Giudici e Rut* (SB(T)), Turin 1963.

PERLITT, Lothar, *Deuteronomium* 1,1-6,4 (BK V/1), Neukirchen-Vluyn 1990-2013.

PROPP, William H., *Exodus 19-40. A New Translation with Introduction and Commentary* (AncB 2A), New York 2006.

RAD, Gerhard, von, *Das erste Buch Mose. Genesis* (ATD 2-4), Göttingen ¹⁰1976.

RENDTORFF, Rolf, *Leviticus. 1. Teilband Leviticus 1,1-10,20* (BKAT III/1), Neukirchen-Vluyn 2004.

RÖSEL, Hartmut N., *Joshua* (Historical Commentary on the Old Testament), Leuven 2011.

ROSE, Martin, *5. Mose* (ZBK 5.1+2), Zürich 1994.

ROSENMÜLLER, Ern. Frid. Car., *Scholia in Pentateuchum* (= Scholia in Vetus Testamentum in compendium redacta Vol. I), Lipsiae 1828.

SCHMIDT, Ludwig, *Das 4. Buch Mose. Numeri Kapitel 10,11-36,13* (ATD 7,2), Göttingen 2004.

SCHULTZ, Friedrich Wilhelm, *Das Deuteronomium erklärt*, Berlin 1859.

SEEBASS, Horst, *Genesis II: Vätergeschichte I (11,27-22,24)*, Neukirchen-Vluyn 1997.

—, *Genesis II: Vätergeschichte II (23,1-36,43)*, Neukirchen-Vluyn 1999.

—, *Genesis III: Josephsgeschichte (37,1-50,26)*, Neukirchen-Vluyn 2000.

—, *Numeri, 1. Teilband: Numeri 1,1-10,10* (BK IV/1), Neukirchen-Vluyn 2012.

—, *Numeri, 2. Teilband: Numeri 10,11 – 22,1* (BK IV/2), Neukirchen-Vluyn 2003.

STEUERNAGEL, Carl, *Das Deuteronomium übersetzt und erklärt* (HK I,3. Teil 1), Göttingen ²1923.

TIGAY, Jeffrey H., *Deuteronomy* (JPSTC), Philadelphia –Jerusalem 1996.

VEIJOLA, Timo, *Das 5. Buch Mose. Deuteronomium Kapitel 1,1-16,17* (ATD 8,1), Göttingen 2004.

WEBB, Barry G., *The Book of Judges* (NIC), Grand Rapids/Michigan 2012.

WEINFELD, Moshe, *Deuteronomy 1-11* (AncB 5), New York 1991.

WESTERMANN, Claus, *Genesis. 2. Teilband: Genesis 12-13* (BK I/2), Neukirchen-Vluyn 1981.

WEVERS, John William, *Notes on the Greek Text of Exodus* (SBL Septuagint and Cognate Studies Series 30), Atlanta/Georgia 1990

—, *Notes on the Greek Text of Genesis* (SBL Septuagint and Cognate Studies Series 35, Atlanta/Georgia 1993.

—, *Notes on the Greek Text of Deuteronomy* (SBL Septuagint and Cognate Studies Series 39) Atlanta/Georgia 1995.

—, *Notes on the Greek Text of Leviticus* (SBL Septuagint and Cognate Studies Series 44) Atlanta/Georgia 1997

—, *Notes on the Greek Text of Numbers* (SBL Septuagint and Cognate Studies Series 46) Atlanta/Georgia 1998.

YOUNGER., K. Lawson Jr., *Judges and Ruth* (NIV Application Commentary), Grand Rapids 2001.

ZAPLETAL, Vincenz, *Das Buch der Richter. Übersetzt und erklärt* (EHAT 7.1), Münster 1923.

ZIMMERLI, Walther, *1.Mose 12-25. Abraham* (ZBK AT 1.2), Zürich 1976.

LITERATUR

AEJMELAEUS, Anneli, Septuagintal Translation Techniques – a Solution to the Problem of Tabernacle Account?: *On the Trail of the Septuagint Tralstators* (hrsg. von ders. = Contributions to Biblical Exegesis & Theology 50), Leuven ²2007, 107-121.

AGAËSSE, Paul/SOLIGNAC, Aimé, *La Genèse aus sens littéral en douze livres (I-VII). Traduction, introduction et notes* (BA 48), Paris 1972.

ALEXANDER, James S., Tyconius: TRE 34 (2002) 203-208.

ALONSO SCHÖKEL, Luis, *The Inspired Word. Scripture in the Light of Language and Literature*, New York 1965.

ALT, Albrecht, *Der Gott der Väter* (BWANT III,12), Stuttgart 1929.

ALTANER, Berthold, Augustinus und die griechische Sprache: *Kleine patristische Schriften* (hrsg. von dems. = TU 83), Berlin 1967, 129-153.

—, Augustinus und Philo von Alexandrien: *Kleine patristische Schriften* (hrsg. von dems. = TU 83), Berlin 1967, 181-193.

—, Augustinus und Origenes: *Kleine patristische Schriften* (hrsg. von dems. = TU 83), Berlin 1967, 224-252.

—, Augustinus und Eusebios von Kaisareia: *Kleine patristische Schriften* (hrsg. von dems. = TU 83), Berlin 1967, 253-259.

—, Augustinus und Didymus der Blinde: *Kleine patristische Schriften* (hrsg. von dems. = TU 83), Berlin 1967, 297-301.

—, Augustinus und die biblischen Onomastica: *Kleine patristische Schriften* (hrsg. von dems. = TU 83), Berlin 1967, 312-315.

ALTHANN, R., פדה in Exodus 8:19 (English Versions 8:23): *Exodus 1-15: Text and Context. Proceedings of the 29th annual congress of the Old Testament Society of South Africa* (hrsg. von Jasper BURDEN = OTSSA/OTWSA 29 [1986]), Pretoria 1987, 73-79.

ANDRÉE, Alexander, Glossa ordinaria: *The Oxford Guide to the Historical Reception of Augustine*, 2 (hrsg. von Karla POLLMANN/Willemien OTTEN), Oxford 2013, 1055-1057.

BALTZER, Otto, *Die Sentenzen des Petrus Lombardus. Ihre Quellen und ihre dogmengeschichtliche Bedeutung* (SGTK VIII,3), Leipzig 1902; Neudruck Aalen 1972.

BARDY, G., *La Littérature patristique des* Quaestiones et Responsiones *sur l'Écriture sainte*: RB 41(1932) 210-236.341-369.515-537; 42 (1933) 14-30.211-229.328-352.

BARK, Franziska, *Ein Heiligtum im Kopf der Leser. Literaturanalytische Betrachtungen zu Ex 25-40* (SBS 218), Stuttgart 2009.

BARTELMUS, Rüdiger, Topographie und Theologie. Exegetische und didaktische Anmerkungen zum letzten Kapitel der Genesis (Gen 50,1-14): BN 29 (1985) 35-57.

BAUKS, Michaela, *Jephtas Tochter* (FAT 71), Tübingen 2010.

BERROUARD, Marie-François, Bellum: AL 1 (1986-1994) 638-645.

BEUTEL, Albrecht, Luther: *Augustin Handbuch* (hrsg. von Volker Henning DRECOLL) Tübingen 2007, 615-622.

BIEBERSTEIN, Klaus, *Lukian und Theodotion im Josuabuch. Mit einem Beitrag zu den Josuarollen von Hirbet Qumran*: BN.B 7, München 1994.

—, *Josua – Jordan – Jericho. Archäologie, Geschichte und Theologie der Landnahmeerzählungen Josua 1-6* (OBO 143), Freiburg Schweiz – Göttingen 1995.

BILLEN, Albert V., *The Old Latin Texts of the Heptateuch*, Cambridge 1927.

—, The Old Latin Version of Judges: *JThS* 43 (1942) 140-149.

BLAU, Josua, Etymologische Untersuchungen auf Grund des palaestinensischen Arabisch: *VT* 5 (1955) 337-344.

BLUM, Erhard, Das sog. „Privilegrecht" in Exodus 34,11-26: Ein Fixpunkt der Komposition des Exodusbuches?: *Studies in the Book of Exodus. Redaction – Reception – Interpretation* (hrsg. von Marc VERVENNE = BEThL 126), Löwen 1996, 347-366.

BODINE, Walter R., *The greek text of Judges.recesional developments* (HSM 23), Ann Arbor/Michigan 1980.

BOEFT, Jan de, Divinatio: AL 2 (1996-2002) 517-519.

BOGAERT, P. M., L'Orientation du parvis du sanctuaire dans la version grecque de l'Exode (Ex. 27,9-13 LXX): *L'Antiquité classique* 50 (1981) 79-85.

BÖHLER, Dieter, *Jiftach und die Tora. Eine intertextuelle Auslegung von Ri 10,6-12,7* (ÖBS 34), Frankfurt/Main 2008.

BOK, Nico den: Peter Lombard: *The Oxford Guide to the Historical Reception of Augustine*, 3 (hrsg. Karla POLLMANN/Willemien OTTEN), Oxford 2013, 1527-1530.

BORI, Pier Cesare, La ricezione delle *Regole* di Ticonio, da Agostino a Erasmo: ASE 5 (1988) 125-142.

BOYER, Charles, La théorie augustinienne des raisons seminales: *Miscellanea Agostiniana* 2: (Studi Agostiniani) Roma 1931, 795-819.

BRACHTENDORF, Johannes, Cicero and Augustine on the Passions: REAug 43 (1997) 289-308.

—, *Die Struktur des menschlichen Geistes nach Augustinus. Selbstreflexion und Erkenntnis Gottes in „De Trinitate"*, Hamburg 2000.

—, *Augustins ‚Confessiones'*, Darmstadt 2005.

—, Augustinus: Friedensethik und Friedenspolitik: *Krieg und Christentum. Religiöse Gewalttheorien in der Kriegserfahrung des Westens* (hrsg: Andreas HOLZEM (KRiG 50), Paderborn 2009, 234-253.

—, Die Emotionen bei Augustinus: *Passiones animae. Die „Leidenschaften der Seele" in der mittelalterlichen Theologie und Philosophie* (hrsg. Christian SCHÄFER/Martin THURNER) Berlin 2009, 11-28.

BREYTENBACH, Cilliers, *Versöhnung. Eine Studie zur paulinischen Soteriologie* (WMANT 60), Neukirchen-Vluyn 1989.

BUDZIK, Stanislaw, *Doctor pacis. Theologie des Friedens bei Augustinus* (IThS 24), Innsbruck, Wien 1988.

BURTON, Philip, *The Old Latin Gospels. A Study of their Texts and Language* (Oxford Early Christian Studies), New York 2000.

CAMASTRA, Palma, *Il Liber Regularum di Ticonio* (Tradizione e vita 8), Roma 1998.

CANTALAMESSA, Raniero, „RATIO PASCHAE". La controversia sul significato della pasqua nell'Ambrosiaster, in Girolamo e in Agostino: *Aevum* 44 (1970) 219-241.

CAPELLE, Paul, *Le texte du psautier latin en afrique* (CBLa 4), Rom 1913.

CAVALLERA, F., Les „quaestiones hebraicae in Genesim" de saint Jérôme et les „quaestiones in Genesim" de saint Augustin: *Miscellania Agostiniana* 2: Studi Agostiniani, Rom 1931, 359-372.

CHILDS, Brevard S., *Biblical Theology of the Old and New Testaments. Theologian Reflection on the Christian Bible*, London 1992.

CRÜSEMANN, Frank, *Die Tora. Theologie und Sozialgeschichte des alttestamentlichen Gesetzes*, München 1992.

DANIEL, Suzanne, *Recherches sur le vocabulaire du culte dans la Septante* (EeC 61), Paris 1966.

DAVIES, D. L., The Hebrew Text of Exodus VIII 19 (EVV. 23). An Emendation: VT 24 (1974) 489-492.

DELIUS, Hans-Ulrich, *Augustin als Quelle Luthers. Eine Materialsammlung*, Berlin 1984.

DEMEL, Sabine, *Abtreibung zwischen Straffreiheit und Exkommunikation. Weltliches und kirchliches Strafrecht auf dem Prüfstand,* Stuttgart 1995.

—, Schwangerschaftsabbruch I: *TRE 30* (1999) 630-633.

DEXINGER, Ferdinand, *Sturz der Göttersöhne oder Engel vor der Sintflut? Versuche eines Neuverständnisses von Genesis 6,2-4 unter Berücksichtigung der religionsvergleichenden und exegesegeschichtlichen Methode* (WBTh 13), Wien 1966.

DODARO, Robert, Iustitia: AL 3 (2004-2010), 865-882.

DOHMEN, Christoph, Das Buch Exodus: *Stuttgarter Altes Testament* (hrsg. von Erich ZENGER) Stuttgart 2004, 98-159.

DOMÍNGUEZ, Fernando, Cornelius a Lapide: LThK³ 2, Freiburg i. Br. 1994, 1313.

DÖRRIE, Heinrich, *Erotapokriseis A. Nichtchristlich*: RAC VI, Stuttgart 1966, 342-347.

DÖRRIES, Hermann, *Erotapokriseis B. Christlich*: RAC VI, Stuttgart 1966, 347-370.

DRECOLL, Volker Henning, Augustinus: *Thomas-Handbuch* (hrsg. von Volker LEPPIN), Tübingen 2016, 68-75.

—, (Hrsg.), *Augustin Handbuch,* Tübingen 2007.

—, Der Umgang mit dem ungeborenen Leben in der Alten Kirche: *Leben: Verständnis. Wissenschaft. Technik* (hrsg. von HERMS, Eilert = Kongreßband des XI. Europäischen Kongresses für Theologie 15.-19. September 2002 in Zürich) (Veröffentlichungen der Wissenschaftlichen Gesellschaft für Theologie; 24), Gütersloh 2005, 315-341.

DROBNER, Hubertus R., *Lehrbuch der Patrologie,* Frankfurt etc. ²2004.

DULAEY, Martine, La sixième Règle de Tyconius et son résumé dans le *De doctrina christiana*: REAug 35 (1989) 83-103.

—, La geste de Moïse dans l'œuvre d'Augustin: REAug 57 (2011) 1-43.189-237.

EBERHART, CHRISTIAN, *Studien zur Bedeutung der Opfer im Alten Testament. Die Signifikanz von Blut- und Verbrennungsriten im kultischen Rahmen* (WMANT 94), Neukirchen-Vluyn 2002.

—, Beobachtungen zu Opfer, Kult und Sühne in der Septuaginta: *Die Septuaginta – Text, Wirkung, Rezeption* (hrsg. von Wolfgang KRAUS/Siegfried KREUZER = WUNT 325), Tübingen 2014, 297-314.

EGO, Beate, Der Diener im Palast des himmlischen Königs. Zur Interpretation einer priesterlichen Tradition im rabbinischen Judentum: *Königsherrschaft Gottes und himmlischer Kult im Judentum, Urchristentum und in der hellenistischen Welt* (Martin HENGEL/Anna Maria SCHWEMER = WUNT 55), Tübingen 1991, 361-384.

ELLIOTT, Mark W., Quaestiones in Heptateuchum: *The Oxford Guide to the Historical Reception of Augustine*, 1 (hrsg. Karla POLLMANN/Willemien OTTEN), Oxford 2013, 456-461.

FABRY, Heinz-Josef, Die Kanongeschichte der Hebräischen Bibel und des christlichen Alten Testamentes im Licht der Kirchenväter: *Die Septuaginta – Text, Wirkung, Rezeption* (hrsg. von Wolfgang KRAUS/Siegfried KREUZER = WUNT 325), Tübingen 2014, 681-697.

FERNÁNDEZ MARCOS, Natalio, The Genuine Text of Judges: *Sôfer Mahîr (FS Adrian Schenker)* (hrsg. von Yonahan A. P. GOLDMAN/Arie VAN DER KOOIJ/Richard D. WEIS = VT.S 110), Leiden 2006, 33-45.

FLADERER, Ludwig, *Augustinus als Exeget. Zu seinen Kommentaren des Galaterbriefes und der Genesis* (DÖAWPH, Sitzungsberichte 795) (Veröffentlichung der Kommission zur Herausgabe des Corpus der lateinischen Kirchenväter 27), Wien 2010.

FOERSTER, Werner, κληρονόμος etc.: ThWNT III, 766-786.

FREISTEDT, Emil, *Altchristliche Totengedächtnistage und ihre Beziehung zum Jenseitsglauben und Totenkultus der Antike* (LQF 24), Münster 1928.

FÜRST, Alfons, Origenes in den Werken Augustins: ders., *Von Origenes zu Hieronymus. Studien zur antiken Theologiegeschichte* (AKG 115), Berlin – Boston 2011, 487-500.

—, *Hieronymus. Askese und Wissenschaft in der Spätantike*, Freiburg i. Br. 2016.

FUX, Perre-Yves, *Paix et guerre selon saint Augustin* (Les Pères dans la foi 101), Paris 2010.

GAETA, Giancarlo, Il *Liber Regularum* di Ticonio. Studio sull'ermeneutica scritturistica: ASE 5 (1988) 103-124.

GARCÍA DE LA FUENTE, Olegario, Itala y Vulgata en las Quaestiones in Heptateuchum de San Augustín: *Anuario juridico escurialense* 19/20 1987-88, 539-550.

GASS, Erasmus, *Die Ortsnamen des Richterbuchs in historischer und redaktioneller Perspektive* (ADPV 35), Wiesbaden 2005.

GESCHE, Bonifatia, Was verstehen die lateinischen Übersetzer des Buches Jesus Sirach unter Sühne?: *Traditio et Translatio, FS Roger Gryson* (hrsg. von Thomas Johannes BAUER = Vetus Latina. Aus der Geschichte der lateinischen Bibel 40), Freiburg i.Br. 2016, 49-73.

GIBSON, Margeret T./FROEHLICH, Karlfried, Einleitung: *Biblia latina cum glossa ordinaria*, 4 (hrsg. von Karlfried FROEHLICH), Turnhout, 1992.

GOODING, D. W., *The Account oft he Tabernacle. Translation and Textual Problems oft he Greek Exodus* (Text and Studies. New Series VI), Cambridge 1959.

GÖRG, Manfred, *Die Amtstitel des Potifar*: BN 53 (1990) 14-20.

GREENSPOON, Leonard J., *Textual studies in the Book of Joshua* (HSM 28), 1983.

GROSS, Walter, *Bileam. Literar-und formkritische Untersuchung der Prosa in Num 22-24* (StANT 38), München 1974.

—, Die alttestamentlichen Gesetze zu Brache-, Sabbat-, Erlaß- und Jubeljahr und das Zinsverbot: ThQ 180 (2000) 1-15.

—, Jiftachs Rolle in der Erzählung von seinem Gelübde. Elemente der Rezeptions- und Auslegungsgeschichte: *Studien zum Richterbuch und seinen Völkernamen* (Walter GROSS/Erasmus GASS = SBAB 54), Stuttgart 2012, 8-43.

—, Jiftachs Tochter: *Studien zum Richterbuch und seinen Völkernamen* (Walter GROSS/Erasmus GASS = SBAB 54) Stuttgart 2012, 44-63.

—, Wo war der Eingang zum Zeltheiligtum? Zu einer exegetischen These des Augustinus: BZ 58 (2014) 239-255.

GRYPEOU, Emmanouela/SPURLING, Helen, *The Book of Genesis in Late Antiquity. Encounters between Jewish and Christian Exegesis* (= Jewish and Christian Perspectives Series 24), Leiden, Boston 2013.

HACK, Tobias, *Der Streit um die Beseelung des Menschen. Eine historisch-systematische Studie* (SThE 131), Freiburg Schweiz 2011.

HANHART, Robert, Die Bedeutung der Septuaginta für die Definition des „hellenistischen Judentums": ders., *Studien zur Septuaginta und zum Judentum* (FAT 24), Tübingen 1999, 67-79.

HARAN, Menahem, *Temples and Temple-Service in Ancient Israel. An Inquiry into the Character of Cult Phenomena and the Historical Setting oft he Priestly School,* Oxford 1978.

HARTENSTEIN, Friedhelm, *Das Angesicht JHWHs. Studien zu seinem höfischen und kultischen Bedeutungshintergrund in den Psalmen und in Exodus 32-34* (FAT 55), Tübingen 2008.

HECQUET-NOTI, Nicole, Le corbeau nécrophage, figure du juif dans le De diluuio mundi d'Avit de Vienne: à propos de l'interprétation de Gn 8,6-7 dans carm. 4., 544-584: REAug 48 (2002) 297-320.

HENGEL, Martin, Die Septuaginta als „christliche Schriftensammlung", ihre Vorgeschichte und das Problem ihres Kanons: *Die Septuaginta zwischen Judentum und Christentum* (hrsg. von dems. und Anna Maria SCHWEMER = WUNT 72), Tübingen 1994,184-284.

HERTOG, Cornelis Gijsbert den, *Studien zur griechischen Übersetzung des Buches Josua,* Gießen 1996.

HIEKE, Thomas, *Die Genealogien der Genesis* (HBS 39), Freiburg i.Br. 2003.

HIMBAZA, Innocent, *Le Décalogue et l'histoire du texte. Études des formes textuelles du Décalogue et leurs implications dans l'histoire du texte de l'Ancien Testament* (OBO 207), Freiburg Schweiz, Göttingen 2004.

HOPING, Helmut, *Dei Verbum* kommentiert: *Herders Theologischer Kommentar zum Zweiten Vatikanischen Konzil* 3, (hrsg. von Peter HÜNERMANN/Bernd Jochen HILBERATH) Freiburg 2005, 695-819.

HORST, Pieter W. van der, Philo and the Rabbis on Genesis: Similar Questions, Different Answers: *Erotapokriseis. Early Christian Question-and-Answer Literature in Context (Utrecht Colloquium 2003)* (hrsg. von Annelie VOLGERS/Claudio ZAMAGNI = Contributions to Biblical Exegesis & Theology 37), Leuven 2004,55-70.

HOSSFELD, Frank-Lothar, *Der Dekalog. Seine späten Fassungen, die originale Komposition und seine Vorstufen* (= OBO 45), Freiburg, Schweiz 1982.

HOUTMAN, Cornelis/SPRONK, Klaas, *Jefta und seine Tochter. Rezeptionsgeschichtliche Studien zu Richter, 11,29-40* (Altes Testament und Moderne 21), Zürich, Berlin 2007.

HUBER, Wolfgang, *Passa und Ostern. Untersuchungen zur Osterfeier der alten Kirche* (BZNW 35), Berlin 1969.

HUDECZEK, Methodius M., De tempore animationis foetus humani secundum Embryologicam hodiernam: *Angelicum* 29, (1952) 162-181.

JACOB, Christian, Questions sur les Questions: Archéologie d'une Pratique Intellectuelle et d'une Forme Discursive: *Erotapokriseis. Early Christian Question-and-Answer Literature in Context (Utrecht Colloquium 2003)* (hrsg. von Annelie VOLGERS/Claudio ZAMAGNI, = Contributions to Biblical Exegesis & Theology 37), Leuven 2004, 25-54.

JANOWSKI, Bernd, *Sühne als Heilsgeschehen. Traditions- und religionsgeschichtliche Studien zur priesterschriftlichen Sühnetheologie* (WMANT 55), Neukirchen-Vlyn ²2000.

—, *Der nahe und der ferne Gott. Beiträge zur Theologie des Alten Testaments 5*, Neukirchen-Vluyn 2014.

JEREMIAS, Jörg, *Der Zorn Gottes im Alten Testament. Das biblische Israel zwischen Verwerfung und Erwählung* (BThSt 104), Neukirchen-Vluyn 2009.

—, *Theologie des Alten Testaments* (GAT 6), Göttingen 2015.

JEROUSCHEK, Günter, *Lebensschutz und Lebensbeginn* (Medizin in Recht und Ethik 17), Stuttgart 1988.

KANNENGIESSER, Charles, *Handbook of Patristic Exegesis. The Bible in Ancient Christianity*, Leiden 2006.

KAWERAU, Gustav, *D. Martin Luthers Werke.* Kritische Gesamtausgabe 4, Weimar 1886.

KEEL, Othmar/KÜCHLER, Max, *Orte und Landschaften der Bibel 2: Der Süden,* Zürich, Einsiedeln, Köln, Göttingen 1982.

KLEIN, Michael L., *Converse Translation: A Targumique Technique:* Bib 57 (1976) 515-537.

KLOSTERMANN, Erich (Hrsg.), *Eusebius/Hieronymus, Das Onomastikon der biblischen Ortsnamen,* Hildesheim 1966.

KÖCKERT, Matthias, *Vätergott und Väterverheißungen. Eine Auseinandersetzung mit Albrecht Alt und seinen Erben* (FRLANT 142), Göttingen 1988.

KÖCKERT, Matthias/KÖCKERT, Heidelore, Ungeborenes Leben in Exodus 21,22-25. Wandlungen im Verständnis eines Rechtssatzes: *Lebenstechnologie und Selbstverständnis. Hintergründe einer aktuellen Debatte* (hrsg. von Ingolf HÜBNER et alii, = Religion – Staat – Kultur 3), Münster 2004, 43-73.

KOLMER, Lothar/ROB-SANTER, Carmen, *Studienbuch Rhetorik* (Rhesis. Arbeiten zur Rhetorik und ihrer Geschichte I), Paderborn 2002.

KONKEL, Michael, Was hörte Israel am Sinai? Methodische Anmerkungen zur Kontextanalyse des Dekalogs: *Die Zehn Worte. Der Dekalog als Testfall der*

Pentateuchkritik (hrsg. von Christian FREVEL/Michael KONKEL/Johannes SCHNOCKS = QD 212), Freiburg im Breisgau 2005, 11-42.

—, *Sünde und Vergebung. Eine Rekonstruktion der Redaktionsgeschichte der hinteren Sinaiperikope (Ex 32-34) vor dem Hintergrund aktueller Pentateuchmodelle* (FAT 58), Tübingen 2008.

KÖPF, Ulrich, Augustin an den Universitäten des 13. Jahrhunderts: *Augustin Handbuch* (hrsg. von Volker Henning DRECOLL) Tübingen 2007,592-600.

KÜGERL, Johannes, *Zeugung, Schwangerschaft und Geburt. Die Rezeption antiker medizinischer Theorien in theologischen Texten des Frühjudentums und des Frühchristentums*, Norderstedt 2004.

LA BONNADIÈRE, Anne-Marie, L'épître aux Hébreux dans l'œuvre de saint Augustin. Biblia Augustiniana. Nouveau Testament, fascicule 17: REAug 3 (1957) 137-162.

—, *Biblia Augustiniana. A.T. Le Deutéronome*, Paris 1967.

—, *Le dol et le jeu d'àprès Saint Augustin: Forma Futuri, FS Card. Michele Pellegrino*, Turin 1975, 868-883.

LANE, Anthony N.S., *John Calvin. Student of the Church Fathers*, Edinburgh 1999.

—, Calvin, John: *The Oxford Guide to the Historical Reception of Augustine*, 2 (hrsg. Karla Pollmann/Willemien Otten), Oxford 2013,739-743.

LE BOULLUEC, Alain, Moïse menacé de mort. L'énigme d'Exode 4,24-26 d'après la Septante et selon les Pères: *Cahiers anciennes de la Bible* (Cahiers de Biblia Patristica 1), Strasbourg 1987, 75-103.

LE DÉAUT, R., Aspects de l'intercession dans le Judaïsme ancien: JSJ 1 (1970) 35-57.

LINDARS, Barnabas, A commentary on the Greek Judges?: *VI Congress of the international organisation for Septuagint and cognate studies* (ed. Claude E. COX = SCSt 23), Atlanta, Georgia 1987, 167-200.

LOCH, Valentin/REISCHL, Wilhelm, *Die heiligen Schriften des alten Testamentes, nach der Vulgata mit steter Vergleichung des Grundtextes übersetzt und erläutert* 1: *I. Mose –IV. Könige*, Regensburg 1867.

LOCHER, C., טף: ThWAT III, 1982, 372-375.

LOHFINK, N., *Das Hauptgebot. Eine Untersuchung literarischer Einleitungsfragen zu Dtn 5-11* (AnBib 20), Rom 1963.

LOHSE, Bernhard, *Mönchtum und Reformation. Luthers Auseinandersetzung mit dem Mönchsideal des Mittelalters* (FKDG 12), Göttingen 1963.

LUNEAU, Auguste, Moïse et les pères latins: *Moïse. L'homme de l'Alliance* (CSion 1954,2-4, Sonderheft), Paris 1955, 283-303.

LYONNET, Stanislas, Expiation et intercession. A propos d'une traduction de S. Jérôme: Bib 40 (1959) 885-901.

—, Expiation et intercession. Note complémentaire: le témoignage des anciennes versions latines: Bib 41 (1960) 158-167.

LYONNET, Stanislas/SABOURIN, Léopold, *Sin, Redemption, and Sacrifice. A Biblical and Patristic Study* (AnBib 48), Rom 1970.

MACINTHOSH, A. A., Exodus VIII 19, distinct Redemption and the Hebrew Roots פדה and פדד: VT 21 (1971) 548-555.

MARCUS, David, *Jephthah and his vow*, Lubbock, Texas 1986.

MARK, Martin, *„Mein Angesicht geht" (Ex 33,14). Gottes Zusage personaler Führung* (HBS 66), Freiburg im Breisgau 2011.

MARKSCHIES, Christoph, Hieronymus und die „*Hebraica Veritas*". Ein Beitrag zur Archäologie des protestantischen Schriftverständnisses: *Die Septuaginta zwischen Judentum und Christentum* (hrsg. von Martin HENGEL/Anna Maria SCHWEMER = WUNT 72), Tübingen 1994, 131-181.

MARX, Alfred, *Les systèmes sacrificiels de l'Ancien Testament. Formes et fonctions du culte sacrificiel à Yhwh* (VTS 105), Leiden – Boston 2005.

MAYER, Cornelius, Creatio, creator, creatura: AL 2 (1996-2002) 56-116.

MAYER, G., נזר: ThWAT V, 329-334.

MAZOR, Lea, The Origin and Evolution oft he Curse upon the Rebuilder of Jericho – A Contribution of Textual Criticism to Biblical Historiography: Textus 14 (1988) 1-26.

MEISNER, N., Aristeasbrief (JSHRZ II, 1973, 35-87).

MICHEL, Andreas, *Theologie aus der Peripherie. Die gespaltene Koordination im Biblischen Hebräisch* (BZAW 257), Berlin – New York 1997.

—, *Gott und Gewalt gegen Kinder im Alten Testament* (FAT 37), Tübingen 2003.

MICHEL, Diethelm, næpæš als Leichnam: ZAH 7 (1994) 81-84.

MICHELS, Thomas, Verbrennung und Apotheose bei Augustinus quaest. in Num c. 19: *Vom christlichen Mysterium. Zum Gedächtnis von O. Casel*, (hrsg. von Anton MAYER/Johannes QUASTEN/Burkhard NEUNHEUSER), Düsseldorf 1951, 94-96.

MILGROM, Jacob, Sin-offering or purification-offering?: VT 21 (1971) 237-239.

MILLER, Cynthia L., *The representation of speech in biblical Hebrew narrative: a linguistic analysis* (HSM 55), Atlanta, Georgia 1996.

MOHRMANN, Christine, Pascha, Passio, Transitus: EL 66 (1952) 37-52.

MÜLLER, Christoph, Femina: AL 2 (1996-2002) 1266-1281.

MÜLLER, Hans-Peter, Die hebräische Wurzel שׂיח: VT 19 (1969) 361-371.

MÜLLER, Mogens, Die Septuaginta als Bibeltext der ältesten Kirche. *Graeca veritas contra Hebraica veritas: Die Septuaginta – Text, Wirkung, Rezeption* (hrsg. von Wolfgang KRAUS/Siegfried KREUZER, = WUNT 325), Tübingen 2014, 613-636.

NAAB, Erich, *Augustinus. Über Schau und Gegenwart des unsichtbaren Gottes. Texte mit Einführung und Übersetzung* (MyGG I,14). Stuttgart-Bad Cannstatt 1998.

NIEHR, Herbert, *Baʿalšamem. Studien zur Herkunft, Geschichte und Rezeptionsgeschichte eines phönizischen Gottes* (OLA 123), Löwen 2003.

NÖLDEKE, Theodor, *Beiträge zur seminischen Sprachwissenschaft*, Straßburg 1904.

OEMING, M., שׂכר: ThWAT VIII,1-5.

O'DALY, Gerard J. P., Anima, animus: AL 1 (1986-1994) 315-340.

O'LOUGHLIN, Thomas, The controversy over Methuselah's death: Proto-chronology and the origins oft he western concept of inerrancy: RThAM 62 (1995) 182-225.

OTTO, Eckart, פסח: ThWAT 6, 1989, 659-683.

—, Theologische Ethik des Alten Testament (Theologische Wissenschaft 3,2), Stuttgart 1994.

—, Die nachpriesterschriftliche Pentateuchredaktion im Buch Exodus: *Studies in the Book of Exodus. Redaction – Reception – Interpretation* (hrsg. von Marc VERVENNE = BEThL 126), Löwen 1996, 61-111.

POHLE, JOSEPH, *Lehrbuch der Dogmatik*, neubearbeitet von Josef Gummersbach, 1. Bd., Paderborn [10]1952.

POLLASTRI, Alessandra, Le *Quaestiones* di Agostino su *Genesi*: struttura dell'opera e motivazioni storico-dottrinali: ASE 5 (1988) 57-76.

—, Agostino d'Ippona: *Bibbia e storia nel cristianesimo latino* (Alessandra POLLASTRI/Francesca COCCHINI) , Roma 1988, 11-93.

—, Il patto divino nel pensiero di S. Agostino: *Dizionario di spiritualità biblico-patristica 2: Alleanza-patto-testamento* (ed. A. PANIMOLLE) Roma 1992, 260-277.

—, *Opere die Sant'Agostino. Locuzioni e Questioni sull'Ettateuco* (L. CARROZZI e A. POLLASTRI, Introduzioni generali; A. POLLASTRI, Introduzioni particolari; L. Carrozzi e A. POLLASTRI, Note; L. CARROZZI, Traduzione = Nuova Biblioteca Agostiniana IX/1), Roma 1997 und IX/2, Roma 1998.

POLLMANN, Karla, *Doctrina Christiana. Untersuchungen zu den Anfängen der christlichen Hermeneutik unter besonderer Berücksichtigung von Augustinus,* De doctrina christiana (Paradosis. Beiträge zur Geschichte der altchristlichen Literatur und Theologie 41), Freiburg/Schweiz 1996.

POLLMANN, Karla/OTTEN, Willemien (Hrsg.), *The Oxford Guide to the Historical Reception of Augustine*, 1-3, Oxford 2013.

PRETZL, Otto, Septuagintaprobleme im Buch der Richter. Die griechischen Handschriftengruppen im Buch der Richter untersucht nach ihrem Verhältnis zu einander: Bib 7 (1926) 233-269.353-383.

PRIJS, Leo J., *Jüdische Tradition in der Septuaginta. Die grammatische Terminologie des Abraham Ibn Esra*, Hildesheim 1987 (= Nachdruck von Leiden 1948).

RENDSBURG, Gary A., lāšūaḥ in Genesis xxiv 63: VT 45 (1995) 558-560.

RICHTER, Paul, *Der Beginn des Menschenlebens bei Thomas von Aquin* (Studien der Moraltheologie 38), Wien 2008.

RICKEN, Friedo, Seele: Historisches Wörterbuch der Philosophie 9, 1995, 1-11.

RIEDE, Peter, Register. Pflanzennamen und Pflanzenbezeichnungen: *Das Kleid der Erde. Pflanzen in der Lebenswelt des alten Israel* (hrsg. von Ute NEUMANN-GORSOLKE/Peter RIEDE) Stuttgart, Neukirchen, Vlyn 2002, 353-367.

RIEF, Josef, *„Bellum" im Denken und in den Gedanken Augustins* (Beiträge zur Friedensethik 7), Barsbüttel 1990.

RIEGER, Reinhold, Sentenzenwerk des Petrus Lombardus: *Augustin Handbuch* (hrsg. von Volker Henning DRECOLL) Tübingen 2007, 587-592.

RIGGENBACH, Christoph Johannes, *Die Mosaische Stiftshütte,* Basel 1862.

RIVIÈRE, Jean, "Trois cent dix-huit" Un cas de symbolisme arithmétique chez saint Ambroise: RThAM 6(1934) 349-367.

ROBINSON, Bernard P., Zipporah tot he Rescue: A contextual Study of Exodus IV 24-6: VT 36 (1986) 447-461.

ROFÉ, Aleksander, The End of the Book of Joshua according to the Septuagint: Henoch 4 (1982), 17-36.

RÖSEL, Hartmut N., Die Überleitung vom Josua- ins Richterbuch: VT 30 (1980) 342-350.

RÖSEL, Martin, *Übersetzung als Vollendung der Auslegung. Studien zur Genesis-Septuaginta* (BZAW 223), Berlin, New York 1994.

—, Die Septuaginta-Version des Josua-Buches: *Im Brennpunkt: Die Septuaginta. Studien zur Entstehung und Bedeutung der Griechischen Bibel* (hrsg. von Heinz-Josef FABRY/Ulrich OFFERHAUS = BWANT 153), Stuttgart 2001, 197-211.

—, Die Textüberlieferung des Buches Numeri am Beispiel der Bileamerzählung: *Sôfer Mahîr (FS Adrian Schenker)* (hrsg. von Yonahan A. P. GOLDMAN/Arie VAN DER KOOIJ/Richard D. WEIS = VT.S 110), Leiden 2006, 207-226.

ROTHENBUSCH, Ralf, *Die kasuistische Rechtssammlung im 'Bundesbuch' (Ex 21,2-11.18-22,16) und ihr literarischer Kontext im Licht altorientalischer Parallelen* (AOAT 259), Münster 2000.

ROTTZOLL, Alexandra/ROTTZOLL, Dirk U., Die Erzählung von Jiftach und seiner Tochter (Jdc 11,30-40) in der mittelalterlich-jüdischen und historisch-kritischen Bibelexegese: ZAW 115 (2003) 210-230.

RÜTERSWÖRDEN, Udo, *Die Beamten der israelitischen Königszeit. Eine Studie zu śr und vergleichbaren Begriffen* (BWANT 117), Stuttgart 1985.

RÜTING, W., *Untersuchungen über Augustins Quaestiones und Locutiones in Heptateuchum* (FChLDG, 13. Bd, 3.+4. Heft), Paderborn 1916.

SALVESEN, Alison, The Tabernacle Accounts in LXX Exodus and their Reception in Hellenistic Judaism: *In the Footsteps of Sherlock Holmes. Studies in the Biblical Text in Honour of Anneli Aejemelaeus* (hrsg. von Kristin DE TROYER/T. Michael LAW /Marketta LILJESTRÖM = Contributions to Biblical Exegesis & Theology 72), Leuven 2014, 555-571.

SCHLEYER, Dietrich, *Tertullian, De baptismo. De oratione. Übersetzt und eingeleitet* (FC 76), Turnhout 2006.

SCHENKER, Adrian, Affranchissement d'une esclave selon Ex 21,7-11: Bib 69 (1988) 547-556.

—, Sühne II Altes Testament: TRE 32 (2001) 335-338.

—, Unreinheit, Sünde und Sündopfer. Kritische Untersuchung zweier verbreiteter Thesen: befleckende Sünden (*moral impurity*) und Sündopfer *chatta't* als Reinigungsopfer für das Heiligtum: BZ 59 (2015) 1-16.

SCHIRNER, Rebekka S., *Inspice diligenter codices. Philologische Studien zu Augustins Umgang mit Bibelhandschriften und -übersetzungen* (= Millennium-Studien zu Kultur und Geschichte des ersten Jahrtausends n. Chr. 49), Berlin 2015.

SCHMITZ, Hermann-Josef, *Die Bussbücher und das kanonische Bussverfahren. Nach handschriftlichen Quellen dargestellt* II, Düsseldorf 1898.

SCHREINER, Joseph, *Septuaginta-Massora des Buches der Richter: eine textkritische Studie* (=AnBib 7), Rom 1957.

SCHULZ-FLÜGEL, Eva, Hieronymus – Gottes Wort: Septuaginta oder hebraica Veritas: *Die Septuaginta – Text, Wirkung, Rezeption* (hrsg. von Wolfgang KRAUS/Siegfried KREUZER = WUNT 325), Tübingen 2014, 746-758.

—, Der lateinische Bibeltext im 4. Jahrhundert in Nordafrika und Indien: *Augustin Handbuch* (hrsg. von Volker Henning DRECOLL) Tübingen 2007, 109-114.

SCHUMACHER, Lydia, Bonaventure: *The Oxford Guide to the Historical Reception of Augustine*, 2 (hrsg. Karla POLLMANN/Willemien OTTEN), Oxford 2013, 696-701.

SCHWIENHORST-SCHÖNBERGER, Horst, *Das Bundesbuch (Ex 20,22-23,33)* (BZAW 188), Berlin 1990.

SEEBASS, Horst, LXX und MT in Gen 31,44-53: BN 34 (1986) 30-38.

SEELBACH, Larissa Carina, *„Das weibliche Geschlecht ist ja kein Gebrechen..." Die Frau und ihre Gottebenbildlichkeit bei Augustin* (cassicianum L), Würzburg 2002.

SEELIGMANN, Isac Leo, Indications of Editorial Alteration and Adaptation in the Massoretic Text and the Septuagint: ders., *Gesammelte Studien zur Hebräischen Bibel* (FAT 41), Tübingen 2004, 449-467.

SEIDL, Theodor, *Tora für den „Aussatz"-Fall. Literarische Schichten und syntaktische Strukturen in Levitikus 13 und 14* (ATS 18), St. Ottilien 1982.

SIEBEN, Hermann Josef, Augustinus zum Thema ‚Ruhe' unter Berücksichtigung der Termini *quies* und *requies*. Ein chronologischer und systematischer Überblick: ders., *Augustinus. Studien zu Werk und Wirkgeschichte* (FTS 69), Münster 2013, 132-171.

SIPILÄ, Seppo, Old Latin Text of Josh 5:4-6 and Ist Contribution to the Textual History oft he Greek Joshua: *In the Footsteps of Sherlock Holmes. Studies in the Biblical Text in Honour of Anneli Aejemelaeus* (hrsg. von Kristin DE TROYER/T. Michael LAW/Marketta LILJESTRÖM = Contributions to Biblical Exegesis & Theology 72), Leuven 2014, 257-272.

SKA, Jean-Louis, „And Now I Know (Gen 22:12): ders., *The Exegesis oft he Pentateuch. Exegetical Studies and Basic Questions* (FAT 66), Tübingen 2009, 111-138.

SMOLINSKY, Heribert, *Cornelius a Lapide*: RGG[4] 2, Tübingen 1999, 464.

SNIJDERS, L. A., The Meaning of זר in the Old Testament: OTS 10 (1954) 1-154.

—, zur/zār: ThWAT 2 (1977) 556-564.

SOISALON-SOININEN, Ilmari, *Die Textformen der Septuaginta-Übersetzung des Richterbuches*, Helsinki 1951.

SPIRA, Andreas, Art: Parentalia: Der Kleine Pauly IV, 1972, 512.

SPITZER Beatrix (Hrsg.), Zacchia, Paolo, Die Beseelung des menschlichen Fötus: *Buch IX, Kapitel 1 der Quaestiones medico-legales*, Köln 2002.

STENDEBACH, Franz Josef, רגל: ThWAT VII, 330-345.

STRACK, Hermann L., *Die Bücher Genesis, Exodus, Leviticus und Numeri* (KK), München 1894.

STROHM, Christoph, *Dekalog. IV. Kirchengeschichtlich*: RGG[4] 2 C-E, Tübingen 1999, 631.

STUMMER, Friedrich, *Einführung in die lateinische Bibel*, Paderborn 1928.

TESKE, Roland J., Augustine of Hippo and the Quaestiones and Responsiones Literature: *Erotapokriseis. Early Christian Question-and-Answer Literature in Context (Utrecht Colloquium 2003)* /(hrsg. von Annelie VOLGERS/Claudio ZAMAGNI = Contributions to Biblical Exegesis & Theology 37), Leuven 2004, 127-144.

THEOBALD, Michael, „Über die Götter sollst du nicht schlecht reden!" Ex 22,27 (= 28[LXX]) im Frühjudentum, im Neuen Testament und in der alten Kirche: *Monotheismus unter Gewaltverdacht. Zum Gespräch mit Jan Assmann* (hrsg. von Jan-Heiner TÜCK, Freiburg 2015, 55-88.

THOMPSON, John L., Jephthah's Daughter and Sacrifice: ders., *Writing the wrongs: woman oft he Old Testament among biblical commentators from Philo through the Reformation* (Oxford Studies in Historical Theology), Oxford 2001, 100-178.

TROPPER, Josef, *Totenbefragung im Alten Orient und im Alten Testament* (AOAT 223), Neukirchen-Vluyn 1989.

TROYER, Kristin de, *Rewriting the sacred text* (SBL Text-critical Studies 4), Atlanta 2003.

—, Building the Altar and Reading the Law: The Journeys of Joshua 8:30-35: *Reading the present in the Qumran library: the perception of the contemporary by means of scriptural interpretations* (hrsg. von Kristin DE TROYER/Armin LANGE = SBL symposion series 30), Leiden 2005, 141-162.

UTZSCHNEIDER, Helmut, *Das Heiligtum und das Gesetz. Studien zur Bedeutung der sinaitischen Heiligtumstexte (Ex 25-40; Lev 8-9)* (OBO 77), Freiburg i.Ue., Göttingen 1988.

VALL, Gregory, What was Isaac doing in the field (Genesis xxiv 63)?: *VT* 44 (1994) 513-523.

VERMES, Geza, *Scripture and Tradition. Haggadic Studies* (StPB 4), Leiden ²1983.

—, Circumcision and Exodus iv.24-26 – Prelude to the theology of Babtism: ders., *Scripture and Tradition. Haggadic Studies* (StPB 4), Leiden ²1983, 178-192.

VIAN, Giovanni Maria, Le *Quaestiones* di Filone: ASEs 9 (1992) 365-386.

VOLP, Ulrich, *Tod und Ritual in den christlichen Gemeinden der Antike* (SVigChr 65), Leiden, Boston 2002.

—, *Die Würde des Menschen. Ein Beitrag zur Anthropologie in der Alten Kirche* (SVigChr 81), Leiden, Boston 2006.

WADE, Martha Lynn, *Consistency of Translation Techniques in the Tabernacle Accounts of Exodus in the Old Greek* (SCSt 49), Atlanta 2003.

WEIDMANN, Clemens, Zwei Lücken in den *Quaestiones in Heptateuchum* des Augustinus: REAug 53 (2007) 113-119.

WEISSENBERG, Timo J., *Die Friedenslehre des Augustinus. Theologische Grundlagen und ethische Entfaltung* (ThFr 28), Stuttgart 2005.

WEVERS, John William, *Text History oft he Greek Deuteronomy* (AAWG.PH 3. Folge Nr. 106) (MSU 13), Göttingen 1978.

—, The Balaam Narrative according to the Septuagint: *Lectures and reluctures de la Bible (FS P-M Bogaert)* (hrsg. von J.-M. ANWERS/A. WÉNIN = BEThL 144), Leiden 1999, 133-144.

ZAMAGNI, Claudio, Une Introduction Méthodologique à la Littérature Patristique des Questions et Réponses: le Cas d'Eusèbe de Césarée: *Erotapokriseis. Early Christian Question-and-Answer Literature in Context (Utrecht Colloquium 2003)* (hrsg. von Annelie VOLGERS/Claudio ZAMAGNI = Contributions to Biblical Exegesis & Theology 37), Leuven 2004, 7-24.

—, Existe-t-il une Terminologie Technique dans les *Questions* d'Eusèbe de Césarée?: *Erotapokriseis. Early Christian Question-and-Answer Literature in Context (Utrecht Colloquium 2003)* (hrsg. von Annelie VOLGERS/Claudio ZAMAGNI = Contributions to Biblical Exegesis & Theology 37), Leuven 2004, 81-98.

ZENGER, Erich, *Die Sinaitheophanie. Untersuchungen zum jahwistischen und elohistischen Geschichtswerk* (fzb 3), Würzburg 1971.

—, Wie und wozu die Tora zum Sinai kam: literarische und theologische Beobachtungen z Exodus 19-34: *Studies in the Book of Exodus. Redaction – Reception – Interpretation* (hrsg. von Marc VERVENNE = BEThL 126), Löwen 1996, 265-288.

REGISTER

Kursiv gedruckte Seitenzahlen beziehen sich auf den 2. Band.

Bibelstellen

Altes Testament

Gen

1	281	5,25-27	81	8,6-12	106
1,1	*301*	5,27	61	8,7	106
1,2	223 365	6-12	58	8,9	50
1,3	19 *515*	6,1-4	100	8,13	106
1-3	13	6,2	101	8,14	106
1,14	*303*	6,3	113 223 365	8,18	81
1,14-19	19 *515*	6,4	108f	8,21	*292*
1,20	281	6,9-14	101	8,22	109
1,21	281	6,13	*219*	9,6	279
1,24	281	6,15	50	9,8-17	*365*
1,26	111 243 279 *300*	6,16	50 81	9,10	281
1,27	111 *299*	6,16-20	362	9,12	281
1,30	281	6,19-20	104	9,15	281
2,7	104f 281 *299*	6,20	103	9,16	281
2,8	121	7,1	*225*	9,22	109
2,8-9	177	7,2	99 102f	9,25	243
2,19	281	7,2-3	104	10	111
2,21	173	7,4	106	10,8	109
2,24	173	7,6-7	101	10,14	*482*
3,19	*433*	7,7	29 30 81	10,22	113
4,1	*147*	7,8-9	76 104	10,24	113
4,1-2	99	7,11	101 106	11	113
4,8	99	7,12	106	11,1	50
4,17	50 *147*	7,13	101	11,9	111
4,25	*147*	7,15	*225*	11,10	113
5	113	7,15-16	104	11,10-26	112
5,1-32	29 81 112	7,17	106	11,12	60
5,3	99	7,21-22	29 81	11,12-14	113
5,4	99	7,21-23	99	11,26	50 58
5,5	99	7,24	69 106	11,26-28	80
5,8	99	8,1-2	50	11,27-28	58
		8,3	106	11,31-32	80
		8,5	109	11,32	50 115 117
		8,6-8	50	12	121

12,1	117 357	161		19,37	*257*
12,1-3	139	17,18	89 139	20,1-18	121 138
12,1-4	80	17,19	89	20,2	50
12,3	356f	17,24-25	143	20,3	141
12,4	33 116 119 357	18	129	20,6	50 121 *369 375*
12,4-9	139	18,2	129	20,12	121
12,7	163	18,3	129	21	86
12,8	163	18,4	129	21,1-7	139
12,10-20	88 121	18,4-5	14	21,5	143 357
12,11-20	138	18,8	129 357	21,8	44 50 58 61
12,12	19 56	18,10-12	139	21,8-10	143
12,12-13	50	18,12	61 129	21,9-21	82 86
12,14	19 56	18,12-15	89	21,10	50 58
12,15-16	33	18,13	50 93	21,10-11	89 93
12,17-19	121	18,13-15	129	21,11	141
12,18-19	50	18,15	50 93	21,12	359
13,10	61	18,18	356	21,13	50
13,15-16	357	18,20	307	21,14	50 82 86 145
13,16	122	18,21	50 79	21,15-18	50 76 82
13,17	123	18,22	129	21,19	86 147
13,18	163	18,31	39	21,22	86 167
14,13	61 123	19	129 150	21,22-34	86
14,14-20	*503*	19,1	61 150	21,25	86
14,18-20	164	19,2	129	21,27	145
15,5	122	19,8	50 *495*	21,27-32	147
15,9	351	19,9	58	21,30-31	86
15,12	50 89	19,10	*495*	21,31	50 61 86 145
15,13	99 351f 354 *9*	19,11	50 55 61	21,31a	171
15,16	99	19,12	*495*	21,31b	171
15,18	*428f*	19,12-16	*225*	21,32	86 167
15,18-20	*427*	19,13	150	21,33	50
15,19	61	19,15	150	22,1	50 79 147
16,3	179	19,16	*495*	22,1-10	*123*
16,16	119	19,17-18	139	22,2	*499*
17,1	89 139	19,18	56	22,2-13	*523*
17,4	201	19,18-19	129	22,9	163
17,7-8	357	19,19-21	139	22,10-12	*499*
17,8	50	19,21	150	22,11	149
17,10-14	*365*	19,22	150	22,12	50 58 61 79 87 *527 537*
17,16	201	19,24	150f		
17,17	89 129 131 139	19,36-38	*341*	22,14	149

22,15-19	149	25,25-26	119	29,27	176-178
22,17	123 *169*	25,26	167 207 213f 357	29,30	176
22,18	143 356			30,4	179
22,21	85	25,27	42 48 71 90 167	30,9	179
23,1	161	25,29-34	167	30,11	93 185
23,3	*525*	26,1	50 61	30,21	237
23,3-4	155	26,12-13	44	30,25-43	186
23,7	50 52 89 381	26,12-14	73	30,27	185
23,16-18	80 119	26,12-21	169	30,31-40	185
24	161	26,14	169	30,37	45 48 61 71 91 182
24,2-3	89	26,16	169		
24,2-4	249	26,19	170	30,41	182
24,3	44	26,26	167	30,42	45 71 91 182f
24,3-4	157	26,28	155	31,7	61 185 187
24,7	157 357	26,32	50 170	31,9	187
24,9	152	26,32-33	33 44 47 171	31,11	185
24,14	50	27,1-17	90	31,19	184 *437*
24,22	199	27,9	78 207	31,29	189
24,30	199	27,15-17	*533*	31,30	184
24,37	169	27,27	165	31,32	184
24,37-38	50	27,33	61 *81*	31,34-35	184
24,40	157	27,35	48 90 167	31,38	186
24,41	169	27,37-40	165	31,41	185 203
24,43	221f	27,41	173	31,42	190f
24,43-46	157	27,46	207	31,44	189
24,49	249	28,2	50 173	31,44-53	189
24,51	50 *435*	28,3	201	31,45	90
24,63	61 158	28,6	*251*	31,47	188 *544*
24,65	159	28,8	207	31,47-48	33 86
24,67	159	28,11	175 252	31,48	188
25,1	44 89 161 179	28,14	123	31,49	*9*
25,1-2	119 129 161 *257*	28,18	45 50 90	31,50	189
		28,18-19	203	31,53	190
25,6	163 179 217	28,19	199	32,4	207
25,7-8	161	28,20-22	175	32,6-12	91
25,8	161	29,10	76	32,7	61
25,12-13	58	29,11	50	32,7-8	50 191
25,16	163	29,11-12	91f	32,8	199
25,22	50 61	29,20	58	32,9	191
25,23	257	29,20-28	186 *135*	32,10-13	91 191
25,25	*379*	29,23	176	32,13	123 *169*

32,13-15	58	35,26	40 50 61 78 80 239	41,1	50 222
32,21 (32,20^{LXX})	192	35,28	207 214 357	41,5	84
32,25-29	*541*	35,28-29	59 80 211	41,10	216f
32,27 (32,26^{LXX})	58 192	35,29	59 209	41,12	216f
32,28	200	36	209	41,26	*127*
32,29	201	36,1-5	80	41,38	50 365
32,31	193	36,6	61	41,45	50 59 61 223 225
33,4	209	36,6-8	80 213	41,46	213 219 221 265 353
33,10	50 58 91	36,9-43	213	41,47	213 219
33,14	50 91	36,13	209	41,50	34 241
33,17-18	195	36,17	209	41,53	265
33,18	197 257	36,21	87	41,54	213
33,18-34,1	197	36,31-39	50 80	42,1	391
33,19	257	36,32	209 211	42,3-6	*545*
34	*387*	36,33	209	42,4	84
34,1	237	37	215	42,6	227
34,2-3	14 50	37-50	215	42,9	*139*
34,4	61	37,1-2	213	42,13	84
34,8	78 207	37,2	50 59 80 211	42,14	*139*
34,25	257	37,5-28	213	42,15	50
34,25-29	205	37,9	247	42,15-16	59 91
34,30	50 257	37,9-10	42 250	42,23	50 231
34,30-31	*387*	37,10	42 227	42,38	50
35,2	50	37,27-28	59	43,8	84 349
34,2-4	*437*	37,28	50 243 *545*	43,20	*497*
35,4	50 199 257 *388*	37,36	33 216f 243	43,23	45 50 59 91
35,6	50	38	220f 221	43,29	84
35,6-7	175	38,1	61	43,34	51 61 91f 232
35,7	175	38,1-3	50 80	44	92
35,10	50 61 200	38,3	*251*	44,4-5	*139*
35,11	71 79 201	38,6-18	219	44,4-6	233
35,11-12	252	38,7	*251*	44,15	45 51 59 61 79 92
35,12	119	38,14-18	219	44,18	*497*
35,13-15	90	38,15	*527*	44,18-34	51 76
35,14-15	50	39	225	44,20	84
35,15	199	39,1	50 216f 225	44,22	84
35,16-18	203	40,3	216	44,30-34	84
35,19	215 255	40,4	216	45,6	34 213 219 241
35,21-22	200	40,16	50		
35,22	179	40,17	221		
35,23-26	*431*				

	265 353		250		*385*
45,7	50	48,4	201 252	4-14	364
45,9	213	48,5-6	87 252	4,1-5	364
45,16-20	245	48,7	255	4,3	322
45,21	200	48,8	200	4,10	50 62 *497*
45,28	200	48,10-11	200	4,11	51
46,1	241	48,13-14	200	4,12	51 310f
46,1-2	200 213 219f	48,21	200	4,13	*497*
46,5	200 349	48,22	50 256 *388*	4,14	51
46,6-7	40 59 78	49,2	200	4,14-16	318
46,8	200 363	49,5-6	257	4,15	309-311
46,8-14	238	49,5-7	*387*	4,16	51 319 335 375
46,8-27	33 83	49,17	*433*	*67 314*	
46,11	363	49,30-31	251	4,17	364
46,12	*251*	49,33 (49,32^{Vulg})	257	4,18	*216*
46,15	40 78f 237f	50,2	200	4,20	51 270 364
46,19-27	59	50,3	50 73	4,21	*417*
46,20	34 84 241	50,4-5	50	4,24	62 270
46,21	84 241	50,10	42	4,24-26	14 51 270 312
46,22	241	50,13	251 263	4,25-26	312
46,26	84	50,22	353	4,26	270 313
46,26-27	59 83	50,22-23 (50,22^{Vulg})	51	5,1-3	51 287
46,27	34 84 238f 241 265	*79 84*		5,22	62
		50,25	200	5,22-23	51
46,29-30	200	50,26	353	6,1	317
46,32-34	51 54	**Ex**		6,13	51
46,34	332	1,2	317	6,14-28	51
47	215	1,5	84 240f	6,16	363
47,2-4	245	1,19-20	51 287 *141*	6,16-20	352
47,4	247	2,12	19 51 56 269	6,18	355 363
47,4-6	244	2,21	*217*	6,20	355 363
47,6	247	2,23	273	6,30	51
47,9	51 213f 359	3,2	307	7,1	51 195 407
47,16	51	3,4	307	7,3	51 272 333 *417*
47,24	265	3,7	15 271	7,7	355
47,27	200	3,8	51	7,9	51 322 365 375
47,28	84 241	3,9	307	7,10	51 322 365 375
47,29	45 51 92 156 200	3,16	*518*	7,11-12	323
		3,21-22	51	7,12	51 54 62 322 365 375
47,30	249	3,22	341 343 286		
47,31	33 51 59 200				

7,13	272	9,23	364	13,17	51
7,14	272	9,27	51	13,18	51 62
7,15	322 364	9,30	62	13,21	503 *395*
7,18	137	9,34	272	14,4	272 *417*
7,19	365 375	9,35	272	14,8	272 *417*
7,19-20	375	10	51	14,13	51
7,20	335 365 375	10,1	15 51 62 271f 274 333 *297*	14,14	*297*
7,20-22	325			14,15	62
7,21	137	10,1-20	332	14,16	364 375
7,22	15 51 62 271-273	10,12	335 339 341	14,20	*225*
		10,13	364	14,21	367 375
8,1	365 375	10,19-20	15 51 271 273	14,29	367
8,3 (8,7^LXX)	51 273 325	10,20	272 332f *417*	15,8	367
		10,21	335 339	15,10	51 62
8,11 (8,15^LXX)	15 51 271-273 326	10,27	272 *417*	15,12	62
		11,2	51 54 62 286	15,22-25	59
8,12	335 365 375	11,3	347	15,23	24
8,13	365 375	11,7	330	15,25	51 59
8,14 (8,18^LXX)	62	11,10	272 *417*	15,27	375
8,15 (8,19^LXX)	15 51f 271 273 329f 365	12,4	343	16,3	373
		12,5	41 344 *331*	16,8	51
8,21 (8,25^LXX)	30 266 330	12,6	383	16,12	62
		12,10	342	16,13	372
8,22	331	12,11	477	16,23	500
8,22-23 (8,26-27^LXX)	51	12,12	476	16,33	429
8,28 (8,32^LXX)	15 51 271f 274 332	12,13	476	16,33-34	51 *231*
		12,14	62	16,35	51 *398*
9,3	339	12,23	476	17,5	51
9,4	330	12,27	476f	17,6	*441 499*
9,6	338 339	12,30	51 62	17,9	51
9,7	15 51 271f	12,35	51 341	18,1-5	270 315
9,8	339	12,35-36	347	18,2	270
9,8-9	51	12,37	51 62 349	18,7	381
9,8-10	338	12,39	286	18,12	62 381 421
9,11	325	12,40	62 99 351-353 355 357	18,13	51
9,12	272 *417*			18,13-26	288 *395*
9,16	51 274 339 340	13,2	62 *329 521*	18,18	62
9,17-35	338	13,9	51	18,18-19	51
9,19	51	13,12	*329*	18,19-21	51
9,20-21	339	13,12-13	*521*	18,21	379 381 *185*
9,22	335 340 364	13,13	*345*	18,22	379

18,25	381 *185*	21,22 266
19,1	382f	21,22-23 51 52 53 55 277f
19,8	419 421	
19,11	62 383	21,22-25 48 64f 278 282 283 285 428
19,24	*65*	
20	274 *301*	21,28 277
20,1-17	51 56	21,37 (22,1^{LXX}) 43 277 405 *197*
20,3-5	52 54 393	
20,4	395 *139 300f*	22,1-2 (22,2-3^{LXX}) 51 405f
20,5	*349*	
20,13 (20,14^{LXX}) 51-54 *141*		22,3 *197*
		22,8 (22,9LXX) 406
20,14 (20,13^{LXX}) 51-55 *139*		22,27 (22,28^{LXX}) 51 407
		22,28-29 *191*
20,15	53 *139*	23,2 409
20,16	51 53 287 *139*	23,3 62
20,17	52-54 275 385 *132 135*	23,4 409
		23,10-11 43 51 62
20,18	51 62	23,19 43 51 62 277 490
20,18-19	*292 311*	
20,19	495	23,20 99
20,20	51	23,23 *415*
20,21	46 271 503	23,25 62
20,24-25	435	23,25-27 48 51 *293*
20,26	435 *79*	23,26 *415*
21	280f 284f	23,28 51
21,1	419	23,29-30 *485*
21,7-11	393	23,33 52
21,8	395	24,1-3 51
21-23	275	24,3 51 421 *286*
21,1-23,32	287	24,4 491 *287f*
21,2	51 276	24,5 62
21,3	*160*	24,6-7 51
21,6	276 419 *279*	24,7 419 *286-288*
21,7	393 397	24,10 62 423f
21,7-11	393	24,10-11 290
21,8	395	24,11 423
21,12	*160*	24,12 367 383 421 *286 318*
21,12-13 51		
21,17	51	24,18 491 *307*
21,21-25 64		25-31 293 294 505

	544
25,11-12 (25,10-11^{LXX}) 425	
25,12 (25,11^{LXX})	62
25,16	428
25,17-21 (25,16-20^{LXX}) 426	
25,17-22 426	
25,18-20 (25,17-19^{LXX}) 62	
25,20 (25,19^{LXX})	*294*
25,22	429 461
25,27 (25,26^{LXX})	429
25,30	430 *192f*
26	430
26-27	293
26,1	505 521 540
26,1-6	430
26,4	505 509
26,5-6	507
26,6	507
26,7	51 507 512f 540
26,7-9	509
26,7-14	430
26,9	509 535
26,10-11	509
26,11	516
26,12	508f 533
26,13	298 508 540f
26,14	433 513
26,15-16	513
26,15-21	294
26,15-25	295
26,15-30	295 430
26,17	43 513
26,18-20	515
26,18-22	521
26,19	513
26,20	514
26,21	434

26,22	297 300 435	28,31-32	(28,27-28^{LXX})	491 493	*286f 321*
26,23	435	441		31,42	339
26,25	434	28,32 (28,28^{LXX}) 62		32	288 *179*
26,28	517	28,34 (20,30^{LXX}) 53 55		32,1	469
26,29	517	441 452		32,1-5	286
26,31	431	28,35 (28,31^{LXX}) 441 *65*		32,2	51 289
26,31-37	430	28,36 (28,32^{LXX}) 62 443		32,4	464
26,32	435	28,36-38 443 452		32,6	*367*
26,33-34	*230*	28,38	444	32,8 (32,9^{LXX}) 51	
26,36	518 547	28,41	448f	32,10	270 471
26,36-37	527	28,42	*65*	32,14	51
27	293	29,1-37	*49*	32,15-16	493 *287 319*
27,1	527	29,8-9	14	32,16	*286*
27,1-2	*79*	29,9	51 62 449 451	32,18	*367*
27,2	436	*64*		32,19	19 51 62 269
27,4-5	437	29,10	51	491 493 *292*	
27,8	437	29,18	51	32,23	469
27,9-13	293	29,22-25	*78*	32,24	51
27,9-15	525	29,29	450	32,25	51 *180*
27,9-19	295	29,29-30	450	32,26-28	51 469
27,12	525	29,30	51 450	32,31-32	51 54
27,12-13	525	29,37	459 501	32,32	62 269
27,13	300	30,4	455	32,35	51
27,13-16	297-299	30,6	62	33	15 *307*
27,14	300	30,7-8	*85 153 159*	33,1	51 62
27,14-15	298f 530 543	30,10	*13 16 18*	33,1-2	*423*
27,14-16	300 531	30,13	7	33,2	51 *415*
27,18	533	30,18-21	527	33,5	50 62
28,2	*507*	30,22-25	*83*	33,7-8	62
28,2-3	437	30,24	7	33,11	*67 305*
28,3	437	30,26-29	501	33,12	474 *81f*
28,3-43	*65*	30,30	*83*	33,12-13	51
28,4	62 437 450	30,34	51 55	33,12-17	51
28,4-5	*507*	30,34-35	460	33,12-23	288
28,4-43	*151*	31,1-2	51	33,13	289f 473 481
28,13	438	31,2-3	497	*307*	
28,15	62	31,15	500	33,14	289-291 475
28,15-16	439	31,16	462 *9*	33,15	289-291 477
28,24-25	440	31,16-17	62	33,17	290 474 477 *82*
28,30 (28,26^{LXX}) 51 62		31,17	462	33,18	289f 475 481
440		31,18	367 383 429	33,18-19	51

BIBELSTELLEN (Ex – Lev) 611

33,18-34,1	50	35,11ff	51		51 62 271	
33,19	271 289-291	35,11-19 (35,10-18^{LXX})		40,36-38 (40,30-32^{LXX})	
475 477		499		503	
33,20	289-292 481	36,2-3	51	**Lev**	
559f		36,4	51	1-4	*7 8 33 60 71 75*
33,21	51 293 481	36,37 (37,5^{LXX})	519	1,2	*7*
33,21-22	293 481	37,9-15^{LXX}	520	1,14	*35*
33,21-23	62	37,11-13^{LXX}	299	2,6	*7*
33,22	51 289 292 481	37,12-14^{LXX}	300	3	*73*
491		38,1-2 (38,22^{LXX})	*231*	3,1	*73*
33,22f	*9*	38,9 (37,7^{LXX})	531	3,3-4	*63 65*
33,23	44 51 271 289	38,10-12 (37,8-10^{LXX}) 531		3,5	*75*
291f		38,12-15 (37,10-13^{LXX})		3,16	*8 61*
34	*288*	299		3,17	*62*
34,1	46 485 493	38,13 (37,11^{LXX})	300	4	*37*
286-	*288*	531		4,2	*175*
319 321	*441*	38,14 (37,12^{LXX})	300	4,3	*64 93*
34,4	286 *441*	531		4,3-7	*63*
34,5-7	289	38,14-15 (37,12-13^{LXX})		4,4-5	*65*
34,7	*273 349*	531 543		4,4-11	*64*
34,11-26	*286*	38,16-17 (37,14-15^{LXX})		4,5	*64*
34,12	30	533		4,6-7	*63 91*
34,12-26	*288*	38,18 (37,16^{LXX})	532f	4,7	*93*
34,14	51 289 486	38,24	*7*	4,12	*53 91*
34,15	24	38,25	*7*	4,13	*175*
34,19-20	*191*	38,26	*7*	4,13-14	*57*
34,20	489 *345*	40,6	527	4,14	*11 71 93*
34,21	51	40,8	527	4,17-18	*91*
34,24	51	40,9-10 (40,8-9^{LXX})	500	4,18	*93*
34,25	51 343	40,12	469	4,21	*53 91*
34,26	43 51	40,19 (40,17^{LXX})	503	4,22	*57 175*
34,27	491 493 *286-*	*231*		4,23	*7 71*
288		40,20-21 (40,18-19^{LXX})		4,27	*175*
34,27-28	*287f 317 319*	*231*		4,27-28	*59*
34,28	46 51 62 259	40,22-23 (40,20-21^{LXX})		4,35	*7f 12f 15f 18 29*
385 *286-290*	*321*	*193*			*35 74f*
34,29-35	495	40,26 (40,24^{LXX})	62	4,9	*173*
34,30	499	40,33 (40,27^{LXX})	503	5,1	*7 14 56*
34,33	499	40,34-35 (40,28-29^{LXX})		5,1-5	*25*
35-40	293 544	46 503		5,1-6	*39*
35,2	500	40,35 (40,29^{LXX} 40,33^{Vulg})			

5,1-16	37		7,1 (6,31^{LXX})	12 52		10,17	13
5,2	38 62		7,6 (6,36^{LXX})	88		11,4-8	345
5,2-3	26 33		7,7 (6,37^{LXX})	52 54		11,10	281 345
5,3	62		57 11f 53 57			11,12-20	345
5,4-6	59		7,15	343		11,23	345
5,5	26		7,17-18	343		11,26-31	345
5,6	13 16 18 194		7,19(^{LXX})	24		11,41-42	345
5,7	7f 10 47		7,22	63		11,44	137
5,7-10	7		7,23-27 (7,12-17^{LXX})	8		11,45	137
5,8	35 195		60			11,46	281
5,8-10	75		7,29	72f		12	14
5,10	35		7,29-32 (7,19-22^{LXX})	63		12,4	30 32
5,14-16	59		7,31 (7,21^{LXX})	64f		12,7	13 18 98
5,14-19	52		7,31-34 (7,21-24^{LXX})	77		12,8	14 18 98
5,15	7 39 43 175		7,34 (7,24^{LXX})	64 87		13	15 111
5,16	13 15f 18		8	71		13,6	62 102 109 273
5,17	36f		8,2-17	63		13,6-8	102
5,17-19	59 176		8,12	83		13,7-8	102
5,18	13 15 18 71 176		8,14-15	63 93		13,12-13	111
5,20-26	61		8,14-28	75		13,14	112
5,21	194		8,15	65		13,16	110 112
5,25	7 12		8,22	70		13,52	405
5,26	13 15 18		8,28	70f		14	7
6,2 (6,9 ^{LXX})	10 43f 46		8,29	65		14,6-7	62
6,3 (6,10^{LXX})	30 10 41 43		8,30	83		15,16	153f
			8,33	153		15,18	159
6,4 (6,11^{LXX})	45 191		9,3	10f		15,19-23	97
6,5 (6,12^{LXX})	24 46		9,4	11f 93		15,19-27	135
6,5-6 (6,12-13^{LXX})	47		9,7	8 13 16 18		16	427 549
6,7-16 (6,14-23^{LXX})	50		9,8	93		16,8	120
6,12-13 (6,19-20^{LXX})	49		9,15	93		16,10	120
6,13	12 51		9,15-16	93		16,14	85
6,13-14 (6,20-21^{LXX})	49		9,18-21	77		16,16	30 14 16-18 20
6,14-15 (6,21-22^{LXX})	50		9,22	436 11		16,18-19	119
6,15-16 (6,22-23^{LXX})	50		9,24	14		16,20	14 16 18 20
6,16 (6,23^{LXX})	12f 16 18 51f		10,6	14 447		16,33	14 16 18 20 121
			10,9	62		17,3-4	62
6,18-19,22	233		10,10	173		17,7	122
6,19 (6,26^{LXX})	50f 95		10,10-11	85		17,11	62 14 16f 18 21 122 153
6,23 (6,30^{LXX})	51		10,14	11 88			
6,25	11		10,15	88		17,14	21

18,6-21	15 277	25,10	*165 167*	9,10-11	62
18,7	*128*	25,11	*163*	9,11	*201*
18,9	*130*	25,13-16	*165*	9,18	*202*
18,11	*130*	25,25-27	*165*	9,19	*203*
18,14	*147*	25,28	*165*	9,20	*203*
18,19	55	25,40	*165*	9,21	*203 208*
18,20	*132*	26,9	*166*	9,21-22	*203*
18,21	*536*	26,11	19	9,22	*203 209*
19,2	*137*	26,21	298 541	10,11-12	*399*
19,9	*11*	27	7	11,4	*373*
19,11	53f	27,27	*345*	11,11	*143*
19,17-19	59	**Num**		11,13	*143*
20,1-5	*536*	1,1	*231*	11,17	*178*
20,11	*148*	1,2	*185*	11,21-23	*178*
20,12	*148*	1,3	*186*	11,22	62
20,13	*148*	1,16	*185*	11,34	*373*
20,16	14	1,18	*294*	12	*292*
20,17	62	1,20-47	*305*	12,1	62 *292*
20,18	98 *148*	1,51	*188 190*	12,8	*291f*
20,19	*146*	3,7	*189*	12,11	*497*
20,20	62	3,7-8	*200*	13,16 (13,16^{LXX})	67
20,27	*148*	3,10	*188-190*	13,16-17	425
21,1	62 *142*	3,25-26	*200*	13,17-25 (13, 18-26^{LXX})	
21,8	*155*	3,28	*200*	*217*	
21,10	14 447	3,31	*200*	13,33	109
21,14	32	3,36-37	*200*	14,18	*349*
21,15	53-56	3,38	*188-190*	14,23	*294 315*
22,3	*155*	3,47	7	14,33	*398*
22,4	*142*	3,50	7	14,33-34	*399*
23	7	5,2	*142*	14,34	*398*
23,3	500	5,8	17 *173*	15	*175*
23,24	500	6,2-21	*557*	15,22-29	*174*
23,39	500	6,11	*142*	15,23-29	*175*
24,5-9	*85*	6,14	*198*	15,24	*175*
24,15	407	7	7	15,24-29	*175*
24,18	*160*	8,25	*200*	15,25	17 *175*
24,21	*160*	8,26	*200*	15,26	*175*
25,1-7	*162*	9,6	*142*	15,27	*175*
25,2	62 *162*	9,7	*142*	15,28	17 *175*
25,4	500 *162*	9,10	*142*	15,29	*175*
25,5	500 *163*				

15,30-31	*174 176*	20,28	*67 269*	1,37	*393*
16,5^{LXX}	423	21,6	*225*	1,39	*294 315*
16,13	*222*	21,13	*251*	2,7	*398*
16,14	*223*	21,14	62 *250 251*	2,14	*305 398*
16,37	*228*	21,15	*251*	2,30	*387*
17,1-5 (16,36-40^{LXX})	*228*	21,21-23	*255*	2,34	*387*
17,16-23 (17,1-8^{LXX})	*231*	21,21-25	*386*	3,8-10	*269*
17,23 (17,8^{LXX})	*335*	21,26-30	*257*	3,11	31 *284*
17,25 (17,10^{LXX})	429 *230*	22-24	*180f* 209 211 *260*	3,24	*364*
				4,12	*305*
18,1	*11*	22,2-6	211	4,13	367 385 *286*
18,4	*188f*	22,4-23,6	15	4,16	*298 300f*
18,7	*188f*	22,5	*342*	4,17	*301*
18,21-32	*323*	22,7	*256*	4,20	*405*
19	15 41 *234*	23,6	*181*	4,30	*439*
19,1-22	*172*	24,2	*264*	5	274 *301 308*
19,2	*173*	24,14	62 *439*	5,2	*291 441*
19,4	62	24,25	*279*	5,2-3	*304*
19,7	*246*	25,5	*267*	5,4	*304 308-310*
19,8	*246*	25,6-8	*267*	5,5	*304 308f*
19,9	*11* 238	27,13-14	*178*	5,7	62
19,10	*246*	27,20	*178*	5,8	*300f*
19,10-16	*201*	29,7	*273 277*	5,9	*349*
19,11-12	54	30,5	*272*	5,18 (5,17^{LXX})	62
19,11-13	53	30,6	*272*	5,21 (5,24^{LXX})	275 385
19,11-22	249	30,7	62		
19,12	*244*	30,7-19	53 55	5,22	*286* 367
19,13	*245*	30,11	62	5,27	*309*
19,17	*11* 241	30,14	62	6,13	151 *137*
19,21	*246*	31,6	14 *281*	6,16	153 *455* 529 531
19,22	*246*	31,13	*180*		
20,4-6	249	31,15-18	*343*	7,1-2	*411*
20,10	*178*	31,23	*11 241*	7,1-3	*425*
20,10-11	*215*	32,13	*398*	7,11	*415*
20,10-12	*213*	34,5	*428*	7,14	415
20,11	62 *441 499*	35,28	*283*	7,19	*364*
20,12	62 *178 215 269 393*	**Dtn**		7,20	417
20,13	*251*	1,15	381	8,2	*398*
20,14-21	*255 386*	1,19-35	*294*	8,4	*398*
20,26-29	*155*	1,35	*399 541*	8,16	*439*

9,6 *314*	17,14 *332*	*366*
9,7 *314*	17,14-15 *547*	29,29-31 *453*
9,9 259	17,15 *332*	30,4 *31*
9,10 286 367 *383*	17,17 53 55	30,10 *371*
9,18 259	18,1-8 *323*	30,12 *370*
9,24 *314*	18,9-10 *537*	30,13 *370*
10 288	19,16-19 *339*	30,14 *31* 62 *284*
10,1 286	19,19 *345*	31,27 *314*
10,1-4 288	19,21 *160*	31,29 *439*
10,2 286 367 *441*	20,5 62	32,5 62
10,3 286	20,10-11 *416*	32,8 *519*
10,4 367 385 *286*	20,10-17 *425*	32,15 *377*
10,5 *441*	20,16-17 *411*	32,20 *439*
10,20 151 *137*	20,17 *415 425*	32,43 *381*
10,22 84	20,21 *132*	32,48-52 *393*
11,2 *364*	21,21 *345*	33,1-3 *292*
12,13 *499*	22,19 *341*	33,2 62 *376*
12,29-31 *521*	22,21 *345*	33,3 *376f*
12,31 *537*	22,22 *345 353*	33,5 *332 377 381*
13,2-4 (13,1-3^{LXX}) *323*	22,24 *345*	33,17 *381*
13,4 (13,3^{LXX}) 149 *313*	22,28-29 56	33,26 *377*
13,6 (13,5^{LXX}) *345*	23,4-5 (23,3-4^{LXX}) *340*	34,4-5 *393*
14,3-21 *555*	23,16-17 (23, 15-16^{LXX}) *342*	**Jos**
14,7-8 *345*	23,18 (23,17^{LXX}) *342*	2,4 287 *141*
14,10 *345*	23,19 (23,187^{LXX}) *344*	2,14 156
14,12-19 *345*	23,28 *344*	2,21 *480*
14,22-23 (14,21-22^{LXX}) *325*	24,1 *341*	2,21-22 *480*
14,28 (14,27^{LXX}) 31 *284 325*	24,3 *341*	2,22 *480*
	24,3-8 *441*	3,10 *415*
	24,16 385 *401*	4 *396*
14,28-29 (14,27-28^{LXX}) *324*	25,5-6 *135*	4,7 *396*
	26,12 *323*	4,9 *396*
15,1 *326*	28,36 *332*	4,10 *396*
15,1-3 *165*	28,69 (29,1^{LXX}) *291 364*	4,11 *396*
15,9 *165*	29,1-3 (29,2-4^{LXX}) *364*	4,16 *396*
15,12 393 *397*	29,4 *398*	4,18 *396*
16,2 43 62	29,4-5 (29,5-6^{LXX}) *366*	5,2 *397*
16,9-11 14		5,2-3 *441*
17,7 *345*	29,17-19 (29, 18-20^{LXX})	5,2-7 56
17,12 *345*		5,2-9 *396*

5,4	*398*	17,13	*443 472f 475*	2,1-5	*473*
5,6	*399*	18,1	*438*	2,2-3	60
5,12	373	18,12	*399*	2,3	60
5,13	31	18,28	*415 470f*	2,4	*473*
6,4	347	19,47a^{LXX}*431*		*473*	
6,25	287 *141*	21,11	*464*	2,10-12	*483*
6,26	31 *420f*	21,43	*469*	2,11	*478*
7	*452*	22,4	*476*	2,13	31 60 *447 460 476 478*
7,1	56	22,7	*476*	2,14	60
7,1-12	*437*	22,8	*476*	2,16	*484*
7,5	*407*	23,14	31	2,18	*484*
7,8	*497*	24,1	*438*	2,21	*474*
7,12	*443*	24,3	31	2,21-22	*419*
8,2	64 *383*	24,11	*415*	2,22	*480f*
8,30-35	*382*	24,12	14 417	2,23	*480f*
9,3-27	*417*	24,15	125	3,1	*467 480f*
9,4	31	24,16-18	*437*	3,1-2	*419*
9,6	288 *413*	24,21-22	*437*	3,1-6	*417*
9,9-10	288 *415*	24,25	46	3,3	*467 482*
9,14	*413*	24,31	*441*	3,10	*528*
9,14-19	288	24,33	*460f*	3,12	*460*
10,5-6	31	24,48	*477*	3,14	*460*
10,15	*382*	**Ri**		3,17	31 *447*
10,43	*382*	1,1-3	60	3,23	24 *448*
11,20	*387 421*	1,1-3,11	*460*	3,31	31 *447*
13,1-5	*419*	1,2	*463*	4,6	*497*
13,1-6	*475*	1,8	*470f*	4,14	*491*
13,3	*482*	1,10	24 *448 463*	4,18	*492*
15,4	*428*	1,11	*462*	5	*492*
15,8	*471*	1,14	*465f*	6,7	*555*
15,13	*465*	1,14-15	*465*	6,13	*497*
15,13-14	*469*	1,15	*466*	6,15	14
15,16	*463*	1,18	*467*	6,20	60
15,18	*465f*	1,19	24 *448 467*	6,34	*455 529*
15,18-19	*465*	1,20	24 *448*	6,36-40	153 *455 533*
15,19	*466f*	1,21	*470*	6,37-39	*335*
15,46	*467*	1,21-36	*417*	6,38	*455 531*
15,59	255	1,34	*431 472*	6,39	*529 531 533*
15,63	*419 470*	1,35	*421*	6,40	*455 531*
16,10	31 *419*	2,1	60	7,5	*501*
17,12	*443*				

7,5-6	505	12,6	555	25,22-33	413
7,6	31 60 447f 501	12,7	448 549	31,13	146
7,11	14	13,1	559		
7,16-22	455 535	13,8	497	**2Sam**	
8,23	547	14,10	179	2,6	156
8,26-27	60	14,12	176	5,13	333
8,27	31 447 455 506 529 539	15,2	13	8,13-14	165
		15,8	31 447	12,13	377
8,28	455 531	15,12	8 446	21	265
9,5	509	15,63	471	21,1-9	413
9,23	513	16,26	14 446	24	459
9,31	513	16,30	450	24,1	458
10,1	31 447	17-21	446		
10,6	476	17,12-13	419	**1Kön**	32 426
10,6-8	541	18,28	471	1,47-48	250
10,10	476	19,10	471	2,29	563
11	452 454	24,15	291	2,38	69
11,1	540			3,4-15	499
11,2	541	**Rut**		3,17	497
11,2-3	539	1,4	341	3,26	497
11,2-12,7	41	4,13	341	5,1 (4,21^{Vulg})	426
11,3	541 543	4,13-17	357	8,39	131
11,4	543	4,21	341	8,65	428
11,5-10	545			9,16	29 418
11,6	545	**1Sam**		9,20-21	426
11,7	545	1,26	497	10,14-15	333
11,8	546f	2,12-17	375	10,22	427
11,8-9	547	2,18	505	10,26	427
11,9	24 448 546 547	2,25	373	11,1-3	333
11,12	549	6,4	483	11,4-6	335
11,29	452 455 549	6,16-18	483	11,15	165
11,29-35	55	8,7	333	12,1-20	471
11,29-40	451	10,1	547	12,28-30	123
11,30-31	452	15,23	184	13,34	123
11,30-40	63	18,27	517	15,14	499
11,31	60	19,13	184	16,34	420f
11,32-33	452	19,16	184	17,6	371
11,34	60	19,20-25	455 533	18,19	477
11,37	553	20,19	115	18,24	229
11,39-40	553	21,11-16	343	18,25	477
12,4-6	555	22,6	146	18,30-38	499
		24,15	503		

18,36-40 *123 450*
19,8   259
21,10   407 *489*
21,13   407 *489*
22,44   *499*

2Kön
6,18   136f
8,22   165
12,4   *499*
14,4   *499*
14,6   *348 401*
15,4   *499*
15,35   *499*
18,4   *499*
23,8   *499*
23,15   *499*
23,24   184
24,7   *429*
25,8   216
25,8-9   217
25,10-12 216
25,15   216
25,18   216
25,20   216

1Chr
2,11   *341*
2,46b^{LXX} *426*
4,1   117
7,24   *421*
21,1   458

2Chr
2,17
8,7-8   *426*
9,26   *426*
13,11   *85*
14,8-14 *217*
20,13   349
22,11   *517*

Tob
3,2   *367*

8,19   176
11,18   176

Jdt
4,4   197
11   *180*

Est
2,12-13 120

Ijob
1,1   381
1,20   *151*
7,11-13 159
38,4-6   223

Ps
1,6   *361*
2,7   149
5,7   391
8,6   20
9,10   *265*
12,7 (11,7^{LXX})   231 439
16,5 (15,5^{LXX})   *323*
18,37 (17,37^{LXX})   431
18,46 (17,46^{LXX})   193
19,13 (18,13^{LXX})   *55*
22,17 (21,17^{LXX})   *205*
24,2 (23,2^{LXX})   221 223
25,10 (24,10^{LXX})   156 249 329
26,2 (25,2^{LXX})   327
26,3 (25,3^{LXX})   327
30,11 (29,11^{LXX})   *265*
31,23 (30,23^{LXX})   145
32,1 (31,1^{LXX})   251 433
32,4 (31,4^{LXX})   483 485
32,5 (31,5^{LXX})   485
35   168

36,37 (37,37^{LXX})   241
37,27 (36,27^{LXX})   *53*
39,13 (38,13^{LXX})   247
40,12 (39,12^{LXX})   156
41,5 (40,5^{LXX})   *373 375*
43,3 (42,3^{LXX})   *513*
44,13 (43,13^{LXX})   *479*
51,6 (50,6^{LXX})   *373 375*
51,7 (50,7^{LXX})   *99*
51,11 (50,11^{LXX})   *473*
51,15 (50,15^{LXX})   *543*
51,19 (50,19^{LXX})   *177* 223
56,7 (55,7^{LXX})   247
59,11 (58,11^{LXX})   21 336f
59,18 (58,18^{LXX})   336
61,8 (60,8^{LXX})   156
65,6 (64,6^{LXX})   *87*
65,10 (64,10^{LXX})   233
65,13-14 (66,13-14^{LXX}) *31*
68,3 (67,3^{LXX})   *473*
68,20 (67,20^{LXX})   *87*
69,6 (68,6^{LXX})   *55*
72,17^{LXX} 24
73,2-3   415
73,15 (72,15$^{LXX, VL, Vulg}$) 415
73,16-17 417
73,26 (72,26^{LXX})   *323*
73,27-28 (72,27-28^{LXX}) 487
77,3-4 (76,3-4^{LXX}) 159
78,29 (77,29^{LXX})   *373*
78,30 (77,30^{LXX})   *373*
78,39 (77,39^{LXX})   *377* 433

78,49 (77,49^LXX) *437*
81,11 (80,11^LXX) 309
81,16 (80,16^LXX) *441*
85,11 (84,11^LXX) 156
87,1-2 (86,1-2^LXX) 315
89,15 (88,15^LXX) 156
95,5^LXX 193
96,2 421
98,3 (97,3^LXX) 156
99,6 (69,6^LXX) *65*
103,3 (102,3^LXX) *117*
104,5 (103,5^LXX) 223
105,15 (104,15^LXX) *433*
105,25 (104,25^LXX) *297*
110,1 (109,1^LXX) 149
110,4 (109,4^LXX) *164* 447
115,1 (113,9^LXX) 156
115,4 *395*
115,4-6 (113,12-16^LXX) *441*
115,6 (113,14^LXX) *439*
115,15 (113,23^LXX) 365
116,11 (115,2^LXX) *439*
116,13 (115,4^LXX) *421* 89
116,16-17 (115,16-17^LXX) 237
118,22 (117,22^LXX) *441*
119,175 (118,175^LXX) 327
121,2 (120,2^LXX) 365 *301*
124,8 (123,8^LXX) 365
128,3 (127,3^LXX) 455
130,8 397
134,3 (133,3^LXX) 365
135,15 *395*
135,15-17 (134,15-17^LXX) *441*
138,2 (137,2^LXX) 156
143,2 (142,2^LXX) *437*

144,8 (143,8^LXX) *363*
144,15 (143,15^LXX) *363*
146,6 (145^LXX) 365
147,2 (146,2^LXX) 315
148,7 365

Spr
4,27 *361*
11,31 *81*
14,22 156
18,3 *221*
20,28 156
24,12 131
29,24 *24*
31,2 *331*

Koh
12,7 *433*

Weish
3,2 467
3,6 *523*
4,12 *407*
6,6 *81*
12,8 *417 435*

Sir
6,36 *223*
7,13 (7,14^Vulg) *391*
11,10 *379*
11,14 467
11,30^Vulg (11,28^LXX) *259*
22,12 *263*
24,12 *215*
27,6 (27,5^Vulg Hebr LXX) *412f*
34,27 *127*
34,30-31 249
38,25 *490*

Jes
3,1 *281*
5,3 *375*

7,10-12 153
7,13 154
8,14 *441*
9,1 *379*
9,5 149 307 *561*
10,22 237
27,12 *429*
31,5 476
44,2 *377*
52,3 *479*
53,7 *205*
53,12 *543*
57,16 *167*

Jer
3,20 *399*
5,1 135
7,31 *536*
14,7-8 *373 375*
20,9 137
23,24 *167*
31 (38^LXX) *292*
31,31-34 (38,31-34^LXX) *313*
32,18 (39,18^LXX) *349*
35 *468*
39,9-11 216
39,13 216
40,1-2 216
40,5 216
41,10 216
43,6 216
52,12 216
52,14-16 216

Ez
1,3 *264f*
3,18 *31*
3,22 *264f*
11,19 *311*
18,6 *135*

18,18-20	*349*	**Sach**		9,15	*553*	
21,26	185	10,2	184f	9,20-22	*457 551*	
22,10	*135*	**Mal**		10,28	*161*	
33,11	*375*	1,2-3	117	11,9-10	*495*	
47,9	281	1,3	*379*	11,10	99	
Dan		3,1	99	12,28	329	
2,14	216			13,30	*227*	
13,37	399			13,40-43	*227*	
13,42	*485*	Neues Testament		14,25	*189*	
13,54	399	**Mt**		15,26	*503*	
13,56-57	399	1,1	152	16,18	293 481	
13,58	399	1,1-17	211	18,22	433	
		1,3	*359*	19,7	*341*	
Sus		1,5	*341 359*	19,7-8	*133*	
57(LXX)	399	1,6	*359*	21,29	419	
58(LXX)	399	1,15-16	*357*	22,40	465 475	
Hos		1,16	*355*	23,35	*523*	
3,4	184	1,17	363	24,31	*303*	
Am		1,20	203	24,35	*397*	
1,3	*245 351*	2,13-15	413	25,12	475	
1,6	*351*	3,11	*157*	25,30	*545*	
1,9	*351*	3,14	*157*	25,31-46	344	
1,11	*351*	4,2	259	26,28	*57*	
1,13	*351*	4,7	153 *531*	26,38	*169*	
2,1	*351*	4,10	151	26,48	401	
2,4	*351*	5,4	*457 553*	27,57-60	371	
2,6	*351*	5,6	425	**Mk**		
Jona		5,8	*371*	10,4	*341*	
3,4	31 71 259 261 *290*	5,17	495	16,2	*515*	
40,12-17	439	5,31	*341*	16,9	371	
		5,32	389	**Lk**		
Hab		5,34	*313*	1,17	377 *213*	
3,4	*217*	5,38-39	109 *292*	1,18-20	*215*	
Hag		5,48	*307*	1,33	*547*	
2,13	*143*	6,12	403 *553*	1,34	*178 215*	
		6,25	*277*	1,35	*215*	
		6,26	411	1,36	*517*	
		8,11	425	2,30	421	
		9,11-12	*543*	2,14	*373*	

2,27	*101*	13,18	207	2,29	463
2,30	*89 433*	14,2	477	3,4	*374 439*
2,34	*249*	14,30	*145*	3,21	*397*
3,23	*355*	14,30-31	*374f*	3,23-24	*243*
3,23-24	*357*	15,22	*369*	3,25	427 *239*
3,23-38	211 433	16,28	271 292 483	4,19	129
4,1-2	*259*	18,8	413	4,19-20	129
4,8	151	19,19-22	*547*	4,25	259 371
4,12	153 *531*	20,1	371 *515*	5,5	431 495 501
11,20	329	20,14-17	371	5,6	479
12,37	425	20,17	151	5,12	*99 407*
12,47-48	*81*	20,22	261	5,16	*57 99*
12,48	*81*	**Apg**	20	5,20	495 *293 437*
12,49	*501*	1,3	259	6,2	*151*
13,1	291	2	292 483	6,9	*329*
13,11-13	*503*	2,1-4	383	7,7	275
14,2	291	2,2-4	261	7,12	495 *321*
16,10-11	169	2,3	*501*	7,13	495
16,22	*125*	2,22-37	*543*	8,3	*237*
16,23	*125*	2,37-38	483	8,15	367
16,28	291	2,38	*543*	8,18	235
19,27	*555*	5,3-4	*369*	8,23	*233*
23,33	*543*	7	58	8,28	*549*
23,43	*125 157 543*	7,2	117	8,29-30	423 425
24,16	137	7,4	80 117 119 *9*	8,32	401
24,45	*539*	7,5	147	9,7-8	143 163
Joh		7,14	84	9,8	*265 292 379*
1,30	*265*	7,22	101 *253*		435
4,21-24	*309*	7,25	269 307	9,13	*379*
5,46	*379*	8,9-14	*157*	9,14	*297 384 387*
6,53	*129*	8,18-23	*157*		*407 409*
6,70	40 78 205	10,44-48	*157 243*	9,22-23	337
7,37-39	*501*	13,19	*415*	9,30	419
8,41	*539 541*	14,15	365	10,3	377 493 *321*
9,16	*541*	15,9	*247*		*379 437*
9,39	309	17,28	*253*	10,4	*437*
10,18	*237*	20,24	*125*	10,7	*371*
11,49-51	*455 533*	**Röm**		10,8	*371*
12,31	*145*	2,4-6	327	10,10	*371*
13,1	477	2,9	*503*	11,1	193 237

11,5	237	12,25	*403*	2,8	*179 269*
11,6	361	13,12	*307 439*	4,22	*347*
11,16-24	*243*	13,53-54	*543*	4,28	*347*
11,25	237 292 483	15,5	40 78 204f	5,23	*433 547*
11,25-26	*381 543*	15,21	*553*	5,27	*105 127*
11,30-32	481	15,24	*457 553*	5,31-32	173 *456 551*
11,31	*379*	15,43	371	6,5	276 395
11,33	469 *180 297 387*	15,46	165		
		15,54	*553*	**Phil**	
12,18	*549*			**2,7**	***561***
13,10	431 495 *317 373*	**2Kor**		**2,9-10**	**215**
		2,15	327	**2,12**	***321***
15,8-9	479	3,3	495 *292 313*	**2,12-13**	**497**
15,10	*381*	3,6	367 *292 313*	**2,13**	***321***
15,17	*314*	3,15-16	*381*	**3,9**	***311***
		4,7	*535*	**3,20**	**305**
1Kor		5,6	247 *439*		
1,24	*503*	5,17	*329*	**Kol**	
1,27	*265*	5,21	*199 321*	1,15	*329*
1,27-28	*505*	6,16	419	1,18	477 *329*
1,28	*503*	10,17	479	2,17	*173 269*
2,8	292 483 *541*	11,2	*456 553*	3,3	*241*
2,11-12	*211*	12,7	*469 551*		
3,2	413			**1Thess**	
3,2-3	141	**Gal**		3,5	149
3,15	*407*	1,9	*251*	5,19	*245*
4,7	377	3	361		
5,12-13	*345*	3,8	356	**2Thess**	
6,18	*41*	3,16	356	3,2	423
7,3-4	277	3,17	357		
7,37-38	*273*	3,22-26	367	**1Tim**	
8,5	195 409	4,4	*271*	2,5	*169*
8,6	*433*	4,15	*225*	5,4-5	*351*
9,9	43 411	4,22-24	161	5,6	*351*
10,4	463 *127 249 441*	4,22-31	141	6,1	276 395
		4,28	463		
10,6-9	*315*	5,6	495 501 *373*	**2Tim**	
10,18	463	6,1	*55 57*	2,2	443
11,3	*547*			2,19	*549*
11,22	*127*	**Eph**		2,21	*393*
12,12	*403*	1,7	251 *239*	4,6	*523*
		2,2	*145 229*	4,14	*445*
				4,16	*445*

Tit		11,32f	*454* 529	2Petr	
1,12	*253*	11,32-34	*450-452* 455	2,4	229
2,7	443	12,18-24	393 *292*	2,5	29 81
2,19	423	12,22	259	2,15	*261*
		12,28	393 *292*	2,15f	*180*
Hebr		13,2	135		
5,14	437			**1Joh**	36
7,2	164	**Jak**		3,2	463
7,25-27	444	1,13	147	4,18	501
9,1-12	435	1,17	*169*		
9,4	428 *231* 441	2,13	429 453	**Offb**	
9,7	453	4,6	*223*	2,14	*180*
9,11-12	453	4,12	*403*	12,9-10	*261*
9,11-14	*173*	4,17	57	14,5	305
9,14	*173*			16,7	367
10,1	*173* 269	**1Petr**	20	19,2	367
10,4	*22* 127	1,16	*137*	19,10	151
11	361	1,18-19	*479*	22,9	153
11,17	*527*	2,7-8	*441*	22,15	*344*
11,17-19	*453f* 525	3,20	29 81		
11,21	251	4,18	*81*		

ANTIKE UND MITTELALTERLICHE AUTOREN UND WERKE

AMBROSIASTER		*Parad.*		*c. adv. leg.*	
qu. vet. nov. t.	11-12	1,3.	123	1,29	*266*
		1,6	123	1,35	65
AMBROSIUS				2,23	*245*
Abr.		*Ps.*		2,37	*230*
1,9,83	153	118,IV,14	159	2,48	*230*
Bon. mort.		ARISTEASBRIEF	25	*civ.*	12 25 27 61
2	245			1,11	*389*
		AUGUSTINUS		1,21	*450* 453 522 537
Hex.		*an. et or.*		1,25	*450*
4,5,22	245	3,12	*156*	1,28	469
In Luc.		*bapt.*		3,9	486
1,5	391	5,7	298	4,6	415
De Ioseph		5,15	230		
50.51	230				

8,2   *502*
9,4   125 355
10,17   503
10,20   *560*
10,23   329
11-14   13 70 97
11,18   *450*
11,30   431 *502*
11,31   *350*
13,21   122
13,24   104
14,27   *450*
15-16   12
15,1   98
15,8   98 99
15,10-13 29
15,11   30 82
15,13   30 82
15,14   30
15,17   98
15,20   98
15,23   98 100 109
15,24   113
15,26   103
15,27   101 103 105
16,3   115
16,5   111
16,10   111
16,11   111
16,14-15 115
16,15   119 242
16,17   *415*
16,19   120
16,21   122
16,22   20
16,24   351 *428*
16,26   127
16,28   130
16,29   128
16,30   139
16,31   89 93

16,32   87 143
16,34   162
16,35   165
16,37   167
16,38   173f
16,40   85 237 265
16,42   256
16,43   358
18,2   *415*
18,7   359
18,38   96
18,39   381
18,42-43 28
18,43   28 46 *285 289*
18,44   28 31 74 261 *290*
18,46   336
18,54   *293*
22,16   136
22,30   *552*

conf.
2,12   *220*
3,12-18 88
9,24   *233*
11-13   13 70 97
11,5   25
13,29-31 281

cons. ev.
2,5   *354*
3,65   *514*
3,71   204

cura mort. 11

div. qu.
53,2   286
80   *169*

doctr. chr. 22 25 36 355
Prooemium 6.12 *157*
2,36   22
2,50   40 77

2,53   23 28
3,50   77
3,52   37 176
3,53   111

*dulc. qu.*10

duab. an. 220

en. Ps. 41
8,6   20
11,7   231
34,1,7 168
34,2,15 466
36,1,1 149
36,3,15 *240*
39,9   *371*
44,20   174
49,14   200
50,9   *374*
58,1,20 337
58,2,2 337
61,9   446
64,9   *87*
67,29   *87*
67,32   *501*
72,1   152
85,4   *137*
88,1,24 466
94,9   *371*
95,11-12 *371*
98,12   *268*
102,16 107
104,10 *432*
105,26 *266*
118   *177*
138,8   481
148,9   365

ench.
85-86   282

ep.
54	11
55	11
82,35	27
102	11
133-137	11
140	11
147	291f *307*
147,31	
198-199	11

exp. prop. Rm.
62 320

c. Faust. 19
3,3	*354*
12,14	103
12,18	101
12,20	107
16,17	*268*
22,36	120
22,70	305
22,71-73	286
22,93	467

f. et op.
3 *266*

Gn. adv. Man. 13 50 70 97
1,16	*311*
1,35-42	*552*
1,43	281
2,35	429

Gn. litt. 13 37 50 70 97 104 292
2,4,7	425
3,2,3	105
4,2,2-3	431 *502*
4,2,5	431
4,9,17	149
6,4,6	281
6,8,13	324
6,14,25	324
7,21,30-31	281
8,1,1	122
9,1,3	365
9,14,25	281
9,17,32	*230*
10,25,41	238
10,26,44	238
11,29,37	325
12,26,54	291
12,27,55	291 481
12,50-69	*307*

Gn. litt. inp. 13 70 97

gr. et lib. arb. *321*
45 271 320 332f

gr. et pecc. or.
2,27	32 81
3,19	464
55,1	477

haer.
55 *169*

c. Iul.
6,83 99

c. Iul. imp.
1,4	99
2,201	99

Io. ev. tr.
2	371
3,19	464
43,16	152

loc. 12 23 37 78 *284* 514
1,54	127
1,91	163
1,167	203
2,12	342
2,60	340
2,64	315
2,82	381
2,116	514
2,123	442f
3	*8*
3,6	*26*
3,7	*34*
3,14	*68*
3,24	*97*
3,25	*103*
3,26	*103*
3,27	*104*
3,29	*104*
3,30	*106*
3,43	*129*
3,47	*146*
3,51	*149 155*
4,21	*205*
4,79	*264*
4,92	*270*
4,93	*271*
4,95	*272*
5,3	*541*
5,9	*405*
5,49	*333*
5,64	*364*
6,2	*395*
7,1	*461*
7,12	*448 489*
7,14	*461*
7,15	*491*
7,31	*491*
7,50	*563*
7,52	*563*

mend.
5	131 304
23	287

25   287
34-38   90

c. mend.
20-22   136
23   88
24   90 *489*
32   287
32-34   305 *140*

nat. et gr.
33   *177*
35   *321*

qu. ev.
2,5,2   *354*

qu. vet. t.
8   413

retr.
1,15,3   *220*
1,19,6   387
2,12   *355*
2,16   115
2,17   *346*
2,54   12
2,55   12f 187
2,55,1   183
2,55,2   *154*
2,55,3   *156*
2,55,3   *358*
2,81,4   *155*

c. Sec.
23   120

s.
2,2   147
4,3-24   90
9,1   *177*
9,3   389
51,34   432
122,3   200

s. dom. m.
2,31   *324*

spec.
4   *301*

trin.
2,28   481
3,11   *230*
3,12-14   325
5,15   *210*
14   *299*

BEDA-EGBERT
Excarpus
c. XIV.1   282

BONAVENTURA
sent.   53-56
Lib III, Dist. XVIII, cap. 1 Nr. 3   287

Lib IV Dist XXXI cap. 4
64

Lib IV, Dist. XXXI, cap. 4 Nr. 2.   283

coll.   55

in lib. Eccl.   55

in Ev. Lucae   55

Exp.   55

JEAN CALVIN
Genesiskommentar   60

CICERO
leg.
1,6,19   *54*

rep.
2,14,26-27 *486*

CORNELIUS A LAPIDE
Pentateuchkommentar   61

CORPUS IURIS CANONICI
*C. 32, qu. 1, c.*864 282

DIDYMUS DER BLINDE
De spiritu sancto
20   329

EUSEBIUS
περὶ τῶν ἐν εὐαγγελίοις
9

HistEccl.
5,8,11-14   26

Chronik 9 355 358

AULUS GELLIUS
Noctes Atticae
19,1   125

GILGAMESCH-EPOS
TAFEL 11, Z. 60-61   102

GLOSSA ORDINARIA
49-51 64

HIERONYMUS
Chronik (=Eusebius Kirchengeschichte)   9 355 358

Commentarius in Ieremiam
2,45,4 *524*

ep.
29,5   *505*
64,10   446
64,15   *505*

Ezech. 1,4.4-6   351

Is.
11 (zu Jes 40,12-17)   439

Nom. Hebr. 9 357 429
477 *284 297* *539*
544f 548f
4,7 *379*
10,27-28 *378*
13,21 *378*
20 200
23,13 *378*

Ps. Hebr. 231 336 *375 432*

Qu. Hebr. Gen. 11 27 29f
32 70 74 81 83-86
123 158 159 163 171
174 177f 179 *182f*
185 188 221 223
225 233 240 251-
253 *544f 548* 550
6,3 113
10,24.25 111 115
11,28 116
12,4 116
12,15.16 121
24,9 153
26,32.33 171
31,7.8 187
31,41 187
31,47 *544*
35,16 255
35,19 255

praefatio in evangelio 21 26

Biblia sacra, alia praefatio 26

Biblia sacra vulgata 27 106f

HORAZ
Ep. 1,10,41 127

IRENÄUS
AdvHaer
3,21,2 26

JOHANNES CHRYSOSTOMUS
Homilia XIV *454*

FLAVIUS JOSEPHUS
Ant. Jud
1,3,4 81
5,7,10 *524*

JUBILÄENBUCH
18,16 87
30,1 197

LIVIUS
ab urbe condita
1,21,5-6 *486*

LUCAN
Phars. 2,271-273 104

LUTHER
Vorl. Genesis 57-58
Predigten 58-59

Pred. mos. 59

De bapt. sermo 59

Praelectio librum Iudicum 60

Biblia Sacra
Ri 13,15-16 *558*

ORIGENES
Hexapla 24 26 70 *203* 284 372

Hom. Gen.
2,2 101
15,4 251

Hom. Lev. 45

sel. in Gen.
46-47 225 *524*

sel. in Iud. *524*

PETRUS LOMBARDUS
sent. 49 52f 64
Lib II Dist. XXXI, cap. 7 Nr. 3 283
Lib III, Dist. XVIII, cap. 1 Nr. 3 287
Lib IV, Dist. XXXI, cap. 4 Nr. 2. 283

PHILO ALEXANDRINUS
det. Pot. Ins.
§29 159

qu. sol. genesim 9f

qu. sol ex 9f

vit. Mos.
2,37 26
2,40 26

De opif. mundi
54,135 123

Leg. III,43 159

De specialibus legibus
III,108 279

PSEUDO-PHILO
lib. ant. bib. XL *452*
39,10 *524*
39,11 *524*

PUBLIUS TERENTIUS AFER
Andria 2,4 261

TERTULLIAN
de anima
37,2   *280*
bapt.
5,7   *298*
Marc.
3,18,3-4   *381*

THEODORET CYRENSIS
Quaestiones in Genesim
LXXXVIII   *179*

THOMAS V. AQUIN 55-57

s. theol.
II-II *qu.* 64 a. 8   283f
II-II *qu.* 88 a. 2   *451*
524

TYCONIUS
Lib. reg.   36 75
Prooemium   36
IV   *432*
V   *353*
V,1   *77 77*
V,2.1   353 362

VI   36f
VI,4.1   36

M. TERENTIUS VARRO
Ling. 6,7,66   *54*

VERGIL
Ecl.
1,67-69   *187*
Georg.
2,150   *187*

MODERNE AUTOREN

Das folgende Register erfaßt die Autoren von Nachschlagewerken und grammatischen Untersuchungen, Bibelkommentaren und Literatur

Aejmelaeus, A. 293
Agaësse, P. 324
Albertz, R. 293 *289*
Alexander, J.S. 353
Alonso Schökel, L. 26 65 285
Altaner, B. 9f 101 *544*
Andrée, A. 49f
Auld, A.G. *394 399 438f 460*
Baentsch, B. *24 202 208 289*
Baltzer, O. 52
Bardy, G. 9f 12f
Bark, F. 294
Bartelmus, R. 72
Bauer, W. *373*
Bauks, M. 63 *451*
Berrouard, M.-F. *383*
Beutel, A. 57

Bieberstein, K. *382 399 417 420*
Billen, A.V. 23 179 330 332 *43 97 110 149 164 208 227 261 417 423 439 448 469 492f 500 547*
Blaise, A. *28 51 331 514*
Blass, F. 382 *314*
Blau, 159
Blum, E. *289*
Bodine W. R. *447*
De Boeft, J. 92
Bogaert, P.M. 293 521
Böhler, D. 63
Den Bok, N. 52
Boling, R.G. *546*
Bori, P.C. 37
Boyer, C. 324
Brachtendorf, J. 88 125 *233 255 300 383*

Braulik, G. *336*
Brayford, S. 86 113 155
Breytenbach, C. *15*
Budd, P.J. *193*
Budzik , S. *383*
Bussières, M.-P. 12
Butler, T.C. *460*
Camastra, P. 36
Capelle, P. *541*
Cavallera, F. 32f
Childs, B.S. 63
Codex Iuris Canonici 283
Crüsemann, F. *175*
Daniel, S. *10*
Davies, D.L. 330
Debrunner, A. 382 *314*
Delius, H.U. 57
Demel, S. 282f
Dexinger, F. 101

Dillmann, A. 63 89 196 *98 336*
Dodaro, R. *387*
Dogniez, C. 67
Dogm. Konstitution „*Dei verbum*" 65
Dohmen, C. 65 294 407 417 431 462 487 *289*
Domínguez, F. 61
Dorival, G. 67
Dörrie, H. 9
Dörries, H. 9f
Drecoll, V.H. 10 49 57 280 282 413
Drobner, H.R. 355
Dulaey, M. 36 269 271 286 289 292 307 341
Ebach, J. 72 214 220 224 238
Eberhart, C. 422 *15*
Ego, B. *17*
Elliger, K. *21 65 95 106 109f 112 115 129 130 160*
Elliott, M.W. 49 60f 66
Eynikel, E. 178 445
Fabry, H.-J. 27
Fernández Marcos, N. *447*
Field, F. 70 105
Fischer , B. 22 220 223
Fladerer, L. 17 37
Foerster, W. 157
Freistedt, E. 263
Friedberg, A. 282
Fürst, A. 11 27 101
Fux, P.-Y. *383 385*
García de la Fuente, O. 32 66
Gass, E. *462 471 473 549*

Georges, H. 157 280 344 433 446 510 513 *16 489 513*
Gerstenberger, E.S. *24 37* 95 101 106
Gesche, B. *16*
Gesenius-Buhl 92 232 *143*
Gesenius-Kautzsch 82 197 *525*
Gibson, M.T. 50
Gooding, D.W. 293
Greenspoon, L.J. *382 460*
Groß, W. 63 293 521 *21 165 180f 257 260 451 454 465 470 487 506 524f 548 552 558*
Grypeou, E. 113 225
Gunkel, H. 89 92 196 232
Gurtner, D.M. 311f 351
Hack, T. 283-285
Hanhart, R. 407
Haran, M. 294 296
Harl, M. 67
Harlé, P. 67
Hartenstein, F. 289
Hauspie, K. 178 445 509
Hayward, C.T.R. 11
Helbig, R. *142*
Hecquet-Noti, N. 107
Helm, R. 355 358
Hengel, M. 26
Den Hertog, C. 67 *382 397 417 439*
Hieke, T. 83 238 500 *10f 15 21 42 65 101 107 110 113 130 136 142 144*
Himbaza, I. 63 274

Hofmann, J.B. *28 51*
Hoffmann, E.G. 314
Van der Horst, P.W. 10
Holzinger, H. 63
Hoping, H. 65
Hossfeld, F.-L. *289*
Houtman, C. 63 *289 451*
Hudeczek, M. 285
Von Hummelauer, F. 63 *471*
Hünermann, P. 285
Jacob, B. *289*
Jacob, C. 9 89 92
Janowski, B. 427 *14 17 22*
Jenni, E. *18 21 202*
Jeremias, J. 388
Jerouschek, G. 280
Joüon, P. 431 *204*
Kabiersch, J. 67
Kannengiesser, C. *284*
Karrer, M. 67
Katechismus der Katholischen Kirche 66
Kawerau, G. 57
Keel, O. *429*
Keil, C.F. 63
Klein, M.L. 169
Klostermann, E. *471 473*
Köckert, H. 277-279
Köckert, M. 191 277-279
Kolmer, L. 77
Konkel, M. *289 309*
König, E. *325 336 525*
Köpf, U. 53
Kraus, W. 67
Kreuzer, S. 67
Küchler, M. *429*
Kügerl, J. 281 *100*

La Bonnardière, A.-M.
  20 32 48 90 167 *174*
  284 452
Labahn, A. 67
Lagrange, M.-J. *554*
Lane, A.N.S. 60f
Lausberg, H. 77
le Boulluec, A. 67 313
Le Déaut, R. 279 *17*
Levine, B.A. *11 188 192
  202*
Liddell, H. G. 349 509
Lindars, B. *447 466*
Loch, V. *527*
Locher , C. 348
Lohfink, N. *310*
Lohse, B. 57
Luneau, A. 271
Lust, J.-E. 178 445 509
Lyonnet, S. *16f 20*
Macintosh, A.A. 330
Marcus, D. *553*
Markschies, C. 27
Marx, A. *10*
Mayer, C. 325
Mayer, G *163*
Mazor, L. *420f*
Michel, A. 82 *136*
Michel, D. *143*
Michels, T. *174 238*
Migne, J.P. 66
Milgrom, J. *11 37 42 108
  112 129 131 148*
Miller, C.L. *308*
Mitterrutzner, J.C. *454*
Moatti-Fine, J. 67
Mohrmann, C. *354 425*
Müller, C. 92
Müller M. 26
Muraoka, T. 177 299 349
  372 449 465 509 *102*

*119 165 204 240 256
  260 314 332 366 373
  425*
Naab, E. 289 292
Neteler, B. *527*
Niditch, S. *555*
Niehr, H. *477*
Nielsen, E. 367
Nöldeke, 159
Noth, M. 382 541 *11 192
  195 289*
ODaly, G.J.P. *10*
O´Loughlin, T. 81
Oeming, M. 92 233
Oettli, S. *336 480*
Otto, E. 278 381 476 *289
  315 325 338 519*
Pape, W. 298f 510 530
  541
Päpstliche Bibelkommission 65f
Penna, A. 63
Perl, C.J. 291
Perlitt, L. *309*
Perrone, L. 9f
Petruccione, J. 12
Pietersma, A. 67 349
Pognon, M. 66
Pohle, J. 238
Pola, T. 67
Pollastri, A. 10 12 19 21
  37 66 81 *7 234 290*
Pollmann, K. 36 49 75
Pralon, D. 67
Prestel, P. 67
Pretzl, O. *464 491*
Prijs, L.J. 278f
Propp, W.H. 295 512 521
  289
von Rad, G. 89 92 196
  232

Rahlfs, A. 67 *47 208 463*
Rehkopf, F. 298 382 510
  541
Reischl, W. *527*
Rendsburg, G.A. 158
Rendtorff, R. 421 *15 26
  32 37f 42*
Richter, P. 283f
Ricken, F. 238
Riede, P. *443*
Rief, J. *383 385*
Rieger, R. 52
Riggenbach, C.J. 295 512
Rivière, J. *501*
Robert, U. *373*
Robinson, B.P. 312
Rob-Santer, C. 77
Rönsch, H. 21
Rose, M. *325 336 519*
Rösel, M. 67 81 100 113
  157 *181 382 417 420
  438f 441 460*
Rofé, A. *460*
Rosenmüller, E.F.C. 63
Rothenbusch, R. 278
Rottzoll A. *451*
Rottzoll D. U. *451*
Rütersworden, U. 217
Rüting, W. 12-14 66 69f
  147 203 245 *284 337
  372 381 434 541*
Sabourin, L. *17 20*
Salvesen, A. 293
Sandevoir, P. 67
Scharper, J. 67 279
Schenker, A. 395 *11 16*
Schirner, R. 18f 22-24 27
  30 105 137 *19 410 514*
Schleyer, *299*
Schlund, C. 67
Schmeller, T. 67

Schmidt, L. *11 178 232*
Schmitz, H.-J. 282
Schorch, S. 67
Schreiner, J. *464 467f 481 490f 510 554*
Schultz, F.W. 63
Schulz-Flügel, E. 27
Schumacher, L. 53
Schwienhorst-Schönberger, H. 395 406
Schwyzer, E. 383
Scott, R. 349 509
Seebass, H. 89 92 159 189 197 224 233 *11 172 175 178 188 192 202 208 220 223f 232 250 257 260 265*
Seelbach, L.C. 93
Seeligman, I.L. 170
Seidl, T. *108*
Siebenthal, H. *314*
Sipilä, S. *398*
Ska, J.-L. 87
Sleumer, A. *354*
Snijders, L.A. *188*
Soisalon-Soininen, I. *447 490*
Solignac, A. 324
Spira, A. *360*
Spitzer, B. 284
Spronk, K. 63 *451*

Spurling, H. 113 225
Städele, A. 90 287 304 *140 489*
Stendebach, F.-J. 180
Steuernagel, C. *336*
Strack, H.L. 89 92 196 233 *98 208*
Strauss, G. 65
Strohm, C. 63
Stummer, F. 21
Szantyr, A. *28 51*
Teske, R.J. 10
Theobald, M. 407
Thompson, J.L. 63 *451 452*
Tigay, J.H. 298 324 337
Tropper, J. *148*
De Troyer, K. *382*
Ulysse, R. 23 67
Utzschneider, H. 294
Vahrenhorst, M. 67
Vall, G. 158f
Veijola, T. 298 308
Vercruysse, J.-M. 36 353
Vermes, G. 313 *181*
Vian, G.M. 10
Vineis, E. 21f
Volp, U. 263 280f
Wade, M.L. 293 521
Webb, B.G. *480 487 546*
Weber, R. 67 279
Weidmann, C. 14 *7f 33 60 75 446*

Weinfeld, M. *298 308*
Weissenberg, T.J. *255 383 385*
Westermann, C. 89 92 136 196 232 244
Wevers, J.W. 68f 83 113 133 171 175 177 183f 236 239 244 255 270 274 293 295 312 321 331 355 367 385 395 406 414 438 451 455 463 465 467 486f 509 512f 516 533 *11 18 20 26 29 43 44 46 49 52 64 72-74 94 97 103 108 110 136 142f 148f 158 161 163f 166 169f 173 180 185 187 189 196 199 201-203 208 218 222f 226 228 238 244f 250 260 262 272 278 284f 296 304 315 332 345 348 354 360 366f 373 376 425*
Wright, B.G. 67 349
Younger Jr., K.L. 63
Zamagni, C. 9
Zapletal, V. *546*
Zenger, E. 336 *55 289*
Zimmerli, W. 363
Zycha, I. 66

DEUTSCHES SACHVERZEICHNIS

Absichtlich 183 235 401 *219*
Abtreibung 64f 280 282f
Adoption *355 359*
Afrikanismen, biblische 22

Ähnlichkeit 243 *298-305*
Alanus von Lille *452*
Albertus Magnus 284

Allerheiligste, das 295 297 426 435 451
453 457-461 *21 121 149 192 231*
Altar 163 197 199 203 298 419 435 436
437 453 455 527 529 547 549 *22 43 44
45 46 47 51 63 65 74 75 77 79 81 83 97
119 121 125 193 229 230 231 559 561*
– Brandopferaltar 501 503 519 543 *63*
– Hörner des Altars 437 457 *63 91 93*
– Opferaltar 459 *65*
– Rauchopferaltar/Räucheraltar 455 457
459 461 501 547 *13 53 63 65 91 93 121
153*
– Schlachtopferaltar 297 299 519 547 551
553 *95*
– Stufen des Altars/am Altar 435 *79*
Alternativlösungen 14
Altlateinische Bibelübersetzungen 22f
– VL 12 21 67 69 74 279 281 299
– Codex Lugdunensis 23 67 312
– afrikanische 22f *541*
– europäische 22
Ambrosiaster 12 477
Ambrosius 12 41 123 153 159 *337 452
544*
Analyse, rhetorische 41 266 *8 171 448
285*
Anathematisieren *251 255*
Apollinaristen *10 169*
Aquila 22f 69 105 110 158 165 170f 251
259 395 *136 158 170 189 267 417 442*
Arche (Noachs) 81 99-104 106 113
Aristeas-Brief 25
Aristoteles 9 281 283 *100*
Artikel 91 195 205 407
Asteriskus 24 70 245
Auferstehung 19 31 71 137 251 259 263
282 293 477 481 *151 174 238-241 457
541 553*
Ausrottung/ausrotten 64 286 288 *125 143
383 387 425 429 443 470 475 485*
Aussatz 15 *7 102-113*

Autor(en) 18 111 165 187 349 *55*
– biblisch 20 35 37
– Gott Autor des AT 19 71 74 79 *389
417*
– menschlicher Autor des AT 35 74 86f
Autorität 64 181 235 276 285 376 395 415
67
– der Frau 273
– des Ehemannes 273
– der 70 Übersetzer 23 73 85 259 261
– der göttlichen Schriften 27f 30f 74 179
263 285 *253 527*
– der Heiligen 415
– göttliche 27f 74 305 *253 497 499*
– prophetische 29 73 261 *419*
Barbarismen, lateinische 69 *20*
Barmherzigkeit 77 137 155 157 235 249
259 269 287 305 327 329 336f 429 453
471-475 479 481 *81 141 327 347 349
353 375 379 407 417-421 437 533 545*
Beda Venerabilis 49
Befall (von Aussatz) *103-113*
Befehl Gottes 48 80 101 117 119 268 273
275 286f 294 307 321 335 339 401 471
487 493 505 *123 180 181 203 205 211
267 269 286 287 288 321 383 384 385
387 389 405 450 453 454 456 475 523
525 527 537*
– spezieller *450*
Begehren 56 274f 385-387 *279*
Begräbnis 45 213 259 261 *155*
Beischlaf 38 89 99 121 389 395 399 *129
131 135 147 155 159 277 279 343 493*
Beisetzung 249 251
Bekennen (Sünde) 485 *27 193 197 375*
Belohnungen/belohnen 288 *141 180 415
452 521*
– zum Neuen Bund gehörig 417
Besänftigung/besänftigen 193 457 465
15f 20 22 117 119 195 221 267 363 527

Beschneidung/beschneiden/Beschnittene 141 197 313 315 463 479 *97 365 370 387 396f 399 441 503*
Beseelt 282f
– auf ungeformte Weise 64 281 403
Beseelung/Beseelungstermin 64 280-285
Besprengungswasser *233 241 243 245 247*
Bild 111 243 *299-303*
Blatt (goldenes) 443 445 453
Blindheit 136f *381*
Blut 251 325 329 349 361 421 457 549 *10f 17 21f 51 53 57 63 65 77 91 93 98 121-129 153 157 172 174 239 243 479 523*
– des Opfertieres 349 361 421 457 489 549 *11 14 17 51-53 63-65 77 85 91-93 119-121 125-127 172 239*
– reines *97*
– unreines *97-101*
– Blutbräutigam 312f
– Christi 251 361 433 *57 127 157 174 239 243 479-481 523*
– Sitz der Seele/ des Lebens *21f*
Blutritus *11 14 17*
Bonaventura 53-56 64 283 287
Böse 146 217 337 437 401 *225-227 294 339 345-347 363 383 450f 533 543*
– böse Taten 49 109 *53-55 137 349 375 451 455 535*
– bösen Herzens/ Gemüts 269 272-274 319-321 327 341 *297*
– böse Engel 323 *436f*
Brandopferaltar 501 503 539 543 *63*
Bretter(wand) 294f 297
Bruststück *63 73 77 79*
– der Absonderung *87*
– der Auflegung *64f 87*
Buch 13 20 22 23 35 69 147 155 193 *8 170 231 245 252 253 311 317 365 382 419 447 461 473 475 527*
– apokryphes *253*

– Buch des Bundes/Bundesbuch 16 275 421 428 *286 287 288*
– fünf Bücher Moses *187*
– Gesetzbuch *288 319 369 371 439 441*
– Göttliches/Gottes 12 269 469
– heiliges *253*
– kanonisches *253*
Bund 463 487 489 *166 287 288 290 291 292 313 319 365 369 397 425 427 439 441 481 485 510 511*
– Alter Bund 15 90 109 162 269 415 493 495 *173 287 290 291 292 293 303 317 365 397*
– ein einziger Bund *291 365*
– Erneuerung des Bundes 467 *287*
– ewiger Bund 462 463
– Horebbund *291 294 305 365*
– Neuer Bund 15 46 65 72 109 163 269 275-277 417 493 495 499 *135 173 174 211 239 287 288 290 291 292 293 294 311 313 321 365 441*
– Wiederholung des Bundes *291 441*
– Worte des Bundes 491 493 *289 290 317 319 321 365*
– zwei Bünde *291 365*
Bundeslade 371 *231 441*
Bußbücher 64 282
Calvin 60f 89
Dämonen 92 101 168 193 329 *123*
Darstellungsweise (bezüglich Tempusgebrauch) *205*
Dekalog 15 46 52 54f 61 63 269 274f 277 287 383 385 421 428f *135 139 285-289 300f 308-311 316 343*
Deklinieren 16 517
Demut 270 369 381 473 *441*
Deutung, gewaltsame *290 321*
Dieb 405 407 *197 343*
– bei Tag/Nacht tätiger 406f
Diebstahl 40 43 274f 286 341 387 389 *139 197*

Dienen/ Dienst leisten, Gott 151 286 341 415 *137 393 437*
Drache 323
Duft (des Rauches) 449
Durst, innerlicher *249*
Ebenbild Gottes 279 *299f*
Efod 41 60 441 *455 505-511 529-533 539*
Ehebruch/ Ehebrecher 40 181 229 274f 387 389 *133 139 144f 197 267 345 353*
Eid 91 145 147 155 157 169 171 227 229 249 253 *25 27 31 59 271 347 411 413*
Eidbruch 169 229
Eifersucht/ Eifersüchtiger 268 486f *133 135 261 369*
Eigenverantwortung 286 *386*
Einziggezeugter *329 331*
Ekstase 125 171 *227*
Elle, geometrische 18 101
Embryo 64f 277-285 *10 100*
Engel 14 98 101 111 127-137 143 149-151 164f 191 193 259 306 312f 315 325 247 415 471 473 *125 227 229 259-263 305 377 379 401 423 473 475 485 491 495-499 519 541 545 555-561*
– böse 323 *437*
– sündige 229
– des Herrn 127 149 306f 312 *473 475 497 559f*
– JHWHs *181 262*
– Gottes *259-263 518 557*
– Satansengel *469*
Enthaltsamkeit/Enthaltung 89 *447* 145 *159 271-279 351*
– rituelle *279*
Entseelt 281 403
Entsühnen *15f 18 20-22*
Entweihung *137 149 159 165 167*
Epiktet 125
Erdkreis 18 *303 331 415 553*
Erfindung 80 88 298
Erlaßjahr *165 327*

Erniedrigen 195 197 259 397 399 *223 441*
Erprobung Gottes *455*
Erstgeborene der Söhne Israel *191*
Erstgeburten 48 56 80 90 167 203 219 317 347 381 421 *67 191 233 323 329 245 521*
– menschliche *191 453*
Erstgezeugter *329 331*
Erstlingsfrüchte 35 233
Erstlingsgaben 39 233
Erwählter/Erwählung 60 132 205 207 423 425 *303 305*
Erzähler/Erzählung 16 34-37 44 47 69 73-77 85-88 327 105 109 111 117 136 151 160 167-171 175 177 185 193 207 211 219 221 235 245 291 294 347 371 483 491 505 *67 169 173 178 207 231 235 267 317 321 388 419 447 457 461-467 529 547 553 557*
– Glaubwürdigkeit 267 417
– Wahrhaftigkeit 235 267 417
– Wahrheit 35 76 155
– Zuverlässigkeit 47 267 491
Eusebius (von Cäsarea)
Exkommunikation 282f *347*
Fehlgeburt 276-278 282 403 405 415
Fels 44 46 289 292f 463 481-485 491 *127 178 213 215 239 249 269 441 497 499 559*
Fett 8 47 61-65 *73f 77* 79 81 89 *488f*
Feuer der Kaldäer 115-117
Finger Gottes 273 329 365 367 383 465 467 493 495 *317-321*
Flavius Josephus 81 477 *524*
Fleck *102-108*
Fleisch/fleischlich 103 129 133 143 223 281 291f 365 373 395 403 445 481 495 *97 102 125 127 174 219 237 239 311 313 377 551*
– Christi 44 149 153 345 *129 169 173f 237-241 331 341 517*

– dem Fleische nach 123 165 201 237 463 *247*
– fleischlich/fleischliche 89 162-165 243 253 373 415 419 463 *179 265 431 521*
– Kinder/Sohn des Fleisches 141 143 *435*
– lebendes/lebendiges Fleisch *110f*
– Sündenfleisch *237*
– wildes Fleisch *110-113*
Fluch/fluchen 109 155 209 211 243 407 *24 158-161 181 196-199 250f 257 259 279 367 369 387 421 425*
Frau 19 48 56 76 80f 88f 92f 99 101 120f 189 131 141 153-161 171 177-181 184-186 189 194f 207 219 221 225 243 270 275-279 288 315 341 343 348-351 385-389 395-405 413 415 455 *14 31 89 95-99 129-137 145-149 153 193 197 271-277 281 329 333-339 343 355 359 366f 387-389 425 463 465 493 503 517 525 539f 551 557 559*
– dem Mann untertan *275 277 339*
– Dienerin *339*
Fremder/Fremdling/Fremdstämmiger 189 245 247 351 353 357-361 *165 167 188f 191 229 279 281 325 327 333 351 482f 491 560f*
Frühgeburt 277f 281
Fürbitte/fürbitten 269 467 *13-22 29 35 51 59 61 75 91 99 115 117 121 125 127 195*
Fürst(en) 163 195 201 208f 213 407 *37 39 57 71 93 137 143 185 259 377 381 387 401 482 493 547*
– der Welt *145 375*
Garbe, vergessene *353*
Gebot Gottes 42 48 115 151 155 274-277 287 313 320 377 379 383-391 395 411-415 429 431 443 489 495 499 *35 37 57 59 93 133 137-141 175f 179 202-207 211 221 223 235 237 269 277 286 311 313 321 353 359 363 371 373 397 399 401 411-421 427 431 443 450 454f 475 485 499 525 529 541 543 557*
– spezielles *450 453 523*
– Zehn Gebote 275 383 385 431 465 475 499
Geduld Gottes 273f 321 327 341
Geheimer Rat (Gottes) 431
Gehorsam 119 133 269 286f 307 343 491 419 *180f 384-386 405 437 450 452 455-457 483 485 499 523 537 539*
Geist 28 159 268 290 365 367 375 391 423 437 499 *123 143 148 211 213 233 241 245 269 309 313*
– böser Geist *513*
– dem Geiste nach 237 463
– Gottes/göttlicher Geist 49 223 329 365 367 377 463 493 497 *123 169 178 180f 211 213 261 265 285 299 439 451-457 529 533-539 549*
– Lebensgeist 105
– der Luft *437*
– des Menschen 292 329 *211 213 247 269 297-300 495*
– heiliger Geist 26 105 203 223 261 329 367-371 383 423 431 461 463 483 495 501 *20f 119 121 157 159 215 243 269 501 531 549*
– prophetischer Geist 28 45 73 249 259 *407 475*
– des Zornes Gottes 365-367
Gellius 125
Gelübde/geloben 227 *31 251 271 275 451 453f 456f 519 525 527 537 539 551 553 227*
– der Jungfräulichkeit *271*
– der Enthaltsamkeit *271-277 351*
– des Verzichts auf Beischlaf *277*
Gemüt/ Gemütszustand, menschlicher 83 91 125 157 145 171 191 193 247 341 379 *143 337 443*

Generation(en) 80 99 113 211 252 263 352 362f 371 433 457 459 462 *85 159 294 341 349 359 396 398 441 477 482f*
Gerecht 93 139 243 257 268 273 317 321 377 407 423 *135 141 191 315 353 389 400 523 533 539*
– Dienst 243
– Gott, Gottes Gebote/Urteil 88 268f 271 273 286 307 309 319 327 333 401 467 495 *321 367 383-389 401 403 417 450*
– Herrschaft 243
– Krieg 64 257 *255 383-389 409*
– Lüge 44 288 *141 389 411*
– Menschen/Gerechte 99 135 245 333 344f 379 413 473 *81 227 331 353 361 375 384 409 451 521 533*
Gerechtigkeit 133-137 155 164 182f 191 249 377 393 405 409 419 *267 293 297 311 317 321 363 371 379 386f 409 437 453 455 523 529 531 535*
– Gottes 64 271 286 377 493 *261 311 321 379 383f 387 397 408 437 527*
– geheimere Gerechtigkeit *403*
– verborgene 268 401
Geschlechtsverkehr 24 38 40 389 399 *343*
Gesetz 15-17 38 41 46 109 249 277 280f 345 357 361 367 381 383 387 389 397 399 403 407 411 421 425 428-433 453 465 475 491-495 499 503 547 *12 15 31 44 47 51 53 57 99 101 123 129 133 135 141f 147 153 159 172-174 179 287f 290 292-294 308-313 317 321 323 327 329 333 339 347 349 353 355 359 373 377 379 397-403 437 439 450 503 519 525 537-541 557 559*
– Gesetz Gottes 269 369 377 379 495 *147 167 293 313 317 399 439 450 483 499 507 509 523 527 531*
– allgemeines/allgemeingültiges *450 453 523*

– Buch des Gesetzes/Gesetzbuch *288 319 369 371 439 441*
– Wiederholung des Gesetzes 491 493 *365*
– zweites Gesetz *291 365 441*
Gewand (des Hohenpriesters)
Gigant(en) 15 99 109 111 *297*
Glauben/Glaube 19 22 44 46 48 71 73 89f 123 169 201 227 237 288 294 357 361 367 423 495 501 505 *89 174 179 187 239 243 247 269 290 293f 311 321 371 373 415 443 455 -457 523 529 533 537 539 551*
Glöckchen 441-443
Gnade 15 109 127 193 237 275 289 336 361 367 369 429 433 473 475 *57 157 179 213 234 269 271 290 292 307 313 349 371 379 437 503 531*
– Gottes 46 72 147 270 291 309 327 369 431 471 477 493 495 501 *153 213 288 290 293 311 321 361 433 435*
– Christi 46 271 503 *249 292 299 379*
– geistliche *249*
– des Neuen Testamentes/Bundes *288 317*
– unsichtbare *155 157*
Gnädig stimmen 453 *15 19-22 117-121*
Gott
12 14 17 19 26-28 31 35 39-40 42-44 46 48-49 70-76 79 86-89 91 93 97-105 111-113 116-125 131- 135 139-143 147-165 168-169 173 181 185- 203 207 223 227-235 245-247 250-253 259-261 267- 276 279 281 284-292 294 Ex qu. 2,1-176: passim 505 535 *10 14-17 20-22 27 29 55 57 65 67 79-85 89 117-123 127 129 137 141 143 149 153 155 158f 165-169 173 177-181 185 189 191 207 211-225 229 231 235 239-243 253-261 265-269 273 275 281* Dtn: passim, Einleitung Jos und Jos, Einleitung

Iudices: passim *461 463 469-487 493-499 507-541 551-561*
– Angesicht Gottes 91 101 103 193 195 289 377 473 489 *91 289-292 317-321 325 357 561*
– eifersüchtiger 487
– einziger/einer 195 385 *137*
– Gott Sohn *199*
– Gottessöhne 99 *331*
– Gott Vater 79 149 *199 331 553*
– Rücken Gottes 44 271 291
– wahrer 19 91 139 195 381 409 *137 389 495*
– Wesen/Wesenheit Gottes 290-292 *307 309*
Götter 105 125 184-187 195 203 227 257 393 395 407 409 417 465 469 489 *143 179 389 437 475 506f 521*
– andere 385 387 394 *323 361 363 479*
– falsche 87 *165 439 479 495 507 559*
– fremde 87 199 257 268 487 *165 267 361 363 388f 437 439 461 499 507*
– neue *493 495*
– der Heiden/Völker 184f 193 *367 369 475 541*
Gottesschau/Gottesvisionen 201 289-291 473 *307 371 378f*
Gottesschrecken 199
Götzen 117 *122 136 265 281*
– Götzenbild 151 199 385 387 395 465 469 493 *139 437 439 461 507 511*
– Götzendiener/Götzendienst 45 90 116 151 173 199 203 487 *267 499*
– Götzenopferfleisch *189*
Grausam/Grausamkeit 197 *173 237 327 388f 415 417*
Griechischer Buchstabe T *501*
Günstig stimmen *16*
Güter *113 411*
– ewige 73 379 *173 235 293 365*
– fleischliche 90 *235*
– geistliche *235 293*
– irdische 73 305
– zeitliche 73 *173 235 293 365 431*
– zukünftige *173 179 269*
Habgier/Habsucht 321 379 *181 259 265 267 298 339 349 363 379 521 523 535 545 547*
Häretiker 19 72 89 163 *399*
Haß, hassen 49 117 379 *143*
Hast 12f 97
Haus des Zeugnisses 202-205
Haut 90 445 *102-113*
– Haut der Farbe *102-105*
– Haut des Fleisches *102*
– Merkmal auf der Haut *105-109*
– Vorhaut 312f *97 399 503*
Hebammen 53f 287 305 *141*
Hebräisch 29 32 69 278 285 294 443 *228 311 505 546*
– hebräische Ausdrucksweise 195
– Hebraismus 38 78 266
– hebräischer Kodex 24 28 30 32-34 73 81 99 241 245 259 261
– hebräische Sprache/Syntax/-hebräisches Wort 14 21 25 27f 33 38 69 188f 195 314 429 477 *150 479 482 509*
– Übersetzung aus dem Hebräischen 27 *325 371 401 415 421 433 435 479 489 491 501 509 515 563*
– hebräischer (Ur)text/hebraica veritas/Wortlaut 25-30 32-34 57 67-68 70 74 82 84f 105 221 241 251 253 259 261 281 283 285 426 *15 17 44 148 170 201 447 493 554f 558*
– hebräische Vorlage 69 266 285 293 422 *170 226 382 397 420f 448 460 491*
– hebräischer Sklave/Sklavin 276 394-397 401 419
Heil 16 227 229 421 497 *87 109 309 321 371 375 433 543*

Heilig/Heiliges/Heiligkeit 45 235 443
  452f 501 *20f 85 117-121 137 149 155-*
  159 178 249 269 369 379 437 539 553
- das Allerheiligste 295 297 426 435 451
  453 457-461 512 518 519 547 *21 121*
  149 192 231
- Allerheiligste/hochheilige Dinge 435
  453-461 501 547 *53 91 190*
- das Heilige 295 435 451 501 512 518
  519 547 *91 117 192*
- heiliger Abraham 121
- heiliger David *413 455 533*
- heilige Dinge/Orte 33 84 205 243 315
  435 443 445 451 453 459 495 501 547
  549 *20-22 35-39 43 59 63 85 87 91 95*
  97 119 127 153 155 159 232 233 288
  321 366f 507 511
- heiliger Josua *433 439*
- heilige Menschen 35 48 88 90 203 247
  259 263 291 305 415 433 443 445 477
  18-20 116-119 137 149 187f 225 227
  231 233 253 294 311 322 393 469 531
  535
- heilige Schrift(en) 11 57 97 99 157 449
  41 83 261 331 365 519 521 529 539
- hochheilig 452-461 501 *53 91 190*
Heiligen/Heiligung 443 449 453 455 459
  461 501 503 *65 69 121 149 155-159 191*
  229 231 292 377 379
- Gott *215 269*
- dem Herrn *159*
- sich selbst *83 159*
- sichtbare/auf sichtbare Weise *155 157*
- unsichtbare/auf unsichtbare Weise *157*
Heiligtum 293f 297 417 430 441 451 499
  519 *11 13 15 20f 91 95 97 118 121 153*
  172 230 232 245 507 509
Herrlichkeit 46 271 481 483 503 *174 239*
  243 271 311 535 541
Herrschaftsgewalt, rechtmäßige 306

Herz 88 90 131 194 224 269 319 321 327
  333 335 339 341 343 365 399 431 463
  483 485 495 501 *169 215 223 234 247*
  292 297 311 313 323 327 333 335 365-
  373 387 417 431 437 439 449 466 469
  493 543
- Augen/Ohren des Herzens *365*
- Herzensverhärtung 15 271-274 318 320
  325-329 332f 341 *297 387 417*
Hexapla 24 26 70 245 274 *158 203 284*
  372 382
Hieronymus 9 11 21 25-34 47 49 51 68 70
  74 81 83-86 105 107 111 116f 120 123
  153 159 163 170f 177-179 182-188 200
  217 221-225 231 233 240f 251 255
  266f 304 320f 336 351 355 446 477 *8*
  16 284 290 298 324f 378f 383 401 432
  435 447 451f 490 505 539 544f
Himmel, oberer *227*
Hinterhalt 43f 287f *383 386 409 411 513*
Hinübergang/ Hinübergehen 271 292f
  475 477 481 483
Hippocrates 181
Hölle/ Höllenqualen 14 217 130 *125 405*
  407 545
Horaz 126f
Hrabanus Maurus 49
Hudeczek, Methodius 285
Hugo von St. Cher *452*
Hugo von St. Victor 52
Huren/Hurer/Hurerei 268 487 489 *143*
  343 345 507 511 539 541
- fleischliche *265*
- geistliche *265*
Ideenkeime 223 225
Idiomatische Ausdrucksweise 38f 79 87
  127 147 149 199 235 239 515 10 *29-37*
  41 121 161 195 205 211 225 313 448
  491
Insassen *165 167*

Inspirieren/Inspiration/Anhauchung 47 126 *289*
– Aarons *89*
– des hebräischen AT 286
– doppelte 28f 31
– nicht inspirierte 26
– der LXX 26 28 64f 70 *285f*
– der 70 Übersetzer 26 28 74
Irenaeus 322
Jungfrau/jungfäulich/Jungfräulichkeit 14 195 197 *101 149 271 273 339 341 343 456 457 539 551 553*
Justin 26
Kämpfe, geistliche *337*
Kanon/kanonisch 11 96f 282 *253*
Kapiteleinteilung 19f
Kasus 455 *487 497*
– Ablativ 455
– Akkusativ 16 455 *18 20 314 487*
– Genitiv *29 87 517*
– Nominativ 16 *381 497 517*
– Vokativ 336 *497*
Kirche 27f 31f 36 65f 71 74 87 90 127 173 261 263 341 353 407 433 443 453 481 *105 127 151 291 347 365 379 383 435 452 455-457 531 535 547 551 553*
Kleingläubig *215*
Klemens von Alexandrien 477
Kollektivstrafe *385*
König 25 30 80 96 120 127 138 154f 164f 209-213 222-227 245 319 407 417 447 521
Konkubine 89 161 163 179 217
Kopist(en) 21 26 29f 35
Körper 45 71 79 101 121 131 161 201 237 239 249 251 268 281 283 391 403 423 445 447 459 *9f 83 102f 121 125 127 143 151 153 159 161 169 211 239 245 247 255 257 365 403 433 543*
– erstorben 129 131

Kreuz/Kreuzigen 18 43 193 251 292 294 369 483 485 515 *157 249 265 267 173f 379 381 441 501 533 541 543 547*
Krieg 243 257 *253-257 278 337 367 383-387 408f 417 423 429 433 435 463 473 483 487 491 519 525 545*
– gerechter 64 257 286 441 *255 383-386 388 408f*
– des Herrn *251-253*
Kriegsrecht 243 257 *388*
Lachen 89 93 131
Lade 14 345 377 425-429 453 461 465 519 547 *95 231 315 317 396 397 441*
– Bundeslade 371 *231 323 397 441 459*
– Lade des Herrn *393 395*
– Lade des Zeugnisses 435 453 455 501 519 547 549 *81 85 121 395-397*
Laktanz
Lamm/Lammbock 43 147 183-187 197 257 277 343f 349 361 383 491 *29 31 37-41 71 77 91 93 99 101 103 199 205 479*
Latein, biblisches 21 *331*
Lebendgebärend *95*
Lebewesen, vernunftlos 243 *145 301*
Leibesfrucht 277f 284 *101*
– ausgebildet 280 282
– nicht voll ausgebildet 280-282 403
– beseelt 282
– ungeformt 64 281 403
– unbeseelt 282 403
Leiche(n) 53f 92 249 251 263 *142 228-233 243 525*
Leidenschaft(en)/leidenschaftliche Erregung 87-89 91 125 133 137 191 217 268 309 401 487 *241 431 485*
Lemmatisierung 17
Leuchter (siebenarmiger) 547
List/Arglist 42 48 71 90 167 *455 533*

Lüge/lügen 26 35 43f-45 53f 59 88 90f 121 131 165 195 229-235 288 305 369 391 467 286-288 *59 83 139-141 179f 311 386 388 411 413 439 441 487*
LXX-Legende 26 28 261
Makel 88 487 *105 174 237*
Manichäer 10 17 19 88 120 147 268 467 *7 311 383 387 452 514 519*
Manna 371-374 377 429 547 *231*
Martyrium/Märtyrer 433 *453 455 523 535*
Meineid 56 91 229 407 *24f 27 29 37 39 176 219 313*
Melito von Sardes 477
Mensch Gottes 557
Mercier, Désiré Joseph 285
Milde 288 *413*
Mitleid 409
Mitverstehen 76 78 80 145 175 205 397 409 *147 301*
Mord/Mörder 64 280f 283 285f 343 403 405-7 *161 283 387 450 454*
Musterung 457 *185 187 305*
Nachtwachen *189 191*
Narbe *103 107f*
Natter 439
Natur 269 274 285 337 411 *135 149 211 239*
– göttliche/Gottes 475
– Naturordnung 93 243
– Natur der Seele 285 *10 125 129 151 223*
– vernünftige 429 *265*
– vollkommen einfache 268 *169*
Neologismus 123 137 279 *284*
Neuscholastiker 285
Nichtchristen 19
Numa Pompilius *486f 489*
Obelus/Obeliskus 24 70 245 284 372
Oberkoch 217 225

Offenbarung 45 48 65 71 88 141 171 183 271 289f 327 440 *227 261 469 499 545 549 551*
– prophetische *533*
Öl 45 173 203 461 *49 67 71 83 157*
– gesalbtes *151*
– Salböl 459 461 *83 150*
Olymp 18 105
Omen *226f*
Opfer/Opferung/opfern 16 43 45 104 173 175 331 333 344 349 351 371 373 381 383 409 413 421 445 449 459 461 489 529 547 *7f 10 12 15 17 27 29 37-43 49-53 61 65 74 75 87 89 93 101 121 123 129 157 174 177 179 195 221 237 257 269 279 325 327 331 333 450 452f 497 499 519-523 527 531 535 537 551 557-561*
– Brandopfer(darbringung) 457 519 *7f 10 12 33 35 43-51 69-81 89 91 99 101 199 523 525 551 553 559 561*
– Feueropfer *65 74 75*
– Ganzopfer *12f 50*
– geistliches Opfer 268
– Heilsopfer 343 421 *10f 47 63 65 71-79 86 87 89 93 199 433*
– Konsekrationsopfer/Weiheopfer *49f 70-75*
– Menschenopfer 19 49 *451 452 453 454 456 457 519 521 523 525 527 535 537*
– Opfergabe 381 437 444f *35 159 199 345 454 499 523 535 561*
– Opferung Isaaks *123 453 499 523 525 531*
– Private Opfer *73 123*
– Rauchopfer/Weihrauchopfer 455 457 *85 153-155 159*
– Reinigungsopfer *11 41*
– Rettungsopfer 421 *86-89*

– Schlachtopfer 297 299 420 519 553
– Schuldopfer *12 14 36 42 52 53 192*
– Speiseopfer 457 *12 49 50 559 561*
– sühnendes Opfer *17 22 29 37 39 41 195*
– Sündopfer 444f 453 *7f 10-12 14 22 28-39 47 51 53 57-63 69 70 -79 89-95 99 101 121 127 129 198 199 233 241*
– Tieropfer *71 179* 451 453 *519 523 535*
– Tochteropfer Jiftachs 15 48 63 *451-457 519 523 539 551*
– Trankopfer 90 203 457
– Opfer für ein Vergehen *12 31 42 43 52 53 57-61 195*
– Vollendungsopfer *71*
Origenes 24 26f 49 51 70 101 225 251 304 *72 233 284 322 372 544*
Paradies 70 76 97 121 123 177 *125 157 543*
Pascha 14 345 349 361 383 413 476f 489 *201 203 331 333*
Peripatetiker 281
Petrus Abälard 52
Petrus Lombardus 49f 52 55 238
Philo(n) (von Alexandrien) 9f 25 107 123f 182 275 279 380 425 477 *322 345*
Philologische Argumentationen 19 22 82
Pius IX. 283
Plage 13 271 273f 325 329 331-333 338f 341 343 347 349 *267*
Platoniker 281
Portikus, dreigeteilter 298 549 551
Priester/Priestertum 163f 227 317 381 439 443-449 457-461 *14f 17 25 29 35-39 47 51 53 59-67 73 77-81 85-95 99 105-113 117-123 149 155 157 172 174 179 190 195 197 229-233 237-241 269 273 322 347 395 397 461 507 517 539 541*
– gesalbter *51 64 65*

– Hoherpriester 427 449 453 549 *17 49 51 64-67 85 95 115 121 149-155 159 180 229 283 509*
– des Neuen Bundes *174 239 322f*
– (hohe)priesterlicher Ornat 439-443 448 451 453 *65 67 505-509*
– Priesterweihe 469 527 *49 65 70-75 150*
– des Sonnengottes 225
– zweiten Ranges 453 547 *49 67 149 159 229*
Prolepse 85f *448 463 509*
Prophet 26 28 49 117 128 149 153-157 163 209 237 *67 123 245 253 281 311 323 335 349 377 397 451 455 479 483 495 499 519 529 535*
– Abraham 157
– Debora *491*
– Elija *499*
– Engel *495*
– Ezechiel *135*
– Gideon *533*
– Isaak 90 165
– Jakob 45 71 91 183
– Jiftach *545*
– Jona 259
– Josua *407 439*
– Sara 141
– LXX 26
Prophezeien 235 *341 451 533*
Proselyten *123 125 165 167 174 243*
Rabe 106f 371
Rahlfs 67 *47 208 447 463*
Rat(schlag) 33 379 381 485 *185 280f 395 431 465*
Raub/(be)rauben 40 389 *59 141 161 384 409*
Räucherwerk 46 f 549 *85 229*
Recht der menschlichen Gesellschaft 255 386
Reich (Gottes) 479

– des Vaters *227*
– der Ewigkeit 425
– Reich ist Kirche *457 553*
Rein 38 103-107 231 439 443 455 *8 26 30f 45 61 85 95 98 103-113 172 174 239-247 272-275 369 371 374 507 553*
Reinigen/Reinigung 53f 231 249 327 383 485 549 *7 11 14-16 18 20 21f 33 85 96-101 105-111 115 119 121 174 201 221 239-247 271-273 275 371 398f 405*
Reinigungswasser 15 *11 171f 174*
Rest(e) 43 193 235-237 441 *47 71 240 429 431*
Retter/Rettung 81 139 193 223f 237 249 313 327 *81 87 89 141 225 267 337 381*
Reue/bereuen 259 273 327 447 *177 223 375*
Rolle (in der Rolle des...) 46 149 161 179 181 311 483 503 *292 331 377 453 457*
Ruchlosigkeit 253 353 355 451
– leichte 355
– schwere 355
Rufinus 9 101 *45*
Ruhe, ewige 463 501
Sabbat 462f 489 499 *163f 327 541*
– großer Sabbat 500f *121*
– Sabbatgebot 247 489 *237*
Salbung/salben 45 90 121 175 445 451-455 459 461 501 503 *49 51 64f 67 150f 432f 511 513 547*
Satrapien *483*
Sättigung 71 79 91 171 233
Säulen 145 295-301 427 433 435 503 507 511-513 517-533 539 543-553
Schatten zukünftiger Dinge 383 *173 179 247 269 519f*
Schaubrote 547 *85*
Scherz 92 233
Schöpfung, neue *329*
Schrägen 298 541 543
Schramme eines Merkmals *103 105*

Schreiber 25f 29 35 46 82 86f 147 151 193 209 245 *337 357 393 395 473 481*
Schrift
– Ausdrucksweise der Schrift 38f 78f 127 147 179 237 355 389 *10 25 31 33 67 69 107 111 145 151 211 273 479*
– Heilige 57 99 *41 83 261 331 365 521 529 539*
– Irrtumslosigkeit 17 35 71 74f 81 84
– kanonische 11 96
– dunkle Stellen der 37
– (vom Finger) Gottes *319 321*
– Stadt der *463 465*
Schwur/Schwören 44 59 89 153 155 169 191 227 229 261 288 447 471 473 *24-27 31 59 61 189 196f 271 275 313 399 411 413 417 421 423 429 431 563*
– falsch 37 313 *25-29 176 219 313*
Seele 40 78 79 123 125 131 137 195-199 237-239 263 268 281-284 327 403 *9f 21f 35 37 123-129 143 147 151 153 159 161 167 169 201 211 213 245 247 265 267 271-73 277 323 335 371-375 433 452 495 539*
– des Fleisches *21f 125 153*
– gegen die eigene Seele *31 271-275*
– Geistseele 284f
– Seele Gottes 10 169
– intellektive 284
– lebendige 281 403
– menschliche 19 284f *10 125 127 142 161 169 243 245*
– rationale 64
– sensitive 283f
– sterbliche *22*
– tote/verstorbene Seele *142 143 151*
– unsterbliche Seele 64 285 *10 22 125 153 223*
– vegetative Seele 283f
Seiten 295-301 323 425-427 434f 455 493 508 511f 515 517 521-533 537-551

Sich niederwerfen 89 127 135 151 227 247 381 387 417 *137 401*
Sieben Völker 18 *415 417 423-431*
Siebzig (Übersetzer) 23 26 28-31 34 73 74 85 241 259 261 *105 267 355 373 415 419 421 433 435 479 489 491 507 509*
Simultanbeseelung 284
Sinn 17 23 25f 28 31f 35 39 42 47f 65 73 87 89 109 155 165 169 181-184 195 197 205 215 235 253 261 265 267 279 281 291 333 371 391-394 404 415 437 463 475 477 481 497 499 541 *9 11 15 19 25 37 45 103 113 117 135 171 193f 201 207f 227 251 253 285 309 323 331 347 361 363 385 405 415 425 429 431 433 479 489 493 495 511 515 519 539 563*
– christologischer 31
– geistlicher *15* 31 37 41f 46 48 57 62 71-73 75f 267 288 307 427 *9 171 179 211 247 285f 289 383 441 448*
– historischer 57f 61
– Literalsinn 37 71 73 75 77 83 267 293
– typologischer Sinn 36 73 267 288 *456*
– übertragener Sinn 47 49 61 90 277 *135 279 311 435*
– Wortsinn/buchstäblicher 15 32f 39 41-44 46-48 71 75 84 90 131 243 257 267 275f 294 307 411 413 417 490f 505 *22 69 247 279 286 289 323 329 331 457 493 553*
Sinnliche Wahrnehmung 281 403 437 475
Sixtus V. 283
Sklave/Sklavin 127 225 243 348 351 353 539 361 385 499 *137 279 343 527 429 523*
– christlicher 395
– gekaufter 227
– Haushaltssklavin 394f 397
– hebräischer 276 394-397 401 419
Spanne 439
Spiriti, griechische 69 253

Stab 33 151 250-253 *249 281 441 497*
– Moses 322f 329 364f 375 *215*
– Aarons 321-323 335 375 426 547 *230f 335*
Statue 371 *299 507*
Stoiker 125
Studienkongregation, römische 285
Substanz *239 299 331*
– Gottes 292 *167*
Sukzessivbeseelung 293-284
Sünde 49 88 90 92 101 137 147 159 249 251 259 269 275 288 305 320 367 369 385 387 409 433 444f 453 469 473 485 495 501 *11 14f 17-19 25 27-41 47 53-63 71 89-93 99 101 117 123 127 129 141 143 147 151 159 161 174 177 193-199 221 223 231 233 237 259 275 279 299f 313 315 327 343 345 349 367-371 375 389 401-409 417 449 451 455f 475 477 509 511 529-535 543 553*
– absichtliche/willentliche *55 176f 221*
– Erbsünde *99 349*
– erste Sünde *407*
– im Fleisch 141
– gegen Gott/dem Herrn *373-377 455*
– gegen Menschen *375*
– der Gemeinschaft *53 71 91 93 174*
– geringste *375*
– mit erhobener/hochmütiger Hand *174-177 221 223*
– Hochmutssünde *221*
– läßliche *161*
– menschliche *193 197*
– mutwillige *175*
– persönliche *71*
– schwere *25 223 259*
– unabsichtliche *37 59 175f 219-221*
– unwillentliche *221*
– unwissentliche *33 39 41 175f 197 220-223*
– aus Verachtung *177 223*

– (Sünden)Vergebung 135 251 270 288 403 414 433 469 483 485 *11 14f 29 35 57-61 75 92 101 129 141 174 177 239 243 272 355 367 369 375 379 543*
– versehentliche *175*
– vorsätzliche *175*
Sündigen/Sünder 101 107 141 287 344 346 389 393 415 469 473 *15 25-31 35-41 55-59 65 71 81 143 174-178 221 223 229-231 243 277 331 353 367 369 373-379 401 403 449 451 456 475 533-537 543*
– entsündigen *16 172 244*f
Symmachus 22f 69 105 158 170f 251 259 395 422 *136 158 170 189 266f 442*
Synagoge, jüdische 539
Tafeln 269 491-495 *286 289-291 313 317-321 441*
– erste *286-288 291f 317-321 441*
– frühere 495 *293 315-319*
– des Gesetzes/Gesetzestafeln 425 *231*
– spätere 493
– steinerne 367 383 421 429 465 467 493 495 499 547 *234 286-288 292 313-321*
– des Zeugnisses 465 493 *319 321*
– zweite 13 15 46 75 495 *286-288 290f 316-321*
Taufe/taufen 251 466 483 *57 157 174 247 298 543*
– der Buße zur Vergebung der Sünden 485 *101*
– Christi 433 *174 243 245*
– christliche *399*
– des Johannes *101*
– sichtbare *157 243*
– wiedertaufen *399*
Tempus *205 207*
Tertullian 238 282 284 *337 354*
Testament 357

– Altes 9f 17 23 48 64-66 72 88 90 277 309 393 415 435 495 *17 173 178 187 234f 290-294 313 317 383 389 417*
– beide 161 *173 187 235 237 293 317*
– Neues 17 41 46 65 271 291 383 393 425 435 495 *172-173 181 187 233-235 279 290-294 313 317 371 383*
– zwei 429 *294 319 553*
Tetragrammaton 443
Teufel 153 205 *229 261 503 545*
Theodoret von Cyrus 12 179 316 *345*
Thomas von Aquin 55 57 283-285 *451 524*
Tisch 430 547 *85 192*
Töchterrecht 395 399
Totenklage 263
Toter 249 251 261 263 347 *9 143 241-249 359*
Trunkenheit 233
Tunika 437 441
Turban 14 443 446
Tyconius 36f 40 111 351 353 355
Typus 90 271 292 477 483 *179 269 456 551 553*
Überheblichkeit 93 141 370 *175 221 443*
Übersetzungstechnik 69 295 *20 541*
Unbeschnittene *366f 399 502*
Unenthaltsamkeit 44
Ungerecht/Ungerechtigkeit 91 135 169 179 183 243 245 251 268 272f 307 313 333 343 401 *31 59 61 99 135 141 174 237 243 261 174 297 313 327 363 384-387 407 409 452 521 543*
Ungläubig/Unglaube/Ungläubigkeit 46 89 320 479 481 *178 215 219 229 241 315 321 441 535 545*
Unrein/Unreinheit/verunreinigen 38 53f 76 103-107 249 *26-33 37 39 61 63 85*

95-97 105-119 135 137 149 153-155 159
Unteren, die *227*
Unterscheidung 41 55 95 121 146 173-177 223 235 249 288 299 329 437 451
— beseelt/unbeseelt 281-283
— des Gesetzes *173 235 237*
— der beiden Testamente *173 235*
— rein/unrein 38 103 *31*
Unterwelt 217 230f *229*
Unzucht 387 389 *41 267 180*
— körperlich *281*
— geistlich *281*
Urbild *299*
Urteil, göttliches und erhabenes *417*
Variante, innerlateinische 18
Verachten
— Gebote Gottes 221 223 *175f 453 475*
— Gott/den Herrn 335 419
Verantwortung/Eigenverantwortung 286 345 *121 384 386*
Verb 16 39 82f 143f 193 222 272 509 *14-16 19f 42 51 112 117 155 160f 173 201f 205 207 211 239 327f 378 398 450 461 467*
— aktiv 477
— passiv 477
— Verbmodus *225*
Verdienst(e) 270 343 361 471 479 *125 135 270 315*
— Abrahams 139
Verfluchtes/verfluchen 109 155 209 211 243 *24 158f 181 197 250f 257 259 279 343 421 425*
Vergehen 15 38 72 109 195 243 270 276 339 457 471 485 *12 18f 29-39 43 53-61 115 117 161 176 194-197 243 245 273 315 343 347 349 353 355 403 407 457 511 533 539 543*
Verheißungen 44 47 71 89-91 93 119 123 129 133 138-143 157 161 163 167 191 199 201 245 247 253 288 309 311 356-359 361 415 423 425 463 473 479 483 489 *173 178 180 219 222 235 255 265 269 286 289 292-294 305 315 319 321 371 379 386 393 396 411-415 423-429 435*
— fleischlich, irdisch 48 415 *293*
— geistlich 48 127 415
Verleumdung/ verleumden 155 *139 141 215 311 341 519*
Verpflichtung/verpflichten 17 36 187 277 286 347 389 411 *49 159 172 181 271-277 289 359*
Verschmähen 395-399 *351*
Versöhnung/versöhnen 80 427 457 547 *11 14-16 21 27 29 117*
Verständnisfrage *178*
Verstockung/verstocken 271 273 292 325 327 484 *366f*
Verstoßene (vom Ehemann) *149 275*
Versuchen/Versuchung 79 87f 91 121 147 153 155 191 259 369 413 *143 225 531 533*
Verszählung der LXX und der Vulgata 20 67 272
Vertrauen 91 139 191 317 372 *437 525*
Verwünschung 155 169 *197 199 251 421 431*
Vision 189 290 422 *227*
Volk 35 144 151 203 217 237 245 254-259 268-270 288f 293 311 313 317 319 331 335 351 353 359 375-383 393 407 411-419 430 433 458f 467-477 481 485 487 495 499 *47 61 63 67 71 73 77 89 91 93 123 129 143 145 149 167 178 180f 187-191 208 215-219 225 239 251-259 267 269 297 303-311 315 331 333 343 363 377 379 381 384-387 393-399 403 405 407 409 413 415 423 427 431 437 439-443 461 463 473-481 485 499 507-511 521 529-533 539 541 545 555*

- älteres 165
- christliches 90
- erstes Volk (Israel) 90 123 173
- fleischliches Volk der Juden 89 163
- fremdes 395 397 401 461
- früheres 257 *531*
- Gottesvolk/Volk Gottes 165 331 343 359 361 423 466 *179 245 269 285 292 303 335*
- hebräisches/der Hebräer *341*
- israelitisches Volk dem Fleische nach 165 201 237 463
- Israel dem Geiste nach 237 463
- jüdisches 90 117
- neues *292 377 379*
- sieben Völker 18 *415 417 423-431*
- späteres 257
- der Trauer *545*
- Völker 71 111 127 143 163 201 251-257 288 356 415-419 477 483 *143 167 185-189 241 243 253 257 303 332 367 377 381 387 389 415 42 -427 431 437 439 443 473-477 480-485 501 503 518-521 541*
- Volk Israel 71 165 201 257 271 307 381 461 477 *137 185 217 219 225 379 463 531 543 559*
- zwei 165 480

Volksliederdichter *255*
Vorausgehen Christi 291 475 477
Vorhof 15 293-301 503 505 511-525 529-535 539 541 545-553 *95*
- äußerer 298 521 523 535 537 529 533 543 545 551
- Pforte 259 297-301 503 525 527 531 533 543 549
- Schmalseite 297-300
Vorschriften Gottes 417 *287*
- *iustificationes* 16 275f 404 418-421 *276f 287*
Vorsehung 273 319 *219 395 419 533*

Vorzeichen 42 181 263 266 *335 453*
- Vorzeichensuche/Zeichenbitte 153 *335*
- Vorzeichenschauer *335*
Vulgata 27 57 70 74 280f *284 324 372*
Wasser 33 44 47 60 82f 86 105-107 121 129 143 169-171 181 211 223 325 329 335 365-369 373 387 415 466f 491 *95 115 121 153 157 174 225 241 247 249 253 281 289f 301 305 317-321 343 367 466f 501*
- aus dem Felsen *178 213 215 249 269 441 499*
- der Heiligung *249*
- des Widerspruchs *249 251 269*
Weissagung 43 185 225 491 *257 335*
Welt, gesamte 365 *301 389 401 452*
Weltteile, vier 123 423 *453 553*
Weltzeit, Weltalter 127 243 *555*
Wespen 14 417 *435 437*
Widerspenstigkeit 287 317 *225*
Willensfreiheit 271f 319 333
Witwe 195 221 *275 325 327 337 341 350f*
Wohlgerüche 457 461
- Wohlgeruch 43 327 449
Wohnung 119 247 291 295 298 430 432f 477 508 512 540f *202*
Wolke 18 46 105 271 391 393 395 503 *203-211 307*
Wolkensäule *395*
Wort(e)
- abweichende 35 *185 311*
- eingeborenes *307*
- des Glaubens *371*
- zehn 491 493 499 *287 289 317 319*
Wunder 28 129 131 153 155 161 259 261 319 321 343 364f 369 483 *123 215 225 249 256 265 178 323 335 455 497 559*
Zacchia, Paolo 284
Zahl 17 20 29f 33 34 40 74f 79 80-85 103 105 112f 115 187 193 207 227 241 294 301 351 353 359-363 373 415 515 527

185 187 191 201 350f 398 501 503 518 533
– dreißig 251
– Dreizahl 259 261 *349*
– elf 205 432f
– Fünfzahl *187*
– fünfzig 383
– heilig 33 205 243
– neun 263
– sechs *93 457 555*
– Siebenzahl 171 177 263 423 *239 349*
– siebzig/fünfundsiebzig 34 84f 238 241 263 265 423
– Vierzahl 423 425 *187 349 457*
– vierzig 259 261 *398*
– vollkommene 17 359 431 *349 502f*
– Zehnzahl 433 549 *341*
– zwölf 205
Zauberer 273 323-331 335 365
Zehnter 175 255 *323 325-327 335 359*
Zeitalter 86 209 *457 503 552f 555*
– sechs *431 553 555*
– sechstes *553*
Zelt(heiligtum)/Hl. Zelt/Heiligtum 15 43 46f 72 163 173 266 271 293-301 377 426 430-433 441 451 458f 461 489 493 497-553 *11 13 15 18 20f 39 51 81 83 85 91 95 97 118-123 166f 172 174 189 191 200 202-211 230-232 245 253 317 438f 499 507-511*
– Eingang 297-299 449 503 512 518f 527 529 543 547 549 *69 83 99 123*
– inneres Zelt 298f 513 517-529 537 539 543-551
– Rückseite 297 300f 435 515 517 531-537 543
– Zelt des Zeugnisses 371 449-453 461 503 *51 53 69 83 85 99 119 123 189 199-205 239*
Zeugung, geistliche 257
Zitiertechniken 20
Zorn/zürnen 80 88 93 141 269 288 327 337 458 467 *89 91 143 145 255 261 265 409 413 513*
– Gottes 39 79 133 268 270 288 309 311 339 367 469 471 *178 261 265-269 178 369 475 531 533 541 449*
Zugvorhang 519 547
Zuversicht 270 445 469 *177*
Zweifeln/Zweifel 87 89 93 131 133 141 268f 275 339 499 *178 213-217 269 305*

LATEINISCHES SACHVERZEICHNIS

Abstinentiae caerimoniarum *278*
Accentus 252
Adductorium 518 519 546f
Adeps 8 46 60-64 72 76-78 80 86 88 488
Adfectus 88 124 132 140 158
– carnalis *430 520*
– humanus *336*
Adnuntiare peccata/delictum *192 196*
Adoperire 16 *192f*
Adorare/adoratio 16 89 116f 126 134 150f 172 214 226 246 250-252 380 386 416 486 *136 258 280 302 308 506*
Adsumptio formarum visibilium 268 290 422
Adulterium/adulterare/adulterus 16 180 228 386 388 *132 134 144 196 266 344 352*
Advena *166 324 350*

Aenigmatistae 16 *254f*
Agnus/agna 16 38 146 183-186 196 256
   344f 348 382 410 412 *28 30 40 70 76
   90 92 198 478*
Alienigena 242 378 380 *166 188 189 190
   228 332 334 342 482 490 560*
Altare 418 420 436 452 454 526 546 548
   *22 42 44 46 50 76 78 80 82 86 96 118
   120 192 228 230 558 560*
– cornua altaris 456 *62 64 90 92*
– altare holocaustomatum 500 502 528
   542 *62*
– altare incensi 454 456 460 500 546 *52
   62 64 90 92 120 152*
– altare sacrificiorum 458 518 546 550
   552 *64 94*
– gradus altaris 434 436 *78*
Anathemare/anathema 16 *250 254 400
   404 424 436 442 472*
Angelus 16 98 100 110 128 132-136 142
   148 150 164 190 192 258 292 306 312
   314 324 346 *124 258-262 302 304 376
   378 400 422 474 484 490f 494-498 518
   540 554-560*
– diaboli *544*
– domini 270 *472 474 494 496 558 560*
– malus/malignus 322 *436*
– peccantes *228*
– satanae *468*
Anima 124 130 136 194 196 236 238 280
   282 402 *9 14 18 21f 34-36 60 124 126
   142 146 150 152 158 160 168 175 210
   212 220 222 228 230 242-246 256 267
   270-276 322 334 370-374 432 494*
– adversus animam suam *30 270-276*
– carnis *21 122 124 152*
– Christi Iesu *168 236*
– dei *166 168*
– hominis/humana 108 284f *124 126 160
   168 200 242 244*
– immortalis *124 177 222*

– intellectiva 284
– mortua 39 *10 150 152*
– pecoris/asinae *124 126 264*
– rationalis 284 *126*
– sensitiva 283
– vegetativa 283f
– viva/vivens 281 402 *10*
Animantia 102 *76 78*
– inrationalia *300*
Animatus 281-283 402 *10*
– exanimatus 281 402
– inanimatus 282f
– informiter animatus 281 402 *10*
Animus 83 122 124 140 144 158 159 192
   194 206 254 318 390 464 466 498 *134
   142 196 214 216 336 350 352 494 532
   534 536*
– bonus *142*
– dormiens *536*
– fidelis et pius *530*
– malus 340
– subdeficiens et delinquens *530*
– voventis *456 536*
Apollinaristae 19 *10 168*
Apostolus 20 26f 74 128 130 140 146
   160-164 172 194 204 214 236 246 304
   306 326 336 356 360 366 376 406 413
   442 462 468 478 482 492 494 496 *40 54
   56 98 104 126 144 198 210 224 240 244
   252 270 276 306 312 314 320 328 344
   350 370 378 396 406 436-442 468 502
   522 534 548 550 552*
– actus apostolorum 20 85 482 *542*
– Iacobus *56*
– Paulus 20 *124 228 248*
– Petrus 20 *478 542*
Aqua 104 106 128 142 168 170 180 220
   222 248 324 328 334 364-368 372 386
   414 466 490 *94 114 120 152 156 224
   240 246 248 254 287f 290 300 302 316-
   320 342 366 440 466f 490 500*

– (aqua de/ex petra) *212-216 248 268
280 498*
– aspersionis *11 232 240-246*
– contradictionis *248 250 268*
– maledictionis *250*
– sanctificationis *248*
– spiritalis *246*
– viva *246*
Aquila 22f 69 104f 109 158 165 170f 251
259 395 *136 158 170 189 266f 417 442
505*
Ara 162 196 198 202
Arbitrium 272 318 *320*
– liberum 271 333
Arca 346 370 426 428 452 460 464 518
546 *94 230 314 316 394 440*
– domini *392 394*
– (Noe) 98-102 112
– testamenti 370 376 500 *322 396 440*
– testimonii 434 452 518 546 548 *80 84
120 394 396*
Articulus 194 204 480 484
Aspidiscae 438 439
Aspiratio divina *88*
Asteriscus 24 244
Atrium 16 502 504f 510-520 524-534 538
540 544-548 550 552 *94*
– atrium exterius 520-532 538 542 550
– atrium tabernaculi 550
– porta atrii 300 502 526-532 542 544
548
Auctor 26 65 90 126 196 *54 274 384 408
432 496*
– legis *122*
– veteris testamenti *389 416*
Auctoritas 23 27f 72 74 85 138 180 234
258 262 304 374 414 *276 526*
– apostolica 20
– divina 28 304 *252 496 498*
– divinarum scripturarum 180
– feminea *272*

– prophetica 28f 260 394 *210 418*
– septuaginta interpretum 260
– virilis *272*
Avidentia 136f
Baptismus/baptizare 248 250 432 482 484
56 100 156 242-246 398 542
– rebaptizare *398*
– visibilis *156 242*
Bellum/bellare 108 196 242 256 *252-256
278 296 304 336 342 384f 408 412 416-
434 442 460-462 472 480 482 486 490
518 524 544 548 554*
– domini *251f*
– iustum 64 256 *254 384-386 388 408
410*
Bona *140*
– aeterna *234 364 522*
– carnalia *234*
– spiritalia *234*
– temporalia *234 364*
Caelum 98 106 110 132 142 148 152 194
242 255 260 304 334 338 340 346 364
368 386 408 424 482 552 *122 166 236
300-304 370 396 476 514 558*
– caeli caelorum 392
– caelum superius *226*
– militia caeli 190
– porta caeli 172
Calumnia/calumniare 19 154 308 *138 141
214 310f 340 518*
Candelabrum (septem lucernarum) 452
518 546 *84*
Capra /caper 43 206 350 *28 30 36 38 60
68-72 76 88-92 122 330 556 558*
Caritas 162 428 430 494 500 *238 293 316
372*
Carnalis 43 48 72 140 162 164 252 256
414 *234 236 264 293 312 430 520*
Caro 100 102 108 128 132 140 148 152
172 222 238 292 344 364 370 372 404
445 462 480 *21 52 96 108 110 120-124*

128 152 168 212 216 236 238 246 310 376 496 550
- caro Christi *236-240 340 516*
- caro hominis 458 *124 126*
- caro nondum formata 281 402
- caro peccati *236*
- caro viva/vivens *110f*
- filius carnis 142 *434*
- secundum carnem 122 164 200 236 462

Casus
- ablativus 454
- accusativus 454 *484*
- genetivus *86 516*
- nominativus *496 516*
- vocativus *496*

Cicatrix (signi) 16 *102-104 108-111*
Cidara 14 446 447 *82 150*
Circumcisio/circumcidere 142 196 312 314 478 *96 364 396 398 440 502*
- circumcisio cordis 462
- incircumcisus/non circumcisus 312 *396 398*
- sanguis circumcisionis 312-314

Color 184 440 444f 526 536 544-548 *102-112 238*
- concolor *106 110*
- cutis coloris *102-106 110*
- discolor *106 110*

Columna 295 300 426 432 434 502 510-532 538 542-552
- columna nubis *394*

Concubina 16 178
- filii concubinarum 160 162 216

Concubitus 38 98 120 388 398 400 *129f 134 152 276 342 492*

Concupiscentia/concupiscere 100 166 373 384 386 398 488 *370*

Confessio/confiteri 117 338 432 *26-30 58 370 374*

Confidere 362 *510 512 532*

Conflictus spiritalis *285 336*
Conpensatio 134 136 *138*
Consilium 136 148 306 360 378 380 484 *184 278 280 394 464-466 482 534 536 560*
- altum et invisibile consilium dei *385 400*
- secretum consilium dei *430*

Contegere 510f 536-544
Contemnere 13 96 118 252 320 334 378 380 418 *126 134 156 176 220 222 240 242 266 276 398 430 502 504 524 536 548*
- praecepta/iussa dei contemnere *176 220 442 474 536*

Contexere 20 108 110 118 212 244 254 440 441 484 526 *44 120 230 510*

Continentia/incontinentia 160 446 *152 158 276 350*

Contritio, conterere 342 470 *94 177 220 222 314-320 430 462 540*

Contumacia 316 *224*
Cooperari *320 336*
- cooperator dei 46 *290 293 320*

Cor 130 318 320 324 326 328 332 334 340 342 364 398 430 464 482 484 492 494 500 *168 178 214 234 246 292 296 310 312 322 326 332 334 364-372 387 416 420 438 466 468 492 542*
- aures cordis 462 *366*
- circumcisio cordis 462
- cor carneum *310*
- cor contritum *177 222*
- cor lapideum *310*
- oculi cordis *364 366*
- tabulae cordis carnales 494 *312*

Corpus/corporalis/corporeus 45 98 120 122 130 134 158 160 200 236 246-250 262 268 282 291 308 322 391 422 436 448 474 *40 102 114 120 124 126 142 150 152 158 160 166 168 210 224 238*

240-246 280 306 364 372 402 432 538 542 546 560
– corpus emortuum 128 130
– corpus quod sensu caret 402
– potestas corporis *276*
Coturnix 372
Creatura *306 328*
– nova *328*
– rationalis *428*
Credere 15 17 30 33 45 46 48 82 98 100 102 110 120 134-138 142 182 190 192 202 206 216 218 226 230 242 246 258 262 308 310 334 356 372-376 414 442 458 466-470 478 480 482 502 *56 88 92 146 156 212 214 240 260 289 330 348 358 364 368 370 378 389 402-406 410 412 416 418 432-438 442 476 490 492 498 500 502 508 520-524 530-534 538 546 554 556 560*
– credens 172 256 *242 388 436 440 500 524 532*
– credibilis 100 128 224 348 380 508 552 *68 140 216 346 410 420 462 474 560*
– incredibilis 100 162 204 224 *254 394*
– incredulitas 320 480 *214*
– incredulus *214 314 378*
Crucifigere/crux 192 250 368 482 484 512 *156 248 264 266 380 440 500 502 532 540 542 546*
Cubitum geometricum 100
Cultellus petrinus/culter petrinus *396 398 440*
Cupiditas 286 400 *258 264 430 484*
Daemones/daemonia 100 192 328 *122*
Decalogus 388 420 430 *134 138 300 308 310 344*
Decem praecepta 384 464 498
Decem verba 490 492 498 *287 288 316 318*
Decima/decimatio 174 254 *36 322-326 334*

Definitio/definire 57 64 100 124 522 *27 30 42 46 56 60 64 66 138 142 168 173 270-276 384 398f 408 512*
Delinquo/delictum 16 18 38 258 370 456 484 494 *12 17 26-43 52-58 60 175 192-196 220 293 299 436 530 532*
Demtio 25 496f *86*
Depropitiatio/ Depropitiare 456 *13 16*
Deus 15f 18 39f 43 46 48f 65 104 110 116f 120 130-134 140 146-154 162 168 173f 190 194 198 200f 206 252 258 268 271 285f 290f 304-308 312 316-326 333-342 346 360 370 376 378 384 390-394 400 414-424 428 432 442 446 448 452 456 462 464 466-474 478 480 486 490-496 502 *20f 26 78 82 84 116-122 140 158 164-168 190 206 212 214 222 224 228 234 256-260 264 266 290 293 296 299 302 306 314-320 324 332 354 368 370-378 384 387 389 392 394 402 406 408 412 416 420 428 438 449f 454 462 476 468 482-486 492 498 506 510 512 518-526 530-536 538 550 558 560*
– deus filius *198*
– digitus dei 328 364 366 382 464 466 492 494
– filii dei 98 100 *330*
– deus pater 41 148 *198 330 374*
– unus 138 194 384 408 *136*
– verus 138 194 380 408 *136 389 416 494*
– vivus *494*
– zelans/zelator 486
Deus/dei (gentium) 124 174 186 194 202 256 384 386 392 406 408 416 468 488 368 388 474 506
– alienus 87 486 *164 266 360 362 388 436 438 498 506*
– alii *322 360 362*
– falsus 87 *164 438 506 558*
– gentium 184 192 *366 474 520 540*
– novi *492 494*

Devotare/devotatio 16 370 418 498 *158 250f*

Diabolus 152 204 *228 260f 502 544*

Diffidere 310 *178 212-216 228*

Dilectio/dilectus 148 392 464 470 474 494 500 *224 266 292 324 372 376 380 522*

Distinguere/distinctio 17 102 462 526 *9 26 30f 40 58 70 84 100 132 152 160 171 173 194 200 234 236 272 284 298 322 324 328 330 348 448 510 512 556*
– duorum testamentorum *173 234*
– legis *234 236*

Divinatio 92 185 *256 324 334*

Dolus 23 48 90 166f *532*

Dominatio 242

Dorsum 299f 530-532 542

Draco 320-323

Ebrietas/inebriare 16 71 79 91 232f

Ecclesia 126 172 258 260 412 432 442 452 480 *104 126 150 291 340 342 346 364 378 434 530 534 546 550 552*

Effigies *298f 438*

Electio/electus 192 204 206 236 378 422 424 *230 264 302 304 534*

Emundare 16 *14 16 270 272*

Ephud/ephod 40f *463 504-508 528-532 538*
– ephud bar/bat *504-508*
– solidum *506*

Excommunicatio *346*

Exorare 456 *13 14 16-22 28f 34 50f 58 60 74 98 114-121 124 126 194*

Exoratorium *116*

Expiare 468 *13f 16f 22 28 40 51 100 194 220 344 404*

Extasis 170 172 *226*

Exterminare *146 158 220 222 414 416 424 428 430 442 474 482 484 520*

Facies 98 104 134 144 192 414 462 498 540 *296 342 408 414 422 430-434 474 480 484 516-520 540 542 558 560*
– dei 192 194 198 292 472 480 482 *90 122 304 306 438 558 560*
– tabernaculi 297 508 510 534 550 *238*

Famula 92 394 396f *338*

Femina 98 100 120 128 130 156 242 386 388 396 412 *96 98 272-276 280 332-338 342 358 492 516*

Femininus/femineus *27 36 280 552*
– genus femininum 144 314 344 *35*
– sexus *236*

Fidelis/infidelis/infidelitas
– fidelis 168 226 250 252 424 442 470 480 *186*: *240 294 314 438 530 538*
– infidelis *320 440*
– infidelitas 316 320 *214 240 544*

Fides 15 21 44 46 85 120 134 138 190 226 236 246 356 360 422 494 500 504 *238 246 268 290 293 310 320 370 372 414 428 442 457 522 524 528 532 536-540 550*
– fides Christ 236 360 366 *88*
– fides Christiana 242 *268*
– fides gentium 200
– historiae 264 267 416
– narratoris 47 267 490
– fides sana 168
– regula fidei 334
– secundum fidem 122 200
– fides vera 186 *294*

Figmentum 322 384

Figura 41 72 244 268 434 *171 226 269 449 540 552*
– figura Christi *457*
– figura crucis 512
– figura legis *236*
– figura figurae 434

- figura magnae rei (futurae) 252 267 322
- figura magni sacramenti 312
- figura novi testamenti 434
- figura veritatis 434
- figura veteris testamenti 434

Figurare 15 41 45 65 72 108 267 275 344 452 498 *134 171 236 240 285 380 449 544 546 554*
- aliquod bonum *452*
- baptismum (Christi) *244 246*
- Christum 256
- crucem Christi *248*
- ecclesiam/sacramentum/universitatem/virginitatem ecclesiae *530 550 552*
- figurata significatio 47f 182 504
- figurate dicere 267 275 416 498 *9 171 278*
- indulgentiam novi testamenti 108 *292*
- iterationem testamenti 466 *287*
- magnum mysterium/mysticum aliquid 72
- observationem diei septimi 498
- peccata 72 250
- personam 41 46 267 502
- praefigurare/praefiguratio 48 256 267 368 *126 134 172 232-236 264 291 388 440 449 457 502 534 538 540 542*
- maiorem/primum populum Israhel 164 *530*
- sacramentum 424
- spiritalem progeniem Iacob 164
- testamentum (vetus/novum)/testamenta 160 428 434 *294*

Filius/filia 16 98 *550*
- carnis 142 *434*
- promissionis 142 162 *264 292 376 434*

Foetus 182
- animatus 282f
- inanimatus 282f

Fornicatio/fornicari 16 386 388 486 488 *40 142 264 266 342 504-510 526-530 538 540*
- carnalis *264*
- corporaliter *280*
- spiritalis/spiritaliter *264 280*

Fortuna 93 178-181 184

Fresa 18 *48 49*

Fur/furtum 340 386 388 404 406 *138 196 344 346 400 404 436*
- diurnus 406
- nocturnus 406

Gehenna *404 544*

Generatio 362 363
- carnalis 256
- spiritalis 256

Gens 64 304 476 *384 408 532*
- (gens = Nichtisraeliten) 256 *252 302 342 544*
- (gens = Israel/Juden) 116 236 472 474 *166 342 480 484 538-542*
- gens Edom 164 208 212 *254 386*
- gens extera 394 396 400
- gens Idumaeorum 208
- gens Iebusaea *414*

Gentes 126 164 478 200
- (= Israel) 410
- (= Nichtisraeliten/Heiden) 85 110 142-144 150 162 192 216 236 256 414-418 478 482 *166 188 216 240 242 252 302 332 360 366 368 378 380 388 414 422 424 436 440 442 472-476 480-484 502 518 520 540 545*
- septem gentes *414 416 422-430*
- undecim gentes *426*

Genus
- femininum 144 314 344 *35*
- masculinum 83 314 *35*
- neutrum 314 344

Gigans 98 108 110 *284 296f*

Gloria
- (Christi) 482 484 *238 540*
- crucis 368
- gloria futura 234
- (Gottes) 290 336 474-482 502 *242 310*
- (von Menschen) 224 *524 534*
- (des Mose) 494 *270*

Gloriari/gloriosus 250 256 360 478 484 492 *126 256 484 538*

Glorificare 368 424 478 *80 374 392*

Gratia 108 192 236 346f 360 366 428 432 472 474 *56 212 234 268 270 292 312 316 320 348 370 378 436 502 530*
- gratias agere/gratiarum actio 180 470
- Christi 502 *248 292 298 376 378*
- gratia crucis 368
- dei 46 291 308 326 368 430 470 476 492 500 *152 212 290 293 310 320 360 433*
- gratiam invenire 126 248 472 474 *306*
- invisibilis *154*
- gratia Moysis *156*
- spiritalis *248*
- spiritus gratiae 366 *212*

Haedus 43 206 344 *330 556 558*

Hebraeus/hebraicus 25 27 74 85 304 396 400 429 442 *140 310 326*
- ancilla hebraea 396
- (codex) hebraeus 24 28 30 33f 70 98 240 244 252 258 260 *284 370 372 508*
- eloquium hebraeum 70 194
- interpretatio ex Hebraeo 32 *284 324* 400 414 420 432 434 478 488 490 500 508 514 562
- lingua/vox hebraea/hebraica 33 38 70 188 *284 478 505 508*
- servus hebraeus 394 400 418
- veritas hebraica 25 27f 32 34 84 240f

Hereditare 157 *314 332 422 424 428 466-472 476 484 516-520 540*

Holocarpoma *10 42 44*

Holocarposis *10 44 68 70*

Holocaustoma 500 502 528 542 *10 12 32 34 62 80 198 518 522 524 550 552 558 560*

Holocaustosis *10 42 44*

Holocaustum 456 *8 10 12 34 42-50 70-78 88-92 98 100 522 558 560*
- humanum *520*
- pecorum *518*

Homicida/homicidium 280-283 320 342 402-406 *160 282*

Homo 45f 96 98 100 104 108 112 120 128 130-134 140 148-152 164 190 192 232 236 238 242 250 276 280 283f 308 318 320 332 350 358 362 368 370 378 380 *20 24 34f 84 98 126 136 140 150 166 168 210 232 242 290 293 296-300 306 316-320 342 346 352 368 374 392 400 402 412 438 460 484 486 496 498 520-526 534 536 552 556-560*
- homo dei 164 192 250 *376 442 496 556*

Hostia 420 458 *11 45 60 236 522 534*
- hostia laudis *236*
- hostia salutaris 420f

Humiliare 194 196 396-400 *222 340*
- humiliatio 258

Humilis 368 *104-112 238 466 496*

Humilitas 380 472 *440 466*

Idiomata 38 78 126

Idolum 117 150 184 198 384 386 394 464 468 492 *138 264 280 301 436 440 498 506 510 554*
- idolatra 150
- idolatria 116 172 198 202 486 *266*

Ignis Chaldaeorum 114

Ignorare 85 130 132 144 228 258 312 326 380 388 446 474 490 *56 58 156 176 556*
- ignorans 376 492 *32-36 54 175f 196 320 436*
- ignorantia *17 34-40 58 175-177 196*

Imago 16 110 242 *298-302*

Immortalis 285
Imperium dei (speciale) 116 *450 453 522*
Incantator 324 326 364 *148*
Incensum 456 460 548 *80 84 152 154 158 228*
Incontinentia 160
Indurare 271f 318 320 324 328 333 340 *296 387*
Infernus 216 230 *124 406*
– inferus *226 228*
Ingravare 272 326 332 334
Iniustitia *18f 114-119*
Iniustus 306 320 *58 60 134 140 384 385 408*
Iniquitas/iniquus 134 168 178 182 242 244 250 276 306 332 338 400 432 *30 36 98 116 134 233 236 242 244 260 312 326f 362 376 452 520 542*
– iniquitas non apud deum *296 298 384-387 406 408*
Inmunditia *18-20 26 32 96 112-119 134 148 154 158 200 242 244*
Inmundus 102 104 248 *26-32 36 38 60 62 84 94-97 110-114 148-154 158 190 200 240-246 272 344 524 554*
Inpietas 19 110 194 320 484 *164 244 252 348-354 518*
– levis *354*
– gravis *354*
Inpius 134 246 414 416 478 *80 218 352 438 478 534 542*
Inquinare *26 32 84 96 104-110 134 138 152 158*
Insidiae/insidiari 246 *385 408 410 486 512*
Inspiratio divina/inspirator 65 96 *498 534*
– aspiratio divina *88*
– inspirare *534*
Intellectus violentus 42 46 75 *285 289f 320*

Ira 326 336f *142*
– dei 88 326 336 366 *264-268 366 368 474 530 532 540*
– (Mensch) *258 512*
Irasci/iratus *144*
– (Gott) 88 132 308 310 338 468 470 *258 260 264 530 532*
– (Engel) *260*
– (Mensch) 172 466 *88 90 142 260 264 412*
Itala 22f
Iudicium 132 248 306 376 378 408 419 428 440 452 *228 282 350 352 385 402 406 436 438*
– dei 228 271 316 320 326 333 468 *56 296 387 400 402 406 416 536 538 552 554*
– iudicia dei occulta *366*
Iungere 17 462 484 *9 100*
Iuratio/iuramentum/iurare 144-148 153-156 168-171 190 226 228 248 252 446 470 472 *24-30 36 58 60 176 196 198 220 270 274 312 346 398 410 412 416 422 428 430 562*
Ius
– belli 242 *388*
– humanae societatis *254 386*
Iussio/iussum
– dei 320 *122 450 453*
– scripturae *132*
Iustificatio 258 370 394 398 404 *56*
– iustificationes 16 275f 418-420 *276 287*
Iustitia 132 134 156 182 242 248 392 404 408 418 424 *134 266 296 370 385 387 408 512 522*
– dei 136 190 376 492 *260 310 320 378 385 387 396 402 436 450 526*
– (Menschen) 182 *293 314 316 320 378 436 528 530 534*

Iustus 242 258 271 316-320 326 333 408
494 *138 140 190 320 366 385 387 400
402 408 410 416 450 520 532*
– (Engel) 100
– (deus) 400 466
– (Menschen) 43 98 100 132 134 138 242
244 256 332 344 412 472 *80 226 330
360 374 384 408 520 532*
Labrum 526 528 542 546
Lamina 442 444 452 *228*
Latus 299f 426 432 454 510 514 516 520-
530 536-548 550
Legitimus 344 448 *234 498 536*
– filius legitimus *538 540*
– legitimum *84 88 242 498*
– potestas legitima 306
– praeceptum legitimum *454 524*
– observatio legitima *236*
– usus legitimus 52 388
– uxor legitima *538*
Lepra *102-112*
Lex 18 20 92 248 356 366 368 378-386
390 396 398 402 424 428-432 452 464
474 490-494 502 546 *11f 30 36 44 52-
56 96-100 122 128 132 134 140 144
146 152 173 198 200 232-236 268-272
276 288 292-294 310 312 316-320 328
332 338 346 348 352 354 358 368-372
376-380 396-402 436-440 450 453 482
498 502 518 522 524 530 538 540 558*
– decalogus legis 420 430 *308*
– decem praecepta/verba legis 498
– figura legis *236*
– opus legis 46 360 *290 293 316 320*
– persona legis *268*
– repetitio legis 490 492 *364*
– severitas legis 108 *292*
– lex dei 376 *508 526*
– aeterna 376 *50*
– generalis *450 522*

– saecularis 406
– sancta (et spiritalis) 494 *320*
– secunda *291 364 440*
– universalis *234*
Libamen/libatio/libare 202 456
Libellum repudii *132 340*
Liber 12f 36 124 144 146 154 180 184 192
222 468 504 *230 244 252 318 460-464
468 472-476 526 538 546*
– liber „Bellum domini" *251*f
– apocryphus *252*
– canonicus *252*
– legis/legum 288 318 368 370 438 440
– quinque libri Moysi *186*
– testamenti 420 *286f*
Lingua 30 39 82 110 188 230 304 310 *54
446 476 500 502 562*
– lingua Aegyptia/aegyptiaca 222 224
– lingua Hebraea/Hebraica 33 38 70 188
284 296 478 505 508
– lingua graeca 38 70 180 220 344 438
478 *86 104 250 410 502*
– lingua latina 160 242 438 520 *54 68 114*
– lingua Punica *476*
– lingua Syra 33 188 *478*
Littera 252 366 380 442 528 *312 356 378
502*
– secundum/ad litteram 15 45 126 170
242 256 490 528
– littera π/T Graeca 528 *500*
Locutio 32 37-41 78f 87 110 126 132 146
148 162 198 204 220 222 228 234 238
266 306 312 344 374 388 394 442 476
486 490 514 516 *8f 24 28 30 32 36 40
44 66 68 94 106 110 112 120 124 126
129 144 148 150 160 171 192 194 198
200 204 208 210 224 226 230 254 270
272 285 302 312 344 446 448 478 488
490 506 508 562*
Luctus 258-262 346 *82 142 150 554*

LXX 22-34 69f 73 81-86 266 272 278-282 285f 289-291 29-300 *10-13 15-22 172-176 180 284 382 447-448*
Magus 322 328 330 334
Maledictus/maledictum/maledictio 154 168 242 *160 196-198 250 366 368 420 430*
Malignus/malignitas 108 134 320 400 *258 280 338 344 346 374*
– angelus *436*
– spiritus *512*
Malus/malum 48 136 204-206 216 228 318-322 326 336 340 342 412 464-468 472 *52 54 120 136 140-144 226 238 282 296 346 348 362 368 389 416 442 510 522 532 534 542*
Mandatum dei 306 316 383 494 *56 177 220 222 310 312 362 370 374 385 398 418 450 474 484*
– sanctum 494 *320*
– legis *402*
Manicare 16 *513-515*
Manifestatio 440 *226f*
Manna 370-376 428 546 *230*
Mare 122 124 190 226 236 242 364 374 514 516 520 524f 530 534 *168 188 224 370*
Martyrium/martyres *432 522 534*
Mendacium/mendaciter 26 35 45 88 90 131 194 228-232 304 316 390 466 *82 138 140 310 410 438 486*
Mendositas/mendosus 98 *8 164 410*
Mens 25 96 108 136 190 198 291f 338 376 436 *258 299 306 312 378 449 532 536*
– mens prophetica 45 248
– mentis alienatio 170
– mentis excessus *80*
– visus mentis 390 466
Mensa 424 426 430 434 452 518 546 *84 192 504*

Mentiri 17 120 164 228 234 304 368 370 390 *58 138 140 410 412 438-440 486*
Meretrix *342 344 526*
Meritum 470 478 *134 154 230 314*
– Abrahae 138
– Moysi 470
– Pauli *124*
Ministerium 286 310 316 322 340 374 390 394 400 436 528 *66 84 88 154 156 198*
Miraculum 28 128 130 152 160 258 260 482 *122 214 224 248 264 334 450 496 558*
Misericordia 136 156 234 248 258 306 328 336f 408 428 452 470-474 478 480 *80 140 326 346 348 352 374 378 406 416 418 436 532 544*
Moechari/moechia/moechus 16 386-390 *134 138 344*
Mortuus/emortuus 39 128-130 160 204 208 210 214-218 226 248 256 260 262 334 338 346 362 370 400 404 412 476 478 482 *10 50 80 130-134 142 150-154 160 200 226 232 240-248 304 314 328 350 354 356 360 370 474 481 524 540 552*
Mulier 16 100 120 128 130 160 180 280-283 *94 96 132 134 144 148 192 196 270 276 280 336 338 366 424 502 538 540 556*
Mundus 18 122 222 224 322 364 476 482 *144 210 374*
– mundus universus *300 389f 504*
Mundus/(e)mundare/mundatio 102 104 *30 60 84 96f 104 108 112 118 154 232 240-246 264 270-274 368 370*
– mundatio spiritalis *238*
– mundari spiritaliter, invisibiliter *246*
– mundus spiritu *246*
Narrare/narratio/narrator 15 20 37 44 47 110 114 116 150 166 168 176 184 206 210 214 234 244 326 328 346 416 490

492 504 *74 206 230 266 310 316 418
   462 464 532 556*
− narratio historica 490
− ordo narrationis 108
− fides narratoris 47 267 490
− modus narrantis *204*
− veritas narrationis/narratoris 35 154
   267 416
Natura/naturalis 106 285 368 410 124
   134 *148 150 177 222 238 242 358*
− natura Divina 290 474 *168*
− natura humana 336 210
− natura rationalis *264*
− natura carnalis 242
− ordo naturalis 93 242
Neglegere/neglegens/neglegentia 64 *43
   54 142 196 352 384 408 418 442*
Nolle/nolens 114 116 208 210 308 390
   400 402 470 *192 198 214 218 282 296
   310 340-344 350 366 368 389 416 442
   474 492 510 512 534 536 546 550 554*
− peccata nolentium *32-36 58 175f 218
   220*
Novendial 262
Numerus 30 102 104 186 204 206 226
   240 250 258-262 350 362 364 414 430
   526 536 *184 186 200 202 206 238 352
   500 502 532*
− numeri mysteriorum plenissimi 33 242
− numeri sacratissimi 33 242
− numerus denarius *340*
− numerus duodenarius 204
− numerus perfectus/perfectio numeri 17
   358 430 *348 502*
− numerus pluralis 236 238
− numerus quaternarius 422 424 *186 348*
− numerus quinarius 524 *186*
− numerus senarius 430 *502 554*
− numerus septenarius 262 422 430 *348*
− numerus septuagenarius et quintus 264
− numerus singularis 110 128 236 238 *86*

− numerus ternarius *348*
− numerus undenarius 432
Obelus/obeliscus 24 70 244 284 372
Oblivio/obliviscor 222 234 *34-38 58*
Obstetrices 304 *140*
Occidere 39 96 172 196 216f 236 242
   282f 304 312 314 342 360 366 388 390
   400 406 412 488 *122 138 140 160 196
   236 238 282 338 342 344 400 486 490
   492 522 524 560 562*
Occultus 18 180 222 324 346 470 *138 234
   293 326 436 486*
− occulta aequitas 400
− occulta dispensatio *218*
− occulta iudicia dei *366*
− occulta iustitia dei *387*
− occulta providentia 318
− occultum providentiae *402*
Orare/oratio *13f 16 24 126 322 350 374*
Orbis terrarum *302 414*
− orbis *530 552*
Ordo 16 116 162 188 210 220 340 418
   520 522 526 528 538 548 550 *9 32 68
   90 110 448 460 464 476: 486 492*
− conversus 38 *32*
− narrationis 108 *462*
− naturalis 93 242
− rectus 38 548 *32*
− temporis 37 267 482 550 *230*
− verborum 118 192 254 267 360 *152
   162 204 208 262 308 492*
Ortygometra 372
Os 212 291 304 308 310 *264 362 370 500*
− mentis 291
− ore uno 258
Ovis 43 182-186 206 344 360 412 *28-32
   36-40 58-60 72 76 190 196 330*
Paenitere/paenitens/paenitudo 228 258
   326 360 446 482 484 *32 100 177 222
   374 376 542*
− paenitudo dei 446

Panis 23 83 128 142 246 255 368-372 376 414 490 *192 280 287-290 316-320 342 366 410 502*
– cibarius 220
– hordeaceus *492 494 504*
– propositionis 546 *84*
– subcinericius *504*
– triticeus *494*
Paradisus 96 122 176 *124 156 542*
– paradisus dei 120 122
Parentalia *360*
Patria 246 *278*
Pascha 14 344 348 360 382 412 476 488 *200 202*
Peccatum/peccare 16 43 48 100 108 134 136 140 146 158 192 248 250 258 269 286f 304 344 366 368 384 386 392 408 414 432 444 452 468 472 482 484 494 500 548 *8 11 13 17-19 22-40 46 50-64 68-76 80 88 90-94 98 100 114-122 126 128 140 142 146 150 158 160 175-177 192-198 218-232 236 241f 258 274 276 312 314 330 342 344 348 352 366-408 474 506-510 528-536 542 552*
– peccatum compensativum 136
– peccatum consilii *278*
– genus peccatorum *17 26 28 34 36* 220
– peccata in carne 140
– peccatum commune *72*
– peccare deo/domino/ in /ante deum/dominum 16 140 *70 354 372-376*
– peccatum grave *24 258*
– peccare in hominem 352 354 374
– peccata hominum/ humana 250 *126 192 196 389 416*
– peccata ignorantiae *17 40 196*
– peccatum levissimum *374*
– peccatum magnum 468 *222 326 476*
– peccata mortuorum 248
– peccatum nescientium *175f 220*
– peccatum nolentium *175f 218 220*
– peccatum originale *99 348*
– peccatum primum *406*
– peccatum proprium *70 72*
– peccatum sanctorum 16 442 444 *232f*
– peccatum superbiae/in manu superbiae *177 220*
– peccatum veniale 287 *140*
– peccatum volentium *175f 220*
– pro peccato/peccatis *11f 50 52 56 60*
Periurium/periurus/peierare 170 218 226 228 *24 26 28 36 38 218*
Persona 150 160 206 214 271 482 *40 129 132*
– ex persona dicere/loqui 41 148 *285 292 330 376 484*
– personam figurare 41 46 267 502
– personam gerere 41 267 422 *172 179 268*
– personam portare 41 *172 246*
Perturbatio/perturbare 87-89 91 124 136 190 192 205 216 234 242 486 *198 364 412 512 560*
– dei 132 268 308
Pectusculum 448 *62 72 76 78 86*
– inpositionis *64f 86*
– segregationis *86*
Phylacteria 198
Pietas 19 47 190 320 338 342 472 504 *385 482*
– inpietas 110 194 320 484 *164 244 252 348 350 352 518*
– inpietas gravis/levis *354*
Pignus/pignerator *346-350*
Placare 192 457 464 *13 16 26 266 362 526*
Plaga 324 328-332 338-342 346 348 *80 103 112 266 352 354 562*
Poena 228 338 386 400 416 464 *82 146 168 177 214 220 222 230 244 250 269 293 304 316 338 340 374 402-406 512 526*

– poena inferni 216
– poena invisibilis 402
– poena iusta 320 538
– poena sensibilis 392
– poena temporalis 400
Populus 164 166 236 244 254 256 310
    314-318 330 334 338 340 350 353 360
    368 374 378 380 382 390 406 416 418
    432 458-474 478 480 484 486 494 498
    *46 60 62 66 70 72 78 80 128 142 184
    186 190 210 214 220 222 254 258 264-
    268 296 302-310 314 330 332 342 352
    366 378 380 384 392-402 406 408 412
    414 430 438-442 472 476 478 486 498
    506-512 520 528-532 544 554*
– angelorum 258
– carnalis Iudaeorum 162
– dei 72 164 330 342 346 358 422 *224
    268 302 334*
– gentium 150
– hebraeus/Hebraeorum *310 340*
– hominum sanctorum 258
– Israhel 164 210 256 262 306 380 458
    476 *136 216 218 224 278 378 462 530*
– maeroris *544f*
– novus 292 *376*
– posterior 256
– primus 122 172
– prior 256 *530*
– societas populi *402*
– terrae 150 *58 218*
– (= Nichtisraeliten) *216 250 376 422
    426 474*
Porta 314 468 *324 326 420 434*
– atrii 299f 502 524-532 542-550
– caeli 172
– tabernaculi 526
Portentum 318 320 342 *334*
Posterior 116 256 330 484 516 534 542
    544 550 *190 260 544*
– posteriora dei 271 292 480 482

– posteriora tabernaculi 297 300 434 514
    530 534 536 542
– posteriores tabulae 492
Praeceptum 150 154 275f 312 344 346
    384-394 408-414 428 430 438 446 448
    456 474 494 498 *38 62 68 76 78 90 92
    100 134 138 162 164 204 206 230 268
    312 332 334 352 362 372 396 398 440
    500 506 528 542 552*
– praeceptum contemnere *176 220 222
    442*
– decem praecepta 384 464 498
– praeceptum dei 114 320 376 378 *34 36
    56 58 92 166 203-206 210 266 400 410
    412 418-422 426 430 442 454 474 498
    524*
– praeceptum generale *130 140*
– praeceptum legis 378 498 *540*
Praemium 132 168 304 326 *464*
– ad novum testamentum pertinens 416
– spiritale *234 293*
– summum 200
Praepositus 230 380 *496*
– coquorum 216
– custodiarum carceris 224
– militiae 216
Primi fructus *232*
Primitiae *34 38 232f*
Primitivus 202 *232 322 328*
Primogenitus 166 218 316 346 476 *66 190
    232 328 330 334 344 380f 420 520*
Princeps 162 196 200f 208 406 *36 38 56
    70 92 136 142 184 222 278 332 376 380
    492 512 546-548*
– coquorum/cocorum 217 224
– militiae/exercitus 166 217 224 *400*
– mundi *144 374*
– potestatis aeris *144 228 258*
– sacerdotum *538*
– terrae 194

LATEINISCHES SACHVERZEICHNIS

Profanatio/profanare *136 148 158 164 166 236 270 484*
Promissio 128 142 200 354-358 414 422 478 *293 428 528*
– carnalis 414 *293*
– divina/dei 244 252 360 *434*
– spiritalis 42 72
– terra promissionis 414 424 *186 218 264 268f 304 314 392 412 422 428 486 488*
– terrena 414 *293*
Pronuntiare 484 *104-110 360*
Propheta 20 28 412 464 *66 134 244 252 280 310 322 334 348 376 396 406 438 478 494 498 528*
– Aaron 318
– Abraham
– cretensis *252*
– Gedeon *532*
– Helias *498*
– deus prophetarum *518*
– Iacob 45 48
– propheta dei 318
– propheta daemoniorum *122*
– propheta lucorum *122*
– prophetissa *490*
Prophetare 41 356 *285 340 532*
Prophetia 41 45 48 268 412 484 *172 260 285 292 340 376 383 426 434 449 498 532 536 544 546 550*
– magna 41 268 476 490
Propheticus 20 41 46 48 *289 350 449 494 534*
– actio prophetica *532*
– auctoritas prophetica 28f *418*
– liber propheticus *538*
– libertas prophetica 240
– mens prophetica 45
– prophetice dictum *418*
– prophetice facere/fieri 41 *406 449 498*
– revelatio prophetica *532*
– sacramentum propheticum *388*

– spritus propheticus 28 *406 474*
– testimonium propheticum 27
Propitiare/propitiatio/propitius 134 428 432 452 456 464 472 *13f 17 19f 51 116 118 194 220 366 368 376 468*
Propitiatorium 426-428 452f 546 *116*
Proprietas 15 164 374 490
– ad/per/secundum proprietatem 267 306 416 490 *171 246 278 322*
– ad proprietatem historiae *552*
– ad proprietatem narrationis 15 47 504
– ad proprietatem verborum 15 43 277 410 412 490
– secundum/propter proprietates 38 188
Proselytus 85 *122 124 164 166 220 242*
Providentia *394 418 456 532 536 550*
– occulta 318
– occulta dispensatio providentiae divinae *218*
– occultum providentiae *402*
Puerperium 162 284
– animatum 283 402
– formatum 402
– informe 281 402
Purgatio/purgare 230 *17 21 32 38 40 96-100 104-110 120 220 404*
– circumpurgare *370 398*
Purificare 248 382 452 456f 484 548 *11 13 15f 84 96 200 241f 244 246*
Putare (beschneiden) *160 162*
Raphain *284 296 426*
Rapina/rapere 292 388 *58 140 142 500*
Raptus 292 *406*
Rationale *438-440 452*
Rationes seminariae 324
Redemptio *166*
Regnum 186 210 330 342 353 478 *122 226 412 426 428 470 472 482 528 546 552*
– aeternitatis 424
– caelorum *172 424 476*

– promissum 162
– terrenum 126
Reliquiae 192 234 236 *44 46 240 428 430*
– reliquiae Israhel 236
– reliquiarium 234 236
Remissio *326*
– annus remissionis 410 *165f 326*
– remissio peccatorum/delictorum/remittere peccata 11 72 250 432 468 484 *28 34 56-60 100 128 238 242 378 542*
– tempus remissionis *164*f
Repetitio 200 244 374 478 514 *36 144 236*
– legis 490 492 *364*
– testamenti *291 440*
Requies 106 410 462 474 500 *162 422 428*
– requies aeterna/sempiterna 462 500
– requies sabbati 488
– requies sancta 500
Restituere/restitutio 406 *34-38 58 60 110 112 166 192-196 244 299 346 348*
Resurrectio 136 250 258 362 476 480 *150 171 238 240 540 552*
Revelatio/revelare 18 65 140 170 172 222 234 326 *78 128-134 146 212 234 291 468 544f 548 550*
– revelatio spiritalis 45 48 88 182
– revelatio prophetica *532*
Rex/regius 21 116 120 126 164 166 208-210 222-226 244 318 416 520 *68 248 254 256 296f 332 342 392 394 412-420 426 472 486 488 498 504 516 546f*
Risus *505*
– admirationis et laetitiae 130
– dubitationis 130
Rogare 338 *13f 16f 310*
Sabbatum 462 488 498 500 *160-164 236 540*
– plenitudo sabbati 500
– praeceptum/praecipere de sabbato 384 488 498

– requies sabbati 488
– sabbatum domini *160-162*
– sabbatum observare/observatio sabbati 462 498
– sabbatismus *326*
– sabbatum sabbatorum 500 *120*
– sabbatum terrae *162 164 168*
– sacramentum sabbati 262
Sacerdos 162 224 226 381 438-444 450 452 456-460 526 542 546 548 *12 24 28 34-38 42 46-52 58-64 70-78 84 86 88 90 92 94 98 104-110 116-122 148 152-158 188 194 196 228 372 394 396 508 516 538 540*
– aegyptius 226
– consummatus *64*
– idolorum *498*
– in aeternum 446
– levita *346*
– magnus *150*
– secundus/sequens 452 546 *48 66 148 158*
– solis 224
– summus 448 452 548 *48 50 64 66 84 94 114 120 152 154 158 508*
– unctus *50 64*
Sacerdotalis 254 316 438 442 450 498 *64 150 228 470 504 506 516*
Sacerdotium 224 440 444 446 450 460 468 *48 68 74 80 228 268*
– in aeternum/sempiternum 446
– secundum
– sacerdotium solis 224
– summum *64*
– universum regale *322*
Sacramentum 41 43 45 47f 72 162 248 262 268 275 312 316 344 414 418 424 472 498 504 *9 42 126 148 171f 186 220 234 244 285 293 314 383 440*
– baptismi *246 398*
– Christi *534*

– consecrationis *270*
– magnum/tantum 13 72 172 268 314 428 488 *9 64 232 534 550*
– ecclesiae 452 *534 550*
– propheticum 72 256 *388*
– tabernaculi *506 510*
– visibile *154 156 242*
Sacrificium 350 372 408 436 448 456 546 *12 17 26 28 36-40 48-52 64 70 82-86 122 128 156 177 194 220 256 268 330 496 498 518-522 530 536 550 554-560*
– consummationis *71f*
– humanum *454 518 520 524 534 536*
– Israhelitarum 332
– parricidale 48 *534*
– privatum *122*
– pro peccato/peccatis 16 444 *8 11 18 22 34 46 50 70 74 76 99 100 126 198 232*
– salutaris/sacrificia salutarium 16 *11 62 70 72 76 86 88 198 432*
– salutarium 16
– salutis 16 *86*
– sanitatum 16 *86*
Sacrificare 172 174 380f 420 460 528 *62 122 236 498 558*
Sacrilega audacia *266*
Salvator 18 222 *87 381 432 484 486 502 504*
Sanctuarium 416 451 *13 14 18 20 94 96*
– sancta 450-452 546 *152*
– sancta sanctorum 450 452 546-548 *148 230*
– sanctum 434 440 442 498 500 518 *13f 18 20f 50 90 114 116 120*
– sanctum sancti 16 455 501 *14 20f 120*
– sanctum sanctorum 16 434 456 460 501 518 546f
Sanctus 35 246 262 314 424 443 458 494 500 *42 58 62 86 90 94 96 116 120 136f 148 156 158 252 268 310 320 366 368 436 538 552*

– Abraham 120
– David *412 455 532*
– doctores sancti 35 *310*
– Iesus Nave *432*
– locus sanctus *86 90 94*
– Lucas 85
– Maria 202
– martyres sancti 432
– peccata sanctorum 16 442 444 *232*
– propheta *438*
– sancti 16 246 262 304 414 442 444 476 *14 18-20 84 114-118 224 228 232 392 468 530 534*
– vir sanctus/homines/fideles sancti 120 258 444 *20 118 186 294*
– sanctus (Gegenstände) 434 440-444 450-452 *20 34-38 58 84 94 96 118 154 158 232 379*
– sanctus sancti (Gegenstände) 453 454 458 500
– sanctus sanctorum (Gegenstände) 434 450 452f 458 460 500 502 *52 90*
Sanctificare 442 444 448f 452 454 458 460 500 502 *20 48 62 64 68 74 80 82 118 152-158 190 214 228 230 248 292 328 376 378*
– visibiliter *156*
– invisibiliter *156*
Sanctificatio 442 448 452 454 458 460 *11 70 82 148 158 162 241*
– aqua sanctificationis *248 268*
– sanctificatio invisibilis *156*
– sanctificatio visibilis *156*
Sanguis 250 324 328 348 360 420 456 488 548 *21 50 56 62 64 76 90 92 100 122-128 152 156 238 242 282 358 478 522*
– aspersio sanguinis *62 118 120*
– fons sanguinis *98 100*
– reus sanguinis 406 420
– sanguis Christi *480*
– sanguis circumcisionis 312

- sanguis inmundus *97*
- sanguis iustus *522*
- sanguis mortuus *152*
- sanguis mundus *96*
- sanguis purificartionis 456 *84*

Satrapiae/satrapes *482*
Saturitas/saturari 16 171 232 424 *324*
Scriptor 85 146 192 208 *252 356 472 480 494*
- culpa scriptorum 26

Scriptura 13 16f 20f 33 37 85 114 126 132 144 158 162 164 178 184 206 234 308 372 398 *80 150 204 206 266 392 524 536*
- loci scripturarum *418 426 430*
- locutiones scripturarum/in scripturis 37-39
- obscuritas scripturarum 37
- scriptura divina/dei 98 180 492 *252 254 320 526*
- scriptura canonica 96
- scriptura sancta/sacra 96 156 448 *40 82 260 330 364 518 520 528 538*
- veritas scripturarum dei 15 226

Scutulae 438
Sensus 25 28 180 183 194 196 281 391f 402 436 454 470 474 *44 162 164 226 285 310 374 478 518 562*
- acceptabilior *346*
- aliquis 418 486
- alius 462 *100 216*
- apertus *164*
- aptior *116*
- congruentior veritati *216*
- contrarius 332
- facilior 314 413
- generalis 390 392
- inpius 414
- laboriosus ad intellegendum *210*
- levis 33 252
- magnus 476

- planissimus *208*
- prior/superior 370 *84*
- probabilior 374
- subobscurus/obscurus 39 *24 36 192 200 510*
- totus *362*
- unus 532

Septuaginta 23-28 33 74 96 98 182 240 244 252 258 260 *104 266 324 354 372 414 418 420 432 434 442 478 488 490 505-508*

Sepultura/sepelire 45 208 212 248 250 254 258 260 *154 440 548*
Sera 512 516
Servire/servitus 16 24 35 124 126 150 164 176 178 202 226 242 256 260 350-353 358 360 363 366 386 400 408 410 414-418 470 526 546 *38 78 82 136 188 190 302 322 326 360 362 366 368 426 436 476 478 490*
- deservire 450 452 526 *38 78 84*
- servitus iusta 242

Servus 126 148 154 156 224 242 248 276 306 320 330 334 338 340 350 384 470 *80 136 278 364 385 392 434 436 450 522 560*
- christianus 394
- hebraeus 394 400 418
- emticius 226

Similitudo 16 110 242 *236 298-300 301 302 304 356 438 494 540*
Simulacrum 370 386 394 *298 301 436 460 476 478 506*
Sitis interior *248*
Somnium 162 212 214 222 226 246 478 *226 256 322 504*
- somniator *322*

Species 290f 324 398 474 518 526 *36 202 204 556*
- adsumpta 474
- corporalis 422

Spernere 16 117 394-398 *222 474*
Spiritus 28 106 364-366 376 422 436 498 *20 168 210 212 238 244 260 285 296 308 312 376 432 450 500*
— aerius occultus *436*
— dei/domini/divinus 48 104 202 222 328 364 366 376 462 492 494 *210 212 264 299 438 457 528-538 548*
— hominis *210 268*
— huius mundi *210*
— irae dei 366
— malignus *512*
— propheticus 28 258 260 268 *474*
— sanctus 26 222 328 366 368 370 382 430 436 460 462 482 494 496 500 *118-122 154 156 210 214 242 268 498 548*
— secundum spiritum 236 462
— vitae 23 104
Stoicus 124
— Epictetus stoicus 124
Stola 436f 450 *44*
Substantia *126 238 298 330*
— dei 290 292 *166 306 308*
Subtegere 510f 532-536
Sulci vinearum *262*f
Superbia/superbus/superbire 140 378 *175 177 220 222 378 442 504 548*
Supplicatio/suppliciter/supplicare 466 *374 544*
supplicium 134 320 470 *24 228 268 352 374 404 406*
Symmachus 22f 69 104f 109 158 165 170f 251 259 395 422 467 *136 158 170 189 266 442*
Synagoga 548 *36 38 52 56 70 80 90 92 120 210 214 224 240 256 268 282 538*
Tabernaculum 40 47 173 196 298 376 430 432 458 460 488 492 496-506 510-522 524 526 528 532-552 *20 38 80-84 94 118-122 166 188 190 202-206 209f 230 244 316 438 498 504-510*

— facies tabernaculi 508 510 534 550 *238*
— latus tabernaculi 510 514 516 522 528 536-542 548 550
— ostium tabernaculi 126 162 172 448 502 518 526 528 542-548 *68 82 98 122*
— porta tabernaculi 526
— posteriora/posterior pars tabernaculi 297 300 434 530 534 536 544
— priora tabernaculi 536
— retro tabernaculum 300
— tabernaculum dei/domini *438 498 506 508*
— tabernaculum interius 512-516 520-528 536 538 542-550
— tabernaculum posterius 542
— tabernaculum testimonii 370 429 450 452 460 502 *50 52 68 82 84 98 118-122 188 198 200*
— tectum tabernaculi 512
— tergum tabernaculi 532
Tabulae 295 424 426 436 490-494 *287-291 314-320 440*
— cordis 494 *312*
— lapideae 366 382 420 464 484 492 494 498 546 *234 288 292 312-320*
— legis 424 494
— priores *314-318*
— secundae 290 316-320
— testimonii 464 466 484 492 *318 320*
Tactus 16 *36 38 102-106 110 112 158*
— leprae *102 108*
Taurus 40 404 *126 380f*
Templum 226 488 *122 250 322 344 498 504 514*
— templum dei/domini 162 418 492 *122 324 470*
Temporalis
— bona *234 364*
— dona 168
— felicitas 414
— hereditas *380*

- opportunitas 324
- perversitas 242
- poena *400*
- promissa *234 293*
- res *430*
- vita *124 152*
- temporaliter 126 *348 392*

Tempus 36 47f 77 85 98 100 117 148 150 164 176 184-187 208 218 220 234 253 264 267 350 356 358 362f 412 446 488 504 *68 134 148 156 204 206 210 218 236 266 326 340 418 440 460 486 488 502 514 534 544 552*
- ordo temporis/temporum 37 482 *230*

Tentare/tentatio 18 258 368 378 392 412 *24 224 324 364 378 482 484 490 528-532*
- deum tentare 120 152 154 190 *528-532*
- deus tentat 146 326 368 392 *312 322 480 482*
- diabolus tentat 152

Tentoria 520 524-532 542 546 548 552 *209*

Terra 16 18 96 104-110 120 122 144 194 220-222 232 244 246 304 306 330 334 342 346 360 374 410 *314 386 388 410-414 422-426 430 432 470 484 508*
- promissionis/promissa 414 424 *304 314 392 412 422 428 486 488*

Testamentum 356 434 486 488 494 *286 290 302 304 312 316 318 364 424 426 438 440 480 484 510*
- duo testamenta 160 428 *173 234 236 291 294 316 318 364 552*
- iteratio testamenti 466 *287*
- maledicta testamenti *366 368*
- novum testamentum 46 65 392 424 434 492 494 498 *134 186 210 234 278 287 290f 294 310 312 364*
- caritas novi testamenti 494 *293 316*
- dilectio in novo testamento 494 *292*
- figura novi testamenti 434
- gratia dei in novo testamento *293 316 320*
- indulgentia novi testamenti 108 *292*
- praemia novi testamenti 416
- signum novi testamenti *171f 232*
- spiritalia in novo testamento *370*
- universum regale sacerdotium in novo testamento *322*
- verbum fidei in novo testamento *370*
- veritas novi testamenti 268 382 396
- repetitio testamenti *291 440*
- testamentum aeternum 462
- testamentum testimonii *396*
- unum testamentum *291 364*
- utrumque testamentum 65 *186 294 364*
- verba testamenti 490 492 *287-290 316-320 364*
- vetus testamentum 23 65 108 162 308 392 434 494 *134 186 234 287 291 293 311f 364*
- figura veteris testamenti 434
- lex in vetere testamento *293 316*
- promissiones veteris testamenti 414 *293*
- terrores veteris testamenti 392
- timor in vetere testamento 494 *292*

Thecae 430 454f
Timor dei 198 338 392
Tintinabula 440 442
Transire/Transitus 112 123f 199 194 202 290f 372 374 424 474-477 480 482 546 *164 234 386 392 394 488 528 548 550*
Triporticus 548 555
Tunica talaris 436 440
Tyconius 36f 40 111 351-355 362
Typus 42 90 268 *172 179 268 449 550*
- prototypus *298*
Umbrae futurorum 42 268 382 *172 246 268 449 520*
Ungentum/ungere 460 48 510 512

LATEINISCHES SACHVERZEICHNIS

– chrismatis 458
Unigenitus 420 *234 328-331*
– verbum unigenitum *306*
Uxor 16 53 55 60 92 120 138 140 152-158 168-172 176 178 184 202 206 208 218 220 224 248 414 350 384-389 396 398 454 464 486 *128-134 144 146 152 154 216 276 332 336-340 354-358 368 434 462 524 538 540 550 556-560*
Vela capillacia 432 506 508 510 536 538 542 544 548 550 552
Velamen 434 494 518 526 528 532 *380 395 530*
Velum 432 434 450 452 454 456 458 460 500 506 508 510 512 526 528 532 534 536 538 540 544 546 550 *62 94 114 120 152*
Veruclata 18 *488 489*
Vespae 416
Videre
 – manifeste 290 472-474 480
 – scienter 472 *306*
Vidua 220 *274 324 326 336 340 350 352 538*
Vigilia *188-190*
Virga 23 180-184 190 250 252 320 328 264 428 *230 248 262 264 440 496*
 – Aaron 322 334 376 428 546 *230 334*
 – Moysis 322 364 374 376 *214*
Virgo 194 196 *550 552*
Virtus 14 16 54 122 336 370 428 478 *168 186f 212 214 260 278f 281 400 538 540*
 – aquae *281*
 – panis *281*
Visio

 – dei 200 422 472
Vita caelestis 424
Vivificantia *94f*
Vivigignentia 137 *94f*
VL (Vetus Latina) 15f 21 23f 28 30-32 38 57 67 69f 83 266 272 274 279-283 289 290 293 298-300 *10-22 170-173 175-177 284-286 290 382 446-448*
 – Cod.Lugd. 24 151 173 175 178 181 184f 189 270 279 309 312 315 321 323 349 373 404 429 437f 440-445 449f 453 456 463f 473 505 510 520f *11 13f 16-19 26 42 45-47 49-51 54 65 90 95 97 101f 112 128 164f 175 187 190 209 222-228 233 238 241 251f 258 261 264 301 327 330 332 367 370 373 383 397-400 411 415 420 423 455 432 435 439 446 461 464-469 473 478f 481f 488f 500 502 504 511-513 517 558 563*
Volens 400 402 *175f 219f*
Voluntas 35 154 224 260 308 320 326 332 336 400 496 *72 168 206 218 258 176 310 320 410 474 494 536 536 538*
 – dei 308 *80 166 206 332 374 474*
Vovere/votum
 – abstinentiae a concubito 53 55 *274 276*
 – continentiae 446 *276*
Vulgata/vulg 19f 27 29 31f 57 59f 62 67 70 74 83 86 91 267 272 280f 289 295 *10f 13 16-21 172 275 284 383 442*
W apodoseos 16 38 *25 99 161 204 244*
Zelans, zelator 486

BIBLISCHE NAMEN UND ORTE (DEUTSCH)

Aaron 311-313 319-323 335 341 375 423 444 447 464-469 *49-50 63 65 67 75 89 155 177-179 229-231 250 269*

Abel 523

Abihu 417 421 423 *89*

Abimelech 86 121 138 141 145 147 167 169 *369 375 513 515 517*

Abiram *223 225 227 421*

Abraham 14 19 33 44 76 80 82-83 86 88-89 93 112 114-133 138-153 157-163 167-169 200-201 351 357 359 364 *381 123 257 292 365 379 427 435 499 523 527 531 537 553*

– Abraham von jenseits des Flusses 122-123

Abrahamium 18 71 92 251 262

Achan 14 433 *385 401 403 405 407 452*

Adam 99 112 121 171 281 *99 298 349 457 553*

Adoni-Besek *414f*

Afrika 18 22 123 *415 477*

Ägypten/Ägypter 13 19 34 45 56 69 72 80 84f 90 99 101 121 213 215 219 221 225 237 239-241 243 245 253 255 261-263 265 269-271 273 286 287 289 307 315 317 319 325 331 333 335 339 341 347 349 351 353 355 357 359 361 363 367 383 391 421 465 469 471 493 *141 170 191 222 225 231 249 253 297 313 315 343 365 367 385 396 399 405 419 423 427-429 450 473 483 491*

Ahas 153f

Ahiman *465*

Ai 43 *383 401 409 452*

Ajalon *421*

Alexander *473*

Alexandria 26 *473 483*

Amalek 375

Ammoniter/Ammoniterin *255 341 343 451f 517 519 549 551*

Amoriter 416 417 471 *253 255 257 269 386 388 413-415 421 423 425 427 473*

Amram 355 363

Anak *465 469*

Anat *491*

Antichrist 36 *433*

Apostel 20 26f 74 129 131 141 147 161f 165 171 195 205 215 237 247 276 305 327 337 357 361 367 377 395 413 443 463 469 479 483 493 495 *41 55 57 99 105 125 127 143 180 199 211 225 229 241 245 249 253 273 277 307 313 315 321 329 345 347 351 371 379 397 407 437 439 441 443 469 479 503 523 535 543 549 551 553*

Arnon *253 255*

Aschdod *467*

Aschkelon *467*

Asenat 225

Asien 18 *415 473*

Astarte 60 *460 477*

Athener *253*

Äthiopier *217*

Baal 60 *180 460 476-479 510f*

Baalsamen *477*

Balak 209-211 *180f 257 259 279 342*

Barak *491 493 497 529*

Baschan *297*

Benjamin 40 67 78 80 84 91 193 203 207 221 229 239 241 265 *431 470f 517*

Beor 209 211 *261 343*

Bet-El/Betel 18 72 90 173 175 199 203 *421*

Bet-Schean 18 *471 473*

Bezalel 461 497

BIBLISCHE NAMEN UND ORTE (DEUTSCH) 669

Bileam 211 *177 180f 257 259 261 263 265 279 281 343*
Bilha 179
Boas *341 357*
Christus 19 31f 41 43-45 71f 89f 149f 153 164 171 175 193 237 255 257 259 271 307 309 345 361 367 383 401 413 417 433 453 463 477 479 483 485 491 *10 127 169 173f 179 199 235 237 239 241 249 257 269 291f 321 329 331 371 375 377 379 381 388f 433 435 437 441 451 453 457 501 533 537 539 541 543 545 547 549 551 560*
Dan *431 433 473*
Daniel 399
Datan *223 225 227*
David 136 165 458 459 *115 333 343 359 375 503 517 529 547 553*
 – heiliger *413 455 533*
Debir *465*
Debora *491 493 497*
Dina 14 40 76 78 194f 197 205 207 217 237-239 *387*
Eber 111 113
Ebron
Hebron *463f 469*
Edom/Edomiter 80 86f 165 201 209-211 *249 255 386*
Efraim 34 84f 240f 252-255 263 *419 421 555*
Eglon *487 489*
Ehud *460 487-489 491*
Ekron *467*
Eleasar *174 229 237 239 267 269 357*
Eli *155 354 373*
Elija 259 371 377 *123 213 449f 499*
Elisabet *517*
Elischa 137 *213*
Esau 76 80 87 90f 117 119 127 165 167 173 191f 195 197 199 207 209-211 213f 357 *255 377 379 386*

Eufrat 122f 125 *427 429 431*
Ezechiel 20 *31 135*
Gaza *467*
Gerar 76 121 138 167
Gezer *419*
Gibeoniten 288 *411 413 417*
Gideon 14 40f 60 153 *449f 455 496f 499 501 503 505 507 509 511 517 529 531 533 535 539 547*
Gilead/Gileaditer 18 188 *529 543 545 547-549 553*
Gilgal *382 413 472*
Girgaschiter 471 *423 425 427*
Hagar 58 76 82f 86 89 93 119 143 145 147 161-163 179 215 217
Hamor 78 195 197 207
Hananias 369
Haran 76 80 112 115-117 119
Hebräer 99 113 115 116 117 118 122 123 287 307 335 339 343 347 349 351 381 401 479 *141 327 335 341 411 417 509*
 – Hebräisch 14 16 21 24-30 32-34 38 57 67-70 73f 81-85 91 99 105 133 136 157f 180 188f 195 221-223 225 231f 241 245 251 253 259 261 266 276 278 281 283 285 293f 307 *8 10 15-17 24 26 28 44 70 83 99 137 148 150 195 201 204 212 218 226 297 298 311 325 333 371 382 394 397 401 415 420-421 425 433 435 447f 460 469 476 479 482 489 490f 493 501 505 509 515 519 546 558 563*
Heliopolis 18 225
Hermon *483*
Herodes 413
Heschbon *255 397*
Het 381
Hetiter 417 471 *423 425 427*
Hiël *420f*
Hiwiter 417 471 *423 425 427 483*
Horeb *291 294 305 315 365 399*

Horiter 195 208
Hügel der Vorhäute *399*
Idumäa *377*
Ijob 61 159 223 381 *151*
Isaak 33 47f 73 76 80 89f 119 127 129 139 141 143 153 157-161 163 165 167 169-171 173 191 201 207 211 213-215 217 351 357 359 425 471 *341 423 519*
Ismaël/Ismaëliter 58f 76 82f 89 119 141 143 162f 201 215 351
Israel 18 43 64 71 123 138 165 184 200f 203 209 211 237 250 253 255 257 263 307 317 335 347 349 351-353 355 357 359 381 383 397 427 457 459 461 463 465 477 495 *19f 57 68f 71 83 85 89 95 117 119 123 125 136f 159 180 185-187 189 191 203 205 207 209 211 215 217 219 225 229 231 235 237 241 243 245 249 251 255 257 265 267 269 279 281 292 296 309 311 317 319 322f 332 335 339 343 345 355 357 365 373 375 377- 379 381 383 384 387 389 395 397-399 405 408 416f 423 427 429 431 437-439 443 455 460f 463 469 473 475 477 479 480f 483 485 487 489 491 493 495 497 505 507 509 511 515 517f 529 531 539 541 543 545 547 549 553 555 557 559*
Issachar *515 517*
Jabbok *255*
Jaël *492f*
Jakob 42 45 71-72 76 80 86 88 90-91 92 165 167 173-209 213-217 237-241 245 249-265 339 *135 387-388 433-334 437 541*
– Betrug, Listen und Lügen Jakobs 42 45 48 71 90-91 167 183 195 288
– Gelübde Jakobs 72
– Lebensdaten und Nachkommen Jakobs 33-34 40 78 80 83-85 203-205 213-215 237 241 265 353

– kein Götzendienst Jakobs 45 93 173 181 203
– Verheißungen an Jakob 71 201 253
Jakobus 147 *57*
Jaser *255*
Jebus 18 *415 470f*
Jebusiter 471 *414f 423 425 427 470f*
Jeremia 135 399 *373 375*
Jericho *140 393 401 421*
Jerobeam *123 471*
Jerusalem 18 113 135 164 259 293f 315 *69 123 309 415 427 470f*
Jesaja 20 153f *167*
Jesus (Christus) 19 31 159 259 271 291f 367 383 477 483 *10 101 169 173 179 199 235 257 269 375 381 433 495 543*
Jesus (= Josua) 415 425 2*94*
Jiftach 15 41 48 63 *449 451-457 517-519 523-531 537-555*
– Tochter Jiftachs *452-454 456-457 519 523 527 537 551-553*
Jitro 270 288 315 377 379 381 421 *185 216f*
Jojachin *359*
Jojada *517*
Jona 31 73 259 261 *290*
Jonatan *115*
Joram 165 *517*
Joschafat *217*
Josef, Sohn Jakobs 42 45 71 76 79 91-92 211-265 288 353 365 *127 139 381 388 545*
– Lebensdaten und Nachkommen Josefs 34 80 84-87 211-215 219-221 241-243 254-255 263-265 353-359
– Traum Josefs 42 213 215 227 247
Josef, Mann Marias *203 355 357-359*
Josua 44 46 125 290 414 416 417 425 427 *67 178 179 269-271 291 382 389 393-*

BIBLISCHE NAMEN UND ORTE (DEUTSCH) 671

423 429 433-443 460-465 469-471 475-477 480-483
Juda 76 80 117 165 217 219 220f 235 349 *251 311 341 401 461 463 467 469-471 517 527 563*
Judas 40 78 205 401
Juden 10 46 89 90 163 165 225 237 271 292 345 377 413 503 *61 133 170 174 237 241 243 309 331 397 441 503 541 547*
Juno *477 479*
Jupiter *477 479*
Kadesch 18 *377 379 398f*
Kain 97 99
Kainan 113
Kajaphas *451 455 533*
Kaldäer *253*
Kaleb *219 463 465-467 469 487*
Kanaan/Kanaanäer 18 45 72 80 109 119 125 139 155 197 199 207 213 219 243 247 249 261 263 317 351f 357 361 372 417 471 *251 387 415 419 423 425 427 434f 443 461 463 473 483*
Kehat 355 363
Kemos *517 519*
Kemuël 86 151
Kerubin 427 429 505 519 547
Ketura 44 89 119 129 131 159 161 163 179 217 *257*
Kirjat-Arba-Sepher *462 464*
Klauthmons *473*
Korach *225 227 229f*
Kornelius 157 243
Laban 48 76 86 91 176f 179 182 185f 188f
Land Goschen 14 244 247 331 341 347 349
Land Ramses 14 247
Land Tob 18 *541 543*
Lea 93 176f 179 181 186 237-239 265
Lebo-Hamat *483*

Levi/Levit 205 255 257 311 317 355 362f 459 469 *188f 191 200 322f 325 327 335 347 357 387f 395 471 517*
Libanon *427 483 511 513*
Libyen 18 521 *415*
Lot 58 128f 135-137 139 *225 257 341*
Lukas 85 211 433 *355 357 359*
Lus 18 174 199 201
Mabdaritis-Wüste *399*
Machir 263
Manasse 18 34 84f 241 252-255 263 *471 473 497 517 529 549*
Manoach *557 559 561*
Mara 18 367
Maria 203 *178 215 517*
Mattan *357*
Matthäus 153 211 *355 357 359*
Melchisedech 163f 447 *503*
Memphis 225
Mesopotamien 40 78 80 117 119 123 125 173 197 199 203 205 207 239 245 *279 343 437*
Metuschelach 29f 32f 81f 99
Midian/Midianiter 15 18 59 215 217 381 *180 217 257 279 281 455 495 505*
Moab/Moabiter/Moabiterin 209 211 *253 255 257 259 265 291 341-343 365 487*
Mose 14 19 25 35 44 46 72 86 101 195 209 211 259 263 269-271 287 288-293 307-319 323 329-335 352 363-365 375-381 393 421 425 467-477 481-485 491-493 503 *65-67 73-75 81-83 89-93 133 155 157 174 177-180 187 213-217 237 250 253 265-271 285-290 292 304-305 308-311 317-321 365 377-379 393-395 450 519*
Nabal *413*
Nadab 417 421 423 *89*
Natan 211 *359*
Nebukadnezzar 216
Neri *359*

Nil 121 *429*
Niniviten 259
Noach 81 101 103 111-113 381 *225 365 553*
Og *297*
Olymp 18 105
Otniël *463 465 485 487*
Paran 18 *377 379 398f*
Paulus 20 129 205 356 *125 229 243 249 384*
Perisiter 471 *419 423 425 427*
Petrus 369 *243 479 543*
Pharao 15 33 88 113 121 195 221-227 245-247 271-274 287 305 317-321 325-343 407 479 *297 417 419*
Phönikien 371-373 375
Pilatus *547*
Pinhas *266f 278*
Potifar 221 225
Potifera 225 227
Pua *514f 517*
Punier *477*
Pura *503*
Rahab *140f 393*
Rahel 91f 175-177 179 186 203 *437*
Ramses 349
Rebekka 18 76 90 157 163 165 173 179 199 *435*
Rechab *467-469*
Refaïter *297 427*
Reguël 209-211 *216*
Rhinocorura 18 *428f*
Ruben 219 253 255 317
Rut *341 357*
Salem 196f 257 *388*
Salmon *341*
Salomo 211 *333 335 359 427 429 499 563*
Samuel *505 509 529*
Sara 19 33 58 88f 93 121 127 129 131 138f 141 143 161 167 179 200f *369 375*
Sarazenen 18 *217*

Saul 209 *343 413 451 455 482 503 517 533 547*
Schaalbim *421*
Schamgar *490f*
Schealtiël *359*
Scheschai *465*
Schilo *438f 499*
Schimi *69*
Seir/ Seïr 18 80 195 207 209 213 *377-379*
Serubbabel *357 359*
Sichem/Sichemiten 14 76 195 197 207 257 *387f 438 512f*
Sidonier *483*
Sihon *255 257 297 386f*
Silpa 179
Simeon 205 253 255 257 317 421 *89 387f 463*
Simson 13 176f 179 *446 450 529 555 557 561 563*
Sinai 18 46 271 286 290 293 357 382f 430 465 493 503 *287 293 321 333 377-379 399*
Sisera *493*
Skythen/Skythien *471 473*
Skythopolis 18 *471*
Sodom/Sodomiten 58 121 129 133 135 150 307 *225*
Stephanus 58 85 117 119 147 307
Sukkot 349
Susanna 399
Syrer/syrisch 29f 86 151 188f 197 205 207 239 262 265 *452 479*
Talmai *465*
Tamar 219f
Terach 58 80 112 115 117
Tola *515 517*
Traubental *217*
Tyrus 18 375
Ulammaus 18 32 175 199
Warte Gileads *529 549 551*
Zacharias *215 523*

Zafenat-Paneach 18 223
Zahab *253*
Zebul *513 515*
Zion 259 315

Zippora 270 313 *216*

BIBLISCHE NAMEN UND ORTE
(Konkordanz lateinisch-deutsch)

Abiron (Abiram)
Abiud (Abihu)
Abraham Transfluvialis (Abraham von jenseits des Flusses)
Accaron (Ekron)
Achar (Achan)
Achaz (Ahas)
Achiman (Ahiman)
Adonibezec (Adoni-Besek)
Aegyptus/ Aegyptii
Aethiopes
Africa (Africa)
Agar (Hagar)
Amalec (Amalek)
Ambram (Amram)
Ammanitae/Ammanitidae (Ammoniter)
Amorrrhaeus (Amoriter)
Ananias (Hananias)
Anath (Anat)
Aod (Ehud)
Apostoli (Apostel)
Area Atad (Goren-Atad)
Ascalon (Aschkelon)
Aseneth (Asenat)
Asia (Asien)
Astartes (Astarten)
Athenienses (Athener)
Axa (Achsa)
Azotum (Aschdod)
Baalberith (Baalberit)
Balaam (Bileam)
Balac (Balak)

Balla (Bilha)
Barac (Barak)
Basan (Baschan)
Beniamin (Benjamin)
Beselehel (Bezalel)
Bethel (Bet-El/Betel)
Bethleem (Betlehem)
Bethsan (Bet-Schean)
Booz (Boas)
Caath (Kehat)
Cades (Kadesch)
Cain (Kain)
Cainan (Kainan)
Caiphas (Kajaphas)
Caleb (Kaleb)
Camuel (Kemuël)
Cariatharbocsepher (Kirjat-Arba–Sepher)
Cenez (Kenas)
Cettura (Ketura)
Chaldaei (Kaldäer)
Chamos (Kemos)
Chanaan/ Chananaeus (Kanaan)
Charran (Haran)
Chebron (Hebron)
Cherubin (Kerubin)
Chet (Het)
Chettaeus (Hetiter)
Cholmi (Talmai)
Chorraeus (Horiter)
Clauthmons (Klauthmons)
Collis praeputiorum (Hügel der Vorhäute)
Core (Korach)

Coreb (Horeb)
Cornelius (Kornelius)
Dabir (Debir)
Dathan (Datan)
David
– Sanctus
Debbora (Debora)
Desertum Mabdaritis (Mabdaritis-Wüste)
Eglom (Eglon)
Eleazar (Eleasar)
Elizabeth (Elisabet)
Elom (Ajalon)
Emmor (Hamor)
Enac (Anak)
Ephraem (Efraim)
Esaia (Jesaja)
Esebon (Heschbon)
Euphrates (Eufrat)
Evaeus (Hiwiter)
Flumen Aegypti (Fluß Ägyptens)
Gabaonitae (Gibeoniten)
Gai (Ai)
Galaad/Galaadites (Gilead)
Galgala (Gilgal)
Gazer (Gezer)
Gedeon (Gideon)
Gerara (Gerar)
Gergesaeus (Girgaschiter)
Gothoniel (Otniël)
Heber (Eber)
Hebraeus (Hebräer)
Heli (Eli)
Helia (Elija)
Helisaeus (Elischa)
Hieremia (Jeremia)
Hieroboam (Jerobeam)
Hierusalem (Jerusalem)
Hoza (Hiël)
Iaboc (Jabbok)
Iacob/Iacobus (Jakob)
Iahel (Jaël)

Iazer (Jaser)
Idumaei/Idumea (Idumäa)
Iebus (Jebus)
Iebusaeus (Jebusiter)
Iechonias (Jojachin)
Iephte (Jiftach)
Iericho/Hiericho (Jericho)
Ieroboam (Jerobeam)
Ierusalem (Jerusalem)
Iesus
– (Jesus)
– (Josua)
Iesus Nave (Josua ben Nun)
Iob (Ijob)
Iohannes baptista (Johannes der Täufer)
Ioiade (Jojada)
Iona (Jona)
Ionathan (Jonatan)
Ioram (Joram)
Iordanes (Jordan)
Iosaphat (Joschafat)
Ioseph (Josef)
Iothor (Jitro)
Isaac (Isaak)
Isachar (Issachar)
Ismahel/Ismahelitae (Ismaël)
Israhel (Israel)
Iuda (Juda)
Iudaei (Juden)
Iudas
– (Juda)
– (Judas)
Iuno (Juno)
Iupiter (Jupiter)
Laboemath (Lebo-Hamat)
Levita/leviti/levitae/levites (Levit)
Lia (Lea)
Libya (Libyen)
Lucas (Lukas)
Luza (Lus)
Macedonia (Makedonien)

Madian/Madianitae (Midian)
Manoe (Manoach)
Mathan (Mattan)
Mathath (Mattat)
Mathusalam (Metuschelach)
Matthaeus (Matthäus)
Melchisedec (Melchisedech)
Merra (Mara)
Mesopotamia (Mesopotamien)
Moab/Moabita/Moabitis
   (Moab/Moabiter/Moabiterin)
Moyses (Mose)
Nabuchodonosor (Nebukadnezzar)
Nathan (Natan)
Nilus (Nil)
Nineviti (Niniviten)
Noe (Noach)
Olympus (Olymp)
Petephres
– (Potifera)
– (Potifar)
Phara (Pura)
Pharan (Paran)
Pherezaeus (Perisiter)
Philistiim (Philister)
Phinees (Pinhas)
Phoenice (Phönikien)
Phua (Pua)
Psonthomphanech (Zafenat-Paneach)
Punici (Punier)
Raab (Rahab)(Zalmon)
Rachel (Rahel)
Raguel (Reguël)
Ramesse (Ramses)
Rebecca (Rebekka)
Rephain (Refaïter)
Ruth (Rut)

Salamin (Schaalbim)
Salathiel (Schealtiël)
Samegar (Schamgar)
Samson (Simson)
Saraceni (Sarazenen)
Sarra (Sara)
Scythae/Scythia (Skythen)
Scythopolis (Skythopolis)
Seir (Seïr)
Semei (Schimi)
Sepphora (Zippora)
Seon (Sihon)
Sesi (Scheschai)
Sicima, Sicimi (Sichem)
Sidonius (Sidonier)
Silo (Schilo)
Sina (Sinaï)
Sisara (Sisera)
Soccot (Sukkot)
Sodoma/Sodomi(ti) (Sodom)
Specula Galaad (Warte Gileads)
Sychem (Sichem)
Symeon (Simeon)
Syrus (Syrer, Syrisch)
Terra Gessem (Land Goschen)
Terra Ramessem (Land Ramses)
Terra Tob (Land Tob)
Thamar (Tamar)
Thara (Terach)
Thola (Tola)
Vallis Botrui (Traubental)
Zelfa (Silpa)

SYSTEMATISCHE ÜBERSICHT DER WERKE AUGUSTINS

Band

0   Possidius, Vita Augustini und Indiculum (bereits erschienen)

A. Schriften zur Entwicklung Augustins

1   Confessiones
2   Retractationes

B. Frühe philosophische Schriften

3/4   Contra Academicos, De beata vita
5   De ordine
6/7   Soliloquia, De immortalitate animae
8   De animae quantitate
9   De libero arbitrio (bereits erschienen)
10   De diversis quaestionibus octoginta tribus
11   De magistro (bereits erschienen)

C. Artes liberales

12   De dialectica, De grammatica, De rhetorica
13   De musica

D. Antipagane Schriften

14   De excidio urbis Romae, De civitate dei
15   Quaestiones expositae contra paganos numero sex (= ep. 102), De divinatione daemonum

E. Antimanichäische Schriften

16/17   De Genesi adversus Manichaeos, De Genesi ad litteram liber inperfectus
18   De utilitate credendi, De duabus animabus
19   Contra Adimantum
20   Contra epistulam Manichaei quam vocant fundamenti
21   Contra Faustum Manichaeum
22   De natura boni, Contra Secundinum Manichaeum (bereits erschienen)
23/24   Acta contra Fortunatum Manichaeum, Contra Felicem Manichaeum
25   De moribus ecclesiae catholicae et de moribus Manichaeorum (bereits erschienen)

F. ANTIDONATISTISCHE SCHRIFTEN

1) Schriften bis 411

26 Psalmus contra partem Donati, Ad catholicos fratres
27 Contra epistulam Parmeniani
28 De baptismo (bereits erschienen)
29 Contra litteras Petiliani, De unico baptismo contra Petilianum ad Constantinum
30 Ad Cresconium

2) Schriften nach 411

31 Breviculus conlationis cum Donatistis, Contra Donatistas post conlationem
32 De correctione Donatistarum (= ep. 185), Sermo ad Caesariensis ecclesiae plebem, Gesta cum Emerito
33 Contra Gaudentium

G. ANTIPELAGIANISCHE SCHRIFTEN

1) Schriften des Pelagianischen Streits

34 De peccatorum meritis et remissione et de baptismo parvulorum
35 De spiritu et littera
36 De natura et gratia
37 De perfectione iustitiae hominis
38 De gestis Pelagii
39 De gratia Christi et de peccato originali
40 De anima et eius origine

2) Schriften gegen Julian von Aeclanum

41 De nuptiis et concupiscentia
42 Contra duas epistulas Pelagianorum
43 Contra Iulianum
44 Contra Iulianum opus imperfectum

3) Anfragen an Augustins Gnadenlehre

45 De fide et operibus
46 Ad Sixtum (= ep. 194), De gratia et libero arbitrio, De correptione et gratia
47 De praedestinatione sanctorum et de dono perseverantiae

H. ANTIARIANISCHE SCHRIFTEN

48 Contra sermonem Arrianorum, Conlatio cum Maximino, Contra Maximinum Arrianum (bereits erschienen)

I. Weitere antihäretische Schriften und Adversus Iudaeos

49 Contra adversarium legis et prophetarum
50 De mendacio, Contra mendacium, Contra Priscillianistas (bereits erschienen)
51 De haeresibus, Adversus Iudaeos

K. Exegetische Werke

1) Grundsätzliche Überlegungen zur Schrifthermeneutik

52 De doctrina christiana
53 De consensu evangelistarum

2) Quästionenliteratur, Auslegungen und Kommentare zu alttestamentlichen Schriften

54 De Genesi ad litteram
55 Enarrationes in Psalmos
56 Adnotationes in Iob
57 Quaestiones in heptateuchum
58 Locutiones in heptateuchum, De octo quaestionibus ex veteri testamento

3) Quästionenliteratur, Auslegungen und Kommentare zu neutestamentlichen Schriften

59 De sermone domini in monte
60 Expositio quarundam propositionum ex epistula apostoli ad Romanos, Epistulae ad Romanos inchoata expositio
61 Expositio epistulae ad Galatas
62 Quaestiones evangeliorum, Quaestiones XVI in Matthaeum
63 In epistulam Iohannis ad Parthos tractatus
64 In Iohannis evangelium tractatus

4) Quästionenliteratur zum Alten und Neuen Testament

65 Ad Simplicianum
66 Ad inquisitiones Ianuarii (= ep. 54.55), De octo Dulcitii quaestionibus
67 De gratia testamenti novi (= ep. 140)

L. Schriften zu grundsätzlichen Glaubensinhalten

68 De vera religione (bereits erschienen)
69 De fide et symbolo, Enchiridion de fide spe et caritate
70 De trinitate

M. Pastoralschriften

71 De catechizandis rudibus
72 De fide rerum invisibilium, De continentia, De patientia
73 De agone christiano, De utilitate ieiunii, De disciplina christiana
74 De opere monachorum, De sancta virginitate
75 De bono coniugali, De bono viduitatis
76 De adulterinis coniugiis
77 De cura pro mortuis gerenda
78 De videndo deo (= ep. 147)

79   N. Predigten

80   O. Briefe

     P. Dubia
81   De symbolo ad catechumenos, Speculum

82   Q. Regula